2017

法律法规全书系列

中华人民共和国

知识产权法律法规全书

含典型案例

中国法制出版社
CHINA LEGAL PUBLISHING HOUSE

出版说明

随着中国特色社会主义法律体系的建成，中国的立法进入了“修法时代”。在这一时期，为了使法律体系进一步保持内部的科学、和谐、统一，会频繁出现对法律各层级文件的适时清理。目前，清理工作已经全面展开且取得了阶段性的成果，但这一清理过程在未来几年仍将持续。这对于读者如何了解最新法律修改信息、如何准确适用法律带来了使用上的不便。基于这一考虑，我们精心编辑出版了本书，一方面重在向读者展示我国立法的成果与现状，另一方面旨在帮助读者在法律文件修改频率较高的时代准确适用法律。

本书独具以下三重价值：

1. **文本权威，内容全面**。本书涵盖知识产权领域相关的所有常用法律、行政法规、国务院文件、部委规章、规范性文件、司法解释，及最高人民法院公布的典型案例、示范文本；书中收录文件均为经过清理修改的现行有效标准文本，方便读者及时掌握最新法律文件。

2. **查找方便，附录实用**。全书法律文件按照紧密程度排列，方便读者对某一类问题的集中查找；重点法律附加条旨，指引读者快速找到目标条文；附录相关典型案例、文书范本，其中案例具有指引“同案同判”的作用。同时，本书采用可平摊使用的独特开本，避免因书籍太厚难以摊开使用的弊端。

3. **免费增补，动态更新**。为保持本书与新法的同步更新，不让读者因部分法律的修改而反复购买同类图书，我们为读者专门设置了以下服务：（1）扫描书后“法律法规全书系列”公众号，即可免费增补本书下次修订时的电子版内容；（2）通过添加“法律法规全书系列”公众号，及时了解最新立法信息，并可就图书相关疑问动态解答。

总　目　录

一、综　合

二、著作权

三、专　利

四、商　标

五、其他知识产权

六、纠纷解决

七、知识产权国际公约

目　录*

一、综　合

* 编者按：本目录中的时间为法律文件的公布时间或最后一次修正、修订公布时间。

·典型案例·

二、著作权

(一) 综　合

(二) 计算机软件及网络著作权

(三) 著作权报酬

(四) 邻接权

·文书范本·

·典型案例·

三、专　利

四、商　　标

五、其他知识产权

六、纠纷解决

七、知识产权国际公约

一、综　合

中华人民共和国刑法(节录)*

(1979年7月1日第五届全国人民代表大会第二次会议通过　1997年3月14日第八届全国人民代表大会第五次会议修订　1997年3月14日中华人民共和国主席令第83号公布　自1997年10月1日起施行)

……

第七节　侵犯知识产权罪

第二百一十三条　【假冒注册商标罪】未经注册商标所有人许可,在同一种商品上使用与其注册商标相同的商标,情节严重的,处三年以下有期徒刑或者拘役,并处或者单处罚金;情节特别严重的,处三年以上七年以下有期徒刑,并处罚金。

第二百一十四条　【销售假冒注册商标的商品罪】销售明知是假冒注册商标的商品,销售金额数额较大的,处三年以下有期徒刑或者拘役,并处或者单处罚金;销售金额数额巨大的,处三年以上七年以下有期徒刑,并处罚金。

第二百一十五条　【非法制造、销售非法制造的注册商标标识罪】伪造、擅自制造他人注册商标标识或者销售伪造、擅自制造的注册商标标识,情节严重的,处三年以下有期徒刑、拘役或者管制,并处或者单处罚金;情节特别严重的,处三年以上七年以下有期徒刑,并处罚金。

第二百一十六条　【假冒专利罪】假冒他人专利,情节严重的,处三年以下有期徒刑或者拘役,并处或者单处罚金。

第二百一十七条　【侵犯著作权罪】以营利为目的,有下列侵犯著作权情形之一,违法所得数额较大或者有其他严重情节的,处三年以下有期徒刑或者拘役,并处或者单处罚金;违法所得数额巨大或者有其他特别严重情节的,处三年以上七年以下有期徒刑,并处罚金:

(一)未经著作权人许可,复制发行其文字作品、音乐、电影、电视、录像作品、计算机软件及其他作品的;

(二)出版他人享有专有出版权的图书的;

(三)未经录音录像制作者许可,复制发行其制作的录音录像的;

(四)制作、出售假冒他人署名的美术作品的。

第二百一十八条　【销售侵权复制品罪】以营利为目的,销售明知是本法第二百一十七条规定的侵权复制品,违法所得数额巨大的,处三年以下有期徒刑或者拘役,并处或者单处罚金。

第二百一十九条　【侵犯商业秘密罪】有下列侵犯商业秘密行为之一,给商业秘密的权利人造成重大损失的,处三年以下有期徒刑或者拘役,并处或者单处罚金;造成特别严重后果的,处三年以上七年以下有期徒刑,并处罚金:

(一)以盗窃、利诱、胁迫或者其他不正当手段获取权利人的商业秘密的;

(二)披露、使用或者允许他人使用以前项手段获取的权利人的商业秘密的;

(三)违反约定或者违反权利人有关保守商业秘密的要求,披露、使用或者允许他人使用其所掌握的商业秘密的。

明知或者应知前款所列行为,获取、使用或者披露他人的商业秘密的,以侵犯商业秘密论。

本条所称商业秘密,是指不为公众所知悉,能为权利人带来经济利益,具有实用性并经权利人采取保密措施的技术信

---

* 根据1998年12月29日第九届全国人民代表大会常务委员会第六次会议通过的《全国人民代表大会常务委员会关于惩治骗购外汇、逃汇和非法买卖外汇犯罪的决定》、1999年12月25日第九届全国人民代表大会常务委员会第十三次会议通过的《中华人民共和国刑法修正案》、2001年8月31日第九届全国人民代表大会常务委员会第二十三次会议通过的《中华人民共和国刑法修正案(二)》、2001年12月29日第九届全国人民代表大会常务委员会第二十五次会议通过的《中华人民共和国刑法修正案(三)》、2002年12月28日第九届全国人民代表大会常务委员会第三十一次会议通过的《中华人民共和国刑法修正案(四)》、2005年2月28日第十届全国人民代表大会常务委员会第十四次会议通过的《中华人民共和国刑法修正案(五)》、2006年6月29日第十届全国人民代表大会常务委员会第二十二次会议通过的《中华人民共和国刑法修正案(六)》、2009年2月28日第十一届全国人民代表大会常务委员会第七次会议通过的《中华人民共和国刑法修正案(七)》、2009年8月27日第十一届全国人民代表大会常务委员会第十次会议《关于修改部分法律的决定》、2011年2月25日第十一届全国人民代表大会常务委员会第十九次会议通过的《中华人民共和国刑法修正案(八)》、2015年8月29日第十二届全国人民代表大会常务委员会第十六次会议通过的《中华人民共和国刑法修正案(九)》修订。

息和经营信息。

本条所称权利人，是指商业秘密的所有人和经商业秘密所有人许可的商业秘密使用人。

第二百二十条　【单位犯侵犯知识产权罪的处罚规定】单位犯本节第二百一十三条至第二百一十九条规定之罪的，对单位判处罚金，并对其直接负责的主管人员和其他直接责任人员，依照本节各该条的规定处罚。

……

中华人民共和国民法通则（节录）

（1986年4月12日第六届全国人民代表大会第四次会议通过　根据2009年8月27日第十一届全国人民代表大会常务委员会第十次会议《关于修改部分法律的决定》修正）

……

第三节　知识产权

第九十四条　【著作权】公民、法人享有著作权（版权），依法有署名、发表、出版、获得报酬等权利。

第九十五条　【专利权】公民、法人依法取得的专利权受法律保护。

第九十六条　【商标权】法人、个体工商户、个人合伙依法取得的商标专用权受法律保护。

第九十七条　【发现权、发明权及其他科技成果权】公民对自己的发现享有发现权。发现人有权申请领取发现证书、奖金或者其他奖励。

公民对自己的发明或者其他科技成果，有权申请领取荣誉证书、奖金或者其他奖励。

……

中华人民共和国侵权责任法（节录）

（2009年12月26日第十一届全国人民代表大会常务委员会第十二次会议通过　2009年12月26日中华人民共和国主席令第21号公布　自2010年7月1日起施行）

……

第三十六条　【网络侵权责任】网络用户、网络服务提供者利用网络侵害他人民事权益的，应当承担侵权责任。

网络用户利用网络服务实施侵权行为的，被侵权人有权通知网络服务提供者采取删除、屏蔽、断开链接等必要措施。网络服务提供者接到通知后未及时采取必要措施的，对损害的扩大部分与该网络用户承担连带责任。

网络服务提供者知道网络用户利用其网络服务侵害他人民事权益，未采取必要措施的，与该网络用户承担连带责任。

中华人民共和国反不正当竞争法

（1993年9月2日第八届全国人民代表大会常务委员会第三次会议通过　1993年9月2日中华人民共和国主席令第10号公布　自1993年12月1日起施行）

目　　录

第一章　总　　则

第一条　【立法目的】为保障社会主义市场经济健康发展，鼓励和保护公平竞争，制止不正当竞争行为，保护经营者和消费者的合法权益，制定本法。

第二条　【经营原则】经营者在市场交易中，应当遵循自愿、平等、公平、诚实信用的原则，遵守公认的商业道德。

本法所称的不正当竞争，是指经营者违反本法规定，损害其他经营者的合法权益，扰乱社会经济秩序的行为。

本法所称的经营者，是指从事商品经营或者营利性服务（以下所称商品包括服务）的法人、其他经济组织和个人。

第三条　【政府管理】各级人民政府应当采取措施，制止不正当竞争行为，为公平竞争创造良好的环境和条件。

县级以上人民政府工商行政管理部门对不正当竞争行为进行监督检查；法律、行政法规规定由其他部门监督检查的，依照其规定。

第四条　【社会监督】国家鼓励、支持和保护一切组织和个人对不正当竞争行为进行社会监督。

国家机关工作人员不得支持、包庇不正当竞争行为。

第二章　不正当竞争行为

第五条　【不正当竞争手段】经营者不得采用下列不正当手段从事市场交易，损害竞争对手：

（一）假冒他人的注册商标；

（二）擅自使用知名商品特有的名称、包装、装潢，或者使用与知名商品近似的名称、包装、装潢，造成和他人的知名商品相混淆，使购买者误认为是该知名商品；

（三）擅自使用他人的企业名称或者姓名，引人误认为是他人的商品；

（四）在商品上伪造或者冒用认证标志、名优标志等质量标志，伪造产地，对商品质量作引人误解的虚假表示。

第六条　【禁止垄断经营】公用企业或者其他依法具有

独占地位的经营者,不得限定他人购买其指定的经营者的商品,以排挤其他经营者的公平竞争。

第七条 【禁止权力经营】政府及其所属部门不得滥用行政权力,限定他人购买其指定的经营者的商品,限制其他经营者正当的经营活动。

政府及其所属部门不得滥用行政权力,限制外地商品进入本地市场,或者本地商品流向外地市场。

第八条 【回扣和正当折扣】经营者不得采用财物或者其他手段进行贿赂以销售或者购买商品。在账外暗中给予对方单位或者个人回扣的,以行贿论处;对方单位或者个人在账外暗中收受回扣的,以受贿论处。

经营者销售或者购买商品,可以以明示方式给对方折扣,可以给中间人佣金。经营者给对方折扣、给中间人佣金的,必须如实入账。接受折扣、佣金的经营者必须如实入账。

第九条 【禁止虚假宣传】经营者不得利用广告或者其他方法,对商品的质量、制作成分、性能、用途、生产者、有效期限、产地等作引人误解的虚假宣传。

广告的经营者不得在明知或者应知的情况下,代理、设计、制作、发布虚假广告。

第十条 【侵犯商业秘密】经营者不得采用下列手段侵犯商业秘密:

(一)以盗窃、利诱、胁迫或者其他不正当手段获取权利人的商业秘密;

(二)披露、使用或者允许他人使用以前项手段获取的权利人的商业秘密;

(三)违反约定或者违反权利人有关保守商业秘密的要求,披露、使用或者允许他人使用其所掌握的商业秘密。

第三人明知或者应知前款所列违法行为,获取、使用或者披露他人的商业秘密,视为侵犯商业秘密。

本条所称的商业秘密,是指不为公众所知悉、能为权利人带来经济利益、具有实用性并经权利人采取保密措施的技术信息和经营信息。

第十一条 【禁止倾销】经营者不得以排挤竞争对手为目的,以低于成本的价格销售商品。

有下列情形之一的,不属于不正当竞争行为:

(一)销售鲜活商品;

(二)处理有效期限即将到期的商品或者其他积压的商品;

(三)季节性降价;

(四)因清偿债务、转产、歇业降价销售商品。

第十二条 【禁止搭售】经营者销售商品,不得违背购买者的意愿搭售商品或者附加其他不合理的条件。

第十三条 【禁止有奖销售】经营者不得从事下列有奖销售:

(一)采用谎称有奖或者故意让内定人员中奖的欺骗方式进行有奖销售;

(二)利用有奖销售的手段推销质次价高的商品;

(三)抽奖式的有奖销售,最高奖的金额超过5 000元。

第十四条 【不得损害商誉】经营者不得捏造、散布虚伪事实,损害竞争对手的商业信誉、商品声誉。

第十五条 【招投标之禁止】投标者不得串通投标,抬高标价或者压低标价。

投标者和招标者不得相互勾结,以排挤竞争对手的公平竞争。

第三章 监督检查

第十六条 【监督检查主体】县级以上监督检查部门对不正当竞争行为,可以进行监督检查。

第十七条 【监督检查主体职权】监督检查部门在监督检查不正当竞争行为时,有权行使下列职权:

(一)按照规定程序询问被检查的经营者、利害关系人、证明人,并要求提供证明材料或者与不正当竞争行为有关的其他资料;

(二)查询、复制与不正当竞争行为有关的协议、账册、单据、文件、记录、业务函电和其他资料;

(三)检查与本法第五条规定的不正当竞争行为有关的财物,必要时可以责令被检查的经营者说明该商品的来源和数量,暂停销售,听候检查,不得转移、隐匿、销毁该财物。

第十八条 【监督检查程序】监督检查部门工作人员监督检查不正当竞争行为时,应当出示检查证件。

第十九条 【被检查者义务】监督检查部门在监督检查不正当竞争行为时,被检查的经营者、利害关系人和证明人应当如实提供有关资料或者情况。

第四章 法律责任

第二十条 【民事赔偿及范围】经营者违反本法规定,给被侵害的经营者造成损害的,应当承担损害赔偿责任,被侵害的经营者的损失难以计算的,赔偿额为侵权人在侵权期间因侵权所获得的利润;并应当承担被侵害的经营者因调查该经营者侵害其合法权益的不正当竞争行为所支付的合理费用。

被侵害的经营者的合法权益受到不正当竞争行为损害的,可以向人民法院提起诉讼。

第二十一条 【假冒标识的责任】经营者假冒他人的注册商标,擅自使用他人的企业名称或者姓名,伪造或者冒用认证标志、名优标志等质量标志,伪造产地,对商品质量作引人误解的虚假表示的,依照《中华人民共和国商标法》、《中华人民共和国产品质量法》的规定处罚。

经营者擅自使用知名商品特有的名称、包装、装潢,或者使用与知名商品近似的名称、包装、装潢,造成和他人的知名商品相混淆,使购买者误认为是该知名商品的,监督检查部门应当责令停止违法行为，没收违法所得，可以根据情节处以违法所得1倍以上3倍以下的罚款；情节严重的，可以吊销营业执照；销售伪劣商品，构成犯罪的，依法追究刑事责任。

第二十二条　【贿赂销售或者购买商品的责任】经营者采用财物或者其他手段进行贿赂以销售或者购买商品，构成犯罪的，依法追究刑事责任；不构成犯罪的，监督检查部门可以根据情节处以1万元以上20万元以下的罚款，有违法所得的，予以没收。

第二十三条　【垄断经营的责任】公用企业或者其他依法具有独占地位的经营者，限定他人购买其指定的经营者的商品，以排挤其他经营者的公平竞争的，省级或者设区的市的监督检查部门应当责令停止违法行为，可以根据情节处以5万元以上20万元以下的罚款。被指定的经营者借此销售质次价高商品或者滥收费用的，监督检查部门应当没收违法所得，可以根据情节处以违法所得1倍以上3倍以下的罚款。

第二十四条　【虚假宣传的责任】经营者利用广告或者其他方法，对商品作引人误解的虚假宣传的，监督检查部门应当责令停止违法行为，消除影响，可以根据情节处以1万元以上20万元以下的罚款。

广告的经营者，在明知或者应知的情况下，代理、设计、制作、发布虚假广告的，监督检查部门应当责令停止违法行为，没收违法所得，并依法处以罚款。

第二十五条　【侵犯商业秘密的责任】违反本法第十条规定侵犯商业秘密的，监督检查部门应当责令停止违法行为，可以根据情节处以1万元以上20万元以下的罚款。

第二十六条　【违法有奖销售的责任】经营者违反本法第十三条规定进行有奖销售的，监督检查部门应当责令停止违法行为，可以根据情节处以1万元以上10万元以下的罚款。

第二十七条　【串通招投标的责任】投标者串通投标，抬高标价或者压低标价；投标者和招标者相互勾结，以排挤竞争对手的公平竞争的，其中标无效。监督检查部门可以根据情节处以1万元以上20万元以下的罚款。

第二十八条　【转移、隐匿、销毁与不正当竞争行为有关的财物的责任】经营者有违反被责令暂停销售，不得转移、隐匿、销毁与不正当竞争行为有关的财物的行为的，监督检查部门可以根据情节处以被销售、转移、隐匿、销毁财物的价款的1倍以上3倍以下的罚款。

第二十九条　【被处罚者的救济】当事人对监督检查部门作出的处罚决定不服的，可以自收到处罚决定之日起15日内向上一级主管机关申请复议；对复议决定不服的，可以自收到复议决定书之日起15日内向人民法院提起诉讼；也可以直接向人民法院提起诉讼。

第三十条　【政府违法的责任】政府及其所属部门违反本法第七条规定，限定他人购买其指定的经营者的商品、限制其他经营者正当的经营活动，或者限制商品在地区之间正常流通的，由上级机关责令其改正；情节严重的，由同级或者上级机关对直接责任人员给予行政处分。被指定的经营者借此销售质次价高商品或者滥收费用的，监督检查部门应当没收违法所得，可以根据情节处以违法所得1倍以上3倍以下的罚款。

第三十一条　【检查人员违法的责任】监督检查不正当竞争行为的国家机关工作人员滥用职权、玩忽职守，构成犯罪的，依法追究刑事责任；不构成犯罪的，给予行政处分。

第三十二条　【包庇犯罪的责任】监督检查不正当竞争行为的国家机关工作人员徇私舞弊，对明知有违反本法规定构成犯罪的经营者故意包庇不使他受追诉的，依法追究刑事责任。

第五章　附　　则

第三十三条　【实施日期】本法自1993年12月1日起施行。

中华人民共和国促进科技成果转化法

（1996年5月15日第八届全国人民代表大会常务委员会第十九次会议通过　根据2015年8月29日第十二届全国人民代表大会常务委员会第十六次会议《关于修改〈中华人民共和国促进科技成果转化法〉的决定》修正）

目　　录

第一章　总　　则

第一条　为了促进科技成果转化为现实生产力，规范科技成果转化活动，加速科学技术进步，推动经济建设和社会发展，制定本法。

第二条　本法所称科技成果，是指通过科学研究与技术开发所产生的具有实用价值的成果。职务科技成果，是指执行研究开发机构、高等院校和企业等单位的工作任务，或者主要是利用上述单位的物质技术条件所完成的科技成果。

本法所称科技成果转化，是指为提高生产力水平而对科技成果所进行的后续试验、开发、应用、推广直至形成新技术、新工艺、新材料、新产品，发展新产业等活动。

第三条　科技成果转化活动应当有利于加快实施创新驱

动发展战略，促进科技与经济的结合，有利于提高经济效益、社会效益和保护环境、合理利用资源，有利于促进经济建设、社会发展和维护国家安全。

科技成果转化活动应当尊重市场规律，发挥企业的主体作用，遵循自愿、互利、公平、诚实信用的原则，依照法律法规规定和合同约定，享有权益，承担风险。科技成果转化活动中的知识产权受法律保护。

科技成果转化活动应当遵守法律法规，维护国家利益，不得损害社会公共利益和他人合法权益。

第四条　国家对科技成果转化合理安排财政资金投入，引导社会资金投入，推动科技成果转化资金投入的多元化。

第五条　国务院和地方各级人民政府应当加强科技、财政、投资、税收、人才、产业、金融、政府采购、军民融合等政策协同，为科技成果转化创造良好环境。

地方各级人民政府根据本法规定的原则，结合本地实际，可以采取更加有利于促进科技成果转化的措施。

第六条　国家鼓励科技成果首先在中国境内实施。中国单位或者个人向境外的组织、个人转让或者许可其实施科技成果的，应当遵守相关法律、行政法规以及国家有关规定。

第七条　国家为了国家安全、国家利益和重大社会公共利益的需要，可以依法组织实施或者许可他人实施相关科技成果。

第八条　国务院科学技术行政部门、经济综合管理部门和其他有关行政部门依照国务院规定的职责，管理、指导和协调科技成果转化工作。

地方各级人民政府负责管理、指导和协调本行政区域内的科技成果转化工作。

第二章　组织实施

第九条　国务院和地方各级人民政府应当将科技成果的转化纳入国民经济和社会发展计划，并组织协调实施有关科技成果的转化。

第十条　利用财政资金设立应用类科技项目和其他相关科技项目，有关行政部门、管理机构应当改进和完善科研组织管理方式，在制定相关科技规划、计划和编制项目指南时应当听取相关行业、企业的意见；在组织实施应用类科技项目时，应当明确项目承担者的科技成果转化义务，加强知识产权管理，并将科技成果转化和知识产权创造、运用作为立项和验收的重要内容和依据。

第十一条　国家建立、完善科技报告制度和科技成果信息系统，向社会公布科技项目实施情况以及科技成果和相关知识产权信息，提供科技成果信息查询、筛选等公益服务。公布有关信息不得泄露国家秘密和商业秘密。对不予公布的信息，有关部门应当及时告知相关科技项目承担者。

利用财政资金设立的科技项目的承担者应当按照规定及时提交相关科技报告，并将科技成果和相关知识产权信息汇交到科技成果信息系统。

国家鼓励利用非财政资金设立的科技项目的承担者提交相关科技报告，将科技成果和相关知识产权信息汇交到科技成果信息系统，县级以上人民政府负责相关工作的部门应当为其提供方便。

第十二条　对下列科技成果转化项目，国家通过政府采购、研究开发资助、发布产业技术指导目录、示范推广等方式予以支持：

（一）能够显著提高产业技术水平、经济效益或者能够形成促进社会经济健康发展的新产业的；

（二）能够显著提高国家安全能力和公共安全水平的；

（三）能够合理开发和利用资源、节约能源、降低消耗以及防治环境污染、保护生态、提高应对气候变化和防灾减灾能力的；

（四）能够改善民生和提高公共健康水平的；

（五）能够促进现代农业或者农村经济发展的；

（六）能够加快民族地区、边远地区、贫困地区社会经济发展的。

第十三条　国家通过制定政策措施，提倡和鼓励采用先进技术、工艺和装备，不断改进、限制使用或者淘汰落后技术、工艺和装备。

第十四条　国家加强标准制定工作，对新技术、新工艺、新材料、新产品依法及时制定国家标准、行业标准，积极参与国际标准的制定，推动先进适用技术推广和应用。

国家建立有效的军民科技成果相互转化体系，完善国防科技协同创新体制机制。军品科研生产应当依法优先采用先进适用的民用标准，推动军用、民用技术相互转移、转化。

第十五条　各级人民政府组织实施的重点科技成果转化项目，可以由有关部门组织采用公开招标的方式实施转化。有关部门应当对中标单位提供招标时确定的资助或者其他条件。

第十六条　科技成果持有者可以采用下列方式进行科技成果转化：

（一）自行投资实施转化；

（二）向他人转让该科技成果；

（三）许可他人使用该科技成果；

（四）以该科技成果作为合作条件，与他人共同实施转化；

（五）以该科技成果作价投资，折算股份或者出资比例；

（六）其他协商确定的方式。

第十七条　国家鼓励研究开发机构、高等院校采取转让、许可或者作价投资等方式，向企业或者其他组织转移科技成果。

国家设立的研究开发机构、高等院校应当加强对科技成果转化的管理、组织和协调，促进科技成果转化队伍建设，优化科技成果转化流程，通过本单位负责技术转移工作的机构或者委托独立的科技成果转化服务机构开展技术转移。

第十八条 国家设立的研究开发机构、高等院校对其持有的科技成果，可以自主决定转让、许可或者作价投资，但应当通过协议定价、在技术交易市场挂牌交易、拍卖等方式确定价格。通过协议定价的，应当在本单位公示科技成果名称和拟交易价格。

第十九条 国家设立的研究开发机构、高等院校所取得的职务科技成果，完成人和参加人在不变更职务科技成果权属的前提下，可以根据与本单位的协议进行该项科技成果的转化，并享有协议规定的权益。该单位对上述科技成果转化活动应当予以支持。

科技成果完成人或者课题负责人，不得阻碍职务科技成果的转化，不得将职务科技成果及其技术资料和数据占为己有，侵犯单位的合法权益。

第二十条 研究开发机构、高等院校的主管部门以及财政、科学技术等相关行政部门应当建立有利于促进科技成果转化的绩效考核评价体系，将科技成果转化情况作为对相关单位及人员评价、科研资金支持的重要内容和依据之一，并对科技成果转化绩效突出的相关单位及人员加大科研资金支持。

国家设立的研究开发机构、高等院校应当建立符合科技成果转化工作特点的职称评定、岗位管理和考核评价制度，完善收入分配激励约束机制。

第二十一条 国家设立的研究开发机构、高等院校应当向其主管部门提交科技成果转化情况年度报告，说明本单位依法取得的科技成果数量、实施转化情况以及相关收入分配情况，该主管部门应当按照规定将科技成果转化情况年度报告报送财政、科学技术等相关行政部门。

第二十二条 企业为采用新技术、新工艺、新材料和生产新产品，可以自行发布信息或者委托科技中介服务机构征集其所需的科技成果，或者征寻科技成果转化的合作者。

县级以上地方各级人民政府科学技术行政部门和其他有关部门应当根据职责分工，为企业获取所需的科技成果提供帮助和支持。

第二十三条 企业依法有权独立或者与境内外企业、事业单位和其他合作者联合实施科技成果转化。

企业可以通过公平竞争，独立或者与其他单位联合承担政府组织实施的科技研究开发和科技成果转化项目。

第二十四条 对利用财政资金设立的具有市场应用前景、产业目标明确的科技项目，政府有关部门、管理机构应当发挥企业在研究开发方向选择、项目实施和成果应用中的主导作用，鼓励企业、研究开发机构、高等院校及其他组织共同实施。

第二十五条 国家鼓励研究开发机构、高等院校与企业相结合，联合实施科技成果转化。

研究开发机构、高等院校可以参与政府有关部门或者企业实施科技成果转化的招标投标活动。

第二十六条 国家鼓励企业与研究开发机构、高等院校及其他组织采取联合建立研究开发平台、技术转移机构或者技术创新联盟等产学研合作方式，共同开展研究开发、成果应用与推广、标准研究与制定等活动。

合作各方应当签订协议，依法约定合作的组织形式、任务分工、资金投入、知识产权归属、权益分配、风险分担和违约责任等事项。

第二十七条 国家鼓励研究开发机构、高等院校与企业及其他组织开展科技人员交流，根据专业特点、行业领域技术发展需要，聘请企业及其他组织的科技人员兼职从事教学和科研工作，支持本单位的科技人员到企业及其他组织从事科技成果转化活动。

第二十八条 国家支持企业与研究开发机构、高等院校、职业院校及培训机构联合建立学生实习实践培训基地和研究生科研实践工作机构，共同培养专业技术人才和高技能人才。

第二十九条 国家鼓励农业科研机构、农业试验示范单位独立或者与其他单位合作实施农业科技成果转化。

第三十条 国家培育和发展技术市场，鼓励创办科技中介服务机构，为技术交易提供交易场所、信息平台以及信息检索、加工与分析、评估、经纪等服务。

科技中介服务机构提供服务，应当遵循公正、客观的原则，不得提供虚假的信息和证明，对其在服务过程中知悉的国家秘密和当事人的商业秘密负有保密义务。

第三十一条 国家支持根据产业和区域发展需要建设公共研究开发平台，为科技成果转化提供技术集成、共性技术研究开发、中间试验和工业性试验、科技成果系统化和工程化开发、技术推广与示范等服务。

第三十二条 国家支持科技企业孵化器、大学科技园等科技企业孵化机构发展，为初创期科技型中小企业提供孵化场地、创业辅导、研究开发与管理咨询等服务。

第三章 保障措施

第三十三条 科技成果转化财政经费，主要用于科技成果转化的引导资金、贷款贴息、补助资金和风险投资以及其他促进科技成果转化的资金用途。

第三十四条 国家依照有关税收法律、行政法规规定对科技成果转化活动实行税收优惠。

第三十五条 国家鼓励银行业金融机构在组织形式、管理机制、金融产品和服务等方面进行创新，鼓励开展知识产权质押贷款、股权质押贷款等贷款业务，为科技成果转化提供金融支持。

国家鼓励政策性金融机构采取措施，加大对科技成果转化的金融支持。

第三十六条 国家鼓励保险机构开发符合科技成果转化特点的保险品种，为科技成果转化提供保险服务。

第三十七条 国家完善多层次资本市场，支持企业通过股权交易、依法发行股票和债券等直接融资方式为科技成果转化项目进行融资。

第三十八条 国家鼓励创业投资机构投资科技成果转化项目。

国家设立的创业投资引导基金，应当引导和支持创业投资机构投资初创期科技型中小企业。

第三十九条 国家鼓励设立科技成果转化基金或者风险基金，其资金来源由国家、地方、企业、事业单位以及其他组织或者个人提供，用于支持高投入、高风险、高产出的科技成果的转化，加速重大科技成果的产业化。

科技成果转化基金和风险基金的设立及其资金使用，依照国家有关规定执行。

第四章 技术权益

第四十条 科技成果完成单位与其他单位合作进行科技成果转化的，应当依法由合同约定该科技成果有关权益的归属。合同未作约定的，按照下列原则办理：

（一）在合作转化中无新的发明创造的，该科技成果的权益，归该科技成果完成单位；

（二）在合作转化中产生新的发明创造的，该新发明创造的权益归合作各方共有；

（三）对合作转化中产生的科技成果，各方都有实施该项科技成果的权利，转让该科技成果应经合作各方同意。

第四十一条 科技成果完成单位与其他单位合作进行科技成果转化的，合作各方应当就保守技术秘密达成协议；当事人不得违反协议或者违反权利人有关保守技术秘密的要求，披露、允许他人使用该技术。

第四十二条 企业、事业单位应当建立健全技术秘密保护制度，保护本单位的技术秘密。职工应当遵守本单位的技术秘密保护制度。

企业、事业单位可以与参加科技成果转化的有关人员签订在职期间或者离职、离休、退休后一定期限内保守本单位技术秘密的协议；有关人员不得违反协议约定，泄露本单位的技术秘密和从事与原单位相同的科技成果转化活动。

职工不得将职务科技成果擅自转让或者变相转让。

第四十三条 国家设立的研究开发机构、高等院校转化科技成果所获得的收入全部留归本单位，在对完成、转化职务科技成果做出重要贡献的人员给予奖励和报酬后，主要用于科学技术研究开发与成果转化等相关工作。

第四十四条 职务科技成果转化后，由科技成果完成单位对完成、转化该项科技成果做出重要贡献的人员给予奖励和报酬。

科技成果完成单位可以规定或者与科技人员约定奖励和报酬的方式、数额和时限。单位制定相关规定，应当充分听取本单位科技人员的意见，并在本单位公开相关规定。

第四十五条 科技成果完成单位未规定、也未与科技人员约定奖励和报酬的方式和数额的，按照下列标准对完成、转化职务科技成果做出重要贡献的人员给予奖励和报酬：

（一）将该项职务科技成果转让、许可给他人实施的，从该项科技成果转让净收入或者许可净收入中提取不低于百分之五十的比例；

（二）利用该项职务科技成果作价投资的，从该项科技成果形成的股份或者出资比例中提取不低于百分之五十的比例；

（三）将该项职务科技成果自行实施或者与他人合作实施的，应当在实施转化成功投产后连续三至五年，每年从实施该项科技成果的营业利润中提取不低于百分之五的比例。

国家设立的研究开发机构、高等院校规定或者与科技人员约定奖励和报酬的方式和数额应当符合前款第一项至第三项规定的标准。

国有企业、事业单位依照本法规定对完成、转化职务科技成果做出重要贡献的人员给予奖励和报酬的支出计入当年本单位工资总额，但不受当年本单位工资总额限制、不纳入本单位工资总额基数。

第五章 法律责任

第四十六条 利用财政资金设立的科技项目的承担者未依照本法规定提交科技报告、汇交科技成果和相关知识产权信息的，由组织实施项目的政府有关部门、管理机构责令改正；情节严重的，予以通报批评，禁止其在一定期限内承担利用财政资金设立的科技项目。

国家设立的研究开发机构、高等院校未依照本法规定提交科技成果转化情况年度报告的，由其主管部门责令改正；情节严重的，予以通报批评。

第四十七条 违反本法规定，在科技成果转化活动中弄虚作假，采取欺骗手段，骗取奖励和荣誉称号、诈骗钱财、非法牟利的，由政府有关部门依照管理职责责令改正，取消该奖励和荣誉称号，没收违法所得，并处以罚款。给他人造成经济损失的，依法承担民事赔偿责任。构成犯罪的，依法追究刑事责任。

第四十八条 科技服务机构及其从业人员违反本法规定，故意提供虚假的信息、实验结果或者评估意见等欺骗当事人，或者与当事人一方串通欺骗另一方当事人的，由政府有关部门依照管理职责责令改正，没收违法所得，并处以罚款；情节严重的，由工商行政管理部门依法吊销营业执照。给他人造成经济损失的，依法承担民事赔偿责任；构成犯罪的，依法追究刑事责任。

科技中介服务机构及其从业人员违反本法规定泄露国家秘密或者当事人的商业秘密的，依照有关法律、行政法规的规定承担相应的法律责任。

第四十九条　科学技术行政部门和其他有关部门及其工作人员在科技成果转化中滥用职权、玩忽职守、徇私舞弊的，由任免机关或者监察机关对直接负责的主管人员和其他直接责任人员依法给予处分；构成犯罪的，依法追究刑事责任。

第五十条　违反本法规定，以唆使窃取、利诱胁迫等手段侵占他人的科技成果，侵犯他人合法权益的，依法承担民事赔偿责任，可以处以罚款；构成犯罪的，依法追究刑事责任。

第五十一条　违反本法规定，职工未经单位允许，泄露本单位的技术秘密，或者擅自转让、变相转让职务科技成果的，参加科技成果转化的有关人员违反与本单位的协议，在离职、离休、退休后约定的期限内从事与原单位相同的科技成果转化活动，给本单位造成经济损失的，依法承担民事赔偿责任；构成犯罪的，依法追究刑事责任。

第六章　附　　则

第五十二条　本法自1996年10月1日起施行。

中华人民共和国
知识产权海关保护条例

（2003年12月2日国务院令第395号公布　根据2010年3月24日《国务院关于修改〈中华人民共和国知识产权海关保护条例〉的决定》修订）

第一章　总　　则

第一条　为了实施知识产权海关保护，促进对外经济贸易和科技文化交往，维护公共利益，根据《中华人民共和国海关法》，制定本条例。

第二条　本条例所称知识产权海关保护，是指海关对与进出口货物有关并受中华人民共和国法律、行政法规保护的商标专用权、著作权和与著作权有关的权利、专利权（以下统称知识产权）实施的保护。

第三条　国家禁止侵犯知识产权的货物进出口。

海关依照有关法律和本条例的规定实施知识产权保护，行使《中华人民共和国海关法》规定的有关权力。

第四条　知识产权权利人请求海关实施知识产权保护的，应当向海关提出采取保护措施的申请。

第五条　进口货物的收货人或者其代理人、出口货物的发货人或者其代理人应当按照国家规定，向海关如实申报与进出口货物有关的知识产权状况，并提交有关证明文件。

第六条　海关实施知识产权保护时，应当保守有关当事人的商业秘密。

第二章　知识产权的备案

第七条　知识产权权利人可以依照本条例的规定，将其知识产权向海关总署申请备案；申请备案的，应当提交申请书。申请书应当包括下列内容：

（一）知识产权权利人的名称或者姓名、注册地或者国籍等；

（二）知识产权的名称、内容及其相关信息；

（三）知识产权许可行使状况；

（四）知识产权权利人合法行使知识产权的货物的名称、产地、进出境地海关、进出口商、主要特征、价格等；

（五）已知的侵犯知识产权货物的制造商、进出口商、进出境地海关、主要特征、价格等。

前款规定的申请书内容有证明文件的，知识产权权利人应当附送证明文件。

第八条　海关总署应当自收到全部申请文件之日起30个工作日内作出是否准予备案的决定，并书面通知申请人；不予备案的，应当说明理由。

有下列情形之一的，海关总署不予备案：

（一）申请文件不齐全或者无效的；

（二）申请人不是知识产权权利人的；

（三）知识产权不再受法律、行政法规保护的。

第九条　海关发现知识产权权利人申请知识产权备案未如实提供有关情况或者文件的，海关总署可以撤销其备案。

第十条　知识产权海关保护备案自海关总署准予备案之日起生效，有效期为10年。

知识产权有效的，知识产权权利人可以在知识产权海关保护备案有效期届满前6个月内，向海关总署申请续展备案。每次续展备案的有效期为10年。

知识产权海关保护备案有效期届满而不申请续展或者知识产权不再受法律、行政法规保护的，知识产权海关保护备案随即失效。

第十一条　知识产权备案情况发生改变的，知识产权权利人应当自发生改变之日起30个工作日内，向海关总署办理备案变更或者注销手续。

知识产权权利人未依照前款规定办理变更或者注销手续，给他人合法进出口或者海关依法履行监管职责造成严重影响的，海关总署可以根据有关利害关系人的申请撤销有关备案，也可以主动撤销有关备案。

第三章　扣留侵权嫌疑货物的申请及其处理

第十二条　知识产权权利人发现侵权嫌疑货物即将进出口的，可以向货物进出境地海关提出扣留侵权嫌疑货物的申请。

第十三条　知识产权权利人请求海关扣留侵权嫌疑货物

的，应当提交申请书及相关证明文件，并提供足以证明侵权事实明显存在的证据。

申请书应当包括下列主要内容：

（一）知识产权权利人的名称或者姓名、注册地或者国籍等；

（二）知识产权的名称、内容及其相关信息；

（三）侵权嫌疑货物收货人和发货人的名称；

（四）侵权嫌疑货物名称、规格等；

（五）侵权嫌疑货物可能进出境的口岸、时间、运输工具等。

侵权嫌疑货物涉嫌侵犯备案知识产权的，申请书还应当包括海关备案号。

第十四条 知识产权权利人请求海关扣留侵权嫌疑货物的，应当向海关提供不超过货物等值的担保，用于赔偿可能因申请不当给收货人、发货人造成的损失，以及支付货物由海关扣留后的仓储、保管和处置等费用；知识产权权利人直接向仓储商支付仓储、保管费用的，从担保中扣除。具体办法由海关总署制定。

第十五条 知识产权权利人申请扣留侵权嫌疑货物，符合本条例第十三条的规定，并依照本条例第十四条的规定提供担保的，海关应当扣留侵权嫌疑货物，书面通知知识产权权利人，并将海关扣留凭单送达收货人或者发货人。

知识产权权利人申请扣留侵权嫌疑货物，不符合本条例第十三条的规定，或者未依照本条例第十四条的规定提供担保的，海关应当驳回申请，并书面通知知识产权权利人。

第十六条 海关发现进出口货物有侵犯备案知识产权嫌疑的，应当立即书面通知知识产权权利人。知识产权权利人自通知送达之日起3个工作日内依照本条例第十三条的规定提出申请，并依照本条例第十四条的规定提供担保的，海关应当扣留侵权嫌疑货物，书面通知知识产权权利人，并将海关扣留凭单送达收货人或者发货人。知识产权权利人逾期未提出申请或者未提供担保的，海关不得扣留货物。

第十七条 经海关同意，知识产权权利人和收货人或者发货人可以查看有关货物。

第十八条 收货人或者发货人认为其货物未侵犯知识产权权利人的知识产权的，应当向海关提出书面说明并附送相关证据。

第十九条 涉嫌侵犯专利权货物的收货人或者发货人认为其进出口货物未侵犯专利权的，可以在向海关提供货物等值的担保金后，请求海关放行其货物。知识产权权利人未能在合理期限内向人民法院起诉的，海关应当退还担保金。

第二十条 海关发现进出口货物有侵犯备案知识产权嫌疑并通知知识产权权利人后，知识产权权利人请求海关扣留侵权嫌疑货物的，海关应当自扣留之日起30个工作日内对被扣留的侵权嫌疑货物是否侵犯知识产权进行调查、认定；不能认定的，应当立即书面通知知识产权权利人。

第二十一条 海关对被扣留的侵权嫌疑货物进行调查，请求知识产权主管部门提供协助的，有关知识产权主管部门应当予以协助。

知识产权主管部门处理涉及进出口货物的侵权案件请求海关提供协助的，海关应当予以协助。

第二十二条 海关对被扣留的侵权嫌疑货物及有关情况进行调查时，知识产权权利人和收货人或者发货人应当予以配合。

第二十三条 知识产权权利人在向海关提出采取保护措施的申请后，可以依照《中华人民共和国商标法》、《中华人民共和国著作权法》、《中华人民共和国专利法》或者其他有关法律的规定，就被扣留的侵权嫌疑货物向人民法院申请采取责令停止侵权行为或者财产保全的措施。

海关收到人民法院有关责令停止侵权行为或者财产保全的协助执行通知的，应当予以协助。

第二十四条 有下列情形之一的，海关应当放行被扣留的侵权嫌疑货物：

（一）海关依照本条例第十五条的规定扣留侵权嫌疑货物，自扣留之日起20个工作日内未收到人民法院协助执行通知的；

（二）海关依照本条例第十六条的规定扣留侵权嫌疑货物，自扣留之日起50个工作日内未收到人民法院协助执行通知，并且经调查不能认定被扣留的侵权嫌疑货物侵犯知识产权的；

（三）涉嫌侵犯专利权货物的收货人或者发货人在向海关提供与货物等值的担保金后，请求海关放行其货物的；

（四）海关认为收货人或者发货人有充分的证据证明其货物未侵犯知识产权权利人的知识产权的；

（五）在海关认定被扣留的侵权嫌疑货物为侵权货物之前，知识产权权利人撤回扣留侵权嫌疑货物的申请的。

第二十五条 海关依照本条例的规定扣留侵权嫌疑货物，知识产权权利人应当支付有关仓储、保管和处置等费用。知识产权权利人未支付有关费用的，海关可以从其向海关提供的担保金中予以扣除，或者要求担保人履行有关担保责任。

侵权嫌疑货物被认定为侵犯知识产权的，知识产权权利人可以将其支付的有关仓储、保管和处置等费用计入其为制止侵权行为所支付的合理开支。

第二十六条 海关实施知识产权保护发现涉嫌犯罪案件的，应当将案件依法移送公安机关处理。

第四章 法律责任

第二十七条 被扣留的侵权嫌疑货物，经海关调查后认定侵犯知识产权的，由海关予以没收。

海关没收侵犯知识产权货物后，应当将侵犯知识产权货物的有关情况书面通知知识产权权利人。

被没收的侵犯知识产权货物可以用于社会公益事业的，海关应当转交给有关公益机构用于社会公益事业；知识产权权利人有收购意愿的，海关可以有偿转让给知识产权权利人。被没收的侵犯知识产权货物无法用于社会公益事业且知识产权权利人无收购意愿的，海关可以在消除侵权特征后依法拍卖，但对进口假冒商标货物，除特殊情况外，不能仅清除货物上的商标标识即允许其进入商业渠道；侵权特征无法消除的，海关应当予以销毁。

第二十八条　海关接受知识产权保护备案和采取知识产权保护措施的申请后，因知识产权权利人未提供确切情况而未能发现侵权货物、未能及时采取保护措施或者采取保护措施不力的，由知识产权权利人自行承担责任。

知识产权权利人请求海关扣留侵权嫌疑货物后，海关不能认定被扣留的侵权嫌疑货物侵犯知识产权权利人的知识产权，或者人民法院判定不侵犯知识产权权利人的知识产权的，知识产权权利人应当依法承担赔偿责任。

第二十九条　进口或者出口侵犯知识产权货物，构成犯罪的，依法追究刑事责任。

第三十条　海关工作人员在实施知识产权保护时，玩忽职守、滥用职权、徇私舞弊，构成犯罪的，依法追究刑事责任；尚不构成犯罪的，依法给予行政处分。

第五章　附　　则

第三十一条　个人携带或者邮寄进出境的物品，超出自用、合理数量，并侵犯本条例第二条规定的知识产权的，按照侵权货物处理。

第三十二条　知识产权权利人将其知识产权向海关总署备案的，应当按照国家有关规定缴纳备案费。

第三十三条　本条例自2004年3月1日起施行。1995年7月5日国务院发布的《中华人民共和国知识产权海关保护条例》同时废止。

国务院关于新形势下加快知识产权强国建设的若干意见

（2015年12月18日　国发〔2015〕71号）

各省、自治区、直辖市人民政府，国务院各部委、各直属机构：

国家知识产权战略实施以来，我国知识产权创造运用水平大幅提高，保护状况明显改善，全社会知识产权意识普遍增强，知识产权工作取得长足进步，对经济社会发展发挥了重要作用。同时，仍面临知识产权大而不强、多而不优、保护不够严格、侵权易发多发、影响创新创业热情等问题，亟待研究解决。当前，全球新一轮科技革命和产业变革蓄势待发，我国经济发展方式加快转变，创新引领发展的趋势更加明显，知识产权制度激励创新的基本保障作用更加突出。为深入实施创新驱动发展战略，深化知识产权领域改革，加快知识产权强国建设，现提出如下意见。

一、总体要求

（一）指导思想。全面贯彻党的十八大和十八届二中、三中、四中、五中全会精神，按照"四个全面"战略布局和党中央、国务院决策部署，深入实施国家知识产权战略，深化知识产权重点领域改革，有效促进知识产权创造运用，实行更加严格的知识产权保护，优化知识产权公共服务，促进新技术、新产业、新业态蓬勃发展，提升产业国际化发展水平，保障和激励大众创业、万众创新，为实施创新驱动发展战略提供有力支撑，为推动经济保持中高速增长、迈向中高端水平，实现"两个一百年"奋斗目标和中华民族伟大复兴的中国梦奠定更加坚实的基础。

（二）基本原则。

坚持战略引领。按照创新驱动发展战略和"一带一路"等战略部署，推动提升知识产权创造、运用、保护、管理和服务能力，深化知识产权战略实施，提升知识产权质量，实现从大向强、从多向优的转变，实施新一轮高水平对外开放，促进经济持续健康发展。

坚持改革创新。加快完善中国特色知识产权制度，改革创新体制机制，破除制约知识产权事业发展的障碍，着力推进创新改革试验，强化分配制度的知识价值导向，充分发挥知识产权制度在激励创新、促进创新成果合理分享方面的关键作用，推动企业提质增效、产业转型升级。

坚持市场主导。发挥市场配置创新资源的决定性作用，强化企业创新主体地位和主导作用，促进创新要素合理流动和高效配置。加快简政放权、放管结合、优化服务，加强知识产权政策支持、公共服务和市场监管，着力构建公平公正、开放透明的知识产权法治环境和市场环境，促进大众创业、万众创新。

坚持统筹兼顾。统筹国际国内创新资源，形成若干知识产权领先发展区域，培育我国知识产权优势。加强全球开放创新协作，积极参与、推动知识产权国际规则制定和完善，构建公平合理国际经济秩序，为市场主体参与国际竞争创造有利条件，实现优进优出和互利共赢。

（三）主要目标。到2020年，在知识产权重要领域和关键环节改革上取得决定性成果，知识产权授权确权和执法保护体系进一步完善，基本形成权界清晰、分工合理、责权一致、运转高效、法治保障的知识产权体制机制，知识产权创造、运用、保护、管理和服务能力大幅提升，创新创业环境进一步优化，逐步形成产业参与国际竞争的知识产权新优势，基本实现知识产权治理体系和治理能力现代化，建成一批知识产权强省、强市，知识产权大国地位得到全方位巩固，为建成中国特色、世界水平的知识产权强国奠定坚实基础。

二、推进知识产权管理体制机制改革

（四）研究完善知识产权管理体制。完善国家知识产权战略实施工作部际联席会议制度，由国务院领导同志担任召集人。积极研究探索知识产权管理体制机制改革。授权地方开展知识产权改革试验。鼓励有条件的地方开展知识产权综合管理改革试点。

（五）改善知识产权服务业及社会组织管理。放宽知识产权服务业准入，促进服务业优质高效发展，加快建设知识产权服务业集聚区。扩大专利代理领域开放，放宽对专利代理机构股东或合伙人的条件限制。探索开展知识产权服务行业协会组织"一业多会"试点。完善执业信息披露制度，及时公开知识产权代理机构和从业人员信用评价等相关信息。规范著作权集体管理机构收费标准，完善收益分配制度，让著作权人获得更多许可收益。

（六）建立重大经济活动知识产权评议制度。研究制定知识产权评议政策。完善知识产权评议工作指南，规范评议范围和程序。围绕国家重大产业规划、高技术领域重大投资项目等开展知识产权评议，建立国家科技计划知识产权目标评估制度，积极探索重大科技活动知识产权评议试点，建立重点领域知识产权评议报告发布制度，提高创新效率，降低产业发展风险。

（七）建立以知识产权为重要内容的创新驱动发展评价制度。完善发展评价体系，将知识产权产品逐步纳入国民经济核算，将知识产权指标纳入国民经济和社会发展规划。发布年度知识产权发展状况报告。在对党政领导班子和领导干部进行综合考核评价时，注重鼓励发明创造、保护知识产权、加强转化运用、营造良好环境等方面的情况和成效。探索建立经营业绩、知识产权和创新并重的国有企业考评模式。按照国家有关规定设置知识产权奖励项目，加大各类国家奖励制度的知识产权评价权重。

三、实行严格的知识产权保护

（八）加大知识产权侵权行为惩治力度。推动知识产权保护法治化，发挥司法保护的主导作用，完善行政执法和司法保护两条途径优势互补、有机衔接的知识产权保护模式。提高知识产权侵权法定赔偿上限，针对情节严重的恶意侵权行为实施惩罚性赔偿并由侵权人承担实际发生的合理开支。进一步推进侵犯知识产权行政处罚案件信息公开。完善知识产权快速维权机制。加强海关知识产权执法保护。加大国际展会、电子商务等领域知识产权执法力度。开展与相关国际组织和境外执法部门的联合执法，加强知识产权司法保护对外合作，推动我国成为知识产权国际纠纷的重要解决地，构建更有国际竞争力的开放创新环境。

（九）加大知识产权犯罪打击力度。依法严厉打击侵犯知识产权犯罪行为，重点打击链条式、产业化知识产权犯罪网络。进一步加强知识产权行政执法与刑事司法衔接，加大涉嫌犯罪案件移交工作力度。完善涉外知识产权执法机制，加强刑事执法国际合作，加大涉外知识产权犯罪案件侦办力度。加强与有关国际组织和国家间打击知识产权犯罪行为的司法协助，加大案情通报和情报信息交换力度。

（十）建立健全知识产权保护预警防范机制。将故意侵犯知识产权行为情况纳入企业和个人信用记录。推动完善商业秘密保护法律法规，加强人才交流和技术合作中的商业秘密保护。开展知识产权保护社会满意度调查。建立收集假冒产品来源地相关信息的工作机制，发布年度中国海关知识产权保护状况报告。加强大型专业化市场知识产权管理和保护工作。发挥行业组织在知识产权保护中的积极作用。运用大数据、云计算、物联网等信息技术，加强在线创意、研发成果的知识产权保护，提升预警防范能力。加大对小微企业知识产权保护援助力度，构建公平竞争、公平监管的创新创业和营商环境。

（十一）加强新业态新领域创新成果的知识产权保护。完善植物新品种、生物遗传资源及其相关传统知识、数据库保护和国防知识产权等相关法律制度。适时做好地理标志立法工作。研究完善商业模式知识产权保护制度和实用艺术品外观设计专利保护制度。加强互联网、电子商务、大数据等领域的知识产权保护规则研究，推动完善相关法律法规。制定众创、众包、众扶、众筹的知识产权保护政策。

（十二）规制知识产权滥用行为。完善规制知识产权滥用行为的法律制度，制定相关反垄断执法指南。完善知识产权反垄断监管机制，依法查处滥用知识产权排除和限制竞争等垄断行为。完善标准必要专利的公平、合理、无歧视许可政策和停止侵权适用规则。

四、促进知识产权创造运用

（十三）完善知识产权审查和注册机制。建立计算机软件著作权快速登记通道。优化专利和商标的审查流程与方式，实现知识产权在线登记、电子申请和无纸化审批。完善知识产权审查协作机制，建立重点优势产业专利申请的集中审查制度，建立健全涉及产业安全的专利审查工作机制。合理扩大专利确权程序依职权审查范围，完善授权后专利文件修改制度。拓展"专利审查高速路"国际合作网络，加快建设世界一流专利审查机构。

（十四）完善职务发明制度。鼓励和引导企事业单位依法建立健全发明报告、权属划分、奖励报酬、纠纷解决等职务发明管理制度。探索完善创新成果收益分配制度，提高骨干团队、主要发明人收益比重，保障职务发明人的合法权益。按照相关政策规定，鼓励国有企业赋予下属科研院所知识产权处置和收益分配权。

（十五）推动专利许可制度改革。强化专利以许可方式对外扩散。研究建立专利当然许可制度，鼓励更多专利权人对社会公开许可专利。完善专利强制许可启动、审批和实施程序。鼓励高等院校、科研院所等事业单位通过无偿许可专利的方式,支持单位员工和大学生创新创业。

(十六)加强知识产权交易平台建设。构建知识产权运营服务体系,加快建设全国知识产权运营公共服务平台。创新知识产权投融资产品,探索知识产权证券化,完善知识产权信用担保机制,推动发展投贷联动、投保联动、投债联动等新模式。在全面创新改革试验区域引导天使投资、风险投资、私募基金加强对高技术领域的投资。细化会计准则规定,推动企业科学核算和管理知识产权资产。推动高等院校、科研院所建立健全知识产权转移转化机构。支持探索知识产权创造与运营的众筹、众包模式,促进"互联网＋知识产权"融合发展。

(十七)培育知识产权密集型产业。探索制定知识产权密集型产业目录和发展规划。运用股权投资基金等市场化方式,引导社会资金投入知识产权密集型产业。加大政府采购对知识产权密集型产品的支持力度。试点建设知识产权密集型产业集聚区和知识产权密集型产业产品示范基地,推行知识产权集群管理,推动先进制造业加快发展,产业迈向中高端水平。

(十八)提升知识产权附加值和国际影响力。实施专利质量提升工程,培育一批核心专利。加大轻工、纺织、服装等产业的外观设计专利保护力度。深化商标富农工作。加强对非物质文化遗产、民间文艺、传统知识的开发利用,推进文化创意、设计服务与相关产业融合发展。支持企业运用知识产权进行海外股权投资。积极参与国际标准制定,推动有知识产权的创新技术转化为标准。支持研究机构和社会组织制定品牌评价国际标准,建立品牌价值评价体系。支持企业建立品牌管理体系,鼓励企业收购海外知名品牌。保护和传承中华老字号,大力推动中医药、中华传统餐饮、工艺美术等企业"走出去"。

(十九)加强知识产权信息开放利用。推进专利数据信息资源开放共享,增强大数据运用能力。建立财政资助项目形成的知识产权信息披露制度。加快落实上市企业知识产权信息披露制度。规范知识产权信息采集程序和内容。完善知识产权许可的信息备案和公告制度。加快建设互联互通的知识产权信息公共服务平台,实现专利、商标、版权、集成电路布图设计、植物新品种、地理标志等基础信息免费或低成本开放。依法及时公开专利审查过程信息。增加知识产权信息服务网点,完善知识产权信息公共服务网络。

五、加强重点产业知识产权海外布局和风险防控

(二十)加强重点产业知识产权海外布局规划。加大创新成果标准化和专利化工作力度,推动形成标准研制与专利布局有效衔接机制。研究制定标准必要专利布局指南。编制发布相关国家和地区专利申请实务指引。围绕战略性新兴产业等重点领域,建立专利导航产业发展工作机制,实施产业规划类和企业运营类专利导航项目,绘制服务我国产业发展的相关国家和地区专利导航图,推动我国产业深度融入全球产业链、价值链和创新链。

(二十一)拓展海外知识产权布局渠道。推动企业、科研机构、高等院校等联合开展海外专利布局工作。鼓励企业建立专利收储基金。加强企业知识产权布局指导,在产业园区和重点企业探索设立知识产权布局设计中心。分类制定知识产权跨国许可与转让指南,编制发布知识产权许可合同范本。

(二十二)完善海外知识产权风险预警体系。建立健全知识产权管理与服务等标准体系。支持行业协会、专业机构跟踪发布重点产业知识产权信息和竞争动态。制定完善与知识产权相关的贸易调查应对与风险防控国别指南。完善海外知识产权信息服务平台,发布相关国家和地区知识产权制度环境等信息。建立完善企业海外知识产权问题及案件信息提交机制,加强对重大知识产权案件的跟踪研究,及时发布风险提示。

(二十三)提升海外知识产权风险防控能力。研究完善技术进出口管理相关制度,优化简化技术进出口审批流程。完善财政资助科技计划项目形成的知识产权对外转让和独占许可管理制度。制定并推行知识产权尽职调查规范。支持法律服务机构为企业提供全方位、高品质知识产权法律服务。探索以公证方式保管知识产权证据、证明材料。推动企业建立知识产权分析评议机制,重点针对人才引进、国际参展、产品和技术进出口等活动开展知识产权风险评估,提高企业应对知识产权国际纠纷能力。

(二十四)加强海外知识产权维权援助。制定实施应对海外产业重大知识产权纠纷的政策。研究我驻国际组织、主要国家和地区外交机构中涉知识产权事务的人力配备。发布海外和涉外知识产权服务和维权援助机构名录,推动形成海外知识产权服务网络。

六、提升知识产权对外合作水平

(二十五)推动构建更加公平合理的国际知识产权规则。积极参与联合国框架下的发展议程,推动《TRIPS协定与公共健康多哈宣言》落实和《视听表演北京条约》生效,参与《专利合作条约》、《保护广播组织条约》、《生物多样性公约》等规则修订的国际谈判,推进加入《工业品外观设计国际注册海牙协定》和《马拉喀什条约》进程,推动知识产权国际规则向普惠包容、平衡有效的方向发展。

(二十六)加强知识产权对外合作机制建设。加强与世界知识产权组织、世界贸易组织及相关国际组织的合作交流。深化同主要国家知识产权、经贸、海关等部门的合作,巩固与传统合作伙伴的友好关系。推动相关国际组织在我国设立知识产权仲裁和调解分中心。加强国内外知名地理标志产品的保护合作,促进地理标志产品国际化发展。积极推动区域全面经济伙伴关系和亚太经济合作组织框架下的知识产权合

作，探索建立"一带一路"沿线国家和地区知识产权合作机制。

（二十七）加大对发展中国家知识产权援助力度。支持和援助发展中国家知识产权能力建设，鼓励向部分最不发达国家优惠许可其发展急需的专利技术。加强面向发展中国家的知识产权学历教育和短期培训。

（二十八）拓宽知识产权公共外交渠道。拓宽企业参与国际和区域性知识产权规则制修订途径。推动国内服务机构、产业联盟等加强与国外相关组织的合作交流。建立具有国际水平的知识产权智库，建立博鳌亚洲论坛知识产权研讨交流机制，积极开展具有国际影响力的知识产权研讨交流活动。

七、加强组织实施和政策保障

（二十九）加强组织领导。各地区、各有关部门要高度重视，加强组织领导，结合实际制定实施方案和配套政策，推动各项措施有效落实。国家知识产权战略实施工作部际联席会议办公室要在国务院领导下，加强统筹协调，研究提出知识产权"十三五"规划等具体政策措施，协调解决重大问题，加强对有关政策措施落实工作的指导、督促、检查。

（三十）加大财税和金融支持力度。运用财政资金引导和促进科技成果产权化、知识产权产业化。落实研究开发费用税前加计扣除政策，对符合条件的知识产权费用按规定实行加计扣除。制定专利收费减缴办法，合理降低专利申请和维持费用。积极推进知识产权海外侵权责任保险工作。深入开展知识产权质押融资风险补偿基金和重点产业知识产权运营基金试点。

（三十一）加强知识产权专业人才队伍建设。加强知识产权相关学科建设，完善产学研联合培养模式，在管理学和经济学中增设知识产权专业，加强知识产权专业学位教育。加大对各类创新人才的知识产权培训力度。鼓励我国知识产权人才获得海外相应资格证书。鼓励各地引进高端知识产权人才，并参照有关人才引进计划给予相关待遇。探索建立知识产权国际化人才储备库和利用知识产权发现人才的信息平台。进一步完善知识产权职业水平评价制度，稳定和壮大知识产权专业人才队伍。选拔培训一批知识产权创业导师，加强青年创业指导。

（三十二）加强宣传引导。各地区、各有关部门要加强知识产权文化建设，加大宣传力度，广泛开展知识产权普及型教育，加强知识产权公益宣传和咨询服务，提高全社会知识产权意识，使尊重知识、崇尚创新、诚信守法理念深入人心，为加快建设知识产权强国营造良好氛围。

国务院办公厅印发《国务院关于新形势下加快知识产权强国建设的若干意见》重点任务分工方案的通知

（2016年7月8日　国办函〔2016〕66号）

各省、自治区、直辖市人民政府，国务院有关部门：

《〈国务院关于新形势下加快知识产权强国建设的若干意见〉重点任务分工方案》已经国务院同意，现印发给你们，请认真贯彻执行。

各有关部门要按照分工方案要求，进一步分解细化涉及本部门的工作，抓紧制定具体措施。涉及多个部门的工作，牵头部门要加强协调，相关部门要密切配合。各省、自治区、直辖市人民政府要加强组织领导，落实责任，结合实际制定实施方案和配套政策。要充分发挥全国打击侵犯知识产权和制售假冒伪劣商品工作领导小组作用，加强知识产权保护，调动各方积极性，形成工作合力。国务院知识产权战略实施工作部际联席会议办公室要加强工作统筹，协调解决重大问题，加强对有关政策措施落实工作的指导、督促、检查，切实推动各项措施落实。

《国务院关于新形势下加快知识产权强国建设的若干意见》重点任务分工方案

为落实《国务院关于新形势下加快知识产权强国建设的若干意见》（国发〔2015〕71号），根据各相关部门职责，对各项重点任务作如下分工。

一、推进知识产权管理体制机制改革

（一）研究完善知识产权管理体制。

1. 完善国家知识产权战略实施工作部际联席会议制度，由国务院领导同志担任召集人。（知识产权局负责）

2. 积极研究探索知识产权管理体制机制改革。（中央编办、知识产权局、工商总局、版权局负责。列第一位者为牵头部门，下同）

3. 授权地方开展知识产权改革试验。鼓励有条件的地方开展知识产权综合管理改革试点。（知识产权局、中央编办、工商总局、版权局负责）

（二）改善知识产权服务业及社会组织管理。

4. 放宽知识产权服务业准入，促进服务业优质高效发展，加快建设知识产权服务业集聚区。（知识产权局、工商总局、版权局负责）

5. 扩大专利代理领域开放，放宽对专利代理机构股东或合伙人的条件限制。（知识产权局负责）

6. 探索开展知识产权服务行业协会组织“一业多会”试点。完善执业信息披露制度，及时公开知识产权代理机构和从业人员信用评价等相关信息。（知识产权局、工商总局、版权局负责）

7. 规范著作权集体管理机构收费标准，完善收益分配制度，让著作权人获得更多许可收益。（版权局负责）

（三）建立重大经济活动知识产权评议制度。

8. 研究制定知识产权评议政策。完善知识产权评议工作指南，规范评议范围和程序。围绕国家重大产业规划、高技术领域重大投资项目等开展知识产权评议，建立国家科技计划知识产权目标评估制度，积极探索重大科技活动知识产权评议试点，建立重点领域知识产权评议报告发布制度，提高创新效率，降低产业发展风险。（知识产权局、发展改革委、科技部、工业和信息化部、工商总局负责）

（四）建立以知识产权为重要内容的创新驱动发展评价制度。

9. 将知识产权产品逐步纳入国民经济核算，将知识产权指标纳入国民经济和社会发展规划。（统计局、发展改革委、知识产权局、工商总局、版权局负责）

10. 在对党政领导班子和领导干部进行综合考核评价时，注重鼓励发明创造、保护知识产权、加强转化运用、营造良好环境等方面的情况和成效。（中央组织部、知识产权局、工商总局、版权局负责）

11. 探索建立经营业绩、知识产权和创新并重的国有企业考评模式。（国资委、中央组织部、知识产权局负责）

12. 按照国家有关规定设置知识产权奖励项目，加大各类国家奖励制度的知识产权评价权重。（知识产权局、人力资源社会保障部、工商总局、版权局负责）

13. 发布年度知识产权发展状况报告。（知识产权局、农业部、工商总局、质检总局、版权局、林业局负责）

二、实行严格的知识产权保护

（一）加大知识产权侵权行为惩治力度。

14. 提高知识产权侵权法定赔偿上限，针对情节严重的恶意侵权行为实施惩罚性赔偿并由侵权人承担实际发生的合理开支。（高法院、农业部、文化部、海关总署、工商总局、质检总局、版权局、食品药品监管总局、林业局、知识产权局、法制办按职责分别负责）

15. 进一步推进侵犯知识产权行政处罚案件信息公开。（全国打击侵权假冒工作领导小组办公室、农业部、文化部、海关总署、工商总局、质检总局、版权局、食品药品监管总局、林业局、知识产权局负责）

16. 完善知识产权快速维权机制。（知识产权局负责）

17. 加大国际展会、电子商务等领域知识产权执法力度。（农业部、文化部、海关总署、工商总局、质检总局、版权局、食品药品监管总局、林业局、知识产权局按职责分别负责）

18. 开展与相关国际组织和境外执法部门的联合执法，加强知识产权司法保护对外合作。（高法院、高检院、公安部、司法部、农业部、商务部、文化部、海关总署、工商总局、质检总局、版权局、食品药品监管总局、林业局、知识产权局按职责分别负责）

（二）加大知识产权犯罪打击力度。

19. 依法严厉打击侵犯知识产权犯罪行为，重点打击链条式、产业化知识产权犯罪网络。（公安部负责）

20. 进一步加强知识产权行政执法与刑事司法衔接，加大涉嫌犯罪案件移交工作力度。（全国打击侵权假冒工作领导小组办公室、高检院牵头，高法院、公安部、农业部、文化部、海关总署、工商总局、质检总局、版权局、林业局、知识产权局负责）

21. 完善涉外知识产权执法机制，加强刑事执法国际合作，加大涉外知识产权犯罪案件侦办力度。（全国打击侵权假冒工作领导小组办公室、公安部、商务部、海关总署、工商总局、质检总局、版权局、知识产权局、贸促会负责）

22. 加强与有关国际组织和国家间打击知识产权犯罪行为的司法协助，加大案情通报和情报信息交换力度。（司法部、高法院、高检院、公安部、海关总署、工商总局、质检总局、版权局、知识产权局负责）

（三）建立健全知识产权保护预警防范机制。

23. 将故意侵犯知识产权行为情况纳入企业和个人信用记录。（发展改革委、人民银行牵头，工商总局、版权局、知识产权局等负责）

24. 推动完善商业秘密保护法律法规，加强人才交流和技术合作中的商业秘密保护。（工商总局、法制办负责）

25. 加强海关知识产权执法保护。建立收集假冒产品来源地相关信息的工作机制，发布年度中国海关知识产权保护状况报告。（海关总署、工商总局、知识产权局、邮政局负责）

26. 加强大型专业化市场知识产权管理和保护工作。（工商总局、质检总局、版权局、知识产权局按职责分别负责）

27. 发挥行业组织在知识产权保护中的积极作用。（全国打击侵权假冒工作领导小组办公室负责）

28. 运用大数据、云计算、物联网等信息技术，加强在线创意、研发成果的知识产权保护，提升预警防范能力。（知识产权局、网信办负责）

29. 加大对小微企业知识产权保护援助力度，构建公平竞争、公平监管的创新创业和营商环境。（工业和信息化部、公安部、司法部、农业部、商务部、文化部、人民银行、海关总署、工商总局、质检总局、版权局、林业局、知识产权局、网信办、邮政局按职责分别负责）

30. 开展知识产权保护社会满意度调查。（中央综治办、知识产权局按职责分别负责）

（四）加强新业态新领域创新成果的知识产权保护 。

31. 完善植物新品种、生物遗传资源及其相关传统知识、数据库保护和国防知识产权等相关法律制度。（科技部、环境保护部、农业部、林业局、知识产权局、法制办、国防科工局、中央军委装备发展部按职责分别负责）

32. 适时做好地理标志立法工作。（农业部、工商总局、质检总局、法制办按职责分别负责）

33. 研究完善商业模式知识产权保护制度和实用艺术品外观设计专利保护制度。（知识产权局、高法院牵头负责）

34. 加强互联网、电子商务、大数据等领域的知识产权保护规则研究，推动完善相关法律法规。（全国打击侵权假冒工作领导小组办公室、中央综治办、高法院、工业和信息化部、公安部、农业部、商务部、文化部、海关总署、工商总局、质检总局、版权局、食品药品监管总局、林业局、知识产权局、法制办、网信办负责）

35. 制定众创、众包、众扶、众筹的知识产权保护政策。（知识产权局负责）

（五）规制知识产权滥用行为。

36. 完善规制知识产权滥用行为的法律制度，制定相关反垄断执法指南。（发展改革委、商务部、工商总局、知识产权局、法制办按职责分别负责）

37. 完善知识产权反垄断监管机制，依法查处滥用知识产权排除和限制竞争等垄断行为。（发展改革委、商务部、工商总局按职责分别负责）

38. 完善标准必要专利的公平、合理、无歧视许可政策和停止侵权适用规则。（质检总局、知识产权局、工业和信息化部、高法院负责）

三、促进知识产权创造运用

（一）完善知识产权审查和注册机制。

39. 建立计算机软件著作权快速登记通道。（版权局负责）

40. 优化专利和商标的审查流程与方式，实现知识产权在线登记、电子申请和无纸化审批。（工商总局、知识产权局按职责分别负责）

41. 完善知识产权审查协作机制。（中央编办、工商总局、知识产权局按职责分别负责）

42. 建立重点优势产业专利申请的集中审查制度，建立健全涉及产业安全的专利审查工作机制。（知识产权局、工业和信息化部负责）

43. 合理扩大专利确权程序依职权审查范围，完善授权后专利文件修改制度。（知识产权局、法制办负责）

44. 拓展“专利审查高速路”国际合作网络，加快建设世界一流专利审查机构。（知识产权局负责）

（二）完善职务发明制度。

45. 鼓励和引导企事业单位依法建立健全发明报告、权属划分、奖励报酬、纠纷解决等职务发明管理制度。（知识产权局、教育部、科技部、工业和信息化部、农业部、国资委、林业局、中科院负责）

46. 探索完善创新成果收益分配制度，提高骨干团队、主要发明人收益比重，保障职务发明人的合法权益。按照相关政策规定，鼓励国有企业赋予下属科研院所知识产权处置和收益分配权。（知识产权局、科技部、教育部、财政部、农业部、国资委、中科院、国防科工局负责）

（三）推动专利许可制度改革。

47. 强化专利以许可方式对外扩散。研究建立专利当然许可制度，鼓励更多专利权人对社会公开许可专利。（知识产权局、法制办负责）

48. 完善专利强制许可启动、审批和实施程序。（知识产权局负责）

49. 鼓励高等院校、科研院所等事业单位通过无偿许可专利的方式，支持单位员工和大学生创新创业。（教育部、科技部、财政部、知识产权局、中科院负责）

（四）加强知识产权交易平台建设。

50. 构建知识产权运营服务体系，加快建设全国知识产权运营公共服务平台。（知识产权局、财政部、教育部、科技部、工业和信息化部、国资委、中科院、国防科工局、中央军委装备发展部负责）

51. 创新知识产权投融资产品，探索知识产权证券化，完善知识产权信用担保机制，推动发展投贷联动、投保联动、投债联动等新模式。在全面创新改革试验区域引导天使投资、风险投资、私募基金加强对高技术领域的投资。（人民银行、工商总局、版权局、知识产权局、银监会、证监会按职责分别负责）

52. 细化会计准则规定，推动企业科学核算和管理知识产权资产。（财政部、知识产权局负责）

53. 推动高等院校、科研院所建立健全知识产权转移转化机构。（知识产权局、教育部、中科院、国防科工局负责）

54. 支持探索知识产权创造与运营的众筹、众包模式，促进“互联网+知识产权”融合发展。（知识产权局、发展改革委、工业和信息化部、证监会负责）

（五）培育知识产权密集型产业。

55. 探索制定知识产权密集型产业目录和发展规划。运用股权投资基金等市场化方式，引导社会资金投入知识产权密集型产业。加大政府采购对知识产权密集型产品的支持力度。（知识产权局、发展改革委、财政部负责）

56. 试点建设知识产权密集型产业集聚区和知识产权密集型产业产品示范基地，推行知识产权集群管理。（知识产权局、发展改革委负责）

（六）提升知识产权附加值和国际影响力。

57. 实施专利质量提升工程，培育一批核心专利。加大轻工、纺织、服装等产业的外观设计专利保护力度。（知识产权局负责）

58. 深化商标富农工作。（工商总局、农业部负责）

59. 加强对非物质文化遗产、民间文艺、传统知识的开发利用，推进文化创意、设计服务与相关产业融合发展。（文化部、版权局、知识产权局按职责分别负责）

60. 支持企业运用知识产权进行海外股权投资。（知识产权局、工业和信息化部、国资委负责）

61. 积极参与国际标准制定，推动有知识产权的创新技术转化为标准。（质检总局、工业和信息化部、知识产权局、国防科工局负责）

62. 支持研究机构和社会组织制定品牌评价国际标准，建立品牌价值评价体系。支持企业建立品牌管理体系，鼓励企业收购海外知名品牌。（质检总局、商务部、工商总局、国资委负责）

63. 保护和传承中华老字号，大力推动中医药、中华传统餐饮、工艺美术等企业"走出去"。（商务部、文化部、卫生计生委按职责分别负责）

（七）加强知识产权信息开放利用。

64. 建立财政资助项目形成的知识产权信息披露制度。（知识产权局、科技部、财政部负责）

65. 加快落实上市企业知识产权信息披露制度。（证监会、知识产权局、工商总局负责）

66. 规范知识产权信息采集程序和内容。（知识产权局、工商总局、版权局负责）

67. 完善知识产权许可的信息备案和公告制度。（知识产权局负责）

68. 加快建设互联互通的知识产权信息公共服务平台，实现专利、商标、版权、集成电路布图设计、植物新品种、地理标志等基础信息免费或低成本开放。（知识产权局、发展改革委、农业部、工商总局、质检总局、版权局、林业局负责）

69. 增加知识产权信息服务网点，完善知识产权信息公共服务网络。（知识产权局、工商总局、版权局负责）

70. 推进专利数据信息资源开放共享，增强大数据运用能力。依法及时公开专利审查过程信息。（知识产权局、发展改革委负责）

四、加强重点产业知识产权海外布局和风险防控

（一）加强重点产业知识产权海外布局规划。

71. 加大创新成果标准化和专利化工作力度，推动形成标准研制与专利布局有效衔接机制。研究制定标准必要专利布局指南。（质检总局、知识产权局、商务部负责）

72. 围绕战略性新兴产业等重点领域，建立专利导航产业发展工作机制，实施产业规划类和企业运营类专利导航项目，绘制服务我国产业发展的相关国家和地区专利导航图。（知识产权局、发展改革委、工业和信息化部负责）

73. 编制发布相关国家和地区专利申请实务指引。（知识产权局负责）

（二）拓展海外知识产权布局渠道。

74. 推动企业、科研机构、高等院校等联合开展海外专利布局工作。鼓励企业建立专利收储基金。（知识产权局、教育部、工业和信息化部、财政部、商务部、国资委、中科院、国防科工局、贸促会负责）

75. 加强企业知识产权布局指导，在产业园区和重点企业探索设立知识产权布局设计中心。（知识产权局、科技部、工业和信息化部、国资委负责）

76. 分类制定知识产权跨国许可与转让指南，编制发布知识产权许可合同范本。（知识产权局、商务部负责）

（三）完善海外知识产权风险预警体系。

77. 建立健全知识产权管理与服务等标准体系。（知识产权局、质检总局负责）

78. 支持行业协会、专业机构跟踪发布重点产业知识产权信息和竞争动态。制定完善与知识产权相关的贸易调查应对与风险防控国别指南。完善海外知识产权信息服务平台，发布相关国家和地区知识产权制度环境等信息。建立完善企业海外知识产权问题及案件信息提交机制，加强对重大知识产权案件的跟踪研究，及时发布风险提示。（工业和信息化部、商务部、工商总局、知识产权局、贸促会按职责分别负责）

（四）提升海外知识产权风险防控能力。

79. 研究完善技术进出口管理相关制度，优化简化技术进出口审批流程。（商务部负责）

80. 完善财政资助科技计划项目形成的知识产权对外转让和独占许可管理制度。（商务部、科技部牵头，财政部、知识产权局负责）

81. 制定并推行知识产权尽职调查规范。支持法律服务机构为企业提供全方位、高品质知识产权法律服务。（司法部、工商总局、版权局、知识产权局负责）

82. 探索以公证方式保管知识产权证据、证明材料。（司法部、高法院、工商总局、版权局、知识产权局负责）

83. 推动企业建立知识产权分析评议机制，重点针对人才引进、国际参展、产品和技术进出口等活动开展知识产权风险评估，提高企业应对知识产权国际纠纷能力。（知识产权局、商务部牵头，工业和信息化部、国资委、贸促会负责）

（五）加强海外知识产权维权援助。

84. 制定实施应对海外产业重大知识产权纠纷的政策。（商务部、知识产权局牵头，工业和信息化部、海关总署、工商总局、质检总局、版权局、贸促会负责）

85. 研究我驻国际组织、主要国家和地区外交机构中涉知识产权事务的人力配备。（中央编办、外交部、财政部、商务部、工商总局、知识产权局、贸促会按职责分别负责）

86. 发布海外和涉外知识产权服务和维权援助机构名录，推动形成海外知识产权服务网络。（商务部、工商总局、知识产权局、贸促会按职责分别负责）

五、提升知识产权对外合作水平

（一）推动构建更加公平合理的国际知识产权规则。

87. 积极参与联合国框架下的发展议程，推动《TRIPS协定与公共健康多哈宣言》落实和《视听表演北京条约》生效，参与《专利合作条约》、《保护广播组织条约》、《生物多样性公约》等规则修订的国际谈判，推进加入《工业品外观设计国际注册海牙协定》和《马拉喀什条约》进程。（外交部、环境保护部、农业部、商务部、海关总署、工商总局、版权局、林业局、知识产权局、贸促会按职责分别负责）

（二）加强知识产权对外合作机制建设。

88. 加强与世界知识产权组织、世界贸易组织及相关国际组织的合作交流。深化同主要国家知识产权、经贸、海关等部门的合作，巩固与传统合作伙伴的友好关系。（知识产权局、商务部、外交部牵头，农业部、文化部、海关总署、工商总局、质检总局、版权局、林业局、贸促会负责）

89. 推动相关国际组织在我国设立知识产权仲裁和调解分中心。（知识产权局、外交部、司法部负责）

90. 加强国内外知名地理标志产品的保护合作，促进地理标志产品国际化发展。（农业部、商务部、海关总署、工商总局、质检总局按职责分别负责）

91. 积极推动区域全面经济伙伴关系和亚太经济合作组织框架下的知识产权合作。（商务部、知识产权局、外交部、工商总局、质检总局、版权局负责）

92. 探索建立"一带一路"沿线国家和地区知识产权合作机制。（知识产权局、商务部牵头，外交部、发展改革委、工商总局、质检总局、版权局、贸促会负责）

（三）加大对发展中国家知识产权援助力度。

93. 支持和援助发展中国家知识产权能力建设，鼓励向部分最不发达国家优惠许可其发展急需的专利技术。（知识产权局、外交部、科技部、商务部负责）

94. 加强面向发展中国家的知识产权学历教育和短期培训。（知识产权局、外交部、教育部、人力资源社会保障部、商务部负责）

（四）拓宽知识产权公共外交渠道。

95. 拓宽企业参与国际和区域性知识产权规则制修订途径。推动国内服务机构、产业联盟等加强与国外相关组织的合作交流。（知识产权局、外交部、工业和信息化部、商务部、贸促会负责）

96. 建立博鳌亚洲论坛知识产权研讨交流机制，积极开展具有国际影响力的知识产权研讨交流活动。（知识产权局、商务部负责）

97. 建立具有国际水平的知识产权智库。（知识产权局负责）

六、加强政策保障

（一）加大财税和金融支持力度。

98. 运用财政资金引导和促进科技成果产权化、知识产权产业化。（知识产权局、科技部、财政部负责）

99. 落实研究开发费用税前加计扣除政策，对符合条件的知识产权费用按规定实行加计扣除。（财政部、税务总局负责）

100. 制定专利收费减缴办法，合理降低专利申请和维持费用。（财政部、发展改革委、知识产权局负责）

101. 积极推进知识产权海外侵权责任保险工作。（保监会、知识产权局负责）

102. 深入开展知识产权质押融资风险补偿基金和重点产业知识产权运营基金试点。（财政部、知识产权局牵头，工业和信息化部负责）

（二）加强知识产权专业人才队伍建设。

103. 加强知识产权相关学科建设，完善产学研联合培养模式，在管理学和经济学中增设知识产权专业，加强知识产权专业学位教育。加大对各类创新人才的知识产权培训力度。（教育部、知识产权局负责）

104. 鼓励各地引进高端知识产权人才，并参照有关人才引进计划给予相关待遇。探索建立知识产权国际化人才储备库和利用知识产权发现人才的信息平台。（中央组织部、知识产权局负责）

105. 鼓励我国知识产权人才获得海外相应资格证书。进一步完善知识产权职业水平评价制度，稳定和壮大知识产权专业人才队伍。选拔培训一批知识产权创业导师，加强青年创业指导。（知识产权局、人力资源社会保障部负责）

（三）加强宣传引导。

106. 广泛开展知识产权普及型教育，加强知识产权公益宣传和咨询服务，提高全社会知识产权意识。（中央宣传部、知识产权局、教育部、文化部、工商总局、版权局、网信办负责）

国务院关于印发国家知识产权战略纲要的通知

（2008年6月5日　国发〔2008〕18号）

现将《国家知识产权战略纲要》印发给你们，请认真贯彻实施。

国家知识产权战略纲要

为提升我国知识产权创造、运用、保护和管理能力，建设创新型国家，实现全面建设小康社会目标，制定本纲要。

一、序言

（1）改革开放以来，我国经济社会持续快速发展，科学技术和文化创作取得长足进步，创新能力不断提升，知识在经济社会发展中的作用越来越突出。我国正站在新的历史起点上，大力开发和利用知识资源，对于转变经济发展方式，缓解资源环境约束，提升国家核心竞争力，满足人民群众日益增长的物质文化生活需要，具有重大战略意义。

（2）知识产权制度是开发和利用知识资源的基本制度。知识产权制度通过合理确定人们对于知识及其他信息的权利，调整人们在创造、运用知识和信息过程中产生的利益关系，激励创新，推动经济发展和社会进步。当今世界，随着知识经济和经济全球化深入发展，知识产权日益成为国家发展的战略性资源和国际竞争力的核心要素，成为建设创新型国家的重要支撑和掌握发展主动权的关键。国际社会更加重视知识产权，更加重视鼓励创新。发达国家以创新为主要动力推动经济发展，充分利用知识产权制度维护其竞争优势；发展中国家积极采取适应国情的知识产权政策措施，促进自身发展。

（3）经过多年发展，我国知识产权法律法规体系逐步健全，执法水平不断提高；知识产权拥有量快速增长，效益日益显现；市场主体运用知识产权能力逐步提高；知识产权领域的国际交往日益增多，国际影响力逐渐增强。知识产权制度的建立和实施，规范了市场秩序，激励了发明创造和文化创作，促进了对外开放和知识资源的引进，对经济社会发展发挥了重要作用。但是，从总体上看，我国知识产权制度仍不完善，自主知识产权水平和拥有量尚不能满足经济社会发展需要，社会公众知识产权意识仍较薄弱，市场主体运用知识产权能力不强，侵犯知识产权现象还比较突出，知识产权滥用行为时有发生，知识产权服务支撑体系和人才队伍建设滞后，知识产权制度对经济社会发展的促进作用尚未得到充分发挥。

（4）实施国家知识产权战略，大力提升知识产权创造、运用、保护和管理能力，有利于增强我国自主创新能力，建设创新型国家；有利于完善社会主义市场经济体制，规范市场秩序和建立诚信社会；有利于增强我国企业市场竞争力和提高国家核心竞争力；有利于扩大对外开放，实现互利共赢。必须把知识产权战略作为国家重要战略，切实加强知识产权工作。

二、指导思想和战略目标

（一）指导思想。

（5）实施国家知识产权战略，要坚持以邓小平理论和“三个代表”重要思想为指导，深入贯彻落实科学发展观，按照激励创造、有效运用、依法保护、科学管理的方针，着力完善知识产权制度，积极营造良好的知识产权法治环境、市场环境、文化环境，大幅度提升我国知识产权创造、运用、保护和管理能力，为建设创新型国家和全面建设小康社会提供强有力支撑。

（二）战略目标。

（6）到2020年，把我国建设成为知识产权创造、运用、保护和管理水平较高的国家。知识产权法治环境进一步完善，市场主体创造、运用、保护和管理知识产权的能力显著增强，知识产权意识深入人心，自主知识产权的水平和拥有量能够有效支撑创新型国家建设，知识产权制度对经济发展、文化繁荣和社会建设的促进作用充分显现。

（7）近五年的目标是：

——自主知识产权水平大幅度提高，拥有量进一步增加。本国申请人发明专利年度授权量进入世界前列，对外专利申请大幅度增加。培育一批国际知名品牌。核心版权产业产值占国内生产总值的比重明显提高。拥有一批优良植物新品种和高水平集成电路布图设计。商业秘密、地理标志、遗传资源、传统知识和民间文艺等得到有效保护与合理利用。

——运用知识产权的效果明显增强，知识产权密集型商品比重显著提高。企业知识产权管理制度进一步健全，对知识产权领域的投入大幅度增加，运用知识产权参与市场竞争的能力明显提升。形成一批拥有知名品牌和核心知识产权，熟练运用知识产权制度的优势企业。

——知识产权保护状况明显改善。盗版、假冒等侵权行为显著减少，维权成本明显下降，滥用知识产权现象得到有效遏制。

——全社会特别是市场主体的知识产权意识普遍提高，知识产权文化氛围初步形成。

三、战略重点

（一）完善知识产权制度。

（8）进一步完善知识产权法律法规。及时修订专利法、商标法、著作权法等知识产权专门法律及有关法规。适时做好遗传资源、传统知识、民间文艺和地理标志等方面的立法工作。加强知识产权立法的衔接配套，增强法律法规可操作性。完善反不正当竞争、对外贸易、科技、国防等方面法律法规中有关知识产权的规定。

（9）健全知识产权执法和管理体制。加强司法保护体系和行政执法体系建设，发挥司法保护知识产权的主导作用，提高执法效率和水平，强化公共服务。深化知识产权行政管理体制改革，形成权责一致、分工合理、决策科学、执行顺畅、监督有力的知识产权行政管理体制。

（10）强化知识产权在经济、文化和社会政策中的导向作用。加强产业政策、区域政策、科技政策、贸易政策与知识产权政策的衔接。制定适合相关产业发展的知识产权政策，促进产业结构的调整与优化；针对不同地区发展特点，完善知识产权扶持政策，培育地区特色经济，促进区域经济协调发展；建立重大科技项目的知识产权工作机制，以知识产权的获取和保护为重点开展全程跟踪服务；健全与对外贸易有关的知识产权政策，建立和完善对外贸易领域知识产权管理体制、预警应急机制、海外维权机制和争端解决机制。加强文化、教育、科研、卫生等政策与知识产权政策的协调衔接，保障公众在文化、教育、科研、卫生等活动中依法合理使用创新成果和信息的权利，促进创新成果合理分享；保障国家应对公共危机的能力 。

（二）促进知识产权创造和运用。

（11）运用财政、金融、投资、政府采购政策和产业、能源、环境保护政策，引导和支持市场主体创造和运用知识产权。强化科技创新活动中的知识产权政策导向作用，坚持技术创新以能够合法产业化为基本前提，以获得知识产权为追求目标，以形成技术标准为努力方向。完善国家资助开发的科研成果权利归属和利益分享机制。将知识产权指标纳入科技计划实施评价体系和国有企业绩效考核体系。逐步提高知识产权密集型商品出口比例，促进贸易增长方式的根本转变和贸易结构的优化升级。

（12）推动企业成为知识产权创造和运用的主体。促进自主创新成果的知识产权化、商品化、产业化，引导企业采取知识产权转让、许可、质押等方式实现知识产权的市场价值。充分发挥高等学校、科研院所在知识产权创造中的重要作用。选择若干重点技术领域，形成一批核心自主知识产权和技术标准。鼓励群众性发明创造和文化创新。促进优秀文化产品的创作。

（三）加强知识产权保护。

（13）修订惩处侵犯知识产权行为的法律法规，加大司法惩处力度。提高权利人自我维权的意识和能力。降低维权成本，提高侵权代价，有效遏制侵权行为。

（四）防止知识产权滥用。

（14）制定相关法律法规，合理界定知识产权的界限，防止知识产权滥用，维护公平竞争的市场秩序和公众合法权益。

（五）培育知识产权文化。

（15）加强知识产权宣传，提高全社会知识产权意识。广泛开展知识产权普及型教育。在精神文明创建活动和国家普法教育中增加有关知识产权的内容。在全社会弘扬以创新为荣、剽窃为耻，以诚实守信为荣、假冒欺骗为耻的道德观念，形成尊重知识、崇尚创新、诚信守法的知识产权文化。

四、专项任务

（一）专利。

（16）以国家战略需求为导向，在生物和医药、信息、新材料、先进制造、先进能源、海洋、资源环境、现代农业、现代交通、航空航天等技术领域超前部署，掌握一批核心技术的专利，支撑我国高技术产业与新兴产业发展。

（17）制定和完善与标准有关的政策，规范将专利纳入标准的行为。支持企业、行业组织积极参与国际标准的制定。

（18）完善职务发明制度，建立既有利于激发职务发明人创新积极性，又有利于促进专利技术实施的利益分配机制。

（19）按照授予专利权的条件，完善专利审查程序，提高审查质量。防止非正常专利申请。

（20）正确处理专利保护和公共利益的关系。在依法保护专利权的同时，完善强制许可制度，发挥例外制度作用，研究制定合理的相关政策，保证在发生公共危机时，公众能够及时、充分获得必需的产品和服务。

（二）商标。

（21）切实保护商标权人和消费者的合法权益。加强执法能力建设，严厉打击假冒等侵权行为，维护公平竞争的市场秩序。

（22）支持企业实施商标战略，在经济活动中使用自主商标。引导企业丰富商标内涵，增加商标附加值，提高商标知名度，形成驰名商标。鼓励企业进行国际商标注册，维护商标权益，参与国际竞争。

（23）充分发挥商标在农业产业化中的作用。积极推动市场主体注册和使用商标，促进农产品质量提高，保证食品安全，提高农产品附加值，增强市场竞争力。

（24）加强商标管理。提高商标审查效率，缩短审查周期，保证审查质量。尊重市场规律，切实解决驰名商标、著名商标、知名商品、名牌产品、优秀品牌的认定等问题。

（三）版权。

（25）扶持新闻出版、广播影视、文学艺术、文化娱乐、广告设计、工艺美术、计算机软件、信息网络等版权相关产业发展，支持具有鲜明民族特色、时代特点作品的创作，扶持难以参与市场竞争的优秀文化作品的创作。

（26）完善制度，促进版权市场化。进一步完善版权质押、作品登记和转让合同备案等制度，拓展版权利用方式，降低版权交易成本和风险。充分发挥版权集体管理组织、行业协会、代理机构等中介组织在版权市场化中的作用。

（27）依法处置盗版行为，加大盗版行为处罚力度。重点打击大规模制售、传播盗版产品的行为，遏制盗版现象。

（28）有效应对互联网等新技术发展对版权保护的挑战。妥善处理保护版权与保障信息传播的关系，既要依法保护版权，又要促进信息传播。

（四）商业秘密。

（29）引导市场主体依法建立商业秘密管理制度。依法打击窃取他人商业秘密的行为。妥善处理保护商业秘密与自由择业、涉密者竞业限制与人才合理流动的关系，维护职工合法权益。

（五）植物新品种。

（30）建立激励机制，扶持新品种培育，推动育种创新成果转化为植物新品种权。支持形成一批拥有植物新品种权的种苗单位。建立健全植物新品种保护的技术支撑体系，加快制订植物新品种测试指南，提高审查测试水平。

（31）合理调节资源提供者、育种者、生产者和经营者之间的利益关系，注重对农民合法权益的保护。提高种苗单位及农民的植物新品种权保护意识，使品种权人、品种生产经销单位和使用新品种的农民共同受益。

（六）特定领域知识产权。

（32）完善地理标志保护制度。建立健全地理标志的技术标准体系、质量保证体系与检测体系。普查地理标志资源，扶持地理标志产品，促进具有地方特色的自然、人文资源优势转化为现实生产力。

(33)完善遗传资源保护、开发和利用制度，防止遗传资源流失和无序利用。协调遗传资源保护、开发和利用的利益关系，构建合理的遗传资源获取与利益分享机制。保障遗传资源提供者知情同意权。

(34)建立健全传统知识保护制度。扶持传统知识的整理和传承，促进传统知识发展。完善传统医药知识产权管理、保护和利用协调机制，加强对传统工艺的保护、开发和利用。

(35)加强民间文艺保护，促进民间文艺发展。深入发掘民间文艺作品，建立民间文艺保存人与后续创作人之间合理分享利益的机制，维护相关个人、群体的合法权益。

(36)加强集成电路布图设计专有权的有效利用，促进集成电路产业发展。

(七)国防知识产权。

(37)建立国防知识产权的统一协调管理机制，着力解决权利归属与利益分配、有偿使用、激励机制以及紧急状态下技术有效实施等重大问题。

(38)加强国防知识产权管理。将知识产权管理纳入国防科研、生产、经营及装备采购、保障和项目管理各环节，增强对重大国防知识产权的掌控能力。发布关键技术指南，在武器装备关键技术和军民结合高新技术领域形成一批自主知识产权。建立国防知识产权安全预警机制，对军事技术合作和军品贸易中的国防知识产权进行特别审查。

(39)促进国防知识产权有效运用。完善国防知识产权保密解密制度，在确保国家安全和国防利益基础上，促进国防知识产权向民用领域转移。鼓励民用领域知识产权在国防领域运用。

五、战略措施

(一)提升知识产权创造能力。

(40)建立以企业为主体、市场为导向、产学研相结合的自主知识产权创造体系。引导企业在研究开发立项及开展经营活动前进行知识产权信息检索。支持企业通过原始创新、集成创新和引进消化吸收再创新，形成自主知识产权，提高把创新成果转变为知识产权的能力。支持企业等市场主体在境外取得知识产权。引导企业改进竞争模式，加强技术创新，提高产品质量和服务质量，支持企业打造知名品牌。

(二)鼓励知识产权转化运用。

(41)引导支持创新要素向企业集聚，促进高等学校、科研院所的创新成果向企业转移，推动企业知识产权的应用和产业化，缩短产业化周期。深入开展各类知识产权试点、示范工作，全面提升知识产权运用能力和应对知识产权竞争的能力。

(42)鼓励和支持市场主体健全技术资料与商业秘密管理制度，建立知识产权价值评估、统计和财务核算制度，制订知识产权信息检索和重大事项预警等制度，完善对外合作知识产权管理制度。

(43)鼓励市场主体依法应对涉及知识产权的侵权行为和法律诉讼，提高应对知识产权纠纷的能力。

(三)加快知识产权法制建设。

(44)建立适应知识产权特点的立法机制，提高立法质量，加快立法进程。加强知识产权立法前瞻性研究，做好立法后评估工作。增强立法透明度，拓宽企业、行业协会和社会公众参与立法的渠道。加强知识产权法律修改和立法解释，及时有效回应知识产权新问题。研究制定知识产权基础性法律的必要性和可行性。

(四)提高知识产权执法水平。

(45)完善知识产权审判体制，优化审判资源配置，简化救济程序。研究设置统一受理知识产权民事、行政和刑事案件的专门知识产权法庭。研究适当集中专利等技术性较强案件的审理管辖权问题，探索建立知识产权上诉法院。进一步健全知识产权审判机构，充实知识产权司法队伍，提高审判和执行能力。

(46)加强知识产权司法解释工作。针对知识产权案件专业性强等特点，建立和完善司法鉴定、专家证人、技术调查等诉讼制度，完善知识产权诉前临时措施制度。改革专利和商标确权、授权程序，研究专利无效审理和商标评审机构向准司法机构转变的问题。

(47)提高知识产权执法队伍素质，合理配置执法资源，提高执法效率。针对反复侵权、群体性侵权以及大规模假冒、盗版等行为，有计划、有重点地开展知识产权保护专项行动。加大行政执法机关向刑事司法机关移送知识产权刑事案件和刑事司法机关受理知识产权刑事案件的力度。

(48)加大海关执法力度，加强知识产权边境保护，维护良好的进出口秩序，提高我国出口商品的声誉。充分利用海关执法国际合作机制，打击跨境知识产权违法犯罪行为，发挥海关在国际知识产权保护事务中的影响力。

(五)加强知识产权行政管理。

(49)制定并实施地区和行业知识产权战略。建立健全重大经济活动知识产权审议制度。扶持符合经济社会发展需要的自主知识产权创造与产业化项目。

(50)充实知识产权管理队伍，加强业务培训，提高人员素质。根据经济社会发展需要，县级以上人民政府可设立相应的知识产权管理机构。

(51)完善知识产权审查及登记制度，加强能力建设，优化程序，提高效率，降低行政成本，提高知识产权公共服务水平。

(52)构建国家基础知识产权信息公共服务平台。建设高质量的专利、商标、版权、集成电路布图设计、植物新品种、地理标志等知识产权基础信息库，加快开发适合我国检索方式与习惯的通用检索系统。健全植物新品种保护测试机构和保藏机构。建立国防知识产权信息平台。指导和鼓励各地区、各有关行业建设符合自身需要的知识产权信息库。促进知识产权系统集成、资源整合和信息共享。

(53)建立知识产权预警应急机制。发布重点领域的知识产权发展态势报告,对可能发生的涉及面广、影响大的知识产权纠纷、争端和突发事件,制订预案,妥善应对,控制和减轻损害。

(六)发展知识产权中介服务。

(54)完善知识产权中介服务管理,加强行业自律,建立诚信信息管理、信用评价和失信惩戒等诚信管理制度。规范知识产权评估工作,提高评估公信度。

(55)建立知识产权中介服务执业培训制度,加强中介服务职业培训,规范执业资质管理。明确知识产权代理人等中介服务人员执业范围,研究建立相关律师代理制度。完善国防知识产权中介服务体系。大力提升中介组织涉外知识产权申请和纠纷处置服务能力及国际知识产权事务参与能力。

(56)充分发挥行业协会的作用,支持行业协会开展知识产权工作,促进知识产权信息交流,组织共同维权。加强政府对行业协会知识产权工作的监督指导。

(57)充分发挥技术市场的作用,构建信息充分、交易活跃、秩序良好的知识产权交易体系。简化交易程序,降低交易成本,提供优质服务。

(58)培育和发展市场化知识产权信息服务,满足不同层次知识产权信息需求。鼓励社会资金投资知识产权信息化建设,鼓励企业参与增值性知识产权信息开发利用。

(七)加强知识产权人才队伍建设。

(59)建立部门协调机制,统筹规划知识产权人才队伍建设。加快建设国家和省级知识产权人才库和专业人才信息网络平台。

(60)建设若干国家知识产权人才培养基地。加快建设高水平的知识产权师资队伍。设立知识产权二级学科,支持有条件的高等学校设立知识产权硕士、博士学位授予点。大规模培养各级各类知识产权专业人才,重点培养企业急需的知识产权管理和中介服务人才。

(61)制定培训规划,广泛开展对党政领导干部、公务员、企事业单位管理人员、专业技术人员、文学艺术创作人员、教师等的知识产权培训。

(62)完善吸引、使用和管理知识产权专业人才相关制度,优化人才结构,促进人才合理流动。结合公务员法的实施,完善知识产权管理部门公务员管理制度。按照国家职称制度改革总体要求,建立和完善知识产权人才的专业技术评价体系。

(八)推进知识产权文化建设。

(63)建立政府主导、新闻媒体支撑、社会公众广泛参与的知识产权宣传工作体系。完善协调机制,制定相关政策和工作计划,推动知识产权的宣传普及和知识产权文化建设。

(64)在高等学校开设知识产权相关课程,将知识产权教育纳入高校学生素质教育体系。制定并实施全国中小学知识产权普及教育计划,将知识产权内容纳入中小学教育课程体系。

(九)扩大知识产权对外交流合作。

(65)加强知识产权领域的对外交流合作。建立和完善知识产权对外信息沟通交流机制。加强国际和区域知识产权信息资源及基础设施建设与利用的交流合作。鼓励开展知识产权人才培养的对外合作。引导公派留学生、鼓励自费留学生选修知识产权专业。支持引进或聘用海外知识产权高层次人才。积极参与国际知识产权秩序的构建,有效参与国际组织有关议程。

国务院办公厅关于转发知识产权局等单位深入实施国家知识产权战略行动计划(2014—2020年)的通知

(2014年12月10日　国办发〔2014〕64号)

各省、自治区、直辖市人民政府,国务院各部委、各直属机构:

知识产权局、中央宣传部、外交部、发展改革委、教育部、科技部、工业和信息化部、公安部、司法部、财政部、人力资源社会保障部、环境保护部、农业部、商务部、文化部、卫生计生委、国资委、海关总署、工商总局、质检总局、新闻出版广电总局、林业局、法制办、中科院、国防科工局、高法院、高检院、总装备部《深入实施国家知识产权战略行动计划(2014—2020年)》已经国务院同意,现转发给你们,请认真贯彻执行。

深入实施国家知识产权战略行动计划(2014—2020年)

《国家知识产权战略纲要》颁布实施以来,各地区、各有关部门认真贯彻党中央、国务院决策部署,推动知识产权战略实施工作取得新的进展和成效,基本实现了《国家知识产权战略纲要》确定的第一阶段五年目标,对促进经济社会发展发挥了重要支撑作用。随着知识经济和经济全球化深入发展,知识产权日益成为国家发展的战略性资源和国际竞争力的核心要素。深入实施知识产权战略是全面深化改革的重要支撑和保障,是推动经济结构优化升级的重要举措。为进一步贯彻落实《国家知识产权战略纲要》,全面提升知识产权综合能力,实现创新驱动发展,推动经济提质增效升级,特制定本行动计划。

一、总体要求

(一)指导思想。

以邓小平理论、"三个代表"重要思想、科学发展观为指导,全面贯彻党的十八大和十八届二中、三中、四中全会精神,全面落实党中央、国务院各项决策部署，实施创新驱动发展战略，按照激励创造、有效运用、依法保护、科学管理的方针，坚持中国特色知识产权发展道路，着力加强知识产权运用和保护，积极营造良好的知识产权法治环境、市场环境、文化环境，认真谋划我国建设知识产权强国的发展路径，努力建设知识产权强国，为建设创新型国家和全面建成小康社会提供有力支撑。

（二）主要目标。

到2020年，知识产权法治环境更加完善，创造、运用、保护和管理知识产权的能力显著增强，知识产权意识深入人心，知识产权制度对经济发展、文化繁荣和社会建设的促进作用充分显现。

——知识产权创造水平显著提高。知识产权拥有量进一步提高，结构明显优化，核心专利、知名品牌、版权精品和优良植物新品种大幅增加。形成一批拥有国外专利布局和全球知名品牌的知识产权优势企业。

——知识产权运用效果显著增强。市场主体运用知识产权参与市场竞争的能力明显提升，知识产权投融资额明显增加，知识产权市场价值充分显现。知识产权密集型产业增加值占国内生产总值的比重显著提高，知识产权服务业快速发展，服务能力基本满足市场需要，对产业结构优化升级的支撑作用明显提高。

——知识产权保护状况显著改善。知识产权保护体系更加完善，司法保护主导作用充分发挥，行政执法效能和市场监管水平明显提升。反复侵权、群体侵权、恶意侵权等行为受到有效制裁，知识产权犯罪分子受到有力震慑，知识产权权利人的合法权益得到有力保障，知识产权保护社会满意度进一步提高。

——知识产权管理能力显著增强。知识产权行政管理水平明显提高，审查能力达到国际先进水平，国家科技重大专项和科技计划实现知识产权全过程管理。重点院校和科研院所普遍建立知识产权管理制度。企业知识产权管理水平大幅提升。

——知识产权基础能力全面提升。构建国家知识产权基础信息公共服务平台。知识产权人才队伍规模充足、结构优化、布局合理、素质优良。全民知识产权意识显著增强，尊重知识、崇尚创新、诚信守法的知识产权文化理念深入人心。

2014—2020年知识产权战略实施工作主要预期指标

指　　标	2013年	2015年	2020年
每万人口发明专利拥有量（件）	4	6	14
通过《专利合作条约》途径提交的专利申请量（万件）	2.2	3.0	7.5
国内发明专利平均维持年限（年）	5.8	6.4	9.0
作品著作权登记量（万件）	84.5	90	100
计算机软件著作权登记量（万件）	16.4	17.2	20
全国技术市场登记的技术合同交易总额（万亿元）	0.8	1.0	2.0
知识产权质押融资年度金额（亿元）	687.5	750	1800
专有权利使用费和特许费出口收入（亿美元）	13.6	20	80
知识产权服务业营业收入年均增长率（%）	18	20	20
知识产权保护社会满意度（分）	65	70	80
发明专利申请平均实质审查周期（月）	22.3	21.7	20.2
商标注册平均审查周期（月）	10	9	9

二、主要行动

（一）促进知识产权创造运用，支撑产业转型升级。

——推动知识产权密集型产业发展。更加注重知识产权质量和效益，优化产业布局，引导产业创新，促进产业提质增效升级。面向产业集聚区、行业和企业，实施专利导航试点项目，开展专利布局，在关键技术领域形成一批专利组合，构建支撑产业发展和提升企业竞争力的专利储备。加强专利协同运用，推动专利联盟建设，建立具有产业特色的全国专利运营与产业化服务平台。建立运行高效、支撑有力的专利导航产业发展工作机制。完善企业主导、多方参与的专利协同运用体系，形成资源集聚、流转活跃的专利交易市场体系，促进专利运营业态健康发展。发布战略性新兴产业专利发展态势报告。鼓励有条件的地区发展区域特色知识产权密集型产业，构建优势互补的产业协调发展格局。建设一批知识产权密集型产业集聚区，在产业集聚区推行知识产权集群管理，构筑产业竞争优势。鼓励文化领域商业模式创新，加强文化品牌开发和建设，建立一批版权交易平台，活跃文化创意产品传播，增强文化创意产业核心竞争力。

——服务现代农业发展。加强植物新品种、农业技术专利、地理标志和农产品商标创造运用,促进农业向技术装备先进、综合效益明显的现代化方向发展。扶持新品种培育,推动育种创新成果转化为植物新品种权。以知识产权利益分享为纽带,加强种子企业与高校、科研院所的协作创新,建立品种权转让交易公共平台,提高农产品知识产权附加值。增加农业科技评价中知识产权指标权重。提高农业机械研发水平,加强农业机械专利布局,组建一批产业技术创新战略联盟。大力推进农业标准化,加快健全农业标准体系。建立地理标志联合认定机制。推广农户、基地、龙头企业、地理标志和农产品商标紧密结合的农产品经营模式。

——促进现代服务业发展。大力发展知识产权服务业,扩大服务规模、完善服务标准、提高服务质量,推动服务业向高端发展。培育知识产权服务市场,形成一批知识产权服务业集聚区。建立健全知识产权服务标准规范,加强对服务机构和从业人员的监管。发挥行业协会作用,加强知识产权服务行业自律。支持银行、证券、保险、信托等机构广泛参与知识产权金融服务,鼓励商业银行开发知识产权融资服务产品。完善知识产权投融资服务平台,引导企业拓展知识产权质押融资范围。引导和鼓励地方人民政府建立小微企业信贷风险补偿基金,对知识产权质押贷款提供重点支持。通过国家科技成果转化引导基金对科技成果转化贷款给予风险补偿。增加知识产权保险品种,扩大知识产权保险试点范围,加快培育并规范知识产权保险市场。

(二)加强知识产权保护,营造良好市场环境。

——加强知识产权行政执法信息公开。贯彻落实《国务院批转全国打击侵犯知识产权和制售假冒伪劣商品工作领导小组〈关于依法公开制售假冒伪劣商品和侵犯知识产权行政处罚案件信息的意见(试行)〉的通知》(国发〔2014〕6号),扎实推进侵犯知识产权行政处罚案件信息公开,震慑违法者,同时促进执法者规范公正文明执法。将案件信息公开情况纳入打击侵权假冒工作统计通报范围并加强考核。探索建立与知识产权保护有关的信用标准,将恶意侵权行为纳入社会信用评价体系,向征信机构公开相关信息,提高知识产权保护社会信用水平。

——加强重点领域知识产权行政执法。积极开展执法专项行动,重点查办跨区域、大规模和社会反响强烈的侵权案件,加大对民生、重大项目和优势产业等领域侵犯知识产权行为的打击力度。加强执法协作、侵权判定咨询与纠纷快速调解工作。加强大型商业场所、展会知识产权保护。督促电子商务平台企业落实相关责任,督促邮政、快递企业完善并执行收寄验视制度,探索加强跨境贸易电子商务服务的知识产权监管。加强对视听节目、文学、游戏网站和网络交易平台的版权监管,规范网络作品使用,严厉打击网络侵权盗版,优化网络监管技术手段。开展国内自由贸易区知识产权保护状况调查,探索在货物生产、加工、转运中加强知识产权监管,创新并适时推广知识产权海关保护模式,依法加强国内自由贸易区知识产权执法。依法严厉打击进出口货物侵权行为。

——推进软件正版化工作。贯彻落实《国务院办公厅关于印发政府机关使用正版软件管理办法的通知》(国办发〔2013〕88号),巩固政府机关软件正版化工作成果,进一步推进国有企业软件正版化。完善软件正版化工作长效机制,推动软件资产管理、经费预算、审计监督、年度检查报告、考核和责任追究等制度落到实处,确保软件正版化工作常态化、规范化。

——加强知识产权刑事执法和司法保护。加大对侵犯知识产权犯罪案件的侦办力度,对重点案件挂牌督办。坚持打防结合,将专项打击逐步纳入常态化执法轨道。加强知识产权行政执法与刑事司法衔接,加大涉嫌犯罪案件移交工作力度。依法加强对侵犯知识产权刑事案件的审判工作,加大罚金刑适用力度,剥夺侵权人再犯罪能力和条件。加强知识产权民事和行政审判工作,营造良好的创新环境。按照关于设立知识产权法院的方案,为知识产权法院的组建与运行提供人财物等方面的保障和支持。

——推进知识产权纠纷社会预防与调解工作。探索以公证的方式保管知识产权证据及相关证明材料,加强对证明知识产权在先使用、侵权等行为的保全证据公证工作。开展知识产权纠纷诉讼与调解对接工作,依法规范知识产权纠纷调解工作,完善知识产权纠纷行业调解机制,培育一批社会调解组织,培养一批专业调解员。

(三)强化知识产权管理,提升管理效能。

——强化科技创新知识产权管理。加强国家科技重大专项和科技计划知识产权管理,促进高校和科研院所知识产权转移转化。落实国家科技重大专项和科技计划项目管理部门、项目承担单位等知识产权管理职责,明确责任主体。将知识产权管理纳入国家科技重大专项和科技计划全过程管理,建立国家科技重大专项和科技计划完成后的知识产权目标评估制度。探索建立科技重大专项承担单位和各参与单位知识产权利益分享机制。开展中央级事业单位科技成果使用、处置和收益管理改革试点,促进知识产权转化运用。完善高校和科研院所知识产权管理规范,鼓励高校和科研院所建立知识产权转移转化机构。

——加强知识产权审查。完善审查制度、加强审查管理、优化审查方式,提高知识产权审查质量和效率。完善知识产权申请与审查制度,完善专利审查快速通道,建立商标审查绿色通道和软件著作权快速登记通道。在有关考核评价中突出专利质量导向,加大专利质量指标评价权重。加强专利审查质量管理,完善专利审查标准。加强专利申请质量监测,加大对低质量专利申请的查处力度。优化专利审查方式,稳步推进专利审查协作中心建设,提升专利审查能力。优化商标审查体系，建立健全便捷高效的商标审查协作机制，完善商标审查标准，提高商标审查质量和效率。提高植物新品种测试能力，完善植物新品种权审查制度。

——实施重大经济活动知识产权评议。针对重大产业规划、政府重大投资活动等开展知识产权评议。加强知识产权主管部门和产业主管部门间的沟通协作，制定发布重大经济活动知识产权评议指导手册，提高知识产权服务机构评议服务能力。推动建立重大经济活动知识产权评议制度，明确评议内容，规范评议程序。引导企业自主开展知识产权评议工作，规避知识产权风险。

——引导企业加强知识产权管理。引导企业提高知识产权规范化管理水平，加强知识产权资产管理，促进企业提升竞争力。建立知识产权管理标准认证制度，引导企业贯彻知识产权管理规范。建立健全知识产权价值分析标准和评估方法，完善会计准则及其相关资产管理制度，推动企业在并购、股权流转、对外投资等活动中加强知识产权资产管理。制定知识产权委托管理服务规范，引导和支持知识产权服务机构为中小微企业提供知识产权委托管理服务。

——加强国防知识产权管理。强化国防知识产权战略实施组织管理，加快国防知识产权政策法规体系建设，推动知识产权管理融入国防科研生产和装备采购各环节。规范国防知识产权权利归属与利益分配，促进形成军民结合高新技术领域自主知识产权。完善国防知识产权解密制度，引导优势民用知识产权进入军品科研生产领域，促进知识产权军民双向转化实施。

（四）拓展知识产权国际合作，推动国际竞争力提升。

——加强涉外知识产权工作。公平公正保护知识产权，对国内外企业和个人的知识产权一视同仁、同等保护。加强与国际组织合作，巩固和发展与主要国家和地区的多双边知识产权交流。提高专利审查国际业务承接能力，建设专利审查高速路，加强专利审查国际合作，提升我国专利审查业务国际影响力。加强驻外使领馆知识产权工作力度，跟踪研究有关国家的知识产权法规政策，加强知识产权涉外信息交流，做好涉外知识产权应对工作。建立完善多双边执法合作机制，推进国际海关间知识产权执法合作。

——完善与对外贸易有关的知识产权规则。追踪各类贸易区知识产权谈判进程，推动形成有利于公平贸易的知识产权规则。落实对外贸易法中知识产权保护相关规定，研究针对进口贸易建立知识产权境内保护制度，对进口产品侵犯中国知识产权的行为和进口贸易中其他不公平竞争行为开展调查。

——支持企业“走出去”。及时收集发布主要贸易目的地、对外投资目的地知识产权相关信息。加强知识产权培训，支持企业在国外布局知识产权。加强政府、企业和社会资本的协作，在信息技术等重点领域探索建立公益性和市场化运作的专利运营公司。加大海外知识产权维权援助机制建设，鼓励企业建立知识产权海外维权联盟，帮助企业在当地及时获得知识产权保护。引导知识产权服务机构提高海外知识产权事务处理能力，为企业“走出去”提供专业服务。

三、基础工程

（一）知识产权信息服务工程。推动专利、商标、版权、植物新品种、地理标志、民间文艺、遗传资源及相关传统知识等各类知识产权基础信息公共服务平台互联互通，逐步实现基础信息共享。知识产权基础信息资源免费或低成本向社会开放，基本检索工具免费供社会公众使用，提高知识产权信息利用便利度。指导有关行业建设知识产权专业信息库，鼓励社会机构对知识产权信息进行深加工，提供专业化、市场化的知识产权信息服务，满足社会多层次需求。

（二）知识产权调查统计工程。开展知识产权统计监测，全面反映知识产权的发展状况。逐步建立知识产权产业统计制度，完善知识产权服务业统计制度，明确统计范围，统一指标口径，在新修订的国民经济核算体系中体现知识产权内容。

（三）知识产权人才队伍建设工程。建设若干国家知识产权人才培养基地，推动建设知识产权协同创新中心。开展以党政领导干部、公务员、企事业单位管理人员、专业技术人员、文学艺术创作人员、教师等为重点的知识产权培训。将知识产权内容纳入学校教育课程体系，建立若干知识产权宣传教育示范学校。将知识产权内容全面纳入国家普法教育和全民科学素养提升工作。依托海外高层次人才引进计划引进急需的知识产权高端人才。深入开展百千万知识产权人才工程，建立面向社会的知识产权人才库。完善知识产权专业技术人才评价制度。

四、保障措施

（一）加强组织实施。国家知识产权战略实施工作部际联席会议（以下简称联席会议）负责组织实施本行动计划，并加强对地方知识产权战略实施的指导和支持。知识产权局要发挥牵头作用，认真履行联席会议办公室职责，建立完善相互支持、密切协作、运转顺畅的工作机制，推进知识产权战略实施工作开展，并组织相关部门开展知识产权强国建设研究，提出知识产权强国建设的战略目标、思路和举措，积极推进知识产权强国建设。联席会议各成员单位要各负其责并尽快制定具体实施方案。地方各级政府要将知识产权战略实施工作纳入当地国民经济和社会发展总体规划，将本行动计划落实工作纳入重要议事日程和考核范围。

（二）加强督促检查。联席会议要加强对战略实施状况的监测评估，对各项任务落实情况组织开展监督检查，重要情况及时报告国务院。知识产权局要会同联席会议各成员单位及相关部门加强对地方知识产权战略实施工作的监督指导。

（三）加强财政支持。中央财政通过相关部门的部门预算渠道安排资金支持知识产权战略实施工作。引导支持国家产业发展的财政资金和基金向促进科技成果产权化、知识产权产业化方向倾斜。完善知识产权资助政策，适当降低中小微企业知识产权申请和维持费用，加大对中小微企业知识产权创造和运用的支持力度。

（四）完善法律法规。推动专利法、著作权法及配套法规修订工作，建立健全知识产权保护长效机制，加大对侵权行为的惩处力度。适时做好遗传资源、传统知识、民间文艺和地理标志等方面的立法工作。研究修订反不正当竞争法、知识产权海关保护条例、植物新品种保护条例等法律法规。研究制定防止知识产权滥用的规范性文件。

中华人民共和国海关关于《中华人民共和国知识产权海关保护条例》的实施办法

（2009 年 3 月 3 日海关总署第 183 号令公布　自 2009 年 7 月 1 日起施行）

第一章　总　　则

第一条　为了有效实施《中华人民共和国知识产权海关保护条例》（以下简称《条例》），根据《中华人民共和国海关法》以及其他法律、行政法规，制定本办法。

第二条　知识产权权利人请求海关采取知识产权保护措施或者向海关总署办理知识产权海关保护备案的，境内知识产权权利人可以直接或者委托境内代理人提出申请，境外知识产权权利人应当由其在境内设立的办事机构或者委托境内代理人提出申请。

知识产权权利人按照前款规定委托境内代理人提出申请的，应当出具规定格式的授权委托书。

第三条　知识产权权利人及其代理人（以下统称知识产权权利人）请求海关扣留即将进出口的侵权嫌疑货物的，应当根据本办法的有关规定向海关提出扣留侵权嫌疑货物的申请。

第四条　进出口货物的收发货人或者其代理人（以下统称收发货人）应当在合理的范围内了解其进出口货物的知识产权状况。海关要求申报进出口货物知识产权状况的，收发货人应当在海关规定的期限内向海关如实申报并提交有关证明文件。

第五条　知识产权权利人或者收发货人向海关提交的有关文件或者证据涉及商业秘密的，知识产权权利人或者收发货人应当向海关书面说明。

海关实施知识产权保护，应当保守有关当事人的商业秘密，但海关应当依法公开的信息除外。

第二章　知识产权备案

第六条　知识产权权利人向海关总署申请知识产权海关保护备案的，应当向海关总署提交申请书。申请书应当包括以下内容：

（一）知识产权权利人的名称或者姓名、注册地或者国籍、通信地址、联系人姓名、电话和传真号码、电子邮箱地址等。

（二）注册商标的名称、核定使用商品的类别和商品名称、商标图形、注册有效期、注册商标的转让、变更、续展情况等；作品的名称、创作完成的时间、作品的类别、作品图片、作品转让、变更情况等；专利权的名称、类型、申请日期、专利权转让、变更情况等。

（三）被许可人的名称、许可使用商品、许可期限等。

（四）知识产权权利人合法行使知识产权的货物的名称、产地、进出境地海关、进出口商、主要特征、价格等。

（五）已知的侵犯知识产权货物的制造商、进出口商、进出境地海关、主要特征、价格等。

知识产权权利人应当就其申请备案的每一项知识产权单独提交一份申请书。知识产权权利人申请国际注册商标备案的，应当就其申请的每一类商品单独提交一份申请书。

第七条　知识产权权利人向海关总署提交备案申请书，应当随附以下文件、证据：

（一）知识产权权利人个人身份证件的复印件、工商营业执照的复印件或者其他注册登记文件的复印件。

（二）国务院工商行政管理部门商标局签发的《商标注册证》的复印件。申请人经核准变更商标注册事项、续展商标注册、转让注册商标或者申请国际注册商标备案的，还应当提交国务院工商行政管理部门商标局出具的有关商标注册的证明；著作权登记部门签发的著作权自愿登记证明的复印件和经著作权登记部门认证的作品照片。申请人未进行著作权自愿登记的，提交可以证明申请人为著作权人的作品样品以及其他有关著作权的证据；国务院专利行政部门签发的专利证书的复印件。专利授权自公告之日起超过 1 年的，还应当提交国务院专利行政部门在申请人提出备案申请前 6 个月内出具的专利登记簿副本；申请实用新型专利或者外观设计专利备案的，还应当提交由国务院专利行政部门作出的专利权评价报告。

（三）知识产权权利人许可他人使用注册商标、作品或者实施专利，签订许可合同的，提供许可合同的复印件；未签订许可合同的，提交有关被许可人、许可范围和许可期间等情况的书面说明。

（四）知识产权权利人合法行使知识产权的货物及其包装的照片。

（五）已知的侵权货物进出口的证据。知识产权权利人与他人之间的侵权纠纷已经人民法院或者知识产权主管部门处理的，还应当提交有关法律文书的复印件。

（六）海关总署认为需要提交的其他文件或者证据。

知识产权权利人根据前款规定向海关总署提交的文件和

证据应当齐全、真实和有效。有关文件和证据为外文的，应当另附中文译本。海关总署认为必要时，可以要求知识产权权利人提交有关文件或者证据的公证、认证文书。

第八条 知识产权权利人向海关总署申请办理知识产权海关保护备案或者在备案失效后重新向海关总署申请备案的，应当缴纳备案费。知识产权权利人应当将备案费通过银行汇至海关总署指定账号。海关总署收取备案费的，应当出具收据。备案费的收取标准由海关总署会同国家有关部门另行制定并予以公布。

知识产权权利人申请备案续展或者变更的，无需再缴纳备案费。

知识产权权利人在海关总署核准前撤回备案申请或者其备案申请被驳回的，海关总署应当退还备案费。已经海关总署核准的备案被海关总署注销、撤销或者因其他原因失效的，已缴纳的备案费不予退还。

第九条 知识产权海关保护备案自海关总署核准备案之日起生效，有效期为10年。自备案生效之日起知识产权的有效期不足10年的，备案的有效期以知识产权的有效期为准。

《条例》施行前经海关总署核准的备案或者核准续展的备案的有效期仍按原有效期计算。

第十条 在知识产权海关保护备案有效期届满前6个月内，知识产权权利人可以向海关总署提出续展备案的书面申请并随附有关文件。海关总署应当自收到全部续展申请文件之日起10个工作日内作出是否准予续展的决定，并书面通知知识产权权利人；不予续展的，应当说明理由。

续展备案的有效期自上一届备案有效期满次日起算，有效期为10年。知识产权的有效期自上一届备案有效期满次日起不足10年的，续展备案的有效期以知识产权的有效期为准。

第十一条 知识产权海关保护备案经海关总署核准后，按照本办法第六条向海关提交的申请书内容发生改变的，知识产权权利人应当自发生改变之日起30个工作日内向海关总署提出变更备案的申请并随附有关文件。

第十二条 知识产权在备案有效期届满前不再受法律、行政法规保护或者备案的知识产权发生转让的，原知识产权权利人应当自备案的知识产权不再受法律、行政法规保护或者转让生效之日起30个工作日内向海关总署提出注销知识产权海关保护备案的申请并随附有关文件。知识产权权利人在备案有效期内放弃备案的，可以向海关总署申请注销备案。

未依据本办法第十一条和本条前款规定向海关总署申请变更或者注销备案，给他人合法进出口造成严重影响的，海关总署可以主动或者根据有关利害关系人的申请注销有关知识产权的备案。

海关总署注销备案，应当书面通知有关知识产权权利人，知识产权海关保护备案自海关总署注销之日起失效。

第十三条 海关总署根据《条例》第九条的规定撤销知识产权海关保护备案的，应当书面通知知识产权权利人。

海关总署撤销备案的，知识产权权利人自备案被撤销之日起1年内就被撤销备案的知识产权再次申请备案的，海关总署可以不予受理。

第三章 依申请扣留

第十四条 知识产权权利人发现侵权嫌疑货物即将进出口并要求海关予以扣留的，应当根据《条例》第十三条的规定向货物进出境地海关提交申请书。有关知识产权未在海关总署备案的，知识产权权利人还应当随附本办法第七条第一款第（一）、（二）项规定的文件、证据。

知识产权权利人请求海关扣留侵权嫌疑货物，还应当向海关提交足以证明侵权事实明显存在的证据。知识产权权利人提交的证据，应当能够证明以下事实：

（一）请求海关扣留的货物即将进出口；

（二）在货物上未经许可使用了侵犯其商标专用权的商标标识、作品或者实施了其专利。

第十五条 知识产权权利人请求海关扣留侵权嫌疑货物，应当在海关规定的期限内向海关提供相当于货物价值的担保。

第十六条 知识产权权利人提出的申请不符合本办法第十四条的规定或者未按照本办法第十五条的规定提供担保的，海关应当驳回其申请并书面通知知识产权权利人。

第十七条 海关扣留侵权嫌疑货物的，应当将货物的名称、数量、价值、收发货人名称、申报进出口日期、海关扣留日期等情况书面通知知识产权权利人。

经海关同意，知识产权权利人可以查看海关扣留的货物。

第十八条 海关自扣留侵权嫌疑货物之日起20个工作日内，收到人民法院协助扣押有关货物书面通知的，应当予以协助；未收到人民法院协助扣押通知或者知识产权权利人要求海关放行有关货物的，海关应当放行货物。

第十九条 海关扣留侵权嫌疑货物的，应当将扣留侵权嫌疑货物的扣留凭单送达收发货人。

经海关同意，收发货人可以查看海关扣留的货物。

第二十条 收发货人根据《条例》第十九条的规定请求放行其被海关扣留的涉嫌侵犯专利权货物的，应当向海关提出书面申请并提供与货物等值的担保金。

收发货人请求海关放行涉嫌侵犯专利权货物，符合前款规定的，海关应当放行货物并书面通知知识产权权利人。

知识产权权利人就有关专利侵权纠纷向人民法院起诉的，应当在前款规定的海关书面通知送达之日起30个工作日内向海关提交人民法院受理案件通知书的复印件。

第四章 依职权调查处理

第二十一条 海关对进出口货物实施监管，发现进出口货物涉及在海关总署备案的知识产权且进出口商或者制造商使用有关知识产权的情况未在海关总署备案的，可以要求收发货人在规定期限内申报货物的知识产权状况和提交相关证明文件。

收发货人未按照前款规定申报货物知识产权状况、提交相关证明文件或者海关有理由认为货物涉嫌侵犯在海关总署备案的知识产权的，海关应当中止放行货物并书面通知知识产权权利人。

第二十二条 知识产权权利人应当在本办法第二十一条规定的海关书面通知送达之日起3个工作日内按照下列规定予以回复：

（一）认为有关货物侵犯其在海关总署备案的知识产权并要求海关予以扣留的，向海关提出扣留侵权嫌疑货物的书面申请并按照本办法第二十三条或者第二十四条的规定提供担保；

（二）认为有关货物未侵犯其在海关总署备案的知识产权或者不要求海关扣留侵权嫌疑货物的，向海关书面说明理由。

经海关同意，知识产权权利人可以查看有关货物。

第二十三条 知识产权权利人根据本办法第二十二条第一款第（一）项的规定请求海关扣留侵权嫌疑货物的，应当按照以下规定向海关提供担保：

（一）货物价值不足人民币2万元的，提供相当于货物价值的担保；

（二）货物价值为人民币2万至20万元的，提供相当于货物价值50%的担保，但担保金额不得少于人民币2万元；

（三）货物价值超过人民币20万元的，提供人民币10万元的担保。

知识产权权利人根据本办法第二十二条第一款第（一）项的规定请求海关扣留涉嫌侵犯商标专用权货物的，可以依据本办法第二十四条的规定向海关总署提供总担保。

第二十四条 在海关总署备案的商标专用权的知识产权权利人，经海关总署核准可以向海关总署提交银行或者非银行金融机构出具的保函，为其向海关申请商标专用权海关保护措施提供总担保。

总担保的担保金额应当相当于知识产权权利人上一年度向海关申请扣留侵权嫌疑货物后发生的仓储、保管和处置等费用之和；知识产权权利人上一年度未向海关申请扣留侵权嫌疑货物或者仓储、保管和处置等费用不足人民币20万元的，总担保的担保金额为人民币20万元。

自海关总署核准其使用总担保之日至当年12月31日，知识产权权利人根据《条例》第十六条的规定请求海关扣留涉嫌侵犯其已在海关总署备案的商标专用权的进出口货物的，无需另行提供担保，但知识产权权利人未按照《条例》第二十五条的规定支付有关费用或者未按照《条例》第二十九条的规定承担赔偿责任，海关总署向担保人发出履行担保责任通知的除外。

第二十五条 知识产权权利人根据本办法第二十二条第一款第（一）项的规定提出申请并根据本办法第二十三条、第二十四条的规定提供担保的，海关应当扣留侵权嫌疑货物并书面通知知识产权权利人；知识产权权利人未提出申请或者未提供担保的，海关应当放行货物。

第二十六条 海关扣留侵权嫌疑货物的，应当将扣留侵权嫌疑货物的扣留凭单送达收发货人。

经海关同意，收发货人可以查看海关扣留的货物。

第二十七条 海关扣留侵权嫌疑货物后，应当依法对侵权嫌疑货物以及其他有关情况进行调查。收发货人和知识产权权利人应当对海关调查予以配合，如实提供有关情况和证据。

海关对侵权嫌疑货物进行调查，可以请求有关知识产权主管部门提供咨询意见。

知识产权权利人与收发货人就海关扣留的侵权嫌疑货物达成协议，向海关提出书面申请并随附相关协议，要求海关解除扣留侵权嫌疑货物的，海关除认为涉嫌构成犯罪外，可以终止调查。

第二十八条 海关对扣留的侵权嫌疑货物进行调查，不能认定货物是否侵犯有关知识产权的，应当自扣留侵权嫌疑货物之日起30个工作日内书面通知知识产权权利人和收发货人。

海关不能认定货物是否侵犯有关专利权的，收发货人向海关提供相当于货物价值的担保后，可以请求海关放行货物。海关同意放行货物的，按照本办法第二十条第二款和第三款的规定办理。

第二十九条 对海关不能认定有关货物是否侵犯其知识产权的，知识产权权利人可以根据《条例》第二十三条的规定向人民法院申请采取责令停止侵权行为或者财产保全的措施。

海关自扣留侵权嫌疑货物之日起50个工作日内收到人民法院协助扣押有关货物书面通知的，应当予以协助；未收到人民法院协助扣押通知或者知识产权权利人要求海关放行有关货物的，海关应当放行货物。

第三十条 海关作出没收侵权货物决定的，应当将下列已知的情况书面通知知识产权权利人：

（一）侵权货物的名称和数量；

（二）收发货人名称；

（三）侵权货物申报进出口日期、海关扣留日期和处罚决定生效日期；

（四）侵权货物的启运地和指运地；

（五）海关可以提供的其他与侵权货物有关的情况。

人民法院或者知识产权主管部门处理有关当事人之间的

侵权纠纷,需要海关协助调取与进出口货物有关的证据的,海关应当予以协助。

第三十一条 海关发现个人携带或者邮寄进出境的物品,涉嫌侵犯《条例》第二条规定的知识产权并超出自用、合理数量的,应当予以扣留,但旅客或者收寄件人向海关声明放弃并经海关同意的除外。

海关对侵权物品进行调查,知识产权权利人应当予以协助。进出境旅客或者进出境邮件的收寄件人认为海关扣留的物品未侵犯有关知识产权或者属于自用的,可以向海关书面说明有关情况并提供相关证据。

第三十二条 进出口货物或者进出境物品经海关调查认定侵犯知识产权,根据《条例》第二十七条第一款和第二十八条的规定应当由海关予以没收,但当事人无法查清的,自海关制发有关公告之日起满3个月后可由海关予以收缴。

进出口侵权行为有犯罪嫌疑的,海关应当依法移送公安机关。

第五章 货物处置和费用

第三十三条 对没收的侵权货物,海关应当按照下列规定处置:

(一)有关货物可以直接用于社会公益事业或者知识产权权利人有收购意愿的,将货物转交给有关公益机构用于社会公益事业或者有偿转让给知识产权权利人;

(二)有关货物不能按照第(一)项的规定处置且侵权特征能够消除的,在消除侵权特征后依法拍卖。拍卖货物所得款项上交国库;

(三)有关货物不能按照第(一)、(二)项规定处置的,应当予以销毁。

海关拍卖侵权货物,应当事先征求有关知识产权权利人的意见。海关销毁侵权货物,知识产权权利人应当提供必要的协助。有关公益机构将海关没收的侵权货物用于社会公益事业以及知识产权权利人接受海关委托销毁侵权货物的,海关应当进行必要的监督。

第三十四条 海关协助人民法院扣押侵权嫌疑货物或者放行被扣留货物的,知识产权权利人应当支付货物在海关扣留期间的仓储、保管和处置等费用。

海关没收侵权货物的,知识产权权利人应当按照货物在海关扣留后的实际存储时间支付仓储、保管和处置等费用。但海关自没收侵权货物的决定送达收发货人之日起3个月内不能完成货物处置,且非因收发货人申请行政复议、提起行政诉讼或者货物处置方面的其他特殊原因导致的,知识产权权利人不需支付3个月后的有关费用。

海关按照本办法第三十三条第一款第(二)项的规定拍卖侵权货物的,拍卖费用的支出按照有关规定办理。

第三十五条 知识产权权利人未按照本办法第三十四条的规定支付有关费用的,海关可以从知识产权权利人提交的担保金中扣除有关费用或者要求担保人履行担保义务。

海关没收侵权货物的,应当在货物处置完毕并结清有关费用后向知识产权权利人退还担保金或者解除担保人的担保责任。

海关协助人民法院扣押侵权嫌疑货物或者根据《条例》第二十四条第(一)、(二)、(四)项的规定放行被扣留货物的,收发货人可以就知识产权权利人提供的担保向人民法院申请财产保全。海关自协助人民法院扣押侵权嫌疑货物或者放行货物之日起20个工作日内,未收到人民法院就知识产权权利人提供的担保采取财产保全措施的协助执行通知的,海关应当向知识产权权利人退还担保金或者解除担保人的担保责任;收到人民法院协助执行通知的,海关应当协助执行。

第三十六条 海关根据《条例》第十九条的规定放行被扣留的涉嫌侵犯专利权的货物后,知识产权权利人按照本办法第二十条第三款的规定向海关提交人民法院受理案件通知书复印件的,海关应当根据人民法院的判决结果处理收发货人提交的担保金;知识产权权利人未提交人民法院受理案件通知书复印件的,海关应当退还收发货人提交的担保金。对知识产权权利人向海关提供的担保,收发货人可以向人民法院申请财产保全,海关未收到人民法院对知识产权权利人提供的担保采取财产保全措施的协助执行通知的,应当自处理收发货人提交的担保金之日起20个工作日后,向知识产权权利人退还担保金或者解除担保人的担保责任;收到人民法院协助执行通知的,海关应当协助执行。

第六章 附 则

第三十七条 海关参照本办法对奥林匹克标志和世界博览会标志实施保护。

第三十八条 在本办法中,"担保"指担保金、银行或者非银行金融机构保函。

第三十九条 本办法中货物的价值由海关以该货物的成交价格为基础审查确定。成交价格不能确定的,货物价值由海关依法估定。

第四十条 本办法第十七条、二十一条、二十八条规定的海关书面通知可以采取直接、邮寄、传真或者其他方式送达。

第四十一条 本办法第二十条第三款和第二十二条第一款规定的期限自海关书面通知送达之日的次日起计算。期限的截止按照以下规定确定:

(一)知识产权权利人通过邮局或者银行向海关提交文件或者提供担保的,以期限到期日24时止;

(二)知识产权权利人当面向海关提交文件或者提供担保的,以期限到期日海关正常工作时间结束止。

第四十二条 知识产权权利人和收发货人根据本办法向海关提交有关文件复印件的,应当将复印件与文件原件进行核对。经核对无误后，应当在复印件上加注“与原件核对无误”字样并予以签章确认。

第四十三条 本办法自 2009 年 7 月 1 日起施行。2004 年 5 月 25 日海关总署令第 114 号公布的《中华人民共和国海关关于〈中华人民共和国知识产权海关保护条例〉的实施办法》同时废止。

国家知识产权局规范性文件制定和管理办法

（2016 年 12 月 14 日国家知识产权局令第 73 号公布 自 2017 年 2 月 1 日起施行）

第一章 总 则

第一条 为了规范国家知识产权局规范性文件的制定工作，加强对规范性文件的管理，促进依法行政，根据《中共中央国务院关于印发〈法治政府建设实施纲要（2015—2020 年）〉的通知》（中发〔2015〕36 号）、《国务院关于加强法治政府建设的意见》（国发〔2010〕33 号）等要求，结合国家知识产权局实际情况，制定本办法。

第二条 本办法所称规范性文件，是指部门规章以外的，国家知识产权局依照法定职权和规定程序单独或者牵头会同有关部门制定的，涉及公民、法人或者其他组织的权利义务，具有普遍约束力并且在一定期限内反复适用的文件，不包括规范内部事务、通报具体情况、处理具体事项以及单纯转发的文件。

第三条 国家知识产权局规范性文件的起草、审查、批准、发布、备案、清理，适用本办法。

第四条 制定规范性文件应当坚持公开、效能和权责统一原则。

第五条 规范性文件应当符合法律、行政法规、部门规章的规定，不得设定行政许可、行政处罚、行政强制等事项，不得减损公民、法人或者其他组织合法权益或者增加其义务。涉及公民、法人或者其他组织权利义务的规范性文件，应当按照法定要求和程序予以公布，未经公布不得作为行政管理依据。

第六条 局业务司（部）负责职责范围内的规范性文件的起草、清理等工作；条法司负责规范性文件的合法性审查、备案、组织清理等工作。

条法司在开展规范性文件的合法性审查、备案、清理等工作时，应当充分发挥公职律师、法律顾问的作用。

第二章 起 草

第七条 规范性文件由相关业务司（部）负责起草。涉及局内多个司（部）业务的，由牵头司（部）负责组织相关业务司（部）起草并对不同的意见进行协调。起草时，应当有起草司（部）法治联络员参与。

起草规范性文件草案时应当同时起草草案说明。规范性文件涉及重大事项的，还应当同时起草解读方案及解读材料。

第八条 规范性文件的名称应当根据具体内容确定，一般使用“办法”“规定”“通知”“决定”“意见”等名称。规范性文件的内容应当明确具体、逻辑严密、具有可操作性；文字应当准确、规范、简洁。

第九条 规范性文件草案应当根据内容需要明确制定目的和依据、适用范围、管理部门和施行日期等内容。

草案还应当明确列明因该文件施行而失效或者废止的文件的名称、文号；仅涉及部分条款失效或者废止的，应当列明相关条款。

草案说明应当包括下列内容：

（一）制定该文件的必要性和可行性；

（二）所依据的法律、行政法规、部门规章和有关文件；

（三）拟解决的主要问题以及采取的主要措施；

（四）征求意见及对意见的采纳情况；

（五）其他需要说明的问题。

第十条 起草司（部）应当深入开展调查研究，根据实际需要征求局内相关部门（单位）、地方知识产权局、社会公众和有关专家的意见。

起草对公民、法人或者其他组织的权利义务产生直接影响的规范性文件，起草司（部）应当向社会公布规范性文件草案，征求社会各界意见。

征求意见可以采取书面、网上公开或者召开座谈会、论证会、听证会等形式。

起草司（部）应当根据征求意见的情况，对规范性文件征求意见稿进行修改，形成规范性文件草案送审稿，并在草案说明中对征求意见及采纳情况进行说明。

第三章 合法性审查

第十一条 规范性文件起草工作完成后，在报请批准或者审议前，起草司（部）应当将草案送审稿、草案说明和其他必要材料提交条法司进行合法性审查。未经合法性审查或者经审查不合法的，不得提交批准或者审议。

第十二条 条法司收到草案送审稿及相关材料后，一般应当在 5 个工作日内提出合法性审查意见。

合法性审查的内容包括：

（一）是否与法律、行政法规、部门规章相抵触；

（二）是否与我国加入的国际条约相抵触；

（三）是否属于国家知识产权局的法定职权范围；

（四）其他需要审查的事项。

第十三条 经审查无异议，条法司应当作出合法性审查通过的审查意见。

草案送审稿存在合法性问题，不符合本办法要求的，条法司应当作出合法性审查不予通过的审查意见并说明理由。起草司(部)应当根据合法性审查意见对草案进行修改或者对制定规范性文件的必要性、可行性等进行重新论证。

第四章　批准和发布

第十四条　规范性文件草案应当提交局长或者分管副局长批准,涉及重大事项的应当经局务会审议通过。

将规范性文件草案提交批准或者提请局务会审议时应当附具草案说明和合法性审查意见书。局务会对规范性文件草案进行审议时,由起草司(部)就起草情况、解读方案及解读材料作说明,条法司就合法性审查情况作说明。

规范性文件经批准或者审议通过后,由起草司(部)正式行文,按照局公文办理程序报请局长或者分管副局长签发。

第十五条　规范性文件应当以局发文或者办公室发文形式发布。局办公室应当对规范性文件统一登记、统一编号、统一印发。

除规范性文件涉及国家秘密需要保密外,起草司(部)应当在规范性文件发布后,及时在局政府网站上全文公开。有解读材料的,相关解读材料应当于文件公开后3个工作日内在局政府网站上公布。

第十六条　规范性文件发布后,局办公室和起草部门应当主动监测职责范围内的政务舆情,及时了解社会关切,有针对性地做好说明工作。

第五章　备　　案

第十七条　自规范性文件发布之日起5个工作日内,起草司(部)应当将文件报送条法司备案。

第十八条　报送规范性文件备案,应当提交纸件和电子件形式的备案表、规范性文件正式发布文本和草案说明。

规范性文件有法律、行政法规、部门规章以外制定依据的,报送备案时,应当同时附具该制定依据。

规范性文件包含宣布其他规范性文件失效或者废止的内容的,报送备案时,应当同时附具该失效或者废止的规范性文件。

第十九条　条法司应当建立规范性文件备案数据库,将所有规范性文件纳入数据库进行统一管理。

第六章　清　　理

第二十条　规范性文件的全面清理工作应当每隔2年开展一次。

起草司(部)应当对其负责起草的所有规范性文件提出明确清理意见。规范性文件的起草涉及多个司(部)的,由牵头起草司(部)商相关司(部)后提出清理意见。

清理工作完成后,由条法司拟定继续有效、需要修改、宣布失效和废止的规范性文件目录,按照规范性文件批准发布程序及时向社会公布。

第二十一条　规范性文件有下列情形之一的,应予宣布失效:

(一)适用期已过;

(二)调整对象已消失或者规定的事项、任务已完成,实际上已经失效。

第二十二条　规范性文件有下列情形之一的,应予废止:

(一)主要内容与现行法律、行政法规、部门规章以及国家政策相抵触;

(二)主要内容已经不能适应经济社会发展需要;

(三)主要内容已被新的法律、行政法规、部门规章或者规范性文件代替;

(四)主要依据的法律、行政法规、部门规章和国务院规范性文件已废止或者失效。

第二十三条　规范性文件有下列情形之一的,应予修改:

(一)个别条款与现行法律、行政法规、部门规章和国家政策不一致,但基本适应经济社会发展需要、有必要继续实施;

(二)规范性文件之间对同一事项规定不一致;

(三)主要依据的法律、行政法规、部门规章和国务院规范性文件已经修改;

(四)个别条款不能适应经济社会发展需要。

规范性文件修改的程序参照本办法第二章至第五章的规定。

第二十四条　规范性文件有具体实施期限的,应当在正文中明确规定有效期限。名称冠以"暂行""试行"的,有效期限一般不得超过2年。有效期限届满,规范性文件自动失效。

规范性文件在有效期届满后需要继续实施的,应当在有效期届满前1个月作必要修改后重新发布。

第七章　附　　则

第二十五条　本办法由国家知识产权局负责解释。

第二十六条　本办法自2017年2月1日起施行。

国家工商行政管理总局关于禁止滥用知识产权排除、限制竞争行为的规定

(2015年4月7日国家工商行政管理总局令第74号公布　自2015年8月1日起施行)

第一条　为了保护市场公平竞争和激励创新,制止经营者滥用知识产权排除、限制竞争的行为,根据《中华人民共和国反垄断法》(以下简称《反垄断法》),制定本规定。

第二条　反垄断与保护知识产权具有共同的目标,即促进竞争和创新,提高经济运行效率,维护消费者利益和社会公共利益。

经营者依照有关知识产权的法律、行政法规规定行使知识产权的行为，不适用《反垄断法》；但是，经营者滥用知识产权，排除、限制竞争的行为，适用《反垄断法》。

第三条 本规定所称滥用知识产权排除、限制竞争行为，是指经营者违反《反垄断法》的规定行使知识产权，实施垄断协议、滥用市场支配地位等垄断行为（价格垄断行为除外）。

本规定所称相关市场，包括相关商品市场和相关地域市场，依据《反垄断法》和《国务院反垄断委员会关于相关市场界定的指南》进行界定，并考虑知识产权、创新等因素的影响。在涉及知识产权许可等反垄断执法工作中，相关商品市场可以是技术市场，也可以是含有特定知识产权的产品市场。相关技术市场是指由行使知识产权所涉及的技术和可以相互替代的同类技术之间相互竞争所构成的市场。

第四条 经营者之间不得利用行使知识产权的方式达成《反垄断法》第十三条、第十四条所禁止的垄断协议。但是，经营者能够证明所达成的协议符合《反垄断法》第十五条规定的除外。

第五条 经营者行使知识产权的行为有下列情形之一的，可以不被认定为《反垄断法》第十三条第一款第六项和第十四条第三项所禁止的垄断协议，但是有相反的证据证明该协议具有排除、限制竞争效果的除外：

（一）具有竞争关系的经营者在受其行为影响的相关市场上的市场份额合计不超过百分之二十，或者在相关市场上存在至少四个可以以合理成本得到的其他独立控制的替代性技术；

（二）经营者与交易相对人在相关市场上的市场份额均不超过百分之三十，或者在相关市场上存在至少两个可以以合理成本得到的其他独立控制的替代性技术。

第六条 具有市场支配地位的经营者不得在行使知识产权的过程中滥用市场支配地位，排除、限制竞争。

市场支配地位根据《反垄断法》第十八条和第十九条的规定进行认定和推定。经营者拥有知识产权可以构成认定其市场支配地位的因素之一，但不能仅根据经营者拥有知识产权推定其在相关市场上具有市场支配地位。

第七条 具有市场支配地位的经营者没有正当理由，不得在其知识产权构成生产经营活动必需设施的情况下，拒绝许可其他经营者以合理条件使用该知识产权，排除、限制竞争。

认定前款行为需要同时考虑下列因素：

（一）该项知识产权在相关市场上不能被合理替代，为其他经营者参与相关市场的竞争所必需；

（二）拒绝许可该知识产权将会导致相关市场上的竞争或者创新受到不利影响，损害消费者利益或者公共利益；

（三）许可该知识产权对该经营者不会造成不合理的损害。

第八条 具有市场支配地位的经营者没有正当理由，不得在行使知识产权的过程中，实施下列限定交易行为，排除、限制竞争：

（一）限定交易相对人只能与其进行交易；

（二）限定交易相对人只能与其指定的经营者进行交易。

第九条 具有市场支配地位的经营者没有正当理由，不得在行使知识产权的过程中，实施同时符合下列条件的搭售行为，排除、限制竞争：

（一）违背交易惯例、消费习惯等或者无视商品的功能，将不同商品强制捆绑销售或者组合销售；

（二）实施搭售行为使该经营者将其在搭售品市场的支配地位延伸到被搭售品市场，排除、限制了其他经营者在搭售品或者被搭售品市场上的竞争。

第十条 具有市场支配地位的经营者没有正当理由，不得在行使知识产权的过程中，实施下列附加不合理限制条件的行为，排除、限制竞争：

（一）要求交易相对人将其改进的技术进行独占性的回授；

（二）禁止交易相对人对其知识产权的有效性提出质疑；

（三）限制交易相对人在许可协议期限届满后，在不侵犯知识产权的情况下利用竞争性的商品或者技术；

（四）对保护期已经届满或者被认定无效的知识产权继续行使权利；

（五）禁止交易相对人与第三方进行交易；

（六）对交易相对人附加其他不合理的限制条件。

第十一条 具有市场支配地位的经营者没有正当理由，不得在行使知识产权的过程中，对条件相同的交易相对人实行差别待遇，排除、限制竞争。

第十二条 经营者不得在行使知识产权的过程中，利用专利联营从事排除、限制竞争的行为。

专利联营的成员不得利用专利联营交换产量、市场划分等有关竞争的敏感信息，达成《反垄断法》第十三条、第十四条所禁止的垄断协议。但是，经营者能够证明所达成的协议符合《反垄断法》第十五条规定的除外。

具有市场支配地位的专利联营管理组织没有正当理由，不得利用专利联营实施下列滥用市场支配地位的行为，排除、限制竞争：

（一）限制联营成员在联营之外作为独立许可人许可专利；

（二）限制联营成员或者被许可人独立或者与第三方联合研发与联营专利相竞争的技术；

（三）强迫被许可人将其改进或者研发的技术独占性地回授给专利联营管理组织或者联营成员；

（四）禁止被许可人质疑联营专利的有效性；

（五）对条件相同的联营成员或者同一相关市场的被许

可人在交易条件上实行差别待遇；

（六）国家工商行政管理总局认定的其他滥用市场支配地位行为。

本规定所称专利联营，是指两个或者两个以上的专利权人通过某种形式将各自拥有的专利共同许可给第三方的协议安排。其形式可以是为此目的成立的专门合资公司，也可以是委托某一联营成员或者某独立的第三方进行管理。

第十三条　经营者不得在行使知识产权的过程中，利用标准（含国家技术规范的强制性要求，下同）的制定和实施从事排除、限制竞争的行为。

具有市场支配地位的经营者没有正当理由，不得在标准的制定和实施过程中实施下列排除、限制竞争行为：

（一）在参与标准制定的过程中，故意不向标准制定组织披露其权利信息，或者明确放弃其权利，但是在某项标准涉及该专利后却对该标准的实施者主张其专利权。

（二）在其专利成为标准必要专利后，违背公平、合理和无歧视原则，实施拒绝许可、搭售商品或者在交易时附加其他的不合理交易条件等排除、限制竞争的行为。

本规定所称标准必要专利，是指实施该项标准所必不可少的专利。

第十四条　经营者涉嫌滥用知识产权排除、限制竞争行为的，工商行政管理机关依据《反垄断法》和《工商行政管理机关查处垄断协议、滥用市场支配地位案件程序规定》进行调查。

第十五条　分析认定经营者涉嫌滥用知识产权排除、限制竞争行为，可以采取以下步骤：

（一）确定经营者行使知识产权行为的性质和表现形式；

（二）确定行使知识产权的经营者之间相互关系的性质；

（三）界定行使知识产权所涉及的相关市场；

（四）认定行使知识产权的经营者的市场地位；

（五）分析经营者行使知识产权的行为对相关市场竞争的影响。

分析认定经营者之间关系的性质需要考虑行使知识产权行为本身的特点。在涉及知识产权许可的情况下，原本具有竞争关系的经营者之间在许可合同中是交易关系，而在许可人和被许可人都利用该知识产权生产产品的市场上则又是竞争关系。但是，如果当事人之间在订立许可协议时不是竞争关系，在协议订立之后才产生竞争关系的，则仍然不视为竞争者之间的协议，除非原协议发生实质性的变更。

第十六条　分析认定经营者行使知识产权的行为对竞争的影响，应当考虑下列因素：

（一）经营者与交易相对人的市场地位；

（二）相关市场的市场集中度；

（三）进入相关市场的难易程度；

（四）产业惯例与产业的发展阶段；

（五）在产量、区域、消费者等方面进行限制的时间和效力范围；

（六）对促进创新和技术推广的影响；

（七）经营者的创新能力和技术变化的速度；

（八）与认定行使知识产权的行为对竞争影响有关的其他因素。

第十七条　经营者滥用知识产权排除、限制竞争的行为构成垄断协议的，由工商行政管理机关责令停止违法行为，没收违法所得，并处上一年度销售额百分之一以上百分之十以下的罚款；尚未实施所达成的垄断协议的，可以处五十万元以下的罚款。

经营者滥用知识产权排除、限制竞争的行为构成滥用市场支配地位的，由工商行政管理机关责令停止违法行为，没收违法所得，并处上一年度销售额百分之一以上百分之十以下的罚款。

工商行政管理机关确定具体罚款数额时，应当考虑违法行为的性质、情节、程度、持续的时间等因素。

第十八条　本规定由国家工商行政管理总局负责解释。

第十九条　本规定自2015年8月1日起施行。

最高人民法院关于在全国法院推进知识产权民事、行政和刑事案件审判“三合一”工作的意见

（2016年7月5日　法发〔2016〕17号）

为贯彻落实党的十八届四中全会确定的司法体制改革任务以及《国家知识产权战略纲要》《关于深化体制机制改革加快实施创新驱动发展战略的若干意见》《深化科技体制改革实施方案》提出的具体要求，统一法律适用标准，优化审判资源配置，提高审判质量和效率，充分发挥知识产权司法保护的主导作用，推进知识产权审判体制和工作机制改革，加快创新驱动发展战略的实施，建立公正、高效、权威的社会主义知识产权司法制度，根据《中华人民共和国民事诉讼法》《中华人民共和国行政诉讼法》和《中华人民共和国刑事诉讼法》以及有关法律法规的规定，结合审判工作实际，制定本意见。

一、统一思想，深刻认识推进知识产权民事、行政和刑事案件审判“三合一”工作的重大意义

1. 知识产权民事、行政和刑事案件审判“三合一”是指由知识产权审判庭统一审理知识产权民事、行政和刑事案件。

推进“三合一”工作，是人民法院贯彻落实党的十八届四中全会关于司法体制改革任务的重要举措，是落实国家知识产权战略和创新驱动发展战略的重要措施。推进“三合一”工作的目的是要构建符合知识产权司法特点和规律的工作机制和审判体制，不断提高知识产权司法保护的整体效能。

2. 推进“三合一”工作，有利于增强司法机关和行政机关执法合力，实现知识产权的全方位救济和司法公正；有利于统一司法标准，提高审判质量，完善知识产权司法保护制度；有利于合理调配审判力量，优化审判资源配置，提高知识产权司法保护的效益和效率；有利于知识产权专门审判队伍建设，提高知识产权审判队伍素质。各级人民法院要把思想和行动统一到中央精神和部署上来，以勇于担当的精神全面推进“三合一”工作。

二、积极落实，大力推进知识产权民事、行政和刑事案件审判“三合一”工作

3. 最高人民法院成立推进“三合一”工作协调小组，统一协调指导全国法院的“三合一”工作。高、中级人民法院要成立相应的协调机构，组织协调辖区内的“三合一”工作，具体负责辖区内知识产权案件的管辖布局和指导监督，上传下达，内外协调，及时解决工作中出现的问题。

4. 各级人民法院要根据最高人民法院会同最高人民检察院、公安部联合制定下发的有关办理知识产权刑事案件适用法律相关问题的意见，做好知识产权刑事案件的审理工作。

5. 各级人民法院的知识产权审判部门，不再称为民事审判第×庭，更名为知识产权审判庭。

6. 各级人民法院知识产权审判庭应当根据审判任务需要配备审判力量，并根据情况配备专门从事行政审判和刑事审判的法官，也可以由行政审判庭或刑事审判庭法官与知识产权审判庭法官共同组成合议庭，审理知识产权行政或刑事案件。

7. 知识产权民事案件是指涉及著作权、商标权、专利权、技术合同、商业秘密、植物新品种和集成电路布图设计等知识产权以及不正当竞争、垄断、特许经营合同的民事纠纷案件。

一般知识产权民事纠纷案件是指除专利、植物新品种、集成电路布图设计、技术秘密、计算机软件、驰名商标认定以及垄断纠纷案件之外的知识产权民事纠纷案件。

知识产权行政案件是指当事人对行政机关就著作权、商标权、专利权等知识产权以及不正当竞争等所作出的行政行为不服，向人民法院提起的行政纠纷案件。

知识产权刑事案件是指《中华人民共和国刑法》分则第三章“破坏社会主义市场经济秩序罪”第七节规定的侵犯知识产权犯罪案件等。

知识产权刑事自诉案件，人民法院仍然可以按照刑事诉讼法所确定的地域管辖原则管辖。

8. 知识产权民事案件的受理继续依照人民法院有关地域管辖、级别管辖和指定管辖的规定和批复进行。除此之外：

中级人民法院辖区内没有基层人民法院具有一般知识产权民事纠纷案件管辖权的，可以层报最高人民法院指定基层人民法院统一管辖，也可以由中级人民法院提级管辖本辖区内的知识产权行政、刑事案件。

中级人民法院辖区内有多个具有一般知识产权民事纠纷案件管辖权基层人民法院的，经层报最高人民法院批准后，可以根据辖区内的案件数量、审判力量等情况对每个基层法院的辖区范围进行划分和调整。

具有一般知识产权民事纠纷案件管辖权的基层人民法院审理中级人民法院指定区域内的第一审知识产权刑事、行政案件。不具有一般知识产权民事纠纷案件管辖权的基层人民法院发现所审理案件属于知识产权行政、刑事案件的，应当及时移送中级人民法院指定的有一般知识产权民事纠纷案件管辖权的基层人民法院管辖。

中级人民法院知识产权审判庭审理本辖区内基层人民法院审结的知识产权行政、刑事上诉案件以及同级人民检察院抗诉的知识产权刑事案件。

高级人民法院知识产权审判庭审理本辖区内中级人民法院审结的知识产权行政、刑事上诉案件，知识产权行政、刑事申请再审案件以及同级人民检察院抗诉的知识产权刑事案件。

最高人民法院知识产权审判庭审理各高级人民法院审结的知识产权行政、刑事上诉案件，知识产权行政、刑事申请再审案件、最高人民检察院抗诉的知识产权刑事案件。

9. 知识产权案件案号编制、使用与管理依照最高人民法院《关于人民法院案号的若干规定》执行。案号中的类型代字为知民/知行/知刑。

三、加大力度，保障知识产权民事、行政和刑事案件审判“三合一”工作顺利推进

10. 高、中级人民法院要统筹规划本辖区内的“三合一”工作，在人员编制、经费保障、物质装备等方面大力支持“三合一”工作。要建立人民法院与公安机关、检察机关以及知识产权行政执法机关的沟通联络机制，协调公安机关、检察机关做好刑事案件的侦查和移送起诉工作。

11. 要加强审判管理，确保案件质量。加快推进和不断完善知识产权案例指导制度，确保裁判标准统一。要做好案件审理各个环节的衔接工作。要大力提高知识产权案件裁判文书质量。要对知识产权案件进行分类统计，充分利用信息化手段，加强对相关数据的分析研判。上级法院要及时开展调查研究，加强对开展“三合一”工作法院的指导和监督。

四、加强培训，加快建设一支复合型、专门化的知识产权审判队伍

12. 各级人民法院要本着立足长远的原则，以培养一支适应知识产权审判发展趋势的专门化法官队伍为目标，严格选拔审判业务骨干，确保参与知识产权审判的法官具有相应的审判业务能力和经验。

13. 最高人民法院和高级人民法院每年要适时组织针对知识产权审判“三合一”工作的专门培训，同时要注重通过网络方式加大培训覆盖面，不断提高知识产权法官的综合素质。

五、其他

14. 地方各级人民法院要及时总结交流“三合一”工作取得的经验,查找存在的问题,对带有普遍性的问题要及时层报最高人民法院。

15. 地方各级人民法院要从实际情况出发,从方便当事人诉讼、有利于知识产权司法保护的角度,综合考量本辖区内经济发展水平、交通便利条件以及各类知识产权案件数量等因素,积极稳妥地推进“三合一”工作。

北京、上海、广州知识产权法院暂不实施“三合一”工作。

16. 此前有关规定与本意见不一致的,以本意见为准。

最高人民法院关于知识产权法院案件管辖等有关问题的通知

(2014 年 12 月 24 日　法〔2014〕338 号)

各省、自治区、直辖市高级人民法院,解放军军事法院,新疆维吾尔自治区高级人民法院生产建设兵团分院:

为进一步明确知识产权法院案件管辖等有关问题,依法及时受理知识产权案件,保障当事人诉讼权利,根据《中华人民共和国民事诉讼法》、《中华人民共和国行政诉讼法》、《全国人民代表大会常务委员会关于在北京、上海、广州设立知识产权法院的决定》、《最高人民法院关于北京、上海、广州知识产权法院案件管辖的规定》等规定,结合审判实际,现就有关问题通知如下:

一、知识产权法院所在市辖区内的第一审知识产权民事案件,除法律和司法解释规定应由知识产权法院管辖外,由基层人民法院管辖,不受诉讼标的额的限制。

不具有知识产权民事案件管辖权的基层人民法院辖区内前款所述案件,由所在地高级人民法院报请最高人民法院指定具有知识产权民事案件管辖权的基层人民法院跨区域管辖。

二、知识产权法院对所在市的基层人民法院管辖的重大涉外或者有重大影响的第一审知识产权案件,可以根据民事诉讼法第三十八条的规定提级审理。

知识产权法院所在市的基层人民法院对其所管辖的第一审知识产权案件,认为需要由知识产权法院审理的,可以报请知识产权法院审理。

三、知识产权法院管辖所在市辖区内的第一审垄断民事纠纷案件。

广州知识产权法院对广东省内的第一审垄断民事纠纷实行跨区域管辖。

四、对知识产权法院所在市的基层人民法院已经发生法律效力的知识产权民事和行政判决、裁定、调解书,当事人依法可以向该基层人民法院或者知识产权法院申请再审。

对知识产权法院已经发生法律效力的民事和行政判决、裁定、调解书,当事人依法可以向该知识产权法院或者其所在地的高级人民法院申请再审;当事人依法向知识产权法院所在地的高级人民法院申请再审的,由该高级人民法院知识产权审判庭审理。

五、利害关系人或者当事人向知识产权法院申请证据保全、行为保全、财产保全的,知识产权法院应当依法及时受理;裁定采取相关措施的,应当立即执行。

六、知识产权法院审理的第一审案件,生效判决、裁定、调解书需要强制执行的,知识产权法院所在地的高级人民法院可指定辖区内其他中级人民法院执行。

七、本通知自 2015 年 1 月 1 日起施行。

施行中如有新情况,请及时层报最高人民法院。

最高人民法院关于北京、上海、广州知识产权法院案件管辖的规定

(2014 年 10 月 27 日最高人民法院审判委员会第 1628 次会议通过　2014 年 10 月 31 日最高人民法院公告公布　自 2014 年 11 月 3 日起施行　法释〔2014〕12 号)

为进一步明确北京、上海、广州知识产权法院的案件管辖,根据《中华人民共和国民事诉讼法》《中华人民共和国行政诉讼法》《全国人民代表大会常务委员会关于在北京、上海、广州设立知识产权法院的决定》等规定,制定本规定。

第一条　知识产权法院管辖所在市辖区内的下列第一审案件:

(一)专利、植物新品种、集成电路布图设计、技术秘密、计算机软件民事和行政案件;

(二)对国务院部门或者县级以上地方人民政府所作的涉及著作权、商标、不正当竞争等行政行为提起诉讼的行政案件;

(三)涉及驰名商标认定的民事案件。

第二条　广州知识产权法院对广东省内本规定第一条第(一)项和第(三)项规定的案件实行跨区域管辖。

第三条　北京市、上海市各中级人民法院和广州市中级人民法院不再受理知识产权民事和行政案件。

广东省其他中级人民法院不再受理本规定第一条第(一)项和第(三)项规定的案件。

北京市、上海市、广东省各基层人民法院不再受理本规定第一条第(一)项和第(三)项规定的案件。

第四条　案件标的既包含本规定第一条第(一)项和第(三)项规定的内容,又包含其他内容的,按本规定第一条和第二条的规定确定管辖。

第五条　下列第一审行政案件由北京知识产权法院管辖:

(一)不服国务院部门作出的有关专利、商标、植物新品种、集成电路布图设计等知识产权的授权确权裁定或者决定的;

(二)不服国务院部门作出的有关专利、植物新品种、集成电路布图设计的强制许可决定以及强制许可使用费或者报酬的裁决的;

(三)不服国务院部门作出的涉及知识产权授权确权的其他行政行为的。

第六条 当事人对知识产权法院所在市的基层人民法院作出的第一审著作权、商标、技术合同、不正当竞争等知识产权民事和行政判决、裁定提起的上诉案件,由知识产权法院审理。

第七条 当事人对知识产权法院作出的第一审判决、裁定提起的上诉案件和依法申请上一级法院复议的案件,由知识产权法院所在地的高级人民法院知识产权审判庭审理。

第八条 知识产权法院所在省(直辖市)的基层人民法院在知识产权法院成立前已经受理但尚未审结的本规定第一条第(一)项和第(三)项规定的案件,由该基层人民法院继续审理。

除广州市中级人民法院以外,广东省其他中级人民法院在广州知识产权法院成立前已经受理但尚未审结的本规定第一条第(一)项和第(三)项规定的案件,由该中级人民法院继续审理。

最高人民法院印发《关于充分发挥知识产权审判职能作用推动社会主义文化大发展大繁荣和促进经济自主协调发展若干问题的意见》的通知

(2011年12月16日 法发〔2011〕18号)

各省、自治区、直辖市高级人民法院,解放军军事法院,新疆维吾尔自治区高级人民法院生产建设兵团分院:

现将《最高人民法院关于充分发挥知识产权审判职能作用推动社会主义文化大发展大繁荣和促进经济自主协调发展若干问题的意见》印发给你们,请结合审判工作实际,认真贯彻执行。执行中遇到问题,请随时报告我院。

关于充分发挥知识产权审判职能作用推动社会主义文化大发展大繁荣和促进经济自主协调发展若干问题的意见

为深入贯彻十七届六中全会、中央经济工作会议精神和"十二五"规划纲要要求,充分发挥知识产权审判在推动社会主义文化大发展大繁荣及促进经济发展方式加快转变和经济自主协调发展中的职能作用,现就有关问题提出如下意见:

一、解放思想,能动司法,切实增强提供知识产权司法保障的责任感和使命感

1. 提高认识,切实增强推动社会主义文化大发展大繁荣和促进经济自主协调发展的积极性和主动性。十七届六中全会通过的《中共中央关于深化文化体制改革推动社会主义文化大发展大繁荣若干重大问题的决定》,确定了中国特色社会主义文化发展道路,确立了建设社会主义文化强国的战略目标,提出了新形势下推动文化改革发展的指导思想、目标任务、重要方针、重大举措,是当前和今后一个时期指导我国社会主义文化建设的纲领性文件。国民经济和社会发展"十二五"规划纲要明确,未来五年我国各项工作必须以科学发展为主题,以加快转变经济发展方式为主线;坚持把经济结构战略性调整作为主攻方向,把科技进步和创新作为重要支撑。中央经济工作会议要求,要牢牢把握发展实体经济这一坚实基础,努力营造鼓励脚踏实地、勤劳创业、实业致富的社会氛围;牢牢把握加快改革创新这一强大动力,抓住时机尽快在一些重点领域和关键环节取得突破,着力提高原始创新能力,不断增强集成创新、引进消化吸收再创新能力;坚持创新驱动,强化知识产权保护;培育发展战略性新兴产业,注重推动重大技术突破,注重增强核心竞争力;加快壮大文化产业,推动文化事业蓬勃发展。文化发展、科技进步和知识创新,是推动经济发展方式转变和经济自主协调发展的根本动力。知识产权保护与促进文化发展繁荣和经济自主协调发展密切相关。各级法院和广大知识产权法官要充分认清形势,切实增强大局意识和责任意识,坚持能动司法,找准结合点和着力点,在知识产权司法保护中,更加注重激励文化发展和科技进步,更加注重推进文化创新和发展新型文化业态,更加注重推动知识产权文化的发展和繁荣;更加注重发挥知识产权对实体经济的促进和引领作用,更加注重培育发展战略性新兴产业和推动经济结构战略性调整,更加注重提高我国的综合国力和国际竞争力,在推动社会主义文化大发展大繁荣和经济自主协调发展中充分发挥建设者和保障者的作用。

2. 更新观念,切实增强服务社会主义文化大发展大繁荣和经济自主协调发展的针对性和有效性。要强化加强保护观念,充分认识加强保护是当前知识产权司法保护的主要矛盾、基本定位和政策取向,统筹好国际国内两个大局,用足用好知识产权法律,加强各类知识产权司法保护,切实降低维权成本和加大制裁力度。要强化分门别类和宽严适度观念,在知识产权司法保护中注意适应各类知识产权的属性和特点,符合各类不同知识产权的功能和保护需求,使知识产权司法保护更加适应我国所处的国际国内发展环境,更加符合我国经济社会文化发展新的阶段性特征,更加符合我国文化发展和科技创新的新要求。要强化利益平衡观念,把利益平衡作为知识产权司法保护的重要基点,统筹兼顾智力创造者、商业利用者和社会公众的利益,协调好激励创造、促进产业发展和保障基本文化权益之间的关系,使利益各方共同受益、均衡发展。要强化初次裁判正确观念,高度重视提高第一审初次裁判的正确率,使当事人及早获得司法公正,提高服判息诉率和减少上诉率,促进社会和谐稳定。

3. 发挥优势,进一步增强司法保护知识产权的主导性。继续深入落实发挥司法保护知识产权主导作用的国家知识产权战略构想和目标,增强贯彻这一战略目标的坚定性和自觉性,确保贯彻落实的科学性和准确性。要适应中国特色社会主义法律体系形成后的新形势新要求,更加重视司法保护知识产权,确保知识产权法律的贯彻实施,弘扬社会主义法治理念。要更加重视知识产权法律适用的稳定性和可预期性,重视程序保障和过程透明,重视在先典型案例示范作用,最大限度地为利益攸关方提供稳定和可期待的预期,最大限度地使其避免受司法标准不统一的困扰,积极营造良好的法律环境、投资环境和市场环境。要更加重视长效保护机制,重视一以贯之的法律执行,重视营造一种持之以恒的长效保护机制,避免为一时一事改变甚至损害法律的长效执行。要更加重视平等保护,重视知识产权法律的一体执行,坚决遏制地方保护。要更加重视裁判的引领和导向功能,在裁判中重视弘扬社会主义核心价值体系,注意把法律评价与道德评价有机结合起来,引领社会主流价值观,把维护公共道德作为司法保护的重要价值追求,提升全社会尊重知识、崇尚创新、诚信守法的知识产权法治文化。

二、加强涉文化类知识产权案件的审判,促进文化创新和培育新型文化业态,积极推动社会主义文化大发展大繁荣

4. 高度重视涉文化类知识产权案件的审判,依法加强文化类知识产权的保护。我国已形成以著作权法、非物质文化遗产法、计算机软件保护条例、信息网络传播权保护条例等法律、行政法规为主干的文化法律体系,涉文化类知识产权案件的审判已成为知识产权审判的重要方面。要认真贯彻落实中央关于大力发展公益性文化事业、加快发展文化产业的政策措施,制定和完善有关司法解释和司法政策,高度重视涉文化类审判工作,充分发挥知识产权审判对文化建设的规范、引导、促进和保障作用,激励全民族文化创造活力持续迸发,丰富人民社会文化生活,保障人民基本文化权益,推动文化产业跨越式发展,提升我国整体文化实力和国际竞争力。要高度重视涉及文化产业的新类型知识产权保护,积极推动文化产业发展成为国民经济支柱性产业。特别是依法加强出版发行、影视制作、广告、演艺、娱乐、设计等产业领域的著作权保护,推动传统文化产业发展壮大。深入研究和大力加强文化创意、数字出版、移动多媒体、动漫游戏、软件、数据库等战略性新兴文化产业的著作权保护,培育新型文化业态,扩展文化产业发展新领域,培育国民经济新的增长点,提升我国整体文化实力和竞争力。密切关注电信网、广电网、互联网"三网融合"等信息技术发展带来的新问题,在保护著作权益的同时,注重促进新兴产业的发展,促进我国信息化水平的提高。

5. 加大文化创造者权益保护,保障文化创造源泉充分涌流。要妥善处理作品的独创性与独创高度的关系,既维护给予作品著作权保护的基本标准的统一性,又注意把握各类作品的特点和适应相关保护领域的特殊需求,使保护强度与独创高度相协调。要妥善适用著作权法有关著作权的概括性规定,及时保护创作者的新权益。妥善处理个人作品、职务作品和法人作品的关系,既最大限度保护作者权益和鼓励创作积极性,又依法保护法人或者其他组织的合法权益。妥善运用思想和表达两分法,注意思想与表达区分的相对性,合理界定作品保护范围。高度重视传播者权益保护,充分保护出版者、表演者、录音录像制作者、广播电台、电视台的合法权益,促进作品的传播和利用。积极探索对综艺晚会、体育节目等所涉权益的法律保护,合理平衡相关各方利益。

6. 加强网络环境下的著作权保护,妥善处理保护著作权与促进信息网络产业发展和保障信息传播的关系。要准确把握法律、行政法规和司法解释有关网络环境下著作权保护的精神实质,特别要准确把握权利人、网络服务提供者和社会公众之间的利益平衡,既要加强网络环境下著作权保护,又要注意促进信息网络技术创新和商业模式发展,确保社会公众利益。正确把握作品、表演、录音录像制品提供行为与网络服务提供行为的划分,妥善处理有关网络服务提供者免责与归责、"通知与移除"规则与过错归责、网络服务提供者侵权过错与一般侵权过错的差别等关系。凡网络服务提供行为符合法定免责条件的,网络服务提供者不承担侵权赔偿责任;虽然不完全符合法定的免责条件,但网络服务提供者不具有过错的,也不承担侵权赔偿责任。要根据信息网络环境的特点和实际,准确把握网络服务提供行为的侵权过错认定,既要根据侵权事实明显的过错标准认定过错,不使网络服务提供者承担一般性的事先审查义务和较高的注意义务,又要适当地调动网络服务提供者主动防止侵权和与权利人合作防止侵权的积极性。要维护"通知与移除"规则的基本价值,除根据明显的侵权事实能够认定网络服务提供者具有明知或者应知的情形外,追究网络服务提供者的侵权赔偿责任应当以首先适用"通知与移除"规则为前提,既要防止降低网络服务提供者的过错认定标准,使"通知与移除"规则形同虚设;又要防止网络服务提供者对于第三方利用其网络服务侵权消极懈怠,滥用"通知与移除"规则。

7. 妥善处理好技术中立与侵权行为认定的关系,实现有效保护著作权与促进技术创新、产业发展的和谐统一。既要准确把握技术作为工具手段所具有的价值中立性和多用途性,又要充分认识技术所反映和体现的技术提供者的行为与目的。既不能把技术所带来的侵权后果无条件地归责于技术提供者,窒息技术创新和发展;也不能将技术中立绝对化,简单地把技术中立作为不适当免除侵权责任的挡箭牌。对于具有实质性非侵权商业用途的技术，严格把握技术提供者承担连带责任的条件，不能推定技术提供者应知具体的直接侵权行为的存在，其只在具备其他帮助或者教唆行为的条件下才与直接侵权人承担连带责任；对于除主要用于侵犯著作权外不具有其他实质性商业用途的技术，可以推定技术提供者应知具体的直接侵权行为的存在，其应与直接侵权人承担连带责任。在审理涉及网络著作权、"三网融合"等新兴产业著作权案件时，尤其要准确把握技术中立的精神，既有利于促进科技和商业创新，又防止以技术中立为名行侵权之实。

8. 妥当运用著作权的限制和例外规定，正确判定被诉侵权行为的合法性，促进商业和技术创新，充分保障人民基本文化权益。正确认定合理使用和法定许可行为，依法保护作品的正当利用和传播。在促进技术创新和商业发展确有必要的特殊情形下，考虑作品使用行为的性质和目的、被使用作品的性质、被使用部分的数量和质量、使用对作品潜在市场或价值的影响等因素，如果该使用行为既不与作品的正常使用相冲突，也不至于不合理地损害作者的正当利益，可以认定为合理使用。对设置或者陈列在室外社会公共场所的艺术作品进行临摹、绘画、摄影或者录像，并对其成果以合理的方式和范围再行使用，无论该使用行为是否具有商业目的，均可认定为合理使用。

9. 综合运用多种法律手段，积极推动非物质文化遗产的保护、传承和开发利用，促进我国丰富的文化资源转化为强大的文化竞争力。非物质文化遗产是凝聚民族精神、传承民族文化、维护文化多样性、促进社会和谐和可持续发展的重要基础和纽带，是文化创新的重要源泉。本着传承与创新、保护和利用并重的原则，根据现有法律和立法精神，积极保护民间文学艺术、传统知识、遗传资源等非物质文化遗产，公平合理地协调和平衡在发掘、整理、传承、保护、开发和利用过程中各方主体的利益关系。坚持尊重原则，利用非物质文化遗产应尊重其形式和内涵，不得以歪曲、贬损等方式使用非物质文化遗产。坚持来源披露原则，利用非物质文化遗产应以适当方式说明信息来源。鼓励知情同意和惠益分享，非物质文化遗产利用者应尽可能取得保存者、提供者、持有者或者相关保护部门的知情同意，并以适当方式与其分享使用利益。综合运用著作权法、商标法、专利法、反不正当竞争法等多种手段，积极保护非物质文化遗产的传承和商业开发利用。

10. 充分利用著作权保护手段，依法保护民间文学艺术作品。民间文学艺术作品的著作权保护，既要有利于民间文学艺术的传承，发挥其凝聚民族精神和维系民族精神家园的作用，又要有利于创新和利用，提高中华文化影响力。民间文学艺术作品可由产生和传承该作品的特定民族或者区域群体共同享有著作权，该特定民族或者区域的相关政府部门有权代表行使保护权利。对于民间文学艺术作品的保存人和整理人，应尊重其以适当方式署名的权利。利用民间文学艺术的元素或者素材进行后续创作，无需取得许可或者支付费用；形成具有独创性作品的，作者可依法获得完整的著作权保护，但应说明其作品的素材来源。不当利用民间文学艺术作品给特定民族或者区域群体精神权益造成损害的，人民法院可以判令不当利用人承担相应的民事责任。

11. 有效利用商标法、专利法等法律手段，保护非物质文化遗产的商业价值，促进具有地方特色的自然、人文资源优势转化为现实生产力。将非物质文化遗产的名称、标志等申请商标注册，构成对非物质文化遗产的歪曲、贬损、误导等不正当利用行为，损害特定民族或者区域群体的精神权益的，可以认定为具有其他不良影响，禁止作为商标使用；已经使用并造成不良影响的，人民法院可以根据具体案情，判决使用人承担停止使用、赔礼道歉，消除影响等民事责任。非物质文化遗产的名称、标志等构成地理标志的，可以视具体情况作为在先权利予以保护。非物质文化遗产中的传统知识和遗传资源构成商业秘密的，禁止他人窃取、非法披露和使用。违反法律、法规的规定获取或者利用遗传资源，依赖该遗传资源完成发明创造并获得专利授权，专利权人指控他人侵犯其专利权的，可以不予支持。

三、加大科技成果权保护力度，推动科技进步与创新，提高自主创新能力

12. 依法加强专利、植物新品种、集成电路布图设计等科技类知识产权保护，积极推动科技进步和创新。根据科技进步的新趋势和经济发展的新需求，以提高我国原始创新能力和增强集成创新、引进消化吸收再创新能力为重要目标，准确贯彻专利法立法精神和正确进行侵权判定，加强对关键核心技术、基础前沿领域和战略性新兴产业的知识产权保护，推动技术突破和技术创新，推进传统产业优化升级，加快培育和发展战略性新兴产业，加快形成先导性、支柱性产业，增强企业和国家核心竞争力。加大涉文化领域科技类知识产权保护力度，发挥科技创新对文化发展的引擎作用，推动提高文化产业技术装备水平，增强文化产业核心竞争力，推动中华文化走向世界。

13. 正确把握专利权保护宽严适度的司法政策，大力提高自主创新能力。确定专利权的具体保护范围和强度时要适当考虑不同技术领域专利权的特点和创新实际，符合不同技术领域的创新需求、创新特点和发展实际。坚持发明和实用新型专利权利范围的折衷解释原则，准确界定专利权的保护范围。重视专利的发明目的对专利权保护范围的限定作用，不应把具有专利所要克服的现有技术缺陷或者不足的技术方案纳入保护范围。对于创新程度高、研发投入大、对经济增长具有突破和带动作用的首创发明，应给予相对较高的保护强度和较宽的等同保护范围；对于创新程度相对较低的改进发明，应适当限制其等同保护范围 。

14. 正确运用专利侵权判定方法，加大对专利侵权行为的遏制力度。准确把握发明和实用新型专利侵权判定的全部技术特征对比、禁止反悔、捐献等判断规则，继续探索完善等同侵权适用条件。等同侵权应以手段、功能和效果基本相同并且对所属领域普通技术人员显而易见为必要条件，防止简单机械适用等同侵权或者不适当扩展其适用范围。现有技术抗辩规则在等同侵权和相同侵权中均可适用。准确把握外观设计专利侵权判定的整体观察设计特征、综合判断整体视觉效果的判定方法，以外观设计产品的一般消费者为判断主体，以外观设计的区别设计特征为核心，以产品外观设计整体视觉效果的相同或者近似作为判断侵权成立的根本标准。正确适用现有技术和设计抗辩，被诉侵权人以一份对比文献中记载的一项现有技术方案或者一项现有设计与公知常识或者惯常设计的显而易见组合主张现有技术或者现有设计抗辩的，应当予以支持。被诉侵权人以实施抵触申请中的技术方案或者外观设计主张其不构成专利侵权的，可以参照现有技术或者现有设计抗辩的审查判断标准予以评判。

15. 妥善审理产品制造方法发明专利侵权案件，依法保护方法发明专利权。在适当考虑方法专利权利人维权的实际困难的同时，兼顾被诉侵权人保护其商业秘密的合法权益。依法适用新产品制造方法专利的举证责任倒置规则，使用专利方法获得的产品以及制造该产品的技术方案在专利申请日前不为公众所知的，制造相同产品的被诉侵权人应当承担其产品制造方法不同于专利方法的举证责任。使用专利方法获得的产品不属于新产品，专利权人能够证明被诉侵权人制造了同样产品，经合理努力仍无法证明被诉侵权人确实使用了该专利方法，但根据案件具体情况，结合已知事实以及日常生活经验，能够认定该同样产品经由专利方法制造的可能性很大的，可以根据民事诉讼证据司法解释有关规定，不再要求专利权人提供进一步的证据，而由被诉侵权人提供其制造方法不同于专利方法的证据。要针对方法专利侵权举证困难的实际，依法采取证据保全措施，适当减轻方法专利权利人的举证负担。要注意保护被申请人的利益，防止当事人滥用证据保全制度非法获取他人商业秘密。被诉侵权人提供了其制造方法不同于专利方法的证据，涉及商业秘密的，在审查判断时应注意采取措施予以保护。

16. 妥善处理保护专利权与防止权利滥用的关系，依法规制滥用专利权及滥用诉前禁令制度。在依法保护专利权和保障当事人诉权的同时，注意防止专利权人明显违背法律目的行使权利，不正当地损害竞争对手，妨碍公平竞争和扰乱市场秩序。对于明知其专利权属于现有技术或者现有设计，仍然恶意向正当实施者及其交易对象滥发侵权警告或者滥用诉权，构成侵权的，可以视情支持受害人的损害赔偿请求。适度从严把握法律条件，加强程序保障，依法慎重采取诉前停止侵犯专利权措施。坚持把事实比较清楚、侵权易于判断作为采取诉前停止侵权措施的前提条件。对于需要进行比较复杂的技术对比才能作出侵权可能性判断的行为，不宜裁定采取责令诉前停止侵权措施。在条件允许的情况下，尽可能通过听取申请人与被申请人意见的方式对侵权可能性作出准确判断。宣告涉案专利权无效的无效请求审查决定已经作出的，一般不得裁定采取诉前停止侵害专利权措施。

17. 加强植物新品种权保护，推进农业科技创新，促进农业发展方式加快转变。加大对具有自主知识产权的重大农业科技成果和植物新品种的保护力度，促进提高自主创新能力，推进农业科技进步，提高农业综合生产能力、抗风险能力和市场竞争力。依法严格保障品种权人的利益，大力促进品种的培育和创新成果的转化，发展现代农业。加大对侵犯植物新品种行为的打击力度，对于为商业目的生产、销售或者重复使用授权品种繁殖材料等侵权行为，要及时依法予以制止；对于假冒他人授权品种的行为，也应以侵犯植物新品种权纠纷论处。依法审查品种权人的证据保全申请，积极采取证据保全措施，保障品种权人及时获得司法救济。对被诉侵权繁殖材料采取证据保全措施，应尽量遵守相应的技术规程，保证取样的客观性和代表性，但不得以未邀请有关专业技术人员协助取样为由简单否定证据保全的效力。注意依法保护农民的合法权益，维护农业和农村稳定。正确区分作为品种生产者、管理者的制种大户与以种植为业的普通个人、农村承包经营户，既要依法免除以种植为业的普通个人、农村承包经营户自繁自用授权品种繁殖材料的侵权责任，又要防止实质上成为品种生产者和管理者的制种大户逃避法律制裁。

四、加强商标权保护，培育和维护知名品牌，积极促进社会主义市场经济的竞争性、创新性和包容性增长

18. 依法加强商标权保护。商标权的保护，必须有利于鼓励正当竞争，有利于划清商业标识之间的边界，有利于遏制恶意抢注他人知名商业标识及“傍名牌”行为，有利于为知名品牌的创立和发展提供和谐宽松的法律环境，为培育知名品牌和提升企业综合竞争力提供助力，推动我国从制造大国向品牌强国加快转变。要根据商标的知名度、显著程度等，恰当运用商标近似、商品类似、在先使用并且有一定影响的商标、以欺骗或者其他不正当手段取得商标注册等裁量性法律标准，妥善把握商标注册申请人或者注册人是否有真实使用意图，以及结合商标使用过程中的“傍名牌”行为认定主观恶意等，用足用好商标法有关规定，加大遏制恶意抢注、“傍名牌”等不正当行为的力度，充分体现商标权保护的法律导向。

19. 妥善处理商标近似与商标构成要素近似的关系，准确把握认定商标近似的法律尺度。认定是否构成近似商标，要根据案件的具体情况。通常情况下，相关商标的构成要素整体上构成近似的，可以认定为近似商标。相关商标构成要素整体上不近似，但主张权利的商标的知名度远高于被诉侵权商标的，可以采取比较主要部分决定其近似与否。要妥善处理最大限度划清商业标识之间的边界与特殊情况下允许构成要素近似商标之间适当共存的关系。相关商标均具有较高知名度，或者相关商标的共存是特殊条件下形成时，认定商标近似还应根据两者的实际使用状况、使用历史、相关公众的认知状态、使用者的主观状态等因素综合判定，注意尊重已经客观形成的市场格局，防止简单地把商标构成要素近似等同于商标近似，实现经营者之间的包容性发展。

20. 充分考虑商标所使用商品的关联性，准确把握商品类似的认定标准。认定商品类似可以参考类似商品区分表，但更应当尊重市场实际。要以相关公众的一般认识为标准，结合商品的功能、用途、生产部门、销售渠道、消费对象等因素，正确认定商标法意义上的商品类似。主张权利的商标已实际使用并具有一定知名度的，认定商品类似要充分考虑商品之间的关联性。相关公众基于对商品的通常认知和一般交易观念认为存在特定关联性的商品，可视情纳入类似商品范围。

21. 规范驰名商标的认定和保护，切实加强驰名商标保护。驰名商标保护的目的在于适当扩张具有较高知名程度的商标的保护范围和保护强度，不是评定或者授予荣誉称号。凡当事人主张驰名商标保护且符合保护条件和确有必要的，应当依法予以认定和保护。对于一般公众广泛知晓的驰名商标，要结合众所周知的驰名事实，减轻商标权人对于商标驰名情况的举证责任。认定驰名商标并不要求具有等同划一的知名程度，但驰名商标的保护范围和强度要与其显著性和知名度相适应，对于显著性越强和知名度越高的驰名商标，要给予其更宽的跨类保护范围和更强的保护力度。要认真执行司法解释的规定，准确把握驰名商标的保护范围，加强对驰名商标事实认定的严格把关，坚持判前审核制度，防止当事人弄虚作假，为骗取驰名商标的认定而进行虚假诉讼。

22. 妥善认定商标侵权抗辩，维护正当经营者的合法权益。商标侵权行为应以在商业标识意义上使用相同或者近似商标为条件，被诉侵权人为描述或者说明其产品或者服务的特点而善意合理地使用相同或者近似标识的，可以依法认定为正当使用。注册商标权人的注册商标属于复制、摹仿或者翻译他人未在中国注册的驰名商标、抢注被代理人或者被代表人的商标或者以不正当手段抢注他人已经使用并有一定影响的商标，被诉侵权的在先商标使用人以此为由提出抗辩的，应当予以支持。

23. 妥善处理实体与程序的关系，强化商标授权确权争议的实质性解决。程序既有其独立的法律价值，又必须以实体问题的解决和实体公正的实现为取向和终极目标。实体公正既是程序运行的目标和指向，又需要以程序公正为支撑和保障。既要高度重视程序公正，防止忽视程序公正片面追求实体公正，又要以实体公正为依归，防止机械司法。当事人因行使程序权利的瑕疵而可能影响其重大实体权益，甚至可能导致其丧失救济机会且没有其他救济途径的，可以根据案件具体情况给予补救机会。要注重商标授权确权争议的实质性解决，避免陷入不必要的程序重复，搁置实体问题和回避矛盾。对于商标是否应予注册、是否应当撤销等能够做出实体性判断的，可以在裁判理由中作出明确的判断，为被诉行政机关重作决定作出明确指引。

五、依法规范竞争秩序，培育自由公平、诚信守法的竞争文化，创造公平有序、充满活力的市场环境

24. 加强不正当竞争案件的审判，维护市场公平竞争。妥善处理好知识产权专门法与反不正当竞争法的关系，在激励创新的同时，又要鼓励公平竞争。反不正当竞争法补充保护作用的发挥不得抵触知识产权专门法的立法政策，凡是知识产权专门法已作穷尽性规定的领域，反不正当竞争法原则上不再提供附加保护，允许自由利用和自由竞争，但在与知识产权专门法的立法政策相兼容的范围内，仍可以从制止不正当竞争的角度给予保护。妥善处理好反不正当竞争法的原则规定与特别规定之间的关系，既要充分利用原则规定的灵活性和适应性，有效制止各种花样翻新、层出不穷的不正当竞争行为，又要防止原则规定适用的随意性，避免妨碍市场自由公平竞争。严格把握反不正当竞争法原则规定的适用条件，凡属反不正当竞争法特别规定已作明文禁止的行为领域，只能依照特别规定规制同类不正当竞争行为，原则上不宜再适用原则规定扩张适用范围。反不正当竞争法未作特别规定予以禁止的行为，如果给其他经营者的合法权益造成损害，确属违反诚实信用原则和公认的商业道德而具有不正当性，不制止不足以维护公平竞争秩序的，可以适用原则规定予以规制。正确把握诚实信用原则和公认的商业道德的评判标准，以特定商业领域普遍认同和接受的经济人伦理标准为尺度，避免把诚实信用原则和公认的商业道德简单等同于个人道德或者社会公德。

25. 依法加强商业秘密保护，有效制止侵犯商业秘密的行为，为企业的创新和投资创造安全和可信赖的法律环境。根据案件具体情况，合理把握秘密性和不正当手段的证明标准，适度减轻商业秘密权利人的维权困难。权利人提供了证明秘密性的优势证据或者对其主张的商业秘密信息与公有领域信息的区别点作出充分合理的解释或者说明的，可以认定秘密性成立。商业秘密权利人提供证据证明被诉当事人的信息与其商业秘密相同或者实质相同且被诉当事人具有接触或者非法获取该商业秘密的条件，根据案件具体情况或者已知事实以及日常生活经验，能够认定被诉当事人具有采取不正当手段的较大可能性，可以推定被诉当事人采取不正当手段获取商业秘密的事实成立，但被诉当事人能够证明其通过合法手段获得该信息的除外。以符合法定条件的商业秘密信息为依据，准确界定商业秘密的保护范围，每个单独的商业秘密信息单元均构成独立的保护对象。完善商业秘密案件的审理和质证方式,对于涉及商业秘密的证据,要尝试采取仅向代理人展示、分阶段展示、具结保密承诺等措施限制商业秘密的知悉范围和传播渠道,防止在审理过程中二次泄密。妥善处理商业秘密民事侵权诉讼程序与刑事诉讼程序的关系,既注意两种程序的关联性,又注意其相互独立性,在依法保护商业秘密的同时,也要防止经营者恶意启动刑事诉讼程序干扰和打压竞争对手。

26. 妥善处理保护商业秘密与自由择业、涉密者竞业限制和人才合理流动的关系,维护劳动者正当就业、创业的合法权益,依法促进劳动力的合理流动。职工在工作中掌握和积累的知识、经验和技能,除属于单位的商业秘密的情形外,构成其人格的组成部分,职工离职后有自主利用的自由。在既没有违反竞业限制义务,又没有侵犯商业秘密的情况下,劳动者运用自己在原用人单位学习的知识、经验与技能为其他与原单位存在竞争关系的单位服务的,不宜简单地以反不正当竞争法的原则规定认定构成不正当竞争。妥善处理商业秘密保护和竞业限制协议的关系,竞业限制协议以可保护的商业秘密存在为前提,但两者具有不同的法律依据和行为表现,违反竞业限制义务不等于侵犯商业秘密,竞业限制的期限也不等于保密期限。原告以侵犯商业秘密为由提起侵权之诉,不受已存在竞业限制约定的限制。

27. 加强垄断案件的审理工作,及时有效制止垄断行为,增强市场活力,促进市场结构的完善和市场经济的健康发展。要强化反垄断法的效果思维,全面考虑各种相关因素,综合评估涉嫌垄断行为的反竞争和促进竞争的效果,依法认定垄断行为。注意发挥经济学专家和专业机构的作用,探索引进经济分析方法的途径和方式。要根据不同的垄断行为类型,合理分配垄断民事纠纷案件中当事人的证明责任。对于明显具有严重排除、限制竞争效果的垄断协议,可以不再要求受害人举证证明该协议具有排除、限制竞争的效果;对于公用企业以及其他具有独占经营资格的经营者滥用市场支配地位的,可以根据案件具体情况适当减轻受害人的举证责任。

六、加强知识产权诉讼制度建设,完善审判体制和工作机制

28. 深刻把握知识产权案件的特点与规律,建立健全适合知识产权案件特点的纠纷解决机制。正确把握“调解优先、调判结合”的工作原则。要根据知识产权案件专业技术性强的特点,积极引导当事人选择委托调解、专家调解、行业调解等方式解决纠纷。坚持依法自愿调解原则,不得违背当事人意愿强调硬调和以拖促调。对于当事人或者相关行业对判明是非的期待高,或者对明确规则的要求强烈,或者对判决的接受程度高的案件,尽可能选择以判决方式解决纠纷,充分发挥司法裁判的指引和导向功能。要发挥科技专家在解决纠纷中的作用,完善知识产权案件专业技术问题解决机制。

29. 继续完善知识产权审判体制机制,充分发挥知识产权司法保护的综合效能。按照国家知识产权战略的要求,积极推进由知识产权审判庭集中审理知识产权民事、行政和刑事案件的试点工作,建立知识产权民事、行政和刑事审判协调机制,提高司法效率,统一司法标准,发挥整体保护效能,努力构建资源优化、科学运行、高效权威的知识产权审判体系。要加强与公安机关、检察机关以及知识产权行政执法机关的协调配合,形成保护合力。优化知识产权案件管辖布局,适当增加管辖一般知识产权案件的基层法院,鼓励中、基层法院根据工作需要开展跨地区划片集中管辖,合理配置审判资源。

30. 维护法治统一,促进市场统一开放。完善案件管辖制度,加强监督制约,适当采取提级管辖、异地指定管辖等措施,有效遏制地方保护和部门保护现象,保障案件公正审理。决定提级管辖或者异地指定管辖的,原管辖法院要正确对待,及时移交案件。切实加强审判监督,发挥二审和再审的纠错功能,防止为顾及审判绩效考核指标而迁就错误裁判。对于指令再审的案件,有关再审法院要正确理解和认真对待再审指令,依法改正错误。对于无视再审指令,拖延再审或者无正当理由不执行再审指令的,要严肃纪律,情节严重的给予通报批评。进一步完善工作机制,适当加大知识产权关联案件的协调和指导力度,维护裁判标准的统一。

最高人民法院关于专利、商标等授权确权类知识产权行政案件审理分工的规定

(2009 年 6 月 26 日　法发〔2009〕39 号)

为贯彻落实《国家知识产权战略纲要》,完善知识产权审判体制,确保司法标准的统一,现就专利、商标等授权确权类知识产权行政案件的审理分工作如下规定:

第一条　下列一、二审案件由北京市有关中级人民法院、北京市高级人民法院和最高人民法院知识产权审判庭审理:

(一)不服国务院专利行政部门专利复审委员会作出的专利复审决定和无效决定的案件;

(二)不服国务院专利行政部门作出的实施专利强制许可决定和实施专利强制许可的使用费裁决的案件;

(三)不服国务院工商行政管理部门商标评审委员会作出的商标复审决定和裁定的案件;

(四)不服国务院知识产权行政部门作出的集成电路布图设计复审决定和撤销决定的案件;

(五)不服国务院知识产权行政部门作出的使用集成电路布图设计非自愿许可决定的案件和使用集成电路布图设计非自愿许可的报酬裁决的案件;

（六）不服国务院农业、林业行政部门植物新品种复审委员会作出的植物新品种复审决定、无效决定和更名决定的案件；

（七）不服国务院农业、林业行政部门作出的实施植物新品种强制许可决定和实施植物新品种强制许可的使用费裁决的案件。

第二条 当事人对于人民法院就第一条所列案件作出的生效判决或者裁定不服，向上级人民法院申请再审的案件，由上级人民法院知识产权审判庭负责再审审查和审理。

第三条 由最高人民法院、北京市高级人民法院和北京市有关中级人民法院知识产权审判庭审理的上述案件，立案时统一使用"知行"字编号。

第四条 本规定自2009年7月1日起施行，最高人民法院于2002年5月21日作出的《关于专利法、商标法修改后专利、商标相关案件分工问题的批复》（法〔2002〕117号）同时废止。

最高人民法院关于审理不正当竞争民事案件应用法律若干问题的解释

（2006年12月30日最高人民法院审判委员会第1412次会议通过 2007年1月12日最高人民法院公告公布 自2007年2月1日起施行 法释〔2007〕2号）

为了正确审理不正当竞争民事案件，依法保护经营者的合法权益，维护市场竞争秩序，依照《中华人民共和国民法通则》、《中华人民共和国反不正当竞争法》、《中华人民共和国民事诉讼法》等法律的有关规定，结合审判实践经验和实际情况，制定本解释。

第一条 在中国境内具有一定的市场知名度，为相关公众所知悉的商品，应当认定为反不正当竞争法第五条第（二）项规定的"知名商品"。人民法院认定知名商品，应当考虑该商品的销售时间、销售区域、销售额和销售对象，进行任何宣传的持续时间、程度和地域范围，作为知名商品受保护的情况等因素，进行综合判断。原告应当对其商品的市场知名度负举证责任。

在不同地域范围内使用相同或者近似的知名商品特有的名称、包装、装潢，在后使用者能够证明其善意使用的，不构成反不正当竞争法第五条第（二）项规定的不正当竞争行为。因后来的经营活动进入相同地域范围而使其商品来源足以产生混淆，在先使用者请求责令在后使用者附加足以区别商品来源的其他标识的，人民法院应当予以支持。

第二条 具有区别商品来源的显著特征的商品的名称、包装、装潢，应当认定为反不正当竞争法第五条第（二）项规定的"特有的名称、包装、装潢"。有下列情形之一的，人民法院不认定为知名商品特有的名称、包装、装潢：

（一）商品的通用名称、图形、型号；

（二）仅仅直接表示商品的质量、主要原料、功能、用途、重量、数量及其他特点的商品名称；

（三）仅由商品自身的性质产生的形状，为获得技术效果而需有的商品形状以及使商品具有实质性价值的形状；

（四）其他缺乏显著特征的商品名称、包装、装潢。

前款第（一）、（二）、（四）项规定的情形经过使用取得显著特征的，可以认定为特有的名称、包装、装潢。

知名商品特有的名称、包装、装潢中含有本商品的通用名称、图形、型号，或者直接表示商品的质量、主要原料、功能、用途、重量、数量以及其他特点，或者含有地名，他人因客观叙述商品而正当使用的，不构成不正当竞争行为。

第三条 由经营者营业场所的装饰、营业用具的式样、营业人员的服饰等构成的具有独特风格的整体营业形象，可以认定为反不正当竞争法第五条第（二）项规定的"装潢"。

第四条 足以使相关公众对商品的来源产生误认，包括误认为与知名商品的经营者具有许可使用、关联企业关系等特定联系的，应当认定为反不正当竞争法第五条第（二）项规定的"造成和他人的知名商品相混淆，使购买者误认为是该知名商品"。

在相同商品上使用相同或者视觉上基本无差别的商品名称、包装、装潢，应当视为足以造成和他人知名商品相混淆。

认定与知名商品特有名称、包装、装潢相同或者近似，可以参照商标相同或者近似的判断原则和方法。

第五条 商品的名称、包装、装潢属于商标法第十条第一款规定的不得作为商标使用的标志，当事人请求依照反不正当竞争法第五条第（二）项规定予以保护的，人民法院不予支持。

第六条 企业登记主管机关依法登记注册的企业名称，以及在中国境内进行商业使用的外国（地区）企业名称，应当认定为反不正当竞争法第五条第（三）项规定的"企业名称"。具有一定的市场知名度、为相关公众所知悉的企业名称中的字号，可以认定为反不正当竞争法第五条第（三）项规定的"企业名称"。

在商品经营中使用的自然人的姓名，应当认定为反不正当竞争法第五条第（三）项规定的"姓名"。具有一定的市场知名度、为相关公众所知悉的自然人的笔名、艺名等，可以认定为反不正当竞争法第五条第（三）项规定的"姓名"。

第七条 在中国境内进行商业使用，包括将知名商品特有的名称、包装、装潢或者企业名称、姓名用于商品、商品包装以及商品交易文书上，或者用于广告宣传、展览以及其他商业活动中，应当认定为反不正当竞争法第五条第（二）项、第（三）项规定的"使用"。

第八条 经营者具有下列行为之一，足以造成相关公众误解的，可以认定为反不正当竞争法第九条第一款规定的引人误解的虚假宣传行为：

（一）对商品作片面的宣传或者对比的；

（二）将科学上未定论的观点、现象等当作定论的事实用于商品宣传的；

（三）以歧义性语言或者其他引人误解的方式进行商品宣传的。

以明显的夸张方式宣传商品，不足以造成相关公众误解的，不属于引人误解的虚假宣传行为。

人民法院应当根据日常生活经验、相关公众一般注意力、发生误解的事实和被宣传对象的实际情况等因素，对引人误解的虚假宣传行为进行认定。

第九条 有关信息不为其所属领域的相关人员普遍知悉和容易获得，应当认定为反不正当竞争法第十条第三款规定的"不为公众所知悉"。

具有下列情形之一的，可以认定有关信息不构成不为公众所知悉：

（一）该信息为其所属技术或者经济领域的人的一般常识或者行业惯例；

（二）该信息仅涉及产品的尺寸、结构、材料、部件的简单组合等内容，进入市场后相关公众通过观察产品即可直接获得；

（三）该信息已经在公开出版物或者其他媒体上公开披露；

（四）该信息已通过公开的报告会、展览等方式公开；

（五）该信息从其他公开渠道可以获得；

（六）该信息无需付出一定的代价而容易获得。

第十条 有关信息具有现实的或者潜在的商业价值，能为权利人带来竞争优势的，应当认定为反不正当竞争法第十条第三款规定的"能为权利人带来经济利益、具有实用性"。

第十一条 权利人为防止信息泄漏所采取的与其商业价值等具体情况相适应的合理保护措施，应当认定为反不正当竞争法第十条第三款规定的"保密措施"。

人民法院应当根据所涉信息载体的特性、权利人保密的意愿、保密措施的可识别程度、他人通过正当方式获得的难易程度等因素，认定权利人是否采取了保密措施。

具有下列情形之一，在正常情况下足以防止涉密信息泄漏的，应当认定权利人采取了保密措施：

（一）限定涉密信息的知悉范围，只对必须知悉的相关人员告知其内容；

（二）对于涉密信息载体采取加锁等防范措施；

（三）在涉密信息的载体上标有保密标志；

（四）对于涉密信息采用密码或者代码等；

（五）签订保密协议；

（六）对于涉密的机器、厂房、车间等场所限制来访者或者提出保密要求；

（七）确保信息秘密的其他合理措施。

第十二条 通过自行开发研制或者反向工程等方式获得的商业秘密，不认定为反不正当竞争法第十条第（一）、（二）项规定的侵犯商业秘密行为。

前款所称"反向工程"，是指通过技术手段对从公开渠道取得的产品进行拆卸、测绘、分析等而获得该产品的有关技术信息。当事人以不正当手段知悉了他人的商业秘密之后，又以反向工程为由主张获取行为合法的，不予支持。

第十三条 商业秘密中的客户名单，一般是指客户的名称、地址、联系方式以及交易的习惯、意向、内容等构成的区别于相关公知信息的特殊客户信息，包括汇集众多客户的客户名册，以及保持长期稳定交易关系的特定客户。

客户基于对职工个人的信赖而与职工所在单位进行市场交易，该职工离职后，能够证明客户自愿选择与自己或者其新单位进行市场交易的，应当认定没有采用不正当手段，但职工与原单位另有约定的除外。

第十四条 当事人指称他人侵犯其商业秘密的，应当对其拥有的商业秘密符合法定条件、对方当事人的信息与其商业秘密相同或者实质相同以及对方当事人采取不正当手段的事实负举证责任。其中，商业秘密符合法定条件的证据，包括商业秘密的载体、具体内容、商业价值和对该项商业秘密所采取的具体保密措施等。

第十五条 对于侵犯商业秘密行为，商业秘密独占使用许可合同的被许可人提起诉讼的，人民法院应当依法受理。

排他使用许可合同的被许可人和权利人共同提起诉讼，或者在权利人不起诉的情况下，自行提起诉讼，人民法院应当依法受理。

普通使用许可合同的被许可人和权利人共同提起诉讼，或者经权利人书面授权，单独提起诉讼的，人民法院应当依法受理。

第十六条 人民法院对于侵犯商业秘密行为判决停止侵害的民事责任时，停止侵害的时间一般持续到该项商业秘密已为公众知悉时为止。

依据前款规定判决停止侵害的时间如果明显不合理的，可以在依法保护权利人该项商业秘密竞争优势的情况下，判决侵权人在一定期限或者范围内停止使用该项商业秘密。

第十七条 确定反不正当竞争法第十条规定的侵犯商业秘密行为的损害赔偿额，可以参照确定侵犯专利权的损害赔偿额的方法进行；确定反不正当竞争法第五条、第九条、第十四条规定的不正当竞争行为的损害赔偿额，可以参照确定侵犯注册商标专用权的损害赔偿额的方法进行。

因侵权行为导致商业秘密已为公众所知悉的，应当根据该项商业秘密的商业价值确定损害赔偿额。商业秘密的商业价值，根据其研究开发成本、实施该项商业秘密的收益、可得利益、可保持竞争优势的时间等因素确定。

第十八条　反不正当竞争法第五条、第九条、第十条、第十四条规定的不正当竞争民事第一审案件，一般由中级人民法院管辖。

各高级人民法院根据本辖区的实际情况，经最高人民法院批准，可以确定若干基层人民法院受理不正当竞争民事第一审案件，已经批准可以审理知识产权民事案件的基层人民法院，可以继续受理。

第十九条　本解释自二〇〇七年二月一日起施行。

最高人民法院、最高人民检察院、公安部印发《关于办理侵犯知识产权刑事案件适用法律若干问题的意见》的通知

（2011 年 1 月 10 日　法发〔2011〕3 号）

各省、自治区、直辖市高级人民法院、人民检察院、公安厅（局），解放军军事法院、军事检察院，总政治部保卫部，新疆维吾尔自治区高级人民法院生产建设兵团分院，新疆生产建设兵团人民检察院、公安局：

为解决近年来公安机关、人民检察院、人民法院在办理侵犯知识产权刑事案件中遇到的新情况、新问题，依法惩治侵犯知识产权犯罪活动，维护社会主义市场经济秩序，最高人民法院、最高人民检察院、公安部在深入调查研究、广泛征求各方意见的基础上，制定了《关于办理侵犯知识产权刑事案件适用法律若干问题的意见》。现印发给你们，请认真组织学习，切实贯彻执行。执行中遇到的重要问题，请及时层报最高人民法院、最高人民检察院、公安部。

关于办理侵犯知识产权刑事案件适用法律若干问题的意见

为解决近年来公安机关、人民检察院、人民法院在办理侵犯知识产权刑事案件中遇到的新情况、新问题，依法惩治侵犯知识产权犯罪活动，维护社会主义市场经济秩序，根据刑法、刑事诉讼法及有关司法解释的规定，结合侦查、起诉、审判实践，制定本意见。

一、关于侵犯知识产权犯罪案件的管辖问题

侵犯知识产权犯罪案件由犯罪地公安机关立案侦查。必要时，可以由犯罪嫌疑人居住地公安机关立案侦查。侵犯知识产权犯罪案件的犯罪地，包括侵权产品制造地、储存地、运输地、销售地，传播侵权作品、销售侵权产品的网站服务器所在地、网络接入地、网站建立者或者管理者所在地，侵权作品上传者所在地，权利人受到实际侵害的犯罪结果发生地。对有多个侵犯知识产权犯罪地的，由最初受理的公安机关或者主要犯罪地公安机关管辖。多个侵犯知识产权犯罪地的公安机关对管辖有争议的，由共同的上级公安机关指定管辖，需要提请批准逮捕、移送审查起诉、提起公诉的，由该公安机关所在地的同级人民检察院、人民法院受理。

对于不同犯罪嫌疑人、犯罪团伙跨地区实施的涉及同一批侵权产品的制造、储存、运输、销售等侵犯知识产权犯罪行为，符合并案处理要求的，有关公安机关可以一并立案侦查，需要提请批准逮捕、移送审查起诉、提起公诉的，由该公安机关所在地的同级人民检察院、人民法院受理。

二、关于办理侵犯知识产权刑事案件中行政执法部门收集、调取证据的效力问题

行政执法部门依法收集、调取、制作的物证、书证、视听资料、检验报告、鉴定结论、勘验笔录、现场笔录，经公安机关、人民检察院审查，人民法院庭审质证确认，可以作为刑事证据使用。

行政执法部门制作的证人证言、当事人陈述等调查笔录，公安机关认为有必要作为刑事证据使用的，应当依法重新收集、制作。

三、关于办理侵犯知识产权刑事案件的抽样取证问题和委托鉴定问题

公安机关在办理侵犯知识产权刑事案件时，可以根据工作需要抽样取证，或者商请同级行政执法部门、有关检验机构协助抽样取证。法律、法规对抽样机构或者抽样方法有规定的，应当委托规定的机构并按照规定方法抽取样品。

公安机关、人民检察院、人民法院在办理侵犯知识产权刑事案件时，对于需要鉴定的事项，应当委托国家认可的有鉴定资质的鉴定机构进行鉴定。

公安机关、人民检察院、人民法院应当对鉴定结论进行审查，听取权利人、犯罪嫌疑人、被告人对鉴定结论的意见，可以要求鉴定机构作出相应说明。

四、关于侵犯知识产权犯罪自诉案件的证据收集问题

人民法院依法受理侵犯知识产权刑事自诉案件，对于当事人因客观原因不能取得的证据，在提起自诉时能够提供有关线索，申请人民法院调取的，人民法院应当依法调取。

五、关于刑法第二百一十三条规定的“同一种商品”的认定问题

名称相同的商品以及名称不同但指同一事物的商品，可以认定为“同一种商品”。“名称”是指国家工商行政管理总局商标局在商标注册工作中对商品使用的名称，通常即《商标注册用商品和服务国际分类》中规定的商品名称。“名称不同但指同一事物的商品”是指在功能、用途、主要原料、消费对

象、销售渠道等方面相同或者基本相同，相关公众一般认为是同一种事物的商品。

认定“同一种商品”，应当在权利人注册商标核定使用的商品和行为人实际生产销售的商品之间进行比较。

六、关于刑法第二百一十三条规定的“与其注册商标相同的商标”的认定问题

具有下列情形之一，可以认定为“与其注册商标相同的商标”：

（一）改变注册商标的字体、字母大小写或者文字横竖排列，与注册商标之间仅有细微差别的；

（二）改变注册商标的文字、字母、数字等之间的间距，不影响体现注册商标显著特征的；

（三）改变注册商标颜色的；

（四）其他与注册商标在视觉上基本无差别、足以对公众产生误导的商标。

七、关于尚未附着或者尚未全部附着假冒注册商标标识的侵权产品价值是否计入非法经营数额的问题

在计算制造、储存、运输和未销售的假冒注册商标侵权产品价值时，对于已经制作完成但尚未附着（含加贴）或者尚未全部附着（含加贴）假冒注册商标标识的产品，如果有确实、充分证据证明该产品将假冒他人注册商标，其价值计入非法经营数额。

八、关于销售假冒注册商标的商品犯罪案件中尚未销售或者部分销售情形的定罪量刑问题

销售明知是假冒注册商标的商品，具有下列情形之一的，依照刑法第二百一十四条的规定，以销售假冒注册商标的商品罪（未遂）定罪处罚：

（一）假冒注册商标的商品尚未销售，货值金额在十五万元以上的；

（二）假冒注册商标的商品部分销售，已销售金额不满五万元，但与尚未销售的假冒注册商标的商品的货值金额合计在十五万元以上的。

假冒注册商标的商品尚未销售，货值金额分别达到十五万元以上不满二十五万元、二十五万元以上的，分别依照刑法第二百一十四条规定的各法定刑幅度定罪处罚。

销售金额和未销售货值金额分别达到不同的法定刑幅度或者均达到同一法定刑幅度的，在处罚较重的法定刑或者同一法定刑幅度内酌情从重处罚。

九、关于销售他人非法制造的注册商标标识犯罪案件中尚未销售或者部分销售情形的定罪问题

销售他人伪造、擅自制造的注册商标标识，具有下列情形之一的，依照刑法第二百一十五条的规定，以销售非法制造的注册商标标识罪（未遂）定罪处罚：

（一）尚未销售他人伪造、擅自制造的注册商标标识数量在六万件以上的；

（二）尚未销售他人伪造、擅自制造的两种以上注册商标标识数量在三万件以上的；

（三）部分销售他人伪造、擅自制造的注册商标标识，已销售标识数量不满二万件，但与尚未销售标识数量合计在六万件以上的；

（四）部分销售他人伪造、擅自制造的两种以上注册商标标识，已销售标识数量不满一万件，但与尚未销售标识数量合计在三万件以上的。

十、关于侵犯著作权犯罪案件“以营利为目的”的认定问题

除销售外，具有下列情形之一的，可以认定为“以营利为目的”：

（一）以在他人作品中刊登收费广告、捆绑第三方作品等方式直接或者间接收取费用的；

（二）通过信息网络传播他人作品，或者利用他人上传的侵权作品，在网站或者网页上提供刊登收费广告服务，直接或者间接收取费用的；

（三）以会员制方式通过信息网络传播他人作品，收取会员注册费或者其他费用的；

（四）其他利用他人作品牟利的情形。

十一、关于侵犯著作权犯罪案件“未经著作权人许可”的认定问题

“未经著作权人许可”一般应当依据著作权人或者其授权的代理人、著作权集体管理组织、国家著作权行政管理部门指定的著作权认证机构出具的涉案作品版权认证文书，或者证明出版者、复制发行者伪造、涂改授权许可文件或者超出授权许可范围的证据，结合其他证据综合予以认定。

在涉案作品种类众多且权利人分散的案件中，上述证据确实难以一一取得，但有证据证明涉案复制品系非法出版、复制发行的，且出版者、复制发行者不能提供获得著作权人许可的相关证明材料的，可以认定为“未经著作权人许可”。但是，有证据证明权利人放弃权利、涉案作品的著作权不受我国著作权法保护，或者著作权保护期限已经届满的除外。

十二、关于刑法第二百一十七条规定的“发行”的认定及相关问题

“发行”，包括总发行、批发、零售、通过信息网络传播以及出租、展销等活动。

非法出版、复制、发行他人作品，侵犯著作权构成犯罪的，按照侵犯著作权罪定罪处罚，不认定为非法经营罪等其他犯罪。

十三、关于通过信息网络传播侵权作品行为的定罪处罚标准问题

以营利为目的，未经著作权人许可，通过信息网络向公众传播他人文字作品、音乐、电影、电视、美术、摄影、录像作品、录音录像制品、计算机软件及其他作品，具有下列情形之一的，属于刑法第二百一十七条规定的“其他严重情节”：

(一)非法经营数额在五万元以上的；

(二)传播他人作品的数量合计在五百件(部)以上的；

(三)传播他人作品的实际被点击数达到五万次以上的；

(四)以会员制方式传播他人作品，注册会员达到一千人以上的；

(五)数额或者数量虽未达到第(一)项至第(四)项规定标准，但分别达到其中两项以上标准一半以上的；

(六)其他严重情节的情形。

实施前款规定的行为，数额或者数量达到前款第(一)项至第(五)项规定标准五倍以上的，属于刑法第二百一十七条规定的“其他特别严重情节”。

十四、关于多次实施侵犯知识产权行为累计计算数额问题

依照《最高人民法院、最高人民检察院关于办理侵犯知识产权刑事案件具体应用法律若干问题的解释》第十二条第二款的规定，多次实施侵犯知识产权行为，未经行政处理或者刑事处罚的，非法经营数额、违法所得数额或者销售金额累计计算。

二年内多次实施侵犯知识产权违法行为，未经行政处理，累计数额构成犯罪的，应当依法定罪处罚。实施侵犯知识产权犯罪行为的追诉期限，适用刑法的有关规定，不受前述二年的限制。

十五、关于为他人实施侵犯知识产权犯罪提供原材料、机械设备等行为的定性问题

明知他人实施侵犯知识产权犯罪，而为其提供生产、制造侵权产品的主要原材料、辅助材料、半成品、包装材料、机械设备、标签标识、生产技术、配方等帮助，或者提供互联网接入、服务器托管、网络存储空间、通讯传输通道、代收费、费用结算等服务的，以侵犯知识产权犯罪的共犯论处。

十六、关于侵犯知识产权犯罪竞合的处理问题

行为人实施侵犯知识产权犯罪，同时构成生产、销售伪劣商品犯罪的，依照侵犯知识产权犯罪与生产、销售伪劣商品犯罪中处罚较重的规定定罪处罚。

最高人民法院、最高人民检察院关于办理侵犯知识产权刑事案件具体应用法律若干问题的解释(二)

(2007年4月4日最高人民法院审判委员会第1422次会议、最高人民检察院第十届检察委员会第75次会议通过　2007年4月5日最高人民法院、最高人民检察院公告公布　自2007年4月5日起施行　法释〔2007〕6号)

为维护社会主义市场经济秩序，依法惩治侵犯知识产权犯罪活动，根据刑法、刑事诉讼法有关规定，现就办理侵犯知识产权刑事案件具体应用法律的若干问题解释如下：

第一条　以营利为目的，未经著作权人许可，复制发行其文字作品、音乐、电影、电视、录像作品、计算机软件及其他作品，复制品数量合计在五百张(份)以上的，属于刑法第二百一十七条规定的“有其他严重情节”；复制品数量在二千五百张(份)以上的，属于刑法第二百一十七条规定的“有其他特别严重情节”。

第二条　刑法第二百一十七条侵犯著作权罪中的“复制发行”，包括复制、发行或者既复制又发行的行为。

侵权产品的持有人通过广告、征订等方式推销侵权产品的，属于刑法第二百一十七条规定的“发行”。

非法出版、复制、发行他人作品，侵犯著作权构成犯罪的，按照侵犯著作权罪定罪处罚。

第三条　侵犯知识产权犯罪，符合刑法规定的缓刑条件的，依法适用缓刑。有下列情形之一的，一般不适用缓刑：

(一)因侵犯知识产权被刑事处罚或者行政处罚后，再次侵犯知识产权构成犯罪的；

(二)不具有悔罪表现的；

(三)拒不交出违法所得的；

(四)其他不宜适用缓刑的情形。

第四条　对于侵犯知识产权犯罪的，人民法院应当综合考虑犯罪的违法所得、非法经营数额、给权利人造成的损失、社会危害性等情节，依法判处罚金。罚金数额一般在违法所得的一倍以上五倍以下，或者按照非法经营数额的50%以上一倍以下确定。

第五条　被害人有证据证明的侵犯知识产权刑事案件，直接向人民法院起诉的，人民法院应当依法受理；严重危害社会秩序和国家利益的侵犯知识产权刑事案件，由人民检察院依法提起公诉。

第六条　单位实施刑法第二百一十三条至第二百一十九条规定的行为，按照《最高人民法院、最高人民检察院关于办理侵犯知识产权刑事案件具体应用法律若干问题的解释》和本解释规定的相应个人犯罪的定罪量刑标准定罪处罚。

第七条 以前发布的司法解释与本解释不一致的，以本解释为准。

最高人民法院、最高人民检察院关于办理侵犯知识产权刑事案件具体应用法律若干问题的解释

（2004年11月2日最高人民法院审判委员会第1331次会议、2004年11月11日最高人民检察院第十届检察委员会第28次会议通过 2004年12月8日最高人民法院、最高人民检察院公告公布 自2004年12月22日起施行 法释〔2004〕19号）

为依法惩治侵犯知识产权犯罪活动，维护社会主义市场经济秩序，根据刑法有关规定现就办理侵犯知识产权刑事案件具体应用法律的若干问题解释如下：

第一条 未经注册商标所有人许可，在同一种商品上使用与其注册商标相同的商标，具有下列情形之一的，属于刑法第二百一十三条规定的“情节严重”，应当以假冒注册商标罪判处三年以下有期徒刑或者拘役，并处或者单处罚金：

（一）非法经营数额在五万元以上或者违法所得数额在三万元以上的；

（二）假冒两种以上注册商标，非法经营数额在三万元以上或者违法所得数额在二万元以上的；

（三）其他情节严重的情形。

具有下列情形之一的，属于刑法第二百一十三条规定的“情节特别严重”，应当以假冒注册商标罪判处三年以上七年以下有期徒刑，并处罚金：

（一）非法经营数额在二十五万元以上或者违法所得数额在十五万元以上的；

（二）假冒两种以上注册商标，非法经营数额在十五万元以上或者违法所得数额在十万元以上的；

（三）其他情节特别严重的情形。

第二条 销售明知是假冒注册商标的商品，销售金额在五万元以上的，属于刑法第二百一十四条规定的“数额较大”，应当以销售假冒注册商标的商品罪判处三年以下有期徒刑或者拘役，并处或者单处罚金。

销售金额在二十五万元以上的，属于刑法第二百一十四条规定的“数额巨大”，应当以销售假冒注册商标的商品罪判处三年以上七年以下有期徒刑，并处罚金。

第三条 伪造、擅自制造他人注册商标标识或者销售伪造、擅自制造的注册商标标识，具有下列情形之一的，属于刑法第二百一十五条规定的“情节严重”，应当以非法制造、销售非法制造的注册商标标识罪判处三年以下有期徒刑、拘役或者管制，并处或者单处罚金：

（一）伪造、擅自制造或者销售伪造、擅自制造的注册商标标识数量在二万件以上，或者非法经营数额在五万元以上，或者违法所得数额在三万元以上的；

（二）伪造、擅自制造或者销售伪造、擅自制造两种以上注册商标标识数量在一万件以上，或者非法经营数额在三万元以上，或者违法所得数额在二万元以上的；

（三）其他情节严重的情形。

具有下列情形之一的，属于刑法第二百一十五条规定的“情节特别严重”，应当以非法制造、销售非法制造的注册商标标识罪判处三年以上七年以下有期徒刑，并处罚金：

（一）伪造、擅自制造或者销售伪造、擅自制造的注册商标标识数量在十万件以上，或者非法经营数额在二十五万元以上，或者违法所得数额在十五万元以上的；

（二）伪造、擅自制造或者销售伪造、擅自制造两种以上注册商标标识数量在五万件以上，或者非法经营数额在十五万元以上，或者违法所得数额在十万元以上的；

（三）其他情节特别严重的情形。

第四条 假冒他人专利，具有下列情形之一的，属于刑法第二百一十六条规定的“情节严重”，应当以假冒专利罪判处三年以下有期徒刑或者拘役，并处或者单处罚金：

（一）非法经营数额在二十万元以上或者违法所得数额在十万元以上的；

（二）给专利权人造成直接经济损失五十万元以上的；

（三）假冒两项以上他人专利，非法经营数额在十万元以上或者违法所得数额在五万元以上的；

（四）其他情节严重的情形。

第五条 以营利为目的，实施刑法第二百一十七条所列侵犯著作权行为之一，违法所得数额在三万元以上的，属于“违法所得数额较大”；具有下列情形之一的，属于“有其他严重情节”，应当以侵犯著作权罪判处三年以下有期徒刑或者拘役，并处或者单处罚金：

（一）非法经营数额在五万元以上的；

（二）未经著作权人许可，复制发行其文字作品、音乐、电影、电视、录像作品、计算机软件及其他作品，复制品数量合计在一千张（份）以上的；

（三）其他严重情节的情形。

以营利为目的，实施刑法第二百一十七条所列侵犯著作权行为之一，违法所得数额在十五万元以上的，属于“违法所得数额巨大”；具有下列情形之一的，属于“有其他特别严重情节”，应当以侵犯著作权罪判处三年以上七年以下有期徒刑，并处罚金：

（一）非法经营数额在二十五万元以上的；

（二）未经著作权人许可，复制发行其文字作品、音乐、电

影、电视、录像作品、计算机软件及其他作品，复制品数量合计在五千张(份)以上的；

(三)其他特别严重情节的情形。

第六条 以营利为目的，实施刑法第二百一十八条规定的行为，违法所得数额在十万元以上的，属于"违法所得数额巨大"，应当以销售侵权复制品罪判处三年以下有期徒刑或者拘役，并处或者单处罚金。

第七条 实施刑法第二百一十九条规定的行为之一，给商业秘密的权利人造成损失数额在五十万元以上的，属于"给商业秘密的权利人造成重大损失"，应当以侵犯商业秘密罪判处三年以下有期徒刑或者拘役，并处或者单处罚金。

给商业秘密的权利人造成损失数额在二百五十万元以上的，属于刑法第二百一十九条规定的"造成特别严重后果"，应当以侵犯商业秘密罪判处三年以上七年以下有期徒刑，并处罚金。

第八条 刑法第二百一十三条规定的"相同的商标"，是指与被假冒的注册商标完全相同，或者与被假冒的注册商标在视觉上基本无差别、足以对公众产生误导的商标。

刑法第二百一十三条规定的"使用"，是指将注册商标或者假冒的注册商标用于商品、商品包装或者容器以及产品说明书、商品交易文书，或者将注册商标或者假冒的注册商标用于广告宣传、展览以及其他商业活动等行为。

第九条 刑法第二百一十四条规定的"销售金额"，是指销售假冒注册商标的商品后所得和应得的全部违法收入。

具有下列情形之一的，应当认定为属于刑法第二百一十四条规定的"明知"：

(一)知道自己销售的商品上的注册商标被涂改、调换或者覆盖的；

(二)因销售假冒注册商标的商品受到过行政处罚或者承担过民事责任、又销售同一种假冒注册商标的商品的；

(三)伪造、涂改商标注册人授权文件或者知道该文件被伪造、涂改的；

(四)其他知道或者应当知道是假冒注册商标的商品的情形。

第十条 实施下列行为之一的，属于刑法第二百一十六条规定的"假冒他人专利"的行为：

(一)未经许可，在其制造或者销售的产品、产品的包装上标注他人专利号的；

(二)未经许可，在广告或者其他宣传材料中使用他人的专利号，使人将所涉及的技术误认为是他人专利技术的；

(三)未经许可，在合同中使用他人的专利号，使人将合同涉及的技术误认为是他人专利技术的；

(四)伪造或者变造他人的专利证书、专利文件或者专利申请文件的。

第十一条 以刊登收费广告等方式直接或者间接收取费用的情形，属于刑法第二百一十七条规定的"以营利为目的"。

刑法第二百一十七条规定的"未经著作权人许可"，是指没有得到著作权人授权或者伪造、涂改著作权人授权许可文件或者超出授权许可范围的情形。

通过信息网络向公众传播他人文字作品、音乐、电影、电视、录像作品、计算机软件及其他作品的行为，应当视为刑法第二百一十七条规定的"复制发行"。

第十二条 本解释所称"非法经营数额"，是指行为人在实施侵犯知识产权行为过程中，制造、储存、运输、销售侵权产品的价值。已销售的侵权产品的价值，按照实际销售的价格计算。制造、储存、运输和未销售的侵权产品的价值，按照标价或者已经查清的侵权产品的实际销售平均价格计算。侵权产品没有标价或者无法查清其实际销售价格的，按照被侵权产品的市场中间价格计算。

多次实施侵犯知识产权行为，未经行政处理或者刑事处罚的，非法经营数额、违法所得数额或者销售金额累计计算。

本解释第三条所规定的"件"，是指标有完整商标图样的一份标识。

第十三条 实施刑法第二百一十三条规定的假冒注册商标犯罪，又销售该假冒注册商标的商品，构成犯罪的，应当依照刑法第二百一十三条的规定，以假冒注册商标罪定罪处罚。

实施刑法第二百一十三条规定的假冒注册商标犯罪，又销售明知是他人的假冒注册商标的商品，构成犯罪的，应当实行数罪并罚。

第十四条 实施刑法第二百一十七条规定的侵犯著作权犯罪，又销售该侵权复制品，构成犯罪的，应当依照刑法第二百一十七条的规定，以侵犯著作权罪定罪处罚。

实施刑法第二百一十七条规定的侵犯著作权犯罪，又销售明知是他人的侵权复制品，构成犯罪的，应当实行数罪并罚。

第十五条 单位实施刑法第二百一十三条至第二百一十九条规定的行为，按照本解释规定的相应个人犯罪的定罪量刑标准的三倍定罪量刑。

第十六条 明知他人实施侵犯知识产权犯罪，而为其提供贷款、资金、账号、发票、证明、许可证件，或者提供生产、经营场所或者运输、储存、代理进出口等便利条件、帮助的，以侵犯知识产权犯罪的共犯论处。

第十七条 以前发布的有关侵犯知识产权犯罪的司法解释，与本解释相抵触的，自本解释施行后不再适用。

典型案例

成都同德福合川桃片有限公司诉重庆市合川区同德福桃片有限公司、余晓华侵害商标权及不正当竞争纠纷案①

【关键词】

民事/侵害商标权/不正当竞争/老字号/虚假宣传

【裁判要点】

1. 与"老字号"无历史渊源的个人或企业将"老字号"或与其近似的字号注册为商标后，以"老字号"的历史进行宣传的，应认定为虚假宣传，构成不正当竞争。

2. 与"老字号"具有历史渊源的个人或企业在未违反诚实信用原则的前提下，将"老字号"注册为个体工商户字号或企业名称，未引人误认且未突出使用该字号的，不构成不正当竞争或侵犯注册商标专用权。

【相关法条】

《中华人民共和国商标法》第57条第7项

《中华人民共和国反不正当竞争法》第2条、第9条

【基本案情】

原告（反诉被告）成都同德福合川桃片食品有限公司（以下简称成都同德福公司）诉称，成都同德福公司为"同德福TONGDEFU及图"商标权人，余晓华先后成立的个体工商户和重庆市合川区同德福桃片有限公司（以下简称重庆同德福公司），在其字号及生产的桃片外包装上突出使用了"同德福"，侵害了原告享有的"同德福TONGDEFU及图"注册商标专用权并构成不正当竞争。请求法院判令重庆同德福公司、余晓华停止使用并注销含有"同德福"字号的企业名称；停止侵犯原告商标专用权的行为，登报赔礼道歉、消除影响，赔偿原告经济、商誉损失50万元及合理开支5066.4元。

被告（反诉原告）重庆同德福公司、余晓华共同答辩并反诉称，重庆同德福公司的前身为始创于1898年的同德福斋铺，虽然同德福斋铺因公私合营而停止生产，但未中断独特技艺的代代相传。"同德福"第四代传人余晓华继承祖业先后注册了个体工商户和公司，规范使用其企业名称及字号，重庆同德福公司、余晓华的注册行为是善意的，不构成侵权。成都同德福公司与老字号"同德福"并没有直接的历史渊源，但其将"同德福"商标与老字号"同德福"进行关联的宣传，属于虚假宣传。而且，成都同德福公司擅自使用"同德福"知名商品名称，构成不正当竞争。请求法院判令成都同德福公司停止虚假宣传，在全国性报纸上登报消除影响；停止对"同德福"知名商品特有名称的侵权行为。

法院经审理查明：开业于1898年的同德福斋铺，在1916年至1956年期间，先后由余鸿春、余复光、余永祚三代人经营。在20世纪20年代至50年代期间，"同德福"商号享有较高知名度。1956年，由于公私合营，同德福斋铺停止经营。1998年，合川市桃片厂温江分厂获准注册了第1215206号"同德福TONGDEFU及图"商标，核定使用范围为第30类，即糕点、桃片（糕点）、可可产品、人造咖啡。2000年11月7日，前述商标的注册人名义经核准变更为成都同德福公司。成都同德福公司的多种产品外包装使用了"老字号""百年老牌"字样、"'同德福牌'桃片简介：'同德福牌'桃片创制于清乾隆年间（或1840年），有着悠久的历史文化"等字样。成都同德福公司网站中"公司简介"页面将《合川文史资料选辑（第二辑）》中关于同德福斋铺的历史用于其"同德福"牌合川桃片的宣传。

2002年1月4日，余永祚之子余晓华注册个体工商户，字号名称为合川市老字号同德福桃片厂，经营范围为桃片、小食品自产自销。2007年，其字号名称变更为重庆市合川区同德福桃片厂，后注销。2011年5月6日，重庆同德福公司成立，法定代表人为余晓华，经营范围为糕点（烘烤类糕点、熟粉类糕点）生产，该公司是第6626473号"余复光1898"图文商标、第7587928号"余晓华"图文商标的注册商标专用权人。重庆同德福公司的多种产品外包装使用了"老字号【同德福】商号，始创于清光绪23年（1898年）历史悠久"等介绍同德福斋铺历史及获奖情况的内容，部分产品在该段文字后注明"以上文字内容摘自《合川县志》"；"【同德福】颂：同德福，在合川，驰名远，开百年，做桃片，四代传，品质高，价亦廉，讲诚信，无欺言，买卖公，热情谈"；"合川桃片""重庆市合川区同德福桃片有限公司"等字样。

【裁判结果】

重庆市第一中级人民法院于2013年7月3日作出（2013）渝一中法民初字第00273号民事判决：一、成都同德福公司立即停止涉案的虚假宣传行为。二、成都同德福公司就其虚假宣传行为于本判决生效之日起连续五日在其网站刊登声明消除影响。三、驳回成都同德福公司的全部诉讼请求。四、驳回重庆同德福公司、余晓华的其他反诉请求。一审宣判后，成都同德福公司不服，提起上诉。重庆市高级人民法院于2013年12月17日作出（2013）渝高法民终字00292号民事判决：驳回上诉，维持原判。

【裁判理由】

法院生效裁判认为：个体工商户余晓华及重庆同德福公

① 案例来源：最高人民法院指导案例58号。

司与成都同德福公司经营范围相似，存在竞争关系；其字号中包含"同德福"三个字与成都同德福公司的"同德福 TONGDEFU 及图"注册商标的文字部分相同，与该商标构成近似。其登记字号的行为是否构成不正当竞争关键在于该行为是否违反诚实信用原则。成都同德福公司的证据不足以证明"同德福 TONGDEFU 及图"商标已经具有相当知名度，即便他人将"同德福"登记为字号并规范使用，不会引起相关公众误认，因而不能说明余晓华将个体工商户字号注册为"同德福"具有"搭便车"的恶意。而且，在二十世纪二十年代至五十年代期间，"同德福"商号享有较高商誉。同德福斋铺先后由余鸿春、余复光、余永祚三代人经营，尤其是在余复光经营期间，同德福斋铺生产的桃片获得了较多荣誉。余晓华系余复光之孙、余永祚之子，基于同德福斋铺的商号曾经获得的知名度及其与同德福斋铺经营者之间的直系亲属关系，将个体工商户字号登记为"同德福"具有合理性。余晓华登记个体工商户字号的行为是善意的，并未违反诚实信用原则，不构成不正当竞争。基于经营的延续性，其变更个体工商户字号的行为以及重庆同德福公司登记公司名称的行为亦不构成不正当竞争。

从重庆同德福公司产品的外包装来看，重庆同德福公司使用的是企业全称，标注于外包装正面底部，"同德福"三字位于企业全称之中，与整体保持一致，没有以简称等形式单独突出使用，也没有为突出显示而采取任何变化，且整体文字大小、字形、颜色与其他部分相比不突出。因此，重庆同德福公司在产品外包装上标注企业名称的行为系规范使用，不构成突出使用字号，也不构成侵犯商标权。就重庆同德福公司标注"同德福颂"的行为而言，"同德福颂"四字相对于其具体内容(三十六字打油诗)字体略大，但视觉上形成一个整体。其具体内容系根据史料记载的同德福斋铺曾经在商品外包装上使用过的一段类似文字改编，意在表明"同德福"商号的历史和经营理念，并非为突出"同德福"三个字。且重庆同德福公司的产品外包装使用了多项商业标识，其中"合川桃片"集体商标特别突出，其自有商标也比较明显，并同时标注了"合川桃片"地理标志及重庆市非物质文化遗产，相对于这些标识来看，"同德福颂"及其具体内容仅属于普通描述性文字，明显不具有商业标识的形式，也不够突出醒目，客观上不容易使消费者对商品来源产生误认，亦不具备替代商标的功能。因此，重庆同德福公司标注"同德福颂"的行为不属于侵犯商标权意义上的"突出使用"，不构成侵犯商标权。

成都同德福公司的网站上登载的部分"同德福牌"桃片的历史及荣誉，与史料记载的同德福斋铺的历史及荣誉一致，且在其网站上标注了史料来源，但并未举证证明其与同德福斋铺存在何种联系。此外，成都同德福公司还在其产品外包装标明其为"百年老牌""老字号""始创于清朝乾隆年间"等字样，而其"同德福 TONGDEFU 及图"商标核准注册的时间是 1998 年，就其采取前述标注行为的依据，成都同德福公司亦未举证证明。成都同德福公司的前述行为与事实不符，容易使消费者对于其品牌的起源、历史及其与同德福斋铺的关系产生误解，进而取得竞争上的优势，构成虚假宣传，应承担相应的停止侵权、消除影响的民事责任。

二、著 作 权

(一)综 合

中华人民共和国著作权法

(1990年9月7日第七届全国人民代表大会常务委员会第十五次会议通过 根据2001年10月27日第九届全国人民代表大会常务委员会第二十四次会议《关于修改〈中华人民共和国著作权法〉的决定》第一次修正 根据2010年2月26日第十一届全国人民代表大会常务委员会第十三次会议《关于修改〈中华人民共和国著作权法〉的决定》第二次修正)

目 录

第一章 总 则

第一条 【立法宗旨】为保护文学、艺术和科学作品作者的著作权,以及与著作权有关的权益,鼓励有益于社会主义精神文明、物质文明建设的作品的创作和传播,促进社会主义文化和科学事业的发展与繁荣,根据宪法制定本法。

第二条 【适用范围】中国公民、法人或者其他组织的作品,不论是否发表,依照本法享有著作权。

外国人、无国籍人的作品根据其作者所属国或者经常居住地国同中国签订的协议或者共同参加的国际条约享有的著作权,受本法保护。

外国人、无国籍人的作品首先在中国境内出版的,依照本法享有著作权。

未与中国签订协议或者共同参加国际条约的国家的作者以及无国籍人的作品首次在中国参加的国际条约的成员国出版的,或者在成员国和非成员国同时出版的,受本法保护。

第三条 【作品的范围】本法所称的作品,包括以下列形式创作的文学、艺术和自然科学、社会科学、工程技术等作品:

(一)文字作品;

(二)口述作品;

(三)音乐、戏剧、曲艺、舞蹈、杂技艺术作品;

(四)美术、建筑作品;

(五)摄影作品;

(六)电影作品和以类似摄制电影的方法创作的作品;

(七)工程设计图、产品设计图、地图、示意图等图形作品和模型作品;

(八)计算机软件;

(九)法律、行政法规规定的其他作品。

第四条 【非法作品不受保护】著作权人行使著作权,不得违反宪法和法律,不得损害公共利益。国家对作品的出版、传播依法进行监督管理。

第五条 【不适用本法保护的对象】本法不适用于:

(一)法律、法规,国家机关的决议、决定、命令和其他具有立法、行政、司法性质的文件,及其官方正式译文;

(二)时事新闻;

(三)历法、通用数表、通用表格和公式。

第六条 【民间文艺作品的著作权保护】民间文学艺术作品的著作权保护办法由国务院另行规定。

第七条 【著作权管理机构】国务院著作权行政管理部门主管全国的著作权管理工作;各省、自治区、直辖市人民政府的著作权行政管理部门主管本行政区域的著作权管理工作。

第八条 【著作权集体管理组织】著作权人和与著作权有关的权利人可以授权著作权集体管理组织行使著作权或者与著作权有关的权利。著作权集体管理组织被授权后,可以以自己的名义为著作权人和与著作权有关的权利人主张权利,并可以作为当事人进行涉及著作权或者与著作权有关的权利的诉讼、仲裁活动。

著作权集体管理组织是非营利性组织,其设立方式、权利义务、著作权许可使用费的收取和分配,以及对其监督和管理等由国务院另行规定。

第二章 著 作 权

第一节 著作权人及其权利

第九条 【著作权人的范围】著作权人包括:

(一)作者;

(二)其他依照本法享有著作权的公民、法人或者其他组织。

第十条 【著作权的内容】著作权包括下列人身权和财产权:

(一)发表权,即决定作品是否公之于众的权利;

(二)署名权,即表明作者身份,在作品上署名的权利;

(三)修改权,即修改或者授权他人修改作品的权利;

(四)保护作品完整权,即保护作品不受歪曲、篡改的权利;

(五)复制权,即以印刷、复印、拓印、录音、录像、翻录、翻拍等方式将作品制作一份或者多份的权利;

(六)发行权,即以出售或者赠与方式向公众提供作品的原件或者复制件的权利;

(七)出租权,即有偿许可他人临时使用电影作品和以类似摄制电影的方法创作的作品、计算机软件的权利,计算机软件不是出租的主要标的的除外;

(八)展览权,即公开陈列美术作品、摄影作品的原件或者复制件的权利;

(九)表演权,即公开表演作品,以及用各种手段公开播送作品的表演的权利;

(十)放映权,即通过放映机、幻灯机等技术设备公开再现美术、摄影、电影和以类似摄制电影的方法创作的作品等的权利;

(十一)广播权,即以无线方式公开广播或者传播作品,以有线传播或者转播的方式向公众传播广播的作品,以及通过扩音器或者其他传送符号、声音、图像的类似工具向公众传播广播的作品的权利;

(十二)信息网络传播权,即以有线或者无线方式向公众提供作品,使公众可以在其个人选定的时间和地点获得作品的权利;

(十三)摄制权,即以摄制电影或者以类似摄制电影的方法将作品固定在载体上的权利;

(十四)改编权,即改变作品,创作出具有独创性的新作品的权利;

(十五)翻译权,即将作品从一种语言文字转换成另一种语言文字的权利;

(十六)汇编权,即将作品或者作品的片段通过选择或者编排,汇集成新作品的权利;

(十七)应当由著作权人享有的其他权利。

著作权人可以许可他人行使前款第(五)项至第(十七)项规定的权利,并依照约定或者本法有关规定获得报酬。

著作权人可以全部或者部分转让本条第一款第(五)项至第(十七)项规定的权利,并依照约定或者本法有关规定获得报酬。

第二节 著作权归属

第十一条 【著作权归属的一般原则】著作权属于作者,本法另有规定的除外。

创作作品的公民是作者。

由法人或者其他组织主持,代表法人或者其他组织意志创作,并由法人或者其他组织承担责任的作品,法人或者其他组织视为作者。

如无相反证明,在作品上署名的公民、法人或者其他组织为作者。

第十二条 【演绎作品的著作权归属】改编、翻译、注释、整理已有作品而产生的作品,其著作权由改编、翻译、注释、整理人享有,但行使著作权时不得侵犯原作品的著作权。

第十三条 【合作作品的著作权归属】两人以上合作创作的作品,著作权由合作作者共同享有。没有参加创作的人,不能成为合作作者。

合作作品可以分割使用的,作者对各自创作的部分可以单独享有著作权,但行使著作权时不得侵犯合作作品整体的著作权。

第十四条 【汇编作品的著作权归属】汇编若干作品、作品的片段或者不构成作品的数据或者其他材料,对其内容的选择或者编排体现独创性的作品,为汇编作品,其著作权由汇编人享有,但行使著作权时,不得侵犯原作品的著作权。

第十五条 【电影作品的著作权归属】电影作品和以类似摄制电影的方法创作的作品的著作权由制片者享有,但编剧、导演、摄影、作词、作曲等作者享有署名权,并有权按照与制片者签订的合同获得报酬。

电影作品和以类似摄制电影的方法创作的作品中的剧本、音乐等可以单独使用的作品的作者有权单独行使其著作权。

第十六条 【职务作品的著作权归属】公民为完成法人或者其他组织工作任务所创作的作品是职务作品,除本条第二款的规定以外,著作权由作者享有,但法人或者其他组织有权在其业务范围内优先使用。作品完成两年内,未经单位同意,作者不得许可第三人以与单位使用的相同方式使用该作品。

有下列情形之一的职务作品,作者享有署名权,著作权的其他权利由法人或者其他组织享有,法人或者其他组织可以给予作者奖励：

（一）主要是利用法人或者其他组织的物质技术条件创作，并由法人或者其他组织承担责任的工程设计图、产品设计图、地图、计算机软件等职务作品；

（二）法律、行政法规规定或者合同约定著作权由法人或者其他组织享有的职务作品。

第十七条 【委托作品的著作权归属】受委托创作的作品，著作权的归属由委托人和受托人通过合同约定。合同未作明确约定或者没有订立合同的，著作权属于受托人。

第十八条 【美术作品著作权的归属】美术等作品原件所有权的转移，不视为作品著作权的转移，但美术作品原件的展览权由原件所有人享有。

第十九条 【著作权的继受】著作权属于公民的，公民死亡后，其本法第十条第一款第（五）项至第（十七）项规定的权利在本法规定的保护期内，依照继承法的规定转移。

著作权属于法人或者其他组织的，法人或者其他组织变更、终止后，其本法第十条第一款第（五）项至第（十七）项规定的权利在本法规定的保护期内，由承受其权利义务的法人或者其他组织享有；没有承受其权利义务的法人或者其他组织的，由国家享有。

第三节 权利的保护期

第二十条 【署名权、修改权、保护作品完整权的保护期】作者的署名权、修改权、保护作品完整权的保护期不受限制。

第二十一条 【发表权、财产权的保护期】公民的作品，其发表权、本法第十条第一款第（五）项至第（十七）项规定的权利的保护期为作者终生及其死亡后五十年，截止于作者死亡后第五十年的12月31日；如果是合作作品，截止于最后死亡的作者死亡后第五十年的12月31日。

法人或者其他组织的作品、著作权（署名权除外）由法人或者其他组织享有的职务作品，其发表权、本法第十条第一款第（五）项至第（十七）项规定的权利的保护期为五十年，截止于作品首次发表后第五十年的12月31日，但作品自创作完成后五十年内未发表的，本法不再保护。

电影作品和以类似摄制电影的方法创作的作品、摄影作品，其发表权、本法第十条第一款第（五）项至第（十七）项规定的权利的保护期为五十年，截止于作品首次发表后第五十年的12月31日，但作品自创作完成后五十年内未发表的，本法不再保护。

第四节 权利的限制

第二十二条 【合理使用】在下列情况下使用作品，可以不经著作权人许可，不向其支付报酬，但应当指明作者姓名、作品名称，并且不得侵犯著作权人依照本法享有的其他权利：

（一）为个人学习、研究或者欣赏，使用他人已经发表的作品；

（二）为介绍、评论某一作品或者说明某一问题，在作品中适当引用他人已经发表的作品；

（三）为报道时事新闻，在报纸、期刊、广播电台、电视台等媒体中不可避免地再现或者引用已经发表的作品；

（四）报纸、期刊、广播电台、电视台等媒体刊登或者播放其他报纸、期刊、广播电台、电视台等媒体已经发表的关于政治、经济、宗教问题的时事性文章，但作者声明不许刊登、播放的除外；

（五）报纸、期刊、广播电台、电视台等媒体刊登或者播放在公众集会上发表的讲话，但作者声明不许刊登、播放的除外；

（六）为学校课堂教学或者科学研究，翻译或者少量复制已经发表的作品，供教学或者科研人员使用，但不得出版发行；

（七）国家机关为执行公务在合理范围内使用已经发表的作品；

（八）图书馆、档案馆、纪念馆、博物馆、美术馆等为陈列或者保存版本的需要，复制本馆收藏的作品；

（九）免费表演已经发表的作品，该表演未向公众收取费用，也未向表演者支付报酬；

（十）对设置或者陈列在室外公共场所的艺术作品进行临摹、绘画、摄影、录像；

（十一）将中国公民、法人或者其他组织已经发表的以汉语言文字创作的作品翻译成少数民族语言文字作品在国内出版发行；

（十二）将已经发表的作品改成盲文出版。

前款规定适用于对出版者、表演者、录音录像制作者、广播电台、电视台的权利的限制。

第二十三条 【特定教科书的法定许可】为实施九年制义务教育和国家教育规划而编写出版教科书，除作者事先声明不许使用的外，可以不经著作权人许可，在教科书中汇编已经发表的作品片段或者短小的文字作品、音乐作品或者单幅的美术作品、摄影作品，但应当按照规定支付报酬，指明作者姓名、作品名称，并且不得侵犯著作权人依照本法享有的其他权利。

前款规定适用于对出版者、表演者、录音录像制作者、广播电台、电视台的权利的限制。

第三章 著作权许可使用和转让合同

第二十四条 【著作权许可使用合同】使用他人作品应当同著作权人订立许可使用合同，本法规定可以不经许可的除外。

许可使用合同包括下列主要内容：

（一）许可使用的权利种类；

（二）许可使用的权利是专有使用权或者非专有使用权；

（三）许可使用的地域范围、期间；

（四）付酬标准和办法；

（五）违约责任；

（六）双方认为需要约定的其他内容。

第二十五条 【著作权转让合同】转让本法第十条第一款第（五）项至第（十七）项规定的权利，应当订立书面合同。

权利转让合同包括下列主要内容：

（一）作品的名称；

（二）转让的权利种类、地域范围；

（三）转让价金；

（四）交付转让价金的日期和方式；

（五）违约责任；

（六）双方认为需要约定的其他内容。

第二十六条 【著作权的出质】以著作权出质的，由出质人和质权人向国务院著作权行政管理部门办理出质登记。

第二十七条 【著作权许可使用和转让合同中未明确的权利】许可使用合同和转让合同中著作权人未明确许可、转让的权利，未经著作权人同意，另一方当事人不得行使。

第二十八条 【著作权使用费的支付】使用作品的付酬标准可以由当事人约定，也可以按照国务院著作权行政管理部门会同有关部门制定的付酬标准支付报酬。当事人约定不明确的，按照国务院著作权行政管理部门会同有关部门制定的付酬标准支付报酬。

第二十九条 【取得他人著作权使用权者的权利限制】出版者、表演者、录音录像制作者、广播电台、电视台等依照本法有关规定使用他人作品的，不得侵犯作者的署名权、修改权、保护作品完整权和获得报酬的权利。

第四章 出版、表演、录音录像、播放

第一节 图书、报刊的出版

第三十条 【出版合同】图书出版者出版图书应当和著作权人订立出版合同，并支付报酬。

第三十一条 【专有出版权】图书出版者对著作权人交付出版的作品，按照合同约定享有的专有出版权受法律保护，他人不得出版该作品。

第三十二条 【出版者与著作权人的义务】著作权人应当按照合同约定期限交付作品。图书出版者应当按照合同约定的出版质量、期限出版图书。

图书出版者不按照合同约定期限出版，应当依照本法第五十四条的规定承担民事责任。

图书出版者重印、再版作品的，应当通知著作权人，并支付报酬。图书脱销后，图书出版者拒绝重印、再版的，著作权人有权终止合同。

第三十三条 【报社、期刊社的权利和义务】著作权人向报社、期刊社投稿的，自稿件发出之日起十五日内未收到报社通知决定刊登的，或者自稿件发出之日起三十日内未收到期刊社通知决定刊登的，可以将同一作品向其他报社、期刊社投稿。双方另有约定的除外。

作品刊登后，除著作权人声明不得转载、摘编的外，其他报刊可以转载或者作为文摘、资料刊登，但应当按照规定向著作权人支付报酬。

第三十四条 【图书出版者、报社、期刊社对作品的修改权】图书出版者经作者许可，可以对作品修改、删节。

报社、期刊社可以对作品作文字性修改、删节。对内容的修改，应当经作者许可。

第三十五条 【出版演绎作品的义务】出版改编、翻译、注释、整理、汇编已有作品而产生的作品，应当取得改编、翻译、注释、整理、汇编作品的著作权人和原作品的著作权人许可，并支付报酬。

第三十六条 【版式设计的专有使用权】出版者有权许可或者禁止他人使用其出版的图书、期刊的版式设计。

前款规定的权利的保护期为十年，截止于使用该版式设计的图书、期刊首次出版后第十年的12月31日。

第二节 表 演

第三十七条 【表演者的义务】使用他人作品演出，表演者（演员、演出单位）应当取得著作权人许可，并支付报酬。演出组织者组织演出，由该组织者取得著作权人许可，并支付报酬。

使用改编、翻译、注释、整理已有作品而产生的作品进行演出，应当取得改编、翻译、注释、整理作品的著作权人和原作品的著作权人许可，并支付报酬。

第三十八条 【表演者的权利】表演者对其表演享有下列权利：

（一）表明表演者身份；

（二）保护表演形象不受歪曲；

（三）许可他人从现场直播和公开传送其现场表演，并获得报酬；

（四）许可他人录音录像，并获得报酬；

（五）许可他人复制、发行录有其表演的录音录像制品，并获得报酬；

（六）许可他人通过信息网络向公众传播其表演，并获得报酬。

被许可人以前款第（三）项至第（六）项规定的方式使用作品，还应当取得著作权人许可，并支付报酬。

第三十九条 【表演者权的保护期】本法第三十八条第一款第（一）项、第（二）项规定的权利的保护期不受限制。

本法第三十八条第一款第(三)项至第(六)项规定的权利的保护期为五十年,截止于该表演发生后第五十年的 12 月 31 日。

第三节　录音录像

第四十条　【录音录像制作者的义务】录音录像制作者使用他人作品制作录音录像制品,应当取得著作权人许可,并支付报酬。

录音录像制作者使用改编、翻译、注释、整理已有作品而产生的作品,应当取得改编、翻译、注释、整理作品的著作权人和原作品著作权人许可,并支付报酬。

录音制作者使用他人已经合法录制为录音制品的音乐作品制作录音制品,可以不经著作权人许可,但应当按照规定支付报酬;著作权人声明不许使用的不得使用。

第四十一条　【录音录像制作者的义务】录音录像制作者制作录音录像制品,应当同表演者订立合同,并支付报酬。

第四十二条　【录音录像制作者的权利】录音录像制作者对其制作的录音录像制品,享有许可他人复制、发行、出租、通过信息网络向公众传播并获得报酬的权利;权利的保护期为五十年,截止于该制品首次制作完成后第五十年的 12 月 31 日。

被许可人复制、发行、通过信息网络向公众传播录音录像制品,还应当取得著作权人、表演者许可,并支付报酬。

第四节　广播电台、电视台播放

第四十三条　【广播电台、电视台对著作权人的义务】广播电台、电视台播放他人未发表的作品,应当取得著作权人许可,并支付报酬。

广播电台、电视台播放他人已发表的作品,可以不经著作权人许可,但应当支付报酬。

第四十四条　【播放已经出版的录音制品时的义务】广播电台、电视台播放已经出版的录音制品,可以不经著作权人许可,但应当支付报酬。当事人另有约定的除外。具体办法由国务院规定。

第四十五条　【广播电台、电视台的权利】广播电台、电视台有权禁止未经其许可的下列行为:

(一)将其播放的广播、电视转播;

(二)将其播放的广播、电视录制在音像载体上以及复制音像载体。

前款规定的权利的保护期为五十年,截止于该广播、电视首次播放后第五十年的 12 月 31 日。

第四十六条　【电视台播放他人电影作品的义务】电视台播放他人的电影作品和以类似摄制电影的方法创作的作品、录像制品,应当取得制片者或者录像制作者许可,并支付报酬;播放他人的录像制品,还应当取得著作权人许可,并支付报酬。

第五章　法律责任和执法措施

第四十七条　【承担民事责任的侵权行为】有下列侵权行为的,应当根据情况,承担停止侵害、消除影响、赔礼道歉、赔偿损失等民事责任:

(一)未经著作权人许可,发表其作品的;

(二)未经合作作者许可,将与他人合作创作的作品当作自己单独创作的作品发表的;

(三)没有参加创作,为谋取个人名利,在他人作品上署名的;

(四)歪曲、篡改他人作品的;

(五)剽窃他人作品的;

(六)未经著作权人许可,以展览、摄制电影和以类似摄制电影的方法使用作品,或者以改编、翻译、注释等方式使用作品的,本法另有规定的除外;

(七)使用他人作品,应当支付报酬而未支付的;

(八)未经电影作品和以类似摄制电影的方法创作的作品、计算机软件、录音录像制品的著作权人或者与著作权有关的权利人许可,出租其作品或者录音录像制品的,本法另有规定的除外;

(九)未经出版者许可,使用其出版的图书、期刊的版式设计的;

(十)未经表演者许可,从现场直播或者公开传送其现场表演,或者录制其表演的;

(十一)其他侵犯著作权以及与著作权有关的权益的行为。

第四十八条　【承担民事责任、行政责任和刑事责任的侵权行为】有下列侵权行为的,应当根据情况,承担停止侵害、消除影响、赔礼道歉、赔偿损失等民事责任;同时损害公共利益的,可以由著作权行政管理部门责令停止侵权行为,没收违法所得,没收、销毁侵权复制品,并可处以罚款;情节严重的,著作权行政管理部门还可以没收主要用于制作侵权复制品的材料、工具、设备等;构成犯罪的,依法追究刑事责任:

(一)未经著作权人许可,复制、发行、表演、放映、广播、汇编、通过信息网络向公众传播其作品的,本法另有规定的除外;

(二)出版他人享有专有出版权的图书的;

(三)未经表演者许可,复制、发行录有其表演的录音录像制品,或者通过信息网络向公众传播其表演的,本法另有规定的除外;

(四)未经录音录像制作者许可,复制、发行、通过信息网络向公众传播其制作的录音录像制品的,本法另有规定的除外;

(五)未经许可,播放或者复制广播、电视的,本法另有规定的除外;

（六）未经著作权人或者与著作权有关的权利人许可，故意避开或者破坏权利人为其作品、录音录像制品等采取的保护著作权或者与著作权有关的权利的技术措施的，法律、行政法规另有规定的除外；

（七）未经著作权人或者与著作权有关的权利人许可，故意删除或者改变作品、录音录像制品等的权利管理电子信息的，法律、行政法规另有规定的除外；

（八）制作、出售假冒他人署名的作品的。

第四十九条　【赔偿标准】侵犯著作权或者与著作权有关的权利的，侵权人应当按照权利人的实际损失给予赔偿；实际损失难以计算的，可以按照侵权人的违法所得给予赔偿。赔偿数额还应当包括权利人为制止侵权行为所支付的合理开支。

权利人的实际损失或者侵权人的违法所得不能确定的，由人民法院根据侵权行为的情节，判决给予五十万元以下的赔偿。

第五十条　【诉前禁止令】著作权人或者与著作权有关的权利人有证据证明他人正在实施或者即将实施侵犯其权利的行为，如不及时制止将会使其合法权益受到难以弥补的损害的，可以在起诉前向人民法院申请采取责令停止有关行为和财产保全的措施。

人民法院处理前款申请，适用《中华人民共和国民事诉讼法》第九十三条至第九十六条和第九十九条的规定。

第五十一条　【诉前证据保全】为制止侵权行为，在证据可能灭失或者以后难以取得的情况下，著作权人或者与著作权有关的权利人可以在起诉前向人民法院申请保全证据。

人民法院接受申请后，必须在四十八小时内作出裁定；裁定采取保全措施的，应当立即开始执行。

人民法院可以责令申请人提供担保，申请人不提供担保的，驳回申请。

申请人在人民法院采取保全措施后十五日内不起诉的，人民法院应当解除保全措施。

第五十二条　【人民法院对侵权行为的民事制裁】人民法院审理案件，对于侵犯著作权或者与著作权有关的权利的，可以没收违法所得、侵权复制品以及进行违法活动的财物。

第五十三条　【有关复制品侵权的过错推定】复制品的出版者、制作者不能证明其出版、制作有合法授权的，复制品的发行者或者电影作品或者以类似摄制电影的方法创作的作品、计算机软件、录音录像制品的复制品的出租者不能证明其发行、出租的复制品有合法来源的，应当承担法律责任。

第五十四条　【违约责任】当事人不履行合同义务或者履行合同义务不符合约定条件的，应当依照《中华人民共和国民法通则》、《中华人民共和国合同法》等有关法律规定承担民事责任。

第五十五条　【著作权纠纷的解决】著作权纠纷可以调解，也可以根据当事人达成的书面仲裁协议或者著作权合同中的仲裁条款，向仲裁机构申请仲裁。

当事人没有书面仲裁协议，也没有在著作权合同中订立仲裁条款的，可以直接向人民法院起诉。

第五十六条　【对行政处罚不服的救济】当事人对行政处罚不服的，可以自收到行政处罚决定书之日起三个月内向人民法院起诉，期满不起诉又不履行的，著作权行政管理部门可以申请人民法院执行。

第六章　附　　则

第五十七条　【著作权与版权的关系】本法所称的著作权即版权。

第五十八条　【出版的含义】本法第二条所称的出版，指作品的复制、发行。

第五十九条　【计算机软件、信息网络传播权的保护】计算机软件、信息网络传播权的保护办法由国务院另行规定。

第六十条　【追溯力】本法规定的著作权人和出版者、表演者、录音录像制作者、广播电台、电视台的权利，在本法施行之日尚未超过本法规定的保护期的，依照本法予以保护。

本法施行前发生的侵权或者违约行为，依照侵权或者违约行为发生时的有关规定和政策处理。

第六十一条　【施行日期】本法自 1991 年 6 月 1 日起施行。

中华人民共和国
著作权法实施条例

（2002 年 8 月 2 日中华人民共和国国务院令第 359 号公布　根据 2011 年 1 月 8 日《国务院关于废止和修改部分行政法规的决定》第一次修订　根据 2013 年 1 月 30 日《国务院关于修改〈中华人民共和国著作权法实施条例〉的决定》第二次修订）

第一条　根据《中华人民共和国著作权法》（以下简称著作权法），制定本条例。

第二条　著作权法所称作品，是指文学、艺术和科学领域内具有独创性并能以某种有形形式复制的智力成果。

第三条　著作权法所称创作，是指直接产生文学、艺术和科学作品的智力活动。

为他人创作进行组织工作，提供咨询意见、物质条件，或者进行其他辅助工作，均不视为创作。

第四条　著作权法和本条例中下列作品的含义：

（一）文字作品，是指小说、诗词、散文、论文等以文字形式表现的作品；

（二）口述作品，是指即兴的演说、授课、法庭辩论等以口头语言形式表现的作品；

（三）音乐作品，是指歌曲、交响乐等能够演唱或者演奏的带词或者不带词的作品；

（四）戏剧作品，是指话剧、歌剧、地方戏等供舞台演出的作品；

（五）曲艺作品，是指相声、快书、大鼓、评书等以说唱为主要形式表演的作品；

（六）舞蹈作品，是指通过连续的动作、姿势、表情等表现思想情感的作品；

（七）杂技艺术作品，是指杂技、魔术、马戏等通过形体动作和技巧表现的作品；

（八）美术作品，是指绘画、书法、雕塑等以线条、色彩或者其他方式构成的有审美意义的平面或者立体的造型艺术作品；

（九）建筑作品，是指以建筑物或者构筑物形式表现的有审美意义的作品；

（十）摄影作品，是指借助器械在感光材料或者其他介质上记录客观物体形象的艺术作品；

（十一）电影作品和以类似摄制电影的方法创作的作品，是指摄制在一定介质上，由一系列有伴音或者无伴音的画面组成，并且借助适当装置放映或者以其他方式传播的作品；

（十二）图形作品，是指为施工、生产绘制的工程设计图、产品设计图，以及反映地理现象、说明事物原理或者结构的地图、示意图等作品；

（十三）模型作品，是指为展示、试验或者观测等用途，根据物体的形状和结构，按照一定比例制成的立体作品。

第五条　著作权法和本条例中下列用语的含义：

（一）时事新闻，是指通过报纸、期刊、广播电台、电视台等媒体报道的单纯事实消息；

（二）录音制品，是指任何对表演的声音和其他声音的录制品；

（三）录像制品，是指电影作品和以类似摄制电影的方法创作的作品以外的任何有伴音或者无伴音的连续相关形象、图像的录制品；

（四）录音制作者，是指录音制品的首次制作人；

（五）录像制作者，是指录像制品的首次制作人；

（六）表演者，是指演员、演出单位或者其他表演文学、艺术作品的人。

第六条　著作权自作品创作完成之日起产生。

第七条　著作权法第二条第三款规定的首先在中国境内出版的外国人、无国籍人的作品，其著作权自首次出版之日起受保护。

第八条　外国人、无国籍人的作品在中国境外首先出版后，30日内在中国境内出版的，视为该作品同时在中国境内出版。

第九条　合作作品不可以分割使用的，其著作权由各合作作者共同享有，通过协商一致行使；不能协商一致，又无正当理由的，任何一方不得阻止他方行使除转让以外的其他权利，但是所得收益应当合理分配给所有合作作者。

第十条　著作权人许可他人将其作品摄制成电影作品和以类似摄制电影的方法创作的作品的，视为已同意对其作品进行必要的改动，但是这种改动不得歪曲篡改原作品。

第十一条　著作权法第十六条第一款关于职务作品的规定中的“工作任务”，是指公民在该法人或者该组织中应当履行的职责。

著作权法第十六条第二款关于职务作品的规定中的“物质技术条件”，是指该法人或者该组织为公民完成创作专门提供的资金、设备或者资料。

第十二条　职务作品完成两年内，经单位同意，作者许可第三人以与单位使用的相同方式使用作品所获报酬，由作者与单位按约定的比例分配。

作品完成两年的期限，自作者向单位交付作品之日起计算。

第十三条　作者身份不明的作品，由作品原件的所有人行使除署名权以外的著作权。作者身份确定后，由作者或者其继承人行使著作权。

第十四条　合作作者之一死亡后，其对合作作品享有的著作权法第十条第一款第五项至第十七项规定的权利无人继承又无人受遗赠的，由其他合作作者享有。

第十五条　作者死亡后，其著作权中的署名权、修改权和保护作品完整权由作者的继承人或者受遗赠人保护。

著作权无人继承又无人受遗赠的，其署名权、修改权和保护作品完整权由著作权行政管理部门保护。

第十六条　国家享有著作权的作品的使用，由国务院著作权行政管理部门管理。

第十七条　作者生前未发表的作品，如果作者未明确表示不发表，作者死亡后50年内，其发表权可由继承人或者受遗赠人行使；没有继承人又无人受遗赠的，由作品原件的所有人行使。

第十八条　作者身份不明的作品，其著作权法第十条第一款第五项至第十七项规定的权利的保护期截止于作品首次发表后第50年的12月31日。作者身份确定后，适用著作权法第二十一条的规定。

第十九条　使用他人作品的，应当指明作者姓名、作品名称；但是，当事人另有约定或者由于作品使用方式的特性无法指明的除外。

第二十条　著作权法所称已经发表的作品，是指著作权人自行或者许可他人公之于众的作品。

第二十一条　依照著作权法有关规定，使用可以不经著作权人许可的已经发表的作品的,不得影响该作品的正常使用,也不得不合理地损害著作权人的合法利益。

第二十二条 依照著作权法第二十三条、第三十三条第二款、第四十条第三款的规定使用作品的付酬标准,由国务院著作权行政管理部门会同国务院价格主管部门制定、公布。

第二十三条 使用他人作品应当同著作权人订立许可使用合同,许可使用的权利是专有使用权的,应当采取书面形式,但是报社、期刊社刊登作品除外。

第二十四条 著作权法第二十四条规定的专有使用权的内容由合同约定,合同没有约定或者约定不明的,视为被许可人有权排除包括著作权人在内的任何人以同样的方式使用作品;除合同另有约定外,被许可人许可第三人行使同一权利,必须取得著作权人的许可。

第二十五条 与著作权人订立专有许可使用合同、转让合同的,可以向著作权行政管理部门备案。

第二十六条 著作权法和本条例所称与著作权有关的权益,是指出版者对其出版的图书和期刊的版式设计享有的权利,表演者对其表演享有的权利,录音录像制作者对其制作的录音录像制品享有的权利,广播电台、电视台对其播放的广播、电视节目享有的权利。

第二十七条 出版者、表演者、录音录像制作者、广播电台、电视台行使权利,不得损害被使用作品和原作品著作权人的权利。

第二十八条 图书出版合同中约定图书出版者享有专有出版权但没有明确其具体内容的,视为图书出版者享有在合同有效期限内和在合同约定的地域范围内以同种文字的原版、修订版出版图书的专有权利。

第二十九条 著作权人寄给图书出版者的两份订单在6个月内未能得到履行,视为著作权法第三十二条所称图书脱销。

第三十条 著作权人依照著作权法第三十三条第二款声明不得转载、摘编其作品的,应当在报纸、期刊刊登该作品时附带声明。

第三十一条 著作权人依照著作权法第四十条第三款声明不得对其作品制作录音制品的,应当在该作品合法录制为录音制品时声明。

第三十二条 依照著作权法第二十三条、第三十三条第二款、第四十条第三款的规定,使用他人作品的,应当自使用该作品之日起2个月内向著作权人支付报酬。

第三十三条 外国人、无国籍人在中国境内的表演,受著作权法保护。

外国人、无国籍人根据中国参加的国际条约对其表演享有的权利,受著作权法保护。

第三十四条 外国人、无国籍人在中国境内制作、发行的录音制品,受著作权法保护。

外国人、无国籍人根据中国参加的国际条约对其制作、发行的录音制品享有的权利,受著作权法保护。

第三十五条 外国的广播电台、电视台根据中国参加的国际条约对其播放的广播、电视节目享有的权利,受著作权法保护。

第三十六条 有著作权法第四十八条所列侵权行为,同时损害社会公共利益,非法经营额5万元以上的,著作权行政管理部门可处非法经营额1倍以上5倍以下的罚款;没有非法经营额或者非法经营额5万元以下的,著作权行政管理部门根据情节轻重,可处25万元以下的罚款。

第三十七条 有著作权法第四十八条所列侵权行为,同时损害社会公共利益的,由地方人民政府著作权行政管理部门负责查处。

国务院著作权行政管理部门可以查处在全国有重大影响的侵权行为。

第三十八条 本条例自2002年9月15日起施行。1991年5月24日国务院批准、1991年5月30日国家版权局发布的《中华人民共和国著作权法实施条例》同时废止。

实施国际著作权条约的规定

(1992年9月25日中华人民共和国国务院令第105号公布 自1992年9月30日起施行)

第一条 为实施国际著作权条约,保护外国作品著作权人的合法权益,制定本规定。

第二条 对外国作品的保护,适用《中华人民共和国著作权法》(以下称著作权法)、《中华人民共和国著作权法实施条例》、《计算机软件保护条例》和本规定。

第三条 本规定所称国际著作权条约,是指中华人民共和国(以下称中国)参加的《伯尔尼保护文学和艺术作品公约》(以下称伯尔尼公约)和与外国签订的有关著作权的双边协定。

第四条 本规定所称外国作品,包括:

(一)作者或者作者之一,其他著作权人或者著作权人之一是国际著作权条约成员国的国民或者在该条约的成员国有经常居所的居民的作品;

(二)作者不是国际著作权条约成员国的国民或者在该条约的成员国有经常居所的居民,但是在该条约的成员国首次或者同时发表的作品;

(三)中外合资经营企业、中外合作经营企业和外资企业按照合同约定是著作权人或者著作权人之一的,其委托他人创作的作品。

第五条 对未发表的外国作品的保护期,适用著作权法第二十条、第二十一条的规定。

第六条 对外国实用艺术作品的保护期,为自该作品完成起二十五年。

美术作品（包括动画形象设计）用于工业制品的，不适用前款规定。

第七条 外国计算机程序作为文学作品保护，可以不履行登记手续，保护期为自该程序首次发表之年年底起五十年。

第八条 外国作品是由不受保护的材料编辑而成，但是在材料的选取或者编排上有独创性的，依照著作权法第十四条的规定予以保护。此种保护不排斥他人利用同样的材料进行编辑。

第九条 外国录像制品根据国际著作权条约构成电影作品的，作为电影作品保护。

第十条 将外国人已经发表的以汉族文字创作的作品，翻译成少数民族文字出版发行的，应当事先取得著作权人的授权。

第十一条 外国作品著作权人，可以授权他人以任何方式、手段公开表演其作品或者公开传播对其作品的表演。

第十二条 外国电影、电视和录像作品的著作权人可以授权他人公开表演其作品。

第十三条 报刊转载外国作品，应当事先取得著作权人的授权；但是，转载有关政治、经济等社会问题的时事文章除外。

第十四条 外国作品的著作权人在授权他人发行其作品的复制品后，可以授权或者禁止出租其作品的复制品。

第十五条 外国作品的著作权人有权禁止进口其作品的下列复制品：

（一）侵权复制品；

（二）来自对其作品不予保护的国家的复制品。

第十六条 表演、录音或者广播外国作品，适用伯尔尼公约的规定；有集体管理组织的，应当事先取得该组织的授权。

第十七条 国际著作权条约在中国生效之日尚未在起源国进入公有领域的外国作品，按照著作权法和本规定规定的保护期受保护，到期满为止。

前款规定不适用于国际著作权条约在中国生效之日前发生的对外国作品的使用。

中国公民或者法人在国际著作权条约在中国生效之日前为特定目的而拥有和使用外国作品的特定复制本的，可以继续使用该作品的复制本而不承担责任；但是，该复制本不得以任何不合理地损害该作品著作权人合法权益的方式复制和使用。

前三款规定依照中国同有关国家签订的有关著作权的双边协定的规定实施。

第十八条 本规定第五条、第十二条、第十四条、第十五条、第十七条适用于录音制品。

第十九条 本规定施行前，有关著作权的行政法规与本规定有不同规定的，适用本规定。本规定与国际著作权条约有不同规定的，适用国际著作权条约。

第二十条 国家版权局负责国际著作权条约在中国的实施。

第二十一条 本规定由国家版权局负责解释。

第二十二条 本规定自一九九二年九月三十日起施行。

著作权集体管理条例

（2004年12月28日中华人民共和国国务院令第429号公布 根据2011年1月8日《国务院关于废止和修改部分行政法规的决定》第一次修订 根据2013年12月7日《国务院关于修改部分行政法规的决定》第二次修订）

第一章 总 则

第一条 为了规范著作权集体管理活动，便于著作权人和与著作权有关的权利人（以下简称权利人）行使权利和使用者使用作品，根据《中华人民共和国著作权法》（以下简称著作权法）制定本条例。

第二条 本条例所称著作权集体管理，是指著作权集体管理组织经权利人授权，集中行使权利人的有关权利并以自己的名义进行的下列活动：

（一）与使用者订立著作权或者与著作权有关的权利许可使用合同（以下简称许可使用合同）；

（二）向使用者收取使用费；

（三）向权利人转付使用费；

（四）进行涉及著作权或者与著作权有关的权利的诉讼、仲裁等。

第三条 本条例所称著作权集体管理组织，是指为权利人的利益依法设立，根据权利人授权、对权利人的著作权或者与著作权有关的权利进行集体管理的社会团体。

著作权集体管理组织应当依照有关社会团体登记管理的行政法规和本条例的规定进行登记并开展活动。

第四条 著作权法规定的表演权、放映权、广播权、出租权、信息网络传播权、复制权等权利人自己难以有效行使的权利，可以由著作权集体管理组织进行集体管理。

第五条 国务院著作权管理部门主管全国的著作权集体管理工作。

第六条 除依照本条例规定设立的著作权集体管理组织外，任何组织和个人不得从事著作权集体管理活动。

第二章 著作权集体管理组织的设立

第七条 依法享有著作权或者与著作权有关的权利的中国公民、法人或者其他组织，可以发起设立著作权集体管理组织。

设立著作权集体管理组织，应当具备下列条件：

（一）发起设立著作权集体管理组织的权利人不少于50人；

（二）不与已经依法登记的著作权集体管理组织的业务范围交叉、重合；

（三）能在全国范围代表相关权利人的利益；

（四）有著作权集体管理组织的章程草案、使用费收取标准草案和向权利人转付使用费的办法（以下简称使用费转付办法）草案。

第八条 著作权集体管理组织章程应当载明下列事项：

（一）名称、住所；

（二）设立宗旨；

（三）业务范围；

（四）组织机构及其职权；

（五）会员大会的最低人数；

（六）理事会的职责及理事会负责人的条件和产生、罢免的程序；

（七）管理费提取、使用办法；

（八）会员加入、退出著作权集体管理组织的条件、程序；

（九）章程的修改程序；

（十）著作权集体管理组织终止的条件、程序和终止后资产的处理。

第九条 申请设立著作权集体管理组织，应当向国务院著作权管理部门提交证明符合本条例第七条规定的条件的材料。国务院著作权管理部门应当自收到材料之日起60日内，作出批准或者不予批准的决定。批准的，发给著作权集体管理许可证；不予批准的，应当说明理由。

第十条 申请人应当自国务院著作权管理部门发给著作权集体管理许可证之日起30日内，依照有关社会团体登记管理的行政法规到国务院民政部门办理登记手续。

第十一条 依法登记的著作权集体管理组织，应当自国务院民政部门发给登记证书之日起30日内，将其登记证书副本报国务院著作权管理部门备案；国务院著作权管理部门应当将报备的登记证书副本以及著作权集体管理组织章程、使用费收取标准、使用费转付办法予以公告。

第十二条 著作权集体管理组织设立分支机构，应当经国务院著作权管理部门批准，并依照有关社会团体登记管理的行政法规到国务院民政部门办理登记手续。经依法登记的，应当将分支机构的登记证书副本报国务院著作权管理部门备案，由国务院著作权管理部门予以公告。

第十三条 著作权集体管理组织应当根据下列因素制定使用费收取标准：

（一）使用作品、录音录像制品等的时间、方式和地域范围；

（二）权利的种类；

（三）订立许可使用合同和收取使用费工作的繁简程度。

第十四条 著作权集体管理组织应当根据权利人的作品或者录音录像制品等使用情况制定使用费转付办法。

第十五条 著作权集体管理组织修改章程，应当依法经国务院民政部门核准后，由国务院著作权管理部门予以公告。

第十六条 著作权集体管理组织被依法撤销登记的，自被撤销登记之日起不得再进行著作权集体管理业务活动。

第三章 著作权集体管理组织的机构

第十七条 著作权集体管理组织会员大会（以下简称会员大会）为著作权集体管理组织的权力机构。

会员大会由理事会依照本条例规定负责召集。理事会应当于会员大会召开60日以前将会议的时间、地点和拟审议事项予以公告；出席会员大会的会员，应当于会议召开30日以前报名。报名出席会员大会的会员少于章程规定的最低人数时，理事会应当将会员大会报名情况予以公告，会员可以于会议召开5日以前补充报名，并由全部报名出席会员大会的会员举行会员大会。

会员大会行使下列职权：

（一）制定和修改章程；

（二）制定和修改使用费收取标准；

（三）制定和修改使用费转付办法；

（四）选举和罢免理事；

（五）审议批准理事会的工作报告和财务报告；

（六）制定内部管理制度；

（七）决定使用费转付方案和著作权集体管理组织提取管理费的比例；

（八）决定其他重大事项。

会员大会每年召开一次；经10%以上会员或者理事会提议，可以召开临时会员大会。会员大会作出决定，应当经出席会议的会员过半数表决通过。

第十八条 著作权集体管理组织设立理事会，对会员大会负责，执行会员大会决定。理事会成员不得少于9人。

理事会任期为4年，任期届满应当进行换届选举。因特殊情况可以提前或者延期换届，但是换届延期不得超过1年。

第四章 著作权集体管理活动

第十九条 权利人可以与著作权集体管理组织以书面形式订立著作权集体管理合同，授权该组织对其依法享有的著作权或者与著作权有关的权利进行管理。权利人符合章程规定加入条件的，著作权集体管理组织应当与其订立著作权集体管理合同，不得拒绝。

权利人与著作权集体管理组织订立著作权集体管理合同并按照章程规定履行相应手续后，即成为该著作权集体管理组织的会员。

第二十条 权利人与著作权集体管理组织订立著作权集体管理合同后，不得在合同约定期限内自己行使或者许可他人行使合同约定的由著作权集体管理组织行使的权利。

第二十一条 权利人可以依照章程规定的程序，退出著作权集体管理组织，终止著作权集体管理合同。但是，著作权集体管理组织已经与他人订立许可使用合同的，该合同在期限届满前继续有效；该合同有效期内，权利人有权获得相应的使用费并可以查阅有关业务材料。

第二十二条 外国人、无国籍人可以通过与中国的著作权集体管理组织订立相互代表协议的境外同类组织，授权中国的著作权集体管理组织管理其依法在中国境内享有的著作权或者与著作权有关的权利。

前款所称相互代表协议，是指中国的著作权集体管理组织与境外的同类组织相互授权对方在其所在国家或者地区进行集体管理活动的协议。

著作权集体管理组织与境外同类组织订立的相互代表协议应当报国务院著作权管理部门备案，由国务院著作权管理部门予以公告。

第二十三条 著作权集体管理组织许可他人使用其管理的作品、录音录像制品等，应当与使用者以书面形式订立许可使用合同。

著作权集体管理组织不得与使用者订立专有许可使用合同。

使用者以合理的条件要求与著作权集体管理组织订立许可使用合同，著作权集体管理组织不得拒绝。

许可使用合同的期限不得超过 2 年；合同期限届满可以续订。

第二十四条 著作权集体管理组织应当建立权利信息查询系统，供权利人和使用者查询。权利信息查询系统应当包括著作权集体管理组织管理的权利种类和作品、录音录像制品等的名称、权利人姓名或者名称、授权管理的期限。

权利人和使用者对著作权集体管理组织管理的权利的信息进行咨询时，该组织应当予以答复。

第二十五条 除著作权法第二十三条、第三十三条第二款、第四十条第三款、第四十三条第二款和第四十四条规定应当支付的使用费外，著作权集体管理组织应当根据国务院著作权管理部门公告的使用费收取标准，与使用者约定收取使用费的具体数额。

第二十六条 两个或者两个以上著作权集体管理组织就同一使用方式向同一使用者收取使用费，可以事先协商确定由其中一个著作权集体管理组织统一收取。统一收取的使用费在有关著作权集体管理组织之间经协商分配。

第二十七条 使用者向著作权集体管理组织支付使用费时，应当提供其使用的作品、录音录像制品等的名称、权利人姓名或者名称和使用的方式、数量、时间等有关使用情况；许可使用合同另有约定的除外。

使用者提供的有关使用情况涉及该使用者商业秘密的，著作权集体管理组织负有保密义务。

第二十八条 著作权集体管理组织可以从收取的使用费中提取一定比例作为管理费，用于维持其正常的业务活动。

著作权集体管理组织提取管理费的比例应当随着使用费收入的增加而逐步降低。

第二十九条 著作权集体管理组织收取的使用费，在提取管理费后，应当全部转付给权利人，不得挪作他用。

著作权集体管理组织转付使用费，应当编制使用费转付记录。使用费转付记录应当载明使用费总额、管理费数额、权利人姓名或者名称、作品或者录音录像制品等的名称、有关使用情况、向各权利人转付使用费的具体数额等事项，并应当保存 10 年以上。

第五章 对著作权集体管理组织的监督

第三十条 著作权集体管理组织应当依法建立财务、会计制度和资产管理制度，并按照国家有关规定设置会计账簿。

第三十一条 著作权集体管理组织的资产使用和财务管理受国务院著作权管理部门和民政部门的监督。

著作权集体管理组织应当在每个会计年度结束时制作财务会计报告，委托会计师事务所依法进行审计，并公布审计结果。

第三十二条 著作权集体管理组织应当对下列事项进行记录，供权利人和使用者查阅：

（一）作品许可使用情况；

（二）使用费收取和转付情况；

（三）管理费提取和使用情况。

权利人有权查阅、复制著作权集体管理组织的财务报告、工作报告和其他业务材料；著作权集体管理组织应当提供便利。

第三十三条 权利人认为著作权集体管理组织有下列情形之一的，可以向国务院著作权管理部门检举：

（一）权利人符合章程规定的加入条件要求加入著作权集体管理组织，或者会员依照章程规定的程序要求退出著作权集体管理组织，著作权集体管理组织拒绝的；

（二）著作权集体管理组织不按照规定收取、转付使用费，或者不按照规定提取、使用管理费的；

（三）权利人要求查阅本条例第三十二条规定的记录、业务材料，著作权集体管理组织拒绝提供的。

第三十四条 使用者认为著作权集体管理组织有下列情形之一的，可以向国务院著作权管理部门检举：

（一）著作权集体管理组织违反本条例第二十三条规定拒绝与使用者订立许可使用合同的；

（二）著作权集体管理组织未根据公告的使用费收取标

准约定收取使用费的具体数额的；

（三）使用者要求查阅本条例第三十二条规定的记录，著作权集体管理组织拒绝提供的。

第三十五条 权利人和使用者以外的公民、法人或者其他组织认为著作权集体管理组织有违反本条例规定的行为的，可以向国务院著作权管理部门举报。

第三十六条 国务院著作权管理部门应当自接到检举、举报之日起60日内对检举、举报事项进行调查并依法处理。

第三十七条 国务院著作权管理部门可以采取下列方式对著作权集体管理组织进行监督，并应当对监督活动作出记录：

（一）检查著作权集体管理组织的业务活动是否符合本条例及其章程的规定；

（二）核查著作权集体管理组织的会计账簿、年度预算和决算报告及其他有关业务材料；

（三）派员列席著作权集体管理组织的会员大会、理事会等重要会议。

第三十八条 著作权集体管理组织应当依法接受国务院民政部门和其他有关部门的监督。

第六章 法律责任

第三十九条 著作权集体管理组织有下列情形之一的，由国务院著作权管理部门责令限期改正：

（一）违反本条例第二十二条规定，未将与境外同类组织订立的相互代表协议报国务院著作权管理部门备案的；

（二）违反本条例第二十四条规定，未建立权利信息查询系统的；

（三）未根据公告的使用费收取标准约定收取使用费的具体数额的。

著作权集体管理组织超出业务范围管理权利人的权利的，由国务院著作权管理部门责令限期改正，其与使用者订立的许可使用合同无效；给权利人、使用者造成损害的，依法承担民事责任。

第四十条 著作权集体管理组织有下列情形之一的，由国务院著作权管理部门责令限期改正；逾期不改正的，责令会员大会或者理事会根据本条例规定的权限罢免或者解聘直接负责的主管人员：

（一）违反本条例第十九条规定拒绝与权利人订立著作权集体管理合同的，或者违反本条例第二十一条的规定拒绝会员退出该组织的要求的；

（二）违反本条例第二十三条规定，拒绝与使用者订立许可使用合同的；

（三）违反本条例第二十八条规定提取管理费的；

（四）违反本条例第二十九条规定转付使用费的；

（五）拒绝提供或者提供虚假的会计账簿、年度预算和决算报告或者其他有关业务材料的。

第四十一条 著作权集体管理组织自国务院民政部门发给登记证书之日起超过6个月无正当理由未开展著作权集体管理活动，或者连续中止著作权集体管理活动6个月以上的，由国务院著作权管理部门吊销其著作权集体管理许可证，并由国务院民政部门撤销登记。

第四十二条 著作权集体管理组织从事营利性经营活动的，由工商行政管理部门依法予以取缔，没收违法所得；构成犯罪的，依法追究刑事责任。

第四十三条 违反本条例第二十七条的规定，使用者能够提供有关使用情况而拒绝提供，或者在提供有关使用情况时弄虚作假的，由国务院著作权管理部门责令改正；著作权集体管理组织可以中止许可使用合同。

第四十四条 擅自设立著作权集体管理组织或者分支机构，或者擅自从事著作权集体管理活动的，由国务院著作权管理部门或者民政部门依照职责分工予以取缔，没收违法所得；构成犯罪的，依法追究刑事责任。

第四十五条 依照本条例规定从事著作权集体管理组织审批和监督工作的国家行政机关工作人员玩忽职守、滥用职权、徇私舞弊，构成犯罪的，依法追究刑事责任；尚不构成犯罪的，依法给予行政处分。

第七章 附 则

第四十六条 本条例施行前已经设立的著作权集体管理组织，应当自本条例生效之日起3个月内，将其章程、使用费收取标准、使用费转付办法及其他有关材料报国务院著作权管理部门审核，并将其与境外同类组织订立的相互代表协议报国务院著作权管理部门备案。

第四十七条 依照著作权法第二十三条、第三十三条第二款、第四十条第三款的规定使用他人作品，未能依照《中华人民共和国著作权法实施条例》第三十二条的规定向权利人支付使用费的，应当将使用费连同邮资以及使用作品的有关情况送交管理相关权利的著作权集体管理组织，由该著作权集体管理组织将使用费转付给权利人。

负责转付使用费的著作权集体管理组织应当建立作品使用情况查询系统，供权利人、使用者查询。

负责转付使用费的著作权集体管理组织可以从其收到的使用费中提取管理费，管理费按照会员大会决定的该集体管理组织管理费的比例减半提取。除管理费外，该著作权集体管理组织不得从其收到的使用费中提取其他任何费用。

第四十八条 本条例自2005年3月1日起施行。

著作权行政处罚实施办法

(2009 年 5 月 7 日国家版权局令第 6 号公布 自 2009 年 6 月 15 日起施行)

第一章 总 则

第一条 为规范著作权行政管理部门的行政处罚行为,保护公民、法人和其他组织的合法权益,根据《中华人民共和国行政处罚法》(以下称行政处罚法)、《中华人民共和国著作权法》(以下称著作权法)和其他有关法律、行政法规,制定本办法。

第二条 国家版权局以及地方人民政府享有著作权行政执法权的有关部门(以下称著作权行政管理部门),在法定职权范围内就本办法列举的违法行为实施行政处罚。法律、法规另有规定的,从其规定。

第三条 本办法所称的违法行为是指:

(一)著作权法第四十七条列举的侵权行为,同时损害公共利益的;

(二)《计算机软件保护条例》第二十四条列举的侵权行为,同时损害公共利益的;

(三)《信息网络传播权保护条例》第十八条列举的侵权行为,同时损害公共利益的;第十九条、第二十五条列举的侵权行为;

(四)《著作权集体管理条例》第四十一条、第四十四条规定的应予行政处罚的行为;

(五)其他有关著作权法律、法规、规章规定的应给予行政处罚的违法行为。

第四条 对本办法列举的违法行为,著作权行政管理部门可以依法责令停止侵权行为,并给予下列行政处罚:

(一)警告;

(二)罚款;

(三)没收违法所得;

(四)没收侵权制品;

(五)没收安装存储侵权制品的设备;

(六)没收主要用于制作侵权制品的材料、工具、设备等;

(七)法律、法规、规章规定的其他行政处罚。

第二章 管辖和适用

第五条 本办法列举的违法行为,由侵权行为实施地、侵权结果发生地、侵权制品储藏地或者依法查封扣押地的著作权行政管理部门负责查处。法律、行政法规另有规定的除外。

侵犯信息网络传播权的违法行为由侵权人住所地、实施侵权行为的网络服务器等设备所在地或侵权网站备案登记地的著作权行政管理部门负责查处。

第六条 国家版权局可以查处在全国有重大影响的违法行为,以及认为应当由其查处的其他违法行为。地方著作权行政管理部门负责查处本辖区发生的违法行为。

第七条 两个以上地方著作权行政管理部门对同一违法行为均有管辖权时,由先立案的著作权行政管理部门负责查处该违法行为。

地方著作权行政管理部门因管辖权发生争议或者管辖不明时,由争议双方协商解决;协商不成的,报请共同的上一级著作权行政管理部门指定管辖;其共同的上一级著作权行政管理部门也可以直接指定管辖。

上级著作权行政管理部门在必要时,可以处理下级著作权行政管理部门管辖的有重大影响的案件,也可以将自己管辖的案件交由下级著作权行政管理部门处理;下级著作权行政管理部门认为其管辖的案件案情重大、复杂,需要由上级著作权行政管理部门处理的,可以报请上一级著作权行政管理部门处理。

第八条 著作权行政管理部门发现查处的违法行为,根据我国刑法规定涉嫌构成犯罪的,应当由该著作权行政管理部门依照国务院《行政执法机关移送涉嫌犯罪案件的规定》将案件移送司法部门处理。

第九条 著作权行政管理部门对违法行为予以行政处罚的时效为两年,从违法行为发生之日起计算。违法行为有连续或者继续状态的,从行为终了之日起计算。侵权制品仍在发行或仍在向公众进行传播的,视为违法行为仍在继续。

违法行为在两年内未被发现的,不再给予行政处罚。法律另有规定的除外。

第三章 处罚程序

第十条 除行政处罚法规定适用简易程序的情况外,著作权行政处罚适用行政处罚法规定的一般程序。

第十一条 著作权行政管理部门适用一般程序查处违法行为,应当立案。

对本办法列举的违法行为,著作权行政管理部门可以自行决定立案查处,或者根据有关部门移送的材料决定立案查处,也可以根据被侵权人、利害关系人或者其他知情人的投诉或者举报决定立案查处。

第十二条 投诉人就本办法列举的违法行为申请立案查处的,应当提交申请书、权利证明、被侵权作品(或者制品)以及其他证据。

申请书应当说明当事人的姓名(或者名称)、地址以及申请查处所根据的主要事实、理由。

投诉人委托代理人代为申请的,应当由代理人出示委托书。

第十三条 著作权行政管理部门应当在收到所有投诉材料之日起十五日内,决定是否受理并通知投诉人。不予受理的，应当书面告知理由。

第十四条 立案时应当填写立案审批表，同时附上相关材料，包括投诉或者举报材料、上级著作权行政管理部门交办或者有关部门移送案件的有关材料、执法人员的检查报告等，由本部门负责人批准，指定两名以上办案人员负责调查处理。

办案人员与案件有利害关系的，应当自行回避；没有回避的，当事人可以申请其回避。办案人员的回避，由本部门负责人批准。负责人的回避，由本级人民政府批准。

第十五条 执法人员在执法过程中，发现违法行为正在实施，情况紧急来不及立案的，可以采取下列措施：

（一）对违法行为予以制止或者纠正；

（二）对涉嫌侵权制品、安装存储涉嫌侵权制品的设备和主要用于违法行为的材料、工具、设备等依法先行登记保存；

（三）收集、调取其他有关证据。

执法人员应当及时将有关情况和材料报所在著作权行政管理部门，并于发现情况之日起七日内办理立案手续。

第十六条 立案后，办案人员应当及时进行调查，并要求法定举证责任人在著作权行政管理部门指定的期限内举证。

办案人员取证时可以采取下列手段收集、调取有关证据：

（一）查阅、复制与涉嫌违法行为有关的文件档案、账簿和其他书面材料；

（二）对涉嫌侵权制品进行抽样取证；

（三）对涉嫌侵权制品、安装存储涉嫌侵权制品的设备、涉嫌侵权的网站网页、涉嫌侵权的网站服务器和主要用于违法行为的材料、工具、设备等依法先行登记保存。

第十七条 办案人员在执法中应当向当事人或者有关人员出示由国家版权局或者地方人民政府制发的行政执法证件。

第十八条 办案时收集的证据包括：

（一）书证；

（二）物证；

（三）证人证言；

（四）视听资料；

（五）当事人陈述；

（六）鉴定结论；

（七）检查、勘验笔录。

第十九条 当事人提供的涉及著作权的底稿、原件、合法出版物、作品登记证书、著作权合同登记证书、认证机构出具的证明、取得权利的合同，以及当事人自行或者委托他人以订购、现场交易等方式购买侵权复制品而取得的实物、发票等，可以作为证据。

第二十条 办案人员抽样取证、先行登记保存有关证据，应当有当事人在场。对有关物品应当当场制作清单一式两份，由办案人员和当事人签名、盖章后，分别交由当事人和办案人员所在著作权行政管理部门保存。当事人不在场或者拒绝签名、盖章的，由现场两名以上办案人员注明情况。

第二十一条 办案人员先行登记保存有关证据，应当经本部门负责人批准，并向当事人交付证据先行登记保存通知书。当事人或者有关人员在证据保存期间不得转移、损毁有关证据。

先行登记保存的证据，应当加封著作权行政管理部门先行登记保存封条，由当事人就地保存。先行登记保存的证据确需移至他处的，可以移至适当的场所保存。情况紧急来不及办理本条规定的手续时，办案人员可以先行采取措施，事后及时补办手续。

第二十二条 对先行登记保存的证据，应当在交付证据先行登记保存通知书后七日内作出下列处理决定：

（一）需要鉴定的，送交鉴定；

（二）违法事实成立，应当予以没收的，依照法定程序予以没收；

（三）应当移送有关部门处理的，将案件连同证据移送有关部门处理；

（四）违法事实不成立，或者依法不应予以没收的，解除登记保存措施；

（五）其他有关法定措施。

第二十三条 著作权行政管理部门在查处案件过程中，委托其他著作权行政管理部门代为调查的，须出具委托书。受委托的著作权行政管理部门应当积极予以协助。

第二十四条 对查处案件中的专业性问题，著作权行政管理部门可以委托专门机构或者聘请专业人员进行鉴定。

第二十五条 调查终结后，办案人员应当提交案件调查报告，说明有关行为是否违法，提出处理意见及有关事实、理由和依据，并附上全部证据材料。

第二十六条 著作权行政管理部门拟作出行政处罚决定的，应当由本部门负责人签发行政处罚事先告知书，告知当事人拟作出行政处罚决定的事实、理由和依据，并告知当事人依法享有的陈述权、申辩权和其他权利。

行政处罚事先告知书应当由著作权行政管理部门直接送达当事人，当事人应当在送达回执上签名、盖章。当事人拒绝签收的，由送达人员注明情况，把送达文书留在受送达人住所，并报告本部门负责人。著作权行政管理部门也可以采取邮寄送达方式告知当事人。无法找到当事人时，可以以公告形式告知。

第二十七条 当事人要求陈述、申辩的，应当在被告知后七日内，或者自发布公告之日起三十日内，向著作权行政管理部门提出陈述、申辩意见以及相应的事实、理由和证据。当事人在此期间未行使陈述权、申辩权的，视为放弃权利。

采取直接送达方式告知的，以当事人签收之日为被告知日期；采取邮寄送达方式告知的，以回执上注明的收件日期为被告知日期 。

第二十八条 办案人员应当充分听取当事人的陈述、申辩意见，对当事人提出的事实、理由和证据进行复核，并提交复核报告。

著作权行政管理部门不得因当事人申辩加重处罚。

第二十九条 著作权行政管理部门负责人应当对案件调查报告及复核报告进行审查，并根据审查结果分别作出下列处理决定：

（一）确属应当予以行政处罚的违法行为的，根据侵权人的过错程度、侵权时间长短、侵权范围大小及损害后果等情节，予以行政处罚；

（二）违法行为轻微并及时纠正，没有造成危害后果的，不予行政处罚；

（三）违法事实不成立的，不予行政处罚；

（四）违法行为涉嫌构成犯罪的，移送司法部门处理。

对情节复杂或者重大的违法行为给予较重的行政处罚，由著作权行政管理部门负责人集体讨论决定。

第三十条 著作权行政管理部门作出罚款决定时，罚款数额应当依照《中华人民共和国著作权法实施条例》第三十六条、《计算机软件保护条例》第二十四条的规定和《信息网络传播权保护条例》第十八条、第十九条的规定确定。

第三十一条 违法行为情节严重的，著作权行政管理部门可以没收主要用于制作侵权制品的材料、工具、设备等。

具有下列情形之一的，属于前款所称"情节严重"：

（一）违法所得数额（即获利数额）二千五百元以上的；

（二）非法经营数额在一万五千元以上的；

（三）经营侵权制品在二百五十册（张或份）以上的；

（四）因侵犯著作权曾经被追究法律责任，又侵犯著作权的；

（五）造成其他重大影响或者严重后果的。

第三十二条 对当事人的同一违法行为，其他行政机关已经予以罚款的，著作权行政管理部门不得再予罚款，但仍可以视具体情况予以本办法第四条所规定的其他种类的行政处罚。

第三十三条 著作权行政管理部门作出较大数额罚款决定或者法律、行政法规规定应当听证的其他行政处罚决定前，应当告知当事人有要求举行听证的权利。

前款所称"较大数额罚款"，是指对个人处以两万元以上、对单位处以十万元以上的罚款。地方性法规、规章对听证要求另有规定的，依照地方性法规、规章办理。

第三十四条 当事人要求听证的，著作权行政管理部门应当依照行政处罚法第四十二条规定的程序组织听证。当事人不承担组织听证的费用。

第三十五条 著作权行政管理部门决定予以行政处罚的，应当制作行政处罚决定书。

著作权行政管理部门认为违法行为轻微，决定不予行政处罚的，应当制作不予行政处罚通知书，说明不予行政处罚的事实、理由和依据，并送达当事人；违法事实不成立的，应当制作调查结果通知书，并送达当事人。

著作权行政管理部门决定移送司法部门处理的案件，应当制作涉嫌犯罪案件移送书，并连同有关材料和证据及时移送有管辖权的司法部门。

第三十六条 行政处罚决定书应当由著作权行政管理部门在宣告后当场交付当事人。当事人不在场的，应当在七日内送达当事人。

第三十七条 当事人对国家版权局的行政处罚不服的，可以向国家版权局申请行政复议；当事人对地方著作权行政管理部门的行政处罚不服的，可以向该部门的本级人民政府或者其上一级著作权行政管理部门申请行政复议。

当事人对行政处罚或者行政复议决定不服的，可以依法提起行政诉讼。

第四章 执 行 程 序

第三十八条 当事人收到行政处罚决定书后，应当在行政处罚决定书规定的期限内予以履行。

当事人申请行政复议或者提起行政诉讼的，行政处罚不停止执行。法律另有规定的除外。

第三十九条 没收的侵权制品应当销毁，或者经被侵权人同意后以其他适当方式处理。

销毁侵权制品时，著作权行政管理部门应当指派两名以上执法人员监督销毁过程，核查销毁结果，并制作销毁记录。

对没收的主要用于制作侵权制品的材料、工具、设备等，著作权行政管理部门应当依法公开拍卖或者依照国家有关规定处理。

第四十条 上级著作权行政管理部门作出的行政处罚决定，可以委托下级著作权行政管理部门代为执行。代为执行的下级著作权行政管理部门，应当将执行结果报告该上级著作权行政管理部门。

第五章 附 则

第四十一条 本办法所称的侵权制品包括侵权复制品和假冒他人署名的作品。

第四十二条 著作权行政管理部门应当按照国家统计法规建立著作权行政处罚统计制度，每年向上一级著作权行政管理部门提交著作权行政处罚统计报告。

第四十三条 行政处罚决定或者复议决定执行完毕后，著作权行政管理部门应当及时将案件材料立卷归档。

立卷归档的材料主要包括：行政处罚决定书、立案审批表、案件调查报告、复核报告、复议决定书、听证笔录、听证报告、证据材料、财物处理单据以及其他有关材料。

第四十四条 本办法涉及的有关法律文书，应当参照国家版权局确定的有关文书格式制作。

第四十五条 本办法自2009年6月15日起施行。国家版权局2003年9月1日发布的《著作权行政处罚实施办法》同时废止,本办法施行前发布的其他有关规定与本办法相抵触的,依照本办法执行。

著作权质权登记办法

(2010年11月25日国家版权局令第8号公布 自2011年1月1日起施行)

第一条 为规范著作权出质行为,保护债权人合法权益,维护著作权交易秩序,根据《中华人民共和国物权法》、《中华人民共和国担保法》和《中华人民共和国著作权法》的有关规定,制定本办法。

第二条 国家版权局负责著作权质权登记工作。

第三条 《中华人民共和国著作权法》规定的著作权以及与著作权有关的权利(以下统称"著作权")中的财产权可以出质。

以共有的著作权出质的,除另有约定外,应当取得全体共有人的同意。

第四条 以著作权出质的,出质人和质权人应当订立书面质权合同,并由双方共同向登记机构办理著作权质权登记。

出质人和质权人可以自行办理,也可以委托代理人办理。

第五条 著作权质权的设立、变更、转让和消灭,自记载于《著作权质权登记簿》时发生效力。

第六条 申请著作权质权登记的,应提交下列文件:

(一)著作权质权登记申请表;

(二)出质人和质权人的身份证明;

(三)主合同和著作权质权合同;

(四)委托代理人办理的,提交委托书和受托人的身份证明;

(五)以共有的著作权出质的,提交共有人同意出质的书面文件;

(六)出质前授权他人使用的,提交授权合同;

(七)出质的著作权经过价值评估的、质权人要求价值评估的或相关法律法规要求价值评估的,提交有效的价值评估报告;

(八)其他需要提供的材料。

提交的文件是外文的,需同时附送中文译本。

第七条 著作权质权合同一般包括以下内容:

(一)出质人和质权人的基本信息;

(二)被担保债权的种类和数额;

(三)债务人履行债务的期限;

(四)出质著作权的内容和保护期;

(五)质权担保的范围和期限;

(六)当事人约定的其他事项。

第八条 申请人提交材料齐全的,登记机构应当予以受理。提交的材料不齐全的,登记机构不予受理。

第九条 经审查符合要求的,登记机构应当自受理之日起10日内予以登记,并向出质人和质权人发放《著作权质权登记证书》。

第十条 经审查不符合要求的,登记机构应当自受理之日起10日内通知申请人补正。补正通知书应载明补正事项和合理的补正期限。无正当理由逾期不补正的,视为撤回申请。

第十一条 《著作权质权登记证书》的内容包括:

(一)出质人和质权人的基本信息;

(二)出质著作权的基本信息;

(三)著作权质权登记号;

(四)登记日期。

《著作权质权登记证书》应当标明:著作权质权自登记之日起设立。

第十二条 有下列情形之一的,登记机构不予登记:

(一)出质人不是著作权人的;

(二)合同违反法律法规强制性规定的;

(三)出质著作权的保护期届满的;

(四)债务人履行债务的期限超过著作权保护期的;

(五)出质著作权存在权属争议的;

(六)其他不符合出质条件的。

第十三条 登记机构办理著作权质权登记前,申请人可以撤回登记申请。

第十四条 著作权出质期间,未经质权人同意,出质人不得转让或者许可他人使用已经出质的权利。

出质人转让或者许可他人使用出质的权利所得的价款,应当向质权人提前清偿债务或者提存。

第十五条 有下列情形之一的,登记机构应当撤销质权登记:

(一)登记后发现有第十二条所列情形的;

(二)根据司法机关、仲裁机关或行政管理机关作出的影响质权效力的生效裁决或行政处罚决定书应当撤销的;

(三)著作权质权合同无效或者被撤销的;

(四)申请人提供虚假文件或者以其他手段骗取著作权质权登记的;

(五)其他应当撤销的。

第十六条 著作权出质期间,申请人的基本信息、著作权的基本信息、担保的债权种类及数额、或者担保的范围等事项发生变更的,申请人持变更协议、原《著作权质权登记证书》和其他相关材料向登记机构申请变更登记。

第十七条 申请变更登记的,登记机构自受理之日起10

日内完成审查。经审查符合要求的,对变更事项予以登记。

变更事项涉及证书内容变更的,应交回原登记证书,由登记机构发放新的证书。

第十八条　有下列情形之一的,申请人应当申请注销质权登记:

(一)出质人和质权人协商一致同意注销的;

(二)主合同履行完毕的;

(三)质权实现的;

(四)质权人放弃质权的;

(五)其他导致质权消灭的。

第十九条　申请注销质权登记的,应当提交注销登记申请书、注销登记证明、申请人身份证明等材料,并交回原《著作权质权登记证书》。

登记机构应当自受理之日起10日内办理完毕,并发放注销登记通知书。

第二十条　登记机构应当设立《著作权质权登记簿》,记载著作权质权登记的相关信息,供社会公众查询。

《著作权质权登记证书》的内容应当与《著作权质权登记簿》的内容一致。记载不一致的,除有证据证明《著作权质权登记簿》确有错误外,以《著作权质权登记簿》为准。

第二十一条　《著作权质权登记簿》应当包括以下内容:

(一)出质人和质权人的基本信息;

(二)著作权质权合同的主要内容;

(三)著作权质权登记号;

(四)登记日期;

(五)登记撤销情况;

(六)登记变更情况;

(七)登记注销情况;

(八)其他需要记载的内容。

第二十二条　《著作权质权登记证书》灭失或者毁损的,可以向登记机构申请补发或换发。登记机构应自收到申请之日起5日内予以补发或换发。

第二十三条　登记机构应当通过国家版权局网站公布著作权质权登记的基本信息。

第二十四条　本办法由国家版权局负责解释。

第二十五条　本办法自2011年1月1日起施行。1996年9月23日国家版权局发布的《著作权质押合同登记办法》同时废止。

最高人民法院关于审理著作权民事纠纷案件适用法律若干问题的解释

(2002年10月12日最高人民法院审判委员会第1246次会议通过　2002年10月12日最高人民法院公告公布　自2002年10月15日起施行　法释〔2002〕31号)

为了正确审理著作权民事纠纷案件,根据《中华人民共和国民法通则》、《中华人民共和国合同法》、《中华人民共和国著作权法》、《中华人民共和国民事诉讼法》等法律的规定,就适用法律若干问题解释如下:

第一条　人民法院受理以下著作权民事纠纷案件:

(一)著作权及与著作权有关权益权属、侵权、合同纠纷案件;

(二)申请诉前停止侵犯著作权、与著作权有关权益行为,申请诉前财产保全、诉前证据保全案件;

(三)其他著作权、与著作权有关权益纠纷案件。

第二条　著作权民事纠纷案件,由中级以上人民法院管辖。

各高级人民法院根据本辖区的实际情况,可以确定若干基层人民法院管辖第一审著作权民事纠纷案件。

第三条　对著作权行政管理部门查处的侵犯著作权行为,当事人向人民法院提起诉讼追究该行为人民事责任的,人民法院应当受理。

人民法院审理已经过著作权行政管理部门处理的侵犯著作权行为的民事纠纷案件,应当对案件事实进行全面审查。

第四条　因侵犯著作权行为提起的民事诉讼,由著作权法第四十六条、第四十七条所规定侵权行为的实施地、侵权复制品储藏地或者查封扣押地、被告住所地人民法院管辖。

前款规定的侵权复制品储藏地,是指大量或者经营性储存、隐匿侵权复制品所在地;查封扣押地,是指海关、版权、工商等行政机关依法查封、扣押侵权复制品所在地。

第五条　对涉及不同侵权行为实施地的多个被告提起的共同诉讼,原告可以选择其中一个被告的侵权行为实施地人民法院管辖;仅对其中某一被告提起的诉讼,该被告侵权行为实施地的人民法院有管辖权。

第六条　依法成立的著作权集体管理组织,根据著作权人的书面授权,以自己的名义提起诉讼,人民法院应当受理。

第七条　当事人提供的涉及著作权的底稿、原件、合法出版物、著作权登记证书、认证机构出具的证明、取得权利的合同等,可以作为证据。

在作品或者制品上署名的自然人、法人或者其他组织视为著作权、与著作权有关权益的权利人,但有相反证明的除外。

第八条 当事人自行或者委托他人以定购、现场交易等方式购买侵权复制品而取得的实物、发票等,可以作为证据。

公证人员在未向涉嫌侵权的一方当事人表明身份的情况下,如实对另一方当事人按照前款规定的方式取得的证据和取证过程出具的公证书,应当作为证据使用,但有相反证据的除外。

第九条 著作权法第十条第(一)项规定的"公之于众",是指著作权人自行或者经著作权人许可将作品向不特定的人公开,但不以公众知晓为构成条件。

第十条 著作权法第十五条第二款所指的作品,著作权人是自然人的,其保护期适用著作权法第二十一条第一款的规定;著作权人是法人或其他组织的,其保护期适用著作权法第二十一条第二款的规定。

第十一条 因作品署名顺序发生的纠纷,人民法院按照下列原则处理:有约定的按约定确定署名顺序;没有约定的,可以按照创作作品付出的劳动、作品排列、作者姓氏笔划等确定署名顺序。

第十二条 按照著作权法第十七条规定委托作品著作权属于受托人的情形,委托人在约定的使用范围内享有使用作品的权利;双方没有约定使用作品范围的,委托人可以在委托创作的特定目的范围内免费使用该作品。

第十三条 除著作权法第十一条第三款规定的情形外,由他人执笔,本人审阅定稿并以本人名义发表的报告、讲话等作品,著作权归报告人或者讲话人享有。著作权人可以支付执笔人适当的报酬。

第十四条 当事人合意以特定人物经历为题材完成的自传体作品,当事人对著作权权属有约定的,依其约定;没有约定的,著作权归该特定人物享有,执笔人或整理人对作品完成付出劳动的,著作权人可以向其支付适当的报酬。

第十五条 由不同作者就同一题材创作的作品,作品的表达系独立完成并且有创作性的,应当认定作者各自享有独立著作权。

第十六条 通过大众传播媒介传播的单纯事实消息属于著作权法第五条第(二)项规定的时事新闻。传播报道他人采编的时事新闻,应当注明出处。

第十七条 著作权法第三十二条第二款规定的转载,是指报纸、期刊登载其他报刊已发表作品的行为。转载未注明被转载作品的作者和最初登载的报刊出处的,应当承担消除影响、赔礼道歉等民事责任。

第十八条 著作权法第二十二条第(十)项规定的室外公共场所的艺术作品,是指设置或者陈列在室外社会公众活动处所的雕塑、绘画、书法等艺术作品。

对前款规定艺术作品的临摹、绘画、摄影、录像人,可以对其成果以合理的方式和范围再行使用,不构成侵权。

第十九条 出版者、制作者应当对其出版、制作有合法授权承担举证责任,发行者、出租者应当对其发行或者出租的复制品有合法来源承担举证责任。举证不能的,依据著作权法第四十六条、第四十七条的相应规定承担法律责任。

第二十条 出版物侵犯他人著作权的,出版者应当根据其过错、侵权程度及损害后果等承担民事赔偿责任。

出版者对其出版行为的授权、稿件来源和署名、所编辑出版物的内容等未尽到合理注意义务的,依据著作权法第四十八条的规定,承担赔偿责任。

出版者尽了合理注意义务,著作权人也无证据证明出版者应当知道其出版涉及侵权的,依据民法通则第一百一十七条第一款的规定,出版者承担停止侵权、返还其侵权所得利润的民事责任。

出版者所尽合理注意义务情况,由出版者承担举证责任。

第二十一条 计算机软件用户未经许可或者超过许可范围商业使用计算机软件的,依据著作权法第四十七条第(一)项、《计算机软件保护条例》第二十四条第(一)项的规定承担民事责任。

第二十二条 著作权转让合同未采取书面形式的,人民法院依据合同法第三十六条、第三十七条的规定审查合同是否成立。

第二十三条 出版者将著作权人交付出版的作品丢失、毁损致使出版合同不能履行的,依据著作权法第五十三条、民法通则第一百一十七条以及合同法第一百二十二条的规定追究出版者的民事责任。

第二十四条 权利人的实际损失,可以根据权利人因侵权所造成复制品发行减少量或者侵权复制品销售量与权利人发行该复制品单位利润乘积计算。发行减少量难以确定的,按照侵权复制品市场销售量确定。

第二十五条 权利人的实际损失或者侵权人的违法所得无法确定的,人民法院根据当事人的请求或者依职权适用著作权法第四十八条第二款的规定确定赔偿数额。

人民法院在确定赔偿数额时,应当考虑作品类型、合理使用费、侵权行为性质、后果等情节综合确定。

当事人按照本条第一款的规定就赔偿数额达成协议的,应当准许。

第二十六条 著作权法第四十八条第一款规定的制止侵权行为所支付的合理开支,包括权利人或者委托代理人对侵权行为进行调查、取证的合理费用。

人民法院根据当事人的诉讼请求和具体案情,可以将符合国家有关部门规定的律师费用计算在赔偿范围内。

第二十七条 在著作权法修改决定施行前发生的侵犯著作权行为起诉的案件,人民法院于该决定施行后作出判决的,可以参照适用著作权法第四十八条的规定。

第二十八条 侵犯著作权的诉讼时效为两年,自著作权人知道或者应当知道侵权行为之日起计算。权利人超过两年起诉的，如果侵权行为在起诉时仍在持续，在该著作权保护期内，人民法院应当判决被告停止侵权行为；侵权损害赔偿数额应当自权利人向人民法院起诉之日起向前推算两年计算。

第二十九条　对著作权法第四十七条规定的侵权行为，人民法院根据当事人的请求除追究行为人民事责任外，还可以依据民法通则第一百三十四条第三款的规定给予民事制裁，罚款数额可以参照《中华人民共和国著作权法实施条例》的有关规定确定。

著作权行政管理部门对相同的侵权行为已经给予行政处罚的，人民法院不再予以民事制裁。

第三十条　对 2001 年 10 月 27 日前发生的侵犯著作权行为，当事人于 2001 年 10 月 27 日后向人民法院提出申请采取责令停止侵权行为或者证据保全措施的，适用著作权法第四十九条、第五十条的规定。

人民法院采取诉前措施，参照《最高人民法院关于诉前停止侵犯注册商标专用权行为和保全证据适用法律问题的解释》的规定办理。

第三十一条　除本解释另行规定外，2001 年 10 月 27 日以后人民法院受理的著作权民事纠纷案件，涉及 2001 年 10 月 27 日前发生的民事行为的，适用修改前著作权法的规定；涉及该日期以后发生的民事行为的，适用修改后著作权法的规定；涉及该日期前发生，持续到该日期后的民事行为的，适用修改后著作权法的规定。

第三十二条　以前的有关规定与本解释不一致的，以本解释为准。

（二）计算机软件及网络著作权

中华人民共和国网络安全法

（2016 年 11 月 7 日第十二届全国人民代表大会常务委员会第二十四次会议通过　2016 年 11 月 7 日中华人民共和国主席令第 53 号公布　自 2017 年 6 月 1 日起施行）

目　　录

第一章　总　　则

第一条　为了保障网络安全，维护网络空间主权和国家安全、社会公共利益，保护公民、法人和其他组织的合法权益，促进经济社会信息化健康发展，制定本法。

第二条　在中华人民共和国境内建设、运营、维护和使用网络，以及网络安全的监督管理，适用本法。

第三条　国家坚持网络安全与信息化发展并重，遵循积极利用、科学发展、依法管理、确保安全的方针，推进网络基础设施建设和互联互通，鼓励网络技术创新和应用，支持培养网络安全人才，建立健全网络安全保障体系，提高网络安全保护能力。

第四条　国家制定并不断完善网络安全战略，明确保障网络安全的基本要求和主要目标，提出重点领域的网络安全政策、工作任务和措施。

第五条　国家采取措施，监测、防御、处置来源于中华人民共和国境内外的网络安全风险和威胁，保护关键信息基础设施免受攻击、侵入、干扰和破坏，依法惩治网络违法犯罪活动，维护网络空间安全和秩序。

第六条　国家倡导诚实守信、健康文明的网络行为，推动传播社会主义核心价值观，采取措施提高全社会的网络安全意识和水平，形成全社会共同参与促进网络安全的良好环境。

第七条　国家积极开展网络空间治理、网络技术研发和标准制定、打击网络违法犯罪等方面的国际交流与合作，推动构建和平、安全、开放、合作的网络空间，建立多边、民主、透明的网络治理体系。

第八条　国家网信部门负责统筹协调网络安全工作和相关监督管理工作。国务院电信主管部门、公安部门和其他有关机关依照本法和有关法律、行政法规的规定，在各自职责范围内负责网络安全保护和监督管理工作。

县级以上地方人民政府有关部门的网络安全保护和监督管理职责，按照国家有关规定确定。

第九条　网络运营者开展经营和服务活动，必须遵守法律、行政法规，尊重社会公德，遵守商业道德，诚实信用，履行网络安全保护义务，接受政府和社会的监督，承担社会责任。

第十条　建设、运营网络或者通过网络提供服务，应当依照法律、行政法规的规定和国家标准的强制性要求，采取技术措施和其他必要措施，保障网络安全、稳定运行，有效应对网络安全事件，防范网络违法犯罪活动，维护网络数据的完整性、保密性和可用性。

第十一条　网络相关行业组织按照章程，加强行业自律，制定网络安全行为规范，指导会员加强网络安全保护，提高网络安全保护水平，促进行业健康发展。

第十二条　国家保护公民、法人和其他组织依法使用网络的权利，促进网络接入普及，提升网络服务水平，为社会提供安全、便利的网络服务，保障网络信息依法有序自由流动。

任何个人和组织使用网络应当遵守宪法法律，遵守公共秩序，尊重社会公德，不得危害网络安全，不得利用网络从事危害国家安全、荣誉和利益，煽动颠覆国家政权、推翻社会主义制度，煽动分裂国家、破坏国家统一，宣扬恐怖主义、极端主义，宣扬民族仇恨、民族歧视，传播暴力、淫秽色情信息，编造、传播虚假信息扰乱经济秩序和社会秩序，以及侵害他人名誉、隐私、知识产权和其他合法权益等活动。

第十三条 国家支持研究开发有利于未成年人健康成长的网络产品和服务，依法惩治利用网络从事危害未成年人身心健康的活动，为未成年人提供安全、健康的网络环境。

第十四条 任何个人和组织有权对危害网络安全的行为向网信、电信、公安等部门举报。收到举报的部门应当及时依法作出处理；不属于本部门职责的，应当及时移送有权处理的部门。

有关部门应当对举报人的相关信息予以保密，保护举报人的合法权益。

第二章 网络安全支持与促进

第十五条 国家建立和完善网络安全标准体系。国务院标准化行政主管部门和国务院其他有关部门根据各自的职责，组织制定并适时修订有关网络安全管理以及网络产品、服务和运行安全的国家标准、行业标准。

国家支持企业、研究机构、高等学校、网络相关行业组织参与网络安全国家标准、行业标准的制定。

第十六条 国务院和省、自治区、直辖市人民政府应当统筹规划，加大投入，扶持重点网络安全技术产业和项目，支持网络安全技术的研究开发和应用，推广安全可信的网络产品和服务，保护网络技术知识产权，支持企业、研究机构和高等学校等参与国家网络安全技术创新项目。

第十七条 国家推进网络安全社会化服务体系建设，鼓励有关企业、机构开展网络安全认证、检测和风险评估等安全服务。

第十八条 国家鼓励开发网络数据安全保护和利用技术，促进公共数据资源开放，推动技术创新和经济社会发展。

国家支持创新网络安全管理方式，运用网络新技术，提升网络安全保护水平。

第十九条 各级人民政府及其有关部门应当组织开展经常性的网络安全宣传教育，并指导、督促有关单位做好网络安全宣传教育工作。

大众传播媒介应当有针对性地面向社会进行网络安全宣传教育。

第二十条 国家支持企业和高等学校、职业学校等教育培训机构开展网络安全相关教育与培训，采取多种方式培养网络安全人才，促进网络安全人才交流。

第三章 网络运行安全

第一节 一般规定

第二十一条 国家实行网络安全等级保护制度。网络运营者应当按照网络安全等级保护制度的要求，履行下列安全保护义务，保障网络免受干扰、破坏或者未经授权的访问，防止网络数据泄露或者被窃取、篡改：

（一）制定内部安全管理制度和操作规程，确定网络安全负责人，落实网络安全保护责任；

（二）采取防范计算机病毒和网络攻击、网络侵入等危害网络安全行为的技术措施；

（三）采取监测、记录网络运行状态、网络安全事件的技术措施，并按照规定留存相关的网络日志不少于六个月；

（四）采取数据分类、重要数据备份和加密等措施；

（五）法律、行政法规规定的其他义务。

第二十二条 网络产品、服务应当符合相关国家标准的强制性要求。网络产品、服务的提供者不得设置恶意程序；发现其网络产品、服务存在安全缺陷、漏洞等风险时，应当立即采取补救措施，按照规定及时告知用户并向有关主管部门报告。

网络产品、服务的提供者应当为其产品、服务持续提供安全维护；在规定或者当事人约定的期限内，不得终止提供安全维护。

网络产品、服务具有收集用户信息功能的，其提供者应当向用户明示并取得同意；涉及用户个人信息的，还应当遵守本法和有关法律、行政法规关于个人信息保护的规定。

第二十三条 网络关键设备和网络安全专用产品应当按照相关国家标准的强制性要求，由具备资格的机构安全认证合格或者安全检测符合要求后，方可销售或者提供。国家网信部门会同国务院有关部门制定、公布网络关键设备和网络安全专用产品目录，并推动安全认证和安全检测结果互认，避免重复认证、检测。

第二十四条 网络运营者为用户办理网络接入、域名注册服务，办理固定电话、移动电话等入网手续，或者为用户提供信息发布、即时通讯等服务，在与用户签订协议或者确认提供服务时，应当要求用户提供真实身份信息。用户不提供真实身份信息的，网络运营者不得为其提供相关服务。

国家实施网络可信身份战略，支持研究开发安全、方便的电子身份认证技术，推动不同电子身份认证之间的互认。

第二十五条 网络运营者应当制定网络安全事件应急预案，及时处置系统漏洞、计算机病毒、网络攻击、网络侵入等安全风险；在发生危害网络安全的事件时，立即启动应急预案，采取相应的补救措施，并按照规定向有关主管部门报告。

第二十六条 开展网络安全认证、检测、风险评估等活动,向社会发布系统漏洞、计算机病毒、网络攻击、网络侵入等网络安全信息,应当遵守国家有关规定。

第二十七条　任何个人和组织不得从事非法侵入他人网络、干扰他人网络正常功能、窃取网络数据等危害网络安全的活动;不得提供专门用于从事侵入网络、干扰网络正常功能及防护措施、窃取网络数据等危害网络安全活动的程序、工具;明知他人从事危害网络安全的活动的,不得为其提供技术支持、广告推广、支付结算等帮助。

第二十八条　网络运营者应当为公安机关、国家安全机关依法维护国家安全和侦查犯罪的活动提供技术支持和协助。

第二十九条　国家支持网络运营者之间在网络安全信息收集、分析、通报和应急处置等方面进行合作,提高网络运营者的安全保障能力。

有关行业组织建立健全本行业的网络安全保护规范和协作机制,加强对网络安全风险的分析评估,定期向会员进行风险警示,支持、协助会员应对网络安全风险。

第三十条　网信部门和有关部门在履行网络安全保护职责中获取的信息,只能用于维护网络安全的需要,不得用于其他用途。

第二节　关键信息基础设施的运行安全

第三十一条　国家对公共通信和信息服务、能源、交通、水利、金融、公共服务、电子政务等重要行业和领域,以及其他一旦遭到破坏、丧失功能或者数据泄露,可能严重危害国家安全、国计民生、公共利益的关键信息基础设施,在网络安全等级保护制度的基础上,实行重点保护。关键信息基础设施的具体范围和安全保护办法由国务院制定。

国家鼓励关键信息基础设施以外的网络运营者自愿参与关键信息基础设施保护体系。

第三十二条　按照国务院规定的职责分工,负责关键信息基础设施安全保护工作的部门分别编制并组织实施本行业、本领域的关键信息基础设施安全规划,指导和监督关键信息基础设施运行安全保护工作。

第三十三条　建设关键信息基础设施应当确保其具有支持业务稳定、持续运行的性能,并保证安全技术措施同步规划、同步建设、同步使用。

第三十四条　除本法第二十一条的规定外,关键信息基础设施的运营者还应当履行下列安全保护义务:

(一)设置专门安全管理机构和安全管理负责人,并对该负责人和关键岗位的人员进行安全背景审查;

(二)定期对从业人员进行网络安全教育、技术培训和技能考核;

(三)对重要系统和数据库进行容灾备份;

(四)制定网络安全事件应急预案,并定期进行演练;

(五)法律、行政法规规定的其他义务。

第三十五条　关键信息基础设施的运营者采购网络产品和服务,可能影响国家安全的,应当通过国家网信部门会同国务院有关部门组织的国家安全审查。

第三十六条　关键信息基础设施的运营者采购网络产品和服务,应当按照规定与提供者签订安全保密协议,明确安全和保密义务与责任。

第三十七条　关键信息基础设施的运营者在中华人民共和国境内运营中收集和产生的个人信息和重要数据应当在境内存储。因业务需要,确需向境外提供的,应当按照国家网信部门会同国务院有关部门制定的办法进行安全评估;法律、行政法规另有规定的,依照其规定。

第三十八条　关键信息基础设施的运营者应当自行或者委托网络安全服务机构对其网络的安全性和可能存在的风险每年至少进行一次检测评估,并将检测评估情况和改进措施报送相关负责关键信息基础设施安全保护工作的部门。

第三十九条　国家网信部门应当统筹协调有关部门对关键信息基础设施的安全保护采取下列措施:

(一)对关键信息基础设施的安全风险进行抽查检测,提出改进措施,必要时可以委托网络安全服务机构对网络存在的安全风险进行检测评估;

(二)定期组织关键信息基础设施的运营者进行网络安全应急演练,提高应对网络安全事件的水平和协同配合能力;

(三)促进有关部门、关键信息基础设施的运营者以及有关研究机构、网络安全服务机构等之间的网络安全信息共享;

(四)对网络安全事件的应急处置与网络功能的恢复等,提供技术支持和协助。

第四章　网络信息安全

第四十条　网络运营者应当对其收集的用户信息严格保密,并建立健全用户信息保护制度。

第四十一条　网络运营者收集、使用个人信息,应当遵循合法、正当、必要的原则,公开收集、使用规则,明示收集、使用信息的目的、方式和范围,并经被收集者同意。

网络运营者不得收集与其提供的服务无关的个人信息,不得违反法律、行政法规的规定和双方的约定收集、使用个人信息,并应当依照法律、行政法规的规定和与用户的约定,处理其保存的个人信息。

第四十二条　网络运营者不得泄露、篡改、毁损其收集的个人信息;未经被收集者同意,不得向他人提供个人信息。但是,经过处理无法识别特定个人且不能复原的除外。

网络运营者应当采取技术措施和其他必要措施,确保其收集的个人信息安全,防止信息泄露、毁损、丢失。在发生或者可能发生个人信息泄露、毁损、丢失的情况时,应当立即采取补救措施,按照规定及时告知用户并向有关主管部门报告。

第四十三条 个人发现网络运营者违反法律、行政法规的规定或者双方的约定收集、使用其个人信息的，有权要求网络运营者删除其个人信息；发现网络运营者收集、存储的其个人信息有错误的，有权要求网络运营者予以更正。网络运营者应当采取措施予以删除或者更正。

第四十四条 任何个人和组织不得窃取或者以其他非法方式获取个人信息，不得非法出售或者非法向他人提供个人信息。

第四十五条 依法负有网络安全监督管理职责的部门及其工作人员，必须对在履行职责中知悉的个人信息、隐私和商业秘密严格保密，不得泄露、出售或者非法向他人提供。

第四十六条 任何个人和组织应当对其使用网络的行为负责，不得设立用于实施诈骗，传授犯罪方法，制作或者销售违禁物品、管制物品等违法犯罪活动的网站、通讯群组，不得利用网络发布涉及实施诈骗，制作或者销售违禁物品、管制物品以及其他违法犯罪活动的信息。

第四十七条 网络运营者应当加强对其用户发布的信息的管理，发现法律、行政法规禁止发布或者传输的信息的，应当立即停止传输该信息，采取消除等处置措施，防止信息扩散，保存有关记录，并向有关主管部门报告。

第四十八条 任何个人和组织发送的电子信息、提供的应用软件，不得设置恶意程序，不得含有法律、行政法规禁止发布或者传输的信息。

电子信息发送服务提供者和应用软件下载服务提供者，应当履行安全管理义务，知道其用户有前款规定行为的，应当停止提供服务，采取消除等处置措施，保存有关记录，并向有关主管部门报告。

第四十九条 网络运营者应当建立网络信息安全投诉、举报制度，公布投诉、举报方式等信息，及时受理并处理有关网络信息安全的投诉和举报。

网络运营者对网信部门和有关部门依法实施的监督检查，应当予以配合。

第五十条 国家网信部门和有关部门依法履行网络信息安全监督管理职责，发现法律、行政法规禁止发布或者传输的信息的，应当要求网络运营者停止传输，采取消除等处置措施，保存有关记录；对来源于中华人民共和国境外的上述信息，应当通知有关机构采取技术措施和其他必要措施阻断传播。

第五章 监测预警与应急处置

第五十一条 国家建立网络安全监测预警和信息通报制度。国家网信部门应当统筹协调有关部门加强网络安全信息收集、分析和通报工作，按照规定统一发布网络安全监测预警信息。

第五十二条 负责关键信息基础设施安全保护工作的部门，应当建立健全本行业、本领域的网络安全监测预警和信息通报制度，并按照规定报送网络安全监测预警信息。

第五十三条 国家网信部门协调有关部门建立健全网络安全风险评估和应急工作机制，制定网络安全事件应急预案，并定期组织演练。

负责关键信息基础设施安全保护工作的部门应当制定本行业、本领域的网络安全事件应急预案，并定期组织演练。

网络安全事件应急预案应当按照事件发生后的危害程度、影响范围等因素对网络安全事件进行分级，并规定相应的应急处置措施。

第五十四条 网络安全事件发生的风险增大时，省级以上人民政府有关部门应当按照规定的权限和程序，并根据网络安全风险的特点和可能造成的危害，采取下列措施：

（一）要求有关部门、机构和人员及时收集、报告有关信息，加强对网络安全风险的监测；

（二）组织有关部门、机构和专业人员，对网络安全风险信息进行分析评估，预测事件发生的可能性、影响范围和危害程度；

（三）向社会发布网络安全风险预警，发布避免、减轻危害的措施。

第五十五条 发生网络安全事件，应当立即启动网络安全事件应急预案，对网络安全事件进行调查和评估，要求网络运营者采取技术措施和其他必要措施，消除安全隐患，防止危害扩大，并及时向社会发布与公众有关的警示信息。

第五十六条 省级以上人民政府有关部门在履行网络安全监督管理职责中，发现网络存在较大安全风险或者发生安全事件的，可以按照规定的权限和程序对该网络的运营者的法定代表人或者主要负责人进行约谈。网络运营者应当按照要求采取措施，进行整改，消除隐患。

第五十七条 因网络安全事件，发生突发事件或者生产安全事故的，应当依照《中华人民共和国突发事件应对法》、《中华人民共和国安全生产法》等有关法律、行政法规的规定处置。

第五十八条 因维护国家安全和社会公共秩序，处置重大突发社会安全事件的需要，经国务院决定或者批准，可以在特定区域对网络通信采取限制等临时措施。

第六章 法律责任

第五十九条 网络运营者不履行本法第二十一条、第二十五条规定的网络安全保护义务的，由有关主管部门责令改正，给予警告；拒不改正或者导致危害网络安全等后果的，处一万元以上十万元以下罚款，对直接负责的主管人员处五千元以上五万元以下罚款。

关键信息基础设施的运营者不履行本法第三十三条、第三十四条、第三十六条、第三十八条规定的网络安全保护义务的，由有关主管部门责令改正，给予警告；拒不改正或者导致危害网络安全等后果的，处十万元以上一百万元以下罚款，对直接负责的主管人员处一万元以上十万元以下罚款。

第六十条　违反本法第二十二条第一款、第二款和第四十八条第一款规定，有下列行为之一的，由有关主管部门责令改正，给予警告；拒不改正或者导致危害网络安全等后果的，处五万元以上五十万元以下罚款，对直接负责的主管人员处一万元以上十万元以下罚款：

（一）设置恶意程序的；

（二）对其产品、服务存在的安全缺陷、漏洞等风险未立即采取补救措施，或者未按照规定及时告知用户并向有关主管部门报告的；

（三）擅自终止为其产品、服务提供安全维护的。

第六十一条　网络运营者违反本法第二十四条第一款规定，未要求用户提供真实身份信息，或者对不提供真实身份信息的用户提供相关服务的，由有关主管部门责令改正；拒不改正或者情节严重的，处五万元以上五十万元以下罚款，并可以由有关主管部门责令暂停相关业务、停业整顿、关闭网站、吊销相关业务许可证或者吊销营业执照，对直接负责的主管人员和其他直接责任人员处一万元以上十万元以下罚款。

第六十二条　违反本法第二十六条规定，开展网络安全认证、检测、风险评估等活动，或者向社会发布系统漏洞、计算机病毒、网络攻击、网络侵入等网络安全信息的，由有关主管部门责令改正，给予警告；拒不改正或者情节严重的，处一万元以上十万元以下罚款，并可以由有关主管部门责令暂停相关业务、停业整顿、关闭网站、吊销相关业务许可证或者吊销营业执照，对直接负责的主管人员和其他直接责任人员处五千元以上五万元以下罚款。

第六十三条　违反本法第二十七条规定，从事危害网络安全的活动，或者提供专门用于从事危害网络安全活动的程序、工具，或者为他人从事危害网络安全的活动提供技术支持、广告推广、支付结算等帮助，尚不构成犯罪的，由公安机关没收违法所得，处五日以下拘留，可以并处五万元以上五十万元以下罚款；情节较重的，处五日以上十五日以下拘留，可以并处十万元以上一百万元以下罚款。

单位有前款行为的，由公安机关没收违法所得，处十万元以上一百万元以下罚款，并对直接负责的主管人员和其他直接责任人员依照前款规定处罚。

违反本法第二十七条规定，受到治安管理处罚的人员，五年内不得从事网络安全管理和网络运营关键岗位的工作；受到刑事处罚的人员，终身不得从事网络安全管理和网络运营关键岗位的工作。

第六十四条　网络运营者、网络产品或者服务的提供者违反本法第二十二条第三款、第四十一条至第四十三条规定，侵害个人信息依法得到保护的权利的，由有关主管部门责令改正，可以根据情节单处或者并处警告、没收违法所得、处违法所得一倍以上十倍以下罚款，没有违法所得的，处一百万元以下罚款，对直接负责的主管人员和其他直接责任人员处一万元以上十万元以下罚款；情节严重的，并可以责令暂停相关业务、停业整顿、关闭网站、吊销相关业务许可证或者吊销营业执照。

违反本法第四十四条规定，窃取或者以其他非法方式获取、非法出售或者非法向他人提供个人信息，尚不构成犯罪的，由公安机关没收违法所得，并处违法所得一倍以上十倍以下罚款，没有违法所得的，处一百万元以下罚款。

第六十五条　关键信息基础设施的运营者违反本法第三十五条规定，使用未经安全审查或者安全审查未通过的网络产品或者服务的，由有关主管部门责令停止使用，处采购金额一倍以上十倍以下罚款；对直接负责的主管人员和其他直接责任人员处一万元以上十万元以下罚款。

第六十六条　关键信息基础设施的运营者违反本法第三十七条规定，在境外存储网络数据，或者向境外提供网络数据的，由有关主管部门责令改正，给予警告，没收违法所得，处五万元以上五十万元以下罚款，并可以责令暂停相关业务、停业整顿、关闭网站、吊销相关业务许可证或者吊销营业执照；对直接负责的主管人员和其他直接责任人员处一万元以上十万元以下罚款。

第六十七条　违反本法第四十六条规定，设立用于实施违法犯罪活动的网站、通讯群组，或者利用网络发布涉及实施违法犯罪活动的信息，尚不构成犯罪的，由公安机关处五日以下拘留，可以并处一万元以上十万元以下罚款；情节较重的，处五日以上十五日以下拘留，可以并处五万元以上五十万元以下罚款。关闭用于实施违法犯罪活动的网站、通讯群组。

单位有前款行为的，由公安机关处十万元以上五十万元以下罚款，并对直接负责的主管人员和其他直接责任人员依照前款规定处罚。

第六十八条　网络运营者违反本法第四十七条规定，对法律、行政法规禁止发布或者传输的信息未停止传输、采取消除等处置措施、保存有关记录的，由有关主管部门责令改正，给予警告，没收违法所得；拒不改正或者情节严重的，处十万元以上五十万元以下罚款，并可以责令暂停相关业务、停业整顿、关闭网站、吊销相关业务许可证或者吊销营业执照，对直接负责的主管人员和其他直接责任人员处一万元以上十万元以下罚款。

电子信息发送服务提供者、应用软件下载服务提供者，不履行本法第四十八条第二款规定的安全管理义务的，依照前款规定处罚。

第六十九条　网络运营者违反本法规定，有下列行为之一的，由有关主管部门责令改正；拒不改正或者情节严重的，处五万元以上五十万元以下罚款，对直接负责的主管人员和其他直接责任人员，处一万元以上十万元以下罚款：

（一）不按照有关部门的要求对法律、行政法规禁止发布或者传输的信息，采取停止传输、消除等处置措施的；

（二）拒绝、阻碍有关部门依法实施的监督检查的；

（三）拒不向公安机关、国家安全机关提供技术支持和协助的。

第七十条 发布或者传输本法第十二条第二款和其他法律、行政法规禁止发布或者传输的信息的，依照有关法律、行政法规的规定处罚。

第七十一条 有本法规定的违法行为的，依照有关法律、行政法规的规定记入信用档案，并予以公示。

第七十二条 国家机关政务网络的运营者不履行本法规定的网络安全保护义务的，由其上级机关或者有关机关责令改正；对直接负责的主管人员和其他直接责任人员依法给予处分。

第七十三条 网信部门和有关部门违反本法第三十条规定，将在履行网络安全保护职责中获取的信息用于其他用途的，对直接负责的主管人员和其他直接责任人员依法给予处分。

网信部门和有关部门的工作人员玩忽职守、滥用职权、徇私舞弊，尚不构成犯罪的，依法给予处分。

第七十四条 违反本法规定，给他人造成损害的，依法承担民事责任。

违反本法规定，构成违反治安管理行为的，依法给予治安管理处罚；构成犯罪的，依法追究刑事责任。

第七十五条 境外的机构、组织、个人从事攻击、侵入、干扰、破坏等危害中华人民共和国的关键信息基础设施的活动，造成严重后果的，依法追究法律责任；国务院公安部门和有关部门并可以决定对该机构、组织、个人采取冻结财产或者其他必要的制裁措施。

第七章　附　　则

第七十六条 本法下列用语的含义：

（一）网络，是指由计算机或者其他信息终端及相关设备组成的按照一定的规则和程序对信息进行收集、存储、传输、交换、处理的系统。

（二）网络安全，是指通过采取必要措施，防范对网络的攻击、侵入、干扰、破坏和非法使用以及意外事故，使网络处于稳定可靠运行的状态，以及保障网络数据的完整性、保密性、可用性的能力。

（三）网络运营者，是指网络的所有者、管理者和网络服务提供者。

（四）网络数据，是指通过网络收集、存储、传输、处理和产生的各种电子数据。

（五）个人信息，是指以电子或者其他方式记录的能够单独或者与其他信息结合识别自然人个人身份的各种信息，包括但不限于自然人的姓名、出生日期、身份证件号码、个人生物识别信息、住址、电话号码等。

第七十七条 存储、处理涉及国家秘密信息的网络的运行安全保护，除应当遵守本法外，还应当遵守保密法律、行政法规的规定。

第七十八条 军事网络的安全保护，由中央军事委员会另行规定。

第七十九条 本法自 2017 年 6 月 1 日起施行。

全国人民代表大会常务委员会
关于维护互联网安全的决定

（2000 年 12 月 28 日第九届全国人民代表大会常务委员会第十九次会议通过　根据 2009 年 8 月 27 日第十一届全国人民代表大会常务委员会第十次会议《关于修改部分法律的决定》修订）

我国的互联网，在国家大力倡导和积极推动下，在经济建设和各项事业中得到日益广泛的应用，使人们的生产、工作、学习和生活方式已经开始并将继续发生深刻的变化，对于加快我国国民经济、科学技术的发展和社会服务信息化进程具有重要作用。同时，如何保障互联网的运行安全和信息安全问题已经引起全社会的普遍关注。为了兴利除弊，促进我国互联网的健康发展，维护国家安全和社会公共利益，保护个人、法人和其他组织的合法权益，特作如下决定：

一、为了保障互联网的运行安全，对有下列行为之一，构成犯罪的，依照刑法有关规定追究刑事责任：

（一）侵入国家事务、国防建设、尖端科学技术领域的计算机信息系统；

（二）故意制作、传播计算机病毒等破坏性程序，攻击计算机系统及通信网络，致使计算机系统及通信网络遭受损害；

（三）违反国家规定，擅自中断计算机网络或者通信服务，造成计算机网络或者通信系统不能正常运行。

二、为了维护国家安全和社会稳定，对有下列行为之一，构成犯罪的，依照刑法有关规定追究刑事责任：

（一）利用互联网造谣、诽谤或者发表、传播其他有害信息，煽动颠覆国家政权、推翻社会主义制度，或者煽动分裂国家、破坏国家统一；

（二）通过互联网窃取、泄露国家秘密、情报或者军事秘密；

（三）利用互联网煽动民族仇恨、民族歧视，破坏民族团结；

（四）利用互联网组织邪教组织、联络邪教组织成员，破坏国家法律、行政法规实施。

三、为了维护社会主义市场经济秩序和社会管理秩序，对有下列行为之一，构成犯罪的，依照刑法有关规定追究刑事责任：

（一）利用互联网销售伪劣产品或者对商品、服务作虚假宣传；

（二）利用互联网损害他人商业信誉和商品声誉；

（三）利用互联网侵犯他人知识产权；

（四）利用互联网编造并传播影响证券、期货交易或者其他扰乱金融秩序的虚假信息；

（五）在互联网上建立淫秽网站、网页，提供淫秽站点链接服务，或者传播淫秽书刊、影片、音像、图片。

四、为了保护个人、法人和其他组织的人身、财产等合法权利，对有下列行为之一，构成犯罪的，依照刑法有关规定追究刑事责任：

（一）利用互联网侮辱他人或者捏造事实诽谤他人；

（二）非法截获、篡改、删除他人电子邮件或者其他数据资料，侵犯公民通信自由和通信秘密；

（三）利用互联网进行盗窃、诈骗、敲诈勒索。

五、利用互联网实施本决定第一条、第二条、第三条、第四条所列行为以外的其他行为，构成犯罪的，依照刑法有关规定追究刑事责任。

六、利用互联网实施违法行为，违反社会治安管理，尚不构成犯罪的，由公安机关依照《治安管理处罚法》予以处罚；违反其他法律、行政法规，尚不构成犯罪的，由有关行政管理部门依法给予行政处罚；对直接负责的主管人员和其他直接责任人员，依法给予行政处分或者纪律处分。

利用互联网侵犯他人合法权益，构成民事侵权的，依法承担民事责任。

七、各级人民政府及有关部门要采取积极措施，在促进互联网的应用和网络技术的普及过程中，重视和支持对网络安全技术的研究和开发，增强网络的安全防护能力。有关主管部门要加强对互联网的运行安全和信息安全的宣传教育，依法实施有效的监督管理，防范和制止利用互联网进行的各种违法活动，为互联网的健康发展创造良好的社会环境。从事互联网业务的单位要依法开展活动，发现互联网上出现违法犯罪行为和有害信息时，要采取措施，停止传输有害信息，并及时向有关机关报告。任何单位和个人在利用互联网时，都要遵纪守法，抵制各种违法犯罪行为和有害信息。人民法院、人民检察院、公安机关、国家安全机关要各司其职，密切配合，依法严厉打击利用互联网实施的各种犯罪活动。要动员全社会的力量，依靠全社会的共同努力，保障互联网的运行安全与信息安全，促进社会主义精神文明和物质文明建设。

信息网络传播权保护条例

（2006 年 5 月 18 日中华人民共和国国务院令第 468 号公布　根据 2013 年 1 月 30 日《国务院关于修改〈信息网络传播权保护条例〉的决定》修订）

第一条　为保护著作权人、表演者、录音录像制作者（以下统称权利人）的信息网络传播权，鼓励有益于社会主义精神文明、物质文明建设的作品的创作和传播，根据《中华人民共和国著作权法》（以下简称著作权法），制定本条例。

第二条　权利人享有的信息网络传播权受著作权法和本条例保护。除法律、行政法规另有规定的外，任何组织或者个人将他人的作品、表演、录音录像制品通过信息网络向公众提供，应当取得权利人许可，并支付报酬。

第三条　依法禁止提供的作品、表演、录音录像制品，不受本条例保护。

权利人行使信息网络传播权，不得违反宪法和法律、行政法规，不得损害公共利益。

第四条　为了保护信息网络传播权，权利人可以采取技术措施。

任何组织或者个人不得故意避开或者破坏技术措施，不得故意制造、进口或者向公众提供主要用于避开或者破坏技术措施的装置或者部件，不得故意为他人避开或者破坏技术措施提供技术服务。但是，法律、行政法规规定可以避开的除外。

第五条　未经权利人许可，任何组织或者个人不得进行下列行为：

（一）故意删除或者改变通过信息网络向公众提供的作品、表演、录音录像制品的权利管理电子信息，但由于技术上的原因无法避免删除或者改变的除外；

（二）通过信息网络向公众提供明知或者应知未经权利人许可被删除或者改变权利管理电子信息的作品、表演、录音录像制品。

第六条　通过信息网络提供他人作品，属于下列情形的，可以不经著作权人许可，不向其支付报酬：

（一）为介绍、评论某一作品或者说明某一问题，在向公众提供的作品中适当引用已经发表的作品；

（二）为报道时事新闻，在向公众提供的作品中不可避免地再现或者引用已经发表的作品；

（三）为学校课堂教学或者科学研究，向少数教学、科研人员提供少量已经发表的作品；

（四）国家机关为执行公务，在合理范围内向公众提供已经发表的作品；

（五）将中国公民、法人或者其他组织已经发表的、以汉语言文字创作的作品翻译成的少数民族语言文字作品，向中国境内少数民族提供；

（六）不以营利为目的，以盲人能够感知的独特方式向盲人提供已经发表的文字作品；

（七）向公众提供在信息网络上已经发表的关于政治、经济问题的时事性文章；

（八）向公众提供在公众集会上发表的讲话。

第七条 图书馆、档案馆、纪念馆、博物馆、美术馆等可以不经著作权人许可，通过信息网络向本馆馆舍内服务对象提供本馆收藏的合法出版的数字作品和依法为陈列或者保存版本的需要以数字化形式复制的作品，不向其支付报酬，但不得直接或者间接获得经济利益。当事人另有约定的除外。

前款规定的为陈列或者保存版本需要以数字化形式复制的作品，应当是已经损毁或者濒临损毁、丢失或者失窃，或者其存储格式已经过时，并且在市场上无法购买或者只能以明显高于标定的价格购买的作品。

第八条 为通过信息网络实施九年制义务教育或者国家教育规划，可以不经著作权人许可，使用其已经发表作品的片断或者短小的文字作品、音乐作品或者单幅的美术作品、摄影作品制作课件，由制作课件或者依法取得课件的远程教育机构通过信息网络向注册学生提供，但应当向著作权人支付报酬。

第九条 为扶助贫困，通过信息网络向农村地区的公众免费提供中国公民、法人或者其他组织已经发表的种植养殖、防病治病、防灾减灾等与扶助贫困有关的作品和适应基本文化需求的作品，网络服务提供者应当在提供前公告拟提供的作品及其作者、拟支付报酬的标准。自公告之日起 30 日内，著作权人不同意提供的，网络服务提供者不得提供其作品；自公告之日起满 30 日，著作权人没有异议的，网络服务提供者可以提供其作品，并按照公告的标准向著作权人支付报酬。网络服务提供者提供著作权人的作品后，著作权人不同意提供的，网络服务提供者应当立即删除著作权人的作品，并按照公告的标准向著作权人支付提供作品期间的报酬。

依照前款规定提供作品的，不得直接或者间接获得经济利益。

第十条 依照本条例规定不经著作权人许可、通过信息网络向公众提供其作品的，还应当遵守下列规定：

（一）除本条例第六条第一项至第六项、第七条规定的情形外，不得提供作者事先声明不许提供的作品；

（二）指明作品的名称和作者的姓名（名称）；

（三）依照本条例规定支付报酬；

（四）采取技术措施，防止本条例第七条、第八条、第九条规定的服务对象以外的其他人获得著作权人的作品，并防止本条例第七条规定的服务对象的复制行为对著作权人利益造成实质性损害；

（五）不得侵犯著作权人依法享有的其他权利。

第十一条 通过信息网络提供他人表演、录音录像制品的，应当遵守本条例第六条至第十条的规定。

第十二条 属于下列情形的，可以避开技术措施，但不得向他人提供避开技术措施的技术、装置或者部件，不得侵犯权利人依法享有的其他权利：

（一）为学校课堂教学或者科学研究，通过信息网络向少数教学、科研人员提供已经发表的作品、表演、录音录像制品，而该作品、表演、录音录像制品只能通过信息网络获取；

（二）不以营利为目的，通过信息网络以盲人能够感知的独特方式向盲人提供已经发表的文字作品，而该作品只能通过信息网络获取；

（三）国家机关依照行政、司法程序执行公务；

（四）在信息网络上对计算机及其系统或者网络的安全性能进行测试。

第十三条 著作权行政管理部门为了查处侵犯信息网络传播权的行为，可以要求网络服务提供者提供涉嫌侵权的服务对象的姓名（名称）、联系方式、网络地址等资料。

第十四条 对提供信息存储空间或者提供搜索、链接服务的网络服务提供者，权利人认为其服务所涉及的作品、表演、录音录像制品，侵犯自己的信息网络传播权或者被删除、改变了自己的权利管理电子信息的，可以向该网络服务提供者提交书面通知，要求网络服务提供者删除该作品、表演、录音录像制品，或者断开与该作品、表演、录音录像制品的链接。通知书应当包含下列内容：

（一）权利人的姓名（名称）、联系方式和地址；

（二）要求删除或者断开链接的侵权作品、表演、录音录像制品的名称和网络地址；

（三）构成侵权的初步证明材料。

权利人应当对通知书的真实性负责。

第十五条 网络服务提供者接到权利人的通知书后，应当立即删除涉嫌侵权的作品、表演、录音录像制品，或者断开与涉嫌侵权的作品、表演、录音录像制品的链接，并同时将通知书转送提供作品、表演、录音录像制品的服务对象；服务对象网络地址不明、无法转送的，应当将通知书的内容同时在信息网络上公告。

第十六条 服务对象接到网络服务提供者转送的通知书后，认为其提供的作品、表演、录音录像制品未侵犯他人权利的，可以向网络服务提供者提交书面说明，要求恢复被删除的作品、表演、录音录像制品，或者恢复与被断开的作品、表演、录音录像制品的链接。书面说明应当包含下列内容：

（一）服务对象的姓名（名称）、联系方式和地址；

（二）要求恢复的作品、表演、录音录像制品的名称和网络地址；

（三）不构成侵权的初步证明材料 。

服务对象应当对书面说明的真实性负责。

第十七条　网络服务提供者接到服务对象的书面说明后，应当立即恢复被删除的作品、表演、录音录像制品，或者可以恢复与被断开的作品、表演、录音录像制品的链接，同时将服务对象的书面说明转送权利人。权利人不得再通知网络服务提供者删除该作品、表演、录音录像制品，或者断开与该作品、表演、录音录像制品的链接。

第十八条　违反本条例规定，有下列侵权行为之一的，根据情况承担停止侵害、消除影响、赔礼道歉、赔偿损失等民事责任；同时损害公共利益的，可以由著作权行政管理部门责令停止侵权行为，没收违法所得，非法经营额5万元以上的，可处非法经营额1倍以上5倍以下的罚款；没有非法经营额或者非法经营额5万元以下的，根据情节轻重，可处25万元以下的罚款；情节严重的，著作权行政管理部门可以没收主要用于提供网络服务的计算机等设备；构成犯罪的，依法追究刑事责任：

（一）通过信息网络擅自向公众提供他人的作品、表演、录音录像制品的；

（二）故意避开或者破坏技术措施的；

（三）故意删除或者改变通过信息网络向公众提供的作品、表演、录音录像制品的权利管理电子信息，或者通过信息网络向公众提供明知或者应知未经权利人许可而被删除或者改变权利管理电子信息的作品、表演、录音录像制品的；

（四）为扶助贫困通过信息网络向农村地区提供作品、表演、录音录像制品超过规定范围，或者未按照公告的标准支付报酬，或者在权利人不同意提供其作品、表演、录音录像制品后未立即删除的；

（五）通过信息网络提供他人的作品、表演、录音录像制品，未指明作品、表演、录音录像制品的名称或者作者、表演者、录音录像制作者的姓名（名称），或者未支付报酬，或者未依照本条例规定采取技术措施防止服务对象以外的其他人获得他人的作品、表演、录音录像制品，或者未防止服务对象的复制行为对权利人利益造成实质性损害的。

第十九条　违反本条例规定，有下列行为之一的，由著作权行政管理部门予以警告，没收违法所得，没收主要用于避开、破坏技术措施的装置或者部件；情节严重的，可以没收主要用于提供网络服务的计算机等设备；非法经营额5万元以上的，可处非法经营额1倍以上5倍以下的罚款；没有非法经营额或者非法经营额5万元以下的，根据情节轻重，可处25万元以下的罚款；构成犯罪的，依法追究刑事责任：

（一）故意制造、进口或者向他人提供主要用于避开、破坏技术措施的装置或者部件，或者故意为他人避开或者破坏技术措施提供技术服务的；

（二）通过信息网络提供他人的作品、表演、录音录像制品，获得经济利益的；

（三）为扶助贫困通过信息网络向农村地区提供作品、表演、录音录像制品，未在提供前公告作品、表演、录音录像制品的名称和作者、表演者、录音录像制作者的姓名（名称）以及报酬标准的。

第二十条　网络服务提供者根据服务对象的指令提供网络自动接入服务，或者对服务对象提供的作品、表演、录音录像制品提供自动传输服务，并具备下列条件的，不承担赔偿责任：

（一）未选择并且未改变所传输的作品、表演、录音录像制品；

（二）向指定的服务对象提供该作品、表演、录音录像制品，并防止指定的服务对象以外的其他人获得。

第二十一条　网络服务提供者为提高网络传输效率，自动存储从其他网络服务提供者获得的作品、表演、录音录像制品，根据技术安排自动向服务对象提供，并具备下列条件的，不承担赔偿责任：

（一）未改变自动存储的作品、表演、录音录像制品；

（二）不影响提供作品、表演、录音录像制品的原网络服务提供者掌握服务对象获取该作品、表演、录音录像制品的情况；

（三）在原网络服务提供者修改、删除或者屏蔽该作品、表演、录音录像制品时，根据技术安排自动予以修改、删除或者屏蔽。

第二十二条　网络服务提供者为服务对象提供信息存储空间，供服务对象通过信息网络向公众提供作品、表演、录音录像制品，并具备下列条件的，不承担赔偿责任：

（一）明确标示该信息存储空间是为服务对象所提供，并公开网络服务提供者的名称、联系人、网络地址；

（二）未改变服务对象所提供的作品、表演、录音录像制品；

（三）不知道也没有合理的理由应当知道服务对象提供的作品、表演、录音录像制品侵权；

（四）未从服务对象提供作品、表演、录音录像制品中直接获得经济利益；

（五）在接到权利人的通知书后，根据本条例规定删除权利人认为侵权的作品、表演、录音录像制品。

第二十三条　网络服务提供者为服务对象提供搜索或者链接服务，在接到权利人的通知书后，根据本条例规定断开与侵权的作品、表演、录音录像制品的链接的，不承担赔偿责任；但是，明知或者应知所链接的作品、表演、录音录像制品侵权的，应当承担共同侵权责任。

第二十四条　因权利人的通知导致网络服务提供者错误删除作品、表演、录音录像制品，或者错误断开与作品、表演、录音录像制品的链接，给服务对象造成损失的，权利人应当承担赔偿责任 。

第二十五条　网络服务提供者无正当理由拒绝提供或者拖延提供涉嫌侵权的服务对象的姓名（名称）、联系方式、网络地址等资料的，由著作权行政管理部门予以警告；情节严重的，没收主要用于提供网络服务的计算机等设备。

第二十六条　本条例下列用语的含义：

信息网络传播权，是指以有线或者无线方式向公众提供作品、表演或者录音录像制品，使公众可以在其个人选定的时间和地点获得作品、表演或者录音录像制品的权利。

技术措施，是指用于防止、限制未经权利人许可浏览、欣赏作品、表演、录音录像制品的或者通过信息网络向公众提供作品、表演、录音录像制品的有效技术、装置或者部件。

权利管理电子信息，是指说明作品及其作者、表演及其表演者、录音录像制品及其制作者的信息，作品、表演、录音录像制品权利人的信息和使用条件的信息，以及表示上述信息的数字或者代码。

第二十七条　本条例自 2006 年 7 月 1 日起施行。

计算机软件保护条例

（2001 年 12 月 20 日中华人民共和国国务院令第 339 号公布　根据 2011 年 1 月 8 日《国务院关于废止和修改部分行政法规的决定》第一次修订　根据 2013 年 1 月 30 日《国务院关于修改〈计算机软件保护条例〉的决定》第二次修订）

第一章　总　　则

第一条　为了保护计算机软件著作权人的权益，调整计算机软件在开发、传播和使用中发生的利益关系，鼓励计算机软件的开发与应用，促进软件产业和国民经济信息化的发展，根据《中华人民共和国著作权法》，制定本条例。

第二条　本条例所称计算机软件（以下简称软件），是指计算机程序及其有关文档。

第三条　本条例下列用语的含义：

（一）计算机程序，是指为了得到某种结果而可以由计算机等具有信息处理能力的装置执行的代码化指令序列，或者可以被自动转换成代码化指令序列的符号化指令序列或者符号化语句序列。同一计算机程序的源程序和目标程序为同一作品。

（二）文档，是指用来描述程序的内容、组成、设计、功能规格、开发情况、测试结果及使用方法的文字资料和图表等，如程序设计说明书、流程图、用户手册等。

（三）软件开发者，是指实际组织开发、直接进行开发，并对开发完成的软件承担责任的法人或者其他组织；或者依靠自己具有的条件独立完成软件开发，并对软件承担责任的自然人。

（四）软件著作权人，是指依照本条例的规定，对软件享有著作权的自然人、法人或者其他组织。

第四条　受本条例保护的软件必须由开发者独立开发，并已固定在某种有形物体上。

第五条　中国公民、法人或者其他组织对其所开发的软件，不论是否发表，依照本条例享有著作权。

外国人、无国籍人的软件首先在中国境内发行的，依照本条例享有著作权。

外国人、无国籍人的软件，依照其开发者所属国或者经常居住地国同中国签订的协议或者依照中国参加的国际条约享有的著作权，受本条例保护。

第六条　本条例对软件著作权的保护不延及开发软件所用的思想、处理过程、操作方法或者数学概念等。

第七条　软件著作权人可以向国务院著作权行政管理部门认定的软件登记机构办理登记。软件登记机构发放的登记证明文件是登记事项的初步证明。

办理软件登记应当缴纳费用。软件登记的收费标准由国务院著作权行政管理部门会同国务院价格主管部门规定。

第二章　软件著作权

第八条　软件著作权人享有下列各项权利：

（一）发表权，即决定软件是否公之于众的权利；

（二）署名权，即表明开发者身份，在软件上署名的权利；

（三）修改权，即对软件进行增补、删节，或者改变指令、语句顺序的权利；

（四）复制权，即将软件制作一份或者多份的权利；

（五）发行权，即以出售或者赠与方式向公众提供软件的原件或者复制件的权利；

（六）出租权，即有偿许可他人临时使用软件的权利，但是软件不是出租的主要标的的除外；

（七）信息网络传播权，即以有线或者无线方式向公众提供软件，使公众可以在其个人选定的时间和地点获得软件的权利；

（八）翻译权，即将原软件从一种自然语言文字转换成另一种自然语言文字的权利；

（九）应当由软件著作权人享有的其他权利。

软件著作权人可以许可他人行使其软件著作权，并有权获得报酬。

软件著作权人可以全部或者部分转让其软件著作权，并有权获得报酬。

第九条　软件著作权属于软件开发者，本条例另有规定的除外。

如无相反证明，在软件上署名的自然人、法人或者其他组织为开发者。

第十条　由两个以上的自然人、法人或者其他组织合作开发的软件，其著作权的归属由合作开发者签订书面合同约定。无书面合同或者合同未作明确约定，合作开发的软件可以分割使用的，开发者对各自开发的部分可以单独享有著作权；但是，行使著作权时，不得扩展到合作开发的软件整体的著作权。合作开发的软件不能分割使用的，其著作权由各合作开发者共同享有，通过协商一致行使；不能协商一致，又无正当理由的，任何一方不得阻止他方行使除转让权以外的其他权利，但是所得收益应当合理分配给所有合作开发者。

第十一条　接受他人委托开发的软件，其著作权的归属由委托人与受托人签订书面合同约定；无书面合同或者合同未作明确约定的，其著作权由受托人享有。

第十二条　由国家机关下达任务开发的软件，著作权的归属与行使由项目任务书或者合同规定；项目任务书或者合同中未作明确规定的，软件著作权由接受任务的法人或者其他组织享有。

第十三条　自然人在法人或者其他组织中任职期间所开发的软件有下列情形之一的，该软件著作权由该法人或者其他组织享有，该法人或者其他组织可以对开发软件的自然人进行奖励：

（一）针对本职工作中明确指定的开发目标所开发的软件；

（二）开发的软件是从事本职工作活动所预见的结果或者自然的结果；

（三）主要使用了法人或者其他组织的资金、专用设备、未公开的专门信息等物质技术条件所开发并由法人或者其他组织承担责任的软件。

第十四条　软件著作权自软件开发完成之日起产生。

自然人的软件著作权，保护期为自然人终生及其死亡后50年，截止于自然人死亡后第50年的12月31日；软件是合作开发的，截止于最后死亡的自然人死亡后第50年的12月31日。

法人或者其他组织的软件著作权，保护期为50年，截止于软件首次发表后第50年的12月31日，但软件自开发完成之日起50年内未发表的，本条例不再保护。

第十五条　软件著作权属于自然人的，该自然人死亡后，在软件著作权的保护期内，软件著作权的继承人可以依照《中华人民共和国继承法》的有关规定，继承本条例第八条规定的除署名权以外的其他权利。

软件著作权属于法人或者其他组织的，法人或者其他组织变更、终止后，其著作权在本条例规定的保护期内由承受其权利义务的法人或者其他组织享有；没有承受其权利义务的法人或者其他组织的，由国家享有。

第十六条　软件的合法复制品所有人享有下列权利：

（一）根据使用的需要把该软件装入计算机等具有信息处理能力的装置内；

（二）为了防止复制品损坏而制作备份复制品。这些备份复制品不得通过任何方式提供给他人使用，并在所有人丧失该合法复制品的所有权时，负责将备份复制品销毁；

（三）为了把该软件用于实际的计算机应用环境或者改进其功能、性能而进行必要的修改；但是，除合同另有约定外，未经该软件著作权人许可，不得向任何第三方提供修改后的软件。

第十七条　为了学习和研究软件内含的设计思想和原理，通过安装、显示、传输或者存储软件等方式使用软件的，可以不经软件著作权人许可，不向其支付报酬。

第三章　软件著作权的许可使用和转让

第十八条　许可他人行使软件著作权的，应当订立许可使用合同。

许可使用合同中软件著作权人未明确许可的权利，被许可人不得行使。

第十九条　许可他人专有行使软件著作权的，当事人应当订立书面合同。

没有订立书面合同或者合同中未明确约定为专有许可的，被许可行使的权利应当视为非专有权利。

第二十条　转让软件著作权的，当事人应当订立书面合同。

第二十一条　订立许可他人专有行使软件著作权的许可合同，或者订立转让软件著作权合同，可以向国务院著作权行政管理部门认定的软件登记机构登记。

第二十二条　中国公民、法人或者其他组织向外国人许可或者转让软件著作权的，应当遵守《中华人民共和国技术进出口管理条例》的有关规定。

第四章　法 律 责 任

第二十三条　除《中华人民共和国著作权法》或者本条例另有规定外，有下列侵权行为的，应当根据情况，承担停止侵害、消除影响、赔礼道歉、赔偿损失等民事责任：

（一）未经软件著作权人许可，发表或者登记其软件的；

（二）将他人软件作为自己的软件发表或者登记的；

（三）未经合作者许可，将与他人合作开发的软件作为自己单独完成的软件发表或者登记的；

（四）在他人软件上署名或者更改他人软件上的署名的；

（五）未经软件著作权人许可，修改、翻译其软件的；

（六）其他侵犯软件著作权的行为。

第二十四条　除《中华人民共和国著作权法》、本条例或者其他法律、行政法规另有规定外，未经软件著作权人许可，有下列侵权行为的，应当根据情况，承担停止侵害、消除影响、赔礼道歉、赔偿损失等民事责任；同时损害社会公共利益的，由著作权行政管理部门责令停止侵权行为，没收违法所得，没收、销毁侵权复制品，可以并处罚款；情节严重的，著作权行政管理部门并可以没收主要用于制作侵权复制品的材料、工具、设备等；触犯刑律的，依照刑法关于侵犯著作权罪、销售侵权复制品罪的规定，依法追究刑事责任：

（一）复制或者部分复制著作权人的软件的；

（二）向公众发行、出租、通过信息网络传播著作权人的软件的；

（三）故意避开或者破坏著作权人为保护其软件著作权而采取的技术措施的；

（四）故意删除或者改变软件权利管理电子信息的；

（五）转让或者许可他人行使著作权人的软件著作权的。

有前款第一项或者第二项行为的，可以并处每件 100 元或者货值金额 1 倍以上 5 倍以下的罚款；有前款第三项、第四项或者第五项行为的，可以并处 20 万元以下的罚款。

第二十五条 侵犯软件著作权的赔偿数额，依照《中华人民共和国著作权法》第四十九条的规定确定。

第二十六条 软件著作权人有证据证明他人正在实施或者即将实施侵犯其权利的行为，如不及时制止，将会使其合法权益受到难以弥补的损害的，可以依照《中华人民共和国著作权法》第五十条的规定，在提起诉讼前向人民法院申请采取责令停止有关行为和财产保全的措施。

第二十七条 为了制止侵权行为，在证据可能灭失或者以后难以取得的情况下，软件著作权人可以依照《中华人民共和国著作权法》第五十一条的规定，在提起诉讼前向人民法院申请保全证据。

第二十八条 软件复制品的出版者、制作者不能证明其出版、制作有合法授权的，或者软件复制品的发行者、出租者不能证明其发行、出租的复制品有合法来源的，应当承担法律责任。

第二十九条 软件开发者开发的软件，由于可供选用的表达方式有限而与已经存在的软件相似的，不构成对已经存在的软件的著作权的侵犯。

第三十条 软件的复制品持有人不知道也没有合理理由应当知道该软件是侵权复制品的，不承担赔偿责任；但是，应当停止使用、销毁该侵权复制品。如果停止使用并销毁该侵权复制品将给复制品使用人造成重大损失的，复制品使用人可以在向软件著作权人支付合理费用后继续使用。

第三十一条 软件著作权侵权纠纷可以调解。

软件著作权合同纠纷可以依据合同中的仲裁条款或者事后达成的书面仲裁协议，向仲裁机构申请仲裁。

当事人没有在合同中订立仲裁条款，事后又没有书面仲裁协议的，可以直接向人民法院提起诉讼。

第五章 附 则

第三十二条 本条例施行前发生的侵权行为，依照侵权行为发生时的国家有关规定处理。

第三十三条 本条例自 2002 年 1 月 1 日起施行。1991 年 6 月 4 日国务院发布的《计算机软件保护条例》同时废止。

互联网著作权行政保护办法

（2005 年 4 月 29 日国家版权局、信息产业部令 2005 年第 5 号公布 自 2005 年 5 月 30 日起施行）

第一条 为了加强互联网信息服务活动中信息网络传播权的行政保护，规范行政执法行为，根据《中华人民共和国著作权法》及有关法律、行政法规，制定本办法。

第二条 本办法适用于互联网信息服务活动中根据互联网内容提供者的指令，通过互联网自动提供作品、录音录像制品等内容的上载、存储、链接或搜索等功能，且对存储或传输的内容不进行任何编辑、修改或选择的行为。

互联网信息服务活动中直接提供互联网内容的行为，适用著作权法。

本办法所称"互联网内容提供者"是指在互联网上发布相关内容的上网用户。

第三条 各级著作权行政管理部门依照法律、行政法规和本办法对互联网信息服务活动中的信息网络传播权实施行政保护。国务院信息产业主管部门和各省、自治区、直辖市电信管理机构依法配合相关工作。

第四条 著作权行政管理部门对侵犯互联网信息服务活动中的信息网络传播权的行为实施行政处罚，适用《著作权行政处罚实施办法》。

侵犯互联网信息服务活动中的信息网络传播权的行为由侵权行为实施地的著作权行政管理部门管辖。侵权行为实施地包括提供本办法第二条所列的互联网信息服务活动的服务器等设备所在地。

第五条 著作权人发现互联网传播的内容侵犯其著作权，向互联网信息服务提供者或者其委托的其他机构（以下统称"互联网信息服务提供者"）发出通知后，互联网信息服务提供者应当立即采取措施移除相关内容，并保留著作权人的通知 6 个月。

第六条 互联网信息服务提供者收到著作权人的通知后，应当记录提供的信息内容及其发布的时间、互联网地址或者域名。互联网接入服务提供者应当记录互联网内容提供者的接入时间、用户账号、互联网地址或者域名、主叫电话号码等信息。

前款所称记录应当保存 60 日，并在著作权行政管理部门查询时予以提供。

第七条 互联网信息服务提供者根据著作权人的通知移除相关内容的，互联网内容提供者可以向互联网信息服务提供者和著作权人一并发出说明被移除内容不侵犯著作权的反通知。反通知发出后,互联网信息服务提供者即可恢复被移除的内容,且对该恢复行为不承担行政法律责任。

第八条　著作权人的通知应当包含以下内容:

(一)涉嫌侵权内容所侵犯的著作权权属证明;

(二)明确的身份证明、住址、联系方式;

(三)涉嫌侵权内容在信息网络上的位置;

(四)侵犯著作权的相关证据;

(五)通知内容的真实性声明。

第九条　互联网内容提供者的反通知应当包含以下内容:

(一)明确的身份证明、住址、联系方式;

(二)被移除内容的合法性证明;

(三)被移除内容在互联网上的位置;

(四)反通知内容的真实性声明。

第十条　著作权人的通知和互联网内容提供者的反通知应当采取书面形式。

著作权人的通知和互联网内容提供者的反通知不具备本办法第八条、第九条所规定内容的,视为未发出。

第十一条　互联网信息服务提供者明知互联网内容提供者通过互联网实施侵犯他人著作权的行为,或者虽不明知,但接到著作权人通知后未采取措施移除相关内容,同时损害社会公共利益的,著作权行政管理部门可以根据《中华人民共和国著作权法》第四十七条的规定责令停止侵权行为,并给予下列行政处罚:

(一)没收违法所得;

(二)处以非法经营额3倍以下的罚款;非法经营额难以计算的,可以处10万元以下的罚款。

第十二条　没有证据表明互联网信息服务提供者明知侵权事实存在的,或者互联网信息服务提供者接到著作权人通知后,采取措施移除相关内容的,不承担行政法律责任。

第十三条　著作权行政管理部门在查处侵犯互联网信息服务活动中的信息网络传播权案件时,可以按照《著作权行政处罚实施办法》第十二条规定要求著作权人提交必备材料,以及向互联网信息服务提供者发出的通知和该互联网信息服务提供者未采取措施移除相关内容的证明。

第十四条　互联网信息服务提供者有本办法第十一条规定的情形,且经著作权行政管理部门依法认定专门从事盗版活动,或有其他严重情节的,国务院信息产业主管部门或者省、自治区、直辖市电信管理机构依据相关法律、行政法规的规定处理;互联网接入服务提供者应当依据国务院信息产业主管部门或者省、自治区、直辖市电信管理机构的通知,配合实施相应的处理措施。

第十五条　互联网信息服务提供者未履行本办法第六条规定的义务,由国务院信息产业主管部门或者省、自治区、直辖市电信管理机构予以警告,可以并处3万元以下罚款。

第十六条　著作权行政管理部门在查处侵犯互联网信息服务活动中的信息网络传播权案件过程中,发现互联网信息服务提供者的行为涉嫌构成犯罪的,应当依照国务院《行政执法机关移送涉嫌犯罪案件的规定》将案件移送司法部门,依法追究刑事责任。

第十七条　表演者、录音录像制作者等与著作权有关的权利人通过互联网向公众传播其表演或者录音录像制品的权利的行政保护适用本办法。

第十八条　本办法由国家版权局和信息产业部负责解释。

第十九条　本办法自2005年5月30日起施行。

网络出版服务管理规定

(2016年2月4日国家新闻出版广电总局、工业和信息化部令第5号公布　自2016年3月10日起施行)

第一章　总　　则

第一条　为了规范网络出版服务秩序,促进网络出版服务业健康有序发展,根据《出版管理条例》、《互联网信息服务管理办法》及相关法律法规,制定本规定。

第二条　在中华人民共和国境内从事网络出版服务,适用本规定。

本规定所称网络出版服务,是指通过信息网络向公众提供网络出版物。

本规定所称网络出版物,是指通过信息网络向公众提供的,具有编辑、制作、加工等出版特征的数字化作品,范围主要包括:

(一)文学、艺术、科学等领域内具有知识性、思想性的文字、图片、地图、游戏、动漫、音视频读物等原创数字化作品;

(二)与已出版的图书、报纸、期刊、音像制品、电子出版物等内容相一致的数字化作品;

(三)将上述作品通过选择、编排、汇集等方式形成的网络文献数据库等数字化作品;

(四)国家新闻出版广电总局认定的其他类型的数字化作品。

网络出版服务的具体业务分类另行制定。

第三条　从事网络出版服务,应当遵守宪法和有关法律、法规,坚持为人民服务、为社会主义服务的方向,坚持社会主义先进文化的前进方向,弘扬社会主义核心价值观,传播和积累一切有益于提高民族素质、推动经济发展、促进社会进步的思想道德、科学技术和文化知识,满足人民群众日益增长的精神文化需要。

第四条　国家新闻出版广电总局作为网络出版服务的行业主管部门,负责全国网络出版服务的前置审批和监督管理工作。工业和信息化部作为互联网行业主管部门，依据职责对全国网络出版服务实施相应的监督管理。

地方人民政府各级出版行政主管部门和各省级电信主管部门依据各自职责对本行政区域内网络出版服务及接入服务实施相应的监督管理工作并做好配合工作。

第五条 出版行政主管部门根据已经取得的违法嫌疑证据或者举报，对涉嫌违法从事网络出版服务的行为进行查处时，可以检查与涉嫌违法行为有关的物品和经营场所；对有证据证明是与违法行为有关的物品，可以查封或者扣押。

第六条 国家鼓励图书、音像、电子、报纸、期刊出版单位从事网络出版服务，加快与新媒体的融合发展。

国家鼓励组建网络出版服务行业协会，按照章程，在出版行政主管部门的指导下制定行业自律规范，倡导网络文明，传播健康有益内容，抵制不良有害内容。

第二章 网络出版服务许可

第七条 从事网络出版服务，必须依法经过出版行政主管部门批准，取得《网络出版服务许可证》。

第八条 图书、音像、电子、报纸、期刊出版单位从事网络出版服务，应当具备以下条件：

（一）有确定的从事网络出版业务的网站域名、智能终端应用程序等出版平台；

（二）有确定的网络出版服务范围；

（三）有从事网络出版服务所需的必要的技术设备，相关服务器和存储设备必须存放在中华人民共和国境内。

第九条 其他单位从事网络出版服务，除第八条所列条件外，还应当具备以下条件：

（一）有确定的、不与其他出版单位相重复的，从事网络出版服务主体的名称及章程；

（二）有符合国家规定的法定代表人和主要负责人，法定代表人必须是在境内长久居住的具有完全行为能力的中国公民，法定代表人和主要负责人至少1人应当具有中级以上出版专业技术人员职业资格；

（三）除法定代表人和主要负责人外，有适应网络出版服务范围需要的8名以上具有国家新闻出版广电总局认可的出版及相关专业技术职业资格的专职编辑出版人员，其中具有中级以上职业资格的人员不得少于3名；

（四）有从事网络出版服务所需的内容审校制度；

（五）有固定的工作场所；

（六）法律、行政法规和国家新闻出版广电总局规定的其他条件。

第十条 中外合资经营、中外合作经营和外资经营的单位不得从事网络出版服务。

网络出版服务单位与境内中外合资经营、中外合作经营、外资经营企业或境外组织及个人进行网络出版服务业务的项目合作，应当事前报国家新闻出版广电总局审批。

第十一条 申请从事网络出版服务，应当向所在地省、自治区、直辖市出版行政主管部门提出申请，经审核同意后，报国家新闻出版广电总局审批。国家新闻出版广电总局应当自受理申请之日起60日内，作出批准或者不予批准的决定。不批准的，应当说明理由。

第十二条 从事网络出版服务的申报材料，应该包括下列内容：

（一）《网络出版服务许可证申请表》；

（二）单位章程及资本来源性质证明；

（三）网络出版服务可行性分析报告，包括资金使用、产品规划、技术条件、设备配备、机构设置、人员配备、市场分析、风险评估、版权保护措施等；

（四）法定代表人和主要负责人的简历、住址、身份证明文件；

（五）编辑出版等相关专业技术人员的国家认可的职业资格证明和主要从业经历及培训证明；

（六）工作场所使用证明；

（七）网站域名注册证明、相关服务器存放在中华人民共和国境内的承诺。

本规定第八条所列单位从事网络出版服务的，仅提交前款（一）、（六）、（七）项规定的材料。

第十三条 设立网络出版服务单位的申请者应自收到批准决定之日起30日内办理注册登记手续：

（一）持批准文件到所在地省、自治区、直辖市出版行政主管部门领取并填写《网络出版服务许可登记表》；

（二）省、自治区、直辖市出版行政主管部门对《网络出版服务许可登记表》审核无误后，在10日内向申请者发放《网络出版服务许可证》；

（三）《网络出版服务许可登记表》一式三份，由申请者和省、自治区、直辖市出版行政主管部门各存一份，另一份由省、自治区、直辖市出版行政主管部门在15日内报送国家新闻出版广电总局备案。

第十四条 《网络出版服务许可证》有效期为5年。有效期届满，需继续从事网络出版服务活动的，应于有效期届满60日前按本规定第十一条的程序提出申请。出版行政主管部门应当在该许可有效期届满前作出是否准予延续的决定。批准的，换发《网络出版服务许可证》。

第十五条 网络出版服务经批准后，申请者应持批准文件、《网络出版服务许可证》到所在地省、自治区、直辖市电信主管部门办理相关手续。

第十六条 网络出版服务单位变更《网络出版服务许可证》许可登记事项、资本结构，合并或者分立，设立分支机构的，应依据本规定第十一条办理审批手续，并应持批准文件到所在地省、自治区、直辖市电信主管部门办理相关手续。

第十七条 网络出版服务单位中止网络出版服务的，应当向所在地省、自治区、直辖市出版行政主管部门备案，并说明理由和期限；网络出版服务单位中止网络出版服务不得超过180日。

网络出版服务单位终止网络出版服务的，应当自终止网络出版服务之日起30日内，向所在地省、自治区、直辖市出版行政主管部门办理注销手续后到省、自治区、直辖市电信主管部门办理相关手续。省、自治区、直辖市出版行政主管部门将相关信息报国家新闻出版广电总局备案。

第十八条 网络出版服务单位自登记之日起满180日未开展网络出版服务的，由原登记的出版行政主管部门注销登记，并报国家新闻出版广电总局备案。同时，通报相关省、自治区、直辖市电信主管部门。

因不可抗力或者其他正当理由发生上述所列情形的，网络出版服务单位可以向原登记的出版行政主管部门申请延期。

第十九条 网络出版服务单位应当在其网站首页上标明出版行政主管部门核发的《网络出版服务许可证》编号。

互联网相关服务提供者在为网络出版服务单位提供人工干预搜索排名、广告、推广等服务时，应当查验服务对象的《网络出版服务许可证》及业务范围。

第二十条 网络出版服务单位应当按照批准的业务范围从事网络出版服务，不得超出批准的业务范围从事网络出版服务。

第二十一条 网络出版服务单位不得转借、出租、出卖《网络出版服务许可证》或以任何形式转让网络出版服务许可。

网络出版服务单位允许其他网络信息服务提供者以其名义提供网络出版服务，属于前款所称禁止行为。

第二十二条 网络出版服务单位实行特殊管理股制度，具体办法由国家新闻出版广电总局另行制定。

第三章 网络出版服务管理

第二十三条 网络出版服务单位实行编辑责任制度，保障网络出版物内容合法。

网络出版服务单位实行出版物内容审核责任制度、责任编辑制度、责任校对制度等管理制度，保障网络出版物出版质量。

在网络上出版其他出版单位已在境内合法出版的作品且不改变原出版物内容的，须在网络出版物的相应页面显著标明原出版单位名称以及书号、刊号、网络出版物号或者网址信息。

第二十四条 网络出版物不得含有以下内容：

（一）反对宪法确定的基本原则的；

（二）危害国家统一、主权和领土完整的；

（三）泄露国家秘密、危害国家安全或者损害国家荣誉和利益的；

（四）煽动民族仇恨、民族歧视，破坏民族团结，或者侵害民族风俗、习惯的；

（五）宣扬邪教、迷信的；

（六）散布谣言，扰乱社会秩序，破坏社会稳定的；

（七）宣扬淫秽、色情、赌博、暴力或者教唆犯罪的；

（八）侮辱或者诽谤他人，侵害他人合法权益的；

（九）危害社会公德或者民族优秀文化传统的；

（十）有法律、行政法规和国家规定禁止的其他内容的。

第二十五条 为保护未成年人合法权益，网络出版物不得含有诱发未成年人模仿违反社会公德和违法犯罪行为的内容，不得含有恐怖、残酷等妨害未成年人身心健康的内容，不得含有披露未成年人个人隐私的内容。

第二十六条 网络出版服务单位出版涉及国家安全、社会安定等方面重大选题的内容，应当按照国家新闻出版广电总局有关重大选题备案管理的规定办理备案手续。未经备案的重大选题内容，不得出版。

第二十七条 网络游戏上网出版前，必须向所在地省、自治区、直辖市出版行政主管部门提出申请，经审核同意后，报国家新闻出版广电总局审批。

第二十八条 网络出版物的内容不真实或不公正，致使公民、法人或者其他组织合法权益受到侵害的，相关网络出版服务单位应当停止侵权，公开更正，消除影响，并依法承担其他民事责任。

第二十九条 国家对网络出版物实行标识管理，具体办法由国家新闻出版广电总局另行制定。

第三十条 网络出版物必须符合国家的有关规定和标准要求，保证出版物质量。

网络出版物使用语言文字，必须符合国家法律规定和有关标准规范。

第三十一条 网络出版服务单位应当按照国家有关规定或技术标准，配备应用必要的设备和系统，建立健全各项管理制度，保障信息安全、内容合法，并为出版行政主管部门依法履行监督管理职责提供技术支持。

第三十二条 网络出版服务单位在网络上提供境外出版物，应当取得著作权合法授权。其中，出版境外著作权人授权的网络游戏，须按本规定第二十七条办理审批手续。

第三十三条 网络出版服务单位发现其出版的网络出版物含有本规定第二十四条、第二十五条所列内容的，应当立即删除，保存有关记录，并向所在地县级以上出版行政主管部门报告。

第三十四条 网络出版服务单位应记录所出版作品的内容及其时间、网址或者域名，记录应当保存60日，并在国家有关部门依法查询时，予以提供。

第三十五条 网络出版服务单位须遵守国家统计规定，依法向出版行政主管部门报送统计资料。

第四章 监督管理

第三十六条 网络出版服务的监督管理实行属地管理原则。

各地出版行政主管部门应当加强对本行政区域内的网络出版服务单位及其出版活动的日常监督管理，履行下列职责：

（一）对网络出版服务单位进行行业监管，对网络出版服务单位违反本规定的情况进行查处并报告上级出版行政主管部门；

（二）对网络出版服务进行监管，对违反本规定的行为进行查处并报告上级出版行政主管部门；

（三）对网络出版物内容和质量进行监管，定期组织内容审读和质量检查，并将结果向上级出版行政主管部门报告；

（四）对网络出版从业人员进行管理，定期组织岗位、业务培训和考核；

（五）配合上级出版行政主管部门、协调相关部门、指导下级出版行政主管部门开展工作。

第三十七条 出版行政主管部门应当加强监管队伍和机构建设，采取必要的技术手段对网络出版服务进行管理。出版行政主管部门依法履行监督检查等执法职责时，网络出版服务单位应当予以配合，不得拒绝、阻挠。

各省、自治区、直辖市出版行政主管部门应当定期将本行政区域内的网络出版服务监督管理情况向国家新闻出版广电总局提交书面报告。

第三十八条 网络出版服务单位实行年度核验制度，年度核验每年进行一次。省、自治区、直辖市出版行政主管部门负责对本行政区域内的网络出版服务单位实施年度核验并将有关情况报国家新闻出版广电总局备案。年度核验内容包括网络出版服务单位的设立条件、登记项目、出版经营情况、出版质量、遵守法律规范、内部管理情况等。

第三十九条 年度核验按照以下程序进行：

（一）网络出版服务单位提交年度自检报告，内容包括：本年度政策法律执行情况，奖惩情况，网站出版、管理、运营绩效情况，网络出版物目录，对年度核验期内的违法违规行为的整改情况，编辑出版人员培训管理情况等；并填写由国家新闻出版广电总局统一印制的《网络出版服务年度核验登记表》，与年度自检报告一并报所在地省、自治区、直辖市出版行政主管部门；

（二）省、自治区、直辖市出版行政主管部门对本行政区域内的网络出版服务单位的设立条件、登记项目、开展业务及执行法规等情况进行全面审核，并在收到网络出版服务单位的年度自检报告和《网络出版服务年度核验登记表》等年度核验材料的45日内完成全面审核查验工作。对符合年度核验要求的网络出版服务单位予以登记，并在其《网络出版服务许可证》上加盖年度核验章；

（三）省、自治区、直辖市出版行政主管部门应于完成全面审核查验工作的15日内将年度核验情况及有关书面材料报国家新闻出版广电总局备案。

第四十条 有下列情形之一的，暂缓年度核验：

（一）正在停业整顿的；

（二）违反出版法规规章，应予处罚的；

（三）未按要求执行出版行政主管部门相关管理规定的；

（四）内部管理混乱，无正当理由未开展实质性网络出版服务活动的；

（五）存在侵犯著作权等其他违法嫌疑需要进一步核查的。

暂缓年度核验的期限由省、自治区、直辖市出版行政主管部门确定，报国家新闻出版广电总局备案，最长不得超过180日。暂缓年度核验期间，须停止网络出版服务。

暂缓核验期满，按本规定重新办理年度核验手续。

第四十一条 已经不具备本规定第八条、第九条规定条件的，责令限期改正；逾期仍未改正的，不予通过年度核验，由国家新闻出版广电总局撤销《网络出版服务许可证》，所在地省、自治区、直辖市出版行政主管部门注销登记，并通知当地电信主管部门依法处理。

第四十二条 省、自治区、直辖市出版行政主管部门可根据实际情况，对本行政区域内的年度核验事项进行调整，相关情况报国家新闻出版广电总局备案。

第四十三条 省、自治区、直辖市出版行政主管部门可以向社会公布年度核验结果。

第四十四条 从事网络出版服务的编辑出版等相关专业技术人员及其负责人应当符合国家关于编辑出版等相关专业技术人员职业资格管理的有关规定。

网络出版服务单位的法定代表人或主要负责人应按照有关规定参加出版行政主管部门组织的岗位培训，并取得国家新闻出版广电总局统一印制的《岗位培训合格证书》。未按规定参加岗位培训或培训后未取得《岗位培训合格证书》的，不得继续担任法定代表人或主要负责人。

第五章 保障与奖励

第四十五条 国家制定有关政策，保障、促进网络出版服务业的发展与繁荣。鼓励宣传科学真理、传播先进文化、倡导科学精神、塑造美好心灵、弘扬社会正气等有助于形成先进网络文化的网络出版服务，推动健康文化、优秀文化产品的数字化、网络化传播。

网络出版服务单位依法从事网络出版服务，任何组织和个人不得干扰、阻止和破坏。

第四十六条 国家支持、鼓励下列优秀的、重点的网络出版物的出版：

（一）对阐述、传播宪法确定的基本原则有重大作用的；

（二）对弘扬社会主义核心价值观，进行爱国主义、集体主义、社会主义和民族团结教育以及弘扬社会公德、职业道德、家庭美德、个人品德有重要意义的；

（三）对弘扬民族优秀文化，促进国际文化交流有重大作用的；

（四）具有自主知识产权和优秀文化内涵的；

（五）对推进文化创新，及时反映国内外新的科学文化成果有重大贡献的；

（六）对促进公共文化服务有重大作用的；

（七）专门以未成年人为对象、内容健康的或者其他有利于未成年人健康成长的；

（八）其他具有重要思想价值、科学价值或者文化艺术价值的。

第四十七条 对为发展、繁荣网络出版服务业作出重要贡献的单位和个人，按照国家有关规定给予奖励。

第四十八条 国家保护网络出版物著作权人的合法权益。网络出版服务单位应当遵守《中华人民共和国著作权法》、《信息网络传播权保护条例》、《计算机软件保护条例》等著作权法律法规。

第四十九条 对非法干扰、阻止和破坏网络出版物出版的行为，出版行政主管部门及其他有关部门，应当及时采取措施，予以制止。

第六章 法律责任

第五十条 网络出版服务单位违反本规定的，出版行政主管部门可以采取下列行政措施：

（一）下达警示通知书；

（二）通报批评、责令改正；

（三）责令公开检讨；

（四）责令删除违法内容。

警示通知书由国家新闻出版广电总局制定统一格式，由出版行政主管部门下达给相关网络出版服务单位。

本条所列的行政措施可以并用。

第五十一条 未经批准，擅自从事网络出版服务，或者擅自上网出版网络游戏（含境外著作权人授权的网络游戏），根据《出版管理条例》第六十一条、《互联网信息服务管理办法》第十九条的规定，由出版行政主管部门、工商行政管理部门依照法定职权予以取缔，并由所在地省级电信主管部门依据有关部门的通知，按照《互联网信息服务管理办法》第十九条的规定给予责令关闭网站等处罚；已经触犯刑法的，依法追究刑事责任；尚不够刑事处罚的，删除全部相关网络出版物，没收违法所得和从事违法出版活动的主要设备、专用工具，违法经营额1万元以上的，并处违法经营额5倍以上10倍以下的罚款；违法经营额不足1万元的，可以处5万元以下的罚款；侵犯他人合法权益的，依法承担民事责任。

第五十二条 出版、传播含有本规定第二十四条、第二十五条禁止内容的网络出版物的，根据《出版管理条例》第六十二条、《互联网信息服务管理办法》第二十条的规定，由出版行政主管部门责令删除相关内容并限期改正，没收违法所得，违法经营额1万元以上的，并处违法经营额5倍以上10倍以下罚款；违法经营额不足1万元的，可以处5万元以下罚款；情节严重的，责令限期停业整顿或者由国家新闻出版广电总局吊销《网络出版服务许可证》，由电信主管部门依据出版行政主管部门的通知吊销其电信业务经营许可或者责令关闭网站；构成犯罪的，依法追究刑事责任。

为从事本条第一款行为的网络出版服务单位提供人工干预搜索排名、广告、推广等相关服务的，由出版行政主管部门责令其停止提供相关服务。

第五十三条 违反本规定第二十一条的，根据《出版管理条例》第六十六条的规定，由出版行政主管部门责令停止违法行为，给予警告，没收违法所得，违法经营额1万元以上的，并处违法经营额5倍以上10倍以下的罚款；违法经营额不足1万元的，可以处5万元以下的罚款；情节严重的，责令限期停业整顿或者由国家新闻出版广电总局吊销《网络出版服务许可证》。

第五十四条 有下列行为之一的，根据《出版管理条例》第六十七条的规定，由出版行政主管部门责令改正，给予警告；情节严重的，责令限期停业整顿或者由国家新闻出版广电总局吊销《网络出版服务许可证》：

（一）网络出版服务单位变更《网络出版服务许可证》登记事项、资本结构，超出批准的服务范围从事网络出版服务，合并或者分立，设立分支机构，未依据本规定办理审批手续的；

（二）网络出版服务单位未按规定出版涉及重大选题出版物的；

（三）网络出版服务单位擅自中止网络出版服务超过180日的；

（四）网络出版物质量不符合有关规定和标准的。

第五十五条 违反本规定第三十四条的，根据《互联网信息服务管理办法》第二十一条的规定，由省级电信主管部门责令改正；情节严重的，责令停业整顿或者暂时关闭网站。

第五十六条 网络出版服务单位未依法向出版行政主管部门报送统计资料的，依据《新闻出版统计管理办法》处罚。

第五十七条 网络出版服务单位违反本规定第二章规定，以欺骗或者贿赂等不正当手段取得许可的，由国家新闻出版广电总局撤销其相应许可。

第五十八条 有下列行为之一的，由出版行政主管部门责令改正，予以警告，并处3万元以下罚款：

（一）违反本规定第十条，擅自与境内外中外合资经营、中外合作经营和外资经营的企业进行涉及网络出版服务业务的合作的；

（二）违反本规定第十九条，未标明有关许可信息或者未核验有关网站的《网络出版服务许可证》的；

（三）违反本规定第二十三条，未按规定实行编辑责任制度等管理制度的；

（四）违反本规定第三十一条，未按规定或标准配备应用有关系统、设备或未健全有关管理制度的；

（五）未按本规定要求参加年度核验的；

（六）违反本规定第四十四条，网络出版服务单位的法定代表人或主要负责人未取得《岗位培训合格证书》的；

（七）违反出版行政主管部门关于网络出版其他管理规定的。

第五十九条　网络出版服务单位违反本规定被处以吊销许可证行政处罚的，其法定代表人或者主要负责人自许可证被吊销之日起10年内不得担任网络出版服务单位的法定代表人或者主要负责人。

从事网络出版服务的编辑出版等相关专业技术人员及其负责人违反本规定，情节严重的，由原发证机关吊销其资格证书。

第七章　附　　则

第六十条　本规定所称出版物内容审核责任制度、责任编辑制度、责任校对制度等管理制度，参照《图书质量保障体系》的有关规定执行。

第六十一条　本规定自2016年3月10日起施行。原国家新闻出版总署、信息产业部2002年6月27日颁布的《互联网出版管理暂行规定》同时废止。

计算机软件著作权登记办法

（2002年2月20日国家版权局令第1号发布　自发布之日起施行）

第一章　总　　则

第一条　为贯彻《计算机软件保护条例》（以下简称《条例》）制定本办法。

第二条　为促进我国软件产业发展，增强我国信息产业的创新能力和竞争能力，国家著作权行政管理部门鼓励软件登记，并对登记的软件予以重点保护。

第三条　本办法适用于软件著作权登记、软件著作权专有许可合同和转让合同登记。

第四条　软件著作权登记申请人应当是该软件的著作权人以及通过继承、受让或者承受软件著作权的自然人、法人或者其他组织。

软件著作权合同登记的申请人，应当是软件著作权专有许可合同或者转让合同的当事人。

第五条　申请人或者申请人之一为外国人、无国籍人的，适用本办法。

第六条　国家版权局主管全国软件著作权登记管理工作。

国家版权局认定中国版权保护中心为软件登记机构。

经国家版权局批准，中国版权保护中心可以在地方设立软件登记办事机构。

第二章　登 记 申 请

第七条　申请登记的软件应是独立开发的，或者经原著作权人许可对原有软件修改后形成的在功能或者性能方面有重要改进的软件。

第八条　合作开发的软件进行著作权登记的，可以由全体著作权人协商确定一名著作权人作为代表办理。著作权人协商不一致的，任何著作权人均可在不损害其他著作权人利益的前提下申请登记，但应当注明其他著作权人。

第九条　申请软件著作权登记的，应当向中国版权保护中心提交以下材料：

（一）按要求填写的软件著作权登记申请表；

（二）软件的鉴别材料；

（三）相关的证明文件。

第十条　软件的鉴别材料包括程序和文档的鉴别材料。

程序和文档的鉴别材料应当由源程序和任何一种文档前、后各连续30页组成。整个程序和文档不到60页的，应当提交整个源程序和文档。除特定情况外，程序每页不少于50行，文档每页不少于30行。

第十一条　申请软件著作权登记的，应当提交以下主要证明文件：

（一）自然人、法人或者其他组织的身份证明；

（二）有著作权归属书面合同或者项目任务书的，应当提交合同或者项目任务书；

（三）经原软件著作权人许可，在原有软件上开发的软件，应当提交原著作权人的许可证明；

（四）权利继承人、受让人或者承受人，提交权利继承、受让或者承受的证明。

第十二条　申请软件著作权登记的，可以选择以下方式之一对鉴别材料作例外交存：

（一）源程序的前、后各连续的30页，其中的机密部分用黑色宽斜线覆盖，但覆盖部分不得超过交存源程序的50%；

（二）源程序连续的前10页，加上源程序的任何部分的连续的50页；

（三）目标程序的前、后各连续的30页，加上源程序的任何部分的连续的20页。

文档作例外交存的,参照前款规定处理。

第十三条　软件著作权登记时,申请人可以申请将源程序、文档或者样品进行封存。除申请人或者司法机关外,任何人不得启封。

第十四条　软件著作权转让合同或者专有许可合同当事人可以向中国版权保护中心申请合同登记。申请合同登记时,应当提交以下材料:

(一)按要求填写的合同登记表;

(二)合同复印件;

(三)申请人身份证明。

第十五条　申请人在登记申请批准之前,可以随时请求撤回申请。

第十六条　软件著作权登记人或者合同登记人可以对已经登记的事项作变更或者补充。申请登记变更或者补充时,申请人应当提交以下材料:

(一)按照要求填写的变更或者补充申请表;

(二)登记证书或者证明的复印件;

(三)有关变更或者补充的材料。

第十七条　登记申请应当使用中国版权保护中心制定的统一表格,并由申请人盖章(签名)。

申请表格应当使用中文填写。提交的各种证件和证明文件是外文的,应当附中文译本。

申请登记的文件应当使用国际标准A4型297mm×210mm(长×宽)纸张。

第十八条　申请文件可以直接递交或者挂号邮寄。申请人提交有关申请文件时,应当注明申请人、软件的名称,有受理号或登记号的,应当注明受理号或登记号。

第三章　审查和批准

第十九条　对于本办法第九条和第十四条所指的申请,以收到符合本办法第二章规定的材料之日为受理日,并书面通知申请人。

第二十条　中国版权保护中心应当自受理日起60日内审查完成所受理的申请,申请符合《条例》和本办法规定的,予以登记,发给相应的登记证书,并予以公告。

第二十一条　有下列情况之一的,不予登记并书面通知申请人:

(一)表格内容填写不完整、不规范,且未在指定期限内补正的;

(二)提交的鉴别材料不是《条例》规定的软件程序和文档的;

(三)申请文件中出现的软件名称、权利人署名不一致,且未提交证明文件的;

(四)申请登记的软件存在权属争议的。

第二十二条　中国版权保护中心要求申请人补正其他登记材料的,申请人应当在30日内补正,逾期未补正的,视为撤回申请。

第二十三条　国家版权局根据下列情况之一,可以撤销登记:

(一)最终的司法判决;

(二)著作权行政管理部门作出的行政处罚决定。

第二十四条　中国版权保护中心可以根据申请人的申请,撤销登记。

第二十五条　登记证书遗失或损坏的,可申请补发或换发。

第四章　软件登记公告

第二十六条　除本办法另有规定外,任何人均可查阅软件登记公告以及可公开的有关登记文件。

第二十七条　软件登记公告的内容如下:

(一)软件著作权的登记;

(二)软件著作权合同登记事项;

(三)软件登记的撤销;

(四)其他事项。

第五章　费　　用

第二十八条　申请软件登记或者办理其他事项,应当交纳下列费用:

(一)软件著作权登记费;

(二)软件著作权合同登记费;

(三)变更或补充登记费;

(四)登记证书费;

(五)封存保管费;

(六)例外交存费;

(七)查询费;

(八)撤销登记申请费;

(九)其他需交纳的费用。

具体收费标准由国家版权局会同国务院价格主管部门规定并公布。

第二十九条　申请人自动撤回申请或者登记机关不予登记的,所交费用不予退回。

第三十条　本办法第二十八条规定的各种费用,可以通过邮局或银行汇付,也可以直接向中国版权保护中心交纳。

第六章　附　　则

第三十一条　本办法规定的、中国版权保护中心指定的各种期限,第一日不计算在内。期限以年或者月计算的,以最后一个月的相应日为届满日;该月无相应日的,以该月的最后一日为届满日。届满日是法定节假日的,以节假日后的第一个工作日为届满日。

第三十二条 申请人向中国版权保护中心邮寄的各种文件,以寄出的邮戳日为递交日。信封上寄出的邮戳日不清晰的,除申请人提出证明外,以收到日为递交日。中国版权保护中心邮寄的各种文件,送达地是省会、自治区首府及直辖市的,自文件发出之日满十五日,其他地区满二十一日,推定为收件人收到文件之日。

第三十三条 申请人因不可抗力或其他正当理由,延误了本办法规定或者中国版权保护中心指定的期限,在障碍消除后三十日内,可以请求顺延期限。

第三十四条 本办法由国家版权局负责解释和补充修订。

第三十五条 本办法自发布之日起实施。

最高人民法院关于做好涉及网吧著作权纠纷案件审判工作的通知

(2010年11月25日 法发〔2010〕50号)

各省、自治区、直辖市高级人民法院,新疆维吾尔自治区高级人民法院生产建设兵团分院:

近年来,各级人民法院审理的网吧因提供影视作品被诉侵权的相关案件大幅增加,出现了一些新情况和新问题,引起有关方面的高度关注。为解决当前审理涉及网吧著作权纠纷案件中存在的突出问题,依法妥善审理好此类案件,现就有关事项通知如下:

一、各级人民法院要认真研究分析当前涉及网吧著作权纠纷案件急剧上升的成因和现状,在此类案件的审理中,在积极支持当事人依法维权的同时,也要注意防止滥用权利情形的发生。要注意处理好依法保护与适度保护的关系,既要依法保护当事人的著作权,有效制止侵权行为,又要正确确定网吧经营者和相关影视作品提供者的责任承担,注意把握司法导向和利益平衡,积极促进信息传播和规范传播秩序,推动相关互联网文化产业健康发展。

二、要积极探索有效解决纠纷的途径,认真贯彻"调解优先,调判结合"的工作原则。在加强诉讼调解的同时,积极推动建立诉讼与非诉讼相衔接的矛盾纠纷解决机制,发挥行业主管部门和行业协会的作用,采取各种措施引导网吧经营者规范经营行为,以减少诉讼,维护社会和谐稳定。

三、网吧经营者未经许可,通过网吧自行提供他人享有著作权的影视作品,侵犯他人信息网络传播权等权利的,应当根据原告的诉讼请求判决其停止侵权和赔偿损失。赔偿数额的确定要合理和适度,要符合网吧经营活动的特点和实际,除应考虑涉案影视作品的市场影响、知名度、上映档期、合理的许可使用费外,还应重点考虑网吧的服务价格、规模、主观过错程度以及侵权行为的性质、持续时间、对侵权作品的点击或下载数量、当地经济文化发展状况等因素。

法律、行政法规对网吧经营者承担侵权责任的情形另有规定的,按其规定执行。

四、网吧经营者能证明涉案影视作品是从有经营资质的影视作品提供者合法取得,根据取得时的具体情形不知道也没有合理理由应当知道涉案影视作品侵犯他人信息网络传播权等权利的,不承担赔偿损失的民事责任。但网吧经营者经权利人通知后,未及时采取必要措施的,应对损害的扩大部分承担相应的民事责任。

五、网吧经营者请求追加涉案影视作品提供者为共同被告的,可根据案件的具体情况决定是否追加其参加诉讼。

本通知自下发之日起执行。执行中如有问题和新情况,请及时层报最高人民法院。

最高人民法院关于审理侵害信息网络传播权民事纠纷案件适用法律若干问题的规定

(2012年11月26日最高人民法院审判委员会第1561次会议通过 2012年12月17日最高人民法院公告公布 自2013年1月1日起施行 法释〔2012〕20号)

为正确审理侵害信息网络传播权民事纠纷案件,依法保护信息网络传播权,促进信息网络产业健康发展,维护公共利益,根据《中华人民共和国民法通则》《中华人民共和国侵权责任法》《中华人民共和国著作权法》《中华人民共和国民事诉讼法》等有关法律规定,结合审判实际,制定本规定。

第一条 人民法院审理侵害信息网络传播权民事纠纷案件,在依法行使裁量权时,应当兼顾权利人、网络服务提供者和社会公众的利益。

第二条 本规定所称信息网络,包括以计算机、电视机、固定电话机、移动电话机等电子设备为终端的计算机互联网、广播电视网、固定通信网、移动通信网等信息网络,以及向公众开放的局域网络。

第三条 网络用户、网络服务提供者未经许可,通过信息网络提供权利人享有信息网络传播权的作品、表演、录音录像制品,除法律、行政法规另有规定外,人民法院应当认定其构成侵害信息网络传播权行为。

通过上传到网络服务器、设置共享文件或者利用文件分享软件等方式,将作品、表演、录音录像制品置于信息网络中,使公众能够在个人选定的时间和地点以下载、浏览或者其他方式获得的,人民法院应当认定其实施了前款规定的提供行为。

第四条　有证据证明网络服务提供者与他人以分工合作等方式共同提供作品、表演、录音录像制品，构成共同侵权行为的，人民法院应当判令其承担连带责任。网络服务提供者能够证明其仅提供自动接入、自动传输、信息存储空间、搜索、链接、文件分享技术等网络服务，主张其不构成共同侵权行为的，人民法院应予支持。

第五条　网络服务提供者以提供网页快照、缩略图等方式实质替代其他网络服务提供者向公众提供相关作品的，人民法院应当认定其构成提供行为。

前款规定的提供行为不影响相关作品的正常使用，且未不合理损害权利人对该作品的合法权益，网络服务提供者主张其未侵害信息网络传播权的，人民法院应予支持。

第六条　原告有初步证据证明网络服务提供者提供了相关作品、表演、录音录像制品，但网络服务提供者能够证明其仅提供网络服务，且无过错的，人民法院不应认定为构成侵权。

第七条　网络服务提供者在提供网络服务时教唆或者帮助网络用户实施侵害信息网络传播权行为的，人民法院应当判令其承担侵权责任。

网络服务提供者以言语、推介技术支持、奖励积分等方式诱导、鼓励网络用户实施侵害信息网络传播权行为的，人民法院应当认定其构成教唆侵权行为。

网络服务提供者明知或者应知网络用户利用网络服务侵害信息网络传播权，未采取删除、屏蔽、断开链接等必要措施，或者提供技术支持等帮助行为的，人民法院应当认定其构成帮助侵权行为。

第八条　人民法院应当根据网络服务提供者的过错，确定其是否承担教唆、帮助侵权责任。网络服务提供者的过错包括对于网络用户侵害信息网络传播权行为的明知或者应知。

网络服务提供者未对网络用户侵害信息网络传播权的行为主动进行审查的，人民法院不应据此认定其具有过错。

网络服务提供者能够证明已采取合理、有效的技术措施，仍难以发现网络用户侵害信息网络传播权行为的，人民法院应当认定其不具有过错。

第九条　人民法院应当根据网络用户侵害信息网络传播权的具体事实是否明显，综合考虑以下因素，认定网络服务提供者是否构成应知：

（一）基于网络服务提供者提供服务的性质、方式及其引发侵权的可能性大小，应当具备的管理信息的能力；

（二）传播的作品、表演、录音录像制品的类型、知名度及侵权信息的明显程度；

（三）网络服务提供者是否主动对作品、表演、录音录像制品进行了选择、编辑、修改、推荐等；

（四）网络服务提供者是否积极采取了预防侵权的合理措施；

（五）网络服务提供者是否设置便捷程序接收侵权通知并及时对侵权通知作出合理的反应；

（六）网络服务提供者是否针对同一网络用户的重复侵权行为采取了相应的合理措施；

（七）其他相关因素。

第十条　网络服务提供者在提供网络服务时，对热播影视作品等以设置榜单、目录、索引、描述性段落、内容简介等方式进行推荐，且公众可以在其网页上直接以下载、浏览或者其他方式获得的，人民法院可以认定其应知网络用户侵害信息网络传播权。

第十一条　网络服务提供者从网络用户提供的作品、表演、录音录像制品中直接获得经济利益的，人民法院应当认定其对该网络用户侵害信息网络传播权的行为负有较高的注意义务。

网络服务提供者针对特定作品、表演、录音录像制品投放广告获取收益，或者获取与其传播的作品、表演、录音录像制品存在其他特定联系的经济利益，应当认定为前款规定的直接获得经济利益。网络服务提供者因提供网络服务而收取一般性广告费、服务费等，不属于本款规定的情形。

第十二条　有下列情形之一的，人民法院可以根据案件具体情况，认定提供信息存储空间服务的网络服务提供者应知网络用户侵害信息网络传播权：

（一）将热播影视作品等置于首页或者其他主要页面等能够为网络服务提供者明显感知的位置的；

（二）对热播影视作品等的主题、内容主动进行选择、编辑、整理、推荐，或者为其设立专门的排行榜的；

（三）其他可以明显感知相关作品、表演、录音录像制品为未经许可提供，仍未采取合理措施的情形。

第十三条　网络服务提供者接到权利人以书信、传真、电子邮件等方式提交的通知，未及时采取删除、屏蔽、断开链接等必要措施的，人民法院应当认定其明知相关侵害信息网络传播权行为。

第十四条　人民法院认定网络服务提供者采取的删除、屏蔽、断开链接等必要措施是否及时，应当根据权利人提交通知的形式，通知的准确程度，采取措施的难易程度，网络服务的性质，所涉作品、表演、录音录像制品的类型、知名度、数量等因素综合判断。

第十五条　侵害信息网络传播权民事纠纷案件由侵权行为地或者被告住所地人民法院管辖。侵权行为地包括实施被诉侵权行为的网络服务器、计算机终端等设备所在地。侵权行为地和被告住所地均难以确定或者在境外的，原告发现侵权内容的计算机终端等设备所在地可以视为侵权行为地。

第十六条　本规定施行之日起，《最高人民法院关于审理涉及计算机网络著作权纠纷案件适用法律若干问题的解释》（法释〔2006〕11号）同时废止。

本规定施行之后尚未终审的侵害信息网络传播权民事纠纷案件，适用本规定。本规定施行前已经终审，当事人申请再审或者按照审判监督程序决定再审的，不适用本规定。

（三）著作权报酬

广播电台电视台播放录音制品支付报酬暂行办法

（2009年11月10日中华人民共和国国务院令第566号公布　根据2011年1月8日《国务院关于废止和修改部分行政法规的决定》修订）

第一条　为了保障著作权人依法行使广播权，方便广播电台、电视台播放录音制品，根据《中华人民共和国著作权法》（以下称著作权法）第四十四条的规定，制定本办法。

第二条　广播电台、电视台可以就播放已经发表的音乐作品向著作权人支付报酬的方式、数额等有关事项与管理相关权利的著作权集体管理组织进行约定。

广播电台、电视台播放已经出版的录音制品，已经与著作权人订立许可使用合同的，按照合同约定的方式和标准支付报酬。

广播电台、电视台依照著作权法第四十四条的规定，未经著作权人的许可播放已经出版的录音制品（以下称播放录音制品）的，依照本办法向著作权人支付报酬。

第三条　本办法所称播放，是指广播电台、电视台以无线或者有线的方式进行的首播、重播和转播。

第四条　广播电台、电视台播放录音制品，可以与管理相关权利的著作权集体管理组织约定每年向著作权人支付固定数额的报酬；没有就固定数额进行约定或者约定不成的，广播电台、电视台与管理相关权利的著作权集体管理组织可以以下列方式之一为基础，协商向著作权人支付报酬：

（一）以本台或者本台各频道（频率）本年度广告收入扣除15%成本费用后的余额，乘以本办法第五条或者第六条规定的付酬标准，计算支付报酬的数额；

（二）以本台本年度播放录音制品的时间总量，乘以本办法第七条规定的单位时间付酬标准，计算支付报酬的数额。

第五条　以本办法第四条第（一）项规定方式确定向著作权人支付报酬的数额的，自本办法施行之日起5年内，按照下列付酬标准协商支付报酬的数额：

（一）播放录音制品的时间占本台或者本频道（频率）播放节目总时间的比例（以下称播放时间比例）不足1%的，付酬标准为0.01%；

（二）播放时间比例为1%以上不足3%的，付酬标准为0.02%；

（三）播放时间比例为3%以上不足6%的，相应的付酬标准为0.09%到0.15%，播放时间比例每增加1%，付酬标准相应增加0.03%；

（四）播放时间比例为6%以上10%以下的，相应的付酬标准为0.24%到0.4%，播放时间比例每增加1%，付酬标准相应增加0.04%；

（五）播放时间比例超过10%不足30%的，付酬标准为0.5%；

（六）播放时间比例为30%以上不足50%的，付酬标准为0.6%；

（七）播放时间比例为50%以上不足80%的，付酬标准为0.7%；

（八）播放时间比例为80%以上的，付酬标准为0.8%。

第六条　以本办法第四条第（一）项规定方式确定向著作权人支付报酬的数额的，自本办法施行届满5年之日起，按照下列付酬标准协商支付报酬的数额：

（一）播放时间比例不足1%的，付酬标准为0.02%；

（二）播放时间比例为1%以上不足3%的，付酬标准为0.03%；

（三）播放时间比例为3%以上不足6%的，相应的付酬标准为0.12%到0.2%，播放时间比例每增加1%，付酬标准相应增加0.04%；

（四）播放时间比例为6%以上10%以下的，相应的付酬标准为0.3%到0.5%，播放时间比例每增加1%，付酬标准相应增加0.05%；

（五）播放时间比例超过10%不足30%的，付酬标准为0.6%；

（六）播放时间比例为30%以上不足50%的，付酬标准为0.7%；

（七）播放时间比例为50%以上不足80%的，付酬标准为0.8%；

（八）播放时间比例为80%以上的，付酬标准为0.9%。

第七条　以本办法第四条第（二）项规定的方式确定向著作权人支付报酬的数额的，按照下列付酬标准协商支付报酬的数额：

（一）广播电台的单位时间付酬标准为每分钟0.30元；

（二）电视台的单位时间付酬标准自本办法施行之日起5年内为每分钟1.50元，自本办法施行届满5年之日起为每分钟2元。

第八条　广播电台、电视台播放录音制品，未能依照本办法第四条的规定与管理相关权利的著作权集体管理组织约定支付报酬的固定数额，也未能协商确定应支付报酬的，应当依照本办法第四条第（一）项规定的方式和第五条、第六条规定的标准,确定向管理相关权利的著作权集体管理组织支付报酬的数额。

第九条 广播电台、电视台转播其他广播电台、电视台播放的录音制品的,其播放录音制品的时间按照实际播放时间的10%计算。

第十条 中部地区的广播电台、电视台依照本办法规定方式向著作权人支付报酬的数额,自本办法施行之日起5年内,按照依据本办法规定计算出的数额的50%计算。

西部地区的广播电台、电视台以及全国专门对少年儿童、少数民族和农村地区等播出的专业频道(频率),依照本办法规定方式向著作权人支付报酬的数额,自本办法施行之日起5年内,按照依据本办法规定计算出的数额的10%计算;自本办法施行届满5年之日起,按照依据本办法规定计算出的数额的50%计算。

第十一条 县级以上人民政府财政部门将本级人民政府设立的广播电台、电视台播放录音制品向著作权人支付报酬的支出作为核定其收支的因素,根据本地区财政情况综合考虑,统筹安排。

第十二条 广播电台、电视台向著作权人支付报酬,以年度为结算期。

广播电台、电视台应当于每年度第一季度将其上年度应当支付的报酬交由著作权集体管理组织转付给著作权人。

广播电台、电视台通过著作权集体管理组织向著作权人支付报酬时,应当提供其播放作品的名称、著作权人姓名或者名称、播放时间等情况,双方已有约定的除外。

第十三条 广播电台、电视台播放录音制品,未向管理相关权利的著作权集体管理组织会员以外的著作权人支付报酬的,应当按照本办法第十二条的规定将应支付的报酬送交管理相关权利的著作权集体管理组织;管理相关权利的著作权集体管理组织应当向著作权人转付。

第十四条 著作权集体管理组织向著作权人转付报酬,除本办法已有规定外,适用《著作权集体管理条例》的有关规定。

第十五条 广播电台、电视台依照本办法规定将应当向著作权人支付的报酬交给著作权集体管理组织后,对著作权集体管理组织与著作权人之间的纠纷不承担责任。

第十六条 广播电台、电视台与著作权人或者著作权集体管理组织因依照本办法规定支付报酬产生纠纷的,可以依法向人民法院提起民事诉讼,或者根据双方达成的书面仲裁协议向仲裁机构申请仲裁。

第十七条 本办法自2010年1月1日起施行。

使用文字作品支付报酬办法

(2014年9月23日国家版权局、国家发展和改革委员会令第11号公布 自2014年11月1日起施行)

第一条 为保护文字作品著作权人的著作权,规范使用文字作品的行为,促进文字作品的创作与传播,根据《中华人民共和国著作权法》及相关行政法规,制定本办法。

第二条 除法律、行政法规另有规定外,使用文字作品支付报酬由当事人约定;当事人没有约定或者约定不明的,适用本办法。

第三条 以纸介质出版方式使用文字作品支付报酬可以选择版税、基本稿酬加印数稿酬或者一次性付酬等方式。

版税,是指使用者以图书定价×实际销售数或者印数×版税率的方式向著作权人支付的报酬。

基本稿酬,是指使用者按作品的字数,以千字为单位向著作权人支付的报酬。

印数稿酬,是指使用者根据图书的印数,以千册为单位按基本稿酬的一定比例向著作权人支付的报酬。

一次性付酬,是指使用者根据作品的质量、篇幅、作者的知名度、影响力以及使用方式、使用范围和授权期限等因素,一次性向著作权人支付的报酬。

第四条 版税率标准和计算方法:

(一)原创作品:3%—10%

(二)演绎作品:1%—7%

采用版税方式支付报酬的,著作权人可以与使用者在合同中约定,在交付作品时或者签订合同时由使用者向著作权人预付首次实际印数或者最低保底发行数的版税。

首次出版发行数不足千册的,按千册支付版税,但在下次结算版税时对已经支付版税部分不再重复支付。

第五条 基本稿酬标准和计算方法:

(一)原创作品:每千字80-300元,注释部分参照该标准执行。

(二)演绎作品:

1. 改编:每千字20-100元

2. 汇编:每千字10-20元

3. 翻译:每千字50-200元

支付基本稿酬以千字为单位,不足千字部分按千字计算。

支付报酬的字数按实有正文计算,即以排印的版面每行字数乘以全部实有的行数计算。占行题目或者末尾排不足一行的,按一行计算。

诗词每十行按一千字计算,作品不足十行的按十行计算。

辞书类作品按双栏排版的版面折合的字数计算。

第六条 印数稿酬标准和计算方法:

每印一千册,按基本稿酬的1%支付。不足一千册的,按一千册计算。

作品重印时只支付印数稿酬,不再支付基本稿酬。

采用基本稿酬加印数稿酬的付酬方式的,著作权人可以与使用者在合同中约定,在交付作品时由使用者支付基本稿酬的30% -50%。除非合同另有约定,作品一经使用,使用者应当在6个月内付清全部报酬。作品重印的,应在重印后6个月内付清印数稿酬。

第七条 一次性付酬的,可以参照本办法第五条规定的基本稿酬标准及其计算方法。

第八条 使用演绎作品,除合同另有约定或者原作品已进入公有领域外,使用者还应当取得原作品著作权人的许可并支付报酬。

第九条 使用者未与著作权人签订书面合同,或者签订了书面合同但未约定付酬方式和标准,与著作权人发生争议的,应当按本办法第四条、第五条规定的付酬标准的上限分别计算报酬,以较高者向著作权人支付,并不得以出版物抵作报酬。

第十条 著作权人许可使用者通过转授权方式在境外出版作品,但对支付报酬没有约定或约定不明的,使用者应当将所得报酬扣除合理成本后的70%支付给著作权人。

第十一条 报刊刊载作品只适用一次性付酬方式。

第十二条 报刊刊载未发表的作品,除合同另有约定外,应当自刊载后1个月内按每千字不低于100元的标准向著作权人支付报酬。

报刊刊载未发表的作品,不足五百字的按千字作半计算;超过五百字不足千字的按千字计算。

第十三条 报刊依照《中华人民共和国著作权法》的相关规定转载、摘编其他报刊已发表的作品,应当自报刊出版之日起2个月内,按每千字100元的付酬标准向著作权人支付报酬,不足五百字的按千字作半计算,超过五百字不足千字的按千字计算。

报刊出版者未按前款规定向著作权人支付报酬的,应当将报酬连同邮资以及转载、摘编作品的有关情况送交中国文字著作权协会代为收转。中国文字著作权协会收到相关报酬后,应当按相关规定及时向著作权人转付,并编制报酬收转记录。

报刊出版者按前款规定将相关报酬转交给中国文字著作权协会后,对著作权人不再承担支付报酬的义务。

第十四条 以纸介质出版方式之外的其他方式使用文字作品,除合同另有约定外,使用者应当参照本办法规定的付酬标准和付酬方式付酬。

在数字或者网络环境下使用文字作品,除合同另有约定外,使用者可以参照本办法规定的付酬标准和付酬方式付酬。

第十五条 教科书法定许可使用文字作品适用《教科书法定许可使用作品支付报酬办法》。

第十六条 本办法由国家版权局会同国家发展和改革委员会负责解释。

第十七条 本办法自2014年11月1日起施行。国家版权局1999年4月5日发布的《出版文字作品报酬规定》同时废止。

关于使用音乐作品进行表演的著作权许可使用费标准的公告

(2011年10月27日　国家版权局公告2011年第3号)

根据《中华人民共和国著作权法》和《著作权集体管理条例》的规定,国家版权局现将中国音乐著作权协会上报的《使用音乐作品进行表演的著作权许可使用费标准》予以公告。

使用音乐作品进行表演的著作权许可使用费标准

本标准根据音乐作品表演权内容分为现场表演类收费标准和机械表演类收费标准两部分。

现场表演收费标准

音乐会、演唱会等现场表演的收费,按以下公式计算:

音乐著作权使用费 = 座位数×平均票价×4%

按此公式计算,分摊至每首音乐作品时,最低使用费为:

座位数在1000(含)以下时,每首音乐作品收费低于100元的,按100元计;

座位数在1001 -2000时,每首音乐作品收费低于200元的,按200元计;

座位数在2001 -5000时,每首音乐作品收费低于300元的,按300元计;

座位数在5001 -10000时,每首音乐作品收费低于500元的,按500元计;

座位数在10001 -20000时,每首音乐作品收费低于1000元的,按1000元计;

座位数在20001 -30000时,每首音乐作品收费低于1500元的,按1500元计;

座位数在30001 -40000时,每首音乐作品收费低于2000元的,按2000元计;

座位数在40001 -50000时,每首音乐作品收费低于2500元的,按2500元计;

座位数在50001(含)以上时,每首音乐作品收费低于3000元的,按3000元计。

注：

“座位数”，指演出场地可以提供给观众的实际座位数。

“平均票价”应依申请人演出前提供的预计出售门票的价位及其相应票数的清单计算；申请人未提供的，按各档票价之和除以档数计算。

超过5分钟的音乐作品，每5分钟按一首音乐作品计。其中，超过部分不足5分钟的，按5分钟计。

不售票的演出，每首音乐作品均应按照上述标准中的最低使用费计算。

机械表演收费标准

收费标准一　本标准适用于夜总会、歌舞厅（不含卡拉OK歌厅）、迪斯科舞厅等。

此类场所按营业面积收费，则：

1）营业面积不足100平方米的，每平方米每天收费0.15元；

2）营业面积超过100平方米的，增加的部分每平方米每天收费0.12元。

收费标准二　本标准适用于酒吧、咖啡厅、餐厅等。

1. 仅提供机械表演的：

营业面积不足40平方米的，每平方米每天收费0.025元；

营业面积超过40平方米的，增加的部分每平方米每天收费0.02元。

2. 提供机械表演和现场表演的：

营业面积不足40平方米的，每平方米每天收费0.05元；

营业面积超过40平方米的，增加的部分每平方米每天收费0.04元。

3. 如设有荧光屏播放音乐作品，则每个荧光屏每年加收350元。

收费标准三　本标准适用于宾馆。

此类场所按客房数收费，其中：

五星级宾馆，每年每间客房45元；

四星级宾馆，每年每间客房40元；

三星级宾馆，每年每间客房35元；

二星级宾馆，每年每间客房15元；

一星级宾馆，每年每间客房10元。

此类场所如在客房外设有荧光屏播放音乐作品，则每个荧光屏每年加收200元。

所附夜总会、歌舞厅、咖啡厅、餐厅等场所按相关标准另行计算。

收费标准四　本标准适用于各类卖场。

超市

对于同一家门店：

①营业面积在200平方米（含）以下的部分，每平方米每年收费2.65元；

营业面积在201－500平方米的部分，每平方米每年收费2.60元；

营业面积在501－1000平方米的部分，每平方米每年收费2.50元；

营业面积在1001－3000平方米的部分，每平方米每年收费2.38元；

营业面积在3001－5000平方米的部分，每平方米每年收费2.25元；

营业面积在5001－10000平方米的部分，每平方米每年收费2.10元；

营业面积在10001－20000平方米的部分，每平方米每年收费1.90元；

营业面积在20001平方米以上的部分，每平方米每年收费1.80元。

依照上述标准计算，年度使用费不足200元的按200元计。

②设有荧光屏播放音乐作品的，则：

荧光屏之对角线长度不超过20英寸的，每个荧光屏每年加收200元；

荧光屏之对角线长度在20－50英寸的，每个荧光屏每年加收500元；

荧光屏之对角线长度超过50英寸的，每个荧光屏每年加收1000元。

商场

对于同一家门店：

①营业面积在1000平方米（含）以下的部分，每年每平方米收费3元；

营业面积在1001－5000平方米的部分，每年每平方米收费2.8元；

营业面积在5001－10000平方米的部分，每年每平方米收费2.55元；

营业面积在10001－30000平方米的部分，每年每平方米收费2.25元；

营业面积在30001－50000平方米的部分，每年每平方米收费1.90元；

营业面积在50001－100000平方米的部分，每年每平方米收费1.5元；

营业面积在100000平方米以上的部分，每年每平方米收费1元。

依照上述标准计算，年度使用费不足500元的按500元计。

②如设有荧光屏播放音乐作品，则：

荧光屏之对角线长度不超过20英寸的，每个荧光屏每年加收200元；

荧光屏之对角线长度在20－50英寸的，每个荧光屏每年加收500元；

荧光屏之对角线长度超过50英寸的，每个荧光屏每年加收1000元。

家居店

对于同一家门店：

①营业面积在3000平方米（含）以下的部分，每平方米每年收费1.80元；

营业面积在3001－10000平方米的部分，每平方米每年收费1.50元；

营业面积在10001－20000平方米的部分，每平方米每年收费1.20元；

营业面积在20001平方米以上的部分，每平方米每年收费1元。

②如设有荧光屏播放音乐作品，则：

荧光屏之对角线长度不超过20英寸的，每个荧光屏每年加收200元；

荧光屏之对角线长度在20－50英寸的，每个荧光屏每年加收300元；

荧光屏之对角线长度超过50英寸的，每个荧光屏每年加收600元。

4.汽车四S店

①按照营业面积，每平方米每年收费1.5元；照此标准计算，年度使用费低于200元的按200元计。

②如设有荧光屏播放音乐作品，则：

荧光屏之对角线长度不超过20英寸的，每个荧光屏每年加收200元；

荧光屏之对角线长度在20－50英寸的，每个荧光屏每年加收300元；

荧光屏之对角线长度超过50英寸的，每个荧光屏每年加收600元。

5.音像店

①按照营业面积，每平方米每年收费5元。照此标准计算，年度使用费低于400元的按400元计。

②设有荧光屏播放音乐作品的，每个荧光屏每年加收200元。

注：收费标准四所列各经营场所中，所附餐厅等已有相应收费标准的均按相应收费标准另行计算。

收费标准五　本标准适用于健身房。

对于同一家门店：

①按照营业面积，

不超过200平方米的部分，每平方米每年收费4.5元；

201－500平方米的部分，每平方米每年收费4.2元；

501－1000平方米的部分，每平方米每年收费4元；

1000平方米以上的部分，每平方米每年收费3.6元。

②设有荧光屏播放音乐作品的，则：

荧光屏之对角线长度不超过20英寸的，每个每年200元；

荧光屏之对角线长度在20－50英寸的，每个每年500元；

荧光屏之对角线长度超过50英寸的，每个每年1000元。

收费标准六　本标准适用于溜冰场。

①按照营业面积，每平方米每年收费7元。

②设有荧光屏播放音乐作品的，每个荧光屏每年加收500元。

收费标准七　本标准适用于保龄球馆、台球厅、洗浴中心、美容院、发廊、影楼。

①按照营业面积，每平方米每年收费1.8元；照此标准计算，年度使用费低于300元的按300元计。

②设有荧光屏播放音乐作品的，每个荧光屏每年加收350元。

③所附餐厅等已有相应收费标准的场所均按相应收费标准另行计算。

收费标准八　本标准适用于音乐喷泉。

面积在50平方米以下的，每年收费200元；

面积在51－300平方米的，每年收费400元；

面积在301平方米以上的，每年收费1000元。

收费标准九　本标准适用于话剧、戏剧。

①以机械表演方式使用音乐作品的，按照每场每分钟100元的标准收取音乐著作权使用费，不足一分钟的按一分钟计算。

②以演员演唱的方式使用音乐作品的，按照每场每半分钟100元的标准收取音乐著作权使用费，不足半分钟的按半分钟计算。

收费标准十　本标准适用于银行、电信等行业的营业厅。

①按照营业面积，每平方米每年5元。照此标准计算，年度使用费低于500元的按500元计。

②设有荧光屏播放音乐作品的，每个荧光屏每年加收400元。

收费标准十一　本标准适用于展厅。

长期使用音乐的展厅，每平方米每天收费0.01元。照此标准计算，年度使用费低于200元的按200元计。

收费标准十二　本标准适用于短期展览(车展、时装展等)。

此类场所按照展台费的1%计算或

1. 仅以机械表演方式使用音乐作品的:每展台每天200元;

2. 以机械表演和现场表演两种方式使用音乐作品的:每展台每天500元。

本标准中所指展台以100平方米为单位,不足100平方米的按100平方米计算。

收费标准十三　本标准适用于办公楼、写字楼。

①每平方米每年收费1元。照此标准计算,年度使用费低于200元的按200元计。

②电梯间如播放音乐,则每部电梯每年加收300元。

③设有荧光屏播放音乐作品的,每个荧光屏每年加收200元。

④所附餐厅等已有相应收费标准的场所均按相应收费标准另行计算。

收费标准十四　本标准适用于公园。

此类场所按照扬声器的数量计算使用费:

1. 非主题公园,每个扬声器每年100元;

2. 主题公园,每个扬声器每年200元;

3. 游乐场,每个扬声器每年300元。

以上场所中,如有现场表演,则音乐著作权使用费加倍计算。

所附餐厅等已有相应收费标准的场所均按相应收费标准另行计算。

收费标准十五　本标准适用于嘉年华。

在嘉年华活动中以播放背景音乐或进行现场表演(演唱会除外)的方式使用音乐作品,按照每天每千平米100元的标准收取音乐著作权使用费,不足一千平米的按一千平米计。

注:本标准中所称"嘉年华活动"特指室外大型文化、娱乐活动。

收费标准十六　本标准适用于各类交通工具及其等候场所。

1. 客运汽车

客车数量在50辆车(含)以内的,每辆车每年收费为400元;客车数量超过50辆的,超过部分每辆车每年收费为300元。

2. 航空

国际运营线:

每运载1000名乘客每公里0.10元;

但每班次最低收费不得低于30元。

国内运营线:

每运载1000名乘客每公里0.05元;

但每班次最低收费不得低于6元。

3. 铁路

高铁线路:每车次运行每公里收费0.02元。

动车线路:每车次运行每公里收费0.015元。

直快线路和旅游线路:每车次运行每公里收费0.01元。

特快线路:每车次运行每公里收费0.008元。

快速线路:每车次运行每公里收费0.007元。

普通线路:每车次运行每公里收费0.005元。

船舶

容客量不超过100人的,每艘船每年收费300元;

容客量在101－500人的,每艘船每年收费500元;

容客量在501－1000人的,每艘船每年收费1000元;

容客量超过1000人的,每艘船每年收费2000元。

候车、候船、候机大厅

按照营业面积,每平方米每年收费1元。照此标准计算,每个场所年度使用费低于200元的按200元计。

收费标准十七　本标准适用于电话等候音乐。

在电话等候音乐中使用音乐作品,按照使用电话线的数量计算使用费:5条电话线以下(含5条)每年500元;5至10条电话线(含10条)每年750元;10条电话线以上每增加10条电话线每年增加400元。

注:电话线的数量应与电话总机和分机的总数相一致。

附　则

该许可标准在我国中部、西部等经济相对落后的地区执行时,可以根据实际情况进行适当调整后适用。

在连锁企业就其所属门店统一解决音乐作品表演权时,可以基于连锁企业经营规模将本标准进行适当调整后适用。

在行业协会就其会员单位统一解决音乐表演权时,可以基于行业覆盖率将本标准进行适当调整后适用。

国家版权局关于出版美术作品适用版税问题的意见

(2003年3月14日　国权办〔2003〕10号)

黑龙江省版权局:

黑版权函(2003)1号文收悉。经研究,现就有关问题答复如下:

一、根据我国著作权法第27条的规定,使用作品的付酬标准可以由当事人约定,也可以依照国务院著作权行政管理部门会同有关部门制定的付酬标准。在美术作品付酬标准尚未制定的情况下，出版社出版美术图书时，主要是由作者与出版社自行约定，双方既可以选择基本稿酬加印数稿酬或一次性付酬的方式支付报酬，也可以选择版税的付酬方式。

二、实践中，版税计算公式既可以采用图书定价×版税率×发行数，也可以采用图书定价×版税率×印数。“发行数”是指实际销售图书的数量，而不是“印数”。

国家版权局关于复制发行境外录音制品向著作权人付酬有关问题的通知

（2000年9月13日　国权〔2000〕38号）

各省、自治区、直辖市版权局：

近年来，国内音像出版单位和其他单位引进境外录音制品在境内复制发行时，因授权方和引进方在授权合同中未约定向词曲作品著作权人付酬事项，引起了不必要的纷争。为避免今后再发生此类纠纷，进一步规范引进境外录音制品合同，经研究，就有关事宜通知如下：

一、音像出版单位或其他单位在引进境外录音制品时，应在授权合同中就向音乐作品的著作权人付酬事宜与授权方做出明确约定。

二、凡在合同中约定由引进方（包括音像出版单位或其他单位）向境外录音制品中的词曲著作权人付酬，词曲著作权人是中国音乐著作权协会会员的，或词曲著作权人所属的集体管理协会与中国音乐著作权协会签订相互代理协议的，引进方应将使用报酬支付给中国音乐著作权协会。词曲著作权人不属于中国音乐著作权协会管理范围的，引进方应直接向词曲著作权人付酬或委托著作权集体管理组织代办为转付。

三、引进方支付报酬的标准按国家版权局颁发的《录音法定许可付酬标准暂行规定》和《关于录音法定许可付酬标准暂行规定的补充通知》中规定的标准支付。

请各地版权局将本通知转发当地音像出版单位，并认真检查执行情况。

录音法定许可付酬标准暂行规定

（1993年8月1日　国权〔1993〕41号）

第一条　根据《中华人民共和国著作权法》第三十七条的规定以录音的形式使用已发表的作品，依本规定向著作权人付酬，但著作权人声明不得使用的除外。

第二条　录制发行录音制品采用版税的方式付酬，即录音制品批发价×版税率×录音制品发行数。

第三条　录制发行录音制品付酬标准为：

不含文字的纯音乐作品版税率为3.5%；

歌曲、歌剧作品版税率为3.5%，其中音乐部分占版税所得60%，文字部分占版税所得40%；纯文字作品（含外国文字）版税率为3%；

国家机关通过行政措施保障发行的录音制品（如教材）版税率为1.5%。

第四条　录音制品中涉及两个或两个以上作品的，按照版税的方式以及相对应的版税率计算出录音制品中所有作品的报酬总额，再根据每一作品在整个录音制品中所占时间比例，确定其具体报酬。

第五条　使用改编作品进行录音，依第三条和第四条的规定确定具体报酬后，向作品的著作权人支付70%，向原作品著作权人支付30%。原作品已超过著作权保护期或不适用著作权法的，只按上述比例向被录制作品的著作权人付酬。

第六条　本规定由国家版权局负责解释。

国家版权局关于《录音法定许可付酬标准暂行规定》的补充通知

（1994年10月7日　国权〔1994〕65号）

1993年8月1日国家版权局颁布了《录音法定许可付酬标准暂行规定》，规定了以录音的形式使用已发表的作品的付酬标准。根据《中华人民共和国著作权法》第三十九条和第四十二条的规定，录音制作者经许可复制发行其他录音制作者制作的录音制品和广播电台制作的广播节目，均应当按照规定向著作权人和表演者支付报酬。对于上述两种复制发行情况的付酬标准，《录音法定许可付酬标准暂行规定》中没有作出规定，为此，特做如下补充规定：

除合同另有约定的，根据《中华人民共和国著作权法》第三十九条和第四十二条的规定，录音制作者经许可复制发行其他录音制作者制作的录音制品或复制发行广播电台制作的广播节目，向著作权人支付报酬的，适用《录音法定许可付酬标准暂行规定》第二条、第三条、第四条和第五条的规定；向表演者付酬的，适用第二条、第四条和第五条的规定并按第二条规定的各类作品标准的50%付酬。

（四）邻接权

出版管理条例

（2001年12月25日中华人民共和国国务院令第343号公布　根据2011年3月19日《国务院关于修改〈出版管理条例〉的决定》第一次修订　根据2013年7月18日《国务院关于废止和修改部分行政法规的决定》第二次修订　根据2014年7月29日《国务院关于修改部分行政法规的决定》第三次修订　根据2016年2月6日《国务院关于修改部分行政法规的决定》第四次修订）

第一章　总　　则

第一条　为了加强对出版活动的管理，发展和繁荣有中国特色社会主义出版产业和出版事业，保障公民依法行使出版自由的权利，促进社会主义精神文明和物质文明建设，根据宪法，制定本条例。

第二条　在中华人民共和国境内从事出版活动，适用本条例。

本条例所称出版活动，包括出版物的出版、印刷或者复制、进口、发行。

本条例所称出版物，是指报纸、期刊、图书、音像制品、电子出版物等。

第三条　出版活动必须坚持为人民服务、为社会主义服务的方向，坚持以马克思列宁主义、毛泽东思想、邓小平理论和"三个代表"重要思想为指导，贯彻落实科学发展观，传播和积累有益于提高民族素质、有益于经济发展和社会进步的科学技术和文化知识，弘扬民族优秀文化，促进国际文化交流，丰富和提高人民的精神生活。

第四条　从事出版活动，应当将社会效益放在首位，实现社会效益与经济效益相结合。

第五条　公民依法行使出版自由的权利，各级人民政府应当予以保障。

公民在行使出版自由的权利的时候，必须遵守宪法和法律，不得反对宪法确定的基本原则，不得损害国家的、社会的、集体的利益和其他公民的合法的自由和权利。

第六条　国务院出版行政主管部门负责全国的出版活动的监督管理工作。国务院其他有关部门按照国务院规定的职责分工，负责有关的出版活动的监督管理工作。

县级以上地方各级人民政府负责出版管理的部门（以下简称出版行政主管部门）负责本行政区域内出版活动的监督管理工作。县级以上地方各级人民政府其他有关部门在各自的职责范围内，负责有关的出版活动的监督管理工作。

第七条　出版行政主管部门根据已经取得的违法嫌疑证据或者举报，对涉嫌违法从事出版物出版、印刷或者复制、进口、发行等活动的行为进行查处时，可以检查与涉嫌违法活动有关的物品和经营场所；对有证据证明是与违法活动有关的物品，可以查封或者扣押。

第八条　出版行业的社会团体按照其章程，在出版行政主管部门的指导下，实行自律管理。

第二章　出版单位的设立与管理

第九条　报纸、期刊、图书、音像制品和电子出版物等应当由出版单位出版。

本条例所称出版单位，包括报社、期刊社、图书出版社、音像出版社和电子出版物出版社等。

法人出版报纸、期刊，不设立报社、期刊社的，其设立的报纸编辑部、期刊编辑部视为出版单位。

第十条　国务院出版行政主管部门制定全国出版单位总量、结构、布局的规划，指导、协调出版产业和出版事业发展。

第十一条　设立出版单位，应当具备下列条件：

（一）有出版单位的名称、章程；

（二）有符合国务院出版行政主管部门认定的主办单位及其主管机关；

（三）有确定的业务范围；

（四）有30万元以上的注册资本和固定的工作场所；

（五）有适应业务范围需要的组织机构和符合国家规定的资格条件的编辑出版专业人员；

（六）法律、行政法规规定的其他条件。

审批设立出版单位，除依照前款所列条件外，还应当符合国家关于出版单位总量、结构、布局的规划。

第十二条　设立出版单位，由其主办单位向所在地省、自治区、直辖市人民政府出版行政主管部门提出申请；省、自治区、直辖市人民政府出版行政主管部门审核同意后，报国务院出版行政主管部门审批。设立的出版单位为事业单位的，还应当办理机构编制审批手续。

第十三条　设立出版单位的申请书应当载明下列事项：

（一）出版单位的名称、地址；

（二）出版单位的主办单位及其主管机关的名称、地址；

（三）出版单位的法定代表人或者主要负责人的姓名、住址、资格证明文件；

（四）出版单位的资金来源及数额。

设立报社、期刊社或者报纸编辑部、期刊编辑部的，申请书还应当载明报纸或者期刊的名称、刊期、开版或者开本、印刷场所。

申请书应当附具出版单位的章程和设立出版单位的主办单位及其主管机关的有关证明材料。

第十四条　国务院出版行政主管部门应当自受理设立出版单位的申请之日起60日内，作出批准或者不批准的决定，并由省、自治区、直辖市人民政府出版行政主管部门书面通知主办单位;不批准的,应当说明理由。

第十五条 设立出版单位的主办单位应当自收到批准决定之日起60日内,向所在地省、自治区、直辖市人民政府出版行政主管部门登记,领取出版许可证。登记事项由国务院出版行政主管部门规定。

出版单位领取出版许可证后,属于事业单位法人的,持出版许可证向事业单位登记管理机关登记,依法领取事业单位法人证书;属于企业法人的,持出版许可证向工商行政管理部门登记,依法领取营业执照。

第十六条 报社、期刊社、图书出版社、音像出版社和电子出版物出版社等应当具备法人条件,经核准登记后,取得法人资格,以其全部法人财产独立承担民事责任。

依照本条例第九条第三款的规定,视为出版单位的报纸编辑部、期刊编辑部不具有法人资格,其民事责任由其主办单位承担。

第十七条 出版单位变更名称、主办单位或者其主管机关、业务范围、资本结构,合并或者分立,设立分支机构,出版新的报纸、期刊,或者报纸、期刊变更名称的,应当依照本条例第十二条、第十三条的规定办理审批手续。出版单位属于事业单位法人的,还应当持批准文件到事业单位登记管理机关办理相应的登记手续;属于企业法人的,还应当持批准文件到工商行政管理部门办理相应的登记手续。

出版单位除前款所列变更事项外的其他事项的变更,应当经主办单位及其主管机关审查同意,向所在地省、自治区、直辖市人民政府出版行政主管部门申请变更登记,并报国务院出版行政主管部门备案。出版单位属于事业单位法人的,还应当持批准文件到事业单位登记管理机关办理变更登记;属于企业法人的,还应当持批准文件到工商行政管理部门办理变更登记。

第十八条 出版单位中止出版活动的,应当向所在地省、自治区、直辖市人民政府出版行政主管部门备案并说明理由和期限;出版单位中止出版活动不得超过180日。

出版单位终止出版活动的,由主办单位提出申请并经主管机关同意后,由主办单位向所在地省、自治区、直辖市人民政府出版行政主管部门办理注销登记,并报国务院出版行政主管部门备案。出版单位属于事业单位法人的,还应当持批准文件到事业单位登记管理机关办理注销登记;属于企业法人的,还应当持批准文件到工商行政管理部门办理注销登记。

第十九条 图书出版社、音像出版社和电子出版物出版社自登记之日起满180日未从事出版活动的,报社、期刊社自登记之日起满90日未出版报纸、期刊的,由原登记的出版行政主管部门注销登记,并报国务院出版行政主管部门备案。

因不可抗力或者其他正当理由发生前款所列情形的,出版单位可以向原登记的出版行政主管部门申请延期。

第二十条 图书出版社、音像出版社和电子出版物出版社的年度出版计划及涉及国家安全、社会安定等方面的重大选题,应当经所在地省、自治区、直辖市人民政府出版行政主管部门审核后报国务院出版行政主管部门备案;涉及重大选题,未在出版前报备案的出版物,不得出版。具体办法由国务院出版行政主管部门制定。

期刊社的重大选题,应当依照前款规定办理备案手续。

第二十一条 出版单位不得向任何单位或者个人出售或者以其他形式转让本单位的名称、书号、刊号或者版号、版面,并不得出租本单位的名称、刊号。

出版单位及其从业人员不得利用出版活动谋取其他不正当利益。

第二十二条 出版单位应当按照国家有关规定向国家图书馆、中国版本图书馆和国务院出版行政主管部门免费送交样本。

第三章 出版物的出版

第二十三条 公民可以依照本条例规定,在出版物上自由表达自己对国家事务、经济和文化事业、社会事务的见解和意愿,自由发表自己从事科学研究、文学艺术创作和其他文化活动的成果。

合法出版物受法律保护,任何组织和个人不得非法干扰、阻止、破坏出版物的出版。

第二十四条 出版单位实行编辑责任制度,保障出版物刊载的内容符合本条例的规定。

第二十五条 任何出版物不得含有下列内容:

(一)反对宪法确定的基本原则的;

(二)危害国家统一、主权和领土完整的;

(三)泄露国家秘密、危害国家安全或者损害国家荣誉和利益的;

(四)煽动民族仇恨、民族歧视,破坏民族团结,或者侵害民族风俗、习惯的;

(五)宣扬邪教、迷信的;

(六)扰乱社会秩序,破坏社会稳定的;

(七)宣扬淫秽、赌博、暴力或者教唆犯罪的;

(八)侮辱或者诽谤他人,侵害他人合法权益的;

(九)危害社会公德或者民族优秀文化传统的;

(十)有法律、行政法规和国家规定禁止的其他内容的。

第二十六条 以未成年人为对象的出版物不得含有诱发未成年人模仿违反社会公德的行为和违法犯罪的行为的内容,不得含有恐怖、残酷等妨害未成年人身心健康的内容。

第二十七条 出版物的内容不真实或者不公正,致使公民、法人或者其他组织的合法权益受到侵害的,其出版单位应当公开更正,消除影响,并依法承担其他民事责任。

报纸、期刊发表的作品内容不真实或者不公正,致使公民、法人或者其他组织的合法权益受到侵害的,当事人有权要求有关出版单位更正或者答辩，有关出版单位应当在其近期出版的报纸、期刊上予以发表；拒绝发表的，当事人可以向人民法院提起诉讼。

第二十八条 出版物必须按照国家的有关规定载明作者、出版者、印刷者或者复制者、发行者的名称、地址，书号、刊号或者版号，在版编目数据，出版日期、刊期以及其他有关事项。

出版物的规格、开本、版式、装帧、校对等必须符合国家标准和规范要求，保证出版物的质量。

出版物使用语言文字必须符合国家法律规定和有关标准、规范。

第二十九条 任何单位和个人不得伪造、假冒出版单位名称或者报纸、期刊名称出版出版物。

第三十条 中学小学教科书由国务院教育行政主管部门审定；其出版、发行单位应当具有适应教科书出版、发行业务需要的资金、组织机构和人员等条件，并取得国务院出版行政主管部门批准的教科书出版、发行资质。纳入政府采购范围的中学小学教科书，其发行单位按照《中华人民共和国政府采购法》的有关规定确定。其他任何单位或者个人不得从事中学小学教科书的出版、发行业务。

第四章 出版物的印刷或者复制和发行

第三十一条 从事出版物印刷或者复制业务的单位，应当向所在地省、自治区、直辖市人民政府出版行政主管部门提出申请，经审核许可，并依照国家有关规定到工商行政管理部门办理相关手续后，方可从事出版物的印刷或者复制。

未经许可并办理相关手续的，不得印刷报纸、期刊、图书，不得复制音像制品、电子出版物。

第三十二条 出版单位不得委托未取得出版物印刷或者复制许可的单位印刷或者复制出版物。

出版单位委托印刷或者复制单位印刷或者复制出版物的，必须提供符合国家规定的印刷或者复制出版物的有关证明，并依法与印刷或者复制单位签订合同。

印刷或者复制单位不得接受非出版单位和个人的委托印刷报纸、期刊、图书或者复制音像制品、电子出版物，不得擅自印刷、发行报纸、期刊、图书或者复制、发行音像制品、电子出版物。

第三十三条 印刷或者复制单位经所在地省、自治区、直辖市人民政府出版行政主管部门批准，可以承接境外出版物的印刷或者复制业务；但是，印刷或者复制的境外出版物必须全部运输出境，不得在境内发行。

境外委托印刷或者复制的出版物的内容，应当经省、自治区、直辖市人民政府出版行政主管部门审核。委托人应当持有著作权人授权书，并向著作权行政管理部门登记。

第三十四条 印刷或者复制单位应当自完成出版物的印刷或者复制之日起2年内，留存一份承接的出版物样本备查。

第三十五条 单位从事出版物批发业务的，须经省、自治区、直辖市人民政府出版行政主管部门审核许可，取得《出版物经营许可证》。

单位和个体工商户从事出版物零售业务的，须经县级人民政府出版行政主管部门审核许可，取得《出版物经营许可证》。

第三十六条 通过互联网等信息网络从事出版物发行业务的单位或者个体工商户，应当依照本条例规定取得《出版物经营许可证》。

提供网络交易平台服务的经营者应当对申请通过网络交易平台从事出版物发行业务的单位或者个体工商户的经营主体身份进行审查，验证其《出版物经营许可证》。

第三十七条 从事出版物发行业务的单位和个体工商户变更《出版物经营许可证》登记事项，或者兼并、合并、分立的，应当依照本条例第三十五条的规定办理审批手续。

从事出版物发行业务的单位和个体工商户终止经营活动的，应当向原批准的出版行政主管部门备案。

第三十八条 出版单位可以发行本出版单位出版的出版物，不得发行其他出版单位出版的出版物。

第三十九条 国家允许设立从事图书、报纸、期刊、电子出版物发行业务的中外合资经营企业、中外合作经营企业、外资企业。

第四十条 印刷或者复制单位、发行单位或者个体工商户不得印刷或者复制、发行有下列情形之一的出版物：

（一）含有本条例第二十五条、第二十六条禁止内容的；

（二）非法进口的；

（三）伪造、假冒出版单位名称或者报纸、期刊名称的；

（四）未署出版单位名称的；

（五）中学小学教科书未经依法审定的；

（六）侵犯他人著作权的。

第五章 出版物的进口

第四十一条 出版物进口业务，由依照本条例设立的出版物进口经营单位经营；其他单位和个人不得从事出版物进口业务。

第四十二条 设立出版物进口经营单位，应当具备下列条件：

（一）有出版物进口经营单位的名称、章程；

（二）有符合国务院出版行政主管部门认定的主办单位及其主管机关；

（三）有确定的业务范围；

（四）具有进口出版物内容审查能力；

（五）有与出版物进口业务相适应的资金；

（六）有固定的经营场所；

（七）法律、行政法规和国家规定的其他条件。

第四十三条 设立出版物进口经营单位，应当向国务院出版行政主管部门提出申请，经审查批准，取得国务院出版行政主管部门核发的出版物进口经营许可证后，持证到工商行政管理部门依法领取营业执照。

设立出版物进口经营单位，还应当依照对外贸易法律、行政法规的规定办理相应手续。

第四十四条 出版物进口经营单位变更名称、业务范围、资本结构、主办单位或者其主管机关，合并或者分立，设立分支机构，应当依照本条例第四十二条、第四十三条的规定办理审批手续，并持批准文件到工商行政管理部门办理相应的登记手续。

第四十五条 出版物进口经营单位进口的出版物，不得含有本条例第二十五条、第二十六条禁止的内容。

出版物进口经营单位负责对其进口的出版物进行内容审查。省级以上人民政府出版行政主管部门可以对出版物进口经营单位进口的出版物直接进行内容审查。出版物进口经营单位无法判断其进口的出版物是否含有本条例第二十五条、第二十六条禁止内容的，可以请求省级以上人民政府出版行政主管部门进行内容审查。省级以上人民政府出版行政主管部门应出版物进口经营单位的请求，对其进口的出版物进行内容审查的，可以按照国务院价格主管部门批准的标准收取费用。

国务院出版行政主管部门可以禁止特定出版物的进口。

第四十六条 出版物进口经营单位应当在进口出版物前将拟进口的出版物目录报省级以上人民政府出版行政主管部门备案；省级以上人民政府出版行政主管部门发现有禁止进口的或者暂缓进口的出版物的，应当及时通知出版物进口经营单位并通报海关。对通报禁止进口或者暂缓进口的出版物，出版物进口经营单位不得进口，海关不得放行。

出版物进口备案的具体办法由国务院出版行政主管部门制定。

第四十七条 发行进口出版物的，必须从依法设立的出版物进口经营单位进货。

第四十八条 出版物进口经营单位在境内举办境外出版物展览，必须报经国务院出版行政主管部门批准。未经批准，任何单位和个人不得举办境外出版物展览。

依照前款规定展览的境外出版物需要销售的，应当按照国家有关规定办理相关手续。

第六章 监督与管理

第四十九条 出版行政主管部门应当加强对本行政区域内出版单位出版活动的日常监督管理；出版单位的主办单位及其主管机关对所属出版单位出版活动负有直接管理责任，并应当配合出版行政主管部门督促所属出版单位执行各项管理规定。

出版单位和出版物进口经营单位应当按照国务院出版行政主管部门的规定，将从事出版活动和出版物进口活动的情况向出版行政主管部门提出书面报告。

第五十条 出版行政主管部门履行下列职责：

（一）对出版物的出版、印刷、复制、发行、进口单位进行行业监管，实施准入和退出管理；

（二）对出版活动进行监管，对违反本条例的行为进行查处；

（三）对出版物内容和质量进行监管；

（四）根据国家有关规定对出版从业人员进行管理。

第五十一条 出版行政主管部门根据有关规定和标准，对出版物的内容、编校、印刷或者复制、装帧设计等方面质量实施监督检查。

第五十二条 国务院出版行政主管部门制定出版单位综合评估办法，对出版单位分类实施综合评估。

出版物的出版、印刷或者复制、发行和进口经营单位不再具备行政许可的法定条件的，由出版行政主管部门责令限期改正；逾期仍未改正的，由原发证机关撤销行政许可。

第五十三条 国家对在出版单位从事出版专业技术工作的人员实行职业资格制度；出版专业技术人员通过国家专业技术人员资格考试取得专业技术资格。具体办法由国务院人力资源社会保障主管部门、国务院出版行政主管部门共同制定。

第七章 保障与奖励

第五十四条 国家制定有关政策，保障、促进出版产业和出版事业的发展与繁荣。

第五十五条 国家支持、鼓励下列优秀的、重点的出版物的出版：

（一）对阐述、传播宪法确定的基本原则有重大作用的；

（二）对弘扬社会主义核心价值体系，在人民中进行爱国主义、集体主义、社会主义和民族团结教育以及弘扬社会公德、职业道德、家庭美德有重要意义的；

（三）对弘扬民族优秀文化，促进国际文化交流有重大作用的；

（四）对推进文化创新，及时反映国内外新的科学文化成果有重大贡献的；

（五）对服务农业、农村和农民，促进公共文化服务有重大作用的；

（六）其他具有重要思想价值、科学价值或者文化艺术价值的。

第五十六条 国家对教科书的出版发行，予以保障。

国家扶持少数民族语言文字出版物和盲文出版物的出版发行。

国家对在少数民族地区、边疆地区、经济不发达地区和在农村发行出版物，实行优惠政策。

第五十七条　报纸、期刊交由邮政企业发行的，邮政企业应当保证按照合同约定及时、准确发行。

承运出版物的运输企业，应当对出版物的运输提供方便。

第五十八条　对为发展、繁荣出版产业和出版事业作出重要贡献的单位和个人，按照国家有关规定给予奖励。

第五十九条　对非法干扰、阻止和破坏出版物出版、印刷或者复制、进口、发行的行为，县级以上各级人民政府出版行政主管部门及其他有关部门，应当及时采取措施，予以制止。

第八章　法 律 责 任

第六十条　出版行政主管部门或者其他有关部门的工作人员，利用职务上的便利收受他人财物或者其他好处，批准不符合法定条件的申请人取得许可证、批准文件，或者不履行监督职责，或者发现违法行为不予查处，造成严重后果的，依法给予降级直至开除的处分；构成犯罪的，依照刑法关于受贿罪、滥用职权罪、玩忽职守罪或者其他罪的规定，依法追究刑事责任。

第六十一条　未经批准，擅自设立出版物的出版、印刷或者复制、进口单位，或者擅自从事出版物的出版、印刷或者复制、进口、发行业务，假冒出版单位名称或者伪造、假冒报纸、期刊名称出版出版物的，由出版行政主管部门、工商行政管理部门依照法定职权予以取缔；依照刑法关于非法经营罪的规定，依法追究刑事责任；尚不够刑事处罚的，没收出版物、违法所得和从事违法活动的专用工具、设备，违法经营额1万元以上的，并处违法经营额5倍以上10倍以下的罚款，违法经营额不足1万元的，可以处5万元以下的罚款；侵犯他人合法权益的，依法承担民事责任。

第六十二条　有下列行为之一，触犯刑律的，依照刑法有关规定，依法追究刑事责任；尚不够刑事处罚的，由出版行政主管部门责令限期停业整顿，没收出版物、违法所得，违法经营额1万元以上的，并处违法经营额5倍以上10倍以下的罚款；违法经营额不足1万元的，可以处5万元以下的罚款；情节严重的，由原发证机关吊销许可证：

（一）出版、进口含有本条例第二十五条、第二十六条禁止内容的出版物的；

（二）明知或者应知出版物含有本条例第二十五条、第二十六条禁止内容而印刷或者复制、发行的；

（三）明知或者应知他人出版含有本条例第二十五条、第二十六条禁止内容的出版物而向其出售或者以其他形式转让本出版单位的名称、书号、刊号、版号、版面，或者出租本单位的名称、刊号的。

第六十三条　有下列行为之一的，由出版行政主管部门责令停止违法行为，没收出版物、违法所得，违法经营额1万元以上的，并处违法经营额5倍以上10倍以下的罚款；违法经营额不足1万元的，可以处5万元以下的罚款；情节严重的，责令限期停业整顿或者由原发证机关吊销许可证：

（一）进口、印刷或者复制、发行国务院出版行政主管部门禁止进口的出版物的；

（二）印刷或者复制走私的境外出版物的；

（三）发行进口出版物未从本条例规定的出版物进口经营单位进货的。

第六十四条　走私出版物的，依照刑法关于走私罪的规定，依法追究刑事责任；尚不够刑事处罚的，由海关依照海关法的规定给予行政处罚。

第六十五条　有下列行为之一的，由出版行政主管部门没收出版物、违法所得，违法经营额1万元以上的，并处违法经营额5倍以上10倍以下的罚款；违法经营额不足1万元的，可以处5万元以下的罚款；情节严重的，责令限期停业整顿或者由原发证机关吊销许可证：

（一）出版单位委托未取得出版物印刷或者复制许可的单位印刷或者复制出版物的；

（二）印刷或者复制单位未取得印刷或者复制许可而印刷或者复制出版物的；

（三）印刷或者复制单位接受非出版单位和个人的委托印刷或者复制出版物的；

（四）印刷或者复制单位未履行法定手续印刷或者复制境外出版物的，印刷或者复制的境外出版物没有全部运输出境的；

（五）印刷或者复制单位、发行单位或者个体工商户印刷或者复制、发行未署出版单位名称的出版物的；

（六）印刷或者复制单位、发行单位或者个体工商户印刷或者复制、发行伪造、假冒出版单位名称或者报纸、期刊名称的出版物的；

（七）出版、印刷、发行单位出版、印刷、发行未经依法审定的中学小学教科书，或者非依照本条例规定确定的单位从事中学小学教科书的出版、发行业务的。

第六十六条　出版单位有下列行为之一的，由出版行政主管部门责令停止违法行为，给予警告，没收违法经营的出版物、违法所得，违法经营额1万元以上的，并处违法经营额5倍以上10倍以下的罚款；违法经营额不足1万元的，可以处5万元以下的罚款；情节严重的，责令限期停业整顿或者由原发证机关吊销许可证：

（一）出售或者以其他形式转让本出版单位的名称、书号、刊号、版号、版面，或者出租本单位的名称、刊号的；

（二）利用出版活动谋取其他不正当利益的。

第六十七条　有下列行为之一的，由出版行政主管部门责令改正，给予警告；情节严重的，责令限期停业整顿或者由原发证机关吊销许可证：

（一）出版单位变更名称、主办单位或者其主管机关、业务范围，合并或者分立，出版新的报纸、期刊，或者报纸、期刊改变名称，以及出版单位变更其他事项，未依照本条例的规定到出版行政主管部门办理审批、变更登记手续的；

（二）出版单位未将其年度出版计划和涉及国家安全、社会安定等方面的重大选题备案的；

（三）出版单位未依照本条例的规定送交出版物的样本的；

（四）印刷或者复制单位未依照本条例的规定留存备查的材料的；

（五）出版进口经营单位未将其进口的出版物目录报送备案的；

（六）出版单位擅自中止出版活动超过180日的；

（七）出版物发行单位、出版物进口经营单位未依照本条例的规定办理变更审批手续的；

（八）出版物质量不符合有关规定和标准的。

第六十八条　未经批准，举办境外出版物展览的，由出版行政主管部门责令停止违法行为，没收出版物、违法所得；情节严重的，责令限期停业整顿或者由原发证机关吊销许可证。

第六十九条　印刷或者复制、批发、零售、出租、散发含有本条例第二十五条、第二十六条禁止内容的出版物或者其他非法出版物的，当事人对非法出版物的来源作出说明、指认，经查证属实的，没收出版物、违法所得，可以减轻或者免除其他行政处罚。

第七十条　单位违反本条例被处以吊销许可证行政处罚的，其法定代表人或者主要负责人自许可证被吊销之日起10年内不得担任出版、印刷或者复制、进口、发行单位的法定代表人或者主要负责人。

出版从业人员违反本条例规定，情节严重的，由原发证机关吊销其资格证书。

第七十一条　依照本条例的规定实施罚款的行政处罚，应当依照有关法律、行政法规的规定，实行罚款决定与罚款收缴分离；收缴的罚款必须全部上缴国库。

第九章　附　　则

第七十二条　行政法规对音像制品和电子出版物的出版、复制、进口、发行另有规定的，适用其规定。

接受境外机构或者个人赠送出版物的管理办法、订户订购境外出版物的管理办法、网络出版审批和管理办法，由国务院出版行政主管部门根据本条例的原则另行制定。

第七十三条　本条例自2002年2月1日起施行。1997年1月2日国务院发布的《出版管理条例》同时废止。

音像制品管理条例

（2001年12月25日中华人民共和国国务院令第341号公布　根据2011年3月19日《国务院关于修改〈音像制品管理条例〉的决定》第一次修订　根据2013年12月7日《国务院关于修改部分行政法规的决定》第二次修订　根据2016年2月6日《国务院关于修改部分行政法规的决定》第三次修订）

第一章　总　　则

第一条　为了加强音像制品的管理，促进音像业的健康发展和繁荣，丰富人民群众的文化生活，促进社会主义物质文明和精神文明建设，制定本条例。

第二条　本条例适用于录有内容的录音带、录像带、唱片、激光唱盘和激光视盘等音像制品的出版、制作、复制、进口、批发、零售、出租等活动。

音像制品用于广播电视播放的，适用广播电视法律、行政法规。

第三条　出版、制作、复制、进口、批发、零售、出租音像制品，应当遵守宪法和有关法律、法规，坚持为人民服务和为社会主义服务的方向，传播有益于经济发展和社会进步的思想、道德、科学技术和文化知识。

音像制品禁止载有下列内容：

（一）反对宪法确定的基本原则的；

（二）危害国家统一、主权和领土完整的；

（三）泄露国家秘密、危害国家安全或者损害国家荣誉和利益的；

（四）煽动民族仇恨、民族歧视，破坏民族团结，或者侵害民族风俗、习惯的；

（五）宣扬邪教、迷信的；

（六）扰乱社会秩序，破坏社会稳定的；

（七）宣扬淫秽、赌博、暴力或者教唆犯罪的；

（八）侮辱或者诽谤他人，侵害他人合法权益的；

（九）危害社会公德或者民族优秀文化传统的；

（十）有法律、行政法规和国家规定禁止的其他内容的。

第四条　国务院出版行政主管部门负责全国音像制品的出版、制作、复制、进口、批发、零售和出租的监督管理工作；国务院其他有关行政部门按照国务院规定的职责分工，负责有关的音像制品经营活动的监督管理工作。

县级以上地方人民政府负责出版管理的行政主管部门（以下简称出版行政主管部门）负责本行政区域内音像制品的出版、制作、复制、进口、批发、零售和出租的监督管理工作；县级以上地方人民政府其他有关行政部门在各自的职责范围内负责有关的音像制品经营活动的监督管理工作。

第五条 国家对出版、制作、复制、进口、批发、零售音像制品,实行许可制度;未经许可,任何单位和个人不得从事音像制品的出版、制作、复制、进口、批发、零售等活动。

依照本条例发放的许可证和批准文件,不得出租、出借、出售或者以其他任何形式转让。

第六条 国务院出版行政主管部门负责制定音像业的发展规划,确定全国音像出版单位、音像复制单位的总量、布局和结构。

第七条 音像制品经营活动的监督管理部门及其工作人员不得从事或者变相从事音像制品经营活动,并不得参与或者变相参与音像制品经营单位的经营活动。

第二章 出 版

第八条 设立音像出版单位,应当具备下列条件:

(一)有音像出版单位的名称、章程;

(二)有符合国务院出版行政主管部门认定的主办单位及其主管机关;

(三)有确定的业务范围;

(四)有适应业务范围需要的组织机构和符合国家规定的资格条件的音像出版专业人员;

(五)有适应业务范围需要的资金、设备和工作场所;

(六)法律、行政法规规定的其他条件。

审批设立音像出版单位,除依照前款所列条件外,还应当符合音像出版单位总量、布局和结构的规划。

第九条 申请设立音像出版单位,由所在地省、自治区、直辖市人民政府出版行政主管部门审核同意后,报国务院出版行政主管部门审批。国务院出版行政主管部门应当自受理申请之日起60日内作出批准或者不批准的决定,并通知申请人。批准的,发给《音像制品出版许可证》,由申请人持《音像制品出版许可证》到工商行政管理部门登记,依法领取营业执照;不批准的,应当说明理由。

申请书应当载明下列内容:

(一)音像出版单位的名称、地址;

(二)音像出版单位的主办单位及其主管机关的名称、地址;

(三)音像出版单位的法定代表人或者主要负责人的姓名、住址、资格证明文件;

(四)音像出版单位的资金来源和数额。

第十条 音像出版单位变更名称、主办单位或者其主管机关、业务范围,或者兼并其他音像出版单位,或者因合并、分立而设立新的音像出版单位的,应当依照本条例第九条的规定办理审批手续,并到原登记的工商行政管理部门办理相应的登记手续。

音像出版单位变更地址、法定代表人或者主要负责人,或者终止出版经营活动的,应当到原登记的工商行政管理部门办理变更登记或者注销登记,并向国务院出版行政主管部门备案。

第十一条 音像出版单位的年度出版计划和涉及国家安全、社会安定等方面的重大选题,应当经所在地省、自治区、直辖市人民政府出版行政主管部门审核后报国务院出版行政主管部门备案;重大选题音像制品未在出版前报备案的,不得出版。

第十二条 音像出版单位应当在其出版的音像制品及其包装的明显位置,标明出版单位的名称、地址和音像制品的版号、出版时间、著作权人等事项;出版进口的音像制品,还应当标明进口批准文号。

音像出版单位应当按照国家有关规定向国家图书馆、中国版本图书馆和国务院出版行政主管部门免费送交样本。

第十三条 音像出版单位不得向任何单位或者个人出租、出借、出售或者以其他任何形式转让本单位的名称,不得向任何单位或者个人出售或者以其他形式转让本单位的版号。

第十四条 任何单位和个人不得以购买、租用、借用、擅自使用音像出版单位的名称或者购买、伪造版号等形式从事音像制品出版活动。

图书出版社、报社、期刊社、电子出版物出版社,不得出版非配合本版出版物的音像制品;但是,可以按照国务院出版行政主管部门的规定,出版配合本版出版物的音像制品,并参照音像出版单位享有权利、承担义务。

第十五条 音像出版单位可以与香港特别行政区、澳门特别行政区、台湾地区或者外国的组织、个人合作制作音像制品。具体办法由国务院出版行政主管部门制定。

第十六条 音像出版单位实行编辑责任制度,保证音像制品的内容符合本条例的规定。

第十七条 音像出版单位以外的单位设立的独立从事音像制品制作业务的单位(以下简称音像制作单位)申请从事音像制品制作业务,由所在地省、自治区、直辖市人民政府出版行政主管部门审批。省、自治区、直辖市人民政府出版行政主管部门应当自受理申请之日起60日内作出批准或者不批准的决定,并通知申请人。批准的,发给《音像制品制作许可证》;不批准的,应当说明理由。广播、电视节目制作经营单位的设立,依照有关法律、行政法规的规定办理。

申请书应当载明下列内容:

(一)音像制作单位的名称、地址;

(二)音像制作单位的法定代表人或者主要负责人的姓名、住址、资格证明文件;

(三)音像制作单位的资金来源和数额。

审批从事音像制品制作业务申请,除依照前款所列条件外,还应当兼顾音像制作单位总量、布局和结构。

第十八条 音像制作单位变更名称、业务范围,或者兼并其他音像制作单位，或者因合并、分立而设立新的音像制作单位的，应当依照本条例第十七条的规定办理审批手续。

音像制作单位变更地址、法定代表人或者主要负责人，或者终止制作经营活动的，应当向所在地省、自治区、直辖市人民政府出版行政主管部门备案。

第十九条 音像出版单位不得委托未取得《音像制品制作许可证》的单位制作音像制品。

音像制作单位接受委托制作音像制品的，应当按照国家有关规定，与委托的出版单位订立制作委托合同；验证委托的出版单位的《音像制品出版许可证》或者本版出版物的证明及由委托的出版单位盖章的音像制品制作委托书。

音像制作单位不得出版、复制、批发、零售音像制品。

第三章 复 制

第二十条 申请从事音像制品复制业务应当具备下列条件：

（一）有音像复制单位的名称、章程；

（二）有确定的业务范围；

（三）有适应业务范围需要的组织机构和人员；

（四）有适应业务范围需要的资金、设备和复制场所；

（五）法律、行政法规规定的其他条件。

审批从事音像制品复制业务申请，除依照前款所列条件外，还应当符合音像复制单位总量、布局和结构的规划。

第二十一条 申请从事音像制品复制业务，由所在地省、自治区、直辖市人民政府出版行政主管部门审批。省、自治区、直辖市人民政府出版行政主管部门应当自受理申请之日起20日内作出批准或者不批准的决定，并通知申请人。批准的，发给《复制经营许可证》；不批准的，应当说明理由。

申请书应当载明下列内容：

（一）音像复制单位的名称、地址；

（二）音像复制单位的法定代表人或者主要负责人的姓名、住址；

（三）音像复制单位的资金来源和数额。

第二十二条 音像复制单位变更业务范围，或者兼并其他音像复制单位，或者因合并、分立而设立新的音像复制单位的，应当依照本条例第二十一条的规定办理审批手续。

音像复制单位变更名称、地址、法定代表人或者主要负责人，或者终止复制经营活动的，应当向所在地省、自治区、直辖市人民政府出版行政主管部门备案。

第二十三条 音像复制单位接受委托复制音像制品的，应当按照国家有关规定，与委托的出版单位订立复制委托合同；验证委托的出版单位的《音像制品出版许可证》、营业执照副本、盖章的音像制品复制委托书以及出版单位取得的授权书；接受委托复制的音像制品属于非卖品的，应当验证委托单位的身份证明和委托单位出具的音像制品非卖品复制委托书。

音像复制单位应当自完成音像制品复制之日起2年内，保存委托合同和所复制的音像制品的样本以及验证的有关证明文件的副本，以备查验。

第二十四条 音像复制单位不得接受非音像出版单位或者个人的委托复制经营性的音像制品；不得自行复制音像制品；不得批发、零售音像制品。

第二十五条 从事光盘复制的音像复制单位复制光盘，必须使用蚀刻有国务院出版行政主管部门核发的激光数码储存片来源识别码的注塑模具。

第二十六条 音像复制单位接受委托复制境外音像制品的，应当经省、自治区、直辖市人民政府出版行政主管部门批准，并持著作权人的授权书依法到著作权行政管理部门登记；复制的音像制品应当全部运输出境，不得在境内发行。

第四章 进 口

第二十七条 音像制品成品进口业务由国务院出版行政主管部门批准的音像制品成品进口经营单位经营；未经批准，任何单位或者个人不得经营音像制品成品进口业务。

第二十八条 进口用于出版的音像制品，以及进口用于批发、零售、出租等的音像制品成品，应当报国务院出版行政主管部门进行内容审查。

国务院出版行政主管部门应当自收到音像制品内容审查申请书之日起30日内作出批准或者不批准的决定，并通知申请人。批准的，发给批准文件；不批准的，应当说明理由。

进口用于出版的音像制品的单位、音像制品成品进口经营单位应当持国务院出版行政主管部门的批准文件到海关办理进口手续。

第二十九条 进口用于出版的音像制品，其著作权事项应当向国务院著作权行政管理部门登记。

第三十条 进口供研究、教学参考的音像制品，应当委托音像制品成品进口经营单位依照本条例第二十八条的规定办理。

进口用于展览、展示的音像制品，经国务院出版行政主管部门批准后，到海关办理临时进口手续。

依照本条规定进口的音像制品，不得进行经营性复制、批发、零售、出租和放映。

第五章 批发、零售和出租

第三十一条 申请从事音像制品批发、零售业务，应当具备下列条件：

（一）有音像制品批发、零售单位的名称、章程；

（二）有确定的业务范围；

（三）有适应业务范围需要的组织机构和人员；

（四）有适应业务范围需要的资金和场所；

（五）法律、行政法规规定的其他条件。

第三十二条　申请从事音像制品批发业务，应当报所在地省、自治区、直辖市人民政府出版行政主管部门审批。申请从事音像制品零售业务，应当报县级地方人民政府出版行政主管部门审批。出版行政主管部门应当自受理申请书之日起30日内作出批准或者不批准的决定，并通知申请人。批准的，应当发给《出版物经营许可证》；不批准的，应当说明理由。

《出版物经营许可证》应当注明音像制品经营活动的种类。

第三十三条　音像制品批发、零售单位变更名称、业务范围，或者兼并其他音像制品批发、零售单位，或者因合并、分立而设立新的音像制品批发、零售单位的，应当依照本条例第三十二条的规定办理审批手续。

音像制品批发、零售单位变更地址、法定代表人或者主要负责人或者终止经营活动，从事音像制品零售经营活动的个体工商户变更业务范围、地址或者终止经营活动的，应当向原批准的出版行政主管部门备案。

第三十四条　音像出版单位可以按照国家有关规定，批发、零售本单位出版的音像制品。从事非本单位出版的音像制品的批发、零售业务的，应当依照本条例第三十二条的规定办理审批手续。

第三十五条　国家允许设立从事音像制品发行业务的中外合作经营企业。

第三十六条　音像制品批发单位和从事音像制品零售、出租等业务的单位或者个体工商户，不得经营非音像出版单位出版的音像制品或者非音像复制单位复制的音像制品，不得经营未经国务院出版行政主管部门批准进口的音像制品，不得经营侵犯他人著作权的音像制品。

第六章　罚　　则

第三十七条　出版行政主管部门或者其他有关行政部门及其工作人员，利用职务上的便利收受他人财物或者其他好处，批准不符合法定条件的申请人取得许可证、批准文件，或者不履行监督职责，或者发现违法行为不予查处，造成严重后果的，对负有责任的主管人员和其他直接责任人员依法给予降级直至开除的处分；构成犯罪的，依照刑法关于受贿罪、滥用职权罪、玩忽职守罪或者其他罪的规定，依法追究刑事责任。

第三十八条　音像制品经营活动的监督管理部门的工作人员从事或者变相从事音像制品经营活动的，参与或者变相参与音像制品经营单位的经营活动的，依法给予撤职或者开除的处分。

音像制品经营活动的监督管理部门有前款所列行为的，对负有责任的主管人员和其他直接责任人员依照前款规定处罚。

第三十九条　未经批准，擅自设立音像制品出版、进口单位，擅自从事音像制品出版、制作、复制业务或者进口、批发、零售经营活动的，由出版行政主管部门、工商行政管理部门依照法定职权予以取缔；依照刑法关于非法经营罪的规定，依法追究刑事责任；尚不够刑事处罚的，没收违法经营的音像制品和违法所得以及进行违法活动的专用工具、设备；违法经营额1万元以上的，并处违法经营额5倍以上10倍以下的罚款；违法经营额不足1万元的，可以处5万元以下的罚款。

第四十条　出版含有本条例第三条第二款禁止内容的音像制品，或者制作、复制、批发、零售、出租、放映明知或者应知含有本条例第三条第二款禁止内容的音像制品的，依照刑法有关规定，依法追究刑事责任；尚不够刑事处罚的，由出版行政主管部门、公安部门依据各自职权责令停业整顿，没收违法经营的音像制品和违法所得；违法经营额1万元以上的，并处违法经营额5倍以上10倍以下的罚款；违法经营额不足1万元的，可以处5万元以下的罚款；情节严重的，并由原发证机关吊销许可证。

第四十一条　走私音像制品的，依照刑法关于走私罪的规定，依法追究刑事责任；尚不够刑事处罚的，由海关依法给予行政处罚。

第四十二条　有下列行为之一的，由出版行政主管部门责令停止违法行为，给予警告，没收违法经营的音像制品和违法所得；违法经营额1万元以上的，并处违法经营额5倍以上10倍以下的罚款；违法经营额不足1万元的，可以处5万元以下的罚款；情节严重的，并责令停业整顿或者由原发证机关吊销许可证：

（一）音像出版单位向其他单位、个人出租、出借、出售或者以其他任何形式转让本单位的名称，出售或者以其他形式转让本单位的版号的；

（二）音像出版单位委托未取得《音像制品制作许可证》的单位制作音像制品，或者委托未取得《复制经营许可证》的单位复制音像制品的；

（三）音像出版单位出版未经国务院出版行政主管部门批准擅自进口的音像制品的；

（四）音像制作单位、音像复制单位未依照本条例的规定验证音像出版单位的委托书、有关证明的；

（五）音像复制单位擅自复制他人的音像制品，或者接受非音像出版单位、个人的委托复制经营性的音像制品，或者自行复制音像制品的。

第四十三条　音像出版单位违反国家有关规定与香港特别行政区、澳门特别行政区、台湾地区或者外国的组织、个人合作制作音像制品，音像复制单位违反国家有关规定接受委托复制境外音像制品，未经省、自治区、直辖市人民政府出版行政主管部门审核同意，或者未将复制的境外音像制品全部运输出境的，由省、自治区、直辖市人民政府出版行政主管部门责令改正，没收违法经营的音像制品和违法所得；违法经营额1万元以上的，并处违法经营额5倍以上10倍以下的罚款；违法经营额不足1万元的，可以处5万元以下的罚款；情节严重的，并由原发证机关吊销许可证。

第四十四条 有下列行为之一的，由出版行政主管部门责令改正，给予警告；情节严重的，并责令停业整顿或者由原发证机关吊销许可证：

（一）音像出版单位未将其年度出版计划和涉及国家安全、社会安定等方面的重大选题报国务院出版行政主管部门备案的；

（二）音像制品出版、制作、复制、批发、零售单位变更名称、地址、法定代表人或者主要负责人、业务范围等，未依照本条例规定办理审批、备案手续的；

（三）音像出版单位未在其出版的音像制品及其包装的明显位置标明本条例规定的内容的；

（四）音像出版单位未依照本条例的规定送交样本的；

（五）音像复制单位未依照本条例的规定留存备查的材料的；

（六）从事光盘复制的音像复制单位复制光盘，使用未蚀刻国务院出版行政主管部门核发的激光数码储存片来源识别码的注塑模具的。

第四十五条 有下列行为之一的，由出版行政主管部门责令停止违法行为，给予警告，没收违法经营的音像制品和违法所得；违法经营额1万元以上的，并处违法经营额5倍以上10倍以下的罚款；违法经营额不足1万元的，可以处5万元以下的罚款；情节严重的，并责令停业整顿或者由原发证机关吊销许可证：

（一）批发、零售、出租、放映非音像出版单位出版的音像制品或者非音像复制单位复制的音像制品的；

（二）批发、零售、出租或者放映未经国务院出版行政主管部门批准进口的音像制品的；

（三）批发、零售、出租、放映供研究、教学参考或者用于展览、展示的进口音像制品的。

第四十六条 单位违反本条例的规定，被处以吊销许可证行政处罚的，其法定代表人或者主要负责人自许可证被吊销之日起10年内不得担任音像制品出版、制作、复制、进口、批发、零售单位的法定代表人或者主要负责人。

从事音像制品零售业务的个体工商户违反本条例的规定，被处以吊销许可证行政处罚的，自许可证被吊销之日起10年内不得从事音像制品零售业务。

第四十七条 依照本条例的规定实施罚款的行政处罚，应当依照有关法律、行政法规的规定，实行罚款决定与罚款收缴分离；收缴的罚款必须全部上缴国库。

第七章 附 则

第四十八条 除本条例第三十五条外，电子出版物的出版、制作、复制、进口、批发、零售等活动适用本条例。

第四十九条 依照本条例发放许可证，除按照法定标准收取成本费外，不得收取其他任何费用。

第五十条 本条例自2002年2月1日起施行。1994年8月25日国务院发布的《音像制品管理条例》同时废止。

印刷业管理条例

（2001年8月2日中华人民共和国国务院令第315号公布 根据2016年2月6日《国务院关于修改部分行政法规的决定》修订）

第一章 总 则

第一条 为了加强印刷业管理，维护印刷业经营者的合法权益和社会公共利益，促进社会主义精神文明和物质文明建设，制定本条例。

第二条 本条例适用于出版物、包装装潢印刷品和其他印刷品的印刷经营活动。

本条例所称出版物，包括报纸、期刊、书籍、地图、年画、图片、挂历、画册及音像制品、电子出版物的装帧封面等。

本条例所称包装装潢印刷品，包括商标标识、广告宣传品及作为产品包装装潢的纸、金属、塑料等的印刷品。

本条例所称其他印刷品，包括文件、资料、图表、票证、证件、名片等。

本条例所称印刷经营活动，包括经营性的排版、制版、印刷、装订、复印、影印、打印等活动。

第三条 印刷业经营者必须遵守有关法律、法规和规章，讲求社会效益。

禁止印刷含有反动、淫秽、迷信内容和国家明令禁止印刷的其他内容的出版物、包装装潢印刷品和其他印刷品。

第四条 国务院出版行政部门主管全国的印刷业监督管理工作。县级以上地方各级人民政府负责出版管理的行政部门（以下简称出版行政部门）负责本行政区域内的印刷业监督管理工作。

县级以上各级人民政府公安部门、工商行政管理部门及其他有关部门在各自的职责范围内，负责有关的印刷业监督管理工作。

第五条 印刷业经营者应当建立、健全承印验证制度、承印登记制度、印刷品保管制度、印刷品交付制度、印刷活动残次品销毁制度等。具体办法由国务院出版行政部门会同国务院公安部门制定。

印刷业经营者在印刷经营活动中发现违法犯罪行为，应当及时向公安部门或者出版行政部门报告。

第六条 印刷行业的社会团体按照其章程，在出版行政部门的指导下，实行自律管理。

第七条　印刷企业应当定期向出版行政部门报送年度报告。出版行政部门应当依法及时将年度报告中的有关内容向社会公示。

第二章　印刷企业的设立

第八条　国家实行印刷经营许可制度。未依照本条例规定取得印刷经营许可证的，任何单位和个人不得从事印刷经营活动。

第九条　企业从事印刷经营活动，应当具备下列条件：

（一）有企业的名称、章程；

（二）有确定的业务范围；

（三）有适应业务范围需要的生产经营场所和必要的资金、设备等生产经营条件；

（四）有适应业务范围需要的组织机构和人员；

（五）有关法律、行政法规规定的其他条件。

审批从事印刷经营活动申请，除依照前款规定外，还应当符合国家有关印刷企业总量、结构和布局的规划。

第十条　设立从事出版物印刷经营活动的企业，应当向所在地省、自治区、直辖市人民政府出版行政部门提出申请。申请人经审核批准的，取得印刷经营许可证，并持印刷经营许可证向工商行政管理部门申请登记注册，取得营业执照。

企业申请从事包装装潢印刷品和其他印刷品印刷经营活动，应当持营业执照向所在地设区的市级人民政府出版行政部门提出申请，经审核批准的，发给印刷经营许可证。

个人不得从事出版物、包装装潢印刷品印刷经营活动；个人从事其他印刷品印刷经营活动的，依照本条第二款的规定办理审批手续。

第十一条　出版行政部门应当自收到依据本条例第十条提出的申请之日起60日内作出批准或者不批准的决定。批准申请的，应当发给印刷经营许可证；不批准申请的，应当通知申请人并说明理由。

印刷经营许可证应当注明印刷企业所从事的印刷经营活动的种类。

印刷经营许可证不得出售、出租、出借或者以其他形式转让。

第十二条　印刷业经营者申请兼营或者变更从事出版物、包装装潢印刷品或者其他印刷品印刷经营活动，或者兼并其他印刷业经营者，或者因合并、分立而设立新的印刷业经营者，应当依照本条例第九条的规定办理手续。

印刷业经营者变更名称、法定代表人或者负责人、住所或者经营场所等主要登记事项，或者终止印刷经营活动，应当报原批准设立的出版行政部门备案。

第十三条　国家允许设立中外合资经营印刷企业、中外合作经营印刷企业，允许设立从事包装装潢印刷品印刷经营活动的外资企业。具体办法由国务院出版行政部门会同国务院对外经济贸易主管部门制定。

第十四条　单位内部设立印刷厂（所），必须向所在地县级以上地方人民政府出版行政部门办理登记手续，并按照国家有关规定向公安部门备案；单位内部设立的印刷厂（所）印刷涉及国家秘密的印件的，还应当向保密工作部门办理登记手续。

单位内部设立的印刷厂（所）不得从事印刷经营活动；从事印刷经营活动的，必须依照本章的规定办理手续。

第三章　出版物的印刷

第十五条　国家鼓励从事出版物印刷经营活动的企业及时印刷体现国内外新的优秀文化成果的出版物，重视印刷传统文化精品和有价值的学术著作。

第十六条　从事出版物印刷经营活动的企业不得印刷国家明令禁止出版的出版物和非出版单位出版的出版物。

第十七条　印刷出版物的，委托印刷单位和印刷企业应当按照国家有关规定签订印刷合同。

第十八条　印刷企业接受出版单位委托印刷图书、期刊的，必须验证并收存出版单位盖章的印刷委托书，并在印刷前报出版单位所在地省、自治区、直辖市人民政府出版行政部门备案；印刷企业接受所在地省、自治区、直辖市以外的出版单位的委托印刷图书、期刊的，印刷委托书还必须事先报印刷企业所在地省、自治区、直辖市人民政府出版行政部门备案。印刷委托书由国务院出版行政部门规定统一格式，由省、自治区、直辖市人民政府出版行政部门统一印制。

印刷企业接受出版单位委托印刷报纸的，必须验证报纸出版许可证；接受出版单位的委托印刷报纸、期刊的增版、增刊的，还必须验证主管的出版行政部门批准出版增版、增刊的文件。

第十九条　印刷企业接受委托印刷内部资料性出版物的，必须验证县级以上地方人民政府出版行政部门核发的准印证。

印刷企业接受委托印刷宗教内容的内部资料性出版物的，必须验证省、自治区、直辖市人民政府宗教事务管理部门的批准文件和省、自治区、直辖市人民政府出版行政部门核发的准印证。

出版行政部门应当自收到印刷内部资料性出版物或者印刷宗教内容的内部资料性出版物的申请之日起30日内作出是否核发准印证的决定，并通知申请人；逾期不作出决定的，视为同意印刷。

第二十条　印刷企业接受委托印刷境外的出版物的，必须持有关著作权的合法证明文件，经省、自治区、直辖市人民政府出版行政部门批准；印刷的境外出版物必须全部运输出境，不得在境内发行、散发。

第二十一条　委托印刷单位必须按照国家有关规定在委

托印刷的出版物上刊载出版单位的名称、地址，书号、刊号或者版号，出版日期或者刊期，接受委托印刷出版物的企业的真实名称和地址，以及其他有关事项。

印刷企业应当自完成出版物的印刷之日起2年内，留存一份接受委托印刷的出版物样本备查。

第二十二条 印刷企业不得盗印出版物，不得销售、擅自加印或者接受第三人委托加印受委托印刷的出版物，不得将接受委托印刷的出版物纸型及印刷底片等出售、出租、出借或者以其他形式转让给其他单位或者个人。

第二十三条 印刷企业不得征订、销售出版物，不得假冒或者盗用他人名义印刷、销售出版物。

第四章 包装装潢印刷品的印刷

第二十四条 从事包装装潢印刷品印刷的企业不得印刷假冒、伪造的注册商标标识，不得印刷容易对消费者产生误导的广告宣传品和作为产品包装装潢的印刷品。

第二十五条 印刷企业接受委托印刷注册商标标识的，应当验证商标注册人所在地县级工商行政管理部门签章的《商标注册证》复印件，并核查委托人提供的注册商标图样；接受注册商标被许可使用人委托，印刷注册商标标识的，印刷企业还应当验证注册商标使用许可合同。印刷企业应当保存其验证、核查的工商行政管理部门签章的《商标注册证》复印件、注册商标图样、注册商标使用许可合同复印件2年，以备查验。

国家对注册商标标识的印刷另有规定的，印刷企业还应当遵守其规定。

第二十六条 印刷企业接受委托印刷广告宣传品、作为产品包装装潢的印刷品的，应当验证委托印刷单位的营业执照或者个人的居民身份证；接受广告经营者的委托印刷广告宣传品的，还应当验证广告经营资格证明。

第二十七条 印刷企业接受委托印刷包装装潢印刷品的，应当将印刷品的成品、半成品、废品和印板、纸型、底片、原稿等全部交付委托印刷单位或者个人，不得擅自留存。

第二十八条 印刷企业接受委托印刷境外包装装潢印刷品的，必须事先向所在地省、自治区、直辖市人民政府出版行政部门备案；印刷的包装装潢印刷品必须全部运输出境，不得在境内销售。

第五章 其他印刷品的印刷

第二十九条 印刷标有密级的文件、资料、图表等，按照国家有关法律、法规或者规章的规定办理。

第三十条 印刷布告、通告、重大活动工作证、通行证、在社会上流通使用的票证的，委托印刷单位必须出具主管部门的证明，并按照国家有关规定向印刷企业所在地公安部门办理准印手续，在公安部门指定的印刷企业印刷。公安部门指定的印刷企业必须验证主管部门的证明和公安部门的准印证明，并保存主管部门的证明副本和公安部门的准印证明副本2年，以备查验；并且不得再委托他人印刷上述印刷品。

印刷机关、团体、部队、企业事业单位内部使用的有价票证或者无价票证，或者印刷有单位名称的介绍信、工作证、会员证、出入证、学位证书、学历证书或者其他学业证书等专用证件的，委托印刷单位必须出具委托印刷证明。印刷企业必须验证委托印刷证明。

印刷企业对前两款印件不得保留样本、样张；确因业务参考需要保留样本、样张的，应当征得委托印刷单位同意，在所保留印件上加盖“样本”、“样张”戳记，并妥善保管，不得丢失。

第三十一条 印刷企业接受委托印刷宗教用品的，必须验证省、自治区、直辖市人民政府宗教事务管理部门的批准文件和省、自治区、直辖市人民政府出版行政部门核发的准印证；省、自治区、直辖市人民政府出版行政部门应当自收到印刷宗教用品的申请之日起10日内作出是否核发准印证的决定，并通知申请人；逾期不作出决定的，视为同意印刷。

第三十二条 从事其他印刷品印刷经营活动的个人不得印刷标有密级的文件、资料、图表等，不得印刷布告、通告、重大活动工作证、通行证、在社会上流通使用的票证，不得印刷机关、团体、部队、企业事业单位内部使用的有价或者无价票证，不得印刷有单位名称的介绍信、工作证、会员证、出入证、学位证书、学历证书或者其他学业证书等专用证件，不得印刷宗教用品。

第三十三条 接受委托印刷境外其他印刷品的，必须事先向所在地省、自治区、直辖市人民政府出版行政部门备案；印刷的其他印刷品必须全部运输出境，不得在境内销售。

第三十四条 印刷企业和从事其他印刷品印刷经营活动的个人不得盗印他人的其他印刷品，不得销售、擅自加印或者接受第三人委托加印委托印刷的其他印刷品，不得将委托印刷的其他印刷品的纸型及印刷底片等出售、出租、出借或者以其他形式转让给其他单位或者个人。

第六章 罚 则

第三十五条 违反本条例规定，擅自设立从事出版物印刷经营活动的企业或者擅自从事印刷经营活动的，由出版行政部门、工商行政管理部门依据法定职权予以取缔，没收印刷品和违法所得以及进行违法活动的专用工具、设备，违法经营额1万元以上的，并处违法经营额5倍以上10倍以下的罚款；违法经营额不足1万元的，并处1万元以上5万元以下的罚款；构成犯罪的，依法追究刑事责任。

单位内部设立的印刷厂（所）未依照本条例第二章的规定办理手续，从事印刷经营活动的，依照前款的规定处罚。

第三十六条 印刷业经营者违反本条例规定，有下列行为之一的，由县级以上地方人民政府出版行政部门责令停止违法行为，责令停业整顿，没收印刷品和违法所得，违法经营额1万元以上的，并处违法经营额5倍以上10倍以下的罚款；违法经营额不足1万元的，并处1万元以上5万元以下的罚款；情节严重的，由原发证机关吊销许可证；构成犯罪的，依法追究刑事责任：

（一）未取得出版行政部门的许可，擅自兼营或者变更从事出版物、包装装潢印刷品或者其他印刷品印刷经营活动，或者擅自兼并其他印刷业经营者的；

（二）因合并、分立而设立新的印刷业经营者，未依照本条例的规定办理手续的；

（三）出售、出租、出借或者以其他形式转让印刷经营许可证的。

第三十七条　印刷业经营者印刷明知或者应知含有本条例第三条规定禁止印刷内容的出版物、包装装潢印刷品或者其他印刷品的，或者印刷国家明令禁止出版的出版物或者非出版单位出版的出版物的，由县级以上地方人民政府出版行政部门、公安部门依据法定职权责令停业整顿，没收印刷品和违法所得，违法经营额1万元以上的，并处违法经营额5倍以上10倍以下的罚款；违法经营额不足1万元的，并处1万元以上5万元以下的罚款；情节严重的，由原发证机关吊销许可证；构成犯罪的，依法追究刑事责任。

第三十八条　印刷业经营者有下列行为之一的，由县级以上地方人民政府出版行政部门、公安部门依据法定职权责令改正，给予警告；情节严重的，责令停业整顿或者由原发证机关吊销许可证：

（一）没有建立承印验证制度、承印登记制度、印刷品保管制度、印刷品交付制度、印刷活动残次品销毁制度等的；

（二）在印刷经营活动中发现违法犯罪行为没有及时向公安部门或者出版行政部门报告的；

（三）变更名称、法定代表人或者负责人、住所或者经营场所等主要登记事项，或者终止印刷经营活动，不向原批准设立的出版行政部门备案的；

（四）未依照本条例的规定留存备查的材料的。

单位内部设立印刷厂（所）违反本条例的规定，没有向所在地县级以上地方人民政府出版行政部门、保密工作部门办理登记手续，并按照国家有关规定向公安部门备案的，由县级以上地方人民政府出版行政部门、保密工作部门、公安部门依据法定职权责令改正，给予警告；情节严重的，责令停业整顿。

第三十九条　从事出版物印刷经营活动的企业有下列行为之一的，由县级以上地方人民政府出版行政部门给予警告，没收违法所得，违法经营额1万元以上的，并处违法经营额5倍以上10倍以下的罚款；违法经营额不足1万元的，并处1万元以上5万元以下的罚款；情节严重的，责令停业整顿或者由原发证机关吊销许可证；构成犯罪的，依法追究刑事责任：

（一）接受他人委托印刷出版物，未依照本条例的规定验证印刷委托书、有关证明或者准印证，或者未将印刷委托书报出版行政部门备案的；

（二）假冒或者盗用他人名义，印刷出版物的；

（三）盗印他人出版物的；

（四）非法加印或者销售受委托印刷的出版物的；

（五）征订、销售出版物的；

（六）擅自将出版单位委托印刷的出版物纸型及印刷底片等出售、出租、出借或者以其他形式转让的；

（七）未经批准，接受委托印刷境外出版物的，或者未将印刷的境外出版物全部运输出境的。

第四十条　从事包装装潢印刷品印刷经营活动的企业有下列行为之一的，由县级以上地方人民政府出版行政部门给予警告，没收违法所得，违法经营额1万元以上的，并处违法经营额5倍以上10倍以下的罚款；违法经营额不足1万元的，并处1万元以上5万元以下的罚款；情节严重的，责令停业整顿或者由原发证机关吊销许可证；构成犯罪的，依法追究刑事责任：

（一）接受委托印刷注册商标标识，未依照本条例的规定验证、核查工商行政管理部门签章的《商标注册证》复印件、注册商标图样或者注册商标使用许可合同复印件的；

（二）接受委托印刷广告宣传品、作为产品包装装潢的印刷品，未依照本条例的规定验证委托印刷单位的营业执照或者个人的居民身份证的，或者接受广告经营者的委托印刷广告宣传品，未验证广告经营资格证明的；

（三）盗印他人包装装潢印刷品的；

（四）接受委托印刷境外包装装潢印刷品未依照本条例的规定向出版行政部门备案的，或者未将印刷的境外包装装潢印刷品全部运输出境的。

印刷企业接受委托印刷注册商标标识、广告宣传品，违反国家有关注册商标、广告印刷管理规定的，由工商行政管理部门给予警告，没收印刷品和违法所得，违法经营额1万元以上的，并处违法经营额5倍以上10倍以下的罚款；违法经营额不足1万元的，并处1万元以上5万元以下的罚款。

第四十一条　从事其他印刷品印刷经营活动的企业和个人有下列行为之一的，由县级以上地方人民政府出版行政部门给予警告，没收印刷品和违法所得，违法经营额1万元以上的，并处违法经营额5倍以上10倍以下的罚款；违法经营额不足1万元的，并处1万元以上5万元以下的罚款；情节严重的，责令停业整顿或者由原发证机关吊销许可证；构成犯罪的，依法追究刑事责任：

（一）接受委托印刷其他印刷品，未依照本条例的规定验证有关证明的；

（二）擅自将接受委托印刷的其他印刷品再委托他人印刷的；

（三）将委托印刷的其他印刷品的纸型及印刷底片出售、出租、出借或者以其他形式转让的；

（四）伪造、变造学位证书、学历证书等国家机关公文、证件或者企业事业单位、人民团体公文、证件的，或者盗印他人的其他印刷品的；

（五）非法加印或者销售委托印刷的其他印刷品的；

（六）接受委托印刷境外其他印刷品未依照本条例的规定向出版行政部门备案的，或者未将印刷的境外其他印刷品全部运输出境的；

（七）从事其他印刷品印刷经营活动的个人超范围经营的。

第四十二条 有下列行为之一的，由公安部门给予警告，没收印刷品和违法所得，违法经营额1万元以上的，并处违法经营额5倍以上10倍以下的罚款；违法经营额不足1万元的，并处1万元以上5万元以下的罚款；情节严重的，责令停业整顿或者吊销特种行业许可证：

（一）印刷布告、通告、重大活动工作证、通行证、在社会上流通使用的票证，印刷企业没有验证主管部门的证明和公安部门的准印证明的，或者再委托他人印刷上述印刷品的；

（二）不是公安部门指定的印刷企业，擅自印刷布告、通告、重大活动工作证、通行证、在社会上流通使用的票证的；

（三）印刷业经营者伪造、变造学位证书、学历证书等国家机关公文、证件或者企业事业单位、人民团体公文、证件的。

印刷布告、通告、重大活动工作证、通行证、在社会上流通使用的票证，委托印刷单位没有取得主管部门证明的，或者没有按照国家有关规定向印刷企业所在地公安部门办理准印手续的，或者未在公安部门指定的印刷企业印刷的，由县级以上人民政府公安部门处以500元以上5000元以下的罚款。

第四十三条 印刷业经营者违反本条例规定，有下列行为之一的，由县级以上地方人民政府出版行政部门责令改正，给予警告；情节严重的，责令停业整顿或者由原发证机关吊销许可证：

（一）从事包装装潢印刷品印刷经营活动的企业擅自留存委托印刷的包装装潢印刷品的成品、半成品、废品和印板、纸型、印刷底片、原稿等的；

（二）从事其他印刷品印刷经营活动的企业和个人擅自保留其他印刷品的样本、样张的，或者在所保留的样本、样张上未加盖“样本”、“样张”戳记的。

第四十四条 印刷企业被处以吊销许可证行政处罚的，其法定代表人或者负责人自许可证被吊销之日起10年内不得担任印刷企业的法定代表人或者负责人。

从事其他印刷品印刷经营活动的个人被处以吊销许可证行政处罚的，自许可证被吊销之日起10年内不得从事印刷经营活动。

第四十五条 依照本条例的规定实施罚款的行政处罚，应当依照有关法律、行政法规的规定，实行罚款决定与罚款收缴分离；收缴的罚款必须全部上缴国库。

第四十六条 出版行政部门、工商行政管理部门或者其他有关部门违反本条例规定，擅自批准不符合法定条件的申请人取得许可证、批准文件，或者不履行监督职责，或者发现违法行为不予查处，造成严重后果的，对负责的主管人员和其他直接责任人员给予降级或者撤职的处分；构成犯罪的，依法追究刑事责任。

第七章 附 则

第四十七条 本条例施行前已经依法设立的印刷企业，应当自本条例施行之日起180日内，到出版行政部门换领《印刷经营许可证》。

依据本条例发放许可证，除按照法定标准收取成本费外，不得收取其他任何费用。

第四十八条 本条例自公布之日起施行。1997年3月8日国务院发布的《印刷业管理条例》同时废止。

出版物市场管理规定

（2016年5月31日国家新闻出版广电总局、商务部令第10号公布 自2016年6月1日起施行）

第一章 总 则

第一条 为规范出版物发行活动及其监督管理，建立全国统一开放、竞争有序的出版物市场体系，满足人民群众精神文化需求，推进社会主义文化强国建设，根据《出版管理条例》和有关法律、行政法规，制定本规定。

第二条 本规定适用于出版物发行活动及其监督管理。

本规定所称出版物，是指图书、报纸、期刊、音像制品、电子出版物。

本规定所称发行，包括批发、零售以及出租、展销等活动。

批发是指供货商向其他出版物经营者销售出版物。

零售是指经营者直接向消费者销售出版物。

出租是指经营者以收取租金的形式向消费者提供出版物。

展销是指主办者在一定场所、时间内组织出版物经营者集中展览、销售、订购出版物。

第三条 国家对出版物批发、零售依法实行许可制度。从事出版物批发、零售活动的单位和个人凭出版物经营许可证开展出版物批发、零售活动；未经许可，任何单位和个人不得从事出版物批发、零售活动。

任何单位和个人不得委托非出版物批发、零售单位或者个人销售出版物或者代理出版物销售业务。

第四条　国家新闻出版广电总局负责全国出版物发行活动的监督管理，负责制定全国出版物发行业发展规划。

省、自治区、直辖市人民政府出版行政主管部门负责本行政区域内出版物发行活动的监督管理，制定本省、自治区、直辖市出版物发行业发展规划。省级以下各级人民政府出版行政主管部门负责本行政区域内出版物发行活动的监督管理。

制定出版物发行业发展规划须经科学论证，遵循合法公正、符合实际、促进发展的原则。

第五条　国家保障、促进发行业的发展与转型升级，扶持实体书店、农村发行网点、发行物流体系、发行业信息化建设等，推动网络发行等新兴业态发展，推动发行业与其他相关产业融合发展。对为发行业发展作出重要贡献的单位和个人，按照国家有关规定给予奖励。

第六条　发行行业的社会团体按照其章程，在出版行政主管部门的指导下，实行自律管理。

第二章　申请从事出版物发行业务

第七条　单位从事出版物批发业务，应当具备下列条件：

（一）已完成工商注册登记，具有法人资格；

（二）工商登记经营范围含出版物批发业务；

（三）有与出版物批发业务相适应的设备和固定的经营场所，经营场所面积合计不少于50平方米；

（四）具备健全的管理制度并具有符合行业标准的信息管理系统。

本规定所称经营场所，是指企业在工商行政主管部门注册登记的住所。

第八条　单位申请从事出版物批发业务，可向所在地地市级人民政府出版行政主管部门提交申请材料，地市级人民政府出版行政主管部门在接受申请材料之日起10个工作日内完成审核，审核后报省、自治区、直辖市人民政府出版行政主管部门审批；申请单位也可直接报所在地省、自治区、直辖市人民政府出版行政主管部门审批。

省、自治区、直辖市人民政府出版行政主管部门自受理申请之日起20个工作日内作出批准或者不予批准的决定。批准的，由省、自治区、直辖市人民政府出版行政主管部门颁发出版物经营许可证，并报国家新闻出版广电总局备案。不予批准的，应当向申请人书面说明理由。

申请材料包括下列书面材料：

（一）营业执照正副本复印件；

（二）申请书，载明单位基本情况及申请事项；

（三）企业章程；

（四）注册资本数额、来源及性质证明；

（五）经营场所情况及使用权证明；

（六）法定代表人及主要负责人的身份证明；

（七）企业信息管理系统情况的证明材料。

第九条　单位、个人从事出版物零售业务，应当具备下列条件：

（一）已完成工商注册登记；

（二）工商登记经营范围含出版物零售业务；

（三）有固定的经营场所。

第十条　单位、个人申请从事出版物零售业务，须报所在地县级人民政府出版行政主管部门审批。

县级人民政府出版行政主管部门应当自受理申请之日起20个工作日内作出批准或者不予批准的决定。批准的，由县级人民政府出版行政主管部门颁发出版物经营许可证，并报上一级出版行政主管部门备案；其中门店营业面积在5000平方米以上的应同时报省级人民政府出版行政主管部门备案。不予批准的，应当向申请单位、个人书面说明理由。

申请材料包括下列书面材料：

（一）营业执照正副本复印件；

（二）申请书，载明单位或者个人基本情况及申请事项；

（三）经营场所的使用权证明。

第十一条　单位从事中小学教科书发行业务，应取得国家新闻出版广电总局批准的中小学教科书发行资质，并在批准的区域范围内开展中小学教科书发行活动。单位从事中小学教科书发行业务，应当具备下列条件：

（一）以出版物发行为主营业务的公司制法人；

（二）有与中小学教科书发行业务相适应的组织机构和发行人员；

（三）有能够保证中小学教科书储存质量要求的、与其经营品种和规模相适应的储运能力，在拟申请从事中小学教科书发行业务的省、自治区、直辖市、计划单列市的仓储场所面积在5000平方米以上，并有与中小学教科书发行相适应的自有物流配送体系；

（四）有与中小学教科书发行业务相适应的发行网络。在拟申请从事中小学教科书发行业务的省、自治区、直辖市、计划单列市的企业所属出版物发行网点覆盖不少于当地70%的县（市、区），且以出版物零售为主营业务，具备相应的中小学教科书储备、调剂、添货、零售及售后服务能力；

（五）具备符合行业标准的信息管理系统；

（六）具有健全的管理制度及风险防控机制和突发事件处置能力；

（七）从事出版物批发业务五年以上。最近三年内未受到出版行政主管部门行政处罚，无其他严重违法违规记录。

审批中小学教科书发行资质，除依照前款所列条件外，还应当符合国家关于中小学教科书发行单位的结构、布局宏观调控和规划。

第十二条　单位申请从事中小学教科书发行业务，须报国家新闻出版广电总局审批。

国家新闻出版广电总局应当自受理之日起20个工作日

内作出批准或者不予批准的决定。批准的，由国家新闻出版广电总局作出书面批复并颁发中小学教科书发行资质证。不予批准的，应当向申请单位书面说明理由。

申请材料包括下列书面材料：

（一）申请书，载明单位基本情况及申请事项；

（二）企业章程；

（三）出版物经营许可证和企业法人营业执照正副本复印件；

（四）法定代表人及主要负责人的身份证明，有关发行人员的资质证明；

（五）最近三年的企业法人年度财务会计报告及证明企业信誉的有关材料；

（六）经营场所、发行网点和储运场所的情况及使用权证明；

（七）企业信息管理系统情况的证明材料；

（八）企业发行中小学教科书过程中能够提供的服务和相关保障措施；

（九）企业法定代表人签署的企业依法经营中小学教科书发行业务的承诺书；

（十）拟申请从事中小学教科书发行业务的省、自治区、直辖市、计划单列市人民政府出版行政主管部门对企业基本信息、经营状况、储运能力、发行网点等的核实意见；

（十一）其他需要的证明材料。

第十三条 单位、个人从事出版物出租业务，应当于取得营业执照后15日内到当地县级人民政府出版行政主管部门备案。

备案材料包括下列书面材料：

（一）营业执照正副本复印件；

（二）经营场所情况；

（三）法定代表人或者主要负责人情况。

相关出版行政主管部门应在10个工作日内向申请备案单位、个人出具备案回执。

第十四条 国家允许外商投资企业从事出版物发行业务。

设立外商投资出版物发行企业或者外商投资企业从事出版物发行业务，申请人应向地方商务主管部门报送拟设立外商投资出版物发行企业的合同、章程，办理外商投资审批手续。地方商务主管部门在征得出版行政主管部门同意后，按照有关法律、法规的规定，作出批准或者不予批准的决定。予以批准的，颁发外商投资企业批准证书，并在经营范围后加注"凭行业经营许可开展"；不予批准的，书面通知申请人并说明理由。

申请人持外商投资企业批准证书到所在地工商行政主管部门办理营业执照或者在营业执照企业经营范围后加注相关内容，并按照本规定第七条至第十条及第十三条的有关规定到所在地出版行政主管部门履行审批或备案手续。

第十五条 单位、个人通过互联网等信息网络从事出版物发行业务的，应当依照本规定第七条至第十条的规定取得出版物经营许可证。

已经取得出版物经营许可证的单位、个人在批准的经营范围内通过互联网等信息网络从事出版物发行业务的，应自开展网络发行业务后15日内到原批准的出版行政主管部门备案。

备案材料包括下列书面材料：

（一）出版物经营许可证和营业执照正副本复印件；

（二）单位或者个人基本情况；

（三）从事出版物网络发行所依托的信息网络的情况。

相关出版行政主管部门应在10个工作日内向备案单位、个人出具备案回执。

第十六条 书友会、读者俱乐部或者其他类似组织申请从事出版物零售业务，按照本规定第九条、第十条的有关规定到所在地出版行政主管部门履行审批手续。

第十七条 从事出版物发行业务的单位、个人可在原发证机关所辖行政区域一定地点设立临时零售点开展其业务范围内的出版物销售活动。设立临时零售点时间不得超过10日，应提前到设点所在地县级人民政府出版行政主管部门备案并取得备案回执，并应遵守所在地其他有关管理规定。

备案材料包括下列书面材料：

（一）出版物经营许可证和营业执照正副本复印件；

（二）单位、个人基本情况；

（三）设立临时零售点的地点、时间、销售出版物品种；

（四）其他相关部门批准设立临时零售点的材料。

第十八条 出版物批发单位可以从事出版物零售业务。

出版物批发、零售单位设立不具备法人资格的发行分支机构，或者出版单位设立发行本版出版物的不具备法人资格的发行分支机构，不需单独办理出版物经营许可证，但应依法办理分支机构工商登记，并于领取营业执照后15日内到原发证机关和分支机构所在地出版行政主管部门备案。

备案材料包括下列书面材料：

（一）出版物经营许可证或者出版单位的出版许可证及分支机构营业执照正副本复印件；

（二）单位基本情况；

（三）单位设立不具备法人资格的发行分支机构的经营场所、经营范围等情况。

相关出版行政主管部门应在10个工作日内向备案单位、个人出具备案回执。

第十九条 从事出版物发行业务的单位、个人变更出版物经营许可证登记事项，或者兼并、合并、分立的，应当依照本规定到原批准的出版行政主管部门办理审批手续。出版行政主管部门自受理申请之日起20个工作日内作出批准或者不予批准的决定。批准的，由出版行政主管部门换发出版物经营许可证；不予批准的，应当向申请单位、个人书面说明理由。

申请材料包括下列书面材料：

（一）出版物经营许可证和营业执照正副本复印件；

（二）申请书，载明单位或者个人基本情况及申请变更事项；

（三）其他需要的证明材料。

从事出版物发行业务的单位、个人终止经营活动的，应当于15日内持出版物经营许可证和营业执照向原批准的出版行政主管部门备案，由原批准的出版行政主管部门注销出版物经营许可证。

第三章 出版物发行活动管理

第二十条 任何单位和个人不得发行下列出版物：

（一）含有《出版管理条例》禁止内容的违禁出版物；

（二）各种非法出版物，包括：未经批准擅自出版、印刷或者复制的出版物，伪造、假冒出版单位或者报刊名称出版的出版物，非法进口的出版物；

（三）侵犯他人著作权或者专有出版权的出版物；

（四）出版行政主管部门明令禁止出版、印刷或者复制、发行的出版物。

第二十一条 内部发行的出版物不得公开宣传、陈列、展示、征订、销售或面向社会公众发送。

第二十二条 从事出版物发行业务的单位和个人在发行活动中应当遵循公平、守法、诚实、守信的原则，依法订立供销合同，不得损害消费者的合法权益。

从事出版物发行业务的单位、个人，必须遵守下列规定：

（一）从依法取得出版物批发、零售资质的出版发行单位进货；发行进口出版物的，须从依法设立的出版物进口经营单位进货；

（二）不得超出出版行政主管部门核准的经营范围经营；

（三）不得张贴、散发、登载有法律、法规禁止内容的或者有欺诈性文字、与事实不符的征订单、广告和宣传画；

（四）不得擅自更改出版物版权页；

（五）出版物经营许可证应在经营场所明显处张挂；利用信息网络从事出版物发行业务的，应在其网站主页面或者从事经营活动的网页醒目位置公开出版物经营许可证和营业执照登载的有关信息或链接标识；

（六）不得涂改、变造、出租、出借、出售或者以其他任何形式转让出版物经营许可证和批准文件。

第二十三条 从事出版物发行业务的单位、个人，应查验供货单位的出版物经营许可证并留存复印件或电子文件，并将出版物发行进销货清单等有关非财务票据至少保存两年，以备查验。

进销货清单应包括进销出版物的名称、数量、折扣、金额以及发货方和进货方单位公章（签章）。

第二十四条 出版物发行从业人员应接受出版行政主管部门组织的业务培训。出版物发行单位应建立职业培训制度，积极组织本单位从业人员参加依法批准的职业技能鉴定机构实施的发行员职业技能鉴定。

第二十五条 出版单位可以发行本出版单位出版的出版物。发行非本出版单位出版的出版物的，须按照从事出版物发行业务的有关规定办理审批手续。

第二十六条 为出版物发行业务提供服务的网络交易平台应向注册地省、自治区、直辖市人民政府出版行政主管部门备案，接受出版行政主管部门的指导与监督管理。

备案材料包括下列书面材料：

（一）营业执照正副本复印件；

（二）单位基本情况；

（三）网络交易平台的基本情况。

省、自治区、直辖市人民政府出版行政主管部门应于10个工作日内向备案的网络交易平台出具备案回执。

提供出版物发行网络交易平台服务的经营者，应当对申请通过网络交易平台从事出版物发行业务的经营主体身份进行审查，核实经营主体的营业执照、出版物经营许可证，并留存证照复印件或电子文档备查。不得向无证无照、证照不齐的经营者提供网络交易平台服务。

为出版物发行业务提供服务的网络交易平台经营者应建立交易风险防控机制，保留平台内从事出版物发行业务经营主体的交易记录两年以备查验。对在网络交易平台内从事各类违法出版物发行活动的，应当采取有效措施予以制止，并及时向所在地出版行政主管部门报告。

第二十七条 省、自治区、直辖市出版行政主管部门和全国性出版、发行行业协会，可以主办全国性的出版物展销活动和跨省专业性出版物展销活动。主办单位应提前2个月报国家新闻出版广电总局备案。

市、县级出版行政主管部门和省级出版、发行协会可以主办地方性的出版物展销活动。主办单位应提前2个月报上一级出版行政主管部门备案。

备案材料包括下列书面材料：

（一）展销活动主办单位；

（二）展销活动时间、地点；

（三）展销活动的场地、参展单位、展销出版物品种、活动筹备等情况。

第二十八条 从事中小学教科书发行业务，必须遵守下列规定：

（一）从事中小学教科书发行业务的单位必须具备中小学教科书发行资质；

（二）纳入政府采购范围的中小学教科书，其发行单位须按照《中华人民共和国政府采购法》的有关规定确定；

（三）按照教育行政主管部门和学校选定的中小学教科书，在规定时间内完成发行任务，确保“课前到书，人手一册”。因自然灾害等不可抗力导致中小学教科书发行受到影响的，应及时采取补救措施，并报告所在地出版行政和教育行政主管部门；

（四）不得在中小学教科书发行过程中擅自征订、搭售教学用书目录以外的出版物；

（五）不得将中小学教科书发行任务向他人转让和分包；

（六）不得涂改、倒卖、出租、出借中小学教科书发行资质证书；

（七）中小学教科书发行费率按照国家有关规定执行，不得违反规定收取发行费用；

（八）做好中小学教科书的调剂、添货、零售和售后服务等相关工作；

（九）应于发行任务完成后 30 个工作日内向国家新闻出版广电总局和所在地省级出版行政主管部门书面报告中小学教科书发行情况。

中小学教科书出版单位应在规定时间内向依法确定的中小学教科书发行单位足量供货，不得向不具备中小学教科书发行资质的单位供应中小学教科书。

第二十九条 任何单位、个人不得从事本规定第二十条所列出版物的征订、储存、运输、邮寄、投递、散发、附送等活动。

从事出版物储存、运输、投递等活动，应当接受出版行政主管部门的监督检查。

第三十条 从事出版物发行业务的单位、个人应当按照出版行政主管部门的规定接受年度核验，并按照《中华人民共和国统计法》《新闻出版统计管理办法》及有关规定如实报送统计资料，不得以任何借口拒报、迟报、虚报、瞒报以及伪造和篡改统计资料。

出版物发行单位、个人不再具备行政许可的法定条件的，由出版行政主管部门责令限期改正；逾期仍未改正的，由原发证机关撤销出版物经营许可证。

中小学教科书发行单位不再具备中小学教科书发行资质的法定条件的，由出版行政主管部门责令限期改正；逾期仍未改正的，由原发证机关撤销中小学教科书发行资质证。

第四章 法律责任

第三十一条 未经批准，擅自从事出版物发行业务的，依照《出版管理条例》第六十一条处罚。

第三十二条 发行违禁出版物的，依照《出版管理条例》第六十二条处罚。

发行国家新闻出版广电总局禁止进口的出版物，或者发行未从依法批准的出版物进口经营单位进货的进口出版物，依照《出版管理条例》第六十三条处罚。

发行其他非法出版物和出版行政主管部门明令禁止出版、印刷或者复制、发行的出版物的，依照《出版管理条例》第六十五条处罚。

发行违禁出版物或者非法出版物的，当事人对其来源作出说明、指认，经查证属实的，没收出版物和非法所得，可以减轻或免除其他行政处罚。

第三十三条 违反本规定发行侵犯他人著作权或者专有出版权的出版物的，依照《中华人民共和国著作权法》和《中华人民共和国著作权法实施条例》的规定处罚。

第三十四条 在中小学教科书发行过程中违反本规定，有下列行为之一的，依照《出版管理条例》第六十五条处罚：

（一）发行未经依法审定的中小学教科书的；

（二）不具备中小学教科书发行资质的单位从事中小学教科书发行活动的；

（三）未按照《中华人民共和国政府采购法》有关规定确定的单位从事纳入政府采购范围的中小学教科书发行活动的。

第三十五条 出版物发行单位未依照规定办理变更审批手续的，依照《出版管理条例》第六十七条处罚。

第三十六条 单位、个人违反本规定被吊销出版物经营许可证的，其法定代表人或者主要负责人自许可证被吊销之日起 10 年内不得担任发行单位的法定代表人或者主要负责人。

第三十七条 违反本规定，有下列行为之一的，由出版行政主管部门责令停止违法行为，予以警告，并处 3 万元以下罚款：

（一）未能提供近两年的出版物发行进销货清单等有关非财务票据或者清单、票据未按规定载明有关内容的；

（二）超出出版行政主管部门核准的经营范围经营的；

（三）张贴、散发、登载有法律、法规禁止内容的或者有欺诈性文字、与事实不符的征订单、广告和宣传画的；

（四）擅自更改出版物版权页的；

（五）出版物经营许可证未在经营场所明显处张挂或者未在网页醒目位置公开出版物经营许可证和营业执照登载的有关信息或者链接标识的；

（六）出售、出借、出租、转让或者擅自涂改、变造出版物经营许可证的；

（七）公开宣传、陈列、展示、征订、销售或者面向社会公众发送规定应由内部发行的出版物的；

（八）委托无出版物批发、零售资质的单位或者个人销售出版物或者代理出版物销售业务的；

（九）未从依法取得出版物批发、零售资质的出版发行单位进货的；

（十）提供出版物网络交易平台服务的经营者未按本规

定履行有关审查及管理责任的；

（十一）应按本规定进行备案而未备案的；

（十二）不按规定接受年度核验的。

第三十八条　在中小学教科书发行过程中违反本规定，有下列行为之一的，由出版行政主管部门责令停止违法行为，予以警告，并处3万元以下罚款：

（一）擅自调换已选定的中小学教科书的；

（二）擅自征订、搭售教学用书目录以外的出版物的；

（三）擅自将中小学教科书发行任务向他人转让和分包的；

（四）涂改、倒卖、出租、出借中小学教科书发行资质证书的；

（五）未在规定时间内完成中小学教科书发行任务的；

（六）违反国家有关规定收取中小学教科书发行费用的；

（七）未按规定做好中小学教科书的调剂、添货、零售和售后服务的；

（八）未按规定报告中小学教科书发行情况的；

（九）出版单位向不具备中小学教科书发行资质的单位供应中小学教科书的；

（十）出版单位未在规定时间内向依法确定的中小学教科书发行企业足量供货的；

（十一）在中小学教科书发行过程中出现重大失误，或者存在其他干扰中小学教科书发行活动行为的。

第三十九条　征订、储存、运输、邮寄、投递、散发、附送本规定第二十条所列出版物的，按照本规定第三十二条进行处罚。

第四十条　未按本规定第三十条报送统计资料的，按照《新闻出版统计管理办法》有关规定处理。

第五章　附　　则

第四十一条　允许香港、澳门永久性居民中的中国公民依照内地有关法律、法规和行政规章，在内地各省、自治区、直辖市设立从事出版物零售业务的个体工商户，无需经过外资审批。

第四十二条　本规定所称中小学教科书，是指经国务院教育行政主管部门审定和经授权审定的义务教育教学用书（含配套教学图册、音像材料等）。

中小学教科书发行包括中小学教科书的征订、储备、配送、分发、调剂、添货、零售、结算及售后服务等。

第四十三条　出版物经营许可证和中小学教科书发行资质证的设计、印刷、制作与发放等，按照《新闻出版许可证管理办法》有关规定执行。

第四十四条　本规定由国家新闻出版广电总局会同商务部负责解释。

第四十五条　本规定自2016年6月1日起施行，原新闻出版总署、商务部2011年3月25日发布的《出版物市场管理规定》同时废止。本规定施行前与本规定不一致的其他规定不再执行。

最高人民法院关于审理非法出版物刑事案件具体应用法律若干问题的解释

（1998年12月11日最高人民法院审判委员会第1032次会议通过　1998年12月17日最高人民法院公告公布　自1998年12月23日起施行　法释〔1998〕30号）

为依法惩治非法出版物犯罪活动，根据刑法的有关规定，现对审理非法出版物刑事案件具体应用法律的若干问题解释如下：

第一条　明知出版物中载有煽动分裂国家、破坏国家统一或者煽动颠覆国家政权、推翻社会主义制度的内容，而予以出版、印刷、复制、发行、传播的，依照刑法第一百零三条第二款或者第一百零五条第二款的规定，以煽动分裂国家罪或者煽动颠覆国家政权罪定罪处罚。

第二条　以营利为目的，实施刑法第二百一十七条所列侵犯著作权行为之一，个人违法所得数额在5万元以上，单位违法所得数额在20万元以上的，属于“违法所得数额较大”；具有下列情形之一的，属于“有其他严重情节”：

（一）因侵犯著作权曾经两次以上被追究行政责任或者民事责任，两年内又实施刑法第二百一十七条所列侵犯著作权行为之一的；

（二）个人非法经营数额在20万元以上，单位非法经营数额在100万元以上的；

（三）造成其他严重后果的。

以营利为目的，实施刑法第二百一十七条所列侵犯著作权行为之一，个人违法所得数额在20万元以上，单位违法所得数额在100万元以上的，属于“违法所得数额巨大”；具有下列情形之一的，属于“有其他特别严重情节”：

（一）个人非法经营数额在100万元以上，单位非法经营数额在500万元以上的；

（二）造成其他特别严重后果的。

第三条　刑法第二百一十七条第（一）项中规定的“复制发行”，是指行为人以营利为目的，未经著作权人许可而实施的复制、发行或者既复制又发行其文字作品、音乐、电影、电视、录像作品、计算机软件及其他作品的行为。

第四条　以营利为目的，实施刑法第二百一十八条规定的行为，个人违法所得数额在10万元以上，单位违法所得数额在50万元以上的，依照刑法第二百一十八条的规定，以销售侵权复制品罪定罪处罚。

第五条　实施刑法第二百一十七条规定的侵犯著作权行

为,又销售该侵权复制品,违法所得数额巨大的,只定侵犯著作权罪,不实行数罪并罚。

实施刑法第二百一十七条规定的侵犯著作权的犯罪行为,又明知是他人的侵权复制品而予以销售,构成犯罪的,应当实行数罪并罚。

第六条 在出版物中公然侮辱他人或者捏造事实诽谤他人,情节严重的,依照刑法第二百四十六条的规定,分别以侮辱罪或者诽谤罪定罪处罚。

第七条 出版刊载歧视、侮辱少数民族内容的作品,情节恶劣,造成严重后果的,依照刑法第二百五十条的规定,以出版歧视、侮辱少数民族作品罪定罪处罚。

第八条 以牟利为目的,实施刑法第三百六十三条第一款规定的行为,具有下列情形之一的,以制作、复制、出版、贩卖、传播淫秽物品牟利罪定罪处罚:

(一)制作、复制、出版淫秽影碟、软件、录像带50至100张(盒)以上,淫秽音碟、录音带100至200张(盒)以上,淫秽扑克、书刊、画册100至200副(册)以上,淫秽照片、画片500至1000张以上的;

(二)贩卖淫秽影碟、软件、录像带100至200张(盒)以上,淫秽音碟、录音带200至400张(盒)以上,淫秽扑克、书刊、画册200至400副(册)以上,淫秽照片、画片1000至2000张以上的;

(三)向他人传播淫秽物品达200至500人次以上,或者组织播放淫秽影、像达10至20场次以上的;

(四)制作、复制、出版、贩卖、传播淫秽物品,获利5000至1万元以上的。

以牟利为目的,实施刑法第三百六十三条第一款规定的行为,具有下列情形之一的,应当认定为制作、复制、出版、贩卖、传播淫秽物品牟利罪"情节严重":

(一)制作、复制、出版淫秽影碟、软件、录像带250至500张(盒)以上,淫秽音碟、录音带500至1000张(盒)以上,淫秽扑克、书刊、画册500至1000副(册)以上,淫秽照片、画片2500至5000张以上的;

(二)贩卖淫秽影碟、软件、录像带500至1000张(盒)以上,淫秽音碟、录音带1000至2000张(盒)以上,淫秽扑克、书刊、画册1000至2000副(册)以上,淫秽照片、画片5000至1万张以上的;

(三)向他人传播淫秽物品达1000至2000人次以上,或者组织播放淫秽影、像达50至100场次以上的;

(四)制作、复制、出版、贩卖、传播淫秽物品,获利3万至5万元以上的。

以牟利为目的,实施刑法第三百六十三条第一款规定的行为,其数量(数额)达到前款规定的数量(数额)5倍以上的,应当认定为制作、复制、出版、贩卖、传播淫秽物品牟利罪"情节特别严重"。

第九条 为他人提供书号、刊号,出版淫秽书刊的,依照刑法第三百六十三条第二款的规定,以为他人提供书号出版淫秽书刊罪定罪处罚。

为他人提供版号,出版淫秽音像制品的,依照前款规定定罪处罚。

明知他人用于出版淫秽书刊而提供书号、刊号的,依照刑法第三百六十三条第一款的规定,以出版淫秽物品牟利罪定罪处罚。

第十条 向他人传播淫秽的书刊、影片、音像、图片等出版物达300至600人次以上或者造成恶劣社会影响的,属于"情节严重",依照刑法第三百六十四条第一款的规定,以传播淫秽物品罪定罪处罚。

组织播放淫秽的电影、录像等音像制品达15至30场次以上或者造成恶劣社会影响的,依照刑法第三百六十四条第二款的规定,以组织播放淫秽音像制品罪定罪处罚。

第十一条 违反国家规定,出版、印刷、复制、发行本解释第一条至第十条规定以外的其他严重危害社会秩序和扰乱市场秩序的非法出版物,情节严重的,依照刑法第二百二十五条第(三)项的规定,以非法经营罪定罪处罚。

第十二条 个人实施本解释第十一条规定的行为,具有下列情形之一的,属于非法经营行为"情节严重":

(一)经营数额在5万元至10万元以上的;

(二)违法所得数额在2万元至3万元以上的;

(三)经营报纸5000份或者期刊5000本或者图书2000册或者音像制品、电子出版物500张(盒)以上的。

具有下列情形之一的,属于非法经营行为"情节特别严重":

(一)经营数额在15万元至30万元以上的;

(二)违法所得数额在5万元至10万元以上的;

(三)经营报纸1.5万份或者期刊1.5万本或者图书5000册或者音像制品、电子出版物1500张(盒)以上的。

第十三条 单位实施本解释第十一条规定的行为,具有下列情形之一的,属于非法经营行为"情节严重":

(一)经营数额在15万元至30万元以上的;

(二)违法所得数额在5万元至10万元以上的;

(三)经营报纸1.5万份或者期刊1.5万本或者图书5000册或者音像制品、电子出版物1500张(盒)以上的。

具有下列情形之一的,属于非法经营行为"情节特别严重":

(一)经营数额在50万元至100万元以上的;

(二)违法所得数额在15万元至30万元以上的;

(三)经营报纸5万份或者期刊5万本或者图书1.5万册或者音像制品、电子出版物5000张(盒)以上的。

第十四条 实施本解释第十一条规定的行为,经营数额、违法所得数额或者经营数量接近非法经营行为"情节严重"、

"情节特别严重"的数额、数量起点标准,并具有下列情形之一的,可以认定为非法经营行为"情节严重"、"情节特别严重":

(一)两年内因出版、印刷、复制、发行非法出版物受过行政处罚两次以上的;

(二)因出版、印刷、复制、发行非法出版物造成恶劣社会影响或者其他严重后果的。

第十五条 非法从事出版物的出版、印刷、复制、发行业务,严重扰乱市场秩序,情节特别严重,构成犯罪的,可以依照刑法第二百二十五条第(三)项的规定,以非法经营罪定罪处罚。

第十六条 出版单位与他人事前通谋,向其出售、出租或者以其他形式转让该出版单位的名称、书号、刊号、版号,他人实施本解释第二条、第四条、第八条、第九条、第十条、第十一条规定的行为,构成犯罪的,对该出版单位应当以共犯论处。

第十七条 本解释所称"经营数额",是指以非法出版物的定价数额乘以行为人经营的非法出版物数量所得的数额。

本解释所称"违法所得数额",是指获利数额。

非法出版物没有定价或者以境外货币定价的,其单价数额应当按照行为人实际出售的价格认定。

第十八条 各省、自治区、直辖市高级人民法院可以根据本地的情况和社会治安状况,在本解释第八条、第十条、第十二条、第十三条规定的有关数额、数量标准的幅度内,确定本地执行的具体标准,并报最高人民法院备案。

最高人民法院、最高人民检察院关于办理侵犯著作权刑事案件中涉及录音录像制品有关问题的批复

(2005年9月26日最高人民法院审判委员会第1365次会议 2005年9月23日最高人民检察院第十届检察委员会第39次会议通过 2005年10月13日最高人民法院、最高人民检察院公告公布 自2005年10月18日起施行 法释〔2005〕12号)

各省、自治区、直辖市高级人民法院、人民检察院,解放军军事法院、军事检察院,新疆维吾尔自治区高级人民法院生产建设兵团分院、新疆生产建设兵团人民检察院:

《最高人民法院、最高人民检察院关于办理侵犯知识产权刑事案件具体应用法律若干问题的解释》发布以后,部分高级人民法院、省级人民检察院就关于办理侵犯著作权刑事案件中涉及录音录像制品的有关问题提出请示。经研究,批复如下:

以营利为目的,未经录音录像制作者许可,复制发行其制作的录音录像制品的行为,复制品的数量标准分别适用《最高人民法院、最高人民检察院关于办理侵犯知识产权刑事案件具体应用法律若干问题的解释》第五条第一款第(二)项、第二款第(二)项的规定。

未经录音录像制作者许可,通过信息网络传播其制作的录音录像制品的行为,应当视为刑法第二百一十七条第(三)项规定的"复制发行"。

此复。

文书范本

图书出版合同[①]

（标准样式）

甲方（著作权人）：　　　　地址：
乙方（出版者）：　　　　地址：
作品名称：
作品署名：

甲乙双方就上述作品的出版达成如下协议：

第一条 甲方授予乙方在合同有效期内，在（中国大陆、中国香港、中国台湾、或其他国家和地区、全世界）* 以图书形式出版发行上述作品（汉文、×文）* 文本的专有使用权。

第二条 根据本合同出版发行的作品不得含有下列内容：

（一）反对宪法确定的基本原则；

（二）危害国家统一、主权和领土完整；

（三）危害国家安全、荣誉和利益；

（四）煽动民族分裂，侵害少数民族风俗习惯，破坏民族团结；

（五）泄露国家机密；

（六）宣扬淫秽、迷信或者渲染暴力，危害社会公德和民族优秀文化传统；

（七）侮辱或者诽谤他人；

（八）法律、法规规定禁止的其他内容。

第三条 甲方保证拥有第一条授予乙方的权利。因上述权利的行使侵犯他人著作权的，甲方承担全部责任并赔偿因此给乙方造成的损失，乙方可以终止合同。

第四条 甲方的上述作品含有侵犯他人名誉权、肖像权、姓名权等人身权内容的，甲方承担全部责任并赔偿因此给乙方造成的损失，乙方可以终止合同。

第五条 上述作品的内容、篇幅、体例、图表、附录等应符合下列要求：

第六条 甲方应于______年____月____日前将上述作品的誊清稿交付乙方。甲方不能按时交稿的，应在交稿期限届满前____日通知乙方，双方另行约定交稿日期。甲方到期仍不能交稿的，应按本合同第十一条约定报酬的____%向乙方支付违约金，乙方可以终止合同。甲方交付的稿件应有作者的签章。

第七条 乙方应于______年____月____日前出版上述作品，最低印数为______册。乙方不能按时出版的，应在出版期限届满前____日通知甲方，并按本合同第十一条约定报酬的____%向甲方支付违约金，双方另行约定出版日期。乙方在另行约定期限内仍不出版的，除非因不可抗力所致，乙方应按本合同第十一条约定向甲方支付报酬和归还作品原件，并按该报酬的____%向甲方支付赔偿金，甲方可以终止合同。

第八条 在合同有效期内，未经双方同意，任何一方不得将第一条约定的权利许可第三方使用。如有违反，另一方有权要求经济赔偿并终止合同。一方经对方同意许可第三方使用上述权利，应将所得报酬的____%交付对方。

第九条 乙方尊重甲方确定的署名方式。乙方如需更动上述作品的名称，对作品进行修改、删节、增加图表及前言、后记，应征得甲方同意，并经甲方书面认可。

第十条 上述作品的校样由乙方审校。

（上述作品的校样由甲方审样。甲方应在____日内签字后退还乙方。甲方未按期审校，乙方可自行审校，并按计划付印。因甲方修改造成版面改动超过____%或未能按期出版，甲方承担改版费用或推迟出版的责任。）*

第十一条 乙方采用下列方式及标准之一向甲方支付报酬：

---

① 仅供参考。

（一）基本稿酬加印数稿酬：______元/每千字×千字＋印数（以千册为单位）×基本稿酬____%。或

（二）一次性付酬：________元。或

（三）版税：________元（图书定价）×____%（版税率）×印数。

第十二条　以基本稿酬加印数稿酬方式付酬的，乙方应在上述作品出版后____日内向甲方支付报酬，但最长不得超过半年。

或以一次性支付方式付酬的，乙方在甲方交稿后____日内向甲方付清。

或以版税方式付酬的，乙方在出版后____日内向甲方付清。

乙方在合同签字后____日内，向甲方预付上述报酬的____%（____________元）。*

乙方未在约定期限内支付报酬的，甲方可以终止合同并要求乙方继续履行付酬的义务。

第十三条　甲方交付的稿件未达到合同第五条约定的要求，乙方有权要求甲方进行修改，如甲方拒绝按照合同的约定修改，乙方有权终止合同并要求甲方返还本合同第十二条约定的预付报酬。如甲方同意修改，且反复修改仍未达到合同第五条的要求，预付报酬不返还乙方；如未支付预付报酬，乙方按合同第十一条约定报酬的____%向甲方支付酬金，并有权终止合同。

第十四条　上述作品首次出版____年内，乙方可以自行决定重印。首次出版____年后，乙方重印应事先通知甲方。如果甲方需要对作品进行修改，应于收到通知后____日内答复乙方，否则乙方可按原版重印。

第十五条　乙方重印、再版，应将印数通知甲方，并在重印、再版____日内按第十一条的约定向甲方支付报酬。

第十六条　甲方有权核查乙方应向甲方支付报酬的账目。如甲方指定第三方进行核查，需提供书面授权书。如乙方故意少付甲方应得的报酬，除向甲方补齐应付报酬外，还应支付全部报酬____%的赔偿金并承担核查费用。如核查结果与乙方提供的应付报酬相符，核查费用由甲方承担。

第十七条　在合同有效期内，如图书脱销，甲方有权要求乙方重印、再版。如甲方收到乙方拒绝重印、再版的书面答复，或乙方收到甲方重印、再版的书面要求后____月内未重印、再版，甲方可以终止合同。

第十八条　上述作品出版后____日内乙方应将作品原稿退还甲方。如有损坏，应赔偿甲方________元；如有遗失，赔偿________元。

第十九条　上述作品首次出版后____日内，乙方向甲方赠样书______册，并以____折价售予甲方图书______册。每次再版后____日内，乙方向甲方赠样书______册。

第二十条　在合同有效期内乙方按本合同第十一条（一）基本稿酬加印数稿酬方式，或者按本合同第十一条（二）一次性付酬方式向甲方支付报酬的，出版上述作品的修订本、缩编本的付酬的方式和标准应由双方另行约定。

第二十一条　在合同有效期内，甲方许可第三方出版包含上述作品的选集、文集、全集的，须取得乙方许可。

在合同有效期内，乙方出版包含上述作品的选集、文集、全集或者许可第三方出版包含上述作品的选集、文集、全集的，须另行取得甲方书面授权。乙方取得甲方授权的，应及时将出版包含上述作品选集、文集、全集的情况通知甲方，并将所得报酬的____%交付甲方。

第二十二条　在合同有效期内，甲方许可第三方出版上述作品的电子版的，须取得乙方的许可。

在合同有效期内，乙方出版上述作品电子版或者许可第三方出版上述作品电子版的，须另行取得甲方书面授权。乙方取得甲方授权的，应及时将出版上述作品电子版的情况通知甲方，并将所得报酬的____%交付甲方。

第二十三条　未经甲方书面许可，乙方不得使本合同第一条授权范围以外的权利。

（甲方授权乙方代理行使（本合同第一条授权范围以外）*使用上述作品的权利，其使用所得报酬甲乙双方按比例分成。）

第二十四条　双方因合同的解释或履行发生争议，由双方协商解决。协商不成将争议提交仲裁机构仲裁（向人民法院提起诉讼。）*

第二十五条　合同的变更、续签及其他未尽事宜，由双方另得商定。

第二十六条　本合同自签字之日起生效，有效期为____年。

第二十七条　本合同一式两份，双方各执一份为凭。

注：带*的为选择性内容。

甲方：	乙方：
（签章）	（签章）
年　　月　　日	年　　月　　日

典型案例

1. 江苏省无锡市滨湖区人民检察院诉鞠文明、徐路路、华轶侵犯著作权案[①]

【裁判要旨】

行为人通过非法手段获取他人享有著作权的计算机软件中的目标程序并与特定硬件产品相结合，用于生产同类侵权产品，在某些程序、代码方面虽有不同，但只要实现硬件产品功能的目标程序或功能性代码与他人享有著作权的计算机软件"实质相同"，即属于非法复制发行计算机软件的行为，应以侵犯著作权罪定罪处罚。

如果涉案侵权产品的价值主要在于实现其产品功能的软件程序，即软件著作权价值为其主要价值构成，应以产品整体销售价格作为非法经营数额的认定依据。

【案情】

公诉机关：江苏省无锡市滨湖区人民检察院。

被告人：鞠文明。2010 年 10 月 21 日因本案被刑事拘留，同年 11 月 26 日被取保候审，2011 年 6 月 7 日被执行逮捕。

被告人：徐路路。2010 年 10 月 21 日因本案被刑事拘留，同年 11 月 26 日被取保候审，2011 年 6 月 7 日被执行逮捕。

被告人：华轶。2010 年 10 月 21 日因本案被取保候审。

江苏省无锡市滨湖区人民检察院以被告人鞠文明、徐路路、华轶犯侵犯著作权罪，向江苏省无锡市滨湖区人民法院提起公诉。

起诉书指控：被告人鞠文明在无锡市信捷科技电子有限公司（以下简称信捷公司）工作期间，未经公司许可擅自下载了该公司的 OP 系列人机监控软件 V3.0 等软件。后于 2008 年 8 月与被告人徐路路、华轶合谋后，共同出资成立无锡市云川工控技术有限公司（以下简称云川工控公司），用其非法获取的上述 OP 系列人机监控软件生产与信捷公司同类的文本显示器以牟利。2008 年 12 月至 2010 年 10 月间，鞠文明、徐路路、华轶先后生产并向多家单位和个人销售了 TD100 型、TD307 型等型号文本显示器共计 2045 台，销售金额计人民币 448 465 元。2010 年 10 月 21 日，三被告人被抓获。2010 年 11 月下旬，鞠文明、徐路路在被公安机关取保候审后，伙同孙兴圣又以无锡市云川电气技术有限公司（以下简称云川电气公司）的名义生产、销售上述文本显示器计 114 台，销售金额计人民币 25 200 元。三被告人结伙以营利为目的，未经著作权人许可，复制、发行他人计算机软件，情节特别严重，其行为触犯了《中华人民共和国刑法》第二百一十七条之规定，应当以侵犯著作权罪追究其刑事责任。鞠文明在共同犯罪中起主要作用，系主犯，徐路路、华轶在共同犯罪中起次要作用，系从犯，应当从轻或者减轻处罚。

被告人华轶对起诉书指控的事实不持异议。

被告人鞠文明、徐路路辩称：1. 上海市知识产权司法鉴定中心（以下简称鉴定中心）出具的司法鉴定意见书只是比较了文本显示器计算机芯片上的部分功能区而不是全部功能区，事实上其开发的下位机驱动程序与信捷公司的下位机驱动程序相似度约为 1%，不构成实质相同。2. 其生产销售的文本显示器下位机软件与信捷公司生产的文本显示器下位机软件并不相同，该软件系借鉴了信捷公司文本显示器下位机软件的基础上自行开发而成，不构成对信捷公司软件的复制发表，不构成侵犯著作权罪。

被告人鞠文明的辩护人辩称：1. 鉴定中心出具的二份司法鉴定意见书违反法定鉴定程序，司法鉴定书对鉴定样本的形式和取得方式未作出相应说明，在程序上不符合规范；且鉴定未就整个软件作全面的比对，仅仅抽取其中的部分内容进行比对，依据此种鉴定方法作出的鉴定结论，不能作为定案的依据。故起诉书指控的事实不能成立，被告人鞠文明无罪。2. 本案非法经营数额的认定应当扣除文本显示器的自身成本。

被告人徐路路的辩护人辩称：司法鉴定书"实质相同"的结论即使成立，也不构成侵犯著作权犯罪，因为这里的"实质相同"不是刑法意义上的复制。徐路路是在对同类产品包括信捷公司的产品吸收借鉴的基础上对文本显示器的硬件进行的改进制作，其行为充其量属于修改或剽窃，不构成对计算机软件著作权的侵权犯罪。

江苏省无锡市滨湖区人民法院一审查明：

被告人鞠文明于 2007 年在信捷公司担任研发部硬件工程师期间，未经信捷公司许可，擅自下载、保存了包括由耐拓公司享有著作权并许可信捷公司使用的 OP 系列人机监控软件 V3.0 在内的部分软件。2008 年 8 月，鞠文明提议并与被告人徐路路、华轶合谋，共同出资成立云川工控公司，用其非法获取的上述 OP 系列人机监控软件 V3.0 生产与信捷公司同类的文本显示器以牟利，由鞠文明担任公司法定代表人并负责生产和销售，徐路路负责硬件支持，华轶负责软件技术支持。随后，华轶利用被告人鞠文明非法获取的 OP 系列人机监控软件 V3.0，提取并整合了其中使用于信捷公司开发的 OP320 - A 型文本显示器上的目标程序（即下位机 . BIN 文件），提供给鞠文明、徐路路用于生产 TD100 型、TD307 型文本显示器。2008 年 12 月至 2010 年 10 月间，鞠文明、徐路路购买了相应的 CPU、电路板、外壳等元器件在本市新区长欣公寓

① 案例来源：《中华人民共和国最高人民法院公报》2012 年第 1 期。

59号201室组装，并将华轶整合提取的上述目标程序烧写至上述文本显示器的CPU芯片内，生产TD100型、TD307型等型号文本显示器2045台，向多家单位和个人销售，销售金额计人民币448 465元。2010年9月，原信捷公司员工孙兴圣（另案处理）加入云川工控公司，参与销售上述文本显示器。2010年10月21日，鞠文明、徐路路、华轶被公安机关抓获。

被告人鞠文明、徐路路在取保候审期间，于2010年10月至2011年3月间，伙同孙兴圣继续在本市新区长欣公寓59号201室用上述方法生产上述文本显示器计114台并向多家单位销售，销售金额计人民币25 200元。

上述事实，有证人李新（耐拓公司以及信捷公司的法定代表人）的报案笔录、计算机软件著作权登记证书以及软件授权使用协议、无锡市公安局滨湖分局（以下简称滨湖公安局）出具的扣押物品清单以及TD100型、TD307型文本显示器、WORK字样DVD光盘、电脑主机以及华轶所持有的笔记本电脑的照片、云川工控公司、云川电气公司与相关客户签订的供需合同、付款凭证以及信用卡收款明细、证人王丽丽、王文清、许星光等人的证言、被告人鞠文明、徐路路、华轶的供述、鉴定中心于2010年12月16日出具的上知司鉴字〔2010〕第1101号司法鉴定意见书、滨湖公安局出具的鉴定结论通知书等证据证实，足以认定。

本案一审的争议焦点是：被告人鞠文明、徐路路、华轶的下位机驱动程序是否是对OP系列人机监控软件V3.0软件中下位机程序的复制。

【审判】

江苏省无锡市滨湖区人民法院一审认为：

被告人鞠文明、徐路路、华轶以营利为目的，未经著作权人许可，复制发行其计算机软件，情节特别严重，其行为已构成侵犯著作权罪。无锡市滨湖区人民检察院指控鞠文明、徐路路、华轶犯侵犯著作权罪的事实清楚，证据确实、充分，指控的罪名成立。鞠文明、徐路路、华轶侵犯著作权的犯罪行为发生在2011年4月30日以前，依照《中华人民共和国刑法》第十二条第一款之规定，应当适用2011年4月30日以前的《中华人民共和国刑法》。

对于被告人鞠文明、徐路路及其辩护人针对鉴定中心出具的司法鉴定意见书所提出的异议，法院评判如下：计算机软件是指计算机程序及有关文档。我国《计算机软件保护条例》第3条规定，计算机程序是指为了得到某种结果而可以由计算机等具有信息处理能力的装置执行的代码化指令序列，或者可被自动转换成代码化指令序列的符合化指令序列或者符号化语句序列。计算机程序包括源程序和目标程序。源程序是指用高级语言或汇编语言编写的程序，目标程序是指源程序经编译或解释加工以后，可以由计算机直接执行的程序。源程序与目标程序虽然表现形式不同，但实现的功能可以相同，两者可以通过一定的形式转换。而实现同一功能可转换的源程序和目标程序应当视为同一作品。现控方证据能够证实，鞠文明所谓自主开发的下位机驱动程序，实际上是在无锡耐拓软件有限公司享有著作权并许可信捷公司使用的OP系列人机监控软件V3.0下位机程序基础上进行少量改动而完成的，尽管二者在局部的功能和表现形式上有所不同，但二者的目标程序、源程序实质相同，可以确认该下位机驱动程序是对OP系列人机监控软件V3.0软件中下位机程序的复制。故二被告人及其辩护人对鉴定结论的实质要件所提出的异议，不能成立。另外，鉴定中心系根据委托人滨湖公安局提供的鉴材和样本进行的比对鉴定，而滨湖公安局提供的鉴材又系在鞠文明处查获的涉案文本显示器，其比对样本又为受害人信捷公司含有OP系列人机监控软件V3.0下位机程序的同类产品，且鞠文明、徐路路、华轶又都在鉴定结论通知书上签字，未对鉴定结论提出异议，故辩护人对司法鉴定书的形式要件所提出的异议，法院亦不予支持。

被告人鞠文明、徐路路及其辩护人关于其下位机驱动程序系其自主开发的软件，故在其生产的文本显示器上使用该程序不构成复制他人著作权、不应认定为犯罪的意见，与司法鉴定部门所作出的鉴定结论和经法庭调查确认的事实不符，法院不予支持。

关于被告人鞠文明的辩护人提出的本案非法经营额的认定应当扣除文本显示器自身成本的意见，因本案被侵权的计算机软件的载体就是文本显示器，三被告人正是通过在这一载体上复制享有著作权的计算机软件以牟取不当利益，故本案非法经营数额应为三被告人生产、销售的文本显示器的实际销售金额，对上述辩护意见法院不予采纳。

被告人鞠文明在共同犯罪中起主要作用系主犯；被告人徐路路、华轶在共同犯罪中起次要作用，系从犯，可减轻处罚。鞠文明、徐路路于2010年11月26日因本案被取保候审，在取保候审期间不思悔改，仍继续从事侵权文本显示器的生产、销售，主观恶性较深，社会危害性较大。华轶虽未主动归案，但在公安机关侦查阶段如实供述了自己的罪行，依照《中华人民共和国刑法》第六十七条第三款的规定，可以从轻处罚。其在庭审中又自愿认罪，悔罪态度较好，可酌情予以从轻处罚。根据华轶的犯罪情节和悔罪表现，对其适用缓刑不致再危害社会，可对其宣告缓刑。

据此，江苏省无锡市滨湖区人民法院依照2011年4月30日以前的《中华人民共和国刑法》第二百一十七条第（一）项、第二十五条第一款、第二十六条第一、四款、第二十七条、第五十二条、第五十三条、第六十四条、第七十二条、第七十三条第二款、第三款和《中华人民共和国刑法》第十二条第一款，第六十七条第三款以及最高人民法院、最高人民检察院《关于办理侵犯知识产权刑事案件具体应用法律若干问题的解释》第五条第二款、《关于办理侵犯知识产权刑事案件具体应用法律若干问题的解释二》第四条之规定，于2011年6月7日判决如下：

一、被告人鞠文明犯侵犯著作权罪，判处有期徒刑三年，并处罚金人民币十二万元。

二、被告人徐路路犯侵犯著作权罪，判处有期徒刑一年六个月，并处罚金人民币八万元。

三、被告人华轶犯侵犯著作权罪，判处有期徒刑一年六个月，缓刑二年，并处罚金人民币五万元。

四、被告人鞠文明、徐路路、华轶的违法所得予以追缴没收；查获并扣押在案的侵权文本显示器成品、原材料以及电脑主机、笔记本电脑等与犯罪有关物品，予以没收。

鞠文明、徐路路不服一审判决，向江苏省无锡市中级人民法院提出上诉，鞠文明称一审认定鞠文明等人侵犯了信捷公司的下位机程序著作权没有事实依据，所依据的上知司鉴字〔2010〕第1101号鉴定书在程序、内容、比对方法等方面存在错误，本案非法经营数额中应当扣除TD100型文本显示器的销售额以及硬件成本，请求二审改判其无罪或发回原审法院重审。徐路路称鉴定结论“实质相同”并非刑法意义上的“复制”，其行为仅应承担民事责任，请求二审改判其无罪或发回原审法院重审。

江苏省无锡市中级人民法院经二审，确认了一审查明的事实。

江苏省无锡市中级人民法院二审认为：

关于上诉人鞠文明提出的“一审认定鞠文明等人侵犯了信捷公司的下位机程序著作权没有事实依据，所依据的上知司鉴字〔2010〕第1101号鉴定书在程序、内容、比对方法等方面存在错误”以及上诉人徐路路及其辩护人提出“鉴定方法存在重大错误，涉案文本显示器目标程序与著作权登记证书载明的软件不相同”的上诉理由和辩护意见，经查：1. 根据鞠文明、原审被告人华轶所作的供述，其销售的文本显示器在出厂时没有上位机程序，仅有下位机程序。上位机程序一般由客户从网上下载，结合鉴定报告内容、文本显示器的功能特点以及上、下位程序的作用，可以认定作为检材提交鉴定的文本显示器无上位机程序，不存在鞠文明及其辩护人提出鉴定机构比对了上位机程序导致结论错误的情形，其提出CPU存储空间的问题亦与源代码比对问题之间无直接关联。同时，鞠文明及其辩护人所称的鉴定样材、检材的存储器构成及比对结果仅有其陈述及所谓的分析，无其他相关证据证实，不能推翻鉴定报告所作结论。2. 耐拓公司作为OP系列人机监控软件V3.0的著作权人、信捷公司作为该软件的独占许可实施人，依照《计算机软件保护条例》第八条第一款第（三）项的规定，有权行使修改权对该软件进行增补、删节，或者改变指令、语句顺序等等，其中当然包括对软件的更新。耐拓公司、信捷公司对修改后的软件同样享有著作权，其提供的目标程序作为比对样本正确。耐拓公司的著作权登记证书可证明其对OP系列人机监控软件V3.0系列享有著作权，不等同于其仅就登记内容享有著作权，而且无证据证明甚至怀疑信捷公司提供的程序系按照鞠文明生产、销售文本显示器中的程序修改后提交鉴定。事实上，本案现有证据足以认定鞠文明利用不正当手段复制信捷公司文本显示器的软件程序。故对于其样材收集程序不合法的辩解和辩护意见法院不予采纳。3. 上知司鉴字〔2010〕第1101号鉴定书在委托鉴定事项、鉴定材料、分析说明等方面对此次鉴定过程均有详细的说明，其后附件亦有检材文本显示器照片和样材目标程序。委托鉴定事项明确为“无锡市公安局滨湖分局提供的文本显示器与无锡市信捷科技电子有限公司OP320－A文本显示器的目标程序是否相同或实质相同”，而文本显示器中的下位机驱动程序就是目标程序，所谓“上位机程序”为应用程序，并非此次鉴定比对的对象，不存在上诉人鞠文明及其辩护人所主张的将下位机程序与上位机程序混合比对的情况。鉴定方法系通过鉴定机关将作为检材样材的两个目标程序分别反编译为汇编代码，提取其中以实现对机械设备进行监控信息处理功能的代码进行比较、分析，鉴定方法正确。综上，对于鞠文明及其辩护人、上诉人徐路路关于上知司鉴字〔2010〕第1101号鉴定书鉴定结论错误、鉴定程序违法，该鉴定书不能作为证据使用的辩解和辩护意见不予采纳，对其重新鉴定申请亦不予支持。

关于上诉人鞠文明及其辩护人提出“本案非法经营数额中应当扣除TD100型文本显示器的销售额以及硬件成本”的上诉理由和辩护意见，经查：关于TD100型文本显示器的销售额的问题：1. TD100型、TD307型文本显示器的下位机程序均系由华轶通过整合、修改OP320－A文本显示器目标程序的手段获取，上诉人鞠文明、徐路路与原审被告人华轶对此亦予以认可，该行为均已侵犯了涉案计算机软件著作权。2. 根据鞠文明、徐路路及原审被告人华轶的供述，TD307型系在TD100型基础上修改而成，TD100型文本显示器下位机程序与信捷公司文本显示器下位机程序的相似度高于TD307型文本显示器下位机程序，故TD100型文本显示器的销售额亦应计入非法经营数额。关于硬件成本问题：1. 最高人民法院、最高人民检察院《关于办理侵犯知识产权刑事案件具体应用法律若干问题的解释》第十二条明确了“非法经营数额”是指行为人在实施侵犯知识产权行为过程中，制造、储存、运输、销售侵权产品的价值。已销售的侵权产品的价值，按照实际销售的价格计算；2. 涉案文本显示器的价值主要在于实现其产品功能的软件程序，而非硬件部分，涉案软件著作权价值为其主要价值构成，以产品整体销售价格作为非法经营数额的认定依据，具有合理性。所以，鞠文明及其辩护人所提出的该上诉理由和辩护意见缺乏事实和法律依据，法院不予采纳。

关于上诉人徐路路及其辩护人提出“鉴定结论‘实质相同’并非刑法意义上的‘复制’，其行为仅应承担民事责任”的上诉理由和辩护意见，经查：1. 本案鉴定结论确认涉案文本显示器的目标程序与信捷公司OP320－A文本显示器目标程序实质相同，系复制了实现产品功能、用途的最重要的源代码，两者虽然有一定的不同之处，但该行为仍为著作权法意义上的复制行为，且具有社会危害性；2. 即便将实质相同理解为部分复制，《计算机软件保护条例》第二十四条亦明确规定复制或者部分复制著作权人软件，触犯刑律，依照刑法关于侵犯著作权罪的规定，依法追究刑事责任。故法院对于徐路路及其辩护人所提出的该上诉理由及辩护意见不予采纳。

综上，原审判决认定上诉人鞠文明、徐路路、原审被告人华轶犯侵犯著作权罪的事实清楚，证据确凿充分，适用法律正确，量刑适当，诉讼程序合法，应当予以维持。

据此，无锡市中级人民法院依照《中华人民共和国刑事诉讼法》第一百八十九条第（一）项之规定，于2011年7月5日裁定：

驳回上诉，维持原判。

本裁定为终审裁定。

2. 陆道龙诉陆逵等侵犯著作权纠纷案①

【裁判摘要】

著作权法意义上的作品，是指文学、艺术和科学领域内具有独创性并能以某种有形形式复制的智力成果。独创性是界定著作权法意义上的作品的前提条件和实质要件，它直接影响作品著作权的法律保护和侵权责任承担。家谱主要是记载一个姓氏家族或某一分支的宗族氏系和历代祖先的名号谱籍，其关于素材或公有领域的信息，不具有独创性，不应当受著作权法保护。

原告：陆道龙。

被告：陆逵。

被告：陆坚。

被告：陆体才。

被告：陆为洲。

被告：陆应虎。

被告：陆连华。

被告：陆维浪。

被告：陆海洋。

被告：陆琪。

被告：陆应铸。

被告：陆应祝。

原告陆道龙因与被告陆逵、陆坚、陆体才、陆为洲、陆应虎、陆连华、陆维浪、陆海洋、陆琪、陆应铸、陆应祝发生侵犯著作权纠纷，向江苏省盐城市中级人民法院提起诉讼。

原告陆道龙诉称：其是《中华陆氏历代年谱〈陆氏宗谱〉》的著作权人，依法享有该作品的著作权。上述作品由原告于1991年9月1日创作完成，并于1991年9月2日在江苏省首次发表。被告在未经原告许可的情况下，以盈利为目的，歪曲、篡改并大量剽窃了原告拥有著作权的上述作品的内容后，于2009年编辑成书并定名为《中华陆氏通鉴》公开出版发行，截止起诉之日大约售出1500多套，且至今在售。原告追加的被告陆体才、陆为洲、陆应虎、陆连华、陆维浪、陆海洋、陆琪、陆应铸、陆应祝，是侵权刊物第一次印刷版3、4、5册的主编和副主编，及第二次改版印刷《盐城陆秀夫世家谱》（上、下册）副主编。被告已经进行第三次印刷，虽未公开销售但已捐献给盐城市档案馆和陆公祠。故请求判令被告立即停止侵权，向其赔礼道歉，并连带赔偿经济损失76万元和合理费用10万元。

被告陆逵、陆坚答辩称：1.《中华陆氏历代年谱〈陆氏宗谱〉》中的绝大部分内容均为陆氏先人所创作的历代陆氏宗谱，对这些家谱内容，原告陆道龙根本不享有著作权。《中华陆氏历代年谱〈陆氏宗谱〉》主要包括9册陆氏宗谱：唐元和十年重修盐渎堂《陆氏宗谱》1册、光绪甲申年重修《陆氏宗谱》6册；民国二十一年忠烈堂《陆氏宗谱》（续七）1册；1989年由原告及其父陆明续修的忠烈堂《陆氏宗谱》（续八）1册。原告出生于1965年，根本不可能参加上述历代陆氏宗谱的编修，不是这些历代陆氏宗谱的作者。2. 原告为谋取个人名利，将陆氏先人编修的历代陆氏宗谱，重新命名为《中华陆氏历代年谱〈陆氏宗谱〉》，署上自己的名字，窃为己有。2012年8月29日，原告以"盐城陆氏宗谱续修谱史办公室"的名义给国家版权局发证明函，公然谎证他是该文字作品的著作权人，骗得登记证书。3.《中华陆氏通鉴》之4、5册《盐城陆秀夫世家谱》的编修依据和内容来源。《盐城陆秀夫世家谱》主要依据一百年前清宣统元年（1909）由元侯陆通的七十四世（陆秀夫二十世）裔孙、院道港附贡生陆家驹等人编修而成的世德堂盐城《陆氏宗谱》全面续修。所用忠烈堂堂号，也是依《陆忠烈公全书》、宣统元年《陆氏宗谱》和《盐城县志》等书谱文献中有关明万历四十七年（1619年）"奉旨依议，予谥忠烈"的记载，由编委会确定，以牢记并弘扬忠烈先祖与国共存亡的爱国精神，表尊祖敬宗之意。故不存在侵权行为，请求驳回原告的诉讼请求。

江苏省盐城市中级人民法院经审理查明：

1984年10月8日，陆明（原告陆道龙父亲）、原告陆道龙向射阳县档案馆捐赠了光绪甲申年重修《陆氏宗谱》6册，民国二十一年忠烈堂《陆氏宗谱》（续七）1册，中华人民共和国一九八九年续修忠烈堂《陆氏宗谱》（续八）1册，唐元和十年重修盐渎堂《陆氏宗谱》1册，共9册，即原告所称的老谱。

1991年9月1日，原告陆道龙编纂了《中华陆氏历代年谱

① 案例来源：《中华人民共和国最高人民法院公报》2015年第7期。

〈陆氏宗谱〉》12 册，第 1－6 册为光绪甲申年重修《陆氏宗谱》，第 7 册为民国二十一年忠烈堂《陆氏宗谱》（续七），第 8 册为续修的忠烈堂《陆氏宗谱》（续八），第 9 册为唐元和十年重修盐渎堂《陆氏宗谱》，另 3 册为盐渎堂《陆氏宗谱》2 册和《中华陆氏先祖轴》1 册。2013 年 1 月 28 日，陆道龙向国家版权局申请登记，将《中华陆氏历代年谱〈陆氏宗谱〉》进行了著作权登记。

被告陆逵等人自 2006 年年底启动编纂《中华陆氏通鉴》，《中华陆氏通鉴》共 5 册，第 1 册为《陆氏源流考》、第 2 册为《陆氏人物志》和《千古一相陆秀夫》、第 3 册为《陆氏大统谱》、第 4、5 册为《盐城陆秀夫世家谱》。2009 年 1 月第一次印刷。《中华陆氏通鉴》编委会成员 167 人，陆逵为编委会主任，陆体才为《中华陆氏通鉴》第 3、4、5 册主编，其他被告为副主编。

庭审中，原告陆道龙认为，《中华陆氏历代年谱〈陆氏宗谱〉》中第 1－7 册、第 9 册是原告于 1982 年－1984 年间从老谱中整理出来的，第 8 册是原告自己创作。《中华陆氏历代年谱〈陆氏宗谱〉》第 1－6 册内容与老谱的光绪甲申年重修《陆氏宗谱》的 6 册内容无变化，第 7 册从 17－33 页增加了一代人内容，老谱中没有。原告认为被告侵权的部分由两部分组成，第一部分是被告在《中华陆氏通鉴》第 3、4、5 册中剽窃了其《中华陆氏历代年谱〈陆氏宗谱〉》第 1 册、第 2 册中如下内容：第 1 册第 2 页《宋丞相长子繇叙世谱原》、5 页《陆氏再续世谱原叙》、7 页《陆氏三续世谱原叙》、15 页《奉天承运》、21 页《陆公秀夫遗照》、22 页《繇公遗照》、23 页计 9 幅陆氏历代遗照、第 32 页《景炎皇帝遗照》、第 33 页《奖谕文天祥诏》、《编正孝经刊误跋》、第 34 页《劝陈文龙书》、《丹阳馆记》、第 35 页《题鹤林寺诗》、《咏高祖忠烈公诗》、《咏曾祖存祀公诗》、《咏祖还乡公诗》至卷末；第 2 册第 12 页《请陆丞相谥议》、第 15 页《圣旨赐谥忠烈》。第二部分是被告在《盐城陆秀夫世家谱》一书中窃用了原告第 7 册和第 8 册“忠烈堂”字样，即窃用了原告使用的“忠烈堂”堂号。

对涉案的《中华陆氏历代年谱〈陆氏宗谱〉》第 1、2 册与老谱光绪甲申年重修《陆氏宗谱》第 1、2 册的内容进行核对。经对比，《中华陆氏历代年谱〈陆氏宗谱〉》第 1、2 册与老谱光绪甲申年重修《陆氏宗谱》第 1、2 册内容一致，顺序一致。老谱光绪甲申年重修《陆氏宗谱》第 1、2 册中也有原告陆道龙诉称的被告侵权第一部分内容。不同之处为老谱是繁体字，《中华陆氏历代年谱〈陆氏宗谱〉》第 1、2 册是简化字。《中华陆氏历代年谱〈陆氏宗谱〉》第 7 册、第 8 册与老谱光绪甲申年重修《陆氏宗谱》第 7 册封面上使用的堂号均为“忠烈堂”。

盐城市中级人民法院经审理认为：

《中华人民共和国著作权法实施条例》规定，《中华人民共和国著作权法》所称作品，是指文学、艺术和科学领域内具有独创性并能以某种有形形式复制的智力成果。即作品的构成条件为作品的独创性和可复制性。作品必须是作者独立完成的成果。原告陆道龙提交了《著作权登记证书》，证明其享有《中华陆氏历代年谱〈陆氏宗谱〉》著作权。因中国版权保护中心对原告提交的申请文件只作形式审查，法院需对作品的来源、创作过程以及作品的独创性作实质审查。虽然作品的创作对人类文化成果可以继承和借鉴，创作过程中也可以对他人作品加以引用，但作品必须在内容的表达形式上具有独到之处。

1. 关于原告陆道龙对《中华陆氏历代年谱〈陆氏宗谱〉》涉案的第 1、2 册是否享有著作权。经审查，原告《中华陆氏历代年谱〈陆氏宗谱〉》涉案第 1、2 册没有自己的独立构思和创作风格，只是对他人作品的复制所形成的相同的文字。故原告《中华陆氏历代年谱〈陆氏宗谱〉》第 1、2 册不是著作权法意义上的作品，不受著作权法保护。

2. 关于原告陆道龙在《中华陆氏历代年谱〈陆氏宗谱〉》第 7、8 册封面上使用的“忠烈堂”堂号是否有独创性。堂号作为家族的徽号和别称，用在族谱上表明姓氏和族别，是对某一姓氏家族特色的高度概括。同一姓氏可以使用相同的一个或若干个堂号。本案中“忠烈堂”堂号是以封爵、谥号或褒奖为堂号的典型，是依据明朝万历年间皇帝追谥南宋左丞相陆秀夫为“忠烈公”的典故产生。民国二十一年忠烈堂《陆氏宗谱》（续七）老谱使用的堂号也为“忠烈堂”。故“忠烈堂”堂号并不是原告独创。

据此，江苏省盐城市中级人民法院依据《中华人民共和国著作权法》第三条、第十一条、《中华人民共和国著作权法实施条例》第二条、第三条之规定，于 2013 年 9 月 23 日作出判决：

驳回原告陆道龙的诉讼请求。

一审宣判后，原告陆道龙、被告陆逵等人均未在法定期限内提起上诉，判决已发生法律效力。

3. 石鸿林诉泰州华仁电子资讯有限公司侵害计算机软件著作权纠纷案①

【关键词】

民事 侵害计算机软件著作权 举证责任 侵权对比 缺陷性特征

【裁判要点】

在被告拒绝提供被控侵权软件的源程序或者目标程序，且由于技术上的限制，无法从被控侵权产品中直接读出目标程序的情形下，如果原、被告软件在设计缺陷方面基本相同，

① 案例来源：最高人民法院指导案例 49 号。

而被告又无正当理由拒绝提供其软件源程序或者目标程序以供直接比对，则考虑到原告的客观举证难度，可以判定原、被告计算机软件构成实质性相同，由被告承担侵权责任。

【相关法条】

《计算机软件保护条例》第三条第一款

【基本案情】

原告石鸿林诉称：被告泰州华仁电子资讯有限公司（以下简称华仁公司）未经许可，长期大量复制、发行、销售与石鸿林计算机软件“S型线切割机床单片机控制器系统软件V1.0”相同的软件，严重损害其合法权益。故诉请判令华仁公司停止侵权，公开赔礼道歉，并赔偿原告经济损失10万元、为制止侵权行为所支付的证据保全公证费、诉讼代理费9200元以及鉴定费用。

被告华仁公司辩称：其公司HR－Z型线切割机床控制器所采用的系统软件系其独立开发完成，与石鸿林S型线切割机床单片机控制系统应无相同可能，且其公司产品与石鸿林生产的S型线切割机床单片机控制器的硬件及键盘布局也完全不同，请求驳回石鸿林的诉讼请求。

法院经审理查明：2000年8月1日，石鸿林开发完成S型线切割机床单片机控制器系统软件。2005年4月18日获得国家版权局软著登字第035260号计算机软件著作权登记证书，证书载明软件名称为S型线切割机床单片机控制器系统软件V1.0（以下简称S系列软件），著作权人为石鸿林，权利取得方式为原始取得。2005年12月20日，泰州市海陵区公证处出具（2005）泰海证民内字第1146号公证书一份，对石鸿林以660元价格向华仁公司购买HR－Z线切割机床数控控制器（以下简称HR－Z型控制器）一台和取得销售发票（No：00550751）的购买过程，制作了保全公证工作记录、拍摄了所购控制器及其使用说明书、外包装的照片8张，并对该控制器进行了封存。

一审中，法院委托江苏省科技咨询中心对下列事项进行比对鉴定：（1）石鸿林本案中提供的软件源程序与其在国家版权局版权登记备案的软件源程序的同一性；（2）公证保全的华仁公司HR－Z型控制器系统软件与石鸿林获得版权登记的软件源程序代码相似性或者相同性。后江苏省科技咨询中心出具鉴定工作报告，因被告的软件主要固化在美国ATMEL公司的AT89F51和菲利普公司的P89C58两块芯片上，而代号为“AT89F51”的芯片是一块带自加密的微控制器，必须首先破解它的加密系统，才能读取固化其中的软件代码。而根据现有技术条件，无法解决芯片解密程序问题，因而根据现有鉴定材料难以作出客观、科学的鉴定结论。

二审中，法院根据原告石鸿林的申请，就以下事项组织技术鉴定：原告软件与被控侵权软件是否具有相同的软件缺陷及运行特征。经鉴定，中国版权保护中心版权鉴定委员会出具鉴定报告，结论为：通过运行原、被告软件，发现二者存在如下相同的缺陷情况：（1）二控制器连续加工程序段超过2048条后，均出现无法正常执行的情况；（2）在加工完整的一段程序后只让自动报警两声以下即按任意键关闭报警时，在下一次加工过程中加工回复线之前自动暂停后，二控制器均有偶然出现蜂鸣器响声2声的现象。

二审法院另查明：原、被告软件的使用说明书基本相同。两者对控制器功能的描述及技术指标基本相同；两者对使用操作的说明基本相同；两者在段落编排方式和多数语句的使用上基本相同。经二审法院多次释明，华仁公司始终拒绝提供被控侵权软件的源程序以供比对。

【裁判结果】

江苏省泰州市中级人民法院于2006年12月8日作出（2006）泰民三初字第2号民事判决：驳回原告石鸿林的诉讼请求。石鸿林提起上诉，江苏省高级人民法院于2007年12月17日作出（2007）苏民三终字第0018号民事判决：一、撤销江苏省泰州市中级人民法院（2006）泰民三初字第2号民事判决；二、华仁公司立即停止生产、销售侵犯石鸿林S型线切割机床单片机控制器系统软件V1.0著作权的产品；三、华仁公司于本判决生效之日起10日内赔偿石鸿林经济损失79200元；四、驳回石鸿林的其他诉讼请求。

【裁判理由】

法院生效裁判认为：根据现有证据，应当认定华仁公司侵犯了石鸿林S系列软件著作权。

一、本案的证明标准应根据当事人客观存在的举证难度合理确定

根据法律规定，当事人对自己提出的诉讼请求所依据的事实有责任提供证据加以证明。本案中，石鸿林主张华仁公司侵犯其S系列软件著作权，其须举证证明双方计算机软件之间构成相同或实质性相同。一般而言，石鸿林就此须举证证明两计算机软件的源程序或目标程序之间构成相同或实质性相同。但本案中，由于存在客观上的困难，石鸿林实际上无法提供被控侵权的HR－Z软件的源程序或目标程序，并进而直接证明两者的源程序或目标程序构成相同或实质性相同。1.石鸿林无法直接获得被控侵权的计算机软件源程序或目标程序。由于被控侵权的HR－Z软件的源程序及目标程序处于华仁公司的实际掌握之中，因此在华仁公司拒绝提供的情况下，石鸿林实际无法提供HR－Z软件的源程序或目标程序以供直接对比。2.现有技术手段无法从被控侵权的HR－Z型控制器中获得HR－Z软件源程序或目标程序。根据一审鉴定情况，HR－Z软件的目标程序系加载于HR－Z型控制器中的内置芯片上，由于该芯片属于加密芯片，无法从芯片中读出HR－Z软件的目标程序，并进而反向编译出源程序。因此，依靠现有技术手段无法从HR－Z型控制器中获得HR－Z软件源程序或目标程序。

综上，本案在华仁公司无正当理由拒绝提供软件源程序

以供直接比对,石鸿林确因客观困难无法直接举证证明其诉讼主张的情形下,应从公平和诚实信用原则出发,合理把握证明标准的尺度,对石鸿林提供的现有证据能否形成高度盖然性优势进行综合判断。

二、石鸿林提供的现有证据能够证明被控侵权的HR-Z软件与石鸿林的S系列软件构成实质相同,华仁公司应就此承担提供相反证据的义务

本案中的现有证据能够证明以下事实:

1. 二审鉴定结论显示:通过运行安装HX-Z软件的HX-Z型控制器和安装HR-Z软件的HR-Z型控制器,发现二者存在前述相同的系统软件缺陷情况。

2. 二审鉴定结论显示:通过运行安装HX-Z软件的HX-Z型控制器和安装HR-Z软件的HR-Z型控制器,发现二者在加电运行时存在相同的特征性情况。

3. HX-Z和HR-Z型控制器的使用说明书基本相同。

4. HX-Z和HR-Z型控制器的整体外观和布局基本相同,主要包括面板、键盘的总体布局基本相同等。

据此,鉴于HX-Z和HR-Z软件存在共同的系统软件缺陷,根据计算机软件设计的一般性原理,在独立完成设计的情况下,不同软件之间出现相同的软件缺陷机率极小,而如果软件之间存在共同的软件缺陷,则软件之间的源程序相同的概率较大。同时结合两者在加电运行时存在相同的特征性情况、HX-Z和HR-Z型控制器的使用说明书基本相同、HX-Z和HR-Z型控制器的整体外观和布局基本相同等相关事实,法院认为石鸿林提供的现有证据能够形成高度盖然性优势,足以使法院相信HX-Z和HR-Z软件构成实质相同。同时,由于HX-Z软件是石鸿林对其S系列软件的改版,且HX-Z软件与S系列软件实质相同。因此,被控侵权的HR-Z软件与石鸿林的S系列软件亦构成实质相同,即华仁公司侵犯了石鸿林享有的S系列软件著作权。

三、华仁公司未能提供相反证据证明其诉讼主张,应当承担举证不能的不利后果

本案中,在石鸿林提供了上述证据证明其诉讼主张的情形下,华仁公司并未能提供相反证据予以反证,依法应当承担举证不能的不利后果。经本院反复释明,华仁公司最终仍未提供被控侵权的HR-Z软件源程序以供比对。华仁公司虽提供了DX-Z线切割控制器微处理器固件程序系统V3.0的计算机软件著作权登记证书,但其既未证明该软件与被控侵权的HR-Z软件属于同一软件,又未证明被控侵权的HR-Z软件的完成时间早于石鸿林的S系列软件,或系其独立开发完成。尽管华仁公司还称,其二审中提供的2004年5月19日商业销售发票,可以证明其于2004年就开发完成了被控侵权软件。对此法院认为,该份发票上虽注明货物名称为HR-Z线切割控制器,但并不能当然推断出该控制器所使用的软件即为被控侵权的HR-Z软件,华仁公司也未就此进一步提供其他证据予以证实。同时结合该份发票并非正规的增值税发票、也未注明购货单位名称等一系列瑕疵,法院认为,华仁公司2004年就开发完成了被控侵权软件的诉讼主张缺乏事实依据,不予采纳。

综上,根据现有证据,同时在华仁公司持有被控侵权的HR-Z软件源程序且无正当理由拒不提供的情形下,应当认定被控侵权的HR-Z软件与石鸿林的S系列软件构成实质相同,华仁公司侵犯了石鸿林S系列软件著作权。

4. 北京精雕科技有限公司诉上海奈凯电子科技有限公司侵害计算机软件著作权纠纷案①

【关键词】

民事 侵害计算机软件著作权 捆绑销售 技术保护措施 权利滥用

【裁判要点】

计算机软件著作权人为实现软件与机器的捆绑销售,将软件运行的输出数据设定为特定文件格式,以限制其他竞争者的机器读取以该特定文件格式保存的数据,从而将其在软件上的竞争优势扩展到机器,不属于著作权法所规定的著作权人为保护其软件著作权而采取的技术措施。他人研发软件读取其设定的特定文件格式的,不构成侵害计算机软件著作权。

【相关法条】

《中华人民共和国著作权法》第四十八条第一款第六项

《计算机软件保护条例》第二条、第三条第一款第一项、第二十四条第一款第三项

【基本案情】

原告北京精雕科技有限公司(以下简称精雕公司)诉称:原告自主开发了精雕CNC雕刻系统,该系统由精雕雕刻CAD/CAM软件(JDPaint软件)、精雕数控系统、机械本体三大部分组成。该系统的使用通过两台计算机完成,一台是加工编程计算机,另一台是数控控制计算机。两台计算机运行两个不同的程序需要相互交换数据,即通过数据文件进行。具体是:JDPaint软件通过加工编程计算机运行生成Eng格式的数据文件,再由运行于数控控制计算机上的控制软件接收该数据文件,将其变成加工指令。原告对上述JDPaint软件享有著作权,该软件不公开对外销售,只配备在原告自主生产的数控雕刻机上使用。2006年初,原告发现被告上海奈凯电子科

---

① 案例来源:最高人民法院指导案例48号。

技有限公司(以下简称奈凯公司)在其网站上大力宣传其开发的NC－1000雕铣机数控系统全面支持精雕各种版本的Eng文件。被告上述数控系统中的Ncstudio软件能够读取JDPaint软件输出的Eng格式数据文件,而原告对Eng格式采取了加密措施。被告非法破译Eng格式的加密措施,开发、销售能够读取Eng格式数据文件的数控系统,属于故意避开或者破坏原告为保护软件著作权而采取的技术措施的行为,构成对原告软件著作权的侵犯。被告的行为使得其他数控雕刻机能够非法接收Eng文件,导致原告精雕雕刻机销量减少,造成经济损失。故请求法院判令被告立即停止支持精雕JDPaint各种版本输出Eng格式的数控系统的开发、销售及其他侵权行为,公开赔礼道歉,并赔偿损失485000元。

奈凯公司辩称:其开发的Ncstudio软件能够读取JDPaint软件输出的Eng格式数据文件,但Eng数据文件及该文件所使用的Eng格式不属于计算机软件著作权的保护范围,故被告的行为不构成侵权。请求法院驳回原告的诉讼请求。

法院经审理查明:原告精雕公司分别于2001年、2004年取得国家版权局向其颁发的软著登字第0011393号、软著登字第025028号《计算机软件著作权登记证书》,登记其为精雕雕刻软件JDPaintV4.0、JDPaintV5.0(两软件以下简称JDPaint)的原始取得人。奈凯公司分别于2004年、2005年取得国家版权局向其颁发的软著登字第023060号、软著登字第041930号《计算机软件著作权登记证书》,登记其为软件奈凯数控系统V5.0、维宏数控运动控制系统V3.0(两软件以下简称Ncstudio)的原始取得人。

奈凯公司在其公司网站上宣称:2005年12月,奈凯公司推出NC－1000雕铣机控制系统,该数控系统全面支持精雕各种版本Eng文件,该功能是针对用户对精雕JDPaintV5.19这一排版软件的酷爱而研发的。

精雕公司的JDPaint软件输出的Eng文件是数据文件,采用Eng格式。奈凯公司的Ncstudio软件能够读取JDPaint软件输出的Eng文件,即Ncstudio软件与JDPaint软件所输出的Eng文件兼容。

【裁判结果】

上海市第一中级人民法院于2006年9月20日作出(2006)沪一中民五(知)初字第134号民事判决:驳回原告精雕公司的诉讼请求。宣判后,精雕公司提出上诉。上海市高级人民法院于2006年12月13日作出(2006)沪高民三(知)终字第110号民事判决:驳回上诉,维持原判。

【裁判理由】

法院生效裁判认为:本案应解决的争议焦点是:一、原告精雕公司的JDPaint软件输出的、采取加密措施的Eng格式数据文件,是否属于计算机软件著作权的保护范围;二、奈凯公司研发能够读取JDPaint软件输出的Eng格式文件的软件的行为,是否构成《中华人民共和国著作权法》(以下简称《著作权法》)第四十八条第一款第六项、《计算机软件保护条例》第二十四条第一款第三项规定的“故意避开或者破坏著作权人为保护其软件著作权而采取的技术措施”的行为。

关于第一点。《计算机软件保护条例》第二条规定:“本条例所称计算机软件(下称软件),是指计算机程序及其有关文档。”第三条规定:“本条例下列用语的含义:(一)计算机程序,是指为了得到某种结果而可以由计算机等具有信息处理能力的装置执行的代码化指令序列,或者可以被自动转换成代码化指令序列的符号化指令序列或者符号化语句序列。同一计算机程序的源程序和目标程序为同一作品。(二)文档,是指用来描述程序的内容、组成、设计、功能规格、开发情况、测试结果及使用方法的文字资料和图表等,如程序设计说明书、流程图、用户手册等。……”第四条规定:“受本条例保护的软件必须由开发者独立开发,并已固定在某种有形物体上。”根据上述规定,计算机软件著作权的保护范围是软件程序和文档。

本案中,Eng文件是JDPaint软件在加工编程计算机上运行所生成的数据文件,其所使用的输出格式即Eng格式是计算机JDPaint软件的目标程序经计算机执行产生的结果。该格式数据文件本身不是代码化指令序列、符号化指令序列、符号化语句序列,也无法通过计算机运行和执行,对Eng格式文件的破解行为本身也不会直接造成对JDPaint软件的非法复制。此外,该文件所记录的数据并非原告精雕公司的JDPaint软件所固有,而是软件使用者输入雕刻加工信息而生成的,这些数据不属于JDPaint软件的著作权人精雕公司所有。因此,Eng格式数据文件中包含的数据和文件格式均不属于JDPaint软件的程序组成部分,不属于计算机软件著作权的保护范围。

关于第二点。根据《著作权法》第四十八条第一款第六项、《计算机软件保护条例》第二十四条第一款第三项的规定,故意避开或者破坏著作权人为保护其软件著作权而采取的技术措施的行为,是侵犯软件著作权的行为。上述规定体现了对恶意规避技术措施的限制,是对计算机软件著作权的保护。但是,上述限制“恶意规避技术措施”的规定不能被滥用。上述规定主要限制的是针对受保护的软件著作权实施的恶意技术规避行为。著作权人为输出的数据设定特定文件格式,并对该文件格式采取加密措施,限制其他品牌的机器读取以该文件格式保存的数据,从而保证捆绑自己计算机软件的机器拥有市场竞争优势的行为,不属于上述规定所指的著作权人为保护其软件著作权而采取技术措施的行为。他人研发能够读取著作权人设定的特定文件格式的软件的行为,不构成对软件著作权的侵犯。

根据本案事实,JDPaint输出的Eng格式文件是在精雕公司的“精雕CNC雕刻系统”中两个计算机程序间完成数据交换的文件。从设计目的而言,精雕公司采用Eng格式而没有采用通用格式完成数据交换,并不在于对JDPaint 软件进行加密保护，而是希望只有“精雕 CNC 雕刻系统”能接收此种格式，只有与“精雕 CNC 雕刻系统”相捆绑的雕刻机床才可以使用该软件。精雕公司对 JDPaint 输出文件采用 Eng 格式，旨在限定 JDPaint 软件只能在“精雕 CNC 雕刻系统”中使用，其根本目的和真实意图在于建立和巩固 JDPaint 软件与其雕刻机床之间的捆绑关系。这种行为不属于为保护软件著作权而采取的技术保护措施。如果将对软件著作权的保护扩展到与软件捆绑在一起的产品上，必然超出我国著作权法对计算机软件著作权的保护范围。精雕公司在本案中采取的技术措施，不是为保护 JDPaint 软件著作权而采取的技术措施，而是为获取著作权利益之外利益而采取的技术措施。因此，精雕公司采取的技术措施不属于《著作权法》《计算机软件保护条例》所规定著作权人为保护其软件著作权而采取的技术措施，奈凯公司开发能够读取 JDPaint 软件输出的 Eng 格式文件的软件的行为，并不属于故意避开和破坏著作权人为保护软件著作权而采取的技术措施的行为。

三、专　利

（一）综　合

中华人民共和国专利法

（1984年3月12日第六届全国人民代表大会常务委员会第四次会议通过　根据1992年9月4日第七届全国人民代表大会常务委员会第二十七次会议《关于修改〈中华人民共和国专利法〉的决定》第一次修正　根据2000年8月25日第九届全国人民代表大会常务委员会第十七次会议《关于修改〈中华人民共和国专利法〉的决定》第二次修正　根据2008年12月27日第十一届全国人民代表大会常务委员会第六次会议《关于修改〈中华人民共和国专利法〉的决定》第三次修正）

目　录

第一章　总　　则

第一条　【立法目的】为了保护专利权人的合法权益，鼓励发明创造，推动发明创造的应用，提高创新能力，促进科学技术进步和经济社会发展，制定本法。

第二条　【发明创造范围】本法所称的发明创造是指发明、实用新型和外观设计。

发明，是指对产品、方法或者其改进所提出的新的技术方案。

实用新型，是指对产品的形状、构造或者其结合所提出的适于实用的新的技术方案。

外观设计，是指对产品的形状、图案或者其结合以及色彩与形状、图案的结合所作出的富有美感并适于工业应用的新设计。

第三条　【专利管理部门】国务院专利行政部门负责管理全国的专利工作；统一受理和审查专利申请，依法授予专利权。

省、自治区、直辖市人民政府管理专利工作的部门负责本行政区域内的专利管理工作。

第四条　【保密处理】申请专利的发明创造涉及国家安全或者重大利益需要保密的，按照国家有关规定办理。

第五条　【不授予专利权情形】对违反法律、社会公德或者妨害公共利益的发明创造，不授予专利权。

对违反法律、行政法规的规定获取或者利用遗传资源，并依赖该遗传资源完成的发明创造，不授予专利权。

第六条　【职务发明】执行本单位的任务或者主要是利用本单位的物质技术条件所完成的发明创造为职务发明创造。职务发明创造申请专利的权利属于该单位；申请被批准后，该单位为专利权人。

非职务发明创造，申请专利的权利属于发明人或者设计人；申请被批准后，该发明人或者设计人为专利权人。

利用本单位的物质技术条件所完成的发明创造，单位与发明人或者设计人订有合同，对申请专利的权利和专利权的归属作出约定的，从其约定。

第七条　【非职务专利申请对待】对发明人或者设计人的非职务发明创造专利申请，任何单位或者个人不得压制。

第八条　【合作发明专利权归属】两个以上单位或者个人合作完成的发明创造、一个单位或者个人接受其他单位或者个人委托所完成的发明创造，除另有协议的以外，申请专利的权利属于完成或者共同完成的单位或者个人；申请被批准后，申请的单位或者个人为专利权人。

第九条　【优先规定】同样的发明创造只能授予一项专利权。但是，同一申请人同日对同样的发明创造既申请实用新型专利又申请发明专利，先获得的实用新型专利权尚未终止，且申请人声明放弃该实用新型专利权的，可以授予发明专利权。

两个以上的申请人分别就同样的发明创造申请专利的，专利权授予最先申请的人。

第十条　【申请权、专利权转让】专利申请权和专利权可以转让。

中国单位或者个人向外国人、外国企业或者外国其他组织转让专利申请权或者专利权的，应当依照有关法律、行政法规的规定办理手续。

转让专利申请权或者专利权的，当事人应当订立书面合同，并向国务院专利行政部门登记，由国务院专利行政部门予以公告。专利申请权或者专利权的转让自登记之日起生效。

第十一条 【排他规定】发明和实用新型专利权被授予后，除本法另有规定的以外，任何单位或者个人未经专利权人许可，都不得实施其专利，即不得为生产经营目的制造、使用、许诺销售、销售、进口其专利产品，或者使用其专利方法以及使用、许诺销售、销售、进口依照该专利方法直接获得的产品。

外观设计专利权被授予后，任何单位或者个人未经专利权人许可，都不得实施其专利，即不得为生产经营目的制造、许诺销售、销售、进口其外观设计专利产品。

第十二条 【许可合同】任何单位或者个人实施他人专利的，应当与专利权人订立实施许可合同，向专利权人支付专利使用费。被许可人无权允许合同规定以外的任何单位或者个人实施该专利。

第十三条 【发明实施费用支付】发明专利申请公布后，申请人可以要求实施其发明的单位或者个人支付适当的费用。

第十四条 【公益发明】国有企业事业单位的发明专利，对国家利益或者公共利益具有重大意义的，国务院有关主管部门和省、自治区、直辖市人民政府报经国务院批准，可以决定在批准的范围内推广应用，允许指定的单位实施，由实施单位按照国家规定向专利权人支付使用费。

第十五条 【专利共有】专利申请权或者专利权的共有人对权利的行使有约定的，从其约定。没有约定的，共有人可以单独实施或者以普通许可方式许可他人实施该专利；许可他人实施该专利的，收取的使用费应当在共有人之间分配。

除前款规定的情形外，行使共有的专利申请权或者专利权应当取得全体共有人的同意。

第十六条 【职务发明奖励】被授予专利权的单位应当对职务发明创造的发明人或者设计人给予奖励；发明创造专利实施后，根据其推广应用的范围和取得的经济效益，对发明人或者设计人给予合理的报酬。

第十七条 【署名权】发明人或者设计人有权在专利文件中写明自己是发明人或者设计人。

专利权人有权在其专利产品或者该产品的包装上标明专利标识。

第十八条 【涉外规定】在中国没有经常居所或者营业所的外国人、外国企业或者外国其他组织在中国申请专利的，依照其所属国同中国签订的协议或者共同参加的国际条约，或者依照互惠原则，根据本法办理。

第十九条 【外国人或组织专利事务委托】在中国没有经常居所或者营业所的外国人、外国企业或者外国其他组织在中国申请专利和办理其他专利事务的，应当委托依法设立的专利代理机构办理。

中国单位或者个人在国内申请专利和办理其他专利事务的，可以委托依法设立的专利代理机构办理。

专利代理机构应当遵守法律、行政法规，按照被代理人的委托办理专利申请或者其他专利事务；对被代理人发明创造的内容，除专利申请已经公布或者公告的以外，负有保密责任。专利代理机构的具体管理办法由国务院规定。

第二十条 【中国人涉外专利申请委托】任何单位或者个人将在中国完成的发明或者实用新型向外国申请专利的，应当事先报经国务院专利行政部门进行保密审查。保密审查的程序、期限等按照国务院的规定执行。

中国单位或者个人可以根据中华人民共和国参加的有关国际条约提出专利国际申请。申请人提出专利国际申请的，应当遵守前款规定。

国务院专利行政部门依照中华人民共和国参加的有关国际条约、本法和国务院有关规定处理专利国际申请。

对违反本条第一款规定向外国申请专利的发明或者实用新型，在中国申请专利的，不授予专利权。

第二十一条 【专利审查要求】国务院专利行政部门及其专利复审委员会应当按照客观、公正、准确、及时的要求，依法处理有关专利的申请和请求。

国务院专利行政部门应当完整、准确、及时发布专利信息，定期出版专利公报。

在专利申请公布或者公告前，国务院专利行政部门的工作人员及有关人员对其内容负有保密责任。

第二章 授予专利权的条件

第二十二条 【授予条件】授予专利权的发明和实用新型，应当具备新颖性、创造性和实用性。

新颖性，是指该发明或者实用新型不属于现有技术；也没有任何单位或者个人就同样的发明或者实用新型在申请日以前向国务院专利行政部门提出过申请，并记载在申请日以后公布的专利申请文件或者公告的专利文件中。

创造性，是指与现有技术相比，该发明具有突出的实质性特点和显著的进步，该实用新型具有实质性特点和进步。

实用性，是指该发明或者实用新型能够制造或者使用，并且能够产生积极效果。

本法所称现有技术，是指申请日以前在国内外为公众所知的技术。

第二十三条 【外观设计专利权授予条件】授予专利权的外观设计，应当不属于现有设计；也没有任何单位或者个人就同样的外观设计在申请日以前向国务院专利行政部门提出过申请，并记载在申请日以后公告的专利文件中。

授予专利权的外观设计与现有设计或者现有设计特征的组合相比，应当具有明显区别。

授予专利权的外观设计不得与他人在申请日以前已经取

得的合法权利相冲突。

本法所称现有设计，是指申请日以前在国内外为公众所知的设计。

第二十四条 【新颖性保持特殊规定】申请专利的发明创造在申请日以前六个月内，有下列情形之一的，不丧失新颖性：

（一）在中国政府主办或者承认的国际展览会上首次展出的；

（二）在规定的学术会议或者技术会议上首次发表的；

（三）他人未经申请人同意而泄露其内容的。

第二十五条 【不授予专利权情形】对下列各项，不授予专利权：

（一）科学发现；

（二）智力活动的规则和方法；

（三）疾病的诊断和治疗方法；

（四）动物和植物品种；

（五）用原子核变换方法获得的物质；

（六）对平面印刷品的图案、色彩或者二者的结合作出的主要起标识作用的设计。

对前款第（四）项所列产品的生产方法，可以依照本法规定授予专利权。

第三章 专利的申请

第二十六条 【发明或实用新型专利申请文件】申请发明或者实用新型专利的，应当提交请求书、说明书及其摘要和权利要求书等文件。

请求书应当写明发明或者实用新型的名称，发明人的姓名，申请人姓名或者名称、地址，以及其他事项。

说明书应当对发明或者实用新型作出清楚、完整的说明，以所属技术领域的技术人员能够实现为准；必要的时候，应当有附图。摘要应当简要说明发明或者实用新型的技术要点。

权利要求书应当以说明书为依据，清楚、简要地限定要求专利保护的范围。

依赖遗传资源完成的发明创造，申请人应当在专利申请文件中说明该遗传资源的直接来源和原始来源；申请人无法说明原始来源的，应当陈述理由。

第二十七条 【外观设计专利权申请文件】申请外观设计专利的，应当提交请求书、该外观设计的图片或者照片以及对该外观设计的简要说明等文件。

申请人提交的有关图片或者照片应当清楚地显示要求专利保护的产品的外观设计。

第二十八条 【申请日确定】国务院专利行政部门收到专利申请文件之日为申请日。如果申请文件是邮寄的，以寄出的邮戳日为申请日。

第二十九条 【申请优先权】申请人自发明或者实用新型在外国第一次提出专利申请之日起十二个月内，或者自外观设计在外国第一次提出专利申请之日起六个月内，又在中国就相同主题提出专利申请的，依照该外国同中国签订的协议或者共同参加的国际条约，或者依照相互承认优先权的原则，可以享有优先权。

申请人自发明或者实用新型在中国第一次提出专利申请之日起十二个月内，又向国务院专利行政部门就相同主题提出专利申请的，可以享有优先权。

第三十条 【优先权书面声明】申请人要求优先权的，应当在申请的时候提出书面声明，并且在三个月内提交第一次提出的专利申请文件的副本；未提出书面声明或者逾期未提交专利申请文件副本的，视为未要求优先权。

第三十一条 【专利数量确定】一件发明或者实用新型专利申请应当限于一项发明或者实用新型。属于一个总的发明构思的两项以上的发明或者实用新型，可以作为一件申请提出。

一件外观设计专利申请应当限于一项外观设计。同一产品两项以上的相似外观设计，或者用于同一类别并且成套出售或者使用的产品的两项以上外观设计，可以作为一件申请提出。

第三十二条 【申请撤回】申请人可以在被授予专利权之前随时撤回其专利申请。

第三十三条 【申请文件的修改】申请人可以对其专利申请文件进行修改，但是，对发明和实用新型专利申请文件的修改不得超出原说明书和权利要求书记载的范围，对外观设计专利申请文件的修改不得超出原图片或者照片表示的范围。

第四章 专利申请的审查和批准

第三十四条 【审查公布】国务院专利行政部门收到发明专利申请后，经初步审查认为符合本法要求的，自申请日起满十八个月，即行公布。国务院专利行政部门可以根据申请人的请求早日公布其申请。

第三十五条 【实质审查】发明专利申请自申请日起三年内，国务院专利行政部门可以根据申请人随时提出的请求，对其申请进行实质审查；申请人无正当理由逾期不请求实质审查的，该申请即被视为撤回。

国务院专利行政部门认为必要的时候，可以自行对发明专利申请进行实质审查。

第三十六条 【实质审查资料提交】发明专利的申请人请求实质审查的时候，应当提交在申请日前与其发明有关的参考资料。

发明专利已经在外国提出过申请的，国务院专利行政部门可以要求申请人在指定期限内提交该国为审查其申请进行检索的资料或者审查结果的资料；无正当理由逾期不提交的，该申请即被视为撤回。

第三十七条 【申请不符规定的处理】国务院专利行政部门对发明专利申请进行实质审查后，认为不符合本法规定的，应当通知申请人，要求其在指定的期限内陈述意见，或者对其申请进行修改；无正当理由逾期不答复的，该申请即被视为撤回。

第三十八条 【驳回申请情形】发明专利申请经申请人陈述意见或者进行修改后，国务院专利行政部门仍然认为不符合本法规定的，应当予以驳回。

第三十九条 【发明专利权的授予】发明专利申请经实质审查没有发现驳回理由的，由国务院专利行政部门作出授予发明专利权的决定，发给发明专利证书，同时予以登记和公告。发明专利权自公告之日起生效。

第四十条 【实用新型和外观设计专利权的授予】实用新型和外观设计专利申请经初步审查没有发现驳回理由的，由国务院专利行政部门作出授予实用新型专利权或者外观设计专利权的决定，发给相应的专利证书，同时予以登记和公告。实用新型专利权和外观设计专利权自公告之日起生效。

第四十一条 【专利申请复审】国务院专利行政部门设立专利复审委员会。专利申请人对国务院专利行政部门驳回申请的决定不服的，可以自收到通知之日起三个月内，向专利复审委员会请求复审。专利复审委员会复审后，作出决定，并通知专利申请人。

专利申请人对专利复审委员会的复审决定不服的，可以自收到通知之日起三个月内向人民法院起诉。

第五章 专利权的期限、终止和无效

第四十二条 【专利权期限】发明专利权的期限为二十年，实用新型专利权和外观设计专利权的期限为十年，均自申请日起计算。

第四十三条 【年费缴纳】专利权人应当自被授予专利权的当年开始缴纳年费。

第四十四条 【专利权提前终止情形】有下列情形之一的，专利权在期限届满前终止：

（一）没有按照规定缴纳年费的；

（二）专利权人以书面声明放弃其专利权的。

专利权在期限届满前终止的，由国务院专利行政部门登记和公告。

第四十五条 【专利权授予异议】自国务院专利行政部门公告授予专利权之日起，任何单位或者个人认为该专利权的授予不符合本法有关规定的，可以请求专利复审委员会宣告该专利权无效。

第四十六条 【异议审查】专利复审委员会对宣告专利权无效的请求应当及时审查和作出决定，并通知请求人和专利权人。宣告专利权无效的决定，由国务院专利行政部门登记和公告。

对专利复审委员会宣告专利权无效或者维持专利权的决定不服的，可以自收到通知之日起三个月内向人民法院起诉。人民法院应当通知无效宣告请求程序的对方当事人作为第三人参加诉讼。

第四十七条 【专利权宣告无效的效力和处理】宣告无效的专利权视为自始即不存在。

宣告专利权无效的决定，对在宣告专利权无效前人民法院作出并已执行的专利侵权的判决、调解书，已经履行或者强制执行的专利侵权纠纷处理决定，以及已经履行的专利实施许可合同和专利权转让合同，不具有追溯力。但是因专利权人的恶意给他人造成的损失，应当给予赔偿。

依照前款规定不返还专利侵权赔偿金、专利使用费、专利权转让费，明显违反公平原则的，应当全部或者部分返还。

第六章 专利实施的强制许可

第四十八条 【对具备实施条件单位的强制许可】有下列情形之一的，国务院专利行政部门根据具备实施条件的单位或者个人的申请，可以给予实施发明专利或者实用新型专利的强制许可：

（一）专利权人自专利权被授予之日起满三年，且自提出专利申请之日起满四年，无正当理由未实施或者未充分实施其专利的；

（二）专利权人行使专利权的行为被依法认定为垄断行为，为消除或者减少该行为对竞争产生的不利影响的。

第四十九条 【公益性强制许可】在国家出现紧急状态或者非常情况时，或者为了公共利益的目的，国务院专利行政部门可以给予实施发明专利或者实用新型专利的强制许可。

第五十条 【药品专利的强制许可】为了公共健康目的，对取得专利权的药品，国务院专利行政部门可以给予制造并将其出口到符合中华人民共和国参加的有关国际条约规定的国家或者地区的强制许可。

第五十一条 【重大意义专利实施的强制许可】一项取得专利权的发明或者实用新型比前已经取得专利权的发明或者实用新型具有显著经济意义的重大技术进步，其实施又有赖于前一发明或者实用新型的实施的，国务院专利行政部门根据后一专利权人的申请，可以给予实施前一发明或者实用新型的强制许可。

在依照前款规定给予实施强制许可的情形下，国务院专利行政部门根据前一专利权人的申请，也可以给予实施后一发明或者实用新型的强制许可。

第五十二条 【半导体技术强制许可】强制许可涉及的发明创造为半导体技术的，其实施限于公共利益的目的和本法第四十八条第(二)项规定的情形。

第五十三条 【强制许可的市场范围】除依照本法第四

十八条第(二)项、第五十条规定给予的强制许可外,强制许可的实施应当主要为了供应国内市场。

第五十四条　【申请强制许可的证明提交】依照本法第四十八条第(一)项、第五十一条规定申请强制许可的单位或者个人应当提供证据,证明其以合理的条件请求专利权人许可其实施专利,但未能在合理的时间内获得许可。

第五十五条　【强制许可的通知及公告】国务院专利行政部门作出的给予实施强制许可的决定,应当及时通知专利权人,并予以登记和公告。

给予实施强制许可的决定,应当根据强制许可的理由规定实施的范围和时间。强制许可的理由消除并不再发生时,国务院专利行政部门应当根据专利权人的请求,经审查后作出终止实施强制许可的决定。

第五十六条　【独占实施权的排除】取得实施强制许可的单位或者个人不享有独占的实施权,并且无权允许他人实施。

第五十七条　【费用支付】取得实施强制许可的单位或者个人应当付给专利权人合理的使用费,或者依照中华人民共和国参加的有关国际条约的规定处理使用费问题。付给使用费的,其数额由双方协商;双方不能达成协议的,由国务院专利行政部门裁决。

第五十八条　【起诉情形】专利权人对国务院专利行政部门关于实施强制许可的决定不服的,专利权人和取得实施强制许可的单位或者个人对国务院专利行政部门关于实施强制许可的使用费的裁决不服的,可以自收到通知之日起三个月内向人民法院起诉。

第七章　专利权的保护

第五十九条　【保护范围】发明或者实用新型专利权的保护范围以其权利要求的内容为准,说明书及附图可以用于解释权利要求的内容。

外观设计专利权的保护范围以表示在图片或者照片中的该产品的外观设计为准,简要说明可以用于解释图片或者照片所表示的该产品的外观设计。

第六十条　【纠纷解决】未经专利权人许可,实施其专利,即侵犯其专利权,引起纠纷的,由当事人协商解决;不愿协商或者协商不成的,专利权人或者利害关系人可以向人民法院起诉,也可以请求管理专利工作的部门处理。管理专利工作的部门处理时,认定侵权行为成立的,可以责令侵权人立即停止侵权行为,当事人不服的,可以自收到处理通知之日起十五日内依照《中华人民共和国行政诉讼法》向人民法院起诉;侵权人期满不起诉又不停止侵权行为的,管理专利工作的部门可以申请人民法院强制执行。进行处理的管理专利工作的部门应当事人的请求,可以就侵犯专利权的赔偿数额进行调解;调解不成的,当事人可以依照《中华人民共和国民事诉讼法》向人民法院起诉。

第六十一条　【纠纷证据】专利侵权纠纷涉及新产品制造方法的发明专利的,制造同样产品的单位或者个人应当提供其产品制造方法不同于专利方法的证明。

专利侵权纠纷涉及实用新型专利或者外观设计专利的,人民法院或者管理专利工作的部门可以要求专利权人或者利害关系人出具由国务院专利行政部门对相关实用新型或者外观设计进行检索、分析和评价后作出的专利权评价报告,作为审理、处理专利侵权纠纷的证据。

第六十二条　【不构成侵权的证明】在专利侵权纠纷中,被控侵权人有证据证明其实施的技术或者设计属于现有技术或者现有设计的,不构成侵犯专利权。

第六十三条　【假冒他人专利的处罚】假冒专利的,除依法承担民事责任外,由管理专利工作的部门责令改正并予公告,没收违法所得,可以并处违法所得四倍以下的罚款;没有违法所得的,可以处二十万元以下的罚款;构成犯罪的,依法追究刑事责任。

第六十四条　【调查手段】管理专利工作的部门根据已经取得的证据,对涉嫌假冒专利行为进行查处时,可以询问有关当事人,调查与涉嫌违法行为有关的情况;对当事人涉嫌违法行为的场所实施现场检查;查阅、复制与涉嫌违法行为有关的合同、发票、账簿以及其他有关资料;检查与涉嫌违法行为有关的产品,对有证据证明是假冒专利的产品,可以查封或者扣押。

管理专利工作的部门依法行使前款规定的职权时,当事人应当予以协助、配合,不得拒绝、阻挠。

第六十五条　【侵权赔偿数额确定】侵犯专利权的赔偿数额按照权利人因被侵权所受到的实际损失确定;实际损失难以确定的,可以按照侵权人因侵权所获得的利益确定。权利人的损失或者侵权人获得的利益难以确定的,参照该专利许可使用费的倍数合理确定。赔偿数额还应当包括权利人为制止侵权行为所支付的合理开支。

权利人的损失、侵权人获得的利益和专利许可使用费均难以确定的,人民法院可以根据专利权的类型、侵权行为的性质和情节等因素,确定给予一万元以上一百万元以下的赔偿。

第六十六条　【诉前禁令】专利权人或者利害关系人有证据证明他人正在实施或者即将实施侵犯专利权的行为,如不及时制止将会使其合法权益受到难以弥补的损害的,可以在起诉前向人民法院申请采取责令停止有关行为的措施。

申请人提出申请时,应当提供担保;不提供担保的,驳回申请。

人民法院应当自接受申请之时起四十八小时内作出裁定;有特殊情况需要延长的,可以延长四十八小时。裁定责令停止有关行为的,应当立即执行。当事人对裁定不服的,可以申请复议一次;复议期间不停止裁定的执行 。

申请人自人民法院采取责令停止有关行为的措施之日起十五日内不起诉的,人民法院应当解除该措施。

申请有错误的,申请人应当赔偿被申请人因停止有关行为所遭受的损失。

第六十七条　【证据保全】为了制止专利侵权行为,在证据可能灭失或者以后难以取得的情况下,专利权人或者利害关系人可以在起诉前向人民法院申请保全证据。

人民法院采取保全措施,可以责令申请人提供担保;申请人不提供担保的,驳回申请。

人民法院应当自接受申请之时起四十八小时内作出裁定;裁定采取保全措施的,应当立即执行。

申请人自人民法院采取保全措施之日起十五日内不起诉的,人民法院应当解除该措施。

第六十八条　【诉讼时效】侵犯专利权的诉讼时效为二年,自专利权人或者利害关系人得知或者应当得知侵权行为之日起计算。

发明专利申请公布后至专利权授予前使用该发明未支付适当使用费的,专利权人要求支付使用费的诉讼时效为二年,自专利权人得知或者应当得知他人使用其发明之日起计算,但是,专利权人于专利权授予之日前即已得知或者应当得知的,自专利权授予之日起计算。

第六十九条　【专利侵权例外规定】有下列情形之一的,不视为侵犯专利权:

(一)专利产品或者依照专利方法直接获得的产品,由专利权人或者经其许可的单位、个人售出后,使用、许诺销售、销售、进口该产品的;

(二)在专利申请日前已经制造相同产品、使用相同方法或者已经作好制造、使用的必要准备,并且仅在原有范围内继续制造、使用的;

(三)临时通过中国领陆、领水、领空的外国运输工具,依照其所属国同中国签订的协议或者共同参加的国际条约,或者依照互惠原则,为运输工具自身需要而在其装置和设备中使用有关专利的;

(四)专为科学研究和实验而使用有关专利的;

(五)为提供行政审批所需要的信息,制造、使用、进口专利药品或者专利医疗器械的,以及专门为其制造、进口专利药品或者专利医疗器械的。

第七十条　【赔偿责任的免除】为生产经营目的使用、许诺销售或者销售不知道是未经专利权人许可而制造并售出的专利侵权产品,能证明该产品合法来源的,不承担赔偿责任。

第七十一条　【泄露国家秘密的处罚】违反本法第二十条规定向外国申请专利,泄露国家秘密的,由所在单位或者上级主管机关给予行政处分;构成犯罪的,依法追究刑事责任。

第七十二条　【侵权行政处分】侵夺发明人或者设计人的非职务发明创造专利申请权和本法规定的其他权益的,由所在单位或者上级主管机关给予行政处分。

第七十三条　【主管部门推荐专利产品的禁止及处罚】管理专利工作的部门不得参与向社会推荐专利产品等经营活动。

管理专利工作的部门违反前款规定的,由其上级机关或者监察机关责令改正,消除影响,有违法收入的予以没收;情节严重的,对直接负责的主管人员和其他直接责任人员依法给予行政处分。

第七十四条　【渎职处罚】从事专利管理工作的国家机关工作人员以及其他有关国家机关工作人员玩忽职守、滥用职权、徇私舞弊,构成犯罪的,依法追究刑事责任;尚不构成犯罪的,依法给予行政处分。

第八章　附　　则

第七十五条　【手续费用缴纳】向国务院专利行政部门申请专利和办理其他手续,应当按照规定缴纳费用。

第七十六条　【施行日期】本法自 1985 年 4 月 1 日起施行。

中华人民共和国合同法(节录)

(1999 年 3 月 15 日第九届全国人民代表大会第二次会议通过　1999 年 3 月 15 日中华人民共和国主席令第 15 号公布　自 1999 年 10 月 1 日起施行)

……

第十八章　技术合同

第一节　一般规定

第三百二十二条　【技术合同的定义】技术合同是当事人就技术开发、转让、咨询或者服务订立的确立相互之间权利和义务的合同。

第三百二十三条　【订立技术合同的原则】订立技术合同,应当有利于科学技术的进步,加速科学技术成果的转化、应用和推广。

第三百二十四条　【技术合同的主要条款】技术合同的内容由当事人约定,一般包括以下条款:

(一)项目名称;

(二)标的的内容、范围和要求;

(三)履行的计划、进度、期限、地点、地域和方式;

(四)技术情报和资料的保密;

(五)风险责任的承担;

(六)技术成果的归属和收益的分成办法;

(七)验收标准和方法;

（八）价款、报酬或者使用费及其支付方式；

（九）违约金或者损失赔偿的计算方法；

（十）解决争议的方法；

（十一）名词和术语的解释。

与履行合同有关的技术背景资料、可行性论证和技术评价报告、项目任务书和计划书、技术标准、技术规范、原始设计和工艺文件，以及其他技术文档，按照当事人的约定可以作为合同的组成部分。

技术合同涉及专利的，应当注明发明创造的名称、专利申请人和专利权人、申请日期、申请号、专利号以及专利权的有效期限。

第三百二十五条　【技术合同价款、报酬或使用费】技术合同价款、报酬或者使用费的支付方式由当事人约定，可以采取一次总算、一次总付或者一次总算、分期支付，也可以采取提成支付或者提成支付附加预付入门费的方式。

约定提成支付的，可以按照产品价格、实施专利和使用技术秘密后新增的产值、利润或者产品销售额的一定比例提成，也可以按照约定的其他方式计算。提成支付的比例可以采取固定比例、逐年递增比例或者逐年递减比例。

约定提成支付的，当事人应当在合同中约定查阅有关会计账目的办法。

第三百二十六条　【职务技术成果的经济权属】职务技术成果的使用权、转让权属于法人或者其他组织的，法人或者其他组织可以就该项职务技术成果订立技术合同。法人或者其他组织应当从使用和转让该项职务技术成果所取得的收益中提取一定比例，对完成该项职务技术成果的个人给予奖励或者报酬。法人或者其他组织订立技术合同转让职务技术成果时，职务技术成果的完成人享有以同等条件优先受让的权利。

职务技术成果是执行法人或者其他组织的工作任务，或者主要是利用法人或者其他组织的物质技术条件所完成的技术成果。

第三百二十七条　【非职务技术成果的经济权属】非职务技术成果的使用权、转让权属于完成技术成果的个人，完成技术成果的个人可以就该项非职务技术成果订立技术合同。

第三百二十八条　【技术成果的精神权属】完成技术成果的个人有在有关技术成果文件上写明自己是技术成果完成者的权利和取得荣誉证书、奖励的权利。

第三百二十九条　【技术合同的无效】非法垄断技术、妨碍技术进步或者侵害他人技术成果的技术合同无效。

第二节　技术开发合同

第三百三十条　【技术开发合同定义及合同形式】技术开发合同是指当事人之间就新技术、新产品、新工艺或者新材料及其系统的研究开发所订立的合同。

技术开发合同包括委托开发合同和合作开发合同。

技术开发合同应当采用书面形式。

当事人之间就具有产业应用价值的科技成果实施转化订立的合同，参照技术开发合同的规定。

第三百三十一条　【委托人义务】委托开发合同的委托人应当按照约定支付研究开发经费和报酬；提供技术资料、原始数据；完成协作事项；接受研究开发成果。

第三百三十二条　【受托人义务】委托开发合同的研究开发人应当按照约定制定和实施研究开发计划；合理使用研究开发经费；按期完成研究开发工作，交付研究开发成果，提供有关的技术资料和必要的技术指导，帮助委托人掌握研究开发成果。

第三百三十三条　【委托人的违约责任】委托人违反约定造成研究开发工作停滞、延误或者失败的，应当承担违约责任。

第三百三十四条　【受托人的违约责任】研究开发人违反约定造成研究开发工作停滞、延误或者失败的，应当承担违约责任。

第三百三十五条　【合作开发各方的主要义务】合作开发合同的当事人应当按照约定进行投资，包括以技术进行投资；分工参与研究开发工作；协作配合研究开发工作。

第三百三十六条　【合作开发各方的违约责任】合作开发合同的当事人违反约定造成研究开发工作停滞、延误或者失败的，应当承担违约责任。

第三百三十七条　【合同的解除】因作为技术开发合同标的的技术已经由他人公开，致使技术开发合同的履行没有意义的，当事人可以解除合同。

第三百三十八条　【风险负担及通知义务】在技术开发合同履行过程中，因出现无法克服的技术困难，致使研究开发失败或者部分失败的，该风险责任由当事人约定。没有约定或者约定不明确，依照本法第六十一条的规定仍不能确定的，风险责任由当事人合理分担。

当事人一方发现前款规定的可能致使研究开发失败或者部分失败的情形时，应当及时通知另一方并采取适当措施减少损失。没有及时通知并采取适当措施，致使损失扩大的，应当就扩大的损失承担责任。

第三百三十九条　【技术成果的归属】委托开发完成的发明创造，除当事人另有约定的以外，申请专利的权利属于研究开发人。研究开发人取得专利权的，委托人可以免费实施该专利。

研究开发人转让专利申请权的，委托人享有以同等条件优先受让的权利。

第三百四十条　【合作开发技术成果的归属】合作开发完成的发明创造，除当事人另有约定的以外，申请专利的权利属于合作开发的当事人共有。当事人一方转让其共有的专利申请权的,其他各方享有以同等条件优先受让的权利。

合作开发的当事人一方声明放弃其共有的专利申请权的,可以由另一方单独申请或者由其他各方共同申请。申请人取得专利权的,放弃专利申请权的一方可以免费实施该专利。

合作开发的当事人一方不同意申请专利的,另一方或者其他各方不得申请专利。

第三百四十一条　【技术秘密成果的归属与分享】委托开发或者合作开发完成的技术秘密成果的使用权、转让权以及利益的分配办法,由当事人约定。没有约定或者约定不明确,依照本法第六十一条的规定仍不能确定的,当事人均有使用和转让的权利,但委托开发的研究开发人不得在向委托人交付研究开发成果之前,将研究开发成果转让给第三人。

第三节　技术转让合同

第三百四十二条　【技术转让合同的内容】技术转让合同包括专利权转让、专利申请权转让、技术秘密转让、专利实施许可合同。

技术转让合同应当采用书面形式。

第三百四十三条　【技术转让范围的约定】技术转让合同可以约定让与人和受让人实施专利或者使用技术秘密的范围,但不得限制技术竞争和技术发展。

第三百四十四条　【专利实施许可合同的限制】专利实施许可合同只在该专利权的存续期间内有效。专利权有效期限届满或者专利权被宣布无效的,专利权人不得就该专利与他人订立专利实施许可合同。

第三百四十五条　【专利实施许可合同让与人主要义务】专利实施许可合同的让与人应当按照约定许可受让人实施专利,交付实施专利有关的技术资料,提供必要的技术指导。

第三百四十六条　【专利实施许可合同受让人主要义务】专利实施许可合同的受让人应当按照约定实施专利,不得许可约定以外的第三人实施该专利;并按照约定支付使用费。

第三百四十七条　【技术秘密转让合同让与人的义务】技术秘密转让合同的让与人应当按照约定提供技术资料,进行技术指导,保证技术的实用性、可靠性,承担保密义务。

第三百四十八条　【技术秘密转让合同的受让人义务】技术秘密转让合同的受让人应当按照约定使用技术,支付使用费,承担保密义务。

第三百四十九条　【技术转让合同让与人基本义务】技术转让合同的让与人应当保证自己是所提供的技术的合法拥有者,并保证所提供的技术完整、无误、有效,能够达到约定的目标。

第三百五十条　【技术转让合同受让人技术保密义务】技术转让合同的受让人应当按照约定的范围和期限,对让与人提供的技术中尚未公开的秘密部分,承担保密义务。

第三百五十一条　【让与人违约责任】让与人未按照约定转让技术的,应当返还部分或者全部使用费,并应当承担违约责任;实施专利或者使用技术秘密超越约定的范围的,违反约定擅自许可第三人实施该项专利或者使用该项技术秘密的,应当停止违约行为,承担违约责任;违反约定的保密义务的,应当承担违约责任。

第三百五十二条　【受让人违约责任】受让人未按照约定支付使用费的,应当补交使用费并按照约定支付违约金;不补交使用费或者支付违约金的,应当停止实施专利或者使用技术秘密,交还技术资料,承担违约责任;实施专利或者使用技术秘密超越约定的范围的,未经让与人同意擅自许可第三人实施该专利或者使用该技术秘密的,应当停止违约行为,承担违约责任;违反约定的保密义务的,应当承担违约责任。

第三百五十三条　【技术合同让与人侵权责任】受让人按照约定实施专利、使用技术秘密侵害他人合法权益的,由让与人承担责任,但当事人另有约定的除外。

第三百五十四条　【后续技术成果的归属与分享】当事人可以按照互利的原则,在技术转让合同中约定实施专利、使用技术秘密后续改进的技术成果的分享办法。没有约定或者约定不明确,依照本法第六十一条的规定仍不能确定的,一方后续改进的技术成果,其他各方无权分享。

第三百五十五条　【技术进出口合同的法律适用】法律、行政法规对技术进出口合同或者专利、专利申请合同另有规定的,依照其规定。

第四节　技术咨询合同和技术服务合同

第三百五十六条　【技术咨询合同和技术服务合同的内容】技术咨询合同包括就特定技术项目提供可行性论证、技术预测、专题技术调查、分析评价报告等合同。

技术服务合同是指当事人一方以技术知识为另一方解决特定技术问题所订立的合同,不包括建设工程合同和承揽合同。

第三百五十七条　【技术咨询合同委托人主要义务】技术咨询合同的委托人应当按照约定阐明咨询的问题,提供技术背景材料及有关技术资料、数据;接受受托人的工作成果,支付报酬。

第三百五十八条　【技术咨询合同受托人主要义务】技术咨询合同的受托人应当按照约定的期限完成咨询报告或者解答问题;提出的咨询报告应当达到约定的要求。

第三百五十九条　【技术咨询合同委托人与受托人的违约责任】技术咨询合同的委托人未按照约定提供必要的资料和数据,影响工作进度和质量,不接受或者逾期接受工作成果的,支付的报酬不得追回,未支付的报酬应当支付。

技术咨询合同的受托人未按期提出咨询报告或者提出的

咨询报告不符合约定的，应当承担减收或者免收报酬等违约责任。

技术咨询合同的委托人按照受托人符合约定要求的咨询报告和意见作出决策所造成的损失，由委托人承担，但当事人另有约定的除外。

第三百六十条　【技术服务合同委托人义务】技术服务合同的委托人应当按照约定提供工作条件，完成配合事项；接受工作成果并支付报酬。

第三百六十一条　【技术服务合同受托人义务】技术服务合同的受托人应当按照约定完成服务项目，解决技术问题，保证工作质量，并传授解决技术问题的知识。

第三百六十二条　【技术服务合同双方当事人的违约责任】技术服务合同的委托人不履行合同义务或者履行合同义务不符合约定，影响工作进度和质量，不接受或者逾期接受工作成果的，支付的报酬不得追回，未支付的报酬应当支付。

技术服务合同的受托人未按照合同约定完成服务工作的，应当承担免收报酬等违约责任。

第三百六十三条　【新创技术成果的归属和分享】在技术咨询合同、技术服务合同履行过程中，受托人利用委托人提供的技术资料和工作条件完成的新的技术成果，属于受托人。委托人利用受托人的工作成果完成的新的技术成果，属于委托人。当事人另有约定的，按照其约定。

第三百六十四条　【技术培训合同、技术中介合同的法律适用】法律、行政法规对技术中介合同、技术培训合同另有规定的，依照其规定。

……

中华人民共和国专利法实施细则

（2001 年 6 月 15 日中华人民共和国国务院令第 306 号公布　根据 2002 年 12 月 28 日《国务院关于修改〈中华人民共和国专利法实施细则〉的决定》第一次修订　根据 2010 年 1 月 9 日《国务院关于修改〈中华人民共和国专利法实施细则〉的决定》第二次修订）

第一章　总　　则

第一条　根据《中华人民共和国专利法》（以下简称专利法），制定本细则。

第二条　专利法和本细则规定的各种手续，应当以书面形式或者国务院专利行政部门规定的其他形式办理。

第三条　依照专利法和本细则规定提交的各种文件应当使用中文；国家有统一规定的科技术语的，应当采用规范词；外国人名、地名和科技术语没有统一中文译文的，应当注明原文。

依照专利法和本细则规定提交的各种证件和证明文件是外文的，国务院专利行政部门认为必要时，可以要求当事人在指定期限内附送中文译文；期满未附送的，视为未提交该证件和证明文件。

第四条　向国务院专利行政部门邮寄的各种文件，以寄出的邮戳日为递交日；邮戳日不清晰的，除当事人能够提出证明外，以国务院专利行政部门收到日为递交日。

国务院专利行政部门的各种文件，可以通过邮寄、直接送交或者其他方式送达当事人。当事人委托专利代理机构的，文件送交专利代理机构；未委托专利代理机构的，文件送交请求书中指明的联系人。

国务院专利行政部门邮寄的各种文件，自文件发出之日起满 15 日，推定为当事人收到文件之日。

根据国务院专利行政部门规定应当直接送交的文件，以交付日为送达日。

文件送交地址不清，无法邮寄的，可以通过公告的方式送达当事人。自公告之日起满 1 个月，该文件视为已经送达。

第五条　专利法和本细则规定的各种期限的第一日不计算在期限内。期限以年或者月计算的，以其最后一月的相应日为期限届满日；该月无相应日的，以该月最后一日为期限届满日；期限届满日是法定休假日的，以休假日后的第一个工作日为期限届满日。

第六条　当事人因不可抗拒的事由而延误专利法或者本细则规定的期限或者国务院专利行政部门指定的期限，导致其权利丧失的，自障碍消除之日起 2 个月内，最迟自期限届满之日起 2 年内，可以向国务院专利行政部门请求恢复权利。

除前款规定的情形外，当事人因其他正当理由延误专利法或者本细则规定的期限或者国务院专利行政部门指定的期限，导致其权利丧失的，可以自收到国务院专利行政部门的通知之日起 2 个月内向国务院专利行政部门请求恢复权利。

当事人依照本条第一款或者第二款的规定请求恢复权利的，应当提交恢复权利请求书，说明理由，必要时附具有关证明文件，并办理权利丧失前应当办理的相应手续；依照本条第二款的规定请求恢复权利的，还应当缴纳恢复权利请求费。

当事人请求延长国务院专利行政部门指定的期限的，应当在期限届满前，向国务院专利行政部门说明理由并办理有关手续。

本条第一款和第二款的规定不适用专利法第二十四条、第二十九条、第四十二条、第六十八条规定的期限。

第七条　专利申请涉及国防利益需要保密的，由国防专利机构受理并进行审查；国务院专利行政部门受理的专利申请涉及国防利益需要保密的，应当及时移交国防专利机构进行审查。经国防专利机构审查没有发现驳回理由的，由国务院专利行政部门作出授予国防专利权的决定。

国务院专利行政部门认为其受理的发明或者实用新型专利申请涉及国防利益以外的国家安全或者重大利益需要保密

的，应当及时作出按照保密专利申请处理的决定，并通知申请人。保密专利申请的审查、复审以及保密专利权无效宣告的特殊程序，由国务院专利行政部门规定。

第八条 专利法第二十条所称在中国完成的发明或者实用新型，是指技术方案的实质性内容在中国境内完成的发明或者实用新型。

任何单位或者个人将在中国完成的发明或者实用新型向外国申请专利的，应当按照下列方式之一请求国务院专利行政部门进行保密审查：

（一）直接向外国申请专利或者向有关国外机构提交专利国际申请的，应当事先向国务院专利行政部门提出请求，并详细说明其技术方案；

（二）向国务院专利行政部门申请专利后拟向外国申请专利或者向有关国外机构提交专利国际申请的，应当在向外国申请专利或者向有关国外机构提交专利国际申请前向国务院专利行政部门提出请求。

向国务院专利行政部门提交专利国际申请的，视为同时提出了保密审查请求。

第九条 国务院专利行政部门收到依照本细则第八条规定递交的请求后，经过审查认为该发明或者实用新型可能涉及国家安全或者重大利益需要保密的，应当及时向申请人发出保密审查通知；申请人未在其请求递交日起4个月内收到保密审查通知的，可以就该发明或者实用新型向外国申请专利或者向有关国外机构提交专利国际申请。

国务院专利行政部门依照前款规定通知进行保密审查的，应当及时作出是否需要保密的决定，并通知申请人。申请人未在其请求递交日起6个月内收到需要保密的决定的，可以就该发明或者实用新型向外国申请专利或者向有关国外机构提交专利国际申请。

第十条 专利法第五条所称违反法律的发明创造，不包括仅其实施为法律所禁止的发明创造。

第十一条 除专利法第二十八条和第四十二条规定的情形外，专利法所称申请日，有优先权的，指优先权日。

本细则所称申请日，除另有规定的外，是指专利法第二十八条规定的申请日。

第十二条 专利法第六条所称执行本单位的任务所完成的职务发明创造，是指：

（一）在本职工作中作出的发明创造；

（二）履行本单位交付的本职工作之外的任务所作出的发明创造；

（三）退休、调离原单位后或者劳动、人事关系终止后1年内作出的，与其在原单位承担的本职工作或者原单位分配的任务有关的发明创造。

专利法第六条所称本单位，包括临时工作单位；专利法第六条所称本单位的物质技术条件，是指本单位的资金、设备、零部件、原材料或者不对外公开的技术资料等。

第十三条 专利法所称发明人或者设计人，是指对发明创造的实质性特点作出创造性贡献的人。在完成发明创造过程中，只负责组织工作的人、为物质技术条件的利用提供方便的人或者从事其他辅助工作的人，不是发明人或者设计人。

第十四条 除依照专利法第十条规定转让专利权外，专利权因其他事由发生转移的，当事人应当凭有关证明文件或者法律文书向国务院专利行政部门办理专利权转移手续。

专利权人与他人订立的专利实施许可合同，应当自合同生效之日起3个月内向国务院专利行政部门备案。

以专利权出质的，由出质人和质权人共同向国务院专利行政部门办理出质登记。

第二章 专利的申请

第十五条 以书面形式申请专利的，应当向国务院专利行政部门提交申请文件一式两份。

以国务院专利行政部门规定的其他形式申请专利的，应当符合规定的要求。

申请人委托专利代理机构向国务院专利行政部门申请专利和办理其他专利事务的，应当同时提交委托书，写明委托权限。

申请人有2人以上且未委托专利代理机构的，除请求书中另有声明的外，以请求书中指明的第一申请人为代表人。

第十六条 发明、实用新型或者外观设计专利申请的请求书应当写明下列事项：

（一）发明、实用新型或者外观设计的名称；

（二）申请人是中国单位或者个人的，其名称或者姓名、地址、邮政编码、组织机构代码或者居民身份证件号码；申请人是外国人、外国企业或者外国其他组织的，其姓名或者名称、国籍或者注册的国家或者地区；

（三）发明人或者设计人的姓名；

（四）申请人委托专利代理机构的，受托机构的名称、机构代码以及该机构指定的专利代理人的姓名、执业证号码、联系电话；

（五）要求优先权的，申请人第一次提出专利申请（以下简称在先申请）的申请日、申请号以及原受理机构的名称；

（六）申请人或者专利代理机构的签字或者盖章；

（七）申请文件清单；

（八）附加文件清单；

（九）其他需要写明的有关事项。

第十七条 发明或者实用新型专利申请的说明书应当写明发明或者实用新型的名称，该名称应当与请求书中的名称一致。说明书应当包括下列内容：

（一）技术领域：写明要求保护的技术方案所属的技术领域；

（二）背景技术：写明对发明或者实用新型的理解、检索、审查有用的背景技术；有可能的，并引证反映这些背景技术的文件；

（三）发明内容：写明发明或者实用新型所要解决的技术问题以及解决其技术问题采用的技术方案，并对照现有技术写明发明或者实用新型的有益效果；

（四）附图说明：说明书有附图的，对各幅附图作简略说明；

（五）具体实施方式：详细写明申请人认为实现发明或者实用新型的优选方式；必要时，举例说明；有附图的，对照附图。

发明或者实用新型专利申请人应当按照前款规定的方式和顺序撰写说明书，并在说明书每一部分前面写明标题，除非其发明或者实用新型的性质用其他方式或者顺序撰写能节约说明书的篇幅并使他人能够准确理解其发明或者实用新型。

发明或者实用新型说明书应当用词规范、语句清楚，并不得使用“如权利要求……所述的……”一类的引用语，也不得使用商业性宣传用语。

发明专利申请包含一个或者多个核苷酸或者氨基酸序列的，说明书应当包括符合国务院专利行政部门规定的序列表。申请人应当将该序列表作为说明书的一个单独部分提交，并按照国务院专利行政部门的规定提交该序列表的计算机可读形式的副本。

实用新型专利申请说明书应当有表示要求保护的产品的形状、构造或者其结合的附图。

第十八条 发明或者实用新型的几幅附图应当按照“图1，图2，……”顺序编号排列。

发明或者实用新型说明书文字部分中未提及的附图标记不得在附图中出现，附图中未出现的附图标记不得在说明书文字部分中提及。申请文件中表示同一组成部分的附图标记应当一致。

附图中除必需的词语外，不应当含有其他注释。

第十九条 权利要求书应当记载发明或者实用新型的技术特征。

权利要求书有几项权利要求的，应当用阿拉伯数字顺序编号。

权利要求书中使用的科技术语应当与说明书中使用的科技术语一致，可以有化学式或者数学式，但是不得有插图。除绝对必要的外，不得使用“如说明书……部分所述”或者“如图……所示”的用语。

权利要求中的技术特征可以引用说明书附图中相应的标记，该标记应当放在相应的技术特征后并置于括号内，便于理解权利要求。附图标记不得解释为对权利要求的限制。

第二十条 权利要求书应当有独立权利要求，也可以有从属权利要求。

独立权利要求应当从整体上反映发明或者实用新型的技术方案，记载解决技术问题的必要技术特征。

从属权利要求应当用附加的技术特征，对引用的权利要求作进一步限定。

第二十一条 发明或者实用新型的独立权利要求应当包括前序部分和特征部分，按照下列规定撰写：

（一）前序部分：写明要求保护的发明或者实用新型技术方案的主题名称和发明或者实用新型主题与最接近的现有技术共有的必要技术特征；

（二）特征部分：使用“其特征是……”或者类似的用语，写明发明或者实用新型区别于最接近的现有技术的技术特征。这些特征和前序部分写明的特征合在一起，限定发明或者实用新型要求保护的范围。

发明或者实用新型的性质不适于用前款方式表达的，独立权利要求可以用其他方式撰写。

一项发明或者实用新型应当只有一个独立权利要求，并写在同一发明或者实用新型的从属权利要求之前。

第二十二条 发明或者实用新型的从属权利要求应当包括引用部分和限定部分，按照下列规定撰写：

（一）引用部分：写明引用的权利要求的编号及其主题名称；

（二）限定部分：写明发明或者实用新型附加的技术特征。

从属权利要求只能引用在前的权利要求。引用两项以上权利要求的多项从属权利要求，只能以择一方式引用在前的权利要求，并不得作为另一项多项从属权利要求的基础。

第二十三条 说明书摘要应当写明发明或者实用新型专利申请所公开内容的概要，即写明发明或者实用新型的名称和所属技术领域，并清楚地反映所要解决的技术问题、解决该问题的技术方案的要点以及主要用途。

说明书摘要可以包含最能说明发明的化学式；有附图的专利申请，还应当提供一幅最能说明该发明或者实用新型技术特征的附图。附图的大小及清晰度应当保证在该图缩小到4厘米×6厘米时，仍能清晰地分辨出图中的各个细节。摘要文字部分不得超过300个字。摘要中不得使用商业性宣传用语。

第二十四条 申请专利的发明涉及新的生物材料，该生物材料公众不能得到，并且对该生物材料的说明不足以使所属领域的技术人员实施其发明的，除应当符合专利法和本细则的有关规定外，申请人还应当办理下列手续：

（一）在申请日前或者最迟在申请日（有优先权的，指优先权日），将该生物材料的样品提交国务院专利行政部门认可的保藏单位保藏，并在申请时或者最迟自申请日起4个月内提交保藏单位出具的保藏证明和存活证明；期满未提交证明的，该样品视为未提交保藏；

（二）在申请文件中，提供有关该生物材料特征的资料；

（三）涉及生物材料样品保藏的专利申请应当在请求书和说明书中写明该生物材料的分类命名（注明拉丁文名称）、保藏该生物材料样品的单位名称、地址、保藏日期和保藏编号；申请时未写明的，应当自申请日起4个月内补正；期满未补正的，视为未提交保藏。

第二十五条　发明专利申请人依照本细则第二十四条的规定保藏生物材料样品的，在发明专利申请公布后，任何单位或者个人需要将该专利申请所涉及的生物材料作为实验目的使用的，应当向国务院专利行政部门提出请求，并写明下列事项：

（一）请求人的姓名或者名称和地址；

（二）不向其他任何人提供该生物材料的保证；

（三）在授予专利权前，只作为实验目的使用的保证。

第二十六条　专利法所称遗传资源，是指取自人体、动物、植物或者微生物等含有遗传功能单位并具有实际或者潜在价值的材料；专利法所称依赖遗传资源完成的发明创造，是指利用了遗传资源的遗传功能完成的发明创造。

就依赖遗传资源完成的发明创造申请专利的，申请人应当在请求书中予以说明，并填写国务院专利行政部门制定的表格。

第二十七条　申请人请求保护色彩的，应当提交彩色图片或者照片。

申请人应当就每件外观设计产品所需要保护的内容提交有关图片或者照片。

第二十八条　外观设计的简要说明应当写明外观设计产品的名称、用途，外观设计的设计要点，并指定一幅最能表明设计要点的图片或者照片。省略视图或者请求保护色彩的，应当在简要说明中写明。

对同一产品的多项相似外观设计提出一件外观设计专利申请的，应当在简要说明中指定其中一项作为基本设计。

简要说明不得使用商业性宣传用语，也不能用来说明产品的性能。

第二十九条　国务院专利行政部门认为必要时，可以要求外观设计专利申请人提交使用外观设计的产品样品或者模型。样品或者模型的体积不得超过30厘米×30厘米×30厘米，重量不得超过15公斤。易腐、易损或者危险品不得作为样品或者模型提交。

第三十条　专利法第二十四条第（一）项所称中国政府承认的国际展览会，是指国际展览会公约规定的在国际展览局注册或者由其认可的国际展览会。

专利法第二十四条第（二）项所称学术会议或者技术会议，是指国务院有关主管部门或者全国性学术团体组织召开的学术会议或者技术会议。

申请专利的发明创造有专利法第二十四条第（一）项或者第（二）项所列情形的，申请人应当在提出专利申请时声明，并自申请日起2个月内提交有关国际展览会或者学术会议、技术会议的组织单位出具的有关发明创造已经展出或者发表，以及展出或者发表日期的证明文件。

申请专利的发明创造有专利法第二十四条第（三）项所列情形的，国务院专利行政部门认为必要时，可以要求申请人在指定期限内提交证明文件。

申请人未依照本条第三款的规定提出声明和提交证明文件的，或者未依照本条第四款的规定在指定期限内提交证明文件的，其申请不适用专利法第二十四条的规定。

第三十一条　申请人依照专利法第三十条的规定要求外国优先权的，申请人提交的在先申请文件副本应当经原受理机构证明。依照国务院专利行政部门与该受理机构签订的协议，国务院专利行政部门通过电子交换等途径获得在先申请文件副本的，视为申请人提交了经该受理机构证明的在先申请文件副本。要求本国优先权，申请人在请求书中写明在先申请的申请日和申请号的，视为提交了在先申请文件副本。

要求优先权，但请求书中漏写或者错写在先申请的申请日、申请号和原受理机构名称中的一项或者两项内容的，国务院专利行政部门应当通知申请人在指定期限内补正；期满未补正的，视为未要求优先权。

要求优先权的申请人的姓名或者名称与在先申请文件副本中记载的申请人姓名或者名称不一致的，应当提交优先权转让证明材料，未提交该证明材料的，视为未要求优先权。

外观设计专利申请的申请人要求外国优先权，其在先申请未包括对外观设计的简要说明，申请人按照本细则第二十八条规定提交的简要说明未超出在先申请文件的图片或者照片表示的范围的，不影响其享有优先权。

第三十二条　申请人在一件专利申请中，可以要求一项或者多项优先权；要求多项优先权的，该申请的优先权期限从最早的优先权日起计算。

申请人要求本国优先权，在先申请是发明专利申请的，可以就相同主题提出发明或者实用新型专利申请；在先申请是实用新型专利申请的，可以就相同主题提出实用新型或者发明专利申请。但是，提出后一申请时，在先申请的主题有下列情形之一的，不得作为要求本国优先权的基础：

（一）已经要求外国优先权或者本国优先权的；

（二）已经被授予专利权的；

（三）属于按照规定提出的分案申请的。

申请人要求本国优先权的，其在先申请自后一申请提出之日起即视为撤回。

第三十三条　在中国没有经常居所或者营业所的申请人，申请专利或者要求外国优先权的，国务院专利行政部门认为必要时，可以要求其提供下列文件：

（一）申请人是个人的，其国籍证明；

（二）申请人是企业或者其他组织的，其注册的国家或者地区的证明文件；

（三）申请人的所属国，承认中国单位和个人可以按照该国国民的同等条件，在该国享有专利权、优先权和其他与专利有关的权利的证明文件。

第三十四条 依照专利法第三十一条第一款规定，可以作为一件专利申请提出的属于一个总的发明构思的两项以上的发明或者实用新型，应当在技术上相互关联，包含一个或者多个相同或者相应的特定技术特征，其中特定技术特征是指每一项发明或者实用新型作为整体，对现有技术作出贡献的技术特征。

第三十五条 依照专利法第三十一条第二款规定，将同一产品的多项相似外观设计作为一件申请提出的，对该产品的其他设计应当与简要说明中指定的基本设计相似。一件外观设计专利申请中的相似外观设计不得超过10项。

专利法第三十一条第二款所称同一类别并且成套出售或者使用的产品的两项以上外观设计，是指各产品属于分类表中同一大类，习惯上同时出售或者同时使用，而且各产品的外观设计具有相同的设计构思。

将两项以上外观设计作为一件申请提出的，应当将各项外观设计的顺序编号标注在每件外观设计产品各幅图片或者照片的名称之前。

第三十六条 申请人撤回专利申请的，应当向国务院专利行政部门提出声明，写明发明创造的名称、申请号和申请日。

撤回专利申请的声明在国务院专利行政部门作好公布专利申请文件的印刷准备工作后提出的，申请文件仍予公布；但是，撤回专利申请的声明应当在以后出版的专利公报上予以公告。

第三章 专利申请的审查和批准

第三十七条 在初步审查、实质审查、复审和无效宣告程序中，实施审查和审理的人员有下列情形之一的，应当自行回避，当事人或者其他利害关系人可以要求其回避：

（一）是当事人或者其代理人的近亲属的；

（二）与专利申请或者专利权有利害关系的；

（三）与当事人或者其代理人有其他关系，可能影响公正审查和审理的；

（四）专利复审委员会成员曾参与原申请的审查的。

第三十八条 国务院专利行政部门收到发明或者实用新型专利申请的请求书、说明书（实用新型必须包括附图）和权利要求书，或者外观设计专利申请的请求书、外观设计的图片或者照片和简要说明后，应当明确申请日、给予申请号，并通知申请人。

第三十九条 专利申请文件有下列情形之一的，国务院专利行政部门不予受理，并通知申请人：

（一）发明或者实用新型专利申请缺少请求书、说明书（实用新型无附图）或者权利要求书的，或者外观设计专利申请缺少请求书、图片或者照片、简要说明的；

（二）未使用中文的；

（三）不符合本细则第一百二十一条第一款规定的；

（四）请求书中缺少申请人姓名或者名称，或者缺少地址的；

（五）明显不符合专利法第十八条或者第十九条第一款的规定的；

（六）专利申请类别（发明、实用新型或者外观设计）不明确或者难以确定的。

第四十条 说明书中写有对附图的说明但无附图或者缺少部分附图的，申请人应当在国务院专利行政部门指定的期限内补交附图或者声明取消对附图的说明。申请人补交附图的，以向国务院专利行政部门提交或者邮寄附图之日为申请日；取消对附图的说明的，保留原申请日。

第四十一条 两个以上的申请人同日（指申请日；有优先权的，指优先权日）分别就同样的发明创造申请专利的，应当在收到国务院专利行政部门的通知后自行协商确定申请人。

同一申请人在同日（指申请日）对同样的发明创造既申请实用新型专利又申请发明专利的，应当在申请时分别说明对同样的发明创造已申请了另一专利；未作说明的，依照专利法第九条第一款关于同样的发明创造只能授予一项专利权的规定处理。

国务院专利行政部门公告授予实用新型专利权，应当公告申请人已依照本条第二款的规定同时申请了发明专利的说明。

发明专利申请经审查没有发现驳回理由，国务院专利行政部门应当通知申请人在规定期限内声明放弃实用新型专利权。申请人声明放弃的，国务院专利行政部门应当作出授予发明专利权的决定，并在公告授予发明专利权时一并公告申请人放弃实用新型专利权声明。申请人不同意放弃的，国务院专利行政部门应当驳回该发明专利申请；申请人期满未答复的，视为撤回该发明专利申请。

实用新型专利权自公告授予发明专利权之日起终止。

第四十二条 一件专利申请包括两项以上发明、实用新型或者外观设计的，申请人可以在本细则第五十四条第一款规定的期限届满前，向国务院专利行政部门提出分案申请；但是，专利申请已经被驳回、撤回或者视为撤回的，不能提出分案申请。

国务院专利行政部门认为一件专利申请不符合专利法第三十一条和本细则第三十四条或者第三十五条的规定的，应当通知申请人在指定期限内对其申请进行修改；申请人期满未答复的，该申请视为撤回。

分案的申请不得改变原申请的类别。

第四十三条 依照本细则第四十二条规定提出的分案申请,可以保留原申请日,享有优先权的,可以保留优先权日,但是不得超出原申请记载的范围。

分案申请应当依照专利法及本细则的规定办理有关手续。

分案申请的请求书中应当写明原申请的申请号和申请日。提交分案申请时,申请人应当提交原申请文件副本;原申请享有优先权的,并应当提交原申请的优先权文件副本。

第四十四条 专利法第三十四条和第四十条所称初步审查,是指审查专利申请是否具备专利法第二十六条或者第二十七条规定的文件和其他必要的文件,这些文件是否符合规定的格式,并审查下列各项:

(一)发明专利申请是否明显属于专利法第五条、第二十五条规定的情形,是否不符合专利法第十八条、第十九条第一款、第二十条第一款或者本细则第十六条、第二十六条第二款的规定,是否明显不符合专利法第二条第二款、第二十六条第五款、第三十一条第一款、第三十三条或者本细则第十七条至第二十一条的规定;

(二)实用新型专利申请是否明显属于专利法第五条、第二十五条规定的情形,是否不符合专利法第十八条、第十九条第一款、第二十条第一款或者本细则第十六条至第十九条、第二十一条至第二十三条的规定,是否明显不符合专利法第二条第三款、第二十二条第二款、第四款、第二十六条第三款、第四款、第三十一条第一款、第三十三条或者本细则第二十条、第四十三条第一款的规定,是否依照专利法第九条规定不能取得专利权;

(三)外观设计专利申请是否明显属于专利法第五条、第二十五条第一款第(六)项规定的情形,是否不符合专利法第十八条、第十九条第一款或者本细则第十六条、第二十七条、第二十八条的规定,是否明显不符合专利法第二条第四款、第二十三条第一款、第二十七条第二款、第三十一条第二款、第三十三条或者本细则第四十三条第一款的规定,是否依照专利法第九条规定不能取得专利权;

(四)申请文件是否符合本细则第二条、第三条第一款的规定。

国务院专利行政部门应当将审查意见通知申请人,要求其在指定期限内陈述意见或者补正;申请人期满未答复的,其申请视为撤回。申请人陈述意见或者补正后,国务院专利行政部门仍然认为不符合前款所列各项规定的,应当予以驳回。

第四十五条 除专利申请文件外,申请人向国务院专利行政部门提交的与专利申请有关的其他文件有下列情形之一的,视为未提交:

(一)未使用规定的格式或者填写不符合规定的;

(二)未按照规定提交证明材料的。

国务院专利行政部门应当将视为未提交的审查意见通知申请人。

第四十六条 申请人请求早日公布其发明专利申请的,应当向国务院专利行政部门声明。国务院专利行政部门对该申请进行初步审查后,除予以驳回的外,应当立即将申请予以公布。

第四十七条 申请人写明使用外观设计的产品及其所属类别的,应当使用国务院专利行政部门公布的外观设计产品分类表。未写明使用外观设计的产品所属类别或者所写的类别不确切的,国务院专利行政部门可以予以补充或者修改。

第四十八条 自发明专利申请公布之日起至公告授予专利权之日止,任何人均可以对不符合专利法规定的专利申请向国务院专利行政部门提出意见,并说明理由。

第四十九条 发明专利申请人因有正当理由无法提交专利法第三十六条规定的检索资料或者审查结果资料的,应当向国务院专利行政部门声明,并在得到有关资料后补交。

第五十条 国务院专利行政部门依照专利法第三十五条第二款的规定对专利申请自行进行审查时,应当通知申请人。

第五十一条 发明专利申请人在提出实质审查请求时以及在收到国务院专利行政部门发出的发明专利申请进入实质审查阶段通知书之日起的3个月内,可以对发明专利申请主动提出修改。

实用新型或者外观设计专利申请人自申请日起2个月内,可以对实用新型或者外观设计专利申请主动提出修改。

申请人在收到国务院专利行政部门发出的审查意见通知书后对专利申请文件进行修改的,应当针对通知书指出的缺陷进行修改。

国务院专利行政部门可以自行修改专利申请文件中文字和符号的明显错误。国务院专利行政部门自行修改的,应当通知申请人。

第五十二条 发明或者实用新型专利申请的说明书或者权利要求书的修改部分,除个别文字修改或者增删外,应当按照规定格式提交替换页。外观设计专利申请的图片或者照片的修改,应当按照规定提交替换页。

第五十三条 依照专利法第三十八条的规定,发明专利申请经实质审查应当予以驳回的情形是指:

(一)申请属于专利法第五条、第二十五条规定的情形,或者依照专利法第九条规定不能取得专利权的;

(二)申请不符合专利法第二条第二款、第二十条第一款、第二十二条、第二十六条第三款、第四款、第五款、第三十一条第一款或者本细则第二十条第二款规定的;

(三)申请的修改不符合专利法第三十三条规定,或者分案的申请不符合本细则第四十三条第一款的规定的。

第五十四条 国务院专利行政部门发出授予专利权的通知后,申请人应当自收到通知之日起2个月内办理登记手续。

申请人按期办理登记手续的，国务院专利行政部门应当授予专利权，颁发专利证书，并予以公告。

期满未办理登记手续的，视为放弃取得专利权的权利。

第五十五条 保密专利申请经审查没有发现驳回理由的，国务院专利行政部门应当作出授予保密专利权的决定，颁发保密专利证书，登记保密专利权的有关事项。

第五十六条 授予实用新型或者外观设计专利权的决定公告后，专利法第六十条规定的专利权人或者利害关系人可以请求国务院专利行政部门作出专利权评价报告。

请求作出专利权评价报告的，应当提交专利权评价报告请求书，写明专利号。每项请求应当限于一项专利权。

专利权评价报告请求书不符合规定的，国务院专利行政部门应当通知请求人在指定期限内补正；请求人期满未补正的，视为未提出请求。

第五十七条 国务院专利行政部门应当自收到专利权评价报告请求书后2个月内作出专利权评价报告。对同一项实用新型或者外观设计专利权，有多个请求人请求作出专利权评价报告的，国务院专利行政部门仅作出一份专利权评价报告。任何单位或者个人可以查阅或者复制该专利权评价报告。

第五十八条 国务院专利行政部门对专利公告、专利单行本中出现的错误，一经发现，应当及时更正，并对所作更正予以公告。

第四章 专利申请的复审与专利权的无效宣告

第五十九条 专利复审委员会由国务院专利行政部门指定的技术专家和法律专家组成，主任委员由国务院专利行政部门负责人兼任。

第六十条 依照专利法第四十一条的规定向专利复审委员会请求复审的，应当提交复审请求书，说明理由，必要时还应当附具有关证据。

复审请求不符合专利法第十九条第一款或者第四十一条第一款规定的，专利复审委员会不予受理，书面通知复审请求人并说明理由。

复审请求书不符合规定格式的，复审请求人应当在专利复审委员会指定的期限内补正；期满未补正的，该复审请求视为未提出。

第六十一条 请求人在提出复审请求或者在对专利复审委员会的复审通知书作出答复时，可以修改专利申请文件；但是，修改应当仅限于消除驳回决定或者复审通知书指出的缺陷。

修改的专利申请文件应当提交一式两份。

第六十二条 专利复审委员会应当将受理的复审请求书转交国务院专利行政部门原审查部门进行审查。原审查部门根据复审请求人的请求，同意撤销原决定的，专利复审委员会应当据此作出复审决定，并通知复审请求人。

第六十三条 专利复审委员会进行复审后，认为复审请求不符合专利法和本细则有关规定的，应当通知复审请求人，要求其在指定期限内陈述意见。期满未答复的，该复审请求视为撤回；经陈述意见或者进行修改后，专利复审委员会认为仍不符合专利法和本细则有关规定的，应当作出维持原驳回决定的复审决定。

专利复审委员会进行复审后，认为原驳回决定不符合专利法和本细则有关规定的，或者认为经过修改的专利申请文件消除了原驳回决定指出的缺陷的，应当撤销原驳回决定，由原审查部门继续进行审查程序。

第六十四条 复审请求人在专利复审委员会作出决定前，可以撤回其复审请求。

复审请求人在专利复审委员会作出决定前撤回其复审请求的，复审程序终止。

第六十五条 依照专利法第四十五条的规定，请求宣告专利权无效或者部分无效的，应当向专利复审委员会提交专利权无效宣告请求书和必要的证据一式两份。无效宣告请求书应当结合提交的所有证据，具体说明无效宣告请求的理由，并指明每项理由所依据的证据。

前款所称无效宣告请求的理由，是指被授予专利的发明创造不符合专利法第二条、第二十条第一款、第二十二条、第二十三条、第二十六条第三款、第四款、第二十七条第二款、第三十三条或者本细则第二十条第二款、第四十三条第一款的规定，或者属于专利法第五条、第二十五条的规定，或者依照专利法第九条规定不能取得专利权。

第六十六条 专利权无效宣告请求不符合专利法第十九条第一款或者本细则第六十五条规定的，专利复审委员会不予受理。

在专利复审委员会就无效宣告请求作出决定之后，又以同样的理由和证据请求无效宣告的，专利复审委员会不予受理。

以不符合专利法第二十三条第三款的规定为理由请求宣告外观设计专利权无效，但是未提交证明权利冲突的证据的，专利复审委员会不予受理。

专利权无效宣告请求书不符合规定格式的，无效宣告请求人应当在专利复审委员会指定的期限内补正；期满未补正的，该无效宣告请求视为未提出。

第六十七条 在专利复审委员会受理无效宣告请求后，请求人可以在提出无效宣告请求之日起1个月内增加理由或者补充证据。逾期增加理由或者补充证据的，专利复审委员会可以不予考虑。

第六十八条 专利复审委员会应当将专利权无效宣告请求书和有关文件的副本送交专利权人，要求其在指定的期限内陈述意见。

专利权人和无效宣告请求人应当在指定期限内答复专利复审委员会发出的转送文件通知书或者无效宣告请求审查通知书；期满未答复的，不影响专利复审委员会审理。

第六十九条　在无效宣告请求的审查过程中，发明或者实用新型专利的专利权人可以修改其权利要求书，但是不得扩大原专利的保护范围。

发明或者实用新型专利的专利权人不得修改专利说明书和附图，外观设计专利的专利权人不得修改图片、照片和简要说明。

第七十条　专利复审委员会根据当事人的请求或者案情需要，可以决定对无效宣告请求进行口头审理。

专利复审委员会决定对无效宣告请求进行口头审理的，应当向当事人发出口头审理通知书，告知举行口头审理的日期和地点。当事人应当在通知书指定的期限内作出答复。

无效宣告请求人对专利复审委员会发出的口头审理通知书在指定的期限内未作答复，并且不参加口头审理的，其无效宣告请求视为撤回；专利权人不参加口头审理的，可以缺席审理。

第七十一条　在无效宣告请求审查程序中，专利复审委员会指定的期限不得延长。

第七十二条　专利复审委员会对无效宣告的请求作出决定前，无效宣告请求人可以撤回其请求。

专利复审委员会作出决定之前，无效宣告请求人撤回其请求或者其无效宣告请求被视为撤回的，无效宣告请求审查程序终止。但是，专利复审委员会认为根据已进行的审查工作能够作出宣告专利权无效或者部分无效的决定的，不终止审查程序。

第五章　专利实施的强制许可

第七十三条　专利法第四十八条第（一）项所称未充分实施其专利，是指专利权人及其被许可人实施其专利的方式或者规模不能满足国内对专利产品或者专利方法的需求。

专利法第五十条所称取得专利权的药品，是指解决公共健康问题所需的医药领域中的任何专利产品或者依照专利方法直接获得的产品，包括取得专利权的制造该产品所需的活性成分以及使用该产品所需的诊断用品。

第七十四条　请求给予强制许可的，应当向国务院专利行政部门提交强制许可请求书，说明理由并附具有关证明文件。

国务院专利行政部门应当将强制许可请求书的副本送交专利权人，专利权人应当在国务院专利行政部门指定的期限内陈述意见；期满未答复的，不影响国务院专利行政部门作出决定。

国务院专利行政部门在作出驳回强制许可请求的决定或者给予强制许可的决定前，应当通知请求人和专利权人拟作出的决定及其理由。

国务院专利行政部门依照专利法第五十条的规定作出给予强制许可的决定，应当同时符合中国缔结或者参加的有关国际条约关于为了解决公共健康问题而给予强制许可的规定，但中国作出保留的除外。

第七十五条　依照专利法第五十七条的规定，请求国务院专利行政部门裁决使用费数额的，当事人应当提出裁决请求书，并附具双方不能达成协议的证明文件。国务院专利行政部门应当自收到请求书之日起3个月内作出裁决，并通知当事人。

第六章　对职务发明创造的发明人或者设计人的奖励和报酬

第七十六条　被授予专利权的单位可以与发明人、设计人约定或者在其依法制定的规章制度中规定专利法第十六条规定的奖励、报酬的方式和数额。

企业、事业单位给予发明人或者设计人的奖励、报酬，按照国家有关财务、会计制度的规定进行处理。

第七十七条　被授予专利权的单位未与发明人、设计人约定也未在其依法制定的规章制度中规定专利法第十六条规定的奖励的方式和数额的，应当自专利权公告之日起3个月内发给发明人或者设计人奖金。一项发明专利的奖金最低不少于3000元；一项实用新型专利或者外观设计专利的奖金最低不少于1000元。

由于发明人或者设计人的建议被其所属单位采纳而完成的发明创造，被授予专利权的单位应当从优发给奖金。

第七十八条　被授予专利权的单位未与发明人、设计人约定也未在其依法制定的规章制度中规定专利法第十六条规定的报酬的方式和数额的，在专利权有效期限内，实施发明创造专利后，每年应当从实施该项发明或者实用新型专利的营业利润中提取不低于2%或者从实施该项外观设计专利的营业利润中提取不低于0.2%，作为报酬给予发明人或者设计人，或者参照上述比例，给予发明人或者设计人一次性报酬；被授予专利权的单位许可其他单位或者个人实施其专利的，应当从收取的使用费中提取不低于10%，作为报酬给予发明人或者设计人。

第七章　专利权的保护

第七十九条　专利法和本细则所称管理专利工作的部门，是指由省、自治区、直辖市人民政府以及专利管理工作量大又有实际处理能力的设区的市人民政府设立的管理专利工作的部门。

第八十条　国务院专利行政部门应当对管理专利工作的部门处理专利侵权纠纷、查处假冒专利行为、调解专利纠纷进行业务指导。

第八十一条　当事人请求处理专利侵权纠纷或者调解专利纠纷的，由被请求人所在地或者侵权行为地的管理专利工作的部门管辖。

两个以上管理专利工作的部门都有管辖权的专利纠纷，当事人可以向其中一个管理专利工作的部门提出请求；当事人向两个以上有管辖权的管理专利工作的部门提出请求的，由最先受理的管理专利工作的部门管辖。

管理专利工作的部门对管辖权发生争议的，由其共同的上级人民政府管理专利工作的部门指定管辖；无共同上级人民政府管理专利工作的部门的，由国务院专利行政部门指定管辖。

第八十二条　在处理专利侵权纠纷过程中，被请求人提出无效宣告请求并被专利复审委员会受理的，可以请求管理专利工作的部门中止处理。

管理专利工作的部门认为被请求人提出的中止理由明显不能成立的，可以不中止处理。

第八十三条　专利权人依照专利法第十七条的规定，在其专利产品或者该产品的包装上标明专利标识的，应当按照国务院专利行政部门规定的方式予以标明。

专利标识不符合前款规定的，由管理专利工作的部门责令改正。

第八十四条　下列行为属于专利法第六十三条规定的假冒专利的行为：

（一）在未被授予专利权的产品或者其包装上标注专利标识，专利权被宣告无效后或者终止后继续在产品或者其包装上标注专利标识，或者未经许可在产品或者产品包装上标注他人的专利号；

（二）销售第（一）项所述产品；

（三）在产品说明书等材料中将未被授予专利权的技术或者设计称为专利技术或者专利设计，将专利申请称为专利，或者未经许可使用他人的专利号，使公众将所涉及的技术或者设计误认为是专利技术或者专利设计；

（四）伪造或者变造专利证书、专利文件或者专利申请文件；

（五）其他使公众混淆，将未被授予专利权的技术或者设计误认为是专利技术或者专利设计的行为。

专利权终止前依法在专利产品、依照专利方法直接获得的产品或者其包装上标注专利标识，在专利权终止后许诺销售、销售该产品的，不属于假冒专利行为。

销售不知道是假冒专利的产品，并且能够证明该产品合法来源的，由管理专利工作的部门责令停止销售，但免除罚款的处罚。

第八十五条　除专利法第六十条规定的外，管理专利工作的部门应当事人请求，可以对下列专利纠纷进行调解：

（一）专利申请权和专利权归属纠纷；

（二）发明人、设计人资格纠纷；

（三）职务发明创造的发明人、设计人的奖励和报酬纠纷；

（四）在发明专利申请公布后专利权授予前使用发明而未支付适当费用的纠纷；

（五）其他专利纠纷。

对于前款第（四）项所列的纠纷，当事人请求管理专利工作的部门调解的，应当在专利权被授予之后提出。

第八十六条　当事人因专利申请权或者专利权的归属发生纠纷，已请求管理专利工作的部门调解或者向人民法院起诉的，可以请求国务院专利行政部门中止有关程序。

依照前款规定请求中止有关程序的，应当向国务院专利行政部门提交请求书，并附具管理专利工作的部门或者人民法院的写明申请号或者专利号的有关受理文件副本。

管理专利工作的部门作出的调解书或者人民法院作出的判决生效后，当事人应当向国务院专利行政部门办理恢复有关程序的手续。自请求中止之日起1年内，有关专利申请权或者专利权归属的纠纷未能结案，需要继续中止有关程序的，请求人应当在该期限内请求延长中止。期满未请求延长的，国务院专利行政部门自行恢复有关程序。

第八十七条　人民法院在审理民事案件中裁定对专利申请权或者专利权采取保全措施的，国务院专利行政部门应当在收到写明申请号或者专利号的裁定书和协助执行通知书之日中止被保全的专利申请权或者专利权的有关程序。保全期限届满，人民法院没有裁定继续采取保全措施的，国务院专利行政部门自行恢复有关程序。

第八十八条　国务院专利行政部门根据本细则第八十六条和第八十七条规定中止有关程序，是指暂停专利申请的初步审查、实质审查、复审程序，授予专利权程序和专利权无效宣告程序；暂停办理放弃、变更、转移专利权或者专利申请权手续，专利权质押手续以及专利权期限届满前的终止手续等。

第八章　专利登记和专利公报

第八十九条　国务院专利行政部门设置专利登记簿，登记下列与专利申请和专利权有关的事项：

（一）专利权的授予；

（二）专利申请权、专利权的转移；

（三）专利权的质押、保全及其解除；

（四）专利实施许可合同的备案；

（五）专利权的无效宣告；

（六）专利权的终止；

（七）专利权的恢复；

（八）专利实施的强制许可；

（九）专利权人的姓名或者名称、国籍和地址的变更。

第九十条　国务院专利行政部门定期出版专利公报，公布或者公告下列内容：

（一）发明专利申请的著录事项和说明书摘要；

（二）发明专利申请的实质审查请求和国务院专利行政部门对发明专利申请自行进行实质审查的决定；

（三）发明专利申请公布后的驳回、撤回、视为撤回、视为放弃、恢复和转移；

（四）专利权的授予以及专利权的著录事项；

（五）发明或者实用新型专利的说明书摘要，外观设计专利的一幅图片或者照片；

（六）国防专利、保密专利的解密；

（七）专利权的无效宣告；

（八）专利权的终止、恢复；

（九）专利权的转移；

（十）专利实施许可合同的备案；

（十一）专利权的质押、保全及其解除；

（十二）专利实施的强制许可的给予；

（十三）专利权人的姓名或者名称、地址的变更；

（十四）文件的公告送达；

（十五）国务院专利行政部门作出的更正；

（十六）其他有关事项。

第九十一条 国务院专利行政部门应当提供专利公报、发明专利申请单行本以及发明专利、实用新型专利、外观设计专利单行本，供公众免费查阅。

第九十二条 国务院专利行政部门负责按照互惠原则与其他国家、地区的专利机关或者区域性专利组织交换专利文献。

第九章 费 用

第九十三条 向国务院专利行政部门申请专利和办理其他手续时，应当缴纳下列费用：

（一）申请费、申请附加费、公布印刷费、优先权要求费；

（二）发明专利申请实质审查费、复审费；

（三）专利登记费、公告印刷费、年费；

（四）恢复权利请求费、延长期限请求费；

（五）著录事项变更费、专利权评价报告请求费、无效宣告请求费。

前款所列各种费用的缴纳标准，由国务院价格管理部门、财政部门会同国务院专利行政部门规定。

第九十四条 专利法和本细则规定的各种费用，可以直接向国务院专利行政部门缴纳，也可以通过邮局或者银行汇付，或者以国务院专利行政部门规定的其他方式缴纳。

通过邮局或者银行汇付的，应当在送交国务院专利行政部门的汇单上写明正确的申请号或者专利号以及缴纳的费用名称。不符合本款规定的，视为未办理缴费手续。

直接向国务院专利行政部门缴纳费用的，以缴纳当日为缴费日；以邮局汇付方式缴纳费用的，以邮局汇出的邮戳日为缴费日；以银行汇付方式缴纳费用的，以银行实际汇出日为缴费日。

多缴、重缴、错缴专利费用的，当事人可以自缴费日起3年内，向国务院专利行政部门提出退款请求，国务院专利行政部门应当予以退还。

第九十五条 申请人应当自申请日起2个月内或者在收到受理通知书之日起15日内缴纳申请费、公布印刷费和必要的申请附加费；期满未缴纳或者未缴足的，其申请视为撤回。

申请人要求优先权的，应当在缴纳申请费的同时缴纳优先权要求费；期满未缴纳或者未缴足的，视为未要求优先权。

第九十六条 当事人请求实质审查或者复审的，应当在专利法及本细则规定的相关期限内缴纳费用；期满未缴纳或者未缴足的，视为未提出请求。

第九十七条 申请人办理登记手续时，应当缴纳专利登记费、公告印刷费和授予专利权当年的年费；期满未缴纳或者未缴足的，视为未办理登记手续。

第九十八条 授予专利权当年以后的年费应当在上一年度期满前缴纳。专利权人未缴纳或者未缴足的，国务院专利行政部门应当通知专利权人自应当缴纳年费期满之日起6个月内补缴，同时缴纳滞纳金；滞纳金的金额按照每超过规定的缴费时间1个月，加收当年全额年费的5%计算；期满未缴纳的，专利权自应当缴纳年费期满之日起终止。

第九十九条 恢复权利请求费应当在本细则规定的相关期限内缴纳；期满未缴纳或者未缴足的，视为未提出请求。

延长期限请求费应当在相应期限届满之日前缴纳；期满未缴纳或者未缴足的，视为未提出请求。

著录事项变更费、专利权评价报告请求费、无效宣告请求费应当自提出请求之日起1个月内缴纳；期满未缴纳或者未缴足的，视为未提出请求。

第一百条 申请人或者专利权人缴纳本细则规定的各种费用有困难的，可以按照规定向国务院专利行政部门提出减缴或者缓缴的请求。减缴或者缓缴的办法由国务院财政部门会同国务院价格管理部门、国务院专利行政部门规定。

第十章 关于国际申请的特别规定

第一百零一条 国务院专利行政部门根据专利法第二十条规定，受理按照专利合作条约提出的专利国际申请。

按照专利合作条约提出并指定中国的专利国际申请（以下简称国际申请）进入国务院专利行政部门处理阶段（以下称进入中国国家阶段）的条件和程序适用本章的规定；本章没有规定的，适用专利法及本细则其他各章的有关规定。

第一百零二条 按照专利合作条约已确定国际申请日并指定中国的国际申请，视为向国务院专利行政部门提出的专利申请，该国际申请日视为专利法第二十八条所称的申请日。

第一百零三条 国际申请的申请人应当在专利合作条约第二条所称的优先权日(本章简称优先权日)起30个月内,向国务院专利行政部门办理进入中国国家阶段的手续;申请人未在该期限内办理该手续的,在缴纳宽限费后,可以在自优先权日起32个月内办理进入中国国家阶段的手续。

第一百零四条 申请人依照本细则第一百零三条的规定办理进入中国国家阶段的手续的,应当符合下列要求:

(一)以中文提交进入中国国家阶段的书面声明,写明国际申请号和要求获得的专利权类型;

(二)缴纳本细则第九十三条第一款规定的申请费、公布印刷费,必要时缴纳本细则第一百零三条规定的宽限费;

(三)国际申请以外文提出的,提交原始国际申请的说明书和权利要求书的中文译文;

(四)在进入中国国家阶段的书面声明中写明发明创造的名称,申请人姓名或者名称、地址和发明人的姓名,上述内容应当与世界知识产权组织国际局(以下简称国际局)的记录一致;国际申请中未写明发明人的,在上述声明中写明发明人的姓名;

(五)国际申请以外文提出的,提交摘要的中文译文,有附图和摘要附图的,提交附图副本和摘要附图副本,附图中有文字的,将其替换为对应的中文文字;国际申请以中文提出的,提交国际公布文件中的摘要和摘要附图副本;

(六)在国际阶段向国际局已办理申请人变更手续的,提供变更后的申请人享有申请权的证明材料;

(七)必要时缴纳本细则第九十三条第一款规定的申请附加费。

符合本条第一款第(一)项至第(三)项要求的,国务院专利行政部门应当给予申请号,明确国际申请进入中国国家阶段的日期(以下简称进入日),并通知申请人其国际申请已进入中国国家阶段。

国际申请已进入中国国家阶段,但不符合本条第一款第(四)项至第(七)项要求的,国务院专利行政部门应当通知申请人在指定期限内补正;期满未补正的,其申请视为撤回。

第一百零五条 国际申请有下列情形之一的,其在中国的效力终止:

(一)在国际阶段,国际申请被撤回或者被视为撤回,或者国际申请对中国的指定被撤回的;

(二)申请人未在优先权日起32个月内按照本细则第一百零三条规定办理进入中国国家阶段手续的;

(三)申请人办理进入中国国家阶段的手续,但自优先权日起32个月期限届满仍不符合本细则第一百零四条第(一)项至第(三)项要求的。

依照前款第(一)项的规定,国际申请在中国的效力终止的,不适用本细则第六条的规定;依照前款第(二)项、第(三)项的规定,国际申请在中国的效力终止的,不适用本细则第六条第二款的规定。

第一百零六条 国际申请在国际阶段作过修改,申请人要求以经修改的申请文件为基础进行审查的,应当自进入日起2个月内提交修改部分的中文译文。在该期间内未提交中文译文的,对申请人在国际阶段提出的修改,国务院专利行政部门不予考虑。

第一百零七条 国际申请涉及的发明创造有专利法第二十四条第(一)项或者第(二)项所列情形之一,在提出国际申请时作过声明的,申请人应当在进入中国国家阶段的书面声明中予以说明,并自进入日起2个月内提交本细则第三十条第三款规定的有关证明文件;未予说明或者期满未提交证明文件的,其申请不适用专利法第二十四条的规定。

第一百零八条 申请人按照专利合作条约的规定,对生物材料样品的保藏已作出说明的,视为已经满足了本细则第二十四条第(三)项的要求。申请人应当在进入中国国家阶段声明中指明记载生物材料样品保藏事项的文件以及在该文件中的具体记载位置。

申请人在原始提交的国际申请的说明书中已记载生物材料样品保藏事项,但是没有在进入中国国家阶段声明中指明的,应当自进入日起4个月内补正。期满未补正的,该生物材料视为未提交保藏。

申请人自进入日起4个月内向国务院专利行政部门提交生物材料样品保藏证明和存活证明的,视为在本细则第二十四条第(一)项规定的期限内提交。

第一百零九条 国际申请涉及的发明创造依赖遗传资源完成的,申请人应当在国际申请进入中国国家阶段的书面声明中予以说明,并填写国务院专利行政部门制定的表格。

第一百一十条 申请人在国际阶段已要求一项或者多项优先权,在进入中国国家阶段时该优先权要求继续有效的,视为已经依照专利法第三十条的规定提出了书面声明。

申请人应当自进入日起2个月内缴纳优先权要求费;期满未缴纳或者未缴足的,视为未要求该优先权。

申请人在国际阶段已依照专利合作条约的规定,提交过在先申请文件副本的,办理进入中国国家阶段手续时不需要向国务院专利行政部门提交在先申请文件副本。申请人在国际阶段未提交在先申请文件副本的,国务院专利行政部门认为必要时,可以通知申请人在指定期限内补交;申请人期满未补交的,其优先权要求视为未提出。

第一百一十一条 在优先权日起30个月期满前要求国务院专利行政部门提前处理和审查国际申请的,申请人除应当办理进入中国国家阶段手续外,还应当依照专利合作条约第二十三条第二款规定提出请求。国际局尚未向国务院专利行政部门传送国际申请的,申请人应当提交经确认的国际申请副本。

第一百一十二条 要求获得实用新型专利权的国际申

请，申请人可以自进入日起2个月内对专利申请文件主动提出修改。

要求获得发明专利权的国际申请，适用本细则第五十一条第一款的规定。

第一百一十三条 申请人发现提交的说明书、权利要求书或者附图中的文字的中文译文存在错误的，可以在下列规定期限内依照原始国际申请文本提出改正：

（一）在国务院专利行政部门作好公布发明专利申请或者公告实用新型专利权的准备工作之前；

（二）在收到国务院专利行政部门发出的发明专利申请进入实质审查阶段通知书之日起3个月内。

申请人改正译文错误的，应当提出书面请求并缴纳规定的译文改正费。

申请人按照国务院专利行政部门的通知书的要求改正译文的，应当在指定期限内办理本条第二款规定的手续；期满未办理规定手续的，该申请视为撤回。

第一百一十四条 对要求获得发明专利权的国际申请，国务院专利行政部门经初步审查认为符合专利法和本细则有关规定的，应当在专利公报上予以公布；国际申请以中文以外的文字提出的，应当公布申请文件的中文译文。

要求获得发明专利权的国际申请，由国际局以中文进行国际公布的，自国际公布日起适用专利法第十三条的规定；由国际局以中文以外的文字进行国际公布的，自国务院专利行政部门公布之日起适用专利法第十三条的规定。

对国际申请，专利法第二十一条和第二十二条中所称的公布是指本条第一款所规定的公布。

第一百一十五条 国际申请包含两项以上发明或者实用新型的，申请人可以自进入日起，依照本细则第四十二条第一款的规定提出分案申请。

在国际阶段，国际检索单位或者国际初步审查单位认为国际申请不符合专利合作条约规定的单一性要求时，申请人未按照规定缴纳附加费，导致国际申请某些部分未经国际检索或者未经国际初步审查，在进入中国国家阶段时，申请人要求将所述部分作为审查基础，国务院专利行政部门认为国际检索单位或者国际初步审查单位对发明单一性的判断正确的，应当通知申请人在指定期限内缴纳单一性恢复费。期满未缴纳或者未足额缴纳的，国际申请中未经检索或者未经国际初步审查的部分视为撤回。

第一百一十六条 国际申请在国际阶段被有关国际单位拒绝给予国际申请日或者宣布视为撤回的，申请人在收到通知之日起2个月内，可以请求国际局将国际申请档案中任何文件的副本转交国务院专利行政部门，并在该期限内向国务院专利行政部门办理本细则第一百零三条规定的手续，国务院专利行政部门应当在接到国际局传送的文件后，对国际单位作出的决定是否正确进行复查。

第一百一十七条 基于国际申请授予的专利权，由于译文错误，致使依照专利法第五十九条规定确定的保护范围超出国际申请的原文所表达的范围的，以依据原文限制后的保护范围为准；致使保护范围小于国际申请的原文所表达的范围的，以授权时的保护范围为准。

第十一章 附 则

第一百一十八条 经国务院专利行政部门同意，任何人均可以查阅或者复制已经公布或者公告的专利申请的案卷和专利登记簿，并可以请求国务院专利行政部门出具专利登记簿副本。

已视为撤回、驳回和主动撤回的专利申请的案卷，自该专利申请失效之日起满2年后不予保存。

已放弃、宣告全部无效和终止的专利权的案卷，自该专利权失效之日起满3年后不予保存。

第一百一十九条 向国务院专利行政部门提交申请文件或者办理各种手续，应当由申请人、专利权人、其他利害关系人或者其代表人签字或者盖章；委托专利代理机构的，由专利代理机构盖章。

请求变更发明人姓名、专利申请人和专利权人的姓名或者名称、国籍和地址、专利代理机构的名称、地址和代理人姓名的，应当向国务院专利行政部门办理著录事项变更手续，并附具变更理由的证明材料。

第一百二十条 向国务院专利行政部门邮寄有关申请或者专利权的文件，应当使用挂号信函，不得使用包裹。

除首次提交专利申请文件外，向国务院专利行政部门提交各种文件、办理各种手续的，应当标明申请号或者专利号、发明创造名称和申请人或者专利权人姓名或者名称。

一件信函中应当只包含同一申请的文件。

第一百二十一条 各类申请文件应当打字或者印刷，字迹呈黑色，整齐清晰，并不得涂改。附图应当用制图工具和黑色墨水绘制，线条应当均匀清晰，并不得涂改。

请求书、说明书、权利要求书、附图和摘要应当分别用阿拉伯数字顺序编号。

申请文件的文字部分应当横向书写。纸张限于单面使用。

第一百二十二条 国务院专利行政部门根据专利法和本细则制定专利审查指南。

第一百二十三条 本细则自2001年7月1日起施行。1992年12月12日国务院批准修订、1992年12月21日中国专利局发布的《中华人民共和国专利法实施细则》同时废止。

国防专利条例

（2004年9月17日国务院、中央军事委员会令第418号公布　自2004年11月1日起施行）

第一章　总　　则

第一条　为了保护有关国防的发明专利权，确保国家秘密，便利发明创造的推广应用，促进国防科学技术的发展，适应国防现代化建设的需要，根据《中华人民共和国专利法》，制定本条例。

第二条　国防专利是指涉及国防利益以及对国防建设具有潜在作用需要保密的发明专利。

第三条　国家国防专利机构（以下简称国防专利机构）负责受理和审查国防专利申请。经国防专利机构审查认为符合本条例规定的，由国务院专利行政部门授予国防专利权。

国务院国防科学技术工业主管部门和中国人民解放军总装备部（以下简称总装备部）分别负责地方系统和军队系统的国防专利管理工作。

第四条　涉及国防利益或者对国防建设具有潜在作用被确定为绝密级国家秘密的发明不得申请国防专利。

国防专利申请以及国防专利的保密工作，在解密前依照《中华人民共和国保守国家秘密法》和国家有关规定进行管理。

第五条　国防专利权的保护期限为20年，自申请日起计算。

第六条　国防专利在保护期内，因情况变化需要变更密级、解密或者国防专利权终止后需要延长保密期限的，国防专利机构可以作出变更密级、解密或者延长保密期限的决定；但是对在申请国防专利前已被确定为国家秘密的，应当征得原确定密级和保密期限的机关、单位或者其上级机关的同意。

被授予国防专利权的单位或者个人（以下统称国防专利权人）可以向国防专利机构提出变更密级、解密或者延长保密期限的书面申请；属于国有企业事业单位或者军队单位的，应当附送原确定密级和保密期限的机关、单位或者其上级机关的意见。

国防专利机构应当将变更密级、解密或者延长保密期限的决定，在该机构出版的《国防专利内部通报》上刊登，并通知国防专利权人，同时将解密的国防专利报送国务院专利行政部门转为普通专利。国务院专利行政部门应当及时将解密的国防专利向社会公告。

第七条　国防专利申请权和国防专利权经批准可以向国内的中国单位和个人转让。

转让国防专利申请权或者国防专利权，应当确保国家秘密不被泄露，保证国防和军队建设不受影响，并向国防专利机构提出书面申请，国防专利机构进行初步审查后依照本条例第三条第二款规定的职责分工，及时报送国务院国防科学技术工业主管部门、总装备部审批。

国务院国防科学技术工业主管部门、总装备部应当自国防专利机构受理申请之日起30日内作出批准或者不批准的决定；作出不批准决定的，应当书面通知申请人并说明理由。

经批准转让国防专利申请权或者国防专利权的，当事人应当订立书面合同，并向国防专利机构登记，由国防专利机构在《国防专利内部通报》上刊登。国防专利申请权或者国防专利权的转让自登记之日起生效。

第八条　禁止向国外的单位和个人以及在国内的外国人和外国机构转让国防专利申请权和国防专利权。

第九条　需要委托专利代理机构申请国防专利和办理其他国防专利事务的，应当委托国防专利机构指定的专利代理机构办理。专利代理机构及其工作人员对在办理国防专利申请和其他国防专利事务过程中知悉的国家秘密，负有保密义务。

第二章　国防专利的申请、审查和授权

第十条　申请国防专利的，应当向国防专利机构提交请求书、说明书及其摘要和权利要求书等文件。

国防专利申请人应当按照国防专利机构规定的要求和统一格式撰写申请文件，并亲自送交或者经过机要通信以及其他保密方式传交国防专利机构，不得按普通函件邮寄。

国防专利机构收到国防专利申请文件之日为申请日；申请文件通过机要通信邮寄的，以寄出的邮戳日为申请日。

第十一条　国防专利机构定期派人到国务院专利行政部门查看普通专利申请，发现其中有涉及国防利益或者对国防建设具有潜在作用需要保密的，经国务院专利行政部门同意后转为国防专利申请，并通知申请人。

普通专利申请转为国防专利申请后，国防专利机构依照本条例的有关规定对该国防专利申请进行审查。

第十二条　授予国防专利权的发明，应当具备新颖性、创造性和实用性。

新颖性，是指在申请日之前没有同样的发明在国外出版物上公开发表过、在国内出版物上发表过、在国内使用过或者以其他方式为公众所知，也没有同样的发明由他人提出过申请并在申请日以后获得国防专利权。

创造性，是指同申请日之前已有的技术相比，该发明有突出的实质性特点和显著的进步。

实用性，是指该发明能够制造或者使用，并且能够产生积极效果。

第十三条　申请国防专利的发明在申请日之前6个月内，有下列情形之一的，不丧失新颖性：

（一）在国务院有关主管部门、中国人民解放军有关主管

部门举办的内部展览会上首次展出的；

（二）在国务院有关主管部门、中国人民解放军有关主管部门召开的内部学术会议或者技术会议上首次发表的；

（三）他人未经国防专利申请人同意而泄露其内容的。

有前款所列情形的，国防专利申请人应当在申请时声明，并自申请日起2个月内提供有关证明文件。

第十四条 国防专利机构对国防专利申请进行审查后，认为不符合本条例规定的，应当通知国防专利申请人在指定的期限内陈述意见或者对其国防专利申请进行修改、补正；无正当理由逾期不答复的，该国防专利申请即被视为撤回。

国防专利申请人在自申请日起6个月内或者在对第一次审查意见通知书进行答复时，可以对其国防专利申请主动提出修改。

申请人对其国防专利申请文件进行修改不得超出原说明书和权利要求书记载的范围。

第十五条 国防专利申请人陈述意见或者对国防专利申请进行修改、补正后，国防专利机构认为仍然不符合本条例规定的，应当予以驳回。

第十六条 国防专利机构设立国防专利复审委员会，负责国防专利的复审和无效宣告工作。

国防专利复审委员会由技术专家和法律专家组成，其主任委员由国防专利机构负责人兼任。

第十七条 国防专利申请人对国防专利机构驳回申请的决定不服的，可以自收到通知之日起3个月内，向国防专利复审委员会请求复审。国防专利复审委员会复审并作出决定后，通知国防专利申请人。

第十八条 国防专利申请经审查认为没有驳回理由或者驳回后经过复审认为不应当驳回的，由国务院专利行政部门作出授予国防专利权的决定，并委托国防专利机构颁发国防专利证书，同时在国务院专利行政部门出版的专利公报上公告该国防专利的申请日、授权日和专利号。国防专利机构应当将该国防专利的有关事项予以登记，并在《国防专利内部通报》上刊登。

第十九条 任何单位或者个人认为国防专利权的授予不符合本条例规定的，可以向国防专利复审委员会提出宣告该国防专利权无效的请求。

第二十条 国防专利复审委员会对宣告国防专利权无效的请求进行审查并作出决定后，通知请求人和国防专利权人。宣告国防专利权无效的决定，国防专利机构应当予以登记并在《国防专利内部通报》上刊登，国务院专利行政部门应当在专利公报上公布。

第三章 国防专利的实施

第二十一条 国防专利机构应当自授予国防专利权之日起3个月内，将该国防专利有关文件副本送交国务院有关主管部门或者中国人民解放军有关主管部门。收到文件副本的部门，应当在4个月内就该国防专利的实施提出书面意见，并通知国防专利机构。

第二十二条 国务院有关主管部门、中国人民解放军有关主管部门，可以允许其指定的单位实施本系统或者本部门内的国防专利；需要指定实施本系统或者本部门以外的国防专利的，应当向国防专利机构提出书面申请，由国防专利机构依照本条例第三条第二款规定的职责分工报国务院国防科学技术工业主管部门、总装备部批准后实施。

国防专利机构对国防专利的指定实施予以登记，并在《国防专利内部通报》上刊登。

第二十三条 实施他人国防专利的单位应当与国防专利权人订立书面实施合同，依照本条例第二十五条的规定向国防专利权人支付费用，并报国防专利机构备案。实施单位不得允许合同规定以外的单位实施该国防专利。

第二十四条 国防专利权人许可国外的单位或者个人实施其国防专利的，应当确保国家秘密不被泄露，保证国防和军队建设不受影响，并向国防专利机构提出书面申请，由国防专利机构进行初步审查后依照本条例第三条第二款规定的职责分工，及时报送国务院国防科学技术工业主管部门、总装备部审批。

国务院国防科学技术工业主管部门、总装备部应当自国防专利机构受理申请之日起30日内作出批准或者不批准的决定；作出不批准决定的，应当书面通知申请人并说明理由。

第二十五条 实施他人国防专利的，应当向国防专利权人支付国防专利使用费。实施使用国家直接投入的国防科研经费或者其他国防经费进行科研活动所产生的国防专利，符合产生该国防专利的经费使用目的的，可以只支付必要的国防专利实施费；但是，科研合同另有约定或者科研任务书另有规定的除外。

前款所称国防专利实施费，是指国防专利实施中发生的为提供技术资料、培训人员以及进一步开发技术等所需的费用。

第二十六条 国防专利指定实施的实施费或者使用费的数额，由国防专利权人与实施单位协商确定；不能达成协议的，由国防专利机构裁决。

第二十七条 国家对国防专利权人给予补偿。国防专利机构在颁发国防专利证书后，向国防专利权人支付国防专利补偿费，具体数额由国防专利机构确定。属于职务发明的，国防专利权人应当将不少于50%的补偿费发给发明人。

第四章 国防专利的管理和保护

第二十八条 国防专利机构出版的《国防专利内部通报》属于国家秘密文件，其知悉范围由国防专利机构确定。

《国防专利内部通报》刊登下列内容：

（一）国防专利申请中记载的著录事项；

（二）国防专利的权利要求书；

（三）发明说明书的摘要；

（四）国防专利权的授予；

（五）国防专利权的终止；

（六）国防专利权的无效宣告；

（七）国防专利申请权、国防专利权的转移；

（八）国防专利的指定实施；

（九）国防专利实施许可合同的备案；

（十）国防专利的变更密级、解密；

（十一）国防专利保密期限的延长；

（十二）国防专利权人的姓名或者名称、地址的变更；

（十三）其他有关事项。

第二十九条 国防专利权被授予后，有下列情形之一的，经国防专利机构同意，可以查阅国防专利说明书：

（一）提出宣告国防专利权无效请求的；

（二）需要实施国防专利的；

（三）发生国防专利纠纷的；

（四）因国防科研需要的。

查阅者对其在查阅过程中知悉的国家秘密负有保密义务。

第三十条 国务院有关主管部门、中国人民解放军有关主管部门和各省、自治区、直辖市的国防科学技术工业管理部门应当指定一个机构管理国防专利工作，并通知国防专利机构。该管理国防专利工作的机构在业务上受国防专利机构指导。

承担国防科研、生产任务以及参与军事订货的军队单位、国务院履行出资人职责的企业和国务院直属事业单位，应当指定相应的机构管理本单位的国防专利工作。

第三十一条 国防专利机构应当事人请求，可以对下列国防专利纠纷进行调解：

（一）国防专利申请权和国防专利权归属纠纷；

（二）国防专利发明人资格纠纷；

（三）职务发明的发明人的奖励和报酬纠纷；

（四）国防专利使用费和实施费纠纷。

第三十二条 除《中华人民共和国专利法》和本条例另有规定的以外，未经国防专利权人许可实施其国防专利，即侵犯其国防专利权，引起纠纷的，由当事人协商解决；不愿协商或者协商不成的，国防专利权人或者利害关系人可以向人民法院起诉，也可以请求国防专利机构处理。

第三十三条 违反本条例规定，泄露国家秘密的，依照《中华人民共和国保守国家秘密法》和国家有关规定处理。

第五章 附 则

第三十四条 向国防专利机构申请国防专利和办理其他手续，应当按照规定缴纳费用。

第三十五条 《中华人民共和国专利法》和《中华人民共和国专利法实施细则》的有关规定适用于国防专利，但本条例有专门规定的依照本条例的规定执行。

第三十六条 本条例自2004年11月1日起施行。1990年7月30日国务院、中央军事委员会批准的《国防专利条例》同时废止。

专利收费减缴办法

（2016年7月12日 财税〔2016〕78号）

第一条 为贯彻落实国务院《关于新形势下加快知识产权强国建设的若干意见》（国发〔2015〕71号）要求，根据《中华人民共和国专利法实施细则》有关规定，制定本办法。

第二条 专利申请人或者专利权人可以请求减缴下列专利收费：

（一）申请费（不包括公布印刷费、申请附加费）；

（二）发明专利申请实质审查费；

（三）年费（自授予专利权当年起六年内的年费）；

（四）复审费。

第三条 专利申请人或者专利权人符合下列条件之一的，可以向国家知识产权局请求减缴上述收费：

（一）上年度月均收入低于3500元（年4.2万元）的个人；

（二）上年度企业应纳税所得额低于30万元的企业；

（三）事业单位，社会团体、非营利性科研机构。

两个或者两个以上的个人或者单位为共同专利申请人或者共有专利权人的，应当分别符合前款规定。

第四条 专利申请人或者专利权人为个人或者单位的，减缴本办法第二条规定收费的85%。

两个或者两个以上的个人或者单位为共同专利申请人或者共有专利权人的，减缴本办法第二条规定收费的70%。

第五条 专利申请人或者专利权人只能请求减缴尚未到期的收费。减缴申请费的请求应当与专利申请同时提出，减缴其他收费的请求可以与专利申请同时提出，也可以在相关收费缴纳期限届满日两个半月之前提出。未按规定时限提交减缴请求的，不予减缴。

第六条 专利申请人或者专利权人请求减缴专利收费的，应当提交收费减缴请求书及相关证明材料。专利申请人或者专利权人通过专利事务服务系统提交专利收费减缴请求并经审核批准备案的，在一个自然年度内再次请求减缴专利收费，仅需提交收费减缴请求书，无需再提交相关证明材料。

第七条 个人请求减缴专利收费的，应当在收费减缴请求书中如实填写本人上年度收入情况，同时提交所在单位出具的年度收入证明；无固定工作的，提交户籍所在地或者经常居住地县级民政部门或者乡镇人民政府（街道办事处）出具的关于其经济困难情况证明。

企业请求减缴专利收费的，应当在收费减缴请求书中如实填写经济困难情况，同时提交上年度企业所得税年度纳税申报表复印件。在汇算清缴期内，企业提交上上年度企业所得税年度纳税申报表复印件。

事业单位、社会团体、非营利性科研机构请求减缴专利收费的，应当提交法人证明材料复印件。

第八条 国家知识产权局收到收费减缴请求书后，应当进行审查，作出是否批准减缴请求的决定，并通知专利申请人或者专利权人。

第九条 专利收费减缴请求有下列情形之一的，不予批准：

（一）未使用国家知识产权局制定的收费减缴请求书的；

（二）收费减缴请求书未签字或者盖章的；

（三）收费减缴请求不符合本办法第二条或者第三条规定的；

（四）收费减缴请求的个人或者单位未提供符合本办法第七条规定的证明材料的；

（五）收费减缴请求书中的专利申请人或者专利权人的姓名或者名称，或者发明创造名称，与专利申请书或者专利登记簿中的相应内容不一致的。

第十条 经国家知识产权局批准的收费减缴请求，专利申请人或者专利权人应当在规定期限内，按照批准后的应缴数额缴纳专利费。收费减缴请求批准后，专利申请人或者专利权人发生变更的，对于尚未缴纳的收费，变更后的专利申请人或者专利权人应当重新提交收费减缴请求。

第十一条 专利收费减缴请求审批决定作出后，国家知识产权局发现该决定存在错误的，应予更正，并将更正决定及时通知专利申请人或者专利权人。

专利申请人或者专利权人在专利收费减缴请求时提供虚假情况或者虚假证明材料的，国家知识产权局应当在查实后撤销减缴专利收费决定，通知专利申请人或者专利权人在指定期限内补缴已经减缴的收费，并取消其自本年度起五年内收费减缴资格，期满未补缴或者补缴额不足的，按缴费不足依法作出相应处理。

专利代理机构或者专利代理人帮助、指使、引诱专利申请人或者专利权人实施上述行为的，依照有关规定进行处理。

第十二条 本办法自2016年9月1日起施行。此前有关规定与本办法不一致的，以本办法为准。

专利标识标注办法

（2012年3月8日国家知识产权局令第63号公布　自2012年5月1日起施行）

第一条 为了规范专利标识的标注方式，维护正常的市场经济秩序，根据《中华人民共和国专利法》（以下简称专利法）和《中华人民共和国专利法实施细则》的有关规定，制定本办法。

第二条 标注专利标识的，应当按照本办法予以标注。

第三条 管理专利工作的部门负责在本行政区域内对标注专利标识的行为进行监督管理。

第四条 在授予专利权之后的专利权有效期内，专利权人或者经专利权人同意享有专利标识标注权的被许可人可以在其专利产品、依照专利方法直接获得的产品、该产品的包装或者该产品的说明书等材料上标注专利标识。

第五条 标注专利标识的，应当标明下述内容：

（一）采用中文标明专利权的类别，例如中国发明专利、中国实用新型专利、中国外观设计专利；

（二）国家知识产权局授予专利权的专利号。

除上述内容之外，可以附加其他文字、图形标记，但附加的文字、图形标记及其标注方式不得误导公众。

第六条 在依照专利方法直接获得的产品、该产品的包装或者该产品的说明书等材料上标注专利标识的，应当采用中文标明该产品系依照专利方法所获得的产品。

第七条 专利权被授予前在产品、该产品的包装或者该产品的说明书等材料上进行标注的，应当采用中文标明中国专利申请的类别、专利申请号，并标明“专利申请，尚未授权”字样。

第八条 专利标识的标注不符合本办法第五条、第六条或者第七条规定的，由管理专利工作的部门责令改正。

专利标识标注不当，构成假冒专利行为的，由管理专利工作的部门依照专利法第六十三条的规定进行处罚。

第九条 本办法由国家知识产权局负责解释。

第十条 本办法自2012年5月1日起施行。2003年5月30日国家知识产权局令第二十九号发布的《专利标记和专利号标注方式的规定》同时废止。

专利权质押登记办法

（2010年8月26日国家知识产权局令第56号公布　自2010年10月1日起施行）

第一条 为了促进专利权的运用和资金融通，保障债权的实现，规范专利权质押登记，根据《中华人民共和国物权法》、《中华人民共和国担保法》、《中华人民共和国专利法》及有关规定，制定本办法。

第二条 国家知识产权局负责专利权质押登记工作。

第三条 以专利权出质的，出质人与质权人应当订立书面质押合同。

质押合同可以是单独订立的合同，也可以是主合同中的担保条款。

第四条 以共有的专利权出质的,除全体共有人另有约定的以外,应当取得其他共有人的同意。

第五条 在中国没有经常居所或者营业所的外国人、外国企业或者外国其他组织办理专利权质押登记手续的,应当委托依法设立的专利代理机构办理。

中国单位或者个人办理专利权质押登记手续的,可以委托依法设立的专利代理机构办理。

第六条 当事人可以通过邮寄、直接送交等方式办理专利权质押登记相关手续。

第七条 申请专利权质押登记的,当事人应当向国家知识产权局提交下列文件:

(一)出质人和质权人共同签字或者盖章的专利权质押登记申请表;

(二)专利权质押合同;

(三)双方当事人的身份证明;

(四)委托代理的,注明委托权限的委托书;

(五)其他需要提供的材料。

专利权经过资产评估的,当事人还应当提交资产评估报告。

除身份证明外,当事人提交的其他各种文件应当使用中文。身份证明是外文的,当事人应当附送中文译文;未附送的,视为未提交。

对于本条第一款和第二款规定的文件,当事人可以提交电子扫描件。

第八条 国家知识产权局收到当事人提交的质押登记申请文件后,应当通知申请人。

第九条 当事人提交的专利权质押合同应当包括以下与质押登记相关的内容:

(一)当事人的姓名或者名称、地址;

(二)被担保债权的种类和数额;

(三)债务人履行债务的期限;

(四)专利权项数以及每项专利权的名称、专利号、申请日、授权公告日;

(五)质押担保的范围。

第十条 除本办法第九条规定的事项外,当事人可以在专利权质押合同中约定下列事项:

(一)质押期间专利权年费的缴纳;

(二)质押期间专利权的转让、实施许可;

(三)质押期间专利权被宣告无效或者专利权归属发生变更时的处理;

(四)实现质权时,相关技术资料的交付。

第十一条 国家知识产权局自收到专利权质押登记申请文件之日起7个工作日内进行审查并决定是否予以登记。

第十二条 专利权质押登记申请经审查合格的,国家知识产权局在专利登记簿上予以登记,并向当事人发送《专利权质押登记通知书》。质权自国家知识产权局登记时设立。

经审查发现有下列情形之一的,国家知识产权局作出不予登记的决定,并向当事人发送《专利权质押不予登记通知书》:

(一)出质人与专利登记簿记载的专利权人不一致的;

(二)专利权已终止或者已被宣告无效的;

(三)专利申请尚未被授予专利权的;

(四)专利权处于年费缴纳滞纳期的;

(五)专利权已被启动无效宣告程序的;

(六)因专利权的归属发生纠纷或者人民法院裁定对专利权采取保全措施,专利权的质押手续被暂停办理的;

(七)债务人履行债务的期限超过专利权有效期的;

(八)质押合同约定在债务履行期届满质权人未受清偿时,专利权归质权人所有的;

(九)质押合同不符合本办法第九条规定的;

(十)以共有专利权出质但未取得全体共有人同意的;

(十一)专利权已被申请质押登记且处于质押期间的;

(十二)其他应当不予登记的情形。

第十三条 专利权质押期间,国家知识产权局发现质押登记存在本办法第十二条第二款所列情形并且尚未消除的,或者发现其他应当撤销专利权质押登记的情形的,应当撤销专利权质押登记,并向当事人发出《专利权质押登记撤销通知书》。

专利权质押登记被撤销的,质押登记的效力自始无效。

第十四条 国家知识产权局在专利公报上公告专利权质押登记的下列内容:出质人、质权人、主分类号、专利号、授权公告日、质押登记日等。

专利权质押登记后变更、注销的,国家知识产权局予以登记和公告。

第十五条 专利权质押期间,出质人未提交质权人同意其放弃该专利权的证明材料的,国家知识产权局不予办理专利权放弃手续。

第十六条 专利权质押期间,出质人未提交质权人同意转让或者许可实施该专利权的证明材料的,国家知识产权局不予办理专利权转让登记手续或者专利实施合同备案手续。

出质人转让或者许可他人实施出质的专利权的,出质人所得的转让费、许可费应当向质权人提前清偿债务或者提存。

第十七条 专利权质押期间,当事人的姓名或者名称、地址、被担保的主债权种类及数额或者质押担保的范围发生变更的,当事人应当自变更之日起30日内持变更协议、原《专利权质押登记通知书》和其他有关文件,向国家知识产权局办理专利权质押登记变更手续。

第十八条 有下列情形之一的,当事人应当持《专利权质押登记通知书》以及相关证明文件,向国家知识产权局办理质押登记注销手续:

(一)债务人按期履行债务或者出质人提前清偿所担保的债务的;

(二)质权已经实现的;

(三)质权人放弃质权的;

(四)因主合同无效、被撤销致使质押合同无效、被撤销的;

(五)法律规定质权消灭的其他情形。

国家知识产权局收到注销登记申请后,经审核,向当事人发出《专利权质押登记注销通知书》。专利权质押登记的效力自注销之日起终止。

第十九条 专利权在质押期间被宣告无效或者终止的,国家知识产权局应当通知质权人。

第二十条 专利权人没有按照规定缴纳已经质押的专利权的年费的,国家知识产权局应当在向专利权人发出缴费通知书的同时通知质权人。

第二十一条 本办法由国家知识产权局负责解释。

第二十二条 本办法自2010年10月1日起施行。1996年9月19日中华人民共和国专利局令第八号发布的《专利权质押合同登记管理暂行办法》同时废止。

专利费用基本信息代码规范(试行)

(2006年11月20日国家知识产权局令第40号公布 自2007年1月1日起施行)

为完善中国知识产权行业标准体系,中华人民共和国国家知识产权局(以下简称国家知识产权局)根据《中华人民共和国标准化法》和《中华人民共和国专利法》,并参照世界知识产权组织发布的相关标准、国家标准或部委规定,特制定本试行规范。

为准确、清晰地标识并有效利用专利费用信息,进一步提高为社会公众服务的质量,本标准对专利费用基本信息代码的编码规则及其使用、管理进行了规范。

1 范围

本试行规范规定了专利费用基本信息代码的编码规则,以及专利费用基本信息代码的使用和管理规范。

本试行规范适用于国家批准的专利行政性收费、专利收费财务管理和专利审批流程管理。

2 规范性引用文件

下列文件中的条款通过本试行规范的引用而成为本试行规范的条款。凡是注明日期的引用文件,其随后所有的修改单(不包括勘误的内容)或修订版本不适用于本试行规范。然而,鼓励根据本试行规范达成协议的各方研究是否可使用这些文件的最新版本。凡是不注日期的引用文件,其最新版本适用于本试行规范。

ZC 0002-2001《专利代理人代码标准》

ZC 0006-2003《专利申请号标准》

WIPO ST.2《采用公历标示日期的标准方法》(1997年12月版)

WIPO ST.3《用双字母代码表示国家、其他实体及政府间组织的推荐标准》(2004年12月版)

WIPO ST.13《为专利申请号、补充保护证书申请(SPCS)号、外观设计申请号和集成电路布图设计申请号制定的指南》(1997年9月出版)

3 术语和定义

下列术语和定义适用于本试行规范。除国家法律另有明确规定外,国家知识产权局对于本试行规范中采用的术语和定义拥有最终解释权。

3.1 专利费用

国家知识产权局第75号公告、第88号公告、第97号公告、第113号公告公布的和计价格(2002)185号文件批准的专利行政性费用。

3.2 代码

用一组数字或一组数字字母组合来代表一个具有固定意义的对象。

3.3 专利费用基本信息代码

国家知识产权局制定的用以代表每一笔专利费用基本信息的代码。

3.4 专利费用种类代码

国家知识产权局制定的用以代表每一种专利费用的代码。专利费用基本信息代码引用专利费用种类代码代表专利费用种类。专利费用种类代码具有唯一性。

3.5 专利费用会计科目代码

国家财政部批准收取的以及为世界知识产权组织国际局代收的专利费用会计科目的代码。

3.6 专利年度

专利自申请日起每满一年为一个专利年度。

4 制定本试行规范的基本原则

4.1 实用原则

充分利用现有的费用代码,有利于代码的编定、实施。

4.2 代码唯一性、固定性原则

专利费用种类代码与专利费用种类一一对应,每一个专利费用种类代码不随其对应的专利费用种类的消失而被其他专利费用种类使用,使代码易于使用和管理。

4.3 采用已有标准原则

对已有的国际标准、国家标准或部委规定,应遵循和采用。

5 专利费用基本信息代码编码规则

5.1 专利费用基本信息代码的组成结构

专利费用基本信息代码由66位阿拉伯数字或字母或特殊符号“/”组成:1位费用处理状态代码+10位专利费用会计

科目代码+2位专利年度代码+17位专利申请号代码+8位缴费日期代码+12位收据代码+7位费用金额代码+5位专利代理机构代码+4位国家知识产权局专利局代办处代码。

示例：0 408720 8340 05 000020301000 00015 20340720 000000000000 0000001 11001 7125

5.2　第1位费用处理状态代码

表示专利费用状态，代码为0～5。代码数字的含义规定如下：0表示正常缴费；1表示专利审查部门退缴费人的费用；2表示财务冲帐；3表示经修改专利费用种类之后的专利费用；4表示经修改缴费日期之后的专利费用；5表示经修改收据号之后的专利费用。

5.3　第2－11位专利费用会计科目代码

由10位会计记帐科目代码组成。其中第2－4位表示一级会计科目，第5－7位表示二级会计科目，第8－11位表示专利收费种类（三级会计科目）。

5.4　第12－13位专利年度代码

表示缴费所对应的某一专利年度，代码为00～20。需要辨别专利年度的费用，如“年费”，使用代码01－20标记；对不需要辨别专利年度的费用，如“申请费”，使用代码00标记。

5.5　第14－30位申请号代码

表示国家知识产权局、外国专利局、世界知识产权组织国际局或其他知识产权组织受理一件专利申请时给予该专利申请的一个标识号码，出现该号码少于17位数，需在该号码前加0直至补至17位数。

示例1：00002030100000015（中国国家知识产权局给予的申请号）

示例2：0IT/IM2030A000083（意大利国家专利局给予的申请号）

示例3：PCT/EP2030/035631（世界知识产权组织国际局给予的申请号）

示例4：00000MO2030/00001（向澳门特别行政区经济局知识产权厅提出的申请，委托中国国家知识产权局进行检索的，中国国家知识产权局给予的申请号）

示例5：0000GCC2030/00001（向海湾地区阿拉伯国家合作委员会专利局提出的申请，委托中国国家知识产权局进行检索的，中国国家知识产权局给予的申请号）

5.6　第31－38位缴费日期代码

表示缴纳专利费用的公历日期，日期表示为“CCYYMMDD”，其中，“CCYY”表示公历年，“MM”表示公历年内月份的顺序号，“DD”表示月份中日的顺序号。

5.7　第39－50位收据代码

表示国家知识产权局出具给缴费人的收据单的号码，如收据单号码少于12位数，需在该号码前加0直至补齐12位数。申请人（或专利权人）、专利代理机构、缴费人或公众在缴费时没有具体收据单号码，此时需用000000000000表示，但在提出退费请求时或其他应出示缴费信息时应表示出具体收据单号码。

5.8　第51－57位费用金额代码

表示专利缴费或退费的具体金额，如金额数少于7位数，需在该数字前加0直至补齐7位数。

5.9　第58－62位专利代理机构代码

表示国家知识产权局给予专利代理机构的代码。未通过代理机构办理缴费事宜的使用00000代替。

5.10　第63－66位国家知识产权局专利局代办处代码

表示国家知识产权局专利局驻各地代办处的代码。不通过国家知识产权局专利局代办处办理专利费用的使用0000代替。

6　专利费用基本信息代码引用规则

6.1　国家知识产权局专利局收费处引用的费用信息编码

使用专利费用基本信息代码的第1－66位码，共66位码。

示例：0 408720 8340 05 0000203010 0000015 20340720 000000000000 0000001 11001 7125

6.2　专利费用种类代码

使用第1位码＋第8－13位码，共7位码。

示例：0 8340 05

6.3　国家知识产权局专利局审查员引用的费用信息编码

使用第1位码＋第8－57位码，共51位码。

示例：0 8340 05 00002030100000015 20340720 000000000000 0000001

6.4　申请人（或专利权人）、专利代理机构、缴费人或公众引用的费用信息编码

使用第1位码＋第8－66位码，共60位码。

示例：0 8340 05 00002030100000015 20340720 000000000000 0000001 11001 7125

7　专利费用基本信息代码的赋予和管理

专利费用基本信息代码由国家知识产权局专利局收费处统一赋予和管理。

专利代理机构代码由国家知识产权局条法司统一管理。专利代理机构代码发生变化时由国家知识产权局条法司通知国家知识产权局专利局收费处。

国家知识产权局专利局代办处代码由国家知识产权局专利局代办处管理处统一管理。代办处代码发生变化时，由国家知识产权局专利局代办处管理处通知国家知识产权局专利局收费处。

8　专利费用基本信息代码的使用

专利费用基本信息代码表示专利费用的基本信息，其他具体信息由使用者自行管理。

专利费用基本信息代码在国家知识产权局和其他相关数据库中使用。

申请人(或专利权人)、专利代理机构、缴费人或公众在办理专利费用事宜时,一般情况下,应仅以中文写明费用情况,有明确规定时,才可附具专利费用基本信息代码。

9　本试行规范的实施与监督

9.1　标准的发布

本试行规范于2006年11月30日发布。

9.2　标准的实施

本试行规范于2007年1月1日正式实施。

9.3　标准的监督

国家知识产权局标准化委员会负责监督本试行规范的实施。

9.4　标准的改进

国家知识产权局标准化委员会对本试行规范的改进建议进行评审,如有必要,可以制定新试行规范代替本试行规范。

10　附　　则

本试行规范由国家知识产权局负责解释。

附录:

专利费用金额及专利费用会计科目代码(略)

发明专利申请优先审查管理办法

(2012年6月19日国家知识产权局令第65号公布　自2012年8月1日起施行)

第一条　为了促进产业结构优化升级,推进国家知识产权战略实施,加快建设创新型国家,根据《中华人民共和国专利法》和《中华人民共和国专利法实施细则》的有关规定,制定本办法。

第二条　国家知识产权局根据申请人的请求对符合条件的发明专利申请予以优先审查,自优先审查请求获得同意之日起一年内结案。

第三条　依据国家知识产权局与其他国家或者地区专利审查机构签订的双边或者多边协议开展优先审查的,按照有关规定处理,不适用本办法。

第四条　可以予以优先审查的发明专利申请包括:

(一)涉及节能环保、新一代信息技术、生物、高端装备制造、新能源、新材料、新能源汽车等技术领域的重要专利申请;

(二)涉及低碳技术、节约资源等有助于绿色发展的重要专利申请;

(三)就相同主题首次在中国提出专利申请又向其他国家或地区提出申请的该中国首次申请;

(四)其他对国家利益或者公共利益具有重大意义需要优先审查的专利申请。

第五条　对发明专利申请进行优先审查的数量,由国家知识产权局根据不同专业技术领域的审查能力、上一年度专利授权量以及本年度待审量等情况确定。

第六条　请求优先审查的发明专利申请应当是电子申请。

请求对尚未进入实质审查程序的发明专利申请进行优先审查的,申请人应当启动实质审查程序。

第七条　申请人办理优先审查手续的,应当提交下列材料:

(一)由省、自治区、直辖市知识产权局审查并签署意见和加盖公章的《发明专利申请优先审查请求书》;

(二)由具备专利检索条件的单位出具的符合规定格式的检索报告,或者由其他国家或者地区专利审查机构出具的检索报告和审查结果及其中文译文。

第八条　第七条第二项所称专利检索条件是指:

(一)具备使用《专利审查指南》规定的检索用专利文献和非专利文献进行检索的条件;

(二)检索人员具有专业技术背景、接受过专利实务培训和检索培训;

(三)能够由相应专业技术领域的检索人员按照《专利审查指南》的有关要求对请求优先审查的发明专利申请进行检索。

第九条　国家知识产权局负责受理和审核优先审查请求,并及时将审核意见通知申请人。

第十条　对于同意进行优先审查的发明专利申请,国家知识产权局应当及时处理,并自同意优先审查请求之日起三十个工作日内发出第一次审查意见通知书。

第十一条　对于优先审查的发明专利申请,申请人应当尽快作出答复或者补正。申请人答复审查意见通知书的期限为两个月。申请人延期答复的,国家知识产权局将停止优先审查,按一般申请处理。

第十二条　本办法由国家知识产权局负责解释。

第十三条　本办法自2012年8月1日起施行。

最高人民法院关于审理技术合同纠纷案件适用法律若干问题的解释

(2004年11月30日最高人民法院审判委员会第1335次会议通过　2004年12月16日最高人民法院公告公布　自2005年1月1日起施行　法释〔2004〕20号)

为了正确审理技术合同纠纷案件,根据《中华人民共和国合同法》、《中华人民共和国专利法》和《中华人民共和国民事诉讼法》等法律的有关规定,结合审判实践,现就有关问题作出以下解释。

一、一般规定

第一条　技术成果，是指利用科学技术知识、信息和经验作出的涉及产品、工艺、材料及其改进等的技术方案，包括专利、专利申请、技术秘密、计算机软件、集成电路布图设计、植物新品种等。

技术秘密，是指不为公众所知悉、具有商业价值并经权利人采取保密措施的技术信息。

第二条　合同法第三百二十六条第二款所称“执行法人或者其他组织的工作任务”包括：

（一）履行法人或者其他组织的岗位职责或者承担其交付的其他技术开发任务；

（二）离职后一年内继续从事与其原所在法人或者其他组织的岗位职责或者交付的任务有关的技术开发工作，但法律、行政法规另有规定的除外。

法人或者其他组织与其职工就职工在职期间或者离职以后所完成的技术成果的权益有约定的，人民法院应当依约定确认。

第三条　合同法第三百二十六条第二款所称“物质技术条件”，包括资金、设备、器材、原材料、未公开的技术信息和资料等。

第四条　合同法第三百二十六条第二款所称“主要利用法人或者其他组织的物质技术条件”，包括职工在技术成果的研究开发过程中，全部或者大部分利用了法人或者其他组织的资金、设备、器材或者原材料等物质条件，并且这些物质条件对形成该技术成果具有实质性的影响；还包括该技术成果实质性内容是在法人或者其他组织尚未公开的技术成果、阶段性技术成果基础上完成的情形。但下列情况除外：

（一）对利用法人或者其他组织提供的物质技术条件，约定返还资金或者交纳使用费的；

（二）在技术成果完成后利用法人或者其他组织的物质技术条件对技术方案进行验证、测试的。

第五条　个人完成的技术成果，属于执行原所在法人或者其他组织的工作任务，又主要利用了现所在法人或者其他组织的物质技术条件的，应当按照该自然人原所在和现所在法人或者其他组织达成的协议确认权益。不能达成协议的，根据对完成该项技术成果的贡献大小由双方合理分享。

第六条　合同法第三百二十六条、第三百二十七条所称完成技术成果的“个人”，包括对技术成果单独或者共同作出创造性贡献的人，也即技术成果的发明人或者设计人。人民法院在对创造性贡献进行认定时，应当分解所涉及技术成果的实质性技术构成。提出实质性技术构成并由此实现技术方案的人，是作出创造性贡献的人。

提供资金、设备、材料、试验条件，进行组织管理，协助绘制图纸、整理资料、翻译文献等人员，不属于完成技术成果的个人。

第七条　不具有民事主体资格的科研组织订立的技术合同，经法人或者其他组织授权或者认可的，视为法人或者其他组织订立的合同，由法人或者其他组织承担责任；未经法人或者其他组织授权或者认可的，由该科研组织成员共同承担责任，但法人或者其他组织因该合同受益的，应当在其受益范围内承担相应责任。

前款所称不具有民事主体资格的科研组织，包括法人或者其他组织设立的从事技术研究开发、转让等活动的课题组、工作室等。

第八条　生产产品或者提供服务依法须经有关部门审批或者取得行政许可，而未经审批或者许可的，不影响当事人订立的相关技术合同的效力。

当事人对办理前款所称审批或者许可的义务没有约定或者约定不明确的，人民法院应当判令由实施技术的一方负责办理，但法律、行政法规另有规定的除外。

第九条　当事人一方采取欺诈手段，就其现有技术成果作为研究开发标的与他人订立委托开发合同收取研究开发费用，或者就同一研究开发课题先后与两个或者两个以上的委托人分别订立委托开发合同重复收取研究开发费用的，受损害方依照合同法第五十四条第二款规定请求变更或者撤销合同的，人民法院应当予以支持。

第十条　下列情形，属于合同法第三百二十九条所称的“非法垄断技术、妨碍技术进步”：

（一）限制当事人一方在合同标的技术基础上进行新的研究开发或者限制其使用所改进的技术，或者双方交换改进技术的条件不对等，包括要求一方将其自行改进的技术无偿提供给对方、非互惠性转让给对方、无偿独占或者共享该改进技术的知识产权；

（二）限制当事人一方从其他来源获得与技术提供方类似技术或者与其竞争的技术；

（三）阻碍当事人一方根据市场需求，按照合理方式充分实施合同标的技术，包括明显不合理地限制技术接受方实施合同标的技术生产产品或者提供服务的数量、品种、价格、销售渠道和出口市场；

（四）要求技术接受方接受并非实施技术必不可少的附带条件，包括购买非必需的技术、原材料、产品、设备、服务以及接收非必需的人员等；

（五）不合理地限制技术接受方购买原材料、零部件、产品或者设备等的渠道或者来源；

（六）禁止技术接受方对合同标的技术知识产权的有效性提出异议或者对提出异议附加条件。

第十一条　技术合同无效或者被撤销后，技术开发合同研究开发人、技术转让合同让与人、技术咨询合同和技术服务合同的受托人已经履行或者部分履行了约定的义务，并且造成合同无效或者被撤销的过错在对方的，对其已履行部分应当收取的研究开发经费、技术使用费、提供咨询服务的报酬，人民法院可以认定为因对方原因导致合同无效或者被撤销给其造成的损失。

技术合同无效或者被撤销后，因履行合同所完成新的技术成果或者在他人技术成果基础上完成后续改进技术成果的权利归属和利益分享，当事人不能重新协议确定的，人民法院可以判决由完成技术成果的一方享有。

第十二条 根据合同法第三百二十九条的规定，侵害他人技术秘密的技术合同被确认无效后，除法律、行政法规另有规定的以外，善意取得该技术秘密的一方当事人可以在其取得时的范围内继续使用该技术秘密，但应当向权利人支付合理的使用费并承担保密义务。

当事人双方恶意串通或者一方知道或者应当知道另一方侵权仍与其订立或者履行合同的，属于共同侵权，人民法院应当判令侵权人承担连带赔偿责任和保密义务，因此取得技术秘密的当事人不得继续使用该技术秘密。

第十三条 依照前条第一款规定可以继续使用技术秘密的人与权利人就使用费支付发生纠纷的，当事人任何一方都可以请求人民法院予以处理。继续使用技术秘密但又拒不支付使用费的，人民法院可以根据权利人的请求判令使用人停止使用。

人民法院在确定使用费时，可以根据权利人通常对外许可该技术秘密的使用费或者使用人取得该技术秘密所支付的使用费，并考虑该技术秘密的研究开发成本、成果转化和应用程度以及使用人的使用规模、经济效益等因素合理确定。

不论使用人是否继续使用技术秘密，人民法院均应当判令其向权利人支付已使用期间的使用费。使用人已向无效合同的让与人支付的使用费应当由让与人负责返还。

第十四条 对技术合同的价款、报酬和使用费，当事人没有约定或者约定不明确的，人民法院可以按照以下原则处理：

（一）对于技术开发合同和技术转让合同，根据有关技术成果的研究开发成本、先进性、实施转化和应用的程度，当事人享有的权益和承担的责任，以及技术成果的经济效益等合理确定；

（二）对于技术咨询合同和技术服务合同，根据有关咨询服务工作的技术含量、质量和数量，以及已经产生和预期产生的经济效益等合理确定。

技术合同价款、报酬、使用费中包含非技术性款项的，应当分项计算。

第十五条 技术合同当事人一方迟延履行主要债务，经催告后在30日内仍未履行，另一方依据合同法第九十四条第（三）项的规定主张解除合同的，人民法院应当予以支持。

当事人在催告通知中附有履行期限且该期限超过30日的，人民法院应当认定该履行期限为合同法第九十四条第（三）项规定的合理期限。

第十六条 当事人以技术成果向企业出资但未明确约定权属，接受出资的企业主张该技术成果归其享有的，人民法院一般应当予以支持，但是该技术成果价值与该技术成果所占出资额比例明显不合理损害出资人利益的除外。

当事人对技术成果的权属约定有比例的，视为共同所有，其权利使用和利益分配，按共有技术成果的有关规定处理，但当事人另有约定的，从其约定。

当事人对技术成果的使用权约定有比例的，人民法院可以视为当事人对实施该项技术成果所获收益的分配比例，但当事人另有约定的，从其约定。

二、技术开发合同

第十七条 合同法第三百三十条所称"新技术、新产品、新工艺、新材料及其系统"，包括当事人在订立技术合同时尚未掌握的产品、工艺、材料及其系统等技术方案，但对技术上没有创新的现有产品的改型、工艺变更、材料配方调整以及对技术成果的验证、测试和使用除外。

第十八条 合同法第三百三十条第四款规定的"当事人之间就具有产业应用价值的科技成果实施转化订立的"技术转化合同，是指当事人之间就具有产业实用价值但尚未实现工业化应用的科技成果包括阶段性技术成果，以实现该科技成果工业化应用为目标，约定后续试验、开发和应用等内容的合同。

第十九条 合同法第三百三十五条所称"分工参与研究开发工作"，包括当事人按照约定的计划和分工，共同或者分别承担设计、工艺、试验、试制等工作。

技术开发合同当事人一方仅提供资金、设备、材料等物质条件或者承担辅助协作事项，另一方进行研究开发工作的，属于委托开发合同。

第二十条 合同法第三百四十一条所称"当事人均有使用和转让的权利"，包括当事人均有不经对方同意而自己使用或者以普通使用许可的方式许可他人使用技术秘密，并独占由此所获利益的权利。当事人一方将技术秘密成果的转让权让与他人，或者以独占或者排他使用许可的方式许可他人使用技术秘密，未经对方当事人同意或者追认的，应当认定该让与或者许可行为无效。

第二十一条 技术开发合同当事人依照合同法的规定或者约定自行实施专利或使用技术秘密，但因其不具备独立实施专利或者使用技术秘密的条件，以一个普通许可方式许可他人实施或者使用的，可以准许。

三、技术转让合同

第二十二条 合同法第三百四十二条规定的"技术转让合同"，是指合法拥有技术的权利人，包括其他有权对外转让技术的人，将现有特定的专利、专利申请、技术秘密的相关权利让与他人,或者许可他人实施、使用所订立的合同。但就尚待研究开发的技术成果或者不涉及专利、专利申请或者技术秘密的知识、技术、经验和信息所订立的合同除外。

技术转让合同中关于让与人向受让人提供实施技术的专用设备、原材料或者提供有关的技术咨询、技术服务的约定,属于技术转让合同的组成部分。因此发生的纠纷,按照技术转让合同处理。

当事人以技术入股方式订立联营合同,但技术入股人不参与联营体的经营管理,并且以保底条款形式约定联营体或者联营对方支付其技术价款或者使用费的,视为技术转让合同。

第二十三条 专利申请权转让合同当事人以专利申请被驳回或者被视为撤回为由请求解除合同,该事实发生在依照专利法第十条第三款的规定办理专利申请权转让登记之前的,人民法院应当予以支持;发生在转让登记之后的,不予支持,但当事人另有约定的除外。

专利申请因专利申请权转让合同成立时即存在尚未公开的同样发明创造的在先专利申请被驳回,当事人依据合同法第五十四条第一款第(二)项的规定请求予以变更或者撤销合同的,人民法院应当予以支持。

第二十四条 订立专利权转让合同或者专利申请权转让合同前,让与人自己已经实施发明创造,在合同生效后,受让人要求让与人停止实施的,人民法院应当予以支持,但当事人另有约定的除外。

让与人与受让人订立的专利权、专利申请权转让合同,不影响在合同成立前让与人与他人订立的相关专利实施许可合同或者技术秘密转让合同的效力。

第二十五条 专利实施许可包括以下方式:

(一)独占实施许可,是指让与人在约定许可实施专利的范围内,将该专利仅许可一个受让人实施,让与人依约定不得实施该专利;

(二)排他实施许可,是指让与人在约定许可实施专利的范围内,将该专利仅许可一个受让人实施,但让与人依约定可以自行实施该专利;

(三)普通实施许可,是指让与人在约定许可实施专利的范围内许可他人实施该专利,并且可以自行实施该专利。

当事人对专利实施许可方式没有约定或者约定不明确的,认定为普通实施许可。专利实施许可合同约定受让人可以再许可他人实施专利的,认定该再许可为普通实施许可,但当事人另有约定的除外。

技术秘密的许可使用方式,参照本条第一、二款的规定确定。

第二十六条 专利实施许可合同让与人负有在合同有效期内维持专利权有效的义务,包括依法缴纳专利年费和积极应对他人提出宣告专利权无效的请求,但当事人另有约定的除外。

第二十七条 排他实施许可合同让与人不具备独立实施其专利的条件,以一个普通许可的方式许可他人实施专利的,人民法院可以认定为让与人自己实施专利,但当事人另有约定的除外。

第二十八条 合同法第三百四十三条所称"实施专利或者使用技术秘密的范围",包括实施专利或者使用技术秘密的期限、地域、方式以及接触技术秘密的人员等。

当事人对实施专利或者使用技术秘密的期限没有约定或者约定不明确的,受让人实施专利或使用技术秘密不受期限限制。

第二十九条 合同法第三百四十七条规定技术秘密转让合同让与人承担的"保密义务"不限制其申请专利,但当事人约定让与人不得申请专利的除外。

当事人之间就申请专利的技术成果所订立的许可使用合同,专利申请公开以前,适用技术秘密转让合同的有关规定,发明专利申请公开以后、授权以前,参照适用专利实施许可合同的有关规定;授权以后,原合同即为专利实施许可合同,适用专利实施许可合同的有关规定。

人民法院不以当事人就已经申请专利但尚未授权的技术订立专利实施许可合同为由,认定合同无效。

四、技术咨询合同和技术服务合同

第三十条 合同法第三百五十六条第一款所称"特定技术项目",包括有关科学技术与经济社会协调发展的软科学研究项目,促进科技进步和管理现代化、提高经济效益和社会效益等运用科学知识和技术手段进行调查、分析、论证、评价、预测的专业性技术项目。

第三十一条 当事人对技术咨询合同受托人进行调查研究、分析论证、试验测定等所需费用的负担没有约定或者约定不明确的,由受托人承担。

当事人对技术咨询合同委托人提供的技术资料和数据或者受托人提出的咨询报告和意见未约定保密义务,当事人一方引用、发表或者向第三人提供的,不认定为违约行为,但侵害对方当事人对此享有的合法权益的,应当依法承担民事责任。

第三十二条 技术咨询合同受托人发现委托人提供的资料、数据等有明显错误或者缺陷,未在合理期限内通知委托人的,视为其对委托人提供的技术资料、数据等予以认可。委托人在接到受托人的补正通知后未在合理期限内答复并予补正的,发生的损失由委托人承担。

第三十三条 合同法第三百五十六条第二款所称"特定技术问题"包括需要运用专业技术知识、经验和信息解决的有关改进产品结构、改良工艺流程、提高产品质量、降低产品成本、节约资源能耗、保护资源环境、实现安全操作、提高经济效益和社会效益等专业技术问题。

第三十四条 当事人一方以技术转让的名义提供已进入公有领域的技术，或者在技术转让合同履行过程中合同标的技术进入公有领域，但是技术提供方进行技术指导、传授技术知识，为对方解决特定技术问题符合约定条件的，按照技术服务合同处理，约定的技术转让费可以视为提供技术服务的报酬和费用，但是法律、行政法规另有规定的除外。

依照前款规定，技术转让费视为提供技术服务的报酬和费用明显不合理的，人民法院可以根据当事人的请求合理确定。

第三十五条 当事人对技术服务合同受托人提供服务所需费用的负担没有约定或者约定不明确的，由受托人承担。

技术服务合同受托人发现委托人提供的资料、数据、样品、材料、场地等工作条件不符合约定，未在合理期限内通知委托人的，视为其对委托人提供的工作条件予以认可。委托人在接到受托人的补正通知后未在合理期限内答复并予补正的，发生的损失由委托人承担。

第三十六条 合同法第三百六十四条规定的“技术培训合同”，是指当事人一方委托另一方对指定的学员进行特定项目的专业技术训练和技术指导所订立的合同，不包括职业培训、文化学习和按照行业、法人或者其他组织的计划进行的职工业余教育。

第三十七条 当事人对技术培训必需的场地、设施和试验条件等工作条件的提供和管理责任没有约定或者约定不明确的，由委托人负责提供和管理。

技术培训合同委托人派出的学员不符合约定条件，影响培训质量的，由委托人按照约定支付报酬。

受托人配备的教员不符合约定条件，影响培训质量，或者受托人未按照计划和项目进行培训，导致不能实现约定培训目标的，应当减收或者免收报酬。

受托人发现学员不符合约定条件或者委托人发现教员不符合约定条件，未在合理期限内通知对方，或者接到通知的一方未在合理期限内按约定改派的，应当由负有履行义务的当事人承担相应的民事责任。

第三十八条 合同法第三百六十四条规定的“技术中介合同”，是指当事人一方以知识、技术、经验和信息为另一方与第三人订立技术合同进行联系、介绍以及对履行合同提供专门服务所订立的合同。

第三十九条 中介人从事中介活动的费用，是指中介人在委托人和第三人订立技术合同前，进行联系、介绍活动所支出的通信、交通和必要的调查研究等费用。中介人的报酬，是指中介人为委托人与第三人订立技术合同以及对履行该合同提供服务应当得到的收益。

当事人对中介人从事中介活动的费用负担没有约定或者约定不明确的，由中介人承担。当事人约定该费用由委托人承担但未约定具体数额或者计算方法的，由委托人支付中介人从事中介活动支出的必要费用。

当事人对中介人的报酬数额没有约定或者约定不明确的，应当根据中介人所进行的劳务合理确定，并由委托人承担。仅在委托人与第三人订立的技术合同中约定中介条款，但未约定给付中介人报酬或者约定不明确的，应当支付的报酬由委托人和第三人平均承担。

第四十条 中介人未促成委托人与第三人之间的技术合同成立的，其要求支付报酬的请求，人民法院不予支持；其要求委托人支付其从事中介活动必要费用的请求，应当予以支持，但当事人另有约定的除外。

中介人隐瞒与订立技术合同有关的重要事实或者提供虚假情况，侵害委托人利益的，应当根据情况免收报酬并承担赔偿责任。

第四十一条 中介人对造成委托人与第三人之间的技术合同的无效或者被撤销没有过错，并且该技术合同的无效或者被撤销不影响有关中介条款或者技术中介合同继续有效，中介人要求按照约定或者本解释的有关规定给付从事中介活动的费用和报酬的，人民法院应当予以支持。

中介人收取从事中介活动的费用和报酬不应当被视为委托人与第三人之间的技术合同纠纷中一方当事人的损失。

五、与审理技术合同纠纷有关的程序问题

第四十二条 当事人将技术合同和其他合同内容或者将不同类型的技术合同内容订立在一个合同中的，应当根据当事人争议的权利义务内容，确定案件的性质和案由。

技术合同名称与约定的权利义务关系不一致的，应当按照约定的权利义务内容，确定合同的类型和案由。

技术转让合同中约定让与人负责包销或者回购受让人实施合同标的技术制造的产品，仅因让与人不履行或者不能全部履行包销或者回购义务引起纠纷，不涉及技术问题的，应当按照包销或者回购条款约定的权利义务内容确定案由。

第四十三条 技术合同纠纷案件一般由中级以上人民法院管辖。

各高级人民法院根据本辖区的实际情况并报经最高人民法院批准，可以指定若干基层人民法院管辖第一审技术合同纠纷案件。

其他司法解释对技术合同纠纷案件管辖另有规定的，从其规定。

合同中既有技术合同内容，又有其他合同内容，当事人就技术合同内容和其他合同内容均发生争议的，由具有技术合同纠纷案件管辖权的人民法院受理。

第四十四条 一方当事人以诉讼争议的技术合同侵害他人技术成果为由请求确认合同无效，或者人民法院在审理技术合同纠纷中发现可能存在该无效事由的，人民法院应当依

法通知有关利害关系人，其可以作为有独立请求权的第三人参加诉讼或者依法向有管辖权的人民法院另行起诉。

利害关系人在接到通知后15日内不提起诉讼的，不影响人民法院对案件的审理。

第四十五条　第三人向受理技术合同纠纷案件的人民法院就合同标的技术提出权属或者侵权请求时，受诉人民法院对此也有管辖权的，可以将权属或者侵权纠纷与合同纠纷合并审理；受诉人民法院对此没有管辖权的，应当告知其向有管辖权的人民法院另行起诉或者将已经受理的权属或者侵权纠纷案件移送管辖权的人民法院。权属或者侵权纠纷另案受理后，合同纠纷应当中止诉讼。

专利实施许可合同诉讼中，受让人或者第三人向专利复审委员会请求宣告专利权无效的，人民法院可以不中止诉讼。在案件审理过程中专利权被宣告无效的，按照专利法第四十七条第二款和第三款的规定处理。

六、其　　他

第四十六条　集成电路布图设计、植物新品种许可使用和转让等合同争议，相关行政法规另有规定的，适用其规定；没有规定的，适用合同法总则的规定，并可以参照合同法第十八章和本解释的有关规定处理。

计算机软件开发、许可使用和转让等合同争议，著作权法以及其他法律、行政法规另有规定的，依照其规定；没有规定的，适用合同法总则的规定，并可以参照合同法第十八章和本解释的有关规定处理。

第四十七条　本解释自2005年1月1日起施行。

（二）专利申请与代理

专利代理条例

（1991年3月4日中华人民共和国国务院令第76号发布自1991年4月1日起施行）

第一章　总　　则

第一条　为了保障专利代理机构以及委托人的合法权益，维护专利代理工作的正常秩序，制定本条例。

第二条　本条例所称专利代理是指专利代理机构以委托人的名义，在代理权限范围内，办理专利申请或者办理其他专利事务。

第二章　专利代理机构

第三条　本条例所称专利代理机构是指接受委托人的委托，在委托权限范围内，办理专利申请或者办理其他专利事务的服务机构。

专利代理机构包括：

（一）办理涉外专利事务的专利代理机构；

（二）办理国内专利事务的专利代理机构；

（三）办理国内专利事务的律师事务所。

第四条　专利代理机构的成立，必须符合下列条件：

（一）有自己的名称、章程、固定办公场所；

（二）有必要的资金和工作设施；

（三）财务独立，能够独立承担民事责任；

（四）有三名以上具有专利代理人资格的专职人员和符合中国专利局规定的比例的具有专利代理人资格的兼职人员。

律师事务所开办专利代理业务的，必须有前款第四项规定的专职人员。

第五条　向专利管理机关申请成立专利代理机构，应当提交下列文件：

（一）成立专利代理机构的申请书，并写明专利代理机构的名称、办公场所、负责人姓名；

（二）专利代理机构章程；

（三）专利代理人姓名及其资格证书；

（四）专利代理机构资金和设施情况的书面证明。

第六条　申请成立办理国内专利事务的专利代理机构，或者律师事务所申请开办专利代理业务的，应当经过其主管机关同意后，报请省、自治区、直辖市专利管理机关审查；没有主管机关的，可以直接报请省、自治区、直辖市专利管理机关审查。审查同意的，由审查机关报中国专利局审批。

申请成立办理涉外专利事务的专利代理机构，应当依照《中华人民共和国专利法》的有关规定办理。办理涉外专利事务的专利代理机构，经中国专利局批准的，可以办理国内专利事务。

第七条　专利代理机构自批准之日起成立，依法开展专利代理业务，享有民事权利，承担民事责任。

第八条　专利代理机构承办下列事务：

（一）提供专利事务方面的咨询；

（二）代写专利申请文件，办理专利申请；请求实质审查或者复审的有关事务；

（三）提出异议，请求宣告专利权无效的有关事务；

（四）办理专利申请权、专利权的转让以及专利许可的有关事务；

（五）接受聘请，指派专利代理人担任专利顾问；

（六）办理其他有关事务。

第九条　专利代理机构接受委托，承办业务，应当有委托人具名的书面委托书，写明委托事项和委托权限。

专利代理机构可以根据需要，指派委托人指定的专利代理人承办代理业务。

专利代理机构接受委托，承办业务，可以按照国家有关规定收取费用。

第十条 专利代理机构接受委托后，不得就同一内容的专利事务接受有利害关系的其他委托人的委托。

第十一条 专利代理机构应当聘任有《专利代理人资格证书》的人员为专利代理人。对聘任的专利代理人应当办理聘任手续，由专利代理机构发给《专利代理人工作证》，并向中国专利局备案。

初次从事专利代理工作的人员，实习满一年后，专利代理机构方可发给《专利代理人工作证》。

专利代理机构对解除聘任关系的专利代理人，应当及时收回其《专利代理人工作证》，并报中国专利局备案。

第十二条 专利代理机构变更机构名称、地址和负责人的，应当报中国专利局予以变更登记，经批准登记后，变更方可生效。

专利代理机构停业，应当在妥善处理各种尚未办结的事项后，向原审查机关申报，并由该机关报中国专利局办理有关手续。

第十三条 已批准的专利代理机构，因情况变化不再符合本条例第四条规定的条件，并在一年内仍不能具备这些条件的，原审查的专利管理机关应当建议中国专利局撤销该专利代理机构。

第三章 专利代理人

第十四条 本条例所称专利代理人是指获得《专利代理人资格证书》，持有《专利代理人工作证》的人员。

第十五条 拥护中华人民共和国宪法，并具备下列条件的中国公民，可以申请专利代理人资格：

（一）十八周岁以上，具有完全的民事行为能力；

（二）高等院校理工科专业毕业（或者具有同等学历），并掌握一门外语；

（三）熟悉专利法和有关的法律知识；

（四）从事过两年以上的科学技术工作或者法律工作。

第十六条 申请专利代理人资格的人员，经本人申请，专利代理人考核委员会考核合格的，由中国专利局发给《专利代理人资格证书》。

专利代理人考核委员会由中国专利局、国务院有关部门以及专利代理人的组织的有关人员组成。

第十七条 专利代理人必须承办专利代理机构委派的专利代理工作，不得自行接受委托。

第十八条 专利代理人不得同时在两个以上专利代理机构从事专利代理业务。

专利代理人调离专利代理机构前，必须妥善处理尚未办结的专利代理案件。

第十九条 获得《专利代理人资格证书》，五年内未从事专利代理业务或者专利行政管理工作的，其《专利代理人资格证书》自动失效。

第二十条 专利代理人在从事专利代理业务期间和脱离专利代理业务后一年内，不得申请专利。

第二十一条 专利代理人依法从事专利代理业务，受国家法律的保护，不受任何单位和个人的干涉。

第二十二条 国家机关工作人员，不得到专利代理机构兼职，从事专利代理工作。

第二十三条 专利代理人对其在代理业务活动中了解的发明创造的内容，除专利申请已经公布或者公告的以外，负有保守秘密的责任。

第四章 罚 则

第二十四条 专利代理机构有下列情形之一的，其上级主管部门或者省、自治区、直辖市专利管理机关，可以给予警告处罚；情节严重的，由中国专利局给予撤销机构处罚：

（一）申请审批时隐瞒真实情况，弄虚作假的；

（二）擅自改变主要登记事项的；

（三）未经审查批准，或者超越批准专利代理业务范围，擅自接受委托，承办专利代理业务的；

（四）从事其他非法业务活动的。

第二十五条 专利代理人有下列行为之一，情节轻微的，由其所在的专利代理机构给予批评教育。情节严重的，可以由其所在的专利代理机构解除聘任关系，并收回其《专利代理人工作证》；由省、自治区、直辖市专利管理机关给予警告或者由中国专利局给予吊销《专利代理人资格证书》处罚：

（一）不履行职责或者不称职以致损害委托人利益的；

（二）泄露或者剽窃委托人的发明创造内容的；

（三）超越代理权限，损害委托人利益的；

（四）私自接受委托，承办专利代理业务，收取费用的。

前款行为，给委托人造成经济损失的，专利代理机构承担经济赔偿责任后，可以按一定比例向该专利代理人追偿。

第二十六条 被处罚的专利代理机构对中国专利局撤销其机构，被处罚的专利代理人对吊销其《专利代理人资格证书》的处罚决定不服的，可以向中国专利局申请复议，不服复议决定的，可以在收到复议决定书十五日内，向人民法院起诉。

第五章 附 则

第二十七条 本条例由中国专利局负责解释。

第二十八条 本条例自一九九一年四月一日起施行。一九八五年九月四日国务院批准，同年九月十二日中国专利局发布的《专利代理暂行规定》同时废止。

专利代理管理办法

（2015 年 4 月 30 日国家知识产权局令第 70 号公布　自 2015 年 5 月 1 日起施行）

第一章　总　　则

第一条　为了完善专利代理制度，维护专利代理行业的正常秩序，保障专利代理机构和专利代理人依法执业，根据《专利法》和《专利代理条例》以及国务院的有关规定，制定本办法。

第二条　国家知识产权局和各省、自治区、直辖市知识产权局依照《专利法》、《专利代理条例》和本办法对专利代理机构、专利代理人进行管理和监督。

中华全国专利代理人协会应组织、引导专利代理机构和专利代理人规范执行《专利法》、《专利代理条例》和本办法，规范执业行为，严格行业自律，不断提高行业服务水平。

第二章　专利代理机构及其办事机构的设立、变更、停业和撤销

第三条　专利代理机构的组织形式为合伙制专利代理机构或者有限责任制专利代理机构。

合伙制专利代理机构应当由 3 名以上合伙人共同出资发起，有限责任制专利代理机构应当由 5 名以上股东共同出资发起。

合伙制专利代理机构的合伙人对该专利代理机构的债务承担无限连带责任；有限责任制专利代理机构以该机构的全部资产对其债务承担责任。

第四条　设立专利代理机构应当符合下列条件：

（一）具有符合本办法第七条规定的机构名称；

（二）具有合伙协议书或者章程；

（三）具有符合本办法第五条、第六条规定的合伙人或者股东；

（四）具有固定的办公场所和必要的工作设施。

律师事务所申请开办专利代理业务的，在该律师事务所执业的专职律师中应当有 3 名以上具有专利代理人资格。

第五条　专利代理机构的合伙人或者股东应当符合下列条件：

（一）具有专利代理人资格；

（二）具有 2 年以上在专利代理机构执业的经历；

（三）能够专职从事专利代理业务；

（四）申请设立专利代理机构时的年龄不超过 65 周岁；

（五）品行良好。

第六条　有下列情形之一的，不得作为专利代理机构的合伙人或股东：

（一）不具有完全民事行为能力的；

（二）在国家机关或企事业单位工作，尚未正式办理辞职、解聘或离休、退休手续的；

（三）作为另一专利代理机构的合伙人或者股东不满 2 年的；

（四）受到《专利代理惩戒规则（试行）》第五条规定的通报批评或者收回专利代理人执业证的惩戒不满 3 年的；

（五）受刑事处罚的（过失犯罪除外）。

第七条　专利代理机构只能享有和使用一个名称。

专利代理机构的名称应当由该机构所在城市名称、字号、“专利代理事务所”、“专利代理有限公司”或者“知识产权代理事务所”、“知识产权代理有限公司”组成。其字号不得在全国范围内与正在使用或者已经使用过的专利代理机构的字号相同或者相近似。

律师事务所开办专利代理业务的，可以使用该律师事务所的名称。

第八条　设立专利代理机构应当提交下列申请材料：

（一）设立专利代理机构申请表；

（二）专利代理机构的合伙协议书或者章程；

（三）专利代理人资格证和身份证的复印件；

（四）人员简历及人事档案存放证明和离退休证件复印件；

（五）办公场所和工作设施的证明；

（六）其他必要的证明材料。

律师事务所申请开办专利代理业务的，应当提交下列申请材料：

（一）开办专利代理业务申请表；

（二）主管该律师事务所的司法行政机关出具的同意其开办专利代理业务的函件；

（三）律师事务所合伙协议书或者章程；

（四）律师事务所执业许可证复印件；

（五）专利代理人的律师执业证、专利代理人资格证和身份证的复印件；

（六）办公场所和工作设施的证明；

（七）其他必要的证明材料。

上述证明材料应当是在申请设立专利代理机构或开办专利代理业务之前的 6 个月内出具的证明材料。

第九条　设立专利代理机构的审批程序如下：

（一）申请设立专利代理机构的，应当向其所在地的省、自治区、直辖市知识产权局提出申请。经审查，省、自治区、直辖市知识产权局认为符合本办法规定条件的，应当自收到申请之日起 30 日内上报国家知识产权局批准；认为不符合本办法规定条件的，应当自收到申请之日起 30 日内书面通知申请人。

（二）国家知识产权局对符合本办法规定条件的申请，应当自收到上报材料之日起 30 日内作出批准决定，通知上报的

省、自治区、直辖市知识产权局，并向新设立的机构颁发专利代理机构注册证和机构代码；对不符合本办法规定条件的申请，应当自收到上报材料之日起 30 日内通知上报的省、自治区、直辖市知识产权局重新进行审查。

律师事务所申请开办专利代理业务的，参照上述规定进行审批。

第十条 专利代理机构的名称、地址、章程、合伙人或者股东等注册事项发生变化的，应当自发生变化之日起 30 日内向国家知识产权局申请变更，同时报所在地的省、自治区、直辖市知识产权局。变更经国家知识产权局批准后生效。

国家知识产权局以及省、自治区、直辖市知识产权局发现专利代理机构未依照前款规定办理变更手续的，应当责令其限期办理。

第十一条 专利代理机构在国家知识产权局登记的信息应当与其在工商行政管理部门登记的信息一致。

第十二条 专利代理机构停业或者撤销的，应当在妥善处理各种尚未办结的事项后，向其所在地的省、自治区、直辖市的知识产权局申请。经审查同意的，应当将专利代理机构注册证及标识牌交回省、自治区、直辖市知识产权局，并向国家知识产权局办理停业或撤销手续。

第十三条 专利代理机构在本省内设立办事机构的，应当向所在地的省、自治区、直辖市知识产权局申请。经批准的，由省、自治区、直辖市知识产权局报国家知识产权局备案。

专利代理机构跨省设立办事机构的，应当在获得其所在地的省、自治区、直辖市知识产权局同意后，向办事机构所在地的省、自治区、直辖市知识产权局申请。经批准的，由办事机构所在地的省、自治区、直辖市知识产权局报国家知识产权局备案。

第十四条 申请设立办事机构的专利代理机构应当符合下列条件：

（一）设立时间满 2 年以上；

（二）具有 10 名以上专利代理人；

（三）未被列入专利代理机构经营异常名录或者严重违法专利代理机构名单。

第十五条 专利代理机构的办事机构应当符合下列条件：

（一）具有 2 名以上由专利代理机构派驻或者聘用的专职专利代理人；

（二）具有固定的办公场所；

（三）办事机构的名称由专利代理机构全名称、办事机构所在城市名称和“办事处”组成。

第十六条 各省、自治区、直辖市知识产权局可以附加规定专利代理机构在其行政区域内设立办事机构的其他条件和程序，并将有关规定报国家知识产权局备案。

第十七条 专利代理机构的办事机构不得以其单独名义办理专利代理业务，其人事、财务、业务等由其所属专利代理机构统一管理。专利代理机构应当对其办事机构的业务活动承担民事责任。

专利代理机构跨省设立办事机构的，其办事机构应当接受办事机构所在地的省、自治区、直辖市知识产权局的指导和监督。

第十八条 办事机构停业或者撤销的，应当在妥善处理各种尚未办结的事项后，向办事机构所在地的省、自治区、直辖市知识产权局申请。经批准的，由该知识产权局报国家知识产权局备案，同时抄送专利代理机构所在地的省、自治区、直辖市知识产权局。

专利代理机构停业或者撤销的，其办事机构应当同时终止。

第三章 专利代理人的执业

第十九条 专利代理人执业应当接受批准设立的专利代理机构的聘请任用，并持有专利代理人执业证。

第二十条 专利代理机构聘用专利代理人应当按照自愿和协商一致的原则与受聘的专利代理人订立聘用协议。订立聘用协议的双方应当遵守并履行协议。

第二十一条 颁发专利代理人执业证应当符合下列条件：

（一）具有专利代理人资格；

（二）能够专职从事专利代理业务；

（三）不具有专利代理或专利审查经历的人员在专利代理机构中连续实习满 1 年，并参加上岗培训；

（四）由专利代理机构聘用；

（五）颁发时的年龄不超过 70 周岁；

（六）品行良好。

第二十二条 有下列情形之一的，不予颁发专利代理人执业证：

（一）不具有完全民事行为能力的；

（二）申请前在另一专利代理机构执业，尚未被该专利代理机构解聘并未办理专利代理人执业证注销手续的；

（三）领取专利代理执业证后不满 1 年又转换专利代理机构的；

（四）受到《专利代理惩戒规则（试行）》第五条规定的收回专利代理人执业证的惩戒不满 3 年的；

（五）受刑事处罚的（过失犯罪除外）。

第二十三条 申请颁发专利代理人执业证应当提交下列材料：

（一）专利代理人执业证申请表；

（二）专利代理人资格证和身份证的复印件；

（三）人事档案存放证明或者离退休证件复印件；

（四）专利代理机构出具的聘用协议；

（五）申请前在另一专利代理机构执业的，应提交该专利代理机构的解聘证明；

（六）首次申请颁发专利代理执业证的，应提交其实习所在专利代理机构出具的实习证明和参加上岗培训的证明。

第二十四条 中华全国专利代理人协会负责颁发、变更以及注销专利代理人执业证的具体事宜，国家知识产权局依法进行监督和指导。

第二十五条 经审核，中华全国专利代理人协会认为专利代理人执业证的颁发申请符合本办法规定条件的，应当在收到申请之日起的15日内颁发专利代理人执业证；认为不符合条件的，应当在收到申请之日起的15日内书面通知申请人。

第二十六条 专利代理机构辞退专利代理人的，应当提前30日通知该专利代理人；专利代理人辞职的，应当提前30日通知其所在的专利代理机构。

专利代理机构与专利代理人解除聘用关系的，应当由专利代理机构收回其专利代理人执业证，出具解聘证明，并在出具解聘证明之日起的10日内向中华全国专利代理人协会办理专利代理人执业证注销手续。

第二十七条 专利代理机构停业或者撤销的，应当在获得省、自治区、直辖市知识产权局审查同意之日起的10日内，收回其全部专利代理人执业证并向中华全国专利代理人协会办理专利代理人执业证注销手续。

第二十八条 中华全国专利代理人协会应当在颁发、变更或者注销专利代理人执业证之日起的5日内向国家知识产权局备案并上报有关材料，同时抄送专利代理机构所在地的省、自治区、直辖市知识产权局。

第二十九条 未持有专利代理人执业证的人员不得以专利代理人的名义为牟取经济利益从事专利代理业务。

第三十条 专利代理人承办专利代理业务应当以所在专利代理机构的名义接受委托，与委托人订立书面委托合同，统一收取费用并如实入账。专利代理人不得私自接受委托，办理专利代理业务并收取费用。

第四章 专利代理监管

第三十一条 国家知识产权局负责组织专利代理机构年度报告的提交和公示，并负责专利代理机构经营异常名录和严重违法专利代理机构名单的公示。

省、自治区、直辖市知识产权局配合国家知识产权局开展上述提交和公示工作。

中华全国专利代理人协会按照协会章程及自律规范对专利代理人的执业活动进行考核。

第三十二条 专利代理机构应当于每年3月1日至3月31日向国家知识产权局提交年度报告。

专利代理机构应当对其提供的年度报告信息的真实性负责。

第三十三条 专利代理机构年度报告内容包括：

（一）专利代理机构通信地址、邮政编码、联系电话、电子邮箱等信息；

（二）执行事务合伙人或者法定代表人姓名、合伙人或者股东姓名、专利代理人姓名、从业人数；

（三）合伙人或者股东认缴和实缴的出资额、出资时间、出资方式等信息；

（四）专利代理机构开业、歇业、清算等存续状态信息；

（五）设立办事机构的信息；

（六）专利代理机构网站以及从事网络经营的网店的名称、网址等信息；

（七）专利代理机构代理专利申请、复审、无效宣告、诉讼、质押融资等业务信息；

（八）专利代理机构资产总额、负债总额、营业总收入、主营业务收入、利润总额、净利润、纳税总额等信息；

（九）其他应当予以报告的信息。

前款第一项至第六项信息自每年4月1日起公示；专利代理机构选择公示第七项至第九项信息的，同时予以公示。逾期提交专利代理机构年度报告的，自提交之日起30日内予以公示。

第三十四条 国家知识产权局以及省、自治区、直辖市知识产权局的工作人员应当对专利代理机构年度报告中不予公示的内容保密。

第三十五条 任何单位或者个人发现专利代理机构公示的信息不准确的，可以向国家知识产权局提出，国家知识产权局核查后予以更正。

第三十六条 任何单位或者个人认为专利代理机构公示的信息虚假的，可以向国家知识产权局或者省、自治区、直辖市知识产权局举报，国家知识产权局或者省、自治区、直辖市知识产权局应当自收到举报材料之日起30日内进行核查并作出相应处理。

第三十七条 专利代理机构有下列情形之一的，国家知识产权局将其列入专利代理机构经营异常名录，并进行公示：

（一）取得专利代理机构注册证或者提交年度报告时提供虚假信息的；

（二）未在规定的期限提交年度报告或者未按照国家知识产权局责令的期限提交有关专利代理机构信息的；

（三）擅自变更名称、办公场所、执行事务合伙人或者法定代表人、合伙人或者股东的；

（四）擅自设立办事机构的；

（五）不再符合设立条件，省、自治区、直辖市知识产权局责令其整改，期限届满仍不符合条件的；

（六）就同一专利申请或者专利案件接受有利害关系的其他委托人委托的；

（七）以自己名义申请专利或者请求宣告专利权无效的；

(八)疏于管理,造成严重后果的。

专利代理机构自被列入经营异常名录之日起满1年未再发生第一款规定情形的,由国家知识产权局将其移出经营异常名录。

第三十八条 专利代理机构自被列入经营异常名录之日起满3年仍不符合规定的,国家知识产权局将其列入严重违法专利代理机构名单,并进行公示。

专利代理机构自被列入严重违法专利代理机构名单之日起满5年未再发生本办法第三十七条第一款规定情形的,由国家知识产权局将其移出严重违法专利代理机构名单。

第三十九条 国家知识产权局组织指导省、自治区、直辖市知识产权局对专利代理机构和专利代理人的信息公示情况和执业活动进行检查、监督。

省、自治区、直辖市知识产权局应当于每年12月31日前向国家知识产权局提交当年的检查监督报告。

第四十条 省、自治区、直辖市知识产权局应当按照公平规范的要求,根据本行政区域内专利代理机构数量,对专利代理机构进行抽查或者普查。

本行政区域内专利代理机构20家以下的,进行普查;专利代理机构21家以上50家以下的,每年抽查不少于20家;专利代理机构51家以上的,每年抽查不少于30家。

第四十一条 省、自治区、直辖市知识产权局可以采取书面检查、实地检查、网络监测等方式对专利代理机构进行检查,可以根据需要与相关部门联合检查。对已被列入经营异常名录或者严重违法专利代理机构名单的专利代理机构应当进行实地检查。

第四十二条 省、自治区、直辖市知识产权局应当重点对以下事项进行检查监督:

(一)专利代理机构是否符合设立条件;

(二)专利代理机构执行事务合伙人或者法定代表人、合伙人或者股东是否符合资格要求;

(三)专利代理机构提交的年度报告公示信息与实际情况是否一致,与工商行政管理部门公示的信息是否一致;

(四)专利代理机构是否存在本办法第三十七条第一款规定的情形;

(五)专利代理人是否符合执业条件,其执业活动是否符合执业规范。

第四十三条 省、自治区、直辖市知识产权局进行检查监督时,发现专利代理机构和专利代理人的执业活动有不符合相关法律法规规定的,应当及时依法处理;发现专利代理机构有本办法第三十七条第一款规定情形的,应当上报国家知识产权局。

第四十四条 省、自治区、直辖市知识产权局依法对专利代理机构进行检查监督时,应当将检查监督的情况和处理结果予以记录,由检查监督人员签字后归档。

专利代理机构应当配合省、自治区、直辖市知识产权局的检查监督,接受询问,如实提供有关情况和材料。

第五章 附 则

第四十五条 本办法由国家知识产权局负责解释。

第四十六条 本办法自2015年5月1日起施行。2003年6月6日国家知识产权局令第三十号发布的《专利代理管理办法》和2011年3月28日国家知识产权局令第六十一号发布的《关于修改〈专利代理管理办法〉的决定》同时废止。

专利代理惩戒规则(试行)

(2002年12月12日国家知识产权局局长令第25号公布自2003年1月1日起施行)

第一条 为了加强对专利代理机构和专利代理人的执业监督,规范专利代理执业行为,维护专利代理行业的正常秩序,根据《中华人民共和国专利法》和《专利代理条例》制定本规则。

第二条 专利代理机构、专利代理人执业应当遵守法律、法规和规章的规定,恪守专利代理职业道德和执业纪律。

专利代理机构和专利代理人执业应当接受国家、社会和当事人的监督。

第三条 专利代理机构或者专利代理人违反有关法律、法规和规章规定的,由专利行政部门按照本规则给予惩戒。

国家知识产权局和各省、自治区、直辖市知识产权局分别设立专利代理惩戒委员会,具体实施本规则。

第四条 对专利代理机构的惩戒分为:

(一)警告;

(二)通报批评;

(三)停止承接新代理业务3至6个月;

(四)撤销专利代理机构。

第五条 对专利代理人的惩戒分为:

(一)警告;

(二)通报批评;

(三)收回专利代理人执业证书;

(四)吊销专利代理人资格。

第六条 专利代理机构有下列情形之一的,应当责令其改正,并给予本规则第四条规定的惩戒:

(一)申请设立时隐瞒真实情况,弄虚作假的;

(二)擅自改变主要登记事项的;

(三)擅自设立分支机构的;

(四)年检逾期又不主动补报的;

(五)以不正当手段招揽业务的;

(六)接受委托后,无正当理由拒绝进行代理的;

（七）就同一专利申请或者专利案件接受有利害关系的其他委托人的委托的；

（八）因过错给当事人造成重大损失的；

（九）从事其他违法业务活动或者违反国务院有关规定的。

第七条 专利代理人有下列情形之一的，应当责令其改正，并给予本规则第五条规定的惩戒：

（一）同时在两个以上专利代理机构执业的；

（二）诋毁其他专利代理人、专利代理机构的，或者以不正当方式损害其利益的；

（三）私自接受委托、私自向委托人收取费用、收受委托人财物、利用提供专利代理服务的便利牟取当事人争议的权益、或者接受对方当事人财物的；

（四）妨碍、阻扰对方当事人合法取得证据的；

（五）干扰专利审查工作或者专利行政执法工作的正常进行的；

（六）专利行政部门的工作人员退休、离职后从事专利代理业务，对本人审查、处理过的专利申请案件或专利案件进行代理的；

（七）泄露委托人的商业秘密或者个人隐私的；

（八）因过错给当事人造成重大损失的；

（九）从事其他违法业务活动的。

第八条 有下列情形之一的，应当给予直接责任人本规则第五条第（三）项或者第（四）项规定的惩戒，可以同时给予其所在专利代理机构本规则第四条第（三）项或者第（四）项规定的惩戒：

（一）违反专利法第十九条的规定，泄露委托人发明创造的内容的；

（二）剽窃委托人的发明创造的；

（三）向专利行政部门的工作人员行贿的，或者指使、诱导当事人行贿的；

（四）提供虚假证据、隐瞒重要事实的，或者指使、引诱他人提供虚假证据、隐瞒重要事实的；

（五）受刑事处罚的（过失犯罪除外）；

（六）从事其他违法业务活动后果严重的。

第九条 具有专利代理人资格、但没有取得专利代理人执业证书的人员为牟取经济利益而接受专利代理委托，从事专利代理业务的，应当责令其停止非法执业活动，并记录在案。有本规则第七条、第八条所列行为的，应当给予警告、通报批评、吊销专利代理人资格的惩戒。

第十条 按本规则应当给予惩戒，但有下列情形之一的，可以从轻处分：

（一）主动承认错误并承担责任的；

（二）及时采取有效措施，防止不良后果发生或者减轻不良后果的。

按本规则应当给予惩戒，但有下列情形之一的，可以从重处分：

（一）对检举人、证人打击报复的；

（二）案发后订立攻守同盟或者隐匿、销毁证据，阻挠调查的。

第十一条 国家知识产权局专利代理惩戒委员会由国家知识产权局、中华全国专利代理人协会的人员和专利代理人的代表组成。

省、自治区、直辖市专利代理惩戒委员会由省、自治区、直辖市知识产权局的人员和专利代理人的代表组成。

专利代理惩戒委员会委员的任期为3年。

第十二条 专利代理惩戒委员会委员有下列情形之一的，应当自行回避；当事人也有权申请他们回避：

（一）是案件当事人或者当事人近亲属的；

（二）与案件的处理结果有利害关系的；

（三）与案件当事人有其他关系，可能影响处理结果公正的。

第十三条 对专利代理机构和专利代理人违反法律、法规和规章规定的行为，任何单位或者个人都有权向该专利代理机构所在地的省、自治区、直辖市专利代理惩戒委员会投诉。必要时，国家知识产权局专利代理惩戒委员会和省、自治区、直辖市专利代理惩戒委员会也可以依职权主动立案。

第十四条 专利代理惩戒委员会应当在受理投诉之日或者主动立案之日起的3个月内做出决定。

省、自治区、直辖市专利代理惩戒委员会认为需要吊销专利代理人资格、撤销专利代理机构的，应当将其调查结果和惩戒理由上报国家知识产权局专利代理惩戒委员会。国家知识产权局专利代理惩戒委员会应当在收到上报材料之日起的2个月内做出决定。

第十五条 专利代理惩戒委员会表决通过惩戒决定前，应当允许当事人进行陈述或者申辩，并对当事人提出的事实、证据和理由进行调查核实。

第十六条 专利代理惩戒委员会表决通过惩戒决定后，应当制作惩戒决定书，记载以下事项：

（一）被惩戒的专利代理机构或者专利代理人的名称、姓名和地址；

（二）事由及调查核实的结果；

（三）专利代理惩戒委员会的决定；

（四）决定日期。

第十七条 专利代理惩戒委员会做出的惩戒决定应当经同级知识产权局批准，并以该局的名义发出。

惩戒决定书应当在批准之日起的10日内送达被惩戒的专利代理机构或者专利代理人。

第十八条 专利代理惩戒委员会的委员和工作人员在正式送达惩戒决定书之前负有保密责任 。

第十九条 对专利代理惩戒委员会的惩戒决定不服的，可以在收到惩戒决定书之日起的2个月内依法申请复议，也可以直接向人民法院提起行政诉讼。

第二十条 省、自治区、直辖市专利代理惩戒委员会应当在其惩戒决定生效之日起的10日内向国家知识产权局专利代理惩戒委员会备案。

惩戒决定生效后，除给予警告的以外，由做出惩戒决定的专利代理惩戒委员会在政府网站或者新闻媒体上予以公布。

第二十一条 专利代理惩戒委员会的具体工作章程和惩戒决定书表格由国家知识产权局统一制定。

第二十二条 本规则由国家知识产权局负责解释。

第二十三条 本规则自2003年1月1日起施行。

专利代理人资格考试实施办法

（2008年8月25日国家知识产权局令第47号公布 自2008年10月1日起施行）

第一条 为了规范专利代理人资格考试工作，根据《中华人民共和国专利法》和《专利代理条例》，制定本办法。

第二条 专利代理人资格考试实行全国统一考试制度，每年举行一次考试。

第三条 专利代理人资格考试包括以下考试科目：

（一）专利法律知识；

（二）相关法律知识；

（三）专利代理实务。

专利代理人资格考试采取闭卷笔答方式。

第四条 国家知识产权局组织成立专利代理人考核委员会。考核委员会负责审定《专利代理人资格考试大纲》和确定专利代理人资格考试合格分数线，其成员由国家知识产权局、国务院有关部门、中华全国专利代理人协会的有关人员以及专利代理人的代表组成，主任由国家知识产权局局长担任。

专利代理人考核委员会办公室设在国家知识产权局，负责专利代理人资格考试的各项具体工作。

第五条 国家知识产权局每年应当在举行专利代理人资格考试六个月前以公告的形式公布考点城市、考试时间及证书发放等事项。

专利代理人资格考试由国家知识产权局统一命题，命题范围以《专利代理人资格考试大纲》为准。

第六条 各考点城市所在的省、自治区、直辖市知识产权局承办受理报名、审查报名人员资格、设置考场、组织考试、发放考试成绩单等项工作。

第七条 报名参加专利代理人资格考试的人员，应当符合《专利代理条例》第十五条规定的条件。

有下列情形之一的人员，不得参加专利代理人资格考试：

（一）因故意犯罪受过刑事处罚的；

（二）被吊销专利代理人资格的；

（三）属于本办法第十二条规定的被处以三年内不得报名参加专利代理人资格考试，且未满三年的。

第八条 举办专利代理人资格考试培训班的，不得强制要求考试报名人员参加培训，不得强制要求参加培训的人员购买其指定的教材或者其他考试资料。

第九条 参与专利代理人资格考试命题和组织管理工作的人员不得泄漏考试试题及其他相关信息，并且不得参加考试。

命题人员不得从事与专利代理人资格考试有关的授课、答疑、辅导等活动。

第十条 国家知识产权局负责专利代理人资格考试的全国统一阅卷工作，并公布考试成绩。

第十一条 应试人员达到专利代理人资格考试合格分数线的，由国家知识产权局颁发《专利代理人资格证书》。

第十二条 应试人员有违纪行为的，视情节、后果给予警告、确认考试成绩无效、三年内不得报名参加专利代理人资格考试的处理；考试工作人员有违纪行为的，视情节、后果给予相应的处理，情节严重构成犯罪的，依法追究法律责任。

对应试人员和考试工作人员违纪行为的具体处理办法由国家知识产权局另行规定。

第十三条 专利代理人资格考试考务规则由国家知识产权局另行规定。

第十四条 本办法自2008年10月1日起施行，国家知识产权局令第三十六号发布的《专利代理人资格考试实施办法》同日废止。

专利代理人资格考试违纪行为处理办法

（2008年9月26日国家知识产权局令第49号公布 自2008年11月1日起施行）

第一条 为加强对全国专利代理人资格考试的管理，严肃考试纪律，保证考试顺利实施，根据《专利代理条例》和《专利代理人资格考试实施办法》的有关规定，制定本办法。

第二条 本办法适用于全国专利代理人资格考试应试人员和工作人员。

第三条 国家知识产权局和考点所在地的省、自治区、直辖市知识产权局（以下简称考点知识产权局）依据本办法对应试人员和工作人员的违纪行为进行处理。

第四条 处理违纪行为，应当事实清楚、证据确凿，程序规范，适用规定准确。

第五条 应试人员有下列情形之一，由所在考场的监考人员给予其口头警告，并责令其改正；经警告仍不改正的，监考人员应当报总监考人，由总监考人决定给予其责令离开考场的处理：

（一）随身携带书籍、资料、笔记、报纸等带有文字的纸张或者具有通讯、存储、录放等功能的电子产品进入考场的；

（二）未按规定在考试开始30分钟内填写姓名、填涂准考证号码或者粘贴条形码的；

（三）考试期间相互交谈、随意站立或者随意走动的；

（四）在考场内喧哗、吸烟或者有其他影响考场秩序行为的；

（五）未在本人应坐位置答题的；

（六）有其他类似违纪行为的。

第六条 应试人员有下列情形之一，所在考场的监考人员应当报总监考人，由总监考人决定给予其责令离开考场以及本场考试成绩无效的处理：

（一）夹带或者查看与考试有关资料的；

（二）使用具有通讯、存储、录放等功能的电子产品的；

（三）抄袭他人答案或者同意、默许、帮助他人抄袭的；

（四）以口头、书面或者肢体语言等方式传递答题信息的；

（五）协助他人作弊的；

（六）将试卷或者答题卡带出考场的；

（七）有其他类似较为严重的违纪行为的。

第七条 应试人员有下列情形之一，所在考场的监考人员应当报总监考人，由总监考人决定给予其责令离开考场的处理，并报考点知识产权局决定给予其当年考试成绩无效的处理：

（一）与其他考场应试人员或者考场外人员串通作弊的；

（二）以打架斗殴等方式严重扰乱考场秩序的；

（三）以威胁、侮辱、殴打等方式妨碍考试工作人员履行职责的；

（四）有其他类似严重违纪行为的。

有本条前款第（二）项、第（三）项所列行为，违反《治安管理处罚法》的，移交公安机关处理。

第八条 应试人员有下列情形之一，由国家知识产权局决定给予其当年考试成绩无效、三年不得报名参加专利代理人资格考试的处理：

（一）由他人冒名代替或者代替他人参加考试的；

（二）参与有组织作弊情节严重的；

（三）有其他类似特别严重违纪行为的。

当场发现本条前款所列行为的，由所在考点总监考人决定给予其责令离开考场的处理，并报国家知识产权局决定给予前款所述的处理。

第九条 通过提供虚假证明材料或者以其他违法手段获得准考证并参加考试的，由国家知识产权局决定给予其当年考试成绩无效的处理；已经取得专利代理人资格证的，由国家知识产权局给予确认资格证无效的处理。

第十条 考试工作人员在考试过程中发现应试人员有本办法所列违纪行为的，应当在考场记录单中写明违纪行为的具体情况和采取的处理措施，由两名以上（含两名）监考人员和总监考人签字。

对应试人员用于作弊的材料、工具等，应当及时采取必要措施保全证据，并填写清单。

第十一条 考试工作人员有下列情形之一的，国家知识产权局或者考点知识产权局应当停止其继续参加考试工作，视情况给予行政处分或者建议其所在单位给予相应处理；构成犯罪的，依法追究刑事责任：

（一）违反相关规定擅自参加考试的；

（二）命题人员从事与专利代理人资格考试有关的授课、答疑、辅导等活动的；

（三）发现报名人员有提供虚假证明或者证件等行为而隐瞒不报的；

（四）擅自为应试人员调换座位及考场的；

（五）考试期间擅自将试卷带出或者传出考场的；

（六）纵容、包庇应试人员作弊的；

（七）提示或者暗示应试人员试题答案的；

（八）在接送试卷、保管试卷、巡考、监考、阅卷等环节丢失、严重损毁试卷或者答题卡的；

（九）外传、截留、窃取、擅自开拆未开试卷或者已密封答题卡的；

（十）泄露试题内容的；

（十一）偷换、涂改答题卡或者私自变更考试成绩的；

（十二）组织或者参与考试作弊的；

（十三）利用考试工作便利索贿、受贿或者谋取其他私利的；

（十四）对应试人员进行挟私报复或者故意诬陷的；

（十五）未按规定履行职责或者有其他违纪行为的。

第十二条 国家知识产权局或者考点知识产权局根据本办法对应试人员给予本场考试成绩无效、当年考试成绩无效、三年不得报名参加专利代理人资格考试、确认专利代理人资格证无效的处理或者对考试工作人员违纪行为进行处理的，应当以书面方式作出违纪处理决定，并将有关证据材料存档备查。

第十三条 对于应试人员或者考试工作人员因违纪行为受到处理的有关情况，国家知识产权局或者考点知识产权局认为必要时可以通报其所在单位。

第十四条 应试人员对违纪处理决定不服的，可以依法申请行政复议或者提起行政诉讼。

第十五条 本办法自2008年11月1日起施行。

专利申请号标准

（2003年7月14日国家知识产权局令第32号公布　自2003年10月1日起施行）

1　范围

本标准规定了专利申请号的编号规则。

本标准适用于为各种目的，特别是为法定程序和文献出版的目的，在任何地点，以任何方式使用中国专利申请号的任何单位和个人。

2　术语和定义

下列术语和定义适用于本标准。除国家法律另有明确规定外，国家知识产权局对于本标准中采用的术语和定义拥有最终解释权。

2.1　专利申请

本标准所称专利申请包括发明专利申请、实用新型专利申请和外观设计专利申请。

2.2　专利申请号

专利申请号是指国家知识产权局受理一件专利申请时给予该专利申请的一个标识号码。

2.3　校验位

校验位是指以专利申请号中使用的数字组合作为源数据经过计算得出的1位阿拉伯数字（0至9）或大写英文字母X。

3　制定原则

3.1　唯一性原则

为了使一件专利申请在受理、审查及其他与专利有关的法定程序中能够明确地区别于任何其他专利申请，本标准制定的专利申请号编号规则体现了唯一性原则。

唯一性原则具有两层含义：第一层含义是，在一件专利申请的审查程序及其他相关法定程序中，以及在由该专利申请所取得的专利权存续期间，国家知识产权局仅给予该专利申请一个专利申请号。这个专利申请号不会由于专利申请文件内容的修改、专利申请法律状态的变化以及发明人/设计人、专利申请人或专利权人的变更而发生变化。专利申请号也不会因分案而发生改变，在依据一件专利申请（母案）提出分案申请的情况下，分案申请将具有新的专利申请号，而母案申请仍然保留原专利申请号不变。第二层含义是，一个专利申请号只可能用于一件专利申请，即使在一件专利申请或由此取得的专利权灭失之后，任何其他专利申请也不再可能使用该专利申请号。

3.2　科学性原则

由于专利制度的法律保护和技术信息作用均具有广泛的社会性和长久的时间性，要求专利申请号既具有唯一性和有利于信息化管理工作的特性，又具有容易理解和记忆，方便使用的特点，因此，在制定本标准时采用了科学的编号规则，在专利申请号中包含了表示受理专利申请的公元年号、表示专利申请种类的种类号和表示专利申请相对顺序的流水号。

4　专利申请号的编号规则

4.1　专利申请号的组成结构

专利申请号用12位阿拉伯数字表示，包括申请年号、申请种类号和申请流水号三个部分。

按照由左向右的次序，专利申请号中的第1—4位数字表示受理专利申请的年号，第5位数字表示专利申请的种类，第6—12位数字（共7位）为申请流水号，表示受理专利申请的相对顺序。

专利申请号中使用的每一位阿拉伯数字均为十进制。

4.2　申请年号

专利申请号中的年号采用公元纪年，例如2004表示专利申请的受理年份为公元2004年。

4.3　申请种类号

专利申请号中的申请种类号用1位数字表示，所使用数字的含义规定如下：1表示发明专利申请；2表示实用新型专利申请；3表示外观设计专利申请；8表示进入中国国家阶段的PCT发明专利申请；9表示进入中国国家阶段的PCT实用新型专利申请。

上述申请种类号中未包含的其他阿拉伯数字在作为种类号使用时的含义由国家知识产权局另行规定。

4.4　申请流水号

专利申请号中的申请流水号用7位连续数字表示，一般按照升序使用，例如从0000001开始，顺序递增，直至9999999。

每一自然年度的专利申请号中的申请流水号重新编排，即从每年1月1日起，新发放的专利申请号中的申请流水号不延续上一年度所使用的申请流水号，而是从0000001重新开始编排。

4.5　专利申请号编号规则图示

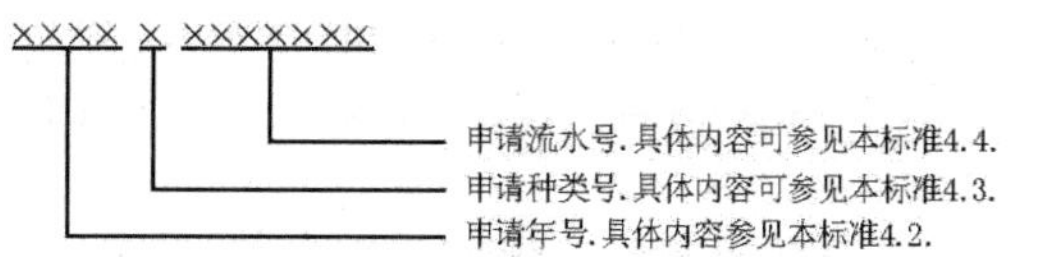

5　专利申请号的使用规则

5.1　专利申请号与校验位的联合使用

国家知识产权局在受理专利申请时给予专利申请号和校验位。校验位位于专利申请号之后，在专利申请号与校验位之间使用一个下标单字节实心圆点符号作为间隔符。除法律法规和行政规章另有规定以外，在专利法、专利法实施细则及其他相关法规规定的各种法定程序中均应将专利申请号与校验位（包括两者之间的间隔符）联合使用。

5.2 专利申请号与中国国家代码 CN 的联合使用

可以将中国国家代码 CN 与专利申请号联合使用,以表明该专利申请是由中国国家知识产权局受理。代码 CN 应位于专利申请号之前,如果需要,可以在 CN 与专利申请号之间使用 1 位单字节空格。

5.3 专利申请号的书写及印刷格式

除法律法规、行政规章规定专利申请号(包括与校验位联合使用的情况)的所有数字必须连续书写或印刷以外,在专利申请号的年号与种类号、种类号与流水号之间可以分别使用 1 位单字节空格。

在表示年号及流水号的数字段内、流水号与间隔符之间、间隔符与校验位之间不得使用空格。

在专利申请号(包括与校验位联合使用的情况)的前后或其中不得使用 5.1、5.2 和 5.3 第 1 款规定以外的任何其他文字、数字、符号或空格作为专利申请号的组成部分。

6 专利申请号标准的管理

由国家知识产权局指定的本标准管理者依据本标准的条款内容,对专利申请号标准进行管理,并负责建立一个专利申请号标准有效运行环境。

本标准管理者的具体职责是:

——依据本标准的内容,保证专利申请号使用的唯一性;

——负责专利申请号的管理和维护;

——解释本标准的规范性术语和定义;

——提出改进建议。

7 标准的发布

本标准于 2003 年 7 月 14 日发布。

8 标准的施行

8.1 标准施行

本标准于 2003 年 10 月 1 日正式施行。

8.2 标准监督

国家知识产权局标准化委员会负责监督标准的实施。

8.3 标准改进

国家知识产权局标准化委员会对本标准管理者提出的改进建议进行评审,如有必要,可以制定新标准代替本标准。

关于台湾同胞专利申请的若干规定

(2010 年 11 月 15 日国家知识产权局令第 58 号公布 自 2010 年 11 月 22 日起施行)

第一条 为了方便台湾同胞向国家知识产权局申请专利,制定本规定。

第二条 台湾地区申请人(以下简称申请人)在台湾地区专利主管机构第一次提出发明或者实用新型专利申请之日起十二个月内,或者第一次提出外观设计专利申请之日起六个月内,又在国家知识产权局就相同主题提出专利申请的,可以要求享有其台湾地区在先申请的优先权(以下简称台湾地区优先权)。

申请人根据前款规定要求台湾地区优先权的,其在先申请的申请日应当在 2010 年 9 月 12 日(含当日)以后。

第三条 申请人可以在一件申请中要求一项或者多项台湾地区优先权;要求多项台湾地区优先权的,该申请的台湾地区优先权期限从最早的在先申请的申请日起计算。

第四条 申请人要求台湾地区优先权的,应当在向国家知识产权局提出专利申请的同时在请求书中声明,并且在三个月内提交由台湾地区专利主管机构出具的在先申请文件的副本;未在请求书中声明或者期满未提交在先申请文件副本的,视为未要求台湾地区优先权。

申请人在请求书中声明要求台湾地区优先权的,应当写明在先申请的申请日和申请号,并写明原受理机构为"台湾地区"。

第五条 申请人要求一项或者多项台湾地区优先权而在请求书的声明中未写明或者错写其中某件在先申请的申请日、申请号和原受理机构名称中的一项或者两项内容,但申请人已在规定的期限内提交了在先申请文件副本的,国家知识产权局应当通知申请人补正;申请人期满未答复或者补正后仍不符合规定的,视为未要求该项台湾地区优先权。

第六条 申请人要求多项台湾地区优先权的,应当提交全部在先申请文件副本。

在先申请文件副本至少应当表明原受理机构、申请人、申请日、申请号。在先申请文件副本不符合规定的,国家知识产权局应当通知申请人补正;申请人期满未答复或者补正后仍不符合规定的,视为未提交该在先申请文件副本。

国家知识产权局依据有关协议,通过电子交换途径获得在先申请文件副本的,视为申请人提交了符合规定的在先申请文件副本。

申请人已向国家知识产权局提交过在先申请文件副本,需要再次提交的,可以仅提交该副本的题录,但应当注明在先申请文件副本的原件所在申请案卷的申请号。

第七条 要求台湾地区优先权的申请人与在先申请文件副本中记载的申请人不一致的,应当在向国家知识产权局提出专利申请之日起三个月内提交台湾地区优先权转让证明或者有关说明;期满未提交或者提交的文件不符合规定的,视为未要求台湾地区优先权。

第八条 申请人要求台湾地区优先权后,可以撤回其全部或者其中某一项或者几项台湾地区优先权要求。

申请人撤回其台湾地区优先权要求的,应当提交全体申请人签字或者盖章的撤回台湾地区优先权声明;撤回台湾地区优先权声明不符合规定的,视为未提出撤回台湾地区优先权声明。

申请人撤回其台湾地区优先权要求导致该申请的最早台湾地区优先权日变更，且自该台湾地区优先权日起算的各种期限尚未届满的，其台湾地区优先权期限应当自变更后的最早台湾地区优先权日或者申请日起算；撤回台湾地区优先权的声明是在变更前的最早台湾地区优先权日起十五个月之后到达国家知识产权局的，则在后专利申请的公布期限仍按照变更前的最早台湾地区优先权日起算。

第九条　要求台湾地区优先权的，应当在缴纳申请费的同时，根据专利法实施细则第九十三条的规定缴纳台湾地区优先权要求费；期满未缴纳或者未缴足的，视为未要求台湾地区优先权。

第十条　被视为未要求台湾地区优先权并属于下列情形之一的，申请人可以根据专利法实施细则第六条的规定请求恢复要求台湾地区优先权的权利：

（一）由于未在指定期限内办理补正手续导致视为未要求台湾地区优先权的；

（二）要求台湾地区优先权声明中至少一项内容填写正确，但未在规定的期限内提交在先申请文件副本或者台湾地区优先权转让证明文件或者有关说明的；

（三）要求台湾地区优先权声明中至少一项内容填写正确，但未在规定的期限内缴纳或者缴足台湾地区优先权要求费的；

（四）分案申请的原申请要求了台湾地区优先权的。

除上述情形外，其他原因造成被视为未要求台湾地区优先权的，不予恢复。

第十一条　申请人提出的专利申请文件中，含有与现行法律、法规、规章相抵触的词句的，国家知识产权局应当通知申请人在两个月内删除或者修改，期满不答复的，其申请被视为撤回；申请人拒绝删除、修改或者修改后仍不符合规定的，应当驳回该专利申请。明显不涉及技术内容的词句，国家知识产权局可以依职权删除并通知申请人；申请人不同意删除的，应当驳回该专利申请。

第十二条　国家知识产权局依申请人请求出具申请文件副本的，应当先根据本规定第十一条对申请文件用语进行审查；

申请文件中含有与现行法律、法规、规章相抵触的词句的，在初审合格之前不予办理。

第十三条　申请人不愿公布其地址的，可在“申请人地址”栏中注明“中国台湾”。

第十四条　本规定自2010年11月22日起施行。原中国专利局1993年3月29日颁布的《关于受理台胞专利申请的规定》（国专发法字〔1993〕第63号）和1993年4月23日颁布的《关于台胞申请专利手续中若干问题的处理办法》（国专发审字〔1993〕第69号）同时废止。

用于专利程序的生物材料保藏办法

（2015年1月16日国家知识产权局令第69号公布　自2015年3月1日起施行）

第一章　总　　则

第一条　为了规范用于专利程序的生物材料的保藏和提供样品的程序，根据《中华人民共和国专利法》和《中华人民共和国专利法实施细则》（以下简称专利法实施细则），制定本办法。

第二条　生物材料保藏单位负责保藏用于专利程序的生物材料以及向有权获得样品的单位或者个人提供所保藏的生物材料样品。

第三条　在中国没有经常居所或者营业所的外国人、外国企业或者外国其他组织根据本办法办理相关事务的，应当委托依法设立的专利代理机构办理。

第二章　保藏生物材料

第四条　专利申请人依照专利法实施细则第二十四条提交生物材料保藏时，应当向保藏单位提交该生物材料，并附具保藏请求书写明下列事项：

（一）请求保藏的生物材料是用于专利程序的目的，并保证在本办法第九条规定的保藏期间内不撤回该保藏；

（二）专利申请人的姓名或者名称和地址；

（三）详细叙述该生物材料的培养、保藏和进行存活性检验所需的条件；保藏两种以上生物材料的混合培养物时，应当说明其组分以及至少一种能检查各个组分存在的方法；

（四）专利申请人给予该生物材料的识别符号，以及对该生物材料的分类命名或者科学描述；

（五）写明生物材料具有或者可能具有危及健康或者环境的特性，或者写明专利申请人不知道该生物材料具有此种特性。

第五条　保藏单位对请求保藏的生物材料的生物特性不承担复核的义务。专利申请人要求对该生物材料的生物特性和分类命名进行复核检验的，应当在提交保藏生物材料时与保藏单位另行签订合同。

第六条　保藏单位收到生物材料和保藏请求书后，应当向专利申请人出具经保藏单位盖章和负责人签字的书面保藏证明。保藏证明应当包括下列各项：

（一）保藏单位的名称和地址；

（二）专利申请人的姓名或者名称和地址；

（三）收到生物材料的日期；

（四）专利申请人给予该生物材料的识别符号，以及对该生物材料的分类命名或者科学描述；

（五）保藏单位给予的保藏编号。

第七条　有下列情形之一的，保藏单位对生物材料不予保藏，并应当通知专利申请人：

（一）该生物材料不属于保藏单位接受保藏的生物材料种类；

（二）该生物材料的性质特殊，保藏单位的技术条件无法进行保藏；

（三）保藏单位在收到保藏请求时，有其他理由无法接受该生物材料。

第八条　保藏单位收到生物材料以及保藏请求后应当及时进行存活性检验，并向专利申请人出具经保藏单位盖章和负责人签字的书面存活证明。存活证明应当记载该生物材料是否存活，并应当包括下列各项：

（一）保藏单位的名称和地址；

（二）专利申请人的姓名或者名称和地址；

（三）收到生物材料的日期；

（四）保藏单位给予的保藏编号；

（五）存活性检验的日期。

在保藏期间内，应专利申请人或者专利权人随时提出的请求，保藏单位应当对该生物材料进行存活性检验并向其出具经保藏单位盖章和负责人签字的书面存活证明。

第九条　用于专利程序的生物材料的保藏期限至少30年，自保藏单位收到生物材料之日起计算。保藏单位在保藏期限届满前收到提供生物材料样品请求的，自请求日起至少应当再保藏5年。在保藏期间内，保藏单位应当采取一切必要的措施保持其保藏的生物材料存活和不受污染。

第十条　涉及保藏的生物材料的专利申请公布前，保藏单位对其保藏的生物材料以及相关信息负有保密责任，不得向任何第三方提供该生物材料的样品和信息。

第十一条　生物材料在保藏期间内发生死亡或者污染等情况的，保藏单位应当及时通知专利申请人或者专利权人。专利申请人或者专利权人在收到上述通知之日起4个月内重新提交与原保藏的生物材料相同的生物材料的，保藏单位予以继续保藏。

第三章　提供生物材料样品

第十二条　在保藏期间内，应保藏生物材料的专利申请人或者专利权人或者经其允许的任何单位或者个人的请求，保藏单位应当向其提供该生物材料的样品。

专利申请权或者专利权发生转让的，请求提供生物材料样品的权利以及允许他人获得生物材料样品的权利一并转让。

专利申请权或者专利权发生转让的，受让人应当及时通知保藏单位该专利申请权或者专利权的转让情况。

第十三条　《国际承认用于专利程序的微生物保藏布达佩斯条约》缔约方专利局正在审查的专利申请或者已经授予的专利权涉及保藏单位所保藏的生物材料，该专利局为其专利程序的目的要求保藏单位提供该生物材料样品的，保藏单位应当向其提供。

第十四条　国家知识产权局收到请求人依照专利法实施细则第二十五条提出的请求后，应当核实下列事项：

（一）涉及该保藏生物材料的专利申请已经向国家知识产权局提交，并且该申请的主题包括该生物材料或者其利用；

（二）所述专利申请已经公布或者授权；

（三）请求人已经按照专利法实施细则第二十五条的规定作出保证。

国家知识产权局应当将该请求和有关文件的副本转送专利申请人或者专利权人，要求其在指定期限内就是否同意向请求人提供样品提出意见。专利申请人或者专利权人不同意向请求人提供样品的，应当说明理由并提交必要的证据；逾期不提出意见的，视为同意向请求人提供样品。

国家知识产权局应当综合考虑核实的情况以及专利申请人或者专利权人提出的意见，确定是否向请求人出具其有权获得生物材料样品的证明。

第十五条　除本办法第十二条和第十三条规定的情形外，请求提供生物材料样品的单位或者个人向保藏单位提交提供样品请求书以及国家知识产权局根据本办法第十四条所出具的证明的，保藏单位应当向其提供生物材料样品。

第十六条　保藏单位依照本办法提供生物材料样品，获得生物材料样品的人使用生物材料样品的，还应当遵守国家有关生物安全、出入境管理等法律法规的规定。

第十七条　保藏单位依照本办法向专利申请人或者专利权人之外的其他单位或者个人提供生物材料样品的，应当及时通知专利申请人或者专利权人。

第十八条　自本办法第九条规定的保藏期限届满之日起1年内，专利申请人或者专利权人可以取回所保藏的生物材料或者与保藏单位协商处置该生物材料。专利申请人或者专利权人在该期限内不取回也不进行处置的，保藏单位有权处置该生物材料。

第四章　附　　则

第十九条　保藏单位确定的接受保藏的生物材料种类以及收费标准应当予以公布，并报国家知识产权局备案。

第二十条　本办法自2015年3月1日起施行。1985年3月12日中华人民共和国专利局公告第八号发布的《中国微生物菌种保藏管理委员会普通微生物中心用于专利程序的微生物保藏办法》和《中国典型培养物中心用于专利程序的微生物保藏办法》同时废止。

国家知识产权局关于规范专利申请行为的若干规定

（2007年8月27日国家知识产权局令第45号公布　自2007年10月1日起施行）

第一条　为了规范申请专利的行为，维护正常的专利工作秩序，依据专利法、专利法实施细则和专利代理条例制定本规定。

第二条　提交或者代理提交专利申请的，应当遵照法律、法规和规章的有关规定，恪守诚实信用原则，不得从事非正常申请专利的行为。

第三条　本规定所称非正常申请专利的行为是指：

（一）同一单位或者个人提交多件内容明显相同的专利申请，或者指使他人提交多件内容明显相同的专利申请；

（二）同一单位或者个人提交多件明显抄袭现有技术或者现有设计的专利申请，或者指使他人提交多件明显抄袭现有技术或者现有设计的专利申请；

（三）专利代理机构代理提交本条第（一）项或者第（二）项所述类型的专利申请。

第四条　国家知识产权局对非正常申请专利的行为，除依据专利法及其实施细则的规定对提交的专利申请进行处理之外，可以视情节采取下列处理措施：

（一）不予减缓专利费用；已经减缓的，全部或者部分追缴；

（二）在国家知识产权局政府网站以及《中国知识产权报》上予以通报；

（三）在国家知识产权局的专利申请数量统计中扣除非正常申请专利的数量；

（四）建议各地人民政府管理专利工作的部门不予资助或者奖励；已经资助或者奖励的，建议全部或者部分追还；

（五）建议中华全国专利代理人协会对从事非正常申请专利行为的专利代理机构以及专利代理人采取行业自律措施，必要时建议专利代理惩戒委员会根据《专利代理惩戒规则（暂行）》的规定给予相应惩戒；

（六）通过非正常申请专利的行为骗取资助和奖励，情节严重构成犯罪的，依法移送有关机关追究刑事责任。

第五条　国家知识产权局采取本规定第四条所列处理措施前，应当给予当事人陈述意见的机会。

第六条　各地人民政府管理专利工作的部门应当引导公众和专利代理机构依法提交专利申请。

专利代办处发现非正常申请专利行为的，应当及时报告国家知识产权局。

第七条　本规定自2007年10月1日起施行。

国家知识产权局关于专利电子申请的规定

（2010年8月26日国家知识产权局令第57号公布　自2010年10月1日起施行）

第一条　为了规范与通过互联网传输并以电子文件形式提出的专利申请（以下简称专利电子申请）有关的程序和要求，方便申请人提交专利申请，提高专利审批效率，推进电子政务建设，依照《中华人民共和国专利法实施细则》（以下简称专利法实施细则）第二条和第十五条第二款，制定本规定。

第二条　提出专利电子申请的，应当事先与国家知识产权局签订《专利电子申请系统用户注册协议》（以下简称用户协议）。

开办专利电子申请代理业务的专利代理机构，应当以该专利代理机构名义与国家知识产权局签订用户协议。

申请人委托已与国家知识产权局签订用户协议的专利代理机构办理专利电子申请业务的，无须另行与国家知识产权局签订用户协议。

第三条　申请人有两人以上且未委托专利代理机构的，以提交电子申请的申请人为代表人。

第四条　发明、实用新型和外观设计专利申请均可以采用电子文件形式提出。

依照专利法实施细则第一百零一条第二款的规定进入中国国家阶段的专利申请，可以采用电子文件形式提交。

依照专利法实施细则第一百零一条第一款的规定向国家知识产权局提出专利国际申请的，不适用本规定。

第五条　申请专利的发明创造涉及国家安全或者重大利益需要保密的，应当以纸件形式提出专利申请。

申请人以电子文件形式提出专利申请后，国家知识产权局认为该专利申请需要保密的，应当将该专利申请转为纸件形式继续审查并通知申请人。申请人在后续程序中应当以纸件形式递交各种文件。

依照专利法实施细则第八条第二款第（一）项直接向外国申请专利或者向有关国外机构提交专利国际申请的，申请人向国家知识产权局提出的保密审查请求和技术方案应当以纸件形式提出。

第六条　提交专利电子申请和相关文件的，应当遵守规定的文件格式、数据标准、操作规范和传输方式。专利电子申请和相关文件未能被国家知识产权局专利电子申请系统正常接收的，视为未提交。

第七条　申请人办理专利电子申请各种手续的，应当以电子文件形式提交相关文件。除另有规定外，国家知识产权局不接受申请人以纸件形式提交的相关文件。不符合本款规定的，相关文件视为未提交。

以纸件形式提出专利申请并被受理后，除涉及国家安全或者重大利益需要保密的专利申请外，申请人可以请求将纸件申请转为专利电子申请。

特殊情形下需要将专利电子申请转为纸件申请的，申请人应当提出请求，经国家知识产权局审批并办理相关手续后可以转为纸件申请。

第八条　申请人办理专利电子申请的各种手续的，对专利法及其实施细则或者专利审查指南中规定的应当以原件形式提交的相关文件，申请人可以提交原件的电子扫描文件。国家知识产权局认为必要时，可以要求申请人在指定期限内提交原件。

申请人在提出专利电子申请时请求减缴或者缓缴专利法实施细则规定的各种费用需要提交有关证明文件的，应当在提出专利申请时提交证明文件原件的电子扫描文件。未提交电子扫描文件的，视为未提交有关证明文件。

第九条　采用电子文件形式向国家知识产权局提交的各种文件，以国家知识产权局专利电子申请系统收到电子文件之日为递交日。

对于专利电子申请，国家知识产权局以电子文件形式向申请人发出的各种通知书、决定或者其他文件，自文件发出之日起满15日，推定为申请人收到文件之日。

第十条　专利法及其实施细则和专利审查指南中关于专利申请和相关文件的所有规定，除专门针对以纸件形式提交的专利申请和相关文件的规定之外，均适用于专利电子申请。

第十一条　本规定由国家知识产权局负责解释。

第十二条　本规定自2010年10月1日起施行。2004年2月12日国家知识产权局令第三十五号发布的《关于电子专利申请的规定》同时废止。

（三）专利实施许可

专利实施强制许可办法

（2012年3月15日国家知识产权局令第64号公布　自2012年5月1日起施行）

第一章　总　　则

第一条　为了规范实施发明专利或者实用新型专利的强制许可（以下简称强制许可）的给予、费用裁决和终止程序，根据《中华人民共和国专利法》（以下简称专利法）、《中华人民共和国专利法实施细则》及有关法律法规，制定本办法。

第二条　国家知识产权局负责受理和审查强制许可请求、强制许可使用费裁决请求和终止强制许可请求并作出决定。

第三条　请求给予强制许可、请求裁决强制许可使用费和请求终止强制许可，应当使用中文以书面形式办理。

依照本办法提交的各种证件、证明文件是外文的，国家知识产权局认为必要时，可以要求当事人在指定期限内附送中文译文；期满未附送的，视为未提交该证件、证明文件。

第四条　在中国没有经常居所或者营业所的外国人、外国企业或者外国其他组织办理强制许可事务的，应当委托依法设立的专利代理机构办理。

当事人委托专利代理机构办理强制许可事务的，应当提交委托书，写明委托权限。一方当事人有两个以上且未委托专利代理机构的，除另有声明外，以提交的书面文件中指明的第一当事人为该方代表人。

第二章　强制许可请求的提出与受理

第五条　专利权人自专利权被授予之日起满3年，且自提出专利申请之日起满4年，无正当理由未实施或者未充分实施其专利的，具备实施条件的单位或者个人可以根据专利法第四十八条第一项的规定，请求给予强制许可。

专利权人行使专利权的行为被依法认定为垄断行为的，为消除或者减少该行为对竞争产生的不利影响，具备实施条件的单位或者个人可以根据专利法第四十八条第二项的规定，请求给予强制许可。

第六条　在国家出现紧急状态或者非常情况时，或者为了公共利益的目的，国务院有关主管部门可以根据专利法第四十九条的规定，建议国家知识产权局给予其指定的具备实施条件的单位强制许可。

第七条　为了公共健康目的，具备实施条件的单位可以根据专利法第五十条的规定，请求给予制造取得专利权的药品并将其出口到下列国家或者地区的强制许可：

（一）最不发达国家或者地区；

（二）依照有关国际条约通知世界贸易组织表明希望作为进口方的该组织的发达成员或者发展中成员。

第八条　一项取得专利权的发明或者实用新型比前已经取得专利权的发明或者实用新型具有显著经济意义的重大技术进步，其实施又有赖于前一发明或者实用新型的实施的，该专利权人可以根据专利法第五十一条的规定请求给予实施前一专利的强制许可。国家知识产权局给予实施前一专利的强制许可的，前一专利权人也可以请求给予实施后一专利的强制许可。

第九条　请求给予强制许可的，应当提交强制许可请求书，写明下列各项：

（一）请求人的姓名或者名称、地址、邮政编码、联系人及电话；

（二）请求人的国籍或者注册的国家或者地区；

（三）请求给予强制许可的发明专利或者实用新型专利

的名称、专利号、申请日、授权公告日，以及专利权人的姓名或者名称；

（四）请求给予强制许可的理由和事实、期限；

（五）请求人委托专利代理机构的，受托机构的名称、机构代码以及该机构指定的代理人的姓名、执业证号码、联系电话；

（六）请求人的签字或者盖章；委托专利代理机构的，还应当有该机构的盖章；

（七）附加文件清单；

（八）其他需要注明的事项。

请求书及其附加文件应当一式两份。

第十条 强制许可请求涉及两个或者两个以上的专利权人的，请求人应当按专利权人的数量提交请求书及其附加文件副本。

第十一条 根据专利法第四十八条第一项或者第五十一条的规定请求给予强制许可的，请求人应当提供证据，证明其以合理的条件请求专利权人许可其实施专利，但未能在合理的时间内获得许可。

根据专利法第四十八条第二项的规定请求给予强制许可的，请求人应当提交已经生效的司法机关或者反垄断执法机构依法将专利权人行使专利权的行为认定为垄断行为的判决或者决定。

第十二条 国务院有关主管部门根据专利法第四十九条建议给予强制许可的，应当指明下列各项：

（一）国家出现紧急状态或者非常情况，或者为了公共利益目的需要给予强制许可；

（二）建议给予强制许可的发明专利或者实用新型专利的名称、专利号、申请日、授权公告日，以及专利权人的姓名或者名称；

（三）建议给予强制许可的期限；

（四）指定的具备实施条件的单位名称、地址、邮政编码、联系人及电话；

（五）其他需要注明的事项。

第十三条 根据专利法第五十条的规定请求给予强制许可的，请求人应当提供进口方及其所需药品和给予强制许可的有关信息。

第十四条 强制许可请求有下列情形之一的，不予受理并通知请求人：

（一）请求给予强制许可的发明专利或者实用新型专利的专利号不明确或者难以确定；

（二）请求文件未使用中文；

（三）明显不具备请求强制许可的理由；

（四）请求给予强制许可的专利权已经终止或者被宣告无效。

第十五条 请求文件不符合本办法第四条、第九条、第十条规定的，请求人应当自收到通知之日起 15 日内进行补正。期满未补正的，该请求视为未提出。

第十六条 国家知识产权局受理强制许可请求的，应当及时将请求书副本送交专利权人。除另有指定的外，专利权人应当自收到通知之日起 15 日内陈述意见；期满未答复的，不影响国家知识产权局作出决定。

第三章 强制许可请求的审查和决定

第十七条 国家知识产权局应当对请求人陈述的理由、提供的信息和提交的有关证明文件以及专利权人陈述的意见进行审查；需要实地核查的，应当指派两名以上工作人员实地核查。

第十八条 请求人或者专利权人要求听证的，由国家知识产权局组织听证。

国家知识产权局应当在举行听证 7 日前通知请求人、专利权人和其他利害关系人。

除涉及国家秘密、商业秘密或者个人隐私外，听证公开进行。

举行听证时，请求人、专利权人和其他利害关系人可以进行申辩和质证。

举行听证时应当制作听证笔录，交听证参加人员确认无误后签字或者盖章。

根据专利法第四十九条或者第五十条的规定建议或者请求给予强制许可的，不适用听证程序。

第十九条 请求人在国家知识产权局作出决定前撤回其请求的，强制许可请求的审查程序终止。

在国家知识产权局作出决定前，请求人与专利权人订立了专利实施许可合同的，应当及时通知国家知识产权局，并撤回其强制许可请求。

第二十条 经审查认为强制许可请求有下列情形之一的，国家知识产权局应当作出驳回强制许可请求的决定：

（一）请求人不符合本办法第四条、第五条、第七条或者第八条的规定；

（二）请求给予强制许可的理由不符合专利法第四十八条、第五十条或者第五十一条的规定；

（三）强制许可请求涉及的发明创造是半导体技术的，其理由不符合专利法第五十二条的规定；

（四）强制许可请求不符合本办法第十一条或者第十三条的规定；

（五）请求人陈述的理由、提供的信息或者提交的有关证明文件不充分或者不真实。

国家知识产权局在作出驳回强制许可请求的决定前，应当通知请求人拟作出的决定及其理由。除另有指定的外，请求人可以自收到通知之日起 15 日内陈述意见。

第二十一条 经审查认为请求给予强制许可的理由成立

的，国家知识产权局应当作出给予强制许可的决定。在作出给予强制许可的决定前，应当通知请求人和专利权人拟作出的决定及其理由。除另有指定的外，双方当事人可以自收到通知之日起15日内陈述意见。

国家知识产权局根据专利法第四十九条作出给予强制许可的决定前，应当通知专利权人拟作出的决定及其理由。

第二十二条 给予强制许可的决定应当写明下列各项：

（一）取得强制许可的单位或者个人的名称或者姓名、地址；

（二）被给予强制许可的发明专利或者实用新型专利的名称、专利号、申请日及授权公告日；

（三）给予强制许可的范围和期限；

（四）决定的理由、事实和法律依据；

（五）国家知识产权局的印章及负责人签字；

（六）决定的日期；

（七）其他有关事项。

给予强制许可的决定应当自作出之日起5日内通知请求人和专利权人。

第二十三条 国家知识产权局根据专利法第五十条作出给予强制许可的决定的，还应当在该决定中明确下列要求：

（一）依据强制许可制造的药品数量不得超过进口方所需的数量，并且必须全部出口到该进口方；

（二）依据强制许可制造的药品应当采用特定的标签或者标记明确注明该药品是依据强制许可而制造的；在可行并且不会对药品价格产生显著影响的情况下，应当对药品本身采用特殊的颜色或者形状，或者对药品采用特殊的包装；

（三）药品装运前，取得强制许可的单位应当在其网站或者世界贸易组织的有关网站上发布运往进口方的药品数量以及本条第二项所述的药品识别特征等信息。

第二十四条 国家知识产权局根据专利法第五十条作出给予强制许可的决定的，由国务院有关主管部门将下列信息通报世界贸易组织：

（一）取得强制许可的单位的名称和地址；

（二）出口药品的名称和数量；

（三）进口方；

（四）强制许可的期限；

（五）本办法第二十三条第三项所述网址。

第四章 强制许可使用费裁决请求的审查和裁决

第二十五条 请求裁决强制许可使用费的，应当提交强制许可使用费裁决请求书，写明下列各项：

（一）请求人的姓名或者名称、地址；

（二）请求人的国籍或者注册的国家或者地区；

（三）给予强制许可的决定的文号；

（四）被请求人的姓名或者名称、地址；

（五）请求裁决强制许可使用费的理由；

（六）请求人委托专利代理机构的，受托机构的名称、机构代码以及该机构指定的代理人的姓名、执业证号码、联系电话；

（七）请求人的签字或者盖章；委托专利代理机构的，还应当有该机构的盖章；

（八）附加文件清单；

（九）其他需要注明的事项。

请求书及其附加文件应当一式两份。

第二十六条 强制许可使用费裁决请求有下列情形之一的，不予受理并通知请求人：

（一）给予强制许可的决定尚未作出；

（二）请求人不是专利权人或者取得强制许可的单位或者个人；

（三）双方尚未进行协商或者经协商已经达成协议。

第二十七条 国家知识产权局受理强制许可使用费裁决请求的，应当及时将请求书副本送交对方当事人。除另有指定的外，对方当事人应当自收到通知之日起15日内陈述意见；期满未答复的，不影响国家知识产权局作出决定。

强制许可使用费裁决过程中，双方当事人可以提交书面意见。国家知识产权局可以根据案情需要听取双方当事人的口头意见。

第二十八条 请求人在国家知识产权局作出决定前撤回其裁决请求的，裁决程序终止。

第二十九条 国家知识产权局应当自收到请求书之日起3个月内作出强制许可使用费的裁决决定。

第三十条 强制许可使用费裁决决定应当写明下列各项：

（一）取得强制许可的单位或者个人的名称或者姓名、地址；

（二）被给予强制许可的发明专利或者实用新型专利的名称、专利号、申请日及授权公告日；

（三）裁决的内容及其理由；

（四）国家知识产权局的印章及负责人签字；

（五）决定的日期；

（六）其他有关事项。

强制许可使用费裁决决定应当自作出之日起5日内通知双方当事人。

第五章 终止强制许可请求的审查和决定

第三十一条 有下列情形之一的，强制许可自动终止：

（一）给予强制许可的决定规定的强制许可期限届满；

（二）被给予强制许可的发明专利或者实用新型专利终

止或者被宣告无效。

第三十二条 给予强制许可的决定中规定的强制许可期限届满前，强制许可的理由消除并不再发生的，专利权人可以请求国家知识产权局作出终止强制许可的决定。

请求终止强制许可的，应当提交终止强制许可请求书，写明下列各项：

（一）专利权人的姓名或者名称、地址；

（二）专利权人的国籍或者注册的国家或者地区；

（三）请求终止的给予强制许可决定的文号；

（四）请求终止强制许可的理由和事实；

（五）专利权人委托专利代理机构的，受托机构的名称、机构代码以及该机构指定的代理人的姓名、执业证号码、联系电话；

（六）专利权人的签字或者盖章；委托专利代理机构的，还应当有该机构的盖章；

（七）附加文件清单；

（八）其他需要注明的事项。

请求书及其附加文件应当一式两份。

第三十三条 终止强制许可的请求有下列情形之一的，不予受理并通知请求人：

（一）请求人不是被给予强制许可的发明专利或者实用新型专利的专利权人；

（二）未写明请求终止的给予强制许可决定的文号；

（三）请求文件未使用中文；

（四）明显不具备终止强制许可的理由。

第三十四条 请求文件不符合本办法第三十二条规定的，请求人应当自收到通知之日起 15 日内进行补正。期满未补正的，该请求视为未提出。

第三十五条 国家知识产权局受理终止强制许可请求的，应当及时将请求书副本送交取得强制许可的单位或者个人。除另有指定的外，取得强制许可的单位或者个人应当自收到通知之日起 15 日内陈述意见；期满未答复的，不影响国家知识产权局作出决定。

第三十六条 国家知识产权局应当对专利权人陈述的理由和提交的有关证明文件以及取得强制许可的单位或者个人陈述的意见进行审查；需要实地核查的，应当指派两名以上工作人员实地核查。

第三十七条 专利权人在国家知识产权局作出决定前撤回其请求的，相关程序终止。

第三十八条 经审查认为请求终止强制许可的理由不成立的，国家知识产权局应当作出驳回终止强制许可请求的决定。在作出驳回终止强制许可请求的决定前，应当通知专利权人拟作出的决定及其理由。除另有指定的外，专利权人可以自收到通知之日起 15 日内陈述意见。

第三十九条 经审查认为请求终止强制许可的理由成立的，国家知识产权局应当作出终止强制许可的决定。在作出终止强制许可的决定前，应当通知取得强制许可的单位或者个人拟作出的决定及其理由。除另有指定的外，取得强制许可的单位或者个人可以自收到通知之日起 15 日内陈述意见。

终止强制许可的决定应当写明下列各项：

（一）专利权人的姓名或者名称、地址；

（二）取得强制许可的单位或者个人的名称或者姓名、地址；

（三）被给予强制许可的发明专利或者实用新型专利的名称、专利号、申请日及授权公告日；

（四）给予强制许可的决定的文号；

（五）决定的事实和法律依据；

（六）国家知识产权局的印章及负责人签字；

（七）决定的日期；

（八）其他有关事项。

终止强制许可的决定应当自作出之日起 5 日内通知专利权人和取得强制许可的单位或者个人。

第六章 附 则

第四十条 已经生效的给予强制许可的决定和终止强制许可的决定，以及强制许可自动终止的，应当在专利登记簿上登记并在专利公报上公告。

第四十一条 当事人对国家知识产权局关于强制许可的决定不服的，可以依法申请行政复议或者提起行政诉讼。

第四十二条 本办法由国家知识产权局负责解释。

第四十三条 本办法自 2012 年 5 月 1 日起施行。2003 年 6 月 13 日国家知识产权局令第三十一号发布的《专利实施强制许可办法》和 2005 年 11 月 29 日国家知识产权局令第三十七号发布的《涉及公共健康问题的专利实施强制许可办法》同时废止。

专利实施许可合同备案办法

（2011 年 6 月 27 日国家知识产权局令第 62 号公布 自 2011 年 8 月 1 日起施行）

第一条 为了切实保护专利权，规范专利实施许可行为，促进专利权的运用，根据《中华人民共和国专利法》、《中华人民共和国合同法》和相关法律法规，制定本办法。

第二条 国家知识产权局负责全国专利实施许可合同的备案工作。

第三条 专利实施许可的许可人应当是合法的专利权人或者其他权利人。

以共有的专利权订立专利实施许可合同的，除全体共有人另有约定或者《中华人民共和国专利法》另有规定的外，应当取得其他共有人的同意。

第四条 申请备案的专利实施许可合同应当以书面形式订立。

订立专利实施许可合同可以使用国家知识产权局统一制订的合同范本；采用其他合同文本的，应当符合《中华人民共和国合同法》的规定。

第五条 当事人应当自专利实施许可合同生效之日起3个月内办理备案手续。

第六条 在中国没有经常居所或者营业所的外国人、外国企业或者外国其他组织办理备案相关手续的，应当委托依法设立的专利代理机构办理。

中国单位或者个人办理备案相关手续的，可以委托依法设立的专利代理机构办理。

第七条 当事人可以通过邮寄、直接送交或者国家知识产权局规定的其他方式办理专利实施许可合同备案相关手续。

第八条 申请专利实施许可合同备案的，应当提交下列文件：

（一）许可人或者其委托的专利代理机构签字或者盖章的专利实施许可合同备案申请表；

（二）专利实施许可合同；

（三）双方当事人的身份证明；

（四）委托专利代理机构的，注明委托权限的委托书；

（五）其他需要提供的材料。

第九条 当事人提交的专利实施许可合同应当包括以下内容：

（一）当事人的姓名或者名称、地址；

（二）专利权项数以及每项专利权的名称、专利号、申请日、授权公告日；

（三）实施许可的种类和期限。

第十条 除身份证明外，当事人提交的其他各种文件应当使用中文。身份证明是外文的，当事人应当附送中文译文；未附送的，视为未提交。

第十一条 国家知识产权局自收到备案申请之日起7个工作日内进行审查并决定是否予以备案。

第十二条 备案申请经审查合格的，国家知识产权局应当向当事人出具《专利实施许可合同备案证明》。

备案申请有下列情形之一的，不予备案，并向当事人发送《专利实施许可合同不予备案通知书》：

（一）专利权已经终止或者被宣告无效的；

（二）许可人不是专利登记簿记载的专利权人或者有权授予许可的其他权利人的；

（三）专利实施许可合同不符合本办法第九条规定的；

（四）实施许可的期限超过专利权有效期的；

（五）共有专利权人违反法律规定或者约定订立专利实施许可合同的；

（六）专利权处于年费缴纳滞纳期的；

（七）因专利权的归属发生纠纷或者人民法院裁定对专利权采取保全措施，专利权的有关程序被中止的；

（八）同一专利实施许可合同重复申请备案的；

（九）专利权被质押的，但经质权人同意的除外；

（十）与已经备案的专利实施许可合同冲突的；

（十一）其他不应当予以备案的情形。

第十三条 专利实施许可合同备案后，国家知识产权局发现备案申请存在本办法第十二条第二款所列情形并且尚未消除的，应当撤销专利实施许可合同备案，并向当事人发出《撤销专利实施许可合同备案通知书》。

第十四条 专利实施许可合同备案的有关内容由国家知识产权局在专利登记簿上登记，并在专利公报上公告以下内容：许可人、被许可人、主分类号、专利号、申请日、授权公告日、实施许可的种类和期限、备案日期。

专利实施许可合同备案后变更、注销以及撤销的，国家知识产权局予以相应登记和公告。

第十五条 国家知识产权局建立专利实施许可合同备案数据库。公众可以查询专利实施许可合同备案的法律状态。

第十六条 当事人延长实施许可的期限的，应当在原实施许可的期限届满前2个月内，持变更协议、备案证明和其他有关文件向国家知识产权局办理备案变更手续。

变更专利实施许可合同其他内容的，参照前款规定办理。

第十七条 实施许可的期限届满或者提前解除专利实施许可合同的，当事人应当在期限届满或者订立解除协议后30日内持备案证明、解除协议和其他有关文件向国家知识产权局办理备案注销手续。

第十八条 经备案的专利实施许可合同涉及的专利权被宣告无效或者在期限届满前终止的，当事人应当及时办理备案注销手续。

第十九条 经备案的专利实施许可合同的种类、期限、许可使用费计算方法或者数额等，可以作为管理专利工作的部门对侵权赔偿数额进行调解的参照。

第二十条 当事人以专利申请实施许可合同申请备案的，参照本办法执行。

申请备案时，专利申请被驳回、撤回或者视为撤回的，不予备案。

第二十一条 当事人以专利申请实施许可合同申请备案的，专利申请被批准授予专利权后，当事人应当及时将专利申请实施许可合同名称及有关条款作相应变更；专利申请被驳回、撤回或者视为撤回的，当事人应当及时办理备案注销手续。

第二十二条 本办法自2011年8月1日起施行。2001年12月17日国家知识产权局令第十八号发布的《专利实施许可合同备案管理办法》同时废止。

(四)专利侵权

最高人民法院关于审理侵犯专利权纠纷案件应用法律若干问题的解释(二)

(2016年1月25日最高人民法院审判委员会第1676次会议通过　2016年3月21日最高人民法院公告公布　自2016年4月1日起施行　法释〔2016〕1号)

为正确审理侵犯专利权纠纷案件,根据《中华人民共和国专利法》《中华人民共和国侵权责任法》《中华人民共和国民事诉讼法》等有关法律规定,结合审判实践,制定本解释。

第一条　权利要求书有两项以上权利要求的,权利人应当在起诉状中载明据以起诉被诉侵权人侵犯其专利权的权利要求。起诉状对此未记载或者记载不明的,人民法院应当要求权利人明确。经释明,权利人仍不予明确的,人民法院可以裁定驳回起诉。

第二条　权利人在专利侵权诉讼中主张的权利要求被专利复审委员会宣告无效的,审理侵犯专利权纠纷案件的人民法院可以裁定驳回权利人基于该无效权利要求的起诉。

有证据证明宣告上述权利要求无效的决定被生效的行政判决撤销的,权利人可以另行起诉。

专利权人另行起诉的,诉讼时效期间从本条第二款所称行政判决书送达之日起计算。

第三条　因明显违反专利法第二十六条第三款、第四款导致说明书无法用于解释权利要求,且不属于本解释第四条规定的情形,专利权因此被请求宣告无效的,审理侵犯专利权纠纷案件的人民法院一般应当裁定中止诉讼;在合理期限内专利权未被请求宣告无效的,人民法院可以根据权利要求的记载确定专利权的保护范围。

第四条　权利要求书、说明书及附图中的语法、文字、标点、图形、符号等存有歧义,但本领域普通技术人员通过阅读权利要求书、说明书及附图可以得出唯一理解的,人民法院应当根据该唯一理解予以认定。

第五条　在人民法院确定专利权的保护范围时,独立权利要求的前序部分、特征部分以及从属权利要求的引用部分、限定部分记载的技术特征均有限定作用。

第六条　人民法院可以运用与涉案专利存在分案申请关系的其他专利及其专利审查档案、生效的专利授权确权裁判文书解释涉案专利的权利要求。

专利审查档案,包括专利审查、复审、无效程序中专利申请人或者专利权人提交的书面材料,国务院专利行政部门及其专利复审委员会制作的审查意见通知书、会晤记录、口头审理记录、生效的专利复审请求审查决定书和专利权无效宣告请求审查决定书等。

第七条　被诉侵权技术方案在包含封闭式组合物权利要求全部技术特征的基础上增加其他技术特征的,人民法院应当认定被诉侵权技术方案未落入专利权的保护范围,但该增加的技术特征属于不可避免的常规数量杂质的除外。

前款所称封闭式组合物权利要求,一般不包括中药组合物权利要求。

第八条　功能性特征,是指对于结构、组分、步骤、条件或其之间的关系等,通过其在发明创造中所起的功能或者效果进行限定的技术特征,但本领域普通技术人员仅通过阅读权利要求即可直接、明确地确定实现上述功能或者效果的具体实施方式的除外。

与说明书及附图记载的实现前款所称功能或者效果不可缺少的技术特征相比,被诉侵权技术方案的相应技术特征是以基本相同的手段,实现相同的功能,达到相同的效果,且本领域普通技术人员在被诉侵权行为发生时无需经过创造性劳动就能够联想到的,人民法院应当认定该相应技术特征与功能性特征相同或者等同。

第九条　被诉侵权技术方案不能适用于权利要求中使用环境特征所限定的使用环境的,人民法院应当认定被诉侵权技术方案未落入专利权的保护范围。

第十条　对于权利要求中以制备方法界定产品的技术特征,被诉侵权产品的制备方法与其不相同也不等同的,人民法院应当认定被诉侵权技术方案未落入专利权的保护范围。

第十一条　方法权利要求未明确记载技术步骤的先后顺序,但本领域普通技术人员阅读权利要求书、说明书及附图后直接、明确地认为该技术步骤应当按照特定顺序实施的,人民法院应当认定该步骤顺序对于专利权的保护范围具有限定作用。

第十二条　权利要求采用“至少”“不超过”等用语对数值特征进行界定,且本领域普通技术人员阅读权利要求书、说明书及附图后认为专利技术方案特别强调该用语对技术特征的限定作用,权利人主张与其不相同的数值特征属于等同特征的,人民法院不予支持。

第十三条　权利人证明专利申请人、专利权人在专利授权确权程序中对权利要求书、说明书及附图的限缩性修改或者陈述被明确否定的,人民法院应当认定该修改或者陈述未导致技术方案的放弃。

第十四条　人民法院在认定一般消费者对于外观设计所具有的知识水平和认知能力时,一般应当考虑被诉侵权行为发生时授权外观设计所属相同或者相近种类产品的设计空间。设计空间较大的,人民法院可以认定一般消费者通常不容易注意到不同设计之间的较小区别;设计空间较小的,人民法院可以认定一般消费者通常更容易注意到不同设计之间的较小区别。

第十五条 对于成套产品的外观设计专利，被诉侵权设计与其一项外观设计相同或者近似的，人民法院应当认定被诉侵权设计落入专利权的保护范围。

第十六条 对于组装关系唯一的组件产品的外观设计专利，被诉侵权设计与其组合状态下的外观设计相同或者近似的，人民法院应当认定被诉侵权设计落入专利权的保护范围。

对于各构件之间无组装关系或者组装关系不唯一的组件产品的外观设计专利，被诉侵权设计与其全部单个构件的外观设计均相同或者近似的，人民法院应当认定被诉侵权设计落入专利权的保护范围；被诉侵权设计缺少其单个构件的外观设计或者与之不相同也不近似的，人民法院应当认定被诉侵权设计未落入专利权的保护范围。

第十七条 对于变化状态产品的外观设计专利，被诉侵权设计与变化状态图所示各种使用状态下的外观设计均相同或者近似的，人民法院应当认定被诉侵权设计落入专利权的保护范围；被诉侵权设计缺少其一种使用状态下的外观设计或者与之不相同也不近似的，人民法院应当认定被诉侵权设计未落入专利权的保护范围。

第十八条 权利人依据专利法第十三条诉请在发明专利申请公布日至授权公告日期间实施该发明的单位或者个人支付适当费用的，人民法院可以参照有关专利许可使用费合理确定。

发明专利申请公布时申请人请求保护的范围与发明专利公告授权时的专利权保护范围不一致，被诉技术方案均落入上述两种范围的，人民法院应当认定被告在前款所称期间内实施了该发明；被诉技术方案仅落入其中一种范围的，人民法院应当认定被告在前款所称期间内未实施该发明。

发明专利公告授权后，未经专利权人许可，为生产经营目的使用、许诺销售、销售在本条第一款所称期间内已由他人制造、销售、进口的产品，且该他人已支付或者书面承诺支付专利法第十三条规定的适当费用的，对于权利人关于上述使用、许诺销售、销售行为侵犯专利权的主张，人民法院不予支持。

第十九条 产品买卖合同依法成立的，人民法院应当认定属于专利法第十一条规定的销售。

第二十条 对于将依照专利方法直接获得的产品进一步加工、处理而获得的后续产品，进行再加工、处理的，人民法院应当认定不属于专利法第十一条规定的“使用依照该专利方法直接获得的产品”。

第二十一条 明知有关产品系专门用于实施专利的材料、设备、零部件、中间物等，未经专利权人许可，为生产经营目的将该产品提供给他人实施了侵犯专利权的行为，权利人主张该提供者的行为属于侵权责任法第九条规定的帮助他人实施侵权行为的，人民法院应予支持。

明知有关产品、方法被授予专利权，未经专利权人许可，为生产经营目的积极诱导他人实施了侵犯专利权的行为，权利人主张该诱导者的行为属于侵权责任法第九条规定的教唆他人实施侵权行为的，人民法院应予支持。

第二十二条 对于被诉侵权人主张的现有技术抗辩或者现有设计抗辩，人民法院应当依照专利申请日时施行的专利法界定现有技术或者现有设计。

第二十三条 被诉侵权技术方案或者外观设计落入在先的涉案专利权的保护范围，被诉侵权人以其技术方案或者外观设计被授予专利权为由抗辩不侵犯涉案专利权的，人民法院不予支持。

第二十四条 推荐性国家、行业或者地方标准明示所涉必要专利的信息，被诉侵权人以实施该标准无需专利权人许可为由抗辩不侵犯该专利权的，人民法院一般不予支持。

推荐性国家、行业或者地方标准明示所涉必要专利的信息，专利权人、被诉侵权人协商该专利的实施许可条件时，专利权人故意违反其在标准制定中承诺的公平、合理、无歧视的许可义务，导致无法达成专利实施许可合同，且被诉侵权人在协商中无明显过错的，对于权利人请求停止标准实施行为的主张，人民法院一般不予支持。

本条第二款所称实施许可条件，应当由专利权人、被诉侵权人协商确定。经充分协商，仍无法达成一致的，可以请求人民法院确定。人民法院在确定上述实施许可条件时，应当根据公平、合理、无歧视的原则，综合考虑专利的创新程度及其在标准中的作用、标准所属的技术领域、标准的性质、标准实施的范围和相关的许可条件等因素。

法律、行政法规对实施标准中的专利另有规定的，从其规定。

第二十五条 为生产经营目的使用、许诺销售或者销售不知道是未经专利权人许可而制造并售出的专利侵权产品，且举证证明该产品合法来源的，对于权利人请求停止上述使用、许诺销售、销售行为的主张，人民法院应予支持，但被诉侵权产品的使用者举证证明其已支付该产品的合理对价的除外。

本条第一款所称不知道，是指实际不知道且不应当知道。

本条第一款所称合法来源，是指通过合法的销售渠道、通常的买卖合同等正常商业方式取得产品。对于合法来源，使用者、许诺销售者或者销售者应当提供符合交易习惯的相关证据。

第二十六条 被告构成对专利权的侵犯，权利人请求判令其停止侵权行为的，人民法院应予支持，但基于国家利益、公共利益的考量，人民法院可以不判令被告停止被诉行为，而判令其支付相应的合理费用。

第二十七条 权利人因被侵权所受到的实际损失难以确定的，人民法院应当依照专利法第六十五条第一款的规定，要求权利人对侵权人因侵权所获得的利益进行举证；在权利人已经提供侵权人所获利益的初步证据，而与专利侵权行为相关的账簿、资料主要由侵权人掌握的情况下，人民法院可以责令侵权人提供该账簿、资料；侵权人无正当理由拒不提供或者提供虚假的账簿、资料的，人民法院可以根据权利人的主张和提供的证据认定侵权人因侵权所获得的利益。

第二十八条 权利人、侵权人依法约定专利侵权的赔偿数额或者赔偿计算方法，并在专利侵权诉讼中主张依据该约定确定赔偿数额的，人民法院应予支持。

第二十九条 宣告专利权无效的决定作出后，当事人根据该决定依法申请再审，请求撤销专利权无效宣告前人民法院作出但未执行的专利侵权的判决、调解书的，人民法院可以裁定中止再审审查，并中止原判决、调解书的执行。

专利权人向人民法院提供充分、有效的担保，请求继续执行前款所称判决、调解书的，人民法院应当继续执行；侵权人向人民法院提供充分、有效的反担保，请求中止执行的，人民法院应当准许。人民法院生效裁判未撤销宣告专利权无效的决定的，专利权人应当赔偿因继续执行给对方造成的损失；宣告专利权无效的决定被人民法院生效裁判撤销，专利权仍有效的，人民法院可以依据前款所称判决、调解书直接执行上述反担保财产。

第三十条 在法定期限内对宣告专利权无效的决定不向人民法院起诉或者起诉后生效裁判未撤销该决定，当事人根据该决定依法申请再审，请求撤销宣告专利权无效前人民法院作出但未执行的专利侵权的判决、调解书的，人民法院应当再审。当事人根据该决定，依法申请终结执行宣告专利权无效前人民法院作出但未执行的专利侵权的判决、调解书的，人民法院应当裁定终结执行。

第三十一条 本解释自 2016 年 4 月 1 日起施行。最高人民法院以前发布的相关司法解释与本解释不一致的，以本解释为准。

最高人民法院关于审理侵犯专利权纠纷案件应用法律若干问题的解释

（2009 年 12 月 21 日最高人民法院审判委员会第 1480 次会议通过　2009 年 12 月 28 日最高人民法院公告公布　自 2010 年 1 月 1 日起施行　法释〔2009〕21 号）

为正确审理侵犯专利权纠纷案件，根据《中华人民共和国专利法》、《中华人民共和国民事诉讼法》等有关法律规定，结合审判实际，制定本解释。

第一条 人民法院应当根据权利人主张的权利要求，依据专利法第五十九条第一款的规定确定专利权的保护范围。权利人在一审法庭辩论终结前变更其主张的权利要求的，人民法院应当准许。

权利人主张以从属权利要求确定专利权保护范围的，人民法院应当以该从属权利要求记载的附加技术特征及其引用的权利要求记载的技术特征，确定专利权的保护范围。

第二条 人民法院应当根据权利要求的记载，结合本领域普通技术人员阅读说明书及附图后对权利要求的理解，确定专利法第五十九条第一款规定的权利要求的内容。

第三条 人民法院对于权利要求，可以运用说明书及附图、权利要求书中的相关权利要求、专利审查档案进行解释。说明书对权利要求用语有特别界定的，从其特别界定。

以上述方法仍不能明确权利要求含义的，可以结合工具书、教科书等公知文献以及本领域普通技术人员的通常理解进行解释。

第四条 对于权利要求中以功能或者效果表述的技术特征，人民法院应当结合说明书和附图描述的该功能或者效果的具体实施方式及其等同的实施方式，确定该技术特征的内容。

第五条 对于仅在说明书或者附图中描述而在权利要求中未记载的技术方案，权利人在侵犯专利权纠纷案件中将其纳入专利权保护范围的，人民法院不予支持。

第六条 专利申请人、专利权人在专利授权或者无效宣告程序中，通过对权利要求、说明书的修改或者意见陈述而放弃的技术方案，权利人在侵犯专利权纠纷案件中又将其纳入专利权保护范围的，人民法院不予支持。

第七条 人民法院判定被诉侵权技术方案是否落入专利权的保护范围，应当审查权利人主张的权利要求所记载的全部技术特征。

被诉侵权技术方案包含与权利要求记载的全部技术特征相同或者等同的技术特征的，人民法院应当认定其落入专利权的保护范围；被诉侵权技术方案的技术特征与权利要求记载的全部技术特征相比，缺少权利要求记载的一个以上的技术特征，或者有一个以上技术特征不相同也不等同的，人民法院应当认定其没有落入专利权的保护范围。

第八条 在与外观设计专利产品相同或者相近种类产品上，采用与授权外观设计相同或者近似的外观设计的，人民法院应当认定被诉侵权设计落入专利法第五十九条第二款规定的外观设计专利权的保护范围。

第九条 人民法院应当根据外观设计产品的用途，认定产品种类是否相同或者相近。确定产品的用途，可以参考外观设计的简要说明、国际外观设计分类表、产品的功能以及产品销售、实际使用的情况等因素。

第十条 人民法院应当以外观设计专利产品的一般消费者的知识水平和认知能力，判断外观设计是否相同或者近似。

第十一条 人民法院认定外观设计是否相同或者近似时，应当根据授权外观设计、被诉侵权设计的设计特征，以外观设计的整体视觉效果进行综合判断；对于主要由技术功能决定的设计特征以及对整体视觉效果不产生影响的产品的材料、内部结构等特征，应当不予考虑。

下列情形，通常对外观设计的整体视觉效果更具有影响：

（一）产品正常使用时容易被直接观察到的部位相对于其他部位；

（二）授权外观设计区别于现有设计的设计特征相对于授权外观设计的其他设计特征。

被诉侵权设计与授权外观设计在整体视觉效果上无差异的，人民法院应当认定两者相同；在整体视觉效果上无实质性差异的，应当认定两者近似。

第十二条 将侵犯发明或者实用新型专利权的产品作为零部件，制造另一产品的，人民法院应当认定属于专利法第十一条规定的使用行为；销售该另一产品的，人民法院应当认定属于专利法第十一条规定的销售行为。

将侵犯外观设计专利权的产品作为零部件，制造另一产品并销售的，人民法院应当认定属于专利法第十一条规定的销售行为，但侵犯外观设计专利权的产品在该另一产品中仅具有技术功能的除外。

对于前两款规定的情形，被诉侵权人之间存在分工合作的，人民法院应当认定为共同侵权。

第十三条 对于使用专利方法获得的原始产品，人民法院应当认定为专利法第十一条规定的依照专利方法直接获得的产品。

对于将上述原始产品进一步加工、处理而获得后续产品的行为，人民法院应当认定属于专利法第十一条规定的使用依照该专利方法直接获得的产品。

第十四条 被诉落入专利权保护范围的全部技术特征，与一项现有技术方案中的相应技术特征相同或者无实质性差异的，人民法院应当认定被诉侵权人实施的技术属于专利法第六十二条规定的现有技术。

被诉侵权设计与一个现有设计相同或者无实质性差异的，人民法院应当认定被诉侵权人实施的设计属于专利法第六十二条规定的现有设计。

第十五条 被诉侵权人以非法获得的技术或者设计主张先用权抗辩的，人民法院不予支持。

有下列情形之一的，人民法院应当认定属于专利法第六十九条第（二）项规定的已经作好制造、使用的必要准备：

（一）已经完成实施发明创造所必需的主要技术图纸或者工艺文件；

（二）已经制造或者购买实施发明创造所必需的主要设备或者原材料。

专利法第六十九条第（二）项规定的原有范围，包括专利申请日前已有的生产规模以及利用已有的生产设备或者根据已有的生产准备可以达到的生产规模。

先用权人在专利申请日后将其已经实施或作好实施必要准备的技术或设计转让或者许可他人实施，被诉侵权人主张该实施行为属于在原有范围内继续实施的，人民法院不予支持，但该技术或设计与原有企业一并转让或者承继的除外。

第十六条 人民法院依据专利法第六十五条第一款的规定确定侵权人因侵权所获得的利益，应当限于侵权人因侵犯专利权行为所获得的利益；因其他权利所产生的利益，应当合理扣除。

侵犯发明、实用新型专利权的产品系另一产品的零部件的，人民法院应当根据该零部件本身的价值及其在实现成品利润中的作用等因素合理确定赔偿数额。

侵犯外观设计专利权的产品为包装物的，人民法院应当按照包装物本身的价值及其在实现被包装产品利润中的作用等因素合理确定赔偿数额。

第十七条 产品或者制造产品的技术方案在专利申请日以前为国内外公众所知的，人民法院应当认定该产品不属于专利法第六十一条第一款规定的新产品。

第十八条 权利人向他人发出侵犯专利权的警告，被警告人或者利害关系人经书面催告权利人行使诉权，自权利人收到该书面催告之日起一个月内或者自书面催告发出之日起二个月内，权利人不撤回警告也不提起诉讼，被警告人或者利害关系人向人民法院提起请求确认其行为不侵犯专利权的诉讼的，人民法院应当受理。

第十九条 被诉侵犯专利权行为发生在 2009 年 10 月 1 日以前的，人民法院适用修改前的专利法；发生在 2009 年 10 月 1 日以后的，人民法院适用修改后的专利法。

被诉侵犯专利权行为发生在 2009 年 10 月 1 日以前且持续到 2009 年 10 月 1 日以后，依据修改前和修改后的专利法的规定侵权人均应承担赔偿责任的，人民法院适用修改后的专利法确定赔偿数额。

第二十条 本院以前发布的有关司法解释与本解释不一致的，以本解释为准。

最高人民法院关于审理专利纠纷案件适用法律问题的若干规定

（2001 年 6 月 19 日最高人民法院审判委员会第 1180 次会议通过　根据 2013 年 2 月 25 日最高人民法院审判委员会第 1570 次会议通过的《最高人民法院关于修改〈最高人民法院关于审理专利纠纷案件适用法律问题的若干规定〉的决定》第一次修正　根据 2015 年 1 月 19 日最高人民法院审判委员会第 1641 次会议通过的《最高人民法院关于修改〈最高人民法院关于审理专利纠纷案件适用法律问题的若干规定〉的决定》第二次修正）

为了正确审理专利纠纷案件，根据《中华人民共和国民法通则》（以下简称民法通则）、《中华人民共和国专利法》（以下简称专利法）、《中华人民共和国民事诉讼法》和《中华人民共和国行政诉讼法》等法律的规定，作如下规定：

第一条 人民法院受理下列专利纠纷案件：

1. 专利申请权纠纷案件；
2. 专利权权属纠纷案件；
3. 专利权、专利申请权转让合同纠纷案件；
4. 侵犯专利权纠纷案件；
5. 假冒他人专利纠纷案件；
6. 发明专利申请公布后、专利权授予前使用费纠纷案件；
7. 职务发明创造发明人、设计人奖励、报酬纠纷案件；
8. 诉前申请停止侵权、财产保全案件；
9. 发明人、设计人资格纠纷案件；
10. 不服专利复审委员会维持驳回申请复审决定案件；
11. 不服专利复审委员会专利权无效宣告请求决定案件；
12. 不服国务院专利行政部门实施强制许可决定案件；
13. 不服国务院专利行政部门实施强制许可使用费裁决案件；
14. 不服国务院专利行政部门行政复议决定案件；
15. 不服管理专利工作的部门行政决定案件；
16. 其他专利纠纷案件。

第二条 专利纠纷第一审案件，由各省、自治区、直辖市人民政府所在地的中级人民法院和最高人民法院指定的中级人民法院管辖。

最高人民法院根据实际情况，可以指定基层人民法院管辖第一审专利纠纷案件。

第三条 当事人对专利复审委员会于2001年7月1日以后作出的关于实用新型、外观设计专利权撤销请求复审决定不服向人民法院起诉的，人民法院不予受理。

第四条 当事人对专利复审委员会于2001年7月1日以后作出的关于维持驳回实用新型、外观设计专利申请的复审决定，或者关于实用新型、外观设计专利权无效宣告请求的决定不服向人民法院起诉的，人民法院应当受理。

第五条 因侵犯专利权行为提起的诉讼，由侵权行为地或者被告住所地人民法院管辖。

侵权行为地包括：被诉侵犯发明、实用新型专利权的产品的制造、使用、许诺销售、销售、进口等行为的实施地；专利方法使用行为的实施地，依照该专利方法直接获得的产品的使用、许诺销售、销售、进口等行为的实施地；外观设计专利产品的制造、许诺销售、销售、进口等行为的实施地；假冒他人专利的行为实施地。上述侵权行为的侵权结果发生地。

第六条 原告仅对侵权产品制造者提起诉讼，未起诉销售者，侵权产品制造地与销售地不一致的，制造地人民法院有管辖权；以制造者与销售者为共同被告起诉的，销售地人民法院有管辖权。

销售者是制造者分支机构，原告在销售地起诉侵权产品制造者制造、销售行为的，销售地人民法院有管辖权。

第七条 原告根据1993年1月1日以前提出的专利申请和根据该申请授予的方法发明专利权提起的侵权诉讼，参照本规定第五条、第六条的规定确定管辖。

人民法院在上述案件实体审理中依法适用方法发明专利权不延及产品的规定。

第八条 对申请日在2009年10月1日前（不含该日）的实用新型专利提起侵犯专利权诉讼，原告可以出具由国务院专利行政部门作出的检索报告；对申请日在2009年10月1日以后的实用新型或者外观设计专利提起侵犯专利权诉讼，原告可以出具由国务院专利行政部门作出的专利权评价报告。根据案件审理需要，人民法院可以要求原告提交检索报告或者专利权评价报告。原告无正当理由不提交的，人民法院可以裁定中止诉讼或者判令原告承担可能的不利后果。

侵犯实用新型、外观设计专利权纠纷案件的被告请求中止诉讼的，应当在答辩期内对原告的专利权提出宣告无效的请求。

第九条 人民法院受理的侵犯实用新型、外观设计专利权纠纷案件，被告在答辩期间内请求宣告该项专利权无效的，人民法院应当中止诉讼，但具备下列情形之一的，可以不中止诉讼：

（一）原告出具的检索报告或者专利权评价报告未发现导致实用新型或者外观设计专利权无效的事由的；

（二）被告提供的证据足以证明其使用的技术已经公知的；

（三）被告请求宣告该项专利权无效所提供的证据或者依据的理由明显不充分的；

（四）人民法院认为不应当中止诉讼的其他情形。

第十条 人民法院受理的侵犯实用新型、外观设计专利权纠纷案件，被告在答辩期间届满后请求宣告该项专利权无效的，人民法院不应当中止诉讼，但经审查认为有必要中止诉讼的除外。

第十一条 人民法院受理的侵犯发明专利权纠纷案件或者经专利复审委员会审查维持专利权的侵犯实用新型、外观设计专利权纠纷案件，被告在答辩期间内请求宣告该项专利权无效的，人民法院可以不中止诉讼。

第十二条 人民法院决定中止诉讼，专利权人或者利害关系人请求责令被告停止有关行为或者采取其他制止侵权损害继续扩大的措施，并提供了担保，人民法院经审查符合有关法律规定的，可以在裁定中止诉讼的同时一并作出有关裁定。

第十三条 人民法院对专利权进行财产保全，应当向国务院专利行政部门发出协助执行通知书，载明要求协助执行的事项，以及对专利权保全的期限，并附人民法院作出的裁定书。

对专利权保全的期限一次不得超过六个月，自国务院专利行政部门收到协助执行通知书之日起计算。如果仍然需要对该专利权继续采取保全措施的，人民法院应当在保全期限届满前向国务院专利行政部门另行送达继续保全的协助执行通知书。保全期限届满前未送达的，视为自动解除对该专利权的财产保全。

人民法院对出质的专利权可以采取财产保全措施，质权人的优先受偿权不受保全措施的影响；专利权人与被许可人已经签订的独占实施许可合同，不影响人民法院对该专利权进行财产保全。

人民法院对已经进行保全的专利权，不得重复进行保全。

第十四条　2001年7月1日以前利用本单位的物质技术条件所完成的发明创造，单位与发明人或者设计人订有合同，对申请专利的权利和专利权的归属作出约定的，从其约定。

第十五条　人民法院受理的侵犯专利权纠纷案件，涉及权利冲突的，应当保护在先依法享有权利的当事人的合法权益。

第十六条　专利法第二十三条所称的在先取得的合法权利包括：商标权、著作权、企业名称权、肖像权、知名商品特有包装或者装潢使用权等。

第十七条　专利法第五十九条第一款所称的"发明或者实用新型专利权的保护范围以其权利要求的内容为准，说明书及附图可以用于解释权利要求的内容"，是指专利权的保护范围应当以权利要求记载的全部技术特征所确定的范围为准，也包括与该技术特征相等同的特征所确定的范围。

等同特征，是指与所记载的技术特征以基本相同的手段，实现基本相同的功能，达到基本相同的效果，并且本领域普通技术人员在被诉侵权行为发生时无需经过创造性劳动就能够联想到的特征。

第十八条　侵犯专利权行为发生在2001年7月1日以前的，适用修改前专利法的规定确定民事责任；发生在2001年7月1日以后的，适用修改后专利法的规定确定民事责任。

第十九条　假冒他人专利的，人民法院可以依照专利法第六十三条的规定确定其民事责任。管理专利工作的部门未给予行政处罚的，人民法院可以依照民法通则第一百三十四条第三款的规定给予民事制裁，适用民事罚款数额可以参照专利法第六十三条的规定确定。

第二十条　专利法第六十五条规定的权利人因被侵权所受到的实际损失可以根据专利权人的专利产品因侵权所造成销售量减少的总数乘以每件专利产品的合理利润所得之积计算。权利人销售量减少的总数难以确定的，侵权产品在市场上销售的总数乘以每件专利产品的合理利润所得之积可以视为权利人因被侵权所受到的实际损失。

专利法第六十五条规定的侵权人因侵权所获得的利益可以根据该侵权产品在市场上销售的总数乘以每件侵权产品的合理利润所得之积计算。侵权人因侵权所获得的利益一般按照侵权人的营业利润计算，对于完全以侵权为业的侵权人，可以按照销售利润计算。

第二十一条　权利人的损失或者侵权人获得的利益难以确定，有专利许可使用费可以参照的，人民法院可以根据专利权的类型、侵权行为的性质和情节、专利许可的性质、范围、时间等因素，参照该专利许可使用费的倍数合理确定赔偿数额；没有专利许可使用费可以参照或者专利许可使用费明显不合理的，人民法院可以根据专利权的类型、侵权行为的性质和情节等因素，依照专利法第六十五条第二款的规定确定赔偿数额。

第二十二条　权利人主张其为制止侵权行为所支付合理开支的，人民法院可以在专利法第六十五条确定的赔偿数额之外另行计算。

第二十三条　侵犯专利权的诉讼时效为二年，自专利权人或者利害关系人知道或者应当知道侵权行为之日起计算。权利人超过二年起诉的，如果侵权行为在起诉时仍在继续，在该项专利权有效期内，人民法院应当判决被告停止侵权行为，侵权损害赔偿数额应当自权利人向人民法院起诉之日起向前推算二年计算。

第二十四条　专利法第十一条、第六十九条所称的许诺销售，是指以做广告、在商店橱窗中陈列或者在展销会上展出等方式作出销售商品的意思表示。

第二十五条　人民法院受理的侵犯专利权纠纷案件，已经过管理专利工作的部门作出侵权或者不侵权认定的，人民法院仍应当就当事人的诉讼请求进行全面审查。

第二十六条　以前的有关司法解释与本规定不一致的，以本规定为准。

最高人民法院关于对诉前停止侵犯专利权行为适用法律问题的若干规定

（2001年6月5日最高人民法院审判委员会第1179次会议通过　2001年6月7日最高人民法院公告公布　自2001年7月1日起施行　法释〔2001〕20号）

为切实保护专利权人和其他利害关系人的合法权益，根据《中华人民共和国民法通则》、《中华人民共和国专利法》（以下简称专利法）、《中华人民共和国民事诉讼法》（以下简称民事诉讼法）的有关规定，现就有关诉前停止侵犯专利权行为适用法律若干问题规定如下：

第一条　根据专利法第六十一条的规定，专利权人或者利害关系人可以向人民法院提出诉前责令被申请人停止侵犯专利权行为的申请。

提出申请的利害关系人，包括专利实施许可合同的被许可人、专利财产权利的合法继承人等。专利实施许可合同被许可人中，独占实施许可合同的被许可人可以单独向人民法院提出申请；排他实施许可合同的被许可人在专利权人不申请的情况下，可以提出申请。

第二条 诉前责令停止侵犯专利权行为的申请，应当向有专利侵权案件管辖权的人民法院提出。

第三条 专利权人或者利害关系人向人民法院提出申请，应当递交书面申请状；申请状应当载明当事人及其基本情况、申请的具体内容、范围和理由等事项。申请的理由包括有关行为如不及时制止会使申请人合法权益受到难以弥补的损害的具体说明。

第四条 申请人提出申请时，应当提交下列证据：

（一）专利权人应当提交证明其专利权真实有效的文件，包括专利证书、权利要求书、说明书、专利年费交纳凭证。提出的申请涉及实用新型专利的，申请人应当提交国务院专利行政部门出具的检索报告。

（二）利害关系人应当提供有关专利实施许可合同及其在国务院专利行政部门备案的证明材料，未经备案的应当提交专利权人的证明，或者证明其享有权利的其他证据。

排他实施许可合同的被许可人单独提出申请的，应当提交专利权人放弃申请的证明材料。

专利财产权利的继承人应当提交已经继承或者正在继承的证据材料。

（三）提交证明被申请人正在实施或者即将实施侵犯其专利权的行为的证据，包括被控侵权产品以及专利技术与被控侵权产品技术特征对比材料等。

第五条 人民法院作出诉前停止侵犯专利权行为的裁定事项，应当限于专利权人或者利害关系人申请的范围。

第六条 申请人提出申请时应当提供担保，申请人不提供担保的，驳回申请。

当事人提供保证、抵押等形式的担保合理、有效的，人民法院应当准予。

人民法院确定担保范围时，应当考虑责令停止有关行为所涉及产品的销售收入，以及合理的仓储、保管等费用；被申请人停止有关行为可能造成的损失，以及人员工资等合理费用支出；其他因素。

第七条 在执行停止有关行为裁定过程中，被申请人可能因采取该项措施造成更大损失的，人民法院可以责令申请人追加相应的担保。申请人不追加担保的，解除有关停止措施。

第八条 停止侵犯专利权行为裁定所采取的措施，不因被申请人提出反担保而解除。

第九条 人民法院接受专利权人或者利害关系人提出责令停止侵犯专利权行为的申请后，经审查符合本规定第四条的，应当在48小时内作出书面裁定；裁定责令被申请人停止侵犯专利权行为的，应当立即开始执行。

人民法院在前述期限内，需要对有关事实进行核对的，可以传唤单方或双方当事人进行询问，然后再及时作出裁定。

人民法院作出诉前责令被申请人停止有关行为的裁定，应当及时通知被申请人，至迟不得超过5日。

第十条 当事人对裁定不服的，可以在收到裁定之日起10日内申请复议一次。复议期间不停止裁定的执行。

第十一条 人民法院对当事人提出的复议申请应当从以下方面进行审查：

（一）被申请人正在实施或即将实施的行为是否构成侵犯专利权；

（二）不采取有关措施，是否会给申请人合法权益造成难以弥补的损害；

（三）申请人提供担保的情况；

（四）责令被申请人停止有关行为是否损害社会公共利益。

第十二条 专利权人或者利害关系人在人民法院采取停止有关行为的措施后15日内不起诉的，人民法院解除裁定采取的措施。

第十三条 申请人不起诉或者申请错误造成被申请人损失的，被申请人可以向有管辖权的人民法院起诉请求申请人赔偿，也可以在专利权人或者利害关系人提起的专利权侵权诉讼中提出损害赔偿的请求，人民法院可以一并处理。

第十四条 停止侵犯专利权行为裁定的效力，一般应维持到终审法律文书生效时止。人民法院也可以根据案情，确定具体期限；期限届满时，根据当事人的请求仍可作出继续停止有关行为的裁定。

第十五条 被申请人违反人民法院责令停止有关行为裁定的，依照民事诉讼法第一百零二条规定处理。

第十六条 人民法院执行诉前停止侵犯专利权行为的措施时，可以根据当事人的申请，参照民事诉讼法第七十四条的规定，同时进行证据保全。

人民法院可以根据当事人的申请，依照民事诉讼法第九十二条、第九十三条的规定进行财产保全。

第十七条 专利权人或者利害关系人向人民法院提起专利侵权诉讼时，同时提出先行停止侵犯专利权行为请求的，人民法院可以先行作出裁定。

第十八条 诉前停止侵犯专利权行为的案件，申请人应当按照《人民法院诉讼收费办法》及其补充规定交纳费用。

北京市高级人民法院《专利侵权判定指南》

（2013年9月4日　京高法发〔2013〕301号）

一、发明、实用新型专利权保护范围的确定

（一）确定保护范围的解释对象

1. 审理侵犯发明或者实用新型专利权纠纷案件，应当首先确定专利权保护范围。发明或者实用新型专利权保护范围应当以权利要求书记载的技术特征所确定的内容为准，也包括与所记载的技术特征相等同的技术特征所确定的内容。

确定专利权保护范围时，应当对专利权人作为权利依据所主张的相关权利要求进行解释。

2. 专利独立权利要求从整体上反映发明或者实用新型专利的技术方案，记载解决技术问题的必要技术特征，与从属权利要求相比，其保护范围最大。确定专利权保护范围时，通常应当对保护范围最大的专利独立权利要求作出解释。

3. 一项专利中有两个以上的独立权利要求的，应该根据权利人提出的请求，解释其中有关独立权利要求确定的保护范围。

4. 权利人主张以从属权利要求确定保护范围的，应当以该从属权利要求记载的附加技术特征及其直接或间接引用的权利要求记载的技术特征，一并确定专利权保护范围。

5. 技术特征是指在权利要求所限定的技术方案中，能够相对独立地执行一定的技术功能、并能产生相对独立的技术效果的最小技术单元或者单元组合。

（二）解释原则

6. 专利权有效原则。在权利人据以主张的专利权未被宣告无效之前，其权利应予保护，而不得以该专利权不符合专利法相关授权条件、应予无效为由作出裁判。

专利登记簿副本，或者专利证书和当年缴纳专利年费的收据可以作为证明专利权有效的证据。

7. 折衷原则。解释权利要求时，应当以权利要求记载的技术内容为准，根据说明书及附图、现有技术、专利对现有技术所做的贡献等因素合理确定专利权保护范围；既不能将专利权保护范围拘泥于权利要求书的字面含义，也不能将专利权保护范围扩展到所属技术领域的普通技术人员在专利申请日前通过阅读说明书及附图后需要经过创造性劳动才能联想到的内容。

8. 整体（全部技术特征）原则。将权利要求中记载的全部技术特征所表达的技术内容作为一个整体技术方案对待，记载在前序部分的技术特征和记载在特征部分的技术特征，对于限定保护范围具有相同作用。

（三）解释方法

9. 确定专利权保护范围时，应当以国务院专利行政部门公告授权的专利文本或者已经发生法律效力的专利复审请求审查决定、无效宣告请求审查决定及相关的授权、确权行政判决所确定的权利要求为准。权利要求存在多个文本的，以最终有效的文本为准。

10. 解释权利要求应当从所属技术领域的普通技术人员的角度进行。

所属技术领域的普通技术人员，亦可称为本领域的技术人员，是一种假设的“人”，他知晓申请日之前该技术领域所有的普通技术知识，能够获知该领域中所有的现有技术，并且具有运用该申请日之前常规实验手段的能力。

所属技术领域的普通技术人员，不是指具体的某一个人或某一类人，不宜用文化程度、职称、级别等具体标准来参照套用。当事人对所属技术领域的普通技术人员是否知晓某项普通技术知识以及运用某种常规实验手段的能力有争议的，应当举证证明。

11. 对权利要求的解释，包括澄清、弥补和特定情况下的修正三种形式，即当权利要求中的技术特征所表达的技术内容不清楚时，澄清该技术特征的含义；当权利要求中的技术特征在理解上存在缺陷时，弥补该技术特征的不足；当权利要求中的技术特征之间存在矛盾等特定情况时，修正该技术特征的含义。

12. 专利说明书及附图可以用以对权利要求字面所限定的技术方案的保护范围作出合理的解释，即把与权利要求书记载的技术特征等同的特征解释进专利权保护范围，或者依据专利说明书及附图对某些技术特征作出界定。

13. 解释权利要求，可以使用专利说明书及附图、权利要求书中的相关权利要求、专利审查档案以及生效法律文书所记载的内容。

以上述方法仍不能明确权利要求含义的，可以结合工具书、教科书等公知文献及所属技术领域的普通技术人员的通常理解进行解释。

本指南所称专利审查档案，是指专利审查、复审、无效过程中国务院专利行政部门及专利复审委员会发出的审查意见通知书，专利申请人、专利权人做出的书面答复，口审记录表，会晤记录等。

本指南所称生效法律文书，是指已经发生法律效力的专利复审请求审查决定、专利无效宣告请求审查决定及相关的授权、确权行政判决。

14. 权利要求与专利说明书出现不一致或者相互矛盾的，该专利不符合专利法第二十六条第四款的规定，告知当事人通过专利无效宣告程序解决。当事人启动专利无效宣告程序的，可以根据具体案情确定是否中止诉讼。

当事人不愿通过专利无效程序解决，或者未在合理期限

内提起专利权无效宣告请求的，应当按照专利权有效原则和权利要求优先原则，以权利要求限定的保护范围为准。但是所属领域的技术人员通过阅读权利要求书和说明书及附图，能够对实现要求保护的技术方案得出具体、确定、唯一的解释的，应当根据该解释来澄清或者修正权利要求中的错误表述。

15. 从属权利要求包含了应当记载在独立权利要求中、解决发明技术问题必不可少的必要技术特征（缺少该技术特征，独立权利要求中记载的技术方案不能实现发明目的）的，该专利不符合专利法实施细则第二十条第二款的规定，告知当事人通过专利无效宣告程序解决。当事人启动专利无效宣告程序的，可以根据具体案情确定是否中止诉讼。

16. 对于权利要求中以功能或者效果表述的功能性技术特征，应当结合说明书和附图描述的该功能或者效果的具体实施方式及其等同的实施方式，确定该技术特征的内容。

功能性技术特征，是指权利要求中的对产品的部件或部件之间的配合关系或者对方法的步骤采用其在发明创造中所起的作用、功能或者产生的效果来限定的技术特征。

下列情形一般不宜认定为功能性技术特征：

（1）以功能或效果性语言表述且已经成为所属技术领域的普通技术人员普遍知晓的技术名词一类的技术特征，如导体、散热装置、粘结剂、放大器、变速器、滤波器等；

（2）使用功能性或效果性语言表述，但同时也用相应的结构、材料、步骤等特征进行描述的技术特征。

17. 在确定功能性技术特征的内容时，应当将功能性技术特征限定为说明书中所对应的为实现所述功能、效果所必须的结构、步骤特征。

18. 方法专利权利要求对步骤顺序有明确限定的，步骤本身以及步骤之间的顺序均应对专利权保护范围起到限定作用；方法专利权利要求对步骤顺序没有明确限定的，不应以此为由，不考虑步骤顺序对权利要求的限定作用，而应当结合说明书和附图、权利要求记载的整体技术方案、各个步骤之间的逻辑关系以及专利审查档案，从所属技术领域的普通技术人员的角度出发，确定各步骤是否应当按照特定的顺序实施。

19. 以方法特征限定的产品权利要求，方法特征对于专利权保护范围具有限定作用。

20. 实用新型专利权利要求中包含非形状、非构造技术特征的，该技术特征用于限定专利权的保护范围，并按照该技术特征的字面含义进行解释。

非形状、非构造技术特征，是指实用新型专利权利要求中记载的不属于产品的形状、构造或者其结合等的技术特征，如用途、制造工艺、使用方法、材料成分（组分、配比）等。

21. 产品发明或者实用新型专利权利要求未限定应用领域、用途的，应用领域、用途一般对专利权保护范围不起限定作用。

产品发明或者实用新型专利权利要求限定应用领域、用途的，应用领域、用途应当作为对权利要求的保护范围具有限定作用的技术特征。但是，如果该特征对所要求保护的结构和/或组成本身没有带来影响，也未对该技术方案获得授权产生实质性作用，只是对产品或设备的用途或使用方式进行描述的，则对专利权保护范围不起限定作用。

22. 写入权利要求的使用环境特征属于必要技术特征，对专利权保护范围具有限定作用。

使用环境特征是指权利要求中用来描述发明所使用的背景或者条件的技术特征。

23. 被诉侵权技术方案可以适用于产品权利要求记载的使用环境的，应当认定被诉侵权技术方案具备了权利要求记载的使用环境特征，而不以被诉侵权技术方案实际使用该环境特征为前提。

24. 说明书对技术术语的解释与该技术术语通用含义不同的，以说明书的解释为准。

被诉侵权行为发生时，技术术语已经产生其他含义的，应当采用专利申请日时的含义解释该技术术语。

25. 同一技术术语在权利要求书和说明书中所表达的含义应当一致，不一致时应以权利要求书为准。

26. 当权利要求中引用了附图标记时，不应以附图中附图标记所反映出的具体结构来限定权利要求中的技术特征。

27. 专利权的保护范围不应受说明书中公开的具体实施方式的限制，但下列情况除外：

（1）权利要求实质上即是实施方式所记载的技术方案的；

（2）权利要求包括功能性技术特征的。

28. 摘要的作用是提供技术信息，便于公众进行检索，不能用于确定专利权的保护范围，也不能用于解释权利要求。

29. 当专利文件中的印刷错误影响到专利权保护范围的确定时，可以依据专利审查档案进行修正。

对于明显的语法错误、文字错误等，能从权利要求或说明书的整体及上下文得出唯一理解的，应依据实际情况予以解释。

二、发明、实用新型专利权的侵权判定

（一）技术特征的比对方法

30. 判定被诉侵权技术方案是否落入专利权的保护范围，应当审查权利人主张的权利要求所记载的全部技术特征，并以权利要求中记载的全部技术特征与被诉侵权技术方案所对应的全部技术特征逐一进行比较。

31. 被诉侵权技术方案包含与权利要求记载的全部技术特征相同或者等同的技术特征的，应当认定其落入专利权保护范围；被诉侵权技术方案的技术特征与权利要求记载的全部技术特征相比，缺少权利要求记载的一个或多个技术特征，或者有一个或一个以上技术特征不相同也不等同的，应当认定其没有落入专利权保护范围。

32. 进行侵权判定，不应以专利产品与被诉侵权技术方

案直接进行比对，但专利产品可以用以帮助理解有关技术特征与技术方案。

33. 权利人、被诉侵权人均有专利权时，一般不能将双方专利产品或者双方专利的权利要求进行比对。

34. 对产品发明或者实用新型进行专利侵权判定比对，一般不考虑被诉侵权技术方案与专利技术是否为相同技术领域。

（二）相同侵权

35. 相同侵权，即文字含义上的侵权，是指被诉侵权技术方案包含了与权利要求记载的全部技术特征相同的对应技术特征。

36. 当权利要求中记载的技术特征采用上位概念特征，而被诉侵权技术方案的相应技术特征采用的是相应的下位概念特征时，则被诉侵权技术方案落入专利权保护范围。

37. 被诉侵权技术方案在包含了权利要求中的全部技术特征的基础上，又增加了新的技术特征的，仍然落入专利权保护范围。

但是，如果权利要求中的文字表述已将增加的新的技术特征排除在外，则不应当认为被诉侵权技术方案落入该权利要求的保护范围。

38. 对于组合物的封闭式权利要求，被诉侵权技术方案在包含权利要求中的全部技术特征的基础上，又增加了新的技术特征的，则不落入专利权保护范围。但是，被诉侵权技术方案中新增加的技术特征对组合物的性质和技术效果未产生实质性影响或该特征属于不可避免的常规数量杂质的情况除外。

39. 对于包含功能性特征的权利要求，如果被诉侵权技术方案不但实现了与该特征相同的功能，而且实现该功能的结构、步骤与专利说明书中记载的具体实施方式所确定的结构、步骤相同的，则被诉侵权技术方案落入专利权保护范围。

40. 在后获得专利权的发明或实用新型是对在先发明或实用新型专利的改进，在后专利的某项权利要求记载了在先专利某项权利要求中记载的全部技术特征，又增加了另外的技术特征的，在后专利属于从属专利。实施从属专利落入在先专利的保护范围。

下列情形属于从属专利：

（1）在后产品专利权利要求在包含了在先产品专利权利要求的全部技术特征的基础上，增加了新的技术特征；

（2）在原有产品专利权利要求的基础上，发现了原来未曾发现的新的用途；

（3）在原有方法专利权利要求的基础上，增加了新的技术特征。

（三）等同侵权

41. 在专利侵权判定中，在相同侵权不成立的情况下，应当判断是否构成等同侵权。

42. 等同侵权，是指被诉侵权技术方案有一个或者一个以上技术特征与权利要求中的相应技术特征从字面上看不相同，但是属于等同特征，应当认定被诉侵权技术方案落入专利权保护范围。

43. 等同特征，是指与权利要求所记载的技术特征以基本相同的手段，实现基本相同的功能，达到基本相同的效果，并且所属技术领域的普通技术人员无需经过创造性劳动就能够想到的技术特征。

44. 基本相同的手段，一般是指在被诉侵权行为发生日前专利所属技术领域惯常替换的技术特征以及工作原理基本相同的技术特征。

申请日后出现的、工作原理与专利技术特征不同的技术特征，属于被诉侵权行为发生日所属技术领域普通技术人员容易想到的替换特征，可以认定为基本相同的手段。

45. 基本相同的功能，是指被诉侵权技术方案中的替换手段所起的作用与权利要求对应技术特征在专利技术方案中所起的作用基本上是相同的。

46. 基本相同的效果，一般是指被诉侵权技术方案中的替换手段所达到的效果与权利要求对应技术特征的技术效果无实质性差异。

被诉侵权技术方案中的替换手段相对于权利要求对应技术特征在技术效果上不属于明显提高或者降低的，应当认为属于无实质性差异。

47. 无需经过创造性劳动就能够想到，即对所属技术领域的普通技术人员而言，被诉侵权技术方案中替换手段与权利要求对应技术特征相互替换是显而易见的。

48. 对手段、功能、效果以及是否需要创造性劳动应当依次进行判断。

49. 等同特征的替换应当是具体的、对应的技术特征之间的替换，而不是完整技术方案之间的替换。

50. 等同特征，可以是权利要求中的若干技术特征对应于被诉侵权技术方案中的一个技术特征，也可以是权利要求中的一个技术特征对应于被诉侵权技术方案中的若干技术特征的组合。

51. 等同特征替换，既包括对权利要求中区别技术特征的替换，也包括对权利要求前序部分中的技术特征的替换。

52. 判定被诉侵权技术方案的技术特征与权利要求的技术特征是否等同的时间点，应当以被诉侵权行为发生日为界限。

53. 权利要求与被诉侵权技术方案存在多个等同特征的，如果该多个等同特征的叠加导致被诉侵权技术方案形成了与权利要求技术构思不同的技术方案，或者被诉侵权技术方案取得了预料不到的技术效果的，则一般不宜认定构成等同侵权。

54. 对于包含功能性特征的权利要求，如果被诉侵权技术方案相应技术特征不但实现了相同的功能，而且实现该功能的结构、步骤与专利说明书中记载的具体实施方式所确定的结构、步骤等同的，应当认定构成等同特征。

上述等同的判断时间点应当为专利申请日。

55. 对于包含有数值范围的专利技术方案，如果被诉侵权技术方案所使用的数值与权利要求记载的相应数值不同的，不应认定构成等同。

但专利权人能够证明被诉侵权技术方案所使用的数值，在技术效果上与权利要求中记载的数值无实质差异的，应当认定构成等同。

56. 对于仅在说明书或者附图中描述而在权利要求中未概括的技术方案，应视为专利权人放弃了该技术方案。专利权人以等同侵权为由主张专利权保护范围包括该技术方案的，不予支持。

被诉侵权技术方案属于说明书中明确排除的技术方案，专利权人主张构成等同侵权的，不予支持。

57. 对被诉侵权技术方案中的技术特征与权利要求中的技术特征是否等同进行判断时，被诉侵权人可以专利权人对该等同特征已经放弃、应当禁止其反悔为由进行抗辩。

禁止反悔，是指在专利授权或者无效程序中，专利申请人或专利权人通过对权利要求、说明书的修改或者意见陈述的方式，对权利要求的保护范围作了限制或者部分放弃，从而在侵犯专利权诉讼中，在确定是否构成等同侵权时，禁止专利申请人或专利权人将已放弃的内容重新纳入专利权保护范围。

58. 专利申请人或专利权人限制或者部分放弃的保护范围，应当是基于克服缺乏新颖性或创造性、缺少必要技术特征和权利要求得不到说明书的支持以及说明书未充分公开等不能获得授权的实质性缺陷的需要。

专利申请人或专利权人不能说明其修改专利文件原因的，可以推定其修改是为克服获得授权的实质性缺陷。

59. 专利权人对权利要求保护范围所作的部分放弃必须是明示的，而且已经被记录在书面陈述、专利审查档案、生效的法律文书中。

60. 禁止反悔的适用以被诉侵权人提出请求为前提，并由被诉侵权人提供专利申请人或专利权人反悔的相应证据。

在人民法院依法取得记载有专利权人反悔的证据的情况下，可以根据业已查明的事实，通过适用禁止反悔对权利要求的保护范围予以必要的限制，合理确定专利权保护范围。

三、外观设计专利权保护范围的确定

61. 审理侵犯外观设计专利权纠纷案件，应当首先确定专利权保护范围。外观设计专利权保护范围以表示在图片或者照片中的该专利产品的外观设计为准，外观设计的简要说明及其设计要点、专利权人在无效程序及其诉讼程序中的意见陈述、应国务院专利行政部门的要求在专利申请程序中提交的样品或者模型等，可以用于解释外观设计专利权保护范围。

62. 外观设计专利公告授权文本中没有设计要点的，专利权人可以提交书面材料，说明外观设计的独创部位及其设计内容。

63. 当事人提交的用以证明专利产品外观设计发展变化的相关证据，可以在确定保护范围时予以考虑。

64. 在确定外观设计专利权保护范围时，应当区分使用状态参考图与变化状态产品的使用状态视图。

使用状态参考图是国务院专利行政部门在审查过程中对在简要说明中未写明外观设计产品使用方法、用途或功能的新开发的产品，或者在一些使用方法、用途或功能不明确的产品无法进行分类时，为了便于对该产品正确分类而要求专利申请人提供的视图。使用状态参考图不能用于确定外观设计的保护范围，但是可以作为确定产品类别的因素。

变化状态产品的使用状态视图，应当作为确定产品外观设计保护范围的依据。

65. 外观设计专利权请求保护色彩的，应当将请求保护的色彩作为确定外观设计专利权保护范围的要素之一，即在侵权判定中，应当将其所包含的形状、图案、色彩及其组合与被诉侵权产品相应的形状、图案、色彩及其组合进行综合对比。

66. 外观设计专利权请求保护色彩的，专利权人应当提交由国务院专利行政部门出具或认可的相关证据，用以确定外观设计的保护范围。必要时，应当与国务院专利行政部门专利审查档案中的色彩进行核对。

67. 对整体视觉效果不产生影响的产品的大小、材料、内部结构，应当排除在外观设计专利权保护范围之外。

68. 相似外观设计专利权的保护范围由各个独立的外观设计分别确定。基本设计与其它相似设计均可以作为确定外观设计专利权保护范围的依据。

相似外观设计，是指对同一产品的多项相似外观设计提出一件外观设计专利申请并获得授权的外观设计专利。在多项相似外观设计中，应当指定一项作为基本设计。相似基本设计与某一相似外观设计之间具有相同或者相似的设计特征，并且二者之间的区别点在于局部细微变化、该类产品的惯常设计、设计单元重复排列或者仅色彩要素的变化等情形。

69. 成套产品的整体外观设计与组成该成套产品的每一件外观设计均已显示在该外观设计专利文件的图片或者照片中的，其权利保护范围由组成该成套产品的每一件产品的外观设计或者该成套产品的整体外观设计确定。

成套产品设计，是指用于同一类别并且成套出售或使用的产品的两项以上外观设计，作为一件外观设计申请提出并获得授权的外观设计专利 。

四、外观设计专利权的侵权判定

70. 在与外观设计产品相同或者相近种类产品上，采用与授权外观设计相同或者相近似外观设计的，应当认定被诉侵权外观设计落入外观设计专利的保护范围。

71. 进行外观设计侵权判定，应当用授权公告中表示该外观设计的图片或者照片与被诉侵权外观设计或者体现被诉侵权外观设计的图片或者照片进行比较，而不应以专利权人提交的外观设计专利产品实物与被诉侵权外观设计进行比较。但是，该专利产品实物与表示在专利公告文件的图片或照片中的外观设计产品完全一致，或者与专利权人应国务院专利行政部门在专利申请程序中为更清楚地了解图片或照片中的内容而要求提交的样品或者模型完全一致，并且各方当事人均无异议的除外。

72. 进行外观设计侵权判定，应当通过一般消费者的视觉进行直接观察对比，不应通过放大镜、显微镜等其他工具进行比较。但是，如果表示在图片或者照片中的产品外观设计在申请专利时是经过放大的，则在侵权比对时也应将被控侵权产品进行相应放大进行比对。

73. 进行外观设计侵权判定，应当首先审查被诉侵权产品与外观设计产品是否属于相同或者相近种类产品。

74. 应当根据外观设计产品的用途（使用目的、使用状态），认定产品种类是否相同或者相近。

确定产品的用途时，可以按照下列顺序参考相关因素综合确定：外观设计的简要说明、国际外观设计分类表、产品的功能以及产品销售、实际使用的情况等因素。

如果外观设计产品与被诉侵权外观设计产品的用途（使用目的、使用状态）没有共同性，则外观设计产品与被诉侵权产品不属于相同或者相近种类产品。

75. 判定是否侵犯外观设计专利权，应当以是否相同或者相近似为标准，而不以是否构成一般消费者混淆、误认为标准。

76. 应当以外观设计专利产品的一般消费者的知识水平和认知能力，判断外观设计是否相同或者近似，而不应以该外观设计专利所属技术领域的普通设计人员的观察能力为标准。

77. 一般消费者，是一种假设的"人"，对其应当从知识水平和认知能力两方面进行界定。

一般消费者的知识水平是指，他通常对外观设计专利申请日之前相同种类或者相近种类产品的外观设计及其常用设计手法具有常识性的了解。

一般消费者的认知能力是指，他通常对外观设计产品之间在形状、图案以及色彩上的区别具有一定的分辨力，但不会注意到产品的形状、图案以及色彩的微小变化。

对外观设计产品的一般消费者的知识水平和认知能力作出具体界定时，应当针对具体的外观设计产品，并考虑申请日前该外观设计产品的设计发展过程。

78. 判断外观设计是否相同或相近似时，不应以外观设计创作者的主观看法为准，而以一般消费者的视觉效果为准。

79. 判断外观设计是否构成相同或相近似时以整体观察、综合判断为原则，即应当对授权外观设计、被诉侵权设计可视部分的全部设计特征进行观察、对能够影响产品外观设计整体视觉效果的所有因素进行综合考虑后作出判断。

下列情形通常对外观设计的整体视觉效果更具有影响：

（1）产品正常使用时容易被直接观察到的部位相对于其他部位；

（2）外观设计区别于现有设计的设计特征相对于外观设计的其他设计特征。

80. 被诉侵权设计与授权外观设计在整体视觉效果上无差异的，应当认定两者相同；在整体视觉效果上无实质性差异的，应当认定两者构成相近似。具体而言：

（1）如果两者的形状、图案、色彩等整体上的视觉效果无差异，则应当认为两者构成相同；

（2）如果两者的形状、图案、色彩等整体上的视觉效果不完全相同，但是没有明显差异的，则应当认为两者相近似；

（3）如果两者的形状、图案、色彩等整体上的视觉效果不同，且有明显差异的，则应当认为两者不相同且不相近似。

81. 在判断相同或相近似时，由产品功能、技术效果决定的设计特征不予考虑。

由产品功能、技术效果决定的设计特征，是指实现产品功能、技术效果的有限或者唯一的设计。

82. 对于立体产品的外观设计，通常形状对整体视觉效果更具有影响，在进行相同相近似判断时，应以形状为重点；但如果其形状属于惯常设计，则图案、色彩对整体视觉效果更具有影响。

惯常设计，是指现有设计中一般消费者所熟知的、只要提到产品名称就能想到的相应设计。

83. 对于平面产品的外观设计，通常图案、色彩对整体视觉效果更具有影响，在进行相同相近似判断时，应以图案、色彩为重点。

84. 对要求保护色彩的外观设计，应当先确定该外观设计是否属于惯常设计，如果是惯常设计，则应当仅对其图案、色彩作出判定；如果形状、图案、色彩均为新设计，则应当对形状、图案、色彩三者的结合作出判定。

85. 将不透明材料替换为透明材料，或者将透明材料替换为不透明材料，且仅属于材料特征的变换，未导致产品外观设计发生明显变化的，在判断外观设计的相同相近似时，应不予考虑。但是，如果透明材料使得该产品外观设计的美感发生了变化，导致一般消费者对该产品的整体视觉发生变化的，则应当予以考虑。

被诉侵权产品系将不透明材料替换为透明材料，通过透明材料可以观察到产品内部结构，则内部结构应当视为该产品的外观设计的一部分。

86. 专利权人、被诉侵权人的外观设计专利申请均已被授权，且专利权人的外观设计专利的申请日早于被诉侵权人的外观设计专利的申请日，如果被诉侵权人的外观设计与专利权人的外观设计构成相同或相近似的，则可以认定被诉侵权人实施其外观设计专利的行为，侵犯了在先的外观设计专利权。

五、其他专利侵权行为的认定

（一）专利侵权行为

87. 发明和实用新型专利权被授予后，除专利法另有规定的以外，任何单位或者个人未经专利权人许可，都不得实施其专利，即不得为生产经营目的制造、使用、许诺销售、销售、进口其专利产品，或者使用其专利方法以及使用、许诺销售、销售、进口依照该专利方法直接获得的产品。

外观设计专利权被授予后，任何单位或者个人未经专利权人许可，都不得实施其专利，即不得为生产经营目的制造、销售、进口其外观设计专利产品。

88. 发明专利公开日以及实用新型、外观设计授权公告日之前的实施行为，不属于侵犯专利权的行为。

在发明专利公开日至授权公告日之间，即发明专利权的临时保护期内，实施该发明的单位或者个人应当向权利人支付适当的使用费。对其实施行为的判定，可以参照适用有关专利侵权的法律规定。

专利申请日时申请人请求保护的范围与专利公告授权时的专利权保护范围不一致，被诉侵权技术方案均落入上述两个保护范围的，应当认定被诉侵权人在临时保护期内实施了该发明。被诉侵权技术方案仅落入其中一个保护范围的，应当认定被诉侵权人在临时保护期内未实施该发明。

89. 制造发明或者实用新型专利产品，是指权利要求中所记载的产品技术方案被实现，产品的数量、质量不影响对制造行为的认定。

以下行为应当认定为制造发明或者实用新型专利产品行为：

（1）以不同制造方法制造产品的行为，但以方法限定的产品权利要求除外；

（2）委托他人制造或者在产品上标明“监制”等类似参与行为；

（3）将部件组装成专利产品的行为。

90. 制造外观设计专利产品，是指专利权人向国务院专利行政部门申请专利时提交的图片或者照片中的该外观专利产品被实现。

91. 使用发明或者实用新型专利产品，是指权利要求所记载的产品技术方案的技术功能得到了应用。

92. 将侵犯发明或者实用新型专利权的产品作为零部件或中间产品，制造另一产品的，应当认定属于对专利产品的使用。

93、使用专利方法，是指权利要求记载的专利方法技术方案的每一个步骤均被实现，使用该方法的结果不影响对是否构成侵犯专利权的认定。

94. 使用外观设计专利产品，是指该外观设计产品的功能、技术性能得到了应用。

外观设计专利权人的禁止权不包括禁止他人使用其外观设计专利产品的权利。

95. 将侵犯他人专利权的产品用于出租的，应当认定属于对专利产品的使用。

96. 销售专利产品，是指将落入专利权保护范围的被诉侵权产品的所有权、或者依照专利方法直接制得的产品的所有权、或者将含有外观设计专利的产品的所有权从卖方有偿转移到买方。

搭售或以其他方式转让上述产品所有权，变相获取商业利益的，也属于销售该产品。

97. 将侵犯发明或者实用新型专利权的产品作为零部件或中间产品，制造另一产品后，销售该另一产品的，应当认定属于对专利产品的销售。

将侵犯外观设计专利权的产品作为零部件，制造另一产品并销售的，应当认定属于销售外观设计专利产品的行为，但侵犯外观设计专利权的产品在另一产品中仅具有技术功能的除外。

仅具有技术功能，是指该零部件构成最终产品的内部结构，在最终产品的正常使用中不产生视觉效果，只具有技术功能作用。

98. 在销售侵犯他人专利权的产品行为实际发生前，被诉侵权人作出销售侵犯他人专利权产品意思表示的，构成许诺销售。

以做广告、在商店橱窗中陈列、在网络或者在展销会上展出等方式作出销售侵犯他人专利权产品的意思表示的，可以认定为许诺销售。

99. 进口专利产品，是指将落入产品专利权利要求保护范围的产品、依照专利方法直接获得的产品或者含有外观设计专利的产品在空间上从境外越过边界运进境内的行为。

100. 方法专利延及产品，指一项方法发明专利权被授予后，任何单位或个人未经专利权人许可，除了不得为生产经营目的而使用该专利方法外，还不得为生产经营目的而使用、许诺销售、销售、进口依照该专利方法所直接获得的产品。

101. 依照专利方法直接获得的产品，是指将原材料、物品按照方法专利权利要求记载的全部步骤特征进行处理加工，使得原材料、物品在结构上或物理化学特性上产生明显变化后所获得的原始产品。

将上述原始产品进一步加工、处理而获得的后续产品，即以该原始产品作为中间部件或原材料，加工、处理成为其他的后续产品，应当认定属于使用依照该专利方法直接获得的产品。对该后续产品的进一步加工、处理，不属于使用依照该专利方法所直接获得的产品的行为。

102. 专利法第六十一条规定的"新产品"，是指在国内外第一次生产出的产品，该产品与专利申请日之前已有的同类产品相比，在产品的组份、结构或者其质量、性能、功能方面有明显区别。

产品或者制造产品的技术方案在专利申请日以前为国内外公众所知的，应当认定该产品不属于专利法规定的新产品。

是否属于新产品，应由专利权人举证证明。专利权人提交证据初步证明该产品属于专利法规定的新产品的，视其尽到举证责任。

103. 同样产品，是指被诉侵权产品与实施新产品制造方法直接得到的原始产品的形状、结构或成份等无实质性差异。

是否属于同样产品，应由权利人举证证明。

104. 对于用途发明专利，权利人应证明被诉侵权人制造、使用、销售、许诺销售、进口被诉侵权产品系用于该专利的特定用途。

（二）共同侵权行为

105. 两人以上共同实施专利法第十一条规定的行为，或者两人以上相互分工协作，共同实施专利法第十一条规定的行为的，构成共同侵权。

106. 教唆、帮助他人实施专利法第十一条规定的行为的，与实施人为共同侵权人。

107. 将侵犯专利权的产品作为零部件，制造另一产品并出售的，如果被诉侵权人存在分工合作，构成共同侵权。

108. 提供、出售或者进口专门用于实施他人产品专利的材料、专用设备或者零部件的，或者提供、出售或者进口专门用于实施他人方法专利的材料、器件或者专用设备的，上述行为人与实施人构成共同侵权。

109. 为他人实施专利法第十一条规定的行为提供场所、仓储、运输等便利条件的，与实施人构成共同侵权。

110. 技术转让合同的受让人按照合同的约定受让技术并予以实施，侵犯他人专利权的，由受让人承担侵权责任。

六、专利侵权抗辩

（一）专利权效力抗辩

111. 被诉侵权人以专利权超过保护期、被专利权人放弃、被生效法律文书宣告无效进行抗辩的，应当提供相应的证据。

112. 在侵犯专利权诉讼中，被诉侵权人以专利权不符合专利授权条件、应当被宣告无效进行抗辩的，其无效宣告请求应当向专利复审委员会提出。

（二）滥用专利权抗辩

113. 被诉侵权人以专利权人恶意取得专利权且滥用专利权提起侵权诉讼进行抗辩的，应当提供相应的证据。

在侵犯专利权诉讼中，专利权被宣告无效的，不宜轻易认定为滥用专利权。

114. 恶意取得专利权，是指将明知不应当获得专利保护的发明创造，故意采取规避法律或者不正当手段获得了专利权，其目的在于获得不正当利益或制止他人的正当实施行为。

以下情形可以认定为恶意：

（1）将申请日前已有的国家标准、行业标准等技术标准申请专利并取得专利权的；

（2）将明知为某一地区广为制造或使用的产品申请专利并取得专利权的。

（三）不侵权抗辩

115. 被诉侵权技术方案的技术特征与权利要求记载的全部技术特征相比，缺少权利要求中记载的一项或一项以上技术特征的，不构成侵犯专利权。

116. 被诉侵权技术方案的技术特征与权利要求中对应技术特征相比，有一项或者一项以上的技术特征既不相同也不等同的，不构成侵犯专利权。

本条第一款所称技术特征不相同不等同是指：

（1）该技术特征使被诉侵权技术方案构成了一项新的技术方案；

（2）该技术特征在功能、效果上明显优于权利要求中对应的技术特征，并且所属技术领域的普通技术人员认为这种变化具有实质性的改进，而不是显而易见的。

117. 被诉侵权技术方案省略权利要求中个别技术特征或者以简单或低级的技术特征替换权利要求中相应技术特征，舍弃或显著降低权利要求中与该技术特征对应的性能和效果从而形成变劣技术方案的，不构成侵犯专利权。

118. 任何单位或个人非生产经营目的的制造、使用、进口专利产品的，不构成侵犯专利权。

（四）不视为侵权的抗辩

119. 专利产品或者依照专利方法直接获得的产品，由专利权人或者经其许可的单位、个人售出后，使用、许诺销售、销售、进口该产品的，不视为侵犯专利权，包括：

（1）专利权人或者其被许可人在中国境内售出其专利产品或者依照专利方法直接获得的产品后，购买者在中国境内使用、许诺销售、销售该产品；

（2）专利权人或者其被许可人在中国境外售出其专利产品或者依照专利方法直接获得的产品后，购买者将该产品进口到中国境内以及随后在中国境内使用、许诺销售、销售该产品；

（3）专利权人或者其被许可人售出其专利产品的专用部件后，使用、许诺销售、销售该部件或将其组装制造专利产品；

（4）方法专利的专利权人或者其被许可人售出专门用于实施其专利方法的设备后，使用该设备实施该方法专利。

120. 在专利申请日前已经制造相同产品、使用相同方法或者已经做好制造、使用的必要准备，并且仅在原有范围内继续制造、使用的，不视为侵犯专利权。

使用、许诺销售、销售上述情形下制造的专利产品或者依照专利方法直接获得的产品的，也不视为侵犯专利权。

121. 享有先用权的条件是：

（1）做好了制造、使用的必要准备。即已经完成实施发明创造所必需的主要技术图纸或者工艺文件，或者已经制造或者购买实施发明创造所必需的主要设备或者原材料。

（2）仅在原有范围内继续制造、使用。“原有范围”包括：专利申请日前已有的生产规模以及利用已有的生产设备或者根据已有的生产准备可以达到的生产规模。超出原有范围的制造、使用行为，构成侵犯专利权。

（3）在先制造产品或者在先使用的方法或设计，应是先用权人自己独立研究完成或者以合法手段从专利权人或其他独立研究完成者处取得的，而不是在专利申请日前抄袭、窃取或者以其他不正当手段获取的。被诉侵权人以非法获得的技术或者设计主张先用权抗辩的，不应予以支持。

（4）先用权人对于自己在先实施的技术不能转让，除非连同所属企业一并转让。即先用权人在专利申请日后将其已经实施或作好实施必要准备的技术或设计转让或者许可他人实施，被诉侵权人主张该实施行为属于在原有范围内继续实施的，不应予以支持，但该技术或设计与原有企业一并转让或者承继的除外。

122. 临时通过中国领土、领水、领空的外国运输工具，依照其所属国同中国签订的协议，或者共同参加的国际条约，或者依照互惠原则，为运输工具自身需要而在其装置和设备中使用有关专利的，不视为侵犯专利权。

但是临时过境不包括用交通运输工具对专利产品的“转运”，即从一个交通运输工具转到另一个交通运输工具的行为。

123. 专为科学研究和实验而使用有关专利，不视为侵犯专利权。

专为科学研究和实验，是指专门针对专利技术方案本身进行的科学研究和实验。

应当区别对专利技术方案本身进行科学研究、实验和在科学研究、实验中使用专利技术方案：

（1）对专利技术方案本身进行科学研究实验，其目的是研究、验证、改进他人专利技术，在已有专利技术的基础上产生新的技术成果。

（2）在科学研究、实验过程中使用专利技术方案，其目的不是为研究、改进他人专利技术，而是利用专利技术方案作为手段进行其他技术的研究实验，或者是研究实施专利技术方案的商业前景等，其结果与专利技术没有直接关系的行为。该种行为构成侵犯专利权。

本条第一款中的使用有关专利的行为，包括该研究实验者自行制造、使用、进口有关专利产品或使用专利方法的行为，也包括他人为该研究试验者制造、进口有关专利产品的行为。

124. 为提供行政审批所需要的信息，而制造、使用、进口专利药品或者专利医疗器械的，以及专门为其制造、进口专利药品或者专利医疗器械，不视为侵犯专利权。

行政审批所需要的信息，是指《中华人民共和国药品管理法》、《中华人民共和国药品管理法实施条例》以及《药品注册管理办法》等相关药品管理法律法规、部门规章等规定的实验资料、研究报告、科技文献等相关材料。

（五）现有技术抗辩及现有设计抗辩

125. 现有技术抗辩，是指被诉落入专利权保护范围的全部技术特征，与一项现有技术方案中的相应技术特征相同或者等同，或者所属技术领域的普通技术人员认为被诉侵权技术方案是一项现有技术与所属领域公知常识的简单组合的，应当认定被诉侵权人实施的技术属于现有技术，被诉侵权人的行为不构成侵犯专利权。

126. 现有技术，是指专利申请日以前在国内外为公众所知的技术。对于依据2008年修订的专利法实施之前的专利法规定申请并获得授权的专利权，其现有技术应当依据之前专利法的规定确定。

127. 抵触申请不属于现有技术，不能作为现有技术抗辩的理由。但是，被诉侵权人主张其实施的是属于抵触申请的专利的，可以参照本指南第125条关于现有技术抗辩的规定予以处理。

抵触申请，是指由任何单位或者个人就与专利权人的发明创造同样的发明创造在申请日以前向国务院专利行政部门提出申请并且记载在申请日以后公布的专利申请文件或者公告的专利文件中的专利申请。

128. 现有设计抗辩，是指被诉侵权产品的外观设计与一项现有设计相同或者相近似，或者被诉侵权产品的外观设计是一项现有外观设计与该产品的惯常设计的简单组合，则被诉侵权产品的外观设计构成现有设计，被诉侵权人的行为不构成侵犯外观设计专利权。

129. 现有设计是指申请日以前在国内外为公众所知的设计，包括在国内外以出版物形式公开和以使用等方式公开的设计。但是，对于依据2008年修订的专利法实施之前专利法规定申请并获得授权的外观设计专利权，其现有设计应当依据之前专利法的规定确定。

130. 被诉侵权人以其实施现有设计进行抗辩的，应当在侵权诉讼中主张，并提供现有设计的相关证据。

131. 被诉侵权人以实施现有设计进行抗辩的，应当判断被诉侵权产品的外观设计是否与现有设计相同或相近似，而不应将专利外观设计与现有设计进行比对。

132. 被诉侵权人主张其实施的是外观设计专利的抵触

申请的，应当将被诉侵权外观设计与抵触申请进行比对。被诉侵权外观设计与抵触申请相同或相近似的，被诉侵权人的行为不构成侵犯外观设计专利权。

（六）合理来源抗辩

133. 为生产经营目的，使用、许诺销售或者销售不知道是未经专利权人许可而制造并售出的专利产品或者依照专利方法直接获得的产品的行为，属于侵犯专利权行为。

使用者或者销售者能证明其产品合法来源的，不承担赔偿责任，但是应当承担停止侵害的法律责任。

合法来源是指使用者或者销售者从合法的进货渠道，以合理的价格购买了被诉侵权产品，并提供相关票据。

（五）专利行政执法

专利行政执法办法

（2010年12月29日国家知识产权局令第60号公布　根据2015年5月29日《国家知识产权局关于修改〈专利行政执法办法〉的决定》修订）

第一章　总　　则

第一条　为深入推进依法行政，规范专利行政执法行为，保护专利权人和社会公众的合法权益，维护社会主义市场经济秩序，根据《中华人民共和国专利法》、《中华人民共和国专利法实施细则》以及其他有关法律法规，制定本办法。

第二条　管理专利工作的部门开展专利行政执法，即处理专利侵权纠纷、调解专利纠纷以及查处假冒专利行为，适用本办法。

第三条　管理专利工作的部门处理专利侵权纠纷应当以事实为依据、以法律为准绳，遵循公正、及时的原则。

管理专利工作的部门调解专利纠纷，应当遵循自愿、合法的原则，在查明事实、分清是非的基础上，促使当事人相互谅解，达成调解协议。

管理专利工作的部门查处假冒专利行为，应当以事实为依据、以法律为准绳，遵循公正、公开的原则，给予的行政处罚应当与违法行为的事实、性质、情节以及社会危害程度相当。

第四条　管理专利工作的部门应当加强专利行政执法力量建设，严格行政执法人员资格管理，落实行政执法责任制，规范开展专利行政执法。

专利行政执法人员（以下简称“执法人员”）应当持有国家知识产权局或者省、自治区、直辖市人民政府颁发的行政执法证件。执法人员执行公务时应当严肃着装。

第五条　对有重大影响的专利侵权纠纷案件、假冒专利案件，国家知识产权局在必要时可以组织有关管理专利工作的部门处理、查处。

对于行为发生地涉及两个以上省、自治区、直辖市的重大案件，有关省、自治区、直辖市管理专利工作的部门可以报请国家知识产权局协调处理或者查处。

管理专利工作的部门开展专利行政执法遇到疑难问题的，国家知识产权局应当给予必要的指导和支持。

第六条　管理专利工作的部门可以依据本地实际，委托有实际处理能力的市、县级人民政府设立的专利管理部门查处假冒专利行为、调解专利纠纷。

委托方应当对受托方查处假冒专利和调解专利纠纷的行为进行监督和指导，并承担法律责任。

第七条　管理专利工作的部门指派的执法人员与当事人有直接利害关系的，应当回避，当事人有权申请其回避。当事人申请回避的，应当说明理由。

执法人员的回避，由管理专利工作部门的负责人决定。是否回避的决定作出前，被申请回避的人员应当暂停参与本案的工作。

第八条　管理专利工作的部门应当加强展会和电子商务领域的行政执法，快速调解、处理展会期间和电子商务平台上的专利侵权纠纷，及时查处假冒专利行为。

第九条　管理专利工作的部门应当加强行政执法信息化建设和信息共享。

第二章　专利侵权纠纷的处理

第十条　请求管理专利工作的部门处理专利侵权纠纷的，应当符合下列条件：

（一）请求人是专利权人或者利害关系人；

（二）有明确的被请求人；

（三）有明确的请求事项和具体事实、理由；

（四）属于受案管理专利工作的部门的受案和管辖范围；

（五）当事人没有就该专利侵权纠纷向人民法院起诉。

第一项所称利害关系人包括专利实施许可合同的被许可人、专利权人的合法继承人。专利实施许可合同的被许可人中，独占实施许可合同的被许可人可以单独提出请求；排他实施许可合同的被许可人在专利权人不请求的情况下，可以单独提出请求；除合同另有约定外，普通实施许可合同的被许可人不能单独提出请求。

第十一条　请求管理专利工作的部门处理专利侵权纠纷的，应当提交请求书及下列证明材料：

（一）主体资格证明，即个人应当提交居民身份证或者其他有效身份证件，单位应当提交有效的营业执照或者其他主体资格证明文件副本及法定代表人或者主要负责人的身份证明；

（二）专利权有效的证明，即专利登记簿副本，或者专利证书和当年缴纳专利年费的收据。

专利侵权纠纷涉及实用新型或者外观设计专利的，管理专利工作的部门可以要求请求人出具由国家知识产权局作出的专利权评价报告(实用新型专利检索报告)。

请求人应当按照被请求人的数量提供请求书副本及有关证据。

第十二条 请求书应当记载以下内容:

(一)请求人的姓名或者名称、地址,法定代表人或者主要负责人的姓名、职务,委托代理人的,代理人的姓名和代理机构的名称、地址;

(二)被请求人的姓名或者名称、地址;

(三)请求处理的事项以及事实和理由。

有关证据和证明材料可以以请求书附件的形式提交。

请求书应当由请求人签名或者盖章。

第十三条 请求符合本办法第十条规定条件的,管理专利工作的部门应当在收到请求书之日起 5 个工作日内立案并通知请求人,同时指定 3 名或者 3 名以上单数执法人员处理该专利侵权纠纷;请求不符合本办法第十条规定条件的,管理专利工作的部门应当在收到请求书之日起 5 个工作日内通知请求人不予受理,并说明理由。

第十四条 管理专利工作的部门应当在立案之日起 5 个工作日内将请求书及其附件的副本送达被请求人,要求其在收到之日起 15 日内提交答辩书并按照请求人的数量提供答辩书副本。被请求人逾期不提交答辩书的,不影响管理专利工作的部门进行处理。

被请求人提交答辩书的,管理专利工作的部门应当在收到之日起 5 个工作日内将答辩书副本送达请求人。

第十五条 管理专利工作的部门处理专利侵权纠纷案件时,可以根据当事人的意愿进行调解。双方当事人达成一致的,由管理专利工作的部门制作调解协议书,加盖其公章,并由双方当事人签名或者盖章。调解不成的,应当及时作出处理决定。

第十六条 管理专利工作的部门处理专利侵权纠纷,可以根据案情需要决定是否进行口头审理。管理专利工作的部门决定进行口头审理的,应当至少在口头审理 3 个工作日前将口头审理的时间、地点通知当事人。当事人无正当理由拒不参加的,或者未经允许中途退出的,对请求人按撤回请求处理,对被请求人按缺席处理。

第十七条 管理专利工作的部门举行口头审理的,应当将口头审理的参加人和审理要点记入笔录,经核对无误后,由执法人员和参加人签名或者盖章。

第十八条 专利法第五十九条第一款所称的“发明或者实用新型专利权的保护范围以其权利要求的内容为准”,是指专利权的保护范围应当以其权利要求记载的技术特征所确定的范围为准,也包括与记载的技术特征相等同的特征所确定的范围。等同特征是指与记载的技术特征以基本相同的手段,实现基本相同的功能,达到基本相同的效果,并且所属领域的普通技术人员无需经过创造性劳动就能够联想到的特征。

第十九条 除达成调解协议或者请求人撤回请求之外,管理专利工作的部门处理专利侵权纠纷应当制作处理决定书,写明以下内容:

(一)当事人的姓名或者名称、地址;

(二)当事人陈述的事实和理由;

(三)认定侵权行为是否成立的理由和依据;

(四)处理决定认定侵权行为成立并需要责令侵权人立即停止侵权行为的,应当明确写明责令被请求人立即停止的侵权行为的类型、对象和范围;认定侵权行为不成立的,应当驳回请求人的请求;

(五)不服处理决定提起行政诉讼的途径和期限。

处理决定书应当加盖管理专利工作的部门的公章。

第二十条 管理专利工作的部门或者人民法院作出认定侵权成立并责令侵权人立即停止侵权行为的处理决定或者判决之后,被请求人就同一专利权再次作出相同类型的侵权行为,专利权人或者利害关系人请求处理的,管理专利工作的部门可以直接作出责令立即停止侵权行为的处理决定。

第二十一条 管理专利工作的部门处理专利侵权纠纷,应当自立案之日起 3 个月内结案。案件特别复杂需要延长期限的,应当由管理专利工作的部门负责人批准。经批准延长的期限,最多不超过 1 个月。

案件处理过程中的公告、鉴定、中止等时间不计入前款所述案件办理期限。

第三章 专利纠纷的调解

第二十二条 请求管理专利工作的部门调解专利纠纷的,应当提交请求书。

请求书应当记载以下内容:

(一)请求人的姓名或者名称、地址,法定代表人或者主要负责人的姓名、职务,委托代理人的,代理人的姓名和代理机构的名称、地址;

(二)被请求人的姓名或者名称、地址;

(三)请求调解的具体事项和理由。

单独请求调解侵犯专利权赔偿数额的,应当提交有关管理专利工作的部门作出的认定侵权行为成立的处理决定书副本。

第二十三条 管理专利工作的部门收到调解请求书后,应当及时将请求书副本通过寄交、直接送交或者其他方式送达被请求人,要求其在收到之日起 15 日内提交意见陈述书。

第二十四条 被请求人提交意见陈述书并同意进行调解的,管理专利工作的部门应当在收到意见陈述书之日起 5 个工作日内立案,并通知请求人和被请求人进行调解的时间和地点。

被请求人逾期未提交意见陈述书，或者在意见陈述书中表示不接受调解的，管理专利工作的部门不予立案，并通知请求人。

第二十五条　管理专利工作的部门调解专利纠纷可以邀请有关单位或者个人协助，被邀请的单位或者个人应当协助进行调解。

第二十六条　当事人经调解达成协议的，由管理专利工作的部门制作调解协议书，加盖其公章，并由双方当事人签名或者盖章；未能达成协议的，管理专利工作的部门以撤销案件的方式结案，并通知双方当事人。

第二十七条　因专利申请权或者专利权的归属纠纷请求调解的，当事人可以持管理专利工作的部门的受理通知书请求国家知识产权局中止该专利申请或者专利权的有关程序。

经调解达成协议的，当事人应当持调解协议书向国家知识产权局办理恢复手续；达不成协议的，当事人应当持管理专利工作的部门出具的撤销案件通知书向国家知识产权局办理恢复手续。自请求中止之日起满1年未请求延长中止的，国家知识产权局自行恢复有关程序。

第四章　假冒专利行为的查处

第二十八条　管理专利工作的部门发现或者接受举报、投诉发现涉嫌假冒专利行为的，应当自发现之日起5个工作日内或者收到举报、投诉之日起10个工作日内立案，并指定两名或者两名以上执法人员进行调查。

第二十九条　查处假冒专利行为由行为发生地的管理专利工作的部门管辖。

管理专利工作的部门对管辖权发生争议的，由其共同的上级人民政府管理专利工作的部门指定管辖；无共同上级人民政府管理专利工作的部门的，由国家知识产权局指定管辖。

第三十条　管理专利工作的部门查封、扣押涉嫌假冒专利产品的，应当经其负责人批准。查封、扣押时，应当向当事人出具有关通知书。

管理专利工作的部门查封、扣押涉嫌假冒专利产品，应当当场清点，制作笔录和清单，由当事人和执法人员签名或者盖章。当事人拒绝签名或者盖章的，由执法人员在笔录上注明。清单应当交当事人一份。

第三十一条　案件调查终结，经管理专利工作的部门负责人批准，根据案件情况分别作如下处理：

（一）假冒专利行为成立应当予以处罚的，依法给予行政处罚；

（二）假冒专利行为轻微并已及时改正的，免予处罚；

（三）假冒专利行为不成立的，依法撤销案件；

（四）涉嫌犯罪的，依法移送公安机关。

第三十二条　管理专利工作的部门作出行政处罚决定前，应当告知当事人作出处罚决定的事实、理由和依据，并告知当事人依法享有的权利。

管理专利工作的部门作出较大数额罚款的决定之前，应当告知当事人有要求举行听证的权利。当事人提出听证要求的，应当依法组织听证。

第三十三条　当事人有权进行陈述和申辩，管理专利工作的部门不得因当事人申辩而加重行政处罚。

管理专利工作的部门对当事人提出的事实、理由和证据应当进行核实。当事人提出的事实属实、理由成立的，管理专利工作的部门应当予以采纳。

第三十四条　对情节复杂或者重大违法行为给予较重的行政处罚的，应当由管理专利工作的部门负责人集体讨论决定。

第三十五条　经调查，假冒专利行为成立应当予以处罚的，管理专利工作的部门应当制作处罚决定书，写明以下内容：

（一）当事人的姓名或者名称、地址；

（二）认定假冒专利行为成立的证据、理由和依据；

（三）处罚的内容以及履行方式；

（四）不服处罚决定申请行政复议和提起行政诉讼的途径和期限。

处罚决定书应当加盖管理专利工作的部门的公章。

第三十六条　管理专利工作的部门查处假冒专利案件，应当自立案之日起1个月内结案。案件特别复杂需要延长期限的，应当由管理专利工作的部门负责人批准。经批准延长的期限，最多不超过15日。

案件处理过程中听证、公告等时间不计入前款所述案件办理期限。

第五章　调 查 取 证

第三十七条　在专利侵权纠纷处理过程中，当事人因客观原因不能自行收集部分证据的，可以书面请求管理专利工作的部门调查取证。管理专利工作的部门根据情况决定是否调查收集有关证据。

在处理专利侵权纠纷、查处假冒专利行为过程中，管理专利工作的部门可以根据需要依职权调查收集有关证据。

执法人员调查收集有关证据时，应当向当事人或者有关人员出示其行政执法证件。当事人和有关人员应当协助、配合，如实反映情况，不得拒绝、阻挠。

第三十八条　管理专利工作的部门调查收集证据可以查阅、复制与案件有关的合同、账册等有关文件；询问当事人和证人；采用测量、拍照、摄像等方式进行现场勘验。涉嫌侵犯制造方法专利权的，管理专利工作的部门可以要求被调查人进行现场演示。

管理专利工作的部门调查收集证据应当制作笔录。笔录应当由执法人员、被调查的单位或者个人签名或者盖章。被调查的单位或者个人拒绝签名或者盖章的，由执法人员在笔录上注明。

第三十九条 管理专利工作的部门调查收集证据可以采取抽样取证的方式。

涉及产品专利的，可以从涉嫌侵权的产品中抽取一部分作为样品；涉及方法专利的，可以从涉嫌依照该方法直接获得的产品中抽取一部分作为样品。被抽取样品的数量应当以能够证明事实为限。

管理专利工作的部门进行抽样取证应当制作笔录和清单，写明被抽取样品的名称、特征、数量以及保存地点，由执法人员、被调查的单位或者个人签字或者盖章。被调查的单位或者个人拒绝签名或者盖章的，由执法人员在笔录上注明。清单应当交被调查人一份。

第四十条 在证据可能灭失或者以后难以取得，又无法进行抽样取证的情况下，管理专利工作的部门可以进行登记保存，并在7日内作出决定。

经登记保存的证据，被调查的单位或者个人不得销毁或者转移。

管理专利工作的部门进行登记保存应当制作笔录和清单，写明被登记保存证据的名称、特征、数量以及保存地点，由执法人员、被调查的单位或者个人签名或者盖章。被调查的单位或者个人拒绝签名或者盖章的，由执法人员在笔录上注明。清单应当交被调查人一份。

第四十一条 管理专利工作的部门需要委托其他管理专利工作的部门协助调查收集证据的，应当提出明确的要求。接受委托的部门应当及时、认真地协助调查收集证据，并尽快回复。

第四十二条 海关对被扣留的侵权嫌疑货物进行调查，请求管理专利工作的部门提供协助的，管理专利工作的部门应当依法予以协助。

管理专利工作的部门处理涉及进出口货物的专利案件的，可以请求海关提供协助。

第六章 法律责任

第四十三条 管理专利工作的部门认定专利侵权行为成立，作出处理决定，责令侵权人立即停止侵权行为的，应当采取下列制止侵权行为的措施：

（一）侵权人制造专利侵权产品的，责令其立即停止制造行为，销毁制造侵权产品的专用设备、模具，并且不得销售、使用尚未售出的侵权产品或者以任何其他形式将其投放市场；侵权产品难以保存的，责令侵权人销毁该产品；

（二）侵权人未经专利权人许可使用专利方法的，责令侵权人立即停止使用行为，销毁实施专利方法的专用设备、模具，并且不得销售、使用尚未售出的依照专利方法所直接获得的侵权产品或者以任何其他形式将其投放市场；侵权产品难以保存的，责令侵权人销毁该产品；

（三）侵权人销售专利侵权产品或者依照专利方法直接获得的侵权产品的，责令其立即停止销售行为，并且不得使用尚未售出的侵权产品或者以任何其他形式将其投放市场；尚未售出的侵权产品难以保存的，责令侵权人销毁该产品；

（四）侵权人许诺销售专利侵权产品或者依照专利方法直接获得的侵权产品的，责令其立即停止许诺销售行为，消除影响，并且不得进行任何实际销售行为；

（五）侵权人进口专利侵权产品或者依照专利方法直接获得的侵权产品的，责令侵权人立即停止进口行为；侵权产品已经入境的，不得销售、使用该侵权产品或者以任何其他形式将其投放市场；侵权产品难以保存的，责令侵权人销毁该产品；侵权产品尚未入境的，可以将处理决定通知有关海关；

（六）责令侵权的参展方采取从展会上撤出侵权展品、销毁或者封存相应的宣传材料、更换或者遮盖相应的展板等撤展措施；

（七）停止侵权行为的其他必要措施。

管理专利工作的部门认定电子商务平台上的专利侵权行为成立，作出处理决定的，应当通知电子商务平台提供者及时对专利侵权产品或者依照专利方法直接获得的侵权产品相关网页采取删除、屏蔽或者断开链接等措施。

第四十四条 管理专利工作的部门作出认定专利侵权行为成立并责令侵权人立即停止侵权行为的处理决定后，被请求人向人民法院提起行政诉讼的，在诉讼期间不停止决定的执行。

侵权人对管理专利工作的部门作出的认定侵权行为成立的处理决定期满不起诉又不停止侵权行为的，管理专利工作的部门可以申请人民法院强制执行。

第四十五条 管理专利工作的部门认定假冒专利行为成立的，应当责令行为人采取下列改正措施：

（一）在未被授予专利权的产品或者其包装上标注专利标识、专利权被宣告无效后或者终止后继续在产品或者其包装上标注专利标识或者未经许可在产品或者产品包装上标注他人的专利号的，立即停止标注行为，消除尚未售出的产品或者其包装上的专利标识；产品上的专利标识难以消除的，销毁该产品或者包装；

（二）销售第（一）项所述产品的，立即停止销售行为；

（三）在产品说明书等材料中将未被授予专利权的技术或者设计称为专利技术或者专利设计，将专利申请称为专利，或者未经许可使用他人的专利号，使公众将所涉及的技术或者设计误认为是他人的专利技术或者专利设计的，立即停止发放该材料，销毁尚未发出的材料，并消除影响；

（四）伪造或者变造专利证书、专利文件或者专利申请文件的，立即停止伪造或者变造行为，销毁伪造或者变造的专利证书、专利文件或者专利申请文件，并消除影响；

（五）责令假冒专利的参展方采取从展会上撤出假冒专

利展品、销毁或者封存相应的宣传材料、更换或者遮盖相应的展板等撤展措施；

（六）其他必要的改正措施。

管理专利工作的部门认定电子商务平台上的假冒专利行为成立的，应当通知电子商务平台提供者及时对假冒专利产品相关网页采取删除、屏蔽或者断开链接等措施。

第四十六条　管理专利工作的部门作出认定专利侵权行为成立并责令侵权人立即停止侵权行为的决定，或者认定假冒专利行为成立并作出处罚决定的，应当自作出决定之日起20个工作日内予以公开，通过政府网站等途径及时发布执法信息。

第四十七条　管理专利工作的部门认定假冒专利行为成立的，可以按照下列方式确定行为人的违法所得：

（一）销售假冒专利的产品的，以产品销售价格乘以所销售产品的数量作为其违法所得；

（二）订立假冒专利的合同的，以收取的费用作为其违法所得。

第四十八条　管理专利工作的部门作出处罚决定后，当事人申请行政复议或者向人民法院提起行政诉讼的，在行政复议或者诉讼期间不停止决定的执行。

第四十九条　假冒专利行为的行为人应当自收到处罚决定书之日起15日内，到指定的银行缴纳处罚决定书写明的罚款；到期不缴纳的，每日按罚款数额的百分之三加处罚款。

第五十条　拒绝、阻碍管理专利工作的部门依法执行公务的，由公安机关根据《中华人民共和国治安管理处罚法》的规定给予处罚；情节严重构成犯罪的，由司法机关依法追究刑事责任。

第七章　附　　则

第五十一条　管理专利工作的部门可以通过寄交、直接送交、留置送达、公告送达或者其他方式送达有关法律文书和材料。

第五十二条　本办法由国家知识产权局负责解释。

第五十三条　本办法自2011年2月1日起施行。2001年12月17日国家知识产权局令第十九号发布的《专利行政执法办法》同时废止。

专利行政执法案卷评查办法（试行）

（2016年8月25日　国知发管字〔2016〕68号）

第一章　总　　则

第一条　为规范专利行政执法案卷评查工作，加强专利行政执法监督，规范专利行政执法行为，提高专利行政执法水平，根据有关法律、法规和规章的规定，制定本办法。

第二条　本办法所称专利行政执法案卷评查（以下简称“案卷评查”），是指上级专利行政管理机关通过对下级专利行政管理机关的专利行政执法案卷实施的检查，对其行政执法行为的合法性、合理性及文书的规范性等进行评价，并对发现的问题进行督促整改的行为。

第三条　案卷评查工作应当遵守公平、公正的原则，客观公正评价专利行政执法行为。

第二章　评查范围及标准

第四条　专利行政执法案卷是指在专利行政执法过程中，依照法定程序直接形成的，能反映案件真实情况、体现执法环节、具有保存价值的文字、图表、声像等不同形式的历史记录，按照一定的逻辑结构形成的档案材料，包括查处假冒专利、处理专利侵权纠纷和调解其他纠纷三类。

正在进行行政复议、行政诉讼程序且尚未结案的专利行政执法案卷，一般不纳入评查范围。

专利行政执法案件承办人员应当在案件办结完毕后20日内对案件材料进行归档，一案一卷，分门别类，统一编号，妥善保管。

第五条　案卷评查标准包括案件质量评查标准和文书材料立卷规范标准。

第六条　案件质量评查标准主要包括以下内容：

（一）执法主体是否合法，即执法主体是否具有专利行政执法的法定权限；

（二）执法人员是否具有执法资格；

（三）执法案卷认定的事实是否清楚、证据是否确凿；

（四）适用法律、法规、规章是否正确；

（五）行政执法的程序是否合法；

（六）是否存在超越职权和滥用职权的情况；

（七）行政执法行为是否明显不当；

（八）是否存在导致行政执法行为无效的其他情形。

第七条　文书材料立卷规范标准是指专利行政执法案卷立卷归档的标准，主要包括以下内容：

（一）专利行政执法过程中的执法文书是否完整齐备、使用是否规范正确；

（二）案卷内容和装订质量是否合格，归档是否规范、正确。

第三章　评 查 程 序

第八条　全国专利行政执法案卷评查工作原则上每年开展一次。

各省、自治区、直辖市专利行政管理机关根据需求，自行决定开展频次。

第九条　专利行政执法案卷评查工作可以采取全面评查、重点评查、专项评查等方式进行；也可以结合执法检查等工作进行。

第十条　开展专利行政执法案卷评查工作可以成立若干评查组,评查组人员应为三名以上的单数、由专利行政管理机关遴选的业务骨干组成。

专利行政执法案卷评查工作可以根据需要商请法制、监察等部门派员参加。

第十一条　专利行政执法案卷评查可以采取随机抽卷、指定选卷或推荐案卷等方式确定被评查的案卷。

案卷评查原则上以查阅案件卷宗为主,可以直接调阅执法卷宗,也可以采取报送执法案卷与现场检查相结合的方式,询问相关行政执法人员,了解有关情况。被评查的单位和相关人员应如实反映情况,提供有关资料,不得弄虚作假。

第十二条　评查组应从专利行政执法案件质量评查标准、专利行政执法文书材料立卷规范标准两方面进行评查,形成书面初评意见,并由评查人签名。初评意见包括被评查案卷等次和存在的主要问题。

初评意见应当向被评查单位反映,并听取意见。

第十三条　案卷等次分为优秀、良好、合格和不合格四种。

第十四条　主持专利行政执法案卷评查工作的专利行政管理机关应当对评查组初评意见进行复核,形成专利行政执法案卷评查结果。

被评查单位与评查组对被评查案卷的等次和存在主要问题有较大争议的,应当重点复核。重点复核时可以组织专家论证,并邀请被评查单位参加。

第十五条　进行专利行政执法案卷评查时,应当遵守相关保密法律法规的规定,不得泄漏国家秘密、商业秘密和个人隐私。

第四章　评 查 结 果

第十六条　主持专利行政执法案卷评查工作的专利行政管理机关应当向被评查单位书面反馈专利行政执法案卷评查结果,对优秀专利行政执法案卷的执法单位、执法人员给予表彰奖励;对专利行政执法案卷质量进步明显的执法单位、执法人员给予适当形式鼓励。

主持专利行政执法案卷评查工作的专利行政管理机关对不合格的案卷应督促整改。被评查单位应当在规定时间内进行整改,并书面报告整改措施和整改结果。

第十七条　下级专利行政管理机关在案卷评查工作结束后,应当及时向上级专利行政管理机关书面报送案卷评查工作情况。

第十八条　专利行政执法案卷评查结果应当在一定范围内进行通报。

第十九条　专利行政执法案卷评查结果应当作为年度专利行政执法绩效考核的重要内容。

第五章　附　　则

第二十条　专利行政管理机关在开展专利行政执法案卷评查的同时,可以参照本办法对电子商务、展会等领域的专利执法案卷进行评查。

第二十一条　本办法所称的专利行政管理机关包括国家知识产权局、各省(自治区、直辖市)和设区的市级管理专利工作的部门。

第二十二条　本办法由国家知识产权局专利管理司负责解释。

第二十三条　本办法自颁布之日起实施。

附表1：

调处专利侵权纠纷案件案卷评查标准

评查项目	分值	评查内容和要求	评分细则
主体部分	10	1. 执法机关主体适格，实施行政调处行为符合法定职责权限。 2. 承办案件的人员应具备行政执法资格。 3. 案件当事人主体适格。	1. 不具有行政调处权的部门作出行政处理决定或者作出与其职权不符执法文书的，不合格。 2. 行政机关或授权组织超越法定职权实施行政处理的，不合格。 3. 未经依法委托的组织或虽经依法委托但超越了委托的范围从事行政处理活动的，不合格。 4. 指派不具备执法资格的人员承办案件的，不合格。 5. 案件当事人认定错误对其作出行政处理的，不合格；案件当事人认定不当但未影响处理结果的扣5分，对处理结果有影响的扣10分。
事实部分	15	1. 案件事实部分认定清楚。	1. 对当事人的基本情况、法律事件或行为发生的时间、地点的内容、情节、性质等未核实并未在执法文书上记载清楚的，扣5分。 2. 执法文书记载的内容前后不一致的，扣5分。 3. 被控侵权人的违法行为不在法定追诉时效内，扣5分。
证据部分	20	1. 证据合法、有效，足以证明行为的事实、性质、情节及后果。 2. 证据应当充分，证据之间能相互印证，形成有效的证据链。 3. 案件当事人提供的证据应当经质证，提取证据应当符合法定程序。	1. 作出处理决定书所依据的证据未达到合法有效，证据之间不能相互印证、形成证据链的，扣4分。 2. 提取证据的方式和程序不合法的，扣4分。 3. 证据不充分，无法证明法律事件或行为的事实、情节、性质及后果的，扣1－4分。 4. 与案件事实有关的证据材料不符合形式要件，包括：现场检查（勘验）笔录、抽样取证物品清单、涉案物品清单、现场照片、调查（询问）笔录、执法文书的送达回证以及当事人身份证明、营业执照、许可证等证据材料，应有当事人签字确认的记录和执法人员的签名；当事人拒绝签字的，执法人员应当注明拒签的理由，有见证人的应由见证人签字等的，扣1－4分。 5. 调查笔录等书证材料时间、地点记载不正确、前后不一致的，扣4分。
适用法律依据部分	10	1. 适用的法律、法规和规章应当准确、完整和有效。 2. 文书中引用的法律、法规、规章名称应使用全称，引用依据条、款、项内容准确、完整。	1. 适用法律、法规和规章依据错误或无法律、法规依据的，不合格。 2. 引用法律、法规、规章名称填写不规范、不完整的，扣2分。 3. 引用法律、法规依据未具体明确到条、款、项的扣2分；条、款、项指称错误的扣5分；引用依据内容不准确的扣5分，不完整的，扣2分。

续　表

<table>
<tr><td rowspan="3">执法程序部分</td><td rowspan="3">30</td><td>1. 案件办理的步骤和流程完整、规范。</td><td>1. 案件办理不符合立案、调查取证、审查、决定、送达、执行等基本步骤和流程的,扣 2 分。
2. 作出或者撤销立案、抽样取证、证据先行登记保存、行政强制执行等决定未填写相应的案件审批表,未按照规定办理内部审批手续的,扣 1 分。
3. 依法应当移送其他行政机关处理的案件,未及时办理移送手续或没有移送记录的,扣 1 分。
4. 案件处理中未依法告知当事人依法享有的权利和期限的,扣 2 分。
5. 未按程序制作专利行政执法审理笔录的,扣 2 分。
6. 对已确定的处理意见,未经合法程序改变专利行政执法决定没有充分的法律或事实理由的,扣 1 分。
7. 处理决定书作出后,未及时结案的,扣 1 分。</td></tr>
<tr><td>2. 案件办理符合执法规范要求。</td><td>1. 现场检查(勘验)、调查取证时没有由 2 名以上持合法有效的行政执法证件的执法人员进行的,扣 3 分;执法人员未向当事人出示证件、表明身份,并未在执法文书上记载和确认的,扣 2 分。
2. 处理决定书等执法文书的送达不符合法定的方式、时限和程序,没有相应的送达回证,或未按规定送达并未提取当事人的签收凭证的,扣 1 - 2 分。
3. 开展调查取证后,没有制作案件调查笔录的,扣 2 分。
4. 案件办结后未制作结案审批表,并未有行政机关负责人签署的意见的,扣 1 分。</td></tr>
<tr><td>3. 案件办理符合法定时限要求。</td><td>1. 收到处理请求书后,未在法定期限内立案的,扣 2 分。
2. 登记保存证据、查封扣押物品的处理不符合法定的期限要求;依法应当解除登记保存或查封的,未在法定的期限内及时解除、返还物品的,扣 1 分。
3. 没有在立案之日起 5 个工作日内将请求书及其附件的副本送达被请求人的,扣 2 分。
4. 决定进行口头审理,没有在口头审理至少 3 个工作日前将时间、地点通知当事人的,扣 1 分。
5. 没有在法定期限内结案的,扣 4 分。</td></tr>
</table>

续　表

<table>
<tr><td rowspan="2">案卷文书制作标准部分</td><td rowspan="2">15</td><td>1. 法律文书制作完整、正确。</td><td>1. 处理决定书。处理决定书形式上不符合法律文书的制作要求,对当事人的基本情况记载不完整、正确无误,对违法行为的事实、证据陈述不清楚,对违法行为作出专利行政执法的法律依据不准确、清楚,未明确告知处理决定书的履行方式和期限,未正确告知当事人救济的途径和期限,没有专利行政执法实施机关的署名、印章和作出日期的,酌情扣1－2分。
2. 口审笔录。口审笔录没有举行口审的起止时间、地点、方式,未记载参加口审人员的基本情况,没有当事人陈述申辩情况以及当事人双方质证、辩论的情况,没有当事人最后陈述意见,没有审理人员、记录人、当事人审核后的签名或盖章和日期的,酌情扣1－2分。
3. 集体讨论记录。对重大、复杂案件的集体讨论未制作讨论记录,未载明主持人、参加人、记录人和讨论的事项、具体意见、最终结论,没有参加人的签名或盖章的,酌情扣1－2分。</td></tr>
<tr><td>1. 法律文书格式正确,形式规范。
2. 案卷装订符合要求。</td><td>1. 卷内书写文书有用铅笔、圆珠笔或红墨水笔书写的,扣1分。
2. 卷内文书应当有执法人员签名而未签名的,发现一处扣2分。
3. 现场检查、调查询问等笔录内容有改动,未经被检查或询问的当事人签字或捺指印确认的,发现一处扣1分。
4. 对外使用的一般执法文书未加盖行政执法机关印章的,扣2分。
5. 对外使用的一般法律文书没有标明日期或标错日期的,扣2分。
6. 对外执法文书对侵权行为发生的时间、地点及其他文书时间、地点记载错误或前后不一致的,扣1分。
7. 案卷装订不符合要求的扣2分。
上述各项共计8分,扣完为止。</td></tr>
</table>

附表2：

查处假冒专利案件案卷评查标准

评查项目	分值	评查内容和要求	评分细则
主体部分	10	1. 执法机关主体适格，实施行政处罚行为符合法定职责权限。 2. 承办案件的人员应具备行政执法资格。 3. 行政相对人应当主体适格，依法能够独立行使权利和承担法律责任。	1. 不具有行政处罚权的部门作出行政处罚决定或者作出与其职权不符执法文书的，不合格。 2. 行政机关或授权组织超越法定职权实施行政处罚的，不合格。 3. 未经依法委托的组织或虽经依法委托但超越了委托的范围从事行政处罚活动的，不合格。 4. 指派不具备执法资格的人员承办案件的，不合格。 5. 行政相对人认定错误对其作出行政处罚决定的，不合格；行政相对人认定不当但未影响处理结果的扣5分，对处理结果有影响的扣10分。
事实部分	15	1. 被查处的违法行为事实认定清楚。	1. 对违法行为的事实认定错误或者主要事实不清的，不合格。 2. 基本事实清楚但执法文书对违法事实的描述不够清楚，尚未影响对案件作出正确处理的扣5分，影响案件正确处理的，扣10分。 3. 执法文书记载的内容前后不一致的，扣5分。
证据部分	20	1. 证据合法、有效，足以证明行为的事实、性质、情节及后果。 2. 证据应当充分，证据之间能相互印证，形成有效的证据链。 3. 提取证据应当符合法定程序。	1. 证据不足，不能证明当事人有违法事实而作出错误决定的，不合格。 2. 证据认定错误，导致对当事人身份或者事实认定错误的，不合格。 3. 证据认定有瑕疵，尚未影响对案件作出正确处理的扣5分；影响案件正确处理的扣10分。 4. 证据搜集不充分或者证据之间不能相互印证、形不成证据链的，如证据无法证明法律事件或行为的事实、情节、性质及后果，对当事人的身份证明、营业执照、许可证等应当提取的证据没有全部提取，扣1－5分。 5. 调查笔录等书证材料时间、地点记载不正确、前后不一致的，扣1－5分。 6. 提取证据的方式和程序不合法、规范的，扣1－5分；伪造证据的，不合格。
适用法律依据部分	10	1. 适用的法律、法规和规章应当准确、完整和有效。 2. 文书中引用的法律、法规、规章名称应使用全称，引用依据条、款、项内容准确、完整。	1. 适用法律、法规和规章依据错误或无法律、法规依据的，不合格。 2. 引用法律、法规、规章名称填写不规范、不完整的，扣2分。 3. 引用法律、法规依据未具体明确到条、款、项的扣2分；条、款、项指称错误的扣5分；引用依据内容不准确的扣5分，不完整的，扣2分。

续　表

<table>
<tr><td rowspan="5">行政执法程序部分</td><td rowspan="5">30</td><td>1. 立案应符合法定时限要求。</td><td>1. 收到举报或在执法检查中发现涉嫌违法行为后，没有在法定期限内立案的，扣2分。</td></tr>
<tr><td>2. 调查取证应符合法定程序，有相应的笔录和证据清单；有关证据材料应经当事人签字确认或者注明情况。</td><td>1. 现场检查（勘验）、调查取证时没有由2名以上持合法有效的行政执法证件的执法人员进行的，扣3分；执法人员未向当事人出示证件、表明身份，并未在执法文书上记载和确认的，扣2分。
2. 与案件事实有关的证据材料，包括现场勘验笔录、抽样取证物品清单、调查（询问）笔录、当事人身份证明文件、执法文书的送达回证等，未经相关当事人或者现场负责人、代收人签字确认的，或者应当由相关当事人签字确认但当事人拒绝签字、行政执法人员未注明情况或未由现场的其他人签名见证的，扣1－4分。
3. 抽样取证涉案产品未出具抽样物品清单以及制作调查笔录的，缺一项扣2分；查封、扣押涉嫌假冒专利产品未出具通知书、清单以及制作调查笔录的，缺一项扣2分 。
4. 对先行登记保存证据没有制作笔录和清单的，扣2分；未在7日内作出处理的，扣1分。
5. 登记保存证据、查封扣押物品的处理不符合法定的期限要求；依法应当解除登记保存或查封的，未在法定的期限内及时解除、返还物品的，扣1分。</td></tr>
<tr><td>3. 行政处罚的审查、决定应当完整、规范，有相应的文书记载；履行有关权利告知、听取陈述和申辩、听证等的程序要求。</td><td>1. 在作出行政处罚决定前，未依法预先告知当事人作出行政处罚决定的事实、理由、依据和依法享有的陈述、申辩权或者要求听证的权利，不合格。
2. 行政处罚预先告知书中有告知内容错误或者告知权利、期限不明确的，扣2分；行政处罚预先告知书告知处罚种类、罚款数额不明确的，扣2分。
3. 符合听证条件当事人要求听证的，行政机关未在举行听证7日前送达行政处罚听证通知书的，扣2分；无法定理由不依法组织听证的，扣10分。
4. 虽举行听证，未制作行政处罚听证笔录或听证报告的，扣5分；行政处罚听证笔录内容不完整或填写有错误的，发现一处扣1分。
5. 情节复杂或者对重大违法行为给予较重行政处罚的案件，未经行政机关负责人集体讨论决定的，扣1－2分。</td></tr>
<tr><td>4. 法律文书应在法定期限内送达；行政处罚的执行应有执行依据，符合法定权限和程序。</td><td>1. 没有按照规定时间送达相关法律文书的，扣1分；缺少送达回执或有效送达凭证的，扣1分。
2. 采取责令改正措施无相应执法文书的扣5分。
3. 责令整改通知书内容不完整或填写错误的，扣2分。
4. 对罚款的行政处罚未实行罚缴分离，未由当事人持行政处罚决定书到指定银行缴纳罚款的，扣3分。</td></tr>
<tr><td>5. 结案应符合法定时限要求，制作结案报告。</td><td>1. 没有在法定期限内结案的，扣4分。
2. 案件办结后未制作结案审批表，并未有行政机关负责人签署的意见的，扣1分。
行政执法程序部分共计30分，扣完为止。</td></tr>
</table>

续　表

<table>
<tr>
<td rowspan="2">案卷文书制作标准部分</td>
<td rowspan="2">15</td>
<td>1. 法律文书制作完整、正确。</td>
<td>1. 行政处罚决定书。行政处罚决定书形式上不符合法律文书的制作要求,对当事人的基本情况记载不完整、正确无误,对违法行为的事实、证据陈述不清楚,对违法行为作出行政处罚的法律依据及处罚的种类和幅度不准确、清楚,未明确告知行政处罚的履行方式和期限,未正确告知当事人救济的途径和期限,没有行政处罚实施机关的署名、印章和作出日期的,酌情扣 1 - 3 分。
2. 听证笔录。听证笔录没有举行听证的起止时间、地点、方式,未记载参加听证人员的基本情况,没有案件调查人员对违法行为的事实、证据、处罚依据和处罚建议的阐述,没有当事人陈述申辩情况以及调查人员与当事人双方质证、辩论的情况,没有当事人最后陈述意见,没有听证主持人、听证员、记录人以及听证当事人审核后的签名或盖章和日期的,酌情扣 1 - 2 分。
3. 集体讨论记录。对重大、复杂案件的集体讨论未制作讨论记录,未载明主持人、参加人、记录人和讨论的事项、具体意见、最终结论,没有参加人的签名或盖章的,酌情扣 1 - 2 分。</td>
</tr>
<tr>
<td>1. 法律文书格式正确,形式规范。
2. 案卷装订符合要求。</td>
<td>1. 卷内书写文书有用铅笔、圆珠笔或红墨水笔书写的,扣 1 分。
2. 卷内文书应当有执法人员签名而未签名的,发现一处扣 1 分。
3. 现场检查、调查询问等笔录内容有改动,未经被检查或询问的当事人签字或捺指印确认的,发现一处扣 1 分。
4. 对外使用的一般执法文书未加盖行政执法机关印章的,扣 2 分。
5. 对外使用的一般法律文书没有标明日期或标错日期的,扣 2 分。
6. 对外执法文书对侵权行为发生的时间、地点及其他文书时间、地点记载错误或前后不一致的,扣 1 分。
7. 案卷装订不符合要求的扣 2 分。
上述各项共计 8 分,扣完为止。</td>
</tr>
</table>

附表 3：

调解其他专利纠纷案卷评查标准

评查项目	分值	评查内容和要求	评分细则
主体部分	20	1. 执法机关主体适格，实施行政调解行为符合法定职责权限。 2. 承办案件的人员应具备行政执法资格。 3. 案件当事人主体适格。	1. 不具有行政调解权的部门作出行政调解书或者作出与其职权不符法律文书的，不合格。 2. 行政机关或授权组织超越法定职权进行行政调解的，不合格。 3. 未经依法委托的组织或虽经依法委托但超越了委托的范围从事行政调解活动的，不合格。 4. 指派不具备执法资格的人员承办案件的，扣 10 分。 5. 案件当事人主体不适格（如不能依法独立承担法律责任等），扣 10 分。
调解程序部分	50	1. 案件办理的步骤和流程完整、规范。 2. 案件办理符合执法规范要求。 3. 案件办理符合法定时限要求。	1. 应当有请求人请求调解的请求书，专利管理部门发出的意见陈述书，被请求人的意见陈述书，缺一项扣 5 分，本项共计 15 分。 2. 案件处理中未依法告知当事人依法享有的权利和期限的，扣 3 分。 3. 收到调解请求书后，未及时将请求书副本通过寄交、直接送交或者其他方式送达被请求人的，扣 3 分。 4. 被请求人不同意调解的，制作不予立案通知书，并通知请求人。缺不予立案通知书的，扣 5 分，缺送达证的，扣 2 分。 5. 被请求人同意调解的，制作立案通知书，并通知请求人（送达证）。缺立案通知书的，扣 5 分，缺送达证的，扣 2 分。 6. 案件立案应当有立案审批表，没有审批表或者没有签署审批意见的，扣 5 分。 7. 调解协议书作出后，未及时结案的，扣 5 分。 8. 案件办结后未制作结案审批表，并未有行政机关负责人签署的意见，扣 5 分。
案卷文书制作标准部分	30	1. 法律文书制作完整、正确。	1. 调解协议书形式上不符合法律文书的制作要求，对当事人的基本情况记载不完整、正确无误，没有专利行政执法实施机关的署名、印章和作出日期的，酌情扣 1 - 6 分。 2. 调解笔录。调解笔录没有时间、地点，未记载参加人员的基本情况，未按规定要求制作，没有当事人审核后的签名或盖章和日期的，酌情扣 1 - 4 分。
		1. 法律文书格式正确，形式规范。 2. 案卷装订符合要求。	1. 卷内书写文书有用铅笔、圆珠笔或红墨水笔书写的，发现一处扣 1 分。 2. 卷内文书应当有执法人员签名而未签名的，发现一处扣 1 分。 3. 对外使用的一般执法文书未加盖行政执法机关印章的，扣 2 分。 4. 对外使用的一般法律文书没有标明日期或标错日期的，扣 2 分。 5. 案卷装订不符合要求的扣 4 分。 上述各项共计 20 分，扣完为止。

专利行政执法证件与执法标识管理办法(试行)

(2016年9月12日　国知发管字〔2016〕70号)

第一章　总　　则

第一条　为落实行政执法人员资格管理制度,加强专利行政执法证件与执法标识管理,提升专利行政执法的规范性与严肃性,依据有关法律、法规和规章,制定本办法。

第二条　本办法所称专利行政执法证件,即《专利行政执法证》,是取得专利行政执法资格的合法凭证,是由国家知识产权局统一制作颁发,专利行政执法人员依法履行行政执法职责、从事专利行政执法活动的身份证明。

本办法所称专利行政执法标识,是指由国家知识产权局统一监督制作、监督颁发,专利行政执法人员在执行公务时着装上佩带的专用标志。

第三条　专利行政执法证件的主要内容包括:持证人的姓名、性别、照片、工作单位、职务、执法地域、发证机关、证号、发证时间、核验记录等。专利行政执法证件实行全国统一编号。

专利行政执法标识包括胸牌、徽章等,具体样式和规格由国家知识产权局统一规定。

第四条　专利行政执法证件和执法标识实行全国统一规范、分级管理制度。

国家知识产权局负责全国专利行政执法人员证件的申领、核发、核检、监督等工作;各省、自治区、直辖市管理专利工作的部门负责本行政区域内专利行政执法证件的日常管理工作。

第二章　专利行政执法证件与执法标识的申领、核发

第五条　申领专利行政执法证件和执法标识的人员应符合以下条件:

(一)遵纪守法,公正廉洁,有良好的职业道德;

(二)具备专利行政执法工作职能的部门及符合《专利行政执法操作指南》(第7.2.2.1.2条款)申领条件的单位的工作人员;

(三)掌握专利法律法规、规章及相关行政法律、法规;

(四)参加国家知识产权局组织或者经国家知识产权局同意后由管理专利工作的部门组织的专利行政执法人员上岗培训班,并通过专利行政执法资格考试。

第六条　各级管理专利工作的部门的工作人员申请领取专利行政执法证件和执法标识的,须填写《专利行政执法证件与执法标识申领表》,一并提交所在单位,经所属省、自治区、直辖市管理专利工作的部门审核后,统一报送国家知识产权局批准。

第七条　申领人有下列情形之一的,不予核发专利行政执法证件和执法标识:

(一)年度考核结果有不称职等次的;

(二)近两年在行政执法工作中有违法违纪行为的;

(三)有其他不应当核发的情形的。

第八条　专利行政执法证件丢失或损毁的,持证人应及时报告所在管理专利工作的部门,经查证属实后,逐级报国家知识产权局。

需要补办专利行政执法证件的,持证人须重新填写《专利行政执法证件和执法标识申领表》,还应当提交原证件作废说明,说明内容包括姓名、性别、工作单位、职务、证号、丢失/毁损事由等,加盖所在单位公章,经所属省、自治区、直辖市管理专利工作的部门审核后,统一报送国家知识产权局批准。

第九条　持有专利行政执法证件的人员有下列情形之一的,须重新填写《专利行政执法证件和执法标识申领表》,连同原证件报送所在管理专利工作的部门,并提交执法证件换证申请:

(一)工作调动或职务变更的;

(二)部门单位机构合并、新设及名称变更的;

(三)证件有效期届满的。

证件有效期届满的持证人员须提前六个月申报。由国家知识产权局作旧证销毁,予以更换新证。

第三章　专利行政执法证件和执法标识的使用、管理

第十条　专利行政执法人员在履行专利行政执法职责时,应当随身携带并主动出示专利行政执法证件并佩戴执法标识。

专利行政执法人员不得将专利行政执法证件和执法标识用于非公务活动。

第十一条　专利行政执法人员应在专利行政执法证件载明的执法区域内从事执法活动。

第十二条　专利行政执法人员应在有效期限内使用专利行政执法证件,超出有效期限不得使用。

第十三条　专利行政执法证件实行一人一证一号制度。持证人应当妥善保管专利行政执法证件,不得涂改、复制、转借、抵押、赠送、买卖、变造或者故意损毁。

第十四条　持有专利行政执法证件的人员有下列情形之一的,所在管理专利工作的部门应当收回其执法证件,并交国家知识产权局注销:

(一)未通过核检或到期未核检的;

(二)调离管理专利工作的部门的;

（三）辞职、辞退、长期休假、退休或死亡的；

（四）发证机关认为应当收回的。

除上述条款第（二）项规定的情形外，被注销执法证件的人员，两年之内不得再申请领取专利行政执法证件。

第十五条 持有专利行政执法证件的人员有下列情形之一的，所在管理专利工作的部门应当暂扣其专利行政执法证件：

（一）依有关规定履行法定职责、执行公务时，没有或拒绝出示执法证件，尚未造成严重后果的；

（二）因涉嫌违法违纪被立案审查，尚未做出结论的；

（三）受到开除以外行政处分的；

（四）依法被停止履行执法职责的；

（五）故意复制、转借、抵押、赠送、出卖给他人，故意损毁专利行政执法证件，尚未造成严重后果的；

（六）因其他原因应当暂扣的。

被暂扣行政执法证件者须向所在的部门做出书面说明或书面检查，扣证期间不得从事行政执法工作。

第十六条 持有专利行政执法证件的人员有下列情形之一的，所在管理专利工作的部门应当收回其执法证件，并报请国家知识产权局吊销：

（一）超越法定权限执法或者违反法定程序执法，造成严重后果的；

（二）在非履行职责和执行公务时使用执法证件，造成不良影响的；

（三）将专利行政执法证件复制、转借、抵押、赠送、出卖给他人、故意损毁，造成严重后果的；

（四）变造专利行政执法证件的；

（五）利用专利行政执法证件进行违法违纪活动的；

（六）有徇私舞弊、玩忽职守等渎职行为的；

（七）受到开除公职行政处分的；

（八）受到行政拘留处罚或者判处刑罚的；

（九）有其他违纪违法行为，不宜从事专利行政执法工作的。

被吊销专利行政执法证件的人员，不得再从事专利行政执法工作。

第十七条 专利行政执法证件被暂扣、注销、吊销的，应将专利行政执法标识及时上交所在管理专利工作的部门。

专利行政执法证件失效或者超过有效期限的，不得再使用专利行政执法标识。

第四章 专利行政执法证件的核检

第十八条 专利行政执法证件实行核检制度，每两年进行一次核检。

第十九条 对持证人的核检应考虑以下情形：

（一）执法工作考核情况；

（二）参加执法培训的情况；

（三）执法违纪或重大执法过失的情况；

（四）受奖励或处分的情况；

（五）其他情况。

第二十条 对于执法证件核检申请，核检机关根据下列情形分别处理：

（一）对符合核检要求的，由核检机关在证件的核检记录栏上贴示当年的核检专用标识，允许持证人继续从事专利行政执法工作；

（二）对没有达到核检要求的，不予通过核检。

第二十一条 持有专利行政执法证件的人员年度考核成绩不合格的或未按规定参加执法业务培训的，核检不予通过。

第二十二条 未经核检的专利行政执法证件自行失效。对失效的专利行政执法证件国家知识产权局予以收回、销毁。

第五章 附 则

第二十三条 有关单位或个人违反本办法擅自制作、发放、使用专利行政执法证件和执法标识的，应当依照有关规定予以纪律处分或追究法律责任。

第二十四条 严禁任何单位和个人生产、销售和佩戴与专利行政执法标识式样、颜色、图案相同或相近似并足以造成混淆的标志。

第二十五条 专利行政执法证件有效期限为六年。有效期满，国家知识产权局予以收回销毁，符合条件的予以更换。

第二十六条 国家知识产权局以及专利局、专利复审委员会等下属单位工作人员持有的专利执法证件和执法标识，适用本办法管理。

经济技术开发区、高新技术产业开发区等各类非行政区划管理专利工作的部门的工作人员，在申领执法证件和执法标识时，应当同时提交执法区域的情况说明材料。

第二十七条 各知识产权维权援助中心和快速维权中心，以及各类非行政区划管理专利工作的部门的工作人员持专利执法证件参与知识产权局办案工作的，应通过办理挂职或借调等手续，符合相关人事规定。

第二十八条 本办法由国家知识产权局专利管理司负责解释。

第二十九条 本办法自发布之日起施行。国家知识产权局此前有关规定与本办法不一致的，依照本办法执行。

附表:

专利行政执法证件和执法标识申领表

□ 执法证件　　□ 执法标识

□ 新办　　□ 丢失　　□ 损毁　　□ 更换

<table>
<tr><td>姓 名</td><td></td><td>性别</td><td></td><td>出生年月</td><td></td><td rowspan="3">一寸彩色同底版照片两张
(一张贴于此处,
一张另行提交,用于制证)</td></tr>
<tr><td>工作单位</td><td colspan="3"></td><td>所在部门</td><td></td></tr>
<tr><td>行政职务</td><td colspan="3"></td><td>执法地域</td><td></td></tr>
<tr><td>办公电话</td><td colspan="3"></td><td>单位地址</td><td colspan="2"></td></tr>
<tr><td>移动电话</td><td colspan="3"></td><td>电子邮箱</td><td colspan="2"></td></tr>
<tr><td>学历学位</td><td colspan="3"></td><td>所学专业</td><td colspan="2"></td></tr>
<tr><td colspan="7">工作简历:</td></tr>
<tr><td colspan="7">参加上岗培训情况:</td></tr>
<tr><td colspan="7">所在单位意见:

盖 章</td></tr>
<tr><td colspan="7">省(自治区、直辖市)知识产权局意见:

盖 章</td></tr>
</table>

国家知识产权局专利管理司制

文书范本

1. 发明专利请求书[①]

<table>
<tr><td colspan="4">请按照“注意事项”正确填写本表各栏</td><td>此框内容由国家知识产权局填写</td></tr>
<tr><td rowspan="2">⑦发明名称</td><td colspan="3" rowspan="2"></td><td>①申请号</td></tr>
<tr><td>②分案提交日</td></tr>
<tr><td rowspan="3">⑧发明人</td><td>发明人1</td><td></td><td>□不公布姓名</td><td>③申请日</td></tr>
<tr><td>发明人2</td><td></td><td>□不公布姓名</td><td>④费减审批</td></tr>
<tr><td>发明人3</td><td></td><td>□不公布姓名</td><td>⑤向外申请审批</td></tr>
<tr><td colspan="4">⑨第一发明人国籍或地区　　居民身份证件号码</td><td>⑥挂号号码</td></tr>
<tr><td rowspan="21">⑩申请人</td><td rowspan="7">申请人(1)</td><td colspan="2">姓名或名称</td><td>申请人类型</td></tr>
<tr><td colspan="2">居民身份证件号码或组织机构代码
□请求费减且已完成费减资格备案</td><td>电子邮箱</td></tr>
<tr><td colspan="3">国籍或注册国家(地区)　　经常居所地或营业所所在地</td></tr>
<tr><td>邮政编码</td><td colspan="2">电话</td></tr>
<tr><td colspan="3">省、自治区、直辖市</td></tr>
<tr><td colspan="3">市县</td></tr>
<tr><td colspan="3">城区(乡)、街道、门牌号</td></tr>
<tr><td rowspan="7">申请人(2)</td><td colspan="2">姓名或名称</td><td>申请人类型</td></tr>
<tr><td colspan="2">居民身份证件号码或组织机构代码
□请求费减且已完成费减资格备案</td><td>电子邮箱</td></tr>
<tr><td colspan="3">国籍或注册国家(地区)　　经常居所地或营业所所在地</td></tr>
<tr><td>邮政编码</td><td colspan="2">电话</td></tr>
<tr><td colspan="3">省、自治区、直辖市</td></tr>
<tr><td colspan="3">市县</td></tr>
<tr><td colspan="3">城区(乡)、街道、门牌号</td></tr>
<tr><td rowspan="7">申请人(3)</td><td colspan="2">姓名或名称</td><td>申请人类型</td></tr>
<tr><td colspan="2">居民身份证件号码或组织机构代码
□请求费减且已完成费减资格备案</td><td>电子邮箱</td></tr>
<tr><td colspan="3">国籍或注册国家(地区)　　经常居所地或营业所所在地</td></tr>
<tr><td>邮政编码</td><td colspan="2">电话</td></tr>
<tr><td colspan="3">省、自治区、直辖市</td></tr>
<tr><td colspan="3">市县</td></tr>
<tr><td colspan="3">城区(乡)、街道、门牌号</td></tr>
</table>

① 表格来源：国家知识产权局官网。

续 表

<table>
<tr><td rowspan="5">⑪
联
系
人</td><td>姓名</td><td>电话</td><td>电子邮箱</td></tr>
<tr><td>邮政编码</td><td colspan="2"></td></tr>
<tr><td colspan="3">省、自治区、直辖市</td></tr>
<tr><td colspan="3">市县</td></tr>
<tr><td colspan="3">城区(乡)、街道、门牌号</td></tr>
<tr><td colspan="4">⑫代表人为非第一署名申请人时声明　　特声明第____署名申请人为代表人</td></tr>
</table>

<table>
<tr><td rowspan="5">⑬
专利
代理
机构</td><td colspan="4">□声明已经与申请人签订了专利代理委托书且本表中的信息与委托书中相应信息一致</td></tr>
<tr><td colspan="2">名称</td><td colspan="2">机构代码</td></tr>
<tr><td rowspan="3">代理
人(1)</td><td>姓　　名</td><td rowspan="3">代理
人(2)</td><td>姓　　名</td></tr>
<tr><td>执业证号</td><td>执业证号</td></tr>
<tr><td>电　　话</td><td>电　　话</td></tr>
</table>

<table>
<tr><td>⑭分案
申请</td><td>原申请号</td><td>针对的分案申请号</td><td colspan="2">原申请日　　年　月　日</td></tr>
<tr><td rowspan="2">⑮生物
材料
样品</td><td>保藏单位代码</td><td>地　址</td><td>是否存活</td><td>□是　□否</td></tr>
<tr><td>保藏日期　　年　月　日</td><td>保藏编号</td><td colspan="2">分类命名</td></tr>
</table>

<table>
<tr><td>⑯序
列表</td><td>□本专利申请涉及核苷酸或氨基酸序列表</td><td>⑰遗传
资源</td><td>□本专利申请涉及的发明创造是依赖于遗传资源完成的</td></tr>
</table>

<table>
<tr><td rowspan="3">⑱
要求
优先权
声明</td><td>原受理机构名称</td><td>在先申请日</td><td>在先申请号</td><td rowspan="2">⑲
不丧失新颖性宽限期声明</td><td rowspan="2">□已在中国政府主办或承认的国际展览会上首次展出
□已在规定的学术会议或技术会议上首次发表
□他人未经申请人同意而泄露其内容</td></tr>
<tr><td rowspan="2"></td><td rowspan="2"></td><td rowspan="2"></td></tr>
<tr><td>⑳
保密
请求</td><td>□本专利申请可能涉及国家重大利益，请求按保密申请处理
□已提交保密证明材料</td></tr>
<tr><td colspan="4">㉑□声明本申请人对同样的发明创造在申请本发明专利的同日申请了实用新型专利</td><td>㉒
提前
公布</td><td>□请求早日公布该专利申请</td></tr>
<tr><td colspan="2">㉓摘要附图</td><td colspan="4">指定说明书附图中的图__________为摘要附图</td></tr>
</table>

续　表

<table>
<tr><td>㉔申请文件清单
1. 请求书　　份　　页
2. 说明书摘要　　份　　页
3. 权利要求书　　份　　页
4. 说明书　　份　　页
5. 说明书附图　　份　　页
6. 核苷酸或氨基酸序列表　　份　　页
7. 计算机可读形式的序列表　　份

权利要求的项数　　项</td><td>㉕附加文件清单
□实质审查请求书　　份　共　页
□实质审查参考资料　　份　共　页
□优先权转让证明　　份　共　页
□优先权转让证明中文题录　　份　共　页
□保密证明材料　　份　共　页
□专利代理委托　　份　共　页
总委托书备案编号(编号______)
□在先申请文件副本　　份
□在先申请文件副本中文题录　　份
□生物材料样品保藏及存活证明　　份　共　页
□生物材料样品保藏及存活证明中文题录　　份　共　页
□向外国申请专利保密审查请求书　　份　共　页
□其他证明文件(注明文件名称)　　份　共　页
□</td></tr>
<tr><td>㉖全体申请人或专利代理机构签字或者盖章

年　月　日</td><td>㉗国家知识产权局审核意见

年　月　日</td></tr>
</table>

发明专利请求书外文信息表

<table>
<tr><td>发明名称</td><td colspan="2"></td></tr>
<tr><td rowspan="3">发明人姓名</td><td>发明人1</td><td></td></tr>
<tr><td>发明人2</td><td></td></tr>
<tr><td>发明人3</td><td></td></tr>
<tr><td rowspan="3">申请人名称及地址</td><td>申请人1</td><td>名称
地址</td></tr>
<tr><td>申请人2</td><td>名称
地址</td></tr>
<tr><td>申请人3</td><td>名称
地址</td></tr>
</table>

注意事项

一、申请发明专利，应当提交发明专利请求书、权利要求书、说明书、说明书摘要，有附图的应当同时提交说明书附图，并指定其中一幅作为摘要附图。（表格可在国家知识产权局网站www.sipo.gov.cn下载）

二、本表应当使用国家公布的中文简化汉字填写，表中文字应当打字或者印刷，字迹为黑色。外国人姓名、名称、地名无统一译文时，应当同时在请求书外文信息表中注明。

三、本表中方格供填表人选择使用，若有方格后所述内容的，应当在方格内作标记。

四、本表中所有详细地址栏，本国的地址应当包括省（自治区）、市（自治州）、区、街道门牌号码，或者省（自治区）、县（自治县）、镇（乡）、街道门牌号码，或者直辖市、区、街道门牌号码。有邮政信箱的，可以按规定使用邮政信箱。外国的地址应当注明国别、市（县、州），并附具外文详细地址。其中申请人、专利代理机构、联系人的详细地址应当符合邮件能够迅速、准确投递的要求。

五、填表说明

1. 本表第①、②、③、④、⑤、⑥、㉗栏由国家知识产权局填写。

2. 本表第⑦栏发明名称应当简短、准确，一般不得超过25个字。

3. 本表第⑧栏发明人应当是个人。发明人可以请求国家知识产权局不公布其姓名。

4. 本表第⑨栏应当填写第一发明人国籍，第一发明人为中国内地居民的，应当同时填写居民身份证件号码。

5. 本表第⑩栏申请人是个人的，应当填写本人真实姓名，不得使用笔名或者其他非正式姓名；申请人是单位的，应当填写单位正式全称，并与所使用公章上的单位名称一致。申请人是中国内地单位或者个人的，应当填写其名称或者姓名、地址、邮政编码、组织机构代码或者居民身份证件号码；申请人是外国人、外国企业或者外国其他组织的，应当填写其姓名或者名称、国籍或者注册的国家或者地区、经常居所地或者营业所所在地。申请人类型可从下列类型中选择填写：个人，企业，事业单位，机关团体，大专院校，科研单位。申请人请求费用减缴且已完成费减资格备案的，应当在方格内作标记。

6. 本表第⑪栏，申请人是单位且未委托专利代理机构的，应当填写联系人，并同时填写联系人的通信地址、邮政编码、电子邮箱和电话号码，联系人只能填写一人，且应当是本单位的工作人员。

7. 本表第⑫栏，申请人指定非第一署名申请人为代表人时，应当在此栏指明被确定的代表人。

8. 本表第⑬栏，申请人委托专利代理机构的，应当填写此栏。

9. 本表第⑭栏，申请是分案申请的，应当填写此栏。申请是再次分案申请的，还应当填写所针对的分案申请的申请号。

10. 本表第⑮栏，申请涉及生物材料的发明专利，应当填写此栏，并自申请日起四个月内提交生物材料样品保藏及存活证明，对于外国保藏单位出具的生物材料样品保藏及存活证明，还应同时提交生物材料样品保藏及存活证明中文题录。本栏分类命名应填写所保藏生物材料的中文分类名称及拉丁文分类名称。

11. 本表第⑯栏，发明申请涉及核苷酸或氨基酸序列表的，应当填写此栏。

12. 本表第⑰栏，发明创造的完成依赖于遗传资源的，应当填写此栏。

13. 本表第⑱栏，申请人要求优先权的，应当填写此栏。

14. 本表第⑲栏，申请人要求不丧失新颖性宽限期的，应当填写此栏，并自申请日起两个月内提交证明文件。

15. 本表第⑳栏，申请人要求保密处理的，应当填写此栏。

16. 本表第㉑栏，申请人同日对同样的发明创造既申请实用新型专利又申请发明专利的，应当填写此栏。未作说明的，依照专利法第九条第一款关于同样的发明创造只能授予一项专利权的规定处理。（注：申请人应当在同日提交实用新型专利申请文件。）

17. 本表第㉒栏，申请人要求提前公布的，应当填写此栏。若填写此栏，不需要再单独提交发明专利请求提前公布声明。

18. 本表第㉓栏，申请人应当填写说明书附图中的一幅附图的图号。

19. 本表第㉔、㉕栏，申请人应当按实际提交的文件名称、份数、页数及权利要求项数正确填写。

20. 本表第㉖栏，委托专利代理机构的，应当由专利代理机构加盖公章。未委托专利代理机构的，申请人为个人的应当由本人签字或者盖章，申请人为单位的应当加盖单位公章；有多个申请人的由全体申请人签字或者盖章。

21. 本表第⑧、⑩、⑮、⑱栏，发明人、申请人、生物材料样品保藏、要求优先权声明的内容填写不下时，应当使用规定格式的附页续写。

缴费须知

1. 申请人应当在缴纳申请费通知书(或费用减缴审批通知书)中规定的缴费日前缴纳申请费、公布印刷费和申请附加费。申请人要求优先权的,应当在缴纳申请费的同时缴纳优先权要求费。

2. 一件专利申请的权利要求(包括独立权利要求和从属权利要求)数量超过10项的,从第11项权利要求起,每项权利要求增收附加费150元;一件专利申请的说明书页数(包括附图、序列表)超过30页的,从第31页起,每页增收附加费50元,超过300页的,从301页起,每页增收附加费100元。

3. 申请人请求减缴费用的,应当在提交申请文件前完成费减资格备案并在请求书中申请人一栏提出请求。

4. 专利费用可以通过网上缴费、邮局或银行汇款缴纳,也可以到国家知识产权局面缴。

5. 网上缴费:电子申请注册用户可登陆http://www.cponline.gov.cn,并按照相关要求使用网上缴费系统缴纳。

6. 邮局汇款:收款人姓名:国家知识产权局专利局收费处,商户客户号:110000860。

7. 银行汇款:开户银行:中信银行北京知春路支行,户名:中华人民共和国国家知识产权局专利局,账号:7111710182600166032。

8. 汇款时应当准确写明申请号、费用名称(或简称)及分项金额。未写明申请号和费用名称(或简称)的视为未办理缴费手续。了解更多详细信息及要求,请登陆http://www.sipo.gov.cn查询。

9. 对于只能采用电子联行汇付的,应当向银行付电报费,正确填写并要求银行至少将申请号及费用名称两项列入汇款单附言栏中同时发至国家知识产权局专利局。

10. 应当正确填写申请号13位阿拉伯数字(注:最后一位校验位可能是字母),小数点不需填写。

11. 费用名称可以使用下列简称:

印花费——印　　　　发明专利申请费——申

发明专利公布印刷费——文印

发明专利实质审查费——审　　　　发明专利复审费——复

发明专利登记费——登　　　　著录事项变更费——变

优先权要求费——优

恢复权利请求费——恢

发明专利权无效宣告请求费——无(无效)

延长费——延

权利要求附加费——权(权附)　　　　说明书附加费——说(说附)

发明专利年费滞纳金——滞(年滞)

发明专利第N年年费——年N(注:N为实际年度,例如:发明专利第8年年费－年8)

12. 费用通过邮局或者银行汇付遗漏必要缴费信息的,可以在汇款当日通过传真或电子邮件的方式补充。(传真电话:010－62084312;电子邮箱:shoufeichu@sipo.gov.cn)补充完整缴费信息的,以汇款日为缴费日。当日补充不完整而再次补充的,以国家知识产权局收到完整缴费信息之日为缴费日。

补充缴费信息的,应当提供邮局或者银行的汇款单复印件、所缴费用的申请号(或专利号)及各项费用的名称和金额。同时,应当提供接收收据的地址、邮政编码、接收人姓名或名称等信息。补充缴费信息如不能提供邮局或者银行的汇款单复印件的,还应当提供汇款日期、汇款人姓名或名称、汇款金额、汇款单据号码等信息。

13. 未按上述规定办理缴费手续的,所产生的法律后果由汇款人承担。

2. 实用新型专利请求书[1]

请按照“注意事项”正确填写本表各栏		此框内容由国家知识产权局填写
⑦实用新型名称		①申请号 （实用新型）
		②分案提交日
⑧发明人		③申请日
		④费减审批
		⑤向外申请审批
⑨第一发明人国籍 居民身份证件号码		⑥挂号号码

⑩申请人			
申请人(1)	姓名或名称		申请人类型
	居民身份证件号码或组织机构代码 □请求费减且已完成费减资格备案		电子邮箱
	国籍或注册国家（地区）		经常居所地或营业所所在地
	邮政编码	电话	
	省、自治区、直辖市		
	市县		
	城区（乡）、街道、门牌号		
申请人(2)	姓名或名称		申请人类型
	居民身份证件号码或组织机构代码 □请求费减且已完成费减资格备案		电子邮箱
	国籍或注册国家（地区）		经常居所地或营业所所在地
	邮政编码	电话	
	省、自治区、直辖市		
	市县		
	城区（乡）、街道、门牌号		
申请人(3)	姓名或名称		申请人类型
	居民身份证件号码或组织机构代码 □请求费减且已完成费减资格备案		电子邮箱
	国籍或注册国家（地区）		经常居所地或营业所所在地
	邮政编码	电话	
	省、自治区、直辖市		
	市县		
	城区（乡）、街道、门牌号		

① 表格来源：国家知识产权局官网。

续　表

<table>
<tr><td rowspan="5">⑪
联系人</td><td>姓名</td><td>电话</td><td colspan="2">电子邮箱</td></tr>
<tr><td>邮政编码</td><td colspan="3"></td></tr>
<tr><td colspan="4">省、自治区、直辖市</td></tr>
<tr><td colspan="4">市县</td></tr>
<tr><td colspan="4">城区（乡）、街道、门牌号</td></tr>
<tr><td colspan="5">⑫代表人为非第一署名申请人时声明　　特声明第____署名申请人为代表人</td></tr>
<tr><td rowspan="5">⑬
专利代理机构</td><td colspan="4">□声明已经与申请人签订了专利代理委托书且本表中的信息与委托书中相应信息一致</td></tr>
<tr><td colspan="2">名称</td><td colspan="2">机构代码</td></tr>
<tr><td rowspan="3">代理人(1)</td><td>姓　　名</td><td rowspan="3">代理人(2)</td><td>姓　　名</td></tr>
<tr><td>执业证号</td><td>执业证号</td></tr>
<tr><td>电　　话</td><td>电　　话</td></tr>
<tr><td>⑭分案申请</td><td>原申请号</td><td>针对的分案申请号</td><td colspan="2">原申请日　　年　月　日</td></tr>
<tr><td rowspan="3">⑮
要求优先权声明</td><td>原受理机构名称</td><td>在先申请日</td><td>在先申请号</td><td>⑯
不丧失新颖性宽限期声明　□已在中国政府主办或承认的国际展览会上首次展出
□已在规定的学术会议或技术会议上首次发表
□他人未经申请人同意而泄露其内容</td></tr>
<tr><td rowspan="2"></td><td rowspan="2"></td><td rowspan="2"></td><td>⑰
保密请求　□本专利申请可能涉及国家重大利益，请求保密处理
□已提交保密证明材料</td></tr>
<tr></tr>
<tr><td colspan="5">⑱□声明本申请人对同样的发明创造在申请本实用新型专利的同日申请了发明专利</td></tr>
</table>

续 表

<table>
<tr><td>⑲申请文件清单
1. 请求书　　份　　页
2. 说明书摘要　　份　　页
3. 摘要附图　　份　　页
4. 权利要求书　　份　　页
5. 说明书　　份　　页
6. 说明书附图　　份　　页

权利要求的项数　　项</td><td>⑳附加文件清单
□优先权转让证明　　份　共　页
□保密证明材料　　份　共　页
□专利代理委托书　　份　共　页
总委托书(编号______)
□在先申请文件副本　　份
□在先申请文件副本首页译文　　份
□向外国申请专利保密审查请求书　　份　共　页
□其他证明文件(名称　　)　　份　共　页
□</td></tr>
<tr><td>㉑全体申请人或专利代理机构签字或者盖章

年　月　日</td><td>㉒国家知识产权局审核意见

年　月　日</td></tr>
</table>

实用新型专利请求书英文信息表

实用新型名称	
发明人姓名	
申请人名称及地址	

注意事项

一、申请实用新型专利，应当提交实用新型专利请求书、权利要求书、说明书、说明书附图、说明书摘要、摘要附图。申请文件应当一式一份。（表格可在国家知识产权局网站www. sipo. gov. cn下载）

二、本表应当使用国家公布的中文简化汉字填写，表中文字应当打字或者印刷，字迹为黑色。外国人姓名、名称、地名无统一译文时，应当同时在请求书英文信息表中注明。

三、本表中方格供填表人选择使用，若有方格后所述内容的，应当在方格内作标记。

四、本表中所有详细地址栏，本国的地址应当包括省（自治区）、市（自治州）、区、街道门牌号码，或者省（自治区）、县（自治县）、镇（乡）、街道门牌号码，或者直辖市、区、街道门牌号码。有邮政信箱的，可以按规定使用邮政信箱。外国的地址应当注明国别、市（县、州），并附具外文详细地址。其中申请人、专利代理机构、联系人的详细地址应当符合邮件能够迅速、准确投递的要求。

五、填表说明

1. 本表第①、②、③、④、⑤、⑥、㉒栏由国家知识产权局填写。

2. 本表第⑦栏实用新型名称应当简短、准确，一般不得超过25个字。

3. 本表第⑧栏发明人应当是个人。发明人有两个以上的应当自左向右顺序填写。发明人姓名之间应当用分号隔开。发明人可以请求国家知识产权局不公布其姓名。若请求不公布姓名，应当在此栏所填写的相应发明人后面注明“（不公布姓名）”。

4. 本表第⑨栏应当填写第一发明人国籍，第一发明人为中国内地居民的，应当同时填写居民身份证件号码。

5. 本表第⑩栏申请人是中国单位或者个人的，应当填写其名称或者姓名、地址、邮政编码、组织机构代码或者居民身份证件号码；申请人是外国人、外国企业或者外国其他组织的，应当填写其姓名或者名称、国籍或者注册的国家或者地区。申请人是个人的，应当填写本人真实姓名，不得使用笔名或者其他非正式的姓名；申请人是单位的，应当填写单位正式全称，并与所使用的公章上的单位名称一致。申请人请求费用减缴且已完成费减资格备案的，应当在方格内作标记。

6. 本表第⑪栏，申请人是单位且未委托专利代理机构的，应当填写联系人，并同时填写联系人的通信地址、邮政编码、电子邮箱和电话号码，联系人只能填写一人，且应当是本单位的工作人员。申请人为个人且需由他人代收国家知识产权局所发信函的，也可以填写联系人。

7. 本表第⑫栏，申请人指定非第一署名申请人为代表人时，应当在此栏指明被确定的代表人。

8. 本表第⑬栏，申请人委托专利代理机构的，应当填写此栏。

9. 本表第⑭栏，申请是分案申请的，应当填写此栏。申请是再次分案申请的，还应当填写所针对的分案申请的申请号。

10. 本表第⑮栏，申请人要求外国或者本国优先权的，应当填写此栏。

11. 本表第⑯栏，申请人要求不丧失新颖性宽限期的，应当填写此栏，并自申请日起两个月内提交证明文件。

12. 本表第⑰栏，申请人要求保密处理的，应当填写此栏。

13. 本表第⑱栏，申请人同日对同样的发明创造既申请实用新型专利又申请发明专利的，应当填写此栏。未作声明的，依照专利法第九条第一款关于同样的发明创造只能授予一项专利权的规定处理。（注：申请人应当在同日提交发明专利申请文件。）

14. 本表第⑲、⑳栏，申请人应当按实际提交的文件名称、份数、页数及权利要求项数正确填写。

15. 本表第㉑栏，委托专利代理机构的，应当由专利代理机构加盖公章。未委托专利代理机构的，申请人为个人的应当由本人签字或者盖章，申请人为单位的应当加盖单位公章；有多个申请人的由全体申请人签字或者盖章。

16. 本表第⑧、⑩、⑮栏，发明人、申请人、要求优先权声明的内容填写不下时，应当使用规定格式的附页续写。

缴费须知

1. 申请人应当在缴纳申请费通知书(或费用减缴审批通知书)中规定的缴费日前缴纳申请费和申请附加费。申请人要求优先权的,应当在缴纳申请费的同时缴纳优先权要求费。

2. 一件专利申请的权利要求(包括独立权利要求和从属权利要求)数量超过10项的,从第11项权利要求起,每项权利要求增收附加费150元;一件专利申请的说明书页数(包括附图页数)超过30页的,从第31页起,每页增收附加费50元,超过300页的,从301页起,每页增收附加费100元。

3. 申请人请求减缴费用的,应当在提交申请文件前完成费减资格备案并在请求书中申请人一栏提出请求。

4. 各种专利费用可以通过网上缴费、邮局或银行汇款缴纳,也可以到国家知识产权局面缴。

5. 网上缴费:电子申请注册用户可登陆 http://www. cponline. gov. cn,并按照相关要求使用网上缴费系统缴纳。

6. 邮局汇款:收款人姓名:国家知识产权局专利局收费处,商户客户号:110000860。

7. 银行汇款:开户银行:中信银行北京知春路支行,户名:中华人民共和国国家知识产权局专利局,账号:7111710182600166032。

8. 汇款时应当准确写明申请号、费用名称(或简称)及分项金额。未写明申请号和费用名称(或简称)的视为未办理缴费手续。了解更多详细信息及要求,请登陆 http://www. sipo. gov. cn 查询。

9. 对于只能采用电子联行汇付的,应当向银行付电报费,正确填写并要求银行至少将申请号及费用名称两项列入汇款单附言栏中同时发至国家知识产权局专利局。

10. 应当正确填写申请号13位阿拉伯数字(注:最后一位校验位可能是字母),小数点不需填写。

11. 费用名称可以使用下列简称:

印花费——印
实用新型专利申请费——申
实用新型专利检索报告费——检(实检)
实用新型专利复审费——复
著录事项变更费——变
优先权要求费——优
改正优先权要求请求费——改(改优)
恢复权利请求费——恢
实用新型专利权无效宣告请求费——无(无效)
实用新型专利登记印刷费——登
延长费——延
权利要求附加费——权(权附)
说明书附加费——说(说附)
实用新型专利年费滞纳金——滞(年滞)
实用新型专利第N年年费——年N(注:N为实际年度,例如:实用新型专利第8年年费 - 年8)
实用新型专利权评价报告请求费——评价

12. 费用通过邮局或者银行汇付遗漏必要缴费信息的,可以在汇款当日通过传真或电子邮件的方式补充。(传真电话:010 - 62084312;电子邮箱:shoufeichu@ sipo. gov. cn)补充完整缴费信息的,以汇款日为缴费日。当日补充不完整而再次补充的,以国家知识产权局收到完整缴费信息之日为缴费日。

补充缴费信息的,应当提供邮局或者银行的汇款单复印件、所缴费用的申请号(或专利号)及各项费用的名称和金额。同时,应当提供接收收据的地址、邮政编码、接收人姓名或名称等信息。补充缴费信息如不能提供邮局或者银行的汇款单复印件的,还应当提供汇款日期、汇款人姓名或名称、汇款金额、汇款单据号码等信息。

13. 未按上述规定办理缴费手续的,所产生的法律后果由汇款人承担。

3. 外观设计专利请求书[①]

<table>
<tr><td colspan="4">请按照“注意事项”正确填写本表各栏</td><td colspan="2">此框内容由国家知识产权局填写</td></tr>
<tr><td>⑥使用外观设计的产品名称</td><td colspan="3"></td><td colspan="2">①
申请号 （外观设计）</td></tr>
<tr><td></td><td colspan="3"></td><td colspan="2">②分案
提交日</td></tr>
<tr><td rowspan="2">⑦设计人</td><td colspan="3" rowspan="2"></td><td colspan="2">③申请日</td></tr>
<tr><td colspan="2">④费减审批</td></tr>
<tr><td colspan="4">⑧第一设计人国籍 居民身份证件号码</td><td colspan="2">⑤挂号号码</td></tr>
<tr><td rowspan="12">⑨申请人</td><td rowspan="4">申请人(1)</td><td colspan="2">姓名或名称</td><td colspan="2">电话</td></tr>
<tr><td colspan="2">居民身份证件号码或组织机构代码
□请求费减且已完成费减资格备案</td><td colspan="2">电子邮箱</td></tr>
<tr><td colspan="4">国籍或注册国家(地区) 经常居所地或营业所所在地</td></tr>
<tr><td>邮政编码</td><td colspan="3">详细地址</td></tr>
<tr><td rowspan="4">申请人(2)</td><td colspan="2">姓名或名称</td><td colspan="2">申请人类型</td></tr>
<tr><td colspan="2">居民身份证件号码或组织机构代码
□请求费减且已完成费减资格备案</td><td colspan="2">电子邮箱</td></tr>
<tr><td colspan="4">国籍或注册国家(地区) 经常居所地或营业所所在地</td></tr>
<tr><td>邮政编码</td><td colspan="3">详细地址</td></tr>
<tr><td rowspan="4">申请人(3)</td><td colspan="2">姓名或名称</td><td colspan="2">申请人类型</td></tr>
<tr><td colspan="2">居民身份证件号码或组织机构代码
□请求费减且已完成费减资格备案</td><td colspan="2">电子邮箱</td></tr>
<tr><td colspan="4">国籍或注册国家(地区) 经常居所地或营业所所在地</td></tr>
<tr><td>邮政编码</td><td colspan="3">详细地址</td></tr>
<tr><td rowspan="2">⑩联系人</td><td colspan="2">姓名</td><td>电话</td><td colspan="2">电子邮箱</td></tr>
<tr><td colspan="2">邮政编码</td><td colspan="3">详细地址</td></tr>
<tr><td colspan="6">⑪代表人为非第一署名申请人时声明 特声明第____署名申请人为代表人</td></tr>
</table>

① 表格来源：国家知识产权局官网。

续　表

<table>
<tr><td rowspan="4">⑫
专利
代理
机构</td><td colspan="3">名称</td><td colspan="2">机构代码</td></tr>
<tr><td rowspan="3">代理
人(1)</td><td>姓　　名</td><td rowspan="3">代理
人(2)</td><td colspan="2">姓　　名</td></tr>
<tr><td>执业证号</td><td colspan="2">执业证号</td></tr>
<tr><td>电　　话</td><td colspan="2">电　　话</td></tr>
<tr><td>⑬分案
申请</td><td colspan="2">原申请号</td><td>针对的分案申请号</td><td colspan="2">原申请日　　　年　月　日</td></tr>
<tr><td rowspan="2">⑭
要求
外国
优先权
声明</td><td>原受理机构名称</td><td>在先申请日</td><td>在先申请号</td><td rowspan="2">⑮
不丧失新颖性宽限期声明</td><td rowspan="2">□已在中国政府主办或承认的国际展览会上首次展出
□已在规定的学术会议或技术会议上首次发表
□他人未经申请人同意而泄露其内容</td></tr>
<tr><td></td><td></td><td></td></tr>
<tr><td>⑯相似
设计</td><td colspan="5">□本案为同一产品的相似外观设计,其所包含的项数为______项。</td></tr>
<tr><td>⑰成套
产品</td><td colspan="5">□本案为成套产品的多项外观设计,其所包含的项数为______项。</td></tr>
<tr><td colspan="3">⑱申请文件清单
1. 请求书　　　　份　　　页
2. 图片或照片　　份　　　页
3. 简要说明　　　份　　　页

图片或照片　　　幅</td><td colspan="3">⑲附加文件清单
□优先权转让证明　　　　份　共　页
□专利代理委托书　　　　份　共　页
　总委托书(编号____________)
□在先申请文件副本　　　份
□在先申请文件副本首页译文　　份
□其他证明文件(名称__________)　　份　共　页
□</td></tr>
<tr><td colspan="3">⑳全体申请人或专利代理机构签字或者盖章

年　月　日</td><td colspan="3">㉑国家知识产权局审核意见

年　月　日</td></tr>
</table>

外观设计专利请求书英文信息表

外观设计专利请求书英文信息表	
设计人姓名	
申请人名称及地址	

注意事项

一、申请外观设计专利,应当提交外观设计专利请求书、外观设计图片或照片、以及外观设计简要说明。(表格可在国家知识产权局网站 www. sipo. gov. cn 下载)

二、本表应当使用国家公布的中文简化汉字填写,表中文字应当打字或者印刷,字迹为黑色。外国人姓名、名称、地名无统一译文时,应当同时在请求书英文信息表中注明。

三、本表中方格供填表人选择使用,若有方格后所述内容的,应当在方格内作标记。

四、本表中所有详细地址栏,本国的地址应当包括省(自治区)、市(自治州)、区、街道门牌号码,或者省(自治区)、县(自治县)、镇(乡)、街道门牌号码,或者直辖市、区、街道门牌号码。有邮政信箱的,可以按规定使用邮政信箱。外国的地址应当注明国别、市(县、州),并附具外文详细地址。其中申请人、专利代理机构、联系人的详细地址应当符合邮件能够迅速、准确投递的要求。

五、填表说明

1. 本表第 1、2、3、4、5、21 栏由国家知识产权局填写。

2. 本表第 6 栏使用外观设计的产品名称应当与外观设计图片或者照片中表示的外观设计相符合,准确、简明地表明要求保护的产品的外观设计。产品名称一般应当符合国际外观设计分类表中小类列举的名称。产品名称一般不得超过 20 个字。

3. 本表第 7 栏设计人应当是个人。设计人有两个以上的应当自左向右顺序填写。设计人姓名之间应当用分号隔开。设计人可以请求国家知识产权局不公布其姓名。若请求不公布姓名,应当在此栏所填写的相应设计人后面注明"(不公布姓名)"。

4. 本表第 8 栏应当填写第一设计人国籍,第一设计人为中国内地居民的,应当同时填写居民身份证件号码。

5. 本表第 9 栏申请人是个人的,应当填写本人真实姓名,不得使用笔名或者其他非正式的姓名;申请人是单位的,应当填写单位正式全称,并与所使用的公章上的单位名称一致。申请人是中国单位或者个人的,应当填写其名称或者姓名、地址、邮政编码、组织机构代码或者居民身份证件号码;申请人是外国人、外国企业或者外国其他组织的,应当填写其姓名或者名称、国籍或者注册的国家或者地区、经常居所地或者营业所所在地。申请人请求费用减缴且已完成费减资格备案的,应当在方格内作标记。

6. 本表第10栏,申请人是单位且未委托专利代理机构的,应当填写联系人,并同时填写联系人的通信地址、邮政编码、电子邮箱和电话号码,联系人只能填写一人,且应当是本单位的工作人员。申请人为个人且需由他人代收国家知识产权局所发信函的,也可以填写联系人。

7. 本表第11栏,申请人指定非第一署名申请人为代表人时,应当在此栏指明被确定的代表人。

8. 本表第12栏,申请人委托专利代理机构的,应当填写此栏。

9. 本表第13栏,申请是分案申请的,应当填写此栏。申请是再次分案申请的,还应当填写所针对的分案申请的申请号。

10. 本表第14栏,申请人要求外国优先权的,应当填写此栏。

11. 本表第15栏,申请人要求不丧失新颖性宽限期的,应当填写此栏,自申请日起两个月内提交证明文件。

12. 本表第16栏,同一产品两项以上的相似外观设计,作为一件申请提出时,申请人应当填写相关信息。一件外观设计专利申请中的相似外观设计不得超过10项。

13. 本表第17栏,用于同一类别并且成套出售或者使用的产品的两项以上外观设计,作为一件申请提出时,申请人应当填写相关信息。成套产品外观设计专利申请中不应包含某一件或者几件产品的相似外观设计。

14. 本表第18、19栏,申请人应当按实际提交的文件名称、份数、页数及图片或照片幅数正确填写。

15. 本表第20栏,委托专利代理机构的,应当由专利代理机构加盖公章。未委托专利代理机构的,申请人为个人的应当由本人签字或盖章,申请人为单位的应当加盖单位公章;有多个申请人的由全体申请人签字或者盖章。

16. 本表第7、9、14栏,设计人、申请人、要求外国优先权声明的内容填写不下时,应当使用规定格式的附页续写。

缴费须知

1. 申请人应当在缴纳申请费通知书(或费用减缴审批通知书)中规定的缴费日前缴纳申请费。申请人要求优先权的,应当在缴纳申请费的同时缴纳优先权要求费。

2. 申请人请求减缴费用的,应当在提交申请文件前完成费减资格备案并在请求书中申请人一栏提出请求。

3. 专利费用可以通过网上缴费、邮局或银行汇款缴纳,也可以到国家知识产权局面缴。

4. 网上缴费:电子申请注册用户可登陆 http://www. cponline. gov. cn,并按照相关要求使用网上缴费系统缴纳。

5. 邮局汇款:收款人姓名:国家知识产权局专利局收费处,商户客户号:110000860。

6. 银行汇款:开户银行:中信银行北京知春路支行,户名:中华人民共和国国家知识产权局专利局,账号:7111710182600166032。

7. 汇款时应当准确写明申请号、费用名称(或简称)及分项金额。未写明申请号和费用名称(或简称)的视为未办理缴费手续。了解更多详细信息及要求,请登陆 http://www. sipo. gov. cn 查询。

8. 对于只能采用电子联行汇付的,应当向银行付电报费,正确填写并要求银行至少将申请号及费用名称两项列入汇款单附言栏中同时发至国家知识产权局专利局。

9. 应当正确填写申请号13位阿拉伯数字(注:最后一位校验位可能是字母),小数点不需填写。

10. 费用名称可以使用下列简称:

印花费——印

外观设计专利申请费——申

外观设计专利复审费——复

著录事项变更费——变

优先权要求费——优

恢复权利请求费——恢

外观设计专利权无效宣告请求费——无(无效)

外观设计专利登记费——登

延长费——延

外观设计专利年费——年

外观设计专利年费滞纳金——滞(年滞)

外观专利第N年年费——年N(注:N为实际年度,例如:外观专利第8年年费-年8)

外观设计专利权评价报告请求费——评价

11. 费用通过邮局或者银行汇付遗漏必要缴费信息的，可以在汇款当日通过传真或电子邮件的方式补充。（传真电话：010－62084312；电子邮箱：shoufeichu@sipo.gov.cn）补充完整缴费信息的，以汇款日为缴费日。当日补充不完整而再次补充的，以国家知识产权局收到完整缴费信息之日为缴费日。

补充缴费信息的，应当提供邮局或者银行的汇款单复印件、所缴费用的申请号（或专利号）及各项费用的名称和金额。同时，应当提供接收收据的地址、邮政编码、接收人姓名或名称等信息。补充缴费信息如不能提供邮局或者银行的汇款单复印件的，还应当提供汇款日期、汇款人姓名或名称、汇款金额、汇款单据号码等信息。

12. 未按上述规定办理缴费手续的，所产生的法律后果由汇款人承担。

4. 专利实施许可合同①

（试用）

专利名称____________________

专利号____________________

许可方名称____________________

地址____________________

代表人____________________

被许可方名称____________________

地址____________________

代表人____________________

合同备案号____________________

签订地点

签订日期　　　　年　　　月　　　日

有效期限至　　　年　　　月　　　日

国家知识产权局监制

前言　（鉴于条款）

第一条　名词和术语（定义条款）

第二条　专利许可的方式与范围

① 来源：国家知识产权局官网。

第三条 专利的技术内容

第四条 技术资料的交付

第五条 使用费及支付方式

第六条 验收的标准与方法

第七条 对技术秘密的保密事项

第八条 技术服务与培训(本条可签从合同)

第九条 后续改进的提供与分享

第十条 违约及索赔

第十一条 侵权的处理

第十二条 专利权被撤销和被宣告无效的处理

第十三条 不可抗力

第十四条 税费

第十五条 争议的解决办法

第十六条 合同的生效、变更与终止

第十七条 其他

许可方签章　　　　　　　　　　被许可方签章

许可方法人代表签章　　　　　　　　　　被许可方法人代表签章

年　　月　　日　　　　　　　　　　年　　月　　日

<table>
<tr><td rowspan="7">许可方</td><td>名称(或姓名)</td><td colspan="3">(签章)</td></tr>
<tr><td>法人代表</td><td>(签章)</td><td>委托代理人</td><td>(签章)</td></tr>
<tr><td>联系人</td><td colspan="3">(签章)</td></tr>
<tr><td>住　所
(通讯地址)</td><td colspan="3"></td></tr>
<tr><td>电话</td><td></td><td>电挂</td><td></td></tr>
<tr><td>开户银行</td><td colspan="3"></td></tr>
<tr><td>账号</td><td></td><td>邮政编码</td><td></td></tr>
<tr><td rowspan="7">被许可方</td><td>名称(或姓名)</td><td colspan="3">(签章)</td></tr>
<tr><td>法人代表</td><td>(签章)</td><td>委托代理人</td><td>(签章)</td></tr>
<tr><td>联系人</td><td colspan="3">(签章)</td></tr>
<tr><td>住　所
(通讯地址)</td><td colspan="3"></td></tr>
<tr><td>电话</td><td></td><td>电挂</td><td></td></tr>
<tr><td>开户银行</td><td colspan="3"></td></tr>
<tr><td>账号</td><td></td><td>邮政编码</td><td></td></tr>
<tr><td rowspan="7">中介方</td><td>单位名称</td><td colspan="3">(公章)
年　月　日</td></tr>
<tr><td>法人代表</td><td>(签章)</td><td>委托代理人</td><td>(签章)</td></tr>
<tr><td>联系人</td><td colspan="3">(签章)</td></tr>
<tr><td>住　所
(通讯地址)</td><td colspan="3"></td></tr>
<tr><td>电话</td><td></td><td>电挂</td><td></td></tr>
<tr><td>开户银行</td><td colspan="3"></td></tr>
<tr><td>账号</td><td></td><td>邮政编码</td><td></td></tr>
</table>

印花税票粘贴处

登记机关审查登记栏：

技术合同登记机关（专用章）

经办人：（签章）　　年　月　日

专利实施许可合同签订指南

国家知识产权局制

前言(鉴于条款)

——鉴于许可方(姓名或名称 注:必须与所许可的专利的法律文件相一致)拥有(专利名称 注:必须与专利法律文件相一致)专利,该专利为(职务发明创造或非职务发明创造),专利为(九位),公开号为(八位包括最后一位字母),申请日为____年____月____日,授权日为____年____月____日,专利的法定届满日为____年____月____日。并拥有实施该专利所涉及的技术秘密及工艺;

——鉴于被许可方(姓名或名称)属于____________领域的企业、事业单位、社会团体或个人等,拥有厂房__________,__________设备,人员__________及其它条件,并对许可方的专利技术有所了解,希望获得许可而实施该专利技术(及所涉及的技术秘密、工艺等);

——鉴于许可方同意向被许可方授予所请求的许可;

双方一致同意签订本合同

第一条 名词和术语(定义条款)

本条所涉及的名词和术语均为签定合同时出现的需要定义的名词和术语。如:

专利——本合同中所指的专利是许可方许可被许可方实施的由中国专利局受理的发明专利(或实用新型专利或外观设计专利)专利号:________________发明创造名称:________________。

技术秘密(know - how)——指实施本合同专利所需要的、在工业化生产中有助于本合同技术的最佳利用、没有进入公共领域的技术。

技术资料——指全部专利申请文件和与实施该专利有关的技术秘密及设计图纸、工艺图纸、工艺配方、工艺流程及制造合同产品所需的工装、设备清单等技术资料。

合同产品——指被许可方使用本合同提供的被许可技术制造的产品,其产品名称为:______________________________。

技术服务——指许可方为被许可方实施合同提供的技术所进行的服务,包括传授技术与培训人员。

销售额——指被许可方销售合同产品的总金额。

净销售额——指销售额减去包装费、运输费、税金、广告费、商业折扣。

纯利润——指合同产品销售后,总销售额减去成本、税金后的利润额。

改进技术——指在许可方许可被许可方实施的技术基础上改进的技术。

普通实施许可——指许可方许可被许可方在合同约定的期限、地区、技术领域内实施该专利技术的同时,许可方保留实施该专利技术的权利,并可以继续许可被许可方以外的任何单位或个人实施该专利技术。

排他实施许可——指许可方许可被许可方在合同约定的期限、地区、技术领域内实施该专利技术的同时,许可方保留实施该专利技术的权利,但不得再许可被许可方以外的任何单位或个人实施该专利技术。

独占实施许可——指许可方许可被许可方在合同约定的期限、地区、技术领域内实施该专利技术,许可方和任何被许可方以外的单位或个人都不得实施该专利技术。

分许可——被许可方经许可方同意将本合同涉及的专利技术许可给第三方。

等等。

第二条　专利许可的方式与范围

该专利的许可方式是独占许可，（排他许可、普通许可、交叉许可、分许可）；

该专利的许可范围是在某地区制造（使用、销售）其专利的产品；（或者）使用其专利方法以及使用、销售依照该专利方法直接获得的产品；（或者）进口其专利产品（或者）进口依照其专利方法直接获得的产品。

第三条　专利的技术内容

许可方向被许可方提供专利号为＿＿＿＿＿＿，专利名称为＿＿＿＿＿＿＿＿的全部专利文件（见附件1），同时提供为实施该专利而必须的工艺流程文件（见附件2），提供设备清单（或直接提供设备）用于制造该专利产品（见附件3），并提供实施该专利所涉及的技术秘密（见附件4）及其它技术（见附件5）。

第四条　技术资料的交付

1. 技术资料的交付时间

合同生效后，许可方收到被许可方支付的使用费（入门费）（￥、＄ ＿＿＿万元）后的＿＿日内，许可方向被许可方交付合同第三条所述的全部资料，即附件（1～5）中所示的全部资料。

自合同生效日起，＿＿日内，许可方向被许可方交付合同第三条所述全部（或部分）技术资料，即附件（1～5）中所示的全部资料。

2. 技术资料的交付方式和地点

许可方将全部技术资料以面交、挂号邮寄、或空运方式递交给被许可方，并将资料清单以面交、邮寄或传真方式递交给被许可方，将空运单以面交、邮寄方式递交给被许可方。

技术资料交付地点为被许可方所在地或双方约定的地点。

第五条　使用费及支付方式

1. 本合同涉及的使用费为（￥、＄）＿＿＿＿元。采用一次总付方式，合同生效之日起＿＿日内，被许可方将使用费全部汇至许可方帐号、或以现金方式支付给许可方。

2. 本合同涉及的使用费为（￥、＄）＿＿＿＿元。采用分期付款方式，合同生效后，＿＿日内，被许可方即支付使用费的＿＿％即（￥、＄）＿＿＿＿元给许可方，待许可方指导被许可方生产出合格样机＿＿台＿＿日后再支付＿＿％即（￥、＄）＿＿＿＿元。直至全部付清。

被许可方将使用费按上述期限汇至许可方帐号、或以现金方式支付给许可方。

3. 使用费总额（￥、＄）＿＿＿＿元，采用分期付款方式

合同生效日支付（￥、＄）＿＿＿＿元

自合同生效日起＿＿个月内支付（￥、＄）＿＿＿＿元

＿＿个月内再支付（￥、＄）＿＿＿＿元

最后于＿＿日内支付（￥、＄）＿＿＿＿元，直至全部付清。

被许可方将使用费按上述期限汇至许可方帐号，或以现金方式支付给许可方。

4. 该专利使用费由入门费和销售额提成二部分组成。

合同生效日支付入门费（￥、＄）＿＿＿＿元，

销售额提成为＿＿％（一般3～5％），每＿＿个月（或每半年、每年底）结算一次。

被许可方将使用费按上述期限汇至许可方帐号，或以现金方式支付给许可方。

5. 该专利使用费由入门费和利润提成二部分组成（提成及支付方式同4）。

6. 该专利使用费以专利技术入股方式计算，被许可方与许可方共同出资（￥、＄）＿＿＿＿万元联合制造该合同产品，许可方以专利技术入股股份占总投资的＿＿％（一般不超过20％），第＿＿年分红制，分配利润。

支付方式采用银行转帐（托收、现金总付等）。现金总付地点一般为合同签约地。

7. 在4、5、6情况下许可方有权查阅被许可方实施合同技术的有关帐目。

第六条　验收的标准与方法

1. 被许可方在许可方指导下，生产完成合同产品＿＿个（件、吨、等单位量词）须达到许可方所提供的各项技术性能及质量指标（具体指标参数见附件6）并符合

国际＿＿＿＿＿＿标准

____________国家____________标准

____________行业____________标准

2. 验收合同产品。由被许可方委托国家(或某一级)检测部门进行,或由被许可方组织验收,许可方参加,并给予积极配合,所需费用由被许可方承担。

3. 如因许可方的技术缺陷,造成验收不合格的,许可方应负责提出措施,消除缺陷。

第二次验收仍不合格,许可方没有能力消除缺陷的,被许可方有权终止合同,许可方返还使用费,并赔偿被许可方的部分损失。

4. 如因被许可责任使合同产品验收不合格的,许可方应协助被许可方,进行补救,经再次验收仍不合格,被许可方无力实施该合同技术的,许可方有权终止合同,且不返还使用费。

5. 合同产品经验收合格后,双方应签署验收合格报告。

第七条　对技术秘密的保密事项

1. 被许可方不仅在合同有效期内而且在有效期后的任何时候都不得将技术秘密(附件4)泄露给本合同当事双方(及分许可方)以外的任何第三方。

2. 被许可方的具体接触该技术秘密的人员均要同被许可方的法人代表签订保密协议,保证不违反上款要求。

3. 被许可方应将附件4妥善保存(如放在保险箱里)

4. 被许可方不得私自复制附件4,合同执行完毕,或因故终止、变更,被许可方均须把附件4退给许可方。

第八条　技术服务与培训(本条可签订从合同)

1. 许可方在合同生效后____日内负责向被许可方传授合同技术,并解答被许可方提出的有关实施合同技术的问题。

2. 许可方在被许可方实施该专利申请技术时,要派出合格的技术人员到被许可方现场进行技术指导,并负责培训被许可方的具体工作人员。

被许可方接受许可方培训的人员应符合许可方提出的合理要求。(确定被培训人员标准)

3. 被许可方可派出人员到许可方接受培训和技术指导。

4. 技术服务与培训的质量,应以被培训人员能够掌握该技术为准。(确定具体标准)

5. 技术服务与培训所发生的一切费用,如差旅费,伙食费等均由被许可方承担。

6. 许可方完成技术服务与培训后,经双方验收合格共同签署验收证明文件。

第九条　后续改进的提供与分享

1. 在合同有效期内,任何一方对合同技术所作的改进应及时通知对方;

2. 有实质性的重大改进和发展,申请专利的权利由合同双方当事人约定。没有约定的,其申请专利的权利归改进方,对方有优先、优价被许可,或者免费使用该技术的权利;

3. 属原有基础上的较小的改进,双方免费互相提供使用;

4. 对改进的技术还未申请专利时,另一方对改进技术承担保密义务,未经许可不得向他人披露、许可或转让该改进技术。

5. 属双方共同作出的重大改进,申请专利的权利归双方共有,另有约定除外。

第十条　违约及索赔

对许可方:

1. 许可方拒不提供合同所规定的技术资料,技术服务及培训,被许可方有权解除合同,要求许可方返还使用费,并支付违约金____________。

2. 许可方无正当理由逾期向被许可方交付技术资料,提供技术服务与培训的,每逾期一周,应向被许可方支付违约金____________,逾期超过____________(具体时间),被许可方有权终止合同,并要求返还使用费。

3. 在排他实施许可中,许可方向被许可方以外的第三方许可该专利技术,被许可方有权终止合同,并要求支付违约金____________。

4. 在独占实施许可中,许可方自己实施或许可被许可方以外的第三方实施该专利技术,被许可方有权要求许可方停止这种实施与许可行为,也有权终止本合同,并要求许可方支付违约金____________。

对被许可方:

1. 被许可方拒付使用费的,许可方有权解除合同,要求返回全部技术资料,并要求赔偿其实际损失,并支付违约金____________。

2. 被许可方延期支付使用费的，每逾期__________（具体时间）要支付给许可方违约金__________；逾期超过__________（具体时间），许可方有权终止合同，并要求支付违约金__________。

3. 被许可方违反合同规定，扩大对被许可技术的许可范围，许可方有权要求被许可方停止侵害行为，并赔偿损失，支付违约金__________；并有权终止合同。

4. 被许可方违反合同的保密义务，致使许可方的技术秘密泄露，许可方有权要求被许可方立即停止违约行为，并支付违约金__________。

第十一条　侵权的处理

1. 对合同有效期内，如有第三方指控被许可方实施的技术侵权，许可方应负一切法律责任；

2. 合同双方任何一方发现第三方侵犯许可方的专利权时，应及时通知对方，由许可方与侵权方进行交涉，或负责向专利管理机关提出请求或向人民法院提起诉讼，被许可方协助。

第十二条　专利权被撤销和被宣告无效的处理

1. 在合同有效期内，许可方的专利权被撤销或被宣告无效时，如无明显违反公平原则，且许可方无恶意给被许可方造成损失，则许可方不必向被许可方返还专利使用费。

2. 在合同有效期内，许可方的专利权被撤销或被宣告无效时，因许可方有意给被许可方造成损失，或明显违反公平原则，许可方应返还全部专利使用费，合同终止。

第十三条　不可抗力

1. 发生不以双方意志为转移的不可抗力事件（如火灾，水灾，地震，战争等）妨碍履行本合同义务时，双方当事人应做到：

（1）采取适当措施减轻损失；

（2）及时通知对方当事人；

（3）在（某种事件）期间，出具合同不能履行的证明；

2. 发生不可抗力事件在（合理时间）内，合同延期履行；

3. 发生不可抗力事件在__________情况下，合同只能履行某一部分（具体条款）；

4. 发生不可抗力事件，持续时间超过__________（具体时间），本合同即告终止。

第十四条　税费

1. 对许可方和被许可方均为中国公民或法人的，本合同所涉及的使用费应纳的税，按中华人民共和国税法，由许可方纳税；

2. 对许可方是境外居民或单位的，按中华人民共和国税法及《中华人民共和国外商投资企业和外国企业所得税法》，由许可方纳税；

3. 对许可方是中国公民或法人，而被许可方是境外单位或个人的，则按对方国家或地区税法纳税。

第十五条　争议的解决方法

1. 双方在履行合同中发生争议的，应按合同条款，友好协商，自行解决；

2. 双方不能协商解决争议的，提请__________专利管理机关调处，对调处决定不服的，向人民法院起诉；

3. 双方发生争议，不能和解的，向人民法院起诉；

4. 双方发生争议，不能和解的提请__________仲裁委员会仲裁；

注：2、3、4 只能选其一。

第十六条　合同的生效、变更与终止

1. 本合同自双方签字、盖章之日起生效，合同的有效期为______年，（不得超过专利的有效期）

2.（对独占实施许可合同）被许可方无正当理由不实施该专利技术的，在合同生效日后__________（时间），本合同自行变更为普通实施许可合同。

3. 由于被许可方的原因，致使本合同不能正常履行的，本合同即告终止，或双方另行约定变更本合同的有关条款。

第十七条　其他

前十六条没有包含，但需要特殊约定的内容，如：

其他特殊约定，包括出现不可预见的技术问题如何解决，出现不可预见的法律问题如何解决等。

5. 专利权质押合同[①]

出质人(甲方):
通讯地址:
法定代表人:

质权人(乙方):
通讯地址:
法定代表人:
签订日期:
登记日期:
质押期限:　　　年　　月　　日至　　　年　　月　　日

国家知识产权局监制

为确保债务的偿还,甲方愿意以其有权处分的财产作质押,乙方经审查,同意接受甲方的财产质押,甲、乙双方根据有关法律规定,经协商一致,约定如下条款:

第一条 甲方以"质押财产清单"(附后)所列之财产设定质押。

第二条 甲方质押担保的贷款金额(大写)________元,贷款期限自______年____月____日至______年____月____日。

第三条 甲方保证对质押物依法享有完全的所有权。

第四条 甲方应于______年____月____日将质押财产产付乙方占有并同时向乙方支付保管费________元。

第五条 质押担保的范围:贷款金额(大写)________元及利息、违约金(包括罚息)、赔偿金、质物保管费用及实现贷款债权和质权的费用(包括诉讼费、律师费等)。

第六条 本合同项下有关的评估、鉴定、保险、保管、运输等费用均由甲方承担。

第七条 质押期间,(______)方有维持专利权有效的义务,负责交纳专利年费,处理专利纠纷等事务。

第八条 甲方应输质押财产在质押期间的财产保险。财产保险的第一受益人为乙方。保险单证由乙方代为保管。

第九条 质押期间,质押财产如发生投保范围的损失,或者因第三人的行为导致质押财产价值减少的,保险赔偿金或损害赔偿金应作为质押财产,存入乙方指定的帐户,质押期间双方均不得动用。

第十条 非因乙方过错致质押财产价值减少,甲方应在______天内向乙方提供与减少的价值相当的担保。

第十一条 质押期间,质押财产造成环境污染或造成其他损害,应由甲方独立承担责任。

第十二条 质押期间,未经乙方书面同意,甲方不得赠与、迁移、出租、转让、再抵押(质押)或以其他任何方式处分本合同项下质押财产。

第十三条 质押期间,经乙方书面同意,甲方转让质押财产所得的价款应先优用于向乙方提前清偿其所担保的债权。

第十四条 借款合同履行期限届满,借款人未能清偿债务,乙方有权以质押财产折价或以拍卖、变卖、兑现质押财产所得的价款优先受偿,实现质权。

第十五条 发生下列情况之一,乙方有权提前处分质押财产实现质权、停止发放借款合同项下贷款或者提前收回借款合同项下已发放的贷款本息。

(1)甲方被宣告破产或被解散;

(2)甲方违反本合同第八条、第十条、第十二条、第十三条的约定或发生其他严重违约行为;

---

① 来源:国家知识产权局官网。

(3)借款合同履行期间借款人被宣告破产、被解散、擅自变更企业体制至乙方贷款债权落空、改变贷款用途、卷入或即将卷入重大的诉讼(或仲裁)程序、发生其他足以影响其偿债能力或缺乏偿债诚意的行为等情况。

第十六条 甲方因隐瞒质押财产存在共有、争议、被查封、被扣压或已设定抵押权等情况而给乙方造成经济损失的,应向乙方支付借款合同项下贷款金额____%的违约金,违约金不足以弥补乙方损失的,甲方还应就不足部分予以赔偿。乙方有权就违约金、赔偿金直接与甲方存款帐户中的资金予以抵销。

第十七条 乙方贪污处分质押财产所得的价款,按下列顺序分配:

(1)支付处分质押财产所需的费用;

(2)清偿借款人所欠乙方贷款利息;

(3)愈偿借款人所欠乙方贷款本金、违约金(包括罚息)和赔偿金等;

(4)支付其他费用。

第十八条 其他约定事项:

第十九条 因本合同发生的争议,经协商解决达不成一致意见,应当向乙方所在地人民法院提起诉讼。

第二十条 本合同应由双方法定代表人(或其授权代理人)签字并加盖公章。

第二十一条 本合同正本一式三份,甲方双方各执一份,用于登记备案一份。

甲方:(公章)
法定代表人:
(或授权代理人)
______年____月____日

乙方:(公章)
法定代表人:
(或授权代理人)
______年____月____日

附:质押财产清单

序号	专利名称	申请日	颁证日	有效期	评估值

专利权质押合同

出质人：
通讯地址：
法定代表人：

质权人：
通讯地址：
法定代表人：
签订日期：
登记日期：
质押期限：______年____月____日至______年____月____日

国家知识产权局监制

前言：

第 1 条 被担保的主债权种类。

第 2 条 质押期限。

第 3 条 专利件数、名称、专利号、申请号、颁证日。

第 4 条 质押担保的范围

第 5 条 质押的金额与支付方式

第 6 条 对质押期间进行专利权转让或实施许可的约定

第 7 条 对质押期间维持专利权有效的约定

第 8 条 出现专利纠纷时出质人的责任

第 9 条 质押期间专利权被撤销或被宣告无效时的处理

第 10 条 违约及索赔

第 11 条 争议的解决方法

第 12 条 质押期满而债权不能按时实现时，质物的处置方式

第 13 条 当事人认为需要约定的其他事项

第 14 条 合同签订日期、签名、盖章

出质人(全体专利权人):
质权人:
代理人:

专利权质押合同登记指南

一、质押是《中华人民共和国担保法》规定的担保方式之一。专利权质押是指债务人或者拥有专利的第三人将其专利权移交全权人占有,以此作为债务的担保,当债务人不能如期履行债务时,债权人有权依法以该专利要权折价或者以拍卖、变卖该专利权的价款优先受偿。

其中,债务人或者第三人为出质人,债权人为质权人,用以质押的专利权为质物。

二、出质人与质权人应当订立书面专利权质押合同(以下简称质押合同),并向中国专利局办理出质登记。质押合同自登记之日起生效。

三、当事人向中国专利局提交(寄交或面交)以下文件并按规定缴纳登记费。

(1)质押合同登记申请表。

该表格由中国专利局统一印制。当事人应认真填写,并签名盖章。

(2)主合同和质押合同

主合同是指经济合同,质押合同是主合同的从合同,可以单独订立,也可以是主合同中的担保条款,内容应包括按《专利权合同登记管理暂行办法》中规定的有关条款。

(3)出质人的合法身份证明。

出质人的身份证明材料应与其在专利申请文件中的记载保持一致。如果一项专利有两个以上的共同专利权人,则出质人应为全体专利权人,并出具全体同意出质的书面证明。

出质人为全民所有制单位时,应得到上级主管部门批准:中国单位或个人向境外出质专利权时,须经国务院主管部门批准。办理登记时应出具批准文件。

(4)委托书及代理人的身份证明。

代理人受委托办理登记时,要出具委托书及其身份证明,作为具体承办的联系人应出具本单位的授权委托书及其个人身份证明、企业营业执照副本。

(5)专利权的有效证明

指用作质物的所有专利的专利证书复印件,专利年费收据复印件等其他证明专利有效文件。

(6)专利权出质前的实施及许可情况。

包括实施规模、经济效益、许可次数、许可合同等。

(7)其他有关材料,如公证书、评估材料等。

四、专利权质押合同的主要条款:

(1)前言

当事人签订本合同的主要目的、基本情况。

(2)出质人、质权人及代理人、联系人的姓名(名称)、通讯地址。

联系人系指出质人、质权人自己办理登记具体承办人,代理人系指受出质人、质权人的委托代办登记的人员。地址应确保通讯无误。

(3)被担保的主债权种类

指质押担保的主债权性质及债务基本情况,属于何种法律上的原因产生的债权,如金钱债权、特定物给予债权等,应与主合同保持一致。

(4)专利件数、名称、专利号、申请日、颁证日。

本款要求的内容应与专利证书的记载相同。

若用作质物的专利不止一件，应分别填写清楚。

(5)债务人履行债务的期限

指债务清偿债务的时间，在些期间，当事人依法享有相应的权利和义务。根据《担保法》，质权与其担保的债权同时存在，但质物(专利权)的有效期可能短于债务期限，所以履行债务的期限应在专利有效时间内，可称为质押期限。据此期限可以明确质权人开始实现质权的时间，以保障当事人的合法权益。

(6)质押担保的范围

可以是以下几种费用的全部或其中几项：主债权及利息、违约金、损害赔偿金、质物保管费用、实现质权(变卖、拍卖或折价等)费用、专利年费、处理专利纠纷费用、转让或许可他人实施时可能产生的违约金、赔偿金、向第三人提存收益所需的保管费等。

(7)质押的金额

指被担保的主债权以金钱来衡量的数量，不属于金钱债权的，应注明债权标的数量和价款，以明确实现质权时就质物优先清偿的债务数额。

(8)质押金支付方式

以已往债务，不需约定支付方式；对因借贷、予付款等形成的未来债务，质押金的支付时间、地点、次数等由当事人约定。

(9)以质押期间进行专利权转让或实施许可的约定

指是否可以转让或许可，若可以转让或许可对相应收益的保管、处置所做的约定等。

(10)质押期间维持专利权有效的约定。

专利年费由谁交纳；

出现专利纠纷时，一般以出质人负责处理为宜，也可由当事人另行约定；

专利权被撤销或被宣告无效时的处理，包括应诉及补救责任由哪方承担，一旦专利权被撤销或宣告无效，各方相应的对策等。

《担保法》规定，质权人有妥善保管质物的义务，但是考虑到专利事务的特点，当事人可慎重约定。

(11)违约及索赔

当事人违反以上约定给另一方造成损失时，对方相应的索赔办法。

(12)争议的解决办法

在合同执行过程中产生争议时，当事人是协商解决或者约定以其他方式解决。

(13)质押期满债务的清偿方式

质押期满，若债务不能得以清偿时，质权人可以与质权人协议以质物折价，也可以依法拍卖、变卖，以所得款项用以清偿债务，但不得约定质物自动移转为质权人所有。

(14)当事人认为需要约定的其他事项

对质押期间质物所值明显减少时，或其他异常情况下如何处理等。

(15)合同签订日期，当事人签名、盖章

五、登记变更

(1)对质押期间的专利著录项目作变更时，当事人应出具书面同意变更的协议和原《专利权质押合同登记通知书》，经质押合同登记管理部门审核批准后，著录项目变更程序才能继续进行。

(2)变更质押合同内容的，当事人应出具书面协议、原登记通知书，填写《专利权质押合同登记变更申请表》，报质押合同登记管理部门审批。

六、需要补正的，当事人应按补正通知书的要求进行补正。

七、对出现下列情况之一的质押合同，将不予登记。

(1)专利权人身份证明于专利文档的记载不符；

(2)专利权存在纠纷或已终止；

(3)质押期限超过专利有效期；

(4)合同约定债务未受清偿时，质物自动归质权人所有；

(5)其他原因。

八、需要办理登记注销的情况：

(1)专利权因故丧失；

(2)主合同无效、导致质押合同无效；

(3)质押期满；

(4)其他原因；

九、质押合同自登记注销之日起失效。

(1)当事人提交原登记通知书、书面协议及其他证明材料；

(2)经专利局审核后，发出《专利权质押合同登记注销通知书》；

(3)质押期限届满后15日内当事人不主动办理注销登记的，该合同登记将被自动注销。登记注销日以届满日为准。

十、期满债务未履行完毕的，当事人可依约或依法处置质物。

6. 电子申请用户注册请求书

<table>
<tr><td rowspan="8">①注册请求人信息</td><td rowspan="5">请求人类型</td><td rowspan="5">□个人
□单位
□专利代理机构</td><td rowspan="5">证件号码</td><td colspan="4">□居民身份证件号码</td></tr>
<tr><td colspan="4">□组织机构代码</td></tr>
<tr><td colspan="4">□营业执照号</td></tr>
<tr><td colspan="4">□专利代理机构代码</td></tr>
<tr><td colspan="2">□其它证件名称</td><td colspan="2">证件号码</td></tr>
<tr><td>姓名或名称</td><td colspan="2"></td><td>国籍或注册国家(地区)</td><td></td><td>经常居所地或营业所所在地</td><td></td></tr>
<tr><td>电话</td><td colspan="2"></td><td>手机号码</td><td></td><td>电子邮箱</td><td></td></tr>
<tr><td>邮政编码</td><td colspan="6">详细地址 省(市) 市(区、县)</td></tr>
<tr><td rowspan="3">②联系人信息</td><td>姓名</td><td colspan="2"></td><td>身份证号</td><td colspan="3"></td></tr>
<tr><td>邮政编码</td><td colspan="2"></td><td>详细地址</td><td colspan="3"></td></tr>
<tr><td>电话</td><td colspan="2"></td><td>手机号码</td><td></td><td>电子邮箱</td><td></td></tr>
<tr><td>③附件清单</td><td colspan="7">□电子申请用户注册协议 份，每份 页
□身份证复印件 份，每份 页
□《组织机构代码证(副本)》复印件 份，每份 页
□《工商营业执照(副本)》复印件 份，每份 页
□专利代理机构注册证复印件 份，每份 页
□经办人身份证复印件 份，每份 页
□代办注册委托书 份，每份 页
□其它文件 份，每份 页</td></tr>
<tr><td colspan="3">④接收提示信息方式</td><td colspan="5">□ 手机短信 □ 电子邮件</td></tr>
<tr><td colspan="3">⑤数字证书形式</td><td colspan="5">□ USB－KEY □ 网上申请下载</td></tr>
</table>

续 表

<table>
<tr><td colspan="2">⑥注册请求人在此郑重声明：
1. 为注册而提供的资料完全真实，并愿意承担由于提供的资料虚假失实而导致的一切后果。
2. 已认真阅读并同意遵守《国家知识产权局电子申请用户注册协议》中的各项规定。

注册请求人签字或盖章

年 月 日</td></tr>
<tr><td>⑦经办人签字或者盖章

年 月 日</td><td>⑧国家知识产权局处理意见

年 月 日</td></tr>
</table>

注意事项

一、本表应当使用中文填写，字迹为黑色，文字应当打字或印刷。

二、本表注册请求人是指向国家知识产权局请求注册为电子申请注册用户并获得用户代码的自然人（个人）、法人、代理机构。本表经办人是指法人、代理机构的具体办理用户注册手续的人，以及为他人代办用户注册手续的个人。

三、请求注册国家知识产权局电子申请用户并获得用户代码，应当提交电子申请用户注册请求书一份、注册请求人相应有效证件复印件（签字或盖章）一份、电子申请注册用户协议（签字或盖章）两份。请求人为法人和代理机构的，以及自然人委托他人代办的，还必须提交经办人的有效证件复印件（签字或盖章）一份和注册请求人的代办委托证明或介绍信（签字或盖章）一份。注册协议由注册请求人签字或盖章。（电子申请用户注册请求书、电子申请用户注册协议等，可在中华人民共和国国家知识产权局电子申请网站http://www.cponline.gov.cn下载）

四、本表第②栏中，请求人为单位或代理机构的，应当填写单位和专利代理机构的联系人信息。

五、本表第③栏，应当按实际提交的文件名称、份数、页数正确填写。国家知识产权局将按实收的文件逐项核实。

六、本表第④栏，是选择接收国家知识产权局电子申请电子发文提示信息方式。选择手机短信提示信息的，国家知识产权局将发文提示信息发送到注册请求人的手机号码；选择电子邮件提示信息的，国家知识产权局将发文提示信息发送到注册请求人的电子邮箱。注册成功后，可通过登录中华人民共和国国家知识产权局电子申请网站 http://www.cponline.gov.cn 变更电子发文提示方式。

七、本表第⑤栏，是选择数字证书的形式。USB－KEY是存储数字证书的安全硬存储介质；网上申请下载是电子申请用户通过网络将数字证书下载到自己的计算机中存储使用。

八、本表第⑥栏必须填写，由注册请求人签字或者盖章，并填写相应日期。

九、本表第⑦栏，由委托的代办人签字或者盖章，并填写相应日期。未委托他人代办的，此栏不需要填写。

十、本表第⑧栏，由国家知识产权局填写。

典型案例

1. 柏万清诉成都难寻物品营销服务中心等侵害实用新型专利权纠纷案①

【关键词】

民事　侵害实用新型专利权　保护范围　技术术语　侵权对比

【裁判要点】

专利权的保护范围应当清楚，如果实用新型专利权的权利要求书的表述存在明显瑕疵，结合涉案专利说明书、附图、本领域的公知常识及相关现有技术等，不能确定权利要求中技术术语的具体含义而导致专利权的保护范围明显不清，则因无法将其与被诉侵权技术方案进行有实质意义的侵权对比，从而不能认定被诉侵权技术方案构成侵权。

【相关法条】

《中华人民共和国专利法》第26条第4款、第59条第1款

【基本案情】

原告柏万清系专利号200420091540.7、名称为"防电磁污染服"实用新型专利（以下简称涉案专利）的专利权人。涉案专利权利要求1的技术特征为：A. 一种防电磁污染服，包括上装和下装；B. 服装的面料里设有起屏蔽作用的金属网或膜；C. 起屏蔽作用的金属网或膜由导磁率高而无剩磁的金属细丝或者金属粉末构成。该专利说明书载明，该专利的目的是提供一种成本低、保护范围宽和效果好的防电磁污染服。其特征在于所述服装在面料里设有由导磁率高而无剩磁的金属细丝或者金属粉末构成的起屏蔽保护作用的金属网或膜。所述金属细丝可用市售5到8丝的铜丝等，所述金属粉末可用如软铁粉末等。附图1、2表明，防护服是在不改变已有服装样式和面料功能的基础上，通过在面料里织进导电金属细丝或者以喷、涂、扩散、浸泡和印染等任一方式的加工方法将导电金属粉末与面料复合，构成带网眼的网状结构即可。

2010年5月28日，成都难寻物品营销服务中心销售了由上海添香实业有限公司生产的添香牌防辐射服上装，该产品售价490元，其技术特征是：a. 一种防电磁污染服上装；b. 服装的面料里设有起屏蔽作用的金属防护网；c. 起屏蔽作用的金属防护网由不锈钢金属纤维构成。7月19日，柏万清以成都难寻物品营销服务中心销售、上海添香实业有限公司生产的添香牌防辐射服上装（以下简称被诉侵权产品）侵犯涉案专利权为由，向四川省成都市中级人民法院提起民事诉讼，请求判令成都难寻物品营销服务中心立即停止销售被控侵权产品；上海添香实业有限公司停止生产、销售被控侵权产品，并赔偿经济损失100万元。

【裁判结果】

四川省成都市中级人民法院于2011年2月18日作出（2010）成民初字第597号民事判决，驳回柏万清的诉讼请求。宣判后，柏万清提起上诉。四川省高级人民法院于2011年10月24日作出（2011）川民终字第391号民事判决驳回柏万清上诉，维持原判。柏万清不服，向最高人民法院申请再审，最高人民法院于2012年12月28日裁定驳回其再审申请。

【裁判理由】

法院生效裁判认为：本案争议焦点是上海添香实业有限公司生产、成都难寻物品营销服务中心销售的被控侵权产品是否侵犯柏万清的"防电磁污染服"实用新型专利权。《中华人民共和国专利法》第二十六条第四款规定："权利要求书应当以说明书为依据，清楚、简要地限定要求专利保护的范围。"第五十九条第一款规定："发明或者实用新型专利权的保护范围以其权利要求的内容为准，说明书及附图可以用于解释权利要求的内容。"可见，准确界定专利权的保护范围，是认定被诉侵权技术方案是否构成侵权的前提条件。如果权利要求书的撰写存在明显瑕疵，结合涉案专利说明书、附图、本领域的公知常识以及相关现有技术等，仍然不能确定权利要求中技术术语的具体含义，无法准确确定专利权的保护范围的，则无法将被诉侵权技术方案与之进行有意义的侵权对比。因此，对于保护范围明显不清楚的专利权，不能认定被诉侵权技术方案构成侵权。

本案中，涉案专利权利要求1的技术特征C中的"导磁率高"的具体范围难以确定。首先，根据柏万清提供的证据，虽然磁导率有时也被称为导磁率，但磁导率有绝对磁导率与相对磁导率之分，根据具体条件的不同还涉及起始磁导率 μi、最大磁导率 μm 等概念。不同概念的含义不同，计算方式也不尽相同。磁导率并非常数，磁场强度H发生变化时，即可观察到磁导率的变化。但是在涉案专利说明书中，既没有记载导磁率在涉案专利技术方案中是指相对磁导率还是绝对磁导率或者其他概念，又没有记载导磁率高的具体范围，也没有记载包括磁场强度H等在内的计算导磁率的客观条件。本领域技术人员根据涉案专利说明书，难以确定涉案专利中所称的导磁率高的具体含义。其次，从柏万清提交的相关证据来看，虽能证明有些现有技术中确实采用了高磁导率、高导磁率等

① 案例来源：最高人民法院指导案例55号。

表述，但根据技术领域以及磁场强度的不同，所谓高导磁率的含义十分宽泛，从 80 Gs/Oe 至 83.5 × 104 Gs/Oe 均被柏万清称为高导磁率。柏万清提供的证据并不能证明在涉案专利所属技术领域中，本领域技术人员对于高导磁率的含义或者范围有着相对统一的认识。最后，柏万清主张根据具体使用环境的不同，本领域技术人员可以确定具体的安全下限，从而确定所需的导磁率。该主张实际上是将能够实现防辐射目的的所有情形均纳入涉案专利权的保护范围，保护范围过于宽泛，亦缺乏事实和法律依据。

综上所述，根据涉案专利说明书以及柏万清提供的有关证据，本领域技术人员难以确定权利要求 1 技术特征 C 中"导磁率高"的具体范围或者具体含义，不能准确确定权利要求 1 的保护范围，无法将被诉侵权产品与之进行有实质意义的侵权对比。因此，二审判决认定柏万清未能举证证明被诉侵权产品落入涉案专利权的保护范围，并无不当。

2. 刘鸿彬与北京京联发数控科技有限公司、天威四川硅业有限责任公司侵害实用新型专利权纠纷申请再审民事裁定书[①]

再审申请人（一审原告、二审被上诉人）：刘鸿彬。

委托代理人：张新，成都天嘉专利事务所专利代理人。

被申请人（一审被告、二审上诉人）：北京京联发数控科技有限公司。住所地：北京市密云县经济开发区科技路 80 号。

法定代表人：秦建国，该公司总经理。

委托代理人：潘光钊，北京市亚东律师事务所律师。

被申请人（一审被告）：天威四川硅业有限责任公司。住所地：四川省新津县工业园区 B 区。

法定代表人：刘淑娟，该公司董事长。

再审申请人刘鸿彬因与被申请人北京京联发数控科技有限公司（以下简称京联发公司）、天威四川硅业有限责任公司（以下简称天威公司）侵害实用新型专利权纠纷一案，不服四川省高级人民法院（2014）川知民终字第 29 号民事判决，向本院申请再审。本院依法组成合议庭对本案进行了审查，现已审查终结。

刘鸿彬申请再审称：二审法院认定事实错误，适用法律错误，二审判决超出当事人上诉请求范围，本案符合《中华人民共和国民事诉讼法》（以下简称民事诉讼法）第二百条第二项、第六项和第十一项的规定，请求撤销二审判决，维持一审判决，本案一、二审诉讼费用由京联发公司和天威公司承担。其主要理由为：（一）二审判决超出当事人的上诉请求。上诉案件的审理范围受上诉请求范围的限制，第二审法院只能对上诉请求的有关事实和适用法律进行审查。本案一审法院判决天威公司立即停止使用侵犯 ZL200820223950.0 号"硅棒锥度或外圆数控磨床"实用新型专利权（以下简称本案专利）的产品的行为，天威公司对此并未提起上诉。在此情况下，二审法院迳行改判，违反法定程序，应当予以纠正。（二）二审判决认定事实错误。京联发公司的销售行为在本案专利授权公告日前并未完成。京联发公司与天威公司于 2009 年 4 月 10 日签署《购销合同》，约定了支付完成的条件、设备的保证期、保证期内设备的更换、修理责任等。根据合同关于产品的质保期为交货验收合格后一年，天威公司在保证期满后 1 个月内支付给京联发公司合同总价 10% 的质保金的约定，该合同的实际履行完成日应为 2010 年 4 月 9 日。销售行为可以有一个持续过程，应该以标的物所有权转移或价款支付作为销售行为完成的时间节点。本案应当按照《中华人民共和国专利法》（以下简称专利法）第十一条的规定及交易习惯等确定销售行为的完成时间。因此，本案销售行为的完成之日应该是《购销合同》履行完成之日即 2010 年 4 月 9 日。二审法院关于销售行为只是买卖行为的一部分，是出卖人的单方行为，不能以标的物所有权是否转移或价款是否支付来确定销售时间的认定是错误的。（三）二审判决法律适用错误。二审法院认为，由于京联发公司向天威公司销售被诉侵权产品的行为不构成侵权，故天威公司通过合法途径购买并使用被诉侵权产品的行为亦不构成侵权，这一认定的逻辑与前提错误，缺乏法律依据。产品的使用行为与产品的制造、销售行为是可以分离的不同行为，不存在必然的逻辑关系。产品的来源合法，不等于使用侵权行为不成立。京联发公司的销售行为即使不侵权，天威公司在本案专利授权公告日之后继续使用侵权产品的行为也构成侵权行为。况且，京联发公司在本案专利授权公告日之后仍在持续侵权。

京联发公司答辩称：二审判决认定事实清楚，适用法律正确，审判程序合法，刘鸿彬的申请再审理由不能成立，应予驳回。其主要理由为：（一）京联发公司生产、销售被诉侵权产品的行为发生在本案专利授权公告日前。销售行为的完成应以合同成立或者合同生效为标准，而不能以标的物所有权转移或者价款支付为标准。（二）实用新型专利权自公告之日其生效，并非自申请之日起生效。专利申请日以后至授权公告日前，他人生产、销售与专利申请相同的产品不构成侵权。（三）由于京联发公司向天威公司销售被诉侵权产品的行为不构成侵权，天威公司通过合法途径向京联发公司购买并使用被诉侵权产品的行为当然亦不构成侵权。尽管天威公司未对一审判决提起上诉，二审法院在京联发公司上诉后撤销一审判决是正确的。

① 案例来源：最高人民法院（2015）民申字第 1070 号民事裁定书。

在本院询问过程中，刘鸿彬还主张，二审法院开庭当日，京联发公司在其官方网站上还在继续对外进行侵权产品的宣传且有型号、产品实物照片。二审法院当时要求刘鸿彬以公证形式保存证据，但是当日中午登陆该网站时已经没有上述宣传行为。

本院认为，综合再审申请人的申请再审理由、被申请人答辩及本案案情，本案在再审审查阶段的争议焦点为：二审判决认定被诉销售行为在本案专利授权公告日前已经完成是否正确；二审判决认定天威公司的使用行为不构成侵犯本案专利权是否正确；二审判决是否超出当事人的上诉请求。

（一）二审判决认定被诉销售行为在本案专利授权公告日前已经完成是否正确

专利法意义上销售行为的认定，需要考虑专利法第十一条的立法目的，正确厘定销售行为与许诺销售行为之间的关系，充分保护专利权人利益。专利法第十一条规定："发明和实用新型专利权被授予后，除本法另有规定的以外，任何单位或者个人未经专利权人许可，都不得实施其专利，即不得为生产经营目的制造、使用、许诺销售、销售、进口其专利产品，或者使用其专利方法以及使用、许诺销售、销售、进口依照该专利方法直接获得的产品。外观设计专利权被授予后，任何单位或者个人未经专利权人许可，都不得实施其专利，即不得为生产经营目的制造、许诺销售、销售、进口其外观设计专利产品。"该条规定的立法目的在于清晰界定专利权的权利范围，划定专利权人与社会公众的权利界限，充分保护专利权人的利益。该条从行为类型入手，规定发明和实用新型专利的权利人拥有制造、使用、许诺销售、销售和进口等五项权能，外观设计专利的权利人拥有制造、许诺销售、销售和进口等四项权能。上述权能同时构成专利权人禁止权的范围，是认定侵权行为的重要尺度。为确保专利权权利范围的清晰性，增强可预见性并预防纠纷发生，销售权能或者说销售侵权行为的认定标准必须清晰明确、简单易行、可操作性强。同时，为充分保护专利权人的利益，销售行为的认定标准还应当尽可能实现许诺销售行为与销售行为之间的无缝衔接，以便覆盖对专利权人利益产生较大影响的有关交易环节和过程，从而更有效地制止销售侵权行为。关于销售行为是否完成，京联发公司主张应以合同成立或者生效为标准，刘鸿彬则主张以标的物所有权转移或者合同价款支付为标准。因此，对于销售行为的认定标准，至少存在四种选择：合同成立标准、合同生效标准、合同价款支付完成标准、标的物交付或者所有权转移标准。如果采用标的物交付或者所有权转移标准，则被诉侵权人自合同成立到标的物交付或者所有权转移之前的行为将不构成销售，此段行为将脱离专利权人的权利范围，过分缩小了专利权人的权利空间；而且，标的物交付或者所有权转移必须结合合同具体内容以及履行过程来判断，不仅使得认定标准复杂化，还大大增加了专利权人维权时的取证成本和证明难度。如果采用价款支付完成标准，则被诉侵权人自合同订立到合同价款支付完成之前的行为同样无法构成销售，脱离专利权人的权利范围，缩小了权利人的权利空间；而且，合同价款支付涉及合同履行过程，当事人在实践中可能采取分期支付、抵销、债务让与等多种方式履行合同，同样会导致认定标准复杂化，增加专利权人维权时的取证成本和证明难度。如果采用合同生效标准，则自合同成立到生效之前的行为同样无法构成销售，脱离专利权人的权利范围，缩小了权利人的权利空间；而且，合同生效是法律对合同效力评价的结果，合同是否发生效力并非完全取决于当事人的意愿，将其作为认定销售行为尤其是销售侵权的标准，与作为侵权责任基础的意志自由原则相背。如果采用合同成立作为认定销售行为的判断标准，由于合同成立之前当事人以广告、商品展示等方式作出的销售商品的单方意思表示属于许诺销售行为，双方就销售商品的意思表示达成合意属于销售行为，则销售行为与许诺销售行为可以实现密切衔接，使得销售行为与许诺销售行为之间不存在专利权无法覆盖的空间，有利于充分保护专利权人的利益。同时，合同成立是双方当事人就销售商品的意思表示达成合意的事实状态，往往通过书面合同等材料体现出来，不需要进一步考察合同的具体条款和履行过程，专利权人获取证据和证明销售行为成立更为容易，取证成本和认定成本均较低。因此，销售行为的认定，一般应当以销售合同成立为标准。本案中，天威公司与京联发公司之间的《购销合同》签订于2009年4月10日，专利法意义上的销售行为在该日已经实施，早于本案专利授权公告日（2009年10月21日）。二审法院认定京联发公司的被诉销售行为在本案专利授权公告日前已经完成，结论正确。刘鸿彬的相应申请再审理由不能成立，不予支持。

（二）二审判决认定天威公司的使用行为不构成侵犯本案专利权是否正确

对于侵犯实用新型专利权行为的认定，应当全面综合考虑专利法的相关规定，合理平衡实用新型专利权人与社会公众之间的利益。根据专利法第十一条的规定，实用新型专利被授予后，专利权人才能取得制止他人未经许可实施其专利的权利，即他人不得为生产经营目的制造、使用、许诺销售、销售、进口实用新型专利权人的专利产品。同时，根据专利法第四十条的规定，实用新型专利权和外观设计专利权自公告之日起生效。由此可见，专利权人对于他人在实用新型专利授权公告日前实施该专利的行为，并不享有请求他人停止实施的权利。他人在实用新型专利授权公告日前实施该发明，包括制造、使用、销售、许诺销售和进口实用新型专利产品，并不为专利法所禁止，相关实用新型专利产品不构成侵权产品。在此情况下，对于实用新型专利授权公告日前已经售出的产品的后续行为，包括使用、许诺销售和销售，也应得到允许。如果实用新型专利权人在授权公告日后可以禁止该专利授权公告日前已经售出的产品的后续行为，则相当于实用新型专利权的效力可以在授权公告日后延伸到授权公告日前的合法行为，不适当地扩大了专利法授予实用新型专利权人的权利范围，损害了社会公众应有的利益。本案中，京联发公司销售被诉侵权产品的行为在本案专利授权公告日前已经完成，该行为不为专利法所禁止。在此情况下，天威公司使用所购买的被诉侵权产品的行为也应得到允许。因此，天威公司后续的使用行为不侵犯本案实用新型专利权。刘鸿彬关于天威公司在本案专利授权公告日之后继续使用侵权产品的行为构成侵权行为的主张不能成立，不予支持。

（三）二审判决是否超出当事人的上诉请求

民事诉讼法第一百六十八条规定，第二审人民法院应当对上诉请求的有关事实和适用法律进行审查。据此，二审法院在审理上诉案件时，应当围绕当事人的上诉请求进行审理；当事人没有提出请求，不予审理，但是一审判决违反法律禁止性规定，或者损害国家利益、社会公共利益、他人合法权益的除外。本案中，京联发公司针对一审判决提出了上诉，其上诉请求为撤销一审判决，驳回刘鸿彬的全部诉讼请求。二审法院围绕这一请求，对本案专利授权公告日之前京联发公司销售被诉侵权产品的行为是否已经完结，京联发公司生产、销售被诉侵权产品的行为是否构成侵权等事实和法律问题进行了审理。虽然天威公司并未对一审判决提出上诉，但是京联发公司与天威公司在诉讼利益上存在一致性，京联发公司的上诉请求必然涉及天威公司的利益。二审法院经过审理认为，京联发公司生产、销售被诉侵权产品的行为发生在本案专利的授权公告日之前，京联发公司生产、销售被诉侵权产品的行为不构成侵权，天威公司通过合法途径购买并使用被诉侵权产品的行为亦不构成侵权，京联发公司的上诉请求成立。由于京联发公司与天威公司在诉讼利益上存在一致性，且京联发公司的上诉请求事实上涉及了天威公司的利益，二审判决在认定京联发公司和天威公司的行为均不构成侵犯本案专利权的基础上，判决撤销一审判决，驳回刘鸿彬的诉讼请求，并未超出京联发公司的上诉请求。刘鸿彬关于二审法院超出当事人的上诉请求的申请再审理由不能成立，不予支持。

此外，关于刘鸿彬所称京联发公司在二审诉讼期间仍然继续实施侵权本案专利权的行为的问题，鉴于刘鸿彬对此并未提供充分证据，且其在取得相关证据的情况下可另行提起诉讼，本院对该问题不再予以审查。

综上，刘鸿彬的再审申请不符合《中华人民共和国民事诉讼法》第二百条第二项、第六项和第十一项规定的情形。依照《中华人民共和国民事诉讼法》第二百零四条第一款之规定，裁定如下：

驳回刘鸿彬的再审申请。

3. 马培德公司与阳江市邦立贸易有限公司、阳江市伊利达刀剪有限公司设计专利权纠纷再审审查民事裁定书①

再审申请人（一审原告、二审上诉人）：马培德公司（MAPED）。

法定代表人：雅克·拉科卢瓦，该公司董事长。

委托代理人：陈晓玲，北京市万慧达律师事务所律师。

委托代理人：张涵，北京市万慧达律师事务所律师。

被申请人（一审被告、二审被上诉人）：阳江市邦立贸易有限公司。

法定代表人：黄昌西，该公司总经理。

被申请人（一审被告、二审被上诉人）：阳江市伊利达刀剪有限公司。

法定代表人：黄昌西，该公司总经理。

再审申请人马培德公司因与被申请人阳江市邦立贸易有限公司（以下简称邦立公司）、阳江市伊利达刀剪有限公司（以下简称伊利达公司）侵害外观设计专利权纠纷一案，不服广东省高级人民法院（2011）粤高法民三终字第164号民事判决，向本院申请再审。本院依法组成合议庭对本案进行审查，现已审查终结。

马培德公司向本院申请再审称：（一）单纯形状类型的外观设计专利权应当得到充分有效的法律保护，二审判决认定被诉侵权产品与涉案专利既不相同也不近似，不符合《中华人民共和国专利法》（以下简称专利法）第五十九条第二款的规定及其立法宗旨。1. 二审判决认定“在剪刀片上设计有彩色图案，通常对外观设计的整体视觉效果更具有影响。以一般消费者的知识水平和认知能力来判断，侵权外观设计与授权外观设计在剪刀片上的上述差异已经构成整体视觉效果的实质性差异，故两者既不相同也不近似”，认定事实错误，适用法律不当。2. 在确定单纯形状类型的外观设计专利权的保护范围，判断被诉侵权产品是否侵权时，应当参照适用《专利审查指南》第四部分第五章5.2.3的规定，无需考虑图案、色彩要素。被诉侵权产品外表上增添的图案、色彩要素应当不予考虑。3. 涉案专利权属于单纯形状类型的外观设计，是对产品外观的基础性创新，创新难度更大，应获得更宽的保护范围，得到更为充分的法律保护。因此，只要被诉侵权产品采用了与涉案专利相同或者近似的产品外形，即应当认定其落入涉案专利权的保护范围。4. 被诉侵权产品在抄袭涉案专利的产品形状的同时，有意在产品外表上添加了图案，既利用涉案专

① 案例来源：最高人民法院（2013）民申字第29号民事裁定书。

利权人的创新成果，又逃避侵权责任。（二）被诉侵权产品与涉案专利构成相同或近似的设计，落入涉案专利权保护范围。1. 被诉侵权产品除了铆钉尺寸略大以外，其他形状要素与涉案专利相同。按照整体观察，综合判断的方法，铆钉尺寸的变化属于局部细微变化，涉案专利与被诉侵权产品属于相同或近似设计。2. 从产品正常使用时容易观察到的部位分析，被诉侵权产品落入涉案专利保护范围。（三）被申请人在生产、销售带有图案、色彩的被诉侵权产品的同时，还生产、销售、许诺销售未带有图案、色彩，与涉案专利完全一致的 SC0306 型号产品。邦立公司印刷、发行的《2008 年度阳江邦立产品手册 YangjiangBonly Industries LTD PROFESSIONAL SCISSORS FACTORY》第 36 页记载，SC0306 剪刀的剪刀刀片部分为无色金属。马培德公司在一、二审中指控的被诉侵权产品包括无图案、色彩的产品。一审法院对此未予审查和认定，认定事实错误。（四）邦立公司与伊利达公司共同实施侵权行为，应当共同承担停止侵权、赔偿损失的法律责任。马培德公司为制止侵权行为所支付的合理支出，应当由伊利达公司负担。综上，马培德公司根据《中华人民共和国民事诉讼法》（2007 年修正）第一百七十九条第一款第（二）、（六）项的规定，向本院申请再审。请求本院：1. 撤销一、二审判决。2. 判令邦立公司、伊利达公司停止侵犯涉案专利权的行为，赔偿经济损失 10 万元。3. 一、二审及再审案件诉讼费用由被申请人承担。

阳江公司、伊利达公司未提交答辩意见。

本院认为，本案焦点在于：1. 一审法院是否遗漏无图案、色彩的被诉侵权产品。2. 被诉侵权产品是否落入涉案外观设计专利权的保护范围。

一、关于一审法院是否遗漏无图案、色彩的被诉侵权产品

本院审查查明，马培德公司在一审中并未主张阳江公司、伊利达公司生产、销售刀片上未带有花纹、图案的被诉侵权产品。根据一审庭审笔录以及马培德公司提交的书面意见，马培德公司在进行侵权比对时明确主张“两者不同点仅有铆钉的大小不同以及被诉侵权产品刀片上印有图案、颜色。……被诉侵权产品与涉案专利构成相近似”。因此，马培德公司有关一审法院遗漏被诉侵权产品的主张，缺乏事实依据，本院不予支持。

二、关于被诉侵权产品是否落入涉案外观设计专利权的保护范围

将被诉侵权产品与涉案外观设计专利相比较，二者均包括手柄、刀片以及设置于剪刀中部的铆钉三个主要部分。二者的共同点为，手柄、刀片的形状基本相同，手柄包括内、外两个明暗不同的同心圆环，并且在手柄中部均设置水滴状通孔。二者的主要区别在于：1. 被诉侵权产品的铆钉为分别设置于剪刀两侧的两个圆台状凸起，体积明显较大，其中心线上还设置有波浪状条纹；涉案专利的铆钉为金属铆钉，体积明显较小，且仅在一侧中部设置有直线槽（以下简称区别特征 1）。2. 被诉侵权产品的剪刀片上还设置有彩色图案（以下简称区别特征 2）。

关于区别特征 1。对于涉案外观设计专利而言，刀片、铆钉的设计均为剪刀类产品中的常规设计，其设计特点主要体现于手柄之上，创新高度相对有限。虽然被诉侵权产品采用了与其基本相同的手柄设计，但由于二者铆钉的形状、大小差异明显，并且铆钉设置于产品中部，区别特征 1 容易被一般消费者观察到，足以导致二者的整体视觉效果产生明显差异。

关于区别特征 2。首先，正确界定外观设计专利权的保护范围，是进行外观设计专利侵权判断的基础。根据《中华人民共和国专利法》（2000 年修正）第五十六条第二款的规定，“外观设计专利权的保护范围以表示在图片或者照片中的该外观设计专利产品为准”。形状、图案、色彩是构成产品外观设计的三项基本设计要素，因此，在确定外观设计专利权的保护范围以及侵权判断时，应当以图片或者照片中的形状、图案、色彩设计要素为基本依据。其次，色彩要素不能脱离形状、图案单独存在，必须依附于产品形状、图案存在，色彩变化本身也可形成图案。根据《中华人民共和国专利法实施细则》（2002 年修订）第二十八条第二款的规定，“外观设计的简要说明应当写明使用该外观设计的产品的设计要点、请求保护色彩、省略视图等情况。”因此，简要说明中未明确请求保护色彩的，不应以图片、照片中的色彩限定外观设计专利权的保护范围，在侵权对比时应当不予考虑。但产品上明暗、深浅变化形成图案的，应当视为图案设计要素，不应将其归入色彩设计要素，涉案专利手柄上明暗不同的同心圆环属于图案设计要素，马培德公司有关涉案专利属于单纯形状的外观设计的主张，与事实不符。最后，在与外观设计专利产品相同或者相近种类产品上，采用与外观设计专利相同或者近似的外观设计的，人民法院应当认定被诉侵权产品落入专利法第五十九条第二款规定的外观设计专利权的保护范围。被诉侵权产品在采用与外观设计专利相同或者相近似的外观设计之余，还附加有其他图案、色彩设计要素的，如果这些附加的设计要素属于额外增加的设计要素，则对侵权判断一般不具有实质性影响。否则，他人即可通过在外观设计专利上简单增加图案、色彩等方式，轻易规避专利侵权。这无疑有悖于专利法鼓励发明创造，促进科技进步和创新的立法本意。涉案专利并未要求保护色彩，刀片上亦无图案设计，区别特征 2 属于被诉侵权产品上额外增加的设计要素，不应对侵权判断产生实质性影响。

综上所述，区别特征 1 对整体视觉效果具有显著影响，被诉侵权产品与涉案外观设计专利既不相同也不近似。二审判决以“在剪刀片上设计有彩色图案，通常对外观设计的整体视觉效果更具有影响”等为由，认定二者整体视觉效果具有实质性差异，适用法律错误，应予纠正。鉴于二审判决结论正确，故本院予以维持 。

综上，马培德公司的再审申请不符合《中华人民共和国民事诉讼法》第二百条的规定。依照《中华人民共和国民事诉讼法》第二百零四条第一款之规定，裁定如下：

驳回马培德公司的再审申请。

4. 陈顺弟与浙江乐雪儿家居用品有限公司、何建华及第三人温士丹侵害发明专利权纠纷案①

【裁判摘要】

一、审查方法专利的步骤顺序对专利权的保护范围是否起到限定作用，从而导致在步骤互换中限制等同原则的适用，关键是判断这些步骤是否必须以特定的顺序实施以及这种互换是否会带来技术功能或者技术效果上的实质性差异。

二、最高人民法院《关于审理侵犯专利权纠纷案件应用法律若干问题的解释》第五条规定的适用以被诉侵权行为发生日为准。

三、被诉侵权人委托案外人按照其提供的样品进行加工制造的，视为被诉侵权人的实施行为。

【案情】

再审申请人（一审被告、二审上诉人）：浙江乐雪儿家居用品有限公司。

法定代表人：周雯平，该公司执行董事。

委托代理人：杨颖，辽宁同泽律师事务所律师。

被申请人（一审原告、二审被上诉人）：陈顺弟。

委托代理人：董世博，浙江凯旺律师事务所律师。

一审被告、二审上诉人：何建华。

一审第三人：温士丹。

再审申请人浙江乐雪儿家居用品有限公司（以下简称乐雪儿公司）因与被申请人陈顺弟、一审被告、二审上诉人何建华、第三人温士丹侵害发明专利权纠纷一案，不服辽宁省高级人民法院（2011）辽民三终字第27号民事判决，向本院申请再审。本院于2013年9月29日作出（2013）民申字第720号民事裁定，提审本案。本院依法组成合议庭，于2013年11月29日公开开庭审理了本案。乐雪儿公司的委托代理人杨颖、陈顺弟的委托代理人董世博到庭参加诉讼。经本院合法传唤，何建华、温士丹未到庭参加诉讼。本案现已审理终结。

2010年9月17日，陈顺弟以乐雪儿公司生产、销售，何建华销售和许诺销售的布塑热水袋侵犯了其“布塑热水袋的加工方法”发明专利权为由，向辽宁省沈阳市中级人民法院（以下简称一审法院）提起诉讼，请求判令：1. 何建华立即停止销售侵权产品，乐雪儿公司立即停止制造、销售侵权产品，并销毁侵权产品及模具；2. 何建华赔偿陈顺弟经济损失50万元，乐雪儿公司赔偿陈顺弟经济损失100万元（含陈顺弟为制止侵权行为而支出的合理费用）；3. 由乐雪儿公司和何建华承担本案诉讼费用。

一审法院经审理查明：陈顺弟自2006年2月24日向国家知识产权局申请了一项名称为“布塑热水袋的加工方法”发明专利，2010年2月17日获得专利权，专利号为200610049700.5，该专利权至今有效。该专利权利要求为：1. 布塑热水袋的加工方法，布塑热水袋由袋体、袋口和袋塞所组成，所述的袋体有内层、外层和保温层，在袋体的边缘有粘合边，所述的袋塞是螺纹塞座和螺纹塞盖，螺纹塞座的外壁有复合层，螺纹塞盖有密封垫片，袋塞中的螺纹塞座是聚丙烯材料，复合层是聚氯乙烯材料，密封垫片是硅胶材料所制成，其特征在于：第一步：首先取内层、保温层以及外层材料；第二步：将内层、保温层、外层依次层叠，成为组合层；第三步：将两层组合层对应重叠，采用高频热合机按照热水袋的形状对两层组合层边缘进行高频热粘合；第四步：对高频热粘合的热水袋进行分只裁剪；第五步：取聚丙烯材料注塑螺纹塞座，再把螺纹塞座作为嵌件放入模具，另外取聚氯乙烯材料在螺纹塞座外二次注塑复合层；第六步：将有复合层的螺纹塞座安入袋口内，与内层接触，采用高频热合机对热水袋口部与螺纹塞座复合层进行热粘合；第七步：对热水袋袋体进行修边；第八步：取塑料材料注制螺纹塞盖；第九步：取硅胶材料注制密封垫片；第十步：将密封垫片和螺纹塞盖互相装配后旋入螺纹塞座中；第十一步：充气试压检验，向热水袋充入压缩空气进行耐压试验；第十二步：包装。（为表述方便，以下对上述步骤用对应的阿拉伯数字表示。）

2010年9月7日，陈顺弟的委托代理人张勇在辽宁省诚信公证处公证人员的监督下，在位于沈阳市大东区东顺城街17号的沈阳小商品大世界四楼，以普通消费者身份购买了“乐雪儿”牌时尚热水袋40个，其中大号热水袋1个，中号热水袋39个，并取得了加盖“沈阳市大东区任国良杂品批发部普通发票专用章”及“沈阳市大东区任国良杂品批发部、沈阳小商品大世界市场4044床”印章的《辽宁省沈阳市小额剪贴发票》一张、带有“沈阳小商品大世界四楼4107、4044床任国良”字样的该店销售人员名片一张。发票上记载大号热水袋销售单价为15元，中号热水袋销售单价为5元。公证人员对公证取得的热水袋进行了拍照，并将大号热水袋1个、中号热水袋2个予以封存。上述公证取得的热水袋外包装袋标明了“乐雪儿”商标、台州市乐雪儿塑胶电器有限公司等信息。

2009年11月17日至2010年11月3日期间，陈顺弟的委托代理人分别在浙江省台州市、山东省烟台市、潍坊市、湖

① 案例来源：《中华人民共和国最高人民法院公报》2015年第10期。

北省武汉市等地，对购买乐雪儿公司生产的布塑热水袋的行为进行了公证。2010年9月29日，陈顺弟在公证人员的监督下，对其登陆网址为www.tzlxe.cn网站的过程进行了公证。该网站首页显著位置显示"浙江乐雪儿家居用品有限公司"，在"最新供应"项下显示有"供应布塑热水袋"并附实物照片。在该网站的"公司介绍"中显示"年营业额：人民币2000万元/年-3000万元/年"。

2010年9月28日，一审法院依陈顺弟申请，在乐雪儿公司对被诉侵权产品库存数量、加工方法、销售账册进行证据保全。乐雪儿公司向一审法院出示了其库房中的21箱布塑热水袋产品，但拒绝一审法院对其加工方法和销售账册进行证据保全。一审庭审中，乐雪儿公司确认保全样品均由其生产、销售，且全部样品均按照其提交法庭的"热水袋生产工艺说明"制造。乐雪儿公司自述被诉侵权方法第1-4步、第11步与涉案专利权利要求1的第1-4步、第12步相同，被诉侵权方法第6、7、8、10步分别与涉案专利权利要求1的第7、6、11、10步相同，被诉侵权方法不包括涉案专利权利要求1的第5、8、9步。乐雪儿公司就其销售账册拒绝举证。

另查明，何建华是地址在沈阳小商品大世界市场4044号摊位的沈阳市大东区任国良杂品批发部的经营者。第三人温士丹是地址在沈阳小商品大世界市场4107号摊位的沈阳市大东区永利来杂品批发部的经营者。任国良系4044和4107号两个摊位的业务员。乐雪儿公司前身为台州市乐雪儿塑胶电器有限公司，该公司于2010年3月23日变更企业名称为乐雪儿公司。

一审法院认为：1.关于乐雪儿公司是否侵犯了陈顺弟的涉案专利权问题。乐雪儿公司主张涉案专利权利要求中的保温层是功能性描述，被诉侵权方法中在内层和外层之间夹放的是半片空心薄棉，不具备保温层的技术特征。一审法院认为，涉案专利权利要求并未对保温层的材质、大小进行限定，故对乐雪儿公司的上述抗辩不予支持。乐雪儿公司自认被诉侵权方法前4步及最后一步与涉案专利权利要求1中的前4步及最后一步相同，一审法院对此予以确认。乐雪儿公司主张被诉侵权方法第6、7、8、10步分别与涉案专利权利要求1的第7、6、11、10步的内容相同，但顺序不同，因而未落入涉案专利权保护范围。一审法院认为，对于上述四个步骤，按照被诉侵权方法的顺序与按照涉案专利权利要求的顺序进行加工，其技术特征及技术效果并无实质区别，故对乐雪儿公司的上述抗辩不予支持。乐雪儿公司主张被诉侵权方法不包括涉案专利权利要求1的第5、8、9步。经审查，涉案专利权利要求1的第5、8、9步分别是螺纹塞座、螺纹塞盖及密封垫片的加工方法。被诉侵权产品的上述三个部件与依照涉案专利方法直接获得的产品对应部件结构及材质相同。乐雪儿公司虽主张与上述三个部件相对应的产品组件系从外部购买，但对于购买的细节，乐雪儿公司自述是由其提供样品，由供货方按照样品的材质、结构生产，按照订货数量供货，至于样品来源及供货方的生产工艺方法乐雪儿公司拒绝说明和举证。一审法院认为，乐雪儿公司提交的购销合同签订时间晚于被诉侵权产品出厂时间，且乐雪儿公司未能证明其真实性及履行情况，对上述三个部件的加工方法亦未进行说明及举证，故对其关于被诉侵权方法缺少涉案专利权利要求1第5、8、9步的抗辩主张不予支持。乐雪儿公司主张被诉侵权方法来源于zl200520015446.8号实用新型专利说明书中公布的具体实施方式，因此属于现有技术，但未能举证证明被诉侵权方法与该实用新型专利的相应技术特征相同或者无实质性差异，故对其现有技术抗辩的主张不予支持。综上，被诉侵权方法所具备的技术特征完全覆盖了涉案专利权利要求的全部必要技术特征。乐雪儿公司明知陈顺弟拥有涉案专利权，仍使用涉案专利方法进行生产，并销售依照涉案专利方法直接获得的产品，侵犯了涉案专利权，应承担停止侵权、赔偿损失的法律责任。2.关于何建华是否侵犯了涉案专利权问题。何建华是4044号摊位的经营者，应对其业务员任国良购进和销售被诉侵权产品的行为承担法律责任。因何建华未能举证证明被诉侵权产品的合法来源，故不能免除赔偿责任。陈顺弟主张何建华实施了许诺销售被诉侵权产品的行为，因未提供证据证明，一审法院不予支持。3.关于赔偿数额问题。鉴于陈顺弟未举证证明其实际损失或者侵权人侵权获利的具体数额，故一审法院综合考虑涉案专利权的类别、侵权人侵权的性质、情节、范围、时间以及陈顺弟为调查、制止侵权行为所支付的实际费用的合理性等因素，依法酌情确定本案的赔偿数额。

综上，一审法院于2010年12月17日作出(2010)沈中民四初字第389号民事判决，判令：1.何建华于判决生效之日起立即停止销售涉案侵权产品；2.何建华于判决生效后十日内赔偿陈顺弟经济损失及合理费用1万元；3.乐雪儿公司于判决生效之日起立即停止侵权行为；4.乐雪儿公司于判决生效后十日内赔偿陈顺弟经济损失及合理费用30万元；5.驳回陈顺弟其他诉讼请求。

乐雪儿公司、何建华均不服一审判决，向辽宁省高级人民法院(以下简称二审法院)提出上诉。

二审法院经审理查明：一审法院除认定乐雪儿公司自述被诉侵权方法第1、2步与涉案专利权利要求的第1、2步相同不正确以外，认定的其他事实属实，二审法院予以确认。另查明，2010年4月28日，乐雪儿公司与案外人任金岩签订了《购销合同》，约定乐雪儿公司向任金岩采购热水袋盖子(含垫片)20 000套、热水袋螺纹座20 000套，交货时必须配套交，2010年5月10日之前交3000套(大小各1500套)，2010年8月30日之前结清。该合同已实际履行完毕。又查明。2010年9月7日，陈顺弟的委托代理人张勇在沈阳市小商品大世界四楼购买"乐雪儿"牌热水袋的摊位为4107号。在二审法院审理期间，陈顺弟申请放弃对何建华的诉讼请求 。

二审法院认为:一审法院要求乐雪儿公司对螺纹塞座、螺纹塞盖、垫片三个部件的加工方法承担举证责任不妥。乐雪儿公司自认被诉侵权产品中的螺纹塞座系由聚丙烯材料注塑而成,其复合层(聚氯乙烯材料)通过注塑成型在螺纹塞座的表面;螺纹塞盖、垫片分别为塑料材料、硅胶材料注制而成。因此。上述三个部件的加工方法与涉案专利权利要求1第5、8、9步相同。即使上述部件是由乐雪儿公司提供样品委托其他加工方进行加工,其亦应对该加工行为承担法律责任。因此,二审法院对乐雪儿公司提出的被诉侵权方法缺少涉案专利权利要求1第5、8、9步的上诉主张,不予支持。被诉侵权方法的第6、7步和第8、10步虽然分别与涉案专利权利要求1第6、7步和第10、11步步骤顺序不同,但其技术特征和技术效果无实质区别。涉案专利权利要求未对保温层的材质、大小进行限定,被诉侵权方法中的空心棉起到一定的保温作用,相当于涉案专利权利要求中1中的保温层。因此,对乐雪儿公司提出的被诉侵权方法与涉案专利权利要求1的第6、7步及第10、11步的顺序相反,缺少涉案专利权利要求1记载的保温层的上诉主张,二审法院不予支持。乐雪儿公司提供的证明被诉侵权方法为现有技术的证明文件仅公布了被诉侵权方法的部分技术特征,而被诉侵权方法与涉案专利构成等同。因此,乐雪儿公司的现有技术抗辩不能成立。综上,被诉侵权方法所具备的技术特征完全覆盖了涉案专利的全部必要技术特征,乐雪儿公司的行为侵犯了涉案专利权。陈顺弟请求乐雪儿公司赔偿的数额中包括专利临时保护期使用费和侵权赔偿。陈顺弟并未提供证据证明其损失的数额或乐雪儿公司因侵权所获得的利益,一审法院根据涉案专利的类别、乐雪儿公司侵权的性质、情节、范围、时间及陈顺弟为调查、制止侵权行为所支付的实际费用的合理性等因素,确定乐雪儿公司赔偿陈顺弟经济损失及合理费用30万元,并无不当。综上,二审法院判决:1.维持一审判决第三、四、五项;2.撤销一审判决第一、二项。一审案件受理费18 300元,由陈顺弟承担14 500元,由乐雪儿公司承担3800元;二审案件受理费5850元,由乐雪儿公司承担5800元,陈顺弟承担50元。

乐雪儿公司不服二审判决,向本院申请再审称:(一)被诉侵权方法没有落入涉案专利权利要求1的保护范围,不构成侵权。1.被诉侵权方法不包括涉案专利权利要求1的第5、8、9步,即加工螺纹塞座、螺纹塞盖和密封垫片的步骤。乐雪儿公司生产的热水袋中的上述三个部件均是合法外购取得,外购部件的加工方法是注塑。乐雪儿公司没有义务知晓样品的加工方法,一审、二审法院认定乐雪儿公司对上述三个部件的加工方法承担举证责任,并进一步推定乐雪儿公司采用了与涉案专利相同的方法,是错误的。2.被诉侵权方法与涉案专利权利要求1的第6、7步和第10、11步的步骤顺序相反,这种步骤顺序的改变产生了不同的技术效果。第6、7步的改变可以节省后一加工工序中被加工产品所占用的空间,提高加工效率,并使产品能够直接进入检测工序。第10、11步的改变使得在充气前无需将塞盖安装好后再取下来进行充气检测,节省了时间,并保证了检测质量。由于涉案专利请求保护的是产品的加工方法,而方法权利要求的步骤本身和步骤之间的顺序均应对专利权的保护范围起到限定作用,且在涉案专利说明书中记载了将第10、11步互换的步骤顺序,根据捐献原则,该说明书中记载的另一步骤顺序不应当纳入涉案专利权的保护范围,故被诉侵权方法在步骤上的改变没有落入涉案专利权的保护范围。3.被诉侵权方法中的空心棉软垫与涉案专利中记载的保温层不属于相同或等同的技术特征,一审法院扩大解释了该功能性限定技术特征的保护范围。从涉案专利说明书中关于保温层的描述和附图中公开的内容来看,该保温层位于外层和内层之间,其四个边缘与外层、内层完全连接,将外层和内层完全覆盖并隔离开,以达到提高保温性能,慢慢散热降温,延长使用以及克服灌入热水开始过烫现象。被诉侵权产品的外层和内层之间设有的薄空心棉软垫的用途是用于增加手持热水袋的舒适感,仅设置在外层和内层的中间部分,上下边缘与外层、内层相隔有一定的距离,未如涉案专利一样完全覆盖并将外层和内层隔开,因而不可能具有涉案专利保温层所产生的技术效果。(二)乐雪儿公司被许可使用的专利中所包含的产品和工艺方法构成现有技术,乐雪儿公司使用该方法生产销售被诉侵权产品不构成侵权。zl200520015446.8号实用新型专利的申请日为2005年10月10日,早于涉案专利申请日。该现有技术公开的产品与涉案专利权利要求所记载的产品相同,并明示公开了涉案专利权利要求1的第3、5、6步。由于布塑、pvc热水袋是热水袋的常规品种,其他未明示公开的第1、2、4、7-12步均属于公知常识和惯用手段,特别是第11步中的充气检测,是热水袋产品的行业标准。(三)陈顺弟在一审时没有主张临时保护期使用费的赔偿,原二审判决认定30万元的赔偿数额中包括该费用,超出了陈顺弟的诉讼请求。此外,涉案专利授权日是2010年2月17日,陈顺弟提起本案诉讼的时间是2010年9月,而2-9月的大部分时间是热水袋的销售淡季,在销售量很小的情况下,一审法院判决乐雪儿公司赔偿30万元过高。综上,乐雪儿公司请求本院撤销一审、二审判决,改判驳回陈顺弟的诉讼请求或将本案发回重审。

陈顺弟辩称:1.方法发明的步骤顺序是否对权利要求有限定作用,应当结合说明书和附图的记载来判定。如果说明书和附图明确记载不按照步骤顺序亦可达到发明所声称的技术效果,或者结合本领域技术人员的公知常识能够推导出即使不按照顺序或者某几步不按照顺序也能达到发明所声称的技术效果,则方法发明的步骤顺序不构成对权利要求的限制。涉案专利说明书记载的第10、11步的顺序可以调换的内容表明,该两个步骤可以不按照严格的顺序进行操作,涉案专利权利要求中步骤顺序的标号仅是为了叙述简洁和清晰的需要。

捐献原则仅适用于只在说明书中描述而未记载在权利要求中的技术方案。本案中，权利要求1并未排除说明书中记载的技术方案，故捐献原则不适用于本案。涉案专利权利要求1的第6、7步和第10、11步的步骤顺序并未对权利要求1构成限定；且依据等同原则，将涉案专利的第6、7步互换和第10、11步互换后的技术特征与互换前没有实质区别，构成等同侵权。2.乐雪儿公司提交的购销合同签订时间晚于被诉侵权产品出厂时间，且乐雪儿公司未能证明其真实性及履行情况。对涉案专利权利要求1第5、8、9步所涉及的三个部件的加工方法乐雪儿公司未进行说明及举证。此外，即使这些零部件来自第三方，但乐雪儿公司利用该零部件进行了进一步的制造，并将制造获得的侵权产品进行了使用和销售，也构成侵权。3.被诉侵权产品的空心棉软垫具备涉案专利所描述的保温效果，与涉案专利的保温层为等同的技术特征。4.乐雪儿公司用于主张现有技术抗辩的实用新型专利公开的是一种产品，而涉案专利是一种方法发明，因此除非该实用新型专利说明书中明确记载了产品的具体制造步骤，或者本领域技术人员能够毫无疑义地推导出具体制造步骤，否则从一个产品的结构是推导不出该产品的制造工艺的。乐雪儿公司在分析该实用新型专利产品的制造步骤中采用了大量没有其他证据佐证的个人推导及猜测。5.陈顺弟在一审诉讼中提出了临时保护期使用费的赔偿，二审判决对于该项赔偿内容的认定没有超出陈顺弟的诉讼请求，赔偿数额也是合理的。综上，陈顺弟请求本院驳回乐雪儿公司的再审请求。

本院经审理查明：原一审、二审判决认定的事实基本属实。另查明，涉案专利说明书第2页记载："本热水袋的袋体由3层材料所构成，因为有了保温层，使袋中热量缓慢下降，开始时避免过热，保温时间长，提高了使用效果。"在该页具体实施方式部分记载："而内层4与外层3之间安装保温层5，如人造保温棉等各种有关材料，提高热水袋保温性能，慢慢散热降温，延长使用时间，又克服灌入热水开始过烫现象。"第3页记载："第十步：将密封垫片10和螺纹塞盖9互相装配后旋入螺纹塞座8中；但也可以试压后旋入塞盖。第十一步：充气试压检验，向热水袋中充入压缩空气进行耐压试验；耐压试验的压力一般为0.5kg/cm，或者略大于该压力。"

乐雪儿公司承认被诉侵权产品中的螺纹塞座、螺纹塞盖、垫片的材质与涉案专利相应部件的材质相同，也是注塑成型；其中螺纹塞座虽是二次成型，但与涉案专利的加工方式不同，涉案专利是在两台机器上进行的二次注塑，但现在绝大多数是在同一台机器上完成的。乐雪儿公司提交的专利号为zl200520015446.8的"一种新型热水袋"的实用新型专利说明书载明，该专利的授权公告日为2006年12月27日。

本院认为：本案争议问题是，乐雪儿公司的现有技术抗辩是否成立；被诉侵权产品的加工方法是否落入涉案专利权的保护范围；原二审判决对于临时保护期使用费的赔偿认定是否超出了陈顺弟的诉讼请求；原一审、二审判决对于赔偿数额的认定是否显失公平。

一、关于乐雪儿公司的现有技术抗辩是否成立问题

《中华人民共和国专利法》（以下简称专利法）第六十二条规定："在专利侵权纠纷中，被控侵权人有证据证明其实施的技术或者设计属于现有技术或者现有设计的，不构成侵犯专利权。"专利法第二十二条第五款规定："本法所称现有技术，是指申请日以前在国内外为公众所知的技术。"乐雪儿公司用于主张现有技术抗辩的zl200520015446.8号实用新型专利的申请日虽早于涉案专利申请日，但授权公告日晚于涉案专利申请日，故不构成现有技术，但依法构成抵触申请。由于抵触申请能够破坏对比专利技术方案的新颖性，故在被诉侵权人以实施抵触申请中的技术方案主张其不构成专利侵权时，应该被允许，并可以参照现有技术抗辩的审查判断标准予以评判。zl200520015446.8号实用新型专利是"一种新型热水袋"产品专利，从其权利要求书、说明书及附图来看，该专利仅公开了一种热水袋产品，并未公开这种热水袋产品的具体生产步骤。虽然热水袋加工过程中有一些步骤是常规步骤，但依照该专利公开的产品仅能确定大概的加工流程，并不能准确确定具体完整的加工步骤；且该专利也未公开塞座的材料组成和塞盖处有密封垫片等技术特征。乐雪儿公司虽主张未公开的技术特征是本领域的公知常识和惯用手段，但并未举证证明。因此，zl200520015446.8号实用新型专利并未完全公开被诉侵权产品的加工方法，乐雪儿公司以此来主张现有技术抗辩不能成立，本院不予支持。

二、关于被诉侵权产品的加工方法是否落入涉案专利权的保护范围问题

乐雪儿公司与陈顺弟对于被诉侵权方法和涉案专利方法的争议主要集中在权利要求1第5、8、9步，第6、7步，第10、11步和保温层技术特征问题。

1.关于第5、8、9步争议问题。乐雪儿公司主张被诉侵权产品的螺纹塞座、螺纹塞盖及垫片均是其提供样品委托案外人加工订购取得，乐雪儿公司没有义务对外购部件的加工方法承担举证责任，被诉侵权方法缺少涉案专利权利要求1的第5、8、9步。本院认为，乐雪儿公司认可外购部件的材质、结构与依照涉案专利权利要求1第5、8、9步的加工方法所直接获得的部件的材质、结构相同，并认可外购部件的加工工艺是注塑，且螺纹塞座也是二次注塑成型。由此，能够判定上述部件的加工方法与涉案专利权利要求1第5、8、9步的加工方法相同。虽然乐雪儿公司主张螺纹塞座绝大多数是在同一台机器上完成的，与涉案专利的加工方式不同，但涉案专利权利要求1的第5步并未限定二次注塑的加工方式，二次注塑是否在同一台机器上完成不构成对该步骤的限定条件，故乐雪儿公司的上述主张不能成立。据此，本争议的关键转为乐雪儿公司是否实施了第5、8、9步，即被诉侵权方法是否缺少第5、

8、9步问题。本院认为，按照乐雪儿公司的陈述，上述部件虽不是其自行加工，但系其提供样品在案外人处定作的，也即这些部件是案外人按照乐雪儿公司的要求进行加工制作的，故乐雪儿公司对由此产生的法律后果应当承担相应的法律责任。因此，乐雪儿公司主张被诉侵权方法缺少第5、8、9步，没有事实和法律依据，本院不予支持。

2. 关于步骤互换是否构成等同侵权问题。方法发明专利的权利要求是包括有时间过程的活动，如制造方法、使用方法、通讯方法、处理方法等权利要求。涉及产品制造方法的发明专利通常是通过方法步骤的组合以及一定的步骤顺序来实现的。方法专利的步骤顺序是否对专利权的保护范围起到限定作用，从而导致在步骤互换中限制等同原则的适用，关键要看这些步骤是否必须以特定的顺序实施以及这种互换是否会带来技术功能或者技术效果上的实质性差异。具体到本案中，涉案专利权利要求1的第6步是对热水袋口部与螺纹塞座复合层进行热粘合的步骤；第7步是对热水袋袋体进行修边的步骤。被诉侵权方法采取的步骤是先对热水袋袋体进行修边，而后对热水袋口部与螺纹塞座复合层进行热粘合。乐雪儿公司主张按此步骤加工可以节省后续步骤中被加工产品所占用的空间，利于快速加工和提高加工精度，并能够使产品直接进入检测工序。本院认为，从被诉侵权方法此前的加工步骤来看，其已在第4步中对高频热粘合后的热水袋进行了裁剪，此时修边的主要目的是为了使热水袋好看，接近成品，其减少空间的作用非常有限，而且多余边角料的存在不会干扰塞座的粘合，对塞座粘合不会产生实质性影响，因而这两个步骤的实施不具有先后顺序的唯一对应性，先修边还是先进行热粘合对于整个技术方案的实现没有实质性影响，且这两个步骤的互换在技术功能和技术效果上也没有产生实质性的差异，故被诉侵权方法调换后的步骤与涉案专利权利要求1的第6、7步属于相等同的技术特征。

涉案专利权利要求1的第10步是将密封垫片和螺纹塞盖互相装配后旋入螺纹塞座中；第11步是充气试压检验。被诉侵权方法采用的是先充气试压检验，后将密封垫片和螺纹塞盖互相装配后旋入螺纹塞座的步骤。乐雪儿公司主张这种步骤互换所带来的效果是，不需要将螺纹塞座安装好后再取下来进行充气检测，因而可以节省时间，保证检测质量。本院认为，对热水袋进行充气试压检验，需要通过热水袋的口部进行。按照涉案专利权利要求1的第10、11步的步骤进行操作，在进行充气试压检验前，必须要从螺纹塞座中旋下螺纹塞盖后方能进行，与被诉侵权方法所采取的先试压检验后再装配螺纹塞盖的步骤相比，这种操作步骤实质上是增加了充气试压检验的操作环节，导致操作时间延长，效率降低。故将第10、11步的步骤调换后，确实产生了如乐雪儿公司主张的减少操作环节、节约时间、提高效率的技术效果，因此这种步骤互换所产生的技术效果上的差异是实质性的，调换后的步骤与涉案专利权利要求1的第10、11步不构成等同技术特征。

陈顺弟主张，涉案专利说明书已经记载了步骤10、11的顺序可以调换，权利要求1并未排除说明书中记载的这一技术方案，因此调换步骤的技术方案应当纳入涉案专利权的保护范围，对本案不应适用捐献原则。本院认为，准确确定专利权的保护范围不仅是为专利权人提供有效法律保护的需要，也是尊重权利要求的公示和划界作用，维护社会公众信赖利益的需要。在权利要求解释中确立捐献原则，就是对专利的保护功能和公示功能进行利益衡量的产物。该规则的含义是，对于在专利说明书中记载而未反映在权利要求中的技术方案，不能包括在权利要求的保护范围之内。对于在说明书中披露而未写入权利要求的技术方案，如果不适用捐献原则，虽然对专利权人的保护是较为充分的，但这一方面会给专利申请人规避对较宽范围的权利要求的审查提供便利，另一方面会降低权利要求的划界作用，使专利权保护范围的确定成为一件过于灵活和不确定的事情，增加了公众预测专利权保护范围的难度，不利于专利公示作用的发挥以及公众利益的维护。因此，最高人民法院《关于审理侵犯专利权纠纷案件应用法律若干问题的解释》在第五条中规定："对于仅在说明书或者附图中描述而在权利要求中未记载的技术方案，权利人在侵犯专利权纠纷案件中将其纳入专利权保护范围的，人民法院不予支持。"该司法解释从2010年1月1日起施行，本案被诉侵权行为发生在2010年9月，故该解释的上述规定能够适用于本案。按照上述条文的规定，如果本领域技术人员通过阅读说明书可以理解披露但未要求保护的技术方案是被专利权人作为权利要求中技术特征的另一种选择而被特定化，则这种技术方案就视为捐献给社会。本案中的情形正是如此。涉案专利说明书在第3页中明确记载了第10、11步的步骤可以调换，而这一调换后的步骤并未体现在权利要求中，因此调换后的步骤不能纳入涉案专利权的保护范围，乐雪儿公司关于第10、11步的步骤调换方案应适用捐献原则的主张依法有据，本院予以支持。

3. 关于"空心棉软垫"与"保温层"是否构成等同问题。根据涉案专利权利要求1的记载，保温层属于功能性限定的技术特征。最高人民法院《关于审理侵犯专利权纠纷案件应用法律若干问题的解释》第四条规定："对于权利要求中以功能或者效果表述的技术特征，人民法院应当结合说明书和附图描述的该功能或者效果的具体实施方式及其等同的实施方式，确定该技术特征的内容。"依照涉案专利方法所生产的热水袋共计有三层，即内层、外层和保温层。根据涉案专利说明书中关于保温层的描述及附图中公开的内容来看，该保温层由人造保温棉等各种有关材料制作，位于内层和外层之间，将内层、外层完全覆盖并隔离开，可以达到如下技术效果：提高保温性能，慢慢散热降温，延长使用时间；克服灌入热水开始过烫现象。被诉侵权产品中的空心棉软垫，在宽度上与内层、外层同宽，并与内层、外层左右两侧边缘相连接；在长度上相当于内层、外层的一半。乐雪儿公司主张半块空心棉软垫的设置是为了增强手持热水袋的手感，不具有涉案专利保温层的功能和效果。本院认为，保温的主要原理是物理隔离减弱热对流和热传导。涉案专利设置保温层的目的就是通过控制内外层之间空气的热对流，阻断内外层之间因物理接触而产生的热传导来实现保温和防烫的效果。被诉侵权产品所设置的半块空心棉软垫在材质上与涉案专利保温层相同，在结构上也设置于内层和外层之间，在大小上虽然没有完全覆盖内层和外层，但其设置方式实质上起到了减弱热对流和热传导的作用，也能够实现保温和防烫的技术效果。虽然半块空心棉的保温和防烫效果与整块空心棉的效果会稍有差异，但本领域技术人员基于对保温原理的认识，能够判断二者的差异是非实质性的，因此"空心棉软垫"与"保温层"构成等同。此外，乐雪儿公司用于主张现有技术抗辩的 zl200520015446.8 号实用新型专利的区别技术特征之一就是在内层和外层之间设置有保温层。乐雪儿公司一方面主张现有技术抗辩，另一方面又主张空心棉软垫不是保温层，这在逻辑上也是自相矛盾的。且从上述实用新型专利说明书的记载来看，该实用新型专利由三层组成，内层采用塑料制成，外层采用涤纶布制成，所以手感好，保温时间长，提高了使用效果。由此可见，热水袋产品的手感与其外层材质的使用是密切相关的，乐雪儿公司关于半块空心棉软垫的设置仅是用来增强手感的主张，缺乏事实依据，本院不予支持。

综上，被诉侵权产品的加工方法与涉案专利方法既不相同也不等同，没有落入涉案专利权的保护范围。

三、关于原一审、二审判决对于本案侵权赔偿的认定问题

乐雪儿公司主张二审判决对于临时保护期使用费的赔偿认定超出了陈顺弟的诉讼请求。对此，本院认为，专利法第十三条规定："发明专利申请公布后，申请人可以要求实施其发明的单位或者个人支付适当的费用。"因此，临时保护期使用费是在发明专利申请公布后至专利权被授予前，实施该发明的单位或者个人应支付给专利权人的一种适当的经济补偿，其与未经专利权人许可实施其专利的侵权损害赔偿性质不同，故专利权人不能基于侵权损害赔偿的诉因来主张临时保护期使用费，而只能单独就此项费用提出主张。陈顺弟提起本案诉讼的案由是侵害发明专利权纠纷，在一审审理中陈顺弟主张侵权损害赔偿数额中包括临时保护期使用费，对此，一审法院已在开庭审理中告知其不能在本案中主张该项费用，可另行起诉予以主张。由此可见，原一审判决所认定的赔偿数额中并不包括临时保护期使用费。二审法院在二审审理中认定一审法院判决的赔偿数额中包括临时保护期使用费，确有不妥，本院予以纠正。鉴于乐雪儿公司生产被诉侵权产品的方法没有侵犯涉案专利权，无需承担侵权责任，故对其提出的原一审、二审判决对于赔偿数额的认定显失公平的申请再审理由，本院不再予以评述。

综上，乐雪儿公司生产被诉侵权产品的方法没有侵犯涉案专利权，原一审、二审判决适用法律不当，判决结果错误，应予纠正。乐雪儿公司申请再审的主要理由成立，本院予以支持。依照《中华人民共和国专利法》第十一条第一款、第五十九条第一款、《中华人民共和国民事诉讼法》第二百零七条第一款、第一百七十条第一款第（二）项的规定，判决如下：

一、撤销辽宁省高级人民法院（2011）辽民三终字第 27 号民事判决和沈阳市中级人民法院（2010）沈中民四初字第 389 号民事判决；

二、驳回陈顺弟的诉讼请求。

本案一审案件受理费 18 300 元、二审案件受理费 5850 元，由陈顺弟负担。

本判决为终审判决。

5. 曹忠泉与国家知识产权局专利复审委员会、上海精凯服装机械有限公司实用新型专利权无效行政纠纷案①

【裁判要旨】

一、技术领域是要求保护的发明、实用新型所属或者应用的具体技术领域，既不是上位的或者相邻的技术领域，也不是发明或者实用新型本身。确定发明或者实用新型所属的技术领域，应当以权利要求所限定的内容为准，一般根据专利的主题名称，结合技术方案所实现的技术功能、用途加以确定。

二、人民法院在判决撤销或者部分撤销被诉具体行政行为时，可以判决被告重新作出具体行政行为，但是否判决被告重新作出具体行政行为要视案件的具体情况而定。

三、人民法院在审查专利复审委员会作出的无效宣告请求审查决定时，对于专利复审委员会认为专利权有效而人民法院认为专利权无效的情况，在判决撤销被诉决定的同时，应一并判决专利复审委员会重新作出决定；对于专利复审委员会认为专利权无效的情况，人民法院在判决撤销被诉决定时，是否一并判决专利复审委员会重新作出决定，要区分两种情况：专利复审委员会针对无效宣告请求人所提出的无效理由和证据全部作出评述而人民法院认为专利权有效的，不必再判决专利复审委员会重新作出决定；专利复审委员会未对无效宣告请求人所提出的无效理由和证据全部作出评述而依据部分理由及相应证据作出的无效决定不能成立的，人民法院

① 案例来源：《中华人民共和国最高人民法院公报》2014 年第 9 期。

应一并判决专利复审委员会针对无效宣告请求人所提出的其他无效理由和证据重新作出决定。

【案情】

申请再审人(一审原告、二审上诉人):曹忠泉。

委托代理人:蔡正保,台州市方圆专利事务所专利代理人。

被申请人(一审被告、二审被上诉人):国家知识产权局专利复审委员会。

法定代表人:张茂于,该委员会副主任。

委托代理人:邢文飞,该委员会审查员。

委托代理人:毛琎,该委员会审查员。

一审第三人:上海精凯服装机械有限公司。

法定代表人:阮剑光,该公司总经理。

委托代理人:叶万东,北京工信联合知识产权代理事务所专利代理人。

申请再审人曹忠泉因与被申请人国家知识产权局专利复审委员会(以下简称专利复审委员会)、一审第三人上海精凯服装机械有限公司(以下简称精凯公司)实用新型专利权无效行政纠纷一案,不服北京市高级人民法院(2010)高行终字第634号行政判决,向本院申请再审。本院于2011年12月21日作出(2011)知行字第18号行政裁定,提审本案。本院依法组成合议庭,于2012年3月5日公开开庭审理了本案。曹忠泉的委托代理人蔡正保,专利复审委员会的委托代理人邢文飞、毛琎,精凯公司的委托代理人叶万东到庭参加诉讼。本案现已审理终结。

北京市第一中级人民法院经审理查明:本专利系国家知识产权局于2006年10月4日授权公告的名称为"裁剪机磨刀机构中斜齿轮组的保油装置"的实用新型专利,专利号为200520014575.5,申请日为2005年9月1日,专利权人为曹忠泉,权利要求是:"1、一种裁剪机磨刀机构中斜齿轮组的保油装置,其特征在于在斜齿轮位置(2)和中间齿轮位置(3)的周围位置设有档油围壁(4)。2、根据权利要求1所述的保油装置,其特征在于围壁(4)上留有供其内的中间齿轮与其外的传动齿轮啮合的缺口。3、根据权利要求2所述的保油装置,其特征在于围壁(4)与斜齿轮机匣(8)或磨刀机匣(1)制成一体。4、根据权利要求1所述的保油装置,其特征在于围壁(6)外的传动齿轮位置(5)上设置弧形盖板(7)。"

精凯公司于2008年11月27日对本专利提出无效宣告请求,并提交附件1、2作为证据。专利复审委员会受理了上述无效宣告请求,并于2008年11月27日向曹忠泉和精凯公司发出无效宣告请求受理通知书,同时将精凯公司提交的无效宣告请求书及其附件清单中所列附件副本转给曹忠泉,要求其在指定期限内陈述意见。曹忠泉于2008年12月19日提交了意见陈述书。精凯公司于2008年12月26日提交了意见陈述书并提交了附件4-1至附件5-9作为证据,其中附件5-1为US3672586号专利说明书复印件8页及中文译文7页,授权公告日为1972年6月27日。精凯公司认为从附件5-1附图3、5、6中可以清楚地看到200B、200、200C构成了档油围壁,把3个齿轮包裹在其中,200B上顶点和200C的上顶点之间构成了本专利中的缺口,使齿轮和传动螺杆联结,墙体202B、212一起罩住传动螺杆144使其上的油不至于甩出,齿轮146相当于本专利中的"中间齿轮",齿轮160相当于本专利中的"斜齿轮",护罩200正前部200A、圆柱部200B、后圆弧部200C共同构成本专利中的"档油围壁",用以防止从油槽162中蘸取的润滑油飞溅四处,后圆弧部200C顶部和圆柱部200B的顶部之间构成了本专利中的"缺口",用以提供齿轮和螺杆之间的啮合连接,在螺杆144外围添加一个弧面罩将螺杆罩住以防止其上的润滑油随着螺杆旋转而甩出是公知常识,因此附件5-1否定了本专利权利要求1、2、4的新颖性和创造性。专利复审委员会于2008年12月29日再次收到精凯公司提交的意见陈述书。曹忠泉于2009年1月4日向专利复审委员会提交了专利代理委托书、意见陈述书和权利要求书修改替换页。曹忠泉的具体修改方式是:删除了授权公告文本中的权利要求1,将授权公告文本中的权利要求2上升为新的权利要求1,同时将授权公告文本中权利要求3和4的限定部分作为对新的独立权利要求1作出进一步限定的从属权利要求2和3的限定部分。专利复审委员会于2009年1月12日发出转送文件通知书,将曹忠泉分别于2008年12月19日、2009年1月4日提交的意见陈述书及其附件转送给精凯公司,将其分别于2008年12月26日、2008年12月29日收到的精凯公司提交的意见陈述书及其附件转送给曹忠泉。精凯公司于2009年2月9再次提交了意见陈述书及附件6、7作为证据,明确表示由于曹忠泉合并了权利要求1和2,故增加理由和证据附件6、7。专利复审委员会于2009年2月16日发出转送文件通知书,将曹忠泉于2009年2月6日提交的意见陈述书及其附件转送给精凯公司,将精凯公司于2009年2月9日提交的意见陈述书及其附件转送给曹忠泉。

专利复审委员会于2009年2月25日进行了口头审理。精凯公司对于曹忠泉对权利要求书所作修改无异议。此次口审在曹忠泉于2009年1月4日提出的修改文本基础上进行审查。精凯公司当庭提交了附件4-1至附件4-15以及附件5-1至附件5-9的原件,曹忠泉对附件4、5的真实性没有异议,对译文的准确性没有异议。精凯公司明确表示放弃附件1、2作为证据使用,并明确了具体的无效理由。曹忠泉于2009年2月27日提交了意见陈述书以及修改的权利要求书1页,经核实,权利要求书的修改方式与口头审理当庭陈述的方式一致。经修改的权利要求书内容为:"1、一种裁剪机磨刀机构中斜齿轮组的保油装置,其特征在于在斜齿轮位置(2)和中间齿轮位置(3)的周围位置设有档油围壁(4),围壁(4)上留有供其内的中间齿轮与其外的传动齿轮啮合的缺口。2、根据权利要求1所述的保油装置，其特征在于围壁(4)与斜齿轮机闸(8)或磨刀机闸(1)制成一体。3、根据权利要求1所述的保油装置，其特征在于围壁(4)外的传动齿轮位置(5)上设置弧形盖板(7)。”

2009年4月14日，专利复审委员会作出第13216号无效宣告请求审查决定(以下简称第13216号决定)，宣告本专利权全部无效。该决定认为，附件5-1在本专利的申请日前公开，曹忠泉对该附件的真实性及中文译文的准确性均无异议，因此附件5-1可以作为评价本专利权利要求新颖性或创造性的现有技术使用。本专利权利要求1请求保护一种裁剪机磨刀机构中斜齿轮组的保油装置，包括如下技术特征:(1)在斜齿轮位置(2)和中间齿轮位置(3)的周围位置设有档油围壁(4)；(2)围壁(4)上留有供其内的中间齿轮与其外的传动齿轮啮合的缺口。附件5-1公开了绕线机中的齿轮润滑部分，其中具体披露了如下技术内容:抛油环160通过与齿轮146匹配驱动，并且通过护罩200(图3至6)封闭，其限定了从机油箱162获得的润滑剂并且反映了润滑剂旋转式喷洒齿轮146及150，并且因此向上移动。更特别的是，该护罩200适宜且严格地与基架支撑物198(图4)固定起来，并且沿着抛油环160有直接向前部分200A扩展至机油箱162中，该抛油环带有圆柱形部件200B，从部件200A向上伸展，并且从齿轮150封闭隔开。护罩200也有一通用的圆柱形向后的圆弧片200C，可从抛油环160向外扩展，并且接近齿轮146空隙。抛油环160，齿轮146及150，以及扩罩200提供了操作工具，从由机油箱162供应源中获得润滑油，并且以喷雾状态喷出润滑剂，或者注入抛油环或通过第一输送管202发出喷雾润滑剂(参见附件5-1中文译文第6页第2段，附图3至6)。附件5-1中护罩200的正前部200A、圆柱部200B、后圆弧部200C共同包裹其内的齿轮组，防止齿轮上的润滑油飞溅四散，就相当于权利要求1中的“档油围壁”；齿轮146就相当于权利要求1中的“中间齿轮”；齿轮160就相当于权利要求1中的“斜齿轮”；圆柱部200B的上顶点和后圆弧部200C的上顶点之间存在开口，从而使齿轮和螺纹联接，从附件5-1的译文及附图，可以确定上述螺纹是螺杆上带有的螺纹，该开口就相当于权利要求1中的缺口。本专利权利要求1的技术方案与附件5-1的区别在于:(1)本专利权利要求1的技术方案针对的是裁剪机磨刀机构，附件5-1技术方案的应用环境是绕线机;(2)本专利的中间齿轮是与外部的传动齿轮啮合，而附件5-1中的齿轮146是与带有螺纹的传动螺杆相配合工作的。涡轮蜗杆传动、圆柱齿轮传动、斜齿轮传动、圆锥齿轮传动等方式均是所属技术领域中的惯用技术手段。裁剪机磨刀机构和绕线机均是机械设备，二者均涉及齿轮组保油润滑的问题。根据实际需要，采用斜齿轮传动替代附件5-1中的螺杆传动并将绕线机中齿轮组保油润滑的技术应用于裁剪机磨刀机构中从而得到权利要求1的技术方案对所属技术领域的技术人员来说是很容易想到和实现的。因此，权利要求1相对于附件5-1不具备实质性特点和进步，不符合2000年修正的《中华人民共和国专利法》(以下简称专利法)第二十二条第三款的规定。

本专利权利要求2的附加技术特征具体限定了围壁(4)与斜齿轮机闸(8)或磨刀机闸(1)制成一体。附件5-1已经公开了将护罩200适宜且严格地与基架支撑物198固定起来的技术内容，即已经给出了将相当于围壁的护罩与支撑物相固定的启示，制成一体技术属于所属技术领域的公知常识，结合所属技术领域中上述公知常识将围壁(4)与斜齿轮机闸(8)或磨刀机闸(1)制成一体从而得到权利要求2的技术方案对所属技术领域的技术人员来说是显而易见的，权利要求2的技术方案相对于附件5-1不具备实质性特点和进步，不符合专利法第二十二条第三款的规定。

本专利权利要求3的附加技术特征进一步限定了围壁外的传动齿轮位置上设置弧形盖板。附件5-1还公开了以下技术内容:由于润滑剂向上经过第一输送管202，经过挡板206中的出入口204(图4)，该挡板形成了第二个或底部输送管210接收部分208的底壁。在第二个输送管210内部，润滑剂滴在挡板206上，挡板206降至前侧壁202A并且移向挡板之间的第一通道214。通道214也降至前侧壁202A。通过焊接，挡板及通道以任意合理方式固定在顶壁212上(参见附件5-1中文译文第6页第3段，附图3至6)。附件5-1中的挡板206位于齿轮组和带有螺纹的螺杆上方，其与相当于“档油围壁”的护罩200的正前部200A、圆柱部200B、后圆弧部200C相互配合，客观上可以起到将润滑油保持在齿轮的周围，权利要求3中的弧形盖板的主要作用是与围壁相互配合将飞溅的润滑油保留在斜齿轮的周围，因此附件5-1中的挡板206就相当于权利要求3中的弧形盖板。从而，附件5-1已经公开了权利要求3的附加技术特征，在其引用的权利要求相对于附件5-1不具备创造性的情况下，权利要求3的技术方案相对于附件5-1不具备实质性特点和进步，不符合专利法第二十二条第三款的规定。对于精凯公司提出的其他无效理由，专利复审委员会不再作出评述。

曹忠泉不服第13216号决定，向北京市第一中级人民法院提起行政诉讼，请求撤销该决定。

北京市第一中级人民法院认为:本专利与附件5-1均是机械设备，均涉及齿轮组保油润滑问题，因此属于相同或相近的技术领域。曹忠泉在专利复审委员会进行的口头审理中已表示对附件5-1的真实性及中文译文的准确性无异议，专利复审委员会以附件5-1专利说明书及其中文译文作为评价本专利创造性的现有技术使用并无不当。本专利权利要求1的技术方案并未具体限定档油围壁的形状和结构，其主要作用就是将润滑油保持在齿轮组周围，使斜齿轮组润滑良好，降低噪音，减少磨损，并且同时明确了该围壁上留有缺口；附件5

-1 中护罩200 的直接向前部分200A、圆柱形部件200B、后圆弧片200C 共同包裹其内的齿轮组,其作用也是防止齿轮上由机油箱获得的润滑油飞溅四散,将润滑油保持在齿轮组周围,同时为了给齿轮组提供润滑油,也需要提供润滑油的进出途径。因此,附件5－1 中护罩200 就相当于本专利权利要求1 中的“档油围壁”;附件5－1 中的齿轮146 就相当于本专利权利要求1 中“档油围壁”内的“中间齿轮”;齿轮160 就相当于权利要求1 中“档油围壁”内的“斜齿轮”。根据本专利权利要求1 的记载,其缺口的作用是提供中间齿轮与传动齿轮啮合的空间;附件5－1 圆柱形部件200B 的上顶点和后圆弧片200C 的上顶点之间存在开口,从而使齿轮和螺杆上带有的螺纹联接,也可以实现联接作用,就相当于本专利权利要求1 中的缺口。本专利权利要求1 的技术方案与附件5－1 的主要区别在于:前者针对裁剪机磨刀机构,后者的应用环境是绕线机;前者中间齿轮是与外部的传动齿轮啮合,后者齿轮146 与带有螺纹的传动螺杆相配合。在传动方式上采用齿轮替代附件5－1 中的螺杆,且将绕线机中齿轮组保油润滑的技术应用于裁剪机磨刀机构中,从而得到权利要求1 的技术方案对所属领域的技术人员来说是很容易想到和实现的。因此,本专利权利要求1 不具备创造性。附件5－1 中的挡板206 位于齿轮组和带有螺纹的螺杆上方,其与相当于“档油围壁”的护罩200 的直接向前部分200A、圆柱形部件200B、后圆弧片200C 相互配合,客观上可以起到将润滑油保持在齿轮周围的作用。而本专利权利要求3 中弧形盖板的主要作用也是与围壁相互配合,将飞溅的润滑油保留在斜齿轮周围。因此,附件5－1中的挡板206 就相当于本专利权利要求3 的弧形盖板。在本专利权利要求1 相对于附件5－1 不具备创造性的情况下,本专利权利要求3 的技术方案相对于附件5－1 不具备实质性特点和进步。曹忠泉虽主张本专利在商业上的巨大成功从侧面证明了本专利具有创造性,但鉴于其并未提交相应证据,故对其主张不予支持。此外,曹忠泉已经认可如果本专利权利要求1 不具备创造性,则权利要求2 作为从属权利要求也不具备创造性。综上,专利复审委员会作出的第13216 号决定认定事实清楚,适用法律正确,程序合法,一审法院据此作出(2009)一中行初字第1326 号行政判决,维持专利复审委员会作出的第13216 号决定。一审案件受理费100 元,由曹忠泉负担。

曹忠泉不服一审判决,向北京市高级人民法院提起上诉,请求撤销一审判决及专利复审委员会第13216 号决定。

北京市高级人民法院经审查认定,在一审中,曹忠泉对于第13216 号决定中关于修改后的权利要求2 不具备创造性的认定没有提出异议。

北京市高级人民法院认为:请求人在提出无效宣告请求之日起一个月后增加无效宣告理由的,专利复审委员会一般不予考虑,但是针对专利权人以合并方式修改的权利要求,请求人可以在专利复审委员会指定期限内增加无效宣告理由并进行具体的说明。曹忠泉在无效宣告程序中以合并方式修改了权利要求,精凯公司提出使用附件5－1 评价修改后的权利要求2 的创造性属于在专利复审委员会规定期限内增加的无效理由,且在口头审理中曹忠泉针对该项无效理由充分陈述了意见并表示不再补充书面意见。因此,专利复审委员会在程序上和实体上充分保障了专利权人与无效请求人双方的权利,并无违法之处。虽然本专利与附件5－1 应用的机械设备不同,但均涉及机械设备中齿轮组保油润滑问题,属于相同的技术领域。专利复审委员会及一审法院认定附件5－1 中护罩200 就相当于本专利权利要求1 中的“档油围壁”是正确的。附件5－1 的齿轮146 就相当于本专利权利要求1 中“档油围壁”内的“中间齿轮”;齿轮160 就相当于权利要求1 中“档油围壁”内的“斜齿轮”;附件5－1 圆柱形部件200B 的上顶点和后圆弧片200C 的上顶点之间存在的开口就相当于本专利权利要求1 中的缺口。本专利权利要求1 的技术方案与附件5－1 在齿轮传动方式上存在不同,但二者的齿轮传动方式均是所属技术领域中的惯用技术手段。因此,将附件5－1 绕线机中齿轮组保油润滑的技术应用于裁剪机磨刀机构中从而得到本专利权利要求1 的技术方案,对所属领域的技术人员来说是容易想到的。本专利权利要求1 相对于附件5－1 不具备创造性。本专利权利要求2 进一步限定了围壁(4)与斜齿轮机闸(8)或磨刀机闸(1)制成一体。附件5－1 公开了将护罩200 适宜且严格地与基架支撑物198 固定起来的内容,给出了将相当于围壁的护罩与支撑物相固定的技术启示,而制成一体技术属于本领域的公知常识,所属领域技术人员将二者相结合,容易得到本专利权利要求2 的技术方案。因此,在本专利权利要求1 不具备创造性的基础上,本专利权利要求2 也不具备创造性。本专利权利要求3 的附加技术特征进一步限定了围壁外的传动齿轮位置上设置弧形盖板,主要作用是与围壁相互配合,将飞溅的润滑油保留在斜齿轮周围。附件5－1 的挡板206 位于齿轮组和带有螺纹的螺杆上方,其与相当于“档油围壁”的护罩200 相互配合同样也可以起到将润滑油保持在齿轮周围的作用。因此,附件5－1 已经公开了本专利权利要求3 的附加技术特征,在本专利权利要求1 不具备创造性的基础上,本专利权利要求3 也不具备创造性。综上,曹忠泉的上诉理由缺乏事实和法律依据,一审判决认定事实清楚,适用法律正确。据此判决:驳回上诉,维持原判。一、二审案件受理费各100 元,由曹忠泉负担。

曹忠泉申请再审称:1. 精凯公司于2009 年2 月25 日口头审理时当庭提交了意见陈述书,并声明撤回于2009 年2 月9 日寄出的意见陈述书。附件5－1 等作为2 月9 日意见陈述书不可分割的组成部分,应视为一并撤回,由此附件5－1 应为口头审理日当庭提交,已经超出了法律规定的举证期限。2. 精凯公司于2008 年12 月29 日提交的附件5－1 的译本为

12 页，而专利复审委员会采用的是7 页译本，该译本有多处修改，尤其将原译文“护罩200 也有一通用的圆柱形后方象限器200C”改为“护罩 200 也有一通用的圆柱形向后的圆弧片200C”，这种翻译不准确，却被第 13216 号决定和一、二审判决书所认定。3.《审查指南》关于创造性判断方法的技术启示要求对比文件披露的技术手段与区别特征所起的作用相同，否则不能认为具有技术启示。本专利权利要求 1 的特征部分是，“在斜齿轮位置(2)和中间齿轮位置(3)的周围位置设有档油围壁(4)”，其作用是将润滑油保持在斜齿轮组的周围，防止裁剪的布料被污染。附件 5 –1 中具有上下敞开的护罩200，将润滑油自底部的机油箱 162 喷洒到护罩 200 外的上方，起“送”的作用，而不是将润滑油保留在护罩200 内部。因此，二者的作用正好相反。本专利修改后的权利要求 3 的特征部分是“围壁(6)外的传动齿轮位置(5)上设置弧形盖板(7)”，其作用是将润滑油直接保持在传动齿轮周围；附件 5 –1 中挡板 206 的作用是接收自下而上喷洒上来的润滑油并输送到其他需要润滑的部件，起“接收”的作用，二者的作用也正好相反，故不能认定具有技术启示。专利复审委员会在第 13216 号决定中所认定的本专利与附件 5 –1 的两点区别特征是错误的，这两点区别特征在无效程序中均未提及，也没有进行听证。本专利和附件 5 –1 与解决技术问题紧密相关的区别特征是，权利要求 1 中将齿轮组包围的“围壁”和附件 5 –1 中在齿轮组两侧设置的“护罩 200A、200B 和 200C”。第 13216 号决定认定本专利与对比文件“二者均涉及齿轮组保油润滑的问题”和“将润滑油保持在齿轮组周围的作用，就相当于权利要求 1 中的档油围壁”，显然与事实不符，附件 5 –1 中的“护罩 200”与本专利的“围壁”不同，“挡板 206”也不同于本专利的“弧形盖板”。附件 5 –1 国际分类号是 B65H，而本专利的国际分类号是 D06H 和 F16N，二者显然不是相近或相关的技术领域。但专利复审委员会不顾是否存在技术启示，仅强调两者“均是机械设备”就予以认定，显然有违于《审查指南》的有关规定以及专利法第二十二条第三款关于实用新型专利创造性标准应当低于发明专利创造性标准的立法本意。综上，曹忠泉请求撤销一、二审判决和第 13216 号决定。

被申请人专利复审委员会辩称：曹忠泉对附件 5 –1 的真实性以及中文译文的准确性均无异议，因此该附件可以作为评价本专利权利要求新颖性或创造性的现有技术使用。将本专利权利要求 1 与附件 5 –1 进行对比分析可知，权利要求 1 相对于附件 5 –1 不具备实质性特点和进步，不符合专利法第二十二条第三款的规定。第 13216 号决定对于“档油围壁”和“弧形盖板”的认定是客观的。虽然本专利与附件 5 –1 的分类号不同，但二者均是机械设备，均涉及齿轮组保油润滑问题，二者解决的技术问题是相同的，故属于相同的技术领域。对曹忠泉在再审申请书中指出的问题，专利复审委员会不予认同，并坚持第 13216 号决定中的观点。

一审第三人精凯公司称，其提交的证据没有超出规定的期限，同意专利复审委员会的答辩意见。

本院再审查明：一审和二审法院查明的事实属实。另查明，精凯公司于 2008 年 12 月 26 日提交了意见陈述书并提交包括附件 5 –1 在内的证据。精凯公司在 2009 年 2 月 9 日的意见陈述书中明确将之前提交的附件 5 –1 作为对比文件。2009 年 2 月 25 日口头审理时，精凯公司当庭提交了意见陈述书，在该意见陈述书中，精凯公司声明撤回其于 2009 年 2 月 9 日提交的意见陈述书，但没有撤回附件 5 –1。专利复审委员会提交的口头审理记录表记载，曹忠泉在口头审理时的发言中提到附件5 –1 中文译文第 6 页倒数第 2 段第 6 行相关内容，该内容与附件 5 –1 的 7 页中文译本相符。

本专利说明书在“发明内容”中载明：“本实用新型由于在斜齿轮组的周围设置了围壁，将飞溅的润滑油保留在斜齿轮的周围，使斜齿轮组保持了良好的润滑，磨刀噪音明显降低，同时降低了能源损耗，延长斜齿轮的使用寿命，还可防止被裁剪的布料被污染。”在“具体实施方式”中载明：“为了防止传动杆齿轮将围壁内的润滑油甩出，在该齿轮位置 5 处上方设置一弧面盖板 7”。

本院再审认为：本案争议的焦点问题是，精凯公司提交附件 5 –1 是否超出法律规定的举证期限；附件 5 –1 的译本提交问题；本专利与附件 5 –1 相比是否具有创造性。对此，分析如下：

（一）关于精凯公司提交附件 5 –1 是否超出法律规定的举证期限

根据 2002 年修订的《中华人民共和国专利法实施细则》（以下简称专利法实施细则）第六十六条的规定，在专利复审委员会受理无效宣告请求后，请求人可以在提出无效宣告请求之日起 1 个月内增加理由或者补充证据。逾期增加理由或者补充证据的，专利复审委员会可不予考虑。本案中，精凯公司在专利复审委员会受理无效宣告请求后 1 个月内补充提交了附件 5 –1，符合法律规定。虽然精凯公司在口头审理时提交的意见陈述书中声明撤回其于 2009 年 2 月 9 日提交的意见陈述书，但该声明仅表示其撤回相关的意见陈述，并不代表作为该意见陈述对比文件的附件 5 –1 也一并撤回，精凯公司也没有必要在口头审理当庭撤回又重新提交附件 5 –1，而且精凯公司一直将附件 5 –1 作为对比文件，曹忠泉也针对该对比文件多次陈述了意见。因此，曹忠泉关于附件 5 –1 应视为与意见陈述书一并撤回，精凯公司在口头审理时当庭提交附件 5 –1 已经超出法律规定的举证期限的主张，没有事实和法律依据，本院不予支持。

（二）关于附件 5 –1 译本的提交问题

曹忠泉主张精凯公司于 2008 年 12 月 29 日提交的附件5 –1的译本为 12 页，而专利复审委员会采用的是被修改的 7 页译本，该译本有多处修改且不准确。本院认为，本案的对比文件是附件 5 –1 而非其译文，对于附件 5 –1 的真实性曹忠泉并无异议。因此，附件5－1公开的内容是客观存在的，并不因译文的改变而改变。曹忠泉所指出的两译本差异之处仅为用语不同，对于实质内容并无影响；且专利复审委员会口头审理记录记载，双方当事人在口头审理时所使用的附件5－1的译本即为7页译本，曹忠泉明确表示对该译文的准确性没有异议，并针对7页译本进行了发言。因此，专利复审委员会在7页译本基础上描述附件5－1公开的内容，并无不妥。

（三）关于本专利的创造性

创造性是发明创造的本质特性，是对发明创造相较于现有技术的创新高度要求。我国专利法对实用新型创造性的要求是同申请日以前已有的技术相比，具有实质性特点和进步。在评价发明创造是否具备创造性时，不仅要考虑发明创造的技术方案本身，还要考虑发明创造所属的技术领域、所解决的技术问题和所产生的技术效果，将其作为一个整体看待，即应从发明创造的技术原理、技术构思、技术效果等方面综合认定。

1. 关于技术领域。曹忠泉主张本专利与附件5－1的国际分类号不同，二者既不是相同的技术领域，也不是相近或相关的技术领域，因此附件5－1不能作为评判本专利创造性的对比文件使用。本院认为，技术领域是要求保护的发明或者实用新型所属或者应用的具体技术领域，不是上位的或者相邻的技术领域，也不是发明或者实用新型本身。确定发明或者实用新型所属的技术领域，应当以权利要求所限定的内容为准，一般根据专利的主题名称，结合技术方案所实现的技术功能、用途加以确定。附件5－1公开的技术内容涉及绕线机润滑系统的润滑问题，本专利的技术方案是要解决裁剪机斜齿轮组的保油润滑问题。虽然绕线机属于纺织机械，裁剪机属于服装机械，二者在应用环境上有区别，但本专利和对比文件的技术方案均涉及机械系统的润滑问题，属于相同的技术领域。因此，专利复审委员会将附件5－1作为判断本专利创造性的对比文件，并无不妥。

2. 关于技术特征。本专利为一种裁剪机磨刀机构中斜齿轮组的保油装置，根据本专利权利要求书和说明书，为了实现其发明目的，本专利在斜齿轮位置和中间齿轮位置的周围设置了档油围壁，将飞溅的润滑油保留在斜齿轮的周围；在围壁外的传动齿轮位置上设置了弧形盖板，防止围壁内的润滑油甩出。从附件5－1所公开的润滑系统的技术特征来看，其与本专利实际要解决的技术问题和所产生的技术效果并不相同。附件5－1中由抛油环160，齿轮146、150，护罩200以及挡板206等构成的润滑系统的主要作用是从机油箱162获取润滑油，并将润滑油输送到需要润滑的部件，设置护罩200的直接向前部分200A、圆柱形部件200B、后圆弧片200C以及挡板206的主要目的就是为上述技术功能服务的。为此，护罩200设置了进油口，以从机油箱获取润滑油，挡板206设置了出入口204，以接收润滑油。由于本专利与附件5－1所要解决的技术问题并不相同，因此所达到的技术效果也不同，本专利的技术特征所达到的技术效果是将润滑油保持在齿轮周围不外漏，实现齿轮的良好润滑和防止润滑油污染布料；护罩200和挡板206所起到的技术效果是将润滑油输送出去，而不是保持在齿轮周围不外漏。

3. 关于技术启示。附件5－1公开的润滑系统的技术方案所要解决的主要技术问题是有效输送润滑油，以实现对绕线机的内部构件进行润滑，而不是防止润滑油飞溅污染布料。对于本领域技术人员来讲，在看到附件5－1所公开的技术方案基础上，无动机将其润滑系统中的护罩200和挡板206的技术特征加以改进后，应用到裁剪机磨刀机构中，以解决本专利所要解决的防止润滑油飞溅，将润滑油保持在斜齿轮周围的技术问题。因此，附件5－1对于本领域技术人员来讲，不存在促使其获得本专利所请求保护的技术方案和技术效果的技术启示。

综上，本专利权利要求1请求保护的技术方案相对于对比文件附件5－1是非显而易见的，具有实质性特点和进步，具备专利法第二十二条第三款规定的创造性。由于本专利权利要求1具备创造性，其从属权利要求2、3亦具备创造性。原一、二审判决认定本专利相对于附件5－1没有创造性，从而维持专利复审委员会第13216号决定，适用法律错误，应予纠正。

根据《中华人民共和国行政诉讼法》第五十四条第（二）项的规定，人民法院在判决撤销或者部分撤销被诉具体行政行为时，可以判决被告重新作出具体行政行为，但是否判决被告重新作出具体行政行为要视案件的具体情况而定。人民法院在审查专利复审委员会作出的无效宣告请求审查决定时，对于专利复审委员会认为专利权有效，而人民法院认为专利权无效的情况，在判决撤销被诉决定的同时，应一并判决专利复审委员会重新作出决定；对于专利复审委员会认为专利权无效的，人民法院在判决撤销被诉决定时，是否一并判决专利复审委员会重新作出决定，要区分如下两种情况：专利复审委员会针对无效宣告请求人所提出的无效理由和证据全部作出评述，而人民法院认为专利权有效的，不必再判决专利复审委员会重新作出决定；专利复审委员会没有对无效宣告请求人所提出的无效理由和证据全部作出评述，而依据部分理由及相应证据作出的无效决定不能成立的，人民法院应一并判决专利复审委员会针对无效宣告请求人所提出的其他无效理由和证据重新作出决定。本案中，精凯公司针对本专利向专利复审委员会提出的无效理由是，本专利权利要求1、2、3不符合专利法第二十二条第二款、第三款，第二十六条第三款、第四款，专利法实施细则第二十条第一款的规定；权利要求3不符合专利法实施细则第二十一条第三款的规定。精凯公司还提交了包括附件5－1在内的多份对比文件来评价本专利权利要求的新颖性和创造性。专利复审委员会在作出第13216

号决定时，是依据附件5－1对本专利权利要求作出没有创造性的评价，并据此宣告本专利权全部无效的，对于精凯公司提出的其他无效理由和证据没有作出评述。有鉴于此，在本院判决撤销专利复审委员会作出的第13216号决定后，专利复审委员会应针对精凯公司提出的其他无效理由和证据重新作出决定。故此，依照《中华人民共和国行政诉讼法》第五十四条第（二）项、《最高人民法院关于执行〈中华人民共和国行政诉讼法〉若干问题的解释》第七十六条第一款、第七十八条的规定，判决如下：

一、撤销北京市高级人民法院（2010）高行终字第634号行政判决、北京市第一中级人民法院（2009）一中行初字第1326号行政判决；

二、撤销国家知识产权局专利复审委员会第13216号无效宣告请求审查决定；

三、国家知识产权局专利复审委员会针对上海精凯服装机械有限公司对曹忠泉第200520014575.5号实用新型专利提出的其他无效理由和证据重新作出决定。

原一、二审案件受理费各100元，共计200元，由国家知识产权局专利复审委员会员会负担（于本判决生效后七日内交纳）。

本判决为终审判决。

四、商　标

（一）综　合

中华人民共和国商标法

（1982 年 8 月 23 日第五届全国人民代表大会常务委员会第二十四次会议通过　根据 1993 年 2 月 22 日第七届全国人民代表大会常务委员会第三十次会议《关于修改〈中华人民共和国商标法〉的决定》第一次修正　根据 2001 年 10 月 27 日第九届全国人民代表大会常务委员会第二十四次会议《关于修改〈中华人民共和国商标法〉的决定》第二次修正　根据 2013 年 8 月 30 日第十二届全国人民代表大会常务委员会第四次会议《关于修改〈中华人民共和国商标法〉的决定》第三次修正）

目　录

第一章　总　　则

第一条　【立法宗旨】为了加强商标管理，保护商标专用权，促使生产、经营者保证商品和服务质量，维护商标信誉，以保障消费者和生产、经营者的利益，促进社会主义市场经济的发展，特制定本法。

第二条　【行政主管部门】国务院工商行政管理部门商标局主管全国商标注册和管理的工作。

国务院工商行政管理部门设立商标评审委员会，负责处理商标争议事宜。

第三条　【注册商标及其分类与保护】经商标局核准注册的商标为注册商标，包括商品商标、服务商标和集体商标、证明商标；商标注册人享有商标专用权，受法律保护。

本法所称集体商标，是指以团体、协会或者其他组织名义注册，供该组织成员在商事活动中使用，以表明使用者在该组织中的成员资格的标志。

本法所称证明商标，是指由对某种商品或者服务具有监督能力的组织所控制，而由该组织以外的单位或者个人使用于其商品或者服务，用以证明该商品或者服务的原产地、原料、制造方法、质量或者其他特定品质的标志。

集体商标、证明商标注册和管理的特殊事项，由国务院工商行政管理部门规定。

第四条　【商标注册申请】自然人、法人或者其他组织在生产经营活动中，对其商品或者服务需要取得商标专用权的，应当向商标局申请商标注册。

本法有关商品商标的规定，适用于服务商标。

第五条　【注册商标共有】两个以上的自然人、法人或者其他组织可以共同向商标局申请注册同一商标，共同享有和行使该商标专用权。

第六条　【商标强制注册】法律、行政法规规定必须使用注册商标的商品，必须申请商标注册，未经核准注册的，不得在市场销售。

第七条　【诚实信用原则和商品质量】申请注册和使用商标，应当遵循诚实信用原则。

商标使用人应当对其使用商标的商品质量负责。各级工商行政管理部门应当通过商标管理，制止欺骗消费者的行为。

第八条　【商标的构成要素】任何能够将自然人、法人或者其他组织的商品与他人的商品区别开的标志，包括文字、图形、字母、数字、三维标志、颜色组合和声音等，以及上述要素的组合，均可以作为商标申请注册。

第九条　【申请注册的商标应具备的条件】申请注册的商标，应当有显著特征，便于识别，并不得与他人在先取得的合法权利相冲突。

商标注册人有权标明“注册商标”或者注册标记。

第十条　【禁止作为商标使用的标志】下列标志不得作为商标使用：

（一）同中华人民共和国的国家名称、国旗、国徽、国歌、军旗、军徽、军歌、勋章等相同或者近似的，以及同中央国家机关的名称、标志、所在地特定地点的名称或者标志性建筑物的名称、图形相同的；

（二）同外国的国家名称、国旗、国徽、军旗等相同或者近似的，但经该国政府同意的除外；

（三）同政府间国际组织的名称、旗帜、徽记等相同或者近似的，但经该组织同意或者不易误导公众的除外；

（四）与表明实施控制、予以保证的官方标志、检验印记相同或者近似的，但经授权的除外；

（五）同“红十字”、“红新月”的名称、标志相同或者近似的；

（六）带有民族歧视性的；

（七）带有欺骗性，容易使公众对商品的质量等特点或者产地产生误认的；

（八）有害于社会主义道德风尚或者有其他不良影响的。

县级以上行政区划的地名或者公众知晓的外国地名，不得作为商标。但是，地名具有其他含义或者作为集体商标、证明商标组成部分的除外；已经注册的使用地名的商标继续有效。

第十一条 【不得作为商标注册的标志】下列标志不得作为商标注册：

（一）仅有本商品的通用名称、图形、型号的；

（二）仅直接表示商品的质量、主要原料、功能、用途、重量、数量及其他特点的；

（三）其他缺乏显著特征的。

前款所列标志经过使用取得显著特征，并便于识别的，可以作为商标注册。

第十二条 【三维标志申请注册商标的限制条件】以三维标志申请注册商标的，仅由商品自身的性质产生的形状、为获得技术效果而需有的商品形状或者使商品具有实质性价值的形状，不得注册。

第十三条 【驰名商标的保护】为相关公众所熟知的商标，持有人认为其权利受到侵害时，可以依照本法规定请求驰名商标保护。

就相同或者类似商品申请注册的商标是复制、摹仿或者翻译他人未在中国注册的驰名商标，容易导致混淆的，不予注册并禁止使用。

就不相同或者不相类似商品申请注册的商标是复制、摹仿或者翻译他人已经在中国注册的驰名商标，误导公众，致使该驰名商标注册人的利益可能受到损害的，不予注册并禁止使用。

第十四条 【驰名商标的认定】驰名商标应当根据当事人的请求，作为处理涉及商标案件需要认定的事实进行认定。认定驰名商标应当考虑下列因素：

（一）相关公众对该商标的知晓程度；

（二）该商标使用的持续时间；

（三）该商标的任何宣传工作的持续时间、程度和地理范围；

（四）该商标作为驰名商标受保护的记录；

（五）该商标驰名的其他因素。

在商标注册审查、工商行政管理部门查处商标违法案件过程中，当事人依照本法第十三条规定主张权利的，商标局根据审查、处理案件的需要，可以对商标驰名情况作出认定。

在商标争议处理过程中，当事人依照本法第十三条规定主张权利的，商标评审委员会根据处理案件的需要，可以对商标驰名情况作出认定。

在商标民事、行政案件审理过程中，当事人依照本法第十三条规定主张权利的，最高人民法院指定的人民法院根据审理案件的需要，可以对商标驰名情况作出认定。

生产、经营者不得将“驰名商标”字样用于商品、商品包装或者容器上，或者用于广告宣传、展览以及其他商业活动中。

第十五条 【恶意注册他人商标】未经授权，代理人或者代表人以自己的名义将被代理人或者被代表人的商标进行注册，被代理人或者被代表人提出异议的，不予注册并禁止使用。

就同一种商品或者类似商品申请注册的商标与他人在先使用的未注册商标相同或者近似，申请人与该他人具有前款规定以外的合同、业务往来关系或者其他关系而明知该他人商标存在，该他人提出异议的，不予注册。

第十六条 【地理标志】商标中有商品的地理标志，而该商品并非来源于该标志所标示的地区，误导公众的，不予注册并禁止使用；但是，已经善意取得注册的继续有效。

前款所称地理标志，是指标示某商品来源于某地区，该商品的特定质量、信誉或者其他特征，主要由该地区的自然因素或者人文因素所决定的标志。

第十七条 【外国人在中国申请商标注册】外国人或者外国企业在中国申请商标注册的，应当按其所属国和中华人民共和国签订的协议或者共同参加的国际条约办理，或者按对等原则办理。

第十八条 【商标代理机构】申请商标注册或者办理其他商标事宜，可以自行办理，也可以委托依法设立的商标代理机构办理。

外国人或者外国企业在中国申请商标注册和办理其他商标事宜的，应当委托依法设立的商标代理机构办理。

第十九条 【商标代理机构的行为规范】商标代理机构应当遵循诚实信用原则，遵守法律、行政法规，按照被代理人的委托办理商标注册申请或者其他商标事宜；对在代理过程中知悉的被代理人的商业秘密，负有保密义务。

委托人申请注册的商标可能存在本法规定不得注册情形的，商标代理机构应当明确告知委托人。

商标代理机构知道或者应当知道委托人申请注册的商标属于本法第十五条和第三十二条规定情形的，不得接受其委托。

商标代理机构除对其代理服务申请商标注册外，不得申请注册其他商标 。

第二十条 【商标代理行业组织对会员的管理】商标代理行业组织应当按照章程规定，严格执行吸纳会员的条件，对违反行业自律规范的会员实行惩戒。商标代理行业组织对其吸纳的会员和对会员的惩戒情况，应当及时向社会公布。

第二十一条 【商标国际注册】商标国际注册遵循中华人民共和国缔结或者参加的有关国际条约确立的制度，具体办法由国务院规定。

第二章 商标注册的申请

第二十二条 【商标注册申请的提出】商标注册申请人应当按规定的商品分类表填报使用商标的商品类别和商品名称，提出注册申请。

商标注册申请人可以通过一份申请就多个类别的商品申请注册同一商标。

商标注册申请等有关文件，可以以书面方式或者数据电文方式提出。

第二十三条 【注册申请的另行提出】注册商标需要在核定使用范围之外的商品上取得商标专用权的，应当另行提出注册申请。

第二十四条 【注册申请的重新提出】注册商标需要改变其标志的，应当重新提出注册申请。

第二十五条 【优先权及其手续】商标注册申请人自其商标在外国第一次提出商标注册申请之日起六个月内，又在中国就相同商品以同一商标提出商标注册申请的，依照该外国同中国签订的协议或者共同参加的国际条约，或者按照相互承认优先权的原则，可以享有优先权。

依照前款要求优先权的，应当在提出商标注册申请的时候提出书面声明，并且在三个月内提交第一次提出的商标注册申请文件的副本；未提出书面声明或者逾期未提交商标注册申请文件副本的，视为未要求优先权。

第二十六条 【国际展览会中的临时保护】商标在中国政府主办的或者承认的国际展览会展出的商品上首次使用的，自该商品展出之日起六个月内，该商标的注册申请人可以享有优先权。

依照前款要求优先权的，应当在提出商标注册申请的时候提出书面声明，并且在三个月内提交展出其商品的展览会名称、在展出商品上使用该商标的证据、展出日期等证明文件；未提出书面声明或者逾期未提交证明文件的，视为未要求优先权。

第二十七条 【申报事项和材料的真实、准确、完整】为申请商标注册所申报的事项和所提供的材料应当真实、准确、完整。

第三章 商标注册的审查和核准

第二十八条 【初步审定并公告】对申请注册的商标，商标局应当自收到商标注册申请文件之日起九个月内审查完毕，符合本法有关规定的，予以初步审定公告。

第二十九条 【商标注册申请内容的说明和修正】在审查过程中，商标局认为商标注册申请内容需要说明或者修正的，可以要求申请人做出说明或者修正。申请人未做出说明或者修正的，不影响商标局做出审查决定。

第三十条 【商标注册申请的驳回】申请注册的商标，凡不符合本法有关规定或者同他人在同一种商品或者类似商品上已经注册的或者初步审定的商标相同或者近似的，由商标局驳回申请，不予公告。

第三十一条 【申请在先原则】两个或者两个以上的商标注册申请人，在同一种商品或者类似商品上，以相同或者近似的商标申请注册的，初步审定并公告申请在先的商标；同一天申请的，初步审定并公告使用在先的商标，驳回其他人的申请，不予公告。

第三十二条 【在先权利与恶意抢注】申请商标注册不得损害他人现有的在先权利，也不得以不正当手段抢先注册他人已经使用并有一定影响的商标。

第三十三条 【商标异议和核准注册】对初步审定公告的商标，自公告之日起三个月内，在先权利人、利害关系人认为违反本法第十三条第二款和第三款、第十五条、第十六条第一款、第三十条、第三十一条、第三十二条规定的，或者任何人认为违反本法第十条、第十一条、第十二条规定的，可以向商标局提出异议。公告期满无异议的，予以核准注册，发给商标注册证，并予公告。

第三十四条 【驳回商标申请的处理】对驳回申请、不予公告的商标，商标局应当书面通知商标注册申请人。商标注册申请人不服的，可以自收到通知之日起十五日内向商标评审委员会申请复审。商标评审委员会应当自收到申请之日起九个月内做出决定，并书面通知申请人。有特殊情况需要延长的，经国务院工商行政管理部门批准，可以延长三个月。当事人对商标评审委员会的决定不服的，可以自收到通知之日起三十日内向人民法院起诉。

第三十五条 【商标异议的处理】对初步审定公告的商标提出异议的，商标局应当听取异议人和被异议人陈述事实和理由，经调查核实后，自公告期满之日起十二个月内做出是否准予注册的决定，并书面通知异议人和被异议人。有特殊情况需要延长的，经国务院工商行政管理部门批准，可以延长六个月。

商标局做出准予注册决定的，发给商标注册证，并予公告。异议人不服的，可以依照本法第四十四条、第四十五条的规定向商标评审委员会请求宣告该注册商标无效。

商标局做出不予注册决定，被异议人不服的，可以自收到通知之日起十五日内向商标评审委员会申请复审。商标评审委员会应当自收到申请之日起十二个月内做出复审决定，并书面通知异议人和被异议人。有特殊情况需要延长的，经国务院工商行政管理部门批准，可以延长六个月。被异议人对商标评审委员会的决定不服的，可以自收到通知之日起三十日内向人民法院起诉。人民法院应当通知异议人作为第三人参加诉讼。

商标评审委员会在依照前款规定进行复审的过程中，所涉及的在先权利的确定必须以人民法院正在审理或者行政机关正在处理的另一案件的结果为依据的，可以中止审查。中止原因消除后，应当恢复审查程序。

第三十六条　【有关决定的生效及效力】法定期限届满，当事人对商标局做出的驳回申请决定、不予注册决定不申请复审或者对商标评审委员会做出的复审决定不向人民法院起诉的，驳回申请决定、不予注册决定或者复审决定生效。

经审查异议不成立而准予注册的商标，商标注册申请人取得商标专用权的时间自初步审定公告三个月期满之日起计算。自该商标公告期满之日起至准予注册决定做出前，对他人在同一种或者类似商品上使用与该商标相同或者近似的标志的行为不具有追溯力；但是，因该使用人的恶意给商标注册人造成的损失，应当给予赔偿。

第三十七条　【及时审查原则】对商标注册申请和商标复审申请应当及时进行审查。

第三十八条　【商标申请文件或注册文件错误的更正】商标注册申请人或者注册人发现商标申请文件或者注册文件有明显错误的，可以申请更正。商标局依法在其职权范围内作出更正，并通知当事人。

前款所称更正错误不涉及商标申请文件或者注册文件的实质性内容。

第四章　注册商标的续展、变更、转让和使用许可

第三十九条　【注册商标的有效期限】注册商标的有效期为十年，自核准注册之日起计算。

第四十条　【续展手续的办理】注册商标有效期满，需要继续使用的，商标注册人应当在期满前十二个月内按照规定办理续展手续；在此期间未能办理的，可以给予六个月的宽展期。每次续展注册的有效期为十年，自该商标上一届有效期满次日起计算。期满未办理续展手续的，注销其注册商标。

商标局应当对续展注册的商标予以公告。

第四十一条　【注册商标的变更】注册商标需要变更注册人的名义、地址或者其他注册事项的，应当提出变更申请。

第四十二条　【注册商标的转让】转让注册商标的，转让人和受让人应当签订转让协议，并共同向商标局提出申请。受让人应当保证使用该注册商标的商品质量。

转让注册商标的，商标注册人对其在同一种商品上注册的近似的商标，或者在类似商品上注册的相同或者近似的商标，应当一并转让。

对容易导致混淆或者有其他不良影响的转让，商标局不予核准，书面通知申请人并说明理由。

转让注册商标经核准后，予以公告。受让人自公告之日起享有商标专用权。

第四十三条　【注册商标的使用许可】商标注册人可以通过签订商标使用许可合同，许可他人使用其注册商标。许可人应当监督被许可人使用其注册商标的商品质量。被许可人应当保证使用该注册商标的商品质量。

经许可使用他人注册商标的，必须在使用该注册商标的商品上标明被许可人的名称和商品产地。

许可他人使用其注册商标的，许可人应当将其商标使用许可报商标局备案，由商标局公告。商标使用许可未经备案不得对抗善意第三人。

第五章　注册商标的无效宣告

第四十四条　【注册不当商标的处理】已经注册的商标，违反本法第十条、第十一条、第十二条规定的，或者是以欺骗手段或者其他不正当手段取得注册的，由商标局宣告该注册商标无效；其他单位或者个人可以请求商标评审委员会宣告该注册商标无效。

商标局做出宣告注册商标无效的决定，应当书面通知当事人。当事人对商标局的决定不服的，可以自收到通知之日起十五日内向商标评审委员会申请复审。商标评审委员会应当自收到申请之日起九个月内做出决定，并书面通知当事人。有特殊情况需要延长的，经国务院工商行政管理部门批准，可以延长三个月。当事人对商标评审委员会的决定不服的，可以自收到通知之日起三十日内向人民法院起诉。

其他单位或者个人请求商标评审委员会宣告注册商标无效的，商标评审委员会收到申请后，应当书面通知有关当事人，并限期提出答辩。商标评审委员会应当自收到申请之日起九个月内做出维持注册商标或者宣告注册商标无效的裁定，并书面通知当事人。有特殊情况需要延长的，经国务院工商行政管理部门批准，可以延长三个月。当事人对商标评审委员会的裁定不服的，可以自收到通知之日起三十日内向人民法院起诉。人民法院应当通知商标裁定程序的对方当事人作为第三人参加诉讼。

第四十五条　【对与他人在先权利相冲突的注册商标的处理】已经注册的商标，违反本法第十三条第二款和第三款、第十五条、第十六条第一款、第三十条、第三十一条、第三十二条规定的，自商标注册之日起五年内，在先权利人或者利害关系人可以请求商标评审委员会宣告该注册商标无效。对恶意注册的，驰名商标所有人不受五年的时间限制。

商标评审委员会收到宣告注册商标无效的申请后，应当书面通知有关当事人，并限期提出答辩。商标评审委员会应

当自收到申请之日起十二个月内做出维持注册商标或者宣告注册商标无效的裁定,并书面通知当事人。有特殊情况需要延长的,经国务院工商行政管理部门批准,可以延长六个月。当事人对商标评审委员会的裁定不服的,可以自收到通知之日起三十日内向人民法院起诉。人民法院应当通知商标裁定程序的对方当事人作为第三人参加诉讼。

商标评审委员会在依照前款规定对无效宣告请求进行审查的过程中,所涉及的在先权利的确定必须以人民法院正在审理或者行政机关正在处理的另一案件的结果为依据的,可以中止审查。中止原因消除后,应当恢复审查程序。

第四十六条 【有关宣告注册商标无效或维持的决定、裁定生效】法定期限届满,当事人对商标局宣告注册商标无效的决定不申请复审或者对商标评审委员会的复审决定、维持注册商标或者宣告注册商标无效的裁定不向人民法院起诉的,商标局的决定或者商标评审委员会的复审决定、裁定生效。

第四十七条 【宣告注册商标无效的法律效力】依照本法第四十四条、第四十五条的规定宣告无效的注册商标,由商标局予以公告,该注册商标专用权视为自始即不存在。

宣告注册商标无效的决定或者裁定,对宣告无效前人民法院做出并已执行的商标侵权案件的判决、裁定、调解书和工商行政管理部门做出并已执行的商标侵权案件的处理决定以及已经履行的商标转让或者使用许可合同不具有追溯力。但是,因商标注册人的恶意给他人造成的损失,应当给予赔偿。

依照前款规定不返还商标侵权赔偿金、商标转让费、商标使用费,明显违反公平原则的,应当全部或者部分返还。

第六章 商标使用的管理

第四十八条 【商标的使用】本法所称商标的使用,是指将商标用于商品、商品包装或者容器以及商品交易文书上,或者将商标用于广告宣传、展览以及其他商业活动中,用于识别商品来源的行为。

第四十九条 【违法使用注册商标】商标注册人在使用注册商标的过程中,自行改变注册商标、注册人名义、地址或者其他注册事项的,由地方工商行政管理部门责令限期改正;期满不改正的,由商标局撤销其注册商标。

注册商标成为其核定使用的商品的通用名称或者没有正当理由连续三年不使用的,任何单位或者个人可以向商标局申请撤销该注册商标。商标局应当自收到申请之日起九个月内做出决定。有特殊情况需要延长的,经国务院工商行政管理部门批准,可以延长三个月。

第五十条 【对被撤销、宣告无效或者注销的商标的管理】注册商标被撤销、被宣告无效或者期满不再续展的,自撤销、宣告无效或者注销之日起一年内,商标局对与该商标相同或者近似的商标注册申请,不予核准。

第五十一条 【对强制注册商标的管理】违反本法第六条规定的,由地方工商行政管理部门责令限期申请注册,违法经营额五万元以上的,可以处违法经营额百分之二十以下的罚款,没有违法经营额或者违法经营额不足五万元的,可以处一万元以下的罚款。

第五十二条 【对未注册商标的管理】将未注册商标冒充注册商标使用的,或者使用未注册商标违反本法第十条规定的,由地方工商行政管理部门予以制止,限期改正,并可以予以通报,违法经营额五万元以上的,可以处违法经营额百分之二十以下的罚款,没有违法经营额或者违法经营额不足五万元的,可以处一万元以下的罚款。

第五十三条 【违法使用驰名商标的责任】违反本法第十四条第五款规定的,由地方工商行政管理部门责令改正,处十万元罚款。

第五十四条 【对撤销或不予撤销注册商标决定的复审】对商标局撤销或者不予撤销注册商标的决定,当事人不服的,可以自收到通知之日起十五日内向商标评审委员会申请复审。商标评审委员会应当自收到申请之日起九个月内做出决定,并书面通知当事人。有特殊情况需要延长的,经国务院工商行政管理部门批准,可以延长三个月。当事人对商标评审委员会的决定不服的,可以自收到通知之日起三十日内向人民法院起诉。

第五十五条 【撤销注册商标决定的生效】法定期限届满,当事人对商标局做出的撤销注册商标的决定不申请复审或者对商标评审委员会做出的复审决定不向人民法院起诉的,撤销注册商标的决定、复审决定生效。

被撤销的注册商标,由商标局予以公告,该注册商标专用权自公告之日起终止。

第七章 注册商标专用权的保护

第五十六条 【注册商标专用权的保护范围】注册商标的专用权,以核准注册的商标和核定使用的商品为限。

第五十七条 【商标侵权行为】有下列行为之一的,均属侵犯注册商标专用权:

(一)未经商标注册人的许可,在同一种商品上使用与其注册商标相同的商标的;

(二)未经商标注册人的许可,在同一种商品上使用与其注册商标近似的商标,或者在类似商品上使用与其注册商标相同或者近似的商标,容易导致混淆的;

(三)销售侵犯注册商标专用权的商品的;

(四)伪造、擅自制造他人注册商标标识或者销售伪造、擅自制造的注册商标标识的;

(五)未经商标注册人同意,更换其注册商标并将该更换商标的商品又投入市场的;

(六)故意为侵犯他人商标专用权行为提供便利条件,帮助他人实施侵犯商标专用权行为的;

（七）给他人的注册商标专用权造成其他损害的。

第五十八条　【不正当竞争】将他人注册商标、未注册的驰名商标作为企业名称中的字号使用，误导公众，构成不正当竞争行为的，依照《中华人民共和国反不正当竞争法》处理。

第五十九条　【注册商标专用权行使限制】注册商标中含有的本商品的通用名称、图形、型号，或者直接表示商品的质量、主要原料、功能、用途、重量、数量及其他特点，或者含有的地名，注册商标专用权人无权禁止他人正当使用。

三维标志注册商标中含有的商品自身的性质产生的形状、为获得技术效果而需有的商品形状或者使商品具有实质性价值的形状，注册商标专用权人无权禁止他人正当使用。

商标注册人申请商标注册前，他人已经在同一种商品或者类似商品上先于商标注册人使用与注册商标相同或者近似并有一定影响的商标的，注册商标专用权人无权禁止该使用人在原使用范围内继续使用该商标，但可以要求其附加适当区别标识。

第六十条　【侵犯注册商标专用权的责任】有本法第五十七条所列侵犯注册商标专用权行为之一，引起纠纷的，由当事人协商解决；不愿协商或者协商不成的，商标注册人或者利害关系人可以向人民法院起诉，也可以请求工商行政管理部门处理。

工商行政管理部门处理时，认定侵权行为成立的，责令立即停止侵权行为，没收、销毁侵权商品和主要用于制造侵权商品、伪造注册商标标识的工具，违法经营额五万元以上的，可以处违法经营额五倍以下的罚款，没有违法经营额或者违法经营额不足五万元的，可以处二十五万元以下的罚款。对五年内实施两次以上商标侵权行为或者有其他严重情节的，应当从重处罚。销售不知道是侵犯注册商标专用权的商品，能证明该商品是自己合法取得并说明提供者的，由工商行政管理部门责令停止销售。

对侵犯商标专用权的赔偿数额的争议，当事人可以请求进行处理的工商行政管理部门调解，也可以依照《中华人民共和国民事诉讼法》向人民法院起诉。经工商行政管理部门调解，当事人未达成协议或者调解书生效后不履行的，当事人可以依照《中华人民共和国民事诉讼法》向人民法院起诉。

第六十一条　【对侵犯注册商标专用权的处理】对侵犯注册商标专用权的行为，工商行政管理部门有权依法查处；涉嫌犯罪的，应当及时移送司法机关依法处理。

第六十二条　【商标侵权行为的查处】县级以上工商行政管理部门根据已经取得的违法嫌疑证据或者举报，对涉嫌侵犯他人注册商标专用权的行为进行查处时，可以行使下列职权：

（一）询问有关当事人，调查与侵犯他人注册商标专用权有关的情况；

（二）查阅、复制当事人与侵权活动有关的合同、发票、账簿以及其他有关资料；

（三）对当事人涉嫌从事侵犯他人注册商标专用权活动的场所实施现场检查；

（四）检查与侵权活动有关的物品；对有证据证明是侵犯他人注册商标专用权的物品，可以查封或者扣押。

工商行政管理部门依法行使前款规定的职权时，当事人应当予以协助、配合，不得拒绝、阻挠。

在查处商标侵权案件过程中，对商标权属存在争议或者权利人同时向人民法院提起商标侵权诉讼的，工商行政管理部门可以中止案件的查处。中止原因消除后，应当恢复或者终结案件查处程序。

第六十三条　【侵犯商标专用权的赔偿数额的确定】侵犯商标专用权的赔偿数额，按照权利人因被侵权所受到的实际损失确定；实际损失难以确定的，可以按照侵权人因侵权所获得的利益确定；权利人的损失或者侵权人获得的利益难以确定的，参照该商标许可使用费的倍数合理确定。对恶意侵犯商标专用权，情节严重的，可以在按照上述方法确定数额的一倍以上三倍以下确定赔偿数额。赔偿数额应当包括权利人为制止侵权行为所支付的合理开支。

人民法院为确定赔偿数额，在权利人已经尽力举证，而与侵权行为相关的账簿、资料主要由侵权人掌握的情况下，可以责令侵权人提供与侵权行为相关的账簿、资料；侵权人不提供或者提供虚假的账簿、资料的，人民法院可以参考权利人的主张和提供的证据判定赔偿数额。

权利人因被侵权所受到的实际损失、侵权人因侵权所获得的利益、注册商标许可使用费难以确定的，由人民法院根据侵权行为的情节判决给予三百万元以下的赔偿。

第六十四条　【商标侵权纠纷中的免责情形】注册商标专用权人请求赔偿，被控侵权人以注册商标专用权人未使用注册商标提出抗辩的，人民法院可以要求注册商标专用权人提供此前三年内实际使用该注册商标的证据。注册商标专用权人不能证明此前三年内实际使用过该注册商标，也不能证明因侵权行为受到其他损失的，被控侵权人不承担赔偿责任。

销售不知道是侵犯注册商标专用权的商品，能证明该商品是自己合法取得并说明提供者的，不承担赔偿责任。

第六十五条　【诉前临时保护措施】商标注册人或者利害关系人有证据证明他人正在实施或者即将实施侵犯其注册商标专用权的行为，如不及时制止将会使其合法权益受到难以弥补的损害的，可以依法在起诉前向人民法院申请采取责令停止有关行为和财产保全的措施。

第六十六条　【诉前证据保全】为制止侵权行为，在证据可能灭失或者以后难以取得的情况下，商标注册人或者利害关系人可以依法在起诉前向人民法院申请保全证据。

第六十七条　【刑事责任】未经商标注册人许可，在同一种商品上使用与其注册商标相同的商标，构成犯罪的，除赔偿被侵权人的损失外,依法追究刑事责任。

伪造、擅自制造他人注册商标标识或者销售伪造、擅自制造的注册商标标识,构成犯罪的,除赔偿被侵权人的损失外,依法追究刑事责任。

销售明知是假冒注册商标的商品,构成犯罪的,除赔偿被侵权人的损失外,依法追究刑事责任。

第六十八条 【商标代理机构的法律责任】商标代理机构有下列行为之一的,由工商行政管理部门责令限期改正,给予警告,处一万元以上十万元以下的罚款;对直接负责的主管人员和其他直接责任人员给予警告,处五千元以上五万元以下的罚款;构成犯罪的,依法追究刑事责任:

(一)办理商标事宜过程中,伪造、变造或者使用伪造、变造的法律文件、印章、签名的;

(二)以诋毁其他商标代理机构等手段招徕商标代理业务或者以其他不正当手段扰乱商标代理市场秩序的;

(三)违反本法第十九条第三款、第四款规定的。

商标代理机构有前款规定行为的,由工商行政管理部门记入信用档案;情节严重的,商标局、商标评审委员会并可以决定停止受理其办理商标代理业务,予以公告。

商标代理机构违反诚实信用原则,侵害委托人合法利益的,应当依法承担民事责任,并由商标代理行业组织按照章程规定予以惩戒。

第六十九条 【商标监管机构及其人员的行为要求】从事商标注册、管理和复审工作的国家机关工作人员必须秉公执法,廉洁自律,忠于职守,文明服务。

商标局、商标评审委员会以及从事商标注册、管理和复审工作的国家机关工作人员不得从事商标代理业务和商品生产经营活动。

第七十条 【工商行政管理部门的内部监督】工商行政管理部门应当建立健全内部监督制度,对负责商标注册、管理和复审工作的国家机关工作人员执行法律、行政法规和遵守纪律的情况,进行监督检查。

第七十一条 【相关工作人员的法律责任】从事商标注册、管理和复审工作的国家机关工作人员玩忽职守、滥用职权、徇私舞弊,违法办理商标注册、管理和复审事项,收受当事人财物,牟取不正当利益,构成犯罪的,依法追究刑事责任;尚不构成犯罪的,依法给予处分。

第八章 附 则

第七十二条 【商标规费】申请商标注册和办理其他商标事宜的,应当缴纳费用,具体收费标准另定。

第七十三条 【时间效力】本法自 1983 年 3 月 1 日起施行。1963 年 4 月 10 日国务院公布的《商标管理条例》同时废止;其他有关商标管理的规定,凡与本法抵触的,同时失效。

本法施行前已经注册的商标继续有效。

中华人民共和国商标法实施条例

(2002 年 8 月 3 日中华人民共和国国务院令第 358 号公布 2014 年 4 月 29 日中华人民共和国国务院令第 651 号修订公布 自 2014 年 5 月 1 日起施行)

第一章 总 则

第一条 根据《中华人民共和国商标法》(以下简称商标法),制定本条例。

第二条 本条例有关商品商标的规定,适用于服务商标。

第三条 商标持有人依照商标法第十三条规定请求驰名商标保护的,应当提交其商标构成驰名商标的证据材料。商标局、商标评审委员会应当依照商标法第十四条的规定,根据审查、处理案件的需要以及当事人提交的证据材料,对其商标驰名情况作出认定。

第四条 商标法第十六条规定的地理标志,可以依照商标法和本条例的规定,作为证明商标或者集体商标申请注册。

以地理标志作为证明商标注册的,其商品符合使用该地理标志条件的自然人、法人或者其他组织可以要求使用该证明商标,控制该证明商标的组织应当允许。以地理标志作为集体商标注册的,其商品符合使用该地理标志条件的自然人、法人或者其他组织,可以要求参加以该地理标志作为集体商标注册的团体、协会或者其他组织,该团体、协会或者其他组织应当依据其章程接纳为会员;不要求参加以该地理标志作为集体商标注册的团体、协会或者其他组织的,也可以正当使用该地理标志,该团体、协会或者其他组织无权禁止。

第五条 当事人委托商标代理机构申请商标注册或者办理其他商标事宜,应当提交代理委托书。代理委托书应当载明代理内容及权限;外国人或者外国企业的代理委托书还应当载明委托人的国籍。

外国人或者外国企业的代理委托书及与其有关的证明文件的公证、认证手续,按照对等原则办理。

申请商标注册或者转让商标,商标注册申请人或者商标转让受让人为外国人或者外国企业的,应当在申请书中指定中国境内接收人负责接收商标局、商标评审委员会后继商标业务的法律文件。商标局、商标评审委员会后继商标业务的法律文件向中国境内接收人送达。

商标法第十八条所称外国人或者外国企业,是指在中国没有经常居所或者营业所的外国人或者外国企业。

第六条 申请商标注册或者办理其他商标事宜,应当使用中文。

依照商标法和本条例规定提交的各种证件、证明文件和证据材料是外文的,应当附送中文译文;未附送的,视为未提交该证件、证明文件或者证据材料。

第七条　商标局、商标评审委员会工作人员有下列情形之一的，应当回避，当事人或者利害关系人可以要求其回避：

（一）是当事人或者当事人、代理人的近亲属的；

（二）与当事人、代理人有其他关系，可能影响公正的；

（三）与申请商标注册或者办理其他商标事宜有利害关系的。

第八条　以商标法第二十二条规定的数据电文方式提交商标注册申请等有关文件，应当按照商标局或者商标评审委员会的规定通过互联网提交。

第九条　除本条例第十八条规定的情形外，当事人向商标局或者商标评审委员会提交文件或者材料的日期，直接递交的，以递交日为准；邮寄的，以寄出的邮戳日为准；邮戳日不清晰或者没有邮戳的，以商标局或者商标评审委员会实际收到日为准，但是当事人能够提出实际邮戳日证据的除外。通过邮政企业以外的快递企业递交的，以快递企业收寄日为准；收寄日不明确的，以商标局或者商标评审委员会实际收到日为准，但是当事人能够提出实际收寄日证据的除外。以数据电文方式提交的，以进入商标局或者商标评审委员会电子系统的日期为准。

当事人向商标局或者商标评审委员会邮寄文件，应当使用给据邮件。

当事人向商标局或者商标评审委员会提交文件，以书面方式提交的，以商标局或者商标评审委员会所存档案记录为准；以数据电文方式提交的，以商标局或者商标评审委员会数据库记录为准，但是当事人确有证据证明商标局或者商标评审委员会档案、数据库记录有错误的除外。

第十条　商标局或者商标评审委员会的各种文件，可以通过邮寄、直接递交、数据电文或者其他方式送达当事人；以数据电文方式送达当事人的，应当经当事人同意。当事人委托商标代理机构的，文件送达商标代理机构视为送达当事人。

商标局或者商标评审委员会向当事人送达各种文件的日期，邮寄的，以当事人收到的邮戳日为准；邮戳日不清晰或者没有邮戳的，自文件发出之日起满 15 日视为送达当事人，但是当事人能够证明实际收到日的除外；直接递交的，以递交日为准；以数据电文方式送达的，自文件发出之日起满 15 日视为送达当事人，但是当事人能够证明文件进入其电子系统日期的除外。文件通过上述方式无法送达的，可以通过公告方式送达，自公告发布之日起满 30 日，该文件视为送达当事人。

第十一条　下列期间不计入商标审查、审理期限：

（一）商标局、商标评审委员会文件公告送达的期间；

（二）当事人需要补充证据或者补正文件的期间以及因当事人更换需要重新答辩的期间；

（三）同日申请提交使用证据及协商、抽签需要的期间；

（四）需要等待优先权确定的期间；

（五）审查、审理过程中，依案件申请人的请求等待在先权利案件审理结果的期间。

第十二条　除本条第二款规定的情形外，商标法和本条例规定的各种期限开始的当日不计算在期限内。期限以年或者月计算的，以期限最后一月的相应日为期限届满日；该月无相应日的，以该月最后一日为期限届满日；期限届满日是节假日的，以节假日后的第一个工作日为期限届满日。

商标法第三十九条、第四十条规定的注册商标有效期从法定日开始起算，期限最后一月相应日的前一日为期限届满日，该月无相应日的，以该月最后一日为期限届满日。

第二章　商标注册的申请

第十三条　申请商标注册，应当按照公布的商品和服务分类表填报。每一件商标注册申请应当向商标局提交《商标注册申请书》1 份、商标图样 1 份；以颜色组合或者着色图样申请商标注册的，应当提交着色图样，并提交黑白稿 1 份；不指定颜色的，应当提交黑白图样。

商标图样应当清晰，便于粘贴，用光洁耐用的纸张印制或者用照片代替，长和宽应当不大于 10 厘米，不小于 5 厘米。

以三维标志申请商标注册的，应当在申请书中予以声明，说明商标的使用方式，并提交能够确定三维形状的图样，提交的商标图样应当至少包含三面视图。

以颜色组合申请商标注册的，应当在申请书中予以声明，说明商标的使用方式。

以声音标志申请商标注册的，应当在申请书中予以声明，提交符合要求的声音样本，对申请注册的声音商标进行描述，说明商标的使用方式。对声音商标进行描述，应当以五线谱或者简谱对申请用作商标的声音加以描述并附加文字说明；无法以五线谱或者简谱描述的，应当以文字加以描述；商标描述与声音样本应当一致。

申请注册集体商标、证明商标的，应当在申请书中予以声明，并提交主体资格证明文件和使用管理规则。

商标为外文或者包含外文的，应当说明含义。

第十四条　申请商标注册的，申请人应当提交其身份证明文件。商标注册申请人的名义与所提交的证明文件应当一致。

前款关于申请人提交其身份证明文件的规定适用于向商标局提出的办理变更、转让、续展、异议、撤销等其他商标事宜。

第十五条　商品或者服务项目名称应当按照商品和服务分类表中的类别号、名称填写；商品或者服务项目名称未列入商品和服务分类表的，应当附送对该商品或者服务的说明。

商标注册申请等有关文件以纸质方式提出的，应当打字或者印刷。

本条第二款规定适用于办理其他商标事宜。

第十六条　共同申请注册同一商标或者办理其他共有商

标事宜的,应当在申请书中指定一个代表人;没有指定代表人的,以申请书中顺序排列的第一人为代表人。

商标局和商标评审委员会的文件应当送达代表人。

第十七条 申请人变更其名义、地址、代理人、文件接收人或者删减指定的商品的,应当向商标局办理变更手续。

申请人转让其商标注册申请的,应当向商标局办理转让手续。

第十八条 商标注册的申请日期以商标局收到申请文件的日期为准。

商标注册申请手续齐备、按照规定填写申请文件并缴纳费用的,商标局予以受理并书面通知申请人;申请手续不齐备、未按照规定填写申请文件或者未缴纳费用的,商标局不予受理,书面通知申请人并说明理由。申请手续基本齐备或者申请文件基本符合规定,但是需要补正的,商标局通知申请人予以补正,限其自收到通知之日起 30 日内,按照指定内容补正并交回商标局。在规定期限内补正并交回商标局的,保留申请日期;期满未补正的或者不按照要求进行补正的,商标局不予受理并书面通知申请人。

本条第二款关于受理条件的规定适用于办理其他商标事宜。

第十九条 两个或者两个以上的申请人,在同一种商品或者类似商品上,分别以相同或者近似的商标在同一天申请注册的,各申请人应当自收到商标局通知之日起30 日内提交其申请注册前在先使用该商标的证据。同日使用或者均未使用的,各申请人可以自收到商标局通知之日起30 日内自行协商,并将书面协议报送商标局;不愿协商或者协商不成的,商标局通知各申请人以抽签的方式确定一个申请人,驳回其他人的注册申请。商标局已经通知但申请人未参加抽签的,视为放弃申请,商标局应当书面通知未参加抽签的申请人。

第二十条 依照商标法第二十五条规定要求优先权的,申请人提交的第一次提出商标注册申请文件的副本应当经受理该申请的商标主管机关证明,并注明申请日期和申请号。

第三章 商标注册申请的审查

第二十一条 商标局对受理的商标注册申请,依照商标法及本条例的有关规定进行审查,对符合规定或者在部分指定商品上使用商标的注册申请符合规定的,予以初步审定,并予以公告;对不符合规定或者在部分指定商品上使用商标的注册申请不符合规定的,予以驳回或者驳回在部分指定商品上使用商标的注册申请,书面通知申请人并说明理由。

第二十二条 商标局对一件商标注册申请在部分指定商品上予以驳回的,申请人可以将该申请中初步审定的部分申请分割成另一件申请,分割后的申请保留原申请的申请日期。

需要分割的,申请人应当自收到商标局《商标注册申请部分驳回通知书》之日起 15 日内,向商标局提出分割申请。

商标局收到分割申请后,应当将原申请分割为两件,对分割出来的初步审定申请生成新的申请号,并予以公告。

第二十三条 依照商标法第二十九条规定,商标局认为对商标注册申请内容需要说明或者修正的,申请人应当自收到商标局通知之日起 15 日内作出说明或者修正。

第二十四条 对商标局初步审定予以公告的商标提出异议的,异议人应当向商标局提交下列商标异议材料一式两份并标明正、副本:

(一)商标异议申请书;

(二)异议人的身份证明;

(三)以违反商标法第十三条第二款和第三款、第十五条、第十六条第一款、第三十条、第三十一条、第三十二条规定为由提出异议的,异议人作为在先权利人或者利害关系人的证明。

商标异议申请书应当有明确的请求和事实依据,并附送有关证据材料。

第二十五条 商标局收到商标异议申请书后,经审查,符合受理条件的,予以受理,向申请人发出受理通知书。

第二十六条 商标异议申请有下列情形的,商标局不予受理,书面通知申请人并说明理由:

(一)未在法定期限内提出的;

(二)申请人主体资格、异议理由不符合商标法第三十三条规定的;

(三)无明确的异议理由、事实和法律依据的;

(四)同一异议人以相同的理由、事实和法律依据针对同一商标再次提出异议申请的。

第二十七条 商标局应当将商标异议材料副本及时送交被异议人,限其自收到商标异议材料副本之日起 30 日内答辩。被异议人不答辩的,不影响商标局作出决定。

当事人需要在提出异议申请或者答辩后补充有关证据材料的,应当在商标异议申请书或者答辩书中声明,并自提交商标异议申请书或者答辩书之日起 3 个月内提交;期满未提交的,视为当事人放弃补充有关证据材料。但是,在期满后生成或者当事人有其他正当理由未能在期满前提交的证据,在期满后提交的,商标局将证据交对方当事人并质证后可以采信。

第二十八条 商标法第三十五条第三款和第三十六条第一款所称不予注册决定,包括在部分指定商品上不予注册决定。

被异议商标在商标局作出准予注册决定或者不予注册决定前已经刊发注册公告的,撤销该注册公告。经审查异议不成立而准予注册的,在准予注册决定生效后重新公告。

第二十九条 商标注册申请人或者商标注册人依照商标法第三十八条规定提出更正申请的,应当向商标局提交更正申请书。符合更正条件的,商标局核准后更正相关内容;不符合更正条件的,商标局不予核准,书面通知申请人并说明理由。

已经刊发初步审定公告或者注册公告的商标经更正的，刊发更正公告。

第四章 注册商标的变更、转让、续展

第三十条 变更商标注册人名义、地址或者其他注册事项的，应当向商标局提交变更申请书。变更商标注册人名义的，还应当提交有关登记机关出具的变更证明文件。商标局核准的，发给商标注册人相应证明，并予以公告；不予核准的，应当书面通知申请人并说明理由。

变更商标注册人名义或者地址的，商标注册人应当将其全部注册商标一并变更；未一并变更的，由商标局通知其限期改正；期满未改正的，视为放弃变更申请，商标局应当书面通知申请人。

第三十一条 转让注册商标的，转让人和受让人应当向商标局提交转让注册商标申请书。转让注册商标申请手续应当由转让人和受让人共同办理。商标局核准转让注册商标申请的，发给受让人相应证明，并予以公告。

转让注册商标，商标注册人对其在同一种或者类似商品上注册的相同或者近似的商标未一并转让的，由商标局通知其限期改正；期满未改正的，视为放弃转让该注册商标的申请，商标局应当书面通知申请人。

第三十二条 注册商标专用权因转让以外的继承等其他事由发生移转的，接受该注册商标专用权的当事人应当凭有关证明文件或者法律文书到商标局办理注册商标专用权移转手续。

注册商标专用权移转的，注册商标专用权人在同一种或者类似商品上注册的相同或者近似的商标，应当一并移转；未一并移转的，由商标局通知其限期改正；期满未改正的，视为放弃该移转注册商标的申请，商标局应当书面通知申请人。

商标移转申请经核准的，予以公告。接受该注册商标专用权移转的当事人自公告之日起享有商标专用权。

第三十三条 注册商标需要续展注册的，应当向商标局提交商标续展注册申请书。商标局核准商标注册续展申请的，发给相应证明并予以公告。

第五章 商标国际注册

第三十四条 商标法第二十一条规定的商标国际注册，是指根据《商标国际注册马德里协定》（以下简称马德里协定）、《商标国际注册马德里协定有关议定书》（以下简称马德里议定书）及《商标国际注册马德里协定及该协定有关议定书的共同实施细则》的规定办理的马德里商标国际注册。

马德里商标国际注册申请包括以中国为原属国的商标国际注册申请、指定中国的领土延伸申请及其他有关的申请。

第三十五条 以中国为原属国申请商标国际注册的，应当在中国设有真实有效的营业所，或者在中国有住所，或者拥有中国国籍。

第三十六条 符合本条例第三十五条规定的申请人，其商标已在商标局获得注册的，可以根据马德里协定申请办理该商标的国际注册。

符合本条例第三十五条规定的申请人，其商标已在商标局获得注册，或者已向商标局提出商标注册申请并被受理的，可以根据马德里议定书申请办理该商标的国际注册。

第三十七条 以中国为原属国申请商标国际注册的，应当通过商标局向世界知识产权组织国际局（以下简称国际局）申请办理。

以中国为原属国的，与马德里协定有关的商标国际注册的后期指定、放弃、注销，应当通过商标局向国际局申请办理；与马德里协定有关的商标国际注册的转让、删减、变更、续展，可以通过商标局向国际局申请办理，也可以直接向国际局申请办理。

以中国为原属国的，与马德里议定书有关的商标国际注册的后期指定、转让、删减、放弃、注销、变更、续展，可以通过商标局向国际局申请办理，也可以直接向国际局申请办理。

第三十八条 通过商标局向国际局申请商标国际注册及办理其他有关申请的，应当提交符合国际局和商标局要求的申请书和相关材料。

第三十九条 商标国际注册申请指定的商品或者服务不得超出国内基础申请或者基础注册的商品或者服务的范围。

第四十条 商标国际注册申请手续不齐备或者未按照规定填写申请书的，商标局不予受理，申请日不予保留。

申请手续基本齐备或者申请书基本符合规定，但需要补正的，申请人应当自收到补正通知书之日起30日内予以补正，逾期未补正的，商标局不予受理，书面通知申请人。

第四十一条 通过商标局向国际局申请商标国际注册及办理其他有关申请的，应当按照规定缴纳费用。

申请人应当自收到商标局缴费通知单之日起15日内，向商标局缴纳费用。期满未缴纳的，商标局不受理其申请，书面通知申请人。

第四十二条 商标局在马德里协定或者马德里议定书规定的驳回期限（以下简称驳回期限）内，依照商标法和本条例的有关规定对指定中国的领土延伸申请进行审查，作出决定，并通知国际局。商标局在驳回期限内未发出驳回或者部分驳回通知的，该领土延伸申请视为核准。

第四十三条 指定中国的领土延伸申请人，要求将三维标志、颜色组合、声音标志作为商标保护或者要求保护集体商标、证明商标的，自该商标在国际局国际注册簿登记之日起3个月内，应当通过依法设立的商标代理机构，向商标局提交本条例第十三条规定的相关材料。未在上述期限内提交相关材料的，商标局驳回该领土延伸申请。

第四十四条 世界知识产权组织对商标国际注册有关事

项进行公告，商标局不再另行公告。

第四十五条 对指定中国的领土延伸申请，自世界知识产权组织《国际商标公告》出版的次月 1 日起 3 个月内，符合商标法第三十三条规定条件的异议人可以向商标局提出异议申请。

商标局在驳回期限内将异议申请的有关情况以驳回决定的形式通知国际局。

被异议人可以自收到国际局转发的驳回通知书之日起 30 日内进行答辩，答辩书及相关证据材料应当通过依法设立的商标代理机构向商标局提交。

第四十六条 在中国获得保护的国际注册商标，有效期自国际注册日或者后期指定日起算。在有效期届满前，注册人可以向国际局申请续展，在有效期内未申请续展的，可以给予 6 个月的宽展期。商标局收到国际局的续展通知后，依法进行审查。国际局通知未续展的，注销该国际注册商标。

第四十七条 指定中国的领土延伸申请办理转让的，受让人应当在缔约方境内有真实有效的营业所，或者在缔约方境内有住所，或者是缔约方国民。

转让人未将其在相同或者类似商品或者服务上的相同或者近似商标一并转让的，商标局通知注册人自发出通知之日起 3 个月内改正；期满未改正或者转让容易引起混淆或者有其他不良影响的，商标局作出该转让在中国无效的决定，并向国际局作出声明。

第四十八条 指定中国的领土延伸申请办理删减，删减后的商品或者服务不符合中国有关商品或者服务分类要求或者超出原指定商品或者服务范围的，商标局作出该删减在中国无效的决定，并向国际局作出声明。

第四十九条 依照商标法第四十九条第二款规定申请撤销国际注册商标，应当自该商标国际注册申请的驳回期限届满之日起满 3 年后向商标局提出申请；驳回期限届满时仍处在驳回复审或者异议相关程序的，应当自商标局或者商标评审委员会作出的准予注册决定生效之日起满 3 年后向商标局提出申请。

依照商标法第四十四条第一款规定申请宣告国际注册商标无效的，应当自该商标国际注册申请的驳回期限届满后向商标评审委员会提出申请；驳回期限届满时仍处在驳回复审或者异议相关程序的，应当自商标局或者商标评审委员会作出的准予注册决定生效后向商标评审委员会提出申请。

依照商标法第四十五条第一款规定申请宣告国际注册商标无效的，应当自该商标国际注册申请的驳回期限届满之日起 5 年内向商标评审委员会提出申请；驳回期限届满时仍处在驳回复审或者异议相关程序的，应当自商标局或者商标评审委员会作出的准予注册决定生效之日起 5 年内向商标评审委员会提出申请。对恶意注册的，驰名商标所有人不受 5 年的时间限制。

第五十条 商标法和本条例下列条款的规定不适用于办理商标国际注册相关事宜：

（一）商标法第二十八条、第三十五条第一款关于审查和审理期限的规定；

（二）本条例第二十二条、第三十条第二款；

（三）商标法第四十二条及本条例第三十一条关于商标转让由转让人和受让人共同申请并办理手续的规定。

第六章　商标评审

第五十一条 商标评审是指商标评审委员会依照商标法第三十四条、第三十五条、第四十四条、第四十五条、第五十四条的规定审理有关商标争议事宜。当事人向商标评审委员会提出商标评审申请，应当有明确的请求、事实、理由和法律依据，并提供相应证据。

商标评审委员会根据事实，依法进行评审。

第五十二条 商标评审委员会审理不服商标局驳回商标注册申请决定的复审案件，应当针对商标局的驳回决定和申请人申请复审的事实、理由、请求及评审时的事实状态进行审理。

商标评审委员会审理不服商标局驳回商标注册申请决定的复审案件，发现申请注册的商标有违反商标法第十条、第十一条、第十二条和第十六条第一款规定情形，商标局并未依据上述条款作出驳回决定的，可以依据上述条款作出驳回申请的复审决定。商标评审委员会作出复审决定前应当听取申请人的意见。

第五十三条 商标评审委员会审理不服商标局不予注册决定的复审案件，应当针对商标局的不予注册决定和申请人申请复审的事实、理由、请求及原异议人提出的意见进行审理。

商标评审委员会审理不服商标局不予注册决定的复审案件，应当通知原异议人参加并提出意见。原异议人的意见对案件审理结果有实质影响的，可以作为评审的依据；原异议人不参加或者不提出意见的，不影响案件的审理。

第五十四条 商标评审委员会审理依照商标法第四十四条、第四十五条规定请求宣告注册商标无效的案件，应当针对当事人申请和答辩的事实、理由及请求进行审理。

第五十五条 商标评审委员会审理不服商标局依照商标法第四十四条第一款规定作出宣告注册商标无效决定的复审案件，应当针对商标局的决定和申请人申请复审的事实、理由及请求进行审理。

第五十六条 商标评审委员会审理不服商标局依照商标法第四十九条规定作出撤销或者维持注册商标决定的复审案件，应当针对商标局作出撤销或者维持注册商标决定和当事人申请复审时所依据的事实、理由及请求进行审理。

第五十七条 申请商标评审，应当向商标评审委员会提交申请书，并按照对方当事人的数量提交相应份数的副本；基于商标局的决定书申请复审的，还应当同时附送商标局的决定书副本。

商标评审委员会收到申请书后，经审查，符合受理条件的，予以受理；不符合受理条件的，不予受理，书面通知申请人并说明理由；需要补正的，通知申请人自收到通知之日起30日内补正。经补正仍不符合规定的，商标评审委员会不予受理，书面通知申请人并说明理由；期满未补正的，视为撤回申请，商标评审委员会应当书面通知申请人。

商标评审委员会受理商标评审申请后，发现不符合受理条件的，予以驳回，书面通知申请人并说明理由。

第五十八条 商标评审委员会受理商标评审申请后应当及时将申请书副本送交对方当事人，限其自收到申请书副本之日起30日内答辩；期满未答辩的，不影响商标评审委员会的评审。

第五十九条 当事人需要在提出评审申请或者答辩后补充有关证据材料的，应当在申请书或者答辩书中声明，并自提交申请书或者答辩书之日起3个月内提交；期满未提交的，视为放弃补充有关证据材料。但是，在期满后生成或者当事人有其他正当理由未能在期满前提交的证据，在期满后提交的，商标评审委员会将证据交对方当事人并质证后可以采信。

第六十条 商标评审委员会根据当事人的请求或者实际需要，可以决定对评审申请进行口头审理。

商标评审委员会决定对评审申请进行口头审理的，应当在口头审理15日前书面通知当事人，告知口头审理的日期、地点和评审人员。当事人应当在通知书指定的期限内作出答复。

申请人不答复也不参加口头审理的，其评审申请视为撤回，商标评审委员会应当书面通知申请人；被申请人不答复也不参加口头审理的，商标评审委员会可以缺席评审。

第六十一条 申请人在商标评审委员会作出决定、裁定前，可以书面向商标评审委员会要求撤回申请并说明理由，商标评审委员会认为可以撤回的，评审程序终止。

第六十二条 申请人撤回商标评审申请的，不得以相同的事实和理由再次提出评审申请。商标评审委员会对商标评审申请已经作出裁定或者决定的，任何人不得以相同的事实和理由再次提出评审申请。但是，经不予注册复审程序予以核准注册后向商标评审委员会提起宣告注册商标无效的除外。

第七章 商标使用的管理

第六十三条 使用注册商标，可以在商品、商品包装、说明书或者其他附着物上标明“注册商标”或者注册标记。

注册标记包括㊟和®。使用注册标记，应当标注在商标的右上角或者右下角。

第六十四条 《商标注册证》遗失或者破损的，应当向商标局提交补发《商标注册证》申请书。《商标注册证》遗失的，应当在《商标公告》上刊登遗失声明。破损的《商标注册证》，应当在提交补发申请时交回商标局。

商标注册人需要商标局补发商标变更、转让、续展证明，出具商标注册证明，或者商标申请人需要商标局出具优先权证明文件的，应当向商标局提交相应申请书。符合要求的，商标局发给相应证明；不符合要求的，商标局不予办理，通知申请人并告知理由。

伪造或者变造《商标注册证》或者其他商标证明文件的，依照刑法关于伪造、变造国家机关证件罪或者其他罪的规定，依法追究刑事责任。

第六十五条 有商标法第四十九条规定的注册商标成为其核定使用的商品通用名称情形的，任何单位或者个人可以向商标局申请撤销该注册商标，提交申请时应当附送证据材料。商标局受理后应当通知商标注册人，限其自收到通知之日起2个月内答辩；期满未答辩的，不影响商标局作出决定。

第六十六条 有商标法第四十九条规定的注册商标无正当理由连续3年不使用情形的，任何单位或者个人可以向商标局申请撤销该注册商标，提交申请时应当说明有关情况。商标局受理后应当通知商标注册人，限其自收到通知之日起2个月内提交该商标在撤销申请提出前使用的证据材料或者说明不使用的正当理由；期满未提供使用的证据材料或者证据材料无效并没有正当理由的，由商标局撤销其注册商标。

前款所称使用的证据材料，包括商标注册人使用注册商标的证据材料和商标注册人许可他人使用注册商标的证据材料。

以无正当理由连续3年不使用为由申请撤销注册商标的，应当自该注册商标注册公告之日起满3年后提出申请。

第六十七条 下列情形属于商标法第四十九条规定的正当理由：

（一）不可抗力；

（二）政府政策性限制；

（三）破产清算；

（四）其他不可归责于商标注册人的正当事由。

第六十八条 商标局、商标评审委员会撤销注册商标或者宣告注册商标无效，撤销或者宣告无效的理由仅及于部分指定商品的，对在该部分指定商品上使用的商标注册予以撤销或者宣告无效。

第六十九条 许可他人使用其注册商标的，许可人应当在许可合同有效期内向商标局备案并报送备案材料。备案材料应当说明注册商标使用许可人、被许可人、许可期限、许可使用的商品或者服务范围等事项。

第七十条 以注册商标专用权出质的，出质人与质权人应当签订书面质权合同，并共同向商标局提出质权登记申请，由商标局公告。

第七十一条 违反商标法第四十三条第二款规定的，由工商行政管理部门责令限期改正；逾期不改正的，责令停止销售，拒不停止销售的，处10万元以下的罚款。

第七十二条 商标持有人依照商标法第十三条规定请求驰名商标保护的，可以向工商行政管理部门提出请求。经商标局依照商标法第十四条规定认定为驰名商标的，由工商行政管理部门责令停止违反商标法第十三条规定使用商标的行为，收缴、销毁违法使用的商标标识；商标标识与商品难以分离的，一并收缴、销毁。

第七十三条 商标注册人申请注销其注册商标或者注销其商标在部分指定商品上的注册的，应当向商标局提交商标注销申请书，并交回原《商标注册证》。

商标注册人申请注销其注册商标或者注销其商标在部分指定商品上的注册，经商标局核准注销的，该注册商标专用权或者该注册商标专用权在该部分指定商品上的效力自商标局收到其注销申请之日起终止。

第七十四条 注册商标被撤销或者依照本条例第七十三条的规定被注销的，原《商标注册证》作废，并予以公告；撤销该商标在部分指定商品上的注册的，或者商标注册人申请注销其商标在部分指定商品上的注册的，重新核发《商标注册证》，并予以公告。

第八章 注册商标专用权的保护

第七十五条 为侵犯他人商标专用权提供仓储、运输、邮寄、印制、隐匿、经营场所、网络商品交易平台等，属于商标法第五十七条第六项规定的提供便利条件。

第七十六条 在同一种商品或者类似商品上将与他人注册商标相同或者近似的标志作为商品名称或者商品装潢使用，误导公众的，属于商标法第五十七条第二项规定的侵犯注册商标专用权的行为。

第七十七条 对侵犯注册商标专用权的行为，任何人可以向工商行政管理部门投诉或者举报。

第七十八条 计算商标法第六十条规定的违法经营额，可以考虑下列因素：

（一）侵权商品的销售价格；

（二）未销售侵权商品的标价；

（三）已查清侵权商品实际销售的平均价格；

（四）被侵权商品的市场中间价格；

（五）侵权人因侵权所产生的营业收入；

（六）其他能够合理计算侵权商品价值的因素。

第七十九条 下列情形属于商标法第六十条规定的能证明该商品是自己合法取得的情形：

（一）有供货单位合法签章的供货清单和货款收据且经查证属实或者供货单位认可的；

（二）有供销双方签订的进货合同且经查证已真实履行的；

（三）有合法进货发票且发票记载事项与涉案商品对应的；

（四）其他能够证明合法取得涉案商品的情形。

第八十条 销售不知道是侵犯注册商标专用权的商品，能证明该商品是自己合法取得并说明提供者的，由工商行政管理部门责令停止销售，并将案件情况通报侵权商品提供者所在地工商行政管理部门。

第八十一条 涉案注册商标权属正在商标局、商标评审委员会审理或者人民法院诉讼中，案件结果可能影响案件定性的，属于商标法第六十二条第三款规定的商标权属存在争议。

第八十二条 在查处商标侵权案件过程中，工商行政管理部门可以要求权利人对涉案商品是否为权利人生产或者其许可生产的产品进行辨认。

第九章 商标代理

第八十三条 商标法所称商标代理，是指接受委托人的委托，以委托人的名义办理商标注册申请、商标评审或者其他商标事宜。

第八十四条 商标法所称商标代理机构，包括经工商行政管理部门登记从事商标代理业务的服务机构和从事商标代理业务的律师事务所。

商标代理机构从事商标局、商标评审委员会主管的商标事宜代理业务的，应当按照下列规定向商标局备案：

（一）交验工商行政管理部门的登记证明文件或者司法行政部门批准设立律师事务所的证明文件并留存复印件；

（二）报送商标代理机构的名称、住所、负责人、联系方式等基本信息；

（三）报送商标代理从业人员名单及联系方式。

工商行政管理部门应当建立商标代理机构信用档案。商标代理机构违反商标法或者本条例规定的，由商标局或者商标评审委员会予以公开通报，并记入其信用档案。

第八十五条 商标法所称商标代理从业人员，是指在商标代理机构中从事商标代理业务的工作人员。

商标代理从业人员不得以个人名义自行接受委托。

第八十六条 商标代理机构向商标局、商标评审委员会提交的有关申请文件，应当加盖该代理机构公章并由相关商标代理从业人员签字。

第八十七条 商标代理机构申请注册或者受让其代理服务以外的其他商标，商标局不予受理。

第八十八条 下列行为属于商标法第六十八条第一款第二项规定的以其他不正当手段扰乱商标代理市场秩序的行为：

（一）以欺诈、虚假宣传、引人误解或者商业贿赂等方式招徕业务的；

（二）隐瞒事实，提供虚假证据，或者威胁、诱导他人隐瞒事实，提供虚假证据的；

（三）在同一商标案件中接受有利益冲突的双方当事人委托的。

第八十九条 商标代理机构有商标法第六十八条规定行为的，由行为人所在地或者违法行为发生地县级以上工商行政管理部门进行查处并将查处情况通报商标局。

第九十条 商标局、商标评审委员会依照商标法第六十八条规定停止受理商标代理机构办理商标代理业务的，可以作出停止受理该商标代理机构商标代理业务6个月以上直至永久停止受理的决定。停止受理商标代理业务的期间届满，商标局、商标评审委员会应当恢复受理。

商标局、商标评审委员会作出停止受理或者恢复受理商标代理的决定应当在其网站予以公告。

第九十一条 工商行政管理部门应当加强对商标代理行业组织的监督和指导。

第十章 附 则

第九十二条 连续使用至1993年7月1日的服务商标，与他人在相同或者类似的服务上已注册的服务商标相同或者近似的，可以继续使用；但是，1993年7月1日后中断使用3年以上的，不得继续使用。

已连续使用至商标局首次受理新放开商品或者服务项目之日的商标，与他人在新放开商品或者服务项目相同或者类似的商品或者服务上已注册的商标相同或者近似的，可以继续使用；但是，首次受理之日后中断使用3年以上的，不得继续使用。

第九十三条 商标注册用商品和服务分类表，由商标局制定并公布。

申请商标注册或者办理其他商标事宜的文件格式，由商标局、商标评审委员会制定并公布。

商标评审委员会的评审规则由国务院工商行政管理部门制定并公布。

第九十四条 商标局设置《商标注册簿》，记载注册商标及有关注册事项。

第九十五条 《商标注册证》及相关证明是权利人享有注册商标专用权的凭证。《商标注册证》记载的注册事项，应当与《商标注册簿》一致；记载不一致的，除有证据证明《商标注册簿》确有错误外，以《商标注册簿》为准。

第九十六条 商标局发布《商标公告》，刊发商标注册及其他有关事项。

《商标公告》采用纸质或者电子形式发布。

除送达公告外，公告内容自发布之日起视为社会公众已经知道或者应当知道。

第九十七条 申请商标注册或者办理其他商标事宜，应当缴纳费用。缴纳费用的项目和标准，由国务院财政部门、国务院价格主管部门分别制定。

第九十八条 本条例自2014年5月1日起施行。

注册商标专用权质权登记程序规定

（2009年9月10日 工商标字〔2009〕182号）

第一条 为充分发挥商标专用权无形资产的价值，促进经济发展，根据《物权法》、《担保法》、《商标法》和《商标法实施条例》的有关规定，制定本程序规定。

国家工商行政管理总局商标局负责办理注册商标专用权质权登记。

第二条 自然人、法人或者其他组织以其注册商标专用权出质的，出质人与质权人应当订立书面合同，并向商标局办理质权登记。

质权登记申请应由质权人和出质人共同提出。质权人和出质人可以直接向商标局申请，也可以委托商标代理机构代理。在中国没有经常居所或者营业场所的外国人或者外国企业应当委托代理机构办理。

第三条 办理注册商标专用权质权登记，出质人应当将在相同或者类似商品/服务上注册的相同或者近似商标一并办理质权登记。质权合同和质权登记申请书中应当载明出质的商标注册号。

第四条 申请注册商标专用权质权登记的，应提交下列文件：

（一）申请人签字或者盖章的《商标专用权质权登记申请书》；

（二）出质人、质权人的主体资格证明或者自然人身份证明复印件；

（三）主合同和注册商标专用权质权合同；

（四）直接办理的，应当提交授权委托书以及被委托人的身份证明；委托商标代理机构办理的，应当提交商标代理委托书；

（五）出质注册商标的注册证复印件；

（六）出质商标专用权的价值评估报告。如果质权人和出质人双方已就出质商标专用权的价值达成一致意见并提交了相关书面认可文件，申请人可不再提交；

（七）其他需要提供的材料。

上述文件为外文的，应当同时提交其中文译文。中文译文应当由翻译单位和翻译人员签字盖章确认。

第五条 注册商标专用权质权合同一般包括以下内容：

（一）出质人、质权人的姓名（名称）及住址；

（二）被担保的债权种类、数额；

（三）债务人履行债务的期限；

（四）出质注册商标的清单（列明注册商标的注册号、类别及专用期）；

（五）担保的范围；

（六）当事人约定的其他事项。

第六条 申请登记书件齐备、符合规定的，商标局予以受理。受理日期即为登记日期。商标局自登记之日起5个工作日内向双方当事人发放《商标专用权质权登记证》。

《商标专用权质权登记证》应当载明下列内容：出质人和质权人的名称（姓名）、出质商标注册号、被担保的债权数额、质权登记期限、质权登记日期。

第七条 质权登记申请不符合本办法第二条、第三条、第四条、第五条规定的，商标局应当通知申请人，并允许其在30日内补正。申请人逾期不补正或者补正不符合要求的，视为其放弃该质权登记申请，商标局应书面通知申请人。

第八条 有下列情形之一的，商标局不予登记：

（一）出质人名称与商标局档案所记载的名称不一致，且不能提供相关证明证实其为注册商标权利人的；

（二）合同的签订违反法律法规强制性规定的；

（三）商标专用权已经被撤销、被注销或者有效期满未续展的；

（四）商标专用权已被人民法院查封、冻结的；

（五）其他不符合出质条件的。

第九条 质权登记后，有下列情形之一的，商标局应当撤销登记：

（一）发现有属于本办法第八条所列情形之一的；

（二）质权合同无效或者被撤销的；

（三）出质的注册商标因法定程序丧失专用权的；

（四）提交虚假证明文件或者以其他欺骗手段取得商标专用权质权登记的。

第十条 质权人或者出质人的名称（姓名）更改，以及质权合同担保的主债权数额变更的，当事人可以凭下列文件申请办理变更登记：

（一）申请人签字或者盖章的《商标专用权质权登记事项变更申请书》；

（二）出质人、质权人的主体资格证明或者自然人身份证明复印件；

（三）有关登记事项变更的协议或相关证明文件；

（四）原《商标专用权质权登记证》；

（五）授权委托书、被委托人的身份证明或者商标代理委托书；

（六）其他有关文件。

出质人名称（姓名）发生变更的，还应按照《商标法实施条例》的规定在商标局办理变更注册人名义申请。

第十一条 因被担保的主合同履行期限延长、主债权未能按期实现等原因需要延长质权登记期限的，质权人和出质人双方应当在质权登记期限到期前，持以下文件申请办理延期登记：

（一）申请人签字或者盖章的《商标专用权质权登记期限延期申请书》；

（二）出质人、质权人的主体资格证明或者自然人身份证明复印件；

（三）当事人双方签署的延期协议；

（四）原《商标专用权质权登记证》；

（五）授权委托书、被委托人的身份证明或者商标代理委托书；

（六）其他有关文件。

第十二条 办理质权登记事项变更申请或者质权登记期限延期申请后，由商标局在原《商标专用权质权登记证》上加注发还，或者重新核发《商标专用权质权登记证》。

第十三条 商标专用权质权登记需要注销的，质权人和出质人双方可以持下列文件办理注销申请：

（一）申请人签字或者盖章的《商标专用权质权登记注销申请书》；

（二）出质人、质权人的主体资格证明或者自然人身份证明复印件；

（三）当事人双方签署的解除质权登记协议或者合同履行完毕凭证；

（四）原《商标专用权质权登记证》；

（五）授权委托书、被委托人的身份证明或者商标代理委托书；

（六）其他有关文件。

质权登记期限届满后，该质权登记自动失效。

第十四条 《商标专用权质权登记证》遗失的，可以向商标局申请补发。

第十五条 商标局设立质权登记簿，供相关公众查阅。

第十六条 反担保及最高额质权适用本规定。

第十七条 本规定自2009年11月1日起施行。本规定施行之日起原《商标专用权质押登记程序》（国家工商行政管理局工商标字〔1997〕第127号）废止。

附件：（略）

（二）商标注册与评审

自然人办理商标注册申请注意事项

（2007年2月6日）

依照《中华人民共和国商标法》第四条的规定，从事生产、制造、加工、拣选、经销商品或者提供服务的自然人，需要取得商标专用权的,应当向商标局申请商标注册。以自然人名义办理商标注册、转让等申请事宜,除按照有关规定提交《商标注册申请书》、商标图样等材料外,还应注意以下事项:

一、个体工商户可以以其《个体工商户营业执照》登记的字号作为申请人名义提出商标注册申请,也可以以执照上登记的负责人名义提出商标注册申请。以负责人名义提出申请时应提交以下材料的复印件:

(一)负责人的身份证;

(二)营业执照。

二、个人合伙可以以其《营业执照》登记的字号或有关主管机关登记文件登记的字号作为申请人名义提出商标注册申请,也可以以全体合伙人的名义共同提出商标注册申请。以全体合伙人的名义共同提出申请时应提交以下材料的复印件:

(一)合伙人的身份证;

(二)营业执照;

(三)合伙协议。

三、农村承包经营户可以以其承包合同签约人的名义提出商标注册申请,申请时应提交以下材料的复印件:

(一)签约人身份证;

(二)承包合同。

四、其他依法获准从事经营活动的自然人,可以以其在有关行政主管机关颁发的登记文件中登载的经营者名义提出商标注册申请,申请时应提交以下材料的复印件:

(一)经营者的身份证;

(二)有关行政主管机关颁发的登记文件。

五、自然人提出商标注册申请的商品和服务范围,应以其在营业执照或有关登记文件核准的经营范围为限,或者以其自营的农副产品为限。

六、对于不符合《商标法》第四条规定的商标注册申请,商标局不予受理并书面通知申请人。

申请人提供虚假材料取得商标注册的,由商标局撤销该注册商标。

七、办理转让商标申请,受让人为自然人的,应参照上述事项办理。

商标注册网上申请暂行规定

(2014 年 5 月 1 日)

为了规范通过互联网以数据电文方式提交的商标注册申请(以下简称商标注册网上申请)的有关程序和要求,根据《中华人民共和国商标法》、《中华人民共和国商标法实施条例》的规定,制定本规定。

第一条 提交商标注册网上申请,申请人应为符合商标法规定的商标注册申请主体资格的自然人、法人或者其他组织。

第二条 网上注册申请的商标,包括商品商标、服务商标和集体商标、证明商标。

第三条 提交商标注册网上申请,应当通过中国商标网(http://sbj.saic.gov.cn)以商标局规定的文件格式、数据标准、操作规范和传输方式提交申请文件,并按规定上传商标注册申请所需的身份及主体资格证明文件。

第四条 申请人应委托已在商标局备案的商标代理机构办理商标注册网上申请。申请人与为其提交商标注册网上申请的商标代理机构为商标代理委托关系。

第五条 提交商标注册网上申请,申请日期以进入商标局电子系统的日期为准。

第六条 提交商标注册网上申请,申请信息以商标局的数据库记录为准。但是当事人确有证据证明商标局数据库记录有错误的除外。

第七条 提交商标注册网上申请,符合商标注册网上申请规定的,视为该申请提交成功。

第八条 提交商标注册网上申请,申请人无需提交纸质文件,但申请人要求优先权的,应按要求向商标局提交纸质的优先权证明文件。

第九条 提交商标注册网上申请,商标代理机构应当足额预付商标规费。

第十条 商标网上申请的接收时间为法定工作日的8:00至16:30。因特殊情况需要临时调整的,提前在中国商标网予以公告,以公告中规定的时间为准。

第十一条 商标代理机构可登录中国商标网(http://sbj.saic.gov.cn)查询其提交的商标注册网上申请。

第十二条 本规定由商标局负责解释。

第十三条 本规定自2014年5月1日起施行。2009年1月20日施行的《商标网上申请试用办法》(商标综字〔2009〕第30号)与本规定抵触的,以本规定为准。

委托地方工商和市场监管部门受理商标注册申请暂行规定

(2016 年 8 月 31 日 工商标字〔2016〕168 号)

第一条 为方便申请人办理商标注册申请,推进商标注册便利化,加强对委托地方工商和市场监管部门(以下简称受托单位)受理商标注册申请工作的管理,特制定本规定。

第二条 县级以上(以省会城市、地级市为主)工商、市场监管部门受工商总局商标局(以下简称商标局)委托,在地方政务大厅或注册大厅设立商标注册申请受理窗口,代为办理商标注册申请受理等业务。

第三条 县级以上（以省会城市、地级市为主）工商、市场监管部门拟开展商标注册申请受理业务的，须填写《地方工商和市场监管部门开展商标注册申请受理业务审批表》（附表），由省（自治区、直辖市）工商、市场监管部门提出意见后报送商标局。按照便利化原则，兼顾区域分布、商标申请量等因素，经审核确有设立必要且具备运行条件的，经商标局批准并公告后开展受理业务。

第四条 商标局工作职责：

（一）确定受托单位受理业务范围和受理区域范围；

（二）制定工作规程、业务质量标准和业务质量管理办法；

（三）根据业务工作需要，对受托单位工作人员进行业务培训；

（四）对受托单位商标注册申请受理和规费收缴等工作进行指导和检查。

第五条 受托单位工作职责：

（一）负责商标受理业务机构设置、人员安排、网络联通建设、办公场所和相关设备配置；

（二）根据商标局有关规定，制定和落实业务质量管理办法；

（三）加强与商标局业务联系，定期向商标局汇报工作；

（四）办理商标局委托的其他工作。

第六条 受理窗口工作职责：

（一）在政务大厅或注册大厅设置"商标受理业务"的明显标识；

（二）负责指定区域内商标注册申请受理、规费收缴、代发商标注册证等工作。接收、审核商标注册申请文件，对符合受理条件的商标注册申请确定申请日；

（三）做好商标注册申请文件管理工作；

（四）开展商标注册申请相关业务的查询、咨询等服务性工作。

第七条 受托单位及其受理窗口工作人员应当依法行政，廉洁自律，忠于职守，文明服务。

（一）严格遵守有关法律、法规及商标局有关规定，结合自身实际情况，制定相关规章制度。建立优良工作秩序，提供优质高效服务；

（二）严格遵守财务管理制度。加强账务管理，不得超范围、超标准收取费用；收取规费应按期如数上缴，不得擅自挪用、滞留，保证国家规费的安全；

（三）依法行政，公正廉洁。不得泄漏或越权使用未公开的商标注册申请信息，牟取不当利益。

第八条 对违反本规定的受托单位，商标局将对其通报批评，情节严重者，将责令其停止工作进行整顿，直至取消委托业务。

对违反本规定，产生恶劣影响并造成损失的，视具体情况追究受托单位负责人和相关人员行政或法律责任。

第九条 本规定由商标局负责解释。

第十条 本规定自2016年9月1日起施行。

国家工商行政管理总局商标局关于在第16类"报纸、期刊、杂志(期刊)、新闻刊物"四种商品上申请注册商标注意事项的通知

（2009年2月17日　商标综字〔2009〕第39号）

商标申请人、各商标代理机构：

《中华人民共和国商标法》第十条对不得作为商标使用的标志作出了明确的规定。但在第16类"报纸、期刊、杂志（期刊）、新闻刊物"四种商品上申请注册的商标，其整体是国家出版行政部门批准的报纸、期刊、杂志名称的，可以初步审定。因此，商标申请人在第16类"报纸、期刊、杂志（期刊）、新闻刊物"四种商品上申请注册商标的，除按照商标注册申请的有关规定提交材料外，还应注意以下事项：

一、申请注册的商标属于以下情形之一的，商标申请人应当向商标局提交国家出版行政部门核发的报纸、期刊出版许可证（复印件）：

（一）同我国的国家名称相同或者近似的，以及同中央国家机关所在地特定地点的名称或者标志性建筑物的名称相同的；

（二）由县级以上行政区划的地名构成，或者含有县级以上行政区划的地名的；

（三）属于《中华人民共和国商标法》第十条规定的其他情形，商标局需核对国家出版行政部门核发的报纸、期刊出版许可证的。

二、商标申请人提交的报纸、期刊出版许可证（复印件）应当符合以下要求：

（一）商标申请人名义应与所提交的报纸、期刊出版许可证上显示的持有人名义一致。

（二）商标申请人申请注册的商标名称应与所提交的报纸、期刊出版许可证上显示的国家出版行政部门批准使用的报纸、期刊名称相同。

三、商标申请人可以通过以下两种途径提交报纸、期刊出版许可证（复印件）：

（一）在提出商标注册申请时提交。商标申请人可在提出商标注册申请时将报纸、期刊出版许可证（复印件）与商标注册申请材料一并提交到商标局。

（二）在商标注册补正程序中提交。我局在商标审查过程中，将依法向未在提出商标注册申请的同时提交有效的报纸、期刊出版许可证（复印件）的相关商标申请人发出《商标补正

通知书》。商标申请人在收到此类《商标补正通知书》后，应在规定时限内通过补正回文程序提交报纸、期刊出版许可证（复印件）。

特此通知。

商标评审规则

（1995 年 11 月 2 日国家工商行政管理局令第 37 号公布　根据 2002 年 9 月 17 日国家工商行政管理总局令第 3 号第一次修订　根据 2005 年 9 月 26 日国家工商行政管理总局令第 20 号第二次修订　根据 2014 年 5 月 28 日国家工商行政管理总局令第 65 号第三次修订）

第一章　总　则

第一条　为规范商标评审程序，根据《中华人民共和国商标法》（以下简称商标法）和《中华人民共和国商标法实施条例》（以下简称实施条例），制定本规则。

第二条　根据商标法及实施条例的规定，国家工商行政管理总局商标评审委员会（以下简称商标评审委员会）负责处理下列商标评审案件：

（一）不服国家工商行政管理总局商标局（以下简称商标局）驳回商标注册申请决定，依照商标法第三十四条规定申请复审的案件；

（二）不服商标局不予注册决定，依照商标法第三十五条第三款规定申请复审的案件；

（三）对已经注册的商标，依照商标法第四十四条第一款、第四十五条第一款规定请求无效宣告的案件；

（四）不服商标局宣告注册商标无效决定，依照商标法第四十四条第二款规定申请复审的案件；

（五）不服商标局撤销或者不予撤销注册商标决定，依照商标法第五十四条规定申请复审的案件。

在商标评审程序中，前款第（一）项所指请求复审的商标统称为申请商标，第（二）项所指请求复审的商标统称为被异议商标，第（三）项所指请求无效宣告的商标统称为争议商标，第（四）、（五）项所指请求复审的商标统称为复审商标。本规则中，前述商标统称为评审商标。

第三条　当事人参加商标评审活动，可以以书面方式或者数据电文方式办理。

数据电文方式办理的具体办法由商标评审委员会另行制定。

第四条　商标评审委员会审理商标评审案件实行书面审理，但依照实施条例第六十条规定决定进行口头审理的除外。

口头审理的具体办法由商标评审委员会另行制定。

第五条　商标评审委员会根据商标法、实施条例和本规则做出的决定和裁定，应当以书面方式或者数据电文方式送达有关当事人，并说明理由。

第六条　除本规则另有规定外，商标评审委员会审理商标评审案件实行合议制度，由三名以上的单数商标评审人员组成合议组进行审理。

合议组审理案件，实行少数服从多数的原则。

第七条　当事人或者利害关系人依照实施条例第七条的规定申请商标评审人员回避的，应当以书面方式办理，并说明理由。

第八条　在商标评审期间，当事人有权依法处分自己的商标权和与商标评审有关的权利。在不损害社会公共利益、第三方权利的前提下，当事人之间可以自行或者经调解以书面方式达成和解。

对于当事人达成和解的案件，商标评审委员会可以结案，也可以做出决定或者裁定。

第九条　商标评审案件的共同申请人和共有商标的当事人办理商标评审事宜，应当依照实施条例第十六条第一款的规定确定一个代表人。

代表人参与评审的行为对其所代表的当事人发生效力，但代表人变更、放弃评审请求或者承认对方当事人评审请求的，应当有被代表的当事人书面授权。

商标评审委员会的文件应当送达代表人。

第十条　外国人或者外国企业办理商标评审事宜，在中国有经常居所或者营业所的，可以委托依法设立的商标代理机构办理，也可以直接办理；在中国没有经常居所或者营业所的，应当委托依法设立的商标代理机构办理。

第十一条　代理权限发生变更、代理关系解除或者变更代理人的，当事人应当及时书面告知商标评审委员会。

第十二条　当事人及其代理人可以申请查阅本案有关材料。

第二章　申请与受理

第十三条　申请商标评审，应当符合下列条件：

（一）申请人须有合法的主体资格；

（二）在法定期限内提出；

（三）属于商标评审委员会的评审范围；

（四）依法提交符合规定的申请书及有关材料；

（五）有明确的评审请求、事实、理由和法律依据；

（六）依法缴纳评审费用。

第十四条　申请商标评审，应当向商标评审委员会提交申请书；有被申请人的，应当按照被申请人的数量提交相应份数的副本；评审商标发生转让、移转、变更，已向商标局提出申请但是尚未核准公告的，当事人应当提供相应的证明文件；基于商标局的决定书申请复审的，还应当同时附送商标局的决定书。

第十五条　申请书应当载明下列事项：

（一）申请人的名称、通信地址、联系人和联系电话。评审申请有被申请人的，应当载明被申请人的名称和地址。委托商标代理机构办理商标评审事宜的，还应当载明商标代理机构的名称、地址、联系人和联系电话；

（二）评审商标及其申请号或者初步审定号、注册号和刊登该商标的《商标公告》的期号；

（三）明确的评审请求和所依据的事实、理由及法律依据。

第十六条 商标评审申请不符合本规则第十三条第（一）、（二）、（三）、（六）项规定条件之一的，商标评审委员会不予受理，书面通知申请人，并说明理由。

第十七条 商标评审申请不符合本规则第十三条第（四）、（五）项规定条件之一的，或者未按照实施条例和本规则规定提交有关证明文件的，或者有其他需要补正情形的，商标评审委员会应当向申请人发出补正通知，申请人应当自收到补正通知之日起三十日内补正。

经补正仍不符合规定的，商标评审委员会不予受理，书面通知申请人，并说明理由。未在规定期限内补正的，依照实施条例第五十七条规定，视为申请人撤回评审申请，商标评审委员会应当书面通知申请人。

第十八条 商标评审申请经审查符合受理条件的，商标评审委员会应当在三十日内向申请人发出《受理通知书》。

第十九条 商标评审委员会已经受理的商标评审申请，有下列情形之一的，属于不符合受理条件，应当依照实施条例第五十七条规定予以驳回：

（一）违反实施条例第六十二条规定，申请人撤回商标评审申请后，又以相同的事实和理由再次提出评审申请的；

（二）违反实施条例第六十二条规定，对商标评审委员会已经做出的裁定或者决定，以相同的事实和理由再次提出评审申请的；

（三）其他不符合受理条件的情形。

对经不予注册复审程序予以核准注册的商标提起宣告注册商标无效的，不受前款第（二）项规定限制。

商标评审委员会驳回商标评审申请，应当书面通知申请人，并说明理由。

第二十条 当事人参加评审活动，应当按照对方当事人的数量，提交相应份数的申请书、答辩书、意见书、质证意见及证据材料副本，副本内容应当与正本内容相同。不符合前述要求且经补正仍不符合要求的，依照本规则第十七条第二款的规定，不予受理评审申请，或者视为未提交相关材料。

第二十一条 评审申请有被申请人的，商标评审委员会受理后，应当及时将申请书副本及有关证据材料送达被申请人。被申请人应当自收到申请材料之日起三十日内向商标评审委员会提交答辩书及其副本；未在规定期限内答辩的，不影响商标评审委员会的评审。

商标评审委员会审理不服商标局不予注册决定的复审案件，应当通知原异议人参加并提出意见。原异议人应当在收到申请材料之日起三十日内向商标评审委员会提交意见书及其副本；未在规定期限内提出意见的，不影响案件审理。

第二十二条 被申请人参加答辩和原异议人参加不予注册复审程序应当有合法的主体资格。

商标评审答辩书、意见书及有关证据材料应当按照规定的格式和要求填写、提供。

不符合第二款规定或者有其他需要补正情形的，商标评审委员会向被申请人或者原异议人发出补正通知，被申请人或者原异议人应当自收到补正通知之日起三十日内补正。经补正仍不符合规定或者未在法定期限内补正的，视为未答辩或者未提出意见，不影响商标评审委员会的评审。

第二十三条 当事人需要在提出评审申请或者答辩后补充有关证据材料的，应当在申请书或者答辩书中声明，并自提交申请书或者答辩书之日起三个月内一次性提交；未在申请书或者答辩书中声明或者期满未提交的，视为放弃补充证据材料。但是，在期满后生成或者当事人有其他正当理由未能在期满前提交的证据，在期满后提交的，商标评审委员会将证据交对方当事人并质证后可以采信。

对当事人在法定期限内提供的证据材料，有对方当事人的，商标评审委员会应当将该证据材料副本送达给对方当事人。当事人应当在收到证据材料副本之日起三十日内进行质证。

第二十四条 当事人应当对其提交的证据材料逐一分类编号和制作目录清单，对证据材料的来源、待证的具体事实作简要说明，并签名盖章。

商标评审委员会收到当事人提交的证据材料后，应当按目录清单核对证据材料，并由经办人员在回执上签收，注明提交日期。

第二十五条 当事人名称或者通信地址等事项发生变更的，应当及时通知商标评审委员会，并依需要提供相应的证明文件。

第二十六条 在商标评审程序中，当事人的商标发生转让、移转的，受让人或者承继人应当及时以书面方式声明承受相关主体地位，参加后续评审程序并承担相应的评审后果。

未书面声明且不影响评审案件审理的，商标评审委员会可以将受让人或者承继人列为当事人做出决定或者裁定。

第三章 审 理

第二十七条 商标评审委员会审理商标评审案件实行合议制度。但有下列情形之一的案件，可以由商标评审人员一人独任评审：

（一）仅涉及商标法第三十条和第三十一条所指在先商标权利冲突的案件中，评审时权利冲突已消除的；

（二）被请求撤销或者无效宣告的商标已经丧失专用权的；

（三）依照本规则第三十二条规定应当予以结案的；

（四）其他可以独任评审的案件。

第二十八条　当事人或者利害关系人依照实施条例第七条和本规则第七条的规定对商标评审人员提出回避申请的，被申请回避的商标评审人员在商标评审委员会做出是否回避的决定前，应当暂停参与本案的审理工作。

商标评审委员会在做出决定、裁定后收到当事人或者利害关系人提出的回避申请的，不影响评审决定、裁定的有效性。但评审人员确实存在需要回避的情形的，商标评审委员会应当依法做出处理。

第二十九条　商标评审委员会审理商标评审案件，应当依照实施条例第五十二条、第五十三条、第五十四条、第五十五条、第五十六条的规定予以审理。

第三十条　经不予注册复审程序予以核准注册的商标，原异议人向商标评审委员会请求无效宣告的，商标评审委员会应当另行组成合议组进行审理。

第三十一条　依照商标法第三十五条第四款、第四十五条第三款和实施条例第十一条第（五）项的规定，需要等待在先权利案件审理结果的，商标评审委员会可以决定暂缓审理该商标评审案件。

第三十二条　有下列情形之一的，终止评审，予以结案：

（一）申请人死亡或者终止后没有继承人或者继承人放弃评审权利的；

（二）申请人撤回评审申请的；

（三）当事人自行或者经调解达成和解协议，可以结案的；

（四）其他应当终止评审的情形。

商标评审委员会予以结案，应当书面通知有关当事人，并说明理由。

第三十三条　合议组审理案件应当制作合议笔录，并由合议组成员签名。合议组成员有不同意见的，应当如实记入合议笔录。

经审理终结的案件，商标评审委员会依法做出决定、裁定。

第三十四条　商标评审委员会做出的决定、裁定应当载明下列内容：

（一）当事人的评审请求、争议的事实、理由和证据；

（二）决定或者裁定认定的事实、理由和适用的法律依据；

（三）决定或者裁定结论；

（四）可以供当事人选用的后续程序和时限；

（五）决定或者裁定做出的日期。

决定、裁定由合议组成员署名，加盖商标评审委员会印章。

第三十五条　对商标评审委员会做出的决定、裁定，当事人不服向人民法院起诉的，应当在向人民法院递交起诉状的同时或者至迟十五日内将该起诉状副本抄送或者另行将起诉信息书面告知商标评审委员会。

除商标评审委员会做出的准予初步审定或者予以核准注册的决定外，商标评审委员会自发出决定、裁定之日起四个月内未收到来自人民法院应诉通知或者当事人提交的起诉状副本、书面起诉通知的，该决定、裁定移送商标局执行。

商标评审委员会自收到当事人提交的起诉状副本或者书面起诉通知之日起四个月内未收到来自人民法院应诉通知的，相关决定、裁定移送商标局执行。

第三十六条　在一审行政诉讼程序中，若因商标评审决定、裁定所引证的商标已经丧失在先权利导致决定、裁定事实认定、法律适用发生变化的，在原告撤诉的情况下，商标评审委员会可以撤回原决定或者裁定，并依据新的事实，重新做出商标评审决定或者裁定。

商标评审决定、裁定送达当事人后，商标评审委员会发现存在文字错误等非实质性错误的，可以向评审当事人发送更正通知书对错误内容进行更正。

第三十七条　商标评审决定、裁定经人民法院生效判决撤销的，商标评审委员会应当重新组成合议组，及时审理，并做出重审决定、裁定。

重审程序中，商标评审委员会对当事人新提出的评审请求和法律依据不列入重审范围；对当事人补充提交的足以影响案件审理结果的证据可以予以采信，有对方当事人的，应当送达对方当事人予以质证。

第四章　证据规则

第三十八条　当事人对自己提出的评审请求所依据的事实或者反驳对方评审请求所依据的事实有责任提供证据加以证明。

证据包括书证、物证、视听资料、电子数据、证人证言、鉴定意见、当事人的陈述等。

没有证据或者证据不足以证明当事人的事实主张的，由负有举证责任的当事人承担不利后果。

一方当事人对另一方当事人陈述的案件事实明确表示承认的，另一方当事人无需举证，但商标评审委员会认为确有必要举证的除外。

当事人委托代理人参加评审的，代理人的承认视为当事人的承认。但未经特别授权的代理人对事实的承认直接导致承认对方评审请求的除外；当事人在场但对其代理人的承认不作否认表示的，视为当事人的承认。

第三十九条　下列事实，当事人无需举证证明：

（一）众所周知的事实；

（二）自然规律及定理；

（三）根据法律规定或者已知事实和日常生活经验法则，能推定出的另一事实；

（四）已为人民法院发生法律效力的裁判所确认的事实；

（五）已为仲裁机构的生效裁决所确认的事实；

（六）已为有效公证文书所证明的事实。

前款（一）、（三）、（四）、（五）、（六）项，有相反证据足以推翻的除外。

第四十条 当事人向商标评审委员会提供书证的，应当提供原件，包括原本、正本和副本。提供原件有困难的，可以提供相应的复印件、照片、节录本；提供由有关部门保管的书证原件的复制件、影印件或者抄录件的，应当注明出处，经该部门核对无异后加盖其印章。

当事人向商标评审委员会提供物证的，应当提供原物。提供原物有困难的，可以提供相应的复制件或者证明该物证的照片、录像等其他证据；原物为数量较多的种类物的，可以提供其中的一部分。

一方当事人对另一方当事人所提书证、物证的复制件、照片、录像等存在怀疑并有相应证据支持的，或者商标评审委员会认为有必要的，被质疑的当事人应当提供或者出示有关证据的原件或者经公证的复印件。

第四十一条 当事人向商标评审委员会提供的证据系在中华人民共和国领域外形成，或者在香港、澳门、台湾地区形成，对方当事人对该证据的真实性存在怀疑并有相应证据支持的，或者商标评审委员会认为必要的，应当依照有关规定办理相应的公证认证手续。

第四十二条 当事人向商标评审委员会提供外文书证或者外文说明资料，应当附有中文译文。未提交中文译文的，该外文证据视为未提交。

对方当事人对译文具体内容有异议的，应当对有异议的部分提交中文译文。必要时，可以委托双方当事人认可的单位对全文，或者所使用或者有异议的部分进行翻译。

双方当事人对委托翻译达不成协议的，商标评审委员会可以指定专业翻译单位对全文，或者所使用的或者有异议的部分进行翻译。委托翻译所需费用由双方当事人各承担50%；拒绝支付翻译费用的，视为其承认对方提交的译文。

第四十三条 对单一证据有无证明力和证明力大小可以从下列方面进行审核认定：

（一）证据是否原件、原物，复印件、复制品与原件、原物是否相符；

（二）证据与本案事实是否相关；

（三）证据的形式、来源是否符合法律规定；

（四）证据的内容是否真实；

（五）证人或者提供证据的人，与当事人有无利害关系。

第四十四条 评审人员对案件的全部证据，应当从各证据与案件事实的关联程度、各证据之间的联系等方面进行综合审查判断。

有对方当事人的，未经交换质证的证据不应当予以采信。

第四十五条 下列证据不能单独作为认定案件事实的依据：

（一）未成年人所作的与其年龄和智力状况不相适应的证言；

（二）与一方当事人有亲属关系、隶属关系或者其他密切关系的证人所作的对该当事人有利的证言，或者与一方当事人有不利关系的证人所作的对该当事人不利的证言；

（三）应当参加口头审理作证而无正当理由不参加的证人证言；

（四）难以识别是否经过修改的视听资料；

（五）无法与原件、原物核对的复制件或者复制品；

（六）经一方当事人或者他人改动，对方当事人不予认可的证据材料；

（七）其他不能单独作为认定案件事实依据的证据材料。

第四十六条 一方当事人提出的下列证据，对方当事人提出异议但没有足以反驳的相反证据的，商标评审委员会应当确认其证明力：

（一）书证原件或者与书证原件核对无误的复印件、照片、副本、节录本；

（二）物证原物或者与物证原物核对无误的复制件、照片、录像资料等；

（三）有其他证据佐证并以合法手段取得的、无疑点的视听资料或者与视听资料核对无误的复制件。

第四十七条 一方当事人委托鉴定部门做出的鉴定结论，另一方当事人没有足以反驳的相反证据和理由的，可以确认其证明力。

第四十八条 一方当事人提出的证据，另一方当事人认可或者提出的相反证据不足以反驳的，商标评审委员会可以确认其证明力。

一方当事人提出的证据，另一方当事人有异议并提出反驳证据，对方当事人对反驳证据认可的，可以确认反驳证据的证明力。

第四十九条 双方当事人对同一事实分别举出相反的证据，但都没有足够的依据否定对方证据的，商标评审委员会应当结合案件情况，判断一方提供证据的证明力是否明显大于另一方提供证据的证明力，并对证明力较大的证据予以确认。

因证据的证明力无法判断导致争议事实难以认定的，商标评审委员会应当依据举证责任分配原则做出判断。

第五十条 评审程序中，当事人在申请书、答辩书、陈述及其委托代理人的代理词中承认的对己方不利的事实和认可的证据，商标评审委员会应当予以确认，但当事人反悔并有相反证据足以推翻的除外。

第五十一条 商标评审委员会就数个证据对同一事实的证明力，可以依照下列原则认定：

（一）国家机关以及其他职能部门依职权制作的公文文书优于其他书证；

（二）鉴定结论、档案材料以及经过公证或者登记的书证优于其他书证、视听资料和证人证言；

（三）原件、原物优于复制件、复制品；

（四）法定鉴定部门的鉴定结论优于其他鉴定部门的鉴定结论；

（五）原始证据优于传来证据；

（六）其他证人证言优于与当事人有亲属关系或者其他密切关系的证人提供的对该当事人有利的证言；

（七）参加口头审理作证的证人证言优于未参加口头审理作证的证人证言；

（八）数个种类不同、内容一致的证据优于一个孤立的证据。

第五章 期间、送达

第五十二条 期间包括法定期间和商标评审委员会指定的期间。期间应当依照实施条例第十二条的规定计算。

第五十三条 当事人向商标评审委员会提交的文件或者材料的日期，直接递交的，以递交日为准；邮寄的，以寄出的邮戳日为准；邮戳日不清晰或者没有邮戳的，以商标评审委员会实际收到日为准，但是当事人能够提出实际邮戳日证据的除外。通过邮政企业以外的快递企业递交的，以快递企业收寄日为准；收寄日不明确的，以商标评审委员会实际收到日为准，但是当事人能够提出实际收寄日证据的除外。以数据电文方式提交的，以进入商标评审委员会电子系统的日期为准。

当事人向商标评审委员会邮寄文件，应当使用给据邮件。

当事人向商标评审委员会提交文件，应当在文件中标明商标申请号或者注册号、申请人名称。提交的文件内容，以书面方式提交的，以商标评审委员会所存档案记录为准；以数据电文方式提交的，以商标评审委员会数据库记录为准，但是当事人确有证据证明商标评审委员会档案、数据库记录有错误的除外。

第五十四条 商标评审委员会的各种文件，可以通过邮寄、直接递交、数据电文或者其他方式送达当事人；以数据电文方式送达当事人的，应当经当事人同意。当事人委托商标代理机构的，文件送达商标代理机构视为送达当事人。

商标评审委员会向当事人送达各种文件的日期，邮寄的，以当事人收到的邮戳日为准；邮戳日不清晰或者没有邮戳的，自文件发出之日起满十五日，视为送达当事人，但当事人能够证明实际收到日的除外；直接递交的，以递交日为准。以数据电文方式送达的，自文件发出之日满十五日，视为送达当事人；文件通过上述方式无法送达的，可以通过公告方式送达当事人，自公告发布之日起满三十日，该文件视为已经送达。

商标评审委员会向当事人邮寄送达文件被退回后通过公告送达的，后续文件均采取公告送达方式，但当事人在公告送达后明确告知通信地址的除外。

第五十五条 依照实施条例第五条第三款的规定，商标评审案件的被申请人或者原异议人是在中国没有经常居所或者营业所的外国人或者外国企业的，由该评审商标注册申请书中载明的国内接收人负责接收商标评审程序的有关法律文件；商标评审委员会将有关法律文件送达该国内接收人，视为送达当事人。

依照前款规定无法确定国内接收人的，由商标局原审程序中的或者最后一个申请办理该商标相关事宜的商标代理机构承担商标评审程序中有关法律文件的签收及转达义务；商标评审委员会将有关法律文件送达该商标代理机构。商标代理机构在有关法律文件送达之前已经与国外当事人解除商标代理关系的，应当以书面形式向商标评审委员会说明有关情况，并自收到文件之日起十日内将有关法律文件交回商标评审委员会，由商标评审委员会另行送达。

马德里国际注册商标涉及国际局转发相关书件的，应当提交相应的送达证据。未提交的，应当书面说明原因，自国际局发文之日起满十五日视为送达。

上述方式无法送达的，公告送达。

第六章 附 则

第五十六条 从事商标评审工作的国家机关工作人员玩忽职守、滥用职权、徇私舞弊，违法办理商标评审事项，收受当事人财物，牟取不正当利益的，依法给予处分。

第五十七条 对于当事人不服商标局做出的驳回商标注册申请决定在 2014 年 5 月 1 日以前向商标评审委员会提出复审申请，商标评审委员会于 2014 年 5 月 1 日以后（含 5 月 1 日，下同）审理的案件，适用修改后的商标法。

对于当事人不服商标局做出的异议裁定在 2014 年 5 月 1 日以前向商标评审委员会提出复审申请，商标评审委员会于 2014 年 5 月 1 日以后审理的案件，当事人提出异议和复审的主体资格适用修改前的商标法，其他程序问题和实体问题适用修改后的商标法。

对于已经注册的商标，当事人在 2014 年 5 月 1 日以前向商标评审委员会提出争议和撤销复审申请，商标评审委员会于 2014 年 5 月 1 日以后审理的案件，相关程序问题适用修改后的商标法，实体问题适用修改前的商标法。

对于当事人在 2014 年 5 月 1 日以前向商标评审委员会提出申请的商标评审案件，应当自 2014 年 5 月 1 日起开始计算审理期限。

第五十八条 办理商标评审事宜的文书格式，由商标评审委员会制定并公布。

第五十九条 本规则由国家工商行政管理总局负责解释。

第六十条 本规则自 2014 年 6 月 1 日起施行

商标代理机构备案办理须知

（2014 年 7 月 14 日）

根据《商标法实施条例》规定，商标代理机构从事商标局、商标评审委员会主管的商标事宜代理业务的，应当向商标局备案。

一、备案主体

可以向商标局备案的商标代理机构包括经工商行政管理部门登记从事商标代理业务的服务机构以及从事商标代理业务的律师事务所。

经工商登记的商标代理机构，其经营范围中应当含有“商标代理”或者“知识产权代理”项目。

二、备案办理方式

商标代理机构办理备案可以直接递交，也可以通过邮寄办理。

直接递交的，商标局对按要求填写的备案表及交验的有关证明文件进行审核，并留存交验文件的复印件。邮寄办理的，商标代理机构应当按要求填写备案表并提交登记主管部门盖章的或者经公证的有关证明文件的复印件。

直接递交的，在商标局商标注册大厅专门受理窗口办理；邮寄办理的，备案材料寄送至北京市西城区茶马南街 1 号中国商标大楼收文科，邮政编码：100055。

三、商标代理机构备案

商标代理机构向商标局备案，应当填写商标代理机构备案表（按要求填写并经商标代理机构盖章、负责人签字，下同）并提交以下文件：

（一）盖有登记主管部门章戳的工商营业执照、律师事务所执业许可证副本的复印件，或者经公证的工商营业执照、律师事务所执业许可证副本的复印件，并加盖商标代理机构章戳；

（二）经办人有效身份证明文件的复印件。

四、商标代理机构变更备案

备案商标代理机构依法办理变更登记手续后，应当及时向商标局办理变更备案，商标代理机构怠于办理的，自行承担由此产生的法律后果。

（一）变更商标代理机构名称、地址、负责人的，应当填写商标代理机构变更备案表并提交下列文件：

1. 登记主管部门出具的变更证明文件，或者加盖登记主管部门章戳的变更证明文件的复印件，或者经公证的变更证明文件的复印件；

2. 变更后的工商营业执照、律师事务所执业许可证副本的复印件，并加盖商标代理机构章戳；

3. 经办人有效身份证明文件的复印件。

（二）变更其他备案事项的，应当填写商标代理机构变更备案表并提交下列文件：

1. 工商营业执照或者律师事务所执业许可证副本的复印件，并加盖商标代理机构章戳；

2. 经办人有效身份证明文件的复印件。

五、商标代理机构合并备案

备案商标代理机构依法办理合并登记手续后，应当及时向商标局办理合并备案，商标代理机构怠于办理的，自行承担由此产生的法律后果。

办理商标代理机构合并备案，应当填写商标代理机构合并备案表并提交以下文件：

（一）登记主管部门出具的合并登记证明文件，或者加盖登记主管部门章戳的合并登记证明文件的复印件，或者经过公证的合并登记证明文件的复印件；

（二）合并后的工商营业执照或者律师事务所执业许可证副本的复印件，并加盖商标代理机构章戳；

（三）授权委托书及经办人有效身份证明文件的复印件。

商标代理机构名称以外的其他备案事项同时发生变更的，按照商标代理机构变更备案办理。

六、商标代理机构注销备案/结算

商标代理机构注销、变更营业登记，停止办理商标代理业务的，应当与委托人就未完成代理事宜签订终止委托协议或者经委托人同意与其他商标代理机构签订转委托协议。

商标代理机构办理注销、变更登记后，应当及时向商标局办理注销备案/结算。办理注销备案/结算的，应当填写商标代理机构注销备案/结算表并提交以下文件：

（一）登记主管部门出具的注销登记、变更登记证明文件，或者加盖登记主管部门章戳的上述证明文件的复印件，或者经过公证的上述证明文件的复印件；

（二）仅办理结算的，须附送盖有登记主管部门章戳的工商营业执照或者律师事务所执业许可证副本的复印件，或者经公证的上述身份证明文件的复印件，并加盖商标代理机构章戳；

（三）授权委托书以及经办人有效身份证明文件的复印件。

办理结算的，拖欠的规费应当及时补足，所交预付款有余额的，商标局经清算后予以退回；指定非本商标代理机构名义账户的，须另附材料说明。

注销备案/结算的商标代理机构，其未完成的商标代理事宜，商标局将有关书件直接送达商标申请人或者按照《关于委托人直接领取相关书件的通知》办理；商标申请人是外国人或者外国企业的，书件送达按照商标法实施条例第五条第三款的规定办理。

七、工作时限

商标局自收到备案材料之日起十五个工作日内对商标代

理机构备案材料进行审核。符合要求的，予以备案；不符合要求的，通知商标代理机构补正，补正合格的，予以备案。

八、办理费用

商标代理机构备案无须缴纳费用。

九、备案信息的公布

商标代理机构备案信息，由商标局在中国商标网公布。

十、附则

2014 年 5 月 1 日前，工商总局及商标局发布的关于商标代理备案的规范性文件，其规定与《商标法实施条例》及本须知内容相抵触的，遵照《商标法实施条例》和本须知要求执行。

本须知自发布之日起施行。

律师事务所从事商标代理业务管理办法

（2012 年 11 月 6 日　工商标字〔2012〕192 号）

第一章　总　　则

第一条　为了规范律师事务所及其律师从事商标代理的执业行为，维护商标代理法律服务秩序，保障委托人的合法权益，根据《中华人民共和国商标法》、《中华人民共和国律师法》等法律、法规、规章的规定，制定本办法。

第二条　律师事务所及其律师从事商标代理业务，适用本办法。

本办法所称律师事务所，是指律师的执业机构。

本办法所称律师，是指依法取得律师执业证书，受律师事务所指派为当事人提供法律服务的执业人员。

第三条　律师事务所及其律师从事商标代理业务，应当依法、诚信、尽责执业，恪守律师职业道德和执业纪律，接受当事人和社会的监督。

第四条　工商行政管理机关和司法行政机关依法对律师事务所及其律师从事商标代理业务活动进行监督管理。

第二章　业务范围及备案

第五条　律师事务所可以接受当事人委托，指派律师办理下列商标代理业务：

（一）代理商标注册申请、变更、续展、转让、补证、质权登记、许可合同备案、异议、注销、撤销以及马德里国际注册等国家工商行政管理总局商标局（以下简称商标局）主管的有关商标事宜；

（二）代理商标注册驳回复审、异议复审、撤销复审及注册商标争议案件等国家工商行政管理总局商标评审委员会（以下简称商评委）主管的有关商标事宜；

（三）代理其他商标国际注册有关事宜；

（四）代理商标侵权证据调查、商标侵权投诉；

（五）代理商标行政复议、诉讼案件；

（六）代理参加商标纠纷调解、仲裁等活动；

（七）担任商标法律顾问，提供商标法律咨询，代写商标法律事务文书；

（八）代理其他商标法律事务。

律师事务所从事前款第一项、第二项商标代理业务，应当向商标局办理备案。

第六条　律师事务所办理备案，应当向商标局提交下列材料：

（一）备案申请书，其中应当载明律师事务所名称、住所、组织形式、负责人、电话、传真、电子邮箱、邮政编码等信息；

（二）加盖本所印章的律师事务所执业许可证复印件。

申请材料齐备的，商标局应当自收到申请之日起 15 日内完成备案并予以公告；申请材料不齐备的，应当通知申请人补正后予以备案。

第七条　律师事务所名称、住所、负责人、联系方式等备案事项变更的，应当在变更后 30 日内向商标局办理变更备案。办理变更备案，应当提交下列材料：

（一）变更备案事项申请书；

（二）律师事务所所在地司法行政机关出具的该所变更事项证明文件；

（三）加盖本所印章的律师事务所执业许可证复印件。

变更除名称、住所、负责人以外备案事项的，可以不提交前款第二项规定的材料。

第八条　办理商标代理业务备案的律师事务所终止的，应当向商标局申请结算和注销备案。申请结算，应当提交下列材料（一式两份）：

（一）结算申请书，载明申请事项、开户银行、账号、收款人、经办人及联系方式等；

（二）该所已上报商标局和商评委的商标代理业务清单；

（三）该所出具的授权经办人办理结算手续的证明文件。

商标局应当自收到申请之日起三个月内办结律师事务所结算手续，出具结算证明，注销其从事商标代理业务的备案并予以公告。

第三章　业 务 规 则

第九条　律师承办商标代理业务，应当由律师事务所统一接受委托，与委托人签订书面委托合同，按照国家规定统一收取费用并如实入账。

律师事务所受理商标代理业务，应该依照有关规定进行利益冲突审查，不得违反规定受理与本所承办的法律事务及其委托人有利益冲突的商标代理业务。

第十条　律师承办商标代理业务，应当按照委托合同约定，严格履行代理职责，及时向委托人通报委托事项办理进展情况，无正当理由不得拖延、拒绝代理。

委托事项违法，委托人利用律师提供的服务从事违法活动，委托人故意隐瞒重要事实、隐匿证据或者提供虚假、伪造证据的，律师有权拒绝代理。

第十一条 律师就商标代理出具的法律意见、提供的相关文件，应当符合有关法律、法规、规章的规定，符合商标局、商评委和地方工商行政管理机关的要求，应当真实、准确、完整，并经律师事务所审查无误后盖章出具。

第十二条 向商标局办理备案的律师事务所，应当按规定将商标规费预付款汇至商标局账户。

商标规费预付款余额不足的，由商标局或者商评委按照《商标法实施条例》第十八条第一款的规定，对律师事务所代理的商标申请不予受理。

第十三条 律师事务所及其律师承办商标代理业务，不得委托其他单位或者个人代为办理，不得与非法律服务机构、非商标代理组织合作办理。

第十四条 律师只能在一个律师事务所执业，不得同时在其他商标代理组织从事商标代理业务。

第十五条 律师事务所及其律师承办商标代理业务，应当遵守律师执业保密规定。未经委托人同意，不得将代理事项及相关信息泄露给其他单位或者个人。

第十六条 律师事务所及其律师不得以诋毁其他律师事务所和律师、商标代理组织和商标代理人或者支付介绍费等不正当手段承揽商标代理业务。

第十七条 律师事务所及其律师承办商标代理业务，不得利用提供法律服务的便利牟取当事人争议的权益，不得接受对方当事人的财物或者其他利益，不得与对方当事人或者第三人恶意串通，侵害委托人权益。

第十八条 律师事务所在终止事由发生后，有未办结的商标代理业务的，应当及时与委托人协商终止委托代理关系，或者告知委托人办理变更委托代理手续；委托人为外国人或者外国企业的，应当协助其办理变更委托代理手续。

律师变更执业机构、终止执业或者受到停止执业处罚的，应当在律师事务所安排下，及时办妥其承办但尚未办结的商标代理业务的交接手续。

第十九条 律师事务所应当加强对律师从事商标代理业务的监督，及时纠正律师在商标代理执业活动中的违法违规行为，调处律师在执业中与委托人之间的纠纷。

律师事务所应当组织律师参加商标业务培训，开展经验交流和业务研讨，提高律师商标代理业务水平。

第四章 监督管理

第二十条 律师事务所及其律师从事商标代理业务有违反法律、法规和规章行为，需要给予警告、罚款处罚的，由受理投诉、发现问题的工商行政管理机关、司法行政机关分别依据有关法律、法规和规章的规定实施处罚；需要对律师事务所给予停业整顿或者吊销执业许可证书处罚、对律师给予停止执业或者吊销律师执业证书处罚的，由司法行政机关依法实施处罚；有违反律师行业规范行为的，由律师协会给予相应的行业惩戒。

律师和律师事务所从事商标代理业务的违法行为涉嫌犯罪的，应当移送司法机关处理。

第二十一条 律师事务所及其律师违反本办法第七条、第八条、第十八条的规定，导致商标局或者商评委发出的文件无法按规定时限送达的，其法律后果由律师事务所及其律师承担。

律师事务所及其律师违反本办法第七条、第八条、第十八条的规定，导致送达文件被退回或者被委托人投诉的，经查实，商标局可以按照规定予以公开通报。

第二十二条 律师事务所依法受到停业整顿处罚的，在其停业整顿期间，商标局或者商评委可以暂停受理该律师事务所新的商标代理业务。

向商标局办理备案的律师事务所受到停业整顿处罚的，应当及时将受到处罚的情况及处罚期限报告商标局和商评委。

第二十三条 工商行政管理机关和司法行政机关在查处律师事务所和律师从事商标代理业务违法行为的工作中，应当相互配合，互通情况，建立协调协商机制。对于依法应当由对方实施处罚的，及时移送对方处理；一方实施处罚后，应当将处罚结果书面告知另一方。

第五章 附 则

第二十四条 本办法由国家工商行政管理总局和司法部负责解释。

第二十五条 本办法自2013年1月1日起施行。

（三）商标使用与管理

商标印制管理办法

（2004年8月19日国家工商行政管理总局令第15号发布 自2004年9月1日起施行）

第一条 为了加强商标印制管理，保护注册商标专用权，维护社会主义市场经济秩序，根据《中华人民共和国商标法》、《中华人民共和国商标法实施条例》（以下分别简称《商标法》、《商标法实施条例》）的有关规定，制定本办法。

第二条 以印刷、印染、制版、刻字、织字、晒蚀、印铁、铸模、冲压、烫印、贴花等方式制作商标标识的，应当遵守本办法。

第三条 商标印制委托人委托商标印制单位印制商标

的，应当出示营业执照副本或者合法的营业证明或者身份证明。

第四条　商标印制委托人委托印制注册商标的，应当出示《商标注册证》或者由注册人所在地县级工商行政管理局签章的《商标注册证》复印件，并另行提供一份复印件。

签订商标使用许可合同使用他人注册商标，被许可人需印制商标的，还应当出示商标使用许可合同文本并提供一份复印件；商标注册人单独授权被许可人印制商标的，除出示由注册人所在地县级工商行政管理局签章的《商标注册证》复印件外，还应当出示授权书并提供一份复印件。

第五条　委托印制注册商标的，商标印制委托人提供的有关证明文件及商标图样应当符合下列要求：

（一）所印制的商标样稿应当与《商标注册证》上的商标图样相同；

（二）被许可人印制商标标识的，应有明确的授权书，或其所提供的《商标使用许可合同》含有许可人允许其印制商标标识的内容；

（三）被许可人的商标标识样稿应当标明被许可人的企业名称和地址；其注册标记的使用符合《商标法实施条例》的有关规定。

第六条　委托印制未注册商标的，商标印制委托人提供的商标图样应当符合下列要求：

（一）所印制的商标不得违反《商标法》第十条的规定；

（二）所印制的商标不得标注“注册商标”字样或者使用注册标记。

第七条　商标印制单位应当对商标印制委托人提供的证明文件和商标图样进行核查。

商标印制委托人未提供本办法第三条、第四条所规定的证明文件，或者其要求印制的商标标识不符合本办法第五条、第六条规定的，商标印制单位不得承接印制。

第八条　商标印制单位承印符合本办法规定的商标印制业务的，商标印制业务管理人员应当按照要求填写《商标印制业务登记表》，载明商标印制委托人所提供的证明文件的主要内容，《商标印制业务登记表》中的图样应当由商标印制单位业务主管人员加盖骑缝章。

商标标识印制完毕，商标印制单位应当在15天内提取标识样品，连同《商标印制业务登记表》、《商标注册证》复印件、商标使用许可合同复印件、商标印制授权书复印件等一并造册存档。

第九条　商标印制单位应当建立商标标识出入库制度，商标标识出入库应当登记台账。废次标识应当集中进行销毁，不得流入社会。

第十条　商标印制档案及商标标识出入库台帐应当存档备查，存查期为两年。

第十一条　商标印制单位违反本办法第七条至第十条规定的，由所在地工商行政管理局责令其限期改正，并视其情节予以警告，处以非法所得额三倍以下的罚款，但最高不超过三万元，没有违法所得的，可以处以一万元以下的罚款。

第十二条　擅自设立商标印刷企业或者擅自从事商标印刷经营活动的，由所在地或者行为地工商行政管理局依照《印刷业管理条例》的有关规定予以处理。

第十三条　商标印制单位违反第七条规定承接印制业务，且印制的商标与他人注册商标相同或者近似的，属于《商标法实施条例》第五十条第（二）项所述的商标侵权行为，由所在地或者行为地工商行政管理局依《商标法》的有关规定予以处理。

第十四条　商标印制单位的违法行为构成犯罪的，所在地或者行为地工商行政管理局应及时将案件移送司法机关追究刑事责任。

第十五条　本办法所称“商标印制”是指印刷、制作商标标识的行为。

本办法所称“商标标识”是指与商品配套一同进入流通领域的带有商标的有形载体，包括注册商标标识和未注册商标标识。

本办法所称“商标印制委托人”是指要求印制商标标识的商标注册人、未注册商标使用人、注册商标被许可使用人以及符合《商标法》规定的其他商标使用人。

本办法所称“商标印制单位”是指依法登记从事商标印制业务的企业和个体工商户。

本办法所称《商标注册证》包括国家工商行政管理总局商标局所发的有关变更、续展、转让等证明文件。

第十六条　本办法自2004年9月1日起施行。国家工商行政管理局1996年9月5日发布的《商标印制管理办法》同时废止。

商标使用许可合同备案办法

（1997年8月1日　商标〔1997〕39号）

第一条　为了加强对商标使用许可合同的管理，规范商标使用许可行为，根据《中华人民共和国商标法》及《中华人民共和国商标法实施细则》的有关规定，制订本办法。

第二条　商标注册人许可他人使用其注册商标，必须签订商标使用许可合同。

第三条　订立商标使用许可合同，应当遵循自愿和诚实信用的原则。

任何单位和个人不得利用许可合同从事违法活动，损害社会公共利益和消费者权益。

第四条　商标使用许可合同自签订之日起3个月内，许可人应当将许可合同副本报送商标局备案。

第五条 向商标局办理商标使用许可合同备案事宜的，可以委托国家工商行政管理局认可的商标代理组织代理，也可以直接到商标局办理。

许可人是外国人或者外国企业的，应当委托国家工商行政管理局指定的商标代理组织代理。

第六条 商标使用许可合同至少应当包括下列内容：

（一）许可使用的商标及其注册证号；

（二）许可使用的商品范围；

（三）许可使用期限；

（四）许可使用商标的标识提供方式；

（五）许可人对被许可人使用其注册商标的商品质量进行监督的条款；

（六）在使用许可人注册商标的商品上标明被许可人的名称和商品产地的条款。

第七条 申请商标使用许可合同备案，应当提交下列书件：

（一）商标使用许可合同备案表；

（二）商标使用许可合同副本；

（三）许可使用商标的注册证复印件。

人用药品商标使用许可合同备案，应当同时附送被许可人取得的卫生行政管理部门的有效证明文件。

卷烟、雪茄烟和有包装烟丝的商标使用许可合同备案，应当同时附送被许可人取得的国家烟草主管部门批准生产的有效证明文件。

外文书件应当同时附送中文译本。

第八条 商标注册人通过被许可人许可第三方使用其注册商标的，其商标使用许可合同中应当含有允许被许可人许可第三方使用的内容或者出具相应的授权书。

第九条 申请商标使用许可合同备案，应当按照许可使用的商标数量填报商标使用许可合同备案表，并附送相应的使用许可合同副本及《商标注册证》复印件。

通过一份合同许可一个被许可人使用多个商标的，许可人应当按照商标数量报送商标使用许可合同备案表及《商标注册证》复印件，但可以只报送一份使用许可合同副本。

第十条 申请商标使用许可合同备案，许可人应当按照许可使用的商标数量缴纳备案费。

缴纳备案费可以采取直接向商标局缴纳的方式，也可以采取委托商标代理组织缴纳的方式。具体收费标准依照有关商标业务收费的规定执行。

第十一条 有下列情形之一的，商标局不予备案：

（一）许可人不是被许可商标的注册人的；

（二）许可使用的商标与注册商标不一致的；

（三）许可使用商标的注册证号与所提供商标注册证号不符的；

（四）许可使用的期限超过该注册商标的有效期限的；

（五）许可使用的商品超出了该注册商标核定使用的商品范围的；

（六）商标使用许可合同缺少本办法第六条所列内容的；

（七）备案申请缺少本办法第七条所列书件的；

（八）未缴纳商标使用许可合同备案费的；

（九）备案申请中的外文书件未附中文译本的；

（十）其他不予备案的情形。

第十二条 商标使用许可合同备案书件齐备，符合《商标法》及《商标法实施细则》有关规定的，商标局予以备案。

已备案的商标使用许可合同，由商标局向备案申请人发出备案通知书，并集中刊登在每月第2期《商标公告》上。

第十三条 不符合备案要求的，商标局予以退回并说明理由。

许可人应当自收到退回备案材料之日起1个月内，按照商标局指定的内容补正再报送备案。

第十四条 有下列情形之一的，应当重新申请商标使用许可合同备案：

（一）许可使用的商品范围变更的；

（二）许可使用的期限变更的；

（三）许可使用的商标所有权发生转移的；

（四）其他应当重新申请备案的情形。

第十五条 有下列情形之一的，许可人和被许可人应当书面通知商标局及其各自所在地县级工商行政管理机关：

（一）许可人名义变更的；

（二）被许可人名义变更的；

（三）商标使用许可合同提前终止的；

（四）其他需要通知的情形。

第十六条 对以欺骗手段或者其他不正当手段取得备案的，由商标局注销其商标使用许可合同备案并予以公告。

第十七条 对已备案的商标使用许可合同，任何单位和个人均可以提出书面查询申请，并按照有关规定交纳查询费。

第十八条 按照《商标法实施细则》第三十五条的规定，许可人和被许可人应当在许可合同签订之日起3个月内，将许可合同副本交送其所在地工商行政管理机关存查，具体存查办法可以参照本办法执行。

第十九条 县级以上工商行政管理机关依据《商标法》及其他法律、法规和规章的规定，负责对商标使用许可行为的指导、监督和管理。

第二十条 利用商标使用许可合同从事违法活动的，由县级以上工商行政管理机关依据《商标法》及其他法律、法规和规章的规定处理；构成犯罪的，依法追究刑事责任。

第二十一条 本办法所称商标许可人是指商标使用许可合同中许可他人使用其注册商标的人，商标被许可人是指符合《商标法》及《商标法实施细则》有关规定并经商标注册人授权使用其商标的人。

本办法有关商品商标的规定,适用于服务商标。

第二十二条　商标使用许可合同示范文本由商标局制定并公布。

第二十三条　本办法自发布之日起施行。商标局 1985 年 2 月 25 日颁发的《商标使用许可合同备案注意事项》同时废止。

附件:商标使用许可合同(示范文本)(略)

商标使用许可合同备案通知书(略)

集体商标、证明商标注册和管理办法

(2003 年 4 月 17 日国家工商行政管理总局令第 6 号　自 2003 年 6 月 1 日起施行)

第一条　根据《中华人民共和国商标法》(以下简称《商标法》)第三条的规定,制定本办法。

第二条　集体商标、证明商标的注册和管理,依照商标法、《中华人民共和国商标法实施条例》(以下简称实施条例)和本办法的有关规定进行。

第三条　本办法有关商品的规定,适用于服务。

第四条　申请集体商标注册的,应当附送主体资格证明文件并应当详细说明该集体组织成员的名称和地址;以地理标志作为集体商标申请注册的,应当附送主体资格证明文件并应当详细说明其所具有的或者其委托的机构具有的专业技术人员、专业检测设备等情况,以表明其具有监督使用该地理标志商品的特定品质的能力。

申请以地理标志作为集体商标注册的团体、协会或者其他组织,应当由来自该地理标志标示的地区范围内的成员组成。

第五条　申请证明商标注册的,应当附送主体资格证明文件并应当详细说明其所具有的或者其委托的机构具有的专业技术人员、专业检测设备等情况,以表明其具有监督该证明商标所证明的特定商品品质的能力。

第六条　申请以地理标志作为集体商标、证明商标注册的,还应当附送管辖该地理标志所标示地区的人民政府或者行业主管部门的批准文件。

外国人或者外国企业申请以地理标志作为集体商标、证明商标注册的,申请人应当提供该地理标志以其名义在其原属国受法律保护的证明。

第七条　以地理标志作为集体商标、证明商标注册的,应当在申请书件中说明下列内容:

(一)该地理标志所标示的商品的特定质量、信誉或者其他特征;

(二)该商品的特定质量、信誉或者其他特征与该地理标志所标示的地区的自然因素和人文因素的关系;

(三)该地理标志所标示的地区的范围。

第八条　作为集体商标、证明商标申请注册的地理标志,可以是该地理标志标示地区的名称,也可以是能够标示某商品来源于该地区的其他可视性标志。

前款所称地区无需与该地区的现行行政区划名称、范围完全一致。

第九条　多个葡萄酒地理标志构成同音字或者同形字的,在这些地理标志能够彼此区分且不误导公众的情况下,每个地理标志都可以作为集体商标或者证明商标申请注册。

第十条　集体商标的使用管理规则应当包括:

(一)使用集体商标的宗旨;

(二)使用该集体商标的商品的品质;

(三)使用该集体商标的手续;

(四)使用该集体商标的权利、义务;

(五)成员违反其使用管理规则应当承担的责任;

(六)注册人对使用该集体商标商品的检验监督制度。

第十一条　证明商标的使用管理规则应当包括:

(一)使用证明商标的宗旨;

(二)该证明商标证明的商品的特定品质;

(三)使用该证明商标的条件;

(四)使用该证明商标的手续;

(五)使用该证明商标的权利、义务;

(六)使用人违反该使用管理规则应当承担的责任;

(七)注册人对使用该证明商标商品的检验监督制度。

第十二条　使用他人作为集体商标、证明商标注册的葡萄酒、烈性酒地理标志标示并非来源于该地理标志所标示地区的葡萄酒、烈性酒,即使同时标出了商品的真正来源地,或者使用的是翻译文字,或者伴有诸如某某“种”、某某“型”、某某“式”、某某“类”等表述的,适用《商标法》第十六条的规定。

第十三条　集体商标、证明商标的初步审定公告的内容,应当包括该商标的使用管理规则的全文或者摘要。

集体商标、证明商标注册人对使用管理规则的任何修改,应报经商标局审查核准,并自公告之日起生效。

第十四条　集体商标注册人的成员发生变化的,注册人应当向商标局申请变更注册事项,由商标局公告。

第十五条　证明商标注册人准许他人使用其商标的,注册人应当在一年内报商标局备案,由商标局公告。

第十六条　申请转让集体商标、证明商标的,受让人应当具备相应的主体资格,并符合商标法、实施条例和本办法的规定。

集体商标、证明商标发生移转的,权利继受人应当具备相应的主体资格,并符合商标法、实施条例和本办法的规定。

第十七条　集体商标注册人的集体成员,在履行该集体商标使用管理规则规定的手续后,可以使用该集体商标。

集体商标不得许可非集体成员使用 。

第十八条 凡符合证明商标使用管理规则规定条件的，在履行该证明商标使用管理规则规定的手续后，可以使用该证明商标，注册人不得拒绝办理手续。

《实施条例》第六条第二款中的正当使用该地理标志是指正当使用该地理标志中的地名。

第十九条 使用集体商标的，注册人应发给使用人《集体商标使用证》；使用证明商标的，注册人应发给使用人《证明商标使用证》。

第二十条 证明商标的注册人不得在自己提供的商品上使用该证明商标。

第二十一条 集体商标、证明商标注册人没有对该商标的使用进行有效管理或者控制，致使该商标使用的商品达不到其使用管理规则的要求，对消费者造成损害的，由工商行政管理部门责令限期改正；拒不改正的，处以违法所得3倍以下的罚款，但最高不超过3万元；没有违法所得的，处以1万元以下的罚款。

第二十二条 违反《实施条例》第六条、本办法第十四条、第十五条、第十七条、第十八条、第二十条规定的，由工商行政管理部门责令限期改正；拒不改正的，处以违法所得3倍以下的罚款，但最高不超过3万元；没有违法所得的，处以1万元以下的罚款。

第二十三条 本办法自2003年6月1日起施行。国家工商行政管理局1994年12月30日发布的《集体商标、证明商标注册和管理办法》同时废止。

（四）驰名商标

驰名商标认定和保护规定

（2014年7月3日国家工商行政管理总局令第66号公布自公布之日起30日后施行）

第一条 为规范驰名商标认定工作，保护驰名商标持有人的合法权益，根据《中华人民共和国商标法》（以下简称商标法）、《中华人民共和国商标法实施条例》（以下简称实施条例），制定本规定。

第二条 驰名商标是在中国为相关公众所熟知的商标。

相关公众包括与使用商标所标示的某类商品或者服务有关的消费者，生产前述商品或者提供服务的其他经营者以及经销渠道中所涉及的销售者和相关人员等。

第三条 商标局、商标评审委员会根据当事人请求和审查、处理案件的需要，负责在商标注册审查、商标争议处理和工商行政管理部门查处商标违法案件过程中认定和保护驰名商标。

第四条 驰名商标认定遵循个案认定、被动保护的原则。

第五条 当事人依照商标法第三十三条规定向商标局提出异议，并依照商标法第十三条规定请求驰名商标保护的，可以向商标局提出驰名商标保护的书面请求并提交其商标构成驰名商标的证据材料。

第六条 当事人在商标不予注册复审案件和请求无效宣告案件中，依照商标法第十三条规定请求驰名商标保护的，可以向商标评审委员会提出驰名商标保护的书面请求并提交其商标构成驰名商标的证据材料。

第七条 涉及驰名商标保护的商标违法案件由市（地、州）级以上工商行政管理部门管辖。当事人请求工商行政管理部门查处商标违法行为，并依照商标法第十三条规定请求驰名商标保护的，可以向违法行为发生地的市（地、州）级以上工商行政管理部门进行投诉，并提出驰名商标保护的书面请求，提交证明其商标构成驰名商标的证据材料。

第八条 当事人请求驰名商标保护应当遵循诚实信用原则，并对事实及所提交的证据材料的真实性负责。

第九条 以下材料可以作为证明符合商标法第十四条第一款规定的证据材料：

（一）证明相关公众对该商标知晓程度的材料。

（二）证明该商标使用持续时间的材料，如该商标使用、注册的历史和范围的材料。该商标为未注册商标的，应当提供证明其使用持续时间不少于五年的材料。该商标为注册商标的，应当提供证明其注册时间不少于三年或者持续使用时间不少于五年的材料。

（三）证明该商标的任何宣传工作的持续时间、程度和地理范围的材料，如近三年广告宣传和促销活动的方式、地域范围、宣传媒体的种类以及广告投放量等材料。

（四）证明该商标曾在中国或者其他国家和地区作为驰名商标受保护的材料。

（五）证明该商标驰名的其他证据材料，如使用该商标的主要商品在近三年的销售收入、市场占有率、净利润、纳税额、销售区域等材料。

前款所称“三年”、“五年”，是指被提出异议的商标注册申请日期、被提出无效宣告请求的商标注册申请日期之前的三年、五年，以及在查处商标违法案件中提出驰名商标保护请求日期之前的三年、五年。

第十条 当事人依照本规定第五条、第六条规定提出驰名商标保护请求的，商标局、商标评审委员会应当在商标法第三十五条、第三十七条、第四十五条规定的期限内及时作出处理。

第十一条 当事人依照本规定第七条规定请求工商行政管理部门查处商标违法行为的，工商行政管理部门应当对投诉材料予以核查，依照《工商行政管理机关行政处罚程序规定》的有关规定决定是否立案。决定立案的，工商行政管理部门应当对当事人提交的驰名商标保护请求及相关证据材料是否符合商标法第十三条、第十四条、实施条例第三条和本规定第九条规定进行初步核实和审查。经初步核查符合规定的，应当自立案之日起三十日内将驰名商标认定请示、案件材料副本一并报送上级工商行政管理部门。经审查不符合规定的，应当依照《工商行政管理机关行政处罚程序规定》的规定及时作出处理。

第十二条 省（自治区、直辖市）工商行政管理部门应当对本辖区内市（地、州）级工商行政管理部门报送的驰名商标认定相关材料是否符合商标法第十三条、第十四条、实施条例第三条和本规定第九条规定进行核实和审查。经核查符合规定的，应当自收到驰名商标认定相关材料之日起三十日内，将驰名商标认定请示、案件材料副本一并报送商标局。经审查不符合规定的，应当将有关材料退回原立案机关，由其依照《工商行政管理机关行政处罚程序规定》的规定及时作出处理。

第十三条 商标局、商标评审委员会在认定驰名商标时，应当综合考虑商标法第十四条第一款和本规定第九条所列各项因素，但不以满足全部因素为前提。

商标局、商标评审委员会在认定驰名商标时，需要地方工商行政管理部门核实有关情况的，相关地方工商行政管理部门应当予以协助。

第十四条 商标局经对省（自治区、直辖市）工商行政管理部门报送的驰名商标认定相关材料进行审查，认定构成驰名商标的，应当向报送请示的省（自治区、直辖市）工商行政管理部门作出批复。

立案的工商行政管理部门应当自商标局作出认定批复后六十日内依法予以处理，并将行政处罚决定书抄报所在省（自治区、直辖市）工商行政管理部门。省（自治区、直辖市）工商行政管理部门应当自收到抄报的行政处罚决定书之日起三十日内将案件处理情况及行政处罚决定书副本报送商标局。

第十五条 各级工商行政管理部门在商标注册和管理工作中应当加强对驰名商标的保护，维护权利人和消费者合法权益。商标违法行为涉嫌犯罪的，应当将案件及时移送司法机关。

第十六条 商标注册审查、商标争议处理和工商行政管理部门查处商标违法案件过程中，当事人依照商标法第十三条规定请求驰名商标保护时，可以提供该商标曾在我国作为驰名商标受保护的记录。

当事人请求驰名商标保护的范围与已被作为驰名商标予以保护的范围基本相同，且对方当事人对该商标驰名无异议，或者虽有异议，但异议理由和提供的证据明显不足以支持该异议的，商标局、商标评审委员会、商标违法案件立案部门可以根据该保护记录，结合相关证据，给予该商标驰名商标保护。

第十七条 在商标违法案件中，当事人通过弄虚作假或者提供虚假证据材料等不正当手段骗取驰名商标保护的，由商标局撤销对涉案商标已作出的认定，并通知报送驰名商标认定请示的省（自治区、直辖市）工商行政管理部门。

第十八条 地方工商行政管理部门违反本规定第十一条、第十二条规定未履行对驰名商标认定相关材料进行核实和审查职责，或者违反本规定第十三条第二款规定未予以协助或者未履行核实职责，或者违反本规定第十四条第二款规定逾期未对商标违法案件作出处理或者逾期未报送处理情况的，由上一级工商行政管理部门予以通报，并责令其整改。

第十九条 各级工商行政管理部门应当建立健全驰名商标认定工作监督检查制度。

第二十条 参与驰名商标认定与保护相关工作的人员，玩忽职守、滥用职权、徇私舞弊，违法办理驰名商标认定有关事项，收受当事人财物，牟取不正当利益的，依照有关规定予以处理。

第二十一条 本规定自公布之日起30日后施行。2003年4月17日国家工商行政管理总局公布的《驰名商标认定和保护规定》同时废止。

国家工商行政管理局、商标局关于申请认定驰名商标若干问题的通知

（2000年4月28日 商标〔2000〕19号）

各省、自治区、直辖市及计划单列市工商行政管理局：

自《驰名商标认定和管理暂行规定》颁布并实施以来，我国驰名商标的认定和保护工作走上了法制化、规范化的轨道，驰名商标作为保护企业合法权益的有力法律武器在市场竞争中发挥了重要作用。但是，我局在受理企业申请认定驰名商标的过程中，也发现了一些问题，一些企业对申请认定驰名商标的法律诉求和申报程序不甚了解，有些商标代理机构以及不具有商标代理资格的机构或者个人利用企业急于认定驰名商标的心理，向企业收取高额费用，不仅使企业蒙受损失，而且损害了驰名商标认定工作的严肃性。为进一步规范驰名商标申报程序，避免上述问题继续发生，保证驰名商标认定工作正常有序地进行，现就申请认定驰名商标的有关问题通知如下：

一、企业需要申请认定驰名商标的，必须通过所在地省、自治区、直辖市工商行政管理局（以下简称省级工商局）报送有关材料。

对企业申请认定驰名商标的有关材料，各省级工商局应进行初审，并签署意见。

各省级工商局应将经过其初审并签署意见的有关申请材料以邮寄方式及时报我局。

二、企业商标权受到以下损害时，可以申请认定驰名商标：

（一）他人将与申请人申请认定商标相同或者近似的标识在非类似商品或者服务上注册或者使用，可能损害申请人权益的；

（二）他人将与申请人申请商标相同或者近似的文字作为企业名称的一部分登记或者使用，可能引起公众误认的；

（三）申请人申请认定的商标在境外被他人恶意注册，可能对申请人在境外的业务发展造成损害的；

（四）申请人申请认定商标的权益受到其他损害而难以解决的。

三、企业在申请认定驰名商标时，应提交驰名商标认定申请报告，在报告中须提供其商标权益受到损害的证据。同时应如实填写《驰名商标认定申请表》，并提供相应的证明材料。

四、企业根据《驰名商标认定申请表》的要求应提供的证明材料主要包括：

1. 驰名商标认定申请人的营业执照副本复印件；

2. 驰名商标认定申请人委托商标代理机构代理的，应提供申请人签章的委托书，或者申请人与商标代理机构签订的委托协议（合同）；

3. 使用该商标的主要商品或服务近3年来主要经济指标（应提供加盖申请人财务专用章以及当地财政与税务部门专用章的各年度财务报表或其他报表复印件，行业证明材料应由国家级行业协会或者国家级行业行政主管部门出具）；

4. 使用该商标的主要商品或服务在国内外的销售或经营情况及区域（应提供相关的主要的销售发票或销售合同复印件）；

5. 该商标在国内外的注册情况（应将该商标在所有商品或服务类别以及在所有国家或地区的注册情况列明，并提供相应的商标注册证复印件）；

6. 该商标近年来的广告发布情况（应提供相关的主要的广告合同与广告图片复印件）；

7. 该商标最早使用及连续使用时间（应提供使用该商标的商品或服务的最早销售发票或合同或该商标最早的广告或商标注册证复印件）；

8. 有关该商标驰名的其他证明文件（如省著名商标复印件等）。

五、企业申请认定驰名商标，可以自行准备申请材料，也可以委托国家工商行政管理局批准的商标代理机构代理。凡委托不具备商标代理资格的机构或个人提交的驰名商标认定申请材料，各省级工商局不予受理。

六、接受企业委托办理申请认定驰名商标有关事宜的商标代理机构，除收取适当的代理费用外，不得向委托人收取其他任何费用。

七、各省级工商局应严格按照《驰名商标认定和管理暂行规定》及本通知精神，加强对本辖区内企业申请认定驰名商标工作的指导和管理，加大对驰名商标认定目的及作用的宣传力度。对企业申请认定驰名商标中的违法违纪行为，如提供虚假证明材料或者以其他不正当手段欺骗行政管理机关等行为，应依据有关法律、法规严肃查处。

最高人民法院关于审理涉及驰名商标保护的民事纠纷案件应用法律若干问题的解释

（2009年4月22日最高人民法院审判委员会第1467会议通过　2009年4月23日最高人民法院公告公布　自2009年5月1日起施行　法释〔2009〕3号）

为在审理侵犯商标权等民事纠纷案件中依法保护驰名商标，根据《中华人民共和国商标法》、《中华人民共和国反不正当竞争法》、《中华人民共和国民事诉讼法》等有关法律规定，结合审判实际，制定本解释。

第一条　本解释所称驰名商标，是指在中国境内为相关公众广为知晓的商标。

第二条　在下列民事纠纷案件中，当事人以商标驰名作为事实根据，人民法院根据案件具体情况，认为确有必要的，对所涉商标是否驰名作出认定：

（一）以违反商标法第十三条的规定为由，提起的侵犯商标权诉讼；

（二）以企业名称与其驰名商标相同或者近似为由，提起的侵犯商标权或者不正当竞争诉讼；

（三）符合本解释第六条规定的抗辩或者反诉的诉讼。

第三条　在下列民事纠纷案件中，人民法院对于所涉商标是否驰名不予审查：

（一）被诉侵犯商标权或者不正当竞争行为的成立不以商标驰名为事实根据的；

（二）被诉侵犯商标权或者不正当竞争行为因不具备法律规定的其他要件而不成立的。

原告以被告注册、使用的域名与其注册商标相同或者近似，并通过该域名进行相关商品交易的电子商务，足以造成相关公众误认为由，提起的侵权诉讼，按照前款第（一）项的规定处理。

第四条　人民法院认定商标是否驰名，应当以证明其驰名的事实为依据，综合考虑商标法第十四条规定的各项因素，但是根据案件具体情况无需考虑该条规定的全部因素即足以认定商标驰名的情形除外。

第五条　当事人主张商标驰名的，应当根据案件具体情况，提供下列证据，证明被诉侵犯商标权或者不正当竞争行为发生时，其商标已属驰名：

（一）使用该商标的商品的市场份额、销售区域、利税等；

（二）该商标的持续使用时间；

（三）该商标的宣传或者促销活动的方式、持续时间、程度、资金投入和地域范围；

（四）该商标曾被作为驰名商标受保护的记录；

（五）该商标享有的市场声誉；

（六）证明该商标已属驰名的其他事实。

前款所涉及的商标使用的时间、范围、方式等，包括其核准注册前持续使用的情形。

对于商标使用时间长短、行业排名、市场调查报告、市场价值评估报告、是否曾被认定为著名商标等证据，人民法院应当结合认定商标驰名的其他证据，客观、全面地进行审查。

第六条 原告以被诉商标的使用侵犯其注册商标专用权为由提起民事诉讼，被告以原告的注册商标复制、摹仿或者翻译其在先未注册驰名商标为由提出抗辩或者提起反诉的，应当对其在先未注册商标驰名的事实负举证责任。

第七条 被诉侵犯商标权或者不正当竞争行为发生前，曾被人民法院或者国务院工商行政管理部门认定驰名的商标，被告对该商标驰名的事实不持异议的，人民法院应当予以认定。被告提出异议的，原告仍应当对该商标驰名的事实负举证责任。

除本解释另有规定外，人民法院对于商标驰名的事实，不适用民事诉讼证据的自认规则。

第八条 对于在中国境内为社会公众广为知晓的商标，原告已提供其商标驰名的基本证据，或者被告不持异议的，人民法院对该商标驰名的事实予以认定。

第九条 足以使相关公众对使用驰名商标和被诉商标的商品来源产生误认，或者足以使相关公众认为使用驰名商标和被诉商标的经营者之间具有许可使用、关联企业关系等特定联系的，属于商标法第十三条第一款规定的“容易导致混淆”。

足以使相关公众认为被诉商标与驰名商标具有相当程度的联系，而减弱驰名商标的显著性、贬损驰名商标的市场声誉，或者不正当利用驰名商标的市场声誉的，属于商标法第十三条第二款规定的“误导公众，致使该驰名商标注册人的利益可能受到损害”。

第十条 原告请求禁止被告在不相类似商品上使用与原告驰名的注册商标相同或者近似的商标或者企业名称的，人民法院应当根据案件具体情况，综合考虑以下因素后作出裁判：

（一）该驰名商标的显著程度；

（二）该驰名商标在使用被诉商标或者企业名称的商品的相关公众中的知晓程度；

（三）使用驰名商标的商品与使用被诉商标或者企业名称的商品之间的关联程度；

（四）其他相关因素。

第十一条 被告使用的注册商标违反商标法第十三条的规定，复制、摹仿或者翻译原告驰名商标，构成侵犯商标权的，人民法院应当根据原告的请求，依法判决禁止被告使用该商标，但被告的注册商标有下列情形之一的，人民法院对原告的请求不予支持：

（一）已经超过商标法第四十一条第二款规定的请求撤销期限的；

（二）被告提出注册申请时，原告的商标并不驰名的。

第十二条 当事人请求保护的未注册驰名商标，属于商标法第十条、第十一条、第十二条规定不得作为商标使用或者注册情形的，人民法院不予支持。

第十三条 在涉及驰名商标保护的民事纠纷案件中，人民法院对于商标驰名的认定，仅作为案件事实和判决理由，不写入判决主文；以调解方式审结的，在调解书中对商标驰名的事实不予认定。

第十四条 本院以前有关司法解释与本解释不一致的，以本解释为准。

（五）商标与相关标识

特殊标志管理条例

（1996年7月13日中华人民共和国国务院令第202号公布　自公布之日起施行）

第一章　总　　则

第一条 为了加强对特殊标志的管理，推动文化、体育、科学研究及其他社会公益活动的发展，保护特殊标志所有人、使用人和消费者的合法权益，制定本条例。

第二条 本条例所称特殊标志，是指经国务院批准举办的全国性和国际性的文化、体育、科学研究及其他社会公益活动所使用的，由文字、图形组成的名称及缩写、会徽、吉祥物等标志。

第三条 经国务院工商行政管理部门核准登记的特殊标志，受本条例保护。

第四条 含有下列内容的文字、图形组成的特殊标志，不予登记：

（一）有损于国家或者国际组织的尊严或者形象的；

（二）有害于社会善良习俗和公共秩序的；

（三）带有民族歧视性，不利于民族团结的；

（四）缺乏显著性，不便于识别的；

（五）法律、行政法规禁止的其他内容。

第五条 特殊标志所有人使用或者许可他人使用特殊标志所募集的资金，必须用于特殊标志所服务的社会公益事业，并接受国务院财政部门、审计部门的监督。

第二章 特殊标志的登记

第六条 举办社会公益活动的组织者或者筹备者对其使用的名称、会徽、吉祥物等特殊标志，需要保护的，应当向国务院工商行政管理部门提出登记申请。

登记申请可以直接办理，也可以委托他人代理。

第七条 申请特殊标志登记，应当填写特殊标志登记申请书并提交下列文件：

（一）国务院批准举办该社会公益活动的文件；

（二）准许他人使用特殊标志的条件及管理办法；

（三）特殊标志图样 5 份，黑白墨稿 1 份。图样应当清晰，便于粘贴，用光洁耐用的纸张印制或者用照片代替，长和宽不大于 10 厘米、不小于 5 厘米；

（四）委托他人代理的，应当附代理人委托书，注明委托事项和权限；

（五）国务院工商行政管理部门认为应当提交的其他文件。

第八条 国务院工商行政管理部门收到申请后，按照以下规定处理：

（一）符合本条例有关规定，申请文件齐备无误的，自收到申请之日起 15 日内，发给特殊标志登记申请受理通知书，并在发出通知之日起 2 个月内，将特殊标志有关事项、图样和核准使用的商品和服务项目，在特殊标志登记簿上登记，发给特殊标志登记证书。

特殊标志经核准登记后，由国务院工商行政管理部门公告。

（二）申请文件不齐备或者有误的，自收到申请之日起 10 日内发给特殊标志登记申请补正通知书，并限其自收到通知之日起 15 日内予以补正；期满不补正或者补正仍不符合规定的，发给特殊标志登记申请不予受理通知书。

（三）违反本条例第四条规定的，自收到申请之日起 15 日内发给特殊标志登记申请驳回通知书。申请人对驳回通知不服的，可以自收到驳回通知之日起 15 日内，向国务院工商行政管理部门申请复议。

前款所列各类通知书，由国务院工商行政管理部门送达申请人或者其代理人。因故不能直接送交的，以国务院工商行政管理部门公告或者邮寄之日起的 20 日为送达日期。

第九条 特殊标志有效期为 4 年，自核准登记之日起计算。

特殊标志所有人可以在有效期满前 3 个月内提出延期申请，延长的期限由国务院工商行政管理部门根据实际情况和需要决定。

特殊标志所有人变更地址，应当自变更之日起 1 个月内报国务院工商行政管理部门备案。

第十条 已获准登记的特殊标志有下列情形之一的，任何单位和个人可以在特殊标志公告刊登之日至其有效期满的期间，向国务院工商行政管理部门申明理由并提供相应证据，请求宣告特殊标志登记无效：

（一）同已在先申请的特殊标志相同或者近似的；

（二）同已在先申请注册的商标或者已获得注册的商标相同或者近似的；

（三）同已在先申请外观设计专利或者已依法取得专利权的外观设计专利相同或者近似的；

（四）侵犯他人著作权的。

第十一条 国务院工商行政管理部门自收到特殊标志登记无效申请之日起 10 日内，通知被申请人并限其自收到通知之日起 15 日内作出答辩。

被申请人拒绝答辩或者无正当理由超过答辩期限的，视为放弃答辩的权利。

第十二条 国务院工商行政管理部门自收到特殊标志登记无效申请之日起 3 个月内作出裁定，并通知当事人；当事人对裁定不服的，可以自收到通知之日起 15 日内，向国务院工商行政管理部门申请复议。

第三章 特殊标志的使用与保护

第十三条 特殊标志所有人可以在与其公益活动相关的广告、纪念品及其他物品上使用该标志，并许可他人在国务院工商行政管理部门核准使用该标志的商品或者服务项目上使用。

第十四条 特殊标志的使用人应当是依法成立的企业、事业单位、社会团体、个体工商户。

特殊标志使用人应当同所有人签订书面使用合同。

特殊标志使用人应当自合同签订之日起 1 个月内，将合同副本报国务院工商行政管理部门备案，并报使用人所在地县级以上人民政府工商行政管理部门存查。

第十五条 特殊标志所有人或者使用人有下列行为之一的，由其所在地或者行为发生地县级以上人民政府工商行政管理部门责令改正，可以处 5 万元以下的罚款；情节严重的，由县级以上人民政府工商行政管理部门责令使用人停止使用该特殊标志，由国务院工商行政管理部门撤销所有人的特殊标志登记：

（一）擅自改变特殊标志文字、图形的；

（二）许可他人使用特殊标志，未签订使用合同，或者使用人在规定期限内未报国务院工商行政管理部门备案或者未报所在地县级以上人民政府工商行政管理机关存查的；

（三）超出核准登记的商品或者服务范围使用的。

第十六条 有下列行为之一的，由县级以上人民政府工商行政管理部门责令侵权人立即停止侵权行为，没收侵权商品，没收违法所得，并处违法所得 5 倍以下的罚款，没有违法所得的，处 1 万元以下的罚款：

（一）擅自使用与所有人的特殊标志相同或者近似的文字、图形或者其组合的；

（二）未经特殊标志所有人许可，擅自制造、销售其特殊标志或者将其特殊标志用于商业活动的；

（三）有给特殊标志所有人造成经济损失的其他行为的。

第十七条　特殊标志所有人或者使用人发现特殊标志所有权或者使用权被侵害时，可以向侵权人所在地或者侵权行为发生地县级以上人民政府工商行政管理部门投诉；也可以直接向人民法院起诉。

工商行政管理部门受理特殊标志侵权案件投诉的，应当依特殊标志所有人的请求，就侵权的民事赔偿主持调解；调解不成的，特殊标志所有人可以向人民法院起诉。

第十八条　工商行政管理部门受理特殊标志侵权案件，在调查取证时，可以行使下列职权，有关当事人应当予以协助，不得拒绝：

（一）询问有关当事人；

（二）检查与侵权活动有关的物品；

（三）调查与侵权活动有关的行为；

（四）查阅、复制与侵权活动有关的合同、账册等业务资料。

第四章　附　　则

第十九条　特殊标志申请费、公告费、登记费的收费标准，由国务院财政部门、物价部门会同国务院工商行政管理部门制定。

第二十条　申请特殊标志登记有关文书格式由国务院工商行政管理部门制定。

第二十一条　经国务院批准代表中国参加国际性文化、体育、科学研究等活动的组织所使用的名称、徽记、吉祥物等标志的保护，参照本条例的规定施行。

第二十二条　本条例自发布之日起施行。

奥林匹克标志保护条例

（2002 年 1 月 30 日国务院第 54 次常务会议通过　2002 年 2 月 4 日中华人民共和国国务院令第 345 号公布　自 2002 年 4 月 1 日起施行）

第一条　为了加强对奥林匹克标志的保护，保障奥林匹克标志权利人的合法权益，维护奥林匹克运动的尊严，制定本条例。

第二条　本条例所称奥林匹克标志，是指：

（一）国际奥林匹克委员会的奥林匹克五环图案标志、奥林匹克旗、奥林匹克格言、奥林匹克徽记、奥林匹克会歌；

（二）奥林匹克、奥林匹亚、奥林匹克运动会及其简称等专有名称；

（三）中国奥林匹克委员会的名称、徽记、标志；

（四）北京 2008 年奥林匹克运动会申办委员会的名称、徽记、标志；

（五）第29 届奥林匹克运动会组织委员会的名称、徽记，第 29 届奥林匹克运动会的吉祥物、会歌、口号，“北京 2008”、第 29 届奥林匹克运动会及其简称等标志；

（六）《奥林匹克宪章》和《第 29 届奥林匹克运动会主办城市合同》中规定的其他与第 29 届奥林匹克运动会有关的标志。

第三条　本条例所称奥林匹克标志权利人，是指国际奥林匹克委员会、中国奥林匹克委员会和第 29 届奥林匹克运动会组织委员会。

国际奥林匹克委员会、中国奥林匹克委员会和第 29 届奥林匹克运动会组织委员会之间的权利划分，依照《奥林匹克宪章》和《第 29 届奥林匹克运动会主办城市合同》确定。

第四条　奥林匹克标志权利人依照本条例对奥林匹克标志享有专有权。

未经奥林匹克标志权利人许可，任何人不得为商业目的（含潜在商业目的，下同）使用奥林匹克标志。

第五条　本条例所称为商业目的使用，是指以营利为目的，以下列方式利用奥林匹克标志：

（一）将奥林匹克标志用于商品、商品包装或者容器以及商品交易文书上；

（二）将奥林匹克标志用于服务项目中；

（三）将奥林匹克标志用于广告宣传、商业展览、营业性演出以及其他商业活动中；

（四）销售、进口、出口含有奥林匹克标志的商品；

（五）制造或者销售奥林匹克标志；

（六）可能使人认为行为人与奥林匹克标志权利人之间有赞助或者其他支持关系而使用奥林匹克标志的其他行为。

第六条　国务院工商行政管理部门依据本条例的规定，负责全国的奥林匹克标志保护工作。

县级以上地方工商行政管理部门依据本条例的规定，负责本行政区域内的奥林匹克标志保护工作。

第七条　奥林匹克标志权利人应当将奥林匹克标志报国务院工商行政管理部门备案，由国务院工商行政管理部门公告。

第八条　取得奥林匹克标志权利人许可，为商业目的使用奥林匹克标志的，应当同奥林匹克标志权利人订立使用许可合同。其中，使用本条例第二条第（一）项、第（二）项规定的奥林匹克标志的，应当同国际奥林匹克委员会及其授权或者批准的机构订立合同；使用本条例第二条第（三）项规定的奥林匹克标志的，应当同中国奥林匹克委员会订立合同；使用本条例第二条第（四）项、第（五）项、第（六）项规定的奥林匹克标志的,在2008年12月31日以前,应当同第29届奥林匹克运动会组织委员会订立合同。奥林匹克标志权利人应当将使用许可合同报国务院工商行政管理部门备案。

依照前款规定订立使用许可合同的,被许可人只得在合同约定的地域范围、期间内使用奥林匹克标志。

第九条 本条例施行前已经依法使用奥林匹克标志的,可以在原有范围内继续使用。

第十条 未经奥林匹克标志权利人许可,为商业目的擅自使用奥林匹克标志,即侵犯奥林匹克标志专有权,引起纠纷的,由当事人协商解决;不愿协商或者协商不成的,奥林匹克标志权利人或者利害关系人可以向人民法院提起诉讼,也可以请求工商行政管理部门处理。工商行政管理部门处理时,认定侵权行为成立的,责令立即停止侵权行为,没收、销毁侵权商品和专门用于制造侵权商品或者为商业目的擅自制造奥林匹克标志的工具,有违法所得的,没收违法所得,可以并处违法所得5倍以下的罚款;没有违法所得的,可以并处5万元以下的罚款。当事人对处理决定不服的,可以自收到处理通知之日起15日内依照《中华人民共和国行政诉讼法》向人民法院提起诉讼;侵权人期满不起诉又不履行的,工商行政管理部门可以申请人民法院强制执行。进行处理的工商行政管理部门应当事人的请求,可以就侵犯奥林匹克标志专有权的赔偿数额进行调解;调解不成的,当事人可以依照《中华人民共和国民事诉讼法》向人民法院提起诉讼。

利用奥林匹克标志进行诈骗等活动,触犯刑律的,依照刑法关于诈骗罪或者其他罪的规定,依法追究刑事责任。

第十一条 对侵犯奥林匹克标志专有权的行为,工商行政管理部门有权依法查处。

工商行政管理部门根据已经取得的违法嫌疑证据或者举报,对涉嫌侵犯奥林匹克标志专有权的行为进行查处时,可以行使下列职权:

(一) 询问有关当事人,调查与侵犯奥林匹克标志专有权有关的情况;

(二) 查阅、复制与侵权活动有关的合同、发票、账簿以及其他有关资料;

(三) 对当事人涉嫌侵犯奥林匹克标志专有权活动的场所实施现场检查;

(四) 检查与侵权活动有关的物品;对有证据证明是侵犯奥林匹克标志专有权的物品,予以查封或者扣押。

工商行政管理部门依法行使前款规定的职权时,当事人应当予以协助、配合,不得拒绝、阻挠。

第十二条 进出口货物涉嫌侵犯奥林匹克标志专有权的,由海关参照《中华人民共和国海关法》和《中华人民共和国知识产权海关保护条例》规定的权限和程序查处。

第十三条 侵犯奥林匹克标志专有权的赔偿数额,按照权利人因被侵权所受到的损失或者侵权人因侵权所获得的利益确定,包括为制止侵权行为所支付的合理开支;被侵权人的损失或者侵权人获得的利益难以确定的,参照该奥林匹克标志许可使用费合理确定。

销售不知道是侵犯奥林匹克标志专有权的商品,能证明该商品是自己合法取得并说明提供者的,不承担赔偿责任。

第十四条 奥林匹克标志除依照本条例受到保护外,还可以依照《中华人民共和国著作权法》、《中华人民共和国商标法》、《中华人民共和国专利法》、《特殊标志管理条例》等法律、行政法规的规定获得保护。

第十五条 本条例自2002年4月1日起施行。

世界博览会标志保护条例

(2004年10月13日国务院第66次常务会议通过 2004年10月20日中华人民共和国国务院令第422号公布 自2004年12月1日起施行)

第一条 为了加强对世界博览会标志的保护,维护世界博览会标志权利人的合法权益,制定本条例。

第二条 本条例所称世界博览会标志,是指:

(一)中国2010年上海世界博览会申办机构的名称(包括全称、简称、译名和缩写,下同)、徽记或者其他标志;

(二)中国2010年上海世界博览会组织机构的名称、徽记或者其他标志;

(三)中国2010年上海世界博览会的名称、会徽、会旗、吉祥物、会歌、主题词、口号;

(四)国际展览局的局旗。

第三条 本条例所称世界博览会标志权利人,是指中国2010年上海世界博览会组织机构和国际展览局。

中国2010年上海世界博览会组织机构为本条例第二条第(一)、(二)、(三)项规定的世界博览会标志的权利人。中国2010年上海世界博览会组织机构和国际展览局之间关于本条例第二条第(四)项规定的世界博览会标志的权利划分,依照中国2010年上海世界博览会《申办报告》、《注册报告》和国际展览局《关于使用国际展览局局旗的规定》确定。

第四条 世界博览会标志权利人依照本条例享有世界博览会标志专有权。

未经世界博览会标志权利人许可,任何人不得为商业目的(含潜在商业目的,下同)使用世界博览会标志。

第五条 本条例所称为商业目的的使用,是指以营利为目的,以下列方式使用世界博览会标志:

(一)将世界博览会标志用于商品、商品包装或者容器以及商品交易文书上;

(二)将世界博览会标志用于服务业中;

(三)将世界博览会标志用于广告宣传、商业展览、营业性演出以及其他商业活动中；

（四）销售、进口、出口含有世界博览会标志的商品；

（五）制造或者销售世界博览会标志；

（六）将世界博览会标志作为字号申请企业名称登记，可能造成市场误认、混淆的；

（七）可能使他人认为行为人与世界博览会标志权利人之间存在许可使用关系而使用世界博览会标志的其他行为。

第六条 国务院工商行政管理部门依照本条例的规定，负责全国的世界博览会标志保护工作。

县级以上地方工商行政管理部门依照本条例的规定，负责本行政区域内的世界博览会标志保护工作。

第七条 世界博览会标志权利人应当将世界博览会标志报国务院工商行政管理部门备案，由国务院工商行政管理部门公告。

第八条 在本条例施行前已经依法使用世界博览会标志的，可以在原有范围内继续使用。

第九条 未经世界博览会标志权利人许可，为商业目的擅自使用世界博览会标志即侵犯世界博览会标志专有权，引起纠纷的，由当事人协商解决；不愿协商或者协商不成的，世界博览会标志权利人或者利害关系人可以依法向人民法院提起诉讼，也可以请求工商行政管理部门处理。

应当事人的请求，工商行政管理部门可以就侵犯世界博览会标志专有权的赔偿数额进行调解；调解不成的，当事人可以依法向人民法院提起诉讼。

第十条 工商行政管理部门根据已经取得的违法嫌疑证据或者举报查处涉嫌侵犯世界博览会标志专有权的行为时，可以行使下列职权：

（一）询问有关当事人，调查与侵犯世界博览会标志专有权有关的情况；

（二）查阅、复制与侵权活动有关的合同、发票、账簿以及其他有关资料；

（三）对当事人涉嫌侵犯世界博览会标志专有权活动的场所实施现场检查；

（四）检查与侵权活动有关的物品；对有证据证明侵犯世界博览会标志专有权的物品，予以查封或者扣押。

工商行政管理部门依法行使前款规定的职权时，当事人应当予以协助、配合，不得拒绝、阻挠。

第十一条 工商行政管理部门处理侵犯世界博览会标志专有权行为时，认定侵权行为成立的，责令立即停止侵权行为，没收、销毁侵权商品和专门用于制造侵权商品或者为商业目的擅自制造世界博览会标志的工具，有违法所得的，没收违法所得，可以并处违法所得5倍以下的罚款；没有违法所得的，可以并处5万元以下的罚款。

利用世界博览会标志进行诈骗等活动，构成犯罪的，依法追究刑事责任。

第十二条 侵犯世界博览会标志专有权的货物禁止进出口。世界博览会标志专有权海关保护的程序适用《中华人民共和国知识产权海关保护条例》的规定。

第十三条 侵犯世界博览会标志专有权的赔偿数额，按照权利人因被侵权所受到的损失或者侵权人因侵权所获得的利益确定，包括为制止侵权行为所支付的合理开支；被侵权人的损失或者侵权人获得的利益难以确定的，参照该世界博览会标志许可使用费合理确定。

销售不知道是侵犯世界博览会标志专有权的商品，能证明该商品是自己合法取得并说明提供者的，不承担赔偿责任。

第十四条 任何单位或者个人可以向工商行政管理部门或有关行政管理部门举报违反本条例使用世界博览会标志的行为。

第十五条 世界博览会标志除依照本条例受到保护外，还可以依照《中华人民共和国著作权法》、《中华人民共和国商标法》、《中华人民共和国专利法》、《中华人民共和国反不正当竞争法》、《特殊标志管理条例》等法律、行政法规的规定获得保护。

第十六条 本条例自2004年12月1日起施行。

亚洲运动会标志保护办法

（2010年4月2日国家工商行政管理总局令第48号公布自公布之日起施行）

第一条 为了加强对亚洲运动会标志（以下简称亚运会标志）的保护，维护亚运会标志权利人的合法权益，根据《中华人民共和国商标法》、《中华人民共和国商标法实施条例》、《特殊标志管理条例》的规定，制定本办法。

第二条 本办法所称亚运会标志是指亚洲奥林匹克理事会、第16届亚运会组织机构按照《中华人民共和国商标法》、《中华人民共和国商标法实施条例》有关规定在国务院工商行政管理部门商标局作为商标依法核准注册以及按照《特殊标志管理条例》的规定在国务院工商行政管理部门商标局作为特殊标志核准登记的下列内容：

（一）亚洲奥林匹克理事会的名称（包括全称、简称、译名和缩写，下同）、会徽、会旗、会歌、格言等；

（二）第16届亚运会申办机构的名称、标识、口号和其他标志；

（三）第16届亚运会组织机构的名称、徽记和其他标志；

（四）第16届亚运会的名称、会徽、吉祥物、口号、会歌、会旗和其他标志；

（五）《亚奥理事会章程和规则》和《第16届亚运会主办城市合同》中规定的其他与第16届亚运会有关的标志。

第三条 本办法所称亚运会标志权利人，是指亚洲奥林匹克理事会和第16届亚运会组织机构。

亚洲奥林匹克理事会与第16届亚运会组织机构关于亚运会标志的权利划分，依照《亚奥理事会章程和规则》和《第16届亚运会主办城市合同》确定。

第四条 亚运会标志权利人依照《中华人民共和国商标法》、《中华人民共和国商标法实施条例》、《特殊标志管理条例》享有亚运会标志权。

第五条 取得亚运会标志权利人许可，为商业目的（含潜在商业目的，下同）使用亚运会标志的，应当同亚运会标志权利人订立使用许可合同。

第六条 任何组织或者个人不得侵犯亚运会标志权。

侵犯亚运会标志权是指未经亚运会标志权利人许可，为商业目的擅自使用亚运会标志。

第七条 本办法所称为商业目的使用，是指以营利为目的，以下列方式使用亚运会标志：

（一）将亚运会标志用于商品、商品包装或者容器以及商品交易文书上；

（二）将亚运会标志用于服务项目中；

（三）将亚运会标志用于广告宣传、商业展览、营业性演出以及其他商业活动中；

（四）销售含有亚运会标志商品；

（五）制造或者销售亚运会标志；

（六）可能使人认为行为人与亚运会标志权利人之间有赞助或者其他支持关系而使用亚运会标志的其他行为。

第八条 在本办法施行前已经依法使用亚运会标志的，可以在原有范围内继续使用。

第九条 县级以上工商行政管理部门依据《中华人民共和国商标法》、《中华人民共和国商标法实施条例》、《特殊标志管理条例》以及本办法的规定，负责本行政区域内的亚运会标志的保护工作。

第十条 侵犯亚运会标志权，引起纠纷的，由当事人协商解决；不愿协商或者协商不成的，亚运会标志权利人或者利害关系人可以请求工商行政管理部门处理。

工商行政管理部门受理亚运会标志侵权案件投诉的，应亚运会标志权利人的请求，可以就侵权的民事赔偿主持调解。

第十一条 对侵犯亚运会标志权的行为，工商行政管理部门有权依法查处。

第十二条 任何组织或者个人可以向工商行政管理部门举报侵犯亚运会标志权的行为。

第十三条 工商行政管理部门在对涉嫌侵犯亚运会标志权的案件进行调查取证时，案件涉及作为商标注册的亚运会标志的，可以行使《中华人民共和国商标法》、《中华人民共和国商标法实施条例》规定的职权；案件涉及作为特殊标志登记的亚运会标志的，可以行使《特殊标志管理条例》规定的职权。

第十四条 对违反《中华人民共和国商标法》、《中华人民共和国商标法实施条例》，侵犯亚运会标志权的，工商行政管理部门依据《中华人民共和国商标法》、《中华人民共和国商标法实施条例》的有关规定处理。

对违反《特殊标志管理条例》，侵犯亚运会标志权的，工商行政管理部门依据《特殊标志管理条例》的有关规定处理。

第十五条 本办法自公布之日起施行。

地理标志产品保护规定

（2005年6月7日国家质量监督检验检疫总局令第78号公布　自2005年7月15日起施行）

第一章　总　　则

第一条 为了有效保护我国的地理标志产品，规范地理标志产品名称和专用标志的使用，保证地理标志产品的质量和特色，根据《中华人民共和国产品质量法》、《中华人民共和国标准化法》、《中华人民共和国进出口商品检验法》等有关规定，制定本规定。

第二条 本规定所称地理标志产品，是指产自特定地域，所具有的质量、声誉或其他特性本质上取决于该产地的自然因素和人文因素，经审核批准以地理名称进行命名的产品。地理标志产品包括：

（一）来自本地区的种植、养殖产品。

（二）原材料全部来自本地区或部分来自其他地区，并在本地区按照特定工艺生产和加工的产品。

第三条 本规定适用于对地理标志产品的申请受理、审核批准、地理标志专用标志注册登记和监督管理工作。

第四条 国家质量监督检验检疫总局（以下简称“国家质检总局”）统一管理全国的地理标志产品保护工作。各地出入境检验检疫局和质量技术监督局（以下简称各地质检机构）依照职能开展地理标志产品保护工作。

第五条 申请地理标志产品保护，应依照本规定经审核批准。使用地理标志产品专用标志，必须依照本规定经注册登记，并接受监督管理。

第六条 地理标志产品保护遵循申请自愿，受理及批准公开的原则。

第七条 申请地理标志保护的产品应当符合安全、卫生、环保的要求，对环境、生态、资源可能产生危害的产品，不予受理和保护。

第二章　申请及受理

第八条 地理标志产品保护申请，由当地县级以上人民政府指定的地理标志产品保护申请机构或人民政府认定的协会和企业（以下简称申请人）提出，并征求相关部门意见。

第九条 申请保护的产品在县域范围内的，由县级人民政府提出产地范围的建议;跨县域范围的,由地市级人民政府提出产地范围的建议;跨地市范围的,由省级人民政府提出产地范围的建议。

第十条 申请人应提交以下资料:

(一)有关地方政府关于划定地理标志产品产地范围的建议。

(二)有关地方政府成立申请机构或认定协会、企业作为申请人的文件。

(三)地理标志产品的证明材料,包括:

1. 地理标志产品保护申请书;

2. 产品名称、类别、产地范围及地理特征的说明;

3. 产品的理化、感官等质量特色及其与产地的自然因素和人文因素之间关系的说明;

4. 产品生产技术规范(包括产品加工工艺、安全卫生要求、加工设备的技术要求等);

5. 产品的知名度,产品生产、销售情况及历史渊源的说明;

(四)拟申请的地理标志产品的技术标准。

第十一条 出口企业的地理标志产品的保护申请向本辖区内出入境检验检疫部门提出;按地域提出的地理标志产品的保护申请和其他地理标志产品的保护申请向当地(县级或县级以上)质量技术监督部门提出。

第十二条 省级质量技术监督局和直属出入境检验检疫局,按照分工,分别负责对拟申报的地理标志产品的保护申请提出初审意见,并将相关文件、资料上报国家质检总局。

第三章 审核及批准

第十三条 国家质检总局对收到的申请进行形式审查。审查合格的,由国家质检总局在国家质检总局公报、政府网站等媒体上向社会发布受理公告;审查不合格的,应书面告知申请人。

第十四条 有关单位和个人对申请有异议的,可在公告后的2个月内向国家质检总局提出。

第十五条 国家质检总局按照地理标志产品的特点设立相应的专家审查委员会,负责地理标志产品保护申请的技术审查工作。

第十六条 国家质检总局组织专家审查委员会对没有异议或者有异议但被驳回的申请进行技术审查,审查合格的,由国家质检总局发布批准该产品获得地理标志产品保护的公告。

第四章 标准制订及专用标志使用

第十七条 拟保护的地理标志产品,应根据产品的类别、范围、知名度、产品的生产销售等方面的因素,分别制订相应的国家标准、地方标准或管理规范。

第十八条 国家标准化行政主管部门组织草拟并发布地理标志保护产品的国家标准;省级地方人民政府标准化行政主管部门组织草拟并发布地理标志保护产品的地方标准。

第十九条 地理标志保护产品的质量检验由省级质量技术监督部门、直属出入境检验检疫部门指定的检验机构承担。必要时,国家质检总局将组织予以复检。

第二十条 地理标志产品产地范围内的生产者使用地理标志产品专用标志,应向当地质量技术监督局或出入境检验检疫局提出申请,并提交以下资料:

(一)地理标志产品专用标志使用申请书。

(二)由当地政府主管部门出具的产品产自特定地域的证明。

(三)有关产品质量检验机构出具的检验报告。

上述申请经省级质量技术监督局或直属出入境检验检疫局审核,并经国家质检总局审查合格注册登记后,发布公告,生产者即可在其产品上使用地理标志产品专用标志,获得地理标志产品保护。

第五章 保护和监督

第二十一条 各地质检机构依法对地理标志保护产品实施保护。对于擅自使用或伪造地理标志名称及专用标志的;不符合地理标志产品标准和管理规范要求而使用该地理标志产品的名称的;或者使用与专用标志相近、易产生误解的名称或标识及可能误导消费者的文字或图案标志,使消费者将该产品误认为地理标志保护产品的行为,质量技术监督部门和出入境检验检疫部门将依法进行查处。社会团体、企业和个人可监督、举报。

第二十二条 各地质检机构对地理标志产品的产地范围,产品名称,原材料,生产技术工艺,质量特色,质量等级、数量、包装、标识,产品专用标志的印刷、发放、数量、使用情况,产品生产环境、生产设备,产品的标准符合性等方面进行日常监督管理。

第二十三条 获准使用地理标志产品专用标志资格的生产者,未按相应标准和管理规范组织生产的,或者在2年内未在受保护的地理标志产品上使用专用标志的,国家质检总局将注销其地理标志产品专用标志使用注册登记,停止其使用地理标志产品专用标志并对外公告。

第二十四条 违反本规定的,由质量技术监督行政部门和出入境检验检疫部门依据《中华人民共和国产品质量法》、《中华人民共和国标准化法》、《中华人民共和国进出口商品检验法》等有关法律予以行政处罚。

第二十五条 从事地理标志产品保护工作的人员应忠于职守,秉公办事,不得滥用职权、以权谋私,不得泄露技术秘密。违反以上规定的,予以行政纪律处分;构成犯罪的依法追究刑事责任。

第六章　附　　则

第二十六条　国家质检总局接受国外地理标志产品在中华人民共和国的注册并实施保护。具体办法另外规定。

第二十七条　本规定由国家质检总局负责解释。

第二十八条　本规定自2005年7月15日起施行。原国家质量技术监督局公布的《原产地域产品保护规定》同时废止。原国家出入境检验检疫局公布的《原产地标记管理规定》、《原产地标记管理规定实施办法》中关于地理标志的内容与本规定不一致的,以本规定为准。

国外地理标志产品保护办法

（2016年3月28日）

第一章　总　　则

第一条　为了有效保护在中国销售的国外地理标志产品,规范国外地理标志产品名称和专用标志在华使用,依据《地理标志产品保护规定》第二十六条,制定本办法。

第二条　本办法所称国外地理标志产品,是指在中国以外生产、已受原产国或地区注册保护、符合《地理标志产品保护规定》第二条规定的产品。

第三条　在中国保护(简称"在华保护")的国外地理标志产品的申请、受理、审查、批准、专用标志使用、监督管理和变更撤销等适用本办法。

第四条　国外地理标志产品在华保护名称包括中文名称和原文名称。

（一）中文名称,由具有地理指示功能的名称和反映产品真实属性的通用名称构成;也可是"约定俗成"的名称。

（二）原文名称,是指在原产国或地区获得地理标志注册保护的名称。

（三）上述名称在中国不属于通用名称,且未与中国的地理标志产品名称相冲突。

第五条　国家质量监督检验检疫总局(以下简称"国家质检总局")统一管理国外地理标志产品在华保护工作。各级出入境检验检疫、质量技术监督主管部门(以下简称"质检部门")依据职能对国外地理标志产品实施保护。

第六条　根据对等原则,开放注册保护。依照本办法,申请在华保护的国外地理标志产品,其所在国家或地区应当与我国建立相适应的地理标志交流合作关系。

第二章　申请与受理

第七条　国外地理标志产品在华保护,由该产品所在原产国或地区地理标志保护的原申请人申请,经原产国或地区地理标志主管部门推荐,向国家质检总局提出。

第八条　国外地理标志产品在华保护申请人可以指定其在华机构作为在华保护工作的联系人,也可商请原产国或地区驻华使馆工作人员作为在华保护工作的联系人。

第九条　国外地理标志产品在华保护申请需提供以下中文书面材料:

（一）国外地理标志产品在华保护申请书。

（二）申请人名称和地址、联系电话,在华联系人、地址和联系电话。

（三）在原产国或地区获准地理标志保护的官方证明文件原件及其经过公证的中文译本。

（四）原产国或地区地理标志主管机构出具的推荐文件,推荐该产品在华注册保护的官方文件原件及其经过公证的中文译本。

（五）原产国或地区地理标志主管机构出具的产地范围及其经过公证的中文译本。

（六）该产品的质量技术要求。

（七）检测报告:原产国或地区出具的,证明申请产品感官特色、理化指标的检测报告及其经过公证的中文译本。

（八）其他辅助证明资料等。

第十条　在华保护的国外地理标志产品质量技术要求包括:

（一）产品的中文名称和原文名称。

（二）保护的产地范围。

（三）产品属性及其生产工艺过程。

（四）质量特色,包括产品的感官特色、理化指标等。

（五）知名度,产品在原产国(地区)、中国以及世界其他国家和地区的知名度与贸易销售情况。

（六）关联性,产品质量特色与产地自然或人文因素之间关联性的描述等。

第十一条　国家质检总局收到申请材料后,在30个工作日内组织对申请材料形式审查。形式审查的结论分为予以受理、需要补正和不予受理三种。

（一）予以受理的,国家质检总局发布公报,并在其官方网站向社会公示。

（二）需要补正的,国家质检总局向申请人书面反馈补正意见。申请人向国家质检总局提交补正材料后,国家质检总局重新组织形式审查。

（三）不予受理的,国家质检总局向申请人发出不予受理的书面通知书。

第十二条　受理公告异议期为60日,自国家质检总局公告受理之日起计算。异议期内,国内外任何组织或个人均可以书面形式向国家质检总局提出异议。

第十三条　异议内容包括:异议人姓名、单位名称、联系方式,异议的原因及证据材料等。异议应当以中文书写,签字或签章有效。

第十四条 国家质检总局收到异议后，及时将异议内容反馈申请人。异议由异议双方协商解决；或由国家质检总局组织异议双方协商解决；协商不定时，由国家质检总局组织地理标志专家委员会审议后裁定。

第十五条 异议申请有下列情形的，国家质检总局不予受理，并书面通知申请人并说明理由：

（一）未在法定期限内提出的；

（二）无明确的异议理由、事实和法律依据的。

第十六条 对驳回的异议申请，国家质检总局应书面通知申请人。申请人不服的，可以自收到通知之日起30日内向国家质检总局申请复审。国家质检总局自收到申请之日起60日内做出决定，并书面通知申请人，复审决定为终审决定。

第三章 技术审查与批准

第十七条 受理公告期满且无异议、或异议协商一致、或异议经裁定无效的，国家质检总局组织专家进行技术审查。

第十八条 技术审查包括会议审查和必要的产地核查，申请人应予配合。技术审查专家组由5人或7人组成。

第十九条 技术审查时，申请人应当邀请熟悉该产品的专业技术人员和翻译人员参加，技术审查的时间和地点由双方商定。

第二十条 技术审查结论分为通过、需要整改和不予通过三种。

（一）审查通过的，国家质检总局发布国外地理标志产品在华保护批准公告，依法予以保护。

（二）需要整改的，国家质检总局向申请人书面反馈整改意见。申请人向国家质检总局提交整改材料后，国家质检总局再次组织技术审查或技术确认。

（三）不予通过的，国家质检总局向申请人发出技术审查不予通过的书面通知。

第四章 专用标志和监督管理

第二十一条 获得在华保护的国外地理标志产品，其标注的产品名称、产地等信息应与国家质检总局批准公告的信息相符。

第二十二条 获得在华保护的国外地理标志产品产地范围内的生产者、协会等社团，可向国家质检总局申请使用中国地理标志产品专用标志。

第二十三条 专用标志使用实行自我声明制度，一经使用在华保护的产品名称和中国地理标志产品专用标志，则视其自我声明该产品符合国家质检总局国外地理标志产品批准公告的要求。

第二十四条 专用标志图样按照国家质检总局2006年第109号公告《关于发布地理标志保护产品专用标志比例图的公告》的要求执行。

第二十五条 在华保护的国外地理标志产品申请人应当以中文向社会公布其产品所执行的地理标志法律法规、技术标准。

第二十六条 在华保护的国外地理标志产品申请人须履行相应的管理责任，制定管理措施，对其名称、质量特色、专用标志使用等进行管理。

第二十七条 在华保护的国外地理标志产品施行年度报告制度。每年三月底前，申请人须向国家质检总局报告当年的管理措施和上一年度实施情况报告。

第二十八条 已经在华保护的国外地理标志产品，在华发生重大负面影响时，国家质检总局认为确有必要的，国家质检总局可组织对其质量特色和产地条件等进行进一步实地核查，申请人应予配合。

第二十九条 国家质检总局通过官方网站公布国外地理标志产品的在华保护信息，接受社会监督。

第五章 保护、变更及撤销

第三十条 在华保护的国外地理标志产品与中国地理标志产品享受同等保护。

第三十一条 国家质检总局、省级质检部门受理侵犯在华保护的国外地理标志产品合法权益的举报投诉，各级质检部门依法对违法行为进行查处；在华保护的国外地理标志产品申请人也可向人民法院提起诉讼。

第三十二条 在华保护的国外地理标志产品的产地范围、质量技术要求、产地范围内的生产者、协会或社团名称、地址等重大信息发生变更的，国外地理标志产品申请人应在90日内向国家质检总局提出变更申请。经技术审查合格，由国家质检总局发布公告予以变更。

第三十三条 在华保护的国外地理标志保护产品存在下列情况之一的，国家质检总局发布公告予以撤销：

（一）在原产国或地区被撤销保护；

（二）中国国内司法机关裁定撤销保护；

（三）严重违反中国国内相关法律法规规定等。

第六章 附　　则

第三十四条 本办法自发布之日起施行。

第三十五条 在华保护的国外地理标志保护产品还应当遵守中国出入境检验检疫的相关规定。

第三十六条 本办法由国家质检总局负责解释。

农产品地理标志管理办法

（2007年12月25日　农业部令第11号）

第一章 总　　则

第一条 为规范农产品地理标志的使用，保证地理标志农产品的品质和特色，提升农产品市场竞争力，依据《中华人民共和国农业法》、《中华人民共和国农产品质量安全法》相关规定，制定本办法。

第二条 本办法所称农产品是指来源于农业的初级产品，即在农业活动中获得的植物、动物、微生物及其产品。

本办法所称农产品地理标志，是指标示农产品来源于特定地域，产品品质和相关特征主要取决于自然生态环境和历史人文因素，并以地域名称冠名的特有农产品标志。

第三条 国家对农产品地理标志实行登记制度。经登记的农产品地理标志受法律保护。

第四条 农业部负责全国农产品地理标志的登记工作，农业部农产品质量安全中心负责农产品地理标志登记的审查和专家评审工作。

省级人民政府农业行政主管部门负责本行政区域内农产品地理标志登记申请的受理和初审工作。

农业部设立的农产品地理标志登记专家评审委员会，负责专家评审。农产品地理标志登记专家评审委员会由种植业、畜牧业、渔业和农产品质量安全等方面的专家组成。

第五条 农产品地理标志登记不收取费用。县级以上人民政府农业行政主管部门应当将农产品地理标志管理经费编入本部门年度预算。

第六条 县级以上地方人民政府农业行政主管部门应当将农产品地理标志保护和利用纳入本地区的农业和农村经济发展规划，并在政策、资金等方面予以支持。

国家鼓励社会力量参与推动地理标志农产品发展。

第二章 登　记

第七条 申请地理标志登记的农产品，应当符合下列条件：

（一）称谓由地理区域名称和农产品通用名称构成；

（二）产品有独特的品质特性或者特定的生产方式；

（三）产品品质和特色主要取决于独特的自然生态环境和人文历史因素；

（四）产品有限定的生产区域范围；

（五）产地环境、产品质量符合国家强制性技术规范要求。

第八条 农产品地理标志登记申请人为县级以上地方人民政府根据下列条件择优确定的农民专业合作经济组织、行业协会等组织。

（一）具有监督和管理农产品地理标志及其产品的能力；

（二）具有为地理标志农产品生产、加工、营销提供指导服务的能力；

（三）具有独立承担民事责任的能力。

第九条 符合农产品地理标志登记条件的申请人，可以向省级人民政府农业行政主管部门提出登记申请，并提交下列申请材料：

（一）登记申请书；

（二）申请人资质证明；

（三）产品典型特征特性描述和相应产品品质鉴定报告；

（四）产地环境条件、生产技术规范和产品质量安全技术规范；

（五）地域范围确定性文件和生产地域分布图；

（六）产品实物样品或者样品图片；

（七）其他必要的说明性或者证明性材料。

第十条 省级人民政府农业行政主管部门自受理农产品地理标志登记申请之日起，应当在45个工作日内完成申请材料的初审和现场核查，并提出初审意见。符合条件的，将申请材料和初审意见报送农业部农产品质量安全中心；不符合条件的，应当在提出初审意见之日起10个工作日内将相关意见和建议通知申请人。

第十一条 农业部农产品质量安全中心应当自收到申请材料和初审意见之日起20个工作日内，对申请材料进行审查，提出审查意见，并组织专家评审。

专家评审工作由农产品地理标志登记评审委员会承担。农产品地理标志登记专家评审委员会应当独立做出评审结论，并对评审结论负责。

第十二条 经专家评审通过的，由农业部农产品质量安全中心代表农业部对社会公示。

有关单位和个人有异议的，应当自公示截止日起20日内向农业部农产品质量安全中心提出。公示无异议的，由农业部做出登记决定并公告，颁发《中华人民共和国农产品地理标志登记证书》，公布登记产品相关技术规范和标准。

专家评审没有通过的，由农业部做出不予登记的决定，书面通知申请人，并说明理由。

第十三条 农产品地理标志登记证书长期有效。

有下列情形之一的，登记证书持有人应当按照规定程序提出变更申请：

（一）登记证书持有人或者法定代表人发生变化的；

（二）地域范围或者相应自然生态环境发生变化的。

第十四条 农产品地理标志实行公共标识与地域产品名称相结合的标注制度。公共标识基本图案见附图。农产品地理标志使用规范由农业部另行制定公布。

第三章 标志使用

第十五条 符合下列条件的单位和个人，可以向登记证书持有人申请使用农产品地理标志：

（一）生产经营的农产品产自登记确定的地域范围；

（二）已取得登记农产品相关的生产经营资质；

（三）能够严格按照规定的质量技术规范组织开展生产经营活动；

（四）具有地理标志农产品市场开发经营能力。

使用农产品地理标志，应当按照生产经营年度与登记证书持有人签订农产品地理标志使用协议，在协议中载明使用的数量、范围及相关的责任义务。

农产品地理标志登记证书持有人不得向农产品地理标志使用人收取使用费。

第十六条 农产品地理标志使用人享有以下权利：

（一）可以在产品及其包装上使用农产品地理标志；

（二）可以使用登记的农产品地理标志进行宣传和参加展览、展示及展销。

第十七条 农产品地理标志使用人应当履行以下义务：

（一）自觉接受登记证书持有人的监督检查；

（二）保证地理标志农产品的品质和信誉；

（三）正确规范地使用农产品地理标志。

第四章 监督管理

第十八条 县级以上人民政府农业行政主管部门应当加强农产品地理标志监督管理工作，定期对登记的地理标志农产品的地域范围、标志使用等进行监督检查。

登记的地理标志农产品或登记证书持有人不符合本办法第七条、第八条规定的，由农业部注销其地理标志登记证书并对外公告。

第十九条 地理标志农产品的生产经营者，应当建立质量控制追溯体系。农产品地理标志登记证书持有人和标志使用人，对地理标志农产品的质量和信誉负责。

第二十条 任何单位和个人不得伪造、冒用农产品地理标志和登记证书。

第二十一条 国家鼓励单位和个人对农产品地理标志进行社会监督。

第二十二条 从事农产品地理标志登记管理和监督检查的工作人员滥用职权、玩忽职守、徇私舞弊的，依法给予处分；涉嫌犯罪的，依法移送司法机关追究刑事责任。

第二十三条 违反本办法规定的，由县级以上人民政府农业行政主管部门依照《中华人民共和国农产品质量安全法》有关规定处罚。

第五章 附　则

第二十四条 农业部接受国外农产品地理标志在中华人民共和国的登记并给予保护，具体办法另行规定。

第二十五条 本办法自2008年2月1日起施行。

最高人民法院关于审理注册商标、企业名称与在先权利冲突的民事纠纷案件若干问题的规定

（2008年2月18日最高人民法院审判委员会第1444次会议通过　2008年2月18日最高人民法院公告公布　自2008年3月1日起施行　法释〔2008〕3号）

为正确审理注册商标、企业名称与在先权利冲突的民事纠纷案件，根据《中华人民共和国民事诉讼法》、《中华人民共和国民法通则》、《中华人民共和国商标法》和《中华人民共和国反不正当竞争法》等法律的规定，结合审判实践，制定本规定。

第一条 原告以他人注册商标使用的文字、图形等侵犯其著作权、外观设计专利权、企业名称权等在先权利为由提起诉讼，符合民事诉讼法第一百零八条规定的，人民法院应当受理。

原告以他人使用在核定商品上的注册商标与其在先的注册商标相同或者近似为由提起诉讼的，人民法院应当根据民事诉讼法第一百一十一条第（三）项的规定，告知原告向有关行政主管机关申请解决。但原告以他人超出核定商品的范围或者以改变显著特征、拆分、组合等方式使用的注册商标，与其注册商标相同或者近似为由提起诉讼的，人民法院应当受理。

第二条 原告以他人企业名称与其在先的企业名称相同或者近似，足以使相关公众对其商品的来源产生混淆，违反反不正当竞争法第五条第（三）项的规定为由提起诉讼，符合民事诉讼法第一百零八条规定的，人民法院应当受理。

第三条 人民法院应当根据原告的诉讼请求和争议民事法律关系的性质，按照《民事案件案由规定（试行）》，确定注册商标或者企业名称与在先权利冲突的民事纠纷案件的案由，并适用相应的法律。

第四条 被诉企业名称侵犯注册商标专用权或者构成不正当竞争的，人民法院可以根据原告的诉讼请求和案件具体情况，确定被告承担停止使用、规范使用等民事责任。

（六）商标侵权纠纷

最高人民法院关于审理商标民事纠纷案件适用法律若干问题的解释

（2002年10月12日最高人民法院审判委员会第1246次会议通过 2002年10月12日最高人民法院公告公布 2002年10月16日起施行 法释〔2002〕32号）

为了正确审理商标纠纷案件，根据《中华人民共和国民法通则》、《中华人民共和国合同法》、《中华人民共和国商标法》、《中华人民共和国民事诉讼法》等法律的规定，就适用法律若干问题解释如下：

第一条 下列行为属于商标法第五十二条第（五）项规定的给他人注册商标专用权造成其他损害的行为：

（一）将与他人注册商标相同或者相近似的文字作为企业的字号在相同或者类似商品上突出使用，容易使相关公众产生误认的；

（二）复制、摹仿、翻译他人注册的驰名商标或其主要部分在不相同或者不相类似商品上作为商标使用，误导公众，致使该驰名商标注册人的利益可能受到损害的；

（三）将与他人注册商标相同或者相近似的文字注册为域名，并且通过该域名进行相关商品交易的电子商务，容易使相关公众产生误认的。

第二条 依据商标法第十三条第一款的规定，复制、摹仿、翻译他人未在中国注册的驰名商标或其主要部分，在相同或者类似商品上作为商标使用，容易导致混淆的，应当承担停止侵害的民事法律责任。

第三条 商标法第四十条规定的商标使用许可包括以下三类：

（一）独占使用许可，是指商标注册人在约定的期间、地域和以约定的方式，将该注册商标仅许可一个被许可人使用，商标注册人依约定不得使用该注册商标；

（二）排他使用许可，是指商标注册人在约定的期间、地域和以约定的方式，将该注册商标仅许可一个被许可人使用，商标注册人依约定可以使用该注册商标但不得另行许可他人使用该注册商标；

（三）普通使用许可，是指商标注册人在约定的期间、地域和以约定的方式，许可他人使用其注册商标，并可自行使用该注册商标和许可他人使用其注册商标。

第四条 商标法第五十三条规定的利害关系人，包括注册商标使用许可合同的被许可人、注册商标财产权利的合法继承人等。

在发生注册商标专用权被侵害时，独占使用许可合同的被许可人可以向人民法院提起诉讼；排他使用许可合同的被许可人可以和商标注册人共同起诉，也可以在商标注册人不起诉的情况下，自行提起诉讼；普通使用许可合同的被许可人经商标注册人明确授权，可以提起诉讼。

第五条 商标注册人或者利害关系人在注册商标续展宽展期内提出续展申请，未获核准前，以他人侵犯其注册商标专用权提起诉讼的，人民法院应当受理。

第六条 因侵犯注册商标专用权行为提起的民事诉讼，由商标法第十三条、第五十二条所规定侵权行为的实施地、侵权商品的储藏地或者查封扣押地、被告住所地人民法院管辖。

前款规定的侵权商品的储藏地，是指大量或者经常性储存、隐匿侵权商品所在地；查封扣押地，是指海关、工商等行政机关依法查封、扣押侵权商品所在地。

第七条 对涉及不同侵权行为实施地的多个被告提起的共同诉讼，原告可以选择其中一个被告的侵权行为实施地人民法院管辖；仅对其中某一被告提起的诉讼，该被告侵权行为实施地的人民法院有管辖权。

第八条 商标法所称相关公众，是指与商标所标识的某类商品或者服务有关的消费者和与前述商品或者服务的营销有密切关系的其他经营者。

第九条 商标法第五十二条第（一）项规定的商标相同，是指被控侵权的商标与原告的注册商标相比较，二者在视觉上基本无差别。

商标法第五十二条第（一）项规定的商标近似，是指被控侵权的商标与原告的注册商标相比较，其文字的字形、读音、含义或者图形的构图及颜色，或者其各要素组合后的整体结构相似，或者其立体形状、颜色组合近似，易使相关公众对商品的来源产生误认或者认为其来源与原告注册商标的商品有特定的联系。

第十条 人民法院依据商标法第五十二条第（一）项的规定，认定商标相同或者近似按照以下原则进行：

（一）以相关公众的一般注意力为标准；

（二）既要进行对商标的整体比对，又要进行对商标主要部分的比对，比对应当在比对对象隔离的状态下分别进行；

（三）判断商标是否近似，应当考虑请求保护注册商标的显著性和知名度。

第十一条 商标法第五十二条第（一）项规定的类似商品，是指在功能、用途、生产部门、销售渠道、消费对象等方面相同，或者相关公众一般认为其存在特定联系、容易造成混淆的商品。

类似服务，是指在服务的目的、内容、方式、对象等方面相同，或者相关公众一般认为存在特定联系、容易造成混淆的服务。

商品与服务类似，是指商品和服务之间存在特定联系，容易使相关公众混淆。

第十二条　人民法院依据商标法第五十二条第（一）项的规定，认定商品或者服务是否类似，应当以相关公众对商品或者服务的一般认识综合判断；《商标注册用商品和服务国际分类表》、《类似商品和服务区分表》可以作为判断类似商品或者服务的参考。

第十三条　人民法院依据商标法第五十六条第一款的规定确定侵权人的赔偿责任时，可以根据权利人选择的计算方法计算赔偿数额。

第十四条　商标法第五十六条第一款规定的侵权所获得的利益，可以根据侵权商品销售量与该商品单位利润乘积计算；该商品单位利润无法查明的，按照注册商标商品的单位利润计算。

第十五条　商标法第五十六条第一款规定的因被侵权所受到的损失，可以根据权利人因侵权所造成商品销售减少量或者侵权商品销售量与该注册商标商品的单位利润乘积计算。

第十六条　侵权人因侵权所获得的利益或者被侵权人因被侵权所受到的损失均难以确定的，人民法院可以根据当事人的请求或者依职权适用商标法第五十六条第二款的规定确定赔偿数额。

人民法院在确定赔偿数额时，应当考虑侵权行为的性质、期间、后果，商标的声誉，商标使用许可费的数额，商标使用许可的种类、时间、范围及制止侵权行为的合理开支等因素综合确定。

当事人按照本条第一款的规定就赔偿数额达成协议的，应当准许。

第十七条　商标法第五十六条第一款规定的制止侵权行为所支付的合理开支，包括权利人或者委托代理人对侵权行为进行调查、取证的合理费用。

人民法院根据当事人的诉讼请求和案件具体情况，可以将符合国家有关部门规定的律师费用计算在赔偿范围内。

第十八条　侵犯注册商标专用权的诉讼时效为二年，自商标注册人或者利害权利人知道或者应当知道侵权行为之日起计算。商标注册人或者利害关系人超过二年起诉的，如果侵权行为在起诉时仍在持续，在该注册商标专用权有效期限内，人民法院应当判决被告停止侵权行为，侵权损害赔偿数额应当自权利人向人民法院起诉之日起向前推算二年计算。

第十九条　商标使用许可合同未经备案的，不影响该许可合同的效力，但当事人另有约定的除外。

商标使用许可合同未在商标局备案的，不得对抗善意第三人。

第二十条　注册商标的转让不影响转让前已经生效的商标使用许可合同的效力，但商标使用许可合同另有约定的除外。

第二十一条　人民法院在审理侵犯注册商标专用权纠纷案件中，依据民法通则第一百三十四条、商标法第五十三条的规定和案件具体情况，可以判决侵权人承担停止侵害、排除妨碍、消除危险、赔偿损失、消除影响等民事责任，还可以作出罚款，收缴侵权商品、伪造的商标标识和专门用于生产侵权商品的材料、工具、设备等财物的民事制裁决定。罚款数额可以参照《中华人民共和国商标法实施条例》的有关规定确定。

工商行政管理部门对同一侵犯注册商标专用权行为已经给予行政处罚的，人民法院不再予以民事制裁。

第二十二条　人民法院在审理商标纠纷案件中，根据当事人的请求和案件的具体情况，可以对涉及的注册商标是否驰名依法作出认定。

认定驰名商标，应当依照商标法第十四条的规定进行。

当事人对曾经被行政主管机关或者人民法院认定的驰名商标请求保护的，对方当事人对涉及的商标驰名不持异议，人民法院不再审查。提出异议的，人民法院依照商标法第十四条的规定审查。

第二十三条　本解释有关商品商标的规定，适用于服务商标。

第二十四条　以前的有关规定与本解释不一致的，以本解释为准。

最高人民法院关于审理商标案件有关管辖和法律适用范围问题的解释

（2001年12月25日最高人民法院审判委员会第1203次会议通过　2002年1月9日最高人民法院公告公布　自2002年1月21日起施行　法释〔2002〕1号）

《全国人民代表大会常务委员会关于修改〈中华人民共和国商标法〉的决定》（以下简称商标法修改决定）已由第九届全国人民代表大会常务委员会第二十四次会议通过，自2001年12月1日起施行。为了正确审理商标案件，根据《中华人民共和国商标法》（以下简称商标法）、《中华人民共和国民事诉讼法》和《中华人民共和国行政诉讼法》（以下简称行政诉讼法）的规定，现就人民法院审理商标案件有关管辖和法律适用范围等问题，作如下解释：

第一条　人民法院受理以下商标案件：

1. 不服国务院工商行政管理部门商标评审委员会（以下简称商标评审委员会）作出的复审决定或者裁定的案件；

2. 不服工商行政管理部门作出的有关商标的具体行政行为的案件；

3. 商标专用权权属纠纷案件；

4. 侵犯商标专用权纠纷案件；

5. 商标专用权转让合同纠纷案件；
6. 商标许可使用合同纠纷案件；
7. 申请诉前停止侵犯商标专用权案件；
8. 申请诉前财产保全案件；
9. 申请诉前证据保全案件；
10. 其他商标案件。

第二条 本解释第一条所列第1项第一审案件，由北京市高级人民法院根据最高人民法院的授权确定其辖区内有关中级人民法院管辖。

本解释第一条所列第2项第一审案件，根据行政诉讼法的有关规定确定管辖。

商标民事纠纷第一审案件，由中级以上人民法院管辖。

各高级人民法院根据本辖区的实际情况，经最高人民法院批准，可以在较大城市确定1—2个基层人民法院受理第一审商标民事纠纷案件。

第三条 商标注册人或者利害关系人向工商行政管理部门就侵犯商标专用权行为请求处理，又向人民法院提起侵犯商标专用权诉讼请求损害赔偿的，人民法院应当受理。

第四条 商标评审委员会在商标法修改决定施行前受理的案件，于该决定施行后作出复审决定或裁定，当事人对复审决定或裁定不服向人民法院起诉的，人民法院应当受理。

第五条 除本解释另行规定外，对商标法修改决定施行前发生，属于修改后商标法第四条、第五条、第八条、第九条第一款、第十条第一款第（二）、（三）、（四）项、第十条第二款、第十一条、第十二条、第十三条、第十五条、第十六条、第二十四条、第二十五条、第三十一条所列举的情形，商标评审委员会于商标法修改决定施行后作出复审决定或者裁定，当事人不服向人民法院起诉的行政案件，适用修改后商标法的相应规定进行审查；属于其他情形的，适用修改前商标法的相应规定进行审查。

第六条 当事人就商标法修改决定施行时已满1年的注册商标发生争议，不服商标评审委员会作出的裁定向人民法院起诉的，适用修改前商标法第二十七条第二款规定的提出申请的期限处理；商标法修改决定施行时商标注册不满1年的，适用修改后商标法第四十一条第二款、第三款规定的提出申请的期限处理。

第七条 对商标法修改决定施行前发生的侵犯商标专用权行为，商标注册人或者利害关系人于该决定施行后在起诉前向人民法院提出申请采取责令停止侵权行为或者保全证据措施的，适用修改后商标法第五十七条、第五十八条的规定。

第八条 对商标法修改决定施行前发生的侵犯商标专用权行为起诉的案件，人民法院于该决定施行时尚未作出生效判决的，参照修改后商标法第五十六条的规定处理。

第九条 除本解释另行规定外，商标法修改决定施行后人民法院受理的商标民事纠纷案件，涉及该决定施行前发生的民事行为的，适用修改前商标法的规定；涉及该决定施行后发生的民事行为的，适用修改后商标法的规定；涉及该决定施行前发生，持续到该决定施行后的民事行为的，分别适用修改前、后商标法的规定。

第十条 人民法院受理的侵犯商标专用权纠纷案件，已经过工商行政管理部门处理的，人民法院仍应当就当事人民事争议的事实进行审查。

最高人民法院关于诉前停止侵犯注册商标专用权行为和保全证据适用法律问题的解释

（2001年12月25日最高人民法院审判委员会第1203次会议通过　2002年1月9日最高人民法院公告公布　自2002年1月22日起施行　法释〔2002〕2号）

为切实保护商标注册人和利害关系人的合法权益，根据《中华人民共和国民法通则》、《中华人民共和国商标法》（以下简称商标法）、《中华人民共和国民事诉讼法》（以下简称民事诉讼法）的有关规定，现就有关诉前停止侵犯注册商标专用权行为和保全证据适用法律问题解释如下：

第一条 根据商标法第五十七条、第五十八条①的规定，商标注册人或者利害关系人可以向人民法院提出诉前责令停止侵犯注册商标专用权行为或者保全证据的申请。

提出申请的利害关系人，包括商标使用许可合同的被许可人、注册商标财产权利的合法继承人。注册商标使用许可合同被许可人中，独占使用许可合同的被许可人可以单独向人民法院提出申请；排他使用许可合同的被许可人在商标注册人不申请的情况下，可以提出申请。

第二条 诉前责令停止侵犯注册商标专用权行为或者保全证据的申请，应当向侵权行为地或者被申请人住所地对商标案件有管辖权的人民法院提出。

第三条 商标注册人或者利害关系人向人民法院提出诉前停止侵犯注册商标专用权行为的申请，应当递交书面申请状。申请状应当载明：（一）当事人及其基本情况；（二）申请的具体内容、范围；（三）申请的理由，包括有关行为如不及时制止，将会使商标注册人或者利害关系人的合法权益受到难以弥补的损害的具体说明。

商标注册人或者利害关系人向人民法院提出诉前保全证据的申请，应当递交书面申请状。申请状应当载明：（一）当事

① 2013年8月30日《商标法》修正后，这两条调整为第六十五条、第六十六条。

人及其基本情况;(二)申请保全证据的具体内容、范围、所在地点;(三)请求保全的证据能够证明的对象;(四)申请的理由,包括证据可能灭失或者以后难以取得,且当事人及其诉讼代理人因客观原因不能自行收集的具体说明。

第四条 申请人提出诉前停止侵犯注册商标专用权行为的申请时,应当提交下列证据:

(一)商标注册人应当提交商标注册证,利害关系人应当提交商标使用许可合同、在商标局备案的材料及商标注册证复印件;排他使用许可合同的被许可人单独提出申请的,应当提交商标注册人放弃申请的证据材料;注册商标财产权利的继承人应当提交已经继承或者正在继承的证据材料。

(二)证明被申请人正在实施或者即将实施侵犯注册商标专用权的行为的证据,包括被控侵权商品。

第五条 人民法院作出诉前停止侵犯注册商标专用权行为或者保全证据的裁定事项,应当限于商标注册人或者利害关系人申请的范围。

第六条 申请人提出诉前停止侵犯注册商标专用权行为的申请时应当提供担保。

申请人申请诉前保全证据可能涉及被申请人财产损失的,人民法院可以责令申请人提供相应的担保。

申请人提供保证、抵押等形式的担保合理、有效的,人民法院应当准许。

申请人不提供担保的,驳回申请。

人民法院确定担保的范围时,应当考虑责令停止有关行为所涉及的商品销售收益,以及合理的仓储、保管等费用,停止有关行为可能造成的合理损失等。

第七条 在执行停止有关行为裁定过程中,被申请人可能因采取该项措施造成更大损失的,人民法院可以责令申请人追加相应的担保。申请人不追加担保的,可以解除有关停止措施。

第八条 停止侵犯注册商标专用权行为裁定所采取的措施,不因被申请人提供担保而解除,但申请人同意的除外。

第九条 人民法院接受商标注册人或者利害关系人提出责令停止侵犯注册商标专用权行为的申请后,经审查符合本规定第四条的,应当在48小时内作出书面裁定;裁定责令被申请人停止侵犯注册商标专用权行为的,应当立即开始执行。

人民法院作出诉前责令停止有关行为的裁定,应当及时通知被申请人,至迟不得超过5日。

第十条 当事人对诉前责令停止侵犯注册商标专用权行为裁定不服的,可以在收到裁定之日起10日内申请复议一次。复议期间不停止裁定的执行。

第十一条 人民法院对当事人提出的复议申请应当从以下方面进行审查:

(一)被申请人正在实施或者即将实施的行为是否侵犯注册商标专用权;

(二)不采取有关措施,是否会给申请人合法权益造成难以弥补的损害;

(三)申请人提供担保的情况;

(四)责令被申请人停止有关行为是否损害社会公共利益。

第十二条 商标注册人或者利害关系人在人民法院采取停止有关行为或者保全证据的措施后15日内不起诉的,人民法院应当解除裁定采取的措施。

第十三条 申请人不起诉或者申请错误造成被申请人损失的,被申请人可以向有管辖权的人民法院起诉请求申请人赔偿,也可以在商标注册人或者利害关系人提起的侵犯注册商标专用权的诉讼中提出损害赔偿请求,人民法院可以一并处理。

第十四条 停止侵犯注册商标专用权行为裁定的效力,一般应维持到终审法律文书生效时止。

人民法院也可以根据案情,确定停止有关行为的具体期限;期限届满时,根据当事人的请求及追加担保的情况,可以作出继续停止有关行为的裁定。

第十五条 被申请人违反人民法院责令停止侵犯注册商标专用权行为或者保全证据裁定的,依照民事诉讼法第一百零二条规定处理。

第十六条 商标注册人或者利害关系人向人民法院提起商标侵权诉讼时或者诉讼中,提出先行停止侵犯注册商标专用权请求的,人民法院可以先行作出裁定。前款规定涉及的有关申请、证据提交、担保的确定、裁定的执行和复议等事项,参照本司法解释有关规定办理。

第十七条 诉前停止侵犯注册商标专用权行为和保全证据的案件,申请人应当按照《人民法院诉讼收费办法》及其补充规定缴纳费用。

最高人民法院关于审理商标授权确权行政案件若干问题的意见

(2010年4月20日 法发〔2010〕12号)

自2001年12月1日《全国人民代表大会常务委员会关于修改〈中华人民共和国商标法〉的决定》施行以来,人民法院开始依法受理和审理利害关系人诉国家工商行政管理总局商标评审委员会作出的商标驳回复审、商标异议复审、商标争议、商标撤销复审等具体行政行为的商标授权确权行政案件,对相关法律适用问题进行了积极探索,积累了较为丰富的审判经验。为了更好地审理商标授权确权行政案件,进一步总结审判经验,明确和统一审理标准,最高人民法院先后召开多次专题会议和进行专题调研,广泛听取相关法院、相关部门和专家学者的意见，对于审理商标授权确权行政案件中的法律适用问题进行了研究和总结。在此基础上，根据《中华人民共和国商标法》、《中华人民共和国行政诉讼法》等法律规定，结合审判实际，对审理此类案件提出如下意见：

1. 人民法院在审理商标授权确权行政案件时，对于尚未大量投入使用的诉争商标，在审查判断商标近似和商品类似等授权确权条件及处理与在先商业标志冲突上，可依法适当从严掌握商标授权确权的标准，充分考虑消费者和同业经营者的利益，有效遏制不正当抢注行为，注重对于他人具有较高知名度和较强显著性的在先商标、企业名称等商业标志权益的保护，尽可能消除商业标志混淆的可能性；对于使用时间较长、已建立较高市场声誉和形成相关公众群体的诉争商标，应当准确把握商标法有关保护在先商业标志权益与维护市场秩序相协调的立法精神，充分尊重相关公众已在客观上将相关商业标志区别开来的市场实际，注重维护已经形成和稳定的市场秩序。

2. 实践中，有些标志或者其构成要素虽有夸大成分，但根据日常生活经验或者相关公众的通常认识等并不足以引人误解。对于这种情形，人民法院不宜将其认定为夸大宣传并带有欺骗性的标志。

3. 人民法院在审查判断有关标志是否构成具有其他不良影响的情形时，应当考虑该标志或者其构成要素是否可能对我国政治、经济、文化、宗教、民族等社会公共利益和公共秩序产生消极、负面影响。如果有关标志的注册仅损害特定民事权益，由于商标法已经另行规定了救济方式和相应程序，不宜认定其属于具有其他不良影响的情形。

4. 根据商标法的规定，县级以上行政区划的地名或者公众知晓的外国地名一般不得作为商标注册和使用。实践中，有些商标由地名和其他要素组成，在这种情形下，如果商标因有其他要素的加入，在整体上具有显著特征，而不再具有地名含义或者不以地名为主要含义的，就不宜因其含有县级以上行政区划的地名或者公众知晓的外国地名，而认定其属于不得注册的商标。

5. 人民法院在审理商标授权确权行政案件时，应当根据诉争商标指定使用商品的相关公众的通常认识，从整体上对商标是否具有显著特征进行审查判断。标志中含有的描述性要素不影响商标整体上具有显著特征的，或者描述性标志是以独特方式进行表现，相关公众能够以其识别商品来源的，应当认定其具有显著特征。

6. 人民法院在审理商标授权确权行政案件时，应当根据中国境内相关公众的通常认识，审查判断诉争外文商标是否具有显著特征。诉争标志中的外文虽有固有含义，但相关公众能够以该标志识别商品来源的，不影响对其显著特征的认定。

7. 人民法院在判断诉争商标是否为通用名称时，应当审查其是否属于法定的或者约定俗成的商品名称。依据法律规定或者国家标准、行业标准属于商品通用名称的，应当认定为通用名称。相关公众普遍认为某一名称能够指代一类商品的，应当认定该名称为约定俗成的通用名称。被专业工具书、辞典列为商品名称的，可以作为认定约定俗成的通用名称的参考。

约定俗成的通用名称一般以全国范围内相关公众的通常认识为判断标准。对于由于历史传统、风土人情、地理环境等原因形成的相关市场较为固定的商品，在该相关市场内通用的称谓，可以认定为通用名称。

申请人明知或者应知其申请注册的商标为部分区域内约定俗成的商品名称的，应视其申请注册的商标为通用名称。

8. 人民法院审查判断诉争商标是否属于通用名称，一般以提出商标注册申请时的事实状态为准。如果申请时不属于通用名称，但在核准注册时诉争商标已经成为通用名称的，仍应认定其属于本商品的通用名称；虽在申请时属于本商品的通用名称，但在核准注册时已经不是通用名称的，则不妨碍其取得注册。

9. 如果某标志只是或者主要是描述、说明所使用商品的质量、主要原料、功能、用途、重量、数量、产地等特点，应当认定其不具有显著特征。标志或者其构成要素暗示商品的特点，但不影响其识别商品来源功能的，不属于上述情形。

10. 人民法院审理涉及驰名商标保护的商标授权确权行政案件，可以参照《最高人民法院关于审理涉及驰名商标保护的民事纠纷案件应用法律若干问题的解释》第五条、第九条、第十条等相关规定。

11. 对于已经在中国注册的驰名商标，在不相类似商品上确定其保护范围时，要注意与其驰名程度相适应。对于社会公众广为知晓的已经在中国注册的驰名商标，在不相类似商品上确定其保护范围时，要给予与其驰名程度相适应的较宽范围的保护。

12. 商标代理人、代表人或者经销、代理等销售代理关系意义上的代理人、代表人未经授权，以自己的名义将被代理人或者被代表人商标进行注册的，人民法院应当认定属于代理人、代表人抢注被代理人、被代表人商标的行为。审判实践中，有些抢注行为发生在代理、代表关系尚在磋商的阶段，即抢注在先，代理、代表关系形成在后，此时应将其视为代理人、代表人的抢注行为。与上述代理人或者代表人有串通合谋抢注行为的商标注册申请人，可以视其为代理人或者代表人。对于串通合谋抢注行为，可以视情况根据商标注册申请人与上述代理人或者代表人之间的特定身份关系等进行推定。

13. 代理人或者代表人不得申请注册的商标标志，不仅包括与被代理人或者被代表人商标相同的标志，也包括相近似的标志；不得申请注册的商品既包括与被代理人或者被代表人商标所使用的商品相同的商品，也包括类似的商品。

14. 人民法院在审理商标授权确权行政案件中判断商品

类似和商标近似，可以参照《最高人民法院关于审理商标民事纠纷案件适用法律若干问题的解释》的相关规定。

15. 人民法院审查判断相关商品或者服务是否类似，应当考虑商品的功能、用途、生产部门、销售渠道、消费群体等是否相同或者具有较大的关联性；服务的目的、内容、方式、对象等是否相同或者具有较大的关联性；商品和服务之间是否具有较大的关联性，是否容易使相关公众认为商品或者服务是同一主体提供的，或者其提供者之间存在特定联系。《商标注册用商品和服务国际分类表》、《类似商品和服务区分表》可以作为判断类似商品或者服务的参考。

16. 人民法院认定商标是否近似，既要考虑商标标志构成要素及其整体的近似程度，也要考虑相关商标的显著性和知名度、所使用商品的关联程度等因素，以是否容易导致混淆作为判断标准。

17. 要正确理解和适用商标法第三十一条关于"申请商标注册不得损害他人现有的在先权利"的概括性规定。人民法院审查判断诉争商标是否损害他人现有的在先权利时，对于商标法已有特别规定的在先权利，按照商标法的特别规定予以保护；商标法虽无特别规定，但根据民法通则和其他法律的规定属于应予保护的合法权益的，应当根据该概括性规定给予保护。

人民法院审查判断诉争商标是否损害他人现有的在先权利，一般以诉争商标申请日为准。如果在先权利在诉争商标核准注册时已不存在的，则不影响诉争商标的注册。

18. 根据商标法的规定，申请人不得以不正当手段抢先注册他人已经使用并有一定影响的商标。如果申请人明知或者应知他人已经使用并有一定影响的商标而予以抢注，即可认定其采用了不正当手段。

在中国境内实际使用并为一定范围的相关公众所知晓的商标，即应认定属于已经使用并有一定影响的商标。有证据证明在先商标有一定的持续使用时间、区域、销售量或者广告宣传等的，可以认定其有一定影响。

对于已经使用并有一定影响的商标，不宜在不相类似商品上给予保护。

19. 人民法院在审理涉及撤销注册商标的行政案件时，审查判断诉争商标是否属于以其他不正当手段取得注册，要考虑其是否属于欺骗手段以外的扰乱商标注册秩序、损害公共利益、不正当占用公共资源或者以其他方式谋取不正当利益的手段。对于只是损害特定民事权益的情形，则要适用商标法第四十一条第二款、第三款及商标法的其他相应规定进行审查判断。

20. 人民法院审理涉及撤销连续三年停止使用的注册商标的行政案件时，应当根据商标法有关规定的立法精神，正确判断所涉行为是否构成实际使用。

商标权人自行使用、许可他人使用以及其他不违背商标权人意志的使用，均可认定属于实际使用的行为。实际使用的商标与核准注册的商标虽有细微差别，但未改变其显著特征的，可以视为注册商标的使用。没有实际使用注册商标，仅有转让或许可行为，或者仅有商标注册信息的公布或者对其注册商标享有专有权的声明等的，不宜认定为商标使用。

如果商标权人因不可抗力、政策性限制、破产清算等客观事由，未能实际使用注册商标或者停止使用，或者商标权人有真实使用商标的意图，并且有实际使用的必要准备，但因其他客观事由尚未实际使用注册商标的，均可认定有正当理由。

最高人民法院关于人民法院对注册商标权进行财产保全的解释

（2000年11月22日最高人民法院审判委员会第1144次会议通过　2001年1月2日最高人民法院公告公布　自2001年1月21日起施行　法释〔2001〕1号）

为了正确实施对注册商标权的财产保全措施，避免重复保全，现就人民法院对注册商标权进行财产保全有关问题解释如下：

第一条　人民法院根据民事诉讼法有关规定采取财产保全措施时，需要对注册商标权进行保全的，应当向国家工商行政管理局商标局（以下简称商标局）发出协助执行通知书，载明要求商标局协助保全的注册商标的名称、注册人、注册证号码、保全期限以及协助执行保全的内容，包括禁止转让、注销注册商标、变更注册事项和办理商标权质押登记等事项。

第二条　对注册商标权保全的期限一次不得超过6个月，自商标局收到协助执行通知书之日起计算。如果仍然需要对该注册商标权继续采取保全措施的，人民法院应当在保全期限届满前向商标局重新发出协助执行通知书，要求继续保全。否则，视为自动解除对该注册商标权的财产保全。

第三条　人民法院对已经进行保全的注册商标权，不得重复进行保全。

文书范本

1. 商标注册申请书[①]

申请人名称(中文):
(英文):
申请人国籍/地区:
申请人地址(中文):
(英文):
邮政编码:
联系人:
电话:
代理机构名称:
外国申请人的国内接收人:
国内接收人地址:
邮政编码:
商标申请声明:□集体商标 □证明商标
□以三维标志申请商标注册
□以颜色组合申请商标注册
□以声音标志申请商标注册
□两个以上申请人共同申请注册同一商标
要求优先权声明:□基于第一次申请的优先权 □基于展会的优先权 □优先权证明文件后补
申请/展出国家/地区:
申请/展出日期:
申请号:

申请人章戳(签字): 代理机构章戳:
代理人签字:

注:请按说明填写

下框为商标图样粘贴处。图样应当不大于10×10cm,不小于5×5cm。以颜色组合或者着色图样申请商标注册的,应当提交着色图样并提交黑白稿1份;不指定颜色的,应当提交黑白图样。以三维标志申请商标注册的,应当提交能够确定三维形状的图样,提交的商标图样应当至少包含三面视图。以声音标志申请商标注册的,应当以五线谱或者简谱对申请用作商标的声音加以描述并附加文字说明;无法以五线谱或者简谱描述的,应当使用文字进行描述;商标描述与声音样本应当一致。

① 书式来源:国家工商行政管理总局商标局官网。

商标说明：

类别：
商品/服务项目：

类别：
商品/服务项目：

商标注册申请书(附页)

其他共同申请人名称列表：

填写说明

1. 办理商标注册申请,适用本书式。申请书应当打字或者印刷。申请人应当按照规定并使用国家公布的中文简化汉字填写,不得修改格式。

2.“申请人名称”栏:申请人应当填写身份证明文件上的名称。申请人是自然人的,应当在姓名后注明证明文件号码。外国申请人应当同时在英文栏内填写英文名称。共同申请的,应将指定的代表人填写在“申请人名称”栏,其他共同申请人名称应当填写在“商标注册申请书附页——其他共同申请人名称列表”栏。没有指定代表人的,以申请书中顺序排列的第一人为代表人。

3.“申请人国籍/地区”栏:申请人应当如实填写,国内申请人不填写此栏。

4.“申请人地址”栏:申请人应当按照身份证明文件中的地址填写。身份证明文件中的地址未冠有省、市、县等行政区划的,申请人应当增加相应行政区划名称。申请人为自然人的,可以填写通讯地址。符合自行办理商标申请事宜条件的外国申请人地址应当冠以省、市、县等行政区划详细填写。不符合自行办理商标申请事宜条件的外国申请人应当同时详细填写中英文地址。

5.“邮政编码”、“联系人”、“电话”栏:此栏供国内申请人和符合自行办理商标申请事宜条件的外国申请人填写其在中国的联系方式。

6.“代理机构名称”栏:申请人委托已在商标局备案的商标代理机构代为办理商标申请事宜的,此栏填写商标代理机构名称。申请人自行办理商标申请事宜的,不填写此栏。

7.“外国申请人的国内接收人”、“国内接收人地址”、“邮政编码”栏:外国申请人应当在申请书中指定国内接收人负责接收商标局、商标评审委员会后继商标业务的法律文件。国内接收人地址应当冠以省、市、县等行政区划详细填写。

8.“商标申请声明”栏:申请注册集体商标、证明商标的,以三维标志、颜色组合、声音标志申请商标注册的,两个以上申请人共同申请注册同一商标的,应当在本栏声明。申请人应当按照申请内容进行选择,并附送相关文件。

9.“要求优先权声明”栏:申请人依据《商标法》第二十五条要求优先权的,选择“基于第一次申请的优先权”,并填写“申请/展出国家/地区”、“申请/展出日期”、“申请号”栏。申请人依据《商标法》第二十六条要求优先权的,选择“基于展会的优先权”,并填写“申请/展出国家/地区”、“申请/展出日期”栏。申请人应当同时提交优先权证明文件(包括原件和中文译文);优先权证明文件不能同时提交的,应当选择“优先权证明文件后补”,并自申请日起三个月内提交。未提出书面声明或者逾期未提交优先权证明文件的,视为未要求优先权。

10.“申请人章戳”栏:申请人为法人或其他组织的,应加盖公章。申请人为自然人的,应当由本人签字。所盖章戳或者签字应当完整、清晰。

11.“代理机构章戳”栏:代为办理申请事宜的商标代理机构应在此栏加盖公章,并由代理人签字。

12.“商标图样”栏:商标图样应当粘贴在图样框内。

13.“商标说明”栏:申请人应当根据实际情况填写。以三维标志、声音标志申请商标注册的,应当说明商标使用方式。以颜色组合申请商标注册的,应当提交文字说明,注明色标,并说明商标使用方式。商标为外文或者包含外文的,应当说明含义。自然人将自己的肖像作为商标图样进行注册申请应当予以说明。申请人将他人肖像作为商标图样进行注册申请应当予以说明,附送肖像人的授权书并经公证。

14.“类别”、“商品/服务项目”栏:申请人应按《类似商品和服务项目区分表》填写类别、商品/服务项目名称。商品/服务项目应按类别对应填写,每个类别的项目前应分别标明顺序号。类别和商品/服务项目填写不下的,可按本申请书的格式填写在附页上。全部类别和项目填写完毕后应当注明“截止”字样。

15.“商标注册申请书附页——其他共同申请人名称列表”栏:此栏填写其他共同申请人名称,外国申请人应当同时填写中文名称和英文名称。并在空白处按顺序加盖申请人章戳或由申请人本人签字。

16. 收费标准:一个类别受理商标注册费600元人民币(限定本类10个商品/服务项目,本类中每超过1个另加收60元人民币)。受理集体商标注册费3000元人民币。受理证明商标注册费3000元人民币。

17. 申请事宜并请详细阅读“商标申请指南”(www. saic. gov. cn)。

2. 商标异议申请书[①]

被异议商标:
被异议类别:
初步审定号:
初步审定公告期:
被异议人名称:
被异议人地址:
被异议人代理机构名称:

异议人名称:
异议人地址:
邮政编码:
联系人:
电话:
是否提交补充材料:□是　　□否
异议人代理机构名称:

异议请求和事实依据:

异议人章戳(签字):　　代理机构章戳:

代理人签字:

注:请按说明填写

填写说明

1. 办理异议申请适用本书式。申请人应当按规定逐项填写,申请书应当打字或印刷,不得修改格式。

2. 异议人应符合商标法规定的主体资格,提出异议申请时应有明确的请求和事实依据。

3.“被异议类别”栏只填写异议人提出异议的一个或多个类别。

4. 被异议人名称/地址应与商标公告上的名称/地址一致,被异议商标为共有商标的,“被异议人名称”栏应当填写共有

① 书式来源:国家工商行政管理总局商标局官网。

商标申请人的代表人名称。

5. 异议人名称应当与身份证明文件中的名称一致。异议人直接提交异议申请的，应当在"异议人章戳(签字)"处盖章或签字，异议人章戳(签字)应与异议人名称一致。异议人为自然人的，应同时在姓名后面填写身份证明文件号码。异议人委托商标代理机构提交异议申请的，应当填写代理机构名称，并在"代理机构章戳/代理人签字"处由代理人签字并加盖代理机构章戳。异议人地址应冠明省、市、县行政区划名称。

6. 异议申请书应当标明是否提交补充材料，未标注的视为放弃提交补充材料。

异议须知

1. 异议申请应当在商标法规定的异议期内提出，一份异议申请只能对一个初步审定的商标提出异议。

2. 商标异议申请包括以下材料：①商标异议申请书；②异议理由；③被异议商标初步审定公告复印件；④主体资格证明文件(包括作为在先权利人或利害关系人的证明文件及身份证明文件的复印件)；⑤证据材料(可以后补)。由商标代理机构代理提出异议申请的，还应提交异议人签字或加盖章戳的代理委托书。商标异议申请书及相关材料应提交一式两份，编排目录及页码并装订成正副本。

3. 申请按类别收费，一个类别商标异议费为1000元人民币。通过邮寄方式提交异议申请的，应当同时通过银行信汇或电汇的方式缴纳异议规费，并附送汇款凭证复印件。汇款人名义应与异议人名义一致。

收款人：中华人民共和国国家工商行政管理总局商标局

开户银行：中信银行北京富力支行

帐号：7111410182600018867

汇款用途：对×××××××号商标的异议规费。

4. 申请事宜并请详细阅读"商标申请指南"(http://sbj.saic.gov.cn)。

3. 更正商标申请/注册事项申请书[①]

申请人名称：

申请人地址：

邮政编码：

联系人：

电话：

代理机构名称：

商标申请号/注册号：

类别：

需重新制发证书文件：□是 □否

更正事项：

申请人章戳(签字)： 代理机构章戳：

代理人签字：

注：请按说明填写

① 书式来源：国家工商行政管理总局商标局官网。

填写说明

1. 办理更正商标申请/注册事项申请,适用本书式。申请书应当打字或者印刷。申请人应当按照规定填写,不得修改格式。

2. 申请人名称、申请人章戳(签字)处加盖的章戳(签字)应当与其身份证明文件中的名称一致。申请人为自然人的,应当在姓名后面填写证明文件号码。

3. 申请人地址应冠以省、市、县等行政区划名称。申请人应当按照身份证明文件中的地址填写,身份证明文件中的地址未冠有省、市、县等行政区划的,申请人应当增加相应行政区划名称。申请人为自然人的,可以填写通讯地址。

4. 委托商标代理机构申报的,应当填写代理机构名称并在“代理机构章戳/代理人签字”处由代理人签字并加盖代理机构章戳。

5. 一份申请书填写一个商标申请号(注册号)的更正申请事项。

6. 办理商标申请人名义/地址更正的,应当填写该商标的全部类别。

7. 更正内容不涉及商标申请文件或注册文件的实质性内容。更正事项应当注明申请更正的项目和内容。

8. 需重新制发证书文件的,应选择“是”,并附送有误的商标注册证或变更、转让、续展证明等文件原件。

9. 共有商标申请更正商标/注册事项,需由代表人提出申请。

10. 申请人为法人或其他组织的,应当在“申请人章戳(签字)”处盖章。申请人为自然人的,应当在此处签字。所盖章戳或签字应当完整清晰。

11. 申请按类别收费,一个类别更正费为500元人民币。

12. 申请事宜并请详细阅读“商标申请指南”(www. saic. gov. cn)。

4. 商标续展注册申请书①

申请人名称(中文):
(英文):
申请人地址(中文):
(英文):
邮政编码:
联系人:
电话:
代理机构名称:
商标注册号:
是否共有商标:□是　　□否
类别:

申请人章戳(签字):　　　　代理机构章戳:

代理人签字:

注:请按说明填写

填写说明

1. 办理商标续展注册,适用本书式。申请书应当打字或印刷。申请人应当按照规定填写,不得修改格式。

① 书式来源:国家工商行政管理总局商标局官网。

2. 申请人名称、申请人章戳(签字)处加盖的章戳(签字)应当与提交的身份证明文件中的名称一致。申请人为自然人的,应当在姓名后面填写证明文件号码。

3. 申请人地址应冠以省、市、县等行政区划名称。申请人应当按照身份证明文件中的地址填写,证明文件中的地址未冠有省、市、县等行政区划的,申请人应当增加相应行政区划名称。申请人为自然人的,可以填写通讯地址。

4. 国内申请人不需填写英文。

5. 属于共有商标的,应当在"是否共有商标"选择"是";非共有商标选择"否"。

6. 共有商标申请商标续展注册,需由代表人提出申请,申请人名称/地址填写代表人的名称/地址,其他共有人名称/地址依次填写在申请书附页上(可再加附页)。非共有商标的,不需提交附页。

7. 委托商标代理机构申报的,应当填写代理机构名称并在"代理机构章戳/代理人签字"处由代理人签字并加盖代理机构章戳。未委托商标代理机构的,不需填写。

8. 一份申请书填写一个商标注册号。

9. 注册商标有多个类别的,按类别号依序填写。

10. 申请人为法人或其他组织的,应当在"申请人章戳(签字)"处盖章。申请人为自然人的,应当在此处签字。所盖章戳或签字应当完整清晰。

11. 申请按类别收费,一个类别受理商标续展注册费为2000元人民币,续展注册延迟费500元人民币。

12. 申请事宜并请详细阅读"商标申请指南"(www. saic. gov. cn)。

商标续展注册申请书

(附页)

其他共有人

1. 名称(中文):
   (英文):
   地址(中文):
   (英文):
2. 名称(中文):
   (英文):
   地址(中文):
   (英文):

5. 商标注销申请书[①]

申请人名称(中文):
(英文):
申请人地址(中文):
(英文):
邮政编码:
联系人:
电话:
代理机构名称:
商标注册号:

---

① 书式来源:国家工商行政管理总局商标局官网。

是否共有商标:□是　　　　□否

类别:

注销商品/服务项目(分类填写):

未交回原注册证原因:

申请人章戳(签字):　　　　　　　　代理机构章戳:

代理人签字:

注:请按说明填写

填写说明

1. 办理注销注册商标或者注销注册商标在部分指定商品/服务项目上的注册的,适用本书式。申请书应当打字或印刷。申请人应当按规定填写,不得修改格式。

2. 申请人名称、申请人章戳(签字)处加盖的章戳(签字)应当与提交的身份证明文件中的名称一致。申请人为自然人的,应当在姓名后面填写证明文件号码。

3. 申请人地址应冠以省、市、县等行政区划名称。申请人应当按照身份证明文件中的地址填写,证明文件中的地址未冠有省、市、县等行政区划的,申请人应当增加相应行政区划名称。申请人为自然人的,可以填写通讯地址。

4. 国内申请人不需填写英文。

5. 属于共有商标的,应当在"是否共有商标"选择"是";非共有商标选择"否"。

6. 共有商标申请注销注册商标或者注销注册商标在部分指定商品/服务项目上的注册的,需由代表人提出申请,申请人名称/地址填写代表人的名称/地址,其他共有人名称/地址依次填写在申请书附页上(可再加附页);非共有商标的,不需提交附页。

7. 委托商标代理机构申报的,应当填写代理机构名称并在"代理机构章戳/代理人签字"处由代理人签字并加盖代理机构章戳。未委托商标代理机构的,不需填写。

8. 一份申请书填写一个商标注册号。

9. 注册商标有多个类别的,按类别号依序填写。

10. 注销的商品/服务项目名称应与核定使用的同一种商品/服务项目名称相同,按类别号分段落填写(可再加附页);申请注销一个类别中全部商品/服务项目的,商品/服务项目处填写"全部"字样;申请注册商标全类注销的,在此栏目填写"全类注销"字样。

11. 申请注销注册商标或者注销注册商标在部分指定商品/服务项目上的注册的,应同时交回原注册证,未交回原注册证的应说明理由。

12. 申请人为法人或其他组织的,应当在"申请人章戳(签字)"处盖章。申请人为自然人的,应当在此处签字。所盖章戳或签字应当完整清晰。

13. 申请事宜并请详细阅读"商标申请指南"(www. saic. gov. cn)。

商标注销申请书

(附页)

其他共有人

1. 名称(中文):

(英文):

地址(中文):

(英文):

2. 名称(中文):
(英文):
地址(中文):
(英文):

商标注销申请书

(附页)

注销商品/服务项目(续):

6. 商标使用许可备案表①

许可人名称(中文):
(英文):
许可人地址(中文):
(英文):
被许可人名称(中文):
(英文):
被许可人地址(中文):
(英文):
邮政编码:
联系人:
电话:
代理机构名称:
商标注册号:
是否共有商标:□是 □否
再许可:□是
许可人原备案号:
许可期限:
许可使用的商品/服务项目(分类填写):

许可人章戳(签字): 被许可人章戳(签字): 代理机构章戳:

代理人签字:

填写说明

1. 报送注册商标使用许可备案,适用本书式。备案表应当打字或印刷。许可人/被许可人应当按照规定填写,不得修改格式。

2. 许可人/被许可人名称、许可人/被许可人章戳(签字)处加盖的章戳(签字)应当与所附身份证明文件中的名称一致。许可人/被许可人为自然人的,应当同时在姓名后面填写证明文件号码。

3. 许可人/被许可人地址应冠以省、市、县等行政区划名称。许可人/被许可人应当按照身份证明文件中的地址填写,证

① 书式来源:国家工商行政管理总局商标局官网。

明文件中的地址未冠有省、市、县等行政区划的，许可人/被许可人应当增加相应行政区划名称。许可人/被许可人为自然人的，可以填写通讯地址。

4. 国内许可人/被许可人不需填写英文。

5. 属于共有商标的，应当在“是否共有商标”选择“是”；非共有商标选择“否”。

6. 共有商标报送商标使用许可备案，需由代表人报送，许可人名称/地址填写代表人的名称/地址，其他共有人名称/地址依次填写在备案表附页上（可再加附页）。非共有商标的，不需提交附页。

7. 注册商标使用许可备案由许可人报送。委托代理机构报送的，应当填写代理机构名称并在“代理机构章戳/代理人签字”处由代理人签字并加盖代理机构章戳。未委托代理机构的，不需填写。

8. 一份申请书填写一个商标注册号。

9. 再许可是指商标注册人通过被许可人许可第三方使用其注册商标。注册商标使用再许可的，应当在“再许可”选择“是”，填写许可人原备案号并报送注册人同意注册商标使用再许可授权书。

10. 许可使用的商品/服务项目名称应与核定使用的同一种商品/服务项目名称相同，按类别号分段落填写（可再加附页）。

11. 许可期限不得超过注册商标的有效期限。

12. 许可人/被许可人为法人或其他组织的，应当在“许可人章戳（签字）/被许可人章戳（签字）”处盖章。许可人/被许可人为自然人的，应当在此处签字。所盖章戳或签字应当完整清晰。

13. 申请按类别收费，一个类别注册商标使用许可备案费为300元人民币，由许可人缴纳。

14. 备案事宜并请详细阅读“商标申请指南”（www. saic. gov. cn）。

商标使用许可备案表

（附页）

其他共有许可人

1. 名称（中文）：　　　　（章戳/签字）
　　（英文）：
　地址（中文）：
　　（英文）：

2. 名称（中文）：　　　　（章戳/签字）
　　（英文）：
　地址（中文）：
　　（英文）：

商标使用许可备案表

（附页）

许可使用的商品/服务项目（续）：

7. 商标专用权质权登记申请书[①]

质权人名称(中文):
(英文):
质权人地址:
法定代表人:
电话(含地区号):
邮政编码:
代理机构名称:

出质人名称(中文):
(英文):
出质人地址:
法定代表人:
电话(含地区号):
邮政编码:
代理机构名称:
出质商标注册号:
担保债权数额:
质权登记期限: 自 至 。

质权人章戳(签字): 出质人章戳(签字):

代理机构章戳: 代理机构章戳:

代理人签字: 代理人签字:

填写说明

1. 办理商标专用权质权登记,适用本书式。申请书应当打字或印刷。质权人/出质人应当按规定填写,不得修改格式。

2. 商标专用权质权登记由质权人和出质人共同提出申请。

3. 质权人/出质人名称、质权人/出质人章戳(签字)处加盖的章戳(签字)应当与所附身份证明文件中的名称一致。质权人/出质人为自然人的,应当同时在姓名后面填写证明文件号码。

4. 质权人/出质人地址应冠以省、市、县等行政区划名称。质权人/出质人应当按照身份证明文件中的地址填写,证明文件中的地址未冠有省、市、县等行政区划的,质权人/出质人应当增加相应行政区划名称。质权人/出质人为自然人的,可以填写通讯地址。

5. 国内质权人/出质人不需填写英文。

6. 多个质权人的,在附页其他共同质权人处依次填写。

7. 共有商标办理质权登记,出质人名称/地址填写代表人的名称/地址。其他共同出质人名称/地址依次填写在申请书附页上(可再加附页)。

8. 委托代理机构申报的,应当填写代理机构名称并在"代理机构章戳/代理人签字"处由代理人签字并加盖代理机构章

① 书式来源:国家工商行政管理总局商标局官网。

戳。未委托代理机构的,不需填写。

9. 出质商标为多个的,商标注册号可另加附页填写。

10. 质权人/出质人为法人或其他组织的,应当在“质权人/出质人章戳(签字)”处盖章。质权人/出质人为自然人的,应当在此处签字。所盖章戳或签字应当完整清晰。

11. 办理事宜并请详细阅读“商标申请指南”(www. saic. gov. cn)。

商标专用权质权登记申请书

(附页)

其他共同质权人

1. 名称(中文):
   (英文): (章戳/签字)
   地址(中文):
   (英文):
2. 名称(中文):
   (英文):
   地址(中文): (章戳/签字)
   (英文):

其他共同出质人

1. 名称(中文):
   (英文): (章戳/签字)
   地址(中文):
   (英文):
2. 名称(中文):
   (英文): (章戳/签字)
   地址(中文):
   (英文):

8. 商标专用权质权登记注销申请书[①]

质权人名称(中文):
(英文):
质权人地址:
法定代表人:
电话(含地区号):

① 书式来源:国家工商行政管理总局商标局官网。

邮政编码：
代理机构名称：

出质人名称（中文）：
（英文）：
出质人地址：
法定代表人：
电话（含地区号）：
邮政编码：
代理机构名称：

注销质权登记证编号：
未交回原质权登记证的原因：

注销原因：

质权人章戳（签字）： 出质人章戳（签字）：

代理机构章戳： 代理机构章戳：

代理人签字： 代理人签字：

填写说明

1. 办理商标专用权质权登记注销，适用本书式。申请书应当打字或印刷。质权人/出质人应当按规定填写，不得修改格式。

2. 商标专用权质权登记注销由质权人和出质人共同提出申请。

3. 质权人/出质人名称、质权人/出质人章戳（签字）处加盖的章戳（签字）应当与所附身份证明文件中的名称一致。质权人/出质人为自然人的，应当同时在姓名后面填写证明文件号码。

4. 质权人/出质人地址应冠以省、市、县等行政区划名称。质权人/出质人应当按照身份证明文件中的地址填写，证明文件中的地址未冠有省、市、县等行政区划的，质权人/出质人应当增加相应行政区划名称。质权人/出质人为自然人的，可以填写通讯地址。

5. 国内质权人/出质人不需填写英文。

6. 多个质权人的，在附页其他共同质权人处依次填写。

7. 共有商标办理质权登记注销，出质人名称/地址填写代表人的名称/地址。其他共同出质人名称/地址依次填写在申请书附页上（可再加附页）。

8. 申请商标质权登记注销应当同时交回原质权登记证，未交回原质权登记证的应当说明原因。

9. 委托商标代理机构申报的，应当填写代理机构名称并在“代理机构章戳/代理人签字”处由代理人签字并加盖代理机构章戳。未委托代理机构的，不需填写。

10. 质权人/出质人为法人或其他组织的，应当在“质权人/出质人章戳（签字）”处盖章。质权人/出质人为自然人的，应当在此处签字。所盖章戳或签字应当完整清晰。

11. 办理事宜并请详细阅读“商标申请指南”（www. saic. gov. cn）。

商标专用权质权登记注销申请书

（附页）

其他共同质权人

1. 名称（中文）：
（英文）： （章戳/签字）
地址（中文）：
（英文）：
2. 名称（中文）：
（英文）： （章戳/签字）
地址（中文）：
（英文）：

其他共同出质人

1. 名称（中文）：
（英文）： （章戳/签字）
地址（中文）：
（英文）：
2. 名称（中文）：
（英文）： （章戳/签字）
地址（中文）：
（英文）：

典型案例

1. 山东鲁锦实业有限公司诉鄄城县鲁锦工艺品有限责任公司、济宁礼之邦家纺有限公司侵害商标权及不正当竞争纠纷案[①]

【关键词】

民事　商标侵权　不正当竞争　商品通用名称

【裁判要点】

判断具有地域性特点的商品通用名称，应当注意从以下方面综合分析：(1)该名称在某一地区或领域约定俗成，长期普遍使用并为相关公众认可；(2)该名称所指代的商品生产工艺经某一地区或领域群众长期共同劳动实践而形成；(3)该名称所指代的商品生产原料在某一地区或领域普遍生产。

【相关法条】

《中华人民共和国商标法》第五十九条

【基本案情】

原告山东鲁锦实业有限公司（以下简称鲁锦公司）诉称：被告鄄城县鲁锦工艺品有限责任公司（以下简称鄄城鲁锦公司）、济宁礼之邦家纺有限公司（以下简称礼之邦公司）大量生产、销售标有“鲁锦”字样的鲁锦产品，侵犯其“鲁锦”注册商标专用权。鄄城鲁锦公司企业名称中含有原告的“鲁锦”注册商标字样，误导消费者，构成不正当竞争。“鲁锦”不是通用名称。请求判令二被告承担侵犯商标专用权和不正当竞争的法律责任。

被告鄄城鲁锦公司辩称：原告鲁锦公司注册成立前及鲁锦商标注册完成前，“鲁锦”已成为通用名称。按照有关规定，其属于“正当使用”，不构成商标侵权，也不构成不正当竞争。

被告礼之邦公司一审未作答辩，二审上诉称：“鲁锦”是鲁西南一带民间纯棉手工纺织品的通用名称，不知道“鲁锦”是鲁锦公司的注册商标，接到诉状后已停止相关使用行为，故不应承担赔偿责任。

法院经审理查明：鲁锦公司的前身嘉祥县瑞锦民间工艺

① 案例来源：最高人民法院指导案例46号。

品厂于1999年12月21日取得注册号为第1345914号的“鲁锦”文字商标，有效期为1999年12月21日至2009年12月20日，核定使用商品为第25类服装、鞋、帽类。鲁锦公司又于2001年11月14日取得注册号为第1665032号的“Lj+LUJIN”的组合商标，有效期为2001年11月14日至2011年11月13日，核定使用商品为第24类的“纺织物、棉织品、内衣用织物、纱布、纺织品、毛巾布、无纺布、浴巾、床单、纺织品家具罩等”。嘉祥县瑞锦民间工艺品厂于2001年2月9日更名为嘉祥县鲁锦实业有限公司，后于2007年6月11日更名为山东鲁锦实业有限公司。

鲁锦公司在获得“鲁锦”注册商标专用权后，在多家媒体多次宣传其产品及注册商标，并于2006年3月被“中华老字号”工作委员会接纳为会员单位。鲁锦公司经过多年努力及长期大量的广告宣传和市场推广，其“鲁锦”牌系列产品，特别是“鲁锦”牌服装在国内享有一定的知名度。2006年11月16日，“鲁锦”注册商标被审定为山东省著名商标。

2007年3月，鲁锦公司从礼之邦鲁锦专卖店购买到由鄄城鲁锦公司生产的同鲁锦公司注册商标所核定使用的商品相同或类似的商品，该商品上的标签(吊牌)、包装盒、包装袋及店堂门面上均带有“鲁锦”字样。在该店门面上“鲁锦”已被突出放大使用，其出具的发票上加盖的印章为礼之邦公司公章。

鄄城鲁锦公司于2003年3月3日成立，在产品上使用的商标是“精一坊文字+图形”组合商标，该商标已申请注册，但尚未核准。2007年9月，鄄城鲁锦公司申请撤销鲁锦公司已注册的第1345914号“鲁锦”商标，国家工商总局商标评审委员会已受理但未作出裁定。

一审法院根据鲁锦公司的申请，依法对鄄城鲁锦公司、礼之邦公司进行了证据保全，发现二被告处存有大量同“鲁锦”注册商标核准使用的商品同类或者类似的商品，该商品上的标签(吊牌)、包装盒、包装袋、商品标价签以及被告店堂门面上均带有原告注册商标“鲁锦”字样。被控侵权商品的标签(吊牌)、包装盒、包装袋上已将“鲁锦”文字放大，作为商品的名称或者商品装潢醒目突出使用，且包装袋上未标识生产商及其地址。

另查明：鲁西南民间织锦是一种山东民间纯棉手工纺织品，因其纹彩绚丽、灿烂似锦而得名，在鲁西南地区已有上千年的历史，是历史悠久的齐鲁文化的一部分。从20世纪80年代中期开始，鲁西南织锦开始被开发利用。1986年1月8日，在济南举行了“鲁西南织锦与现代生活展览汇报会”。1986年8月20日，在北京民族文化宫举办了“鲁锦与现代生活展”。1986年前后，《人民日报》《经济参考》《农民日报》等报刊发表“鲁锦”的专题报道，中央电视台、山东电视台也拍摄了多部“鲁锦”的专题片。自此，“鲁锦”作为山东民间手工棉纺织品的通称被广泛使用。此后，鲁锦的研究、开发和生产逐渐普及并不断发展壮大。1987年11月15日，为促进鲁锦文化与现代生活的进一步结合，加拿大国际发展署(CIDA)与中华全国妇女联合会共同在鄄城县杨屯村举行了双边合作项目——鄄城杨屯妇女鲁锦纺织联社培训班。

山东省及济宁、菏泽等地方史志资料在谈及历史、地方特产或传统工艺时，对“鲁锦”也多有记载，均认为“鲁锦”是流行在鲁西南地区广大农村的一种以棉纱为主要原料的传统纺织产品，是山东的主要民间美术品种之一。相关工具书及出版物也对“鲁锦”多有介绍，均认为“鲁锦”是山东民间手工织花棉布，以棉花为主要原料，手工织线、染色、织造，俗称“土布”或“手织布”，因此布色彩斑斓，似锦似绣，故称为“鲁锦”。

1995年12月25日，山东省文物局作出《关于建设“中国鲁锦博物馆”的批复》，同意菏泽地区文化局在鄄城县成立“中国鲁锦博物馆”。2006年12月23日，山东省人民政府公布第一批省级非物质文化遗产，其中山东省文化厅、鄄城县、嘉祥县申报的“鲁锦民间手工技艺”被评定为非物质文化遗产。2008年6月7日，国务院国发〔2008〕19号文件确定由山东省鄄城县、嘉祥县申报的“鲁锦织造技艺”被列入第二批国家级非物质文化遗产名录。

【裁判结果】

山东省济宁市中级人民法院于2008年8月25日作出(2007)济民五初字第6号民事判决：一、鄄城鲁锦公司于判决生效之日立即停止在其生产、销售的第25类服装类系列商品上使用“鲁锦”作为其商品名称或者商品装潢，并于判决生效之日起30日内，消除其现存被控侵权产品上标明的“鲁锦”字样；礼之邦公司立即停止销售鄄城鲁锦公司生产的被控侵权商品。二、鄄城鲁锦公司于判决生效之日起15日内赔偿鲁锦公司经济损失25万元；礼之邦公司赔偿鲁锦公司经济损失1万元。三、鄄城鲁锦公司于判决生效之日起30日内变更企业名称，变更后的企业名称中不得包含“鲁锦”文字；礼之邦公司于判决生效之日立即消除店堂门面上的“鲁锦”字样。宣判后，鄄城鲁锦公司与礼之邦公司提出上诉。山东省高级人民法院于2009年8月5日作出(2009)鲁民三终字第34号民事判决：撤销山东省济宁市中级人民法院(2007)济民五初字第6号民事判决；驳回鲁锦公司的诉讼请求。

【裁判理由】

法院生效裁判认为：根据本案事实可以认定，在1999年鲁锦公司将“鲁锦”注册为商标之前，已是山东民间手工棉纺织品的通用名称，“鲁锦”织造技艺为非物质文化遗产。鄄城鲁锦公司、济宁礼之邦公司的行为不构成商标侵权，也非不正当竞争。

首先，“鲁锦”已成为具有地域性特点的棉纺织品的通用名称。商品通用名称是指行业规范或社会公众约定俗成的对某一商品的通常称谓。该通用名称可以是行业规范规定的称谓，也可以是公众约定俗成的简称。鲁锦指鲁西南民间纯棉手工织锦，其纹彩绚丽灿烂似锦，在鲁西南地区已有上千年的历史。“鲁锦”作为具有山东特色的手工纺织品的通用名称，为国家主流媒体、各类专业报纸以及山东省新闻媒体所公认，山东省、济宁、菏泽、嘉祥、鄄城的省市县三级史志资料均将“鲁锦”记载为传统鲁西南民间织锦的“新名”，有关工艺美术和艺术的工具书中也确认“鲁锦”就是产自山东的一种民间纯棉手工纺织品。“鲁锦”织造工艺历史悠久，在提到“鲁锦”时，人们想到的就是传统悠久的山东民间手工棉纺织品及其织造工艺。“鲁锦织造技艺”被确定为国家级非物质文化遗产。“鲁锦”代表的纯棉手工纺织生产工艺并非由某一自然人或企业法人发明而成，而是由山东地区特别是鲁西南地区人民群众长期劳动实践而形成。“鲁锦”代表的纯棉手工纺织品的生产原料亦非某一自然人或企业法人特定种植，而是山东不特定地区广泛种植的棉花。自20世纪80年代中期后，经过媒体的大量宣传，“鲁锦”已成为以棉花为主要原料、手工织线、染色、织造的山东地区民间手工纺织品的通称，且已在山东地区纺织行业领域内通用，并被相关社会公众所接受。综上，可以认定“鲁锦”是山东地区特别是鲁西南地区民间纯棉手工纺织品的通用名称。

关于鲁锦公司主张“鲁锦”这一名称不具有广泛性，在我国其他地方也出产老粗布，但不叫“鲁锦”。对此法院认为，对于具有地域性特点的商品通用名称，判断其广泛性应以特定产区及相关公众为标准，而不应以全国为标准。我国其他省份的手工棉纺织品不叫“鲁锦”，并不影响“鲁锦”专指山东地区特有的民间手工棉纺织品这一事实。关于鲁锦公司主张“鲁锦”不具有科学性，棉织品应称为“棉”而不应称为“锦”。对此法院认为，名称的确定与其是否符合科学没有必然关系，对于已为相关公众接受、指代明确、约定俗成的名称，即使有不科学之处，也不影响其成为通用名称。关于鲁锦公司还主张“鲁锦”不具有普遍性，山东省内有些经营者、消费者将这种民间手工棉纺织品称为“粗布”或“老土布”。对此法院认为，“鲁锦”这一称谓是20世纪80年代中期确定的新名称，经过多年宣传与使用，现已为相关公众所知悉和接受。“粗布”“老土布”等旧有名称的存在，不影响“鲁锦”通用名称的认定。

其次，注册商标中含有的本商品的通用名称，注册商标专用权人无权禁止他人正当使用。《中华人民共和国商标法实施条例》第四十九条规定：“注册商标中含有的本商品的通用名称、图形、型号，或者直接表示商品的质量、主要原料、功能、用途、重量、数量及其他特点，或者含有地名，注册商标专用权人无权禁止他人正当使用。”商标的作用主要为识别性，即消费者能够依不同的商标而区别相应的商品及服务的提供者。保护商标权的目的，就是防止对商品及服务的来源产生混淆。由于鲁锦公司“鲁锦”文字商标和“Lj + LUJIN”组合商标，与作为山东民间手工棉纺织品通用名称的“鲁锦”一致，其应具备的显著性区别特征因此趋于弱化。“鲁锦”虽不是鲁锦服装的通用名称，但却是山东民间手工棉纺织品的通用名称。商标注册人对商标中通用名称部分不享有专用权，不影响他人将“鲁锦”作为通用名称正当使用。鲁西南地区有不少以鲁锦为面料生产床上用品、工艺品、服饰的厂家，这些厂家均可以正当使用“鲁锦”名称，在其产品上叙述性标明其面料采用鲁锦。

本案中，鄄城鲁锦公司在其生产的涉案产品的包装盒、包装袋上使用“鲁锦”两字，虽然在商品上使用了鲁锦公司商标中含有的商品通用名称，但仅是为了表明其产品采用鲁锦面料，其生产技艺具备鲁锦特点，并不具有侵犯鲁锦公司“鲁锦”注册商标专用权的主观恶意，也并非作为商业标识使用，属于正当使用，故不应认定为侵犯“鲁锦”注册商标专用权的行为。基于同样的理由，鄄城鲁锦公司在其企业名称中使用“鲁锦”字样，也系正当使用，不构成不正当竞争。礼之邦公司作为鲁锦制品的专卖店，同样有权使用“鲁锦”字样，亦不构成对“鲁锦”注册商标专用权的侵犯。

此外，鲁锦公司的“鲁锦”文字商标和“Lj + LUJIN”的组合商标已经国家商标局核准注册并核定使用于第25类、第24类商品上，该注册商标专用权应依法受法律保护。虽然鄄城鲁锦公司对此商标提出撤销申请，但在国家商标局商标评审委员会未撤销前，仍应依法保护上述有效注册商标。鉴于“鲁锦”是注册商标，为规范市场秩序，保护公平竞争，鄄城鲁锦公司在今后使用“鲁锦”字样以标明其产品面料性质的同时，应合理避让鲁锦公司的注册商标专用权，应在其产品包装上突出使用自己的“精一坊”商标，以显著区别产品来源，方便消费者识别。

2. 兰建军、杭州小拇指汽车维修科技股份有限公司诉天津市小拇指汽车维修服务有限公司等侵害商标权及不正当竞争纠纷案①

【关键词】

民事　侵害商标权　不正当竞争　竞争关系

【裁判要点】

1. 经营者是否具有超越法定经营范围而违反行政许可法律法规的行为，不影响其依法行使制止商标侵权和不正当竞争的民事权利。

2. 反不正当竞争法并未限制经营者之间必须具有直接

① 案例来源：最高人民法院指导案例30号。

的竞争关系，也没有要求其从事相同行业。经营者之间具有间接竞争关系，行为人违背反不正当竞争法的规定，损害其他经营者合法权益的，也应当认定为不正当竞争行为。

【相关法条】

《中华人民共和国反不正当竞争法》第二条

【基本案情】

原告兰建军、杭州小拇指汽车维修科技股份有限公司（以下简称杭州小拇指公司）诉称：其依法享有"小拇指"注册商标专用权，而天津市小拇指汽车维修服务有限公司（以下简称天津小拇指公司）、天津市华商汽车进口配件公司（以下简称天津华商公司）在从事汽车维修及通过网站进行招商加盟过程中，多处使用了"小拇指"标识，且存在单独或突出使用"小拇指"的情形，侵害了其注册商标专用权；同时，天津小拇指公司擅自使用杭州小拇指公司在先的企业名称，构成对杭州小拇指公司的不正当竞争。故诉请判令天津小拇指公司立即停止使用"小拇指"字号进行经营、天津小拇指公司及天津华商公司停止商标侵权及不正当竞争行为、公开赔礼道歉、连带赔偿经济损失630000元及合理开支24379.4元，并承担案件诉讼费用。

被告天津小拇指公司、天津华商公司辩称：1. 杭州小拇指公司的经营范围并不含许可经营项目及汽车维修类，也未取得机动车维修的许可，且不具备"两店一年"的特许经营条件，属于超越经营范围的非法经营，故其权利不应得到保护。2. 天津小拇指公司、天津华商公司使用"小拇指"标识有合法来源，不构成商标侵权。3. 杭州小拇指公司并不从事汽车维修行业，双方不构成商业竞争关系，且不能证明其为知名企业，其主张企业名称权缺乏法律依据，天津小拇指公司、天津华商公司亦不构成不正当竞争，故请求驳回原告诉讼请求。

法院经审理查明：杭州小拇指公司成立于2004年10月22日，法定代表人为兰建军。其经营范围为："许可经营项目：无；一般经营项目：服务；汽车玻璃修补的技术开发，汽车油漆快速修复的技术开发；批发、零售；汽车配件；含下属分支机构经营范围；其他无需报经审批的一切合法项目（上述经营范围不含国家法律法规规定禁止、限制和许可经营的项目。）凡以上涉及许可证制度的凭证经营。"其下属分支机构为杭州小拇指公司萧山分公司，该分公司成立于2005年11月8日，经营范围为："汽车涂漆、玻璃安装"。该分公司于2008年8月1日取得的《道路运输经营许可证》载明的经营范围为："维修（二类机动车维修：小型车辆维修）"。

2011年1月14日，杭州小拇指公司取得第6573882号"小拇指"文字注册商标，核定服务项目（第35类）：连锁店的经营管理（工商管理辅助）；特许经营的商业管理；商业管理咨询；广告（截止）。该商标现在有效期内。2011年4月14日，兰建军将其拥有的第6573881号"小拇指"文字注册商标以独占使用许可的方式，许可给杭州小拇指公司使用。

杭州小拇指公司多次获中国连锁经营协会颁发的中国特许经营连锁120强证书，2009年杭州小拇指公司"小拇指汽车维修服务"被浙江省质量技术监督局认定为浙江服务名牌。

天津小拇指公司成立于2008年10月16日，法定代表人田俊山。其经营范围为："小型客车整车修理、总成修理、整车维护、小修、维修救援、专项修理。（许可经营项目的经营期限以许可证为准）"。该公司于2010年7月28日取得的《天津市机动车维修经营许可证》载明类别为"二类（汽车维修）"，经营项目为"小型客车整车修理、总成修理、整车维护、小修、维修救援、专项维修。"有效期自2010年7月28日至2012年7月27日。

天津华商公司成立于1992年11月23日，法定代表人与天津小拇指公司系同一人，即田俊山。其经营范围为："汽车配件、玻璃、润滑脂、轮胎、汽车装具；车身清洁维护、电气系统维修、涂漆；代办快件、托运、信息咨询；普通货物（以上经营范围涉及行业许可证的凭许可证件在有效期内经营，国家有专项专营规定的按规定办理）。"天津华商公司取得的《天津市机动车维修经营许可证》的经营项目为："小型客车整车修理、总成修理、整车维护、小修、维修救援、专项修理"，类别为二类（汽车维修）"，现在有效期内。

天津小拇指公司、天津华商公司在从事汽车维修及通过网站进行招商加盟过程中，多处使用了"小拇指"标识，且存在单独或突出使用"小拇指"的情形。

2008年6月30日，天津华商公司与杭州小拇指公司签订了《特许连锁经营合同》，许可天津华商公司在天津经营"小拇指"品牌汽车维修连锁中心，合同期限为2008年6月30日至2011年6月29日。该合同第三条第（4）项约定："乙方（天津华商公司）设立加盟店，应以甲方（杭州小拇指公司）书面批准的名称开展经营活动。商号的限制使用（以下选择使用）：（√）未经甲方书面同意，乙方不得在任何场合和时间，以任何形式使用或对'小拇指'或'小拇指微修'等相关标志进行企业名称登记注册；未经甲方书面同意，不得将'小拇指'或'小拇指微修'名称加上任何前缀、后缀进行修改或补充；乙方不得注册含有'小拇指'或'小拇指微修'或与其相关或相近似字样的域名等，该限制包含对乙方的分支机构的限制"。2010年12月16日，天津华商公司与杭州小拇指公司因履行《特许连锁经营合同》发生纠纷，经杭州市仲裁委员会仲裁裁决解除合同。

另查明，杭州小拇指公司于2008年4月8日取得商务部商业特许经营备案。天津华商公司曾向商务部行政主管部门反映杭州小拇指公司违规从事特许经营活动应予撤销备案的问题。对此，浙江省商务厅《关于上报杭州小拇指汽车维修科技股份有限公司特许经营有关情况的函》记载：1. 杭州小拇指公司特许经营备案时已具备"两店一年"条件，符合《商业特许经营管理条例》第七条的规定，可以予以备案；2. 杭州小拇指公司主要负责“小拇指”品牌管理，不直接从事机动车维修业务，并且拥有自己的商标、专利、经营模式等经营资源，可以开展特许经营业务；3. 经向浙江省道路运输管理局有关负责人了解，杭州小拇指公司下属直营店拥有《道路运输经营许可证》，经营范围包含“三类机动车维修”或“二类机动车维修”，具备从事机动车维修的资质；4. 杭州小拇指公司授权许可，以及机动车维修经营不在特许经营许可范围内。

【裁判结果】

天津市第二中级人民法院于2012年9月17日作出(2012)二中民三知初字第47号民事判决：一、判决生效之日起天津市小拇指汽车维修服务有限公司立即停止侵害第6573881号和第6573882号“小拇指”文字注册商标的行为，即天津市小拇指汽车维修服务有限公司立即在其网站(www. tjxiaomuzhi. net)、宣传材料、优惠体验券及其经营场所(含分支机构)停止使用“小拇指”标识，并停止单独使用“小拇指”字样；二、判决生效之日起天津市华商汽车进口配件公司立即停止侵害第6573881号和第6573882号“小拇指”文字注册商标的行为，即天津市华商汽车进口配件公司立即停止在其网站(www. tjxiaomuzhi. com)使用“小拇指”标识；三、判决生效之日起十日内，天津市小拇指汽车维修服务有限公司、天津市华商汽车进口配件公司连带赔偿兰建军、杭州小拇指汽车维修科技股份有限公司经济损失及维权费用人民币50000元；四、驳回兰建军、杭州小拇指汽车维修科技股份有限公司的其他诉讼请求。宣判后，兰建军、杭州小拇指公司及天津小拇指公司、天津华商公司均提出上诉。天津市高级人民法院于2013年2月19日作出(2012)津高民三终字第0046号民事判决：一、维持天津市第二中级人民法院(2012)二中民三知初字第47号民事判决第一、二、三项及逾期履行责任部分；二、撤销天津市第二中级人民法院(2012)二中民三知初字第47号民事判决第四项；三、自本判决生效之日起，天津市小拇指汽车维修服务有限公司立即停止在其企业名称中使用“小拇指”字号；四、自本判决生效之日起十日内，天津市小拇指汽车维修服务有限公司赔偿杭州小拇指汽车维修科技股份有限公司经济损失人民币30000元；五、驳回兰建军、杭州小拇指汽车维修科技股份有限公司的其他上诉请求；六、驳回天津市小拇指汽车维修服务有限公司、天津市华商汽车进口配件公司的上诉请求。

【裁判理由】

法院生效裁判认为：本案的主要争议焦点为被告天津小拇指公司、天津华商公司的被诉侵权行为是否侵害了原告兰建军、杭州小拇指公司的注册商标专用权，以及是否构成对杭州小拇指公司的不正当竞争。

一、关于被告是否侵害了兰建军、杭州小拇指公司的注册商标专用权

天津小拇指公司、天津华商公司在从事汽车维修及通过网站进行招商加盟过程中，多处使用了“小拇指”标识，且存在单独或突出使用“小拇指”的情形，相关公众施以一般注意力，足以对服务的来源产生混淆，或误认天津小拇指公司与杭州小拇指公司之间存在特定联系。标识主体及最易识别部分“小拇指”字样与涉案注册商标相同，同时考虑天津小拇指公司在经营场所、网站及宣传材料中对“小拇指”的商标性使用行为，应当认定该标识与涉案的“小拇指”文字注册商标构成近似。据此，因天津小拇指公司、天津华商公司在与兰建军、杭州小拇指公司享有权利的第6573881号“小拇指”文字注册商标核定的相同服务项目上，未经许可而使用“”及单独使用“小拇指”字样，足以导致相关公众的混淆和误认，属于《中华人民共和国商标法》(以下简称《商标法》)第五十二条第(一)项规定的侵权行为。天津小拇指公司、天津华商公司通过其网站进行招商加盟的商业行为，根据《最高人民法院关于审理商标民事纠纷案件适用法律若干问题的解释》第十二条之规定，可以认定在与兰建军、杭州小拇指公司享有权利的第6573882号“小拇指”文字注册商标核定服务项目相类似的服务中使用了近似商标，且未经权利人许可，亦构成《商标法》第五十二条第(一)项规定的侵权行为。

二、被告是否构成对杭州小拇指公司的不正当竞争

该争议焦点涉及两个关键问题：一是经营者是否存在超越法定经营范围的违反行政许可法律法规行为及其民事权益能否得到法律保护；二是如何认定反不正当竞争法调整的竞争关系。

(一)关于经营者是否存在超越法定经营范围行为及其民事权益能否得到法律保护

天津小拇指公司、天津华商公司认为其行为不构成不正当竞争的一个主要理由在于，杭州小拇指公司未依法取得机动车维修的相关许可，超越法定经营范围从事特许经营且不符合法定条件，属于非法经营行为，杭州小拇指公司主张的民事权益不应得到法律保护。故本案中要明确天津小拇指公司、天津华商公司所指称杭州小拇指公司超越法定经营范围而违反行政许可法律法规的行为是否成立，以及相应民事权益能否受到法律保护的问题。

首先，对于超越法定经营范围违反有关行政许可法律法规的行为，应当依法由相应的行政主管部门进行认定，主张对方有违法经营行为的一方，应自行承担相应的举证责任。本案中，对于杭州小拇指公司是否存在非法从事机动车维修及特许经营业务的行为，从现有证据和事实看，难以得出肯定性的结论。经营汽车维修属于依法许可经营的项目，但杭州小拇指公司并未从事汽车维修业务，其实际从事的是授权他人在车辆清洁、保养和维修等服务中使用其商标，或以商业特许经营的方式许可其直营店、加盟商在经营活动中使用其“小拇指”品牌、专利技术等，这并不以其自身取得经营机动车维修业务的行政许可为前提条件。此外，杭州小拇指公司已取得

商务部商业特许经营备案,杭州小拇指公司特许经营备案时已具备“两店一年”条件,其主要负责“小拇指”品牌管理,不直接从事机动车维修业务,并且拥有自己的商标、专利、经营模式等经营资源,可以开展特许经营业务。故本案依据现有证据,并不能认定杭州小拇指公司存在违反行政许可法律法规从事机动车维修或特许经营业务的行为。

其次,即使有关行为超越法定经营范围而违反行政许可法律法规,也应由行政主管部门依法查处,不必然影响有关民事权益受到侵害的主体提起民事诉讼的资格,亦不能以此作为被诉侵权者对其行为不构成侵权的抗辩。本案中,即使杭州小拇指公司超越法定经营范围而违反行政许可法律法规,这属于行政责任范畴,该行为并不影响其依法行使制止商标侵权和不正当竞争行为的民事权利,也不影响人民法院依法保护其民事权益。被诉侵权者以经营者超越法定经营范围而违反行政许可法律法规为由主张其行为不构成侵权的,人民法院不予支持。

(二)关于如何认定反不正当竞争法调整的竞争关系

经营者之间是否存在竞争关系是认定构成不正当竞争的关键。《中华人民共和国反不正当竞争法》(以下简称反不正当竞争法)第二条规定:“经营者在市场交易中,应当遵循自愿、平等、公平、诚实信用的原则,遵守公认的商业道德。本法所称的不正当竞争,是指经营者违反本法规定,损害其他经营者的合法权益,扰乱社会经济秩序的行为。本法所称的经营者,是指从事商品经营或者营利性服务(以下所称商品包括服务)的法人、其他经济组织和个人。”由此可见,反不正当竞争法并未限制经营者之间必须具有直接的或具体的竞争关系,也没有要求经营者从事相同行业。反不正当竞争法所规制的不正当竞争行为,是指损害其他经营者合法权益、扰乱经济秩序的行为,从直接损害对象看,受损害的是其他经营者的市场利益。因此,经营者之间具有间接竞争关系,行为人违背反不正当竞争法的规定,损害其他经营者合法权益的,也应当认定为不正当竞争行为。

本案中,被诉存在不正当竞争的天津小拇指公司与天津华商公司均从事汽车维修行业。根据已查明的事实,杭州小拇指公司本身不具备从事机动车维修的资质,也并未实际从事汽车维修业务,但从其所从事的汽车玻璃修补、汽车油漆快速修复等技术开发活动,以及经授权许可使用的注册商标核定服务项目所包含的车辆保养和维修等可以认定,杭州小拇指公司通过将其拥有的企业标识、注册商标、专利、专有技术等经营资源许可其直营店或加盟店使用,使其成为“小拇指”品牌的运营商,以商业特许经营的方式从事与汽车维修相关的经营活动。因此,杭州小拇指公司是汽车维修市场的相关经营者,其与天津小拇指公司及天津华商公司之间存在间接竞争关系。

反不正当竞争法第五条第(三)项规定,禁止经营者擅自使用他人企业名称,引人误认为是他人的商品,以损害竞争对手。在认定原被告双方存在间接竞争关系的基础上,确定天津小拇指公司登记注册“小拇指”字号是否构成擅自使用他人企业名称的不正当竞争行为,应当综合考虑以下因素:

1. 杭州小拇指公司的企业字号是否具有一定的市场知名度。根据本案现有证据,杭州小拇指公司自2004年10月成立时起即以企业名称中的“小拇指”作为字号使用,并以商业特许经营的方式从事汽车维修行业,且专门针对汽车小擦小碰的微创伤修复,创立了“小拇指”汽车微修体系,截至2011年,杭州小拇指公司在全国已有加盟店400余个。虽然“小拇指”本身为既有词汇,但通过其直营店和加盟店在汽车维修领域的持续使用及宣传,“小拇指”汽车维修已在相关市场起到识别经营主体及与其他服务相区别的作用。2008年10月天津小拇指公司成立时,杭州小拇指公司的“小拇指”字号及相关服务在相关公众中已具有一定的市场知名度。

2. 天津小拇指公司登记使用“小拇指”字号是否具有主观上的恶意。市场竞争中的经营者,应当遵循诚实信用原则,遵守公认的商业道德,尊重他人的市场劳动成果,登记企业名称时,理应负有对同行业在先字号予以避让的义务。本案中,天津华商公司作为被特许人,曾于2008年6月30日与作为“小拇指”品牌特许人的杭州小拇指公司签订《特许连锁经营合同》,法定代表人田俊山代表该公司在合同上签字,其知晓合同的相关内容。天津小拇指公司虽主张其与天津华商公司之间没有关联,是两个相互独立的法人,但两公司的法定代表人均为田俊山,且天津华商公司的网站内所显示的宣传信息及相关联系信息均直接指向天津小拇指公司,并且天津华商公司将其登记的经营地点作为天津小拇指公司天津总店的经营地点。故应认定,作为汽车维修相关市场的经营者,天津小拇指公司成立时,对杭州小拇指公司及其经营资源、发展趋势等应当知晓,但天津小拇指公司仍将“小拇指”作为企业名称中识别不同市场主体核心标识的企业字号,且不能提供使用“小拇指”作为字号的合理依据,其主观上明显具有“搭便车”及攀附他人商誉的意图。

3. 天津小拇指公司使用“小拇指”字号是否足以造成市场混淆。根据已查明事实,天津小拇指公司在其开办的网站及其他宣传材料中,均以特殊字体突出注明“汽车小划小碰怎么办?找天津小拇指”、“天津小拇指专业特长”的字样,其“优惠体验券”中亦载明“汽车小划小痕,找天津小拇指”,其服务对象与杭州小拇指公司运营的“小拇指”汽车微修体系的消费群体多有重合。且自2010年起,杭州小拇指公司在天津地区的加盟店也陆续成立,两者的服务区域也已出现重合。故天津小拇指公司以“小拇指”为字号登记使用,必然会使相关公众误认两者存在某种渊源或联系,加之天津小拇指公司存在单独或突出使用“小拇指”汽车维修、“天津小拇指”等字样进行宣传的行为,足以使相关公众对市场主体和服务来源产生混淆和误认，容易造成竞争秩序的混乱。

综合以上分析，天津小拇指公司登记使用该企业名称本身违反了诚实信用原则，具有不正当性，且无论是否突出使用均难以避免产生市场混淆，已构成不正当竞争，应对此承担停止使用“小拇指”字号及赔偿相应经济损失的民事责任。

3. 衣念(上海)时装贸易有限公司诉浙江淘宝网络有限公司、杜国发侵害商标权纠纷案 ①

【裁判摘要】

网络交易平台经营者对于网络商户的侵权行为一般不具有预见和避免的能力，故不当然为此承担侵权赔偿责任，但如果网络交易平台经营者知道网络商户利用其所提供的网络服务实施侵权行为，而仍然为侵权行为人提供网络服务或者没有采取必要的措施，则应当与网络商户承担共同侵权责任。网络交易平台经营者是否知道侵权行为的存在，可以结合权利人是否发出侵权警告、侵权现象的明显程度等因素综合判定。网络交易平台经营者是否采取了必要的避免侵权行为发生的措施，应当根据网络交易平台经营者对侵权警告的反应、避免侵权行为发生的能力、侵权行为发生的几率大小等因素综合判定。

【案情】

原告：衣念(上海)时装贸易有限公司。

法定代表人：金广来，该公司董事长。

被告：杜国发。

被告：浙江淘宝网络有限公司。

法定代表人：马云，该公司董事长。

原告衣念(上海)时装贸易有限公司（以下简称衣念公司)因与被告杜国发、浙江淘宝网络有限公司(以下简称淘宝公司)发生侵害商标权纠纷，向上海市浦东新区人民法院提起诉讼。

原告衣念公司诉称：依兰德有限公司(E. LAND LTD)是第1545520号注册商标和第1326011号注册商标的权利人，依兰德有限公司将上述商标的独占许可使用权授予原告。原告生产的TEENIE WEENIE等品牌服装拥有很高的知名度，曾获得2009年度上海名牌称号。被告杜国发在淘宝网销售的服装中使用了TEENIE WEENIE等商标，侵犯了原告享有的注册商标专用权。根据杜国发在淘宝网上的成交记录，其在2009年12月1日至2010年2月1日两个月时间内就成交仿冒产品20余件，成交价格共计人民币3077元(以下币种相同)。原告正品的价格是仿冒产品的五至十倍，杜国发给原告造成直接损失15 000元至30 000元，侵权仿冒品给正品造成的品质减损影响则无法估测。被告淘宝公司是淘宝网的运营商。自2009年9月开始，原告就淘宝网上存在的大量侵权商品向淘宝公司提出警告，并要求其采取事先审查、屏蔽关键词等有效措施控制侵权行为的蔓延，但淘宝公司未采取合理措施。自2009年9月开始，原告针对杜国发的侵权行为，曾7次发函给淘宝公司，要求其删除杜国发发布的侵权商品信息。淘宝公司对原告举报的侵权信息予以删除，但未采取其他制止侵权行为的措施。淘宝公司不顾原告的警告和权利要求，在知道杜国发以销售侵权商品为业的情况下，依然向杜国发提供网络服务，故意为侵犯他人注册商标专用权的行为提供便利条件，继续纵容、帮助杜国发实施侵权行为。故原告请求法院判令：杜国发、淘宝公司共同赔偿原告经济损失3万元；杜国发、淘宝公司共同赔偿原告支出的合理费用，包括公证费4800元、户籍信息查询费用100元、律师费5万元，共计54 900元；杜国发、淘宝公司在搜狐、新浪或其他同级别门户网站、新闻晨报及淘宝网上刊登说明告示并向原告致歉，说明淘宝网曾销售过侵犯原告商标专用权的产品。

被告杜国发辩称：其所销售的商品是从其他网站上订购的，其不知这些服装是侵权商品。原告衣念公司只举证证明其中的一件服装是假货，原告主张的经济损失及合理费用过高，没有依据。故请求驳回原告的诉讼请求。

被告淘宝公司辩称：一、原告衣念公司滥用权利。早在2006年8月，原告就开始针对淘宝网上出售的商品向淘宝公司提出投诉。在历经四年的投诉过程中，淘宝公司一直积极删除原告所指认的涉嫌侵权的信息，并始终按淘宝网当时适用的知识产权投诉规则，对涉嫌侵权人予以处理。原告投诉量巨大，仅以2009年9月29日至11月3日这段期间为例，原告投诉涉嫌侵权的商品信息累计达105 643条。根据淘宝公司的统计，原告投诉的数十万条商品信息中，约有20%的投诉是错误投诉。原告的轻率投诉引起了相关淘宝网用户的大量异议，并对淘宝公司的商誉造成损害。本案所涉及的投诉仅是原告数十万投诉信息中的个案。原告认定侵权的理由不充分，仅以低价、未经授权销售为由认定侵权。原告除要淘宝公司删除涉嫌侵权的信息外，还要求淘宝公司采取事先审查、屏蔽关键词，以及永久删除用户账号等措施。二、淘宝公司采取了合理审慎的措施，保护原告的合法权益。淘宝网为防止用户侵犯他人知识产权采取了合理的保护措施，包括对卖家用户的真实身份采取了合理的审查措施、组建团队及时删除权利人投诉的涉嫌侵权的信息、制定并不断完善知识产权保护规则。三、淘宝公司未侵犯原告的注册商标专用权。原告针对被告杜国发的7次投诉中有4 次不涉及原告主张的第

① 案例来源：《中华人民共和国最高人民法院公报》2012年第1期。

1545520 号注册商标和第 1326011 号注册商标。原告向淘宝公司主张杜国发侵权的 7 次投诉均未附任何证据,没有任何证据的投诉是不适格的投诉,淘宝公司可以不予接受。但考虑到如果不予删除链接,可能导致原告的权益受到损害,为了平衡原告和被投诉人之间的合法利益,淘宝公司暂时采取了只删除信息,但不予处罚的措施。淘宝公司善意的删除行为,并不能就此推定淘宝公司明知杜国发及其他被投诉人存在屡次重复侵权而怠于采取任何措施。在本案中,原告也只是公证购买了杜国发销售的一件商品并鉴定为假货,不能由此认定其他 7 次投诉的商品为仿冒品,也不能由此认定杜国发销售的其余商品为仿冒品。综上,淘宝公司并不构成侵权,请求驳回原告的诉讼请求。

上海市浦东新区人民法院一审查明:

案外人依兰德有限公司(E. LAND LTD)是一家韩国公司。依兰德有限公司是第 1545520 号注册商标和第 1326011 号注册商标的权利人。第 1545520 号注册商标核定使用的商品为第 25 类的服装,第 1326011 号注册商标核定使用的商品为第 25 类的茄克(服装)、短裤、工作服、汗衫、衬衫、内衣、围巾、短统袜、帽子、运动鞋。2009 年 1 月 1 日,依兰德有限公司向原告衣念公司出具《商标维护授权委托书》,声明:委托衣念公司全权代表我公司在中国大陆独占使用第 1545520 号、第 1326011 号等注册商标及商标权维护行动,包括侵权人的信息调查、证据采集、产品真伪鉴定、侵权投诉以及诉讼、请求侵权人赔偿损失。2009 年 9 月,上海服装鞋帽商业行业协会出具《证明》,称:根据上海服装鞋帽商业协会定点商场休闲女装类销售统计资料,衣念公司生产的 TEENIE WEENIE 牌休闲女装,2006 年至 2008 年销售额所占市场份额在行业同类产品中名列前三位,在全国同类产品中排名前五位。衣念公司生产的 TEENIE WEENIE、E. LAND 休闲女装被上海市名牌推荐委员会推荐为 2009 年度上海名牌。

被告淘宝公司是淘宝网(网址:www. taobao. com)的经营管理者,淘宝公司为用户提供网络交易平台服务。淘宝网交易平台分为商城(即 B2C)和非商城(即 C2C),没有工商营业执照的个人也可以申请在淘宝网开设网络店铺(非商城),被告杜国发即属于非商城的卖家。非商城的卖家和买家通过淘宝网实现交易时,淘宝网不收取费用。淘宝网对个人卖家实行实名认证,卖家先在淘宝网注册一个账户,注册时需输入真实姓名、身份证号码、联系方式等信息。淘宝公司通过公安部身份证号码查询系统等途径核实卖家填写的身份信息的真实性,淘宝网用户只有通过实名认证后才能开设网络店铺。卖家可在该店铺发布待售的商品信息,包括价格、尺码、颜色、商品图片等信息。根据淘宝公司提供的数据, 2009 年上半年,淘宝网实现交易额 809 亿元,会员数 1.45 亿。

被告淘宝公司制定并发布了《淘宝网服务协议》、《商品发布管理规则》、《淘宝网用户行为管理规则》等规则,这些规则多次提到禁止用户发布侵犯他人知识产权的商品信息,并制定了相关处罚措施。2009 年 9 月 15 日生效的《淘宝网用户行为管理规则(非商城)》规定:淘宝网用户在商品名、商品介绍等信息或载体中侵犯他人知识产权属于违规行为;侵犯他人知识产权的违规行为包括所有违反《禁止及限制交易物品管理规则》内有关条款或《商标法》、《著作权法》、《专利法》等法律法规的行为。此外,该规则还规定了相应的处罚措施:淘宝网用户有商标侵权、专利侵权等违规行为,将受到限制发布商品 14 天、下架所有商品信息、公示处罚(警告)14 天的处罚,同时记 6 分。淘宝网用户违规行为记分是为了记录用户在淘宝网违规行为的一种方式。违规行为记分按每一自然年为周期(1 月 1 日至 12 月 31 日)。违规记分扣满 12 分,淘宝公司将对账户做冻结处理,用户只有通过考核后,淘宝公司才会解除冻结。用户在学习期后才可以参加考核,学习期按记分周期内的冻结次数乘以 3 计算,例:首次冻结 1×3=3 天,第二次冻结 2×3=6 天。账户冻结后该用户可以登录淘宝网,但限制发布商品信息,下架用户的所有商品信息。对于情节特别严重的违规行为,淘宝公司有权对用户作永久封号处理。2010 年 6 月 10 日,淘宝公司发布了同时适用商城和非商城的《淘宝网用户行为管理规则(修订版)》,对淘宝网用户的违规行为进行了细化,并调整了处罚措施。其中对侵犯他人知识产权的违规行为规定了三级处罚措施,一级为有确切证据证明卖家出售假冒商品且情节特别严重的,扣 48 分;二级为有确切证据证明卖家出售假冒商品的,扣 12 分;三级为所发布或使用的商品、图片、店铺名等店铺内容侵犯商标权、著作权、专利权,或者存在误导消费者情况的,扣 4 分。当扣分达到或超过 12 分但未到 24 分时,会员将被同时处以店铺屏蔽、限制发布商品、限制发送站内信、限制社区所有功能及公示警告 7 天;当扣分达到或超过 24 分但未到 48 分时,会员将被同时处以店铺屏蔽、限制发布商品、限制发送站内信、限制社区所有功能及公示警告 14 天;当扣分达到或超过 36 分但未到 48 分时。会员将被处下架所有商品,且同时并处限制发布商品、限制发送站内信、限制社区所有功能、关闭店铺及公示警告 21 天;当扣分达到或超过 48 分时,会员将被处永久封号。

淘宝网公布了知识产权侵权投诉途径,权利人可通过电话、信函、电子邮件等途径向被告淘宝公司进行投诉。本案审理过程中,淘宝公司以商标侵权为例解释了其对知识产权侵权投诉的处理流程。一、权利人投诉。权利人投诉应该提供以下资料:(一)权利证明以及身份证明;(二)侵权链接:(三)判断侵权成立的初步证明或者充足的理由;(四)对某个卖家重复投诉的,还要标注重复投诉的具体时间、重复投诉的次数。其中,判断侵权成立的初步证明可以是网页上明显的侵权的信息、公证购买证据、卖家在聊天中的自认。判断侵权的理由必须是法定的侵权成立的理由,而不能以价格、未经授权销售等为理由。权利人通过款式等判断被投诉产品非其生产，只要做单方陈述即可作为判断侵权的证明。二、侵权成立后的处理。权利人提供完整的投诉资料后，淘宝公司会对相关资料进行下列形式审查，包括：（一）商标权是否存在，并有效存续；（二）权利人的主体资格是否有效存续；（三）权利人提供的判断侵犯商标权的理由及（或）证据是否初步成立；（四）权利人判断侵犯商标权的理由与其提供的链接结果（即指认侵权的对象）间是否存在对应关系。通过上述四步骤形式审查后，采取以下措施：（一）删除涉嫌侵权的链接；（二）如果权利人为进一步通过司法程序主张权利提出需要涉嫌侵权人的信息，淘宝公司可以提供涉嫌侵权会员的姓名、联系方式和身份证号码；（三）对被投诉的卖家进行处罚。

原告衣念公司认为淘宝网有大量卖家发布侵权商品信息。衣念公司利用淘宝网提供的搜索功能，通过关键字搜索涉嫌侵权的商品，再对搜索结果进行人工筛查，并通过电子邮件将侵权商品信息的网址发送给被告淘宝公司，同时衣念公司向淘宝公司发送书面通知函及相关的商标权属证明材料，要求淘宝公司删除侵权商品信息并提供卖家真实信息。淘宝公司收到衣念公司的投诉后，对衣念公司提交的商标权属证明进行核实，对衣念公司投诉的商品信息逐条进行人工审核，删除其中淘宝公司认为构成侵权的商品信息，并告知衣念公司发布侵权商品信息的卖家的身份信息。因衣念公司认定的淘宝网上的侵权商品信息非常多，衣念公司几乎在每个工作日都向淘宝公司投诉，每天投诉的商品信息少则数千条，多则达数万条。根据统计，自 2009 年 9 月 29 日至 2009 年 11 月 18 日，衣念公司向淘宝公司投诉的侵权商品信息有 131 261 条，淘宝公司经审核后删除了其中的 117 861 条。2010 年 2 月 23 日至 2010 年 4 月 12 日，衣念公司向淘宝公司投诉的商品信息有 153 277 条，淘宝公司经审核后删除了其中的 124 742 条。淘宝公司删除的商品信息数量约占衣念公司投诉总量的 85%。衣念公司的投诉涉及 TEENIE WEENIE、Eland 等十四个商标。淘宝公司根据衣念公司的投诉删除商品信息后，有的卖家会向淘宝公司提出异议，并提供其销售的商品具有合法来源的初步证据。淘宝公司会将卖家的异议转交给衣念公司。衣念公司有时会撤回投诉，撤回投诉的原因，有的确实属于因错误投诉而撤回投诉，有时则是由于其暂时无法判断是否侵权而撤回投诉。上述投诉中，包含了衣念公司于 2009 年 9 月 29 日至 2009 年 11 月 11 日期间针对被告杜国发的 7 次投诉，其中有 3 次涉及 TEENIE WEENIE 商标，4 次涉及依兰德有限公司的另一个注册商标 SCAT。淘宝公司接到衣念公司投诉后即删除了杜国发发布的商品信息，杜国发并未就此向衣念公司及淘宝公司提出异议，淘宝公司也未对杜国发采取处罚措施。直至 2010 年 9 月，淘宝公司才对杜国发进行扣分等处罚。

原告衣念公司的委托代理人于 2009 年 11 月 19 日向上海市长宁公证处（以下简称长宁公证处）申请证据保全公证。2009 年 11 月 20 日，长宁公证处出具了（2009）沪长证字第 6449 号公证书，该公证书载明以下主要内容：打开 IE 浏览器，在地址栏输入 http://shop35344840. taobao. com，进入名为“传说中 de 傀傀”的店铺。该网店首页显示：卖家信用为 606，买家信用为 109，宝贝数量为 1037，创店时间为 2008 年 2 月 7 日。首页的“最新公告”称：本店所出售的部分是专柜正品，部分是仿原单货，质量可以绝对放心……。页面左侧的类目栏，有“PORTS（宝资）”、“LEE”、“TEENIEWEENIE”、“E - LAND”等栏目。选择一件名为“品牌原单 TW 小熊（PNR2）后绣花小熊连帽磨毛卫衣”的服装，该服装的介绍页面显示该服装售价 75 元，库存 72 件，30 天售出 0 件，并附有该服装的照片。从照片中，可看出服装绣有一个卡通小熊的图案，服装吊牌印有 Teenie Weenie 文字及心型图案。衣念公司的代理人支付了 80 元（其中 5 元为快递费）购买了一件上述服装。收到该服装的快递包裹后，衣念公司的代理人于 2009 年 12 月 28 日再次向长宁公证处申请证据保全公证，长宁公证处对衣念公司代理人拆开快递包裹和重新封存包裹的全过程进行拍照记录。2010 年 1 月 6 日，长宁公证处出具了（2010）沪长证字第 391 号公证书。庭审中，被告杜国发确认，“传说中 de 傀傀”的店铺由其经营。

审理中，原审法院对长宁公证处封存的物品进行拆封、勘验。公证物为一件黑色运动衫，服装吊牌印有 Teenie Weenie 文字及心型图案。服装前后面各绣有一个姿态不同的卡通小熊。

另查明，原告衣念公司为保全证据，对淘宝公司回复的电子邮件内容进行了公证。2010 年 6 月 30 日，上海市松江公证处对此出具了（2010）沪松证经字第 817 号公证书，该次公证费为 2800 元。衣念公司称为办理（2010）沪长证字第 391 号公证，支出公证费 1000 元，但衣念公司未出示本次公证费的发票。此外，衣念公司还支出了查档费 100 元、律师费 5 万元、（2009）沪长证字第 6449 号公证费 1000 元。

本案一审的争议焦点是：1. 被告杜国发的销售行为是否侵害了原告衣念公司的注册商标专用权；2. 被告淘宝公司是否知道网络用户利用其网络服务实施侵权行为以及是否采取了合理、必要的措施以避免侵权行为的发生；3. 淘宝公司是否构成侵权。

上海市浦东新区人民法院一审认为：

原告衣念公司经依兰德有限公司许可，享有第 1545520 号注册商标和第 1326011 号注册商标独占许可使用权。原告享有的注册商标专用权受法律保护，他人不得销售侵犯注册商标专用权的商品。本案中，第 1545520 号商标核定使用商品为服装，被告杜国发销售的商品与该商标核定使用的商品相同。经比对，杜国发销售的涉案商品上熊头图案与第 1545520 号商标图案在脸型、五官、头戴饰品及形态上都极为相似，以相关公众一般注意力为标准，两者在视觉上基本无差别，构成相同商标。第 1326011 号商标核定使用的商品为茄克（服装）、短裤、工作服、汗衫、衬衫、内衣、围巾、短统袜、帽子、运动鞋。杜国发销售的涉案商品与该商标核定使用的商品不同，但两者在功能、生产部门、销售渠道等方面基本相同，按照相关公众的一般认知，两者应为类似商品。杜国发销售的涉案商品吊牌上有与第 1326011 号“”商标相同的 Teenie Weenie 文字和心型图案，不同之处在于该吊牌的心型图案中多了两行英文：“Fly To Dreams！”和“CHARACTER STUDIO”。因 Teenie Weenie 文字和心型图案构成了涉案服装吊牌图案的主要内容，足以导致消费者对商品来源产生误认，故构成近似商标。综上，杜国发销售的涉案商品应认定为侵犯第 1545520 号和第 1326011 号注册商标专用权的商品。杜国发辩称，其销售的产品有合法来源，且不知销售的商品侵犯了他人的注册商标专用权。《中华人民共和国商标法》第五十六条第三款规定，销售不知道是侵犯注册商标专用权的商品，能证明该商品是自己合法取得的并说明提供者的，不承担赔偿责任。杜国发不能举证证明其销售的商品有合法来源，且在衣念公司多次投诉，被告淘宝公司多次删除其发布商品信息后，杜国发应当知道其销售的商品侵犯他人注册商标专用权，故其抗辩意见不能成立，应当依法承担侵权责任。

网络用户利用网络实施侵权行为的，被侵权人有权通知网络服务提供者采取删除、屏蔽、断开链接等必要措施。在 2009 年 9 月 29 日至 2009 年 11 月 11 日期间，原告衣念公司发现被告杜国发通过淘宝网销售侵权商品后，先后 7 次向淘宝公司发送侵权通知函，被告淘宝公司审核后先后 7 次删除了杜国发发布的商品信息。淘宝公司认为，其已经采取了必要的措施。法院认为，网络服务提供者接到通知后及时删除侵权信息是其免于承担赔偿责任的条件之一，但并非是充分条件。网络服务提供者删除信息后，如果网络用户仍然利用其提供的网络服务继续实施侵权行为，网络服务提供者则应当进一步采取必要的措施以制止继续侵权。哪些措施属于必要的措施，应当根据网络服务的类型、技术可行性、成本、侵权情节等因素确定。具体到网络交易平台服务提供商，这些措施可以是对网络用户进行公开警告、降低信用评级、限制发布商品信息直至关闭该网络用户的账户等。淘宝公司作为国内最大的网络交易平台服务提供商，完全有能力对网络用户的违规行为进行管理。淘宝公司也实际制定并发布了一系列的网络用户行为规则，也曾对一些网络用户违规行为进行处罚。淘宝公司若能够严格根据其制定的规则对违规行为进行处理，虽不能完全杜绝网络用户的侵权行为，但可增加网络用户侵权的难度，从而达到减少侵权的目的。就本案而言，淘宝公司接到衣念公司的投诉通知后，对投诉的内容进行了审核并删除了杜国发发布的商品信息。根据淘宝网当时有效的用户行为管理规则，其在接到衣念公司的投诉并经核实后还应对杜国发采取限制发布商品信息、扣分、直至冻结账户等处罚措施，但淘宝公司除了删除商品信息外没有采取其他任何处罚措施。在 7 次有效投诉的情况下，淘宝公司应当知道杜国发利用其网络交易平台销售侵权商品，但淘宝公司对此未采取必要措施以制止侵权，杜国发仍可不受限制地发布侵权商品信息。淘宝公司有条件、有能力针对特定侵权人杜国发采取措施，淘宝公司在知道杜国发多次发布侵权商品信息的情况下，未严格执行其管理规则，依然为杜国发提供网络服务，此是对杜国发继续实施侵权行为的放任、纵容。其故意为杜国发销售侵权商品提供便利条件，构成帮助侵权，具有主观过错，应承担连带赔偿责任。

关于赔偿数额，因原、被告均未举证证明被告杜国发因侵权所得利益或者原告衣念公司因被侵权所受损失，经综合考虑涉案商标具有较高知名度、杜国发网店经营规模较小、获利不多等因素，酌情确定经济损失赔偿额为 3000 元。原告主张律师费、公证费、查档费等开支，法院根据开支的真实性、关联性、必要性和合理性，酌情支持合理费用 7000 元。因被告侵犯原告的商标专用权，并不涉及人格利益，故原告要求被告赔礼道歉的诉讼请求，不予支持。

综上所述，上海市浦东新区人民法院依照《中华人民共和国民法通则》第一百三十条、《中华人民共和国商标法》第五十二条第（二）项、第（五）项、第五十六条、最高人民法院《关于贯彻执行〈中华人民共和国民法通则〉若干问题的意见（试行）》第一百四十八条第一款、最高人民法院《关于审理商标民事纠纷案件适用法律若干问题的解释》第十六条第一款、第二款、第十七条、《中华人民共和国商标法实施条例》第五十条第（二）项的规定，于 2011 年 1 月 17 日判决如下：

一、被告杜国发、淘宝公司于判决生效之日起十日内共同赔偿原告衣念公司经济损失人民币 3000 元；

二、被告杜国发、淘宝公司于判决生效之日起十日内共同赔偿原告衣念公司合理费用人民币 7000 元；

三、驳回原告衣念公司其余诉讼请求。

本案受理费人民币 1922 元（已由原告预交），由原告衣念公司负担 922 元，由被告杜国发、淘宝公司负担 1000 元。

淘宝公司不服一审判决，向上海市第一中级人民法院提起上诉，请求二审法院依法改判驳回衣念公司对于淘宝公司的全部诉讼请求。淘宝公司的主要上诉理由是：

一、因被上诉人衣念公司涉案 7 次投诉未提供判断侵权的证明，不属于有效投诉，上诉人淘宝公司无法知道被上诉人存在多次投诉，无法对被投诉信息是否构成侵权予以审核，故无法对被投诉卖家采取进一步的处理措施。1. 被上诉人涉案的 7 次投诉中，4 次涉及依兰德有限公司的另一个注册商标“SCAT”，与本案被上诉人起诉主张的第 1545520 号和第 1326011 号注册商标无关联。其余的 3 次投诉均没有提交判断侵权的证明，不是有效的投诉。而一次有效的投诉，应当包括判断侵权成立的初步证明或者理由，否则上诉人即使收到投诉，看到的仍然是商品信息本身，在商品信息本身没有卖家自认侵权的情况下，上诉人收到投诉后并不知道发生了侵权。此外，7次投诉必须是针对同一件商品不同时间发布的信息才是7次有效的投诉，但是原审法院对这一节事实以及该7次投诉的商品信息是否构成侵权均未予查清，故原审法院认定7次投诉是有效投诉错误。2. 被上诉人在向上诉人投诉时不提交判断侵权的证明，上诉人对于被投诉信息无法审核是否构成侵权，故上诉人只能尽谨慎义务暂时对相关的被投诉商品信息予以删除。由于无法审核被投诉信息是否构成侵权，上诉人未能对被投诉的卖家予以处罚。原审法院认定上诉人对被上诉人投诉的信息进行了人工审核并删除认为构成侵权的商品信息，属认定事实错误。3. 被上诉人通过关键字搜索时，使用的关键字是"TW"、"小熊"等文字，其搜索结果的相关性、准确度差，被上诉人在商品侵权通知函中所附的涉嫌侵权信息中存在维尼小熊个性照片台历定制的不相关的链接信息，且被上诉人每日投诉量非常大，导致上诉人无法在每天数万条投诉信息中判断是否发生了多次投诉。4. 被上诉人7次投诉未按淘宝网规定的要求对重复投诉的具体时间、次数进行标注。

二、上诉人淘宝公司不知道原审被告杜国发存在侵权行为，对于杜国发的侵权行为不具有过错。原审法院以上诉人删除了投诉信息认定上诉人知道杜国发多次发布侵权商品信息没有法律依据，认定上诉人放纵杜国发继续实施侵权行为，故意为杜国发销售侵权商品提供便利条件更是没有事实和法律依据。

被上诉人衣念公司答辩称：上诉人淘宝公司明知原审被告杜国发存在侵权行为，仍未采取任何措施以防止再次侵权行为的发生，其为侵权行为提供了网络服务帮助。

一、被上诉人衣念公司的投诉函均具明了判断侵权成立的初步证明和理由。其在函中指出相关链接商品并非其公司生产或者委托生产，且进一步指明了其公司产品是直营模式销售，未曾授权他人经销或者代理；其公司与委托加工工厂定量生产，对超额产品约定了销毁等处理方式；其公司直营店目前销售价均在吊牌价格的50%以上，他人买入其公司产品再以低于50%折扣销售，不符合交易常识等多项理由。

二、上诉人淘宝公司针对被上诉人衣念公司投诉函的回函中表明经其查看相关信息，暂无法判断侵权成立，从未向被上诉人提出过被上诉人的投诉函存在未提供判断侵权的证明或理由等不符合要求之情况。况且，被上诉人自2006年以来，针对淘宝网上的侵权商品信息频繁投诉，上诉人从未向被上诉人表明上诉人的投诉是无效投诉。上诉人根据被上诉人提供的判断标准方法及单方面陈述可以认定相关链接侵权，且上诉人已作删除，并提供侵权卖家信息附在上诉人邮件中。而原审被告杜国发的注册信息亦在上述邮件中，上诉人并没有将杜国发的信息列在"无法判断链接清单"中，而且在长达2个月的期间内，杜国发对于上诉人删除被投诉信息未提出异议。

三、根据上诉人淘宝公司的规定，权利人投诉应提供：判断侵权成立的初步证明是网页上明显的侵权信息、公证购买证明、卖家在聊天中自认。这种要求将使权利人不堪重负，亦与法律精神相悖。

四、淘宝网作为国内最大的网上购物平台，完全有能力管理网络用户的违规行为，然上诉人淘宝公司对于被上诉人衣念公司的多次投诉仅作删除商品信息处理，未进一步采取适当措施，如果其能严格按照其制定的规则对侵权用户进行处罚，可以制止卖家的违规行为。

原审被告杜国发称，其从事厂家代理，并不知道发布信息的商品侵权。其同意上诉人的意见。

二审审理中，被上诉人衣念公司提供了三份证据：

1. 原审法院出具的2010年3月12日开庭的(2010)浦民三(知)初字第69号案传票一份、原审被告杜国发出具的承诺书一份，证明上诉人淘宝公司知道杜国发出具承诺函，其明知杜国发实施商标侵权行为；

2. 第5199073号注册商标"SCAT"的商标档案一份，证明被上诉人衣念公司对该商标享有商标权；

3. 第1326011号注册商标"Teenie weenie"的商标档案一份，证明被上诉人衣念公司在原审时未提供原件的该商标档案的真实性。

上诉人淘宝公司认为，证据1的真实性没有异议，但与本案没有关联性，也不能证明上诉人知道原审被告杜国发存在侵权行为；证据2不是被上诉人淘宝公司在本案中主张权利的注册商标，与本案没有关联性，不应作为本案审理对象；证据3的真实性予以认可。上海市第一中级人民法院认为，本案被上诉人指控其于2009年9月29日至11月11日多次向上诉人投诉后，又于11月19日发现杜国发在淘宝网上实施侵权行为，上诉人对此应承担侵权责任，证据1发生于上述期间之后，对于本案的侵权判定没有直接关联性，不予采纳；证据2并不属于新的证据，不组织质证；证据3因上诉人无异议，且是对原审法院认定证据的补强，予以采纳。

上海市第一中级人民法院经二审，确认了一审查明的事实。

另查明：被上诉人衣念公司自2006年起，就淘宝网上存在销售侵犯其注册商标使用权的行为向上诉人淘宝公司投诉。2009年9月29日至11月11日期间，被上诉人向上诉人发出的7次包括原审被告杜国发店铺的《商标侵权通知函》包括如下内容："我公司衣念(上海)时装贸易有限公司拥有TEENIE WEENIE、E? LAND、SCOFIELD、PRICH、SCAT、TERESIA、ROEM等商标在中国范围内的独占使用权。(使用权限包括但不限于将商标标注于商品之上进行销售、在店铺装潢上使用、自行生产或委托他人生产贴有注册商标的商品、将商标用于商品包装及广告；同时衣念（上海）时装贸易有限公司有权在授权范围内进行商标权的维护，包括但不限于商标侵权调查及投诉，标有注册商标的服装真伪鉴定、商标侵权诉讼、商标侵权索赔等。）我公司所有品牌目前在中国市场均采用的是“与百货公司签署《联营合同》”以及“购物中心专卖店”的模式进行销售。未曾授权他人经销或者代理我公司的品牌。我公司在与加工工厂之间的《委托加工合同》已经明确了委托加工的数量，并且约定因生产流程导致的超额产品的处理方式。截至目前为止，我公司所有品牌的服装的市场零售价没有低于吊牌价格的50%。从市场交易的常识来看，不会有经营者大量购买我公司品牌的服装，然后以低于买入价格再转手卖出；我公司全部品牌的加工成本在吊牌标价的20% -30%；所以淘宝网上价格很低且数量很大的商品侵权可能性极大；淘宝网应该对此给予足够的重视；凡是我公司生产的或者委托加工生产的服装，服装吊牌或者洗标上都有统一编码。所以。淘宝网应该要求销售我公司品牌服装的注册用户明确标注该统一编码，否则不可以在产品名称或者描述中使用我公司的注册商标或者含有我公司注册商标的词语……。”被上诉人在上述通知函中随附具体链接清单，并指称该些链接指向的带有其公司注册商标的商品非其生产或者委托生产，亦未经其授权销售。同时被上诉人要求上诉人采取以下措施；立即删除所附链接信息并提供卖家身份信息；对于上诉人已经处理的侵权卖家取消其再次发布所涉商品信息，并对卖家主张继续发布的，淘宝网应对其合法性进行审查；淘宝网应对重复侵权的注册用户永久删除账号。

对于被上诉人衣念公司的上述通知函，上诉人淘宝公司依次进行了回函。上诉人的回函包括如下内容：“1. 我方发送至贵方邮箱的邮件（附件名称为无法判断链接）的内容，对于贵方指证的相关产品信息内容，根据贵方截至目前提供的资料，同时经我方查看相关的产品信息时，暂无法判断侵权成立。具体包括但不限于以下几种情况：如尚未得到贵方提供的在相应商品类别的商标注册证；商品信息为定金页面、不存在具体款式的产品信息；根据贵方提供的侵权判断依据，由于贵方提供的商标证仅在中国境内享有独占使用权，贵方指证部分产品称“韩国直送”等，故有可能存在虽不是贵方生产但并不侵犯贵方商标权等。故我们暂无法对该类产品信息进行处理，烦请贵方进一步核实，提供进一步证明资料，如贵方能确认相关指证链接为假冒产品，烦请在侵权方式中明确填写，我们收到资料后会核实处理。2. 对于除了无法判断链接外，其余链接我们已给予删除处理，……。”上述“无法判断链接”中，并没有杜国发的发布商品信息的链接。同时，上诉人通过发送邮件方式向被上诉人提供了卖家注册的身份信息，其中有杜国发的身份信息。

上诉人淘宝公司在删除原审被告杜国发网店名为“传说中de傀傀”的被投诉信息时，亦通知杜国发其发布的相关信息被删除及原因。杜国发接到通知后未向上诉人作出任何回应。

本案二审的争议焦点仍然是：上诉人淘宝公司是否知道原审被告杜国发在淘宝网上实施商标侵权行为以及是否采取了合理、必要的措施，其在本案中是否应当承担侵权责任。

上海市第一中级人民法院二审认为：

被上诉人衣念公司经注册商标专用权人的授权许可，依法享有第1545520号、第1326011号注册商标独占使用权，有权针对侵犯商标专用权的行为提起诉讼。根据《中华人民共和国商标法》第52条规定，销售侵犯注册商标专用权的商品的行为，属侵犯注册商标专用权。原审法院关于原审被告杜国发销售侵犯第1545520号、第1326011号注册商标专用权的商品构成商标侵权的认定及理由正当，应予维持。

上诉人淘宝公司作为淘宝网的经营者，其在本案中为原审被告杜国发销售侵权商品提供网络交易平台，其未直接实施销售侵权商品的行为，而属于网络服务提供者。网络服务提供者对于网络用户的侵权行为一般不具有预见和避免的能力，因此，并不因为网络用户的侵权行为而当然需承担侵权赔偿责任。但是如果网络服务提供者明知或者应当知道网络用户利用其所提供的网络服务实施侵权行为，而仍然为侵权行为人提供网络服务或者没有采取适当的避免侵权行为发生的措施的，则应当与网络用户承担共同侵权责任。

具体到本案，法院认为：首先，在案证据证明被上诉人衣念公司从2006年起就淘宝网上的商标侵权向上诉人淘宝公司投诉，而且投诉量巨大，然而至2009年11月，淘宝网上仍然存在大量被投诉侵权的商品信息，况且在上诉人删除的被投诉商品信息中，遭到卖家反通知的比率很小，由此可见，上诉人对于在淘宝网上大量存在商标侵权商品之现象是知道的，而且也知道对于被上诉人这样长期大量的投诉所采取的仅作删除链接的处理方式见效并不明显。其次，被上诉人的投诉函明确了其认为侵权的商品信息链接及相关的理由，虽然被上诉人没有就每一个投诉侵权的链接说明侵权的理由或提供判断侵权的证明，但是被上诉人已经向上诉人提供了相关的权利证明、投诉侵权的链接地址，并说明了侵权判断的诸多理由，而且被上诉人向上诉人持续投诉多年，其所投诉的理由亦不外乎被上诉人在投诉函中所列明的几种情况，因此上诉人实际也知晓一般情况下的被上诉人投诉的侵权理由类型。上诉人关于被上诉人未提供判断侵权成立的证明，其无法判断侵权成立的上诉理由不能成立；上诉人在处理被上诉人的投诉链接时，必然要查看相关链接的商品信息，从而对于相关商品信息是否侵权有初步了解和判断。因此，通过查看相关链接信息，作为经常处理商标侵权投诉的上诉人也应知道淘宝网上的卖家实施侵犯被上诉人商标权的行为。再次，在案的公证书表明被上诉人购买被控侵权商品时原审被告杜国发在其网店内公告:"本店所出售的部分是专柜正品,部分是仿原单货,质量可以绝对放心……",从该公告内容即可明显看出杜国发销售侵权商品,上诉人在处理相关被投诉链接信息时对此当然是知道的,由此亦能证明上诉人知道杜国发实施商标侵权行为。最后,判断侵权不仅从投诉人提供的证据考查,还应结合卖家是否反通知来进行判断,通常情况下,经过合法授权的商品信息被删除,被投诉人不可能会漠然处之,其肯定会作出积极回应,及时提出反通知,除非确实是侵权商品信息。故本案上诉人在多次删除杜国发的商品信息并通知杜国发被删除原因后,杜国发并没有回应或提出申辩,据此完全知道杜国发实施了销售侵权商品行为。

综合上述因素,法院认为上诉人淘宝公司知道原审被告杜国发利用其网络服务实施商标侵权行为,但仅是被动地根据权利人通知采取没有任何成效的删除链接之措施,未采取必要的能够防止侵权行为发生的措施,从而放任、纵容侵权行为的发生,其主观上具有过错,客观上帮助了杜国发实施侵权行为,构成共同侵权,应当与杜国发承担连带责任。

上诉人淘宝公司提出被上诉人衣念公司涉案的7次投诉,4次投诉与被上诉人在本案中主张的商标权利无关,其余3次未提供判断侵权的证明,7次投诉未针对同一商品不同时间发布,不是有效投诉。法院认为,商标权利人向网络服务提供者发出的通知内容应当能够向后者传达侵权事实可能存在以及被侵权人具有权利主张的信息。对于发布侵权商品信息的卖家,无论是一次发布行为还是多次发布行为,多次投诉针对的是同一商品还是不同商品,是同一权利人的同一商标还是不同商标,均能够足以使网络服务提供者知道侵权事实可能存在,并足以使其对被投诉卖家是否侵权有理性的认识。因此,本案被上诉人的7次投诉足以向上诉人表明了原审被告杜国发存在侵权行为的信息,上诉人的前述上诉理由不能成立,不予采信。

上诉人淘宝公司提出被上诉人衣念公司投诉量大、投诉准确率差,且未作重复投诉标注,导致其无法发现重复投诉的情况。法院认为,在案证据证明自2009年9月29日至2009年11月18日,被上诉人投诉的侵权商品信息有131 261条,上诉人删除了其中的117 861条。2010年2月23日至2010年4月12日,被上诉人投诉的商品信息有153 277条,上诉人删除了其中的124 742条。被上诉人如此大量的投诉以及上诉人如此大量的删除更加证明了上诉人仅采取删除措施并未使淘宝网上侵权现象有所改善。同时,被上诉人大量的投诉以及投诉准确率会影响到上诉人审查被投诉信息所耗费的人力和时间,但与上诉人是否能够发现重复投诉并无多大关联。因此,上诉人的该项上诉理由亦不能成立,不予采信。

综上所述,一审认定事实基本清楚,适用法律正确。上诉人淘宝公司的相关上诉理由不能成立,其上诉请求不予支持。上海市第一中级人民法院依照《中华人民共和国民事诉讼法》第一百五十三条第一款第(一)项之规定,于2011年4月25日判决如下:

驳回上诉,维持原判。

二审案件受理费人民币800元,由上诉人淘宝公司负担。

本判决为终审判决。

4. 株式会社尼康诉浙江尼康电动车业有限公司等侵犯注册商标专用权及不正当竞争纠纷案①

【裁判摘要】

一、被控侵权人在不相同或者不相类似的商品上使用驰名商标,足以使相关公众认为被诉商标与驰名商标具有相当程度的联系,减弱驰名商标的显著性,应对驰名商标给予跨类保护;认定部分商标驰名已足以保护注册商标人的合法权益,无需再对其余商标是否驰名作出认定;认定驰名商标应以被诉侵犯商标权或者不正当竞争行为发生时,其商标是否驰名为判断标准。

二、人民法院在审理注册商标专用权和企业名称权冲突案件时,如企业字号足以使相关公众对产品或服务的提供者产生混淆或者误认,应判决侵权人停止使用该字号。

【案情】

原告:株式会社尼康。

法定代表人:寺东一郎,该社代表取缔役副社长。

被告:西安太华电动自行车批发市场有限公司。

法定代表人:章再新,该公司执行董事兼总经理。

被告:朱国平。

被告:浙江尼康电动车业有限公司。

法定代表人:李铭,该公司执行董事兼总经理。

原告株式会社尼康因与被告西安太华电动自行车批发市场有限公司(以下简称太华市场)、朱国平、浙江尼康电动车业有限公司(以下简称浙江尼康)发生侵犯注册商标专用权及不正当竞争纠纷,向陕西省西安市中级人民法院提起诉讼。

原告株式会社尼康诉称:1979年8月15日原告获得"Nikon"注册商标,1986年2月15日原告获得"尼康"注册商标,2004年9月7日原告又在数码相机上获得"Nikon"注册商标。1985年原告在北京设立办事处,1992年起原告又分别在上海等地设立多家以"尼康"命名的公司。原告投入大量资金用于在中国大陆的品牌推广与产品宣传上,"尼康"照相机在中国市场上享有极高的占有率。"尼康"、"Nikon"2009年4月被

① 案例来源:《中华人民共和国最高人民法院公报》2012年第8期。

国家工商行政管理总局(以下简称国家工商总局)认定为驰名商标。被告太华市场、朱国平销售的尼康电动车系由被告浙江尼康生产,该产品使用了“尼康”、“NICOM”商标。浙江尼康在店招、宣传海报上突出使用了“尼康”、“NICOM”。原告认为,被告擅自在经营活动中商业性使用与“尼康”、“Nikon”商标相同或者近似标识,生产销售与“尼康”、“Nikon”商标相同或者近似标识的产品,其行为足以使相关公众对被告商品和服务的来源产生混淆,引起他人误认为被告与原告存在某种联系,构成了对原告“尼康”、“Nikon”商标权的侵害。此外,浙江尼康使用“尼康”作为企业字号,足以使相关公众认为被告及其商品和服务与原告存在特定的联系,构成不正当竞争。请求判令:太华市场、朱国平停止销售侵犯原告“尼康”、“Nikon”注册商标专用权的电动车产品;浙江尼康停止侵犯原告“尼康”、“Nikon”注册商标专用权的行为;浙江尼康停止在企业名称中使用“尼康”文字的不正当竞争行为;浙江尼康赔偿原告损失人民币200万元。

原告株式会社尼康提供了以下七组证据:

第一组:第243268号“尼康”、第97095号“Nikon”、第3427916号“Nikon”商标注册证及续展证明。用以证明其获得“尼康”、“Nikon”商标专用权。

第二组:1.“尼康”、“Nikon”在不同种类上的商标注册证、商标许可使用合同。用以证明原告株式会社尼康在中国大陆、香港、台湾地区40余个商品类别上注册了“尼康”、“Nikon”商标及株式会社尼康在中国使用“尼康”、“Nikon”商标的持续时间。2. 株式会社尼康中国子公司的工商档案资料、公证书。用以证明株式会社尼康使用“尼康”、“Nikon”商标的商品在中国的销售区域、销售额及利润;株式会社尼康在历年中国市场最受用户关注数码相机品牌排名。3. 广告合同、刊载平面广告的报刊、展会、赛事资料、户外广告照片、广告录像。用以证明株式会社尼康“尼康”、“Nikon”商标及相关产品的广告宣传,“尼康”、“Nikon”商标在中国具有极高知名度。4. 商标争议及商标异议裁定书、中国各地查处假冒产品的行政文件。用以证明株式会社尼康的“尼康”、“Nikon”商标在中国具有极高的知名度,并受到驰名商标的保护记录。5. 荣誉证书、奖牌和奖杯。用以证明株式会社尼康以及使用“尼康”、“Nikon”商标的商品在中国获得了各种奖项,在同行业以及消费群体中享有极高的声誉。该组证据证明“尼康”、“Nikon”(第9类)商标已在中国驰名。

第三组:1. 原告株式会社尼康在日本及世界各国注册“Nikon”商标的证明文件、年度报告。2. 株式会社尼康使用“尼康”、“Nikon”商标的商品在世界范围内的销售区域、销售额及利润。3. 株式会社尼康“尼康”、“Nikon”商标及相关产品的媒体报道等。该组证据用以证明“尼康”、“Nikon”商标(第9类)已在世界范围内为驰名商标。

第四组:1. 原告株式会社尼康《现在事项全部证明书》。2. 株式会社尼康在中国子公司的营业执照副本、外商投资企业批准证书。该组证据用以证明株式会社尼康享有的企业名称权。

第五组:1. 被告浙江尼康的工商登记资料。用以证明浙江尼康成立时间。2. 公证书、尼康报、尼康电动车广告等资料。用以证明浙江尼康在公司网站、对外宣传、店堂装饰、产品上使用“尼康”、“NICOM”文字,侵犯了“尼康”、“Nikon”商标权。3. 被告太华市场的工商登记资料。用以证明太华市场成立时间。4. 售后服务凭证。用以证明太华市场与金尼康电动自行车行共同销售使用“尼康”、“NICOM”文字的电动自行车,侵犯了原告株式会社尼康的“尼康”、“Nikon”商标权。5. 个体工商户设立登记申请书及房屋租赁合同。用以证明西安市新城区金尼康电动自行车行的业主是被告朱国平,朱国平从事电动自行车批零销售;朱国平销售使用“尼康”、“NICOM”商标标识的电动自行车侵犯了株式会社尼康的“尼康”、“Nikon”商标权。6. 公证书。用以证明浙江尼康在其公司网站上擅自使用“尼康”、“NICOM”、“浙江尼康电动车业有限公司”等文字,构成对株式会社尼康的不正当竞争。7. 浙江尼康的工商档案资料。用以证明2006年浙江尼康由“金华市五星电动车辆有限公司”变更为现名。浙江尼康将“尼康”作为其企业字号使用,构成对株式会社尼康的不正当竞争。8. 网页公证书。用以证明浙江尼康生产的尼康电动车因质量问题遭到消费者投诉;消费者误认为尼康电动车为株式会社尼康的产品或与其存在某种特定联系。9. 商标争议裁定书。用以证明国家工商总局商标评审委员会(以下简称商标评审委员会)依法撤销第1977805号“尼康及图”争议商标;浙江尼康具有侵犯株式会社尼康的“尼康”商标权和不正当竞争的主观恶意。

第六组:1. 被告浙江尼康的年检报告。2. 聘用律师协议及律师费发票。3. 电动自行车售后服务凭证、公证费发票。4. 差旅费发票。5. 查档费发票。6. 翻译费发票。用以证明浙江尼康的侵权获利及原告株式会社尼康为制止侵权行为支付的合理费用。

第七组:1. 原告株式会社尼康在北京设立常驻代表机构等证据。用以证明株式会社尼康1985年12月18日在中国设立了代表处。2. 北京市高级人民法院(2010)高行终字第1136号行政判决书。用以证明株式会社尼康的第97095号“Nikon”商标和第243268号“尼康”商标在照相机等商品上为驰名商标;被告浙江尼康第1977805号“尼康及图”商标被依法撤销。

被告太华市场辩称:尼康电动车进入其公司开办的市场时已经取得相关许可证明,属于合法商品;太华市场经营范围是市场建设开发和房屋租赁,并非电动自行车的销售,原告株式会社尼康提供的售后凭证是误导太华市场的行为,行政专用章不能作为销售证据;太华公司没有侵权行为,不存在停止侵权;请求驳回原告的诉讼请求。

被告太华市场提交了以下证据:

1. 场地租赁合同。用以证明其与被告朱国平不是合作关系,而是租赁关系。

2. "证明"及"说明"。用以证明其与被告朱国平已解除了租赁关系。

3. 个体工商户营业执照及被告浙江尼康企业法人营业执照、生产许可证、荣誉证书。用以证明被告太华市场是合法经营,尽到了审查注意义务。

被告朱国平未予答辩,也未提交证据。

被告浙江尼康辩称:浙江尼康使用的商标是合法取得,原告株式会社尼康的"尼康"、"Nikon"并非驰名商标;浙江尼康拥有合法商号,不构成不正当竞争;浙江尼康在商标使用过程中,既不存在误导和混淆,也不存在搭便车的行为,请求驳回原告的诉讼请求。

被告浙江尼康提供了相关荣誉证书。用以证明浙江尼康有良好的产品质量和商誉,不可能产生对原告株式会社尼康商誉的侵害。

西安市中级人民法院一审查明:

一、关于原告株式会社尼康在中国注册商标的事实

1979 年 8 月 15 日日本光学工业株式会社经国家工商总局商标局(以下简称:商标局)核准,获得"Nikon"注册商标专用权,核定使用商品为《类似商品和服务区分表》第 9 类的"摄影机、电影摄影机等。"商标注册证第 97095 号。1988 年 8 月 4 日经商标局核准,上述商标注册人变更为株式会社尼康。后株式会社尼康经商标局核准,将第 97095 号商标续展注册有效期至 2019 年 8 月 14 日。

1986 年 2 月 15 日日本光学工业株式会社经商标局核准,获得"尼康"注册商标专用权,核定使用商品为《类似商品和服务区分表》第 9 类的"照相机等。"商标注册证第 243268 号。1988 年 8 月 4 日经商标局核准,上述商标注册人变更为株式会社尼康。之后,株式会社尼康经商标局核准,将第 243268 号商标续展注册有效期至 2016 年 2 月 14 日。

2004 年 9 月 7 日原告株式会社尼康经商标局核准,获得"Nikon"注册商标专用权,核定使用商品为《类似商品和服务区分表》第 9 类的"照相机(摄影)、数码相机等。"商标注册证第 3427916 号,注册有效期限至 2014 年 9 月 6 日。

二、关于原告株式会社尼康在中国设立公司的事实

1985 年 12 月 18 日原告株式会社尼康(原名为日本光学工业株式会社)经国家工商总局核准,注册成立了株式会社尼康驻北京代表处,业务范围为有关光学仪器等业务的联络和技术交流。1996 年 3 月起株式会社尼康先后在中国注册成立了广东尼康照相机有限公司、南京尼康江南光学仪器有限公司、杭州尼康照相机有限公司、尼康光学仪器(中国)有限公司、东莞尼康电子测仪有限公司、上海尼康精机有限公司、尼康仪器(上海)有限公司、尼康映像仪器销售(中国)有限公司、尼康国际贸易(深圳)有限公司。1995 年 9 月 11 日至 2008 年 12 月 15 日期间,株式会社尼康与南京江南光电(集团)股份有限公司等中国公司签订了商标许可使用合同,许可其中国公司使用"尼康"、"Nikon"注册商标及企业字号"尼康"。

三、关于原告株式会社尼康在中国宣传其产品的事实

1995 年 6 月起至 2008 年 10 月原告株式会社尼康先后在上海、北京、西安等地对其产品做了霓虹灯户外广告宣传,并在中国中央电视台及北京等 20 余个省市级电视台投放电视广告;在新浪、搜狐、百度等知名网站投放网络广告。1980 年至 2009 年间株式会社尼康在《摄影与摄像》、《大众摄影》、《照相机》、《中华商标》、《北京青年报》、《新民晚报》、《羊城晚报》等中国期刊、报纸上刊登平面广告,宣传其产品。株式会社尼康通过在中国设立产品展示厅参加多种大型展会、举办各种促销活动,宣传"尼康"、"Nikon"产品;在中国赞助各种大型国际体育赛事,推介"尼康"、"Nikon"品牌。株式会社尼康以举办演唱会的形式推广尼康产品和尼康品牌形象,启用了形象代言人。株式会社尼康产品销售范围覆盖中国各地。2003 - 2008 年株式会社尼康生产的"尼康"相机在历年中国市场最受用户关注数码相机品牌中排名始终排在前 5 位,在中国市场单反数码相机品牌关注度排行榜中排名列前 3 位,长焦数码相机排名位列第一;2004 年以来株式会社尼康在中国获得了读者最信赖数码相机品牌奖等多种奖项,在同行业以及消费群体中均享有极高的声誉。

四、关于被告浙江尼康、太华市场、朱国平注册登记的事实

2000 年 3 月 28 日金华市五星电梯有限公司注册成立,2001 年 5 月 28 日将企业名称变更为金华市五星电动车辆有限公司,2004 年 7 月 30 日又将企业名称变更为浙江金华市五星电动车辆有限公司,2006 年 6 月 27 日再次将企业名称变更为浙江尼康,经营范围为电动自行车、电瓶助动车制造、销售。2008 年 5 月尼康电动自行车被金华市工商行政管理局认定为金华市知名商品;2008 年 10 月被告浙江尼康"尼康小旋风电动自行车"获得 29 届中国浙江国际自行车电动车展览会创新产品奖;2008 年 11 月浙江尼康被金华市工商行政管理局认定为金华市著名商标。

被告太华市场成立于 2006 年 9 月 18 日,经营范围为市场建设开发、市场房屋及设施租赁、市场物业管理。西安市新城区金尼康电动自行车行的业主是被告朱国平,朱国平主要从事电动自行车批零销售。2007 年 4 月 16 日太华市场与朱国平签订了场地租赁合同,由朱国平租用太华市场 A 区 26 号场地用于经营浙江尼康品牌自行车,2009 年 5 月 24 日朱国平与太华市场解除了租赁关系。

五、关于本案的其他事实

被告浙江尼康在其网站的页面、店堂装饰图稿等处分别使用了"尼康"、"NICOM"文字;其中网站的"产品介绍"栏目介绍了浙江尼康生产的包括"尼康天王二代"、"尼康金牛"、"尼康小鹰号"、"尼康世纪公主"等以"尼康"命名的产品。产品图像显示浙江尼康生产的电动自行车和电动三轮车车体上使用了"尼康"、"NICOM"文字。浙江尼康在其公司门口、大楼外部、公司车辆的车身、广告资料、尼康报使用了"尼康车业"、"尼康电动自行车"、"尼康"字样。

2009 年 4 月 15 日上海华诚律师事务所前往位于陕西省西安市太华路被告太华市场内的尼康电动车销售柜台索要了被告浙江尼康产品介绍,并分别以单价 2100 元、2550 元购买了尼康 TDP40Z 电动车两辆,取得了加盖"西安市新城区金尼康电动自行车行"和"西安太华电动自行车批发市场有限公司行政专用章"印鉴的《电动自行车售后服务凭证》。太华市场门头广告牌载明:中国尼康电动车诚招各地经销商,落款为驻西安办事处,其中"尼康"、"NICOM"用显著字体突出表明。

庭审中,因被告浙江尼康对第 97095 号"Nikon"、第 3427916 号"Nikon"、第 243268 号"尼康"注册商标为驰名商标不予认可,原告株式会社尼康申请法院认定第 97095 号"Nikon"、第 3427916 号"Nikon"和第 243268 号"尼康"商标为驰名商标。

六、关于与被告浙江尼康"尼康及图"注册商标的相关事实

金华市五星电动车辆有限公司于 2001 年 8 月 27 日向商标局提出申请注册"尼康及图"商标,2002 年 12 月 7 日获得"尼康及图"注册商标专用权,核定使用商品为《类似商品和服务区分表》第 12 类的"电动车辆、电动摩托车等。"商标注册证第 1977805 号,注册有效期限至 2012 年 12 月 6 日。2006 年 11 月 29 日经商标局核准,金华市五星电动车辆有限公司将上述商标注册人变更为浙江尼康。

2007 年 12 月 5 日原告株式会社尼康对第 1977805 号商标提出撤销申请,2009 年 5 月 18 日商标评审委员会裁定依法撤销第 1977805 号"尼康及图"商标。浙江尼康不服商标争议裁定,向北京市第一中级人民法院提起行政诉讼,2009 年 12 月 29 日北京市第一中级人民法院判决维持商标评审委员会的裁定。浙江尼康提起上诉,2010 年 12 月 14 日北京市高级人民法院作出判决驳回上诉,维持一审判决。

本案争议的焦点问题是:一、关于本案诉争商标应否认定为驰名商标的问题;二、被告的被诉侵权行为是否侵犯了原告株式会社尼康享有的注册商标专用权;三、浙江尼康在企业名称中使用"尼康"字号是否构成不正当竞争行为;四、民事责任的承担。

西安市中级人民法院一审认为:

一、关于本案诉争商标应否认定为驰名商标的问题

"Nikon"、"尼康"注册商标在照相机上使用的时间历史悠久,在消费者中产生了较高的知名度,相关公众对"Nikon"、"尼康"品牌照相机的知晓程度是众所周知的事实,即"Nikon"、"尼康"注册商标已经达到驰名状态。最高人民法院《关于审理商标民事纠纷案件适用法律若干问题的解释》第十一条规定:商标法第五十二条第(一)项规定的类似商品,是指在功能、用途、生产部门、销售渠道、消费对象等方面相同,或者相关公众一般认为其存在特定联系、容易造成混淆的商品。电动车和照相机在功能、用途、生产部门、销售渠道、消费对象等方面存在着明显的差异,二者并不属于类似商品。

《中华人民共和国商标法》第十三条规定:就不相同或者不相类似商品申请注册的商标是复制、摹仿或者翻译他人已经在中国注册的驰名商标,误导公众,致使该驰名商标注册人的利益可能受到损害的,不予注册并禁止使用。最高人民法院《关于审理涉及驰名商标保护的民事纠纷案件应用法律若干问题的解释》第九条规定:足以使相关公众认为被诉商标与驰名商标具有相当程度的联系,而减弱驰名商标的显著性、贬损驰名商标的市场声誉,或者不正当利用驰名商标的市场声誉的,属于商标法第十三条第二款规定的"误导公众,致使该驰名商标注册人的利益可能受到损害"。本案中,被告浙江尼康企业名称自 2000 年 3 月起连续 6 年沿用"五星"字号,至 2006 年 6 月开始使用"尼康"字号,并以"NICOM"和"尼康"命名产品,主观上具有明显搭便车的故意,客观上借用了原告株式会社尼康的声誉,可能使消费者对市场主体及其商品来源产生联系,致株式会社尼康的利益可能受到损害。

最高人民法院《关于审理涉及驰名商标保护的民事纠纷案件应用法律若干问题的解释》第七条规定:被诉侵犯商标权或者不正当竞争行为发生前,曾被人民法院或者国务院工商行政管理部门认定驰名的商标,被告对该商标驰名的事实不持异议的,人民法院应当予以认定。被告提出异议的,原告仍应当对该商标驰名的事实负举证责任。本案中,原告株式会社尼康拥有的第 97095 号"Nikon"和第 243268 号"尼康"注册商标曾被国家工商总局认定为驰名商标,因被告浙江尼康对此事实不予认可,株式会社尼康当庭提出申请,请求依法认定第 97095 号"Nikon"商标、第 243268 号"尼康"商标、第 3427916 号"Nikon"商标为驰名商标。根据最高人民法院《关于审理涉及驰名商标保护的民事纠纷案件应用法律若干问题的解释》第二条第一款规定:在下列民事纠纷案件中,当事人以商标驰名作为事实根据,人民法院根据案件具体情况,认为确有必要的,对所涉商标是否驰名作出认定:以违反商标法第十三条的规定为由,提起的侵犯商标权诉讼;以企业名称与其驰名商标相同或者近似为由,提起的侵犯商标权或者不正当竞争诉讼。本案因浙江尼康将"尼康"作为企业字号并使用在其生产的电动自行车上,株式会社尼康请求认定"Nikon"、"尼康"为驰名商标,符合上述法律规定,故应对争讼之商标是否驰名进行审查认定。

根据最高人民法院《关于审理涉及驰名商标保护的民事纠纷案件应用法律若干问题的解释》第四条“人民法院认定商标是否驰名，应当以证明其驰名的事实为依据，综合考虑商标法第十四条规定的各项因素，但是根据案件具体情况无需考虑该条规定的全部因素即足以认定商标驰名的情形除外”之规定，因本案争讼之第97095号“Nikon”、第243268号“尼康”注册商标已在消费者中产生了较高的知名度，相关公众对“Nikon”、“尼康”品牌照相机的知晓程度广泛，“Nikon”、“尼康”注册商标已经达到驰名状态，符合上述法律规定的认定驰名商标的标准，故应依法认定第97095号“Nikon”和第243268号“尼康”注册商标在照相机产品上已构成驰名商标。至于第3427916号“Nikon”注册商标因认定上述两个商标为驰名商标后已经足以保护株式会社尼康的合法权益，因而无需再对该商标是否驰名进行认定。被告浙江尼康认为原告株式会社尼康在2001年度并非驰名商标，因认定驰名商标应以被诉侵犯商标权或者不正当竞争行为发生时，其商标是否驰名为判断标准，故浙江尼康的辩称理由，事实依据不足。

二、关于被告是否构成侵犯原告株式会社尼康“尼康”、“Nikon”注册商标专用权的问题

根据法律规定，是否侵犯注册商标专用权，应依据普通消费者的一般注意力及上述法律规定进行综合判断，对诉争商标进行整体比对和主要部分比对。在侵犯商标专用权纠纷案件中，认定被控侵权商标与主张权利的注册商标是否近似，应当视所涉商标或其构成要素的显著程度、市场知名度等具体情况，在考虑和对比文字的字形、读音和含义，图形的构图和颜色，或者各构成要素的组合结构等基础上，对其整体或者主要部分是否具有市场混淆的可能性进行综合分析判断。其整体或主要部分具有市场混淆可能性的，可以认定构成近似；否则，不应认定构成近似。判断侵犯商标专用权中的近似不限于商标整体的近似，还包括主要部分的近似。认定商标近似时，应考虑请求被保护的商标的显著性和知名度。本案中，原告株式会社尼康经商标局核准注册的“Nikon”、“尼康”注册商标分别由英文字母及汉字构成，经过株式会社尼康的使用、广告宣传及其产品市场占有率，该注册商标因其注册时间长、市场信誉好，使用频率高，具有较高的市场知名度和显著性，进而具有较强的识别力，在市场上消费者只要看到“Nikon”、“尼康”标识就会与株式会社尼康的相关产品形成固定的联系。而被告浙江尼康在其网站的页面、店堂装饰图稿等处分别使用了“尼康”、“NICOM”文字；且其产品名称也是以“尼康”命名；浙江尼康生产的电动自行车和电动三轮车车体上使用了“尼康”、“NICOM”文字；浙江尼康在其经营公司门口、大楼外部、公司车辆的车身、广告资料、尼康报上使用了“尼康车业”、“尼康电动自行车”、“尼康”字样。由此事实证明，浙江尼康使用的“尼康”文字与株式会社尼康注册商标“尼康”相同，使用的“NICOM”英文字母与株式会社尼康注册商标“Nikon”英文字母的组合虽不完全相同，但其读音及各构成要素的字母组合结构相近似，该使用行为足以使相关公众对其产品的来源产生误认。根据最高人民法院《关于审理商标民事纠纷案件适用法律若干问题的解释》第一条第一款第(二)项“复制、摹仿、翻译他人注册的驰名商标或其主要部分在不相同或者不相类似商品上作为商标使用，误导公众，致使该驰名商标注册人的利益可能受到损害的，属于商标法第五十二第(五)项规定的给他人注册商标专用权造成其他损害的行为”之规定，应认定浙江尼康的行为侵犯了株式会社尼康的注册商标专用权。浙江尼康辩称其使用的商标是合法取得，不存在误导和混淆公众的可能性，因浙江尼康拥有的第1977805号“尼康”商标已被依法撤销，其主张事实依据不足。

此外，上海华诚律师事务所在被告太华市场内的尼康电动车销售柜台取得被告浙江尼康产品介绍后，购买了尼康电动车两辆，取得了加盖“西安市新城区全尼康电动自行车行”和“西安太华电动自行车批发市场有限公司行政专用章”印鉴的《电动自行车售后服务凭证》。太华市场门头广告牌载明：中国尼康电动车诚招各地经销商，其中“尼康”、“NICOM”用显著字体突出表明。由此事实证明，太华市场、朱国平共同销售了浙江尼康生产的电动自行车。根据《中华人民共和国商标法》第五十二条第一款第二项的规定，销售侵犯注册商标专用权的商品的，属侵犯注册商标专用权的行为。太华市场、朱国平的销售行为构成对原告株式会社尼康注册商标专用权的侵害。太华市场辩称，尼康电动车进入其公司开办的市场时已经取得相关许可证明，属于合法的商品，因取得相关许可证明与合法商品并不存在直接的因果关系，其辩称理由不能成立。至于太华市场辩称株式会社尼康提供的售后凭证是误导太华市场的行为，因太华市场对株式会社尼康是否有误导行为，并未提供证据证明，其主张不予采信。

三、关于被告浙江尼康在企业名称中使用“尼康”文字是否构成不正当竞争行为的问题

本案中，原告株式会社尼康不仅享有“尼康”注册商标权，同时享有企业名称权，株式会社尼康的“尼康”无论作为注册商标，还是企业字号，都先于被告浙江尼康；加之，2006年6月27日浙江尼康将其企业字号变更为“尼康”时，株式会社尼康在消费者中已经具有一定的市场知名度、为相关公众所知悉，浙江尼康使用“尼康”作为企业字号具有明显的攀附株式会社尼康商业声誉的主观意图，其在经营中使用“尼康”作为企业字号，足以误导相关公众将浙江尼康及其产品与株式会社尼康发生混淆、误认或建立联系，因此，浙江尼康构成对株式会社尼康的不正当竞争。

四、关于本案民事责任的承担问题

首先本案应否停止侵权。原告株式会社尼康请求被告太华市场、朱国平停止销售侵犯其“尼康”、“Nikon”注册商标专用权的电动车产品；被告浙江尼康停止侵犯其“尼康”、“Nikon”注册商标专用权的行为，事实和法律依据充分，依法予以支持。

其次被告浙江尼康应否停止使用“尼康”企业字号。浙江尼康自2000年3月28日以“五星”作为企业字号注册成立后，其产品和企业多次获奖，在消费者中“五星”企业字号具有一定的影响度。在此情形下，浙江尼康于2006年6月不正当地将原告株式会社尼康具有较高知名度的在先注册商标和企业字号“尼康”注册登记为其企业名称中的字号，其注册使用“尼康”的行为本身即是违法。根据本案的具体案情，浙江尼康将“尼康”作为企业字号使用，足以误导相关公众将浙江尼康及其产品与株式会社尼康发生混淆、误认或建立联系，株式会社尼康请求浙江尼康停止在企业名称中使用“尼康”文字的不正当竞争行为，应予支持。

最后本案损害赔偿额的确定。原告株式会社尼康请求被告浙江尼康赔偿其损失人民币200万元是根据浙江尼康2005年到2007年的利润计算的，因侵权赔偿额应当自株式会社尼康起诉之日2009年4月29日起向前推算两年计算，而株式会社尼康请求浙江尼康赔偿损失自2005年到2007年计算显然不当。考虑到浙江尼康的主观过错程度、经营规模、侵权行为的性质、范围、期间、后果、商标的声誉等因素，综合确定包括株式会社尼康为制止侵权行为的合理开支在内的赔偿额为人民币20万元。

综上，西安市中级人民法院依照《中华人民共和国民法通则》第一百一十八条、《中华人民共和国商标法》第三条、第五十二条第一款第二项、第（五）项、第五十六条、最高人民法院《关于审理商标民事纠纷案件适用法律若干问题的解释》第一条第一款第（二）项、第十六条、第十七条、第十八条、第二十一条，《中华人民共和国反不正当竞争法》第五条第一款第（三）项、最高人民法院《关于审理注册商标、企业名称与在先权利冲突的民事纠纷案件若干问题的规定》第四条、《中华人民共和国民事诉讼法》第六十四条之规定，于2010年12月28日判决：

一、本判决生效后被告太华市场、朱国平立即停止销售侵犯原告株式会社尼康“尼康”、“Nikon”注册商标专用权的电动车产品；

二、本判决生效后被告浙江尼康立即停止侵犯原告株式会社尼康“尼康”、“Nikon”注册商标专用权的行为；

三、本判决生效后被告浙江尼康立即停止使用“尼康”作为其企业名称中的字号；

四、本判决生效后十日内被告浙江尼康赔偿原告株式会社尼康（含为制止侵权行为所支出的合理开支）损失人民币20万元；

五、驳回原告株式会社尼康其余诉讼请求。

一审宣判后，当事人在法定期间内均未提起上诉，一审判决已经发生法律效力。

5. 北京福联升鞋业有限公司与国家工商行政管理总局商标评审委员会、北京内联升鞋业有限公司商标异议复审行政纠纷案[①]

【裁判摘要】

被异议商标申请人作为同地域的同业竞争者，理应对引证商标的知名度和显著性有相当程度的认识。因此，被异议商标申请人在同类商品上注册、使用有关商标时，应当遵守诚实信用原则，注意合理避让而不是恶意攀附引证商标的知名度和良好商誉，从而造成相关公众混淆误认。

虽然被异议商标经过一定时间和范围的使用在客观上形成了一定的市场规模，但是，有关被异议商标的使用行为大多是在被异议商标申请日之后，尚未核准注册的情况下发生的。被异议商标申请人在其大规模使用被异议商标之前，理应认识到由于被异议商标与引证商标近似，并且引证商标具有较高的知名度和显著性，故存在被异议商标不被核准注册，乃至因使用被异议商标导致侵犯引证商标注册商标权的法律风险。被异议商标申请人未能尽到合理的注意和避让义务，仍然申请注册并大规模使用被异议商标，由此带来的不利后果理应自行承担。

【案情】

再审申请人（二审被上诉人、一审原告）：北京福联升鞋业有限公司。

法定代表人：王敬欣，该公司总经理。

委托代理人：吴新华，北京市炜衡律师事务所律师。

委托代理人：张帆，北京市炜衡律师事务所律师。

被申请人（一审被告、二审上诉人）：国家工商总局商标评审委员会。

法定代表人：何训班，该委员会主任。

委托代理人：孙莎，该委员会审查员。

被申请人（一审第三人、二审上诉人）：北京内联升鞋业有限公司。

法定代表人：程来祥，该公司董事长。

委托代理人：商家泉，北京高文律师事务所律师。

再审申请人北京福联升鞋业有限公司（以下简称福联升公司）因与被申请人国家工商行政管理总局商标评审委员会（以下简称商标评审委员会）、北京内联升鞋业有限公司（以

① 案例来源：《中华人民共和国最高人民法院公报》2016年第6期。

下简称内联升公司)商标异议复审行政纠纷一案,不服北京市高级人民法院于2014年12月8日作出的(2014)高行(知)终字第3252号行政判决,向本院申请再审。本院依法组成合议庭对本案进行审查。现已审查终结。

福联升公司申请再审称:(一)二审判决认定事实、适用法律错误。1.二审判决认定被异议商标与引证商标构成近似商标,认定事实错误。被异议商标与引证商标在构成要素、整体外观上有明显区别,被异议商标为图文组合商标,由图形、汉语拼音“fuliansheng”及汉字“福联升”组合而成。其中,图形居于上部,视觉效果突出,显著性很强,汉字“福联升”居于下部,为美术字体。引证商标则为纯文字商标,“内联升”文字为书法字体,“联”、“升”二字还是繁体字。二审判决仅将两商标的文字部分进行比较,进而得出片面、错误的结论。2.在文字商标中,首个文字往往在呼叫、视觉、含义上起主要作用。如果首字或首字母不同,通常不认为是近似商标。本案中,被异议商标文字为“福联升”,引证商标文字为“内联升”,呼叫、含义明显不同,根据审查惯例,两商标不应被认定为近似商标。3.二审判决称“‘联升’并非固定的词语组合,而是内联升公司所独创”,与事实不符。首先,“联升”文字并非北京内联升公司所独创,清朝乾隆年间就有一位名叫“联升”的人,其生卒年月远早于“内联升”的诞生时间。其次,在很多商品或服务类别上,很多行业里,均有使用“联升”文字作为商标、字号进行登记注册的情形。4.二审判决未对再审申请人在评审及诉讼阶段提交的有关使用、宣传被异议商标的证据进行评述,导致得出错误结论。再审申请人成立于2006年9月13日,主要经营鞋帽、衣服和箱包等产品。再审申请人在成立之时就开始使用“福联升”作为字号、商标,取寓意为“福气联发升腾”。此后,又请专人设计公司vi视觉识别系统,聘请著名演员牛莉担任品牌形象代言人,并投入大量广告宣传费用,致力于推广老北京布鞋文化,创立拥有自主知识产权的知名品牌。截至目前,再审申请人已在全国三十多个省份开设了一千多家加盟店,产品畅销全国,广受消费者认可。二审判决在判断被异议商标与引证商标是否近似时,未对被异议商标的使用、宣传证据进行任何评述,进而得出片面、错误结论。(二)被异议商标经过再审申请人长期广泛的宣传和使用,已经具有了较高的知名度,并得到了广大消费者的普遍认可。由于再审申请人与被申请人在商标标识、门脸招牌、店面装潢、产品种类、市场定位、销售区域等方面均存在明显差异,被异议商标与引证商标共存于市场,从未导致相关公众的混淆误认。被异议商标使用时间较长,已建立起较高市场声誉和形成相关公众群体,根据最高人民法院《关于审理商标授权确权行政案件若干问题的意见》的规定,应当准确把握商标法有关保护在先商业标志权益与维护市场秩序相协调的立法精神,充分尊重相关公众已在客观上将相关商业标志区别开来的市场实际,注重维护已经形成和稳定的市场秩序,被异议商标理应获准注册。如果不予注册,将给再审申请人及其加盟商造成重大损失,从而产生不良社会影响,不利于社会稳定。

商标评审委员会提交答辩意见称服从二审判决。

内联升公司提交答辩意见称:(一)被异议商标与引证商标构成相同类别商品上的近似商标。避免来源混淆是商标近似判断时需要考虑的基本原则,应当以诚实信用原则具体把握是否构成近似问题。考虑到物理对比、知名度、固有显著性、再审申请人选用“联升”的意图等因素,应认定二者构成近似,具体理由如下:1.两商标仅“福”及“内”不同。2.从“内联升”的固有显著性看,在被申请人使用“联升”二字前,没有证据证明“联升”和“鞋”或“布鞋”之间存在指代关系或其他联系,再审申请人对于使用“福联升”没有合理解释。3.从二者知名度差别看,引证商标系中国驰名商标、中华老字号、国家非物质文化遗产,荣获“中国布鞋第一家”称号,从党和国家领导人到明星再到普通公众,都熟知引证商标。而再审申请人注册、使用被异议商标的时间较短,没有知名度。4.“内联升”之所以被核准注册,并非仅因为其所使用的美术字体,故不能以被异议商标未使用引证商标的美术字体而认为二者不近似。相关公众亦不会因字体的不同,而将两个商标相区分。在市场环境下,相关公众极易对使用两商标的布鞋产品的来源产生误认,认为它们是同一厂家生产、销售,或认为二者存在某种联系。5.两商标存在“混淆、误认”的可能性。两商标构成近似,使用商品相同,销售渠道相同,消费者群体相同,被申请人商标的固有显著性及知名度较高。6.在考察再审申请人使用“联升”二字的意图时,应特别注意到以下事实:首先,再审申请人为石家庄企业,并实际在石家庄生产、经营,却在北京注册“北京福联升鞋业有限公司”,且在产品宣传上使用“老北京布鞋”字样。其次,其注册的“福联祥”商标,系将两个老字号“内联升”、“瑞蚨祥”各取一个字,属于违反诚实信用、搭便车的行为。再次,“福联升”是将被申请人的引证商标“内联升”与第4730603号“福履”商标组合,注册“福联升”。而且,再审申请人还将被申请人的“内联升”与老字号企业驰名商标“瑞蚨祥”组合,注册了第8467083号“祥联升”商标,其攀附商誉的不正当竞争意图明显。(二)再审申请人违反诚实信用原则,侵犯被申请人的在先字号权益和在先商标权。1.在被异议商标注册前,被申请人商品在市场上获得了商誉和声誉,并以一些显著特征而知名。2.再审申请人有意或无意地错误表达了与被申请人存在联系,并造成了消费者混淆、误认。3.被申请人受到了损害,或可能具有受到损害的危险,如客户流失、商誉减损、商标显著性淡化等。(三)再审申请人使用被异议商标的时间不长,本案并非历史因素导致商标并存,而是因不正当竞争行为导致的市场共存,基于保护在先权利及消费者利益,不应核准注册被异议商标。(四)对于任何侵犯在先合法权利(权益)的使用行为,不能创设任何在后的合法权益。再审申请人无视引证商标的存在,在相同商品上注册及使用被异议商标，不能因此获得法律上的合法权利。再审申请人应认识到继续使用与“内联升”文字有关的商标可能导致的侵权责任或注册不能的后果，并停止使用相关商标。但再审申请人此后仍然继续注册、使用、宣传相关商标，由此造成的后果，应自行承担。（五）“福联升”具有虚假宣传行为。其宣传“福联升”为乾隆四十一年春开业，由纪晓岚赐名，并编排了一段与纪晓岚有关的故事。此宣传极易误导消费者，使消费者误认为该公司是中华老字号，具有悠久的历史，与其2006年成立的事实严重不符。

再审申请人向本院提交了6份证据，具体如下：1. 证据1、2、6为其在全国部分加盟店的营业执照、合同以及相关照片，其加盟店分布在28个省、自治区、直辖市，用于证明被异议商标经过长期、广泛的使用，建立了较高的市场声誉。相关加盟店的照片显示，其招牌标注“老北京布鞋”或“北京布鞋”、“福联升”等字样，并标注有被异议商标图形部分。相关加盟合同书上记载的协议签约地点均为“石家庄市广安大街美东国际c座2305”。相关联系电话均为0311开头，但地址为“北京市密云开发区168号”。2. 证据3为“联升”百度词条，用于证明清代即有名为“联升”的自然人，引证商标中的“联升”不具有独创性。3. 证据4为含有“联升”文字的143项商标查询结果，用于证明“联升”不具有独创性，且普遍使用在各个商品及服务类别上。该证据显示，除被异议商标外，再审申请人还在鞋类等商品上申请了“祥联升”、“步联升”、“鑫联升”、“尚品福联升”、“爱尚福联升”等十余项包含“联升”文字的商标。4. 证据5为企业详细查询结果，用于证明通过企业信息查询，可查询到使用“联升”作为字号的企业55个（不完全统计）。对于上述证据能否实现再审申请人的证明目的，本院将在下文中结合本案焦点问题予以评述。

本院认为，本案焦点为被异议商标与引证商标是否构成近似商标，不符合2001年修订的《中华人民共和国商标法》（以下简称商标法）第二十八条的规定。

商标法第二十八条规定，申请注册的商标同他人在同一种或者类似商品上已经注册的商标相同或者近似的，不应予以核准注册。关于商标民事纠纷案件中商标相同或者近似的认定，最高人民法院《关于审理商标民事纠纷案件适用法律若干问题的解释》第十条规定：“人民法院认定商标相同或者近似按照以下原则进行：（一）以相关公众的一般注意力为标准；（二）既要进行对商标的整体比对，又要进行对商标主要部分的比对，比对应当在比对对象隔离的状态下分别进行；（三）判断商标是否近似，应当考虑请求保护注册商标的显著性和知名度。”根据商标法第二十八条的规定并参照上述司法解释的规定，本院认为被异议商标与引证商标近似，不符合商标法第二十八条的规定，具体理由如下：

首先，从两商标的音、形、义看，虽然被异议商标兼具文字和图形，但其文字部分“福联升”为商标的呼叫部分，起到主要的识别作用。将“福联升”与引证商标相比，二者仅首字不同，其余的“联升”两字完全相同，相关公众对两商标的称呼近似。而且，引证商标中的“联升”并非固定的词语组合。虽然再审申请人提交的证据3表明在清代存在名字中包含“联升”的自然人，以及另有其他商标或者企业名称中包含有“联升”，但该自然人并非知名人物，不为相关公众所熟悉。再审申请人也没有提交证据证明在引证商标申请日之前，另有他人在鞋类商品上曾使用“联升”。因此，二审判决认定“‘联升’并非固定的词语组合，而是内联升公司所独创”，并无不当。

其次，从引证商标的显著性和知名度看。根据一、二审判决以及本院审查查明的事实，“内联升”系中国驰名商标，先后被认定为中华老字号、国家非物质文化遗产，荣获“中国布鞋第一家”等荣誉称号，其销售的布鞋产品在相关公众中具有极高的美誉。在引证商标具有如此高的显著性和知名度的情况下，与其构成近似商标的范围较普通商标也应更宽，同业竞争者亦相应地应具有更高的注意和避让义务。

再次，关于被异议商标的知名度和使用情况。再审申请人提交证据1、2、6，用于证明其在全国28个省、自治区、直辖市发展有若干加盟店，形成了一定的知名度。但所述证据仅能证明被异议商标在其各地的加盟店中使用，形成了一定的市场规模，但不足以证明被异议商标具有较高的知名度和显著性。在引证商标具有较高的知名度和显著性，并且被异议商标与引证商标标识近似的情况下，再审申请人提交的证据不足以证明被异议商标与引证商标形成了有效的市场区分。相关公众施以一般注意力，客观上仍然容易对引证商标和被异议商标的商品来源产生混淆误认，或者误认为被异议商标与引证商标所指代的商品存在特定联系。

最后，《中华人民共和国民法通则》第四条规定：“民事活动应当遵循……诚实信用的原则。”本案中再审申请人与被申请人均制造、销售布鞋产品，再审申请人作为同地域的同业竞争者，理应对被申请人及其引证商标的知名度和显著性有相当程度的认识。因此，再审申请人在鞋类商品上注册、使用有关商标时，理应遵守诚实信用原则，注意合理避让而不是恶意攀附被申请人及其引证商标的知名度和良好商誉，造成相关公众混淆误认。然而，本案相关证据表明，再审申请人在注册、使用被异议商标时存在攀附被申请人与引证商标的明显恶意。其一，再审申请人提交的加盟合同书上均记载签约地点为“石家庄市广安大街美东国际c座2305”，相关联系电话的区号亦为0311，表明其实际经营地为河北省石家庄市。但再审申请人却将企业注册在北京市密云县，并将企业名称注册为与被申请人企业名称仅有一字之差的“北京福联升鞋业有限公司”。由此可见，再审申请人从商标、注册地乃至企业名称上，都有意贴近被申请人及其引证商标。其二，如前所述，引证商标中的“联升”系由被申请人首次使用在布鞋类商品上，并且构成引证商标的主要呼叫部分和识别部分。再审申请人主张其使用"联升"的原因,在于取其"联发升腾"之义。但所谓"联发升腾"既非成语,亦非汉语中的既有词汇,故再审申请人有关其选用"联升"的理由明显有悖常理。其三,再审申请人不仅无正当理由注册具有"联升"字样的被异议商标,还围绕"联升"字样,在同类商品及其他类别商品上另行申请注册十余项包含有"联升"文字的其他商标,其主观恶意愈加明显。其四,虽然被异议商标经过一定时间和范围的使用,客观上形成了一定的市场规模,但是,有关被异议商标的使用行为大多是在被异议商标申请日之后,尚未核准注册的情况下发生的。再审申请人在其大规模使用被异议商标之前,理应认识到由于被异议商标与引证商标近似,并且引证商标具有较高的知名度和显著性,故存在被异议商标不被核准注册,乃至因使用被异议商标导致侵犯引证商标注册商标权的法律风险。再审申请人未能尽到合理的注意和避让义务,仍然申请注册并大规模使用被异议商标,由此带来的不利后果理应自行承担。相反,在再审申请人作为同业竞争者明知或者应知引证商标具有较高知名度和显著性,仍然恶意申请注册、使用与之近似的被异议商标的情形下,如果仍然承认再审申请人此种行为所形成的所谓市场秩序或知名度,无异于鼓励同业竞争者违背诚实信用原则,罔顾他人合法在先权利,强行将其恶意申请的商标做大、做强。这样既不利于有效区分市场,亦不利于净化商标注册、使用环境,并终将严重损害在先商标权人的合法权益以及广大消费者的利益,违背诚实信用原则以及商标法"保护商标专用权"、"维护商标信誉"、"保障消费者和生产、经营者的利益"等立法宗旨。因此,再审申请人有关被异议商标经过使用,已经形成一定的市场知名度,不会导致相关公众混淆的主张,缺乏事实和法律依据,本院不予支持。

综上,福联升公司的再审申请不符合《中华人民共和国行政诉讼法》第九十一条之规定,本院裁定如下:

驳回北京福联升鞋业有限公司的再审申请。

五、其他知识产权

（一）植物新品种

中华人民共和国植物新品种保护条例

（1997年3月20日中华人民共和国国务院令第213号公布　根据2013年1月31日《国务院关于修改〈中华人民共和国植物新品种保护条例〉的决定》第一次修订　根据2014年7月29日《国务院关于修改部分行政法规的决定》第二次修订）

第一章　总　　则

第一条　为了保护植物新品种权，鼓励培育和使用植物新品种，促进农业、林业的发展，制定本条例。

第二条　本条例所称植物新品种，是指经过人工培育的或者对发现的野生植物加以开发，具备新颖性、特异性、一致性和稳定性并有适当命名的植物品种。

第三条　国务院农业、林业行政部门（以下统称审批机关）按照职责分工共同负责植物新品种权申请的受理和审查并对符合本条例规定的植物新品种授予植物新品种权（以下称品种权）。

第四条　完成关系国家利益或者公共利益并有重大应用价值的植物新品种育种的单位或者个人，由县级以上人民政府或者有关部门给予奖励。

第五条　生产、销售和推广被授予品种权的植物新品种（以下称授权品种），应当按照国家有关种子的法律、法规的规定审定。

第二章　品种权的内容和归属

第六条　完成育种的单位或者个人对其授权品种，享有排他的独占权。任何单位或者个人未经品种权所有人（以下称品种权人）许可，不得为商业目的生产或者销售该授权品种的繁殖材料，不得为商业目的将该授权品种的繁殖材料重复使用于生产另一品种的繁殖材料；但是，本条例另有规定的除外。

第七条　执行本单位的任务或者主要是利用本单位的物质条件所完成的职务育种，植物新品种的申请权属于该单位；非职务育种，植物新品种的申请权属于完成育种的个人。申请被批准后，品种权属于申请人。

委托育种或者合作育种，品种权的归属由当事人在合同中约定；没有合同约定的，品种权属于受委托完成或者共同完成育种的单位或者个人。

第八条　一个植物新品种只能授予一项品种权。两个以上的申请人分别就同一个植物新品种申请品种权的，品种权授予最先申请的人；同时申请的，品种权授予最先完成该植物新品种育种的人。

第九条　植物新品种的申请权和品种权可以依法转让。

中国的单位或者个人就其在国内培育的植物新品种向外国人转让申请权或者品种权的，应当经审批机关批准。

国有单位在国内转让申请权或者品种权的，应当按照国家有关规定报经有关行政主管部门批准。

转让申请权或者品种权的，当事人应当订立书面合同，并向审批机关登记，由审批机关予以公告。

第十条　在下列情况下使用授权品种的，可以不经品种权人许可，不向其支付使用费，但是不得侵犯品种权人依照本条例享有的其他权利：

（一）利用授权品种进行育种及其他科研活动；

（二）农民自繁自用授权品种的繁殖材料。

第十一条　为了国家利益或者公共利益，审批机关可以作出实施植物新品种强制许可的决定，并予以登记和公告。

取得实施强制许可的单位或者个人应当付给品种权人合理的使用费，其数额由双方商定；双方不能达成协议的，由审批机关裁决。

品种权人对强制许可决定或者强制许可使用费的裁决不服的，可以自收到通知之日起3个月内向人民法院提起诉讼。

第十二条　不论授权品种的保护期是否届满，销售该授权品种应当使用其注册登记的名称。

第三章　授予品种权的条件

第十三条　申请品种权的植物新品种应当属于国家植物品种保护名录中列举的植物的属或者种。植物品种保护名录由审批机关确定和公布。

第十四条　授予品种权的植物新品种应当具备新颖性。新颖性，是指申请品种权的植物新品种在申请日前该品种繁殖材料未被销售，或者经育种者许可，在中国境内销售该品种繁殖材料未超过1年;在中国境外销售藤本植物、林木、果树和观赏树木品种繁殖材料未超过6年,销售其他植物品种繁殖材料未超过4年。

第十五条 授予品种权的植物新品种应当具备特异性。特异性,是指申请品种权的植物新品种应当明显区别于在递交申请以前已知的植物品种。

第十六条 授予品种权的植物新品种应当具备一致性。一致性,是指申请品种权的植物新品种经过繁殖,除可以预见的变异外,其相关的特征或者特性一致。

第十七条 授予品种权的植物新品种应当具备稳定性。稳定性,是指申请品种权的植物新品种经过反复繁殖后或者在特定繁殖周期结束时,其相关的特征或者特性保持不变。

第十八条 授予品种权的植物新品种应当具备适当的名称,并与相同或者相近的植物属或者种中已知品种的名称相区别。该名称经注册登记后即为该植物新品种的通用名称。

下列名称不得用于品种命名:

(一)仅以数字组成的;

(二)违反社会公德的;

(三)对植物新品种的特征、特性或者育种者的身份等容易引起误解的。

第四章 品种权的申请和受理

第十九条 中国的单位和个人申请品种权的,可以直接或者委托代理机构向审批机关提出申请。

中国的单位和个人申请品种权的植物新品种涉及国家安全或者重大利益需要保密的,应当按照国家有关规定办理。

第二十条 外国人、外国企业或者外国其他组织在中国申请品种权的,应当按其所属国和中华人民共和国签订的协议或者共同参加的国际条约办理,或者根据互惠原则,依照本条例办理。

第二十一条 申请品种权的,应当向审批机关提交符合规定格式要求的请求书、说明书和该品种的照片。

申请文件应当使用中文书写。

第二十二条 审批机关收到品种权申请文件之日为申请日;申请文件是邮寄的,以寄出的邮戳日为申请日。

第二十三条 申请人自在外国第一次提出品种权申请之日起12个月内,又在中国就该植物新品种提出品种权申请的,依照该外国同中华人民共和国签订的协议或者共同参加的国际条约,或者根据相互承认优先权的原则,可以享有优先权。

申请人要求优先权的,应当在申请时提出书面说明,并在3个月内提交经原受理机关确认的第一次提出的品种权申请文件的副本;未依照本条例规定提出书面说明或者提交申请文件副本的,视为未要求优先权。

第二十四条 对符合本条例第二十一条规定的品种权申请,审批机关应当予以受理,明确申请日、给予申请号,并自收到申请之日起1个月内通知申请人缴纳申请费。

对不符合或者经修改仍不符合本条例第二十一条规定的品种权申请,审批机关不予受理,并通知申请人。

第二十五条 申请人可以在品种权授予前修改或者撤回品种权申请。

第二十六条 中国的单位或者个人将国内培育的植物新品种向国外申请品种权的,应当按照职责分工向省级人民政府农业、林业行政部门登记。

第五章 品种权的审查与批准

第二十七条 申请人缴纳申请费后,审批机关对品种权申请的下列内容进行初步审查:

(一)是否属于植物品种保护名录列举的植物属或者种的范围;

(二)是否符合本条例第二十条的规定;

(三)是否符合新颖性的规定;

(四)植物新品种的命名是否适当。

第二十八条 审批机关应当自受理品种权申请之日起6个月内完成初步审查。对经初步审查合格的品种权申请,审批机关予以公告,并通知申请人在3个月内缴纳审查费。

对经初步审查不合格的品种权申请,审批机关应当通知申请人在3个月内陈述意见或者予以修正;逾期未答复或者修正后仍然不合格的,驳回申请。

第二十九条 申请人按照规定缴纳审查费后,审批机关对品种权申请的特异性、一致性和稳定性进行实质审查。

申请人未按照规定缴纳审查费的,品种权申请视为撤回。

第三十条 审批机关主要依据申请文件和其他有关书面材料进行实质审查。审批机关认为必要时,可以委托指定的测试机构进行测试或者考察业已完成的种植或者其他试验的结果。

因审查需要,申请人应当根据审批机关的要求提供必要的资料和该植物新品种的繁殖材料。

第三十一条 对经实质审查符合本条例规定的品种权申请,审批机关应当作出授予品种权的决定,颁发品种权证书,并予以登记和公告。

对经实质审查不符合本条例规定的品种权申请,审批机关予以驳回,并通知申请人。

第三十二条 审批机关设立植物新品种复审委员会。

对审批机关驳回品种权申请的决定不服的,申请人可以自收到通知之日起3个月内,向植物新品种复审委员会请求复审。植物新品种复审委员会应当自收到复审请求书之日起6个月内作出决定,并通知申请人。

申请人对植物新品种复审委员会的决定不服的,可以自接到通知之日起15日内向人民法院提起诉讼。

第三十三条 品种权被授予后,在自初步审查合格公告之日起至被授予品种权之日止的期间,对未经申请人许可,为商业目的生产或者销售该授权品种的繁殖材料的单位和个人,品种权人享有追偿的权利。

第六章 期限、终止和无效

第三十四条 品种权的保护期限,自授权之日起,藤本植物、林木、果树和观赏树木为20年,其他植物为15年。

第三十五条 品种权人应当自被授予品种权的当年开始缴纳年费,并且按照审批机关的要求提供用于检测的该授权品种的繁殖材料。

第三十六条 有下列情形之一的,品种权在其保护期限届满前终止:

(一)品种权人以书面声明放弃品种权的;

(二)品种权人未按照规定缴纳年费的;

(三)品种权人未按照审批机关的要求提供检测所需的该授权品种的繁殖材料的;

(四)经检测该授权品种不再符合被授予品种权时的特征和特性的。

品种权的终止,由审批机关登记和公告。

第三十七条 自审批机关公告授予品种权之日起,植物新品种复审委员会可以依据职权或者依据任何单位或者个人的书面请求,对不符合本条例第十四条、第十五条、第十六条和第十七条规定的,宣告品种权无效;对不符合本条例第十八条规定的,予以更名。宣告品种权无效或者更名的决定,由审批机关登记和公告,并通知当事人。

对植物新品种复审委员会的决定不服的,可以自收到通知之日起3个月内向人民法院提起诉讼。

第三十八条 被宣告无效的品种权视为自始不存在。

宣告品种权无效的决定,对在宣告前人民法院作出并已执行的植物新品种侵权的判决、裁定,省级以上人民政府农业、林业行政部门作出并已执行的植物新品种侵权处理决定,以及已经履行的植物新品种实施许可合同和植物新品种权转让合同,不具有追溯力;但是,因品种权人的恶意给他人造成损失的,应当给予合理赔偿。

依照前款规定,品种权人或者品种权转让人不向被许可实施人或者受让人返还使用费或者转让费,明显违反公平原则的,品种权人或者品种权转让人应当向被许可实施人或者受让人返还全部或者部分使用费或者转让费。

第七章 罚　　则

第三十九条 未经品种权人许可,以商业目的生产或者销售授权品种的繁殖材料的,品种权人或者利害关系人可以请求省级以上人民政府农业、林业行政部门依据各自的职权进行处理,也可以直接向人民法院提起诉讼。

省级以上人民政府农业、林业行政部门依据各自的职权,根据当事人自愿的原则,对侵权所造成的损害赔偿可以进行调解。调解达成协议的,当事人应当履行;调解未达成协议的,品种权人或者利害关系人可以依照民事诉讼程序向人民法院提起诉讼。

省级以上人民政府农业、林业行政部门依据各自的职权处理品种权侵权案件时,为维护社会公共利益,可以责令侵权人停止侵权行为,没收违法所得和植物品种繁殖材料;货值金额5万元以上的,可处货值金额1倍以上5倍以下的罚款;没有货值金额或者货值金额5万元以下的,根据情节轻重,可处25万元以下的罚款。

第四十条 假冒授权品种的,由县级以上人民政府农业、林业行政部门依据各自的职权责令停止假冒行为,没收违法所得和植物品种繁殖材料;货值金额5万元以上的,处货值金额1倍以上5倍以下的罚款;没有货值金额或者货值金额5万元以下的,根据情节轻重,处25万元以下的罚款;情节严重,构成犯罪的,依法追究刑事责任。

第四十一条 省级以上人民政府农业、林业行政部门依据各自的职权在查处品种权侵权案件和县级以上人民政府农业、林业行政部门依据各自的职权在查处假冒授权品种案件时,根据需要,可以封存或者扣押与案件有关的植物品种的繁殖材料,查阅、复制或者封存与案件有关的合同、账册及有关文件。

第四十二条 销售授权品种未使用其注册登记的名称的,由县级以上人民政府农业、林业行政部门依据各自的职权责令限期改正,可以处1000元以下的罚款。

第四十三条 当事人就植物新品种的申请权和品种权的权属发生争议的,可以向人民法院提起诉讼。

第四十四条 县级以上人民政府农业、林业行政部门的及有关部门的工作人员滥用职权、玩忽职守、徇私舞弊、索贿受贿,构成犯罪的,依法追究刑事责任;尚不构成犯罪的,依法给予行政处分。

第八章 附　　则

第四十五条 审批机关可以对本条例施行前首批列入植物品种保护名录的和本条例施行后新列入植物品种保护名录的植物属或者种的新颖性要求作出变通性规定。

第四十六条 本条例自1997年10月1日起施行。

中华人民共和国
植物新品种保护条例
实施细则(农业部分)

(2007 年 9 月 19 日农业部令第 5 号公布　根据 2011 年 12 月 31 日《农业部关于修订部分规章和规范性文件的决定》第一次修订　根据 2014 年 4 月 25 日《农业部关于修订部分规章的决定》第二次修订)

第一章　总　　则

第一条　根据《中华人民共和国植物新品种保护条例》(以下简称《条例》),制定本细则。

第二条　农业植物新品种包括粮食、棉花、油料、麻类、糖料、蔬菜(含西甜瓜)、烟草、桑树、茶树、果树(干果除外)、观赏植物(木本除外)、草类、绿肥、草本药材、食用菌、藻类和橡胶树等植物的新品种。

第三条　依据《条例》第三条的规定,农业部为农业植物新品种权的审批机关,依照《条例》规定授予农业植物新品种权(以下简称品种权)。

农业部植物新品种保护办公室(以下简称品种保护办公室),承担品种权申请的受理、审查等事务,负责植物新品种测试和繁殖材料保藏的组织工作。

第四条　对危害公共利益、生态环境的植物新品种不授予品种权。

第二章　品种权的内容和归属

第五条　《条例》所称繁殖材料是指可繁殖植物的种植材料或植物体的其他部分,包括籽粒、果实和根、茎、苗、芽、叶等。

第六条　申请品种权的单位或者个人统称为品种权申请人;获得品种权的单位或者个人统称为品种权人。

第七条　《条例》第七条所称执行本单位任务所完成的职务育种是指下列情形之一:

(一)在本职工作中完成的育种;

(二)履行本单位交付的本职工作之外的任务所完成的育种;

(三)退职、退休或者调动工作后,3 年内完成的与其在原单位承担的工作或者原单位分配的任务有关的育种。

《条例》第七条所称本单位的物质条件是指本单位的资金、仪器设备、试验场地以及单位所有的尚未允许公开的育种材料和技术资料等。

第八条　《条例》第八条所称完成新品种育种的人是指完成新品种育种的单位或者个人(以下简称育种者)。

第九条　完成新品种培育的人员(以下简称培育人)是指对新品种培育作出创造性贡献的人。仅负责组织管理工作、为物质条件的利用提供方便或者从事其他辅助工作的人不能被视为培育人。

第十条　一个植物新品种只能被授予一项品种权。

一个植物新品种由两个以上申请人分别于同一日内提出品种权申请的,由申请人自行协商确定申请权的归属;协商不能达成一致意见的,品种保护办公室可以要求申请人在指定期限内提供证据,证明自己是最先完成该新品种育种的人。逾期未提供证据的,视为撤回申请;所提供证据不足以作为判定依据的,品种保护办公室驳回申请。

第十一条　中国的单位或者个人就其在国内培育的新品种向外国人转让申请权或者品种权的,应当向农业部申请审批。

转让申请权或者品种权的,当事人应当订立书面合同,向农业部登记,由农业部予以公告,并自公告之日起生效。

第十二条　有下列情形之一的,农业部可以作出实施品种权的强制许可决定:

(一)为了国家利益或者公共利益的需要;

(二)品种权人无正当理由自己不实施,又不许可他人以合理条件实施的;

(三)对重要农作物品种,品种权人虽已实施,但明显不能满足国内市场需求,又不许可他人以合理条件实施的。

申请强制许可的,应当向农业部提交强制许可请求书,说明理由并附具有关证明文件各一式两份。

农业部自收到请求书之日起 20 个工作日内作出决定。需要组织专家调查论证的,调查论证时间不得超过 3 个月。同意强制许可请求的,由农业部通知品种权人和强制许可请求人,并予以公告;不同意强制许可请求的,通知请求人并说明理由。

第十三条　依照《条例》第十一条第二款规定,申请农业部裁决使用费数额的,当事人应当提交裁决申请书,并附具未能达成协议的证明文件。农业部自收到申请书之日起 3 个月内作出裁决并通知当事人。

第三章　授予品种权的条件

第十四条　依照《条例》第四十五条的规定,列入植物新品种保护名录的植物属或者种,从名录公布之日起 1 年内提出的品种权申请,凡经过育种者许可,申请日前在中国境内销售该品种的繁殖材料未超过 4 年,符合《条例》规定的特异性、一致性和稳定性及命名要求的,农业部可以授予品种权。

第十五条　具有下列情形之一的,属于《条例》第十四条规定的销售:

(一)以买卖方式将申请品种的繁殖材料转移他人;

(二)以易货方式将申请品种的繁殖材料转移他人;

(三)以入股方式将申请品种的繁殖材料转移他人;

（四）以申请品种的繁殖材料签订生产协议；

（五）以其他方式销售的情形。

具有下列情形之一的，视为《条例》第十四条规定的育种者许可销售：

（一）育种者自己销售；

（二）育种者内部机构销售；

（三）育种者的全资或者参股企业销售；

（四）农业部规定的其他情形。

第十六条 《条例》第十五条所称“已知的植物品种”，包括品种权申请初审合格公告、通过品种审定或者已推广应用的品种。

第十七条 《条例》第十六条、第十七条所称“相关的特征或者特性”是指至少包括用于特异性、一致性和稳定性测试的性状或者授权时进行品种描述的性状。

第十八条 有下列情形之一的，不得用于新品种命名：

（一）仅以数字组成的；

（二）违反国家法律或者社会公德或者带有民族歧视性的；

（三）以国家名称命名的；

（四）以县级以上行政区划的地名或者公众知晓的外国地名命名的；

（五）同政府间国际组织或者其他国际国内知名组织及标识名称相同或者近似的；

（六）对植物新品种的特征、特性或者育种者的身份等容易引起误解的；

（七）属于相同或相近植物属或者种的已知名称的；

（八）夸大宣传的。

已通过品种审定的品种，或获得《农业转基因生物安全证书（生产应用）》的转基因植物品种，如品种名称符合植物新品种命名规定，申请品种权的品种名称应当与品种审定或农业转基因生物安全审批的品种名称一致。

第四章 品种权的申请和受理

第十九条 中国的单位和个人申请品种权的，可以直接或者委托代理机构向品种保护办公室提出申请。

在中国没有经常居所的外国人、外国企业或其他外国组织，向品种保护办公室提出品种权申请的，应当委托代理机构办理。

申请人委托代理机构办理品种权申请等相关事务时，应当与代理机构签订委托书，明确委托办理事项与权责。代理机构在向品种保护办公室提交申请时，应当同时提交申请人委托书。品种保护办公室在上述申请的受理与审查程序中，直接与代理机构联系。

第二十条 申请品种权的，申请人应当向品种保护办公室提交请求书、说明书和品种照片各一式两份，同时提交相应的请求书和说明书的电子文档。

请求书、说明书按照品种保护办公室规定的统一格式填写。

第二十一条 申请人提交的说明书应当包括下列内容：

（一）申请品种的暂定名称，该名称应当与请求书的名称一致；

（二）申请品种所属的属或者种的中文名称和拉丁文名称；

（三）育种过程和育种方法，包括系谱、培育过程和所使用的亲本或者其他繁殖材料来源与名称的详细说明；

（四）有关销售情况的说明；

（五）选择的近似品种及理由；

（六）申请品种特异性、一致性和稳定性的详细说明；

（七）适于生长的区域或者环境以及栽培技术的说明；

（八）申请品种与近似品种的性状对比表。

前款第（五）、（八）项所称近似品种是指在所有已知植物品种中，相关特征或者特性与申请品种最为相似的品种。

第二十二条 申请人提交的照片应当符合以下要求：

（一）照片有利于说明申请品种的特异性；

（二）申请品种与近似品种的同一种性状对比应在同一张照片上；

（三）照片应为彩色，必要时，品种保护办公室可以要求申请人提供黑白照片；

（四）照片规格为8.5厘米×12.5厘米或者10厘米×15厘米；

（五）关于照片的简要文字说明。

第二十三条 品种权申请文件有下列情形之一的，品种保护办公室不予受理：

（一）未使用中文的；

（二）缺少请求书、说明书或者照片之一的；

（三）请求书、说明书和照片不符合本细则规定格式的；

（四）文件未打印的；

（五）字迹不清或者有涂改的；

（六）缺少申请人和联系人姓名（名称）、地址、邮政编码的或者不详的；

（七）委托代理但缺少代理委托书的。

第二十四条 中国的单位或者个人将国内培育的植物新品种向国外申请品种权的，应当向所在地省级人民政府农业行政主管部门申请登记。

第二十五条 申请人依照《条例》第二十三条的规定要求优先权的，应当在申请中写明第一次提出品种权申请的申请日、申请号和受理该申请的国家或组织；未写明的，视为未要求优先权。申请人提交的第一次品种权申请文件副本应当经原受理机关确认。

第二十六条 在中国没有经常居所或者营业所的外国

人、外国企业和外国其他组织,申请品种权或者要求优先权的,品种保护办公室认为必要时,可以要求其提供下列文件:

(一)申请人是个人的,其国籍证明;

(二)申请人是企业或者其他组织的,其营业所或者总部所在地的证明;

(三)外国人、外国企业、外国其他组织的所属国,承认中国单位和个人可以按照该国国民的同等条件,在该国享有品种申请权、优先权和其他与品种权有关的权利的证明文件。

第二十七条　申请人在向品种保护办公室提出品种权申请12个月内,又向国外申请品种权的,依照该国或组织同中华人民共和国签订的协议或者共同参加的国际条约,或者根据相互承认优先权的原则,可以请求品种保护办公室出具优先权证明文件。

第二十八条　依照《条例》第十九条第二款规定,中国的单位和个人申请品种权的植物新品种涉及国家安全或者重大利益需要保密的,申请人应当在申请文件中说明,品种保护办公室经过审查后作出是否按保密申请处理的决定,并通知申请人;品种保护办公室认为需要保密而申请人未注明的,仍按保密申请处理,并通知申请人。

第二十九条　申请人送交的申请品种繁殖材料应当与品种权申请文件中所描述的繁殖材料相一致,并符合下列要求:

(一)未遭受意外损害;

(二)未经过药物处理;

(三)无检疫性的有害生物;

(四)送交的繁殖材料为籽粒或果实的,籽粒或果实应当是最近收获的。

第三十条　品种保护办公室认为必要的,申请人应当送交申请品种和近似品种的繁殖材料,用于申请品种的审查和检测。申请品种属于转基因品种的,应当附具生产性试验阶段的《农业转基因生物安全审批书》或《农业转基因生物安全证书(生产应用)》复印件。

申请人应当自收到品种保护办公室通知之日起3个月内送交繁殖材料。送交繁殖材料为籽粒或果实的,应当送至品种保护办公室植物新品种保藏中心(以下简称保藏中心);送交种苗、种球、块茎、块根等无性繁殖材料的,应当送至品种保护办公室指定的测试机构。

申请人送交的繁殖材料数量少于品种保护办公室规定的,保藏中心或者测试机构应当通知申请人,申请人应自收到通知之日起1个月内补足。特殊情况下,申请人送交了规定数量的繁殖材料后仍不能满足测试或者检测需要时,品种保护办公室有权要求申请人补交。

第三十一条　繁殖材料应当依照有关规定实施植物检疫。检疫不合格或者未经检疫的,保藏中心或者测试机构不予接收。

保藏中心或者测试机构收到申请人送交的繁殖材料后应当出具书面证明,并在收到繁殖材料之日起20个工作日内(有休眠期的植物除外)完成生活力等内容的检测。检测合格的,应当向申请人出具书面检测合格证明;检测不合格的,应当通知申请人自收到通知之日起1个月内重新送交繁殖材料并取回检测不合格的繁殖材料,申请人到期不取回的,保藏中心或者测试机构应当销毁。

申请人未按规定送交繁殖材料的,视为撤回申请。

第三十二条　保藏中心和测试机构对申请品种的繁殖材料负有保密的责任,应当防止繁殖材料丢失、被盗等事故的发生,任何人不得更换检验合格的繁殖材料。发生繁殖材料丢失、被盗、更换的,依法追究有关人员的责任。

第五章　品种权的审查与批准

第三十三条　在初步审查、实质审查、复审和无效宣告程序中进行审查和复审人员有下列情形之一的,应当自行回避,当事人或者其他利害关系人可以要求其回避:

(一)是当事人或者其代理人近亲属的;

(二)与品种权申请或者品种权有直接利害关系的;

(三)与当事人或者其代理人有其他关系,可能影响公正审查和审理的。

审查人员的回避由品种保护办公室决定,复审人员的回避由植物新品种复审委员会主任决定。

第三十四条　一件植物品种权申请包括两个以上新品种的,品种保护办公室应当要求申请人提出分案申请。申请人在指定期限内对其申请未进行分案修正或者期满未答复的,视为撤回申请。

申请人按照品种保护办公室要求提出的分案申请,可以保留原申请日;享有优先权的,可保留优先权日。但不得超出原申请文件已有内容的范围。

分案申请应当依照《条例》及本细则的规定办理相关手续。

分案申请的请求书中应当写明原申请的申请号和申请日。原申请享有优先权的,应当提交原申请的优先权文件副本。

第三十五条　品种保护办公室对品种权申请的下列内容进行初步审查:

(一)是否符合《条例》第二十七条规定;

(二)选择的近似品种是否适当;申请品种的亲本或其他繁殖材料来源是否公开。

品种保护办公室应当将审查意见通知申请人。品种保护办公室有疑问的,可要求申请人在指定期限内陈述意见或者补正;申请人期满未答复的,视为撤回申请。申请人陈述意见或者补正后,品种保护办公室认为仍然不符合规定的,应当驳回其申请。

第三十六条　除品种权申请文件外,任何人向品种保护

办公室提交的与品种权申请有关的材料,有下列情形之一的,视为未提出:

(一)未使用规定的格式或者填写不符合要求的;

(二)未按照规定提交证明材料的。

当事人当面提交材料的,受理人员应当当面说明材料存在的缺陷后直接退回;通过邮局提交的,品种保护办公室应当将视为未提出的审查意见和原材料一起退回;邮寄地址不清的,采用公告方式退回。

第三十七条 自品种权申请之日起至授予品种权之日前,任何人均可以对不符合《条例》第八条、第十三至第十八条以及本细则第四条规定的品种权申请,向品种保护办公室提出异议,并提供相关证据和说明理由。未提供相关证据的,品种保护办公室不予受理。

第三十八条 未经品种保护办公室批准,申请人在品种权授予前不得修改申请文件的下列内容:

(一)申请品种的名称、申请品种的亲本或其他繁殖材料名称、来源以及申请品种的育种方法;

(二)申请品种的最早销售时间;

(三)申请品种的特异性、一致性和稳定性内容。

品种权申请文件的修改部分,除个别文字修改或者增删外,应当按照规定格式提交替换页。

第三十九条 品种保护办公室负责对品种权申请进行实质审查,并将审查意见通知申请人。品种保护办公室可以根据审查的需要,要求申请人在指定期限内陈述意见或者补正。申请人期满未答复的,视为撤回申请。

第四十条 依照《条例》和本细则的规定,品种权申请经实质审查应当予以驳回的情形是指:

(一)不符合《条例》第八条、第十三条至第十七条规定之一的;

(二)属于本细则第四条规定的;

(三)不符合命名规定,申请人又不按照品种保护办公室要求修改的;

(四)申请人陈述意见或者补正后,品种保护办公室认为仍不符合规定的。

第四十一条 品种保护办公室发出办理授予品种权手续的通知后,申请人应当自收到通知之日起2个月内办理相关手续和缴纳第1年年费。对按期办理的,农业部授予品种权,颁发品种权证书,并予以公告。品种权自授权公告之日起生效。

期满未办理的,视为放弃取得品种权的权利。

第四十二条 农业部植物新品种复审委员会,负责审理驳回品种权申请的复审案件、品种权无效宣告案件和授权品种更名案件。具体规定由农业部另行制定。

第六章 文件的提交、送达和期限

第四十三条 依照《条例》和本细则规定提交的各种文件应当使用中文,并采用国家统一规定的科学技术术语和规范词。外国人名、地名和科学技术术语没有统一中文译文的,应当注明原文。

依照《条例》和本细则规定提交的各种证件和证明文件是外文的,应当附送中文译文;未附送的,视为未提交该证明文件。

第四十四条 当事人向品种保护办公室提交的各种文件应当打印或者印刷,字迹呈黑色,并整齐清晰。申请文件的文字部分应当横向书写,纸张只限单面使用。

第四十五条 当事人提交的各种文件和办理的其他手续,应当由申请人、品种权人、其他利害关系人或者其代表人签字或者盖章;委托代理机构的,由代理机构盖章。请求变更培育人姓名、品种权申请人和品种权人的姓名或者名称、国籍、地址、代理机构的名称和代理人姓名的,应当向品种保护办公室办理著录事项变更手续,并附具变更理由的证明材料。

第四十六条 当事人提交各种材料时,可以直接提交,也可以邮寄。邮寄时,应当使用挂号信函,不得使用包裹,一件信函中应当只包含同一申请的相关材料。邮寄的,以寄出的邮戳日为提交日。信封上寄出的邮戳日不清晰的,除当事人能够提供证明外,以品种保护办公室的收到日期为提交日。

品种保护办公室的各种文件,可以通过邮寄、直接送交或者以公告的方式送达当事人。当事人委托代理机构的,文件送交代理机构;未委托代理机构的,文件送交请求书中收件人地址及收件人或者第一署名人或者代表人。当事人拒绝接收文件的,该文件视为已经送达。

品种保护办公室邮寄的各种文件,自文件发出之日起满15日,视为当事人收到文件之日。

根据规定应当直接送交的文件,以交付日为送达日。文件送达地址不清,无法邮寄的,可以通过公告的方式送达当事人。自公告之日起满2个月,该文件视为已经送达。

第四十七条 《条例》和本细则规定的各种期限的第一日不计算在期限内。期限以年或者月计算的,以其最后一月的相应日为期限届满日;该月无相应日的,以该月最后一日为期限届满日。期限届满日是法定节假日的,以节假日后的第一个工作日为期限届满日。

第四十八条 当事人因不可抗力而耽误《条例》或者本细则规定的期限或者品种保护办公室指定的期限,导致其权利丧失的,自障碍消除之日起2个月内,最迟自期限届满之日起2年内,可以向品种保护办公室说明理由并附具有关证明文件,请求恢复其权利。

当事人因正当理由而耽误《条例》或者本细则规定的期限或者品种保护办公室指定的期限,造成其权利丧失的,可以自收到通知之日起2个月内向品种保护办公室说明理由,请求恢复其权利。

当事人请求延长品种保护办公室指定期限的,应当在期限届满前,向品种保护办公室说明理由并办理有关手续。

本条第一款和第二款的规定不适用《条例》第十四条、第二十三条、第三十二条第二、三款、第三十四条、第三十七条第二款规定的期限。

第四十九条　除《条例》第二十二条的规定外,《条例》所称申请日,有优先权的,指优先权日。

第七章　费用和公报

第五十条　申请品种权和办理其他手续时,应当按照国家有关规定向农业部缴纳申请费、审查费、年费。

第五十一条　《条例》和本细则规定的各种费用,可以直接缴纳,也可以通过邮局或者银行汇付。

通过邮局或者银行汇付的,应当注明品种名称,同时将汇款凭证的复印件传真或者邮寄至品种保护办公室,并说明该费用的申请号或者品种权号、申请人或者品种权人的姓名或名称、费用名称。

通过邮局或者银行汇付的,以汇出日为缴费日。

第五十二条　依照《条例》第二十四条的规定,申请人可以在提交品种权申请的同时缴纳申请费,但最迟自申请之日起1个月内缴纳申请费,期满未缴纳或者未缴足的,视为撤回申请。

第五十三条　经初步审查合格的品种权申请,申请人应当按照品种保护办公室的通知,在规定的期限内缴纳审查费。期满未缴纳或者未缴足的,视为撤回申请。

第五十四条　申请人在领取品种权证书前,应当缴纳授予品种权第1年的年费。以后的年费应当在前1年度期满前1个月内预缴。

第五十五条　品种权人未按时缴纳授予品种权第1年以后的年费,或者缴纳的数额不足的,品种保护办公室应当通知申请人自应当缴纳年费期满之日起6个月内补缴;期满未缴纳的,自应当缴纳年费期满之日起,品种权终止。

第五十六条　品种保护办公室定期发布植物新品种保护公报,公告品种权有关内容。

第八章　附　　则

第五十七条　《条例》第四十条、第四十一条所称的假冒授权品种行为是指下列情形之一:

(一)印制或者使用伪造的品种权证书、品种权申请号、品种权号或者其他品种权申请标记、品种权标记;

(二)印制或者使用已经被驳回、视为撤回或者撤回的品种权申请的申请号或者其他品种权申请标记;

(三)印制或者使用已经被终止或者被宣告无效的品种权的品种权证书、品种权号或者其他品种权标记;

(四)生产或者销售本条第(一)项、第(二)项和第(三)项所标记的品种;

(五)生产或销售冒充品种权申请或者授权品种名称的品种;

(六)其他足以使他人将非品种权申请或者非授权品种误认为品种权申请或者授权品种的行为。

第五十八条　农业行政部门根据《条例》第四十一条的规定对封存或者扣押的植物品种繁殖材料,应当在三十日内做出处理;情况复杂的,经农业行政部门负责人批准可以延长,延长期限不超过三十日。

第五十九条　当事人因品种申请权或者品种权发生纠纷,向人民法院提起诉讼并且人民法院已受理的,可以向品种保护办公室请求中止有关程序。

依照前款规定申请中止有关程序的,应当向品种保护办公室提交申请书,并附具人民法院的有关受理文件副本。

在人民法院作出的判决生效后,当事人应当向品种保护办公室请求恢复有关程序。自请求中止之日起1年内,有关品种申请权或者品种权归属的纠纷未能结案,需要继续中止有关程序的,请求人应当在该期限内请求延长中止。期满未请求延长的,品种保护办公室可以自行恢复有关程序。

第六十条　已被视为撤回、驳回和主动撤回的品种权申请的案卷,自该品种权申请失效之日起满2年后不予保存。

已被宣告无效的品种权案卷自该品种权无效宣告之日起,终止的品种权案卷自该品种权失效之日起满3年后不予保存。

第六十一条　本细则自2008年1月1日起施行。1999年6月16日农业部发布的《中华人民共和国植物新品种保护条例实施细则(农业部分)》同时废止。

中华人民共和国植物新品种保护条例实施细则(林业部分)

(1999年8月10日国家林业局第3号公布　根据2011年1月25日《国家林业局关于废止和修改部分部门规章的决定》修订)

第一章　总　　则

第一条　根据《中华人民共和国植物新品种保护条例》(以下简称《条例》),制定本细则。

第二条　本细则所称植物新品种,是指符合《条例》第二条规定的林木、竹、木质藤木、木本观赏植物(包括木本花卉)、果树(干果部分)及木本油料、饮料、调料、木本药材等植物品种。

植物品种保护名录由国家林业局确定和公布。

第三条　国家林业局依照《条例》和本细则规定受理、审查植物新品种权的申请并授予植物新品种权(以下简称品种权)。

国家林业局植物新品种保护办公室(以下简称植物新品种保护办公室),负责受理和审查本细则第二条规定的植物新品种的品种权申请,组织与植物新品种保护有关的测试、保藏等业务,按国家有关规定承办与植物新品种保护有关的国际事务等具体工作。

第二章 品种权的内容和归属

第四条 《条例》所称的繁殖材料,是指整株植物(包括苗木)、种子(包括根、茎、叶、花、果实等)以及构成植物体的任何部分(包括组织、细胞)。

第五条 《条例》第七条所称的职务育种是指:

(一)在本职工作中完成的育种;

(二)履行本单位分配的本职工作之外的任务所完成的育种;

(三)离开原单位后3年内完成的与其在原单位承担的本职工作或者分配的任务有关的育种;

(四)利用本单位的资金、仪器设备、试验场地、育种资源和其他繁殖材料及不对外公开的技术资料等所完成的育种。

除前款规定情形之外的,为非职务育种。

第六条 《条例》所称完成植物新品种育种的人、品种权申请人、品种权人,均包括单位或者个人。

第七条 两个以上申请人就同一个植物新品种在同一日分别提出品种权申请的,植物新品种保护办公室可以要求申请人自行协商确定申请权的归属;协商达不成一致意见的,植物新品种保护办公室可以要求申请人在规定的期限内提供证明自己是最先完成该植物新品种育种的证据;逾期不提供证据的,视为放弃申请。

第八条 中国的单位或者个人就其在国内培育的植物新品种向外国人转让申请权或者品种权的,应当报国家林业局批准。

转让申请权或者品种权的,当事人应当订立书面合同,向国家林业局登记,并由国家林业局予以公告。

转让申请权或者品种权的,自登记之日起生效。

第九条 依照《条例》第十一条规定,有下列情形之一的,国家林业局可以作出或者依当事人的请求作出实施植物新品种强制许可的决定:

(一)为满足国家利益或者公共利益等特殊需要;

(二)品种权人无正当理由自己不实施或者实施不完全,又不许可他人以合理条件实施的。

请求植物新品种强制许可的单位或者个人,应当向国家林业局提出强制许可请求书,说明理由并附具有关证明材料各一式两份。

第十条 按照《条例》第十一条第二款规定,请求国家林业局裁决植物新品种强制许可使用费数额的,当事人应当提交裁决请求书,并附具不能达成协议的有关材料。国家林业局自收到裁决请求书之日起3个月内作出裁决并通知有关当事人。

第三章 授予品种权的条件

第十一条 授予品种权的,应当符合《条例》第十三条、第十四条、第十五条、第十六条、第十七条、第十八条和本细则第二条的规定。

第十二条 依照《条例》第四十五条的规定,对《条例》施行前首批列入植物品种保护名录的和《条例》施行后新列入植物品种保护名录的属或者种的植物品种,自名录公布之日起一年内提出的品种权申请,经育种人许可,在中国境内销售该品种的繁殖材料不超过4年的,视为具有新颖性。

第十三条 除《条例》第十八条规定的以外,有下列情形之一的,不得用于植物新品种命名:

(一)违反国家法律、行政法规规定或者带有民族歧视性的;

(二)以国家名称命名的;

(三)以县级以上行政区划的地名或者公众知晓的外国地名命名的;

(四)同政府间国际组织或者其他国际知名组织的标识名称相同或者近似的;

(五)属于相同或者相近植物属或者种的已知名称的。

第四章 品种权的申请和受理

第十四条 中国的单位和个人申请品种权的,可以直接或者委托代理机构向国家林业局提出申请。

第十五条 中国的单位和个人申请品种权的植物品种,如涉及国家安全或者重大利益需要保密的,申请人应当在请求书中注明,植物新品种保护办公室应当按国家有关保密的规定办理,并通知申请人;植物新品种保护办公室认为需要保密而申请人未注明的,按保密申请办理,并通知有关当事人。

第十六条 外国人、外国企业或者其他外国组织向国家林业局提出品种权申请和办理其他品种权事务的,应当委托代理机构办理。

第十七条 申请人委托代理机构向国家林业局申请品种权或者办理其他有关事务的,应当提交委托书,写明委托权限。

申请人为两个以上而未委托代理机构代理的,应当书面确定一方为代表人。

第十八条 申请人申请品种权时,应当向植物新品种保护办公室提交国家林业局规定格式的请求书、说明书以及符合本细则第十九条规定的照片各一式两份。

第十九条 《条例》第二十一条所称的照片,应当符合以下要求:

(一)有利于说明申请品种权的植物品种的特异性;

(二)一种性状的对比应在同一张照片上;

(三)照片应为彩色;

(四)照片规格为8.5厘米×12.5厘米或者10厘米×15厘米。

照片应当附有简要文字说明;必要时,植物新品种保护办公室可以要求申请人提供黑白照片。

第二十条 品种权的申请文件有下列情形之一的,植物新品种保护办公室不予受理:

(一)内容不全或者不符合规定格式的;

(二)字迹不清或者有严重涂改的;

(三)未使用中文的。

第二十一条 植物新品种保护办公室可以要求申请人送交申请品种权的植物品种和对照品种的繁殖材料,用于审查和检测。

第二十二条 申请人应当自收到植物新品种保护办公室通知之日起3个月内送交繁殖材料。送交种子的,申请人应当送至植物新品种保护办公室指定的保藏机构;送交无性繁殖材料的,申请人应当送至植物新品种办公室指定的测试机构。

申请人逾期不送交繁殖材料的,视为放弃申请。

第二十三条 申请人送交的繁殖材料应当依照国家有关规定进行检疫;应检疫而未检疫或者检疫不合格的,保藏机构或者测试机构不予接收。

第二十四条 申请人送交的繁殖材料不能满足测试或者检测需要以及不符合要求的,植物新品种保护办公室可以要求申请人补交。

申请人三次补交繁殖材料仍不符合规定的,视为放弃申请。

第二十五条 申请人送交的繁殖材料应当符合下列要求:

(一)与品种权申请文件中所描述的该植物品种的繁殖材料相一致;

(二)最新收获或者采集的;

(三)无病虫害;

(四)未进行药物处理。

申请人送交的繁殖材料已经进行了药物处理,应当附有使用药物的名称、使用的方法和目的。

第二十六条 保藏机构或者测试机构收到申请人送交的繁殖材料的,应当向申请人出具收据。

保藏机构或者测试机构对申请人送交的繁殖材料经检测合格的,应当出具检验合格证明,并报告植物新品种保护办公室;经检测不合格的,应当报告植物新品种保护办公室,由其按照有关规定处理。

第二十七条 保藏机构或者测试机构对申请人送交的繁殖材料,在品种权申请的审查期间和品种权的有效期限内,应当保密和妥善保管。

第二十八条 在中国没有经常居所或者营业所的外国人、外国企业或者其他外国组织申请品种权或者要求优先权的,植物新品种保护办公室可以要求其提供下列文件:

(一)国籍证明;

(二)申请人是企业或者其他组织的,其营业所或者总部所在地的证明文件;

(三)外国人、外国企业、外国其他组织的所属国承认中国的单位和个人可以按照该国国民的同等条件,在该国享有植物新品种的申请权、优先权和其他与品种权有关的证明文件。

第二十九条 申请人向国家林业局提出品种权申请之后,又向外国申请品种权的,可以请求植物新品种保护办公室出具优先权证明文件;符合条件的,植物新品种保护办公室应当出具优先权证明文件。

第三十条 申请人撤回品种权申请的,应当向国家林业局提出撤回申请,写明植物品种名称、申请号和申请日。

第三十一条 中国的单位和个人将在国内培育的植物新品种向国外申请品种权的,应当向国家林业局登记。

第五章 品种权的审查批准

第三十二条 国家林业局对品种权申请进行初步审查时,可以要求申请人就有关问题在规定的期限内提出陈述意见或者予以修正。

第三十三条 一件品种权申请包括二个以上品种权申请的,在实质审查前,植物新品种保护办公室应当要求申请人在规定的期限内提出分案申请;申请人在规定的期限内对其申请未进行分案修正或者期满未答复的,该申请视为放弃。

第三十四条 依照本细则第三十三条规定提出的分案申请,可以保留原申请日;享有优先权的,可保留优先权日,但不得超出原申请的范围。

分案申请应当依照《条例》及本细则的有关规定办理各种手续。

分案申请的请求书中应当写明原申请的申请号和申请日。原申请享有优先权的,应当提交原申请的优先权文件副本。

第三十五条 经初步审查符合《条例》和本细则规定条例的品种权申请,由国家林业局予以公告。

自品种权申请公告之日起至授予品种权之日前,任何人均可以对不符合《条例》和本细则规定的品种权申请向国家林业局提出异议,并说明理由。

第三十六条 品种权申请文件的修改部分,除个别文字修改或者增删外,应当按照规定格式提交替换页。

第三十七条 经实质审查后,符合《条例》规定的品种权申请,由国家林业局作出授予品种权的决定,向品种权申请人颁发品种权证书,予以登记和公告。

品种权人应当自收到领取品种权证书通知之日起3个月内领取品种权证书，并按照国家有关规定缴纳第一年年费。逾期未领取品种权证书并未缴纳年费的，视为放弃品种权，有正当理由的除外。

品种权自作出授予品种权的决定之日起生效。

第三十八条 国家林业局植物新品种复审委员会(以下简称复审委员会)由植物育种专家、栽培专家、法律专家和有关行政管理人员组成。

复审委员会主任委员由国家林业局主要负责人指定。

植物新品种保护办公室根据复审委员会的决定办理复审的有关事宜。

第三十九条 依照《条例》第三十二条第二款的规定向复审委员会请求复审的，应当提交符合国家林业局规定格式的复审请求书，并附具有关的证明材料。复审请求书和证明材料应当各一式两份。

申请人申请复审时，可以修改被驳回的品种权申请文件，但修改权限于驳回申请的决定所涉及的部分。

第四十条 复审请求不符合规定要求的，复审请求人可以在复审委员会指定的期限内补正；期满未补正或者补正后仍不符合规定要求的，该复审请求视为放弃。

第四十一条 复审请求人在复审委员会作出决定前，可以撤回其复审请求。

第六章 品种权的终止和无效

第四十二条 依照《条例》第三十六条规定，品种权在其保护期限届满前终止的，其终止日期为：

(一)品种权人以书面声明放弃品种权的，自声明之日起终止；

(二)品种权人未按照有关规定缴纳年费的，自补缴年费期限届满之日起终止；

(三)品种权人未按照要求提供检测所需的该授权品种的繁殖材料或者送交的繁殖材料不符合要求的，国家林业局予以登记，其品种权自登记之日起终止；

(四)经检测该授权品种不再符合被授予品种权时的特征和特性的，自国家林业局登记之日起终止。

第四十三条 依照《条例》第三十七条第一款的规定，任何单位或者个人请求宣告品种权无效的，应当向复审委员会提交国家林业局规定格式的品种权无效宣告请求书和有关材料各一式两份，并说明所依据的事实和理由。

第四十四条 已授予的品种权不符合《条例》第十四条、第十五条、第十六条和第十七条规定的，由复审委员会依据职权或者任何单位或者个人的书面请求宣告品种权无效。

宣告品种权无效，由国家林业局登记和公告，并由植物新品种保护办公室通知当事人。

第四十五条 品种权无效宣告请求书中未说明所依据的事实和理由，或者复审委员会就一项品种权无效宣告请求已审理并决定仍维持品种权的，请求人又以同一事实和理由请求无效宣告的，复审委员会不予受理。

第四十六条 复审委员会应当自收到无效宣告请求书之日起15日内将品种权无效宣告请求书副本和有关材料送达品种权人。品种权人应当在收到后3个月内提出陈述意见；逾期未提出的，不影响复审委员会审理。

第四十七条 复审委员会对授权品种作出更名决定的，由国家林业局登记和公告，并由植物新品种保护办公室通知品种权人，更换品种权证书。

授权品种更名后，不得再使用原授权品种名称。

第四十八条 复审委员会对无效宣告的请求作出决定前，无效宣告请求人可以撤回其请求。

第七章 文件的递交、送达和期限

第四十九条 《条例》和本细则规定的各种事项，应当以书面形式办理。

第五十条 按照《条例》和本细则规定提交的各种文件应当使用中文，并采用国家统一规定的科技术语。

外国人名、地名和没有统一中文译文的科技术语，应当注明原文。

依照《条例》和本细则规定提交的证明文件是外文的，应当附送中文译文；未附送的，视为未提交证明文件。

第五十一条 当事人提交的各种文件可以打印，也可以使用钢笔或者毛笔书写，但要整齐清晰，纸张只限单面使用。

第五十二条 依照《条例》和本细则规定，提交各种文件和有关材料的，当事人可以直接提交，也可邮寄。邮寄时，以寄出的邮戳日为提交日。寄出的邮戳日不清晰的，除当事人能够提供证明外，以收到日为提交日。

依照《条例》和本细则规定，向当事人送达的各种文件和有关材料的，可以直接送交、邮寄或者以公告的方式送达。当事人委托代理机构的，送达代理机构；未委托代理机构的，送达当事人。

依本条第二款规定直接送达的，以交付日为送达日；邮寄送达的，自寄出之日起满15日，视为送达；公告送达的，自公告之日起满2个月，视为送达。

第五十三条 《条例》和本细则规定的各种期限，以年或者月计算的，以其最后一月的相应日为期限届满日；该月无相应日的，以该月最后一日为期限届满日；期限届满日是法定节假日的，以节假日后的第一个工作日为期限届满日。

第五十四条 当事人因不可抗力或者特殊情况耽误《条例》和本细则规定的期限，造成其权利丧失的，自障碍消除之日起2个月内，但是最多不得超过自期限届满之日起2年，可以向国家林业局说明理由并附具有关证明材料，请求恢复其权利。

第五十五条 《条例》和本细则所称申请日，有优先权的，指优先权日。

第八章 费用和公报

第五十六条 申请品种权的，应当按照规定缴纳申请费、审查费；需要测试的，应当缴纳测试费。授予品种权的，应当缴纳年费。

第五十七条 当事人缴纳本细则第五十六条规定费用的，可以向植物新品种保护办公室直接缴纳，也可以通过邮局或者银行汇付，但不得使用电汇。

通过邮局或者银行汇付的，应当注明申请号或者品种权证书号、申请人或者品种权人的姓名或者名称、费用名称以及授权品种名称。

通过邮局或者银行汇付时，以汇出日为缴费日。

第五十八条 依照《条例》第二十四条的规定，申请人可以在提交品种权申请的同时缴纳申请费，也可以在收到缴费通知之日起 1 个月内缴纳；期满未缴纳或者未缴足的，其申请视为撤回。

按照规定应当缴纳测试费的，自收到缴费通知之日起 1 个月内缴纳；期满未缴纳或者未缴足的，其申请视为放弃。

第五十九条 第一次年费应当于领取品种权证书时缴纳，以后的年费应当在前一年度期满前 1 个月内预缴。

第六十条 品种权人未按时缴纳第一年以后的年费或者缴纳数额不足的，植物新品种保护办公室应当通知品种权人自应当缴纳年费期满之日起 6 个月内补缴，同时缴纳金额为年费的 25% 的滞纳金。

第六十一条 自本细则施行之日起 3 年内，当事人缴纳本细则第五十六条规定的费用确有困难的，经申请并由国家林业局批准，可以减缴或者缓缴。

第六十二条 国家林业局定期出版植物新品种保护公报，公告品种权申请、授予、转让、继承、终止等有关事项。

植物新品种保护办公室设置品种权登记簿，登记品种权申请、授予、转让、继承、终止等有关事项。

第九章 附 则

第六十三条 县级以上林业主管部门查处《条例》规定的行政处罚案件时，适用林业行政处罚程序的规定。

第六十四条 《条例》所称的假冒授权品种，是指：

（一）使用伪造的品种权证书、品种权号的；

（二）使用已经被终止或者被宣告无效品种权的品种权证书、品种权号的；

（三）以非授权品种冒充授权品种的；

（四）以此种授权品种冒充他种授权品种的；

（五）其他足以使他人将非授权品种误认为授权品种的。

第六十五条 当事人因植物新品种的申请权或者品种权发生纠纷，已向人民法院提起诉讼并受理的，应当向国家林业局报告并附具人民法院已受理的证明材料。国家林业局按照有关规定作出中止或者终止的决定。

第六十六条 在初步审查、实质审查、复审和无效宣告程序中进行审查和复审的人员，有下列情形之一的，应当申请回避；当事人或者其他有利害关系人也可以要求其回避：

（一）是当事人或者其代理人近亲属的；

（二）与品种权申请或者品种权有直接利害关系的；

（三）与当事人或者其他代理人有其他可能影响公正审查和审理关系的。

审查人员的回避，由植物新品种保护办公室决定；复审委员会人员的回避，由国家林业局决定。在回避申请未被批准前，审查和复审人员不得终止履行职责。

第六十七条 任何人经植物新品种保护办公室同意，可以查阅或者复制已经公告的品种权申请的案卷和品种权登记簿。

依照《条例》和本细则的规定，已被驳回、撤回或者视为放弃品种权申请的材料和已被放弃、无效宣告或者终止品种权的材料，由植物新品种保护办公室予以销毁。

第六十八条 请求变更品种权申请人和品种权人的，应当向植物新品种保护办公室办理著录事项变更手续，并提出变更理由和证明材料。

第六十九条 本细则由国家林业局负责解释。

第七十条 本细则自发布之日起施行。

林业植物新品种保护行政执法办法

（2015 年 12 月 30 日 林技发〔2015〕176 号）

第一条 为规范林业植物新品种保护行政执法行为，根据《中华人民共和国种子法》、《中华人民共和国行政处罚法》、《中华人民共和国植物新品种保护条例》和《林业行政处罚程序规定》等相关法律法规规章，制定本办法。

第二条 林业行政主管部门查处案件时，应当以事实为依据、以法律为准绳，遵循公开、公平、公正的原则。

第三条 林业行政主管部门对以下侵犯林业植物新品种权行为实施行政执法时，适用本办法。

（一）未经品种权人许可，生产、繁殖或者销售该授权品种的繁殖材料的，为商业目的将该授权品种的繁殖材料重复使用于生产另一品种的繁殖材料的；

（二）假冒授权品种的；

（三）销售授权品种未使用其注册登记的名称的。

有关法律、行政法规另有规定的除外。

第四条 本办法第三条第二项所称假冒授权品种的行为是指：

（一）使用伪造的品种权证书、品种权号；

（二）使用已经被终止或者被宣告无效品种权的品种权证书、品种权号；

（三）以非授权品种冒充授权品种；

（四）以此种授权品种冒充他种授权品种；

（五）其他足以使他人将非授权品种误认为授权品种。

第五条　林业植物新品种保护行政执法由主要违法行为地的县级以上林业行政主管部门管辖。

国家林业局科技发展中心（植物新品种保护办公室）负责林业植物新品种保护行政执法管理工作。

第六条　林业行政主管部门应当按照《中华人民共和国政府信息公开条例》等的要求，主动公开林业植物新品种保护行政处罚案件信息，接受社会监督。

第七条　林业植物新品种保护行政执法人员应当熟练掌握植物新品种保护的相关法律法规和规章制度，以及相应的执法程序，并持行政执法证件上岗；在林业植物新品种保护行政执法过程中，应当向当事人或者有关人员出示其行政执法证件。

第八条　请求县级以上人民政府林业行政主管部门查处本办法第三条第一项所指案件时，应当符合下列条件：

（一）请求人是品种权人或者利害关系人；

（二）有明确的侵权人和侵权证据；

（三）有明确的请求事项和理由；

（四）侵权案件发生地属于该行政管辖范围内。

前款所称利害关系人，包括植物新品种实施许可合同的被许可人和品种权财产权利的合法继承人等。

独占实施许可合同的被许可人可以单独提出请求；排他实施许可合同的被许可人可以和品种权人共同提出请求，也可以在品种权人不请求时，自行提出请求；普通实施许可合同的被许可人经品种权人明确授权，可以提出请求。

第九条　向县级以上人民政府林业行政主管部门请求查处第三条第一项所指案件时，应当提交请求书以及涉案品种权的《植物新品种权证书》复印件。请求书应当包括以下内容：

（一）请求人的姓名或者名称、居住或者注册地址、有效联系方式，法定代表人或者主要负责人的姓名和职务；有委托代理的，代理人的姓名和代理机构的名称、注册地址；

（二）侵权人相关信息及侵权证据；

（三）请求查处的事项和理由等。

第十条　请求人应当以纸质或者法定电子文件的形式提交请求书，有关证据和证明材料可以以请求书附件的形式提交。请求书应当由请求人签名或者盖章，并注明请求日期。

第十一条　县级以上人民政府林业行政主管部门在收到请求书后进行审查，对符合本办法第八条、第九条和第十条规定的，应当在七日内予以立案，并以书面形式告知请求人，同时指定两名或者两名以上案件承办人处理该案件；对不符合本办法第八条、第九条和第十条规定的，应当在七日内以书面形式告知请求人不予立案，并说明理由。

第十二条　林业行政主管部门依据职权查处本办法第三条所指案件时，立案应当符合下列条件：

（一）有违法行为发生；

（二）违法行为是应当受处罚的行为；

（三）涉及品种是授权品种；

（四）除本办法第三条第三项所指案件外，涉及品种的品种权应当是有效的；

（五）违法行为发生地属于该行政管辖范围内。

第十三条　林业行政主管部门应当在发现或者接受举报后进行审查，对符合本办法第十二条规定的，在七日内予以立案，同时指定两名或者两名以上案件承办人负责调查和处理。

第十四条　案件承办人在现场取证时，可以根据请求人或者举报人提供的涉案品种所在地点和生长状况等信息，及时取证并鉴定。

第十五条　案件承办人可以采取抽样方法取证；在证据可能灭失或者以后难以取得的情况下，经行政机关负责人批准，可以先行登记保存，填写《林业行政处罚登记保存通知单》，并在七日内做出处理决定；在此期间，当事人或者有关人员不得销毁或者转移证据。

第十六条　对于案件涉及的植物品种，可以采用田间观察检测、基因指纹图谱检测等方法进行鉴定。

第十七条　林业行政主管部门查处本办法第三条第一项、第二项案件，依法做出较大数额罚款的，应当告知当事人有要求举行听证的权利。当事人要求听证的，林业行政主管部门应当按照《林业行政处罚听证规则》相关规定组织听证。

第十八条　县级以上人民政府林业行政主管部门查处本办法第三条第一项案件时，为维护社会公共利益，可以采取下列措施：

（一）责令侵权人立即停止对侵权品种繁殖材料的销售行为，并且不得销售尚未售出的采用侵权品种生产的繁殖材料；

（二）责令侵权人立即停止对侵权品种的生产行为，对涉及侵权的植物材料消灭活性使其不能再被用作繁殖材料；

（三）对正处于生长期或者销毁侵权植物材料将导致重大不利后果的，可以没收植物品种繁殖材料；

（四）没收违法所得；

（五）涉案货值金额一万元以下的，处以一万元罚款；一万元至三万元以下的，处以二万元至九万元罚款；三万元至四万元以下的，处以十万元至十六万元罚款；四万元至五万元以下的，处以十七万元至二十五万元以下罚款。

涉案货值金额五万元以上的，侵权行为是第一次发生且侵权数量较小的，处以涉案货值金额五至七倍罚款；侵权人明知或者已被告知侵权、数次侵权或者侵权数量较大的,处以涉案货值金额八至九倍罚款;侵权人数次侵权且侵权数量巨大或者为逃避处罚提供伪证的,处以涉案货值金额十倍罚款。

第十九条 林业行政主管部门查处本办法第三条第二项案件时,应当采取下列处罚措施:

(一)责令侵权人立即停止伪造行为,销毁伪造的品种权证书或者品种权号;

(二)责令侵权人立即停止侵权标注行为,消除尚未售出的产品或者其包装上的品种权标识;品种权标识难以消除的,销毁该产品或者包装;

(三)责令侵权人立即停止发放载有虚假、未经许可和误导公众品种权信息的说明书或者广告等载体,销毁尚未发出的载体,并通过公告或者广告等形式消除社会影响;

(四)责令侵权人立即停止销售假冒授权品种的繁殖材料,对涉及假冒授权品种的植物材料消灭活性使其不能再被用作繁殖材料;

(五)没收违法所得和植物繁殖材料;

(六)涉案货值金额一万元以下的,处以一万元罚款;一万元至三万元以下的,处以二万元至九万元罚款;三万元至四万元以下的,处以十万元至十六万元罚款;四万元至五万元以下的,处以十七万元至二十五万元以下罚款。

涉案货值金额五万元以上的,假冒行为是第一次发生且数量较小的,处以涉案货值金额五至七倍罚款;涉案人数次假冒、假冒数量较大或者假冒涉及地域较广的,处以涉案货值金额八至九倍罚款;涉案人假冒数量巨大、假冒涉及地域广大或者为逃避处罚提供伪证的,处以涉案货值金额十倍罚款。

第二十条 林业行政主管部门查处本办法第三条第二项案件时,对涉嫌犯罪的案件,应当依法移送司法机关。

第二十一条 林业行政主管部门查处本办法第三条第三项案件时,应当采取下列处罚措施:

责令限期改正,可以并处罚款。情节轻微者,处以三百元以下罚款;情节一般者,处以三百元至六百元以下罚款;情节较重者,处以六百元至一千元以下罚款。

前款所称情节轻微者是指:侵权行为是第一次发生且影响范围较小的。情节一般者是指:数次发生,影响范围较大的。情节较重者是指:影响范围很大,后果较重的。

第二十二条 林业行政主管部门依据职权在查处本办法第三条第一项、第二项案件时,有权采取下列措施:

(一)进入生产经营场所进行现场检查;

(二)对有关的植物品种繁殖材料进行取样测试、试验或者检验;

(三)查阅、复制有关合同、票据、账簿、生产经营档案及其他有关资料;

(四)查封、扣押有证据证明违法生产经营的植物品种繁殖材料,以及用于违法生产经营的工具、设备及运输工具等;

(五)查封违法从事植物品种繁殖材料生产经营活动的场所。

查封或者扣押时,案件承办人应当履行《中华人民共和国行政强制法》第十八条规定的程序,并按《中华人民共和国行政强制法》第二十四条规定制作并当场交付查封、扣押决定书和清单。查封、扣押清单一式二份,由当事人和行政机关分别保存。

第二十三条 林业行政主管部门作出行政处罚决定时,应当制作林业行政处罚决定书,并在十五日以内予以公告。

第二十四条 林业行政主管部门应当自立案之日起一个月内结案;经行政负责人批准可以延长,但不得超过三个月。案情特别复杂三个月内仍不能结案的,经报上级林业行政主管部门批准,可以延长。

第二十五条 县级以上人民政府林业行政主管部门依据职权,根据当事人自愿的原则,对侵权所造成的损害赔偿可以进行调解。调解达成协议的,当事人应当履行;当事人不履行协议或者调解未达成协议的,品种权人或者利害关系人可以依法向人民法院提起诉讼。

上述调解过程可以邀请有关单位或者个人协助,被邀请的单位或者个人自愿协助进行调解。

第二十六条 林业行政主管部门在处理林业植物新品种权行政处罚案件过程中遇有涉及民事案件纠纷的,案件承办人应当向当事人告知其法律救济途径。

第二十七条 林业行政主管部门在结案时,将全部案件文书整理归档。地方各级林业行政主管部门应当建立林业植物新品种行政执法报告制度。

第二十八条 本办法所称以下包括本数。

第二十九条 本办法自 2016 年 1 月 1 日起施行,有效期至 2020 年 12 月 31 日。2014 年 8 月 1 日发布的《国家林业局关于印发〈林业植物新品种保护行政执法办法〉的通知》(林技发〔2014〕114 号)同时废止。

农业植物新品种权侵权案件处理规定

(2002 年 12 月 30 日 农业部令第 24 号)

第一条 为有效处理农业植物新品种权(以下简称品种权)侵权案件,根据《中华人民共和国植物新品种保护条例》(以下简称《条例》),制定本规定。

第二条 本规定所称的品种权侵权案件是指未经品种权人许可,以商业目的生产或销售授权品种的繁殖材料以及将该授权品种的繁殖材料重复使用于生产另一品种的繁殖材料的行为。

第三条 省级以上人民政府农业行政部门负责处理本行

政辖区内品种权侵权案件。

第四条　请求省级以上人民政府农业行政部门处理品种权侵权案件的，应当符合下列条件：

（一）请求人是品种权人或者利害关系人；

（二）有明确的被请求人；

（三）有明确的请求事项和具体事实、理由；

（四）属于受案农业行政部门的受案范围和管辖；

（五）在诉讼时效范围内；

（六）当事人没有就该品种权侵权案件向人民法院起诉。

第一项所称利害关系人包括品种权实施许可合同的被许可人、品种权的合法继承人。品种权实施许可合同的被许可人中，独占实施许可合同的被许可人可以单独提出请求；排他实施许可合同的被许可人在品种权人不请求的情况下，可以单独提出请求；除合同另有约定外，普通实施许可合同的被许可人不能单独提出请求。

第五条　请求处理品种权侵权案件的诉讼时效为二年，自品种权人或利害关系人得知或应当得知侵权行为之日起计算。

第六条　请求省级以上人民政府农业行政部门处理品种权侵权案件的，应当提交请求书以及所涉及品种权的品种权证书，并且按照被请求人的数量提供请求书副本。

请求书应当记载以下内容：

（一）请求人的姓名或者名称、地址，法定代表人姓名、职务。委托代理的，代理人的姓名和代理机构的名称、地址；

（二）被请求人的姓名或者名称、地址；

（三）请求处理的事项、事实和理由。

请求书应当由请求人签名或盖章。

第七条　请求符合本办法第六条规定条件的，省级以上人民政府农业行政部门应当在收到请求书之日起 7 日内立案并书面通知请求人，同时指定 3 名以上单数承办人员处理该品种权侵权案件；请求不符合本办法第六条规定条件的，省级以上人民政府农业行政部门应当在收到请求书之日起 7 日内书面通知请求人不予受理，并说明理由。

第八条　省级以上人民政府农业行政部门应当在立案之日起 7 日内将请求书及其附件的副本通过邮寄、直接送交或者其他方式送被请求人，要求其在收到之日起 15 日内提交答辩书，并且按照请求人的数量提供答辩书副本。被请求人逾期不提交答辩书的，不影响省级以上人民政府农业行政部门进行处理。

被请求人提交答辩书的，省级以上人民政府农业行政部门应当在收到之日起 7 日内将答辩书副本通过邮寄、直接送交或者其他方式送请求人。

第九条　省级以上人民政府农业行政部门处理品种权侵权案件一般以书面审理为主。必要时，可以举行口头审理，并在口头审理 7 日前通知当事人口头审理的时间和地点。当事人无正当理由拒不参加的，或者未经允许中途退出的，对请求人按撤回请求处理，对被请求人按缺席处理。

省级以上人民政府农业行政部门举行口头审理的，应当记录参加人和审理情况，经核对无误后，由案件承办人员和参加人签名或盖章。

第十条　除当事人达成调解、和解协议，请求人撤回请求之外，省级以上人民政府农业行政部门对侵权案件应作出处理决定，并制作处理决定书，写明以下内容：

（一）请求人、被请求人的姓名或者名称、地址，法定代表人或者主要负责人的姓名、职务，代理人的姓名和代理机构的名称；

（二）当事人陈述的事实和理由；

（三）认定侵权行为是否成立的理由和依据；

（四）处理决定：认定侵权行为成立的，应当责令被请求人立即停止侵权行为，写明处罚内容；认定侵权行为不成立的，应当驳回请求人的请求；

（五）不服处理决定申请行政复议或者提起行政诉讼的途径和期限。

处理决定书应当由案件承办人员署名，并加盖省级以上人民政府农业行政部门的公章。

第十一条　省级以上人民政府农业行政部门认定侵权行为成立并作出处理决定的，可以采取下列措施，制止侵权行为：

（一）侵权人生产授权品种繁殖材料或者直接使用授权品种的繁殖材料生产另一品种繁殖材料的，责令其立即停止生产，并销毁生产中的植物材料；已获得繁殖材料的，责令其不得销售；

（二）侵权人销售授权品种繁殖材料或者销售直接使用授权品种繁殖材料生产另一品种繁殖材料的，责令其立即停止销售行为，并且不得销售尚未售出的侵权品种繁殖材料；

（三）没收违法所得；

（四）处以违法所得 5 倍以下的罚款；

（五）停止侵权行为的其他必要措施。

第十二条　当事人对省级以上人民政府农业行政部门作出的处理决定不服的，可以依法申请行政复议或者向人民法院提起行政诉讼。期满不申请行政复议或者不起诉又不停止侵权行为的，省级以上人民政府农业行政部门可以申请人民法院强制执行。

第十三条　省级以上人民政府农业行政部门认定侵权行为成立的，可以根据当事人自愿的原则，对侵权所造成的损害赔偿进行调解。必要时，可以邀请有关单位和个人协助调解。

调解达成协议的，省级以上人民政府农业行政部门应当制作调解协议书，写明如下内容：

（一）请求人、被请求人的姓名或者名称、地址，法定代表人的姓名、职务。委托代理人的，代理人的姓名和代理机构的名称、地址；

（二）案件的主要事实和各方应承担的责任；

（三）协议内容以及有关费用的分担。

调解协议书由各方当事人签名或盖章、案件承办人员签名并加盖省级以上人民政府农业行政部门的公章。调解书送达后，当事人应当履行协议。

调解未达成协议的，当事人可以依法向人民法院起诉。

第十四条 侵犯品种权的赔偿数额，按照权利人因被侵权所受到的损失或者侵权人因侵权所获得的利益确定。权利人的损失或者侵权人获得的利益难以确定的，按照品种权许可使用费的1倍以上5倍以下酌情确定。

第十五条 省级以上人民政府农业行政部门或者人民法院作出认定侵权行为成立的处理决定或者判决之后，被请求人就同一品种权再次作出相同类型的侵权行为，品种权人或者利害关系人请求处理的，省级以上人民政府农业行政部门可以直接作出责令立即停止侵权行为的处理决定并采取相应处罚措施。

第十六条 农业行政部门可以按照以下方式确定品种权案件行为人的违法所得：

（一）销售侵权或者假冒他人品种权的繁殖材料的，以该品种繁殖材料销售价格乘以销售数量作为其违法所得；

（二）订立侵权或者假冒他人品种权合同的，以收取的费用作为其违法所得。

第十七条 省级以上人民政府农业行政部门查处品种权侵权案件和县级以上人民政府农业行政部门查处假冒授权品种案件的程序，适用《农业行政处罚程序规定》。

第十八条 本办法由农业部负责解释。

第十九条 本办法自2003年2月1日起施行。

最高人民法院关于审理植物新品种纠纷案件若干问题的解释

（2000年12月25日最高人民法院审判委员会第1154次会议通过 2001年2月5日最高人民法院公告公布 自2001年2月14日起施行 法释〔2001〕5号）

为依法受理和审判植物新品种纠纷案件，根据《中华人民共和国民事诉讼法》、《中华人民共和国行政诉讼法》的有关规定，现就有关问题解释如下：

第一条 人民法院受理的植物新品种纠纷案件主要包括以下几类：

（一）是否应当授予植物新品种权纠纷案件；

（二）宣告授予的植物新品种权无效或者维持植物新品种权的纠纷案件；

（三）授予品种权的植物新品种更名的纠纷案件；

（四）实施强制许可的纠纷案件；

（五）实施强制许可使用费的纠纷案件；

（六）植物新品种申请权纠纷案件；

（七）植物新品种权权利归属纠纷案件；

（八）转让植物新品种申请权和转让植物新品种权的纠纷案件；

（九）侵犯植物新品种权的纠纷案件；

（十）不服省级以上农业、林业行政管理部门依据职权对侵犯植物新品种权处罚的纠纷案件；

（十一）不服县级以上农业、林业行政管理部门依据职权对假冒授权品种处罚的纠纷案件。

第二条 人民法院在依法审查当事人涉及植物新品种权的起诉时，只要符合《中华人民共和国民事诉讼法》第一百零八条、《中华人民共和国行政诉讼法》第四十一条规定的民事案件或者行政案件的起诉条件，均应当依法予以受理。

第三条 本解释第一条所列第（一）至（五）类案件，由北京市第二中级人民法院作为第一审人民法院审理；第（六）至（十一）类案件，由各省、自治区、直辖市人民政府所在地和最高人民法院指定的中级人民法院作为第一审人民法院审理。

第四条 以侵权行为地确定人民法院管辖的侵犯植物新品种权的民事案件，其所称的侵权行为地，是指未经品种权所有人许可，以商业目的生产、销售该授权植物新品种的繁殖材料的所在地，或者将该授权品种的繁殖材料重复使用于生产另一品种的繁殖材料的所在地。

第五条 关于是否应当授予植物新品种权的纠纷案件、宣告授予的植物新品种权无效或者维持植物新品种权的纠纷案件、授予品种权的植物新品种更名的纠纷案件，应当以行政主管机关植物新品种复审委员会为被告；关于实施强制许可的纠纷案件，应当以植物新品种审批机关为被告；关于强制许可使用费纠纷案件，应当根据原告所请求的事项和所起诉的当事人确定被告。

第六条 人民法院审理侵犯植物新品种权纠纷案件，被告在答辩期间内向行政主管机关植物新品种复审委员会请求宣告该植物新品种权无效的，人民法院一般不中止诉讼。

最高人民法院关于审理侵犯植物新品种权纠纷案件具体应用法律问题的若干规定

（2006年12月25日最高人民法院审判委员会第1411次会议通过 2007年1月12日最高人民法院公告公布 自2007年2月1日起施行 法释〔2007〕1号）

为正确处理侵犯植物新品种权纠纷案件，根据《中华人民共和国民法通则》、《中华人民共和国民事诉讼法》等有关规定，结合侵犯植物新品种权纠纷案件的审判经验和实际情况，就具体应用法律的若干问题规定如下：

第一条 植物新品种权所有人（以下称品种权人）或者利害关系人认为植物新品种权受到侵犯的，可以依法向人民法院提起诉讼。

前款所称利害关系人，包括植物新品种实施许可合同的被许可人、品种权财产权利的合法继承人等。

独占实施许可合同的被许可人可以单独向人民法院提起诉讼；排他实施许可合同的被许可人可以和品种权人共同起诉，也可以在品种权人不起诉时，自行提起诉讼；普通实施许可合同的被许可人经品种权人明确授权，可以提起诉讼。

第二条 未经品种权人许可，为商业目的生产或销售授权品种的繁殖材料，或者为商业目的将授权品种的繁殖材料重复使用于生产另一品种的繁殖材料的，人民法院应当认定为侵犯植物新品种权。

被控侵权物的特征、特性与授权品种的特征、特性相同，或者特征、特性的不同是因非遗传变异所致的，人民法院一般应当认定被控侵权物属于商业目的生产或者销售授权品种的繁殖材料。

被控侵权人重复以授权品种的繁殖材料为亲本与其他亲本另行繁殖的，人民法院一般应当认定属于商业目的将授权品种的繁殖材料重复使用于生产另一品种的繁殖材料。

第三条 侵犯植物新品种权纠纷案件涉及的专门性问题需要鉴定的，由双方当事人协商确定的有鉴定资格的鉴定机构、鉴定人鉴定；协商不成的，由人民法院指定的有鉴定资格的鉴定机构、鉴定人鉴定。

没有前款规定的鉴定机构、鉴定人的，由具有相应品种检测技术水平的专业机构、专业人员鉴定。

第四条 对于侵犯植物新品种权纠纷案件涉及的专门性问题可以采取田间观察检测、基因指纹图谱检测等方法鉴定。

对采取前款规定方法作出的鉴定结论，人民法院应当依法质证，认定其证明力。

第五条 品种权人或者利害关系人向人民法院提起侵犯植物新品种权诉讼时，同时提出先行停止侵犯植物新品种权行为或者保全证据请求的，人民法院经审查可以先行作出裁定。

人民法院采取证据保全措施时，可以根据案件具体情况，邀请有关专业技术人员按照相应的技术规程协助取证。

第六条 人民法院审理侵犯植物新品种权纠纷案件，应当依照民法通则第一百三十四条的规定，结合案件具体情况，判决侵权人承担停止侵害、赔偿损失等民事责任。

人民法院可以根据被侵权人的请求，按照被侵权人因侵权所受损失或者侵权人因侵权所得利益确定赔偿数额。被侵权人请求按照植物新品种实施许可费确定赔偿数额的，人民法院可以根据植物新品种实施许可的种类、时间、范围等因素，参照该植物新品种实施许可费合理确定赔偿数额。

依照前款规定难以确定赔偿数额的，人民法院可以综合考虑侵权的性质、期间、后果，植物新品种实施许可费的数额，植物新品种实施许可的种类、时间、范围及被侵权人调查、制止侵权所支付的合理费用等因素，在50万元以下确定赔偿数额。

第七条 被侵权人和侵权人均同意将侵权物折价抵扣被侵权人所受损失的，人民法院应当准许。被侵权人或者侵权人不同意折价抵扣的，人民法院依照当事人的请求，责令侵权人对侵权物作消灭活性等使其不能再被用作繁殖材料的处理。

侵权物正处于生长期或者销毁侵权物将导致重大不利后果的，人民法院可以不采取责令销毁侵权物的方法，但法律、行政法规另有规定的除外。

第八条 以农业或者林业种植为业的个人、农村承包经营户接受他人委托代为繁殖侵犯品种权的繁殖材料，不知道代繁物是侵犯品种权的繁殖材料并说明委托人的，不承担赔偿责任。

（二）集成电路布图设计

集成电路布图设计保护条例

（2001年3月28日国务院第36次常务会议通过　2001年4月2日中华人民共和国国务院令第300号公布　自2001年10月1日起施行）

第一章　总　　则

第一条 为了保护集成电路布图设计专有权，鼓励集成电路技术的创新，促进科学技术的发展，制定本条例。

第二条 本条例下列用语的含义：

（一）集成电路，是指半导体集成电路，即以半导体材料为基片，将至少有一个是有源元件的两个以上元件和部分或者全部互连线路集成在基片之中或者基片之上，以执行某种电子功能的中间产品或者最终产品；

（二）集成电路布图设计（以下简称布图设计），是指集成电路中至少有一个是有源元件的两个以上元件和部分或者全部互连线路的三维配置，或者为制造集成电路而准备的上述三维配置；

（三）布图设计权利人，是指依照本条例的规定，对布图设计享有专有权的自然人、法人或者其他组织；

（四）复制，是指重复制作布图设计或者含有该布图设计的集成电路的行为；

（五）商业利用，是指为商业目的进口、销售或者以其他方式提供受保护的布图设计、含有该布图设计的集成电路或者含有该集成电路的物品的行为。

第三条 中国自然人、法人或者其他组织创作的布图设计，依照本条例享有布图设计专有权。

外国人创作的布图设计首先在中国境内投入商业利用的，依照本条例享有布图设计专有权。

外国人创作的布图设计，其创作者所属国同中国签订有关布图设计保护协议或者与中国共同参加有关布图设计保护国际条约的，依照本条例享有布图设计专有权。

第四条 受保护的布图设计应当具有独创性，即该布图设计是创作者自己的智力劳动成果，并且在其创作时该布图设计在布图设计创作者和集成电路制造者中不是公认的常规设计。

受保护的由常规设计组成的布图设计，其组合作为整体应当符合前款规定的条件。

第五条 本条例对布图设计的保护，不延及思想、处理过程、操作方法或者数学概念等。

第六条 国务院知识产权行政部门依照本条例的规定，负责布图设计专有权的有关管理工作。

第二章 布图设计专有权

第七条 布图设计权利人享有下列专有权：

（一）对受保护的布图设计的全部或者其中任何具有独创性的部分进行复制；

（二）将受保护的布图设计、含有该布图设计的集成电路或者含有该集成电路的物品投入商业利用。

第八条 布图设计专有权经国务院知识产权行政部门登记产生。

未经登记的布图设计不受本条例保护。

第九条 布图设计专有权属于布图设计创作者，本条例另有规定的除外。

由法人或者其他组织主持，依据法人或者其他组织的意志而创作，并由法人或者其他组织承担责任的布图设计，该法人或者其他组织是创作者。

由自然人创作的布图设计，该自然人是创作者。

第十条 两个以上自然人、法人或者其他组织合作创作的布图设计，其专有权的归属由合作者约定；未作约定或者约定不明的，其专有权由合作者共同享有。

第十一条 受委托创作的布图设计，其专有权的归属由委托人和受托人双方约定；未作约定或者约定不明的，其专有权由受托人享有。

第十二条 布图设计专有权的保护期为10年，自布图设计登记申请之日或者在世界任何地方首次投入商业利用之日起计算，以较前日期为准。但是，无论是否登记或者投入商业利用，布图设计自创作完成之日起15年后，不再受本条例保护。

第十三条 布图设计专有权属于自然人的，该自然人死亡后，其专有权在本条例规定的保护期内依照继承法的规定转移。

布图设计专有权属于法人或者其他组织的，法人或者其他组织变更、终止后，其专有权在本条例规定的保护期内由承继其权利、义务的法人或者其他组织享有；没有承继其权利、义务的法人或者其他组织的，该布图设计进入公有领域。

第三章 布图设计的登记

第十四条 国务院知识产权行政部门负责布图设计登记工作，受理布图设计登记申请。

第十五条 申请登记的布图设计涉及国家安全或者重大利益，需要保密的，按照国家有关规定办理。

第十六条 申请布图设计登记，应当提交：

（一）布图设计登记申请表；

（二）布图设计的复制件或者图样；

（三）布图设计已投入商业利用的，提交含有该布图设计的集成电路样品；

（四）国务院知识产权行政部门规定的其他材料。

第十七条 布图设计自其在世界任何地方首次商业利用之日起2年内，未向国务院知识产权行政部门提出登记申请的，国务院知识产权行政部门不再予以登记。

第十八条 布图设计登记申请经初步审查，未发现驳回理由的，由国务院知识产权行政部门予以登记，发给登记证明文件，并予以公告。

第十九条 布图设计登记申请人对国务院知识产权行政部门驳回其登记申请的决定不服的，可以自收到通知之日起3个月内，向国务院知识产权行政部门请求复审。国务院知识产权行政部门复审后，作出决定，并通知布图设计登记申请人。布图设计登记申请人对国务院知识产权行政部门的复审决定仍不服的，可以自收到通知之日起3个月内向人民法院起诉。

第二十条 布图设计获准登记后，国务院知识产权行政部门发现该登记不符合本条例规定的，应当予以撤销，通知布图设计权利人，并予以公告。布图设计权利人对国务院知识产权行政部门撤销布图设计登记的决定不服的，可以自收到通知之日起3个月内向人民法院起诉。

第二十一条 在布图设计登记公告前，国务院知识产权行政部门的工作人员对其内容负有保密义务。

第四章 布图设计专有权的行使

第二十二条 布图设计权利人可以将其专有权转让或者许可他人使用其布图设计。

转让布图设计专有权的，当事人应当订立书面合同，并向国务院知识产权行政部门登记，由国务院知识产权行政部门予以公告。布图设计专有权的转让自登记之日起生效。

许可他人使用其布图设计的，当事人应当订立书面合同。

第二十三条 下列行为可以不经布图设计权利人许可，不向其支付报酬：

（一）为个人目的或者单纯为评价、分析、研究、教学等目的而复制受保护的布图设计的；

（二）在依据前项评价、分析受保护的布图设计的基础上，创作出具有独创性的布图设计的；

（三）对自己独立创作的与他人相同的布图设计进行复制或者将其投入商业利用的。

第二十四条 受保护的布图设计、含有该布图设计的集成电路或者含有该集成电路的物品，由布图设计权利人或者经其许可投放市场后，他人再次商业利用的，可以不经布图设计权利人许可，并不向其支付报酬。

第二十五条 在国家出现紧急状态或者非常情况时，或者为了公共利益的目的，或者经人民法院、不正当竞争行为监督检查部门依法认定布图设计权利人有不正当竞争行为而需要给予补救时，国务院知识产权行政部门可以给予使用其布图设计的非自愿许可。

第二十六条 国务院知识产权行政部门作出给予使用布图设计非自愿许可的决定，应当及时通知布图设计权利人。

给予使用布图设计非自愿许可的决定，应当根据非自愿许可的理由，规定使用的范围和时间，其范围应当限于为公共目的非商业性使用，或者限于经人民法院、不正当竞争行为监督检查部门依法认定布图设计权利人有不正当竞争行为而需要给予的补救。

非自愿许可的理由消除并不再发生时，国务院知识产权行政部门应当根据布图设计权利人的请求，经审查后作出终止使用布图设计非自愿许可的决定。

第二十七条 取得使用布图设计非自愿许可的自然人、法人或者其他组织不享有独占的使用权，并且无权允许他人使用。

第二十八条 取得使用布图设计非自愿许可的自然人、法人或者其他组织应当向布图设计权利人支付合理的报酬，其数额由双方协商；双方不能达成协议的，由国务院知识产权行政部门裁决。

第二十九条 布图设计权利人对国务院知识产权行政部门关于使用布图设计非自愿许可的决定不服的，布图设计权利人和取得非自愿许可的自然人、法人或者其他组织对国务院知识产权行政部门关于使用布图设计非自愿许可的报酬的裁决不服的，可以自收到通知之日起3个月内向人民法院起诉。

第五章 法律责任

第三十条 除本条例另有规定的外，未经布图设计权利人许可，有下列行为之一的，行为人必须立即停止侵权行为，并承担赔偿责任：

（一）复制受保护的布图设计的全部或者其中任何具有独创性的部分的；

（二）为商业目的进口、销售或者以其他方式提供受保护的布图设计、含有该布图设计的集成电路或者含有该集成电路的物品的。

侵犯布图设计专有权的赔偿数额，为侵权人所获得的利益或者被侵权人所受到的损失，包括被侵权人为制止侵权行为所支付的合理开支。

第三十一条 未经布图设计权利人许可，使用其布图设计，即侵犯其布图设计专有权，引起纠纷的，由当事人协商解决；不愿协商或者协商不成的，布图设计权利人或者利害关系人可以向人民法院起诉，也可以请求国务院知识产权行政部门处理。国务院知识产权行政部门处理时，认定侵权行为成立的，可以责令侵权人立即停止侵权行为，没收、销毁侵权产品或者物品。当事人不服的，可以自收到处理通知之日起15日内依照《中华人民共和国行政诉讼法》向人民法院起诉；侵权人期满不起诉又不停止侵权行为的，国务院知识产权行政部门可以请求人民法院强制执行。应当事人的请求，国务院知识产权行政部门可以就侵犯布图设计专有权的赔偿数额进行调解；调解不成的，当事人可以依照《中华人民共和国民事诉讼法》向人民法院起诉。

第三十二条 布图设计权利人或者利害关系人有证据证明他人正在实施或者即将实施侵犯其专有权的行为，如不及时制止将会使其合法权益受到难以弥补的损害的，可以在起诉前依法向人民法院申请采取责令停止有关行为和财产保全的措施。

第三十三条 在获得含有受保护的布图设计的集成电路或者含有该集成电路的物品时，不知道也没有合理理由应当知道其中含有非法复制的布图设计，而将其投入商业利用的，不视为侵权。

前款行为人得到其中含有非法复制的布图设计的明确通知后，可以继续将现有的存货或者此前的订货投入商业利用，但应当向布图设计权利人支付合理的报酬。

第三十四条 国务院知识产权行政部门的工作人员在布图设计管理工作中玩忽职守、滥用职权、徇私舞弊，构成犯罪的，依法追究刑事责任；尚不构成犯罪的，依法给予行政处分。

第六章 附 则

第三十五条 申请布图设计登记和办理其他手续，应当按照规定缴纳费用。缴费标准由国务院物价主管部门、国务院知识产权行政部门制定，并由国务院知识产权行政部门公告。

第三十六条 本条例自2001年10月1日起施行。

集成电路布图设计保护条例实施细则

（2001年9月18日国家知识产权局局长令第11号公布 自2001年10月1日起施行）

第一章 总 则

第一条 宗旨

为了保护集成电路布图设计（以下简称布图设计）专有权，促进我国集成电路技术的进步与创新，根据《集成电路布图设计保护条例》（以下简称条例），制定本实施细则（以下简称本细则）。

第二条 登记机构

条例所称的国务院知识产权行政部门是指国家知识产权局。

第三条 办理手续需用的形式

条例和本细则规定的各种文件，应当以书面形式或者以国家知识产权局规定的其他形式办理。

第四条 代理机构

中国单位或者个人在国内申请布图设计登记和办理其他与布图设计有关的事务的，可以委托专利代理机构办理。

在中国没有经常居所或者营业所的外国人、外国企业或者外国其他组织在中国申请布图设计登记和办理其他与布图设计有关的事务的，应当委托国家知识产权局指定的专利代理机构办理。

第五条 申请文件和申请日的确定

向国家知识产权局申请布图设计登记的，应当提交布图设计登记申请表和该布图设计的复制件或者图样；布图设计在申请日以前已投入商业利用的，还应当提交含有该布图设计的集成电路样品。

国家知识产权局收到前款所述布图设计申请文件之日为申请日。如果申请文件是邮寄的，以寄出的邮戳日为申请日。

第六条 文件的语言

依照条例和本细则规定提交的各种文件应当使用中文。国家有统一规定的科技术语的，应当采用规范词；外国人名、地名和科技术语没有统一中文译文的，应当注明原文。

依照条例和本细则规定提交的各种证件和证明文件是外文的，国家知识产权局认为必要时，可以要求当事人在指定期限内附送中文译文；期满未附送的，视为未提交该证件和证明文件。

第七条 文件的递交和送达

向国家知识产权局邮寄的各种文件，以寄出的邮戳日为递交日。邮戳日不清晰的，除当事人能够提出证明外，以国家知识产权局收到文件之日为递交日。

国家知识产权局的各种文件，可以通过邮寄、直接送交或者其他方式送达当事人。当事人委托专利代理机构的，文件送交专利代理机构；未委托专利代理机构的，文件送交申请表中指明的联系人。

国家知识产权局邮寄的各种文件，自文件发出之日起满15日，推定为当事人收到文件之日。

根据国家知识产权局规定应当直接送交的文件，以交付日为送达日。

文件送交地址不清，无法邮寄的，可以通过公告的方式送达当事人。自公告之日起满1个月，该文件视为已经送达。

第八条 期限的计算

条例和本细则规定的各种期限的第一日不计算在期限内。期限以年或者月计算的，以其最后一月的相应日为期限届满日；该月无相应日的，以该月最后一日为期限届满日。

期限届满日是法定节假日的，以节假日后的第一个工作日为期限届满日。

第九条 权利的恢复和期限的延长

当事人因不可抗拒的事由而耽误本细则规定的期限或者国家知识产权局指定的期限，造成其权利丧失的，自障碍消除之日起2个月内，但是最迟自期限届满之日起2年内，可以向国家知识产权局说明理由并附具有关证明文件，请求恢复其权利。

当事人因正当理由而耽误本细则规定的期限或者国家知识产权局指定的期限，造成其权利丧失的，可以自收到国家知识产权局的通知之日起2个月内向国家知识产权局说明理由，请求恢复其权利。

当事人请求延长国家知识产权局指定的期限的，应当在期限届满前，向国家知识产权局说明理由并办理有关手续。

条例规定的期限不得请求延长。

第十条 共有

布图设计是2个以上单位或者个人合作创作的，创作者应当共同申请布图设计登记；有合同约定的，从其约定。

涉及共有的布图设计专有权的，每一个共同布图设计权利人在没有征得其他共同布图设计权利人同意的情况下，不得将其所持有的那一部分权利进行转让、出质或者与他人订立独占许可合同或者排他许可合同。

第十一条 向外国人转让专有权

中国单位或者个人向外国人转让布图设计专有权的，在向国家知识产权局办理转让登记时应当提交国务院有关主管部门允许其转让的证明文件。

布图设计专有权发生转移的，当事人应当凭有关证明文件或者法律文书向国家知识产权局办理著录项目变更手续。

第二章 布图设计登记的申请和审查

第十二条 申请文件

以书面形式申请布图设计登记的，应当向国家知识产权局提交布图设计登记申请表一式两份以及一份布图设计的复制件或者图样。

以国家知识产权局规定的其他形式申请布图设计登记的，应当符合规定的要求。

申请人委托专利代理机构向国家知识产权局申请布图设计登记和办理其他手续的，应当同时提交委托书，写明委托权限。

申请人有2个以上且未委托专利代理机构的，除申请表中另有声明外，以申请表中指明的第一申请人为代表人。

第十三条　申请表

布图设计登记申请表应当写明下列各项：

（一）申请人的姓名或者名称、地址或者居住地；

（二）申请人的国籍；

（三）布图设计的名称；

（四）布图设计创作者的姓名或者名称；

（五）布图设计的创作完成日期；

（六）该布图设计所用于的集成电路的分类；

（七）申请人委托专利代理机构的，应当注明的有关事项；申请人未委托专利代理机构的，其联系人的姓名、地址、邮政编码及联系电话；

（八）布图设计有条例第十七条所述商业利用行为的，该行为的发生日；

（九）布图设计登记申请有保密信息的，含有该保密信息的图层的复制件或者图样页码编号及总页数；

（十）申请人或者专利代理机构的签字或者盖章；

（十一）申请文件清单；

（十二）附加文件及样品清单；

（十三）其他需要注明的事项。

第十四条　复制件或者图样

按照条例第十六条规定提交的布图设计的复制件或者图样应当符合下列要求：

（一）复制件或者图样的纸件应当至少放大到用该布图设计生产的集成电路的20倍以上；申请人可以同时提供该复制件或者图样的电子版本；提交电子版本的复制件或者图样的，应当包含该布图设计的全部信息，并注明文件的数据格式；

（二）复制件或者图样有多张纸件的，应当顺序编号并附具目录；

（三）复制件或者图样的纸件应当使用A4纸格式；如果大于A4纸的，应当折叠成A4纸格式；

（四）复制件或者图样可以附具简单的文字说明，说明该集成电路布图设计的结构、技术、功能和其他需要说明的事项。

第十五条　涉及保密信息的申请

布图设计在申请日之前没有投入商业利用的，该布图设计登记申请可以有保密信息，其比例最多不得超过该集成电路布图设计总面积的50%。含有保密信息的图层的复制件或者图样页码编号及总页数应当与布图设计登记申请表中所填写的一致。

布图设计登记申请有保密信息的，含有该保密信息的图层的复制件或者图样纸件应当置于在另一个保密文档袋中提交。除侵权诉讼或者行政处理程序需要外，任何人不得查阅或者复制该保密信息。

第十六条　集成电路样品

布图设计在申请日之前已投入商业利用的，申请登记时应当提交4件含有该布图设计的集成电路样品，并应当符合下列要求：

（一）所提交的4件集成电路样品应当置于能保证其不受损坏的专用器具中，并附具填写好的国家知识产权局统一编制的表格；

（二）器具表面应当写明申请人的姓名、申请号和集成电路名称；

（三）器具中的集成电路样品应当采用适当的方式固定，不得有损坏，并能够在干燥器中至少存放10年。

第十七条　不予受理

布图设计登记申请有下列情形的，国家知识产权局不予受理，并通知申请人：

（一）未提交布图设计登记申请表或者布图设计的复制件或者图样的，已投入商业利用而未提交集成电路样品的，或者提交的上述各项不一致的；

（二）外国申请人的所属国未与中国签订有关布图设计保护协议或者与中国共同参加有关国际条约；

（三）所涉及的布图设计属于条例第十二条规定不予保护的；

（四）所涉及的布图设计属于条例第十七条规定不予登记的；

（五）申请文件未使用中文的；

（六）申请类别不明确或者难以确定其属于布图设计的；

（七）未按规定委托代理机构的；

（八）布图设计登记申请表填写不完整的。

第十八条　文件的补正和修改

除本细则第十七条规定不予受理的外，申请文件不符合条例和本细则规定的条件的，申请人应当在收到国家知识产权局的审查意见通知之日起2个月内进行补正。补正应当按照审查意见通知书的要求进行。逾期未答复的，该申请视为撤回。

申请人按照国家知识产权局的审查意见补正后，申请文件仍不符合条例和本细则的规定的，国家知识产权局应当作出驳回决定。

国家知识产权局可以自行修改布图设计申请文件中文字

和符号的明显错误。国家知识产权局自行修改的,应当通知申请人。

第十九条 申请的驳回

除本细则第十八条第二款另有规定的外,申请登记的布图设计有下列各项之一的,国家知识产权局应当作出驳回决定,写明所依据的理由:

(一)明显不符合条例第二条第(一)、(二)项规定的;

(二)明显不符合条例第五条规定的。

第二十条 布图设计专有权的生效

布图设计登记申请经初步审查没有发现驳回理由的,国家知识产权局应当颁发布图设计登记证书,并在国家知识产权局互联网站和中国知识产权报上予以公告。布图设计专有权自申请日起生效。

第二十一条 登记证书

国家知识产权局颁发的布图设计登记证书应当包括下列各项:

(一)布图设计权利人的姓名或者名称和地址;

(二)布图设计的名称;

(三)布图设计在申请日之前已经投入商业利用的,其首次商业利用的时间;

(四)布图设计的申请日及创作完成日;

(五)布图设计的颁证日期;

(六)布图设计的登记号;

(七)国家知识产权局的印章及负责人签字。

第二十二条 更正

国家知识产权局对布图设计公告中出现的错误,一经发现,应当及时更正,并对所作更正予以公告。

第三章 布图设计登记申请的复审、复议和专有权的撤销

第二十三条 复审和撤销机构

国家知识产权局专利复审委员会(以下简称专利复审委员会)负责对国家知识产权局驳回布图设计登记申请决定不服而提出的复审请求的审查,以及负责对布图设计专有权撤销案件的审查。

第二十四条 复审的请求

向专利复审委员会请求复审的,应当提交复审请求书,说明理由,必要时还应当附具有关证据。复审请求书不符合条例第十九条有关规定的,专利复审委员会不予受理。

复审请求不符合规定格式的,复审请求人应当在专利复审委员会指定的期限内补正;期满未补正的,该复审请求视为未提出。

第二十五条 复审程序中文件的修改

复审请求人在提出复审请求或者在对专利复审委员会的复审通知书作出答复时,可以修改布图设计申请文件;但是修改应当仅限于消除驳回决定或者复审通知书指出的缺陷。

修改的申请文件应当提交一式两份。

第二十六条 复审决定

专利复审委员会进行审查后,认为布图设计登记申请的复审请求不符合条例或者本细则有关规定的,应当通知复审请求人,要求其在指定期限内陈述意见。期满未答复的,该复审请求视为撤回;经陈述意见或者进行修改后,专利复审委员会认为该申请仍不符条例和本细则有关规定的,应当作出维持原驳回决定的复审决定。

专利复审委员会进行复审后,认为原驳回决定不符合条例和本细则有关规定的,或者认为经过修改的申请文件消除了原驳回决定指出的缺陷的,应当撤销原驳回决定,通知原审查部门对该申请予以登记和公告。

专利复审委员会的复审决定,应当写明复审决定的理由,并通知布图设计登记申请人。

第二十七条 复审请求的撤回

复审请求人在专利复审委员会作出决定前,可以撤回其复审请求。

复审请求人在专利复审委员会作出决定前撤回其复审请求的,复审程序终止。

第二十八条 复议请求

当事人对国家知识产权局作出的下列具体行政行为不服或者有争议的,可以向国家知识产权局行政复议部门申请复议:

(一)不予受理布图设计申请的;

(二)将布图设计申请视为撤回的;

(三)不允许恢复有关权利的请求的;

(四)其他侵犯当事人合法权益的具体行政行为。

第二十九条 撤销程序

布图设计登记公告后,发现登记的布图设计专有权不符合集成电路布图设计保护条例第二条第(一)、(二)项、第三条、第四条、第五条、第十二条或者第十七条规定的,由专利复审委员会撤销该布图设计专有权。

撤销布图设计专有权的,应当首先通知该布图设计权利人,要求其在指定期限内陈述意见。期满未答复的,不影响专利复审委员会作出撤销布图设计专有权的决定。

专利复审委员会撤销布图设计专有权的决定应当写明所依据的理由,并通知该布图设计权利人。

第三十条 撤销决定的公告

对专利复审委员会撤销布图设计专有权的决定未在规定期限内向人民法院起诉,或者在人民法院维持专利复审委员会撤销布图设计专有权决定的判决生效后,国家知识产权局应当将撤销该布图设计专有权的决定在国家知识产权局互联网站和中国知识产权报上公告。

被撤销的布图设计专有权视为自始即不存在。

第四章　布图设计专有权的保护

第三十一条　布图设计专有权的放弃

布图设计权利人在其布图设计专有权保护期届满之前，可以向国家知识产权局提交书面声明放弃该专有权。

布图设计专有权已许可他人实施或者已经出质的，该布图设计专有权的放弃应当征得被许可人或质权人的同意。

布图设计专有权的放弃应当由国家知识产权局登记和公告。

第三十二条　国家知识产权局受理侵权纠纷案件的条件

根据条例第三十一条的规定请求国家知识产权局处理布图设计专有权侵权纠纷的，应当符合下列条件：

（一）该布图设计已登记、公告；

（二）请求人是布图设计权利人或者与该侵权纠纷有直接利害关系的单位或者个人；

（三）有明确的被请求人；

（四）有明确的请求事项和具体的事实、理由；

（五）当事人任何一方均未就该侵权纠纷向人民法院起诉。

第三十三条　有关程序的中止和恢复

当事人因布图设计申请权或者布图设计专有权的归属发生纠纷，已经向人民法院起诉的，可以请求国家知识产权局中止有关程序。

依照前款规定请求中止有关程序的，应当向国家知识产权局提交请求书，并附具人民法院的有关受理文件副本。

在人民法院作出的判决生效后，当事人应当向国家知识产权局办理恢复有关程序的手续。自请求中止之日起 1 年内，有关布图设计申请权或者布图设计专有权归属的纠纷未能结案，需要继续中止有关程序的，请求人应当在该期限内请求延长中止。期满未请求延长的，国家知识产权局自行恢复有关程序。

人民法院在审理民事案件中裁定对布图设计专有权采取保全措施的，国家知识产权局在协助执行时中止被保全的布图设计专有权的有关程序。保全期限届满，人民法院没有裁定继续采取保全措施的，国家知识产权局自行恢复有关程序。

第五章　费　　用

第三十四条　应缴纳的费用

向国家知识产权局申请布图设计登记和办理其他手续时，应当缴纳下列费用：

（一）布图设计登记费；

（二）著录事项变更手续费、延长期限请求费、恢复权利请求费；

（三）复审请求费；

（四）非自愿许可请求费、非自愿许可使用费的裁决请求费。

前款所列各种费用的数额，由国务院价格管理部门会同国家知识产权局另行规定。

第三十五条　缴费手续

条例和本细则规定的各种费用，可以直接向国家知识产权局缴纳，也可以通过邮局或者银行汇付，或者以国家知识产权局规定的其他方式缴纳。

通过邮局或者银行汇付的，应当在送交国家知识产权局的汇单上至少写明正确的申请号以及缴纳的费用名称。不符合本款规定的，视为未办理缴费手续。

直接向国家知识产权局缴纳费用的，以缴纳当日为缴费日；以邮局汇付方式缴纳费用的，以邮局汇出的邮戳日为缴费日；以银行汇付方式缴纳费用的，以银行实际汇出日为缴费日。但是自汇出日至国家知识产权局收到日超过 15 日的，除邮局或者银行出具证明外，以国家知识产权局收到日为缴费日。

多缴、重缴、错缴布图设计登记费用的，当事人可以向国家知识产权局提出退款请求，但是该请求应当自缴费日起 1 年内提出。

第三十六条　缴费期限

申请人应当在收到受理通知书后 2 个月内缴纳布图设计登记费；期满未缴纳或者未缴足的，其申请视为撤回。

当事人请求恢复权利或者复审的，应当在条例及本细则规定的相关期限内缴纳费用；期满未缴纳或者未缴足的，视为未提出请求。

著录事项变更手续费、非自愿许可请求费、非自愿许可使用费的裁决请求费应当自提出请求之日起 1 个月内缴纳；延长期限请求费应当在相应期限届满前缴纳；期满未缴纳或者未缴足的，视为未提出请求。

第六章　附　　则

第三十七条　布图设计登记簿

国家知识产权局设置布图设计登记簿，登记下列事项：

（一）布图设计权利人的姓名或者名称、国籍和地址及其变更；

（二）布图设计的登记；

（三）布图设计专有权的转移和继承；

（四）布图设计专有权的放弃；

（五）布图设计专有权的质押、保全及其解除；

（六）布图设计专有权的撤销；

（七）布图设计专有权的终止；

（八）布图设计专有权的恢复；

（九）布图设计专有权实施的非自愿许可。

第三十八条　布图设计公告

国家知识产权局定期在国家知识产权局互联网站和中国知识产权报上登载布图设计登记公报，公布或者公告下列内容：

（一）布图设计登记簿记载的著录事项；

（二）对地址不明的当事人的通知；

（三）国家知识产权局作出的更正；

（四）其他有关事项。

第三十九条 公众查阅和复制

布图设计登记公告后，公众可以请求查阅该布图设计登记簿或者请求国家知识产权局提供该登记簿的副本。公众也可以请求查阅该布图设计的复制件或者图样的纸件。

本细则第十四条所述的电子版本的复制件或者图样，除侵权诉讼或者行政处理程序需要外，任何人不得查阅或者复制。

第四十条 失效案卷的处理

布图设计登记申请被撤回、视为撤回或者驳回的，以及布图设计专有权被声明放弃、撤销或者终止的，与该布图设计申请或者布图设计专有权有关的案卷，自该申请失效或者该专有权失效之日起满3年后不予保存。

第四十一条 文件的邮寄

向国家知识产权局邮寄有关申请或者布图设计专有权的文件，应当使用挂号信函，一件信函应当只包含同一申请文件。电子版本的复制件或者图样和集成电路样品的邮寄方式应当保证其在邮寄过程中不受损坏。

第四十二条 本细则的解释

本细则由国家知识产权局负责解释。

第四十三条 本细则的实施日期

本细则自2001年10月1日起施行。

最高人民法院关于开展涉及集成电路布图设计案件审判工作的通知

（2001年11月16日 法发〔2001〕24号）

各省、自治区、直辖市高级人民法院，解放军军事法院，新疆维吾尔自治区高级人民法院生产建设兵团分院：

国务院《集成电路布图设计保护条例》自2001年10月1日起施行。对集成电路布图设计专有权进行司法保护，是人民法院的一项新的审判任务。做好这项审判工作，将对保护集成电路布图设计权利人的合法权益，鼓励集成电路技术的创新，促进科学技术的发展具有重要意义。

为确保人民法院依法受理和公正审判涉及集成电路布图设计（以下简称布图设计）的案件，根据《中华人民共和国民事诉讼法》、《中华人民共和国行政诉讼法》及《集成电路布图设计保护条例》的有关规定，现就涉及布图设计案件审判工作的有关问题通知如下：

一、关于受理案件的范围

人民法院受理符合《中华人民共和国民事诉讼法》第一百零八条、《中华人民共和国行政诉讼法》第四十一条规定的起诉条件的下列涉及布图设计的案件：

（一）布图设计专有权权属纠纷案件；

（二）布图设计专有权转让合同纠纷案件；

（三）侵犯布图设计专有权纠纷案件；

（四）诉前申请停止侵权、财产保全案件；

（五）不服国务院知识产权行政部门驳回布图设计登记申请的复审决定的案件；

（六）不服国务院知识产权行政部门撤销布图设计登记申请决定的案件；

（七）不服国务院知识产权行政部门关于使用布图设计非自愿许可决定的案件；

（八）不服国务院知识产权行政部门关于使用布图设计非自愿许可的报酬的裁决的案件；

（九）不服国务院知识产权行政部门对侵犯布图设计专有权行为处理决定的案件；

（十）不服国务院知识产权行政部门行政复议决定的案件；

（十一）其他涉及布图设计的案件。

二、关于案件的管辖

本通知第一条所列第（五）至（十）类案件，由北京市第一中级人民法院作为第一审人民法院审理；其余各类案件，由各省、自治区、直辖市人民政府所在地，经济特区所在地和大连、青岛、温州、佛山、烟台市的中级人民法院作为第一审人民法院审理。

三、关于诉前申请采取责令停止有关行为措施的适用

对于申请人民法院采取诉前责令停止侵犯布图设计专有权行为措施的，应当参照《最高人民法院关于对诉前停止侵犯专利权行为适用法律问题的若干规定》执行。

四、关于中止诉讼

人民法院受理的侵犯布图设计专有权纠纷案件，被告以原告的布图设计专有权不具有足够的稳定性为由要求中止诉讼的，人民法院一般不中止诉讼。

各高、中级人民法院要组织有关审判人员认真学习、研究集成电路布图设计条例，熟悉掌握相关的法学理论和专业知识，努力提高审判人员的业务素质和司法水平。要积极开展涉及布图设计案件的调研工作，及时总结审判经验。对涉及布图设计案件终审裁决的法律文书，要及时报送最高人民法院。

（三）域 名

中国互联网络域名管理办法

（2004 年 11 月 5 日信息产业部令第 30 号公布 自 2004 年 12 月 20 日起施行）

第一章 总 则

第一条 为促进中国互联网络的健康发展，保障中国互联网络域名系统安全、可靠地运行，规范中国互联网络域名系统管理和域名注册服务，根据国家有关规定，参照国际互联网络域名管理准则，制定本办法。

第二条 在中华人民共和国境内从事域名注册服务及相关活动，应当遵守本办法。

第三条 本办法下列用语的含义是：

（一）域名：是互联网络上识别和定位计算机的层次结构式的字符标识，与该计算机的互联网协议（IP）地址相对应。

（二）中文域名：是指含有中文文字的域名。

（三）域名根服务器：是指承担域名体系中根节点功能的服务器。

（四）域名根服务器运行机构：是指承担运行、维护和管理域名根服务器的机构。

（五）顶级域名：是指域名体系中根节点下的第一级域的名称。

（六）域名注册管理机构：是指承担顶级域名系统的运行、维护和管理工作的机构。

（七）域名注册服务机构：是指受理域名注册申请，直接完成域名在国内顶级域名数据库中注册、直接或间接完成域名在国外顶级域名数据库中注册的机构。

第四条 中华人民共和国信息产业部（以下简称“信息产业部”）负责中国互联网络域名的管理工作，主要职责是：

（一）制定互联网络域名管理的规章及政策；

（二）制定国家（或地区）顶级域名 CN 和中文域名体系；

（三）管理在中华人民共和国境内设置并运行域名根服务器（含镜像服务器）的域名根服务器运行机构；

（四）管理在中华人民共和国境内设立的域名注册管理机构和域名注册服务机构；

（五）监督管理域名注册活动；

（六）负责与域名有关的国际协调。

第五条 任何组织或者个人不得采取任何手段妨碍中华人民共和国境内互联网域名系统的正常运行。

第二章 域 名 管 理

第六条 我国互联网的域名体系由信息产业部以公告形式予以公布。根据域名发展的实际情况，信息产业部可以对互联网的域名体系进行调整，并发布更新公告。

第七条 中文域名是我国域名体系的重要组成部分。信息产业部鼓励和支持中文域名系统的技术研究和逐步推广应用。

第八条 在中华人民共和国境内设置域名根服务器及设立域名根服务器运行机构，应当经信息产业部批准。

第九条 申请设置互联网域名根服务器及设立域名根服务器运行机构，应当具备以下条件：

（一）具有相应的资金和专门人员；

（二）具有保障域名根服务器安全可靠运行的环境条件和技术能力；

（三）具有健全的网络与信息安全保障措施；

（四）符合互联网络发展以及域名系统稳定运行的需要；

（五）符合国家其他有关规定。

第十条 申请设置域名根服务器及设立域名根服务器运行机构，应向信息产业部提交以下书面申请材料：

（一）申请单位的基本情况；

（二）拟运行维护的域名根服务器情况；

（三）网络技术方案；

（四）网络与信息安全技术保障措施的证明。

第十一条 在中华人民共和国境内设立域名注册管理机构和域名注册服务机构，应当经信息产业部批准。

第十二条 申请成为域名注册管理机构，应当具备以下条件：

（一）在中华人民共和国境内设置顶级域名服务器（不含镜像服务器），且相应的顶级域名符合国际互联网域名体系和我国互联网域名体系；

（二）有与从事域名注册有关活动相适应的资金和专业人员；

（三）有从事互联网域名等相关服务的良好业绩和运营经验；

（四）有为用户提供长期服务的信誉或者能力；

（五）有业务发展计划和相关技术方案；

（六）有健全的域名注册服务监督机制和网络与信息安全保障措施；

（七）符合国家其他有关规定。

第十三条 申请成为域名注册管理机构的，应当向信息产业部提交下列材料：

（一）有关资金和人员的说明材料；

（二）对境内的顶级域名服务器实施有效管理的证明材料；

（三）证明申请人信誉的材料；

（四）业务发展计划及相关技术方案；

（五）域名注册服务监督机制和网络与信息安全技术保

障措施；

（六）拟与域名注册服务机构签署的协议范本；

（七）法定代表人签署的遵守国家有关法律、政策和我国域名体系的承诺书。

第十四条 从事域名注册服务活动，应当具备下列条件：

（一）是依法设立的企业法人或事业法人；

（二）注册资金不得少于人民币100万元，在中华人民共和国境内设置有域名注册服务系统，且有专门从事域名注册服务的技术人员和客户服务人员；

（三）有为用户提供长期服务的信誉或者能力；

（四）有业务发展计划及相关技术方案；

（五）有健全的网络与信息安全保障措施；

（六）有健全的域名注册服务退出机制；

（七）符合国家其他有关规定。

第十五条 申请成为域名注册服务机构，应当向信息产业部提交以下书面材料：

（一）法人资格证明；

（二）拟提供注册服务的域名项目及技术人员、客户服务人员的情况说明；

（三）与相关域名注册管理机构或境外的域名注册服务机构签订的合作意向书或协议；

（四）用户服务协议范本；

（五）业务发展计划及相关技术方案；

（六）网络与信息安全技术保障措施的证明；

（七）证明申请人信誉的有关材料；

（八）法定代表人签署的遵守国家有关法律、政策的承诺书。

第十六条 对申请材料齐全、符合法定形式的，信息产业部应当向申请人发出受理申请通知书；对申请材料不齐全或者不符合法定形式的，应当当场或在五日内一次性书面告知申请人需要补齐的全部内容；对不予受理的，应当向申请人出具不予受理通知书，并说明理由。

第十七条 信息产业部应当自发出受理申请通知书之日起二十个工作日内完成审查工作，作出批准或者不予批准的决定。二十个工作日内不能作出决定的，经信息产业部负责人批准，可以延长十个工作日，并将延长期限的理由告知申请人。

予以批准的，出具批准意见书；不予以批准的，书面通知申请人并说明理由。

第十八条 域名注册管理机构应当自觉遵守国家相关的法律、行政法规和规章，保证域名系统安全、可靠地运行，公平、合理地为域名注册服务机构提供安全、方便的域名服务。

无正当理由，域名注册管理机构不得擅自中断域名注册服务机构的域名注册服务。

第十九条 域名注册服务机构应当自觉遵守国家相关法律、行政法规和规章，公平、合理地为用户提供域名注册服务。

域名注册服务机构不得采用欺诈、胁迫等不正当的手段要求用户注册域名。

第二十条 域名注册服务机构的名称、地址、法定代表人等登记信息发生变更或者域名注册服务机构与其域名注册管理机构的合作关系发生变更或终止时，域名注册服务机构应当在变更或终止后三十日内报信息产业部备案。

第二十一条 域名注册管理机构应当配置必要的网络和通信应急设备，制定切实有效的网络通信保障应急预案，健全网络与信息安全应急制度。

因国家安全和处置紧急事件的需要，域名注册管理机构和域名注册服务机构应当服从信息产业部的统一指挥与协调，遵守并执行信息产业部的管理要求。

第二十二条 信息产业部应当加强对域名注册管理机构和域名注册服务机构的监督检查，纠正监督检查过程中发现的违法行为。

第三章 域名注册

第二十三条 域名注册管理机构应当根据本办法制定相应的域名注册实施细则，报信息产业部备案后施行。

第二十四条 域名注册服务遵循“先申请先注册”原则。

第二十五条 为维护国家利益和社会公众利益，域名注册管理机构可以对部分保留字进行必要保护，报信息产业部备案后施行。

除前款规定外，域名注册管理机构和注册服务机构不得预留或变相预留域名。域名注册管理机构和注册服务机构在提供域名注册服务过程中不得代表任何实际或潜在的域名持有者。

第二十六条 域名注册管理机构和域名注册服务机构应当公布域名注册服务的内容、时限、费用，提供域名注册信息的公共查询服务，保证域名注册服务的质量，并有义务向信息产业部提供域名注册信息。

未经用户同意，域名注册管理机构和域名注册服务机构不得将域名注册信息用于前款规定以外的其他用途，但国家法律、行政法规另有规定的除外。

第二十七条 任何组织或个人注册和使用的域名，不得含有下列内容：

（一）反对宪法所确定的基本原则的；

（二）危害国家安全，泄露国家秘密，颠覆国家政权，破坏国家统一的；

（三）损害国家荣誉和利益的；

（四）煽动民族仇恨、民族歧视，破坏民族团结的；

（五）破坏国家宗教政策，宣扬邪教和封建迷信的；

（六）散布谣言，扰乱社会秩序，破坏社会稳定的；

（七）散布淫秽、色情、赌博、暴力、凶杀、恐怖或者教唆犯罪的；

（八）侮辱或者诽谤他人，侵害他人合法权益的；

（九）含有法律、行政法规禁止的其他内容的。

第二十八条 域名注册申请者应当提交真实、准确、完整的域名注册信息，并与域名注册服务机构签订用户注册协议。

域名注册完成后，域名注册申请者即成为其注册域名的持有者。

第二十九条 域名持有者应当遵守国家有关互联网络的法律、行政法规和规章。

因持有或使用域名而侵害他人合法权益的责任，由域名持有者承担。

第三十条 注册域名应当按期缴纳域名运行费用。域名注册管理机构应当制定具体的域名运行费用收费办法，并报信息产业部备案。

第三十一条 域名注册信息发生变更的，域名持有者应当在变更后三十日内向域名注册服务机构申请变更注册信息。

第三十二条 域名持有者可以选择和变更域名注册服务机构。域名持有者变更域名注册服务机构的，原域名注册服务机构应当承担转移域名持有者注册信息的义务。

无正当理由，域名注册服务机构不得阻止域名持有者变更域名注册服务机构。

第三十三条 域名注册管理机构应当设立用户投诉受理热线或采取其他必要措施，及时处理用户对域名注册服务机构提出的意见；难以及时处理的，必须向用户说明理由和相关处理时限。

对于向域名注册管理机构投诉没有处理结果或对处理结果不满意，或者对域名注册管理机构的服务不满意的，用户或域名注册服务机构可以向信息产业部提出申诉。

第三十四条 已注册的域名出现下列情形之一时，原域名注册服务机构应当予以注销，并以书面形式通知域名持有者：

（一）域名持有者或其代理人申请注销域名的；

（二）域名持有者提交的域名注册信息不真实、不准确、不完整的；

（三）域名持有者未按照规定缴纳相应费用的；

（四）依据人民法院、仲裁机构或域名争议解决机构作出的裁判，应当注销的；

（五）违反相关法律、行政法规及本办法规定的。

第三十五条 域名注册管理机构和域名注册服务机构有义务配合国家主管部门开展网站检查工作，必要时按要求暂停或停止相关的域名解析服务。

第四章 域名争议

第三十六条 域名注册管理机构可以指定中立的域名争议解决机构解决域名争议。

第三十七条 任何人就已经注册或使用的域名向域名争议解决机构提出投诉，并且符合域名争议解决办法规定的条件的，域名持有者应当参与域名争议解决程序。

第三十八条 域名争议解决机构作出的裁决只涉及争议域名持有者信息的变更。

域名争议解决机构作出的裁决与人民法院或者仲裁机构已经发生法律效力的裁判不一致的，域名争议解决机构的裁决服从于人民法院或者仲裁机构发生法律效力的裁判。

第三十九条 域名争议在人民法院、仲裁机构或域名争议解决机构处理期间，域名持有者不得转让有争议的域名，但域名受让方以书面形式同意接受人民法院裁判、仲裁裁决或争议解决机构裁决约束的除外。

第五章 罚 则

第四十条 违反本办法第八条、第十一条的规定，未经行政许可擅自设置域名根服务器或者设立域名根服务器运行机构、擅自设立域名注册管理机构和域名注册服务机构的，信息产业部应当根据《中华人民共和国行政许可法》第八十一条的规定，采取措施制止其开展业务或者提供服务，并视情节轻重，予以警告或处三万元以下罚款。

第四十一条 域名注册服务机构超出批准的项目范围提供域名注册服务的，由信息产业部责令限期改正；逾期不改正的，信息产业部应当根据《中华人民共和国行政许可法》第八十一条的规定，采取措施制止其提供超范围的服务，并视情节轻重，予以警告或处三万元以下罚款。

第四十二条 违反本办法第五条、第十八条、第十九条、第二十条、第二十五条、第二十六条、第三十二条、第三十五条规定的，由信息产业部责令限期改正，并视情节轻重，予以警告或处三万元以下罚款。

第四十三条 违反本办法第二十七条的规定，构成犯罪的，依法追究刑事责任；尚不构成犯罪的，由国家有关机关依照有关法律、行政法规的规定予以处罚。

第六章 附 则

第四十四条 在本办法施行前已经开展互联网域名注册服务的域名注册管理机构和域名注册服务机构，应当自本办法施行之日起六十日内，到信息产业部办理登记手续。

第四十五条 本办法自2004年12月20日起施行。2002年8月1日公布的《中国互联网络域名管理办法》（信息产业部令第24号）同时废止。

中国互联网络信息中心域名争议解决办法

（2012 年 5 月 28 日修订）

第一条 为了解决互联网络域名争议，根据有关法律、行政法规及《中国互联网络域名管理办法》的规定，制订本办法。

第二条 本办法适用于因互联网络域名的注册或者使用而引发的争议。所争议域名应当限于由中国互联网络信息中心负责管理的“.CN”、“.中国”、“.公司”、“.网络”域名。但是，所争议域名注册期限满两年的，域名争议解决机构不予受理。

第三条 域名争议由中国互联网络信息中心认可的争议解决机构受理解决。

争议解决机构应当根据本办法和《中国互联网络信息中心域名争议解决办法程序规则》，制订相应的补充规则。

第四条 争议解决机构实行专家组负责争议解决的制度。专家组由一名或三名掌握互联网络及相关法律知识，具备较高职业道德，能够独立并中立地对域名争议作出裁决的专家组成。域名争议解决机构通过在线方式公布可供投诉人和被投诉人选择的专家名册。

第五条 任何人认为他人已注册的域名与其合法权益发生冲突的，均可以向争议解决机构提出投诉。

争议解决机构受理投诉后，应当按照程序规则的规定组成专家组，并由专家组根据本办法及程序规则，遵循"独立、中立、便捷"的原则，在专家组成立之日起 14 日内对争议做出裁决。

第六条 裁决程序使用的语言为中文，但投诉人和被投诉人另有约定，或者专家组决定采用其他语言的除外。

第七条 投诉人和被投诉人应当对各自的主张承担举证责任。

第八条 符合下列条件的，投诉应当得到支持：

（一）被投诉的域名与投诉人享有民事权益的名称或者标志相同，或者具有足以导致混淆的近似性；

（二）被投诉的域名持有人对域名或者其主要部分不享有合法权益；

（三）被投诉的域名持有人对域名的注册或者使用具有恶意。

第九条 被投诉的域名持有人具有下列情形之一的，其行为构成恶意注册或者使用域名：

（一）注册或受让域名的目的是为了向作为民事权益所有人的投诉人或其竞争对手出售、出租或者以其他方式转让该域名，以获取不正当利益；

（二）多次将他人享有合法权益的名称或者标志注册为自己的域名，以阻止他人以域名的形式在互联网上使用其享有合法权益的名称或者标志；

（三）注册或者受让域名是为了损害投诉人的声誉，破坏投诉人正常的业务活动，或者混淆与投诉人之间的区别，误导公众；

（四）其他恶意的情形。

第十条 被投诉人在接到争议解决机构送达的投诉书之前具有下列情形之一的，表明其对该域名享有合法权益：

（一）被投诉人在提供商品或服务的过程中已善意地使用该域名或与该域名相对应的名称；

（二）被投诉人虽未获得商品商标或有关服务商标，但所持有的域名已经获得一定的知名度；

（三）被投诉人合理地使用或非商业性地合法使用该域名，不存在为获取商业利益而误导消费者的意图。

第十一条 投诉人针对同一被投诉人的多个域名提出争议的，投诉人或者被投诉人可以请求争议解决机构将多个争议合并为一个争议案件，由同一个专家组处理。是否合并处理，由专家组决定。

第十二条 在专家组就有关争议作出裁决之前，投诉人或者被投诉人认为专家组成员与对方当事人有利害关系，有可能影响案件的公正裁决的，可以向争议解决机构提出要求专家回避的请求，但应当说明提出回避请求所依据的具体事实和理由，并举证。是否回避，由争议解决机构决定。

第十三条 在域名争议解决程序中，除域名注册服务机构根据争议解决机构的要求提供与域名注册及使用有关的信息外，中国互联网络信息中心和域名注册服务机构不以任何身份或者方式参与争议解决程序。

第十四条 专家组根据投诉人和被投诉人提供的证据及争议涉及的事实，对争议进行裁决。专家组认定投诉成立的，应当裁决注销已经注册的域名，或者裁决将注册域名转移给投诉人。专家组认定投诉不成立的，应当裁决驳回投诉。

第十五条 在依据本办法提出投诉之前，争议解决程序进行中，或者专家组作出裁决后，投诉人或者被投诉人均可以就同一争议向中国互联网络信息中心所在地的中国法院提起诉讼，或者基于协议提请中国仲裁机构仲裁。

第十六条 争议解决机构裁决注销域名或者裁决将域名转移给投诉人的，自裁决公布之日起满 10 日的，域名注册服务机构予以执行。但被投诉人自裁决公布之日起 10 日内提供有效证据证明有管辖权的司法机关或者仲裁机构已经受理相关争议的，争议解决机构的裁决暂停执行。

对于暂停执行的争议解决机构的裁决，域名注册服务机构视情况作如下处理：

（一）有证据表明，争议双方已经达成和解的，执行和解协议；

（二）有证据表明，有关起诉或者仲裁申请已经被驳回或者撤回的，执行争议解决机构的裁决；

（三）有关司法机关或者仲裁机构作出裁判，且已发生法律效力的，执行该裁判。

第十七条 在域名争议解决期间以及裁决执行完毕前，域名持有人不得申请转让或者注销处于争议状态的域名，也不得变更域名注册服务机构，但受让人以书面形式同意接受争议解决裁决约束的除外。

第十八条 争议解决机构建立专门的互联网络网站，通过在线方式接受有关域名争议的投诉，并发布与域名争议有关的资料。但经投诉人或者被投诉人请求，争议解决机构认为发布后有可能损害投诉人或者被投诉人利益的资料和信息，可不予发布。

第十九条 中国互联网络信息中心可以根据互联网络及域名技术的发展，以及中国有关法律、行政法规及政策的变化等情况对本办法加以修改。修改后的办法将通过网站公布，且于公布之日起30日后实施。本办法修改前已经提交到争议解决机构的域名争议不适用新办法。

修改后的办法将自动成为域名持有人与域名注册服务机构之间已经存在的域名注册协议的一部分。域名持有人不同意接受争议解决办法或者其修改后的文本约束的，应当及时通知域名注册服务机构。收到通知后，域名注册服务机构将为其保留30日域名服务；30日后，有关域名将予注销。

第二十条 本办法由中国互联网络信息中心负责解释。

第二十一条 本办法自2012年6月28日起施行。2006年3月17日施行的原《中国互联网络信息中心域名争议解决办法》同时废止。

中国互联网络信息中心
域名争议解决程序规则

（2012年5月28日修订）

第一章 总则与定义

第一条 为了保证域名争议解决程序的公正性、方便性及快捷性，根据中国互联网络信息中心《中国互联网络信息中心域名争议解决办法》（以下简称《解决办法》）的规定，制定本程序规则。

第二条 根据《解决办法》而进行的域名争议解决程序受本规则及域名争议解决机构根据本规则制定的《补充规则》所约束。

第三条 本规则（以下简称《程序规则》）中涉及的下列术语的含义是：

（一）《解决办法》：指中国互联网络信息中心制定的《中国互联网络信息中心域名争议解决办法》。《解决办法》构成域名持有人与域名注册服务机构之间的域名注册协议的一部分，对域名持有人和域名注册服务机构具有约束力。

（二）注册协议：指域名持有人与域名注册服务机构之间签订的域名注册协议。

（三）当事人：指域名争议的投诉人和被投诉人。

（四）投诉人：指对相关域名有争议，并依据《解决办法》与《程序规则》向域名争议解决机构提出投诉的一方当事人。

（五）被投诉人：指被投诉的域名持有人。

（六）域名注册管理机构：指中国互联网络信息中心（CNNIC）。

（七）域名注册服务机构：指经中国互联网络信息中心授权，负责受理域名注册申请并完成注册的机构。

（八）域名注册代理机构：指在注册服务机构授权范围内接受域名注册申请的机构。

（九）域名争议解决机构：指经由中国互联网络信息中心认可与授权，负责解决中国互联网络域名争议的机构。

（十）专家组：指由域名争议解决机构指定的审理有关域名争议投诉的一名或三名专家组成的小组。

（十一）专家：指由域名争议解决机构认可，并在域名争议解决机构网站上专家名册中公布的、有资格担任域名争议解决机构域名争议专家组成员的人。

（十二）《补充规则》指域名争议解决机构根据《程序规则》制定的《程序规则》的补充规则。

（十三）《简易规则》指域名争议解决机构根据《程序规则》和《补充规则》制定的适用于《解决办法》项下特殊类型域名争议的快速程序规则。

第二章 文件的提交与送达

第四条 域名争议案件文件的提交应当遵守以下原则：

（一）域名争议解决机构向一方当事人传送的任何文件，必须同时向另一方当事人传送副本；

（二）专家组传送给任何一方当事人的文件，必须同时向域名争议解决机构和另一方当事人传送副本；

（三）文件传送方有义务为其传送的文件保留记录，以记载有关文件传送的具体事实和情况，供有关当事方查阅，并用以制作相应的报告；

（四）当传送文件的一方当事人收到通知，被告知未收到其所传送的文件时，或者传送文件的当事人自己认为未能成功地传送有关文件时，该当事人应立即将有关情况通知域名争议解决机构。此后，任何文件的传送与回复均应当依照域名争议解决机构的指示为之；

（五）任何一方当事人均可通知域名争议解决机构，更新其详细的联络信息。

第五条 域名争议解决机构有责任采取有效措施，确保被投诉人实际收到投诉书。被投诉人实际收到投诉书，或者域名争议解决机构为使被投诉人实际收到投诉书而实施以下行为后，上述责任即视为解除：

（一）按照域名注册管理机构及域名注册服务机构WHOIS数据库中记录的域名注册者、域名注册者联系人、管理联系人、技术联系人、承办人和缴费联系人的电子邮件地址，或者当域名对应于一个网站时，按照该网站联系方式中提供的电子邮件地址向被投诉人传送电子形式投诉书（包括可按照相关格式送达被投诉人的附件）的；

（二）按照被投诉人自行选择并通知域名争议解决机构的其他电子邮件地址，及在可行范围内由投诉人根据第十二条第五项提供的所有其他电子邮件地址向被投诉人发送投诉书的。

第六条　除前条规定的情形外，依本规则向投诉人或被投诉人传送的任何文件均应当通过网络以电子形式传送。但经争议解决机构同意，也可按照投诉人或被投诉人要求的其它合理方式送达。

第七条　投诉人和被投诉人向域名争议解决机构或专家组提交的任何文件均应当按照域名争议解决机构《补充规则》所规定的方法和方式（包括份数）提交。

第八条　除非当事人另有约定或者专家组在特殊情形下另有决定，域名争议解决程序所使用的语言应为中文。专家组对任何非以中文制作的文件可以要求当事人提交全部或部分中文译文。

第九条　除非本规则另有规定，或者专家组另有决定，本规则规定的所有文件于下列情况下应视为已经送达：

（一）过传真方式传送的，以传送确认书上显示的日期为准；

（二）通过邮寄或者邮政快递方式发送的，以邮寄回执上记载的日期为准；

（三）通过网络传送的，在传送日期可予验证的情况下，以该日期为准。

第十条　除非本规则另有规定，本规则规定的期间的起算日应当是根据前条规定推定的文件最早送达日。

第三章　投　　诉

第十一条　任何机构或者个人均可以依据《解决办法》及《程序规则》的规定向经中国互联网络信息中心授权的域名争议解决机构提出投诉以启动域名争议解决程序。

第十二条　投诉书应当采用电子文件形式提交，并应当包括以下内容：

（一）依据《解决办法》和《程序规则》进行审理和裁决的明确请求；

（二）投诉人及其代理人的姓名（名称）、邮政地址、电子邮件地址、联系电话和传真号码；

（三）在域名争议解决程序中与投诉人联络的首选方式，包括联系人、联系方式及联络地址；

（四）是否选择处理争议的专家，以及选择由一人还是三人专家组。如果选择三人专家组裁决争议的，投诉人应当从域名争议解决机构专家名册中按其自行决定的顺序选择三名专家作为候选人，并写明专家姓名。投诉人也可以授权域名争议解决机构代其指定专家；

（五）就其所知，写明被投诉人（域名持有人）或其代表、代理人的姓名（名称）及详细的联络信息（包括所有的邮政地址、电子邮件地址、联系电话和传真号码）。上述信息应详细具体，足以允许域名争议解决机构将投诉人的投诉书按本规则规定的方式传送给被投诉人；

（六）写明争议域名；

（七）确定争议域名的注册服务机构和/或注册代理机构；

（八）投诉人投诉所依据的其针对争议域名所享有的权利或者合法利益，附带能够表明权利状况的所有资料；

（九）根据《解决办法》，说明据以提出投诉的理由，尤其应写明：

1. 被投诉人（域名持有人）的域名与投诉人享有民事权益的名称或标志相同，或者具有足以导致混淆的相似性；

2. 被投诉人（域名持有人）对该域名或者其主要部分不享有合法权益；

3. 被投诉人（域名持有人）对该域名的注册或使用具有恶意；

（就第3项而言，投诉人应说明《解决办法》第九条所规定的各个方面。有关说明文字应遵守域名争议解决机构《补充规则》规定的字数或文件页数的限制。）

（十）依据《解决办法》第十三条所寻求的救济方式；

（十一）如果存在就同一域名争议而提起的司法或仲裁程序，无论此类程序是否已经完结，均应当加以说明，并提交与该程序相关，且投诉人能够获得的所有资料；

（十二）投诉书的结尾应附有下列声明，并由投诉人或其法定代表人，或者授权的代理人签字或盖章：

“投诉人确认：有关投诉是依据《中国互联网络信息中心域名争议解决办法》、《中国互联网络信息中心域名争议解决办法程序规则》及相关法律而提出的；就本人所知，投诉书所载信息是完整的和准确的；有关的投诉及救济主张仅针对注册域名持有人，不涉及域名争议解决机构及专家组专家，也不涉及域名注册管理机构及注册服务机构、注册人员及域名注册代理机构。”

（十三）作为附件，提交能够证明权利状况的文件及任何其他相关文件。

第十三条　一份投诉可以针对同一域名持有人所注册的多个域名提出。

第十四条　域名争议解决机构收到投诉书后，应当根据《解决办法》、《程序规则》以及《补充规则》的规定对投诉书进行形式审查。

域名争议解决机构经审查认为投诉符合受理要求的，应于收到投诉人按规定缴纳的费用后，按本规则规定的方式将投诉书副本送达被投诉的域名持有人；经审查认为投诉文件在形式上存有缺陷的，域名争议解决机构应及时通知投诉人，要求其在规定时限内对投诉文件加以必要的修改。投诉人未在规定的时限内对投诉书予以修改，或修改后的文件仍不符合要求的，经域名争议解决机构书面通知，其投诉被视为撤回。

第十五条 域名争议解决机构依照《程序规则》第五条的规定完成向被投诉人送达投诉文件之日，为域名争议解决程序的正式开始日期。

第十六条 域名争议解决机构应当将争议解决程序的开始日期及时通知各方当事人和域名注册服务机构以及中国互联网络信息中心。

第四章 答　　辩

第十七条 被投诉人应当在域名争议解决程序开始之日起20日内向域名争议解决机构提交答辩。

第十八条 答辩书应以电子文件形式提交，并应当包括以下内容：

（一）对投诉人的投诉主张进行反驳，并申明继续拥有和使用争议域名的依据和具体理由（答辩书该部分应当遵守域名争议解决机构《补充规则》所规定的字数或页数限制）；

（二）被投诉人及其授权代理人的姓名（名称）及详细的联络信息（邮政地址、电子邮件地址、联系电话和传真号码）；

（三）无论是电子文件还是有形书面文件，均应当注明在域名争议解决程序中与被投诉人进行联络的首选联络方式，包括联系人、联系方式及联络地址；

（四）如果投诉人在投诉书中选择一人专家组审理案件，则应当声明被投诉人是否选择将争议交由三人专家组审理；

（五）如果投诉人或被投诉人选择由三人专家组审理，被投诉人应当从域名争议解决机构公布的专家名单中按其自行决定的顺序选择三名专家作为候选人，并写明专家姓名。被投诉人也可以授权域名争议解决中心代其指定专家；

（六）如果存在就同一域名争议所提起的司法或仲裁程序，无论该程序是否已经完结，都应当加以说明，并提交被投诉人能够获得的、与该程序有关的全部资料；

（七）答辩书的结尾应附有下列声明，并经被投诉人或其法定代表人或其授权代理人签字或盖章：

“被投诉人确认，有关答辩是依据中国互联网络信息中心《中国互联网络信息中心域名争议解决办法》、《中国互联网络信息中心域名争议解决办法程序规则》及相关法律而进行的。就本人所知，答辩书所载信息是完整的和准确的。有关答辩及主张仅针对投诉人，不涉及域名争议解决机构及专家组专家，也不涉及域名注册管理机构及注册服务机构、注册人员及域名注册代理机构。”

（八）作为附件，提交能够证明权利状况的文件及任何其他相关文件。

第十九条 如果投诉人选择将争议交由一人专家组审理，而被投诉人选择将争议交由三人专家组审理，被投诉人则应当承担域名争议解决机构《补充规则》所规定的三人专家组费用的一半。该费用应当由被投诉人在向域名争议解决机构提交答辩时一并交付。如所应收取的费用未能按照要求缴付，争议将由一人专家组审理。

第二十条 应被投诉人的请求，域名争议解决机构在特殊情形下可以适当延长被投诉人提交答辩的期限。当事人也可协议延长被投诉人提交答辩的期限，但须征得域名争议解决机构的同意。

第五章 专家组的指定

第二十一条 域名争议解决机构应当在线公布专家名册。负责域名争议解决程序的专家组由一名或者三名专家组成。

第二十二条 如果投诉人和被投诉人均未选择三人专家组，域名争议解决机构将在收到被投诉人答辩或答辩期限届满后5日内从其专家名册中指定一名专家成立独任专家组。一人专家组费用应全部由投诉人承担。

第二十三条 如果投诉人或被投诉人之一方选择三人专家组，域名争议解决机构应当根据第二十五条和第二十六条所规定的程序指定三位专家。三人专家组费用应全部由投诉人承担，但三人专家组由被投诉人选择的除外。在后一种情形下，所涉费用应当由双方各半分担。

第二十四条 除非投诉人已经选择三人专家组并提供三名候选专家，投诉人应当在收到域名争议解决机构有关被投诉人选择三人专家组的答辩书后3日内，向域名争议解决机构提交将被指定作为案件专家组成员之一的三位候选专家的姓名。

第二十五条 如果投诉人或被投诉人之一方选择三人专家组，域名争议解决机构应当分别从投诉人和被投诉人各自提供的三位候选专家名单中指定一名专家。如果域名争议解决机构无法在5日内按照惯常条件从某一方当事人选择的专家中指定一名专家，则域名争议解决机构将自行从其专家名册中予以指定。第三名专家应当由域名争议解决机构从其专家名单中指定。第三名专家为首席专家。

第二十六条 如果被投诉人未提交答辩或提交了答辩但未表明如何选定专家组，域名争议解决机构应当以下述方式指定专家组：

（一）如果投诉人选择一人专家组，域名争议解决机构应当从其专家名册中指定一名专家；

（二）如果投诉人选择三人专家组，在可能的情况下，域名争议解决机构应当从投诉人提供的三位候选专家中指定一名专家，从其专家名册中指定第二名专家和首席专家。

第二十七条 是否接受指定，由专家自行决定。为了保证争议解决程序的快速、顺利进行，如果被当事人选定为候选人的专家不同意接受指定，域名争议解决机构将自行指定其他专家组成专家组。

第二十八条 专家组成立后，域名争议解决机构应当及时将案件移交专家组，并将专家组的组成情况及专家组应将裁决提交争议解决机构的日期及时通知各方当事人。

第二十九条 专家应当独立公正，并应在接受指定前向域名争议解决机构披露有可能对其独立性与公正性产生合理怀疑的任何情形。如果在程序进行过程中的任何阶段出现了可导致对其独立性与公正性产生合理怀疑的新情况，则该专家应当立即将该情形向域名争议解决机构披露。在这种情况下，域名争议解决机构有权指定其他专家。

专家在接受指定前应当向域名争议解决机构提交书面的独立性与公正性声明。

当事人一方认为某专家与对方当事人有利害关系，有可能影响案件的公正裁决的，应当在专家组就有关争议作出裁决前向域名争议解决机构提出。专家是否退出专家组，由域名争议解决机构决定。

第三十条 任何一方当事人或其代理人均不得与专家组进行单方联络。当事人一方与专家组或域名争议解决机构间的所有联络均应当通过域名争议解决机构根据其《补充规则》规定的方式指定的案件经办人进行。

第六章 审理和裁决

第三十一条 专家组应当根据《程序规则》和《补充规则》，以其认为适当的方式进行案件程序，基于投诉人和被投诉人投诉书和答辩书中各自的主张、所涉及的事实及所提交的证据，依据《解决办法》以及可予适用的法律规则对域名争议作出裁决。如果被投诉人未提交答辩，如无特殊情形，专家组应当依据投诉书裁决争议。

在争议处理过程中，专家组应当平等地对待双方当事人，给予当事人双方平等的陈述事实、说明理由及提供证据的机会。

专家组应确保争议解决程序快速进行。应当事人请求，专家组有权决定在特殊情况下延长本规则所确定的期限。

专家组有权认定证据的可采性、关联性、利害关系和证明力。

第三十二条 除投诉书与答辩书外，专家组有权要求任何一方当事人就案件提供进一步的说明及有关证据材料。

对于当事人在投诉书与答辩书之外自行提交的材料，除非当事人双方另有约定或专家组另有决定，专家组原则上不再接受。

第三十三条 正常情况下，域名争议解决程序不举行当庭听证(包括以电话会议、视频会议及网络会议方式进行的任何听证)，但专家组认为有必要举行且当事人愿意承担相关费用的除外。

第三十四条 除非有特殊理由，如果一方当事人未能遵守《程序规则》和《补充规则》的规定或者专家组确定的任何期限，专家组将继续进行程序，直至就所涉争议作出裁决。

第三十五条 除非有特殊理由，如果一方当事人未能遵守《程序规则》和《补充规则》中的任何规定或专家组的任何指令，专家组有权依其认为适当的情形对此予以推论。

第三十六条 如果投诉人与被投诉人之间存有多个域名争议，投诉人或被投诉人均可以请求将这些争议交由一个专家组合并审理。该请求应向第一个被指定负责审理双方争议的专家组提出。该专家组有权决定将此类争议部分或全部予以合并审理，只要这些合并审理的争议受《解决办法》的约束。

第三十七条 如无特殊情形，专家组应于成立后 14 日内就所涉域名争议作出裁决，并将裁决书提交域名争议解决机构。

第三十八条 专家应在确认签署裁决前将裁决书草案提交域名争议解决机构。在不影响专家独立裁决的前提下，域名争议解决机构可以就裁决书的形式问题进行核阅。

第三十九条 在案件由三人专家组审理的情况下，裁决应当按照多数人的意见作出。每一位专家享有平等的表决权。专家组不能形成多数意见时，裁决依首席专家的意见作出。任何不同意见均应当载入裁决之中。

第四十条 裁决书应以电子形式作成，且应说明裁决结果及裁决理由，写明裁决作出的日期及专家的姓名。

如果专家组认为投诉的争议不属于其管辖的范围，应加以说明。如果专家组经审阅当事人所提交的文件后认定投诉具有恶意，专家组可以在裁决中宣布该投诉构成对域名争议解决程序的滥用。

第四十一条 如果在程序正式开始之前或进行的过程中，当事人一方就争议域名提起了司法程序或仲裁程序，域名争议解决机构或专家组有权决定中止或终止程序，或继续进行程序，直至作出裁决。

当事人一方如果在程序进行期间就争议域名提起了任何司法程序或仲裁程序，应当立即通知专家组和域名争议解决机构。

第四十二条 在专家组作出裁决之前，域名争议解决程序可因下列情况而终止：

(一)当事人之间自行达成和解；

(二)专家组认为域名争议解决程序由于其他原因已无必要继续进行或不可能继续进行，除非一方当事人在专家组规定的时间内提出合理的反对理由 。

第七章 裁决的送达与公布

第四十三条 域名争议解决机构应当在收到专家组提交的裁决后三日内将裁决书以电子邮件形式通知各方当事人、相应的域名注册服务机构以及中国互联网络信息中心。

第四十四条 除非专家组根据当事人的请求或争议的具体情况另有决定,域名争议解决机构应当将裁决书的全部内容在上述第四十三条所规定的期限内在公开网站上予以公布。

第八章 费 用

第四十五条 投诉人应根据域名争议解决机构《补充规则》或《简易规则》的规定,按规定的时间和金额,向域名争议解决机构支付固定的程序费用。

如果被投诉人选择将争议交由三人专家组审理,而不是交由投诉人选择的一人专家组审理,则三人专家组费用的一半应由被投诉人承担。在其他情形下,域名争议解决的所有费用应由投诉人承担。

第四十六条 在投诉人未根据《程序规则》和《补充规则》以及《简易规则》的规定向域名争议解决机构缴纳程序费用前,域名争议解决机构不应就有关投诉采取任何进一步的行动。

第四十七条 在特殊情形下,如果举行当庭听证,域名争议解决机构可以要求当事人双方另外支付费用。该费用应当由域名争议解决机构与当事人双方和专家组协商后确定。

第九章 附 则

第四十八条 除故意行为外,域名争议解决机构及专家均不就本规则下与域名争议解决程序有关的任何行为或疏忽向任何一方当事人承担责任。

第四十九条 本规则规定的期限或者根据本规则确定的期限,应当自期限开始之次日起算。期限开始之日,不计算在期限内。

如果期限开始之次日为法定节假日,则从其后的第一个工作日开始计算。期限内的法定节假日应计算在期限内。期限届满日是法定节假的,以其后的第一个工作日为期限届满日。

第五十条 域名争议解决机构可以根据本《程序规则》制定相应的《补充规则》,也可以根据《程序规则》和《补充规则》制定适用于《解决办法》项下特殊类型域名争议的《简易规则》。

第五十一条 本《程序规则》由中国互联网络信息中心负责解释。

第五十二条 本《程序规则》自 2012 年 6 月 28 日起施行。2007 年 10 月 8 日施行的原《中国互联网络信息中心域名争议解决办法程序规则》同时废止。

最高人民法院关于审理涉及计算机网络域名民事纠纷案件适用法律若干问题的解释

(2001 年 6 月 26 日最高人民法院审判委员会第 1182 次会议通过 2001 年 7 月 17 日最高人民法院公告公布 自 2001 年 7 月 24 日起施行 法释〔2001〕24 号)

为了正确审理涉及计算机网络域名注册、使用等行为的民事纠纷案件(以下简称域名纠纷案件),根据《中华人民共和国民法通则》(以下简称民法通则)、《中华人民共和国反不正当竞争法》(以下简称反不正当竞争法)和《中华人民共和国民事诉讼法》(以下简称民事诉讼法)等法律的规定,作如下解释:

第一条 对于涉及计算机网络域名注册、使用等行为的民事纠纷,当事人向人民法院提起诉讼,经审查符合民事诉讼法第一百零八条规定的,人民法院应当受理。

第二条 涉及域名的侵权纠纷案件,由侵权行为地或者被告住所地的中级人民法院管辖。对难以确定侵权行为地和被告住所地的,原告发现该域名的计算机终端等设备所在地可以视为侵权行为地。

涉外域名纠纷案件包括当事人一方或者双方是外国人、无国籍人、外国企业或组织、国际组织,或者域名注册地在外国的域名纠纷案件。在中华人民共和国领域内发生的涉外域名纠纷案件,依照民事诉讼法第四编的规定确定管辖。

第三条 域名纠纷案件的案由,根据双方当事人争议的法律关系的性质确定,并在其前冠以计算机网络域名;争议的法律关系的性质难以确定的,可以通称为计算机网络域名纠纷案件。

第四条 人民法院审理域名纠纷案件,对符合以下各项条件的,应当认定被告注册、使用域名等行为构成侵权或者不正当竞争:

(一)原告请求保护的民事权益合法有效;

(二)被告域名或其主要部分构成对原告驰名商标的复制、模仿、翻译或音译;或者与原告的注册商标、域名等相同或近似,足以造成相关公众的误认;

(三)被告对该域名或其主要部分不享有权益,也无注册、使用该域名的正当理由;

(四)被告对该域名的注册、使用具有恶意。

第五条 被告的行为被证明具有下列情形之一的,人民法院应当认定其具有恶意:

(一)为商业目的将他人驰名商标注册为域名的;

(二)为商业目的注册、使用与原告的注册商标、域名等相同或近似的域名,故意造成与原告提供的产品、服务或者原告网站的混淆，误导网络用户访问其网站或其他在线站点的；

（三）曾要约高价出售、出租或者以其他方式转让该域名获取不正当利益的；

（四）注册域名后自己并不使用也未准备使用，而有意阻止权利人注册该域名的；

（五）具有其他恶意情形的。

被告举证证明在纠纷发生前其所持有的域名已经获得一定的知名度，且能与原告的注册商标、域名等相区别，或者具有其他情形足以证明其不具有恶意的，人民法院可以不认定被告具有恶意。

第六条 人民法院审理域名纠纷案件，根据当事人的请求以及案件的具体情况，可以对涉及的注册商标是否驰名依法作出认定。

第七条 人民法院在审理域名纠纷案件中，对符合本解释第四条规定的情形，依照有关法律规定构成侵权的，应当适用相应的法律规定；构成不正当竞争的，可以适用民法通则第四条、反不正当竞争法第二条第一款的规定。

涉外域名纠纷案件，依照民法通则第八章的有关规定处理。

第八条 人民法院认定域名注册、使用等行为构成侵权或者不正当竞争的，可以判令被告停止侵权、注销域名，或者依原告的请求判令由原告注册使用该域名；给权利人造成实际损害的，可以判令被告赔偿损失。

文书范本

集成电路布图设计登记申请表

<table>
<tr><td rowspan="2">布图设计名称</td><td colspan="2" rowspan="2"></td><td>申请号：</td></tr>
<tr><td>申请日：</td></tr>
<tr><td colspan="4">该布图设计所用于的集成电路的分类：（由申请人确定，并在□内打×）
（1）结构：□Bipolar □MOS □Bi－MOS □Optical-IC □其他
（2）技术：□TTL □DTL □ECL □IIL □CMOS □NMOS □PMOS □其他
（3）功能：□逻辑 □存储 □微型计算机 □线性 □其他</td></tr>
<tr><td>布图设计创作人</td><td colspan="3"></td></tr>
<tr><td colspan="2">创作完成日期：＿＿＿年＿＿月＿＿日</td><td colspan="2">首次商业利用时间：＿＿＿年＿＿月＿＿日</td></tr>
<tr><td colspan="4">确定非第一申请人为代表人声明　　特声明第＿＿＿申请人为代表人</td></tr>
<tr><td rowspan="6">申请人</td><td colspan="2">姓名或名称：</td><td>国籍：</td></tr>
<tr><td>邮编：</td><td colspan="2">地址：</td></tr>
<tr><td colspan="2">姓名或名称：</td><td>国籍：</td></tr>
<tr><td>邮编：</td><td colspan="2">地址：</td></tr>
<tr><td colspan="2">姓名或名称：</td><td>国籍：</td></tr>
<tr><td>邮编：</td><td colspan="2">地址：</td></tr>
<tr><td rowspan="2">联系人</td><td colspan="2">姓名：</td><td>电话：</td></tr>
<tr><td colspan="2">邮编：</td><td>地址：</td></tr>
</table>

续 表

<table>
<tr><td rowspan="3">代理机构</td><td colspan="2">名称：　　　　　　　　　　　　　代理机构代码：</td></tr>
<tr><td colspan="2">邮编：　　　　　　　　　　　　　　　地址：</td></tr>
<tr><td colspan="2">代理人姓名：　　　　　代理证号：　　　　　电话：</td></tr>
<tr><td colspan="2">申请文件清单：
1. 申请表　（　）份
2. 代理委托书　（　）页
3. 复制件或图样的目录　（　）页
4. 复制件或图样的纸件的页数　（　）页</td><td>5. 包含有保密信息图层页码　（　）
含有保密信息的图纸页数　（　）页
6. 装有复制件或者图样数据盘　（　）张
7. 样品个数　（　）个
8. 布图设计结构、技术、功能简要说明　（　）页</td></tr>
<tr><td colspan="3">申请人或代理机构签章：</td></tr>
</table>

典型案例

山东登海先锋种业有限公司与陕西农丰种业有限责任公司、山西大丰种业有限公司侵害植物新品种权纠纷案①

【裁判摘要】

判断被诉侵权繁殖材料的特征特性与授权品种的特征特性相同是认定构成侵害植物新品种权的前提。当 DNA 指纹检测结论为两者相同或相近似，而通过田间种植的 DUS 测试确定两者具有明显且可重现的差异，其特异性结论与 DNA 指纹检测结论不同时，应当以田间种植的 DUS 测试结论认定不构成侵害植物新品种权。

最高人民法院民事裁定书

(2015)民申字第 2633 号

再审申请人(一审原告、二审上诉人)：山东登海先锋种业有限公司。住所地：山东省莱州市三山岛特别工业区。

法定代表人：吴树科，该公司董事长。

委托代理人：丁峰，北京市广渡律师事务所律师。

委托代理人：刘少辉，北京市广渡律师事务所律师。

被申请人(一审被告、二审被上诉人)：陕西农丰种业有限责任公司。住所地：陕西省西安市未央区北二环西段陕西农用物资市场 B138 - 139 号。

法定代表人：赵永强，该公司总经理。

委托代理人：郑学义，北京市博人律师事务所律师。

被申请人(一审被告、二审被上诉人)：山西大丰种业有限公司。住所地：山西省太原市小店区郇城南路 49 号。

法定代理人：钮笑晓，该公司董事长。

委托代理人：郑学义，北京市博人律师事务所律师。

再审申请人山东登海先锋种业有限公司(以下简称登海公司)因与被申请人陕西农丰种业有限责任公司(以下简称农丰种业)、山西大丰种业有限公司(以下简称大丰公司)侵害植物新品种权纠纷一案，不服陕西省高级人民法院(2015)陕民三终字第 1 号民事判决，向本院申请再审。本院依法组成合议庭对本案进行了审查，现已审查终结。

登海公司申请再审称：(一)根据《国家玉米品种试验 DNA 指纹鉴定管理办法》第二条有关 DNA 指纹鉴定检测结果作为试验品种的淘汰、继续试验和推荐审定的规定以及第九条“发现实验品种与已知品种在遗传上差异微小，即相同或高度近似(差异位点数 ≤1)的停止试验”的规定。“大丰 30”品种在 2011 年审定时已经有北京市农林科学院玉米研究中心出具的 DNA 指纹鉴定报告，“大丰 30”与已知品种“先玉 335”DNA 指纹比对 40 个位点 0 个位点差异，“大丰 30”此时就应当从试验品种中淘汰出局，退出品种审定试验，没有资格再进入 DUS 测试继续进行品种试验。后来所谓的《植物新品种测试报告》(以下简称涉案 DUS 测试报告)根本就不应该产

① 案例来源：《中华人民共和国最高人民法院公报》2016 年第 8 期。

生，更不应当被采信。大丰公司提供的涉案DUS测试报告不具有合法性。（二）一、二审法院认为DUS测试就是田间种植测试，定性错误，二者在适用范围、判定标准和具体涵盖的内容方面均存在巨大差异。DUS测试解决的是品种能否得到授权获得植物新品种权保护的问题，而田间种植测试解决的是相关品种是否具有真实性的问题。DUS测试的是品种的特异性，而田间种植测试的是品种的真实性，两者的判定标准存在巨大差异。DUS测试中的特异性测试的只是品种全部性状中的部分性状，田间种植测试则针对的是品种全部性状。一、二审法院认为涉案DUS测试报告就是判定是否构成植物新品种侵权的田间种植测试，没有法律依据，属于定性错误。（三）判断生物的真实性是通过分析生物的基因型，而非简单的通过表型去判断。“大丰30”与“先玉335”DNA指纹一致，一、二审法院仅依据单一的表型机械地进行判断，不符合客观实际。依据涉案DUS测试报告作出不侵权判决，是完全错误的。（四）“大丰30”并非大丰公司合法自育品种。大丰公司提交的《玉米品种大丰30、先玉335及其亲本材料DNA指纹鉴定报告》记载的检测材料为：A311（大丰30母本），PH6WC（先玉335母本），PH4CV（大丰30和先玉335共用父本），大丰30（F1杂交种），先玉335（F1杂交种）。可见，大丰公司生产“大丰30”所使用的父本就是“先玉335”的父本PH4CV。农业部“大丰30”植物新品种权的申请公告记载：本申请品种（大丰30）是以自选A311为母本，PH4CV为父本杂交组配而成，母本A311是由Mo17与PH6WC杂交后与PH6WC回交两代再经2代自交选育而成。根据相关文献记载，Mo17是20世纪美国育成的自交系，1971年中国农林代表团访问加拿大时引进，北京农林科学院的代表于1976年在北方春玉米试验材料交流大会上向与会者赠送了Mo17自交系种子。依据遗传理论，“大丰30”母本是通过对PH6WC连续回交转育的方式改造后所获得，品种的性状基本上体现的就是PH6WC的性状，几乎没有Mo17的性状。因此，从遗传育种学的角度来说，大丰公司获得了“先玉335”的父本和母本，就等于获得了“先玉335”杂交种子。大丰公司生产、农丰种业销售“大丰30”的行为构成对“先玉335”植物新品种权的侵害。请求本院撤销一、二审判决，对本案进行再审，判令大丰公司、农丰种业立即停止侵害“先玉335”植物新品种权的行为；赔偿登海公司经济损失30万元。

农丰种业提交书面意见认为：（一）登海公司提交的DNA检验报告中的检测样品和取样程序违反农作物种子检验规程的规定，该样品作为检验依据不具有合法性。（二）大丰公司提交的DUS测试报告等证据证明，“大丰30”与“先玉335”比对具有特异性，“大丰30”是大丰公司具有自主品种权的玉米新品种，并获得了品种审定委员会的审定。在品种权人许可下销售“大丰30”为合法的经营行为，不侵害第三方的权益。（三）登海公司没有证据证明本案被控侵权产品外包装为“大丰30”玉米种子而实际为“先玉335”的事实。登海公司在一审审理中对涉案扣押的种子是否为“大丰30”明确表示不申请司法鉴定。二审审理中，由于被扣押的种子已经不存在，无法进行司法鉴定，该举证不能之责应当由登海公司承担。请求本院驳回登海公司再审申请请求。

大丰公司提交书面意见与农丰种业的意见相同，同时补充认为：（一）在品种审定时对“大丰30”所做的DUS测试，程序合法合规。一、二审对大丰公司认定涉案DUS测试报告正确。（二）“大丰30”与“先玉335”是两个不同的杂交种。“大丰30”的母本A311的选育方法以及亲本的使用并不违反法律规定。请求本院驳回登海公司申请再审请求。

本院经审查查明：登海公司于2014年3月16日向陕西省西安市中级人民法院提起本案诉讼，指控2013年大丰公司生产、农丰种业销售的外包装为“大丰30”的玉米种子侵害“先玉335”的植物新品种权。北京玉米种子检测中心于2013年6月9日对送检的被控侵权种子进行了检验，依据NY/T1432－2007玉米品种鉴定DNA指纹方法，使用3730XL型遗传分析仪，384孔PCR仪，检验结果为，待测样品编号YA2196与对照样品编号BGG253“先玉335”比较位点数40，差异位点数0，结论为相同或极近似。

登海公司对涉案被扣押的种子是否为“大丰30”，在一审中明确表示不申请司法鉴定。

“大丰30”玉米种子于2012年2月通过山西省、陕西省农作物品种审定委员会的审定，为审定推广品种。“大丰30”的品种来源为A311×PH4CV。

山西省农业种子总站于2014年4月25日出具的《“大丰30”玉米品种试验审定情况说明》记载：“大丰30”作为大丰公司2011年申请审定的品种，由于北京市农林科学院玉米研究中心所作的DNA指纹鉴定认为“大丰30”与“先玉335”的40个比较位点均无差异，判定结论为两个品种无明显差异，当年未通过审定。大丰公司提出异议，为此该站于2011年委托农业部植物新品种测试中心对“大丰30”进行DUS测试，与“先玉335”进行了比较，结论是“大丰30”具有特异性、一致性、稳定性，与“先玉335”为不同品种。

涉案DUS测试报告加盖有农业部植物新品种测试（杨凌）分中心和农业部植物新品种测试中心的印鉴，盖章时间分别为2011年12月8日和2011年12月26日，所记载的相关内容如下：材料来源“农业部植物新品种测试中心提供，邮政特快专递，2011年3月10日收到种子”，测试编号为鉴2011－001A，品种名称为大丰30。测试地点为陕西杨凌西北农林科技大学农作三站－杨凌分中心测试基地。测试时期“第一个生长周期，2011年4月25日－8月29日”，在试验设计中记载，“2011年4月25日播种，开沟点播。申请品种和近似品种相邻排列，设2次重复，小区面积16.4平方米，行长4.9米，行距0.67米，株距0.35米，每行定苗15株，4行区，每小区60株，标准品种种2行共30株，无重复”，特异性一栏记载，“近似品种名称：鉴2011－001B先玉335，有差异性状：41＊果穗：穗轴颖片青甙显色强度，申请品种描述：8强到极强，近似品种描述：5中”。所附数据结果表记载，鉴2011－001A与鉴2011－001B的测试结果除“41＊果穗”外，差别还在“9雄穗：花药花青甙显色强度”，分别为“6中到强、7强”“24.2＊植株：高度”，分别为“5中”“7高”“27.2＊果穗：长度”分别为“5中”“3短”。涉案DUS测试报告结论为，“大丰30”具备特异性、一致性、稳定性。该报告依据的测试标准为《植物新品种DUS测试指南－玉米》(2010)报批稿。

二审法院审理中，大丰公司提交了作出时间为2014年1月23日的《农业植物新品种DUS测试报告》，加盖有农业部植物新品种测试(杨凌)分中心和农业部植物新品种保护办公室的印鉴。该报告依据的测试标准为《植物新品种特异性、一致性和稳定性测试指南玉米》2012版。该测试报告记载，测试编号为2011－0819A，测试时期为两个生长周期“2012年4月－8月、2013年4月－8月”。材料来源为农业部植物新品种测试中心提供，近似品种为先玉335。该报告记载的差异性状为：“11.雄穗：花药花青甙显色强度，申请品种为7.强，近似品种为6.中到强”“41.籽粒：形状，申请品种为5.楔形，近似品种为4.近楔形”“42.果穗：穗轴颖片花青甙显色强度，申请品种为9.极强，近似品种为6.中到强”。测试结论为具备特异性、一致性、稳定性。《农业植物新品种DUS审查报告》记载，申请号20110059.3，品种名称大丰30，测试编号2011－0819A，测试单位农业部植物新品种测试(杨凌)分中心，结论具备特异性、一致性、稳定性，审核时间2014年4月28日。

“A311”玉米品种于2015年9月1日被授予植物新品种权，申请日为2011年1月21日，保护期限自授权之日起15年，大丰公司为品种权人。大丰公司于2011年1月21日申请“大丰30”植物新品种保护，申请号为20110059.3，公告日2011年7月1日，公告号为CNA007603E。

本院认为，本案的争议焦点为：一、二审判决认定大丰公司生产、农丰种业销售的被控侵权玉米种子“大丰30”不侵害“先玉335”植物新品种权是否存在错误。

关于登海公司申请再审主张大丰公司提供的涉案DUS测试报告是否具有合法性的问题。《中华人民共和国种子法》(2013年修正)(以下简称《种子法》)第十八条规定，“审定未通过的农作物新品种和林木品种，申请人有异议的，可以向原审定委员会或者上一级审定委员会申请复审”，《主要农作物品种审定办法》第三十四条也规定，“申请者对审定结果有异议的，可以向原审定委员会申请复审。品种审定委员会办公室认为有必要的，可以在复审前安排一个生产周期的品种试验”。品种试验包括区域试验、生产试验和DUS测试，大丰公司对“大丰30”在品种审定中的DNA检测结论提出异议后，山西省农业种子总站委托农业部植物新品种测试中心进行DUS测试，并不违反上述法律法规的规定。涉案DUS测试报告由农业部植物新品种测试中心按照《主要农作物品种审定办法》第十六条规定的“DUS测试由农业部植物新品种测试中心组织实施”，指定相应的测试机构，根据测试任务验收测试材料进行田间种植。测试人员进行了田间试验设计与测试，并依据相关测试指南整理测试数据，进行性状描述，编制的测试报告由测试机构负责人审核、签字、盖章后提交到了测试中心。该测试报告真实、合法，与争议的待证事实具有关联性，登海公司申请再审主张涉案DUS测试报告不具有合法性缺乏事实和法律依据，本院不予支持。本院注意到，《植物新品种特异性、一致性和稳定性测试指南 玉米》规定测试周期至少为两个独立的生长周期，涉案测试报告显示的测试时期“2011年4月25日－－8月29日”为一个生长周期。鉴于大丰公司在二审中提交的作出时间为2014年1月23日的《农业植物新品种DUS测试报告》中，测试品种有两个生长周期，且有三个性状与近似品种“先玉335”存在明显且可重现的差异，符合NY/T2232－2012《植物新品种特异性一致性和稳定性测试指南 玉米》关于“当申请品种至少在一个性状与近似品种具有明显且可重现的差异时，即可判定申请品种具备特异性”的规定。因此，可以依据涉案测试报告认定“大丰30”具有特异性。

关于登海公司申请再审主张涉案DUS测试报告不是田间种植检测的相关理由，本院认为，对主要农作物进行品种审定时，要求申请审定品种必须与已审定通过或本级品种审定委员会已受理的其他品种具有，明显区别。“大丰30”在2011年的申请品种审定中，由于经DNA指纹检测，认定与“先玉335”无差异，被视为同一品种而未能通过当年的品种审定。大丰公司对该DNA指纹检测提出异议，申请进行田间种植检测的主要理由就是两个品种在性状上有明显的差异，为不同品种。涉案DUS测试报告是通过田间种植鉴定“大丰30”与“先玉335”是否存在差异，通过田间种植表现出的特征特性核实两个品种是否具有差异。尽管所进行的DUS测试并非为了判断能否授予植物新品种权，但测试内容仍涉及到试测品种“大丰30”与近似品种“先玉335”是否具有特异性。测试任务和测试对象的不同并未影响其依据同一测试标准进行的育种评价。登海公司申请再审关于一、二审法院认为DUS测试就是田间种植测试，定性错误的主张，概念含糊不清，其主张涉案DUS测试报告不具有证明力的理由，本院不予支持。

关于登海公司申请再审主张DNA指纹鉴定结论认定存在侵权行为的理由。本院认为，《种子法》《中华人民共和国植物新品种保护条例》(以下简称《植物新品种保护条例》)均规定，繁殖材料是指可繁殖植物的种子和植物体的其他部分，包括籽粒、果实和根、茎、苗、芽叶等，同时将繁殖材料必须具备新颖性、特异性、一致性和稳定性作为植物新品种权的授权要件。品种权的审批机关对申请品种的特异性、一致性和稳定性进行实质审查所依据的是田间种植DUS测试。在主要农作物品种审定时，也是以申请审定品种的选育报告、比较试验报告等为基础，进行品种试验，针对品种在田间种植表现出的性状进行测试并作出分析和评价。因此，作为活体的繁殖材料，其特征特性应当依据田间种植进行DUS测试所确定的性状特征为准。DNA指纹技术作为在室内进行基因型身份鉴定的方法，经济便捷，不受环境影响，测试周期短，有利于及时保护权利人的利益，同时能够提高筛选近似品种提高特异性评价效率，实践中多用来检测品种的真实性、一致性，并基于分子标记技术构建了相关品种的指纹库。由于DNA检测所采取的核心引物（位点）与DUS测试的性状特征之间并不一定具有对应性，而植物新品种授权所依据的是田间种植的DUS测试，因此，当DNA鉴定结论为相同或高度近似时，可直接进行田间成对DUS测试比较，通过田间表型确定身份。当被诉侵权一方主张以田间种植DUS测试确定的特异性结论推翻DNA指纹检测结论时，应当由其提交证据予以证明。由于大丰公司提交的涉案DUS测试报告证明，通过田间种植，“大丰30”与“先玉335”相比，具有特异性。根据认定侵害植物新品种权行为，以“被控侵权物的特征特性与授权品种的特征特性相同，或者特征特性不同是因为非遗传变异所导致”的判定规则。“大丰30”与“先玉335”的特征特性并不相同，不存在侵害植物新品种权的行为。登海公司申请再审关于应当依据涉案DNA鉴定结论认定“大丰30”与“先玉335”不具有特异性的主张，本院不予支持。本案中，扣押的被控侵权产品外包装为“大丰30”，是否存在内容物为“先玉335”而以“大丰30”进行套牌经销的事实，登海公司并未申请进行司法鉴定，一、二审法院依据涉案DUS测试报告认定大丰公司生产、农丰种业销售的“大丰30”并未侵害“先玉335”的植物新品种权，并无不当，但二审法院在判决主文中依据最高人民法院《关于对最高人民法院〈关于审理侵犯植物新品种权纠纷案件具体应用法律问题的若干规定〉理解与适用》，对本案进行审查认定，法律适用有所不当，本院予以纠正。

登海公司申请再审主张，“大丰30”的父本使用的是“先玉335”的父本PH4CV，母本A311是“先玉335”的母本PH6WC加上公共自交系Mo17经过细微改造而来，“大丰30”构成对“先玉335”植物新品种权的侵害。本院认为，根据《植物新品种保护条例》第六条以及最高法院《关于审理侵犯植物新品种权纠纷案件具体应用法律问题的若干规定》第二条的规定，未经品种权人的许可，为商业目的生产销售授权品种的繁殖材料或者为商业目的将授权品种的繁殖材料重复使用于另一品种的繁殖材料的，应当认定为侵害植物新品种权。大丰公司生产“大丰30”所使用的父本PH4CV与“先玉335”的父本相同，但登海公司并未提交证据证明PH4CV为授权保护的植物新品种，使用该父本与其他自交系进行配伍培育杂交种并不存在侵害植物新品种权的行为。即便如登海公司所述，“大丰30”的母本A311是由“先玉335”的母本PH6WC与赠送获得的公共自交系Mo17培育的，但A311已不同于PH6WC自交系，已授权获得了植物新品种的保护，作为A311植物新品种的品种权人，大丰公司不仅享有该品种的生产和销售权，还享有将A311与另一亲本配伍选育另一品种，或者与其他品种生产另一品种的重复生产权。大丰公司以其授权保护的自交系A311作为母本与公共自交系父本PH4CV培育“大丰30”，并不存在侵害“先玉335”植物新品种权的行为。登海公司关于大丰公司通过对以回交转育的方式改造母本后，再按原组合方式组配属于侵害植物新品种权的行为的主张，本院不予支持。

综上，登海公司的再审申请不符合《中华人民共和国民事诉讼法》第二百条规定的情形。依照《中华人民共和国民事诉讼法》第二百零四条第一款的规定，裁定如下：

驳回山东登海先锋种业有限公司的再审申请。

六、纠纷解决

（一）调 解

中华人民共和国人民调解法

（2010年8月28日第十一届全国人民代表大会常务委员会第十六次会议通过 2010年8月28日中华人民共和国主席令第34号公布 自2011年1月1日起施行）

目 录

第一章 总 则

第一条 【立法目的和立法根据】为了完善人民调解制度，规范人民调解活动，及时解决民间纠纷，维护社会和谐稳定，根据宪法，制定本法。

第二条 【人民调解定义】本法所称人民调解，是指人民调解委员会通过说服、疏导等方法，促使当事人在平等协商基础上自愿达成调解协议，解决民间纠纷的活动。

第三条 【人民调解工作基本原则】人民调解委员会调解民间纠纷，应当遵循下列原则：

（一）在当事人自愿、平等的基础上进行调解；

（二）不违背法律、法规和国家政策；

（三）尊重当事人的权利，不得因调解而阻止当事人依法通过仲裁、行政、司法等途径维护自己的权利。

第四条 【人民调解不收费】人民调解委员会调解民间纠纷，不收取任何费用。

第五条 【对人民调解工作的指导】国务院司法行政部门负责指导全国的人民调解工作，县级以上地方人民政府司法行政部门负责指导本行政区域的人民调解工作。

基层人民法院对人民调解委员会调解民间纠纷进行业务指导。

第六条 【鼓励和支持人民调解工作】国家鼓励和支持人民调解工作。县级以上地方人民政府对人民调解工作所需经费应当给予必要的支持和保障，对有突出贡献的人民调解委员会和人民调解员按照国家规定给予表彰奖励。

第二章 人民调解委员会

第七条 【人民调解委员会的性质】人民调解委员会是依法设立的调解民间纠纷的群众性组织。

第八条 【人民调解委员会的组织形式与人员构成】村民委员会、居民委员会设立人民调解委员会。企业事业单位根据需要设立人民调解委员会。

人民调解委员会由委员三至九人组成，设主任一人，必要时，可以设副主任若干人。

人民调解委员会应当有妇女成员，多民族居住的地区应当有人数较少民族的成员。

第九条 【人民调解委员会委员产生方式及任期】村民委员会、居民委员会的人民调解委员会委员由村民会议或者村民代表会议、居民会议推选产生；企业事业单位设立的人民调解委员会委员由职工大会、职工代表大会或者工会组织推选产生。

人民调解委员会委员每届任期三年，可以连选连任。

第十条 【人民调解委员会有关情况的统计与通报】县级人民政府司法行政部门应当对本行政区域内人民调解委员会的设立情况进行统计，并且将人民调解委员会以及人员组成和调整情况及时通报所在地基层人民法院。

第十一条 【健全工作制度与密切群众关系】人民调解委员会应当建立健全各项调解工作制度，听取群众意见，接受群众监督。

第十二条 【为人民调解委员会开展工作提供保障】村民委员会、居民委员会和企业事业单位应当为人民调解委员会开展工作提供办公条件和必要的工作经费。

第三章 人民调解员

第十三条 【人民调解员的构成】人民调解员由人民调解委员会委员和人民调解委员会聘任的人员担任。

第十四条 【人民调解员的任职条件与业务培训】人民调解员应当由公道正派、热心人民调解工作，并具有一定文化水平、政策水平和法律知识的成年公民担任。

县级人民政府司法行政部门应当定期对人民调解员进行

业务培训。

第十五条 【罢免或者解聘人民调解员的情形】人民调解员在调解工作中有下列行为之一的，由其所在的人民调解委员会给予批评教育、责令改正，情节严重的，由推选或者聘任单位予以罢免或者解聘：

（一）偏袒一方当事人的；

（二）侮辱当事人的；

（三）索取、收受财物或者牟取其他不正当利益的；

（四）泄露当事人的个人隐私、商业秘密的。

第十六条 【人民调解员待遇】人民调解员从事调解工作，应当给予适当的误工补贴；因从事调解工作致伤致残，生活发生困难的，当地人民政府应当提供必要的医疗、生活救助；在人民调解工作岗位上牺牲的人民调解员，其配偶、子女按照国家规定享受抚恤和优待。

第四章 调解程序

第十七条 【人民调解的启动方式】当事人可以向人民调解委员会申请调解；人民调解委员会也可以主动调解。当事人一方明确拒绝调解的，不得调解。

第十八条 【告知当事人申请人民调解】基层人民法院、公安机关对适宜通过人民调解方式解决的纠纷，可以在受理前告知当事人向人民调解委员会申请调解。

第十九条 【人民调解员的确定】人民调解委员会根据调解纠纷的需要，可以指定一名或者数名人民调解员进行调解，也可以由当事人选择一名或者数名人民调解员进行调解。

第二十条 【邀请、支持有关人员参与调解】人民调解员根据调解纠纷的需要，在征得当事人的同意后，可以邀请当事人的亲属、邻里、同事等参与调解，也可以邀请具有专门知识、特定经验的人员或者有关社会组织的人员参与调解。

人民调解委员会支持当地公道正派、热心调解、群众认可的社会人士参与调解。

第二十一条 【人民调解员调解工作要求】人民调解员调解民间纠纷，应当坚持原则，明法析理，主持公道。

调解民间纠纷，应当及时、就地进行，防止矛盾激化。

第二十二条 【调解程序与调解方式】人民调解员根据纠纷的不同情况，可以采取多种方式调解民间纠纷，充分听取当事人的陈述，讲解有关法律、法规和国家政策，耐心疏导，在当事人平等协商、互谅互让的基础上提出纠纷解决方案，帮助当事人自愿达成调解协议。

第二十三条 【人民调解活动中的当事人权利】当事人在人民调解活动中享有下列权利：

（一）选择或者接受人民调解员；

（二）接受调解、拒绝调解或者要求终止调解；

（三）要求调解公开进行或者不公开进行；

（四）自主表达意愿、自愿达成调解协议。

第二十四条 【人民调解活动中的当事人义务】当事人在人民调解活动中履行下列义务：

（一）如实陈述纠纷事实；

（二）遵守调解现场秩序，尊重人民调解员；

（三）尊重对方当事人行使权利。

第二十五条 【调解过程中预防纠纷激化工作的措施】人民调解员在调解纠纷过程中，发现纠纷有可能激化的，应当采取有针对性的预防措施；对有可能引起治安案件、刑事案件的纠纷，应当及时向当地公安机关或者其他有关部门报告。

第二十六条 【调解终止】人民调解员调解纠纷，调解不成的，应当终止调解，并依据有关法律、法规的规定，告知当事人可以依法通过仲裁、行政、司法等途径维护自己的权利。

第二十七条 【人民调解材料立卷归档】人民调解员应当记录调解情况。人民调解委员会应当建立调解工作档案，将调解登记、调解工作记录、调解协议书等材料立卷归档。

第五章 调解协议

第二十八条 【达成调解协议的方式】经人民调解委员会调解达成调解协议的，可以制作调解协议书。当事人认为无需制作调解协议书的，可以采取口头协议方式，人民调解员应当记录协议内容。

第二十九条 【调解协议书的制作、生效及留存】调解协议书可以载明下列事项：

（一）当事人的基本情况；

（二）纠纷的主要事实、争议事项以及各方当事人的责任；

（三）当事人达成调解协议的内容，履行的方式、期限。

调解协议书自各方当事人签名、盖章或者按指印，人民调解员签名并加盖人民调解委员会印章之日起生效。调解协议书由当事人各执一份，人民调解委员会留存一份。

第三十条 【口头调解协议的生效】口头调解协议自各方当事人达成协议之日起生效。

第三十一条 【调解协议效力】经人民调解委员会调解达成的调解协议，具有法律约束力，当事人应当按照约定履行。

人民调解委员会应当对调解协议的履行情况进行监督，督促当事人履行约定的义务。

第三十二条 【当事人对调解协议的内容或履行发生争议的救济】经人民调解委员会调解达成调解协议后，当事人之间就调解协议的履行或者调解协议的内容发生争议的，一方当事人可以向人民法院提起诉讼。

第三十三条 【对调解协议的司法确认】经人民调解委员会调解达成调解协议后，双方当事人认为有必要的，可以自调解协议生效之日起三十日内共同向人民法院申请司法确认，人民法院应当及时对调解协议进行审查，依法确认调解协议的效力。

人民法院依法确认调解协议有效，一方当事人拒绝履行或者未全部履行的，对方当事人可以向人民法院申请强制执行。

人民法院依法确认调解协议无效的，当事人可以通过人民调解方式变更原调解协议或者达成新的调解协议，也可以向人民法院提起诉讼。

第六章 附　则

第三十四条 【参照设立人民调解委员会】乡镇、街道以及社会团体或者其他组织根据需要可以参照本法有关规定设立人民调解委员会，调解民间纠纷。

第三十五条 【施行日期】本法自2011年1月1日起施行。

（二）行政复议

中华人民共和国行政复议法

（1999年4月29日第九届全国人民代表大会常务委员会第九次会议通过　根据2009年8月27日第十一届全国人民代表大会常务委员会第十次会议《关于修改部分法律的决定》修正）

目　录

第一章　总　则

第一条 【立法目的】为了防止和纠正违法的或者不当的具体行政行为，保护公民、法人和其他组织的合法权益，保障和监督行政机关依法行使职权，根据宪法，制定本法。

第二条 【适用范围】公民、法人或者其他组织认为具体行政行为侵犯其合法权益，向行政机关提出行政复议申请，行政机关受理行政复议申请、作出行政复议决定，适用本法。

第三条 【复议机关及其职责】依照本法履行行政复议职责的行政机关是行政复议机关。行政复议机关负责法制工作的机构具体办理行政复议事项，履行下列职责：

（一）受理行政复议申请；

（二）向有关组织和人员调查取证，查阅文件和资料；

（三）审查申请行政复议的具体行政行为是否合法与适当，拟订行政复议决定；

（四）处理或者转送对本法第七条所列有关规定的审查申请；

（五）对行政机关违反本法规定的行为依照规定的权限和程序提出处理建议；

（六）办理因不服行政复议决定提起行政诉讼的应诉事项；

（七）法律、法规规定的其他职责。

第四条 【复议原则】行政复议机关履行行政复议职责，应当遵循合法、公正、公开、及时、便民的原则，坚持有错必纠，保障法律、法规的正确实施。

第五条 【对复议不服的诉讼】公民、法人或者其他组织对行政复议决定不服的，可以依照行政诉讼法的规定向人民法院提起行政诉讼，但是法律规定行政复议决定为最终裁决的除外。

第二章　行政复议范围

第六条 【复议范围】有下列情形之一的，公民、法人或者其他组织可以依照本法申请行政复议：

（一）对行政机关作出的警告、罚款、没收违法所得、没收非法财物、责令停产停业、暂扣或者吊销许可证、暂扣或者吊销执照、行政拘留等行政处罚决定不服的；

（二）对行政机关作出的限制人身自由或者查封、扣押、冻结财产等行政强制措施决定不服的；

（三）对行政机关作出的有关许可证、执照、资质证、资格证等证书变更、中止、撤销的决定不服的；

（四）对行政机关作出的关于确认土地、矿藏、水流、森林、山岭、草原、荒地、滩涂、海域等自然资源的所有权或者使用权的决定不服的；

（五）认为行政机关侵犯合法的经营自主权的；

（六）认为行政机关变更或者废止农业承包合同，侵犯其合法权益的；

（七）认为行政机关违法集资、征收财物、摊派费用或者违法要求履行其他义务的；

（八）认为符合法定条件，申请行政机关颁发许可证、执照、资质证、资格证等证书，或者申请行政机关审批、登记有关事项，行政机关没有依法办理的；

（九）申请行政机关履行保护人身权利、财产权利、受教育权利的法定职责，行政机关没有依法履行的；

（十）申请行政机关依法发放抚恤金、社会保险金或者最低生活保障费，行政机关没有依法发放的；

（十一）认为行政机关的其他具体行政行为侵犯其合法权益的。

第七条 【规定的审查】公民、法人或者其他组织认为行政机关的具体行政行为所依据的下列规定不合法，在对具体行政行为申请行政复议时，可以一并向行政复议机关提出对该规定的审查申请：

（一）国务院部门的规定；

（二）县级以上地方各级人民政府及其工作部门的规定；

（三）乡、镇人民政府的规定。

前款所列规定不含国务院部、委员会规章和地方人民政府规章。规章的审查依照法律、行政法规办理。

第八条 【不能提起复议的事项】不服行政机关作出的行政处分或者其他人事处理决定的，依照有关法律、行政法规的规定提出申诉。

不服行政机关对民事纠纷作出的调解或者其他处理，依法申请仲裁或者向人民法院提起诉讼。

第三章 行政复议申请

第九条 【申请复议的期限】公民、法人或者其他组织认为具体行政行为侵犯其合法权益的，可以自知道该具体行政行为之日起60日内提出行政复议申请；但是法律规定的申请期限超过60日的除外。

因不可抗力或者其他正当理由耽误法定申请期限的，申请期限自障碍消除之日起继续计算。

第十条 【复议申请人】依照本法申请行政复议的公民、法人或者其他组织是申请人。

有权申请行政复议的公民死亡的，其近亲属可以申请行政复议。有权申请行政复议的公民为无民事行为能力人或者限制民事行为能力人的，其法定代理人可以代为申请行政复议。有权申请行政复议的法人或者其他组织终止的，承受其权利的法人或者其他组织可以申请行政复议。

同申请行政复议的具体行政行为有利害关系的其他公民、法人或者其他组织，可以作为第三人参加行政复议。

公民、法人或者其他组织对行政机关的具体行政行为不服申请行政复议的，作出具体行政行为的行政机关是被申请人。

申请人、第三人可以委托代理人代为参加行政复议。

第十一条 【复议申请】申请人申请行政复议，可以书面申请，也可以口头申请；口头申请的，行政复议机关应当当场记录申请人的基本情况、行政复议请求、申请行政复议的主要事实、理由和时间。

第十二条 【部门具体行政行为的复议机关】对县级以上地方各级人民政府工作部门的具体行政行为不服的，由申请人选择，可以向该部门的本级人民政府申请行政复议，也可以向上一级主管部门申请行政复议。

对海关、金融、国税、外汇管理等实行垂直领导的行政机关和国家安全机关的具体行政行为不服的，向上一级主管部门申请行政复议。

第十三条 【对其他行政机关具体行政行为不服的复议申请】对地方各级人民政府的具体行政行为不服的，向上一级地方人民政府申请行政复议。

对省、自治区人民政府依法设立的派出机关所属的县级地方人民政府的具体行政行为不服的，向该派出机关申请行政复议。

第十四条 【对国务院部门或省、自治区、直辖市政府具体行政行为不服的复议】对国务院部门或者省、自治区、直辖市人民政府的具体行政行为不服的，向作出该具体行政行为的国务院部门或者省、自治区、直辖市人民政府申请行政复议。对行政复议决定不服的，可以向人民法院提起行政诉讼；也可以向国务院申请裁决，国务院依照本法的规定作出最终裁决。

第十五条 【其他机关具体行政行为的复议机关】对本法第十二条、第十三条、第十四条规定以外的其他行政机关、组织的具体行政行为不服的，按照下列规定申请行政复议：

（一）对县级以上地方人民政府依法设立的派出机关的具体行政行为不服的，向设立该派出机关的人民政府申请行政复议；

（二）对政府工作部门依法设立的派出机构依照法律、法规或者规章规定，以自己的名义作出的具体行政行为不服的，向设立该派出机构的部门或者该部门的本级地方人民政府申请行政复议；

（三）对法律、法规授权的组织的具体行政行为不服的，分别向直接管理该组织的地方人民政府、地方人民政府工作部门或者国务院部门申请行政复议；

（四）对两个或者两个以上行政机关以共同的名义作出的具体行政行为不服的，向其共同上一级行政机关申请行政复议；

（五）对被撤销的行政机关在撤销前所作出的具体行政行为不服的，向继续行使其职权的行政机关的上一级行政机关申请行政复议。

有前款所列情形之一的，申请人也可以向具体行政行为发生地的县级地方人民政府提出行政复议申请，由接受申请的县级地方人民政府依照本法第十八条的规定办理。

第十六条 【复议与诉讼的选择】公民、法人或者其他组织申请行政复议，行政复议机关已经依法受理的，或者法律、法规规定应当先向行政复议机关申请行政复议、对行政复议决定不服再向人民法院提起行政诉讼的，在法定行政复议期限内不得向人民法院提起行政诉讼。

公民、法人或者其他组织向人民法院提起行政诉讼，人民法院已经依法受理的，不得申请行政复议。

第四章 行政复议受理

第十七条 【复议的受理】行政复议机关收到行政复议申请后，应当在5日内进行审查，对不符合本法规定的行政复议申请，决定不予受理，并书面告知申请人；对符合本法规定，但是不属于本机关受理的行政复议申请，应当告知申请人向有关行政复议机关提出。

除前款规定外，行政复议申请自行政复议机关负责法制工作的机构收到之日起即为受理。

第十八条　【复议申请的转送】依照本法第十五条第二款的规定接受行政复议申请的县级地方人民政府，对依照本法第十五条第一款的规定属于其他行政复议机关受理的行政复议申请，应当自接到该行政复议申请之日起7日内，转送有关行政复议机关，并告知申请人。接受转送的行政复议机关应当依照本法第十七条的规定办理。

第十九条　【复议前置的规定】法律、法规规定应当先向行政复议机关申请行政复议、对行政复议决定不服再向人民法院提起行政诉讼的，行政复议机关决定不予受理或者受理后超过行政复议期限不作答复的，公民、法人或者其他组织可以自收到不予受理决定书之日起或者行政复议期满之日起15日内，依法向人民法院提起行政诉讼。

第二十条　【上级机关责令受理及直接受理】公民、法人或者其他组织依法提出行政复议申请，行政复议机关无正当理由不予受理的，上级行政机关应当责令其受理；必要时，上级行政机关也可以直接受理。

第二十一条　【复议停止执行的情形】行政复议期间具体行政行为不停止执行；但是，有下列情形之一的，可以停止执行：

（一）被申请人认为需要停止执行的；

（二）行政复议机关认为需要停止执行的；

（三）申请人申请停止执行，行政复议机关认为其要求合理，决定停止执行的；

（四）法律规定停止执行的。

第五章　行政复议决定

第二十二条　【书面审查原则及例外】行政复议原则上采取书面审查的办法，但是申请人提出要求或者行政复议机关负责法制工作的机构认为有必要时，可以向有关组织和人员调查情况，听取申请人、被申请人和第三人的意见。

第二十三条　【复议程序事项】行政复议机关负责法制工作的机构应当自行政复议申请受理之日起7日内，将行政复议申请书副本或者行政复议申请笔录复印件发送被申请人。被申请人应当自收到申请书副本或者申请笔录复印件之日起10日内，提出书面答复，并提交当初作出具体行政行为的证据、依据和其他有关材料。

申请人、第三人可以查阅被申请人提出的书面答复、作出具体行政行为的证据、依据和其他有关材料，除涉及国家秘密、商业秘密或者个人隐私外，行政复议机关不得拒绝。

第二十四条　【被申请人不得自行取证】在行政复议过程中，被申请人不得自行向申请人和其他有关组织或者个人收集证据。

第二十五条　【申请的撤回】行政复议决定作出前，申请人要求撤回行政复议申请的，经说明理由，可以撤回；撤回行政复议申请的，行政复议终止。

第二十六条　【复议机关对规定的处理】申请人在申请行政复议时，一并提出对本法第七条所列有关规定的审查申请的，行政复议机关对该规定有权处理的，应当在30日内依法处理；无权处理的，应当在7日内按照法定程序转送有权处理的行政机关依法处理，有权处理的行政机关应当在60日内依法处理。处理期间，中止对具体行政行为的审查。

第二十七条　【对具体行政行为依据的审查】行政复议机关在对被申请人作出的具体行政行为进行审查时，认为其依据不合法，本机关有权处理的，应当在30日内依法处理；无权处理的，应当在7日内按照法定程序转送有权处理的国家机关依法处理。处理期间，中止对具体行政行为的审查。

第二十八条　【复议决定的作出】行政复议机关负责法制工作的机构应当对被申请人作出的具体行政行为进行审查，提出意见，经行政复议机关的负责人同意或者集体讨论通过后，按照下列规定作出行政复议决定：

（一）具体行政行为认定事实清楚，证据确凿，适用依据正确，程序合法，内容适当的，决定维持；

（二）被申请人不履行法定职责的，决定其在一定期限内履行；

（三）具体行政行为有下列情形之一的，决定撤销、变更或者确认该具体行政行为违法；决定撤销或者确认该具体行政行为违法的，可以责令被申请人在一定期限内重新作出具体行政行为：

1. 主要事实不清、证据不足的；
2. 适用依据错误的；
3. 违反法定程序的；
4. 超越或者滥用职权的；
5. 具体行政行为明显不当的。

（四）被申请人不按照本法第二十三条的规定提出书面答复、提交当初作出具体行政行为的证据、依据和其他有关材料的，视为该具体行政行为没有证据、依据，决定撤销该具体行政行为。

行政复议机关责令被申请人重新作出具体行政行为的，被申请人不得以同一的事实和理由作出与原具体行政行为相同或者基本相同的具体行政行为。

第二十九条　【行政赔偿】申请人在申请行政复议时可以一并提出行政赔偿请求，行政复议机关对符合国家赔偿法的有关规定应当给予赔偿的，在决定撤销、变更具体行政行为或者确认具体行政行为违法时，应当同时决定被申请人依法给予赔偿。

申请人在申请行政复议时没有提出行政赔偿请求的，行政复议机关在依法决定撤销或者变更罚款，撤销违法集资、没收财物、征收财物、摊派费用以及对财产的查封、扣押、冻结等具体行政行为时，应当同时责令被申请人返还财产，解除对财产的查封、扣押、冻结措施，或者赔偿相应的价款。

第三十条 【对侵犯自然资源所有权或使用权行为的先行复议原则】公民、法人或者其他组织认为行政机关的具体行政行为侵犯其已经依法取得的土地、矿藏、水流、森林、山岭、草原、荒地、滩涂、海域等自然资源的所有权或者使用权的，应当先申请行政复议；对行政复议决定不服的，可以依法向人民法院提起行政诉讼。

根据国务院或者省、自治区、直辖市人民政府对行政区划的勘定、调整或者征收土地的决定，省、自治区、直辖市人民政府确认土地、矿藏、水流、森林、山岭、草原、荒地、滩涂、海域等自然资源的所有权或者使用权的行政复议决定为最终裁决。

第三十一条 【复议决定期限】行政复议机关应当自受理申请之日起60日内作出行政复议决定；但是法律规定的行政复议期限少于60日的除外。情况复杂，不能在规定期限内作出行政复议决定的，经行政复议机关的负责人批准，可以适当延长，并告知申请人和被申请人；但是延长期限最多不超过30日。

行政复议机关作出行政复议决定，应当制作行政复议决定书，并加盖印章。

行政复议决定书一经送达，即发生法律效力。

第三十二条 【复议决定的履行】被申请人应当履行行政复议决定。

被申请人不履行或者无正当理由拖延履行行政复议决定的，行政复议机关或者有关上级行政机关应当责令其限期履行。

第三十三条 【不履行复议决定的处理】申请人逾期不起诉又不履行行政复议决定的，或者不履行最终裁决的行政复议决定的，按照下列规定分别处理：

（一）维持具体行政行为的行政复议决定，由作出具体行政行为的行政机关依法强制执行，或者申请人民法院强制执行；

（二）变更具体行政行为的行政复议决定，由行政复议机关依法强制执行，或者申请人民法院强制执行。

第六章 法律责任

第三十四条 【复议机关不依法履行职责的处罚】行政复议机关违反本法规定，无正当理由不予受理依法提出的行政复议申请或者不按照规定转送行政复议申请的，或者在法定期限内不作出行政复议决定的，对直接负责的主管人员和其他直接责任人员依法给予警告、记过、记大过的行政处分；经责令受理仍不受理或者不按照规定转送行政复议申请，造成严重后果的，依法给予降级、撤职、开除的行政处分。

第三十五条 【渎职处罚】行政复议机关工作人员在行政复议活动中，徇私舞弊或者有其他渎职、失职行为的，依法给予警告、记过、记大过的行政处分；情节严重的，依法给予降级、撤职、开除的行政处分；构成犯罪的，依法追究刑事责任。

第三十六条 【被申请人不提交答复、资料和阻碍他人复议申请的处罚】被申请人违反本法规定，不提出书面答复或者不提交作出具体行政行为的证据、依据和其他有关材料，或者阻挠、变相阻挠公民、法人或者其他组织依法申请行政复议的，对直接负责的主管人员和其他直接责任人员依法给予警告、记过、记大过的行政处分；进行报复陷害的，依法给予降级、撤职、开除的行政处分；构成犯罪的，依法追究刑事责任。

第三十七条 【不履行、迟延履行复议决定的处罚】被申请人不履行或者无正当理由拖延履行行政复议决定的，对直接负责的主管人员和其他直接责任人员依法给予警告、记过、记大过的行政处分；经责令履行仍拒不履行的，依法给予降级、撤职、开除的行政处分。

第三十八条 【复议机关的建议权】行政复议机关负责法制工作的机构发现有无正当理由不予受理行政复议申请、不按照规定期限作出行政复议决定、徇私舞弊、对申请人打击报复或者不履行行政复议决定等情形的，应当向有关行政机关提出建议，有关行政机关应当依照本法和有关法律、行政法规的规定作出处理。

第七章 附 则

第三十九条 【复议费用】行政复议机关受理行政复议申请，不得向申请人收取任何费用。行政复议活动所需经费，应当列入本机关的行政经费，由本级财政予以保障。

第四十条 【期间计算和文书送达】行政复议期间的计算和行政复议文书的送达，依照民事诉讼法关于期间、送达的规定执行。

本法关于行政复议期间有关“5 日”、“7 日”的规定是指工作日，不含节假日。

第四十一条 【适用范围补充规定】外国人、无国籍人、外国组织在中华人民共和国境内申请行政复议，适用本法。

第四十二条 【法律冲突的解决】本法施行前公布的法律有关行政复议的规定与本法的规定不一致的，以本法的规定为准。

第四十三条 【生效日期】本法自1999年10月1日起施行。1990年12月24日国务院发布、1994年10月9日国务院修订发布的《行政复议条例》同时废止。

中华人民共和国行政复议法实施条例

（2007年5月23日国务院第177次常务会议通过　2007年5月29日中华人民共和国国务院令第499号公布　自2007年8月1日起施行）

第一章　总　　则

第一条　为了进一步发挥行政复议制度在解决行政争议、建设法治政府、构建社会主义和谐社会中的作用，根据《中华人民共和国行政复议法》（以下简称行政复议法），制定本条例。

第二条　各级行政复议机关应当认真履行行政复议职责，领导并支持本机关负责法制工作的机构（以下简称行政复议机构）依法办理行政复议事项，并依照有关规定配备、充实、调剂专职行政复议人员，保证行政复议机构的办案能力与工作任务相适应。

第三条　行政复议机构除应当依照行政复议法第三条的规定履行职责外，还应当履行下列职责：

（一）依照行政复议法第十八条的规定转送有关行政复议申请；

（二）办理行政复议法第二十九条规定的行政赔偿等事项；

（三）按照职责权限，督促行政复议申请的受理和行政复议决定的履行；

（四）办理行政复议、行政应诉案件统计和重大行政复议决定备案事项；

（五）办理或者组织办理未经行政复议直接提起行政诉讼的行政应诉事项；

（六）研究行政复议工作中发现的问题，及时向有关机关提出改进建议，重大问题及时向行政复议机关报告。

第四条　专职行政复议人员应当具备与履行行政复议职责相适应的品行、专业知识和业务能力，并取得相应资格。具体办法由国务院法制机构会同国务院有关部门规定。

第二章　行政复议申请

第一节　申　请　人

第五条　依照行政复议法和本条例的规定申请行政复议的公民、法人或者其他组织为申请人。

第六条　合伙企业申请行政复议的，应当以核准登记的企业为申请人，由执行合伙事务的合伙人代表该企业参加行政复议；其他合伙组织申请行政复议的，由合伙人共同申请行政复议。

前款规定以外的不具备法人资格的其他组织申请行政复议的，由该组织的主要负责人代表该组织参加行政复议；没有主要负责人的，由共同推选的其他成员代表该组织参加行政复议。

第七条　股份制企业的股东大会、股东代表大会、董事会认为行政机关作出的具体行政行为侵犯企业合法权益的，可以以企业的名义申请行政复议。

第八条　同一行政复议案件申请人超过5人的，推选1至5名代表参加行政复议。

第九条　行政复议期间，行政复议机构认为申请人以外的公民、法人或者其他组织与被审查的具体行政行为有利害关系的，可以通知其作为第三人参加行政复议。

行政复议期间，申请人以外的公民、法人或者其他组织与被审查的具体行政行为有利害关系的，可以向行政复议机构申请作为第三人参加行政复议。

第三人不参加行政复议，不影响行政复议案件的审理。

第十条　申请人、第三人可以委托1至2名代理人参加行政复议。申请人、第三人委托代理人的，应当向行政复议机构提交授权委托书。授权委托书应当载明委托事项、权限和期限。公民在特殊情况下无法书面委托的，可以口头委托。口头委托的，行政复议机构应当核实并记录在卷。申请人、第三人解除或者变更委托的，应当书面报告行政复议机构。

第二节　被 申 请 人

第十一条　公民、法人或者其他组织对行政机关的具体行政行为不服，依照行政复议法和本条例的规定申请行政复议的，作出该具体行政行为的行政机关为被申请人。

第十二条　行政机关与法律、法规授权的组织以共同的名义作出具体行政行为的，行政机关和法律、法规授权的组织为共同被申请人。

行政机关与其他组织以共同名义作出具体行政行为的，行政机关为被申请人。

第十三条　下级行政机关依照法律、法规、规章规定，经上级行政机关批准作出具体行政行为的，批准机关为被申请人。

第十四条　行政机关设立的派出机构、内设机构或者其他组织，未经法律、法规授权，对外以自己名义作出具体行政行为的，该行政机关为被申请人。

第三节　行政复议申请期限

第十五条　行政复议法第九条第一款规定的行政复议申请期限的计算，依照下列规定办理：

（一）当场作出具体行政行为的，自具体行政行为作出之日起计算；

（二）载明具体行政行为的法律文书直接送达的，自受送达人签收之日起计算；

（三）载明具体行政行为的法律文书邮寄送达的，自受送达人在邮件签收单上签收之日起计算；没有邮件签收单的，自受送达人在送达回执上签名之日起计算；

（四）具体行政行为依法通过公告形式告知受送达人的，自公告规定的期限届满之日起计算；

（五）行政机关作出具体行政行为时未告知公民、法人或者其他组织，事后补充告知的，自该公民、法人或者其他组织收到行政机关补充告知的通知之日起计算；

（六）被申请人能够证明公民、法人或者其他组织知道具体行政行为的，自证据材料证明其知道具体行政行为之日起计算。

行政机关作出具体行政行为，依法应当向有关公民、法人或者其他组织送达法律文书而未送达的，视为该公民、法人或者其他组织不知道该具体行政行为。

第十六条　公民、法人或者其他组织依照行政复议法第六条第（八）项、第（九）项、第（十）项的规定申请行政机关履行法定职责，行政机关未履行的，行政复议申请期限依照下列规定计算：

（一）有履行期限规定的，自履行期限届满之日起计算；

（二）没有履行期限规定的，自行政机关收到申请满60日起计算。

公民、法人或者其他组织在紧急情况下请求行政机关履行保护人身权、财产权的法定职责，行政机关不履行的，行政复议申请期限不受前款规定的限制。

第十七条　行政机关作出的具体行政行为对公民、法人或者其他组织的权利、义务可能产生不利影响的，应当告知其申请行政复议的权利、行政复议机关和行政复议申请期限。

第四节　行政复议申请的提出

第十八条　申请人书面申请行政复议的，可以采取当面递交、邮寄或者传真等方式提出行政复议申请。

有条件的行政复议机构可以接受以电子邮件形式提出的行政复议申请。

第十九条　申请人书面申请行政复议的，应当在行政复议申请书中载明下列事项：

（一）申请人的基本情况，包括：公民的姓名、性别、年龄、身份证号码、工作单位、住所、邮政编码；法人或者其他组织的名称、住所、邮政编码和法定代表人或者主要负责人的姓名、职务；

（二）被申请人的名称；

（三）行政复议请求、申请行政复议的主要事实和理由；

（四）申请人的签名或者盖章；

（五）申请行政复议的日期。

第二十条　申请人口头申请行政复议的，行政复议机构应当依照本条例第十九条规定的事项，当场制作行政复议申请笔录交申请人核对或者向申请人宣读，并由申请人签字确认。

第二十一条　有下列情形之一的，申请人应当提供证明材料：

（一）认为被申请人不履行法定职责的，提供曾经要求被申请人履行法定职责而被申请人未履行的证明材料；

（二）申请行政复议时一并提出行政赔偿请求的，提供受具体行政行为侵害而造成损害的证明材料；

（三）法律、法规规定需要申请人提供证据材料的其他情形。

第二十二条　申请人提出行政复议申请时错列被申请人的，行政复议机构应当告知申请人变更被申请人。

第二十三条　申请人对两个以上国务院部门共同作出的具体行政行为不服的，依照行政复议法第十四条的规定，可以向其中任何一个国务院部门提出行政复议申请，由作出具体行政行为的国务院部门共同作出行政复议决定。

第二十四条　申请人对经国务院批准实行省以下垂直领导的部门作出的具体行政行为不服的，可以选择向该部门的本级人民政府或者上一级主管部门申请行政复议；省、自治区、直辖市另有规定的，依照省、自治区、直辖市的规定办理。

第二十五条　申请人依照行政复议法第三十条第二款的规定申请行政复议的，应当向省、自治区、直辖市人民政府提出行政复议申请。

第二十六条　依照行政复议法第七条的规定，申请人认为具体行政行为所依据的规定不合法的，可以在对具体行政行为申请行政复议的同时一并提出对该规定的审查申请；申请人在对具体行政行为提出行政复议申请时尚不知道该具体行政行为所依据的规定的，可以在行政复议机关作出行政复议决定前向行政复议机关提出对该规定的审查申请。

第三章　行政复议受理

第二十七条　公民、法人或者其他组织认为行政机关的具体行政行为侵犯其合法权益提出行政复议申请，除不符合行政复议法和本条例规定的申请条件的，行政复议机关必须受理。

第二十八条　行政复议申请符合下列规定的，应当予以受理：

（一）有明确的申请人和符合规定的被申请人；

（二）申请人与具体行政行为有利害关系；

（三）有具体的行政复议请求和理由；

（四）在法定申请期限内提出；

（五）属于行政复议法规定的行政复议范围；

（六）属于收到行政复议申请的行政复议机构的职责范围；

（七）其他行政复议机关尚未受理同一行政复议申请，人民法院尚未受理同一主体就同一事实提起的行政诉讼。

第二十九条 行政复议申请材料不齐全或者表述不清楚的，行政复议机构可以自收到该行政复议申请之日起5日内书面通知申请人补正。补正通知应当载明需要补正的事项和合理的补正期限。无正当理由逾期不补正的，视为申请人放弃行政复议申请。补正申请材料所用时间不计入行政复议审理期限。

第三十条 申请人就同一事项向两个或者两个以上有权受理的行政机关申请行政复议的，由最先收到行政复议申请的行政机关受理；同时收到行政复议申请的，由收到行政复议申请的行政机关在10日内协商确定；协商不成的，由其共同上一级行政机关在10日内指定受理机关。协商确定或者指定受理机关所用时间不计入行政复议审理期限。

第三十一条 依照行政复议法第二十条的规定，上级行政机关认为行政复议机关不予受理行政复议申请的理由不成立的，可以先行督促其受理；经督促仍不受理的，应当责令其限期受理，必要时也可以直接受理；认为行政复议申请不符合法定受理条件的，应当告知申请人。

第四章 行政复议决定

第三十二条 行政复议机构审理行政复议案件，应当由2名以上行政复议人员参加。

第三十三条 行政复议机构认为必要时，可以实地调查核实证据；对重大、复杂的案件，申请人提出要求或者行政复议机构认为必要时，可以采取听证的方式审理。

第三十四条 行政复议人员向有关组织和人员调查取证时，可以查阅、复制、调取有关文件和资料，向有关人员进行询问。

调查取证时，行政复议人员不得少于2人，并应当向当事人或者有关人员出示证件。被调查单位和人员应当配合行政复议人员的工作，不得拒绝或者阻挠。

需要现场勘验的，现场勘验所用时间不计入行政复议审理期限。

第三十五条 行政复议机关应当为申请人、第三人查阅有关材料提供必要条件。

第三十六条 依照行政复议法第十四条的规定申请原级行政复议的案件，由原承办具体行政行为有关事项的部门或者机构提出书面答复，并提交作出具体行政行为的证据、依据和其他有关材料。

第三十七条 行政复议期间涉及专门事项需要鉴定的，当事人可以自行委托鉴定机构进行鉴定，也可以申请行政复议机构委托鉴定机构进行鉴定。鉴定费用由当事人承担。鉴定所用时间不计入行政复议审理期限。

第三十八条 申请人在行政复议决定作出前自愿撤回行政复议申请的，经行政复议机构同意，可以撤回。

申请人撤回行政复议申请的，不得再以同一事实和理由提出行政复议申请。但是，申请人能够证明撤回行政复议申请违背其真实意思表示的除外。

第三十九条 行政复议期间被申请人改变原具体行政行为的，不影响行政复议案件的审理。但是，申请人依法撤回行政复议申请的除外。

第四十条 公民、法人或者其他组织对行政机关行使法律、法规规定的自由裁量权作出的具体行政行为不服申请行政复议，申请人与被申请人在行政复议决定作出前自愿达成和解的，应当向行政复议机构提交书面和解协议；和解内容不损害社会公共利益和他人合法权益的，行政复议机构应当准许。

第四十一条 行政复议期间有下列情形之一，影响行政复议案件审理的，行政复议中止：

（一）作为申请人的自然人死亡，其近亲属尚未确定是否参加行政复议的；

（二）作为申请人的自然人丧失参加行政复议的能力，尚未确定法定代理人参加行政复议的；

（三）作为申请人的法人或者其他组织终止，尚未确定权利义务承受人的；

（四）作为申请人的自然人下落不明或者被宣告失踪的；

（五）申请人、被申请人因不可抗力，不能参加行政复议的；

（六）案件涉及法律适用问题，需要有权机关作出解释或者确认的；

（七）案件审理需要以其他案件的审理结果为依据，而其他案件尚未审结的；

（八）其他需要中止行政复议的情形。

行政复议中止的原因消除后，应当及时恢复行政复议案件的审理。

行政复议机构中止、恢复行政复议案件的审理，应当告知有关当事人。

第四十二条 行政复议期间有下列情形之一的，行政复议终止：

（一）申请人要求撤回行政复议申请，行政复议机构准予撤回的；

（二）作为申请人的自然人死亡，没有近亲属或者其近亲属放弃行政复议权利的；

（三）作为申请人的法人或者其他组织终止，其权利义务的承受人放弃行政复议权利的；

（四）申请人与被申请人依照本条例第四十条的规定，经行政复议机构准许达成和解的；

（五）申请人对行政拘留或者限制人身自由的行政强制措施不服申请行政复议后，因申请人同一违法行为涉嫌犯罪，该行政拘留或者限制人身自由的行政强制措施变更为刑事拘留的。

依照本条例第四十一条第一款第（一）项、第（二）项、第（三）项规定中止行政复议，满60日行政复议中止的原因仍未消除的，行政复议终止。

第四十三条 依照行政复议法第二十八条第一款第（一）项规定，具体行政行为认定事实清楚，证据确凿，适用依据正确，程序合法，内容适当的，行政复议机关应当决定维持。

第四十四条 依照行政复议法第二十八条第一款第（二）项规定，被申请人不履行法定职责的，行政复议机关应当决定其在一定期限内履行法定职责。

第四十五条 具体行政行为有行政复议法第二十八条第一款第（三）项规定情形之一的，行政复议机关应当决定撤销、变更该具体行政行为或者确认该具体行政行为违法；决定撤销该具体行政行为或者确认该具体行政行为违法的，可以责令被申请人在一定期限内重新作出具体行政行为。

第四十六条 被申请人未依照行政复议法第二十三条的规定提出书面答复、提交当初作出具体行政行为的证据、依据和其他有关材料的，视为该具体行政行为没有证据、依据，行政复议机关应当决定撤销该具体行政行为。

第四十七条 具体行政行为有下列情形之一，行政复议机关可以决定变更：

（一）认定事实清楚，证据确凿，程序合法，但是明显不当或者适用依据错误的；

（二）认定事实不清，证据不足，但是经行政复议机关审理查明事实清楚，证据确凿的。

第四十八条 有下列情形之一的，行政复议机关应当决定驳回行政复议申请：

（一）申请人认为行政机关不履行法定职责申请行政复议，行政复议机关受理后发现该行政机关没有相应法定职责或者在受理前已经履行法定职责的；

（二）受理行政复议申请后，发现该行政复议申请不符合行政复议法和本条例规定的受理条件的。

上级行政机关认为行政复议机关驳回行政复议申请的理由不成立的，应当责令其恢复审理。

第四十九条 行政复议机关依照行政复议法第二十八条的规定责令被申请人重新作出具体行政行为的，被申请人应当在法律、法规、规章规定的期限内重新作出具体行政行为；法律、法规、规章未规定期限的，重新作出具体行政行为的期限为60日。

公民、法人或者其他组织对被申请人重新作出的具体行政行为不服，可以依法申请行政复议或者提起行政诉讼。

第五十条 有下列情形之一的，行政复议机关可以按照自愿、合法的原则进行调解：

（一）公民、法人或者其他组织对行政机关行使法律、法规规定的自由裁量权作出的具体行政行为不服申请行政复议的；

（二）当事人之间的行政赔偿或者行政补偿纠纷。

当事人经调解达成协议的，行政复议机关应当制作行政复议调解书。调解书应当载明行政复议请求、事实、理由和调解结果，并加盖行政复议机关印章。行政复议调解书经双方当事人签字，即具有法律效力。

调解未达成协议或者调解书生效前一方反悔的，行政复议机关应当及时作出行政复议决定。

第五十一条 行政复议机关在申请人的行政复议请求范围内，不得作出对申请人更为不利的行政复议决定。

第五十二条 第三人逾期不起诉又不履行行政复议决定的，依照行政复议法第三十三条的规定处理。

第五章 行政复议指导和监督

第五十三条 行政复议机关应当加强对行政复议工作的领导。

行政复议机构在本级行政复议机关的领导下，按照职责权限对行政复议工作进行督促、指导。

第五十四条 县级以上各级人民政府应当加强对所属工作部门和下级人民政府履行行政复议职责的监督。

行政复议机关应当加强对其行政复议机构履行行政复议职责的监督。

第五十五条 县级以上地方各级人民政府应当建立健全行政复议工作责任制，将行政复议工作纳入本级政府目标责任制。

第五十六条 县级以上地方各级人民政府应当按照职责权限，通过定期组织检查、抽查等方式，对所属工作部门和下级人民政府行政复议工作进行检查，并及时向有关方面反馈检查结果。

第五十七条 行政复议期间行政复议机关发现被申请人或者其他下级行政机关的相关行政行为违法或者需要做好善后工作的，可以制作行政复议意见书。有关机关应当自收到行政复议意见书之日起60日内将纠正相关行政违法行为或者做好善后工作的情况通报行政复议机构。

行政复议期间行政复议机构发现法律、法规、规章实施中带有普遍性的问题，可以制作行政复议建议书，向有关机关提出完善制度和改进行政执法的建议。

第五十八条 县级以上各级人民政府行政复议机构应当定期向本级人民政府提交行政复议工作状况分析报告。

第五十九条 下级行政复议机关应当及时将重大行政复议决定报上级行政复议机关备案。

第六十条 各级行政复议机构应当定期组织对行政复议人员进行业务培训，提高行政复议人员的专业素质。

第六十一条 各级行政复议机关应当定期总结行政复议

工作，对在行政复议工作中做出显著成绩的单位和个人，依照有关规定给予表彰和奖励。

第六章 法律责任

第六十二条 被申请人在规定期限内未按照行政复议决定的要求重新作出具体行政行为，或者违反规定重新作出具体行政行为的，依照行政复议法第三十七条的规定追究法律责任。

第六十三条 拒绝或者阻挠行政复议人员调查取证、查阅、复制、调取有关文件和资料的，对有关责任人员依法给予处分或者治安处罚；构成犯罪的，依法追究刑事责任。

第六十四条 行政复议机关或者行政复议机构不履行行政复议法和本条例规定的行政复议职责，经有权监督的行政机关督促仍不改正的，对直接负责的主管人员和其他直接责任人员依法给予警告、记过、记大过的处分；造成严重后果的，依法给予降级、撤职、开除的处分。

第六十五条 行政机关及其工作人员违反行政复议法和本条例规定的，行政复议机构可以向人事、监察部门提出对有关责任人员的处分建议，也可以将有关人员违法的事实材料直接转送人事、监察部门处理；接受转送的人事、监察部门应当依法处理，并将处理结果通报转送的行政复议机构。

第七章 附 则

第六十六条 本条例自2007年8月1日起施行。

国家知识产权局行政复议规程

（2012年7月18日国家知识产权局令第66号公布 自2012年9月1日起施行）

第一章 总 则

第一条 为了防止和纠正违法或者不当的具体行政行为，保护公民、法人和其他组织的合法权益，保障和监督国家知识产权局依法行使职权，根据《中华人民共和国行政复议法》和《中华人民共和国行政复议法实施条例》，制定本规程。

第二条 公民、法人或者其他组织认为国家知识产权局的具体行政行为侵犯其合法权益的，可以依照本规程向国家知识产权局申请行政复议。

第三条 国家知识产权局负责法制工作的机构（以下称“行政复议机构”）具体办理行政复议事项，履行下列职责：

（一）受理行政复议申请；

（二）向有关部门及人员调查取证，调阅有关文档和资料；

（三）审查具体行政行为是否合法与适当；

（四）办理一并请求的行政赔偿事项；

（五）拟订、制作和发送行政复议法律文书；

（六）办理因不服行政复议决定提起行政诉讼的应诉事项；

（七）督促行政复议决定的履行；

（八）办理行政复议、行政应诉案件统计和重大行政复议决定备案事项；

（九）研究行政复议工作中发现的问题，及时向有关部门提出行政复议意见或者建议。

第二章 行政复议范围和参加人

第四条 除本规程第五条另有规定外，有下列情形之一的，可以依法申请行政复议：

（一）对国家知识产权局作出的有关专利申请、专利权的具体行政行为不服的；

（二）对国家知识产权局作出的有关集成电路布图设计登记申请、布图设计专有权的具体行政行为不服的；

（三）对国家知识产权局专利复审委员会作出的有关专利复审、无效的程序性决定不服的；

（四）对国家知识产权局作出的有关专利代理管理的具体行政行为不服的；

（五）认为国家知识产权局作出的其他具体行政行为侵犯其合法权益的。

第五条 对下列情形之一，不能申请行政复议：

（一）专利申请人对驳回专利申请的决定不服的；

（二）复审请求人对复审请求审查决定不服的；

（三）专利权人或者无效宣告请求人对无效宣告请求审查决定不服的；

（四）专利权人或者专利实施强制许可的被许可人对强制许可使用费的裁决不服的；

（五）国际申请的申请人对国家知识产权局作为国际申请的受理单位、国际检索单位和国际初步审查单位所作决定不服的；

（六）集成电路布图设计登记申请人对驳回登记申请的决定不服的；

（七）集成电路布图设计登记申请人对复审决定不服的；

（八）集成电路布图设计权利人对撤销布图设计登记的决定不服的；

（九）集成电路布图设计权利人、非自愿许可取得人对非自愿许可报酬的裁决不服的；

（十）集成电路布图设计权利人、被控侵权人对集成电路布图设计专有权侵权纠纷处理决定不服的；

（十一）法律、法规规定的其他不能申请行政复议的情形。

第六条 依照本规程申请行政复议的公民、法人或者其他组织是复议申请人。

在具体行政行为作出时其权利或者利益受到损害的其他利害关系人可以申请行政复议，也可以作为第三人参加行政复议。

第七条 复议申请人、第三人可以委托代理人代为参加行政复议。

第三章 申请与受理

第八条 公民、法人或者其他组织认为国家知识产权局的具体行政行为侵犯其合法权益的，可以自知道该具体行政行为之日起60日内提出行政复议申请。

因不可抗力或者其他正当理由耽误前款所述期限的，该期限自障碍消除之日起继续计算。

第九条 有权申请行政复议的公民、法人或者其他组织向人民法院提起行政诉讼，人民法院已经依法受理的，不得向国家知识产权局申请行政复议。

向国家知识产权局申请行政复议，行政复议机构已经依法受理的，在法定行政复议期限内不得向人民法院提起行政诉讼。

国家知识产权局受理行政复议申请后，发现在受理前或者受理后当事人向人民法院提起行政诉讼并且人民法院已经依法受理的，驳回行政复议申请。

第十条 行政复议申请应当符合下列条件：

（一）复议申请人是认为具体行政行为侵犯其合法权益的专利申请人、专利权人、集成电路布图设计登记申请人、集成电路布图设计权利人或者其他利害关系人；

（二）有具体的行政复议请求和理由；

（三）属于行政复议的范围；

（四）在法定申请期限内提出。

第十一条 申请行政复议应当提交行政复议申请书一式两份，并附具必要的证据材料。被申请复议的具体行政行为以书面形式作出的，应当附具该文书或者其复印件。

委托代理人的，应当附具授权委托书。

第十二条 行政复议申请书应当载明下列内容：

（一）复议申请人的姓名或者名称、通信地址、联系电话；

（二）具体的行政复议请求；

（三）申请行政复议的主要事实和理由；

（四）复议申请人的签名或者盖章；

（五）申请行政复议的日期。

第十三条 行政复议申请书可以使用国家知识产权局制作的标准表格。

行政复议申请书可以手写或者打印。

第十四条 行政复议申请书应当以邮寄、传真或者当面递交等方式向行政复议机构提交。

第十五条 行政复议机构自收到行政复议申请书之日起5日内，根据情况分别作出如下处理：

（一）行政复议申请符合本规程规定的，予以受理，并向复议申请人发送受理通知书；

（二）行政复议申请不符合本规程规定的，决定不予受理并书面告知理由；

（三）行政复议申请书不符合本规程第十一条、第十二条规定的，通知复议申请人在指定期限内补正；期满未补正的，视为放弃行政复议申请。

第四章 审理与决定

第十六条 在审理行政复议案件过程中，行政复议机构可以向有关部门和人员调查情况，也可应请求听取复议申请人或者第三人的口头意见。

第十七条 行政复议机构应当自受理行政复议申请之日起7日内将行政复议申请书副本转交有关部门。该部门应当自收到行政复议申请书副本之日起10日内提出维持、撤销或者变更原具体行政行为的书面答复意见，并提交当时作出具体行政行为的证据、依据和其他有关材料。期满未提出答复意见的，不影响行政复议决定的作出。

复议申请人、第三人可以查阅前款所述书面答复意见以及作出具体行政行为所依据的证据、依据和其他有关材料，但涉及保密内容的除外。

第十八条 行政复议决定作出之前，复议申请人可以要求撤回行政复议申请。准予撤回的，行政复议程序终止。

第十九条 行政复议期间，具体行政行为原则上不停止执行。行政复议机构认为需要停止执行的，应当向有关部门发出停止执行通知书，并通知复议申请人及第三人。

第二十条 审理行政复议案件，以法律、行政法规、部门规章为依据。

第二十一条 具体行政行为认定事实清楚，证据确凿，适用依据正确，程序合法，内容适当的，应当决定维持。

第二十二条 被申请人不履行法定职责的，应当决定其在一定期限内履行法定职责。

第二十三条 具体行政行为有下列情形之一的，应当决定撤销、变更该具体行政行为或者确认该具体行政行为违法，并可以决定由被申请人重新作出具体行政行为：

（一）主要事实不清，证据不足的；

（二）适用依据错误的；

（三）违反法定程序的；

（四）超越或者滥用职权的；

（五）具体行政行为明显不当的；

（六）出现新证据，撤销或者变更原具体行政行为更为合理的。

第二十四条 具体行政行为有下列情形之一的，可以决定变更该具体行政行为：

（一）认定事实清楚，证据确凿，程序合法，但是明显不当或者适用依据错误的；

（二）认定事实不清，证据不足，经行政复议程序审理查明事实清楚，证据确凿的。

第二十五条 有下列情形之一的，应当驳回行政复议申请并书面告知理由：

（一）复议申请人认为被申请人不履行法定职责而申请行政复议，行政复议机构受理后发现被申请人没有相应法定职责或者在受理前已经履行法定职责的；

（二）行政复议机构受理行政复议申请后，发现该行政复议申请不符合受理条件的。

第二十六条 复议申请人申请行政复议时可以一并提出行政赔偿请求。行政复议机构依据国家赔偿法的规定对行政赔偿请求进行审理，在行政复议决定中对赔偿请求一并作出决定。

第二十七条 行政复议决定应当自受理行政复议申请之日起60日内作出，但是情况复杂不能在规定期限内作出的，经审批后可以延长期限，并通知复议申请人和第三人。延长的期限最多不得超过30日。

第二十八条 行政复议决定以国家知识产权局的名义作出。行政复议决定书应当加盖国家知识产权局行政复议专用章。

第二十九条 行政复议期间，行政复议机构发现相关行政行为违法或者需要做好善后工作的，可以制作行政复议意见书。有关部门应当自收到行政复议意见书之日起60日内将纠正相关行政违法行为或者做好善后工作的情况通报行政复议机构。

行政复议期间，行政复议机构发现法律、法规、规章实施中带有普遍性的问题，可以制作行政复议建议书，向有关部门提出完善制度和改进行政执法的建议。

第五章 期间与送达

第三十条 期间开始之日不计算在期间内。期间届满的最后一日是节假日的，以节假日后的第一日为期间届满的日期。本规程中有关"5日"、"7日"、"10日"的规定是指工作日，不含节假日。

第三十一条 行政复议决定书直接送达的，复议申请人在送达回证上的签收日期为送达日期。行政复议决定书邮寄送达的，自交付邮寄之日起满15日视为送达。

行政复议决定书一经送达，即发生法律效力。

第三十二条 复议申请人或者第三人委托代理人的，行政复议决定书除送交代理人外，还应当按国内的通讯地址送交复议申请人和第三人。

第六章 附　　则

第三十三条 外国人、外国企业或者外国其他组织向国家知识产权局申请行政复议，适用本规程。

第三十四条 行政复议不收取费用。

第三十五条 本规程自2012年9月1日起施行。2002年7月25日国家知识产权局令第二十四号发布的《国家知识产权局行政复议规程》同时废止。

（三）仲　裁

中华人民共和国仲裁法

（1994年8月31日第八届全国人民代表大会常务委员会第九次会议通过　根据2009年8月27日第十一届全国人民代表大会常务委员会第十次会议《关于修改部分法律的决定》修正）

目　　录

第一章　总　　则

第一条　【立法宗旨】为保证公正、及时地仲裁经济纠纷，保护当事人的合法权益，保障社会主义市场经济健康发展，制定本法。

第二条　【适用范围】平等主体的公民、法人和其他组织之间发生的合同纠纷和其他财产权益纠纷，可以仲裁。

第三条　【适用范围的例外】下列纠纷不能仲裁：

（一）婚姻、收养、监护、扶养、继承纠纷；

（二）依法应当由行政机关处理的行政争议。

第四条　【自愿仲裁原则】当事人采用仲裁方式解决纠纷，应当双方自愿，达成仲裁协议。没有仲裁协议，一方申请仲裁的，仲裁委员会不予受理。

第五条　【或裁或审原则】当事人达成仲裁协议，一方向人民法院起诉的，人民法院不予受理，但仲裁协议无效的除外。

第六条　【仲裁机构的选定】仲裁委员会应当由当事人协议选定。

仲裁不实行级别管辖和地域管辖。

第七条　【以事实为根据、符合法律规定、公平合理解决

纠纷的原则】仲裁应当根据事实，符合法律规定，公平合理地解决纠纷。

第八条 【仲裁独立原则】仲裁依法独立进行，不受行政机关、社会团体和个人的干涉。

第九条 【一裁终局制度】仲裁实行一裁终局的制度。裁决作出后，当事人就同一纠纷再申请仲裁或者向人民法院起诉的，仲裁委员会或者人民法院不予受理。

裁决被人民法院依法裁定撤销或者不予执行的，当事人就该纠纷可以根据双方重新达成的仲裁协议申请仲裁，也可以向人民法院起诉。

第二章 仲裁委员会和仲裁协会

第十条 【仲裁委员会的设立】仲裁委员会可以在直辖市和省、自治区人民政府所在地的市设立，也可以根据需要在其他设区的市设立，不按行政区划层层设立。

仲裁委员会由前款规定的市的人民政府组织有关部门和商会统一组建。

设立仲裁委员会，应当经省、自治区、直辖市的司法行政部门登记。

第十一条 【仲裁委员会的设立条件】仲裁委员会应当具备下列条件：

（一）有自己的名称、住所和章程；

（二）有必要的财产；

（三）有该委员会的组成人员；

（四）有聘任的仲裁员。

仲裁委员会的章程应当依照本法制定。

第十二条 【仲裁委员会的组成人员】仲裁委员会由主任1人、副主任2至4人和委员7至11人组成。

仲裁委员会的主任、副主任和委员由法律、经济贸易专家和有实际工作经验的人员担任。仲裁委员会的组成人员中，法律、经济贸易专家不得少于2/3。

第十三条 【仲裁员的条件】仲裁委员会应当从公道正派的人员中聘任仲裁员。

仲裁员应当符合下列条件之一：

（一）从事仲裁工作满8年的；

（二）从事律师工作满8年的；

（三）曾任审判员满8年的；

（四）从事法律研究、教学工作并具有高级职称的；

（五）具有法律知识、从事经济贸易等专业工作并具有高级职称或者具有同等专业水平的。

仲裁委员会按照不同专业设仲裁员名册。

第十四条 【仲裁委员会与行政机关以及仲裁委员会之间的关系】仲裁委员会独立于行政机关，与行政机关没有隶属关系。仲裁委员会之间也没有隶属关系。

第十五条 【中国仲裁协会】中国仲裁协会是社会团体法人。仲裁委员会是中国仲裁协会的会员。中国仲裁协会的章程由全国会员大会制定。

中国仲裁协会是仲裁委员会的自律性组织，根据章程对仲裁委员会及其组成人员、仲裁员的违纪行为进行监督。

中国仲裁协会依照本法和民事诉讼法的有关规定制定仲裁规则。

第三章 仲裁协议

第十六条 【仲裁协议的形式和内容】仲裁协议包括合同中订立的仲裁条款和以其他书面方式在纠纷发生前或者纠纷发生后达成的请求仲裁的协议。

仲裁协议应当具有下列内容：

（一）请求仲裁的意思表示；

（二）仲裁事项；

（三）选定的仲裁委员会。

第十七条 【仲裁协议无效的情形】有下列情形之一的，仲裁协议无效：

（一）约定的仲裁事项超出法律规定的仲裁范围的；

（二）无民事行为能力人或者限制民事行为能力人订立的仲裁协议；

（三）一方采取胁迫手段，迫使对方订立仲裁协议的。

第十八条 【对内容不明确的仲裁协议的处理】仲裁协议对仲裁事项或者仲裁委员会没有约定或者约定不明确的，当事人可以补充协议；达不成补充协议的，仲裁协议无效。

第十九条 【合同的变更、解除、终止或者无效对仲裁协议效力的影响】仲裁协议独立存在，合同的变更、解除、终止或者无效，不影响仲裁协议的效力。

仲裁庭有权确认合同的效力。

第二十条 【对仲裁协议的异议】当事人对仲裁协议的效力有异议的，可以请求仲裁委员会作出决定或者请求人民法院作出裁定。一方请求仲裁委员会作出决定，另一方请求人民法院作出裁定的，由人民法院裁定。

当事人对仲裁协议的效力有异议，应当在仲裁庭首次开庭前提出。

第四章 仲裁程序

第一节 申请和受理

第二十一条 【申请仲裁的条件】当事人申请仲裁应当符合下列条件：

（一）有仲裁协议；

（二）有具体的仲裁请求和事实、理由；

（三）属于仲裁委员会的受理范围。

第二十二条 【申请仲裁时应递交的文件】当事人申请仲裁，应当向仲裁委员会递交仲裁协议、仲裁申请书及副本。

第二十三条 【仲裁申请书的内容】仲裁申请书应当载明下列事项：

（一）当事人的姓名、性别、年龄、职业、工作单位和住所，法人或者其他组织的名称、住所和法定代表人或者主要负责人的姓名、职务；

（二）仲裁请求和所根据的事实、理由；

（三）证据和证据来源、证人姓名和住所。

第二十四条 【仲裁申请的受理与不受理】仲裁委员会收到仲裁申请书之日起5日内，认为符合受理条件的，应当受理，并通知当事人；认为不符合受理条件的，应当书面通知当事人不予受理，并说明理由。

第二十五条 【受理后的准备工作】仲裁委员会受理仲裁申请后，应当在仲裁规则规定的期限内将仲裁规则和仲裁员名册送达申请人，并将仲裁申请书副本和仲裁规则、仲裁员名册送达被申请人。

被申请人收到仲裁申请书副本后，应当在仲裁规则规定的期限内向仲裁委员会提交答辩书。仲裁委员会收到答辩书后，应当在仲裁规则规定的期限内将答辩书副本送达申请人。被申请人未提交答辩书的，不影响仲裁程序的进行。

第二十六条 【仲裁协议的当事人一方向人民法院起诉的处理】当事人达成仲裁协议，一方向人民法院起诉未声明有仲裁协议，人民法院受理后，另一方在首次开庭前提交仲裁协议的，人民法院应当驳回起诉，但仲裁协议无效的除外；另一方在首次开庭前未对人民法院受理该案提出异议的，视为放弃仲裁协议，人民法院应当继续审理。

第二十七条 【仲裁请求的放弃、变更、承认、反驳以及反请求】申请人可以放弃或者变更仲裁请求。被申请人可以承认或者反驳仲裁请求，有权提出反请求。

第二十八条 【财产保全】一方当事人因另一方当事人的行为或者其他原因，可能使裁决不能执行或者难以执行的，可以申请财产保全。

当事人申请财产保全的，仲裁委员会应当将当事人的申请依照民事诉讼法的有关规定提交人民法院。

申请有错误的，申请人应当赔偿被申请人因财产保全所遭受的损失。

第二十九条 【仲裁代理】当事人、法定代理人可以委托律师和其他代理人进行仲裁活动。委托律师和其他代理人进行仲裁活动的，应当向仲裁委员会提交授权委托书。

第二节 仲裁庭的组成

第三十条 【仲裁庭的组成】仲裁庭可以由3名仲裁员或者1名仲裁员组成。由3名仲裁员组成的，设首席仲裁员。

第三十一条 【仲裁员的选任】当事人约定由3名仲裁员组成仲裁庭的，应当各自选定或者各自委托仲裁委员会主任指定1名仲裁员，第三名仲裁员由当事人共同选定或者共同委托仲裁委员会主任指定。第三名仲裁员是首席仲裁员。

当事人约定由1名仲裁员成立仲裁庭的，应当由当事人共同选定或者共同委托仲裁委员会主任指定仲裁员。

第三十二条 【仲裁员的指定】当事人没有在仲裁规则规定的期限内约定仲裁庭的组成方式或者选定仲裁员的，由仲裁委员会主任指定。

第三十三条 【仲裁庭组成情况的书面通知】仲裁庭组成后，仲裁委员会应当将仲裁庭的组成情况书面通知当事人。

第三十四条 【仲裁员回避的方式与理由】仲裁员有下列情形之一的，必须回避，当事人也有权提出回避申请：

（一）是本案当事人或者当事人、代理人的近亲属；

（二）与本案有利害关系；

（三）与本案当事人、代理人有其他关系，可能影响公正仲裁的；

（四）私自会见当事人、代理人，或者接受当事人、代理人的请客送礼的。

第三十五条 【回避申请的提出】当事人提出回避申请，应当说明理由，在首次开庭前提出。回避事由在首次开庭后知道的，可以在最后一次开庭终结前提出。

第三十六条 【回避的决定】仲裁员是否回避，由仲裁委员会主任决定；仲裁委员会主任担任仲裁员时，由仲裁委员会集体决定。

第三十七条 【仲裁员的重新确定】仲裁员因回避或者其他原因不能履行职责的，应当依照本法规定重新选定或者指定仲裁员。

因回避而重新选定或者指定仲裁员后，当事人可以请求已进行的仲裁程序重新进行，是否准许，由仲裁庭决定；仲裁庭也可以自行决定已进行的仲裁程序是否重新进行。

第三十八条 【仲裁员的除名】仲裁员有本法第三十四条第四项规定的情形，情节严重的，或者有本法第五十八条第六项规定的情形的，应当依法承担法律责任，仲裁委员会应当将其除名。

第三节 开庭和裁决

第三十九条 【仲裁审理的方式】仲裁应当开庭进行。当事人协议不开庭的，仲裁庭可以根据仲裁申请书、答辩书以及其他材料作出裁决。

第四十条 【开庭审理的方式】仲裁不公开进行。当事人协议公开的，可以公开进行，但涉及国家秘密的除外。

第四十一条 【开庭日期的通知与延期开庭】仲裁委员会应当在仲裁规则规定的期限内将开庭日期通知双方当事人。当事人有正当理由的，可以在仲裁规则规定的期限内请求延期开庭。是否延期，由仲裁庭决定。

第四十二条 【当事人缺席的处理】申请人经书面通知，无正当理由不到庭或者未经仲裁庭许可中途退庭的，可以视为撤回仲裁申请。

被申请人经书面通知,无正当理由不到庭或者未经仲裁庭许可中途退庭的,可以缺席裁决。

第四十三条 【证据提供与收集】当事人应当对自己的主张提供证据。

仲裁庭认为有必要收集的证据,可以自行收集。

第四十四条 【专门性问题的鉴定】仲裁庭对专门性问题认为需要鉴定的,可以交由当事人约定的鉴定部门鉴定,也可以由仲裁庭指定的鉴定部门鉴定。

根据当事人的请求或者仲裁庭的要求,鉴定部门应当派鉴定人参加开庭。当事人经仲裁庭许可,可以向鉴定人提问。

第四十五条 【证据的出示与质证】证据应当在开庭时出示,当事人可以质证。

第四十六条 【证据保全】在证据可能灭失或者以后难以取得的情况下,当事人可以申请证据保全。当事人申请证据保全的,仲裁委员会应当将当事人的申请提交证据所在地的基层人民法院。

第四十七条 【当事人的辩论】当事人在仲裁过程中有权进行辩论。辩论终结时,首席仲裁员或者独任仲裁员应当征询当事人的最后意见。

第四十八条 【仲裁笔录】仲裁庭应当将开庭情况记入笔录。当事人和其他仲裁参与人认为对自己陈述的记录有遗漏或者差错的,有权申请补正。如果不予补正,应当记录该申请。

笔录由仲裁员、记录人员、当事人和其他仲裁参与人签名或者盖章。

第四十九条 【仲裁和解】当事人申请仲裁后,可以自行和解。达成和解协议的,可以请求仲裁庭根据和解协议作出裁决书,也可以撤回仲裁申请。

第五十条 【达成和解协议、撤回仲裁申请后反悔的处理】当事人达成和解协议,撤回仲裁申请后反悔的,可以根据仲裁协议申请仲裁。

第五十一条 【仲裁调解】仲裁庭在作出裁决前,可以先行调解。当事人自愿调解的,仲裁庭应当调解。调解不成的,应当及时作出裁决。

调解达成协议的,仲裁庭应当制作调解书或者根据协议的结果制作裁决书。调解书与裁决书具有同等法律效力。

第五十二条 【仲裁调解书】调解书应当写明仲裁请求和当事人协议的结果。调解书由仲裁员签名,加盖仲裁委员会印章,送达双方当事人。

调解书经双方当事人签收后,即发生法律效力。

在调解书签收前当事人反悔的,仲裁庭应当及时作出裁决。

第五十三条 【仲裁裁决的作出】裁决应当按照多数仲裁员的意见作出,少数仲裁员的不同意见可以记入笔录。仲裁庭不能形成多数意见时,裁决应当按照首席仲裁员的意见作出。

第五十四条 【裁决书的内容】裁决书应当写明仲裁请求、争议事实、裁决理由、裁决结果、仲裁费用的负担和裁决日期。当事人协议不愿写明争议事实和裁决理由的,可以不写。裁决书由仲裁员签名,加盖仲裁委员会印章。对裁决持不同意见的仲裁员,可以签名,也可以不签名。

第五十五条 【先行裁决】仲裁庭仲裁纠纷时,其中一部分事实已经清楚,可以就该部分先行裁决。

第五十六条 【裁决书的补正】对裁决书中的文字、计算错误或者仲裁庭已经裁决但在裁决书中遗漏的事项,仲裁庭应当补正;当事人自收到裁决书之日起 30 日内,可以请求仲裁庭补正。

第五十七条 【裁决书生效】裁决书自作出之日起发生法律效力。

第五章　申请撤销裁决

第五十八条 【申请撤销仲裁裁决的法定情形】当事人提出证据证明裁决有下列情形之一的,可以向仲裁委员会所在地的中级人民法院申请撤销裁决:

(一)没有仲裁协议的;

(二)裁决的事项不属于仲裁协议的范围或者仲裁委员会无权仲裁的;

(三)仲裁庭的组成或者仲裁的程序违反法定程序的;

(四)裁决所根据的证据是伪造的;

(五)对方当事人隐瞒了足以影响公正裁决的证据的;

(六)仲裁员在仲裁该案时有索贿受贿,徇私舞弊,枉法裁决行为的。

人民法院经组成合议庭审查核实裁决有前款规定情形之一的,应当裁定撤销。

人民法院认定该裁决违背社会公共利益的,应当裁定撤销。

第五十九条 【申请撤销仲裁裁决的期限】当事人申请撤销裁决的,应当自收到裁决书之日起 6 个月内提出。

第六十条 【人民法院对撤销申请的审查与处理】人民法院应当在受理撤销裁决申请之日起两个月内作出撤销裁决或者驳回申请的裁定。

第六十一条 【申请撤销仲裁裁决的后果】人民法院受理撤销裁决的申请后,认为可以由仲裁庭重新仲裁的,通知仲裁庭在一定期限内重新仲裁,并裁定中止撤销程序。仲裁庭拒绝重新仲裁的,人民法院应当裁定恢复撤销程序。

第六章　执　　行

第六十二条 【仲裁裁决的执行】当事人应当履行裁决。一方当事人不履行的,另一方当事人可以依照民事诉讼法的有关规定向人民法院申请执行。受申请的人民法院应当执行。

第六十三条　【仲裁裁决的不予执行】被申请人提出证据证明裁决有民事诉讼法第二百一十三条第二款规定的情形之一的，经人民法院组成合议庭审查核实，裁定不予执行。

第六十四条　【仲裁裁决的执行中止、终结与恢复】一方当事人申请执行裁决，另一方当事人申请撤销裁决的，人民法院应当裁定中止执行。

人民法院裁定撤销裁决的，应当裁定终结执行。撤销裁决的申请被裁定驳回的，人民法院应当裁定恢复执行。

第七章　涉外仲裁的特别规定

第六十五条　【涉外仲裁的法律适用】涉外经济贸易、运输和海事中发生的纠纷的仲裁，适用本章规定。本章没有规定的，适用本法其他有关规定。

第六十六条　【涉外仲裁委员会的设立】涉外仲裁委员会可以由中国国际商会组织设立。

涉外仲裁委员会由主任1人、副主任若干人和委员若干人组成。

涉外仲裁委员会的主任、副主任和委员可以由中国国际商会聘任。

第六十七条　【涉外仲裁委员会仲裁员的聘任】涉外仲裁委员会可以从具有法律、经济贸易、科学技术等专门知识的外籍人士中聘任仲裁员。

第六十八条　【涉外仲裁的证据保全】涉外仲裁的当事人申请证据保全的，涉外仲裁委员会应当将当事人的申请提交证据所在地的中级人民法院。

第六十九条　【涉外仲裁的开庭笔录与笔录要点】涉外仲裁的仲裁庭可以将开庭情况记入笔录，或者作出笔录要点，笔录要点可以由当事人和其他仲裁参与人签字或者盖章。

第七十条　【涉外仲裁裁决的撤销】当事人提出证据证明涉外仲裁裁决有民事诉讼法第二百五十八条第一款规定的情形之一的，经人民法院组成合议庭审查核实，裁定撤销。

第七十一条　【涉外仲裁裁决的不予执行】被申请人提出证据证明涉外仲裁裁决有民事诉讼法第二百五十八条第一款规定的情形之一的，经人民法院组成合议庭审查核实，裁定不予执行。

第七十二条　【涉外仲裁裁决的执行】涉外仲裁委员会作出的发生法律效力的仲裁裁决，当事人请求执行的，如果被执行人或者其财产不在中华人民共和国领域内，应当由当事人直接向有管辖权的外国法院申请承认和执行。

第七十三条　【涉外仲裁规则】涉外仲裁规则可以由中国国际商会依照本法和民事诉讼法的有关规定制定。

第八章　附　　则

第七十四条　【仲裁时效】法律对仲裁时效有规定的，适用该规定。法律对仲裁时效没有规定的，适用诉讼时效的规定。

第七十五条　【仲裁暂行规则的判定】中国仲裁协会制定仲裁规则前，仲裁委员会依照本法和民事诉讼法的有关规定可以制定仲裁暂行规则。

第七十六条　【仲裁费用】当事人应当按照规定交纳仲裁费用。

收取仲裁费用的办法，应当报物价管理部门核准。

第七十七条　【本法适用的例外】劳动争议和农业集体经济组织内部的农业承包合同纠纷的仲裁，另行规定。

第七十八条　【本法施行前制定的有关仲裁的规定的效力】本法施行前制定的有关仲裁的规定与本法的规定相抵触的，以本法为准。

第七十九条　【本法施行前后仲裁机构的衔接与过渡】本法施行前在直辖市、省、自治区人民政府所在地的市和其他设区的市设立的仲裁机构，应当依照本法的有关规定重新组建；未重新组建的，自本法施行之日起届满1年时终止。

本法施行前设立的不符合本法规定的其他仲裁机构，自本法施行之日起终止。

第八十条　【施行日期】本法自1995年9月1日起施行。

（四）行政诉讼

中华人民共和国行政诉讼法

（1989年4月4日第七届全国人民代表大会第二次会议通过　根据2014年11月1日第十二届全国人民代表大会常务委员会第十一次会议《关于修改〈中华人民共和国行政诉讼法〉的决定》修正）

目　　录

第一章 总 则

第一条 【立法目的】为保证人民法院公正、及时审理行政案件，解决行政争议，保护公民、法人和其他组织的合法权益，监督行政机关依法行使职权，根据宪法，制定本法。

第二条 【诉权】公民、法人或者其他组织认为行政机关和行政机关工作人员的行政行为侵犯其合法权益，有权依照本法向人民法院提起诉讼。

前款所称行政行为，包括法律、法规、规章授权的组织作出的行政行为。

第三条 【行政机关负责人出庭应诉】人民法院应当保障公民、法人和其他组织的起诉权利，对应当受理的行政案件依法受理。

行政机关及其工作人员不得干预、阻碍人民法院受理行政案件。

被诉行政机关负责人应当出庭应诉。不能出庭的，应当委托行政机关相应的工作人员出庭。

第四条 【独立行使审判权】人民法院依法对行政案件独立行使审判权，不受行政机关、社会团体和个人的干涉。

人民法院设行政审判庭，审理行政案件。

第五条 【以事实为根据，以法律为准绳原则】人民法院审理行政案件，以事实为根据，以法律为准绳。

第六条 【合法性审查原则】人民法院审理行政案件，对行政行为是否合法进行审查。

第七条 【合议、回避、公开审判和两审终审原则】人民法院审理行政案件，依法实行合议、回避、公开审判和两审终审制度。

第八条 【法律地位平等原则】当事人在行政诉讼中的法律地位平等。

第九条 【本民族语言文字原则】各民族公民都有用本民族语言、文字进行行政诉讼的权利。

在少数民族聚居或者多民族共同居住的地区，人民法院应当用当地民族通用的语言、文字进行审理和发布法律文书。

人民法院应当对不通晓当地民族通用的语言、文字的诉讼参与人提供翻译。

第十条 【辩论原则】当事人在行政诉讼中有权进行辩论。

第十一条 【法律监督原则】人民检察院有权对行政诉讼实行法律监督。

第二章 受案范围

第十二条 【行政诉讼受案范围】人民法院受理公民、法人或者其他组织提起的下列诉讼：

（一）对行政拘留、暂扣或者吊销许可证和执照、责令停产停业、没收违法所得、没收非法财物、罚款、警告等行政处罚不服的；

（二）对限制人身自由或者对财产的查封、扣押、冻结等行政强制措施和行政强制执行不服的；

（三）申请行政许可，行政机关拒绝或者在法定期限内不予答复，或者对行政机关作出的有关行政许可的其他决定不服的；

（四）对行政机关作出的关于确认土地、矿藏、水流、森林、山岭、草原、荒地、滩涂、海域等自然资源的所有权或者使用权的决定不服的；

（五）对征收、征用决定及其补偿决定不服的；

（六）申请行政机关履行保护人身权、财产权等合法权益的法定职责，行政机关拒绝履行或者不予答复的；

（七）认为行政机关侵犯其经营自主权或者农村土地承包经营权、农村土地经营权的；

（八）认为行政机关滥用行政权力排除或者限制竞争的；

（九）认为行政机关违法集资、摊派费用或者违法要求履行其他义务的；

（十）认为行政机关没有依法支付抚恤金、最低生活保障待遇或者社会保险待遇的；

（十一）认为行政机关不依法履行、未按照约定履行或者违法变更、解除政府特许经营协议、土地房屋征收补偿协议等协议的；

（十二）认为行政机关侵犯其他人身权、财产权等合法权益的。

除前款规定外，人民法院受理法律、法规规定可以提起诉讼的其他行政案件。

第十三条 【受案范围的排除】人民法院不受理公民、法人或者其他组织对下列事项提起的诉讼：

（一）国防、外交等国家行为；

（二）行政法规、规章或者行政机关制定、发布的具有普遍约束力的决定、命令；

（三）行政机关对行政机关工作人员的奖惩、任免等决定；

（四）法律规定由行政机关最终裁决的行政行为。

第三章 管 辖

第十四条 【基层人民法院管辖第一审行政案件】基层人民法院管辖第一审行政案件。

第十五条 【中级人民法院管辖的第一审行政案件】中级人民法院管辖下列第一审行政案件：

（一）对国务院部门或者县级以上地方人民政府所作的行政行为提起诉讼的案件；

（二）海关处理的案件；

（三）本辖区内重大、复杂的案件；

（四）其他法律规定由中级人民法院管辖的案件。

第十六条 【高级人民法院管辖的第一审行政案件】高级人民法院管辖本辖区内重大、复杂的第一审行政案件。

第十七条 【最高人民法院管辖的第一审行政案件】最高人民法院管辖全国范围内重大、复杂的第一审行政案件。

第十八条 【一般地域管辖和法院跨行政区域管辖】行政案件由最初作出行政行为的行政机关所在地人民法院管辖。经复议的案件,也可以由复议机关所在地人民法院管辖。

经最高人民法院批准,高级人民法院可以根据审判工作的实际情况,确定若干人民法院跨行政区域管辖行政案件。

第十九条 【限制人身自由行政案件的管辖】对限制人身自由的行政强制措施不服提起的诉讼,由被告所在地或者原告所在地人民法院管辖。

第二十条 【不动产行政案件的管辖】因不动产提起的行政诉讼,由不动产所在地人民法院管辖。

第二十一条 【选择管辖】两个以上人民法院都有管辖权的案件,原告可以选择其中一个人民法院提起诉讼。原告向两个以上有管辖权的人民法院提起诉讼的,由最先立案的人民法院管辖。

第二十二条 【移送管辖】人民法院发现受理的案件不属于本院管辖的,应当移送有管辖权的人民法院,受移送的人民法院应当受理。受移送的人民法院认为受移送的案件按照规定不属于本院管辖的,应当报请上级人民法院指定管辖,不得再自行移送。

第二十三条 【指定管辖】有管辖权的人民法院由于特殊原因不能行使管辖权的,由上级人民法院指定管辖。

人民法院对管辖权发生争议,由争议双方协商解决。协商不成的,报它们的共同上级人民法院指定管辖。

第二十四条 【管辖权转移】上级人民法院有权审理下级人民法院管辖的第一审行政案件。

下级人民法院对其管辖的第一审行政案件,认为需要由上级人民法院审理或者指定管辖的,可以报请上级人民法院决定。

第四章 诉讼参加人

第二十五条 【原告资格】行政行为的相对人以及其他与行政行为有利害关系的公民、法人或者其他组织,有权提起诉讼。

有权提起诉讼的公民死亡,其近亲属可以提起诉讼。

有权提起诉讼的法人或者其他组织终止,承受其权利的法人或者其他组织可以提起诉讼。

第二十六条 【被告资格】公民、法人或者其他组织直接向人民法院提起诉讼的,作出行政行为的行政机关是被告。

经复议的案件,复议机关决定维持原行政行为的,作出原行政行为的行政机关和复议机关是共同被告;复议机关改变原行政行为的,复议机关是被告。

复议机关在法定期限内未作出复议决定,公民、法人或者其他组织起诉原行政行为的,作出原行政行为的行政机关是被告;起诉复议机关不作为的,复议机关是被告。

两个以上行政机关作出同一行政行为的,共同作出行政行为的行政机关是共同被告。

行政机关委托的组织所作的行政行为,委托的行政机关是被告。

行政机关被撤销或者职权变更的,继续行使其职权的行政机关是被告。

第二十七条 【共同诉讼】当事人一方或者双方为二人以上,因同一行政行为发生的行政案件,或者因同类行政行为发生的行政案件、人民法院认为可以合并审理并经当事人同意的,为共同诉讼。

第二十八条 【代表人诉讼】当事人一方人数众多的共同诉讼,可以由当事人推选代表人进行诉讼。代表人的诉讼行为对其所代表的当事人发生效力,但代表人变更、放弃诉讼请求或者承认对方当事人的诉讼请求,应当经被代表的当事人同意。

第二十九条 【诉讼第三人】公民、法人或者其他组织同被诉行政行为有利害关系但没有提起诉讼,或者同案件处理结果有利害关系的,可以作为第三人申请参加诉讼,或者由人民法院通知参加诉讼。

人民法院判决第三人承担义务或者减损第三人权益的,第三人有权依法提起上诉。

第三十条 【法定代理人】没有诉讼行为能力的公民,由其法定代理人代为诉讼。法定代理人互相推诿代理责任的,由人民法院指定其中一人代为诉讼。

第三十一条 【委托代理人】当事人、法定代理人,可以委托一至二人作为诉讼代理人。

下列人员可以被委托为诉讼代理人:

(一)律师、基层法律服务工作者;

(二)当事人的近亲属或者工作人员;

(三)当事人所在社区、单位以及有关社会团体推荐的公民。

第三十二条 【当事人及诉讼代理人权利】代理诉讼的律师,有权按照规定查阅、复制本案有关材料,有权向有关组织和公民调查,收集与本案有关的证据。对涉及国家秘密、商业秘密和个人隐私的材料,应当依照法律规定保密。

当事人和其他诉讼代理人有权按照规定查阅、复制本案庭审材料,但涉及国家秘密、商业秘密和个人隐私的内容除外。

第五章 证　　据

第三十三条 【证据种类】证据包括:

(一)书证;

（二）物证；

（三）视听资料；

（四）电子数据；

（五）证人证言；

（六）当事人的陈述；

（七）鉴定意见；

（八）勘验笔录、现场笔录。

以上证据经法庭审查属实，才能作为认定案件事实的根据。

第三十四条 【被告举证责任】被告对作出的行政行为负有举证责任，应当提供作出该行政行为的证据和所依据的规范性文件。

被告不提供或者无正当理由逾期提供证据，视为没有相应证据。但是，被诉行政行为涉及第三人合法权益，第三人提供证据的除外。

第三十五条 【行政机关收集证据的限制】在诉讼过程中，被告及其诉讼代理人不得自行向原告、第三人和证人收集证据。

第三十六条 【被告延期提供证据和补充证据】被告在作出行政行为时已经收集了证据，但因不可抗力等正当事由不能提供的，经人民法院准许，可以延期提供。

原告或者第三人提出了其在行政处理程序中没有提出的理由或者证据的，经人民法院准许，被告可以补充证据。

第三十七条 【原告可以提供证据】原告可以提供证明行政行为违法的证据。原告提供的证据不成立的，不免除被告的举证责任。

第三十八条 【原告举证责任】在起诉被告不履行法定职责的案件中，原告应当提供其向被告提出申请的证据。但有下列情形之一的除外：

（一）被告应当依职权主动履行法定职责的；

（二）原告因正当理由不能提供证据的。

在行政赔偿、补偿的案件中，原告应当对行政行为造成的损害提供证据。因被告的原因导致原告无法举证的，由被告承担举证责任。

第三十九条 【法院要求当事人提供或者补充证据】人民法院有权要求当事人提供或者补充证据。

第四十条 【法院调取证据】人民法院有权向有关行政机关以及其他组织、公民调取证据。但是，不得为证明行政行为的合法性调取被告作出行政行为时未收集的证据。

第四十一条 【申请法院调取证据】与本案有关的下列证据，原告或者第三人不能自行收集的，可以申请人民法院调取：

（一）由国家机关保存而须由人民法院调取的证据；

（二）涉及国家秘密、商业秘密和个人隐私的证据；

（三）确因客观原因不能自行收集的其他证据。

第四十二条 【证据保全】在证据可能灭失或者以后难以取得的情况下，诉讼参加人可以向人民法院申请保全证据，人民法院也可以主动采取保全措施。

第四十三条 【证据适用规则】证据应当在法庭上出示，并由当事人互相质证。对涉及国家秘密、商业秘密和个人隐私的证据，不得在公开开庭时出示。

人民法院应当按照法定程序，全面、客观地审查核实证据。对未采纳的证据应当在裁判文书中说明理由。

以非法手段取得的证据，不得作为认定案件事实的根据。

第六章 起诉和受理

第四十四条 【行政复议与行政诉讼的关系】对属于人民法院受案范围的行政案件，公民、法人或者其他组织可以先向行政机关申请复议，对复议决定不服的，再向人民法院提起诉讼；也可以直接向人民法院提起诉讼。

法律、法规规定应当先向行政机关申请复议，对复议决定不服再向人民法院提起诉讼的，依照法律、法规的规定。

第四十五条 【经行政复议的起诉期限】公民、法人或者其他组织不服复议决定的，可以在收到复议决定书之日起十五日内向人民法院提起诉讼。复议机关逾期不作决定的，申请人可以在复议期满之日起十五日内向人民法院提起诉讼。法律另有规定的除外。

第四十六条 【起诉期限】公民、法人或者其他组织直接向人民法院提起诉讼的，应当自知道或者应当知道作出行政行为之日起六个月内提出。法律另有规定的除外。

因不动产提起诉讼的案件自行政行为作出之日起超过二十年，其他案件自行政行为作出之日起超过五年提起诉讼的，人民法院不予受理。

第四十七条 【行政机关不履行法定职责的起诉期限】公民、法人或者其他组织申请行政机关履行保护其人身权、财产权等合法权益的法定职责，行政机关在接到申请之日起两个月内不履行的，公民、法人或者其他组织可以向人民法院提起诉讼。法律、法规对行政机关履行职责的期限另有规定的，从其规定。

公民、法人或者其他组织在紧急情况下请求行政机关履行保护其人身权、财产权等合法权益的法定职责，行政机关不履行的，提起诉讼不受前款规定期限的限制。

第四十八条 【起诉期限的扣除和延长】公民、法人或者其他组织因不可抗力或者其他不属于其自身的原因耽误起诉期限的，被耽误的时间不计算在起诉期限内。

公民、法人或者其他组织因前款规定以外的其他特殊情况耽误起诉期限的，在障碍消除后十日内，可以申请延长期限，是否准许由人民法院决定。

第四十九条 【起诉条件】提起诉讼应当符合下列条件：

（一）原告是符合本法第二十五条规定的公民、法人或者其他组织；

（二）有明确的被告；

（三）有具体的诉讼请求和事实根据；

（四）属于人民法院受案范围和受诉人民法院管辖。

第五十条　【起诉方式】起诉应当向人民法院递交起诉状，并按照被告人数提出副本。

书写起诉状确有困难的，可以口头起诉，由人民法院记入笔录，出具注明日期的书面凭证，并告知对方当事人。

第五十一条　【登记立案】人民法院在接到起诉状时对符合本法规定的起诉条件的，应当登记立案。

对当场不能判定是否符合本法规定的起诉条件的，应当接收起诉状，出具注明收到日期的书面凭证，并在七日内决定是否立案。不符合起诉条件的，作出不予立案的裁定。裁定书应当载明不予立案的理由。原告对裁定不服的，可以提起上诉。

起诉状内容欠缺或者有其他错误的，应当给予指导和释明，并一次性告知当事人需要补正的内容。不得未经指导和释明即以起诉不符合条件为由不接收起诉状。

对于不接收起诉状、接收起诉状后不出具书面凭证，以及不一次性告知当事人需要补正的起诉状内容的，当事人可以向上级人民法院投诉，上级人民法院应当责令改正，并对直接负责的主管人员和其他直接责任人员依法给予处分。

第五十二条　【法院不立案的救济】人民法院既不立案，又不作出不予立案裁定的，当事人可以向上一级人民法院起诉。上一级人民法院认为符合起诉条件的，应当立案、审理，也可以指定其他下级人民法院立案、审理。

第五十三条　【规范性文件的附带审查】公民、法人或者其他组织认为行政行为所依据的国务院部门和地方人民政府及其部门制定的规范性文件不合法，在对行政行为提起诉讼时，可以一并请求对该规范性文件进行审查。

前款规定的规范性文件不含规章。

第七章　审理和判决

第一节　一般规定

第五十四条　【公开审理原则】人民法院公开审理行政案件，但涉及国家秘密、个人隐私和法律另有规定的除外。

涉及商业秘密的案件，当事人申请不公开审理的，可以不公开审理。

第五十五条　【回避】当事人认为审判人员与本案有利害关系或者有其他关系可能影响公正审判，有权申请审判人员回避。

审判人员认为自己与本案有利害关系或者有其他关系，应当申请回避。

前两款规定，适用于书记员、翻译人员、鉴定人、勘验人。

院长担任审判长时的回避，由审判委员会决定；审判人员的回避，由院长决定；其他人员的回避，由审判长决定。当事人对决定不服的，可以申请复议一次。

第五十六条　【诉讼不停止执行】诉讼期间，不停止行政行为的执行。但有下列情形之一的，裁定停止执行：

（一）被告认为需要停止执行的；

（二）原告或者利害关系人申请停止执行，人民法院认为该行政行为的执行会造成难以弥补的损失，并且停止执行不损害国家利益、社会公共利益的；

（三）人民法院认为该行政行为的执行会给国家利益、社会公共利益造成重大损害的；

（四）法律、法规规定停止执行的。

当事人对停止执行或者不停止执行的裁定不服的，可以申请复议一次。

第五十七条　【先予执行】人民法院对起诉行政机关没有依法支付抚恤金、最低生活保障金和工伤、医疗社会保险金的案件，权利义务关系明确、不先予执行将严重影响原告生活的，可以根据原告的申请，裁定先予执行。

当事人对先予执行裁定不服的，可以申请复议一次。复议期间不停止裁定的执行。

第五十八条　【拒不到庭或中途退庭的法律后果】经人民法院传票传唤，原告无正当理由拒不到庭，或者未经法庭许可中途退庭的，可以按照撤诉处理；被告无正当理由拒不到庭，或者未经法庭许可中途退庭的，可以缺席判决。

第五十九条　【妨害行政诉讼强制措施】诉讼参与人或者其他人有下列行为之一的，人民法院可以根据情节轻重，予以训诫、责令具结悔过或者处一万元以下的罚款、十五日以下的拘留；构成犯罪的，依法追究刑事责任：

（一）有义务协助调查、执行的人，对人民法院的协助调查决定、协助执行通知书，无故推拖、拒绝或者妨碍调查、执行的；

（二）伪造、隐藏、毁灭证据或者提供虚假证明材料，妨碍人民法院审理案件的；

（三）指使、贿买、胁迫他人作伪证或者威胁、阻止证人作证的；

（四）隐藏、转移、变卖、毁损已被查封、扣押、冻结的财产的；

（五）以欺骗、胁迫等非法手段使原告撤诉的；

（六）以暴力、威胁或者其他方法阻碍人民法院工作人员执行职务，或者以哄闹、冲击法庭等方法扰乱人民法院工作秩序的；

（七）对人民法院审判人员或者其他工作人员、诉讼参与人、协助调查和执行的人员恐吓、侮辱、诽谤、诬陷、殴打、围攻或者打击报复的。

人民法院对有前款规定的行为之一的单位，可以对其主要负责人或者直接责任人员依照前款规定予以罚款、拘留;构成犯罪的,依法追究刑事责任。

罚款、拘留须经人民法院院长批准。当事人不服的,可以向上一级人民法院申请复议一次。复议期间不停止执行。

第六十条 【调解】人民法院审理行政案件,不适用调解。但是,行政赔偿、补偿以及行政机关行使法律、法规规定的自由裁量权的案件可以调解。

调解应当遵循自愿、合法原则,不得损害国家利益、社会公共利益和他人合法权益。

第六十一条 【民事争议和行政争议交叉】在涉及行政许可、登记、征收、征用和行政机关对民事争议所作的裁决的行政诉讼中,当事人申请一并解决相关民事争议的,人民法院可以一并审理。

在行政诉讼中,人民法院认为行政案件的审理需以民事诉讼的裁判为依据的,可以裁定中止行政诉讼。

第六十二条 【撤诉】人民法院对行政案件宣告判决或者裁定前,原告申请撤诉的,或者被告改变其所作的行政行为,原告同意并申请撤诉的,是否准许,由人民法院裁定。

第六十三条 【撤诉】人民法院审理行政案件,以法律和行政法规、地方性法规为依据。地方性法规适用于本行政区域内发生的行政案件。

人民法院审理民族自治地方的行政案件,并以该民族自治地方的自治条例和单行条例为依据。

人民法院审理行政案件,参照规章。

第六十四条 【规范性文件审查和处理】人民法院在审理行政案件中,经审查认为本法第五十三条规定的规范性文件不合法的,不作为认定行政行为合法的依据,并向制定机关提出处理建议。

第六十五条 【裁判文书公开】人民法院应当公开发生法律效力的判决书、裁定书,供公众查阅,但涉及国家秘密、商业秘密和个人隐私的内容除外。

第六十六条 【有关行政机关工作人员和被告的处理】人民法院在审理行政案件中,认为行政机关的主管人员、直接责任人员违法违纪的,应当将有关材料移送监察机关、该行政机关或者其上一级行政机关;认为有犯罪行为的,应当将有关材料移送公安、检察机关。

人民法院对被告经传票传唤无正当理由拒不到庭,或者未经法庭许可中途退庭的,可以将被告拒不到庭或者中途退庭的情况予以公告,并可以向监察机关或者被告的上一级行政机关提出依法给予其主要负责人或者直接责任人员处分的司法建议。

第二节 第一审普通程序

第六十七条 【发送起诉状和提出答辩状】人民法院应当在立案之日起五日内,将起诉状副本发送被告。被告应当在收到起诉状副本之日起十五日内向人民法院提交作出行政行为的证据和所依据的规范性文件,并提出答辩状。人民法院应当在收到答辩状之日起五日内,将答辩状副本发送原告。

被告不提出答辩状的,不影响人民法院审理。

第六十八条 【审判组织形式】人民法院审理行政案件,由审判员组成合议庭,或者由审判员、陪审员组成合议庭。合议庭的成员,应当是三人以上的单数。

第六十九条 【驳回原告诉讼请求判决】行政行为证据确凿,适用法律、法规正确,符合法定程序的,或者原告申请被告履行法定职责或者给付义务理由不成立的,人民法院判决驳回原告的诉讼请求。

第七十条 【撤销判决和重作判决】行政行为有下列情形之一的,人民法院判决撤销或者部分撤销,并可以判决被告重新作出行政行为:

(一)主要证据不足的;

(二)适用法律、法规错误的;

(三)违反法定程序的;

(四)超越职权的;

(五)滥用职权的;

(六)明显不当的。

第七十一条 【重作判决对被告的限制】人民法院判决被告重新作出行政行为的,被告不得以同一的事实和理由作出与原行政行为基本相同的行政行为。

第七十二条 【履行判决】人民法院经过审理,查明被告不履行法定职责的,判决被告在一定期限内履行。

第七十三条 【给付判决】人民法院经过审理,查明被告依法负有给付义务的,判决被告履行给付义务。

第七十四条 【确认违法判决】行政行为有下列情形之一的,人民法院判决确认违法,但不撤销行政行为:

(一)行政行为依法应当撤销,但撤销会给国家利益、社会公共利益造成重大损害的;

(二)行政行为程序轻微违法,但对原告权利不产生实际影响的。

行政行为有下列情形之一,不需要撤销或者判决履行的,人民法院判决确认违法:

(一)行政行为违法,但不具有可撤销内容的;

(二)被告改变原违法行政行为,原告仍要求确认原行政行为违法的;

(三)被告不履行或者拖延履行法定职责,判决履行没有意义的。

第七十五条 【确认无效判决】行政行为有实施主体不具有行政主体资格或者没有依据等重大且明显违法情形,原告申请确认行政行为无效的,人民法院判决确认无效。

第七十六条 【确认违法和无效判决的补充规定】人民法院判决确认违法或者无效的,可以同时判决责令被告采取补救措施;给原告造成损失的,依法判决被告承担赔偿责任。

第七十七条 【变更判决】行政处罚明显不当,或者其他行政行为涉及对款额的确定、认定确有错误的,人民法院可以判决变更。

人民法院判决变更,不得加重原告的义务或者减损原告的权益。但利害关系人同为原告,且诉讼请求相反的除外。

第七十八条 【行政协议履行及补偿判决】被告不依法履行、未按照约定履行或者违法变更、解除本法第十二条第一款第十一项规定的协议的,人民法院判决被告承担继续履行、采取补救措施或者赔偿损失等责任。

被告变更、解除本法第十二条第一款第十一项规定的协议合法,但未依法给予补偿的,人民法院判决给予补偿。

第七十九条 【复议决定和原行政行为一并裁判】复议机关与作出原行政行为的行政机关为共同被告的案件,人民法院应当对复议决定和原行政行为一并作出裁判。

第八十条 【公开宣判】人民法院对公开审理和不公开审理的案件,一律公开宣告判决。

当庭宣判的,应当在十日内发送判决书;定期宣判的,宣判后立即发给判决书。

宣告判决时,必须告知当事人上诉权利、上诉期限和上诉的人民法院。

第八十一条 【第一审审限】人民法院应当在立案之日起六个月内作出第一审判决。有特殊情况需要延长的,由高级人民法院批准,高级人民法院审理第一审案件需要延长的,由最高人民法院批准。

第三节 简易程序

第八十二条 【简易程序适用情形】人民法院审理下列第一审行政案件,认为事实清楚、权利义务关系明确、争议不大的,可以适用简易程序:

(一)被诉行政行为是依法当场作出的;

(二)案件涉及款额二千元以下的;

(三)属于政府信息公开案件的。

除前款规定以外的第一审行政案件,当事人各方同意适用简易程序的,可以适用简易程序。

发回重审、按照审判监督程序再审的案件不适用简易程序。

第八十三条 【简易程序的审判组织形式和审限】适用简易程序审理的行政案件,由审判员一人独任审理,并应当在立案之日起四十五日内审结。

第八十四条 【简易程序与普通程序的转换】人民法院在审理过程中,发现案件不宜适用简易程序的,裁定转为普通程序。

第四节 第二审程序

第八十五条 【上诉】当事人不服人民法院第一审判决的,有权在判决书送达之日起十五日内向上一级人民法院提起上诉。当事人不服人民法院第一审裁定的,有权在裁定书送达之日起十日内向上一级人民法院提起上诉。逾期不提起上诉的,人民法院的第一审判决或者裁定发生法律效力。

第八十六条 【二审审理方式】人民法院对上诉案件,应当组成合议庭,开庭审理。经过阅卷、调查和询问当事人,对没有提出新的事实、证据或者理由,合议庭认为不需要开庭审理的,也可以不开庭审理。

第八十七条 【二审审查范围】人民法院审理上诉案件,应当对原审人民法院的判决、裁定和被诉行政行为进行全面审查。

第八十八条 【二审审限】人民法院审理上诉案件,应当在收到上诉状之日起三个月内作出终审判决。有特殊情况需要延长的,由高级人民法院批准,高级人民法院审理上诉案件需要延长的,由最高人民法院批准。

第八十九条 【二审裁判】人民法院审理上诉案件,按照下列情形,分别处理:

(一)原判决、裁定认定事实清楚,适用法律、法规正确的,判决或者裁定驳回上诉,维持原判决、裁定;

(二)原判决、裁定认定事实错误或者适用法律、法规错误的,依法改判、撤销或者变更;

(三)原判决认定基本事实不清、证据不足的,发回原审人民法院重审,或者查清事实后改判;

(四)原判决遗漏当事人或者违法缺席判决等严重违反法定程序的,裁定撤销原判决,发回原审人民法院重审。

原审人民法院对发回重审的案件作出判决后,当事人提起上诉的,第二审人民法院不得再次发回重审。

人民法院审理上诉案件,需要改变原审判决的,应当同时对被诉行政行为作出判决。

第五节 审判监督程序

第九十条 【当事人申请再审】当事人对已经发生法律效力的判决、裁定,认为确有错误的,可以向上一级人民法院申请再审,但判决、裁定不停止执行。

第九十一条 【再审事由】当事人的申请符合下列情形之一的,人民法院应当再审:

(一)不予立案或者驳回起诉确有错误的;

(二)有新的证据,足以推翻原判决、裁定的;

(三)原判决、裁定认定事实的主要证据不足、未经质证或者系伪造的;

(四)原判决、裁定适用法律、法规确有错误的;

(五)违反法律规定的诉讼程序,可能影响公正审判的;

(六)原判决、裁定遗漏诉讼请求的;

(七)据以作出原判决、裁定的法律文书被撤销或者变更的;

（八）审判人员在审理该案件时有贪污受贿、徇私舞弊、枉法裁判行为的。

第九十二条 【人民法院依职权再审】各级人民法院院长对本院已经发生法律效力的判决、裁定，发现有本法第九十一条规定情形之一，或者发现调解违反自愿原则或者调解书内容违法，认为需要再审的，应当提交审判委员会讨论决定。

最高人民法院对地方各级人民法院已经发生法律效力的判决、裁定，上级人民法院对下级人民法院已经发生法律效力的判决、裁定，发现有本法第九十一条规定情形之一，或者发现调解违反自愿原则或者调解书内容违法的，有权提审或者指令下级人民法院再审。

第九十三条 【抗诉和检察建议】最高人民检察院对各级人民法院已经发生法律效力的判决、裁定，上级人民检察院对下级人民法院已经发生法律效力的判决、裁定，发现有本法第九十一条规定情形之一，或者发现调解书损害国家利益、社会公共利益的，应当提出抗诉。

地方各级人民检察院对同级人民法院已经发生法律效力的判决、裁定，发现有本法第九十一条规定情形之一，或者发现调解书损害国家利益、社会公共利益的，可以向同级人民法院提出检察建议，并报上级人民检察院备案；也可以提请上级人民检察院向同级人民法院提出抗诉。

各级人民检察院对审判监督程序以外的其他审判程序中审判人员的违法行为，有权向同级人民法院提出检察建议。

第八章 执　　行

第九十四条 【生效裁判和调解书的执行】当事人必须履行人民法院发生法律效力的判决、裁定、调解书。

第九十五条 【申请强制执行和执行管辖】公民、法人或者其他组织拒绝履行判决、裁定、调解书的，行政机关或者第三人可以向第一审人民法院申请强制执行，或者由行政机关依法强制执行。

第九十六条 【对行政机关拒绝履行的执行措施】行政机关拒绝履行判决、裁定、调解书的，第一审人民法院可以采取下列措施：

（一）对应当归还的罚款或者应当给付的款额，通知银行从该行政机关的账户内划拨；

（二）在规定期限内不履行的，从期满之日起，对该行政机关负责人按日处五十元至一百元的罚款；

（三）将行政机关拒绝履行的情况予以公告；

（四）向监察机关或者该行政机关的上一级行政机关提出司法建议。接受司法建议的机关，根据有关规定进行处理，并将处理情况告知人民法院；

（五）拒不履行判决、裁定、调解书，社会影响恶劣的，可以对该行政机关直接负责的主管人员和其他直接责任人员予以拘留；情节严重，构成犯罪的，依法追究刑事责任。

第九十七条 【非诉执行】公民、法人或者其他组织对行政行为在法定期限内不提起诉讼又不履行的，行政机关可以申请人民法院强制执行，或者依法强制执行。

第九章 涉外行政诉讼

第九十八条 【涉外行政诉讼的法律适用原则】外国人、无国籍人、外国组织在中华人民共和国进行行政诉讼，适用本法。法律另有规定的除外。

第九十九条 【同等与对等原则】外国人、无国籍人、外国组织在中华人民共和国进行行政诉讼，同中华人民共和国公民、组织有同等的诉讼权利和义务。

外国法院对中华人民共和国公民、组织的行政诉讼权利加以限制的，人民法院对该国公民、组织的行政诉讼权利，实行对等原则。

第一百条 【中国律师代理】外国人、无国籍人、外国组织在中华人民共和国进行行政诉讼，委托律师代理诉讼的，应当委托中华人民共和国律师机构的律师。

第十章 附　　则

第一百零一条 【适用民事诉讼法规定】人民法院审理行政案件，关于期间、送达、财产保全、开庭审理、调解、中止诉讼、终结诉讼、简易程序、执行等，以及人民检察院对行政案件受理、审理、裁判、执行的监督，本法没有规定的，适用《中华人民共和国民事诉讼法》的相关规定。

第一百零二条 【诉讼费用】人民法院审理行政案件，应当收取诉讼费用。诉讼费用由败诉方承担，双方都有责任的由双方分担。收取诉讼费用的具体办法另行规定。

第一百零三条 【施行日期】本法自1990年10月1日起施行。

最高人民法院关于适用《中华人民共和国行政诉讼法》若干问题的解释

（2015年4月20日最高人民法院审判委员会第1648次会议通过　2015年4月22日最高人民法院公告公布　自2015年5月1日起施行　法释〔2015〕9号）

为正确适用第十二届全国人民代表大会常务委员会第十一次会议决定修改的《中华人民共和国行政诉讼法》，结合人民法院行政审判工作实际，现就有关条款的适用问题解释如下：

第一条　人民法院对符合起诉条件的案件应当立案，依法保障当事人行使诉讼权利。

对当事人依法提起的诉讼，人民法院应当根据行政诉讼法第五十一条的规定，一律接收起诉状。能够判断符合起诉条件的，应当当场登记立案；当场不能判断是否符合起诉条件的，应当在接收起诉状后七日内决定是否立案；七日内仍不能作出判断的，应当先予立案。

起诉状内容或者材料欠缺的，人民法院应当一次性全面告知当事人需要补正的内容、补充的材料及期限。在指定期限内补正并符合起诉条件的，应当登记立案。当事人拒绝补正或者经补正仍不符合起诉条件的，裁定不予立案，并载明不予立案的理由。

当事人对不予立案裁定不服的，可以提起上诉。

第二条 行政诉讼法第四十九条第三项规定的“有具体的诉讼请求”是指：

（一）请求判决撤销或者变更行政行为；

（二）请求判决行政机关履行法定职责或者给付义务；

（三）请求判决确认行政行为违法；

（四）请求判决确认行政行为无效；

（五）请求判决行政机关予以赔偿或者补偿；

（六）请求解决行政协议争议；

（七）请求一并审查规章以下规范性文件；

（八）请求一并解决相关民事争议；

（九）其他诉讼请求。

当事人未能正确表达诉讼请求的，人民法院应当予以释明。

第三条 有下列情形之一，已经立案的，应当裁定驳回起诉：

（一）不符合行政诉讼法第四十九条规定的；

（二）超过法定起诉期限且无正当理由的；

（三）错列被告且拒绝变更的；

（四）未按照法律规定由法定代理人、指定代理人、代表人为诉讼行为的；

（五）未按照法律、法规规定先向行政机关申请复议的；

（六）重复起诉的；

（七）撤回起诉后无正当理由再行起诉的；

（八）行政行为对其合法权益明显不产生实际影响的；

（九）诉讼标的已为生效裁判所羁束的；

（十）不符合其他法定起诉条件的。

人民法院经过阅卷、调查和询问当事人，认为不需要开庭审理的，可以迳行裁定驳回起诉。

第四条 公民、法人或者其他组织依照行政诉讼法第四十七条第一款的规定，对行政机关不履行法定职责提起诉讼的，应当在行政机关履行法定职责期限届满之日起六个月内提出。

第五条 行政诉讼法第三条第三款规定的“行政机关负责人”，包括行政机关的正职和副职负责人。行政机关负责人出庭应诉的，可以另行委托一至二名诉讼代理人。

第六条 行政诉讼法第二十六条第二款规定的“复议机关决定维持原行政行为”，包括复议机关驳回复议申请或者复议请求的情形，但以复议申请不符合受理条件为由驳回的除外。

行政诉讼法第二十六条第二款规定的“复议机关改变原行政行为”，是指复议机关改变原行政行为的处理结果。

第七条 复议机关决定维持原行政行为的，作出原行政行为的行政机关和复议机关是共同被告。原告只起诉作出原行政行为的行政机关或者复议机关的，人民法院应当告知原告追加被告。原告不同意追加的，人民法院应当将另一机关列为共同被告。

第八条 作出原行政行为的行政机关和复议机关为共同被告的，以作出原行政行为的行政机关确定案件的级别管辖。

第九条 复议机关决定维持原行政行为的，人民法院应当在审查原行政行为合法性的同时，一并审查复议程序的合法性。

作出原行政行为的行政机关和复议机关对原行政行为合法性共同承担举证责任，可以由其中一个机关实施举证行为。复议机关对复议程序的合法性承担举证责任。

第十条 人民法院对原行政行为作出判决的同时，应当对复议决定一并作出相应判决。

人民法院判决撤销原行政行为和复议决定的，可以判决作出原行政行为的行政机关重新作出行政行为。

人民法院判决作出原行政行为的行政机关履行法定职责或者给付义务的，应当同时判决撤销复议决定。

原行政行为合法、复议决定违反法定程序的，应当判决确认复议决定违法，同时判决驳回原告针对原行政行为的诉讼请求。

原行政行为被撤销、确认违法或者无效，给原告造成损失的，应当由作出原行政行为的行政机关承担赔偿责任；因复议程序违法给原告造成损失的，由复议机关承担赔偿责任。

第十一条 行政机关为实现公共利益或者行政管理目标，在法定职责范围内，与公民、法人或者其他组织协商订立的具有行政法上权利义务内容的协议，属于行政诉讼法第十二条第一款第十一项规定的行政协议。

公民、法人或者其他组织就下列行政协议提起行政诉讼的，人民法院应当依法受理：

（一）政府特许经营协议；

（二）土地、房屋等征收征用补偿协议；

（三）其他行政协议。

第十二条 公民、法人或者其他组织对行政机关不依法履行、未按照约定履行协议提起诉讼的，参照民事法律规范关于诉讼时效的规定；对行政机关单方变更、解除协议等行为提起诉讼的，适用行政诉讼法及其司法解释关于起诉期限的规定。

第十三条　对行政协议提起诉讼的案件，适用行政诉讼法及其司法解释的规定确定管辖法院。

第十四条　人民法院审查行政机关是否依法履行、按照约定履行协议或者单方变更、解除协议是否合法，在适用行政法律规范的同时，可以适用不违反行政法和行政诉讼法强制性规定的民事法律规范。

第十五条　原告主张被告不依法履行、未按照约定履行协议或者单方变更、解除协议违法，理由成立的，人民法院可以根据原告的诉讼请求判决确认协议有效、判决被告继续履行协议，并明确继续履行的具体内容；被告无法继续履行或者继续履行已无实际意义的，判决被告采取相应的补救措施；给原告造成损失的，判决被告予以赔偿。

原告请求解除协议或者确认协议无效，理由成立的，判决解除协议或者确认协议无效，并根据合同法等相关法律规定作出处理。

被告因公共利益需要或者其他法定理由单方变更、解除协议，给原告造成损失的，判决被告予以补偿。

第十六条　对行政机关不依法履行、未按照约定履行协议提起诉讼的，诉讼费用准用民事案件交纳标准；对行政机关单方变更、解除协议等行为提起诉讼的，诉讼费用适用行政案件交纳标准。

第十七条　公民、法人或者其他组织请求一并审理行政诉讼法第六十一条规定的相关民事争议，应当在第一审开庭审理前提出；有正当理由的，也可以在法庭调查中提出。

有下列情形之一的，人民法院应当作出不予准许一并审理民事争议的决定，并告知当事人可以依法通过其他渠道主张权利：

（一）法律规定应当由行政机关先行处理的；

（二）违反民事诉讼法专属管辖规定或者协议管辖约定的；

（三）已经申请仲裁或者提起民事诉讼的；

（四）其他不宜一并审理的民事争议。

对不予准许的决定可以申请复议一次。

第十八条　人民法院在行政诉讼中一并审理相关民事争议的，民事争议应当单独立案，由同一审判组织审理。

审理行政机关对民事争议所作裁决的案件，一并审理民事争议的，不另行立案。

第十九条　人民法院一并审理相关民事争议，适用民事法律规范的相关规定，法律另有规定的除外。

当事人在调解中对民事权益的处分，不能作为审查被诉行政行为合法性的根据。

行政争议和民事争议应当分别裁判。当事人仅对行政裁判或者民事裁判提出上诉的，未上诉的裁判在上诉期满后即发生法律效力。第一审人民法院应当将全部案卷一并移送第二审人民法院，由行政审判庭审理。第二审人民法院发现未上诉的生效裁判确有错误的，应当按照审判监督程序再审。

第二十条　公民、法人或者其他组织请求人民法院一并审查行政诉讼法第五十三条规定的规范性文件，应当在第一审开庭审理前提出；有正当理由的，也可以在法庭调查中提出。

第二十一条　规范性文件不合法的，人民法院不作为认定行政行为合法的依据，并在裁判理由中予以阐明。作出生效裁判的人民法院应当向规范性文件的制定机关提出处理建议，并可以抄送制定机关的同级人民政府或者上一级行政机关。

第二十二条　原告请求被告履行法定职责的理由成立，被告违法拒绝履行或者无正当理由逾期不予答复的，人民法院可以根据行政诉讼法第七十二条的规定，判决被告在一定期限内依法履行原告请求的法定职责；尚需被告调查或者裁量的，应当判决被告针对原告的请求重新作出处理。

第二十三条　原告申请被告依法履行支付抚恤金、最低生活保障待遇或者社会保险待遇等给付义务的理由成立，被告依法负有给付义务而拒绝或者拖延履行义务且无正当理由的，人民法院可以根据行政诉讼法第七十三条的规定，判决被告在一定期限内履行相应的给付义务。

第二十四条　当事人向上一级人民法院申请再审，应当在判决、裁定或者调解书发生法律效力后六个月内提出。有下列情形之一的，自知道或者应当知道之日起六个月内提出：

（一）有新的证据，足以推翻原判决、裁定的；

（二）原判决、裁定认定事实的主要证据是伪造的；

（三）据以作出原判决、裁定的法律文书被撤销或者变更的；

（四）审判人员审理该案件时有贪污受贿、徇私舞弊、枉法裁判行为的。

第二十五条　有下列情形之一的，当事人可以向人民检察院申请抗诉或者检察建议：

（一）人民法院驳回再审申请的；

（二）人民法院逾期未对再审申请作出裁定的；

（三）再审判决、裁定有明显错误的。

人民法院基于抗诉或者检察建议作出再审判决、裁定后，当事人申请再审的，人民法院不予立案。

第二十六条　2015 年 5 月 1 日前起诉期限尚未届满的，适用修改后的行政诉讼法关于起诉期限的规定。

2015 年 5 月 1 日前尚未审结案件的审理期限，适用修改前的行政诉讼法关于审理期限的规定。依照修改前的行政诉讼法已经完成的程序事项，仍然有效。

对 2015 年 5 月 1 日前发生法律效力的判决、裁定或者行政赔偿调解书不服申请再审，或者人民法院依照审判监督程序再审的，程序性规定适用修改后的行政诉讼法的规定。

第二十七条　最高人民法院以前发布的司法解释与本解释不一致的，以本解释为准 。

（五）民事诉讼

中华人民共和国民事诉讼法

（1991年4月9日第七届全国人民代表大会第四次会议通过　根据2007年10月28日第十届全国人民代表大会常务委员会第三十次会议《关于修改〈中华人民共和国民事诉讼法〉的决定》第一次修正　根据2012年8月31日第十一届全国人民代表大会常务委员会第二十八次会议《关于修改〈中华人民共和国民事诉讼法〉的决定》第二次修正）

第一编　总　　则

第一章　任务、适用范围和基本原则

第一条　【立法依据】中华人民共和国民事诉讼法以宪法为根据，结合我国民事审判工作的经验和实际情况制定。

第二条　【立法目的】中华人民共和国民事诉讼法的任务，是保护当事人行使诉讼权利，保证人民法院查明事实，分清是非，正确适用法律，及时审理民事案件，确认民事权利义务关系，制裁民事违法行为，保护当事人的合法权益，教育公民自觉遵守法律，维护社会秩序、经济秩序，保障社会主义建设事业顺利进行。

第三条　【适用范围】人民法院受理公民之间、法人之间、其他组织之间以及他们相互之间因财产关系和人身关系提起的民事诉讼，适用本法的规定。

第四条　【空间效力】凡在中华人民共和国领域内进行民事诉讼，必须遵守本法。

第五条　【同等原则和对等原则】外国人、无国籍人、外国企业和组织在人民法院起诉、应诉，同中华人民共和国公民、法人和其他组织有同等的诉讼权利义务。

外国法院对中华人民共和国公民、法人和其他组织的民事诉讼权利加以限制的，中华人民共和国人民法院对该国公民、企业和组织的民事诉讼权利，实行对等原则。

第六条　【独立审判原则】民事案件的审判权由人民法院行使。

人民法院依照法律规定对民事案件独立进行审判，不受行政机关、社会团体和个人的干涉。

第七条　【以事实为根据，以法律为准绳原则】人民法院审理民事案件，必须以事实为根据，以法律为准绳。

第八条　【诉讼权利平等原则】民事诉讼当事人有平等的诉讼权利。人民法院审理民事案件，应当保障和便利当事人行使诉讼权利，对当事人在适用法律上一律平等。

第九条　【法院调解原则】人民法院审理民事案件，应当根据自愿和合法的原则进行调解；调解不成的，应当及时判决。

第十条　【合议、回避、公开审判、两审终审制度】人民法院审理民事案件，依照法律规定实行合议、回避、公开审判和两审终审制度。

第十一条　【使用本民族语言文字原则】各民族公民都有用本民族语言、文字进行民事诉讼的权利。

在少数民族聚居或者多民族共同居住的地区，人民法院应当用当地民族通用的语言、文字进行审理和发布法律文书。

人民法院应当对不通晓当地民族通用的语言、文字的诉讼参与人提供翻译。

第十二条　【辩论原则】人民法院审理民事案件时，当事人有权进行辩论。

第十三条　【诚实信用原则和处分原则】民事诉讼应当遵循诚实信用原则。

当事人有权在法律规定的范围内处分自己的民事权利和诉讼权利。

第十四条　【检察监督原则】人民检察院有权对民事诉讼实行法律监督。

第十五条　【支持起诉原则】机关、社会团体、企业事业单位对损害国家、集体或者个人民事权益的行为，可以支持受损害的单位或者个人向人民法院起诉。

第十六条　【民族自治地方的变通或者补充规定】民族自治地方的人民代表大会根据宪法和本法的原则，结合当地民族的具体情况，可以制定变通或者补充的规定。自治区的规定，报全国人民代表大会常务委员会批准。自治州、自治县的规定，报省或者自治区的人民代表大会常务委员会批准，并报全国人民代表大会常务委员会备案。

第二章　管　　辖

第一节　级别管辖

第十七条　【基层法院管辖】基层人民法院管辖第一审民事案件，但本法另有规定的除外。

第十八条　【中级法院管辖】中级人民法院管辖下列第一审民事案件：

（一）重大涉外案件；

（二）在本辖区有重大影响的案件；

（三）最高人民法院确定由中级人民法院管辖的案件。

第十九条　【高级法院管辖】高级人民法院管辖在本辖区有重大影响的第一审民事案件。

第二十条　【最高法院管辖】最高人民法院管辖下列第一审民事案件：

（一）在全国有重大影响的案件；

（二）认为应当由本院审理的案件。

第二节 地 域 管 辖

第二十一条 【被告住所地、经常居住地法院管辖】对公民提起的民事诉讼,由被告住所地人民法院管辖;被告住所地与经常居住地不一致的,由经常居住地人民法院管辖。

对法人或者其他组织提起的民事诉讼,由被告住所地人民法院管辖。

同一诉讼的几个被告住所地、经常居住地在两个以上人民法院辖区的,各该人民法院都有管辖权。

第二十二条 【原告住所地、经常居住地法院管辖】下列民事诉讼,由原告住所地人民法院管辖;原告住所地与经常居住地不一致的,由原告经常居住地人民法院管辖:

(一)对不在中华人民共和国领域内居住的人提起的有关身份关系的诉讼;

(二)对下落不明或者宣告失踪的人提起的有关身份关系的诉讼;

(三)对被采取强制性教育措施的人提起的诉讼;

(四)对被监禁的人提起的诉讼。

第二十三条 【合同纠纷的地域管辖】因合同纠纷提起的诉讼,由被告住所地或者合同履行地人民法院管辖。

第二十四条 【保险合同纠纷的地域管辖】因保险合同纠纷提起的诉讼,由被告住所地或者保险标的物所在地人民法院管辖。

第二十五条 【票据纠纷的地域管辖】因票据纠纷提起的诉讼,由票据支付地或者被告住所地人民法院管辖。

第二十六条 【公司纠纷的地域管辖】因公司设立、确认股东资格、分配利润、解散等纠纷提起的诉讼,由公司住所地人民法院管辖。

第二十七条 【运输合同纠纷的地域管辖】因铁路、公路、水上、航空运输和联合运输合同纠纷提起的诉讼,由运输始发地、目的地或者被告住所地人民法院管辖。

第二十八条 【侵权纠纷的地域管辖】因侵权行为提起的诉讼,由侵权行为地或者被告住所地人民法院管辖。

第二十九条 【交通事故损害赔偿纠纷的地域管辖】因铁路、公路、水上和航空事故请求损害赔偿提起的诉讼,由事故发生地或者车辆、船舶最先到达地、航空器最先降落地或者被告住所地人民法院管辖。

第三十条 【海事损害事故赔偿纠纷的地域管辖】因船舶碰撞或者其他海事损害事故请求损害赔偿提起的诉讼,由碰撞发生地、碰撞船舶最先到达地、加害船舶被扣留地或者被告住所地人民法院管辖。

第三十一条 【海难救助费用纠纷的地域管辖】因海难救助费用提起的诉讼,由救助地或者被救助船舶最先到达地人民法院管辖。

第三十二条 【共同海损纠纷的地域管辖】因共同海损提起的诉讼,由船舶最先到达地、共同海损理算地或者航程终止地的人民法院管辖。

第三十三条 【专属管辖】下列案件,由本条规定的人民法院专属管辖:

(一)因不动产纠纷提起的诉讼,由不动产所在地人民法院管辖;

(二)因港口作业中发生纠纷提起的诉讼,由港口所在地人民法院管辖;

(三)因继承遗产纠纷提起的诉讼,由被继承人死亡时住所地或者主要遗产所在地人民法院管辖。

第三十四条 【协议管辖】合同或者其他财产权益纠纷的当事人可以书面协议选择被告住所地、合同履行地、合同签订地、原告住所地、标的物所在地等与争议有实际联系的地点的人民法院管辖,但不得违反本法对级别管辖和专属管辖的规定。

第三十五条 【选择管辖】两个以上人民法院都有管辖权的诉讼,原告可以向其中一个人民法院起诉;原告向两个以上有管辖权的人民法院起诉的,由最先立案的人民法院管辖。

第三节 移送管辖和指定管辖

第三十六条 【移送管辖】人民法院发现受理的案件不属于本院管辖的,应当移送有管辖权的人民法院,受移送的人民法院应当受理。受移送的人民法院认为受移送的案件依照规定不属于本院管辖的,应当报请上级人民法院指定管辖,不得再自行移送。

第三十七条 【指定管辖】有管辖权的人民法院由于特殊原因,不能行使管辖权的,由上级人民法院指定管辖。

人民法院之间因管辖权发生争议,由争议双方协商解决;协商解决不了的,报请它们的共同上级人民法院指定管辖。

第三十八条 【管辖权的转移】上级人民法院有权审理下级人民法院管辖的第一审民事案件;确有必要将本院管辖的第一审民事案件交下级人民法院审理的,应当报请其上级人民法院批准。

下级人民法院对它所管辖的第一审民事案件,认为需要由上级人民法院审理的,可以报请上级人民法院审理。

第三章 审 判 组 织

第三十九条 【一审审判组织】人民法院审理第一审民事案件,由审判员、陪审员共同组成合议庭或者由审判员组成合议庭。合议庭的成员人数,必须是单数。

适用简易程序审理的民事案件,由审判员一人独任审理。

陪审员在执行陪审职务时,与审判员有同等的权利义务。

第四十条 【二审和再审审判组织】人民法院审理第二审民事案件,由审判员组成合议庭。合议庭的成员人数,必须是单数。

发回重审的案件，原审人民法院应当按照第一审程序另行组成合议庭。

审理再审案件，原来是第一审的，按照第一审程序另行组成合议庭；原来是第二审的或者是上级人民法院提审的，按照第二审程序另行组成合议庭。

第四十一条　【合议庭审判长的产生】合议庭的审判长由院长或者庭长指定审判员一人担任；院长或者庭长参加审判的，由院长或者庭长担任。

第四十二条　【合议庭的评议规则】合议庭评议案件，实行少数服从多数的原则。评议应当制作笔录，由合议庭成员签名。评议中的不同意见，必须如实记入笔录。

第四十三条　【审判人员工作纪律】审判人员应当依法秉公办案。

审判人员不得接受当事人及其诉讼代理人请客送礼。

审判人员有贪污受贿，徇私舞弊，枉法裁判行为的，应当追究法律责任；构成犯罪的，依法追究刑事责任。

第四章　回　　避

第四十四条　【回避的对象、条件和方式】审判人员有下列情形之一的，应当自行回避，当事人有权用口头或者书面方式申请他们回避：

（一）是本案当事人或者当事人、诉讼代理人近亲属的；

（二）与本案有利害关系的；

（三）与本案当事人、诉讼代理人有其他关系，可能影响对案件公正审理的。

审判人员接受当事人、诉讼代理人请客送礼，或者违反规定会见当事人、诉讼代理人的，当事人有权要求他们回避。

审判人员有前款规定的行为的，应当依法追究法律责任。

前三款规定，适用于书记员、翻译人员、鉴定人、勘验人。

第四十五条　【回避申请】当事人提出回避申请，应当说明理由，在案件开始审理时提出；回避事由在案件开始审理后知道的，也可以在法庭辩论终结前提出。

被申请回避的人员在人民法院作出是否回避的决定前，应当暂停参与本案的工作，但案件需要采取紧急措施的除外。

第四十六条　【回避决定的程序】院长担任审判长时的回避，由审判委员会决定；审判人员的回避，由院长决定；其他人员的回避，由审判长决定。

第四十七条　【回避决定的时限及效力】人民法院对当事人提出的回避申请，应当在申请提出的三日内，以口头或者书面形式作出决定。申请人对决定不服的，可以在接到决定时申请复议一次。复议期间，被申请回避的人员，不停止参与本案的工作。人民法院对复议申请，应当在三日内作出复议决定，并通知复议申请人。

第五章　诉讼参加人

第一节　当　事　人

第四十八条　【当事人范围】公民、法人和其他组织可以作为民事诉讼的当事人。

法人由其法定代表人进行诉讼。其他组织由其主要负责人进行诉讼。

第四十九条　【诉讼权利义务】当事人有权委托代理人，提出回避申请，收集、提供证据，进行辩论，请求调解，提起上诉，申请执行。

当事人可以查阅本案有关材料，并可以复制本案有关材料和法律文书。查阅、复制本案有关材料的范围和办法由最高人民法院规定。

当事人必须依法行使诉讼权利，遵守诉讼秩序，履行发生法律效力的判决书、裁定书和调解书。

第五十条　【自行和解】双方当事人可以自行和解。

第五十一条　【诉讼请求的放弃、变更、承认、反驳及反诉】原告可以放弃或者变更诉讼请求。被告可以承认或者反驳诉讼请求，有权提起反诉。

第五十二条　【共同诉讼】当事人一方或者双方为二人以上，其诉讼标的是共同的，或者诉讼标的是同一种类、人民法院认为可以合并审理并经当事人同意的，为共同诉讼。

共同诉讼的一方当事人对诉讼标的有共同权利义务的，其中一人的诉讼行为经其他共同诉讼人承认，对其他共同诉讼人发生效力；对诉讼标的没有共同权利义务的，其中一人的诉讼行为对其他共同诉讼人不发生效力。

第五十三条　【当事人人数确定的代表人诉讼】当事人一方人数众多的共同诉讼，可以由当事人推选代表人进行诉讼。代表人的诉讼行为对其所代表的当事人发生效力，但代表人变更、放弃诉讼请求或者承认对方当事人的诉讼请求，进行和解，必须经被代表的当事人同意。

第五十四条　【当事人人数不确定的代表人诉讼】诉讼标的是同一种类、当事人一方人数众多在起诉时人数尚未确定的，人民法院可以发出公告，说明案件情况和诉讼请求，通知权利人在一定期间向人民法院登记。

向人民法院登记的权利人可以推选代表人进行诉讼；推选不出代表人的，人民法院可以与参加登记的权利人商定代表人。

代表人的诉讼行为对其所代表的当事人发生效力，但代表人变更、放弃诉讼请求或者承认对方当事人的诉讼请求，进行和解，必须经被代表的当事人同意。

人民法院作出的判决、裁定，对参加登记的全体权利人发生效力。未参加登记的权利人在诉讼时效期间提起诉讼的，适用该判决、裁定。

第五十五条　【公益诉讼】对污染环境、侵害众多消费者合法权益等损害社会公共利益的行为，法律规定的机关和有关组织可以向人民法院提起诉讼。

第五十六条　【第三人】对当事人双方的诉讼标的，第三人认为有独立请求权的，有权提起诉讼。

对当事人双方的诉讼标的，第三人虽然没有独立请求权，但案件处理结果同他有法律上的利害关系的，可以申请参加诉讼，或者由人民法院通知他参加诉讼。人民法院判决承担民事责任的第三人，有当事人的诉讼权利义务。

前两款规定的第三人，因不能归责于本人的事由未参加诉讼，但有证据证明发生法律效力的判决、裁定、调解书的部分或者全部内容错误，损害其民事权益的，可以自知道或者应当知道其民事权益受到损害之日起六个月内，向作出该判决、裁定、调解书的人民法院提起诉讼。人民法院经审理，诉讼请求成立的，应当改变或者撤销原判决、裁定、调解书；诉讼请求不成立的，驳回诉讼请求。

第二节　诉讼代理人

第五十七条　【法定诉讼代理人】无诉讼行为能力人由他的监护人作为法定代理人代为诉讼。法定代理人之间互相推诿代理责任的，由人民法院指定其中一人代为诉讼。

第五十八条　【委托诉讼代理人】当事人、法定代理人可以委托一至二人作为诉讼代理人。

下列人员可以被委托为诉讼代理人：

（一）律师、基层法律服务工作者；

（二）当事人的近亲属或者工作人员；

（三）当事人所在社区、单位以及有关社会团体推荐的公民。

第五十九条　【委托诉讼代理权的取得和权限】委托他人代为诉讼，必须向人民法院提交由委托人签名或者盖章的授权委托书。

授权委托书必须记明委托事项和权限。诉讼代理人代为承认、放弃、变更诉讼请求，进行和解，提起反诉或者上诉，必须有委托人的特别授权。

侨居在国外的中华人民共和国公民从国外寄交或者托交的授权委托书，必须经中华人民共和国驻该国的使领馆证明；没有使领馆的，由与中华人民共和国有外交关系的第三国驻该国的使领馆证明，再转由中华人民共和国驻该第三国使领馆证明，或者由当地的爱国华侨团体证明。

第六十条　【诉讼代理权的变更和解除】诉讼代理人的权限如果变更或者解除，当事人应当书面告知人民法院，并由人民法院通知对方当事人。

第六十一条　【诉讼代理人调查收集证据和查阅有关资料的权利】代理诉讼的律师和其他诉讼代理人有权调查收集证据，可以查阅本案有关材料。查阅本案有关材料的范围和办法由最高人民法院规定。

第六十二条　【离婚诉讼代理的特别规定】离婚案件有诉讼代理人的，本人除不能表达意思的以外，仍应出庭；确因特殊情况无法出庭的，必须向人民法院提交书面意见。

第六章　证　　据

第六十三条　【证据的种类】证据包括：

（一）当事人的陈述；

（二）书证；

（三）物证；

（四）视听资料；

（五）电子数据；

（六）证人证言；

（七）鉴定意见；

（八）勘验笔录。

证据必须查证属实，才能作为认定事实的根据。

第六十四条　【举证责任与查证】当事人对自己提出的主张，有责任提供证据。

当事人及其诉讼代理人因客观原因不能自行收集的证据，或者人民法院认为审理案件需要的证据，人民法院应当调查收集。

人民法院应当按照法定程序，全面地、客观地审查核实证据。

第六十五条　【举证期限及逾期后果】当事人对自己提出的主张应当及时提供证据。

人民法院根据当事人的主张和案件审理情况，确定当事人应当提供的证据及其期限。当事人在该期限内提供证据确有困难的，可以向人民法院申请延长期限，人民法院根据当事人的申请适当延长。当事人逾期提供证据的，人民法院应当责令其说明理由；拒不说明理由或者理由不成立的，人民法院根据不同情形可以不予采纳该证据，或者采纳该证据但予以训诫、罚款。

第六十六条　【人民法院签收证据】人民法院收到当事人提交的证据材料，应当出具收据，写明证据名称、页数、份数、原件或者复印件以及收到时间等，并由经办人员签名或者盖章。

第六十七条　【人民法院调查取证】人民法院有权向有关单位和个人调查取证，有关单位和个人不得拒绝。

人民法院对有关单位和个人提出的证明文书，应当辨别真伪，审查确定其效力。

第六十八条　【证据的公开与质证】证据应当在法庭上出示，并由当事人互相质证。对涉及国家秘密、商业秘密和个人隐私的证据应当保密，需要在法庭出示的，不得在公开开庭时出示。

第六十九条　【公证证据】经过法定程序公证证明的法律

事实和文书，人民法院应当作为认定事实的根据，但有相反证据足以推翻公证证明的除外。

第七十条 【书证和物证】书证应当提交原件。物证应当提交原物。提交原件或者原物确有困难的，可以提交复制品、照片、副本、节录本。

提交外文书证，必须附有中文译本。

第七十一条 【视听资料】人民法院对视听资料，应当辨别真伪，并结合本案的其他证据，审查确定能否作为认定事实的根据。

第七十二条 【证人的义务】凡是知道案件情况的单位和个人，都有义务出庭作证。有关单位的负责人应当支持证人作证。

不能正确表达意思的人，不能作证。

第七十三条 【证人不出庭作证的情形】经人民法院通知，证人应当出庭作证。有下列情形之一的，经人民法院许可，可以通过书面证言、视听传输技术或者视听资料等方式作证：

（一）因健康原因不能出庭的；

（二）因路途遥远，交通不便不能出庭的；

（三）因自然灾害等不可抗力不能出庭的；

（四）其他有正当理由不能出庭的。

第七十四条 【证人出庭作证费用的承担】证人因履行出庭作证义务而支出的交通、住宿、就餐等必要费用以及误工损失，由败诉一方当事人负担。当事人申请证人作证的，由该当事人先行垫付；当事人没有申请，人民法院通知证人作证的，由人民法院先行垫付。

第七十五条 【当事人陈述】人民法院对当事人的陈述，应当结合本案的其他证据，审查确定能否作为认定事实的根据。

当事人拒绝陈述的，不影响人民法院根据证据认定案件事实。

第七十六条 【申请鉴定】当事人可以就查明事实的专门性问题向人民法院申请鉴定。当事人申请鉴定的，由双方当事人协商确定具备资格的鉴定人；协商不成的，由人民法院指定。

当事人未申请鉴定，人民法院对专门性问题认为需要鉴定的，应当委托具备资格的鉴定人进行鉴定。

第七十七条 【鉴定人的职责】鉴定人有权了解进行鉴定所需要的案件材料，必要时可以询问当事人、证人。

鉴定人应当提出书面鉴定意见，在鉴定书上签名或者盖章。

第七十八条 【鉴定人出庭作证的义务】当事人对鉴定意见有异议或者人民法院认为鉴定人有必要出庭的，鉴定人应当出庭作证。经人民法院通知，鉴定人拒不出庭作证的，鉴定意见不得作为认定事实的根据；支付鉴定费用的当事人可以要求返还鉴定费用。

第七十九条 【对鉴定意见的查证】当事人可以申请人民法院通知有专门知识的人出庭，就鉴定人作出的鉴定意见或者专业问题提出意见。

第八十条 【勘验笔录】勘验物证或者现场，勘验人必须出示人民法院的证件，并邀请当地基层组织或者当事人所在单位派人参加。当事人或者当事人的成年家属应当到场，拒不到场的，不影响勘验的进行。

有关单位和个人根据人民法院的通知，有义务保护现场，协助勘验工作。

勘验人应当将勘验情况和结果制作笔录，由勘验人、当事人和被邀参加人签名或者盖章。

第八十一条 【证据保全】在证据可能灭失或者以后难以取得的情况下，当事人可以在诉讼过程中向人民法院申请保全证据，人民法院也可以主动采取保全措施。

因情况紧急，在证据可能灭失或者以后难以取得的情况下，利害关系人可以在提起诉讼或者申请仲裁前向证据所在地、被申请人住所地或者对案件有管辖权的人民法院申请保全证据。

证据保全的其他程序，参照适用本法第九章保全的有关规定。

第七章 期间、送达

第一节 期 间

第八十二条 【期间的种类和计算】期间包括法定期间和人民法院指定的期间。

期间以时、日、月、年计算。期间开始的时和日，不计算在期间内。

期间届满的最后一日是节假日的，以节假日后的第一日为期间届满的日期。

期间不包括在途时间，诉讼文书在期满前交邮的，不算过期。

第八十三条 【期间的耽误和顺延】当事人因不可抗拒的事由或者其他正当理由耽误期限的，在障碍消除后的十日内，可以申请顺延期限，是否准许，由人民法院决定。

第二节 送 达

第八十四条 【送达回证】送达诉讼文书必须有送达回证，由受送达人在送达回证上记明收到日期，签名或者盖章。

受送达人在送达回证上的签收日期为送达日期。

第八十五条 【直接送达】送达诉讼文书，应当直接送交受送达人。受送达人是公民的，本人不在交他的同住成年家属签收；受送达人是法人或者其他组织的，应当由法人的法定代表人、其他组织的主要负责人或者该法人、组织负责收件的人签收；受送达人有诉讼代理人的，可以送交其代理人签收；

受送达人已向人民法院指定代收人的,送交代收人签收。

受送达人的同住成年家属,法人或者其他组织的负责收件的人,诉讼代理人或者代收人在送达回证上签收的日期为送达日期。

第八十六条 【留置送达】受送达人或者他的同住成年家属拒绝接收诉讼文书的,送达人可以邀请有关基层组织或者所在单位的代表到场,说明情况,在送达回证上记明拒收事由和日期,由送达人、见证人签名或者盖章,把诉讼文书留在受送达人的住所;也可以把诉讼文书留在受送达人的住所,并采用拍照、录像等方式记录送达过程,即视为送达。

第八十七条 【传真、电子邮件等方式送达】经受送达人同意,人民法院可以采用传真、电子邮件等能够确认其收悉的方式送达诉讼文书,但判决书、裁定书、调解书除外。

采用前款方式送达的,以传真、电子邮件等到达受送达人特定系统的日期为送达日期。

第八十八条 【委托送达与邮寄送达】直接送达诉讼文书有困难的,可以委托其他人民法院代为送达,或者邮寄送达。邮寄送达的,以回执上注明的收件日期为送达日期。

第八十九条 【军人的转交送达】受送达人是军人的,通过其所在部队团以上单位的政治机关转交。

第九十条 【被监禁人或被采取强制性教育措施人的转交送达】受送达人被监禁的,通过其所在监所转交。

受送达人被采取强制性教育措施的,通过其所在强制性教育机构转交。

第九十一条 【转交送达的送达日期】代为转交的机关、单位收到诉讼文书后,必须立即交受送达人签收,以在送达回证上的签收日期,为送达日期。

第九十二条 【公告送达】受送达人下落不明,或者用本节规定的其他方式无法送达的,公告送达。自发出公告之日起,经过六十日,即视为送达。

公告送达,应当在案卷中记明原因和经过。

第八章 调　　解

第九十三条 【法院调解原则】人民法院审理民事案件,根据当事人自愿的原则,在事实清楚的基础上,分清是非,进行调解。

第九十四条 【法院调解的程序】人民法院进行调解,可以由审判员一人主持,也可以由合议庭主持,并尽可能就地进行。

人民法院进行调解,可以用简便方式通知当事人、证人到庭。

第九十五条 【对法院调解的协助】人民法院进行调解,可以邀请有关单位和个人协助。被邀请的单位和个人,应当协助人民法院进行调解。

第九十六条 【调解协议的达成】调解达成协议,必须双方自愿,不得强迫。调解协议的内容不得违反法律规定。

第九十七条 【调解书的制作、送达和效力】调解达成协议,人民法院应当制作调解书。调解书应当写明诉讼请求、案件的事实和调解结果。

调解书由审判人员、书记员署名,加盖人民法院印章,送达双方当事人。

调解书经双方当事人签收后,即具有法律效力。

第九十八条 【不需要制作调解书的案件】下列案件调解达成协议,人民法院可以不制作调解书:

(一)调解和好的离婚案件;

(二)调解维持收养关系的案件;

(三)能够即时履行的案件;

(四)其他不需要制作调解书的案件。

对不需要制作调解书的协议,应当记入笔录,由双方当事人、审判人员、书记员签名或者盖章后,即具有法律效力。

第九十九条 【调解不成或调解后反悔的处理】调解未达成协议或者调解书送达前一方反悔的,人民法院应当及时判决。

第九章 保全和先予执行

第一百条 【诉讼保全】人民法院对于可能因当事人一方的行为或者其他原因,使判决难以执行或者造成当事人其他损害的案件,根据对方当事人的申请,可以裁定对其财产进行保全、责令其作出一定行为或者禁止其作出一定行为;当事人没有提出申请的,人民法院在必要时也可以裁定采取保全措施。

人民法院采取保全措施,可以责令申请人提供担保,申请人不提供担保的,裁定驳回申请。

人民法院接受申请后,对情况紧急的,必须在四十八小时内作出裁定;裁定采取保全措施的,应当立即开始执行。

第一百零一条 【诉前保全】利害关系人因情况紧急,不立即申请保全将会使其合法权益受到难以弥补的损害的,可以在提起诉讼或者申请仲裁前向被保全财产所在地、被申请人住所地或者对案件有管辖权的人民法院申请采取保全措施。申请人应当提供担保,不提供担保的,裁定驳回申请。

人民法院接受申请后,必须在四十八小时内作出裁定;裁定采取保全措施的,应当立即开始执行。

申请人在人民法院采取保全措施后三十日内不依法提起诉讼或者申请仲裁的,人民法院应当解除保全。

第一百零二条 【保全的范围】保全限于请求的范围,或者与本案有关的财物。

第一百零三条 【财产保全的措施】财产保全采取查封、扣押、冻结或者法律规定的其他方法。人民法院保全财产后,应当立即通知被保全财产的人。

财产已被查封、冻结的,不得重复查封、冻结。

第一百零四条　【保全的解除】财产纠纷案件，被申请人提供担保的，人民法院应当裁定解除保全。

第一百零五条　【保全申请错误的处理】申请有错误的，申请人应当赔偿被申请人因保全所遭受的损失。

第一百零六条　【先予执行的适用范围】人民法院对下列案件，根据当事人的申请，可以裁定先予执行：

（一）追索赡养费、扶养费、抚育费、抚恤金、医疗费用的；

（二）追索劳动报酬的；

（三）因情况紧急需要先予执行的。

第一百零七条　【先予执行的条件】人民法院裁定先予执行的，应当符合下列条件：

（一）当事人之间权利义务关系明确，不先予执行将严重影响申请人的生活或者生产经营的；

（二）被申请人有履行能力。

人民法院可以责令申请人提供担保，申请人不提供担保的，驳回申请。申请人败诉的，应当赔偿被申请人因先予执行遭受的财产损失。

第一百零八条　【对保全或先予执行不服的救济程序】当事人对保全或者先予执行的裁定不服的，可以申请复议一次。复议期间不停止裁定的执行。

第十章　对妨害民事诉讼的强制措施

第一百零九条　【拘传的适用】人民法院对必须到庭的被告，经两次传票传唤，无正当理由拒不到庭的，可以拘传。

第一百一十条　【对违反法庭规则、扰乱法庭秩序行为的强制措施】诉讼参与人和其他人应当遵守法庭规则。

人民法院对违反法庭规则的人，可以予以训诫，责令退出法庭或者予以罚款、拘留。

人民法院对哄闹、冲击法庭，侮辱、诽谤、威胁、殴打审判人员，严重扰乱法庭秩序的人，依法追究刑事责任；情节较轻的，予以罚款、拘留。

第一百一十一条　【对妨害诉讼证据的收集、调查和阻拦、干扰诉讼进行的强制措施】诉讼参与人或者其他人有下列行为之一的，人民法院可以根据情节轻重予以罚款、拘留；构成犯罪的，依法追究刑事责任：

（一）伪造、毁灭重要证据，妨碍人民法院审理案件的；

（二）以暴力、威胁、贿买方法阻止证人作证或者指使、贿买、胁迫他人作伪证的；

（三）隐藏、转移、变卖、毁损已被查封、扣押的财产，或者已被清点并责令其保管的财产，转移已被冻结的财产的；

（四）对司法工作人员、诉讼参加人、证人、翻译人员、鉴定人、勘验人、协助执行的人，进行侮辱、诽谤、诬陷、殴打或者打击报复的；

（五）以暴力、威胁或者其他方法阻碍司法工作人员执行职务的；

（六）拒不履行人民法院已经发生法律效力的判决、裁定的。

人民法院对有前款规定的行为之一的单位，可以对其主要负责人或者直接责任人员予以罚款、拘留；构成犯罪的，依法追究刑事责任。

第一百一十二条　【对恶意串通，通过诉讼、调解等方式侵害他人合法权益的强制措施】当事人之间恶意串通，企图通过诉讼、调解等方式侵害他人合法权益的，人民法院应当驳回其请求，并根据情节轻重予以罚款、拘留；构成犯罪的，依法追究刑事责任。

第一百一十三条　【对恶意串通，通过诉讼、仲裁、调解等方式逃避履行法律文书确定的义务的强制措施】被执行人与他人恶意串通，通过诉讼、仲裁、调解等方式逃避履行法律文书确定的义务的，人民法院应当根据情节轻重予以罚款、拘留；构成犯罪的，依法追究刑事责任。

第一百一十四条　【对拒不履行协助义务的单位的强制措施】有义务协助调查、执行的单位有下列行为之一的，人民法院除责令其履行协助义务外，并可以予以罚款：

（一）有关单位拒绝或者妨碍人民法院调查取证的；

（二）有关单位接到人民法院协助执行通知书后，拒不协助查询、扣押、冻结、划拨、变价财产的；

（三）有关单位接到人民法院协助执行通知书后，拒不协助扣留被执行人的收入、办理有关财产权证照转移手续、转交有关票证、证照或者其他财产的；

（四）其他拒绝协助执行的。

人民法院对有前款规定的行为之一的单位，可以对其主要负责人或者直接责任人员予以罚款；对仍不履行协助义务的，可以予以拘留；并可以向监察机关或者有关机关提出予以纪律处分的司法建议。

第一百一十五条　【罚款金额和拘留期限】对个人的罚款金额，为人民币十万元以下。对单位的罚款金额，为人民币五万元以上一百万元以下。

拘留的期限，为十五日以下。

被拘留的人，由人民法院交公安机关看管。在拘留期间，被拘留人承认并改正错误的，人民法院可以决定提前解除拘留。

第一百一十六条　【拘传、罚款、拘留的批准】拘传、罚款、拘留必须经院长批准。

拘传应当发拘传票。

罚款、拘留应当用决定书。对决定不服的，可以向上一级人民法院申请复议一次。复议期间不停止执行。

第一百一十七条　【强制措施由法院决定】采取对妨害民事诉讼的强制措施必须由人民法院决定。任何单位和个人采取非法拘禁他人或者非法私自扣押他人财产追索债务的，应当依法追究刑事责任，或者予以拘留、罚款 。

第十一章 诉讼费用

第一百一十八条 【诉讼费用】当事人进行民事诉讼,应当按照规定交纳案件受理费。财产案件除交纳案件受理费外,并按照规定交纳其他诉讼费用。

当事人交纳诉讼费用确有困难的,可以按照规定向人民法院申请缓交、减交或者免交。

收取诉讼费用的办法另行制定。

第二编 审判程序

第十二章 第一审普通程序

第一节 起诉和受理

第一百一十九条 【起诉的实质要件】起诉必须符合下列条件:

(一)原告是与本案有直接利害关系的公民、法人和其他组织;

(二)有明确的被告;

(三)有具体的诉讼请求和事实、理由;

(四)属于人民法院受理民事诉讼的范围和受诉人民法院管辖。

第一百二十条 【起诉的形式要件】起诉应当向人民法院递交起诉状,并按照被告人数提出副本。

书写起诉状确有困难的,可以口头起诉,由人民法院记入笔录,并告知对方当事人。

第一百二十一条 【起诉状的内容】起诉状应当记明下列事项:

(一)原告的姓名、性别、年龄、民族、职业、工作单位、住所、联系方式,法人或者其他组织的名称、住所和法定代表人或者主要负责人的姓名、职务、联系方式;

(二)被告的姓名、性别、工作单位、住所等信息,法人或者其他组织的名称、住所等信息;

(三)诉讼请求和所根据的事实与理由;

(四)证据和证据来源,证人姓名和住所。

第一百二十二条 【先行调解】当事人起诉到人民法院的民事纠纷,适宜调解的,先行调解,但当事人拒绝调解的除外。

第一百二十三条 【起诉权和受理程序】人民法院应当保障当事人依照法律规定享有的起诉权利。对符合本法第一百一十九条的起诉,必须受理。符合起诉条件的,应当在七日内立案,并通知当事人;不符合起诉条件的,应当在七日内作出裁定书,不予受理;原告对裁定不服的,可以提起上诉。

第一百二十四条 【对特殊情形的处理】人民法院对下列起诉,分别情形,予以处理:

(一)依照行政诉讼法的规定,属于行政诉讼受案范围的,告知原告提起行政诉讼;

(二)依照法律规定,双方当事人达成书面仲裁协议申请仲裁、不得向人民法院起诉的,告知原告向仲裁机构申请仲裁;

(三)依照法律规定,应当由其他机关处理的争议,告知原告向有关机关申请解决;

(四)对不属于本院管辖的案件,告知原告向有管辖权的人民法院起诉;

(五)对判决、裁定、调解书已经发生法律效力的案件,当事人又起诉的,告知原告申请再审,但人民法院准许撤诉的裁定除外;

(六)依照法律规定,在一定期限内不得起诉的案件,在不得起诉的期限内起诉的,不予受理;

(七)判决不准离婚和调解和好的离婚案件,判决、调解维持收养关系的案件,没有新情况、新理由,原告在六个月内又起诉的,不予受理。

第二节 审理前的准备

第一百二十五条 【送达起诉状和答辩状】人民法院应当在立案之日起五日内将起诉状副本发送被告,被告应当在收到之日起十五日内提出答辩状。答辩状应当记明被告的姓名、性别、年龄、民族、职业、工作单位、住所、联系方式;法人或者其他组织的名称、住所和法定代表人或者主要负责人的姓名、职务、联系方式。人民法院应当在收到答辩状之日起五日内将答辩状副本发送原告。

被告不提出答辩状的,不影响人民法院审理。

第一百二十六条 【诉讼权利义务的告知】人民法院对决定受理的案件,应当在受理案件通知书和应诉通知书中向当事人告知有关的诉讼权利义务,或者口头告知。

第一百二十七条 【对管辖权异议的审查和处理】人民法院受理案件后,当事人对管辖权有异议的,应当在提交答辩状期间提出。人民法院对当事人提出的异议,应当审查。异议成立的,裁定将案件移送有管辖权的人民法院;异议不成立的,裁定驳回。

当事人未提出管辖异议,并应诉答辩的,视为受诉人民法院有管辖权,但违反级别管辖和专属管辖规定的除外。

第一百二十八条 【合议庭组成人员的告知】合议庭组成人员确定后,应当在三日内告知当事人。

第一百二十九条 【审核取证】审判人员必须认真审核诉讼材料,调查收集必要的证据。

第一百三十条 【调查取证的程序】人民法院派出人员进行调查时,应当向被调查人出示证件。

调查笔录经被调查人校阅后,由被调查人、调查人签名或者盖章。

第一百三十一条 【委托调查】人民法院在必要时可以

委托外地人民法院调查。

委托调查,必须提出明确的项目和要求。受委托人民法院可以主动补充调查。

受委托人民法院收到委托书后,应当在三十日内完成调查。因故不能完成的,应当在上述期限内函告委托人民法院。

第一百三十二条　【当事人的追加】必须共同进行诉讼的当事人没有参加诉讼的,人民法院应当通知其参加诉讼。

第一百三十三条　【案件受理后的处理】人民法院对受理的案件,分别情形,予以处理:

(一)当事人没有争议,符合督促程序规定条件的,可以转入督促程序;

(二)开庭前可以调解的,采取调解方式及时解决纠纷;

(三)根据案件情况,确定适用简易程序或者普通程序;

(四)需要开庭审理的,通过要求当事人交换证据等方式,明确争议焦点。

第三节　开 庭 审 理

第一百三十四条　【公开审理及例外】人民法院审理民事案件,除涉及国家秘密、个人隐私或者法律另有规定的以外,应当公开进行。

离婚案件,涉及商业秘密的案件,当事人申请不公开审理的,可以不公开审理。

第一百三十五条　【巡回审理】人民法院审理民事案件,根据需要进行巡回审理,就地办案。

第一百三十六条　【开庭通知与公告】人民法院审理民事案件,应当在开庭三日前通知当事人和其他诉讼参与人。公开审理的,应当公告当事人姓名、案由和开庭的时间、地点。

第一百三十七条　【宣布开庭】开庭审理前,书记员应当查明当事人和其他诉讼参与人是否到庭,宣布法庭纪律。

开庭审理时,由审判长核对当事人,宣布案由,宣布审判人员、书记员名单,告知当事人有关的诉讼权利义务,询问当事人是否提出回避申请。

第一百三十八条　【法庭调查顺序】法庭调查按照下列顺序进行:

(一)当事人陈述;

(二)告知证人的权利义务,证人作证,宣读未到庭的证人证言;

(三)出示书证、物证、视听资料和电子数据;

(四)宣读鉴定意见;

(五)宣读勘验笔录。

第一百三十九条　【当事人庭审诉讼权利】当事人在法庭上可以提出新的证据。

当事人经法庭许可,可以向证人、鉴定人、勘验人发问。

当事人要求重新进行调查、鉴定或者勘验的,是否准许,由人民法院决定。

第一百四十条　【合并审理】原告增加诉讼请求,被告提出反诉,第三人提出与本案有关的诉讼请求,可以合并审理。

第一百四十一条　【法庭辩论】法庭辩论按照下列顺序进行:

(一)原告及其诉讼代理人发言;

(二)被告及其诉讼代理人答辩;

(三)第三人及其诉讼代理人发言或者答辩;

(四)互相辩论。

法庭辩论终结,由审判长按照原告、被告、第三人的先后顺序征询各方最后意见。

第一百四十二条　【法庭调解】法庭辩论终结,应当依法作出判决。判决前能够调解的,还可以进行调解,调解不成的,应当及时判决。

第一百四十三条　【原告不到庭和中途退庭的处理】原告经传票传唤,无正当理由拒不到庭的,或者未经法庭许可中途退庭的,可以按撤诉处理;被告反诉的,可以缺席判决。

第一百四十四条　【被告不到庭和中途退庭的处理】被告经传票传唤,无正当理由拒不到庭的,或者未经法庭许可中途退庭的,可以缺席判决。

第一百四十五条　【原告申请撤诉的处理】宣判前,原告申请撤诉的,是否准许,由人民法院裁定。

人民法院裁定不准许撤诉的,原告经传票传唤,无正当理由拒不到庭的,可以缺席判决。

第一百四十六条　【延期审理】有下列情形之一的,可以延期开庭审理:

(一)必须到庭的当事人和其他诉讼参与人有正当理由没有到庭的;

(二)当事人临时提出回避申请的;

(三)需要通知新的证人到庭,调取新的证据,重新鉴定、勘验,或者需要补充调查的;

(四)其他应当延期的情形。

第一百四十七条　【法庭笔录】书记员应当将法庭审理的全部活动记入笔录,由审判人员和书记员签名。

法庭笔录应当当庭宣读,也可以告知当事人和其他诉讼参与人当庭或者在五日内阅读。当事人和其他诉讼参与人认为对自己的陈述记录有遗漏或者差错的,有权申请补正。如果不予补正,应当将申请记录在案。

法庭笔录由当事人和其他诉讼参与人签名或者盖章。拒绝签名盖章的,记明情况附卷。

第一百四十八条　【宣告判决】人民法院对公开审理或者不公开审理的案件,一律公开宣告判决。

当庭宣判的,应当在十日内发送判决书;定期宣判的,宣判后立即发给判决书。

宣告判决时,必须告知当事人上诉权利、上诉期限和上诉的法院。

宣告离婚判决，必须告知当事人在判决发生法律效力前不得另行结婚。

第一百四十九条　【一审审限】人民法院适用普通程序审理的案件，应当在立案之日起六个月内审结。有特殊情况需要延长的，由本院院长批准，可以延长六个月；还需要延长的，报请上级人民法院批准。

第四节　诉讼中止和终结

第一百五十条　【诉讼中止】有下列情形之一的，中止诉讼：

（一）一方当事人死亡，需要等待继承人表明是否参加诉讼的；

（二）一方当事人丧失诉讼行为能力，尚未确定法定代理人的；

（三）作为一方当事人的法人或者其他组织终止，尚未确定权利义务承受人的；

（四）一方当事人因不可抗拒的事由，不能参加诉讼的；

（五）本案必须以另一案的审理结果为依据，而另一案尚未审结的；

（六）其他应当中止诉讼的情形。

中止诉讼的原因消除后，恢复诉讼。

第一百五十一条　【诉讼终结】有下列情形之一的，终结诉讼：

（一）原告死亡，没有继承人，或者继承人放弃诉讼权利的；

（二）被告死亡，没有遗产，也没有应当承担义务的人的；

（三）离婚案件一方当事人死亡的；

（四）追索赡养费、扶养费、抚育费以及解除收养关系案件的一方当事人死亡的。

第五节　判决和裁定

第一百五十二条　【判决书的内容】判决书应当写明判决结果和作出该判决的理由。判决书内容包括：

（一）案由、诉讼请求、争议的事实和理由；

（二）判决认定的事实和理由、适用的法律和理由；

（三）判决结果和诉讼费用的负担；

（四）上诉期间和上诉的法院。

判决书由审判人员、书记员署名，加盖人民法院印章。

第一百五十三条　【先行判决】人民法院审理案件，其中一部分事实已经清楚，可以就该部分先行判决。

第一百五十四条　【裁定】裁定适用于下列范围：

（一）不予受理；

（二）对管辖权有异议的；

（三）驳回起诉；

（四）保全和先予执行；

（五）准许或者不准许撤诉；

（六）中止或者终结诉讼；

（七）补正判决书中的笔误；

（八）中止或者终结执行；

（九）撤销或者不予执行仲裁裁决；

（十）不予执行公证机关赋予强制执行效力的债权文书；

（十一）其他需要裁定解决的事项。

对前款第一项至第三项裁定，可以上诉。

裁定书应当写明裁定结果和作出该裁定的理由。裁定书由审判人员、书记员署名，加盖人民法院印章。口头裁定的，记入笔录。

第一百五十五条　【一审裁判的生效】最高人民法院的判决、裁定，以及依法不准上诉或者超过上诉期没有上诉的判决、裁定，是发生法律效力的判决、裁定。

第一百五十六条　【判决、裁定的公开】公众可以查阅发生法律效力的判决书、裁定书，但涉及国家秘密、商业秘密和个人隐私的内容除外。

第十三章　简易程序

第一百五十七条　【简易程序的适用范围】基层人民法院和它派出的法庭审理事实清楚、权利义务关系明确、争议不大的简单的民事案件，适用本章规定。

基层人民法院和它派出的法庭审理前款规定以外的民事案件，当事人双方也可以约定适用简易程序。

第一百五十八条　【简易程序的起诉方式和受理程序】对简单的民事案件，原告可以口头起诉。

当事人双方可以同时到基层人民法院或者它派出的法庭，请求解决纠纷。基层人民法院或者它派出的法庭可以当即审理，也可以另定日期审理。

第一百五十九条　【简易程序的传唤方式】基层人民法院和它派出的法庭审理简单的民事案件，可以用简便方式传唤当事人和证人、送达诉讼文书、审理案件，但应当保障当事人陈述意见的权利。

第一百六十条　【简易程序的独任审理】简单的民事案件由审判员一人独任审理，并不受本法第一百三十六条、第一百三十八条、第一百四十一条规定的限制。

第一百六十一条　【简易程序的审限】人民法院适用简易程序审理案件，应当在立案之日起三个月内审结。

第一百六十二条　【简易程序一审终审的适用条件】基层人民法院和它派出的法庭审理符合本法第一百五十七条第一款规定的简单的民事案件，标的额为各省、自治区、直辖市上年度就业人员年平均工资百分之三十以下的，实行一审终审。

第一百六十三条　【简易程序转为普通程序】人民法院在审理过程中，发现案件不宜适用简易程序的，裁定转为普通程序。

第十四章　第二审程序

第一百六十四条　【上诉权】当事人不服地方人民法院第一审判决的,有权在判决书送达之日起十五日内向上一级人民法院提起上诉。

当事人不服地方人民法院第一审裁定的,有权在裁定书送达之日起十日内向上一级人民法院提起上诉。

第一百六十五条　【上诉状的内容】上诉应当递交上诉状。上诉状的内容,应当包括当事人的姓名,法人的名称及其法定代表人的姓名或者其他组织的名称及其主要负责人的姓名;原审人民法院名称、案件的编号和案由;上诉的请求和理由。

第一百六十六条　【上诉的提起】上诉状应当通过原审人民法院提出,并按照对方当事人或者代表人的人数提出副本。

当事人直接向第二审人民法院上诉的,第二审人民法院应当在五日内将上诉状移交原审人民法院。

第一百六十七条　【上诉的受理】原审人民法院收到上诉状,应当在五日内将上诉状副本送达对方当事人,对方当事人在收到之日起十五日内提出答辩状。人民法院应当在收到答辩状之日起五日内将副本送达上诉人。对方当事人不提出答辩状的,不影响人民法院审理。

原审人民法院收到上诉状、答辩状,应当在五日内连同全部案卷和证据,报送第二审人民法院。

第一百六十八条　【二审的审理范围】第二审人民法院应当对上诉请求的有关事实和适用法律进行审查。

第一百六十九条　【二审的审理方式和地点】第二审人民法院对上诉案件,应当组成合议庭,开庭审理。经过阅卷、调查和询问当事人,对没有提出新的事实、证据或者理由,合议庭认为不需要开庭审理的,可以不开庭审理。

第二审人民法院审理上诉案件,可以在本院进行,也可以到案件发生地或者原审人民法院所在地进行。

第一百七十条　【二审裁判】第二审人民法院对上诉案件,经过审理,按照下列情形,分别处理:

(一)原判决、裁定认定事实清楚,适用法律正确的,以判决、裁定方式驳回上诉,维持原判决、裁定;

(二)原判决、裁定认定事实错误或者适用法律错误的,以判决、裁定方式依法改判、撤销或者变更;

(三)原判决认定基本事实不清的,裁定撤销原判决,发回原审人民法院重审,或者查清事实后改判;

(四)原判决遗漏当事人或者违法缺席判决等严重违反法定程序的,裁定撤销原判决,发回原审人民法院重审。

原审人民法院对发回重审的案件作出判决后,当事人提起上诉的,第二审人民法院不得再次发回重审。

第一百七十一条　【对一审适用裁定的上诉案件的处理】第二审人民法院对不服第一审人民法院裁定的上诉案件的处理,一律使用裁定。

第一百七十二条　【上诉案件的调解】第二审人民法院审理上诉案件,可以进行调解。调解达成协议,应当制作调解书,由审判人员、书记员署名,加盖人民法院印章。调解书送达后,原审人民法院的判决即视为撤销。

第一百七十三条　【上诉的撤回】第二审人民法院判决宣告前,上诉人申请撤回上诉的,是否准许,由第二审人民法院裁定。

第一百七十四条　【二审适用的程序】第二审人民法院审理上诉案件,除依照本章规定外,适用第一审普通程序。

第一百七十五条　【二审裁判的效力】第二审人民法院的判决、裁定,是终审的判决、裁定。

第一百七十六条　【二审审限】人民法院审理对判决的上诉案件,应当在第二审立案之日起三个月内审结。有特殊情况需要延长的,由本院院长批准。

人民法院审理对裁定的上诉案件,应当在第二审立案之日起三十日内作出终审裁定。

第十五章　特别程序

第一节　一般规定

第一百七十七条　【特别程序的适用范围】人民法院审理选民资格案件、宣告失踪或者宣告死亡案件、认定公民无民事行为能力或者限制民事行为能力案件、认定财产无主案件、确认调解协议案件和实现担保物权案件,适用本章规定。本章没有规定的,适用本法和其他法律的有关规定。

第一百七十八条　【一审终审与独任审理】依照本章程序审理的案件,实行一审终审。选民资格案件或者重大、疑难的案件,由审判员组成合议庭审理;其他案件由审判员一人独任审理。

第一百七十九条　【特别程序的转换】人民法院在依照本章程序审理案件的过程中,发现本案属于民事权益争议的,应当裁定终结特别程序,并告知利害关系人可以另行起诉。

第一百八十条　【特别程序的审限】人民法院适用特别程序审理的案件,应当在立案之日起三十日内或者公告期满后三十日内审结。有特殊情况需要延长的,由本院院长批准。但审理选民资格的案件除外。

第二节　选民资格案件

第一百八十一条　【起诉与管辖】公民不服选举委员会对选民资格的申诉所作的处理决定,可以在选举日的五日以前向选区所在地基层人民法院起诉。

第一百八十二条　【审理、审限及判决】人民法院受理选民资格案件后,必须在选举日前审结。

审理时，起诉人、选举委员会的代表和有关公民必须参加。

人民法院的判决书，应当在选举日前送达选举委员会和起诉人，并通知有关公民。

第三节 宣告失踪、宣告死亡案件

第一百八十三条 【宣告失踪案件的提起】公民下落不明满二年，利害关系人申请宣告其失踪的，向下落不明人住所地基层人民法院提出。

申请书应当写明失踪的事实、时间和请求，并附有公安机关或者其他有关机关关于该公民下落不明的书面证明。

第一百八十四条 【宣告死亡案件的提起】公民下落不明满四年，或者因意外事故下落不明满二年，或者因意外事故下落不明，经有关机关证明该公民不可能生存，利害关系人申请宣告其死亡的，向下落不明人住所地基层人民法院提出。

申请书应当写明下落不明的事实、时间和请求，并附有公安机关或者其他有关机关关于该公民下落不明的书面证明。

第一百八十五条 【公告与判决】人民法院受理宣告失踪、宣告死亡案件后，应当发出寻找下落不明人的公告。宣告失踪的公告期间为三个月，宣告死亡的公告期间为一年。因意外事故下落不明，经有关机关证明该公民不可能生存的，宣告死亡的公告期间为三个月。

公告期间届满，人民法院应当根据被宣告失踪、宣告死亡的事实是否得到确认，作出宣告失踪、宣告死亡的判决或者驳回申请的判决。

第一百八十六条 【判决的撤销】被宣告失踪、宣告死亡的公民重新出现，经本人或者利害关系人申请，人民法院应当作出新判决，撤销原判决。

第四节 认定公民无民事行为能力、限制民事行为能力案件

第一百八十七条 【认定公民无民事行为能力、限制民事行为能力案件的提起】申请认定公民无民事行为能力或者限制民事行为能力，由其近亲属或者其他利害关系人向该公民住所地基层人民法院提出。

申请书应当写明该公民无民事行为能力或者限制民事行为能力的事实和根据。

第一百八十八条 【民事行为能力鉴定】人民法院受理申请后，必要时应当对被请求认定为无民事行为能力或者限制民事行为能力的公民进行鉴定。申请人已提供鉴定意见的，应当对鉴定意见进行审查。

第一百八十九条 【审理及判决】人民法院审理认定公民无民事行为能力或者限制民事行为能力的案件，应当由该公民的近亲属为代理人，但申请人除外。近亲属互相推诿的，由人民法院指定其中一人为代理人。该公民健康情况许可的，还应当询问本人的意见。

人民法院经审理认定申请有事实根据的，判决该公民为无民事行为能力或者限制民事行为能力人；认定申请没有事实根据的，应当判决予以驳回。

第一百九十条 【判决的撤销】人民法院根据被认定为无民事行为能力人、限制民事行为能力人或者他的监护人的申请，证实该公民无民事行为能力或者限制民事行为能力的原因已经消除的，应当作出新判决，撤销原判决。

第五节 认定财产无主案件

第一百九十一条 【财产无主案件的提起】申请认定财产无主，由公民、法人或者其他组织向财产所在地基层人民法院提出。

申请书应当写明财产的种类、数量以及要求认定财产无主的根据。

第一百九十二条 【公告及判决】人民法院受理申请后，经审查核实，应当发出财产认领公告。公告满一年无人认领的，判决认定财产无主，收归国家或者集体所有。

第一百九十三条 【判决的撤销】判决认定财产无主后，原财产所有人或者继承人出现，在民法通则规定的诉讼时效期间可以对财产提出请求，人民法院审查属实后，应当作出新判决，撤销原判决。

第六节 确认调解协议案件

第一百九十四条 【确认调解协议案件的提起】申请司法确认调解协议，由双方当事人依照人民调解法等法律，自调解协议生效之日起三十日内，共同向调解组织所在地基层人民法院提出。

第一百九十五条 【审查及裁定】人民法院受理申请后，经审查，符合法律规定的，裁定调解协议有效，一方当事人拒绝履行或者未全部履行的，对方当事人可以向人民法院申请执行；不符合法律规定的，裁定驳回申请，当事人可以通过调解方式变更原调解协议或者达成新的调解协议，也可以向人民法院提起诉讼。

第七节 实现担保物权案件

第一百九十六条 【实现担保物权案件的提起】申请实现担保物权，由担保物权人以及其他有权请求实现担保物权的人依照物权法等法律，向担保财产所在地或者担保物权登记地基层人民法院提出。

第一百九十七条 【审查及裁定】人民法院受理申请后，经审查，符合法律规定的，裁定拍卖、变卖担保财产，当事人依据该裁定可以向人民法院申请执行；不符合法律规定的，裁定驳回申请，当事人可以向人民法院提起诉讼。

第十六章 审判监督程序

第一百九十八条 【人民法院决定再审】各级人民法院院长对本院已经发生法律效力的判决、裁定、调解书，发现确有错误，认为需要再审的，应当提交审判委员会讨论决定。

最高人民法院对地方各级人民法院已经发生法律效力的判决、裁定、调解书，上级人民法院对下级人民法院已经发生法律效力的判决、裁定、调解书，发现确有错误的，有权提审或者指令下级人民法院再审。

第一百九十九条 【当事人申请再审】当事人对已经发生法律效力的判决、裁定，认为有错误的，可以向上一级人民法院申请再审；当事人一方人数众多或者当事人双方为公民的案件，也可以向原审人民法院申请再审。当事人申请再审的，不停止判决、裁定的执行。

第二百条 【再审事由】当事人的申请符合下列情形之一的，人民法院应当再审：

（一）有新的证据，足以推翻原判决、裁定的；

（二）原判决、裁定认定的基本事实缺乏证据证明的；

（三）原判决、裁定认定事实的主要证据是伪造的；

（四）原判决、裁定认定事实的主要证据未经质证的；

（五）对审理案件需要的主要证据，当事人因客观原因不能自行收集，书面申请人民法院调查收集，人民法院未调查收集的；

（六）原判决、裁定适用法律确有错误的；

（七）审判组织的组成不合法或者依法应当回避的审判人员没有回避的；

（八）无诉讼行为能力人未经法定代理人代为诉讼或者应当参加诉讼的当事人，因不能归责于本人或者其诉讼代理人的事由，未参加诉讼的；

（九）违反法律规定，剥夺当事人辩论权利的；

（十）未经传票传唤，缺席判决的；

（十一）原判决、裁定遗漏或者超出诉讼请求的；

（十二）据以作出原判决、裁定的法律文书被撤销或者变更的；

（十三）审判人员审理该案件时有贪污受贿，徇私舞弊，枉法裁判行为的。

第二百零一条 【调解书的再审】当事人对已经发生法律效力的调解书，提出证据证明调解违反自愿原则或者调解协议的内容违反法律的，可以申请再审。经人民法院审查属实的，应当再审。

第二百零二条 【不得申请再审的案件】当事人对已经发生法律效力的解除婚姻关系的判决、调解书，不得申请再审。

第二百零三条 【再审申请以及审查】当事人申请再审的，应当提交再审申请书等材料。人民法院应当自收到再审申请书之日起五日内将再审申请书副本发送对方当事人。对方当事人应当自收到再审申请书副本之日起十五日内提交书面意见；不提交书面意见的，不影响人民法院审查。人民法院可以要求申请人和对方当事人补充有关材料，询问有关事项。

第二百零四条 【再审申请的审查期限以及再审案件管辖法院】人民法院应当自收到再审申请书之日起三个月内审查，符合本法规定的，裁定再审；不符合本法规定的，裁定驳回申请。有特殊情况需要延长的，由本院院长批准。

因当事人申请裁定再审的案件由中级人民法院以上的人民法院审理，但当事人依照本法第一百九十九条的规定选择向基层人民法院申请再审的除外。最高人民法院、高级人民法院裁定再审的案件，由本院再审或者交其他人民法院再审，也可以交原审人民法院再审。

第二百零五条 【当事人申请再审的期限】当事人申请再审，应当在判决、裁定发生法律效力后六个月内提出；有本法第二百条第一项、第三项、第十二项、第十三项规定情形的，自知道或者应当知道之日起六个月内提出。

第二百零六条 【中止原判决的执行及例外】按照审判监督程序决定再审的案件，裁定中止原判决、裁定、调解书的执行，但追索赡养费、扶养费、抚育费、抚恤金、医疗费用、劳动报酬等案件，可以不中止执行。

第二百零七条 【再审案件的审理程序】人民法院按照审判监督程序再审的案件，发生法律效力的判决、裁定是由第一审法院作出的，按照第一审程序审理，所作的判决、裁定，当事人可以上诉；发生法律效力的判决、裁定是由第二审法院作出的，按照第二审程序审理，所作的判决、裁定，是发生法律效力的判决、裁定；上级人民法院按照审判监督程序提审的，按照第二审程序审理，所作的判决、裁定是发生法律效力的判决、裁定。

人民法院审理再审案件，应当另行组成合议庭。

第二百零八条 【人民检察院提起抗诉】最高人民检察院对各级人民法院已经发生法律效力的判决、裁定，上级人民检察院对下级人民法院已经发生法律效力的判决、裁定，发现有本法第二百条规定情形之一的，或者发现调解书损害国家利益、社会公共利益的，应当提出抗诉。

地方各级人民检察院对同级人民法院已经发生法律效力的判决、裁定，发现有本法第二百条规定情形之一的，或者发现调解书损害国家利益、社会公共利益的，可以向同级人民法院提出检察建议，并报上级人民检察院备案；也可以提请上级人民检察院向同级人民法院提出抗诉。

各级人民检察院对审判监督程序以外的其他审判程序中审判人员的违法行为，有权向同级人民法院提出检察建议。

第二百零九条 【当事人申请再审检察建议及抗诉的条件】有下列情形之一的，当事人可以向人民检察院申请检察建议或者抗诉：

（一）人民法院驳回再审申请的；

（二）人民法院逾期未对再审申请作出裁定的；

（三）再审判决、裁定有明显错误的。

人民检察院对当事人的申请应当在三个月内进行审查，作出提出或者不予提出检察建议或者抗诉的决定。当事人不得再次向人民检察院申请检察建议或者抗诉。

第二百一十条　【抗诉案件的调查】人民检察院因履行法律监督职责提出检察建议或者抗诉的需要，可以向当事人或者案外人调查核实有关情况。

第二百一十一条　【抗诉案件裁定再审的期限及审理法院】人民检察院提出抗诉的案件，接受抗诉的人民法院应当自收到抗诉书之日起三十日内作出再审的裁定；有本法第二百条第一项至第五项规定情形之一的，可以交下一级人民法院再审，但经该下一级人民法院再审的除外。

第二百一十二条　【抗诉书】人民检察院决定对人民法院的判决、裁定、调解书提出抗诉的，应当制作抗诉书。

第二百一十三条　【人民检察院派员出庭】人民检察院提出抗诉的案件，人民法院再审时，应当通知人民检察院派员出席法庭。

第十七章　督促程序

第二百一十四条　【支付令的申请】债权人请求债务人给付金钱、有价证券，符合下列条件的，可以向有管辖权的基层人民法院申请支付令：

（一）债权人与债务人没有其他债务纠纷的；

（二）支付令能够送达债务人的。

申请书应当写明请求给付金钱或者有价证券的数量和所根据的事实、证据。

第二百一十五条　【支付令申请的受理】债权人提出申请后，人民法院应当在五日内通知债权人是否受理。

第二百一十六条　【审理】人民法院受理申请后，经审查债权人提供的事实、证据，对债权债务关系明确、合法的，应当在受理之日起十五日内向债务人发出支付令；申请不成立的，裁定予以驳回。

债务人应当自收到支付令之日起十五日内清偿债务，或者向人民法院提出书面异议。

债务人在前款规定的期间不提出异议又不履行支付令的，债权人可以向人民法院申请执行。

第二百一十七条　【支付令的异议及失效的处理】人民法院收到债务人提出的书面异议后，经审查，异议成立的，应当裁定终结督促程序，支付令自行失效。

支付令失效的，转入诉讼程序，但申请支付令的一方当事人不同意提起诉讼的除外。

第十八章　公示催告程序

第二百一十八条　【公示催告程序的提起】按照规定可以背书转让的票据持有人，因票据被盗、遗失或者灭失，可以向票据支付地的基层人民法院申请公示催告。依照法律规定可以申请公示催告的其他事项，适用本章规定。

申请人应当向人民法院递交申请书，写明票面金额、发票人、持票人、背书人等票据主要内容和申请的理由、事实。

第二百一十九条　【受理、止付通知与公告】人民法院决定受理申请，应当同时通知支付人停止支付，并在三日内发出公告，催促利害关系人申报权利。公示催告的期间，由人民法院根据情况决定，但不得少于六十日。

第二百二十条　【止付通知和公告的效力】支付人收到人民法院停止支付的通知，应当停止支付，至公示催告程序终结。

公示催告期间，转让票据权利的行为无效。

第二百二十一条　【利害关系人申报权利】利害关系人应当在公示催告期间向人民法院申报。

人民法院收到利害关系人的申报后，应当裁定终结公示催告程序，并通知申请人和支付人。

申请人或者申报人可以向人民法院起诉。

第二百二十二条　【除权判决】没有人申报的，人民法院应当根据申请人的申请，作出判决，宣告票据无效。判决应当公告，并通知支付人。自判决公告之日起，申请人有权向支付人请求支付。

第二百二十三条　【除权判决的撤销】利害关系人因正当理由不能在判决前向人民法院申报的，自知道或者应当知道判决公告之日起一年内，可以向作出判决的人民法院起诉。

第三编　执行程序

第十九章　一般规定

第二百二十四条　【执行依据及管辖】发生法律效力的民事判决、裁定，以及刑事判决、裁定中的财产部分，由第一审人民法院或者与第一审人民法院同级的被执行的财产所在地人民法院执行。

法律规定由人民法院执行的其他法律文书，由被执行人住所地或者被执行的财产所在地人民法院执行。

第二百二十五条　【对违法的执行行为的异议】当事人、利害关系人认为执行行为违反法律规定的，可以向负责执行的人民法院提出书面异议。当事人、利害关系人提出书面异议的，人民法院应当自收到书面异议之日起十五日内审查，理由成立的，裁定撤销或者改正；理由不成立的，裁定驳回。当事人、利害关系人对裁定不服的，可以自裁定送达之日起十日内向上一级人民法院申请复议。

第二百二十六条　【变更执行法院】人民法院自收到申请执行书之日起超过六个月未执行的，申请执行人可以向上一级人民法院申请执行。上一级人民法院经审查，可以责令原人民法院在一定期限内执行，也可以决定由本院执行或者指令其他人民法院执行。

第二百二十七条 【案外人异议】执行过程中，案外人对执行标的提出书面异议的，人民法院应当自收到书面异议之日起十五日内审查，理由成立的，裁定中止对该标的的执行；理由不成立的，裁定驳回。案外人、当事人对裁定不服，认为原判决、裁定错误的，依照审判监督程序办理；与原判决、裁定无关的，可以自裁定送达之日起十五日内向人民法院提起诉讼。

第二百二十八条 【执行员与执行机构】执行工作由执行员进行。

采取强制执行措施时，执行员应当出示证件。执行完毕后，应当将执行情况制作笔录，由在场的有关人员签名或者盖章。

人民法院根据需要可以设立执行机构。

第二百二十九条 【委托执行】被执行人或者被执行的财产在外地的，可以委托当地人民法院代为执行。受委托人民法院收到委托函件后，必须在十五日内开始执行，不得拒绝。执行完毕后，应当将执行结果及时函复委托人民法院；在三十日内如果还未执行完毕，也应当将执行情况函告委托人民法院。

受委托人民法院自收到委托函件之日起十五日内不执行的，委托人民法院可以请求受委托人民法院的上级人民法院指令受委托人民法院执行。

第二百三十条 【执行和解】在执行中，双方当事人自行和解达成协议的，执行员应当将协议内容记入笔录，由双方当事人签名或者盖章。

申请执行人因受欺诈、胁迫与被执行人达成和解协议，或者当事人不履行和解协议的，人民法院可以根据当事人的申请，恢复对原生效法律文书的执行。

第二百三十一条 【执行担保】在执行中，被执行人向人民法院提供担保，并经申请执行人同意的，人民法院可以决定暂缓执行及暂缓执行的期限。被执行人逾期仍不履行的，人民法院有权执行被执行人的担保财产或者担保人的财产。

第二百三十二条 【被执行主体的变更】作为被执行人的公民死亡的，以其遗产偿还债务。作为被执行人的法人或者其他组织终止的，由其权利义务承受人履行义务。

第二百三十三条 【执行回转】执行完毕后，据以执行的判决、裁定和其他法律文书确有错误，被人民法院撤销的，对已被执行的财产，人民法院应当作出裁定，责令取得财产的人返还；拒不返还的，强制执行。

第二百三十四条 【法院调解书的执行】人民法院制作的调解书的执行，适用本编的规定。

第二百三十五条 【对执行的法律监督】人民检察院有权对民事执行活动实行法律监督。

第二十章 执行的申请和移送

第二百三十六条 【申请执行与移送执行】发生法律效力的民事判决、裁定，当事人必须履行。一方拒绝履行的，对方当事人可以向人民法院申请执行，也可以由审判员移送执行员执行。

调解书和其他应当由人民法院执行的法律文书，当事人必须履行。一方拒绝履行的，对方当事人可以向人民法院申请执行。

第二百三十七条 【仲裁裁决的申请执行】对依法设立的仲裁机构的裁决，一方当事人不履行的，对方当事人可以向有管辖权的人民法院申请执行。受申请的人民法院应当执行。

被申请人提出证据证明仲裁裁决有下列情形之一的，经人民法院组成合议庭审查核实，裁定不予执行：

（一）当事人在合同中没有订有仲裁条款或者事后没有达成书面仲裁协议的；

（二）裁决的事项不属于仲裁协议的范围或者仲裁机构无权仲裁的；

（三）仲裁庭的组成或者仲裁的程序违反法定程序的；

（四）裁决所根据的证据是伪造的；

（五）对方当事人向仲裁机构隐瞒了足以影响公正裁决的证据的；

（六）仲裁员在仲裁该案时有贪污受贿，徇私舞弊，枉法裁决行为的。

人民法院认定执行该裁决违背社会公共利益的，裁定不予执行。

裁定书应当送达双方当事人和仲裁机构。

仲裁裁决被人民法院裁定不予执行的，当事人可以根据双方达成的书面仲裁协议重新申请仲裁，也可以向人民法院起诉。

第二百三十八条 【公证债权文书的申请执行】对公证机关依法赋予强制执行效力的债权文书，一方当事人不履行的，对方当事人可以向有管辖权的人民法院申请执行，受申请的人民法院应当执行。

公证债权文书确有错误的，人民法院裁定不予执行，并将裁定书送达双方当事人和公证机关。

第二百三十九条 【申请执行期间】申请执行的期间为二年。申请执行时效的中止、中断，适用法律有关诉讼时效中止、中断的规定。

前款规定的期间，从法律文书规定履行期间的最后一日起计算；法律文书规定分期履行的，从规定的每次履行期间的最后一日起计算；法律文书未规定履行期间的，从法律文书生效之日起计算。

第二百四十条 【执行通知】执行员接到申请执行书或

者移交执行书,应当向被执行人发出执行通知,并可以立即采取强制执行措施。

第二十一章　执行措施

第二百四十一条　【被执行人报告财产情况】被执行人未按执行通知履行法律文书确定的义务,应当报告当前以及收到执行通知之日前一年的财产情况。被执行人拒绝报告或者虚假报告的,人民法院可以根据情节轻重对被执行人或者其法定代理人、有关单位的主要负责人或者直接责任人员予以罚款、拘留。

第二百四十二条　【被执行人存款等财产的执行】被执行人未按执行通知履行法律文书确定的义务,人民法院有权向有关单位查询被执行人的存款、债券、股票、基金份额等财产情况。人民法院有权根据不同情形扣押、冻结、划拨、变价被执行人的财产。人民法院查询、扣押、冻结、划拨、变价的财产不得超出被执行人应当履行义务的范围。

人民法院决定扣押、冻结、划拨、变价财产,应当作出裁定,并发出协助执行通知书,有关单位必须办理。

第二百四十三条　【被执行人收入的执行】被执行人未按执行通知履行法律文书确定的义务,人民法院有权扣留、提取被执行人应当履行义务部分的收入。但应当保留被执行人及其所扶养家属的生活必需费用。

人民法院扣留、提取收入时,应当作出裁定,并发出协助执行通知书,被执行人所在单位、银行、信用合作社和其他有储蓄业务的单位必须办理。

第二百四十四条　【被执行人其他财产的执行】被执行人未按执行通知履行法律文书确定的义务,人民法院有权查封、扣押、冻结、拍卖、变卖被执行人应当履行义务部分的财产。但应当保留被执行人及其所扶养家属的生活必需品。

采取前款措施,人民法院应当作出裁定。

第二百四十五条　【查封、扣押】人民法院查封、扣押财产时,被执行人是公民的,应当通知被执行人或者他的成年家属到场;被执行人是法人或者其他组织的,应当通知其法定代表人或者主要负责人到场。拒不到场的,不影响执行。被执行人是公民的,其工作单位或者财产所在地的基层组织应当派人参加。

对被查封、扣押的财产,执行员必须造具清单,由在场人签名或者盖章后,交被执行人一份。被执行人是公民的,也可以交他的成年家属一份。

第二百四十六条　【被查封财产的保管】被查封的财产,执行员可以指定被执行人负责保管。因被执行人的过错造成的损失,由被执行人承担。

第二百四十七条　【拍卖、变卖】财产被查封、扣押后,执行员应当责令被执行人在指定期间履行法律文书确定的义务。被执行人逾期不履行的,人民法院应当拍卖被查封、扣押的财产;不适于拍卖或者当事人双方同意不进行拍卖的,人民法院可以委托有关单位变卖或者自行变卖。国家禁止自由买卖的物品,交有关单位按照国家规定的价格收购。

第二百四十八条　【搜查】被执行人不履行法律文书确定的义务,并隐匿财产的,人民法院有权发出搜查令,对被执行人及其住所或者财产隐匿地进行搜查。

采取前款措施,由院长签发搜查令。

第二百四十九条　【指定交付】法律文书指定交付的财物或者票证,由执行员传唤双方当事人当面交付,或者由执行员转交,并由被交付人签收。

有关单位持有该项财物或者票证的,应当根据人民法院的协助执行通知书转交,并由被交付人签收。

有关公民持有该项财物或者票证的,人民法院通知其交出。拒不交出的,强制执行。

第二百五十条　【强制迁出】强制迁出房屋或者强制退出土地,由院长签发公告,责令被执行人在指定期间履行。被执行人逾期不履行的,由执行员强制执行。

强制执行时,被执行人是公民的,应当通知被执行人或者他的成年家属到场;被执行人是法人或者其他组织的,应当通知其法定代表人或者主要负责人到场。拒不到场的,不影响执行。被执行人是公民的,其工作单位或者房屋、土地所在地的基层组织应当派人参加。执行员应当将强制执行情况记入笔录,由在场人签名或者盖章。

强制迁出房屋被搬出的财物,由人民法院派人运至指定处所,交给被执行人。被执行人是公民的,也可以交给他的成年家属。因拒绝接收而造成的损失,由被执行人承担。

第二百五十一条　【财产权证照转移】在执行中,需要办理有关财产权证照转移手续的,人民法院可以向有关单位发出协助执行通知书,有关单位必须办理。

第二百五十二条　【行为的执行】对判决、裁定和其他法律文书指定的行为,被执行人未按执行通知履行的,人民法院可以强制执行或者委托有关单位或者其他人完成,费用由被执行人承担。

第二百五十三条　【迟延履行的责任】被执行人未按判决、裁定和其他法律文书指定的期间履行给付金钱义务的,应当加倍支付迟延履行期间的债务利息。被执行人未按判决、裁定和其他法律文书指定的期间履行其他义务的,应当支付迟延履行金。

第二百五十四条　【继续执行】人民法院采取本法第二百四十二条、第二百四十三条、第二百四十四条规定的执行措施后,被执行人仍不能偿还债务的,应当继续履行义务。债权人发现被执行人有其他财产的,可以随时请求人民法院执行。

第二百五十五条　【对被执行人的限制措施】被执行人不履行法律文书确定的义务的,人民法院可以对其采取或者通知有关单位协助采取限制出境，在征信系统记录、通过媒体公布不履行义务信息以及法律规定的其他措施。

第二十二章 执行中止和终结

第二百五十六条 【中止执行】有下列情形之一的，人民法院应当裁定中止执行：

（一）申请人表示可以延期执行的；

（二）案外人对执行标的提出确有理由的异议的；

（三）作为一方当事人的公民死亡，需要等待继承人继承权利或者承担义务的；

（四）作为一方当事人的法人或者其他组织终止，尚未确定权利义务承受人的；

（五）人民法院认为应当中止执行的其他情形。

中止的情形消失后，恢复执行。

第二百五十七条 【终结执行】有下列情形之一的，人民法院裁定终结执行：

（一）申请人撤销申请的；

（二）据以执行的法律文书被撤销的；

（三）作为被执行人的公民死亡，无遗产可供执行，又无义务承担人的；

（四）追索赡养费、扶养费、抚育费案件的权利人死亡的；

（五）作为被执行人的公民因生活困难无力偿还借款，无收入来源，又丧失劳动能力的；

（六）人民法院认为应当终结执行的其他情形。

第二百五十八条 【执行中止、终结裁定的生效】中止和终结执行的裁定，送达当事人后立即生效。

第四编 涉外民事诉讼程序的特别规定

第二十三章 一般原则

第二百五十九条 【适用本法原则】在中华人民共和国领域内进行涉外民事诉讼，适用本编规定。本编没有规定的，适用本法其他有关规定。

第二百六十条 【信守国际条约原则】中华人民共和国缔结或者参加的国际条约同本法有不同规定的，适用该国际条约的规定，但中华人民共和国声明保留的条款除外。

第二百六十一条 【司法豁免原则】对享有外交特权与豁免的外国人、外国组织或者国际组织提起的民事诉讼，应当依照中华人民共和国有关法律和中华人民共和国缔结或者参加的国际条约的规定办理。

第二百六十二条 【使用我国通用语言、文字原则】人民法院审理涉外民事案件，应当使用中华人民共和国通用的语言、文字。当事人要求提供翻译的，可以提供，费用由当事人承担。

第二百六十三条 【委托中国律师代理诉讼原则】外国人、无国籍人、外国企业和组织在人民法院起诉、应诉，需要委托律师代理诉讼的，必须委托中华人民共和国的律师。

第二百六十四条 【委托授权书的公证与认证】在中华人民共和国领域内没有住所的外国人、无国籍人、外国企业和组织委托中华人民共和国律师或者其他人代理诉讼，从中华人民共和国领域外寄交或者托交的授权委托书，应当经所在国公证机关证明，并经中华人民共和国驻该国使领馆认证，或者履行中华人民共和国与该所在国订立的有关条约中规定的证明手续后，才具有效力。

第二十四章 管　　辖

第二百六十五条 【特殊地域管辖】因合同纠纷或者其他财产权益纠纷，对在中华人民共和国领域内没有住所的被告提起的诉讼，如果合同在中华人民共和国领域内签订或者履行，或者诉讼标的物在中华人民共和国领域内，或者被告在中华人民共和国领域内有可供扣押的财产，或者被告在中华人民共和国领域内设有代表机构，可以由合同签订地、合同履行地、诉讼标的物所在地、可供扣押财产所在地、侵权行为地或者代表机构住所地人民法院管辖。

第二百六十六条 【专属管辖】因在中华人民共和国履行中外合资经营企业合同、中外合作经营企业合同、中外合作勘探开发自然资源合同发生纠纷提起的诉讼，由中华人民共和国人民法院管辖。

第二十五章 送达、期间

第二百六十七条 【送达方式】人民法院对在中华人民共和国领域内没有住所的当事人送达诉讼文书，可以采用下列方式：

（一）依照受送达人所在国与中华人民共和国缔结或者共同参加的国际条约中规定的方式送达；

（二）通过外交途径送达；

（三）对具有中华人民共和国国籍的受送达人，可以委托中华人民共和国驻受送达人所在国的使领馆代为送达；

（四）向受送达人委托的有权代其接受送达的诉讼代理人送达；

（五）向受送达人在中华人民共和国领域内设立的代表机构或者有权接受送达的分支机构、业务代办人送达；

（六）受送达人所在国的法律允许邮寄送达的，可以邮寄送达，自邮寄之日起满三个月，送达回证没有退回，但根据各种情况足以认定已经送达的，期间届满之日视为送达；

（七）采用传真、电子邮件等能够确认受送达人收悉的方式送达；

（八）不能用上述方式送达的，公告送达，自公告之日起满三个月，即视为送达。

第二百六十八条 【答辩期间】被告在中华人民共和国领域内没有住所的，人民法院应当将起诉状副本送达被告，并通知被告在收到起诉状副本后三十日内提出答辩状。被告申请延期的，是否准许，由人民法院决定。

第二百六十九条 【上诉期间】在中华人民共和国领域内没有住所的当事人，不服第一审人民法院判决、裁定的，有权在判决书、裁定书送达之日起三十日内提起上诉。被上诉人在收到上诉状副本后，应当在三十日内提出答辩状。当事人不能在法定期间提起上诉或者提出答辩状，申请延期的，是否准许，由人民法院决定。

第二百七十条 【审理期间】人民法院审理涉外民事案件的期间，不受本法第一百四十九条、第一百七十六条规定的限制。

第二十六章 仲 裁

第二百七十一条 【或裁或审原则】涉外经济贸易、运输和海事中发生的纠纷，当事人在合同中订有仲裁条款或者事后达成书面仲裁协议，提交中华人民共和国涉外仲裁机构或者其他仲裁机构仲裁的，当事人不得向人民法院起诉。

当事人在合同中没有订有仲裁条款或者事后没有达成书面仲裁协议的，可以向人民法院起诉。

第二百七十二条 【仲裁程序中的保全】当事人申请采取保全的，中华人民共和国的涉外仲裁机构应当将当事人的申请，提交被申请人住所地或者财产所在地的中级人民法院裁定。

第二百七十三条 【仲裁裁决的执行】经中华人民共和国涉外仲裁机构裁决的，当事人不得向人民法院起诉。一方当事人不履行仲裁裁决的，对方当事人可以向被申请人住所地或者财产所在地的中级人民法院申请执行。

第二百七十四条 【仲裁裁决不予执行的情形】对中华人民共和国涉外仲裁机构作出的裁决，被申请人提出证据证明仲裁裁决有下列情形之一的，经人民法院组成合议庭审查核实，裁定不予执行：

（一）当事人在合同中没有订有仲裁条款或者事后没有达成书面仲裁协议的；

（二）被申请人没有得到指定仲裁员或者进行仲裁程序的通知，或者由于其他不属于被申请人负责的原因未能陈述意见的；

（三）仲裁庭的组成或者仲裁的程序与仲裁规则不符的；

（四）裁决的事项不属于仲裁协议的范围或者仲裁机构无权仲裁的。

人民法院认定执行该裁决违背社会公共利益的，裁定不予执行。

第二百七十五条 【仲裁裁决不予执行的法律后果】仲裁裁决被人民法院裁定不予执行的，当事人可以根据双方达成的书面仲裁协议重新申请仲裁，也可以向人民法院起诉。

第二十七章 司法协助

第二百七十六条 【司法协助的原则】根据中华人民共和国缔结或者参加的国际条约，或者按照互惠原则，人民法院和外国法院可以相互请求，代为送达文书、调查取证以及进行其他诉讼行为。

外国法院请求协助的事项有损于中华人民共和国的主权、安全或者社会公共利益的，人民法院不予执行。

第二百七十七条 【司法协助的途径】请求和提供司法协助，应当依照中华人民共和国缔结或者参加的国际条约所规定的途径进行；没有条约关系的，通过外交途径进行。

外国驻中华人民共和国的使领馆可以向该国公民送达文书和调查取证，但不得违反中华人民共和国的法律，并不得采取强制措施。

除前款规定的情况外，未经中华人民共和国主管机关准许，任何外国机关或者个人不得在中华人民共和国领域内送达文书、调查取证。

第二百七十八条 【司法协助请求使用的文字】外国法院请求人民法院提供司法协助的请求书及其所附文件，应当附有中文译本或者国际条约规定的其他文字文本。

人民法院请求外国法院提供司法协助的请求书及其所附文件，应当附有该国文字译本或者国际条约规定的其他文字文本。

第二百七十九条 【司法协助程序】人民法院提供司法协助，依照中华人民共和国法律规定的程序进行。外国法院请求采用特殊方式的，也可以按照其请求的特殊方式进行，但请求采用的特殊方式不得违反中华人民共和国法律。

第二百八十条 【申请外国承认和执行】人民法院作出的发生法律效力的判决、裁定，如果被执行人或者其财产不在中华人民共和国领域内，当事人请求执行的，可以由当事人直接向有管辖权的外国法院申请承认和执行，也可以由人民法院依照中华人民共和国缔结或者参加的国际条约的规定，或者按照互惠原则，请求外国法院承认和执行。

中华人民共和国涉外仲裁机构作出的发生法律效力的仲裁裁决，当事人请求执行的，如果被执行人或者其财产不在中华人民共和国领域内，应当由当事人直接向有管辖权的外国法院申请承认和执行。

第二百八十一条 【外国申请承认和执行】外国法院作出的发生法律效力的判决、裁定，需要中华人民共和国人民法院承认和执行的，可以由当事人直接向中华人民共和国有管辖权的中级人民法院申请承认和执行，也可以由外国法院依照该国与中华人民共和国缔结或者参加的国际条约的规定，或者按照互惠原则，请求人民法院承认和执行。

第二百八十二条 【外国法院裁判的承认与执行】人民法院对申请或者请求承认和执行的外国法院作出的发生法律效力的判决、裁定,依照中华人民共和国缔结或者参加的国际条约,或者按照互惠原则进行审查后,认为不违反中华人民共和国法律的基本原则或者国家主权、安全、社会公共利益的,裁定承认其效力,需要执行的,发出执行令,依照本法的有关规定执行。违反中华人民共和国法律的基本原则或者国家主权、安全、社会公共利益的,不予承认和执行。

第二百八十三条 【外国仲裁裁决的承认和执行】国外仲裁机构的裁决,需要中华人民共和国人民法院承认和执行的,应当由当事人直接向被执行人住所地或者其财产所在地的中级人民法院申请,人民法院应当依照中华人民共和国缔结或者参加的国际条约,或者按照互惠原则办理。

第二百八十四条 【施行时间】本法自公布之日起施行,《中华人民共和国民事诉讼法(试行)》同时废止。

最高人民法院关于适用《中华人民共和国民事诉讼法》的解释

(2014 年 12 月 18 日最高人民法院审判委员会第 1636 次会议通过 2015 年 1 月 30 日最高人民法院公告公布 自 2015 年 2 月 4 日起施行 法释〔2015〕5 号)

目 录

2012 年 8 月 31 日,第十一届全国人民代表大会常务委员会第二十八次会议审议通过了《关于修改〈中华人民共和国民事诉讼法〉的决定》。根据修改后的民事诉讼法,结合人民法院民事审判和执行工作实际,制定本解释。

一、管 辖

第一条 民事诉讼法第十八条第一项规定的重大涉外案件,包括争议标的额大的案件、案情复杂的案件,或者一方当事人人数众多等具有重大影响的案件。

第二条 专利纠纷案件由知识产权法院、最高人民法院确定的中级人民法院和基层人民法院管辖。

海事、海商案件由海事法院管辖。

第三条 公民的住所地是指公民的户籍所在地,法人或者其他组织的住所地是指法人或者其他组织的主要办事机构所在地。

法人或者其他组织的主要办事机构所在地不能确定的,法人或者其他组织的注册地或者登记地为住所地。

第四条 公民的经常居住地是指公民离开住所地至起诉时已连续居住一年以上的地方,但公民住院就医的地方除外。

第五条 对没有办事机构的个人合伙、合伙型联营体提起的诉讼,由被告注册登记地人民法院管辖。没有注册登记,几个被告又不在同一辖区的,被告住所地的人民法院都有管辖权。

第六条 被告被注销户籍的,依照民事诉讼法第二十二条规定确定管辖;原告、被告均被注销户籍的,由被告居住地人民法院管辖。

第七条 当事人的户籍迁出后尚未落户,有经常居住地的,由该地人民法院管辖;没有经常居住地的,由其原户籍所在地人民法院管辖。

第八条 双方当事人都被监禁或者被采取强制性教育措施的,由被告原住所地人民法院管辖。被告被监禁或者被采取强制性教育措施一年以上的,由被告被监禁地或者被采取强制性教育措施地人民法院管辖。

第九条 追索赡养费、抚育费、扶养费案件的几个被告住所地不在同一辖区的,可以由原告住所地人民法院管辖。

第十条 不服指定监护或者变更监护关系的案件,可以由被监护人住所地人民法院管辖。

第十一条 双方当事人均为军人或者军队单位的民事案件由军事法院管辖。

第十二条 夫妻一方离开住所地超过一年,另一方起诉离婚的案件,可以由原告住所地人民法院管辖。

夫妻双方离开住所地超过一年,一方起诉离婚的案件,由被告经常居住地人民法院管辖；没有经常居住地的，由原告起诉时被告居住地人民法院管辖。

第十三条　在国内结婚并定居国外的华侨，如定居国法院以离婚诉讼须由婚姻缔结地法院管辖为由不予受理，当事人向人民法院提出离婚诉讼的，由婚姻缔结地或者一方在国内的最后居住地人民法院管辖。

第十四条　在国外结婚并定居国外的华侨，如定居国法院以离婚诉讼须由国籍所属国法院管辖为由不予受理，当事人向人民法院提出离婚诉讼的，由一方原住所地或者在国内的最后居住地人民法院管辖。

第十五条　中国公民一方居住在国外，一方居住在国内，不论哪一方向人民法院提起离婚诉讼，国内一方住所地人民法院都有权管辖。国外一方在居住国法院起诉，国内一方向人民法院起诉的，受诉人民法院有权管辖。

第十六条　中国公民双方在国外但未定居，一方向人民法院起诉离婚的，应由原告或者被告原住所地人民法院管辖。

第十七条　已经离婚的中国公民，双方均定居国外，仅就国内财产分割提起诉讼的，由主要财产所在地人民法院管辖。

第十八条　合同约定履行地点的，以约定的履行地点为合同履行地。

合同对履行地点没有约定或者约定不明确，争议标的为给付货币的，接收货币一方所在地为合同履行地；交付不动产的，不动产所在地为合同履行地；其他标的，履行义务一方所在地为合同履行地。即时结清的合同，交易行为地为合同履行地。

合同没有实际履行，当事人双方住所地都不在合同约定的履行地的，由被告住所地人民法院管辖。

第十九条　财产租赁合同、融资租赁合同以租赁物使用地为合同履行地。合同对履行地有约定的，从其约定。

第二十条　以信息网络方式订立的买卖合同，通过信息网络交付标的的，以买受人住所地为合同履行地；通过其他方式交付标的的，收货地为合同履行地。合同对履行地有约定的，从其约定。

第二十一条　因财产保险合同纠纷提起的诉讼，如果保险标的物是运输工具或者运输中的货物，可以由运输工具登记注册地、运输目的地、保险事故发生地人民法院管辖。

因人身保险合同纠纷提起的诉讼，可以由被保险人住所地人民法院管辖。

第二十二条　因股东名册记载、请求变更公司登记、股东知情权、公司决议、公司合并、公司分立、公司减资、公司增资等纠纷提起的诉讼，依照民事诉讼法第二十六条规定确定管辖。

第二十三条　债权人申请支付令，适用民事诉讼法第二十一条规定，由债务人住所地基层人民法院管辖。

第二十四条　民事诉讼法第二十八条规定的侵权行为地，包括侵权行为实施地、侵权结果发生地。

第二十五条　信息网络侵权行为实施地包括实施被诉侵权行为的计算机等信息设备所在地，侵权结果发生地包括被侵权人住所地。

第二十六条　因产品、服务质量不合格造成他人财产、人身损害提起的诉讼，产品制造地、产品销售地、服务提供地、侵权行为地和被告住所地人民法院都有管辖权。

第二十七条　当事人申请诉前保全后没有在法定期间起诉或者申请仲裁，给被申请人、利害关系人造成损失引起的诉讼，由采取保全措施的人民法院管辖。

当事人申请诉前保全后在法定期间内起诉或者申请仲裁，被申请人、利害关系人因保全受到损失提起的诉讼，由受理起诉的人民法院或者采取保全措施的人民法院管辖。

第二十八条　民事诉讼法第三十三条第一项规定的不动产纠纷是指因不动产的权利确认、分割、相邻关系等引起的物权纠纷。

农村土地承包经营合同纠纷、房屋租赁合同纠纷、建设工程施工合同纠纷、政策性房屋买卖合同纠纷，按照不动产纠纷确定管辖。

不动产已登记的，以不动产登记簿记载的所在地为不动产所在地；不动产未登记的，以不动产实际所在地为不动产所在地。

第二十九条　民事诉讼法第三十四条规定的书面协议，包括书面合同中的协议管辖条款或者诉讼前以书面形式达成的选择管辖的协议。

第三十条　根据管辖协议，起诉时能够确定管辖法院的，从其约定；不能确定的，依照民事诉讼法的相关规定确定管辖。

管辖协议约定两个以上与争议有实际联系的地点的人民法院管辖，原告可以向其中一个人民法院起诉。

第三十一条　经营者使用格式条款与消费者订立管辖协议，未采取合理方式提请消费者注意，消费者主张管辖协议无效的，人民法院应予支持。

第三十二条　管辖协议约定由一方当事人住所地人民法院管辖，协议签订后当事人住所地变更的，由签订管辖协议时的住所地人民法院管辖，但当事人另有约定的除外。

第三十三条　合同转让的，合同的管辖协议对合同受让人有效，但转让时受让人不知道有管辖协议，或者转让协议另有约定且原合同相对人同意的除外。

第三十四条　当事人因同居或者在解除婚姻、收养关系后发生财产争议，约定管辖的，可以适用民事诉讼法第三十四条规定确定管辖。

第三十五条　当事人在答辩期间届满后未应诉答辩，人民法院在一审开庭前，发现案件不属于本院管辖的，应当裁定移送有管辖权的人民法院 。

第三十六条 两个以上人民法院都有管辖权的诉讼，先立案的人民法院不得将案件移送给另一个有管辖权的人民法院。人民法院在立案前发现其他有管辖权的人民法院已先立案的，不得重复立案；立案后发现其他有管辖权的人民法院已先立案的，裁定将案件移送给先立案的人民法院。

第三十七条 案件受理后，受诉人民法院的管辖权不受当事人住所地、经常居住地变更的影响。

第三十八条 有管辖权的人民法院受理案件后，不得以行政区域变更为由，将案件移送给变更后有管辖权的人民法院。判决后的上诉案件和依审判监督程序提审的案件，由原审人民法院的上级人民法院进行审判；上级人民法院指令再审、发回重审的案件，由原审人民法院再审或者重审。

第三十九条 人民法院对管辖异议审查后确定有管辖权的，不因当事人提起反诉、增加或者变更诉讼请求等改变管辖，但违反级别管辖、专属管辖规定的除外。

人民法院发回重审或者按第一审程序再审的案件，当事人提出管辖异议的，人民法院不予审查。

第四十条 依照民事诉讼法第三十七条第二款规定，发生管辖权争议的两个人民法院因协商不成报请它们的共同上级人民法院指定管辖时，双方为同属一个地、市辖区的基层人民法院的，由该地、市的中级人民法院及时指定管辖；同属一个省、自治区、直辖市的两个人民法院的，由该省、自治区、直辖市的高级人民法院及时指定管辖；双方为跨省、自治区、直辖市的人民法院，高级人民法院协商不成的，由最高人民法院及时指定管辖。

依照前款规定报请上级人民法院指定管辖时，应当逐级进行。

第四十一条 人民法院依照民事诉讼法第三十七条第二款规定指定管辖的，应当作出裁定。

对报请上级人民法院指定管辖的案件，下级人民法院应当中止审理。指定管辖裁定作出前，下级人民法院对案件作出判决、裁定的，上级人民法院应当在裁定指定管辖的同时，一并撤销下级人民法院的判决、裁定。

第四十二条 下列第一审民事案件，人民法院依照民事诉讼法第三十八条第一款规定，可以在开庭前交下级人民法院审理：

（一）破产程序中有关债务人的诉讼案件；

（二）当事人人数众多且不方便诉讼的案件；

（三）最高人民法院确定的其他类型案件。

人民法院交下级人民法院审理前，应当报请其上级人民法院批准。上级人民法院批准后，人民法院应当裁定将案件交下级人民法院审理。

二、回　　避

第四十三条 审判人员有下列情形之一的，应当自行回避，当事人有权申请其回避：

（一）是本案当事人或者当事人近亲属的；

（二）本人或者其近亲属与本案有利害关系的；

（三）担任过本案的证人、鉴定人、辩护人、诉讼代理人、翻译人员的；

（四）是本案诉讼代理人近亲属的；

（五）本人或者其近亲属持有本案非上市公司当事人的股份或者股权的；

（六）与本案当事人或者诉讼代理人有其他利害关系，可能影响公正审理的。

第四十四条 审判人员有下列情形之一的，当事人有权申请其回避：

（一）接受本案当事人及其受托人宴请，或者参加由其支付费用的活动的；

（二）索取、接受本案当事人及其受托人财物或者其他利益的；

（三）违反规定会见本案当事人、诉讼代理人的；

（四）为本案当事人推荐、介绍诉讼代理人，或者为律师、其他人员介绍代理本案的；

（五）向本案当事人及其受托人借用款物的；

（六）有其他不正当行为，可能影响公正审理的。

第四十五条 在一个审判程序中参与过本案审判工作的审判人员，不得再参与该案其他程序的审判。

发回重审的案件，在一审法院作出裁判后又进入第二审程序的，原第二审程序中合议庭组成人员不受前款规定的限制。

第四十六条 审判人员有应当回避的情形，没有自行回避，当事人也没有申请其回避的，由院长或者审判委员会决定其回避。

第四十七条 人民法院应当依法告知当事人对合议庭组成人员、独任审判员和书记员等人员有申请回避的权利。

第四十八条 民事诉讼法第四十四条所称的审判人员，包括参与本案审理的人民法院院长、副院长、审判委员会委员、庭长、副庭长、审判员、助理审判员和人民陪审员。

第四十九条 书记员和执行员适用审判人员回避的有关规定。

三、诉讼参加人

第五十条 法人的法定代表人以依法登记的为准，但法律另有规定的除外。依法不需要办理登记的法人，以其正职负责人为法定代表人；没有正职负责人的，以其主持工作的副职负责人为法定代表人。

法定代表人已经变更，但未完成登记，变更后的法定代表人要求代表法人参加诉讼的，人民法院可以准许。

其他组织，以其主要负责人为代表人。

第五十一条 在诉讼中，法人的法定代表人变更的，由新的法定代表人继续进行诉讼，并应向人民法院提交新的法定代表人身份证明书。原法定代表人进行的诉讼行为有效。

前款规定，适用于其他组织参加的诉讼。

第五十二条 民事诉讼法第四十八条规定的其他组织是指合法成立、有一定的组织机构和财产，但又不具备法人资格的组织，包括：

（一）依法登记领取营业执照的个人独资企业；

（二）依法登记领取营业执照的合伙企业；

（三）依法登记领取我国营业执照的中外合作经营企业、外资企业；

（四）依法成立的社会团体的分支机构、代表机构；

（五）依法设立并领取营业执照的法人的分支机构；

（六）依法设立并领取营业执照的商业银行、政策性银行和非银行金融机构的分支机构；

（七）经依法登记领取营业执照的乡镇企业、街道企业；

（八）其他符合本条规定条件的组织。

第五十三条 法人非依法设立的分支机构，或者虽依法设立，但没有领取营业执照的分支机构，以设立该分支机构的法人为当事人。

第五十四条 以挂靠形式从事民事活动，当事人请求由挂靠人和被挂靠人依法承担民事责任的，该挂靠人和被挂靠人为共同诉讼人。

第五十五条 在诉讼中，一方当事人死亡，需要等待继承人表明是否参加诉讼的，裁定中止诉讼。人民法院应当及时通知继承人作为当事人承担诉讼，被继承人已经进行的诉讼行为对承担诉讼的继承人有效。

第五十六条 法人或者其他组织的工作人员执行工作任务造成他人损害的，该法人或者其他组织为当事人。

第五十七条 提供劳务一方因劳务造成他人损害，受害人提起诉讼的，以接受劳务一方为被告。

第五十八条 在劳务派遣期间，被派遣的工作人员因执行工作任务造成他人损害的，以接受劳务派遣的用工单位为当事人。当事人主张劳务派遣单位承担责任的，该劳务派遣单位为共同被告。

第五十九条 在诉讼中，个体工商户以营业执照上登记的经营者为当事人。有字号的，以营业执照上登记的字号为当事人，但应同时注明该字号经营者的基本信息。

营业执照上登记的经营者与实际经营者不一致的，以登记的经营者和实际经营者为共同诉讼人。

第六十条 在诉讼中，未依法登记领取营业执照的个人合伙的全体合伙人为共同诉讼人。个人合伙有依法核准登记的字号的，应在法律文书中注明登记的字号。全体合伙人可以推选代表人；被推选的代表人，应由全体合伙人出具推选书。

第六十一条 当事人之间的纠纷经人民调解委员会调解达成协议后，一方当事人不履行调解协议，另一方当事人向人民法院提起诉讼的，应以对方当事人为被告。

第六十二条 下列情形，以行为人为当事人：

（一）法人或者其他组织应登记而未登记，行为人即以该法人或者其他组织名义进行民事活动的；

（二）行为人没有代理权、超越代理权或者代理权终止后以被代理人名义进行民事活动的，但相对人有理由相信行为人有代理权的除外；

（三）法人或者其他组织依法终止后，行为人仍以其名义进行民事活动的。

第六十三条 企业法人合并的，因合并前的民事活动发生的纠纷，以合并后的企业为当事人；企业法人分立的，因分立前的民事活动发生的纠纷，以分立后的企业为共同诉讼人。

第六十四条 企业法人解散的，依法清算并注销前，以该企业法人为当事人；未依法清算即被注销的，以该企业法人的股东、发起人或者出资人为当事人。

第六十五条 借用业务介绍信、合同专用章、盖章的空白合同书或者银行账户的，出借单位和借用人为共同诉讼人。

第六十六条 因保证合同纠纷提起的诉讼，债权人向保证人和被保证人一并主张权利的，人民法院应当将保证人和被保证人列为共同被告。保证合同约定为一般保证，债权人仅起诉保证人的，人民法院应当通知被保证人作为共同被告参加诉讼；债权人仅起诉被保证人的，可以只列被保证人为被告。

第六十七条 无民事行为能力人、限制民事行为能力人造成他人损害的，无民事行为能力人、限制民事行为能力人和其监护人为共同被告。

第六十八条 村民委员会或者村民小组与他人发生民事纠纷的，村民委员会或者有独立财产的村民小组为当事人。

第六十九条 对侵害死者遗体、遗骨以及姓名、肖像、名誉、荣誉、隐私等行为提起诉讼的，死者的近亲属为当事人。

第七十条 在继承遗产的诉讼中，部分继承人起诉的，人民法院应通知其他继承人作为共同原告参加诉讼；被通知的继承人不愿意参加诉讼又未明确表示放弃实体权利的，人民法院仍应将其列为共同原告。

第七十一条 原告起诉被代理人和代理人，要求承担连带责任的，被代理人和代理人为共同被告。

第七十二条 共有财产权受到他人侵害，部分共有权人起诉的，其他共有权人为共同诉讼人。

第七十三条 必须共同进行诉讼的当事人没有参加诉讼的，人民法院应当依照民事诉讼法第一百三十二条的规定，通知其参加；当事人也可以向人民法院申请追加。人民法院对当事人提出的申请，应当进行审查，申请理由不成立的，裁定驳回；申请理由成立的，书面通知被追加的当事人参加诉讼。

第七十四条 人民法院追加共同诉讼的当事人时，应当通知其他当事人。应当追加的原告,已明确表示放弃实体权利的,可不予追加;既不愿意参加诉讼,又不放弃实体权利的,仍应追加为共同原告,其不参加诉讼,不影响人民法院对案件的审理和依法作出判决。

第七十五条　民事诉讼法第五十三条、第五十四条和第一百九十九条规定的人数众多,一般指十人以上。

第七十六条　依照民事诉讼法第五十三条规定,当事人一方人数众多在起诉时确定的,可以由全体当事人推选共同的代表人,也可以由部分当事人推选自己的代表人;推选不出代表人的当事人,在必要的共同诉讼中可以自己参加诉讼,在普通的共同诉讼中可以另行起诉。

第七十七条　根据民事诉讼法第五十四条规定,当事人一方人数众多在起诉时不确定的,由当事人推选代表人。当事人推选不出的,可以由人民法院提出人选与当事人协商;协商不成的,也可以由人民法院在起诉的当事人中指定代表人。

第七十八条　民事诉讼法第五十三条和第五十四条规定的代表人为二至五人,每位代表人可以委托一至二人作为诉讼代理人。

第七十九条　依照民事诉讼法第五十四条规定受理的案件,人民法院可以发出公告,通知权利人向人民法院登记。公告期间根据案件的具体情况确定,但不得少于三十日。

第八十条　根据民事诉讼法第五十四条规定向人民法院登记的权利人,应当证明其与对方当事人的法律关系和所受到的损害。证明不了的,不予登记,权利人可以另行起诉。人民法院的裁判在登记的范围内执行。未参加登记的权利人提起诉讼,人民法院认定其请求成立的,裁定适用人民法院已作出的判决、裁定。

第八十一条　根据民事诉讼法第五十六条的规定,有独立请求权的第三人有权向人民法院提出诉讼请求和事实、理由,成为当事人;无独立请求权的第三人,可以申请或者由人民法院通知参加诉讼。

第一审程序中未参加诉讼的第三人,申请参加第二审程序的,人民法院可以准许。

第八十二条　在一审诉讼中,无独立请求权的第三人无权提出管辖异议,无权放弃、变更诉讼请求或者申请撤诉,被判决承担民事责任的,有权提起上诉。

第八十三条　在诉讼中,无民事行为能力人、限制民事行为能力人的监护人是他的法定代理人。事先没有确定监护人的,可以由有监护资格的人协商确定;协商不成的,由人民法院在他们之中指定诉讼中的法定代理人。当事人没有民法通则第十六条第一款、第二款或者第十七条第一款规定的监护人的,可以指定该法第十六条第四款或者第十七条第三款规定的有关组织担任诉讼中的法定代理人。

第八十四条　无民事行为能力人、限制民事行为能力人以及其他依法不能作为诉讼代理人的,当事人不得委托其作为诉讼代理人。

第八十五条　根据民事诉讼法第五十八条第二款第二项规定,与当事人有夫妻、直系血亲、三代以内旁系血亲、近姻亲关系以及其他有抚养、赡养关系的亲属,可以当事人近亲属的名义作为诉讼代理人。

第八十六条　根据民事诉讼法第五十八条第二款第二项规定,与当事人有合法劳动人事关系的职工,可以当事人工作人员的名义作为诉讼代理人。

第八十七条　根据民事诉讼法第五十八条第二款第三项规定,有关社会团体推荐公民担任诉讼代理人的,应当符合下列条件:

(一)社会团体属于依法登记设立或者依法免予登记设立的非营利性法人组织;

(二)被代理人属于该社会团体的成员,或者当事人一方住所地位于该社会团体的活动地域;

(三)代理事务属于该社会团体章程载明的业务范围;

(四)被推荐的公民是该社会团体的负责人或者与该社会团体有合法劳动人事关系的工作人员。

专利代理人经中华全国专利代理人协会推荐,可以在专利纠纷案件中担任诉讼代理人。

第八十八条　诉讼代理人除根据民事诉讼法第五十九条规定提交授权委托书外,还应当按照下列规定向人民法院提交相关材料:

(一)律师应当提交律师执业证、律师事务所证明材料;

(二)基层法律服务工作者应当提交法律服务工作者执业证、基层法律服务所出具的介绍信以及当事人一方位于本辖区内的证明材料;

(三)当事人的近亲属应当提交身份证件和与委托人有近亲属关系的证明材料;

(四)当事人的工作人员应当提交身份证件和与当事人有合法劳动人事关系的证明材料;

(五)当事人所在社区、单位推荐的公民应当提交身份证件、推荐材料和当事人属于该社区、单位的证明材料;

(六)有关社会团体推荐的公民应当提交身份证件和符合本解释第八十七条规定条件的证明材料。

第八十九条　当事人向人民法院提交的授权委托书,应当在开庭审理前送交人民法院。授权委托书仅写"全权代理"而无具体授权的,诉讼代理人无权代为承认、放弃、变更诉讼请求,进行和解,提出反诉或者提起上诉。

适用简易程序审理的案件,双方当事人同时到庭并径行开庭审理的,可以当场口头委托诉讼代理人,由人民法院记入笔录。

四、证　　据

第九十条　当事人对自己提出的诉讼请求所依据的事实

或者反驳对方诉讼请求所依据的事实,应当提供证据加以证明,但法律另有规定的除外。

在作出判决前,当事人未能提供证据或者证据不足以证明其事实主张的,由负有举证证明责任的当事人承担不利的后果。

第九十一条 人民法院应当依照下列原则确定举证证明责任的承担,但法律另有规定的除外:

(一)主张法律关系存在的当事人,应当对产生该法律关系的基本事实承担举证证明责任;

(二)主张法律关系变更、消灭或者权利受到妨害的当事人,应当对该法律关系变更、消灭或者权利受到妨害的基本事实承担举证证明责任。

第九十二条 一方当事人在法庭审理中,或者在起诉状、答辩状、代理词等书面材料中,对于己不利的事实明确表示承认的,另一方当事人无需举证证明。

对于涉及身份关系、国家利益、社会公共利益等应当由人民法院依职权调查的事实,不适用前款自认的规定。

自认的事实与查明的事实不符的,人民法院不予确认。

第九十三条 下列事实,当事人无须举证证明:

(一)自然规律以及定理、定律;

(二)众所周知的事实;

(三)根据法律规定推定的事实;

(四)根据已知的事实和日常生活经验法则推定出的另一事实;

(五)已为人民法院发生法律效力的裁判所确认的事实;

(六)已为仲裁机构生效裁决所确认的事实;

(七)已为有效公证文书所证明的事实。

前款第二项至第四项规定的事实,当事人有相反证据足以反驳的除外;第五项至第七项规定的事实,当事人有相反证据足以推翻的除外。

第九十四条 民事诉讼法第六十四条第二款规定的当事人及其诉讼代理人因客观原因不能自行收集的证据包括:

(一)证据由国家有关部门保存,当事人及其诉讼代理人无权查阅调取的;

(二)涉及国家秘密、商业秘密或者个人隐私的;

(三)当事人及其诉讼代理人因客观原因不能自行收集的其他证据。

当事人及其诉讼代理人因客观原因不能自行收集的证据,可以在举证期限届满前书面申请人民法院调查收集。

第九十五条 当事人申请调查收集的证据,与待证事实无关联、对证明待证事实无意义或者其他无调查收集必要的,人民法院不予准许。

第九十六条 民事诉讼法第六十四条第二款规定的人民法院认为审理案件需要的证据包括:

(一)涉及可能损害国家利益、社会公共利益的;

(二)涉及身份关系的;

(三)涉及民事诉讼法第五十五条规定诉讼的;

(四)当事人有恶意串通损害他人合法权益可能的;

(五)涉及依职权追加当事人、中止诉讼、终结诉讼、回避等程序性事项的。

除前款规定外,人民法院调查收集证据,应当依照当事人的申请进行。

第九十七条 人民法院调查收集证据,应当由两人以上共同进行。调查材料要由调查人、被调查人、记录人签名、捺印或者盖章。

第九十八条 当事人根据民事诉讼法第八十一条第一款规定申请证据保全的,可以在举证期限届满前书面提出。

证据保全可能对他人造成损失的,人民法院应当责令申请人提供相应的担保。

第九十九条 人民法院应当在审理前的准备阶段确定当事人的举证期限。举证期限可以由当事人协商,并经人民法院准许。

人民法院确定举证期限,第一审普通程序案件不得少于十五日,当事人提供新的证据的第二审案件不得少于十日。

举证期限届满后,当事人对已经提供的证据,申请提供反驳证据或者对证据来源、形式等方面的瑕疵进行补正的,人民法院可以酌情再次确定举证期限,该期限不受前款规定的限制。

第一百条 当事人申请延长举证期限的,应当在举证期限届满前向人民法院提出书面申请。

申请理由成立的,人民法院应当准许,适当延长举证期限,并通知其他当事人。延长的举证期限适用于其他当事人。

申请理由不成立的,人民法院不予准许,并通知申请人。

第一百零一条 当事人逾期提供证据的,人民法院应当责令其说明理由,必要时可以要求其提供相应的证据。

当事人因客观原因逾期提供证据,或者对方当事人对逾期提供证据未提出异议的,视为未逾期。

第一百零二条 当事人因故意或者重大过失逾期提供的证据,人民法院不予采纳。但该证据与案件基本事实有关的,人民法院应当采纳,并依照民事诉讼法第六十五条、第一百一十五条第一款的规定予以训诫、罚款。

当事人非因故意或者重大过失逾期提供的证据,人民法院应当采纳,并对当事人予以训诫。

当事人一方要求另一方赔偿因逾期提供证据致使其增加的交通、住宿、就餐、误工、证人出庭作证等必要费用的,人民法院可予支持。

第一百零三条 证据应当在法庭上出示,由当事人互相质证。未经当事人质证的证据,不得作为认定案件事实的根据。

当事人在审理前的准备阶段认可的证据,经审判人员在庭审中说明后,视为质证过的证据。

涉及国家秘密、商业秘密、个人隐私或者法律规定应当保密的证据,不得公开质证。

第一百零四条　人民法院应当组织当事人围绕证据的真实性、合法性以及与待证事实的关联性进行质证,并针对证据有无证明力和证明力大小进行说明和辩论。

能够反映案件真实情况、与待证事实相关联、来源和形式符合法律规定的证据,应当作为认定案件事实的根据。

第一百零五条　人民法院应当按照法定程序,全面、客观地审核证据,依照法律规定,运用逻辑推理和日常生活经验法则,对证据有无证明力和证明力大小进行判断,并公开判断的理由和结果。

第一百零六条　对以严重侵害他人合法权益、违反法律禁止性规定或者严重违背公序良俗的方法形成或者获取的证据,不得作为认定案件事实的根据。

第一百零七条　在诉讼中,当事人为达成调解协议或者和解协议作出妥协而认可的事实,不得在后续的诉讼中作为对其不利的根据,但法律另有规定或者当事人均同意的除外。

第一百零八条　对负有举证证明责任的当事人提供的证据,人民法院经审查并结合相关事实,确信待证事实的存在具有高度可能性的,应当认定该事实存在。

对一方当事人为反驳负有举证证明责任的当事人所主张事实而提供的证据,人民法院经审查并结合相关事实,认为待证事实真伪不明的,应当认定该事实不存在。

法律对于待证事实所应达到的证明标准另有规定的,从其规定。

第一百零九条　当事人对欺诈、胁迫、恶意串通事实的证明,以及对口头遗嘱或者赠与事实的证明,人民法院确信该待证事实存在的可能性能够排除合理怀疑的,应当认定该事实存在。

第一百一十条　人民法院认为有必要的,可以要求当事人本人到庭,就案件有关事实接受询问。在询问当事人之前,可以要求其签署保证书。

保证书应当载明据实陈述、如有虚假陈述愿意接受处罚等内容。当事人应当在保证书上签名或者捺印。

负有举证证明责任的当事人拒绝到庭、拒绝接受询问或者拒绝签署保证书,待证事实又欠缺其他证据证明的,人民法院对其主张的事实不予认定。

第一百一十一条　民事诉讼法第七十条规定的提交书证原件确有困难,包括下列情形:

(一)书证原件遗失、灭失或者毁损的;

(二)原件在对方当事人控制之下,经合法通知提交而拒不提交的;

(三)原件在他人控制之下,而其有权不提交的;

(四)原件因篇幅或者体积过大而不便提交的;

(五)承担举证证明责任的当事人通过申请人民法院调查收集或者其他方式无法获得书证原件的。

前款规定情形,人民法院应当结合其他证据和案件具体情况,审查判断书证复制品等能否作为认定案件事实的根据。

第一百一十二条　书证在对方当事人控制之下的,承担举证证明责任的当事人可以在举证期限届满前书面申请人民法院责令对方当事人提交。

申请理由成立的,人民法院应当责令对方当事人提交,因提交书证所产生的费用,由申请人负担。对方当事人无正当理由拒不提交的,人民法院可以认定申请人所主张的书证内容为真实。

第一百一十三条　持有书证的当事人以妨碍对方当事人使用为目的,毁灭有关书证或者实施其他致使书证不能使用行为的,人民法院可以依照民事诉讼法第一百一十一条规定,对其处以罚款、拘留。

第一百一十四条　国家机关或者其他依法具有社会管理职能的组织,在其职权范围内制作的文书所记载的事项推定为真实,但有相反证据足以推翻的除外。必要时,人民法院可以要求制作文书的机关或者组织对文书的真实性予以说明。

第一百一十五条　单位向人民法院提出的证明材料,应当由单位负责人及制作证明材料的人员签名或者盖章,并加盖单位印章。人民法院就单位出具的证明材料,可以向单位及制作证明材料的人员进行调查核实。必要时,可以要求制作证明材料的人员出庭作证。

单位及制作证明材料的人员拒绝人民法院调查核实,或者制作证明材料的人员无正当理由拒绝出庭作证的,该证明材料不得作为认定案件事实的根据。

第一百一十六条　视听资料包括录音资料和影像资料。

电子数据是指通过电子邮件、电子数据交换、网上聊天记录、博客、微博客、手机短信、电子签名、域名等形成或者存储在电子介质中的信息。

存储在电子介质中的录音资料和影像资料,适用电子数据的规定。

第一百一十七条　当事人申请证人出庭作证的,应当在举证期限届满前提出。

符合本解释第九十六条第一款规定情形的,人民法院可以依职权通知证人出庭作证。

未经人民法院通知,证人不得出庭作证,但双方当事人同意并经人民法院准许的除外。

第一百一十八条　民事诉讼法第七十四条规定的证人因履行出庭作证义务而支出的交通、住宿、就餐等必要费用,按照机关事业单位工作人员差旅费用和补贴标准计算;误工损失按照国家上年度职工日平均工资标准计算。

人民法院准许证人出庭作证申请的,应当通知申请人预缴证人出庭作证费用 。

第一百一十九条 人民法院在证人出庭作证前应当告知其如实作证的义务以及作伪证的法律后果,并责令其签署保证书,但无民事行为能力人和限制民事行为能力人除外。

证人签署保证书适用本解释关于当事人签署保证书的规定。

第一百二十条 证人拒绝签署保证书的,不得作证,并自行承担相关费用。

第一百二十一条 当事人申请鉴定,可以在举证期限届满前提出。申请鉴定的事项与待证事实无关联,或者对证明待证事实无意义的,人民法院不予准许。

人民法院准许当事人鉴定申请的,应当组织双方当事人协商确定具备相应资格的鉴定人。当事人协商不成的,由人民法院指定。

符合依职权调查收集证据条件的,人民法院应当依职权委托鉴定,在询问当事人的意见后,指定具备相应资格的鉴定人。

第一百二十二条 当事人可以依照民事诉讼法第七十九条的规定,在举证期限届满前申请一至二名具有专门知识的人出庭,代表当事人对鉴定意见进行质证,或者对案件事实所涉及的专业问题提出意见。

具有专门知识的人在法庭上就专业问题提出的意见,视为当事人的陈述。

人民法院准许当事人申请的,相关费用由提出申请的当事人负担。

第一百二十三条 人民法院可以对出庭的具有专门知识的人进行询问。经法庭准许,当事人可以对出庭的具有专门知识的人进行询问,当事人各自申请的具有专门知识的人可以就案件中的有关问题进行对质。

具有专门知识的人不得参与专业问题之外的法庭审理活动。

第一百二十四条 人民法院认为有必要的,可以根据当事人的申请或者依职权对物证或者现场进行勘验。勘验时应当保护他人的隐私和尊严。

人民法院可以要求鉴定人参与勘验。必要时,可以要求鉴定人在勘验中进行鉴定。

五、期间和送达

第一百二十五条 依照民事诉讼法第八十二条第二款规定,民事诉讼中以时起算的期间从次时起算;以日、月、年计算的期间从次日起算。

第一百二十六条 民事诉讼法第一百二十三条规定的立案期限,因起诉状内容欠缺通知原告补正的,从补正后交人民法院的次日起算。由上级人民法院转交下级人民法院立案的案件,从受诉人民法院收到起诉状的次日起算。

第一百二十七条 民事诉讼法第五十六条第三款、第二百零五条以及本解释第三百七十四条、第三百八十四条、第四百零一条、第四百二十二条、第四百二十三条规定的六个月,民事诉讼法第二百二十三条规定的一年,为不变期间,不适用诉讼时效中止、中断、延长的规定。

第一百二十八条 再审案件按照第一审程序或者第二审程序审理的,适用民事诉讼法第一百四十九条、第一百七十六条规定的审限。审限自再审立案的次日起算。

第一百二十九条 对申请再审案件,人民法院应当自受理之日起三个月内审查完毕,但公告期间、当事人和解期间等不计入审查期限。有特殊情况需要延长的,由本院院长批准。

第一百三十条 向法人或者其他组织送达诉讼文书,应当由法人的法定代表人、该组织的主要负责人或者办公室、收发室、值班室等负责收件的人签收或者盖章,拒绝签收或者盖章的,适用留置送达。

民事诉讼法第八十六条规定的有关基层组织和所在单位的代表,可以是受送达人住所地的居民委员会、村民委员会的工作人员以及受送达人所在单位的工作人员。

第一百三十一条 人民法院直接送达诉讼文书的,可以通知当事人到人民法院领取。当事人到达人民法院,拒绝签署送达回证的,视为送达。审判人员、书记员应当在送达回证上注明送达情况并签名。

人民法院可以在当事人住所地以外向当事人直接送达诉讼文书。当事人拒绝签署送达回证的,采用拍照、录像等方式记录送达过程即视为送达。审判人员、书记员应当在送达回证上注明送达情况并签名。

第一百三十二条 受送达人有诉讼代理人的,人民法院既可以向受送达人送达,也可以向其诉讼代理人送达。受送达人指定诉讼代理人为代收人的,向诉讼代理人送达时,适用留置送达。

第一百三十三条 调解书应当直接送达当事人本人,不适用留置送达。当事人本人因故不能签收的,可由其指定的代收人签收。

第一百三十四条 依照民事诉讼法第八十八条规定,委托其他人民法院代为送达的,委托法院应当出具委托函,并附需要送达的诉讼文书和送达回证,以受送达人在送达回证上签收的日期为送达日期。

委托送达的,受委托人民法院应当自收到委托函及相关诉讼文书之日起十日内代为送达。

第一百三十五条 电子送达可以采用传真、电子邮件、移动通信等即时收悉的特定系统作为送达媒介。

民事诉讼法第八十七条第二款规定的到达受送达人特定系统的日期,为人民法院对应系统显示发送成功的日期,但受送达人证明到达其特定系统的日期与人民法院对应系统显示发送成功的日期不一致的,以受送达人证明到达其特定系统的日期为准。

第一百三十六条 受送达人同意采用电子方式送达的，应当在送达地址确认书中予以确认。

第一百三十七条 当事人在提起上诉、申请再审、申请执行时未书面变更送达地址的，其在第一审程序中确认的送达地址可以作为第二审程序、审判监督程序、执行程序的送达地址。

第一百三十八条 公告送达可以在法院的公告栏和受送达人住所地张贴公告，也可以在报纸、信息网络等媒体上刊登公告，发出公告日期以最后张贴或者刊登的日期为准。对公告送达方式有特殊要求的，应当按要求的方式进行。公告期满，即视为送达。

人民法院在受送达人住所地张贴公告的，应当采取拍照、录像等方式记录张贴过程。

第一百三十九条 公告送达应当说明公告送达的原因；公告送达起诉状或者上诉状副本的，应当说明起诉或者上诉要点，受送达人答辩期限及逾期不答辩的法律后果；公告送达传票，应当说明出庭的时间和地点及逾期不出庭的法律后果；公告送达判决书、裁定书的，应当说明裁判主要内容，当事人有权上诉的，还应当说明上诉权利、上诉期限和上诉的人民法院。

第一百四十条 适用简易程序的案件，不适用公告送达。

第一百四十一条 人民法院在定期宣判时，当事人拒不签收判决书、裁定书的，应视为送达，并在宣判笔录中记明。

六、调　　解

第一百四十二条 人民法院受理案件后，经审查，认为法律关系明确、事实清楚，在征得当事人双方同意后，可以径行调解。

第一百四十三条 适用特别程序、督促程序、公示催告程序的案件，婚姻等身份关系确认案件以及其他根据案件性质不能进行调解的案件，不得调解。

第一百四十四条 人民法院审理民事案件，发现当事人之间恶意串通，企图通过和解、调解方式侵害他人合法权益的，应当依照民事诉讼法第一百一十二条的规定处理。

第一百四十五条 人民法院审理民事案件，应当根据自愿、合法的原则进行调解。当事人一方或者双方坚持不愿调解的，应当及时裁判。

人民法院审理离婚案件，应当进行调解，但不应久调不决。

第一百四十六条 人民法院审理民事案件，调解过程不公开，但当事人同意公开的除外。

调解协议内容不公开，但为保护国家利益、社会公共利益、他人合法权益，人民法院认为确有必要公开的除外。

主持调解以及参与调解的人员，对调解过程以及调解过程中获悉的国家秘密、商业秘密、个人隐私和其他不宜公开的信息，应当保守秘密，但为保护国家利益、社会公共利益、他人合法权益的除外。

第一百四十七条 人民法院调解案件时，当事人不能出庭的，经其特别授权，可由其委托代理人参加调解，达成的调解协议，可由委托代理人签名。

离婚案件当事人确因特殊情况无法出庭参加调解的，除本人不能表达意志的以外，应当出具书面意见。

第一百四十八条 当事人自行和解或者调解达成协议后，请求人民法院按照和解协议或者调解协议的内容制作判决书的，人民法院不予准许。

无民事行为能力人的离婚案件，由其法定代理人进行诉讼。法定代理人与对方达成协议要求发给判决书的，可根据协议内容制作判决书。

第一百四十九条 调解书需经当事人签收后才发生法律效力的，应当以最后收到调解书的当事人签收的日期为调解书生效日期。

第一百五十条 人民法院调解民事案件，需由无独立请求权的第三人承担责任的，应当经其同意。该第三人在调解书送达前反悔的，人民法院应当及时裁判。

第一百五十一条 根据民事诉讼法第九十八条第一款第四项规定，当事人各方同意在调解协议上签名或者盖章后即发生法律效力的，经人民法院审查确认后，应当记入笔录或者将调解协议附卷，并由当事人、审判人员、书记员签名或者盖章后即具有法律效力。

前款规定情形，当事人请求制作调解书的，人民法院审查确认后可以制作调解书送交当事人。当事人拒收调解书的，不影响调解协议的效力。

七、保全和先予执行

第一百五十二条 人民法院依照民事诉讼法第一百条、第一百零一条规定，在采取诉前保全、诉讼保全措施时，责令利害关系人或者当事人提供担保的，应当书面通知。

利害关系人申请诉前保全的，应当提供担保。申请诉前财产保全的，应当提供相当于请求保全数额的担保；情况特殊的，人民法院可以酌情处理。申请诉前行为保全的，担保的数额由人民法院根据案件的具体情况决定。

在诉讼中，人民法院依申请或者依职权采取保全措施的，应当根据案件的具体情况，决定当事人是否应当提供担保以及担保的数额。

第一百五十三条 人民法院对季节性商品、鲜活、易腐烂变质以及其他不宜长期保存的物品采取保全措施时，可以责令当事人及时处理，由人民法院保存价款；必要时，人民法院可予以变卖，保存价款。

第一百五十四条 人民法院在财产保全中采取查封、扣押、冻结财产措施时，应当妥善保管被查封、扣押、冻结的财产。不宜由人民法院保管的，人民法院可以指定被保全人负责保管；不宜由被保全人保管的，可以委托他人或者申请保全人保管。

查封、扣押、冻结担保物权人占有的担保财产，一般由担保物权人保管；由人民法院保管的，质权、留置权不因采取保全措施而消灭。

第一百五十五条 由人民法院指定被保全人保管的财产，如果继续使用对该财产的价值无重大影响，可以允许被保全人继续使用；由人民法院保管或者委托他人、申请保全人保管的财产，人民法院和其他保管人不得使用。

第一百五十六条 人民法院采取财产保全的方法和措施，依照执行程序相关规定办理。

第一百五十七条 人民法院对抵押物、质押物、留置物可以采取财产保全措施，但不影响抵押权人、质权人、留置权人的优先受偿权。

第一百五十八条 人民法院对债务人到期应得的收益，可以采取财产保全措施，限制其支取，通知有关单位协助执行。

第一百五十九条 债务人的财产不能满足保全请求，但对他人有到期债权的，人民法院可以依债权人的申请裁定该他人不得对本案债务人清偿。该他人要求偿付的，由人民法院提存财物或者价款。

第一百六十条 当事人向采取诉前保全措施以外的其他有管辖权的人民法院起诉的，采取诉前保全措施的人民法院应当将保全手续移送受理案件的人民法院。诉前保全的裁定视为受移送人民法院作出的裁定。

第一百六十一条 对当事人不服一审判决提起上诉的案件，在第二审人民法院接到报送的案件之前，当事人有转移、隐匿、出卖或者毁损财产等行为，必须采取保全措施的，由第一审人民法院依当事人申请或者依职权采取。第一审人民法院的保全裁定，应当及时报送第二审人民法院。

第一百六十二条 第二审人民法院裁定对第一审人民法院采取的保全措施予以续保或者采取新的保全措施的，可以自行实施，也可以委托第一审人民法院实施。

再审人民法院裁定对原保全措施予以续保或者采取新的保全措施的，可以自行实施，也可以委托原审人民法院或者执行法院实施。

第一百六十三条 法律文书生效后，进入执行程序前，债权人因对方当事人转移财产等紧急情况，不申请保全将可能导致生效法律文书不能执行或者难以执行的，可以向执行法院申请采取保全措施。债权人在法律文书指定的履行期间届满后五日内不申请执行的，人民法院应当解除保全。

第一百六十四条 对申请保全人或者他人提供的担保财产，人民法院应当依法办理查封、扣押、冻结等手续。

第一百六十五条 人民法院裁定采取保全措施后，除作出保全裁定的人民法院自行解除或者其上级人民法院决定解除外，在保全期限内，任何单位不得解除保全措施。

第一百六十六条 裁定采取保全措施后，有下列情形之一的，人民法院应当作出解除保全裁定：

（一）保全错误的；

（二）申请人撤回保全申请的；

（三）申请人的起诉或者诉讼请求被生效裁判驳回的；

（四）人民法院认为应当解除保全的其他情形。

解除以登记方式实施的保全措施的，应当向登记机关发出协助执行通知书。

第一百六十七条 财产保全的被保全人提供其他等值担保财产且有利于执行的，人民法院可以裁定变更保全标的物为被保全人提供的担保财产。

第一百六十八条 保全裁定未经人民法院依法撤销或者解除，进入执行程序后，自动转为执行中的查封、扣押、冻结措施，期限连续计算，执行法院无需重新制作裁定书，但查封、扣押、冻结期限届满的除外。

第一百六十九条 民事诉讼法规定的先予执行，人民法院应当在受理案件后终审判决作出前采取。先予执行应当限于当事人诉讼请求的范围，并以当事人的生活、生产经营的急需为限。

第一百七十条 民事诉讼法第一百零六条第三项规定的情况紧急，包括：

（一）需要立即停止侵害、排除妨碍的；

（二）需要立即制止某项行为的；

（三）追索恢复生产、经营急需的保险理赔费的；

（四）需要立即返还社会保险金、社会救助资金的；

（五）不立即返还款项，将严重影响权利人生活和生产经营的。

第一百七十一条 当事人对保全或者先予执行裁定不服的，可以自收到裁定书之日起五日内向作出裁定的人民法院申请复议。人民法院应当在收到复议申请后十日内审查。裁定正确的，驳回当事人的申请；裁定不当的，变更或者撤销原裁定。

第一百七十二条 利害关系人对保全或者先予执行的裁定不服申请复议的，由作出裁定的人民法院依照民事诉讼法第一百零八条规定处理。

第一百七十三条 人民法院先予执行后，根据发生法律效力的判决，申请人应当返还因先予执行所取得的利益的，适用民事诉讼法第二百三十三条的规定。

八、对妨害民事诉讼的强制措施

第一百七十四条 民事诉讼法第一百零九条规定的必须到庭的被告，是指负有赡养、抚育、扶养义务和不到庭就无法查清案情的被告。

人民法院对必须到庭才能查清案件基本事实的原告，经两次传票传唤，无正当理由拒不到庭的，可以拘传。

第一百七十五条 拘传必须用拘传票，并直接送达被拘传人；在拘传前，应当向被拘传人说明拒不到庭的后果，经批评教育仍拒不到庭的，可以拘传其到庭。

第一百七十六条 诉讼参与人或者其他人有下列行为之一的，人民法院可以适用民事诉讼法第一百一十条规定处理：

（一）未经准许进行录音、录像、摄影的；

（二）未经准许以移动通信等方式现场传播审判活动的；

（三）其他扰乱法庭秩序，妨害审判活动进行的。

有前款规定情形的，人民法院可以暂扣诉讼参与人或者其他人进行录音、录像、摄影、传播审判活动的器材，并责令其删除有关内容；拒不删除的，人民法院可以采取必要手段强制删除。

第一百七十七条 训诫、责令退出法庭由合议庭或者独任审判员决定。训诫的内容、被责令退出法庭者的违法事实应当记入庭审笔录。

第一百七十八条 人民法院依照民事诉讼法第一百一十条至第一百一十四条的规定采取拘留措施的，应经院长批准，作出拘留决定书，由司法警察将被拘留人送交当地公安机关看管。

第一百七十九条 被拘留人不在本辖区的，作出拘留决定的人民法院应当派员到被拘留人所在地的人民法院，请该院协助执行，受委托的人民法院应当及时派员协助执行。被拘留人申请复议或者在拘留期间承认并改正错误，需要提前解除拘留的，受委托人民法院应当向委托人民法院转达或者提出建议，由委托人民法院审查决定。

第一百八十条 人民法院对被拘留人采取拘留措施后，应当在二十四小时内通知其家属；确实无法按时通知或者通知不到的，应当记录在案。

第一百八十一条 因哄闹、冲击法庭，用暴力、威胁等方法抗拒执行公务等紧急情况，必须立即采取拘留措施的，可在拘留后，立即报告院长补办批准手续。院长认为拘留不当的，应当解除拘留。

第一百八十二条 被拘留人在拘留期间认错悔改的，可以责令其具结悔过，提前解除拘留。提前解除拘留，应报经院长批准，并作出提前解除拘留决定书，交负责看管的公安机关执行。

第一百八十三条 民事诉讼法第一百一十条至第一百一十三条规定的罚款、拘留可以单独适用，也可以合并适用。

第一百八十四条 对同一妨害民事诉讼行为的罚款、拘留不得连续适用。发生新的妨害民事诉讼行为的，人民法院可以重新予以罚款、拘留。

第一百八十五条 被罚款、拘留的人不服罚款、拘留决定申请复议的，应当自收到决定书之日起三日内提出。上级人民法院应当在收到复议申请后五日内作出决定，并将复议结果通知下级人民法院和当事人。

第一百八十六条 上级人民法院复议时认为强制措施不当的，应当制作决定书，撤销或者变更下级人民法院作出的拘留、罚款决定。情况紧急的，可以在口头通知后三日内发出决定书。

第一百八十七条 民事诉讼法第一百一十一条第一款第五项规定的以暴力、威胁或者其他方法阻碍司法工作人员执行职务的行为，包括：

（一）在人民法院哄闹、滞留，不听从司法工作人员劝阻的；

（二）故意毁损、抢夺人民法院法律文书、查封标志的；

（三）哄闹、冲击执行公务现场，围困、扣押执行或者协助执行公务人员的；

（四）毁损、抢夺、扣留案件材料、执行公务车辆、其他执行公务器械、执行公务人员服装和执行公务证件的；

（五）以暴力、威胁或者其他方法阻碍司法工作人员查询、查封、扣押、冻结、划拨、拍卖、变卖财产的；

（六）以暴力、威胁或者其他方法阻碍司法工作人员执行职务的其他行为。

第一百八十八条 民事诉讼法第一百一十一条第一款第六项规定的拒不履行人民法院已经发生法律效力的判决、裁定的行为，包括：

（一）在法律文书发生法律效力后隐藏、转移、变卖、毁损财产或者无偿转让财产、以明显不合理的价格交易财产、放弃到期债权、无偿为他人提供担保等，致使人民法院无法执行的；

（二）隐藏、转移、毁损或者未经人民法院允许处分已向人民法院提供担保的财产的；

（三）违反人民法院限制高消费令进行消费的；

（四）有履行能力而拒不按照人民法院执行通知履行生效法律文书确定的义务的；

（五）有义务协助执行的个人接到人民法院协助执行通知书后，拒不协助执行的。

第一百八十九条 诉讼参与人或者其他人有下列行为之一的，人民法院可以适用民事诉讼法第一百一十一条的规定处理：

（一）冒充他人提起诉讼或者参加诉讼的；

（二）证人签署保证书后作虚假证言，妨碍人民法院审理案件的；

（三）伪造、隐藏、毁灭或者拒绝交出有关被执行人履行能力的重要证据，妨碍人民法院查明被执行人财产状况的；

（四）擅自解冻已被人民法院冻结的财产的；

（五）接到人民法院协助执行通知书后，给当事人通风报信，协助其转移、隐匿财产的 。

第一百九十条 民事诉讼法第一百一十二条规定的他人合法权益，包括案外人的合法权益、国家利益、社会公共利益。

第三人根据民事诉讼法第五十六条第三款规定提起撤销之诉，经审查，原案当事人之间恶意串通进行虚假诉讼的，适用民事诉讼法第一百一十二条规定处理。

第一百九十一条 单位有民事诉讼法第一百一十二条或者第一百一十三条规定行为的，人民法院应当对该单位进行罚款，并可以对其主要负责人或者直接责任人员予以罚款、拘留；构成犯罪的，依法追究刑事责任。

第一百九十二条 有关单位接到人民法院协助执行通知书后，有下列行为之一的，人民法院可以适用民事诉讼法第一百一十四条规定处理：

（一）允许被执行人高消费的；

（二）允许被执行人出境的；

（三）拒不停止办理有关财产权证照转移手续、权属变更登记、规划审批等手续的；

（四）以需要内部请示、内部审批，有内部规定等为由拖延办理的。

第一百九十三条 人民法院对个人或者单位采取罚款措施时，应当根据其实施妨害民事诉讼行为的性质、情节、后果，当地的经济发展水平，以及诉讼标的额等因素，在民事诉讼法第一百一十五条第一款规定的限额内确定相应的罚款金额。

九、诉讼费用

第一百九十四条 依照民事诉讼法第五十四条审理的案件不预交案件受理费，结案后按照诉讼标的额由败诉方交纳。

第一百九十五条 支付令失效后转入诉讼程序的，债权人应当按照《诉讼费用交纳办法》补交案件受理费。

支付令被撤销后，债权人另行起诉的，按照《诉讼费用交纳办法》交纳诉讼费用。

第一百九十六条 人民法院改变原判决、裁定、调解结果的，应当在裁判文书中对原审诉讼费用的负担一并作出处理。

第一百九十七条 诉讼标的物是证券的，按照证券交易规则并根据当事人起诉之日前最后一个交易日的收盘价、当日的市场价或者其载明的金额计算诉讼标的金额。

第一百九十八条 诉讼标的物是房屋、土地、林木、车辆、船舶、文物等特定物或者知识产权，起诉时价值难以确定的，人民法院应当向原告释明主张过高或者过低的诉讼风险，以原告主张的价值确定诉讼标的金额。

第一百九十九条 适用简易程序审理的案件转为普通程序的，原告自接到人民法院交纳诉讼费用通知之日起七日内补交案件受理费。

原告无正当理由未按期足额补交的，按撤诉处理，已经收取的诉讼费用退还一半。

第二百条 破产程序中有关债务人的民事诉讼案件，按照财产案件标准交纳诉讼费，但劳动争议案件除外。

第二百零一条 既有财产性诉讼请求，又有非财产性诉讼请求的，按照财产性诉讼请求的标准交纳诉讼费。

有多个财产性诉讼请求的，合并计算交纳诉讼费；诉讼请求中有多个非财产性诉讼请求的，按一件交纳诉讼费。

第二百零二条 原告、被告、第三人分别上诉的，按照上诉请求分别预交二审案件受理费。

同一方多人共同上诉的，只预交一份二审案件受理费；分别上诉的，按照上诉请求分别预交二审案件受理费。

第二百零三条 承担连带责任的当事人败诉的，应当共同负担诉讼费用。

第二百零四条 实现担保物权案件，人民法院裁定拍卖、变卖担保财产的，申请费由债务人、担保人负担；人民法院裁定驳回申请的，申请费由申请人负担。

申请人另行起诉的，其已经交纳的申请费可以从案件受理费中扣除。

第二百零五条 拍卖、变卖担保财产的裁定作出后，人民法院强制执行的，按照执行金额收取执行申请费。

第二百零六条 人民法院决定减半收取案件受理费的，只能减半一次。

第二百零七条 判决生效后，胜诉方预交但不应负担的诉讼费用，人民法院应当退还，由败诉方向人民法院交纳，但胜诉方自愿承担或者同意败诉方直接向其支付的除外。

当事人拒不交纳诉讼费用的，人民法院可以强制执行。

十、第一审普通程序

第二百零八条 人民法院接到当事人提交的民事起诉状时，对符合民事诉讼法第一百一十九条的规定，且不属于第一百二十四条规定情形的，应当登记立案；对当场不能判定是否符合起诉条件的，应当接收起诉材料，并出具注明收到日期的书面凭证。

需要补充必要相关材料的，人民法院应当及时告知当事人。在补齐相关材料后，应当在七日内决定是否立案。

立案后发现不符合起诉条件或者属于民事诉讼法第一百二十四条规定情形的，裁定驳回起诉。

第二百零九条 原告提供被告的姓名或者名称、住所等信息具体明确，足以使被告与他人相区别的，可以认定为有明确的被告。

起诉状列写被告信息不足以认定明确的被告的，人民法院可以告知原告补正。原告补正后仍不能确定明确的被告的，人民法院裁定不予受理。

第二百一十条 原告在起诉状中有谩骂和人身攻击之辞的，人民法院应当告知其修改后提起诉讼。

第二百一十一条 对本院没有管辖权的案件，告知原告向有管辖权的人民法院起诉；原告坚持起诉的，裁定不予受理;立案后发现本院没有管辖权的,应当将案件移送有管辖权的人民法院。

第二百一十二条 裁定不予受理、驳回起诉的案件,原告再次起诉,符合起诉条件且不属于民事诉讼法第一百二十四条规定情形的,人民法院应予受理。

第二百一十三条 原告应当预交而未预交案件受理费,人民法院应当通知其预交,通知后仍不预交或者申请减、缓、免未获批准而仍不预交的,裁定按撤诉处理。

第二百一十四条 原告撤诉或者人民法院按撤诉处理后,原告以同一诉讼请求再次起诉的,人民法院应予受理。

原告撤诉或者按撤诉处理的离婚案件,没有新情况、新理由,六个月内又起诉的,比照民事诉讼法第一百二十四条第七项的规定不予受理。

第二百一十五条 依照民事诉讼法第一百二十四条第二项的规定,当事人在书面合同中订有仲裁条款,或者在发生纠纷后达成书面仲裁协议,一方向人民法院起诉的,人民法院应当告知原告向仲裁机构申请仲裁,其坚持起诉的,裁定不予受理,但仲裁条款或者仲裁协议不成立、无效、失效、内容不明确无法执行的除外。

第二百一十六条 在人民法院首次开庭前,被告以有书面仲裁协议为由对受理民事案件提出异议的,人民法院应当进行审查。

经审查符合下列情形之一的,人民法院应当裁定驳回起诉:

(一)仲裁机构或者人民法院已经确认仲裁协议有效的;

(二)当事人没有在仲裁庭首次开庭前对仲裁协议的效力提出异议的;

(三)仲裁协议符合仲裁法第十六条规定且不具有仲裁法第十七条规定情形的。

第二百一十七条 夫妻一方下落不明,另一方诉至人民法院,只要求离婚,不申请宣告下落不明人失踪或者死亡的案件,人民法院应当受理,对下落不明人公告送达诉讼文书。

第二百一十八条 赡养费、扶养费、抚育费案件,裁判发生法律效力后,因新情况、新理由,一方当事人再行起诉要求增加或者减少费用的,人民法院应作为新案受理。

第二百一十九条 当事人超过诉讼时效期间起诉的,人民法院应予受理。受理后对方当事人提出诉讼时效抗辩,人民法院经审理认为抗辩事由成立的,判决驳回原告的诉讼请求。

第二百二十条 民事诉讼法第六十八条、第一百三十四条、第一百五十六条规定的商业秘密,是指生产工艺、配方、贸易联系、购销渠道等当事人不愿公开的技术秘密、商业情报及信息。

第二百二十一条 基于同一事实发生的纠纷,当事人分别向同一人民法院起诉的,人民法院可以合并审理。

第二百二十二条 原告在起诉状中直接列写第三人的,视为其申请人民法院追加该第三人参加诉讼。是否通知第三人参加诉讼,由人民法院审查决定。

第二百二十三条 当事人在提交答辩状期间提出管辖异议,又针对起诉状的内容进行答辩的,人民法院应当依照民事诉讼法第一百二十七条第一款的规定,对管辖异议进行审查。

当事人未提出管辖异议,就案件实体内容进行答辩、陈述或者反诉的,可以认定为民事诉讼法第一百二十七条第二款规定的应诉答辩。

第二百二十四条 依照民事诉讼法第一百三十三条第四项规定,人民法院可以在答辩期届满后,通过组织证据交换、召集庭前会议等方式,作好审理前的准备。

第二百二十五条 根据案件具体情况,庭前会议可以包括下列内容:

(一)明确原告的诉讼请求和被告的答辩意见;

(二)审查处理当事人增加、变更诉讼请求的申请和提出的反诉,以及第三人提出的与本案有关的诉讼请求;

(三)根据当事人的申请决定调查收集证据,委托鉴定,要求当事人提供证据,进行勘验,进行证据保全;

(四)组织交换证据;

(五)归纳争议焦点;

(六)进行调解。

第二百二十六条 人民法院应当根据当事人的诉讼请求、答辩意见以及证据交换的情况,归纳争议焦点,并就归纳的争议焦点征求当事人的意见。

第二百二十七条 人民法院适用普通程序审理案件,应当在开庭三日前用传票传唤当事人。对诉讼代理人、证人、鉴定人、勘验人、翻译人员应当用通知书通知其到庭。当事人或者其他诉讼参与人在外地的,应当留有必要的在途时间。

第二百二十八条 法庭审理应当围绕当事人争议的事实、证据和法律适用等焦点问题进行。

第二百二十九条 当事人在庭审中对其在审理前的准备阶段认可的事实和证据提出不同意见的,人民法院应当责令其说明理由。必要时,可以责令其提供相应证据。人民法院应当结合当事人的诉讼能力、证据和案件的具体情况进行审查。理由成立的,可以列入争议焦点进行审理。

第二百三十条 人民法院根据案件具体情况并征得当事人同意,可以将法庭调查和法庭辩论合并进行。

第二百三十一条 当事人在法庭上提出新的证据的,人民法院应当依照民事诉讼法第六十五条第二款规定和本解释相关规定处理。

第二百三十二条 在案件受理后,法庭辩论结束前,原告增加诉讼请求,被告提出反诉,第三人提出与本案有关的诉讼请求,可以合并审理的,人民法院应当合并审理。

第二百三十三条 反诉的当事人应当限于本诉的当事人

的范围。

反诉与本诉的诉讼请求基于相同法律关系、诉讼请求之间具有因果关系，或者反诉与本诉的诉讼请求基于相同事实的，人民法院应当合并审理。

反诉应由其他人民法院专属管辖，或者与本诉的诉讼标的及诉讼请求所依据的事实、理由无关联的，裁定不予受理，告知另行起诉。

第二百三十四条 无民事行为能力人的离婚诉讼，当事人的法定代理人应当到庭；法定代理人不能到庭的，人民法院应当在查清事实的基础上，依法作出判决。

第二百三十五条 无民事行为能力的当事人的法定代理人，经传票传唤无正当理由拒不到庭，属于原告方的，比照民事诉讼法第一百四十三条的规定，按撤诉处理；属于被告方的，比照民事诉讼法第一百四十四条的规定，缺席判决。必要时，人民法院可以拘传其到庭。

第二百三十六条 有独立请求权的第三人经人民法院传票传唤，无正当理由拒不到庭的，或者未经法庭许可中途退庭的，比照民事诉讼法第一百四十三条的规定，按撤诉处理。

第二百三十七条 有独立请求权的第三人参加诉讼后，原告申请撤诉，人民法院在准许原告撤诉后，有独立请求权的第三人作为另案原告，原案原告、被告作为另案被告，诉讼继续进行。

第二百三十八条 当事人申请撤诉或者依法可以按撤诉处理的案件，如果当事人有违反法律的行为需要依法处理的，人民法院可以不准许撤诉或者不按撤诉处理。

法庭辩论终结后原告申请撤诉，被告不同意的，人民法院可以不予准许。

第二百三十九条 人民法院准许本诉原告撤诉的，应当对反诉继续审理；被告申请撤回反诉的，人民法院应予准许。

第二百四十条 无独立请求权的第三人经人民法院传票传唤，无正当理由拒不到庭，或者未经法庭许可中途退庭的，不影响案件的审理。

第二百四十一条 被告经传票传唤无正当理由拒不到庭，或者未经法庭许可中途退庭的，人民法院应当按期开庭或者继续开庭审理，对到庭的当事人诉讼请求、双方的诉辩理由以及已经提交的证据及其他诉讼材料进行审理后，可以依法缺席判决。

第二百四十二条 一审宣判后，原审人民法院发现判决有错误，当事人在上诉期内提出上诉的，原审人民法院可以提出原判决有错误的意见，报送第二审人民法院，由第二审人民法院按照第二审程序进行审理；当事人不上诉的，按照审判监督程序处理。

第二百四十三条 民事诉讼法第一百四十九条规定的审限，是指从立案之日起至裁判宣告、调解书送达之日止的期间，但公告期间、鉴定期间、双方当事人和解期间、审理当事人提出的管辖异议以及处理人民法院之间的管辖争议期间不应计算在内。

第二百四十四条 可以上诉的判决书、裁定书不能同时送达双方当事人的，上诉期从各自收到判决书、裁定书之日计算。

第二百四十五条 民事诉讼法第一百五十四条第一款第七项规定的笔误是指法律文书误写、误算，诉讼费用漏写、误算和其他笔误。

第二百四十六条 裁定中止诉讼的原因消除，恢复诉讼程序时，不必撤销原裁定，从人民法院通知或者准许当事人双方继续进行诉讼时起，中止诉讼的裁定即失去效力。

第二百四十七条 当事人就已经提起诉讼的事项在诉讼过程中或者裁判生效后再次起诉，同时符合下列条件的，构成重复起诉：

（一）后诉与前诉的当事人相同；

（二）后诉与前诉的诉讼标的相同；

（三）后诉与前诉的诉讼请求相同，或者后诉的诉讼请求实质上否定前诉裁判结果。

当事人重复起诉的，裁定不予受理；已经受理的，裁定驳回起诉，但法律、司法解释另有规定的除外。

第二百四十八条 裁判发生法律效力后，发生新的事实，当事人再次提起诉讼的，人民法院应当依法受理。

第二百四十九条 在诉讼中，争议的民事权利义务转移的，不影响当事人的诉讼主体资格和诉讼地位。人民法院作出的发生法律效力的判决、裁定对受让人具有拘束力。

受让人申请以无独立请求权的第三人身份参加诉讼的，人民法院可予准许。受让人申请替代当事人承担诉讼的，人民法院可以根据案件的具体情况决定是否准许；不予准许的，可以追加其为无独立请求权的第三人。

第二百五十条 依照本解释第二百四十九条规定，人民法院准许受让人替代当事人承担诉讼的，裁定变更当事人。

变更当事人后，诉讼程序以受让人为当事人继续进行，原当事人应当退出诉讼。原当事人已经完成的诉讼行为对受让人具有拘束力。

第二百五十一条 二审裁定撤销一审判决发回重审的案件，当事人申请变更、增加诉讼请求或者提出反诉，第三人提出与本案有关的诉讼请求的，依照民事诉讼法第一百四十条规定处理。

第二百五十二条 再审裁定撤销原判决、裁定发回重审的案件，当事人申请变更、增加诉讼请求或者提出反诉，符合下列情形之一的，人民法院应当准许：

（一）原审未合法传唤缺席判决，影响当事人行使诉讼权利的；

（二）追加新的诉讼当事人的；

（三）诉讼标的物灭失或者发生变化致使原诉讼请求无法实现的；

（四）当事人申请变更、增加的诉讼请求或者提出的反诉，无法通过另诉解决的。

第二百五十三条　当庭宣判的案件，除当事人当庭要求邮寄发送裁判文书的外，人民法院应当告知当事人或者诉讼代理人领取裁判文书的时间和地点以及逾期不领取的法律后果。上述情况，应当记入笔录。

第二百五十四条　公民、法人或者其他组织申请查阅发生法律效力的判决书、裁定书的，应当向作出该生效裁判的人民法院提出。申请应当以书面形式提出，并提供具体的案号或者当事人姓名、名称。

第二百五十五条　对于查阅判决书、裁定书的申请，人民法院根据下列情形分别处理：

（一）判决书、裁定书已经通过信息网络向社会公开的，应当引导申请人自行查阅；

（二）判决书、裁定书未通过信息网络向社会公开，且申请符合要求的，应当及时提供便捷的查阅服务；

（三）判决书、裁定书尚未发生法律效力，或者已失去法律效力的，不提供查阅并告知申请人；

（四）发生法律效力的判决书、裁定书不是本院作出的，应当告知申请人向作出生效裁判的人民法院申请查阅；

（五）申请查阅的内容涉及国家秘密、商业秘密、个人隐私的，不予准许并告知申请人。

十一、简易程序

第二百五十六条　民事诉讼法第一百五十七条规定的简单民事案件中的事实清楚，是指当事人对争议的事实陈述基本一致，并能提供相应的证据，无须人民法院调查收集证据即可查明事实；权利义务关系明确是指能明确区分谁是责任的承担者，谁是权利的享有者；争议不大是指当事人对案件的是非、责任承担以及诉讼标的争执无原则分歧。

第二百五十七条　下列案件，不适用简易程序：

（一）起诉时被告下落不明的；

（二）发回重审的；

（三）当事人一方人数众多的；

（四）适用审判监督程序的；

（五）涉及国家利益、社会公共利益的；

（六）第三人起诉请求改变或者撤销生效判决、裁定、调解书的；

（七）其他不宜适用简易程序的案件。

第二百五十八条　适用简易程序审理的案件，审理期限到期后，双方当事人同意继续适用简易程序的，由本院院长批准，可以延长审理期限。延长后的审理期限累计不得超过六个月。

人民法院发现案情复杂，需要转为普通程序审理的，应当在审理期限届满前作出裁定并将合议庭组成人员及相关事项书面通知双方当事人。

案件转为普通程序审理的，审理期限自人民法院立案之日计算。

第二百五十九条　当事人双方可就开庭方式向人民法院提出申请，由人民法院决定是否准许。经当事人双方同意，可以采用视听传输技术等方式开庭。

第二百六十条　已经按照普通程序审理的案件，在开庭后不得转为简易程序审理。

第二百六十一条　适用简易程序审理案件，人民法院可以采取捎口信、电话、短信、传真、电子邮件等简便方式传唤双方当事人、通知证人和送达裁判文书以外的诉讼文书。

以简便方式送达的开庭通知，未经当事人确认或者没有其他证据证明当事人已经收到的，人民法院不得缺席判决。

适用简易程序审理案件，由审判员独任审判，书记员担任记录。

第二百六十二条　人民法庭制作的判决书、裁定书、调解书，必须加盖基层人民法院印章，不得用人民法庭的印章代替基层人民法院的印章。

第二百六十三条　适用简易程序审理案件，卷宗中应当具备以下材料：

（一）起诉状或者口头起诉笔录；

（二）答辩状或者口头答辩笔录；

（三）当事人身份证明材料；

（四）委托他人代理诉讼的授权委托书或者口头委托笔录；

（五）证据；

（六）询问当事人笔录；

（七）审理（包括调解）笔录；

（八）判决书、裁定书、调解书或者调解协议；

（九）送达和宣判笔录；

（十）执行情况；

（十一）诉讼费收据；

（十二）适用民事诉讼法第一百六十二条规定审理的，有关程序适用的书面告知。

第二百六十四条　当事人双方根据民事诉讼法第一百五十七条第二款规定约定适用简易程序的，应当在开庭前提出。口头提出的，记入笔录，由双方当事人签名或者捺印确认。

本解释第二百五十七条规定的案件，当事人约定适用简易程序的，人民法院不予准许。

第二百六十五条　原告口头起诉的，人民法院应当将当事人的姓名、性别、工作单位、住所、联系方式等基本信息，诉讼请求，事实及理由等准确记入笔录，由原告核对无误后签名或者捺印。对当事人提交的证据材料，应当出具收据。

第二百六十六条 适用简易程序案件的举证期限由人民法院确定，也可以由当事人协商一致并经人民法院准许，但不得超过十五日。被告要求书面答辩的，人民法院可在征得其同意的基础上，合理确定答辩期间。

人民法院应当将举证期限和开庭日期告知双方当事人，并向当事人说明逾期举证以及拒不到庭的法律后果，由双方当事人在笔录和开庭传票的送达回证上签名或者捺印。

当事人双方均表示不需要举证期限、答辩期间的，人民法院可以立即开庭审理或者确定开庭日期。

第二百六十七条 适用简易程序审理案件，可以简便方式进行审理前的准备。

第二百六十八条 对没有委托律师、基层法律服务工作者代理诉讼的当事人，人民法院在庭审过程中可以对回避、自认、举证证明责任等相关内容向其作必要的解释或者说明，并在庭审过程中适当提示当事人正确行使诉讼权利、履行诉讼义务。

第二百六十九条 当事人就案件适用简易程序提出异议，人民法院经审查，异议成立的，裁定转为普通程序；异议不成立的，口头告知当事人，并记入笔录。

转为普通程序的，人民法院应当将合议庭组成人员及相关事项以书面形式通知双方当事人。

转为普通程序前，双方当事人已确认的事实，可以不再进行举证、质证。

第二百七十条 适用简易程序审理的案件，有下列情形之一的，人民法院在制作判决书、裁定书、调解书时，对认定事实或者裁判理由部分可以适当简化：

（一）当事人达成调解协议并需要制作民事调解书的；

（二）一方当事人明确表示承认对方全部或者部分诉讼请求的；

（三）涉及商业秘密、个人隐私的案件，当事人一方要求简化裁判文书中的相关内容，人民法院认为理由正当的；

（四）当事人双方同意简化的。

十二、简易程序中的小额诉讼

第二百七十一条 人民法院审理小额诉讼案件，适用民事诉讼法第一百六十二条的规定，实行一审终审。

第二百七十二条 民事诉讼法第一百六十二条规定的各省、自治区、直辖市上年度就业人员年平均工资，是指已经公布的各省、自治区、直辖市上一年度就业人员年平均工资。在上一年度就业人员年平均工资公布前，以已经公布的最近年度就业人员年平均工资为准。

第二百七十三条 海事法院可以审理海事、海商小额诉讼案件。案件标的额应当以实际受理案件的海事法院或者其派出法庭所在的省、自治区、直辖市上年度就业人员年平均工资百分之三十为限。

第二百七十四条 下列金钱给付的案件，适用小额诉讼程序审理：

（一）买卖合同、借款合同、租赁合同纠纷；

（二）身份关系清楚，仅在给付的数额、时间、方式上存在争议的赡养费、抚育费、扶养费纠纷；

（三）责任明确，仅在给付的数额、时间、方式上存在争议的交通事故损害赔偿和其他人身损害赔偿纠纷；

（四）供用水、电、气、热力合同纠纷；

（五）银行卡纠纷；

（六）劳动关系清楚，仅在劳动报酬、工伤医疗费、经济补偿金或者赔偿金给付数额、时间、方式上存在争议的劳动合同纠纷；

（七）劳务关系清楚，仅在劳务报酬给付数额、时间、方式上存在争议的劳务合同纠纷；

（八）物业、电信等服务合同纠纷；

（九）其他金钱给付纠纷。

第二百七十五条 下列案件，不适用小额诉讼程序审理：

（一）人身关系、财产确权纠纷；

（二）涉外民事纠纷；

（三）知识产权纠纷；

（四）需要评估、鉴定或者对诉前评估、鉴定结果有异议的纠纷；

（五）其他不宜适用一审终审的纠纷。

第二百七十六条 人民法院受理小额诉讼案件，应当向当事人告知该类案件的审判组织、一审终审、审理期限、诉讼费用交纳标准等相关事项。

第二百七十七条 小额诉讼案件的举证期限由人民法院确定，也可以由当事人协商一致并经人民法院准许，但一般不超过七日。

被告要求书面答辩的，人民法院可以在征得其同意的基础上合理确定答辩期间，但最长不得超过十五日。

当事人到庭后表示不需要举证期限和答辩期间的，人民法院可立即开庭审理。

第二百七十八条 当事人对小额诉讼案件提出管辖异议的，人民法院应当作出裁定。裁定一经作出即生效。

第二百七十九条 人民法院受理小额诉讼案件后，发现起诉不符合民事诉讼法第一百一十九条规定的起诉条件的，裁定驳回起诉。裁定一经作出即生效。

第二百八十条 因当事人申请增加或者变更诉讼请求、提出反诉、追加当事人等，致使案件不符合小额诉讼案件条件的，应当适用简易程序的其他规定审理。

前款规定案件，应当适用普通程序审理的，裁定转为普通程序。

适用简易程序的其他规定或者普通程序审理前，双方当事人已确认的事实，可以不再进行举证、质证。

第二百八十一条 当事人对按照小额诉讼案件审理有异议的，应当在开庭前提出。人民法院经审查，异议成立的，适用简易程序的其他规定审理；异议不成立的，告知当事人，并记入笔录。

第二百八十二条 小额诉讼案件的裁判文书可以简化，主要记载当事人基本信息、诉讼请求、裁判主文等内容。

第二百八十三条 人民法院审理小额诉讼案件，本解释没有规定的，适用简易程序的其他规定。

十三、公益诉讼

第二百八十四条 环境保护法、消费者权益保护法等法律规定的机关和有关组织对污染环境、侵害众多消费者合法权益等损害社会公共利益的行为，根据民事诉讼法第五十五条规定提起公益诉讼，符合下列条件的，人民法院应当受理：

（一）有明确的被告；

（二）有具体的诉讼请求；

（三）有社会公共利益受到损害的初步证据；

（四）属于人民法院受理民事诉讼的范围和受诉人民法院管辖。

第二百八十五条 公益诉讼案件由侵权行为地或者被告住所地中级人民法院管辖，但法律、司法解释另有规定的除外。

因污染海洋环境提起的公益诉讼，由污染发生地、损害结果地或者采取预防污染措施地海事法院管辖。

对同一侵权行为分别向两个以上人民法院提起公益诉讼的，由最先立案的人民法院管辖，必要时由它们的共同上级人民法院指定管辖。

第二百八十六条 人民法院受理公益诉讼案件后，应当在十日内书面告知相关行政主管部门。

第二百八十七条 人民法院受理公益诉讼案件后，依法可以提起诉讼的其他机关和有关组织，可以在开庭前向人民法院申请参加诉讼。人民法院准许参加诉讼的，列为共同原告。

第二百八十八条 人民法院受理公益诉讼案件，不影响同一侵权行为的受害人根据民事诉讼法第一百一十九条规定提起诉讼。

第二百八十九条 对公益诉讼案件，当事人可以和解，人民法院可以调解。

当事人达成和解或者调解协议后，人民法院应当将和解或者调解协议进行公告。公告期间不得少于三十日。

公告期满后，人民法院经审查，和解或者调解协议不违反社会公共利益的，应当出具调解书；和解或者调解协议违反社会公共利益的，不予出具调解书，继续对案件进行审理并依法作出裁判。

第二百九十条 公益诉讼案件的原告在法庭辩论终结后申请撤诉的，人民法院不予准许。

第二百九十一条 公益诉讼案件的裁判发生法律效力后，其他依法具有原告资格的机关和有关组织就同一侵权行为另行提起公益诉讼的，人民法院裁定不予受理，但法律、司法解释另有规定的除外。

十四、第三人撤销之诉

第二百九十二条 第三人对已经发生法律效力的判决、裁定、调解书提起撤销之诉的，应当自知道或者应当知道其民事权益受到损害之日起六个月内，向作出生效判决、裁定、调解书的人民法院提出，并应当提供存在下列情形的证据材料：

（一）因不能归责于本人的事由未参加诉讼；

（二）发生法律效力的判决、裁定、调解书的全部或者部分内容错误；

（三）发生法律效力的判决、裁定、调解书内容错误损害其民事权益。

第二百九十三条 人民法院应当在收到起诉状和证据材料之日起五日内送交对方当事人，对方当事人可以自收到起诉状之日起十日内提出书面意见。

人民法院应当对第三人提交的起诉状、证据材料以及对方当事人的书面意见进行审查。必要时，可以询问双方当事人。

经审查，符合起诉条件的，人民法院应当在收到起诉状之日起三十日内立案。不符合起诉条件的，应当在收到起诉状之日起三十日内裁定不予受理。

第二百九十四条 人民法院对第三人撤销之诉案件，应当组成合议庭开庭审理。

第二百九十五条 民事诉讼法第五十六条第三款规定的因不能归责于本人的事由未参加诉讼，是指没有被列为生效判决、裁定、调解书当事人，且无过错或者无明显过错的情形。包括：

（一）不知道诉讼而未参加的；

（二）申请参加未获准许的；

（三）知道诉讼，但因客观原因无法参加的；

（四）因其他不能归责于本人的事由未参加诉讼的。

第二百九十六条 民事诉讼法第五十六条第三款规定的判决、裁定、调解书的部分或者全部内容，是指判决、裁定的主文，调解书中处理当事人民事权利义务的结果。

第二百九十七条 对下列情形提起第三人撤销之诉的，人民法院不予受理：

（一）适用特别程序、督促程序、公示催告程序、破产程序等非讼程序处理的案件；

（二）婚姻无效、撤销或者解除婚姻关系等判决、裁定、调解书中涉及身份关系的内容；

（三）民事诉讼法第五十四条规定的未参加登记的权利人对代表人诉讼案件的生效裁判；

（四）民事诉讼法第五十五条规定的损害社会公共利益

行为的受害人对公益诉讼案件的生效裁判。

第二百九十八条 第三人提起撤销之诉，人民法院应当将该第三人列为原告，生效判决、裁定、调解书的当事人列为被告，但生效判决、裁定、调解书中没有承担责任的无独立请求权的第三人列为第三人。

第二百九十九条 受理第三人撤销之诉案件后，原告提供相应担保，请求中止执行的，人民法院可以准许。

第三百条 对第三人撤销或者部分撤销发生法律效力的判决、裁定、调解书内容的请求，人民法院经审理，按下列情形分别处理：

（一）请求成立且确认其民事权利的主张全部或部分成立的，改变原判决、裁定、调解书内容的错误部分；

（二）请求成立，但确认其全部或部分民事权利的主张不成立，或者未提出确认其民事权利请求的，撤销原判决、裁定、调解书内容的错误部分；

（三）请求不成立的，驳回诉讼请求。

对前款规定裁判不服的，当事人可以上诉。

原判决、裁定、调解书的内容未改变或者未撤销的部分继续有效。

第三百零一条 第三人撤销之诉案件审理期间，人民法院对生效判决、裁定、调解书裁定再审的，受理第三人撤销之诉的人民法院应当裁定将第三人的诉讼请求并入再审程序。但有证据证明原审当事人之间恶意串通损害第三人合法权益的，人民法院应当先行审理第三人撤销之诉案件，裁定中止再审诉讼。

第三百零二条 第三人诉讼请求并入再审程序审理的，按照下列情形分别处理：

（一）按照第一审程序审理的，人民法院应当对第三人的诉讼请求一并审理，所作的判决可以上诉；

（二）按照第二审程序审理的，人民法院可以调解，调解达不成协议的，应当裁定撤销原判决、裁定、调解书，发回一审法院重审，重审时应当列明第三人。

第三百零三条 第三人提起撤销之诉后，未中止生效判决、裁定、调解书执行的，执行法院对第三人依照民事诉讼法第二百二十七条规定提出的执行异议，应予审查。第三人不服驳回执行异议裁定，申请对原判决、裁定、调解书再审的，人民法院不予受理。

案外人对人民法院驳回其执行异议裁定不服，认为原判决、裁定、调解书内容错误损害其合法权益的，应当根据民事诉讼法第二百二十七条规定申请再审，提起第三人撤销之诉的，人民法院不予受理。

十五、执行异议之诉

第三百零四条 根据民事诉讼法第二百二十七条规定，案外人、当事人对执行异议裁定不服，自裁定送达之日起十五日内向人民法院提起执行异议之诉的，由执行法院管辖。

第三百零五条 案外人提起执行异议之诉，除符合民事诉讼法第一百一十九条规定外，还应当具备下列条件：

（一）案外人的执行异议申请已经被人民法院裁定驳回；

（二）有明确的排除对执行标的执行的诉讼请求，且诉讼请求与原判决、裁定无关；

（三）自执行异议裁定送达之日起十五日内提起。

人民法院应当在收到起诉状之日起十五日内决定是否立案。

第三百零六条 申请执行人提起执行异议之诉，除符合民事诉讼法第一百一十九条规定外，还应当具备下列条件：

（一）依案外人执行异议申请，人民法院裁定中止执行；

（二）有明确的对执行标的继续执行的诉讼请求，且诉讼请求与原判决、裁定无关；

（三）自执行异议裁定送达之日起十五日内提起。

人民法院应当在收到起诉状之日起十五日内决定是否立案。

第三百零七条 案外人提起执行异议之诉的，以申请执行人为被告。被执行人反对案外人异议的，被执行人为共同被告；被执行人不反对案外人异议的，可以列被执行人为第三人。

第三百零八条 申请执行人提起执行异议之诉的，以案外人为被告。被执行人反对申请执行人主张的，以案外人和被执行人为共同被告；被执行人不反对申请执行人主张的，可以列被执行人为第三人。

第三百零九条 申请执行人对中止执行裁定未提起执行异议之诉，被执行人提起执行异议之诉的，人民法院告知其另行起诉。

第三百一十条 人民法院审理执行异议之诉案件，适用普通程序。

第三百一十一条 案外人或者申请执行人提起执行异议之诉的，案外人应当就其对执行标的享有足以排除强制执行的民事权益承担举证证明责任。

第三百一十二条 对案外人提起的执行异议之诉，人民法院经审理，按照下列情形分别处理：

（一）案外人就执行标的享有足以排除强制执行的民事权益的，判决不得执行该执行标的；

（二）案外人就执行标的不享有足以排除强制执行的民事权益的，判决驳回诉讼请求。

案外人同时提出确认其权利的诉讼请求的，人民法院可以在判决中一并作出裁判。

第三百一十三条 对申请执行人提起的执行异议之诉，人民法院经审理，按照下列情形分别处理：

（一）案外人就执行标的不享有足以排除强制执行的民事权益的，判决准许执行该执行标的；

（二）案外人就执行标的享有足以排除强制执行的民事权益的，判决驳回诉讼请求。

第三百一十四条 对案外人执行异议之诉，人民法院判决不得对执行标的执行的，执行异议裁定失效。

对申请执行人执行异议之诉，人民法院判决准许对该执行标的执行的，执行异议裁定失效，执行法院可以根据申请执行人的申请或者依职权恢复执行。

第三百一十五条 案外人执行异议之诉审理期间，人民法院不得对执行标的进行处分。申请执行人请求人民法院继续执行并提供相应担保的，人民法院可以准许。

被执行人与案外人恶意串通，通过执行异议、执行异议之诉妨害执行的，人民法院应当依照民事诉讼法第一百一十三条规定处理。申请执行人因此受到损害的，可以提起诉讼要求被执行人、案外人赔偿。

第三百一十六条 人民法院对执行标的裁定中止执行后，申请执行人在法律规定的期间内未提起执行异议之诉的，人民法院应当自起诉期限届满之日起七日内解除对该执行标的采取的执行措施。

十六、第二审程序

第三百一十七条 双方当事人和第三人都提起上诉的，均列为上诉人。人民法院可以依职权确定第二审程序中当事人的诉讼地位。

第三百一十八条 民事诉讼法第一百六十六条、第一百六十七条规定的对方当事人包括被上诉人和原审其他当事人。

第三百一十九条 必要共同诉讼人的一人或者部分人提起上诉的，按下列情形分别处理：

（一）上诉仅对与对方当事人之间权利义务分担有意见，不涉及其他共同诉讼人利益的，对方当事人为被上诉人，未上诉的同一方当事人依原审诉讼地位列明；

（二）上诉仅对共同诉讼人之间权利义务分担有意见，不涉及对方当事人利益的，未上诉的同一方当事人为被上诉人，对方当事人依原审诉讼地位列明；

（三）上诉对双方当事人之间以及共同诉讼人之间权利义务承担有意见的，未提起上诉的其他当事人均为被上诉人。

第三百二十条 一审宣判时或者判决书、裁定书送达时，当事人口头表示上诉的，人民法院应告知其必须在法定上诉期间内递交上诉状。未在法定上诉期间内递交上诉状的，视为未提起上诉。虽递交上诉状，但未在指定的期限内交纳上诉费的，按自动撤回上诉处理。

第三百二十一条 无民事行为能力人、限制民事行为能力人的法定代理人，可以代理当事人提起上诉。

第三百二十二条 上诉案件的当事人死亡或者终止的，人民法院依法通知其权利义务承继者参加诉讼。

需要终结诉讼的，适用民事诉讼法第一百五十一条规定。

第三百二十三条 第二审人民法院应当围绕当事人的上诉请求进行审理。

当事人没有提出请求的，不予审理，但一审判决违反法律禁止性规定，或者损害国家利益、社会公共利益、他人合法权益的除外。

第三百二十四条 开庭审理的上诉案件，第二审人民法院可以依照民事诉讼法第一百三十三条第四项规定进行审理前的准备。

第三百二十五条 下列情形，可以认定为民事诉讼法第一百七十条第一款第四项规定的严重违反法定程序：

（一）审判组织的组成不合法的；

（二）应当回避的审判人员未回避的；

（三）无诉讼行为能力人未经法定代理人代为诉讼的；

（四）违法剥夺当事人辩论权利的。

第三百二十六条 对当事人在第一审程序中已经提出的诉讼请求，原审人民法院未作审理、判决的，第二审人民法院可以根据当事人自愿的原则进行调解；调解不成的，发回重审。

第三百二十七条 必须参加诉讼的当事人或者有独立请求权的第三人，在第一审程序中未参加诉讼，第二审人民法院可以根据当事人自愿的原则予以调解；调解不成的，发回重审。

第三百二十八条 在第二审程序中，原审原告增加独立的诉讼请求或者原审被告提出反诉的，第二审人民法院可以根据当事人自愿的原则就新增加的诉讼请求或者反诉进行调解；调解不成的，告知当事人另行起诉。

双方当事人同意由第二审人民法院一并审理的，第二审人民法院可以一并裁判。

第三百二十九条 一审判决不准离婚的案件，上诉后，第二审人民法院认为应当判决离婚的，可以根据当事人自愿的原则，与子女抚养、财产问题一并调解；调解不成的，发回重审。

双方当事人同意由第二审人民法院一并审理的，第二审人民法院可以一并裁判。

第三百三十条 人民法院依照第二审程序审理案件，认为依法不应由人民法院受理的，可以由第二审人民法院直接裁定撤销原裁判，驳回起诉。

第三百三十一条 人民法院依照第二审程序审理案件，认为第一审人民法院受理案件违反专属管辖规定的，应当裁定撤销原裁判并移送有管辖权的人民法院。

第三百三十二条 第二审人民法院查明第一审人民法院作出的不予受理裁定有错误的，应当在撤销原裁定的同时，指令第一审人民法院立案受理；查明第一审人民法院作出的驳回起诉裁定有错误的，应当在撤销原裁定的同时，指令第一审人民法院审理。

第三百三十三条 第二审人民法院对下列上诉案件，依照民事诉讼法第一百六十九条规定可以不开庭审理：

（一）不服不予受理、管辖权异议和驳回起诉裁定的；

（二）当事人提出的上诉请求明显不能成立的；

（三）原判决、裁定认定事实清楚，但适用法律错误的；

（四）原判决严重违反法定程序，需要发回重审的。

第三百三十四条 原判决、裁定认定事实或者适用法律虽有瑕疵，但裁判结果正确的，第二审人民法院可以在判决、裁定中纠正瑕疵后，依照民事诉讼法第一百七十条第一款第一项规定予以维持。

第三百三十五条 民事诉讼法第一百七十条第一款第三项规定的基本事实，是指用以确定当事人主体资格、案件性质、民事权利义务等对原判决、裁定的结果有实质性影响的事实。

第三百三十六条 在第二审程序中，作为当事人的法人或者其他组织分立的，人民法院可以直接将分立后的法人或者其他组织列为共同诉讼人；合并的，将合并后的法人或者其他组织列为当事人。

第三百三十七条 在第二审程序中，当事人申请撤回上诉，人民法院经审查认为一审判决确有错误，或者当事人之间恶意串通损害国家利益、社会公共利益、他人合法权益的，不应准许。

第三百三十八条 在第二审程序中，原审原告申请撤回起诉，经其他当事人同意，且不损害国家利益、社会公共利益、他人合法权益的，人民法院可以准许。准许撤诉的，应当一并裁定撤销一审裁判。

原审原告在第二审程序中撤回起诉后重复起诉的，人民法院不予受理。

第三百三十九条 当事人在第二审程序中达成和解协议的，人民法院可以根据当事人的请求，对双方达成的和解协议进行审查并制作调解书送达当事人；因和解而申请撤诉，经审查符合撤诉条件的，人民法院应予准许。

第三百四十条 第二审人民法院宣告判决可以自行宣判，也可以委托原审人民法院或者当事人所在地人民法院代行宣判。

第三百四十一条 人民法院审理对裁定的上诉案件，应当在第二审立案之日起三十日内作出终审裁定。有特殊情况需要延长审限的，由本院院长批准。

第三百四十二条 当事人在第一审程序中实施的诉讼行为，在第二审程序中对该当事人仍具有拘束力。

当事人推翻其在第一审程序中实施的诉讼行为时，人民法院应当责令其说明理由。理由不成立的，不予支持。

十七、特 别 程 序

第三百四十三条 宣告失踪或者宣告死亡案件，人民法院可以根据申请人的请求，清理下落不明人的财产，并指定案件审理期间的财产管理人。公告期满后，人民法院判决宣告失踪的，应当同时依照民法通则第二十一条第一款的规定指定失踪人的财产代管人。

第三百四十四条 失踪人的财产代管人经人民法院指定后，代管人申请变更代管的，比照民事诉讼法特别程序的有关规定进行审理。申请理由成立的，裁定撤销申请人的代管人身份，同时另行指定财产代管人；申请理由不成立的，裁定驳回申请。

失踪人的其他利害关系人申请变更代管的，人民法院应当告知其以原指定的代管人为被告起诉，并按普通程序进行审理。

第三百四十五条 人民法院判决宣告公民失踪后，利害关系人向人民法院申请宣告失踪人死亡，自失踪之日起满四年的，人民法院应当受理，宣告失踪的判决即是该公民失踪的证明，审理中仍应依照民事诉讼法第一百八十五条规定进行公告。

第三百四十六条 符合法律规定的多个利害关系人提出宣告失踪、宣告死亡申请的，列为共同申请人。

第三百四十七条 寻找下落不明人的公告应当记载下列内容：

（一）被申请人应当在规定期间内向受理法院申报其具体地址及其联系方式。否则，被申请人将被宣告失踪、宣告死亡；

（二）凡知悉被申请人生存现状的人，应当在公告期间内将其所知道情况向受理法院报告。

第三百四十八条 人民法院受理宣告失踪、宣告死亡案件后，作出判决前，申请人撤回申请的，人民法院应当裁定终结案件，但其他符合法律规定的利害关系人加入程序要求继续审理的除外。

第三百四十九条 在诉讼中，当事人的利害关系人提出该当事人患有精神病，要求宣告该当事人无民事行为能力或者限制民事行为能力的，应由利害关系人向人民法院提出申请，由受诉人民法院按照特别程序立案审理，原诉讼中止。

第三百五十条 认定财产无主案件，公告期间有人对财产提出请求的，人民法院应当裁定终结特别程序，告知申请人另行起诉，适用普通程序审理。

第三百五十一条 被指定的监护人不服指定，应当自接到通知之日起三十日内向人民法院提出异议。经审理，认为指定并无不当的，裁定驳回异议；指定不当的，判决撤销指定，同时另行指定监护人。判决书应当送达异议人、原指定单位及判决指定的监护人。

第三百五十二条 申请认定公民无民事行为能力或者限制民事行为能力的案件，被申请人没有近亲属的，人民法院可以指定其他亲属为代理人。被申请人没有亲属的，人民法院可以指定经被申请人所在单位或者住所地的居民委员会、村民委员会同意，且愿意担任代理人的关系密切的朋友为代理人。

没有前款规定的代理人的，由被申请人所在单位或者住所地的居民委员会、村民委员会或者民政部门担任代理人。

代理人可以是一人，也可以是同一顺序中的两人。

第三百五十三条 申请司法确认调解协议的，双方当事人应当本人或者由符合民事诉讼法第五十八条规定的代理人向调解组织所在地基层人民法院或者人民法庭提出申请。

第三百五十四条 两个以上调解组织参与调解的，各调解组织所在地基层人民法院均有管辖权。

双方当事人可以共同向其中一个调解组织所在地基层人民法院提出申请；双方当事人共同向两个以上调解组织所在地基层人民法院提出申请的，由最先立案的人民法院管辖。

第三百五十五条 当事人申请司法确认调解协议，可以采用书面形式或者口头形式。当事人口头申请的，人民法院应当记入笔录，并由当事人签名、捺印或者盖章。

第三百五十六条 当事人申请司法确认调解协议，应当向人民法院提交调解协议、调解组织主持调解的证明，以及与调解协议相关的财产权利证明等材料，并提供双方当事人的身份、住所、联系方式等基本信息。

当事人未提交上述材料的，人民法院应当要求当事人限期补交。

第三百五十七条 当事人申请司法确认调解协议，有下列情形之一的，人民法院裁定不予受理：

（一）不属于人民法院受理范围的；

（二）不属于收到申请的人民法院管辖的；

（三）申请确认婚姻关系、亲子关系、收养关系等身份关系无效、有效或者解除的；

（四）涉及适用其他特别程序、公示催告程序、破产程序审理的；

（五）调解协议内容涉及物权、知识产权确权的。

人民法院受理申请后，发现有上述不予受理情形的，应当裁定驳回当事人的申请。

第三百五十八条 人民法院审查相关情况时，应当通知双方当事人共同到场对案件进行核实。

人民法院经审查，认为当事人的陈述或者提供的证明材料不充分、不完备或者有疑义的，可以要求当事人限期补充陈述或者补充证明材料。必要时，人民法院可以向调解组织核实有关情况。

第三百五十九条 确认调解协议的裁定作出前，当事人撤回申请的，人民法院可以裁定准许。

当事人无正当理由未在限期内补充陈述、补充证明材料或者拒不接受询问的，人民法院可以按撤回申请处理。

第三百六十条 经审查，调解协议有下列情形之一的，人民法院应当裁定驳回申请：

（一）违反法律强制性规定的；

（二）损害国家利益、社会公共利益、他人合法权益的；

（三）违背公序良俗的；

（四）违反自愿原则的；

（五）内容不明确的；

（六）其他不能进行司法确认的情形。

第三百六十一条 民事诉讼法第一百九十六条规定的担保物权人，包括抵押权人、质权人、留置权人；其他有权请求实现担保物权的人，包括抵押人、出质人、财产被留置的债务人或者所有权人等。

第三百六十二条 实现票据、仓单、提单等有权利凭证的权利质权案件，可以由权利凭证持有人住所地人民法院管辖；无权利凭证的权利质权，由出质登记地人民法院管辖。

第三百六十三条 实现担保物权案件属于海事法院等专门人民法院管辖的，由专门人民法院管辖。

第三百六十四条 同一债权的担保物有多个且所在地不同，申请人分别向有管辖权的人民法院申请实现担保物权的，人民法院应当依法受理。

第三百六十五条 依照物权法第一百七十六条的规定，被担保的债权既有物的担保又有人的担保，当事人对实现担保物权的顺序有约定，实现担保物权的申请违反该约定的，人民法院裁定不予受理；没有约定或者约定不明的，人民法院应当受理。

第三百六十六条 同一财产上设立多个担保物权，登记在先的担保物权尚未实现的，不影响后顺位的担保物权人向人民法院申请实现担保物权。

第三百六十七条 申请实现担保物权，应当提交下列材料：

（一）申请书。申请书应当记明申请人、被申请人的姓名或者名称、联系方式等基本信息，具体的请求和事实、理由；

（二）证明担保物权存在的材料，包括主合同、担保合同、抵押登记证明或者他项权利证书，权利质权的权利凭证或者质权出质登记证明等；

（三）证明实现担保物权条件成就的材料；

（四）担保财产现状的说明；

（五）人民法院认为需要提交的其他材料。

第三百六十八条 人民法院受理申请后，应当在五日内向被申请人送达申请书副本、异议权利告知书等文书。

被申请人有异议的，应当在收到人民法院通知后的五日内向人民法院提出，同时说明理由并提供相应的证据材料。

第三百六十九条 实现担保物权案件可以由审判员一人独任审查。担保财产标的额超过基层人民法院管辖范围的，应当组成合议庭进行审查。

第三百七十条 人民法院审查实现担保物权案件，可以询问申请人、被申请人、利害关系人，必要时可以依职权调查相关事实。

第三百七十一条 人民法院应当就主合同的效力、期限、履行情况，担保物权是否有效设立、担保财产的范围、被担保的债权范围、被担保的债权是否已届清偿期等担保物权实现的条件，以及是否损害他人合法权益等内容进行审查。

被申请人或者利害关系人提出异议的，人民法院应当一并审查。

第三百七十二条 人民法院审查后，按下列情形分别处理：

（一）当事人对实现担保物权无实质性争议且实现担保物权条件成就的，裁定准许拍卖、变卖担保财产；

（二）当事人对实现担保物权有部分实质性争议的，可以就无争议部分裁定准许拍卖、变卖担保财产；

（三）当事人对实现担保物权有实质性争议的，裁定驳回申请，并告知申请人向人民法院提起诉讼。

第三百七十三条 人民法院受理申请后，申请人对担保财产提出保全申请的，可以按照民事诉讼法关于诉讼保全的规定办理。

第三百七十四条 适用特别程序作出的判决、裁定，当事人、利害关系人认为有错误的，可以向作出该判决、裁定的人民法院提出异议。人民法院经审查，异议成立或者部分成立的，作出新的判决、裁定撤销或者改变原判决、裁定；异议不成立的，裁定驳回。

对人民法院作出的确认调解协议、准许实现担保物权的裁定，当事人有异议的，应当自收到裁定之日起十五日内提出；利害关系人有异议的，自知道或者应当知道其民事权益受到侵害之日起六个月内提出。

十八、审判监督程序

第三百七十五条 当事人死亡或者终止的，其权利义务承继者可以根据民事诉讼法第一百九十九条、第二百零一条的规定申请再审。

判决、调解书生效后，当事人将判决、调解书确认的债权转让，债权受让人对该判决、调解书不服申请再审的，人民法院不予受理。

第三百七十六条 民事诉讼法第一百九十九条规定的人数众多的一方当事人，包括公民、法人和其他组织。

民事诉讼法第一百九十九条规定的当事人双方为公民的案件，是指原告和被告均为公民的案件。

第三百七十七条 当事人申请再审，应当提交下列材料：

（一）再审申请书，并按照被申请人和原审其他当事人的人数提交副本；

（二）再审申请人是自然人的，应当提交身份证明；再审申请人是法人或者其他组织的，应当提交营业执照、组织机构代码证书、法定代表人或者主要负责人身份证明书。委托他人代为申请的，应当提交授权委托书和代理人身份证明；

（三）原审判决书、裁定书、调解书；

（四）反映案件基本事实的主要证据及其他材料。

前款第二项、第三项、第四项规定的材料可以是与原件核对无异的复印件。

第三百七十八条 再审申请书应当记明下列事项：

（一）再审申请人与被申请人及原审其他当事人的基本信息；

（二）原审人民法院的名称，原审裁判文书案号；

（三）具体的再审请求；

（四）申请再审的法定情形及具体事实、理由。

再审申请书应当明确申请再审的人民法院，并由再审申请人签名、捺印或者盖章。

第三百七十九条 当事人一方人数众多或者当事人双方为公民的案件，当事人分别向原审人民法院和上一级人民法院申请再审且不能协商一致的，由原审人民法院受理。

第三百八十条 适用特别程序、督促程序、公示催告程序、破产程序等非讼程序审理的案件，当事人不得申请再审。

第三百八十一条 当事人认为发生法律效力的不予受理、驳回起诉的裁定错误的，可以申请再审。

第三百八十二条 当事人就离婚案件中的财产分割问题申请再审，如涉及判决中已分割的财产，人民法院应当依照民事诉讼法第二百条的规定进行审查，符合再审条件的，应当裁定再审；如涉及判决中未作处理的夫妻共同财产，应当告知当事人另行起诉。

第三百八十三条 当事人申请再审，有下列情形之一的，人民法院不予受理：

（一）再审申请被驳回后再次提出申请的；

（二）对再审判决、裁定提出申请的；

（三）在人民检察院对当事人的申请作出不予提出再审检察建议或者抗诉决定后又提出申请的。

前款第一项、第二项规定情形，人民法院应当告知当事人可以向人民检察院申请再审检察建议或者抗诉，但因人民检察院提出再审检察建议或者抗诉而再审作出的判决、裁定除外。

第三百八十四条 当事人对已经发生法律效力的调解书申请再审，应当在调解书发生法律效力后六个月内提出。

第三百八十五条 人民法院应当自收到符合条件的再审申请书等材料之日起五日内向再审申请人发送受理通知书，并向被申请人及原审其他当事人发送应诉通知书、再审申请书副本等材料。

第三百八十六条 人民法院受理申请再审案件后，应当依照民事诉讼法第二百条、第二百零一条、第二百零四条等规定，对当事人主张的再审事由进行审查。

第三百八十七条 再审申请人提供的新的证据，能够证明原判决、裁定认定基本事实或者裁判结果错误的，应当认定为民事诉讼法第二百条第一项规定的情形。

对于符合前款规定的证据，人民法院应当责令再审申请人说明其逾期提供该证据的理由；拒不说明理由或者理由不成立的，依照民事诉讼法第六十五条第二款和本解释第一百零二条的规定处理。

第三百八十八条 再审申请人证明其提交的新的证据符合下列情形之一的，可以认定逾期提供证据的理由成立：

（一）在原审庭审结束前已经存在，因客观原因于庭审结束后才发现的；

（二）在原审庭审结束前已经发现，但因客观原因无法取得或者在规定的期限内不能提供的；

（三）在原审庭审结束后形成，无法据此另行提起诉讼的。

再审申请人提交的证据在原审中已经提供，原审人民法院未组织质证且未作为裁判根据的，视为逾期提供证据的理由成立，但原审人民法院依照民事诉讼法第六十五条规定不予采纳的除外。

第三百八十九条 当事人对原判决、裁定认定事实的主要证据在原审中拒绝发表质证意见或者质证中未对证据发表质证意见的，不属于民事诉讼法第二百条第四项规定的未经质证的情形。

第三百九十条 有下列情形之一，导致判决、裁定结果错误的，应当认定为民事诉讼法第二百条第六项规定的原判决、裁定适用法律确有错误：

（一）适用的法律与案件性质明显不符的；

（二）确定民事责任明显违背当事人约定或者法律规定的；

（三）适用已经失效或者尚未施行的法律的；

（四）违反法律溯及力规定的；

（五）违反法律适用规则的；

（六）明显违背立法原意的。

第三百九十一条 原审开庭过程中有下列情形之一的，应当认定为民事诉讼法第二百条第九项规定的剥夺当事人辩论权利：

（一）不允许当事人发表辩论意见的；

（二）应当开庭审理而未开庭审理的；

（三）违反法律规定送达起诉状副本或者上诉状副本，致使当事人无法行使辩论权利的；

（四）违法剥夺当事人辩论权利的其他情形。

第三百九十二条 民事诉讼法第二百条第十一项规定的诉讼请求，包括一审诉讼请求、二审上诉请求，但当事人未对一审判决、裁定遗漏或者超出诉讼请求提起上诉的除外。

第三百九十三条 民事诉讼法第二百条第十二项规定的法律文书包括：

（一）发生法律效力的判决书、裁定书、调解书；

（二）发生法律效力的仲裁裁决书；

（三）具有强制执行效力的公证债权文书。

第三百九十四条 民事诉讼法第二百条第十三项规定的审判人员审理该案件时有贪污受贿、徇私舞弊、枉法裁判行为，是指已经由生效刑事法律文书或者纪律处分决定所确认的行为。

第三百九十五条 当事人主张的再审事由成立，且符合民事诉讼法和本解释规定的申请再审条件的，人民法院应当裁定再审。

当事人主张的再审事由不成立，或者当事人申请再审超过法定申请再审期限、超出法定再审事由范围等不符合民事诉讼法和本解释规定的申请再审条件的，人民法院应当裁定驳回再审申请。

第三百九十六条 人民法院对已经发生法律效力的判决、裁定、调解书依法决定再审，依照民事诉讼法第二百零六条规定，需要中止执行的，应当在再审裁定中同时写明中止原判决、裁定、调解书的执行；情况紧急的，可以将中止执行裁定口头通知负责执行的人民法院，并在通知后十日内发出裁定书。

第三百九十七条 人民法院根据审查案件的需要决定是否询问当事人。新的证据可能推翻原判决、裁定的，人民法院应当询问当事人。

第三百九十八条 审查再审申请期间，被申请人及原审其他当事人依法提出再审申请的，人民法院应当将其列为再审申请人，对其再审事由一并审查，审查期限重新计算。经审查，其中一方再审申请人主张的再审事由成立的，应当裁定再审。各方再审申请人主张的再审事由均不成立的，一并裁定驳回再审申请。

第三百九十九条 审查再审申请期间，再审申请人申请人民法院委托鉴定、勘验的，人民法院不予准许。

第四百条 审查再审申请期间，再审申请人撤回再审申请的，是否准许，由人民法院裁定。

再审申请人经传票传唤，无正当理由拒不接受询问的，可以按撤回再审申请处理。

第四百零一条 人民法院准许撤回再审申请或者按撤回再审申请处理后，再审申请人再次申请再审的，不予受理，但有民事诉讼法第二百条第一项、第三项、第十二项、第十三项规定情形，自知道或者应当知道之日起六个月内提出的除外。

第四百零二条 再审申请审查期间，有下列情形之一的，裁定终结审查：

（一）再审申请人死亡或者终止，无权利义务承继者或者权利义务承继者声明放弃再审申请的；

（二）在给付之诉中，负有给付义务的被申请人死亡或者终止，无可供执行的财产，也没有应当承担义务的人的；

（三）当事人达成和解协议且已履行完毕的，但当事人在和解协议中声明不放弃申请再审权利的除外；

（四）他人未经授权以当事人名义申请再审的；

（五）原审或者上一级人民法院已经裁定再审的；

（六）有本解释第三百八十三条第一款规定情形的。

第四百零三条 人民法院审理再审案件应当组成合议庭开庭审理，但按照第二审程序审理，有特殊情况或者双方当事人已经通过其他方式充分表达意见，且书面同意不开庭审理的除外。

符合缺席判决条件的，可以缺席判决。

第四百零四条 人民法院开庭审理再审案件，应当按照下列情形分别进行：

（一）因当事人申请再审的，先由再审申请人陈述再审请求及理由，后由被申请人答辩、其他原审当事人发表意见；

（二）因抗诉再审的，先由抗诉机关宣读抗诉书，再由申请抗诉的当事人陈述，后由被申请人答辩、其他原审当事人发表意见；

（三）人民法院依职权再审，有申诉人的，先由申诉人陈述再审请求及理由，后由被申诉人答辩、其他原审当事人发表意见；

（四）人民法院依职权再审，没有申诉人的，先由原审原告或者原审上诉人陈述，后由原审其他当事人发表意见。

对前款第一项至第三项规定的情形，人民法院应当要求当事人明确其再审请求。

第四百零五条 人民法院审理再审案件应当围绕再审请求进行。当事人的再审请求超出原审诉讼请求的，不予审理；符合另案诉讼条件的，告知当事人可以另行起诉。

被申请人及原审其他当事人在庭审辩论结束前提出的再审请求，符合民事诉讼法第二百零五条规定的，人民法院应当一并审理。

人民法院经再审，发现已经发生法律效力的判决、裁定损害国家利益、社会公共利益、他人合法权益的，应当一并审理。

第四百零六条 再审审理期间，有下列情形之一的，可以裁定终结再审程序：

（一）再审申请人在再审期间撤回再审请求，人民法院准许的；

（二）再审申请人经传票传唤，无正当理由拒不到庭的，或者未经法庭许可中途退庭，按撤回再审请求处理的；

（三）人民检察院撤回抗诉的；

（四）有本解释第四百零二条第一项至第四项规定情形的。

因人民检察院提出抗诉裁定再审的案件，申请抗诉的当事人有前款规定的情形，且不损害国家利益、社会公共利益或者他人合法权益的，人民法院应当裁定终结再审程序。

再审程序终结后，人民法院裁定中止执行的原生效判决自动恢复执行。

第四百零七条 人民法院经再审审理认为，原判决、裁定认定事实清楚、适用法律正确的，应予维持；原判决、裁定认定事实、适用法律虽有瑕疵，但裁判结果正确的，应当在再审判决、裁定中纠正瑕疵后予以维持。

原判决、裁定认定事实、适用法律错误，导致裁判结果错误的，应当依法改判、撤销或者变更。

第四百零八条 按照第二审程序再审的案件，人民法院经审理认为不符合民事诉讼法规定的起诉条件或者符合民事诉讼法第一百二十四条规定不予受理情形的，应当裁定撤销一、二审判决，驳回起诉。

第四百零九条 人民法院对调解书裁定再审后，按照下列情形分别处理：

（一）当事人提出的调解违反自愿原则的事由不成立，且调解书的内容不违反法律强制性规定的，裁定驳回再审申请；

（二）人民检察院抗诉或者再审检察建议所主张的损害国家利益、社会公共利益的理由不成立的，裁定终结再审程序。

前款规定情形，人民法院裁定中止执行的调解书需要继续执行的，自动恢复执行。

第四百一十条 一审原告在再审审理程序中申请撤回起诉，经其他当事人同意，且不损害国家利益、社会公共利益、他人合法权益的，人民法院可以准许。裁定准许撤诉的，应当一并撤销原判决。

一审原告在再审审理程序中撤回起诉后重复起诉的，人民法院不予受理。

第四百一十一条 当事人提交新的证据致使再审改判，因再审申请人或者申请检察监督当事人的过错未能在原审程序中及时举证，被申请人等当事人请求补偿其增加的交通、住宿、就餐、误工等必要费用的，人民法院应予支持。

第四百一十二条 部分当事人到庭并达成调解协议，其他当事人未作出书面表示的，人民法院应当在判决中对该事实作出表述；调解协议内容不违反法律规定，且不损害其他当事人合法权益的，可以在判决主文中予以确认。

第四百一十三条 人民检察院依法对损害国家利益、社会公共利益的发生法律效力的判决、裁定、调解书提出抗诉，或者经人民检察院检察委员会讨论决定提出再审检察建议的，人民法院应予受理。

第四百一十四条 人民检察院对已经发生法律效力的判决以及不予受理、驳回起诉的裁定依法提出抗诉的，人民法院应予受理，但适用特别程序、督促程序、公示催告程序、破产程序以及解除婚姻关系的判决、裁定等不适用审判监督程序的判决、裁定除外。

第四百一十五条 人民检察院依照民事诉讼法第二百零九条第一款第三项规定对有明显错误的再审判决、裁定提出抗诉或者再审检察建议的，人民法院应予受理。

第四百一十六条 地方各级人民检察院依当事人的申请对生效判决、裁定向同级人民法院提出再审检察建议，符合下列条件的，应予受理：

（一）再审检察建议书和原审当事人申请书及相关证据材料已经提交；

（二）建议再审的对象为依照民事诉讼法和本解释规定可以进行再审的判决、裁定；

（三）再审检察建议书列明该判决、裁定有民事诉讼法第二百零八条第二款规定情形；

（四）符合民事诉讼法第二百零九条第一款第一项、第二项规定情形；

（五）再审检察建议经该人民检察院检察委员会讨论决定。

不符合前款规定的，人民法院可以建议人民检察院予以补正或者撤回；不予补正或者撤回的，应当函告人民检察院不予受理。

第四百一十七条 人民检察院依当事人的申请对生效判决、裁定提出抗诉，符合下列条件的，人民法院应当在三十日内裁定再审：

（一）抗诉书和原审当事人申请书及相关证据材料已经提交；

（二）抗诉对象为依照民事诉讼法和本解释规定可以进行再审的判决、裁定；

（三）抗诉书列明该判决、裁定有民事诉讼法第二百零八条第一款规定情形；

（四）符合民事诉讼法第二百零九条第一款第一项、第二项规定情形。

不符合前款规定的，人民法院可以建议人民检察院予以补正或者撤回；不予补正或者撤回的，人民法院可以裁定不予受理。

第四百一十八条 当事人的再审申请被上级人民法院裁定驳回后，人民检察院对原判决、裁定、调解书提出抗诉，抗诉事由符合民事诉讼法第二百条第一项至第五项规定情形之一的，受理抗诉的人民法院可以交由下一级人民法院再审。

第四百一十九条 人民法院收到再审检察建议后，应当组成合议庭，在三个月内进行审查，发现原判决、裁定、调解书确有错误，需要再审的，依照民事诉讼法第一百九十八条规定裁定再审，并通知当事人；经审查，决定不予再审的，应当书面回复人民检察院。

第四百二十条 人民法院审理因人民检察院抗诉或者检察建议裁定再审的案件，不受此前已经作出的驳回当事人再审申请裁定的影响。

第四百二十一条 人民法院开庭审理抗诉案件，应当在开庭三日前通知人民检察院、当事人和其他诉讼参与人。同级人民检察院或者提出抗诉的人民检察院应当派员出庭。

人民检察院因履行法律监督职责向当事人或者案外人调查核实的情况，应当向法庭提交并予以说明，由双方当事人进行质证。

第四百二十二条 必须共同进行诉讼的当事人因不能归责于本人或者其诉讼代理人的事由未参加诉讼的，可以根据民事诉讼法第二百条第八项规定，自知道或者应当知道之日起六个月内申请再审，但符合本解释第四百二十三条规定情形的除外。

人民法院因前款规定的当事人申请而裁定再审，按照第一审程序再审的，应当追加其为当事人，作出新的判决、裁定；按照第二审程序再审，经调解不能达成协议的，应当撤销原判决、裁定，发回重审，重审时应追加其为当事人。

第四百二十三条 根据民事诉讼法第二百二十七条规定，案外人对驳回其执行异议的裁定不服，认为原判决、裁定、调解书内容错误损害其民事权益的，可以自执行异议裁定送达之日起六个月内，向作出原判决、裁定、调解书的人民法院申请再审。

第四百二十四条 根据民事诉讼法第二百二十七条规定，人民法院裁定再审后，案外人属于必要的共同诉讼当事人的，依照本解释第四百二十二条第二款规定处理。

案外人不是必要的共同诉讼当事人的，人民法院仅审理原判决、裁定、调解书对其民事权益造成损害的内容。经审理，再审请求成立的，撤销或者改变原判决、裁定、调解书；再审请求不成立的，维持原判决、裁定、调解书。

第四百二十五条 本解释第三百四十条规定适用于审判监督程序。

第四百二十六条 对小额诉讼案件的判决、裁定，当事人以民事诉讼法第二百条规定的事由向原审人民法院申请再审的，人民法院应当受理。申请再审事由成立的，应当裁定再审，组成合议庭进行审理。作出的再审判决、裁定，当事人不得上诉。

当事人以不应按小额诉讼案件审理为由向原审人民法院申请再审的，人民法院应当受理。理由成立的，应当裁定再审，组成合议庭审理。作出的再审判决、裁定，当事人可以上诉。

十九、督 促 程 序

第四百二十七条 两个以上人民法院都有管辖权的，债权人可以向其中一个基层人民法院申请支付令。

债权人向两个以上有管辖权的基层人民法院申请支付令的，由最先立案的人民法院管辖。

第四百二十八条 人民法院收到债权人的支付令申请书后，认为申请书不符合要求的，可以通知债权人限期补正。人民法院应当自收到补正材料之日起五日内通知债权人是否受理。

第四百二十九条 债权人申请支付令，符合下列条件的，基层人民法院应当受理，并在收到支付令申请书后五日内通知债权人：

（一）请求给付金钱或者汇票、本票、支票、股票、债券、国库券、可转让的存款单等有价证券；

（二）请求给付的金钱或者有价证券已到期且数额确定，并写明了请求所根据的事实、证据；

（三）债权人没有对待给付义务；

（四）债务人在我国境内且未下落不明；

（五）支付令能够送达债务人；

（六）收到申请书的人民法院有管辖权；

（七）债权人未向人民法院申请诉前保全。

不符合前款规定的，人民法院应当在收到支付令申请书后五日内通知债权人不予受理。

基层人民法院受理申请支付令案件，不受债权金额的限制。

第四百三十条 人民法院受理申请后，由审判员一人进行审查。经审查，有下列情形之一的，裁定驳回申请：

（一）申请人不具备当事人资格的；

（二）给付金钱或者有价证券的证明文件没有约定逾期给付利息或者违约金、赔偿金，债权人坚持要求给付利息或者违约金、赔偿金的；

（三）要求给付的金钱或者有价证券属于违法所得的；

（四）要求给付的金钱或者有价证券尚未到期或者数额不确定的。

人民法院受理支付令申请后，发现不符合本解释规定的受理条件的，应当在受理之日起十五日内裁定驳回申请。

第四百三十一条 向债务人本人送达支付令，债务人拒绝接收的，人民法院可以留置送达。

第四百三十二条 有下列情形之一的，人民法院应当裁定终结督促程序，已发出支付令的，支付令自行失效：

（一）人民法院受理支付令申请后，债权人就同一债权债务关系又提起诉讼的；

（二）人民法院发出支付令之日起三十日内无法送达债务人的；

（三）债务人收到支付令前，债权人撤回申请的。

第四百三十三条 债务人在收到支付令后，未在法定期间提出书面异议，而向其他人民法院起诉的，不影响支付令的效力。

债务人超过法定期间提出异议的，视为未提出异议。

第四百三十四条 债权人基于同一债权债务关系，在同一支付令申请中向债务人提出多项支付请求，债务人仅就其中一项或者几项请求提出异议的，不影响其他各项请求的效力。

第四百三十五条 债权人基于同一债权债务关系，就可分之债向多个债务人提出支付请求，多个债务人中的一人或者几人提出异议的，不影响其他请求的效力。

第四百三十六条 对设有担保的债务的主债务人发出的支付令，对担保人没有拘束力。

债权人就担保关系单独提起诉讼的，支付令自人民法院受理案件之日起失效。

第四百三十七条 经形式审查，债务人提出的书面异议有下列情形之一的，应当认定异议成立，裁定终结督促程序，支付令自行失效：

（一）本解释规定的不予受理申请情形的；

（二）本解释规定的裁定驳回申请情形的；

（三）本解释规定的应当裁定终结督促程序情形的；

（四）人民法院对是否符合发出支付令条件产生合理怀疑的。

第四百三十八条 债务人对债务本身没有异议，只是提出缺乏清偿能力、延缓债务清偿期限、变更债务清偿方式等异议的，不影响支付令的效力。

人民法院经审查认为异议不成立的，裁定驳回。

债务人的口头异议无效。

第四百三十九条 人民法院作出终结督促程序或者驳回异议裁定前，债务人请求撤回异议的，应当裁定准许。

债务人对撤回异议反悔的，人民法院不予支持。

第四百四十条 支付令失效后，申请支付令的一方当事人不同意提起诉讼的，应当自收到终结督促程序裁定之日起七日内向受理申请的人民法院提出。

申请支付令的一方当事人不同意提起诉讼的，不影响其向其他有管辖权的人民法院提起诉讼。

第四百四十一条 支付令失效后，申请支付令的一方当事人自收到终结督促程序裁定之日起七日内未向受理申请的人民法院表明不同意提起诉讼的，视为向受理申请的人民法院起诉。

债权人提出支付令申请的时间，即为向人民法院起诉的时间。

第四百四十二条 债权人向人民法院申请执行支付令的期间，适用民事诉讼法第二百三十九条的规定。

第四百四十三条 人民法院院长发现本院已经发生法律效力的支付令确有错误，认为需要撤销的，应当提交本院审判委员会讨论决定后，裁定撤销支付令，驳回债权人的申请。

二十、公示催告程序

第四百四十四条 民事诉讼法第二百一十八条规定的票据持有人，是指票据被盗、遗失或者灭失前的最后持有人。

第四百四十五条 人民法院收到公示催告的申请后，应当立即审查，并决定是否受理。经审查认为符合受理条件的，通知予以受理，并同时通知支付人停止支付；认为不符合受理条件的，七日内裁定驳回申请。

第四百四十六条　因票据丧失，申请公示催告的，人民法院应结合票据存根、丧失票据的复印件、出票人关于签发票据的证明、申请人合法取得票据的证明、银行挂失止付通知书、报案证明等证据，决定是否受理。

第四百四十七条　人民法院依照民事诉讼法第二百一十九条规定发出的受理申请的公告，应当写明下列内容：

（一）公示催告申请人的姓名或者名称；

（二）票据的种类、号码、票面金额、出票人、背书人、持票人、付款期限等事项以及其他可以申请公示催告的权利凭证的种类、号码、权利范围、权利人、义务人、行权日期等事项；

（三）申报权利的期间；

（四）在公示催告期间转让票据等权利凭证，利害关系人不申报的法律后果。

第四百四十八条　公告应当在有关报纸或者其他媒体上刊登，并于同日公布于人民法院公告栏内。人民法院所在地有证券交易所的，还应当同日在该交易所公布。

第四百四十九条　公告期间不得少于六十日，且公示催告期间届满日不得早于票据付款日后十五日。

第四百五十条　在申报期届满后、判决作出之前，利害关系人申报权利的，应当适用民事诉讼法第二百二十一条第二款、第三款规定处理。

第四百五十一条　利害关系人申报权利，人民法院应当通知其向法院出示票据，并通知公示催告申请人在指定的期间查看该票据。公示催告申请人申请公示催告的票据与利害关系人出示的票据不一致的，应当裁定驳回利害关系人的申报。

第四百五十二条　在申报权利的期间无人申报权利，或者申报被驳回的，申请人应当自公示催告期间届满之日起一个月内申请作出判决。逾期不申请判决的，终结公示催告程序。

裁定终结公示催告程序的，应当通知申请人和支付人。

第四百五十三条　判决公告之日起，公示催告申请人有权依据判决向付款人请求付款。

付款人拒绝付款，申请人向人民法院起诉，符合民事诉讼法第一百一十九条规定的起诉条件的，人民法院应予受理。

第四百五十四条　适用公示催告程序审理案件，可由审判员一人独任审理；判决宣告票据无效的，应当组成合议庭审理。

第四百五十五条　公示催告申请人撤回申请，应在公示催告前提出；公示催告期间申请撤回的，人民法院可以径行裁定终结公示催告程序。

第四百五十六条　人民法院依照民事诉讼法第二百二十条规定通知支付人停止支付，应当符合有关财产保全的规定。支付人收到停止支付通知后拒不止付的，除可依照民事诉讼法第一百一十一条、第一百一十四条规定采取强制措施外，在判决后，支付人仍应承担付款义务。

第四百五十七条　人民法院依照民事诉讼法第二百二十一条规定终结公示催告程序后，公示催告申请人或者申报人向人民法院提起诉讼，因票据权利纠纷提起的，由票据支付地或者被告住所地人民法院管辖；因非票据权利纠纷提起的，由被告住所地人民法院管辖。

第四百五十八条　依照民事诉讼法第二百二十一条规定制作的终结公示催告程序的裁定书，由审判员、书记员署名，加盖人民法院印章。

第四百五十九条　依照民事诉讼法第二百二十三条的规定，利害关系人向人民法院起诉的，人民法院可按票据纠纷适用普通程序审理。

第四百六十条　民事诉讼法第二百二十三条规定的正当理由，包括：

（一）因发生意外事件或者不可抗力致使利害关系人无法知道公告事实的；

（二）利害关系人因被限制人身自由而无法知道公告事实，或者虽然知道公告事实，但无法自己或者委托他人代为申报权利的；

（三）不属于法定申请公示催告情形的；

（四）未予公告或者未按法定方式公告的；

（五）其他导致利害关系人在判决作出前未能向人民法院申报权利的客观事由。

第四百六十一条　根据民事诉讼法第二百二十三条的规定，利害关系人请求人民法院撤销除权判决的，应当将申请人列为被告。

利害关系人仅诉请确认其为合法持票人的，人民法院应当在裁判文书中写明，确认利害关系人为票据权利人的判决作出后，除权判决即被撤销。

二十一、执行程序

第四百六十二条　发生法律效力的实现担保物权裁定、确认调解协议裁定、支付令，由作出裁定、支付令的人民法院或者与其同级的被执行财产所在地的人民法院执行。

认定财产无主的判决，由作出判决的人民法院将无主财产收归国家或者集体所有。

第四百六十三条　当事人申请人民法院执行的生效法律文书应当具备下列条件：

（一）权利义务主体明确；

（二）给付内容明确。

法律文书确定继续履行合同的，应当明确继续履行的具体内容。

第四百六十四条　根据民事诉讼法第二百二十七条规定，案外人对执行标的提出异议的，应当在该执行标的的执行程序终结前提出。

第四百六十五条 案外人对执行标的提出的异议,经审查,按照下列情形分别处理:

(一)案外人对执行标的不享有足以排除强制执行的权益的,裁定驳回其异议;

(二)案外人对执行标的享有足以排除强制执行的权益的,裁定中止执行。

驳回案外人执行异议裁定送达案外人之日起十五日内,人民法院不得对执行标的进行处分。

第四百六十六条 申请执行人与被执行人达成和解协议后请求中止执行或者撤回执行申请的,人民法院可以裁定中止执行或者终结执行。

第四百六十七条 一方当事人不履行或者不完全履行在执行中双方自愿达成的和解协议,对方当事人申请执行原生效法律文书的,人民法院应当恢复执行,但和解协议已履行的部分应当扣除。和解协议已经履行完毕的,人民法院不予恢复执行。

第四百六十八条 申请恢复执行原生效法律文书,适用民事诉讼法第二百三十九条申请执行期间的规定。申请执行期间因达成执行中的和解协议而中断,其期间自和解协议约定履行期限的最后一日起重新计算。

第四百六十九条 人民法院依照民事诉讼法第二百三十一条规定决定暂缓执行的,如果担保是有期限的,暂缓执行的期限应当与担保期限一致,但最长不得超过一年。被执行人或者担保人对担保的财产在暂缓执行期间有转移、隐藏、变卖、毁损等行为的,人民法院可以恢复强制执行。

第四百七十条 根据民事诉讼法第二百三十一条规定向人民法院提供执行担保的,可以由被执行人或者他人提供财产担保,也可以由他人提供保证。担保人应当具有代为履行或者代为承担赔偿责任的能力。

他人提供执行保证的,应当向执行法院出具保证书,并将保证书副本送交申请执行人。被执行人或者他人提供财产担保的,应当参照物权法、担保法的有关规定办理相应手续。

第四百七十一条 被执行人在人民法院决定暂缓执行的期限届满后仍不履行义务的,人民法院可以直接执行担保财产,或者裁定执行担保人的财产,但执行担保人的财产以担保人应当履行义务部分的财产为限。

第四百七十二条 依照民事诉讼法第二百三十二条规定,执行中作为被执行人的法人或者其他组织分立、合并的,人民法院可以裁定变更后的法人或者其他组织为被执行人;被注销的,如果依照有关实体法的规定有权利义务承受人的,可以裁定该权利义务承受人为被执行人。

第四百七十三条 其他组织在执行中不能履行法律文书确定的义务的,人民法院可以裁定执行对该其他组织依法承担义务的法人或者公民个人的财产。

第四百七十四条 在执行中,作为被执行人的法人或者其他组织名称变更的,人民法院可以裁定变更后的法人或者其他组织为被执行人。

第四百七十五条 作为被执行人的公民死亡,其遗产继承人没有放弃继承的,人民法院可以裁定变更被执行人,由该继承人在遗产的范围内偿还债务。继承人放弃继承的,人民法院可以直接执行被执行人的遗产。

第四百七十六条 法律规定由人民法院执行的其他法律文书执行完毕后,该法律文书被有关机关或者组织依法撤销的,经当事人申请,适用民事诉讼法第二百三十三条规定。

第四百七十七条 仲裁机构裁决的事项,部分有民事诉讼法第二百三十七条第二款、第三款规定情形的,人民法院应当裁定对该部分不予执行。

应当不予执行部分与其他部分不可分的,人民法院应当裁定不予执行仲裁裁决。

第四百七十八条 依照民事诉讼法第二百三十七条第二款、第三款规定,人民法院裁定不予执行仲裁裁决后,当事人对该裁定提出执行异议或者复议的,人民法院不予受理。当事人可以就该民事纠纷重新达成书面仲裁协议申请仲裁,也可以向人民法院起诉。

第四百七十九条 在执行中,被执行人通过仲裁程序将人民法院查封、扣押、冻结的财产确权或者分割给案外人的,不影响人民法院执行程序的进行。

案外人不服的,可以根据民事诉讼法第二百二十七条规定提出异议。

第四百八十条 有下列情形之一的,可以认定为民事诉讼法第二百三十八条第二款规定的公证债权文书确有错误:

(一)公证债权文书属于不得赋予强制执行效力的债权文书的;

(二)被执行人一方未亲自或者未委托代理人到场公证等严重违反法律规定的公证程序的;

(三)公证债权文书的内容与事实不符或者违反法律强制性规定的;

(四)公证债权文书未载明被执行人不履行义务或者不完全履行义务时同意接受强制执行的。

人民法院认定执行该公证债权文书违背社会公共利益的,裁定不予执行。

公证债权文书被裁定不予执行后,当事人、公证事项的利害关系人可以就债权争议提起诉讼。

第四百八十一条 当事人请求不予执行仲裁裁决或者公证债权文书的,应当在执行终结前向执行法院提出。

第四百八十二条 人民法院应当在收到申请执行书或者移交执行书后十日内发出执行通知。

执行通知中除应责令被执行人履行法律文书确定的义务外,还应通知其承担民事诉讼法第二百五十三条规定的迟延履行利息或者迟延履行金。

第四百八十三条 申请执行人超过申请执行时效期间向人民法院申请强制执行的，人民法院应予受理。被执行人对申请执行时效期间提出异议，人民法院经审查异议成立的，裁定不予执行。

被执行人履行全部或者部分义务后，又以不知道申请执行时效期间届满为由请求执行回转的，人民法院不予支持。

第四百八十四条 对必须接受调查询问的被执行人、被执行人的法定代表人、负责人或者实际控制人，经依法传唤无正当理由拒不到场的，人民法院可以拘传其到场。

人民法院应当及时对被拘传人进行调查询问，调查询问的时间不得超过八小时；情况复杂，依法可能采取拘留措施的，调查询问的时间不得超过二十四小时。

人民法院在本辖区以外采取拘传措施时，可以将被拘传人拘传到当地人民法院，当地人民法院应予协助。

第四百八十五条 人民法院有权查询被执行人的身份信息与财产信息，掌握相关信息的单位和个人必须按照协助执行通知书办理。

第四百八十六条 对被执行的财产，人民法院非经查封、扣押、冻结不得处分。对银行存款等各类可以直接扣划的财产，人民法院的扣划裁定同时具有冻结的法律效力。

第四百八十七条 人民法院冻结被执行人的银行存款的期限不得超过一年，查封、扣押动产的期限不得超过两年，查封不动产、冻结其他财产权的期限不得超过三年。

申请执行人申请延长期限的，人民法院应当在查封、扣押、冻结期限届满前办理续行查封、扣押、冻结手续，续行期限不得超过前款规定的期限。

人民法院也可以依职权办理续行查封、扣押、冻结手续。

第四百八十八条 依照民事诉讼法第二百四十七条规定，人民法院在执行中需要拍卖被执行人财产的，可以由人民法院自行组织拍卖，也可以交由具备相应资质的拍卖机构拍卖。

交拍卖机构拍卖的，人民法院应当对拍卖活动进行监督。

第四百八十九条 拍卖评估需要对现场进行检查、勘验的，人民法院应当责令被执行人、协助义务人予以配合。被执行人、协助义务人不予配合的，人民法院可以强制进行。

第四百九十条 人民法院在执行中需要变卖被执行人财产的，可以交有关单位变卖，也可以由人民法院直接变卖。

对变卖的财产，人民法院或者其工作人员不得买受。

第四百九十一条 经申请执行人和被执行人同意，且不损害其他债权人合法权益和社会公共利益的，人民法院可以不经拍卖、变卖，直接将被执行人的财产作价交申请执行人抵偿债务。对剩余债务，被执行人应当继续清偿。

第四百九十二条 被执行人的财产无法拍卖或者变卖的，经申请执行人同意，且不损害其他债权人合法权益和社会公共利益的，人民法院可以将该项财产作价后交付申请执行人抵偿债务，或者交付申请执行人管理；申请执行人拒绝接收或者管理的，退回被执行人。

第四百九十三条 拍卖成交或者依法定程序裁定以物抵债的，标的物所有权自拍卖成交裁定或者抵债裁定送达买受人或者接受抵债物的债权人时转移。

第四百九十四条 执行标的物为特定物的，应当执行原物。原物确已毁损或者灭失的，经双方当事人同意，可以折价赔偿。

双方当事人对折价赔偿不能协商一致的，人民法院应当终结执行程序。申请执行人可以另行起诉。

第四百九十五条 他人持有法律文书指定交付的财物或者票证，人民法院依照民事诉讼法第二百四十九条第二款、第三款规定发出协助执行通知后，拒不转交的，可以强制执行，并可依照民事诉讼法第一百一十四条、第一百一十五条规定处理。

他人持有期间财物或者票证毁损、灭失的，参照本解释第四百九十四条规定处理。

他人主张合法持有财物或者票证的，可以根据民事诉讼法第二百二十七条规定提出执行异议。

第四百九十六条 在执行中，被执行人隐匿财产、会计账簿等资料的，人民法院除可依照民事诉讼法第一百一十一条第一款第六项规定对其处理外，还应责令被执行人交出隐匿的财产、会计账簿等资料。被执行人拒不交出的，人民法院可以采取搜查措施。

第四百九十七条 搜查人员应当按规定着装并出示搜查令和工作证件。

第四百九十八条 人民法院搜查时禁止无关人员进入搜查现场；搜查对象是公民的，应当通知被执行人或者他的成年家属以及基层组织派员到场；搜查对象是法人或者其他组织的，应当通知法定代表人或者主要负责人到场。拒不到场的，不影响搜查。

搜查妇女身体，应当由女执行人员进行。

第四百九十九条 搜查中发现应当依法采取查封、扣押措施的财产，依照民事诉讼法第二百四十五条第二款和第二百四十七条规定办理。

第五百条 搜查应当制作搜查笔录，由搜查人员、被搜查人及其他在场人签名、捺印或者盖章。拒绝签名、捺印或者盖章的，应当记入搜查笔录。

第五百零一条 人民法院执行被执行人对他人的到期债权，可以作出冻结债权的裁定，并通知该他人向申请执行人履行。

该他人对到期债权有异议，申请执行人请求对异议部分强制执行的，人民法院不予支持。利害关系人对到期债权有异议的，人民法院应当按照民事诉讼法第二百二十七条规定处理。

对生效法律文书确定的到期债权，该他人予以否认的，人民法院不予支持。

第五百零二条　人民法院在执行中需要办理房产证、土地证、林权证、专利证书、商标证书、车船执照等有关财产权证照转移手续的，可以依照民事诉讼法第二百五十一条规定办理。

第五百零三条　被执行人不履行生效法律文书确定的行为义务，该义务可由他人完成的，人民法院可以选定代履行人；法律、行政法规对履行该行为义务有资格限制的，应当从有资格的人中选定。必要时，可以通过招标的方式确定代履行人。

申请执行人可以在符合条件的人中推荐代履行人，也可以申请自己代为履行，是否准许，由人民法院决定。

第五百零四条　代履行费用的数额由人民法院根据案件具体情况确定，并由被执行人在指定期限内预先支付。被执行人未预付的，人民法院可以对该费用强制执行。

代履行结束后，被执行人可以查阅、复制费用清单以及主要凭证。

第五百零五条　被执行人不履行法律文书指定的行为，且该项行为只能由被执行人完成的，人民法院可以依照民事诉讼法第一百一十一条第一款第六项规定处理。

被执行人在人民法院确定的履行期间内仍不履行的，人民法院可以依照民事诉讼法第一百一十一条第一款第六项规定再次处理。

第五百零六条　被执行人迟延履行的，迟延履行期间的利息或者迟延履行金自判决、裁定和其他法律文书指定的履行期间届满之日起计算。

第五百零七条　被执行人未按判决、裁定和其他法律文书指定的期间履行非金钱给付义务的，无论是否已给申请执行人造成损失，都应当支付迟延履行金。已经造成损失的，双倍补偿申请执行人已经受到的损失；没有造成损失的，迟延履行金可以由人民法院根据具体案件情况决定。

第五百零八条　被执行人为公民或者其他组织，在执行程序开始后，被执行人的其他已经取得执行依据的债权人发现被执行人的财产不能清偿所有债权的，可以向人民法院申请参与分配。

对人民法院查封、扣押、冻结的财产有优先权、担保物权的债权人，可以直接申请参与分配，主张优先受偿权。

第五百零九条　申请参与分配，申请人应当提交申请书。申请书应当写明参与分配和被执行人不能清偿所有债权的事实、理由，并附有执行依据。

参与分配申请应当在执行程序开始后，被执行人的财产执行终结前提出。

第五百一十条　参与分配执行中，执行所得价款扣除执行费用，并清偿应当优先受偿的债权后，对于普通债权，原则上按照其占全部申请参与分配债权数额的比例受偿。清偿后的剩余债务，被执行人应当继续清偿。债权人发现被执行人有其他财产的，可以随时请求人民法院执行。

第五百一十一条　多个债权人对执行财产申请参与分配的，执行法院应当制作财产分配方案，并送达各债权人和被执行人。债权人或者被执行人对分配方案有异议的，应当自收到分配方案之日起十五日内向执行法院提出书面异议。

第五百一十二条　债权人或者被执行人对分配方案提出书面异议的，执行法院应当通知未提出异议的债权人、被执行人。

未提出异议的债权人、被执行人自收到通知之日起十五日内未提出反对意见的，执行法院依异议人的意见对分配方案审查修正后进行分配；提出反对意见的，应当通知异议人。异议人可以自收到通知之日起十五日内，以提出反对意见的债权人、被执行人为被告，向执行法院提起诉讼；异议人逾期未提起诉讼的，执行法院按照原分配方案进行分配。

诉讼期间进行分配的，执行法院应当提存与争议债权数额相应的款项。

第五百一十三条　在执行中，作为被执行人的企业法人符合企业破产法第二条第一款规定情形的，执行法院经申请执行人之一或者被执行人同意，应当裁定中止对该被执行人的执行，将执行案件相关材料移送被执行人住所地人民法院。

第五百一十四条　被执行人住所地人民法院应当自收到执行案件相关材料之日起三十日内，将是否受理破产案件的裁定告知执行法院。不予受理的，应当将相关案件材料退回执行法院。

第五百一十五条　被执行人住所地人民法院裁定受理破产案件的，执行法院应当解除对被执行人财产的保全措施。被执行人住所地人民法院裁定宣告被执行人破产的，执行法院应当裁定终结对该被执行人的执行。

被执行人住所地人民法院不受理破产案件的，执行法院应当恢复执行。

第五百一十六条　当事人不同意移送破产或者被执行人住所地人民法院不受理破产案件的，执行法院就执行变价所得财产，在扣除执行费用及清偿优先受偿的债权后，对于普通债权，按照财产保全和执行中查封、扣押、冻结财产的先后顺序清偿。

第五百一十七条　债权人根据民事诉讼法第二百五十四条规定请求人民法院继续执行的，不受民事诉讼法第二百三十九条规定申请执行时效期间的限制。

第五百一十八条　被执行人不履行法律文书确定的义务的，人民法院除对被执行人予以处罚外，还可以根据情节将其纳入失信被执行人名单，将被执行人不履行或者不完全履行义务的信息向其所在单位、征信机构以及其他相关机构通报。

第五百一十九条　经过财产调查未发现可供执行的财产，在申请执行人签字确认或者执行法院组成合议庭审查核实并经院长批准后，可以裁定终结本次执行程序。

依照前款规定终结执行后，申请执行人发现被执行人有可供执行财产的，可以再次申请执行。再次申请不受申请执行时效期间的限制。

第五百二十条　因撤销申请而终结执行后，当事人在民事诉讼法第二百三十九条规定的申请执行时效期间内再次申请执行的，人民法院应当受理。

第五百二十一条　在执行终结六个月内，被执行人或者其他人对已执行的标的有妨害行为的，人民法院可以依申请排除妨害，并可以依照民事诉讼法第一百一十一条规定进行处罚。因妨害行为给执行债权人或者其他人造成损失的，受害人可以另行起诉。

二十二、涉外民事诉讼程序的特别规定

第五百二十二条　有下列情形之一，人民法院可以认定为涉外民事案件：

（一）当事人一方或者双方是外国人、无国籍人、外国企业或者组织的；

（二）当事人一方或者双方的经常居所地在中华人民共和国领域外的；

（三）标的物在中华人民共和国领域外的；

（四）产生、变更或者消灭民事关系的法律事实发生在中华人民共和国领域外的；

（五）可以认定为涉外民事案件的其他情形。

第五百二十三条　外国人参加诉讼，应当向人民法院提交护照等用以证明自己身份的证件。

外国企业或者组织参加诉讼，向人民法院提交的身份证明文件，应当经所在国公证机关公证，并经中华人民共和国驻该国使领馆认证，或者履行中华人民共和国与该所在国订立的有关条约中规定的证明手续。

代表外国企业或者组织参加诉讼的人，应当向人民法院提交其有权作为代表人参加诉讼的证明，该证明应当经所在国公证机关公证，并经中华人民共和国驻该国使领馆认证，或者履行中华人民共和国与该所在国订立的有关条约中规定的证明手续。

本条所称的“所在国”，是指外国企业或者组织的设立登记地国，也可以是办理了营业登记手续的第三国。

第五百二十四条　依照民事诉讼法第二百六十四条以及本解释第五百二十三条规定，需要办理公证、认证手续，而外国当事人所在国与中华人民共和国没有建立外交关系的，可以经该国公证机关公证，经与中华人民共和国有外交关系的第三国驻该国使领馆认证，再转由中华人民共和国驻该第三国使领馆认证。

第五百二十五条　外国人、外国企业或者组织的代表人在人民法院法官的见证下签署授权委托书，委托代理人进行民事诉讼的，人民法院应予认可。

第五百二十六条　外国人、外国企业或者组织的代表人在中华人民共和国境内签署授权委托书，委托代理人进行民事诉讼，经中华人民共和国公证机构公证的，人民法院应予认可。

第五百二十七条　当事人向人民法院提交的书面材料是外文的，应当同时向人民法院提交中文翻译件。

当事人对中文翻译件有异议的，应当共同委托翻译机构提供翻译文本；当事人对翻译机构的选择不能达成一致的，由人民法院确定。

第五百二十八条　涉外民事诉讼中的外籍当事人，可以委托本国人为诉讼代理人，也可以委托本国律师以非律师身份担任诉讼代理人；外国驻华使领馆官员，受本国公民的委托，可以以个人名义担任诉讼代理人，但在诉讼中不享有外交或者领事特权和豁免。

第五百二十九条　涉外民事诉讼中，外国驻华使领馆授权其本馆官员，在作为当事人的本国国民不在中华人民共和国领域内的情况下，可以以外交代表身份为其本国国民在中华人民共和国聘请中华人民共和国律师或者中华人民共和国公民代理民事诉讼。

第五百三十条　涉外民事诉讼中，经调解双方达成协议，应当制发调解书。当事人要求发给判决书的，可以依协议的内容制作判决书送达当事人。

第五百三十一条　涉外合同或者其他财产权益纠纷的当事人，可以书面协议选择被告住所地、合同履行地、合同签订地、原告住所地、标的物所在地、侵权行为地等与争议有实际联系地点的外国法院管辖。

根据民事诉讼法第三十三条和第二百六十六条规定，属于中华人民共和国法院专属管辖的案件，当事人不得协议选择外国法院管辖，但协议选择仲裁的除外。

第五百三十二条　涉外民事案件同时符合下列情形的，人民法院可以裁定驳回原告的起诉，告知其向更方便的外国法院提起诉讼：

（一）被告提出案件应由更方便外国法院管辖的请求，或者提出管辖异议；

（二）当事人之间不存在选择中华人民共和国法院管辖的协议；

（三）案件不属于中华人民共和国法院专属管辖；

（四）案件不涉及中华人民共和国国家、公民、法人或者其他组织的利益；

（五）案件争议的主要事实不是发生在中华人民共和国境内，且案件不适用中华人民共和国法律，人民法院审理案件在认定事实和适用法律方面存在重大困难；

（六）外国法院对案件享有管辖权，且审理该案件更加方便。

第五百三十三条 中华人民共和国法院和外国法院都有管辖权的案件，一方当事人向外国法院起诉，而另一方当事人向中华人民共和国法院起诉的，人民法院可予受理。判决后，外国法院申请或者当事人请求人民法院承认和执行外国法院对本案作出的判决、裁定的，不予准许；但双方共同缔结或者参加的国际条约另有规定的除外。

外国法院判决、裁定已经被人民法院承认，当事人就同一争议向人民法院起诉的，人民法院不予受理。

第五百三十四条 对在中华人民共和国领域内没有住所的当事人，经用公告方式送达诉讼文书，公告期满不应诉，人民法院缺席判决后，仍应当将裁判文书依照民事诉讼法第二百六十七条第八项规定公告送达。自公告送达裁判文书满三个月之日起，经过三十日的上诉期当事人没有上诉的，一审判决即发生法律效力。

第五百三十五条 外国人或者外国企业、组织的代表人、主要负责人在中华人民共和国领域内的，人民法院可以向该自然人或者外国企业、组织的代表人、主要负责人送达。

外国企业、组织的主要负责人包括该企业、组织的董事、监事、高级管理人员等。

第五百三十六条 受送达人所在国允许邮寄送达的，人民法院可以邮寄送达。

邮寄送达时应当附有送达回证。受送达人未在送达回证上签收但在邮件回执上签收的，视为送达，签收日期为送达日期。

自邮寄之日起满三个月，如果未收到送达的证明文件，且根据各种情况不足以认定已经送达的，视为不能用邮寄方式送达。

第五百三十七条 人民法院一审时采取公告方式向当事人送达诉讼文书的，二审时可径行采取公告方式向其送达诉讼文书，但人民法院能够采取公告方式之外的其他方式送达的除外。

第五百三十八条 不服第一审人民法院判决、裁定的上诉期，对在中华人民共和国领域内有住所的当事人，适用民事诉讼法第一百六十四条规定的期限；对在中华人民共和国领域内没有住所的当事人，适用民事诉讼法第二百六十九条规定的期限。当事人的上诉期均已届满没有上诉的，第一审人民法院的判决、裁定即发生法律效力。

第五百三十九条 人民法院对涉外民事案件的当事人申请再审进行审查的期间，不受民事诉讼法第二百零四条规定的限制。

第五百四十条 申请人向人民法院申请执行中华人民共和国涉外仲裁机构的裁决，应当提出书面申请，并附裁决书正本。如申请人为外国当事人，其申请书应当用中文文本提出。

第五百四十一条 人民法院强制执行涉外仲裁机构的仲裁裁决时，被执行人以有民事诉讼法第二百七十四条第一款规定的情形为由提出抗辩的，人民法院应当对被执行人的抗辩进行审查，并根据审查结果裁定执行或者不予执行。

第五百四十二条 依照民事诉讼法第二百七十二条规定，中华人民共和国涉外仲裁机构将当事人的保全申请提交人民法院裁定的，人民法院可以进行审查，裁定是否进行保全。裁定保全的，应当责令申请人提供担保，申请人不提供担保的，裁定驳回申请。

当事人申请证据保全，人民法院经审查认为无需提供担保的，申请人可以不提供担保。

第五百四十三条 申请人向人民法院申请承认和执行外国法院作出的发生法律效力的判决、裁定，应当提交申请书，并附外国法院作出的发生法律效力的判决、裁定正本或者经证明无误的副本以及中文译本。外国法院判决、裁定为缺席判决、裁定的，申请人应当同时提交该外国法院已经合法传唤的证明文件，但判决、裁定已经对此予以明确说明的除外。

中华人民共和国缔结或者参加的国际条约对提交文件有规定的，按照规定办理。

第五百四十四条 当事人向中华人民共和国有管辖权的中级人民法院申请承认和执行外国法院作出的发生法律效力的判决、裁定的，如果该法院所在国与中华人民共和国没有缔结或者共同参加国际条约，也没有互惠关系的，裁定驳回申请，但当事人向人民法院申请承认外国法院作出的发生法律效力的离婚判决的除外。

承认和执行申请被裁定驳回的，当事人可以向人民法院起诉。

第五百四十五条 对临时仲裁庭在中华人民共和国领域外作出的仲裁裁决，一方当事人向人民法院申请承认和执行的，人民法院应当依照民事诉讼法第二百八十三条规定处理。

第五百四十六条 对外国法院作出的发生法律效力的判决、裁定或者外国仲裁裁决，需要中华人民共和国法院执行的，当事人应当先向人民法院申请承认。人民法院经审查，裁定承认后，再根据民事诉讼法第三编的规定予以执行。

当事人仅申请承认而未同时申请执行的，人民法院仅对应否承认进行审查并作出裁定。

第五百四十七条 当事人申请承认和执行外国法院作出的发生法律效力的判决、裁定或者外国仲裁裁决的期间，适用民事诉讼法第二百三十九条的规定。

当事人仅申请承认而未同时申请执行的，申请执行的期间自人民法院对承认申请作出的裁定生效之日起重新计算。

第五百四十八条 承认和执行外国法院作出的发生法律效力的判决、裁定或者外国仲裁裁决的案件，人民法院应当组成合议庭进行审查。

人民法院应当将申请书送达被申请人。被申请人可以陈述意见。

人民法院经审查作出的裁定，一经送达即发生法律效力。

第五百四十九条　与中华人民共和国没有司法协助条约又无互惠关系的国家的法院，未通过外交途径，直接请求人民法院提供司法协助的，人民法院应予退回，并说明理由。

第五百五十条　当事人在中华人民共和国领域外使用中华人民共和国法院的判决书、裁定书，要求中华人民共和国法院证明其法律效力的，或者外国法院要求中华人民共和国法院证明判决书、裁定书的法律效力的，作出判决、裁定的中华人民共和国法院，可以本法院的名义出具证明。

第五百五十一条　人民法院审理涉及香港、澳门特别行政区和台湾地区的民事诉讼案件，可以参照适用涉外民事诉讼程序的特别规定。

二十三、附　　则

第五百五十二条　本解释公布施行后，最高人民法院于1992年7月14日发布的《关于适用〈中华人民共和国民事诉讼法〉若干问题的意见》同时废止；最高人民法院以前发布的司法解释与本解释不一致的，不再适用。

最高人民法院关于民事诉讼证据的若干规定

（2001年12月6日最高人民法院审判委员会第1201次会议通过　2001年12月21日最高人民法院公告公布　自2002年4月1日起施行　法释〔2001〕33号）

为保证人民法院正确认定案件事实，公正、及时审理民事案件，保障和便利当事人依法行使诉讼权利，根据《中华人民共和国民事诉讼法》（以下简称《民事诉讼法》）等有关法律的规定，结合民事审判经验和实际情况，制定本规定。

一、当事人举证

第一条　原告向人民法院起诉或者被告提出反诉，应当附有符合起诉条件的相应的证据材料。

第二条　当事人对自己提出的诉讼请求所依据的事实或者反驳对方诉讼请求所依据的事实有责任提供证据加以证明。

没有证据或者证据不足以证明当事人的事实主张的，由负有举证责任的当事人承担不利后果。

第三条　人民法院应当向当事人说明举证的要求及法律后果，促使当事人在合理期限内积极、全面、正确、诚实地完成举证。

当事人因客观原因不能自行收集的证据，可申请人民法院调查收集。

第四条　下列侵权诉讼，按照以下规定承担举证责任：

（一）因新产品制造方法发明专利引起的专利侵权诉讼，由制造同样产品的单位或者个人对其产品制造方法不同于专利方法承担举证责任；

（二）高度危险作业致人损害的侵权诉讼，由加害人就受害人故意造成损害的事实承担举证责任；

（三）因环境污染引起的损害赔偿诉讼，由加害人就法律规定的免责事由及其行为与损害结果之间不存在因果关系承担举证责任；

（四）建筑物或者其他设施以及建筑物上的搁置物、悬挂物发生倒塌、脱落、坠落致人损害的侵权诉讼，由所有人或者管理人对其无过错承担举证责任；

（五）饲养动物致人损害的侵权诉讼，由动物饲养人或者管理人就受害人有过错或者第三人有过错承担举证责任；

（六）因缺陷产品致人损害的侵权诉讼，由产品的生产者就法律规定的免责事由承担举证责任；

（七）因共同危险行为致人损害的侵权诉讼，由实施危险行为的人就其行为与损害结果之间不存在因果关系承担举证责任；

（八）因医疗行为引起的侵权诉讼，由医疗机构就医疗行为与损害结果之间不存在因果关系及不存在医疗过错承担举证责任。

有关法律对侵权诉讼的举证责任有特殊规定的，从其规定。

第五条　在合同纠纷案件中，主张合同关系成立并生效的一方当事人对合同订立和生效的事实承担举证责任；主张合同关系变更、解除、终止、撤销的一方当事人对引起合同关系变动的事实承担举证责任。

对合同是否履行发生争议的，由负有履行义务的当事人承担举证责任。

对代理权发生争议的，由主张有代理权一方当事人承担举证责任。

第六条　在劳动争议纠纷案件中，因用人单位作出开除、除名、辞退、解除劳动合同、减少劳动报酬、计算劳动者工作年限等决定而发生劳动争议的，由用人单位负举证责任。

第七条　在法律没有具体规定，依本规定及其他司法解释无法确定举证责任承担时，人民法院可以根据公平原则和诚实信用原则，综合当事人举证能力等因素确定举证责任的承担。

第八条　诉讼过程中，一方当事人对另一方当事人陈述的案件事实明确表示承认的，另一方当事人无需举证。但涉及身份关系的案件除外。

对一方当事人陈述的事实，另一方当事人既未表示承认也未否认，经审判人员充分说明并询问后，其仍不明确表示肯定或者否定的，视为对该项事实的承认。

当事人委托代理人参加诉讼的，代理人的承认视为当事人的承认。但未经特别授权的代理人对事实的承认直接导致承认对方诉讼请求的除外；当事人在场但对其代理人的承认不作否认表示的，视为当事人的承认。

当事人在法庭辩论终结前撤回承认并经对方当事人同意，或者有充分证据证明其承认行为是在受胁迫或者重大误解情况下作出且与事实不符的，不能免除对方当事人的举证责任。

第九条　下列事实，当事人无需举证证明：

（一）众所周知的事实；

（二）自然规律及定理；

（三）根据法律规定或者已知事实和日常生活经验法则，能推定出的另一事实；

（四）已为人民法院发生法律效力的裁判所确认的事实；

（五）已为仲裁机构的生效裁决所确认的事实；

（六）已为有效公证文书所证明的事实。

前款（一）、（三）、（四）、（五）、（六）项，当事人有相反证据足以推翻的除外。

第十条　当事人向人民法院提供证据，应当提供原件或者原物。如需自己保存证据原件、原物或者提供原件、原物确有困难的，可以提供经人民法院核对无异的复制件或者复制品。

第十一条　当事人向人民法院提供的证据系在中华人民共和国领域外形成的，该证据应当经所在国公证机关予以证明，并经中华人民共和国驻该国使领馆予以认证，或者履行中华人民共和国与该所在国订立的有关条约中规定的证明手续。

当事人向人民法院提供的证据是在香港、澳门、台湾地区形成的，应当履行相关的证明手续。

第十二条　当事人向人民法院提供外文书证或者外文说明资料，应当附有中文译本。

第十三条　对双方当事人无争议但涉及国家利益、社会公共利益或者他人合法权益的事实，人民法院可以责令当事人提供有关证据。

第十四条　当事人应当对其提交的证据材料逐一分类编号，对证据材料的来源、证明对象和内容作简要说明，签名盖章，注明提交日期，并依照对方当事人人数提出副本。

人民法院收到当事人提交的证据材料，应当出具收据，注明证据的名称、份数和页数以及收到的时间，由经办人员签名或者盖章。

二、人民法院调查收集证据

第十五条　《民事诉讼法》第六十四条规定的“人民法院认为审理案件需要的证据”，是指以下情形：

（一）涉及可能有损国家利益、社会公共利益或者他人合法权益的事实；

（二）涉及依职权追加当事人、中止诉讼、终结诉讼、回避等与实体争议无关的程序事项。

第十六条　除本规定第十五条规定的情形外，人民法院调查收集证据，应当依当事人的申请进行。

第十七条　符合下列条件之一的，当事人及其诉讼代理人可以申请人民法院调查收集证据：

（一）申请调查收集的证据属于国家有关部门保存并须人民法院依职权调取的档案材料；

（二）涉及国家秘密、商业秘密、个人隐私的材料；

（三）当事人及其诉讼代理人确因客观原因不能自行收集的其他材料。

第十八条　当事人及其诉讼代理人申请人民法院调查收集证据，应当提交书面申请。申请书应当载明被调查人的姓名或者单位名称、住所地等基本情况、所要调查收集的证据的内容、需要由人民法院调查收集证据的原因及其要证明的事实。

第十九条　当事人及其诉讼代理人申请人民法院调查收集证据，不得迟于举证期限届满前7日。

人民法院对当事人及其诉讼代理人的申请不予准许的，应当向当事人或其诉讼代理人送达通知书。当事人及其诉讼代理人可以在收到通知书的次日起3日内向受理申请的人民法院书面申请复议一次。人民法院应当在收到复议申请之日起5日内作出答复。

第二十条　调查人员调查收集的书证，可以是原件，也可以是经核对无误的副本或者复制件。是副本或者复制件的，应当在调查笔录中说明来源和取证情况。

第二十一条　调查人员调查收集的物证应当是原物。被调查人提供原物确有困难的，可以提供复制品或者照片。提供复制品或者照片的，应当在调查笔录中说明取证情况。

第二十二条　调查人员调查收集计算机数据或者录音、录像等视听资料的，应当要求被调查人提供有关资料的原始载体。提供原始载体确有困难的，可以提供复制件。提供复制件的，调查人员应当在调查笔录中说明其来源和制作经过。

第二十三条　当事人依据《民事诉讼法》第七十四条的规定向人民法院申请保全证据，不得迟于举证期限届满前7日。

当事人申请保全证据的，人民法院可以要求其提供相应的担保。

法律、司法解释规定诉前保全证据的，依照其规定办理。

第二十四条　人民法院进行证据保全，可以根据具体情况，采取查封、扣押、拍照、录音、录像、复制、鉴定、勘验、制作笔录等方法。

人民法院进行证据保全，可以要求当事人或者诉讼代理人到场。

第二十五条　当事人申请鉴定，应当在举证期限内提出。符合本规定第二十七条规定的情形，当事人申请重新鉴定的除外。

对需要鉴定的事项负有举证责任的当事人，在人民法院指定的期限内无正当理由不提出鉴定申请或者不预交鉴定费用或者拒不提供相关材料，致使对案件争议的事实无法通过鉴定结论予以认定的，应当对该事实承担举证不能的法律后果。

第二十六条　当事人申请鉴定经人民法院同意后，由双方当事人协商确定有鉴定资格的鉴定机构、鉴定人员，协商不成的，由人民法院指定。

第二十七条　当事人对人民法院委托的鉴定部门作出的鉴定结论有异议申请重新鉴定，提出证据证明存在下列情形之一的，人民法院应予准许：

（一）鉴定机构或者鉴定人员不具备相关的鉴定资格的；

（二）鉴定程序严重违法的；

（三）鉴定结论明显依据不足的；

（四）经过质证认定不能作为证据使用的其他情形。

对有缺陷的鉴定结论，可以通过补充鉴定、重新质证或者补充质证等方法解决的，不予重新鉴定。

第二十八条　一方当事人自行委托有关部门作出的鉴定结论，另一方当事人有证据足以反驳并申请重新鉴定的，人民法院应予准许。

第二十九条　审判人员对鉴定人出具的鉴定书，应当审查是否具有下列内容：

（一）委托人姓名或者名称、委托鉴定的内容；

（二）委托鉴定的材料；

（三）鉴定的依据及使用的科学技术手段；

（四）对鉴定过程的说明；

（五）明确的鉴定结论；

（六）对鉴定人鉴定资格的说明；

（七）鉴定人员及鉴定机构签名盖章。

第三十条　人民法院勘验物证或者现场，应当制作笔录，记录勘验的时间、地点、勘验人、在场人、勘验的经过、结果，由勘验人、在场人签名或者盖章。对于绘制的现场图应当注明绘制的时间、方位、测绘人姓名、身份等内容。

第三十一条　摘录有关单位制作的与案件事实相关的文件、材料，应当注明出处，并加盖制作单位或者保管单位的印章，摘录人和其他调查人员应当在摘录件上签名或者盖章。

摘录文件、材料应当保持内容相应的完整性，不得断章取义。

三、举证时限与证据交换

第三十二条　被告应当在答辩期届满前提出书面答辩，阐明其对原告诉讼请求及所依据的事实和理由的意见。

第三十三条　人民法院应当在送达案件受理通知书和应诉通知书的同时向当事人送达举证通知书。举证通知书应当载明举证责任的分配原则与要求、可以向人民法院申请调查取证的情形、人民法院根据案件情况指定的举证期限以及逾期提供证据的法律后果。

举证期限可以由当事人协商一致，并经人民法院认可。

由人民法院指定举证期限的，指定的期限不得少于30日，自当事人收到案件受理通知书和应诉通知书的次日起计算。

第三十四条　当事人应当在举证期限内向人民法院提交证据材料，当事人在举证期限内不提交的，视为放弃举证权利。

对于当事人逾期提交的证据材料，人民法院审理时不组织质证。但对方当事人同意质证的除外。

当事人增加、变更诉讼请求或者提起反诉的，应当在举证期限届满前提出。

第三十五条　诉讼过程中，当事人主张的法律关系的性质或者民事行为的效力与人民法院根据案件事实作出的认定不一致的，不受本规定第三十四条规定的限制，人民法院应当告知当事人可以变更诉讼请求。

当事人变更诉讼请求的，人民法院应当重新指定举证期限。

第三十六条　当事人在举证期限内提交证据材料确有困难的，应当在举证期限内向人民法院申请延期举证，经人民法院准许，可以适当延长举证期限。当事人在延长的举证期限内提交证据材料仍有困难的，可以再次提出延期申请，是否准许由人民法院决定。

第三十七条　经当事人申请，人民法院可以组织当事人在开庭审理前交换证据。

人民法院对于证据较多或者复杂疑难的案件，应当组织当事人在答辩期届满后、开庭审理前交换证据。

第三十八条　交换证据的时间可以由当事人协商一致并经人民法院认可，也可以由人民法院指定。

人民法院组织当事人交换证据的，交换证据之日举证期限届满。当事人申请延期举证经人民法院准许的，证据交换日相应顺延。

第三十九条　证据交换应当在审判人员的主持下进行。

在证据交换的过程中，审判人员对当事人无异议的事实、证据应当记录在卷；对有异议的证据，按照需要证明的事实分类记录在卷，并记载异议的理由。通过证据交换，确定双方当事人争议的主要问题。

第四十条　当事人收到对方交换的证据后提出反驳并提出新证据的，人民法院应当通知当事人在指定的时间进行交换。

证据交换一般不超过2次。但重大、疑难和案情特别复杂的案件,人民法院认为确有必要再次进行证据交换的除外。

第四十一条 《民事诉讼法》第一百二十五条第一款规定的“新的证据”,是指以下情形:

(一)一审程序中的新的证据包括:当事人在一审举证期限届满后新发现的证据;当事人确因客观原因无法在举证期限内提供,经人民法院准许,在延长的期限内仍无法提供的证据。

(二)二审程序中的新的证据包括:一审庭审结束后新发现的证据;当事人在一审举证期限届满前申请人民法院调查取证未获准许,二审法院经审查认为应当准许并依当事人申请调取的证据。

第四十二条 当事人在一审程序中提供新的证据的,应当在一审开庭前或者开庭审理时提出。

当事人在二审程序中提供新的证据的,应当在二审开庭前或者开庭审理时提出;二审不需要开庭审理的,应当在人民法院指定的期限内提出。

第四十三条 当事人举证期限届满后提供的证据不是新的证据的,人民法院不予采纳。

当事人经人民法院准许延期举证,但因客观原因未能在准许的期限内提供,且不审理该证据可能导致裁判明显不公的,其提供的证据可视为新的证据。

第四十四条 《民事诉讼法》第一百七十九条第一款第(一)项规定的“新的证据”,是指原审庭审结束后新发现的证据。

当事人在再审程序中提供新的证据的,应当在申请再审时提出。

第四十五条 一方当事人提出新的证据的,人民法院应当通知对方当事人在合理期限内提出意见或者举证。

第四十六条 由于当事人的原因未能在指定期限内举证,致使案件在二审或者再审期间因提出新的证据被人民法院发回重审或者改判的,原审裁判不属于错误裁判案件。一方当事人请求提出新的证据的另一方当事人负担由此增加的差旅、误工、证人出庭作证、诉讼等合理费用以及由此扩大的直接损失,人民法院应予支持。

四、质 证

第四十七条 证据应当在法庭上出示,由当事人质证。未经质证的证据,不能作为认定案件事实的依据。

当事人在证据交换过程中认可并记录在卷的证据,经审判人员在庭审中说明后,可以作为认定案件事实的依据。

第四十八条 涉及国家秘密、商业秘密和个人隐私或者法律规定的其他应当保密的证据,不得在开庭时公开质证。

第四十九条 对书证、物证、视听资料进行质证时,当事人有权要求出示证据的原件或者原物。但有下列情况之一的除外:

(一)出示原件或者原物确有困难并经人民法院准许出示复制件或者复制品的;

(二)原件或者原物已不存在,但有证据证明复制件、复制品与原件或原物一致的。

第五十条 质证时,当事人应当围绕证据的真实性、关联性、合法性,针对证据证明力有无以及证明力大小,进行质疑、说明与辩驳。

第五十一条 质证按下列顺序进行:

(一)原告出示证据,被告、第三人与原告进行质证;

(二)被告出示证据,原告、第三人与被告进行质证;

(三)第三人出示证据,原告、被告与第三人进行质证。

人民法院依照当事人申请调查收集的证据,作为提出申请的一方当事人提供的证据。

人民法院依照职权调查收集的证据应当在庭审时出示,听取当事人意见,并可就调查收集该证据的情况予以说明。

第五十二条 案件有两个以上独立的诉讼请求的,当事人可以逐个出示证据进行质证。

第五十三条 不能正确表达意志的人,不能作为证人。

待证事实与其年龄、智力状况或者精神健康状况相适应的无民事行为能力人和限制民事行为能力人,可以作为证人。

第五十四条 当事人申请证人出庭作证,应当在举证期限届满10日前提出,并经人民法院许可。

人民法院对当事人的申请予以准许的,应当在开庭审理前通知证人出庭作证,并告知其应当如实作证及作伪证的法律后果。

证人因出庭作证而支出的合理费用,由提供证人的一方当事人先行支付,由败诉一方当事人承担。

第五十五条 证人应当出庭作证,接受当事人的质询。

证人在人民法院组织双方当事人交换证据时出席陈述证言的,可视为出庭作证。

第五十六条 《民事诉讼法》第七十条规定的“证人确有困难不能出庭”,是指有下列情形:

(一)年迈体弱或者行动不便无法出庭的;

(二)特殊岗位确实无法离开的;

(三)路途特别遥远,交通不便难以出庭的;

(四)因自然灾害等不可抗力的原因无法出庭的;

(五)其他无法出庭的特殊情况。

前款情形,经人民法院许可,证人可以提交书面证言或者视听资料或者通过双向视听传输技术手段作证。

第五十七条 出庭作证的证人应当客观陈述其亲身感知的事实。证人为聋哑人的,可以其他表达方式作证。

证人作证时,不得使用猜测、推断或者评论性的语言。

第五十八条 审判人员和当事人可以对证人进行询问。证人不得旁听法庭审理;询问证人时,其他证人不得在场。人民法院认为有必要的,可以让证人进行对质。

第五十九条 鉴定人应当出庭接受当事人质询。

鉴定人确因特殊原因无法出庭的,经人民法院准许,可以书面答复当事人的质询。

第六十条 经法庭许可,当事人可以向证人、鉴定人、勘验人发问。

询问证人、鉴定人、勘验人不得使用威胁、侮辱及不适当引导证人的言语和方式。

第六十一条 当事人可以向人民法院申请由 1 至 2 名具有专门知识的人员出庭就案件的专门性问题进行说明。人民法院准许其申请的,有关费用由提出申请的当事人负担。

审判人员和当事人可以对出庭的具有专门知识的人员进行询问。

经人民法院准许,可以由当事人各自申请的具有专门知识的人员就有关案件中的问题进行对质。

具有专门知识的人员可以对鉴定人进行询问。

第六十二条 法庭应当将当事人的质证情况记入笔录,并由当事人核对后签名或者盖章。

五、证据的审核认定

第六十三条 人民法院应当以证据能够证明的案件事实为依据依法作出裁判。

第六十四条 审判人员应当依照法定程序,全面、客观地审核证据,依据法律的规定,遵循法官职业道德,运用逻辑推理和日常生活经验,对证据有无证明力和证明力大小独立进行判断,并公开判断的理由和结果。

第六十五条 审判人员对单一证据可以从下列方面进行审核认定:

(一)证据是否原件、原物,复印件、复制品与原件、原物是否相符;

(二)证据与本案事实是否相关;

(三)证据的形式、来源是否符合法律规定;

(四)证据的内容是否真实;

(五)证人或者提供证据的人,与当事人有无利害关系。

第六十六条 审判人员对案件的全部证据,应当从各证据与案件事实的关联程度、各证据之间的联系等方面进行综合审查判断。

第六十七条 在诉讼中,当事人为达成调解协议或者和解的目的作出妥协所涉及的对案件事实的认可,不得在其后的诉讼中作为对其不利的证据。

第六十八条 以侵害他人合法权益或者违反法律禁止性规定的方法取得的证据,不能作为认定案件事实的依据。

第六十九条 下列证据不能单独作为认定案件事实的依据:

(一)未成年人所作的与其年龄和智力状况不相当的证言;

(二)与一方当事人或者其代理人有利害关系的证人出具的证言;

(三)存有疑点的视听资料;

(四)无法与原件、原物核对的复印件、复制品;

(五)无正当理由未出庭作证的证人证言。

第七十条 一方当事人提出的下列证据,对方当事人提出异议但没有足以反驳的相反证据的,人民法院应当确认其证明力:

(一)书证原件或者与书证原件核对无误的复印件、照片、副本、节录本;

(二)物证原物或者与物证原物核对无误的复制件、照片、录像资料等;

(三)有其他证据佐证并以合法手段取得的、无疑点的视听资料或者与视听资料核对无误的复制件;

(四)一方当事人申请人民法院依照法定程序制作的对物证或者现场的勘验笔录。

第七十一条 人民法院委托鉴定部门作出的鉴定结论,当事人没有足以反驳的相反证据和理由的,可以认定其证明力。

第七十二条 一方当事人提出的证据,另一方当事人认可或者提出的相反证据不足以反驳的,人民法院可以确认其证明力。

一方当事人提出的证据,另一方当事人有异议并提出反驳证据,对方当事人对反驳证据认可的,可以确认反驳证据的证明力。

第七十三条 双方当事人对同一事实分别举出相反的证据,但都没有足够的依据否定对方证据的,人民法院应当结合案件情况,判断一方提供证据的证明力是否明显大于另一方提供证据的证明力,并对证明力较大的证据予以确认。

因证据的证明力无法判断导致争议事实难以认定的,人民法院应当依据举证责任分配的规则作出裁判。

第七十四条 诉讼过程中,当事人在起诉状、答辩状、陈述及其委托代理人的代理词中承认的对己方不利的事实和认可的证据,人民法院应当予以确认,但当事人反悔并有相反证据足以推翻的除外。

第七十五条 有证据证明一方当事人持有证据无正当理由拒不提供,如果对方当事人主张该证据的内容不利于证据持有人,可以推定该主张成立。

第七十六条 当事人对自己的主张,只有本人陈述而不能提出其他相关证据的,其主张不予支持。但对方当事人认可的除外。

第七十七条 人民法院就数个证据对同一事实的证明力,可以依照下列原则认定:

(一)国家机关、社会团体依职权制作的公文书证的证明力一般大于其他书证;

(二)物证、档案、鉴定结论、勘验笔录或者经过公证、登记

的书证,其证明力一般大于其他书证、视听资料和证人证言;

（三）原始证据的证明力一般大于传来证据;

（四）直接证据的证明力一般大于间接证据;

（五）证人提供的对与其有亲属或者其他密切关系的当事人有利的证言,其证明力一般小于其他证人证言。

第七十八条　人民法院认定证人证言,可以通过对证人的智力状况、品德、知识、经验、法律意识和专业技能等的综合分析作出判断。

第七十九条　人民法院应当在裁判文书中阐明证据是否采纳的理由。

对当事人无争议的证据,是否采纳的理由可以不在裁判文书中表述。

六、其　他

第八十条　对证人、鉴定人、勘验人的合法权益依法予以保护。

当事人或者其他诉讼参与人伪造、毁灭证据,提供假证据,阻止证人作证,指使、贿买、胁迫他人作伪证,或者对证人、鉴定人、勘验人打击报复的,依照《民事诉讼法》第一百零二条的规定处理。

第八十一条　人民法院适用简易程序审理案件,不受本解释中第三十二条、第三十三条第三款和第七十九条规定的限制。

第八十二条　本院过去的司法解释,与本规定不一致的,以本规定为准。

第八十三条　本规定自 2002 年 4 月 1 日起施行。2002 年 4 月 1 日尚未审结的一审、二审和再审民事案件不适用本规定。

本规定施行前已经审理终结的民事案件,当事人以违反本规定为由申请再审的,人民法院不予支持。

本规定施行后受理的再审民事案件,人民法院依据《民事诉讼法》第一百八十六条的规定进行审理的,适用本规定。①

最高人民法院关于审理民事案件适用诉讼时效制度若干问题的规定

（2008 年 8 月 11 日最高人民法院审判委员会第 1450 次会议通过　2008 年 8 月 21 日最高人民法院公告公布　自 2008 年 9 月 1 日起施行　法释〔2008〕11 号）

为正确适用法律关于诉讼时效制度的规定,保护当事人的合法权益,依照《中华人民共和国民法通则》、《中华人民共和国物权法》、《中华人民共和国合同法》、《中华人民共和国民事诉讼法》等法律的规定,结合审判实践,制定本规定。

第一条　当事人可以对债权请求权提出诉讼时效抗辩,但对下列债权请求权提出诉讼时效抗辩的,人民法院不予支持:

（一）支付存款本金及利息请求权;

（二）兑付国债、金融债券以及向不特定对象发行的企业债券本息请求权;

（三）基于投资关系产生的缴付出资请求权;

（四）其他依法不适用诉讼时效规定的债权请求权。

第二条　当事人违反法律规定,约定延长或者缩短诉讼时效期间、预先放弃诉讼时效利益的,人民法院不予认可。

第三条　当事人未提出诉讼时效抗辩,人民法院不应对诉讼时效问题进行释明及主动适用诉讼时效的规定进行裁判。

第四条　当事人在一审期间未提出诉讼时效抗辩,在二审期间提出的,人民法院不予支持,但其基于新的证据能够证明对方当事人的请求权已过诉讼时效期间的情形除外。

当事人未按照前款规定提出诉讼时效抗辩,以诉讼时效期间届满为由申请再审或者提出再审抗辩的,人民法院不予支持。

第五条　当事人约定同一债务分期履行的,诉讼时效期间从最后一期履行期限届满之日起计算。

第六条　未约定履行期限的合同,依照合同法第六十一条、第六十二条的规定,可以确定履行期限的,诉讼时效期间从履行期限届满之日起计算;不能确定履行期限的,诉讼时效期间从债权人要求债务人履行义务的宽限期届满之日起计算,但债务人在债权人第一次向其主张权利之时明确表示不履行义务的,诉讼时效期间从债务人明确表示不履行义务之日起计算。

第七条　享有撤销权的当事人一方请求撤销合同的,应适用合同法第五十五条关于一年除斥期间的规定。对方当事人对撤销合同请求权提出诉讼时效抗辩的,人民法院不予支持。

合同被撤销,返还财产、赔偿损失请求权的诉讼时效期间从合同被撤销之日起计算。

第八条　返还不当得利请求权的诉讼时效期间,从当事人一方知道或者应当知道不当得利事实及对方当事人之日起计算。

第九条　管理人因无因管理行为产生的给付必要管理费用、赔偿损失请求权的诉讼时效期间,从无因管理行为结束并且管理人知道或者应当知道本人之日起计算。

① 本条第三款根据《最高人民法院关于调整司法解释等文件中引用〈中华人民共和国民事诉讼法〉条文序号的决定》(法释〔2008〕18 号)第 67 条调整。根据 2012 年修正后的《民事诉讼法》,该条调整为第二百零七条。

本人因不当无因管理行为产生的赔偿损失请求权的诉讼时效期间，从其知道或者应当知道管理人及损害事实之日起计算。

第十条 具有下列情形之一的，应当认定为民法通则第一百四十条规定的“当事人一方提出要求”，产生诉讼时效中断的效力：

（一）当事人一方直接向对方当事人送交主张权利文书，对方当事人在文书上签字、盖章或者虽未签字、盖章但能够以其他方式证明该文书到达对方当事人的；

（二）当事人一方以发送信件或者数据电文方式主张权利，信件或者数据电文到达或者应当到达对方当事人的；

（三）当事人一方为金融机构，依照法律规定或者当事人约定从对方当事人账户中扣收欠款本息的；

（四）当事人一方下落不明，对方当事人在国家级或者下落不明的当事人一方住所地的省级有影响的媒体上刊登具有主张权利内容的公告的，但法律和司法解释另有特别规定的，适用其规定。

前款第（一）项情形中，对方当事人为法人或者其他组织的，签收人可以是其法定代表人、主要负责人、负责收发信件的部门或者被授权主体；对方当事人为自然人的，签收人可以是自然人本人、同住的具有完全行为能力的亲属或者被授权主体。

第十一条 权利人对同一债权中的部分债权主张权利，诉讼时效中断的效力及于剩余债权，但权利人明确表示放弃剩余债权的情形除外。

第十二条 当事人一方向人民法院提交起诉状或者口头起诉的，诉讼时效从提交起诉状或者口头起诉之日起中断。

第十三条 下列事项之一，人民法院应当认定与提起诉讼具有同等诉讼时效中断的效力：

（一）申请仲裁；

（二）申请支付令；

（三）申请破产、申报破产债权；

（四）为主张权利而申请宣告义务人失踪或死亡；

（五）申请诉前财产保全、诉前临时禁令等诉前措施；

（六）申请强制执行；

（七）申请追加当事人或者被通知参加诉讼；

（八）在诉讼中主张抵销；

（九）其他与提起诉讼具有同等诉讼时效中断效力的事项。

第十四条 权利人向人民调解委员会以及其他依法有权解决相关民事纠纷的国家机关、事业单位、社会团体等社会组织提出保护相应民事权利的请求，诉讼时效从提出请求之日起中断。

第十五条 权利人向公安机关、人民检察院、人民法院报案或者控告，请求保护其民事权利的，诉讼时效从其报案或者控告之日起中断。

上述机关决定不立案、撤销案件、不起诉的，诉讼时效期间从权利人知道或者应当知道不立案、撤销案件或者不起诉之日起重新计算；刑事案件进入审理阶段，诉讼时效期间从刑事裁判文书生效之日起重新计算。

第十六条 义务人作出分期履行、部分履行、提供担保、请求延期履行、制定清偿债务计划等承诺或者行为的，应当认定为民法通则第一百四十条规定的当事人一方“同意履行义务”。

第十七条 对于连带债权人中的一人发生诉讼时效中断效力的事由，应当认定对其他连带债权人也发生诉讼时效中断的效力。

对于连带债务人中的一人发生诉讼时效中断效力的事由，应当认定对其他连带债务人也发生诉讼时效中断的效力。

第十八条 债权人提起代位权诉讼的，应当认定对债权人的债权和债务人的债权均发生诉讼时效中断的效力。

第十九条 债权转让的，应当认定诉讼时效从债权转让通知到达债务人之日起中断。

债务承担情形下，构成原债务人对债务承认的，应当认定诉讼时效从债务承担意思表示到达债权人之日起中断。

第二十条 有下列情形之一的，应当认定为民法通则第一百三十九条规定的“其他障碍”，诉讼时效中止：

（一）权利被侵害的无民事行为能力人、限制民事行为能力人没有法定代理人，或者法定代理人死亡、丧失代理权、丧失行为能力；

（二）继承开始后未确定继承人或者遗产管理人；

（三）权利人被义务人或者其他人控制无法主张权利；

（四）其他导致权利人不能主张权利的客观情形。

第二十一条 主债务诉讼时效期间届满，保证人享有主债务人的诉讼时效抗辩权。

保证人未主张前述诉讼时效抗辩权，承担保证责任后向主债务人行使追偿权的，人民法院不予支持，但主债务人同意给付的情形除外。

第二十二条 诉讼时效期间届满，当事人一方向对方当事人作出同意履行义务的意思表示或者自愿履行义务后，又以诉讼时效期间届满为由进行抗辩的，人民法院不予支持。

第二十三条 本规定施行后，案件尚在一审或者二审阶段的，适用本规定；本规定施行前已经终审的案件，人民法院进行再审时，不适用本规定。

第二十四条 本规定施行前本院作出的有关司法解释与本规定相抵触的，以本规定为准 。

文书范本

1. 民事诉讼法程图(一审)

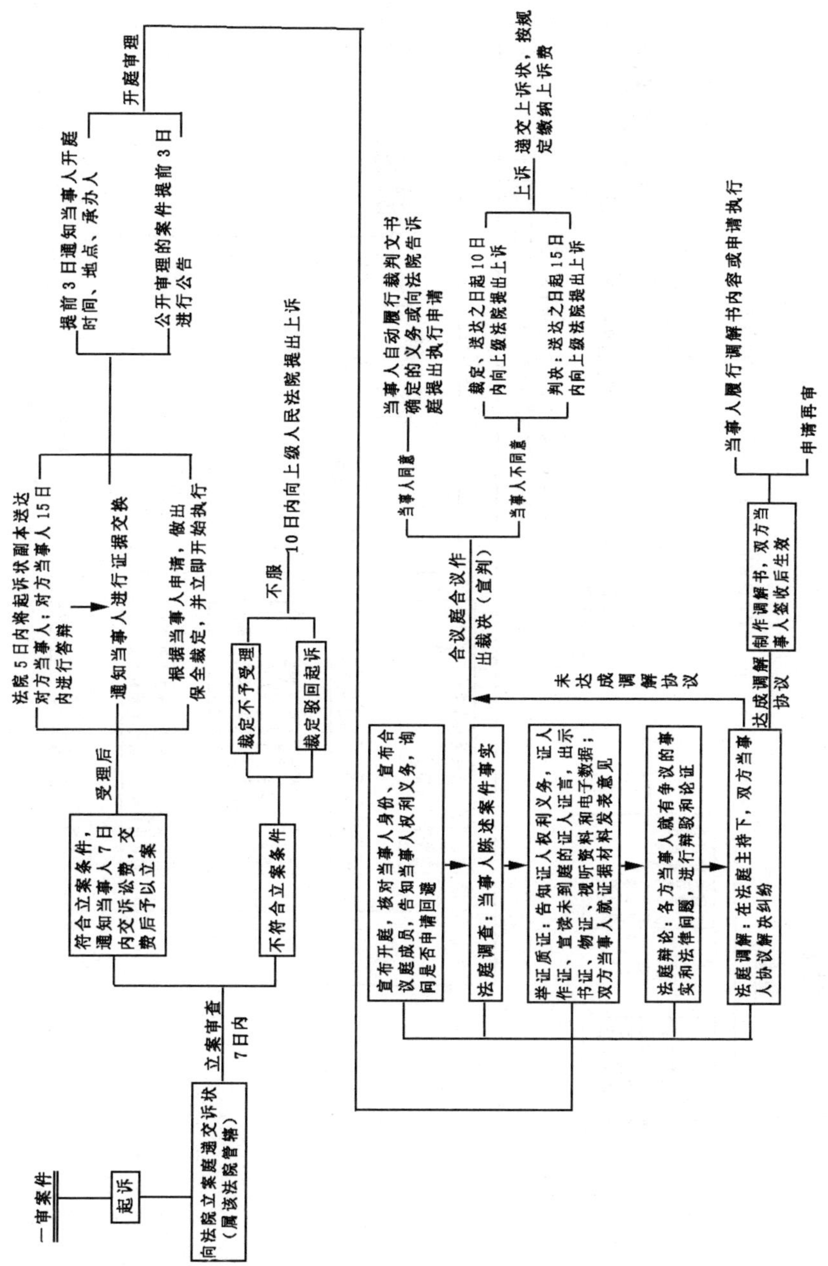

2. 民事诉讼法程图(二审)

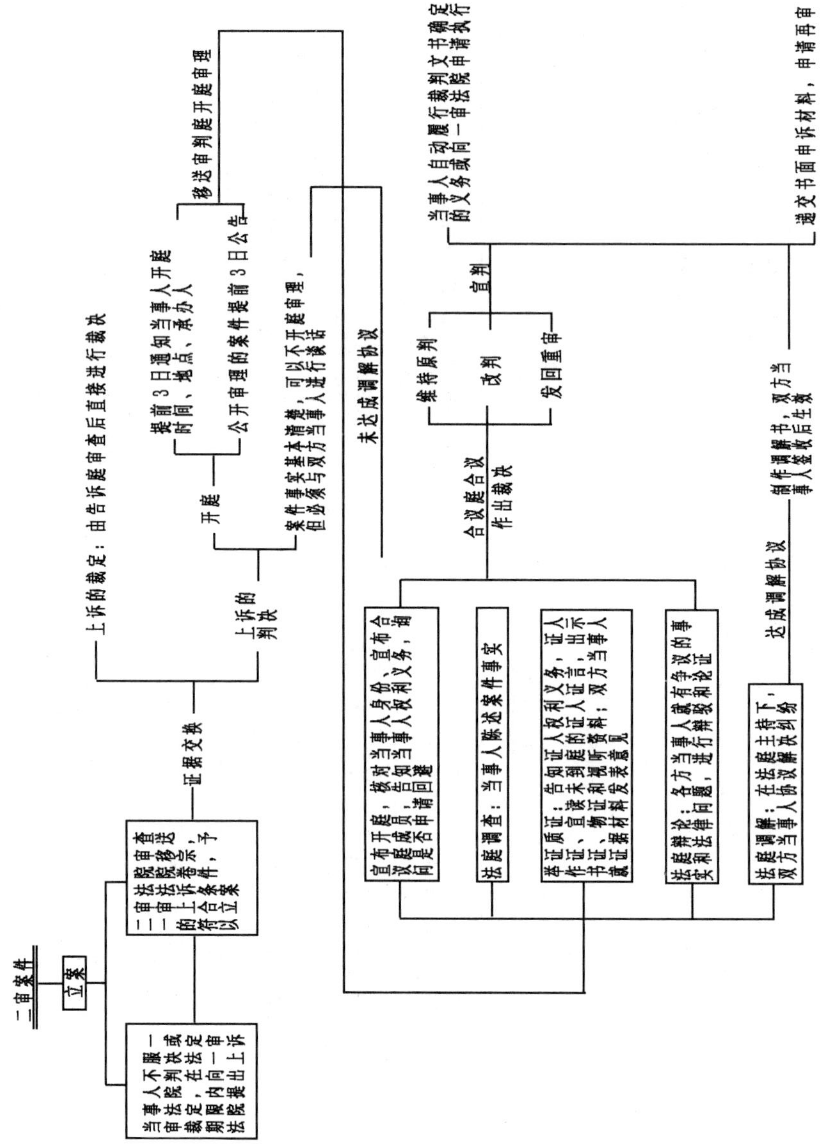
二审案件
立案
当事人不服一审法院判决或裁定，在法定期限内向一审法院提出上诉
二审法院审查二审法院移送的上诉卷宗，符合条件，予以立案
证据交换
上诉的裁定：由告诉庭审查后直接进行裁决
上诉的判决
开庭
提前3日通知当事人开庭时间、地点、承办人
公开审理的案件提前3日公告
移送审判庭开庭审理
案件事实基本清楚，可以不开庭审理，但必须与双方当事人进行谈话
未达成调解协议
宣布开庭，核对当事人身份、宣布合议庭成员，告知当事人权利义务，询问是否申请回避
法庭调查：当事人陈述案件事实
举证质证：告知证人权利义务，证人作证、宣读未到庭的证人证言，出示书证、物证和视听资料；双方当事人就证据材料发表意见
法庭辩论：各方当事人就有争议的事实和法律问题，进行辩驳和论证
法庭调解：在法庭主持下，双方当事人协议解决纠纷
合议庭合议作出裁决
维持原判
改判
发回重审
宣判
当事人自动履行裁判文书确定的义务或向一审法院申请执行
达成调解协议
制作调解书，双方当事人签收后生效
递交书面申诉材料，申请再审

七、知识产权国际公约

世界贸易组织——与贸易有关的知识产权协定

（1994 年 4 月 15 日）

各成员方：

本着减少国际贸易中的扭曲及障碍的愿望，考虑到有必要促进对知识产权有效和充分的保护，以及确保实施保护产权的措施及程序本身不致成为合法贸易的障碍；

认识到为此目的，有必要制定关于下列的新规则及规范：

（1）1994 关贸总协定基本原则及有关的国际知识产权协议和公约的适用性；

（2）关于与贸易有关的知识产权的效力、范围和使用的适当标准及原则的规定；

（3）关于在考虑到各国法律体系差异的同时，使用有效并适当的方法，实施与贸易有关的知识产权的规定；

（4）关于采取多边性的防止和解决各国间争端的有效并迅捷的程序的规定；

（5）旨在使谈判结果有最广泛的参加者的过渡安排；

认识到建立应付国际仿冒商品贸易的原则、规则及规范的多边框架的必要性；

认识到知识产权为私有权；

认识到保护知识产权的国家体制基本的公共政策目标，包括发展和技术方面的目标；

还认识到最不发达国家成员方为建立一个稳固可行的技术基础而在国内实施法律和条例方面对最大限度的灵活性具有特殊需要；

强调通过多边程序为解决与贸易有关的知识财产问题争端作出更加有力的承诺以缓解紧张局势的重要性；

希望在世界贸易组织及世界知识产权组织（本协议中称“WIPO”）之间以及其他有关国际组织之间建立一种相互支持的关系。

兹协议如下：

第一部分　总则和基本原则

第 1 条　义务的性质和范围

1. 各成员方应使本协议的规定生效。各成员方可以，但不应受强制地，在其本国法律中实行比本协议所要求的更加广泛的保护，只要这种保护不与本协议条款相抵触。各成员方应在各自的法律体系及惯例范围内自由确定实施本协议各条款的适当方法。

2. 本协议所称的“知识产权”一词系指第二部分第 1 至第 7 节所列举所有种类的知识财产。

3. 各成员方应给予其他成员方国民以本协议所规定的待遇。就相关的知识产权而言，如果所有世界贸易组织成员方已是这些公约的成员方，则其他成员方国民应被理解为符合 1967《巴黎公约》、1971《伯尔尼公约》、《罗马公约》及《有关集成电路知识产权条约》所规定的受保护资格标准的自然人或法人。任何利用由《罗马公约》第 5 条第 3 款或第 6 条第 2 款所提供之可能性的成员方应如那些条款所预见的那样，向与贸易有关的知识产权理事会作出通报。

第 2 条　知识产权公约

1. 关于本协议第二、第三及第四部分，各成员方应遵守《巴黎公约》（1967）第 1 条至第 12 条以及第 19 条规定。

2. 本协议第一至第四部分的所有规定均不得减损各成员方按照《巴黎公约》、《伯尔尼公约》、《罗马公约》和《有关集成电路知识产权条约》而可能相互承担的现行义务。

第 3 条　国民待遇

1. 在服从分别在 1967《巴黎公约》、1971《伯尔尼公约》、《罗马公约》或《有关集成电路知识产权条约》中已作的例外规定的条件下，在保护知识产权方面，每一成员方应给予其他成员方国民的待遇其优惠不得少于它给予自己国民的优惠。对于录音及广播机构的表演者、制作者，本项义务只对本协议中规定的权利适用。任何利用由 1971《伯尔尼公约》第 6 条或《罗马公约》第 16 条第 1 款第（2）子款所规定之可能性的成员方均应向与贸易有关的知识产权理事会作出在那些条款中预知的通报。

2. 第 1 款所允许的与司法及行政程序有关的例外，包括在一成员方司法管辖权范围内指定服务地址或委任代理人，只有在为确保与本协议规定不一致的法律、规章得到遵守所必要的，并且此种作法不以一种可能对贸易构成变相限制的方式被采用的条件下，各成员方方可利用。

第 4 条　最惠国待遇

在知识产权的保护方面，由一成员方授予任一其他国家国民的任何利益、优惠、特权或豁免均应立即无条件地给予所有其他成员方的国民。一成员方给予的下列利益、优惠、特权或豁免，免除此项义务：

(a)得自国际司法协助协定或一种一般性的并非专门限于保护知识产权的法律实施的；

(b)按照认可所给予的待遇，只起在另一国所给予的待遇的作用，而不起国民待遇作用的1971《伯尔尼公约》或《罗马公约》的规定授予的；

(c)有关本协议未作规定的录音与广播组织的表演者及制作者权利的；

(d)得自世界贸易组织协定生效之前已生效的与知识产权保护有关的国际协定的，条件是此类协定已通报与贸易有关的知识产权理事会，并且不得构成一种对其他各成员方国民随意的或不公正的歧视。

第5条　关于保护的获得或保持的多边协定

第3条和第4条规定的义务，不适用于在世界知识产权组织主持下达成的有关知识产权获得或保持的多边协定规定的程序。

第6条　失效

就本协议下争端的解决而言，按照第3条及第4条，本协议中的任何条款均不得用以提出知识产权失效问题。

第7条　目标

知识产权的保护和实施应当对促进技术革新以及技术转让和传播作出贡献，对技术知识的生产者和使用者的共同利益作出贡献，并应当以一种有助于社会和经济福利以及有助于权利与义务平衡的方式进行。

第8条　原则

1. 各成员方在制订或修正其法律和规章时，可采取必要措施以保护公众健康和营养，并促进对其社会经济和技术发展至关重要部门的公众利益，只要该措施符合本协议规定。

2. 可能需要采取与本协议的规定相一致的适当的措施，以防止知识产权所有者滥用知识产权或藉以对贸易进行不合理限制或实行对国际间的技术转让产生不利影响的作法。

第二部分　关于知识产权的效力、范围及使用的标准

第1节　版权及相关权利

第9条　与《伯尔尼公约》的关系

1. 各成员方应遵守1971《伯尔尼公约》第1至第21条及其附件的规定。然而，各成员方根据本协议对公约第6条副则授予的权利或由其引伸出的权利没有权利和义务。

2. 对版权的保护可延伸到公式，但不得延伸到思想、程序、操作方法或数学上的概念等。

第10条　计算机程序和数据汇编

1. 计算机程序，无论是信源代码还是目标代码均应根据1971《伯尔尼公约》的规定作为文献著作而受到保护。

2. 不论是机读的还是其他形式的数据或其他材料的汇编，其内容的选择和安排如构成了智力创造即应作为智力创造加以保护。这种不得延及数据或材料本身的保护不应妨碍任何存在于数据或材料本身的版权。

第11条　出租权

至少在计算机程序和电影艺术作品方面，一成员方应给予作者及其权利继承人以授权或禁止将其拥有版权的作品原著或复制品向公众作商业性出租的权利。除非此类出租已导致了对该作品的广泛复制，而这种复制严重损害了该成员方给予作者及其权利继承人的独家再版权，否则在电影艺术作品方面一成员方可免除此项义务。在计算机程序方面，当程序本身不是出租的主要对象时，此项义务不适用于出租。

第12条　保护期

电影艺术作品或实用艺术作品以外作品的保护期，应以不同于自然人的寿命计算，此期限应为自授权出版的日历年年终起算的不少于50年，或者若作品在创作后50年内未被授权出版，则应为自创作年年终起算的50年。

第13条　限制和例外

各成员方应将对独占权的限制和例外规定限于某些特殊情况，而不影响作品的正常利用，也不无理妨碍权利所有者的合法利益。

第14条　对表演者、录音制品(唱片)制作者和广播组织的保护

1. 在表演者的表演在录制品上的录制方面，表演者应能阻止下列未经其许可的行为：录制和翻录其尚未录制的表演；表演者也应能阻止下列未经其许可的行为：将其现场表演作无线电广播和向公众传播。

2. 录音制品制作者应享有授权或禁止直接或间接翻制其录音制品的权利。

3. 广播机构应有权禁止下列未经其许可的行为：录制、翻录、以无线广播手段转播，以及向公众传播同一录音制品的电视广播。若各成员方未向广播机构授予此种权利，则应依照《伯尔尼公约》(1971)，向广播内容的版权所有者提供阻止上述行为的可能性。

4. 第11条关于计算机程序的规定经对细节作必要修改后，应适用于录音制品的制作者及经一成员方法律确认的录音制品的任何其他版权所有者。若一成员方在1994年4月15日实行了在出租录音制品方面向版权所有者提供合理补偿的制度，则它可在录音制品的商业性出租未对版权所有者的独占翻录权造成重大损害的条件下，维持该项制度。

5. 录音制品制作者和表演者根据本协议可以获得的保护期至少应持续到从录音制品被制作或演出进行的日历年年终起算的50年期结束时。按照第3款给予的保护期至少应

从广播播出的日历年年终起算持续20年。

6. 任何成员方可在《罗马公约》允许的范围内对按第1款、第2款及第3款授予的权利规定条件、限制、例外及保留。但是,《伯尔尼公约》(1971)第18条的规定经对细节作必要修改后,也应适用于录音制品表演者和制作者的权利。

第2节 商 标

第15条 保护事项

1. 任何能够将一个企业的商品和服务与另一企业的商品和服务区别开来的标志或标志组合,均应能够构成商标。此种标志,尤其是包含有个人姓名的词、字母、数目字、图形要素和色彩组合以及诸如此类的标志组合,应有资格注册为商标。若标志没有固有的能够区别有关商品及服务的特征,则各成员方可将其通过使用而得到的独特性作为或给予注册的依据。各成员方可要求标志在视觉上是可以感知的,以此作为注册的一项条件。

2. 第1款不得理解为阻止一成员方以其他理由拒绝商标注册,只要这些理由不减损《巴黎公约》(1967)的规定。

3. 各成员方可将使用作为给予注册的依据。然而,商标的实际使用不应是提出注册申请的一项条件。申请不得仅由于在自申请之日起的3年期期满之前未如所计划那样地加以使用而遭拒绝。

4. 商标所适用的商品或服务的性质在任何情况下,均不得构成对商标注册的障碍。

5. 各成员方应在每一商标注册之前或之后立即将其公布,并应为请求取消注册提供合理机会。此外,各成员方可为反对一个商标的注册提供机会。

第16条 授予权利

1. 注册商标所有者应拥有专有权,以阻止所有未经其同意的第三方在贸易中使用与已注册商标相同或相似的商品或服务的,其使用有可能招致混淆的相同或相似的标志。在对相同商品或服务使用相同标志的情况下,应推定存在混淆之可能。上述权利不应妨碍任何现行的优先权,也不应影响各成员方以使用为条件获得注册权的可能性。

2. 1967《巴黎公约》第6条副则经对细节作必要修改后应适用于服务。在确定一个商标是否为知名商标时,各成员方应考虑到有关部分的公众对该商标的了解,包括由于该商标的推行而在有关成员方得到的了解。

3. 1967《巴黎公约》第6条副则经对细节作必要修改后应适用于与已注册商标的商品和服务不相似的商品或服务,条件是该商标与该商品和服务有关的使用会表明该商品或服务与已注册商标所有者之间的联系,而且已注册商标所有者的利益有可能为此种使用所损害。

第17条 例外

各成员方可对商标所赋予的权利作些有限的例外规定,诸如公正使用说明性术语,条件是此种例外要考虑到商标所有者和第三方的合法利益。

第18条 保护期

商标首次注册及每次续期注册的期限不得少于7年。商标注册允许无限期地续期。

第19条 使用规定

1. 如果注册的保持要求以商标付诸使用为条件,则除非商标所有者提出了此类使用存在障碍的充分理由,否则注册只有在商标至少连续三年以上未予使用的情况下方可取消。出现商标人意志以外情况而构成对商标使用的障碍,例如对受商标保护的货物或服务实施进口限制或其他政府要求,此类情况应被视为不使用商标的正当理由。

2. 当商标由其他人使用是处在该商标所有者的控制之下时,这种使用应按是为保持注册目的之使用而予以承认。

第20条 其他要求

商标在贸易当中的使用不得受到一些特殊要求不正当的妨碍,比如与另一商标一道使用,以特殊形式使用,或以有害于该商标将一个企业的商品或服务与其他企业的商品或服务区分开来的能力之方式使用等。这并不排除规定识别生产某种商品或服务的企业的商标与识别该企业同类特殊商品或服务的商标一道但不联在一起使用的要求。

第21条 许可与转让

各成员方可以确定商标许可与转让的条件,同时,不言而喻,强制性的商标许可是不应允许的,已注册商标的所有者有权将商标所属企业与商标一同转让或只转让商标不转让企业。

第3节 地理标志

第22条 对地理标志的保护

1. 本协议所称的地理标志是识别一种原产于一成员方境内或境内某一区域或某一地区的商品的标志,而该商品特定的质量、声誉或其他特性基本上可归因于它的地理来源。

2. 在地理标志方面,各成员方应向各利益方提供法律手段以阻止:

(1)使用任何手段,在商品的设计和外观上,以在商品地理标志上误导公众的方式标志或暗示该商品原产于并非其真正原产地的某个地理区域;

(2)作任何在1967《巴黎公约》第10条副则意义内构成一种不公平竞争行为的使用。

3. 若某种商品不产自于某个地理标志所指的地域,而其商标又包含了该地理标志或由其组成,如果该商品商标中的该标志具有在商品原产地方面误导公众的性质,则成员方在其法律许可的条件下或应利益方之请求应拒绝或注销该商标的注册。

4. 上述第1、2、3款规定的保护应适用于下述地理标志:

该地理标志虽然所表示的商品原产地域、地区或所在地字面上无误，但却向公众错误地表明商品是原产于另一地域。

第23条　对葡萄酒和烈性酒地理标志的额外保护

1. 每一成员方应为各利益方提供法律手段，以阻止不产自于某一地理标志所指地方的葡萄酒或烈性酒使用该地理标志，即使在标明了商品真正原产地或在翻译中使用了该地理标志或伴以“种类”、“类型”、“风味”、“仿制”等字样的情况下也不例外。

2. 对于不产自于由某一地理标志所指的原产地而又含有该产地地理标志的葡萄酒或烈性酒，如果一成员方的立法允许或应某一利益方之请求，应拒绝或注销其商标注册。

3. 如果不同的葡萄酒使用了同名的地理标志，则根据上述第22条第4款规定，每一种标志均受到保护。每一成员方应确定使同名地理标志能够相互区别开来的现实条件，同时应考虑到确保有关的生产者受到公正待遇并不致使消费者产生误解混淆。

4. 为了便于对葡萄酒地理标志进行保护，应在与贸易有关的知识产权理事会内就建立对参加体系的那些成员方有资格受到保护的葡萄酒地理标志进行通报与注册的多边体系进行谈判。

第24条　国际谈判与例外

1. 成员方同意进行旨在加强第23条规定的对独特地理标志的保护的谈判。成员方不得援用下述第4至8款的规定，拒绝进行谈判或缔结双边或多边协定。在此类谈判中，成员方应愿意考虑这些作为此类谈判之议题的独特地理标志的连续适用性的规定。

2. 与贸易有关的知识产权理事会应对本节规定之适用情况实行审查，首次此类审查应在世界贸易组织协定生效2年之内进行。任何影响履行该规定义务的事项均可提请理事会注意。应一成员方之请求，理事会应就经有关成员方之间双边磋商或多组双边磋商仍无法找到令人满意的解决办法的问题，同任何一个或多个成员方进行磋商。理事会应采取可能被一致认为有助于本节之实施及促进本节目标之实现的行动。

3. 在实施本节规定时，成员方不得在世界贸易组织协定生效日即将来临之际减少对该成员方境内的地理标志的保护。

4. 本节中无任何规定要求一成员方阻止其国民或居民继续或类似地使用另一成员方与商品或服务有关的用以区别葡萄酒或烈性酒的特殊地理标志。这些国民或居民在该成员方境内：

（1）在1994年4月15日之前至少已有10年；

（2）在上述日期之前已诚实守信地连续使用了标示相同或相关商品或服务的地理标志。

5. 若一商标已被诚实守信地使用或注册，通过诚实守信的使用而获得一商标的权利：

（1）在如第六部分中所确定的这些规定在那一成员方适用之日以前；

（2）在该地理标志在其原产国获得保护之前；

则为实施本节而采取的措施就不得以该商标同某一地理标志相同或类似为由而损害其注册的合格性和合法性，或使用该商标的权利。

6. 本节中无任何规定要求一成员方适用任何其他成员方的关于商品和服务的地理标志的规定，这些商品或服务的相关标志与作为那一成员方境内此类商品或服务的普通名称在一般用语中是惯用的名词完全相同。本节中无任何规定要求一成员方适用任何其他成员方的葡萄制品的地理标志的规定，这些葡萄制品与在世界贸易组织协定生效之日存在于该成员方境内的葡萄品种的惯用名称完全相同。

7. 一成员方可以规定，任何根据本节所提出的有关商标使用或注册的请求必须在对该受保护标志的非法使用被公布后5年之内提出，或在商标在那一成员方境内注册之日以后提出，条件是在注册之日商标已被公告。如果该日期早于非法使用被公布的日期，则条件就应是地理标志未被欺诈地使用或注册。

8. 本节规定丝毫不得妨碍任何个人在贸易中使用其姓名或其前任者姓名的权利，若该姓名的使用导致公众的误解则除外。

9. 各成员在本协定下无任何义务保护在来源国不受保护或终止保护或不再使用的地理标记。

第4节　工 业 设 计

第25条　保护的要求

1. 成员方应为新的或原始的独立创造的工业设计提供保护。成员方可以规定设计如果与已知的设计或已知的设计要点的组合没有重大区别，则不视其为新的或原始的。成员方可以规定此类保护不应延伸至实质上是由技术或功能上的考虑所要求的设计。

2. 每一成员方应保证对于获取对纺织品设计保护的规定不得无理损害寻求和获得此类保护的机会，特别是在费用、检查或发表方面。各成员方可自行通过工业设计法或版权法履行该项义务。

第26条　保 护

1. 受保护工业设计的所有者应有权阻止未经所有者同意的第三方为商业目的生产、销售或进口含有或体现为是受保护设计的复制品或实为复制品的设计的物品。

2. 成员方可以对工业设计的保护规定有限的例外，条件是这种例外没有无理地与对受保护工业设计的正常利用相冲突，且没有无理损害受保护设计所有者的合法利益，同时考虑到第三方的合法利益。

3. 有效保护期限至少为10年。

第5节 专　　利

第27条 可取得专利的事项

1. 根据下述第2、3款的规定，所有技术领域内的任何发明，无论是产品还是工艺，均可取得专利，只要它们是新的、包含一个发明性的步骤，工业上能够适用。根据第65条第4款、第70条第8款和本条第3款的规定，专利的取得和专利权的享受应不分发明地点、技术领域以及产品是进口的还是当地生产的。

2. 若阻止某项发明在境内的商业利用对保护公共秩序或公共道德，包括保护人类、动物或植物的生命或健康或避免对环境造成严重污染是必要的，则成员方可拒绝给予该项发明以专利权，条件是，不是仅因为其国内法禁止这种利用而作出此种拒绝行为。

3. 以下情况，成员方也可不授予专利：

(1)对人类或动物的医学治疗的诊断、治疗和外科手术方法；

(2)微生物以外的动植物，非生物和微生物生产方法以外的动物或植物的实为生物的生产方法。然而，成员方应或以专利形式，或以一种特殊有效的体系，或以综合形式，对植物种类提供保护。应在世界贸易组织协定生效4年之后对本子款的规定进行审查。

第28条 授予的权利

1. 一项专利应授予其所有者以下独占权：

(1)若一项专利的标的事项是一种产品，则专利所有者有权阻止未得到专利所有者同意的第三方制造、使用、出卖、销售、或为这些目的而进口被授予专利的产品；

(2)若专利的标的事项是一种方法，则专利所有者有权阻止未得到专利所有者同意的第三方使用该方法，或使用、出卖、销售或至少是为这些目的而进口直接以此方法获得的产品。

2. 专利所有者还应有权转让或通过继承转让该项专利，及签订专利权使用契约。

第29条 专利申请者的条件

1. 成员方应要求专利申请者用足够清晰与完整的方式披露其发明，以便于为熟悉该门技术者所运用，并要求申请者在申请之日指明发明者已知的运用该项发明的最佳方式，若是要求取得优先权，则需在优先权申请之日指明。

2. 成员方可要求专利申请者提供关于该申请者在国外相同的申请与授予情况的信息。

第30条 授予权利的例外

成员方可对专利授予的独占权规定有限的例外，条件是该例外规定没有无理地与专利的正常利用相冲突，也未损害专利所有者的合法利益，同时考虑到第三者的合法利益。

第31条 未经权利人授权的其他使用

若一成员方的法律允许未经权利人授权而对专利的标的事项作其他使用，包括政府或经政府许可的第三者的使用，则应遵守以下规定：

(1)此类使用的授权应根据专利本身的条件来考虑。

(2)只有在拟议中的使用者在此类使用前已作出以合理的商业条件获得权利人授权的努力，而该项努力在一段合理时间内又未获成功时，方可允许此类使用。在发生全国性紧急状态或其他极端紧急状态或为公共的非商业性目的而使用的情况下，成员方可放弃上述要求。即使是在发生全国性紧急状态或其他极端紧急状态的情况下，仍应合理地尽早通报权利人。至于公共的非商业性使用，若政府或订约人在未查专利状况的情况下得知或有根据得知，一项有效的专利正在或将要被政府使用或为政府而使用，则应及时通知权利人。

(3)此类使用的范围和期限应限制在被授权的意图之内；至于半导体技术，只应用于公共的非商业性目的，或用于抵销在司法或行政程序后被确定的反竞争的做法。

(4)此类使用应是非独占性的。

(5)此类使用应是不可转让的，除非是同享有此类使用的那部分企业或信誉一道转让。

(6)任何此类使用之授权，均应主要是为授权此类使用的成员方国内市场供应之目的。

(7)在被授权人的合法利益受到充分保护的条件下，当导致此类使用授权的情况下不复存在和可能不再产生时，有义务将其终止；应有动机的请求，主管当局应有权对上述情况的继续存在进行检查。

(8)考虑到授权的经济价值，应视具体情况向权利人支付充分的补偿金。

(9)任何与此类使用之授权有关的决定，其法律效力应接受该成员方境内更高当局的司法审查或其他独立审查。

(10)任何与为此类使用而提供的补偿金有关的决定，应接受成员方境内更高当局的司法审查或其他独立审查。

(11)若是为抵销在司法或行政程序后被确定为反竞争做法而允许此类使用，则成员方没有义务适用上述第(2)和第(6)子款规定的条件；在决定此种情况中补偿金的数额时，可以考虑纠正反竞争做法的需要；若导致此项授权的条件可能重新出现，则主管当局应有权拒绝终止授权。

(12)若此类使用被授权允许利用一项不侵犯另一项专利(第一项专利)就不能加以利用的专利(第二项专利)，则下列附加条件应适用：

①第二项专利中要求予以承认的发明，应包括比第一项专利中要求予以承认的发明的经济意义更大的重要的技术进步；

②第一项专利的所有者应有权以合理的条件享有使用第二项专利中要求予以承认之发明的相互特许权；

③除非同第二项专利一道转让，否则第一项专利所授权

的使用应是不可转让的。

第32条 撤销、收回

应提供对撤销或收回专利的决定进行司法审查的机会。

第33条 保护的期限

有效的保护期限自登记之日起不得少于20年。

第34条 工艺专利的举证责任

1. 在第28条第1款第(2)子款所述及关于侵犯所有者权利的民事诉讼中,若一项专利的标的事项是获取某种产品的工艺,则司法当局应有权令被告证明获取相同产品的工艺不同于取得专利的工艺。因此,各成员方应规定在下列情况中至少一种情况下,任何未经专利所有者同意而生产的相同产品若无相反的证据,应被视为是以取得专利的工艺获取的:

(1)如果以该项取得专利的工艺获取的产品是新的;

(2)如果该相同产品极有可能是以该工艺生产的,而专利所有者又不能通过合理的努力确定实际使用的工艺。

2. 只要上述第(1)或第(2)子款所述及的条件得到满足,任何成员方均应有权规定上述第1款所指明的举证责任应由有嫌疑的侵权者承担。

3. 在举出相反证据时,应考虑被告保护其生产和商业秘密的合法权益。

第6节 集成电路的外观设计

第35条 与有关集成电路的知识产权条约的关系

各成员方同意按有关集成电路的知识产权条约中第2条至第7条(第6条中第3款除外)、第12条和第16条第3款规定,对集成电路的外观设计提供保护,此外还服从以下规定。

第36条 保护范围

根据下述第37条第1款的规定,成员方应认为下列未经权利所有人授权的行为是非法的:进口、销售或为商业目的分售受保护的外观设计、含有受保护设计的集成电路或仅在继续含有非法复制的外观设计的范围内含有这种集成电路的产品。

第37条 不需要权利人授权的行为

1. 尽管有上述第36条的规定,但若从事或指令从事上条中所述及的关于含有非法复制的外观设计的集成电路或含有此种集成电路的任何产品的任何行为的人,在获取该集成电路或含有此种集成电路的产品时,未得知且没有合理的根据得知它含有非法复制的外观设计,则成员方不应认为这种行为是非法的。成员方应规定,该行为人在接到关于复制该设计是非法行为的充分警告之后,仍可从事与在此之前的存货和订单有关的任何行为,但有责任向权利人支付一笔与对自由商谈而取得的通过关于该设计的专利使用权所应付费用相当的合理的专利权税。

2. 若对该外观设计的专利权使用授权是非自愿的或者被政府使用或为政府而使用是未经权利人授权的,则上述第31条第(1)-(11)子款规定的条件在对细节作必要修改后应适用。

第38条 保护的期限

1. 在要求将登记作为保护条件的成员方,对外观设计的保护期限自填写登记申请表之日或自在世界上任何地方首次进行商业开发之日计起,应不少于10年时间。

2. 在不要求将登记作为保护条件的成员方,对外观设计的保护期限自在世界上任何地方首次进行商业开发之日计起,应不少于10年时间。

3. 尽管有上述第1、第2款规定,成员方仍可规定在外观设计产生15年后保护应自动消失。

第7节 对未泄露之信息的保护

第39条

1. 在确保有效的保护以应对1967《巴黎公约》第10条副则所述及的不公平竞争的过程中,各成员方应对下述第2款所规定的未泄露之信息和下述第3款所规定的提交给政府或政府机构的数据提供保护。

2. 自然人和法人应有可能阻止由其合法掌握的信息在未得到其同意的情况下,被以违反诚信的商业作法的方式泄露、获得或使用,只要此信息:

(1)在作为一个实体或其组成部分的精确形状及组合不为正规地处理此种信息的那部分人所共知或不易被其得到的意义上说是秘密的;

(2)由于是秘密的而具有商业价值;

(3)被其合法的掌握者根据情况采取了合理的保密措施。

3. 成员方当被要求呈交未公开的试验或其他需要付出相当劳动获得的数据以作为同意使用新型化学物质生产的药品或农用化学品在市场上销售的一项条件时,应保护该数据免受不公平的商业利用。此外,成员方应保护该数据免于泄露,除非是出于保护公共利益的需要,或采取了保证该数据免受不公平商业利用的措施。

第8节 在契约性专利权使用中对反竞争性行为的控制

第40条

1. 各成员方一致认为,与限制竞争的知识产权有关的一些专利权使用作法或条件对贸易可能产生不利影响,可能妨碍技术的转让和传播。

2. 本协议中无任何规定阻止成员方在其立法中详细载明在特定情况下可能构成对有关市场中的竞争具有不利影响的知识产权滥用的专利权使用作法或条件。如上述所规定,一成员方可按照本协议的其他规定,根据国内有关法律和规定采取适当措施阻止或控制此种作法。这些措施可能包括例如独占性回授条件、阻止否认合法性的条件和强制性的一揽子许可证交易。

3. 若一成员方有理由认为是另一成员方国民或居民的知识产权所有者正在从事违反该成员方关于本节主题事项的法律规章的活动，并希望使该另一成员方遵守此类法规，则在不妨碍两个成员方中任何一方依法采取任何行动和作出最终决定的充分自由的条件下，该另一成员方在接到该成员方的请求后，应与之进行磋商。被请求的成员方对与提出请求的成员方进行磋商应给予充分的同情的考虑，为此提供充分的机会，并应在服从国内法和令双方满意的关于提出请求的成员方保护资料机密性的协议之最后决定的条件下，通过提供与该问题有关的可以公开利用的非机密性资料和可供该成员方利用的其他资料进行合作。

4. 其国民或居民正在另一成员方接受关于所断言的违反该成员方关于本节主题事项的法律规章的诉讼的成员方，根据请求，应由另一成员方给予按照与上述第 3 款相同的条件进行磋商的机会。

第三部分　知识产权的实施

第 1 节　一 般 义 务

第 41 条

1. 成员方应保证由本部分所具体规定的实施程序根据国内法是有效的，以便允许对本协议所涉及的侵犯知识产权的行为采取有效行动，包括及时地阻止侵权的补救措施和对进一步侵权构成一种威慑的补救措施。在运用这些程序时，应避免对合法贸易构成障碍，并规定防止其滥用的保障措施。

2. 知识产权的实施程序应公平合理，不应不必要地繁琐、消耗资财，也不应有不合理的时限及毫无道理的拖延。

3. 对一案件案情实质的裁决最好应以书面形式作出并陈述理由。至少应使诉讼各方没有不适当延迟地获知裁决结果。对该案件案情实质的判定应只以各方有机会了解的证据为依据。

4. 诉讼各方应有机会让司法当局对最终行政决定及根据一成员方法律中关于案件重要性的司法规定至少是对案情实质最初司法裁决的法律方面进行审查。然而，没有义务为对刑事案件中的判定无罪进行审查提供机会。

5. 显然，本部分未规定任何关于设立与大多数法律不同的实施知识产权的司法制度的义务，也不影响成员方实施其大多数法律的能力。本部分也未规定任何关于在实施知识产权和实施大多数法律之间进行资源分配的义务。

第 2 节　民事和行政程序及补救

第 42 条　公平合理的程序

成员方应使权利所有人可以利用关于本协议所涉及的任何知识产权之实施的民事司法程序。被告应有权及时获得内容充实的书面通知，其中包括控告的依据。应允许成员方由独立的法律辩护人充当其代表。关于强制性的亲自出庭，程序中不应规定过多烦琐的要求。该程序所涉及的各方应有充分的权利证实其要求，并提出所有相关的证据。该程序应规定一种识别和保护机密性资料的方法，除非该规定与现行的宪法要求相抵触。

第 43 条　证据

1. 若一当事方已提交了足以支持其要求的合理有效的证据，并具体指明了由对方掌握的与证实其要求有关的证据，则司法当局应有权决定按照在此类案件中确保对机密性资料保护的条件，令对方出示该证据。

2. 若诉讼一当事方有意地并无正当理由地拒绝有关方面使用或在合理期限内未提供必要的资料，或严重地妨碍与某一强制行动有关的程序，则一成员方可授权司法当局根据呈交上来的信息，包括因被拒绝使用信息而受到不利影响的一方呈交的申诉和事实陈述，作出或是肯定的或是否定的最初和最终裁决。这一切须在向各方提供机会听到断言或证据的情况下进行。

第 44 条　禁令

1. 司法当局应有权命令一当事方停止侵权行为，特别是在涉及对知识产权有侵权行为的进口货物结关之后，立即阻止这些货物进入其司法管辖区内的商业渠道。各成员方对涉及由个人在得知或有合理的根据得知经营受保护产品会构成对知识产权的侵犯之前获得或订购的该产品不必提供此项授权。

2. 尽管有本部分的其他规定，若第二部分中专门阐述的关于未经权利人授权的政府使用或由政府授权的第三方的使用的各项规定得到遵守，则各成员方可将针对此类使用的可资利用的补救措施限制在依据第 31 条第(8)子款的补偿金支付上。在其他情况下，本部分的补救措施应适用，或者若这些补救措施与成员方的法律不符，则应适用宣告性判决和适当的补偿金。

第 45 条　损害

1. 司法当局有权令故意从事侵权活动或有合理的根据知道是在从事侵权活动的侵权人就因侵权人对权利所有人知识产权的侵犯而对权利所有人造成的损害向其支付适当的补偿。

2. 司法当局有权令侵权人向权利所有人支付费用，可能包括聘请律师的有关费用。在有关案件中，即使侵权人并非故意地从事侵权活动或有合理的根据知道其正在从事侵权活动，成员方仍可授权司法当局下令追偿利润和/或支付预先确定的损失。

第 46 条　其他补救

为了对侵权行为造成有效的威慑，司法当局有权对其发现正在侵权的货物以避免对权利所有人造成损害的方式不作任何补偿地在商业渠道以外予以处置，或者在不与现行法律要求相抵触的情况下予以销毁。司法当局还有权令在侵权物品生产中主要使用的材料和工具以减少进一步侵权危险的方式不作任何补偿地在商业渠道以外予以处置。在考虑此类请求时，应考虑侵权的严重程度与被决定的补救两者相称的必要性以及第三者的利益。对于仿冒商标产品，除例外情况，仅仅除去非法所贴商标还不足以允许将该产品放行到商业渠道之中。

第47条 告知权

成员方可规定，司法当局有权令侵权人将与侵权产品或服务的生产、销售有牵连的第三方的身份及其销售渠道告知权利所有人，除非这种授权与侵权的危害程度不成比例。

第48条 被告的赔偿

1. 司法当局有权令应其请求而采取措施并滥用实施程序的申诉方向受到错误命令或抑制的被告方因此种滥用而遭受的损害提供补偿。司法当局还应有权令申诉方支付被告方的费用，可能包括聘请律师的有关费用。

2. 关于与知识产权的保护或实施有关的任何法律的实施，若政府机构和政府官员在实施法律过程中有诚意地采取了行动或打算采取行动，则应仅免除其对适当补救措施的责任。

第49条 行政程序

在决定以民事补救作为案件的行政程序之结果的范围内，此类程序应遵守与本节中所规定的那些原则大体相等的原则。

第3节 临时措施

第50条

1. 司法当局应有权决定及时、有效的临时措施：

(1)阻止知识产权侵权行为的发生，特别是阻止包括刚刚结关的进口商品在内的侵权商品进入其司法管辖区内的商业渠道；

(2)保护关于被断言的侵权行为的有关证据。

2. 在适当的情况下，特别是在任何延迟可能会给权利人带来不可弥补的损害或证据极有毁灭危险的情况下，司法当局有权采取适当的措施。

3. 司法当局有权要求申诉人提供合理有效的证据，以便司法当局充分肯定地确认申诉人就是权利人，申诉人的权利正在受到侵犯，或者这种侵犯即将发生。同时司法当局应要求申诉人提供足以保护被告和防止滥用的保证金或同等的担保。

4. 若临时措施已经采取，应在实施措施后最短时间内通知受影响的成员方。应被告之请求，应对这些措施进行重新审查，包括听取被告陈述，以便在关于措施的通报发出后的合理时间内决定这些措施是否应加以修正、撤销或确认。

5. 将要实施临时措施令的司法当局可以要求申诉人提供为鉴别相关产品所必需的其他资料。

6. 在成员方法律允许的情况下，对案件案情实质作出裁决的合理诉讼时间，由发布措施令的司法当局决定。在没有此种决定的情况下，该合理时间为不超过20个工作日或者31天，以长者为准。若此类诉讼在该合理时间内没有开始，则在不妨碍上述第4款规定的同时，按照上述第1、第2款所采取的临时措施，应根据被告的请求予以撤销或使其停止生效。

7. 若临时措施被撤销，或由于申诉人的任何作为或疏忽而失效，或随后发现对知识产权的侵犯或侵犯的威胁并不存在，则应被告之请求，司法当局应有权令申诉人就这些措施对被告造成的任何损害向被告提供适当的赔偿。

8. 在能够决定以任何临时措施作为行政程序之结果的范围内，此类程序应遵守与本节中所规定的那些原则大体相等的原则。

第4节 与边境措施相关的特殊要求

第51条 海关当局的中止放行

成员方应依照以下规定采纳程序，使有确凿根据怀疑可能发生仿冒商标商品或盗版商品的进口的权利人能够以书面形式向主管的行政或司法当局提出由海关当局中止放行该货物进入自由流通的申请。在本节的要求得到满足的条件下，可使对含有其他侵犯知识产权行为货物的申请能够向成员方提出。成员方还可规定关于海关当局中止放行从其境内出口的侵权货物的相应程序。

第52条 申请

应要求任何启动上述第51条程序的权利人提供适当的证据，以使主管当局确信，根据进口国的法律，确有对权利人知识产权无可争辩的侵犯，并提供对该货物充分详细的描述，以使海关当局可以迅速地对其加以识别。主管当局应在一个合理的时间内通知申请人是否接受其请求，若主管当局决定受理，应通知申诉人海关当局采取行动的时间。

第53条 保证金或同等担保

1. 主管当局应有权要求申请人提供一笔足以保护被告和有关当局并阻止滥用的保证金或同等担保。该保证金或同等担保不应无理地阻碍对这些程序的援用。

2. 假如根据本节关于申请的规定，对涉及工业设计、专利、外观设计或未泄露信息的货物进入自由流通的放行已由海关当局根据非由司法或其他独立机构作出的裁决中止，下述第55条规定的期限已到期而仍未获得主管当局暂时放行的许可，而且假如关于进口的所有其他条件均得到了遵从，则该货物的所有人、进口商或收货人在提交了一笔其数额足以保护权利人不受侵权损害的保证金的条件下，应有权使该货物放行。保证金的支付不应妨碍向权利人作其他有效的补偿。显然，如果权利人在一段合理的时间内没有寻求起诉权，则保证金应予免除。

第 54 条 中止通知

根据上述第 51 条的规定，货物放行一旦被中止，应立即通知进口商和申请人。

第 55 条 中止的持续期限

若在申请人被送达中止通知后不超过 10 个工作日之内，海关当局仍未接到关于被告以外的一方已开始将会导致对案件的案情实质作出裁决的诉讼，或者主管当局已采取延长对货物放行中止的临时措施的通知，则只要进口或出口的所有其他条件均已得到了遵从，该货物便应予放行。在适当的情况下，上述期限可再延长 10 个工作日。若导致对一案件案情实质作出裁决的诉讼已经开始，则应被告之请求，应进行审查，包括听取被告的陈述，以便决定在一段合理的时间内这些措施是否应加以修正、撤销或确认。尽管有上述规定，或货物的放行已经被中止，或根据临时司法措施继续被中止，则第 50 条第 6 款的规定应适用。

第 56 条 对商品进口商和货主的补偿

有关当局应有权令申请人就因错误扣押货物或扣押根据上述第 55 条规定应予放行的货物而对进口商、收货人和货主所造成的损害向其支付适当的赔偿。

第 57 条 资料和调查权

在不妨碍对机密资料进行保护的同时，成员方应授权主管当局给予权利人使被海关当局扣押的货物接受检查以证实权利人要求的充分机会。有关当局也应有权给予进口商使任何此类货物接受检查的同等机会。若对案件的案情实质已作出了积极的裁决，成员方可以授权主管当局将有关发货人、进口商和收货人的姓名和地址以及有关货物的数量通知权利人。

第 58 条 依职权之行为

若成员方要求主管当局主动采取行动，中止放行其已获得无可争辩的证据证明知识产权正在受到侵犯的货物，则：

（1）主管当局在任何时候均可从权利人处寻求任何有助于其行使权力的资料；

（2）应迅速地将该中止通知进口商和权利人。若进口商已就中止一事向主管当局呈交了上诉，则中止应按上述第 55 条规定的经对细节作了必要修改的条件进行；

（3）若政府机构和政府官员有诚意地采取了行动或者打算采取行动，则成员方仅应免除其对适当补救措施所应承担的责任。

第 59 条 补救

在不妨碍权利人其他行动权和被告向司法当局寻求审查权利的同时，主管当局根据上述第 46 条的规定，应有权下令销毁或处理侵权货物，对于仿冒商标的货物，当局应不允许侵权货物原封不动地再出口，或使其按照不同的海关程序办理，例外情况除外。

第 60 条 少量进口

对于旅游者和私人行李中携带的或少量寄存的非商业性质的少量货物，成员方可免除上述条款的适用。

第 5 节 刑事程序

第 61 条

成员方应规定刑事程序和惩罚，至少适用于具有商业规模的故意的商标仿冒和盗版案件。可资利用的补救措施应包括足以构成一种威慑的与对相应程度的刑事犯罪适用的处罚水平相同的监禁和/或罚款措施。在适当的案件中，可资利用的补救措施还包括对侵权货物及在从事此种违法行为时主要使用的材料和工具予以扣押、没收和销毁。成员方可规定适用于其他侵犯知识产权案件的刑事程序和惩罚，特别是对于故意和具有商业规模的侵权案件。

第四部分 知识产权的取得和保持及相关程序

第 62 条

1. 成员方可要求遵循合理的程序和手续，以此作为第二部分第 2 至第 6 节所规定的知识产权的取得和保持的一项条件。此类程序和手续应符合本协议的规定。

2. 若知识产权的取得以知识产权被授予或登记为准，则成员方应确保在符合取得知识产权的实质性条件的情况下，允许在一段合理时间内授予或登记权利，以避免保护期限被不适当地缩短。

3. 1967 年《巴黎公约》第 4 条应在对细节作必要修改之后适用于服务标记。

4. 有关知识产权之取得和保持的程序、有关行政撤销的程序（若成员方的法律规定了这样的程序），有关诸如抗辩、撤销和废除等的程序，应服从第 41 条第 2 款和第 3 款规定的总原则。

5. 上述第 4 款所涉及的任何程序中的最终行政决定应接受司法当局或准司法当局的审查。然而，在抗辩和行政撤销不成功的情况下，假若此类程序的基础可能成为程序无效的原因，则没有任何义务为对裁决进行此类审查提供机会。

第五部分 争端的预防和解决

第 63 条 透明度

1. 由一成员方制度实施的关于本协议主题事项（知识产权的效力、范围、取得、实施和防止滥用问题）的法律和规章、对一般申请的最终司法裁决和行政裁决，应以该国官方语言，以使各成员方政府和权利人能够熟悉的方式予以公布；若此种公布不可行，则应使之可以公开利用。正在实施中的一成员方的政府或一政府机构与另一成员方政府或一政府机构之间关于本协议主题事项的各项协议也应予以公布。

2. 成员方应将上述第1款所述及的法律和规章通报与贸易有关的知识产权理事会,以协助理事会对本协议的执行情况进行检查。理事会应最大限度地减轻成员方在履行该项义务方面的负担。若与世界知识产权组织就建立一份含有这些法律和规章的共同登记簿一事进行的磋商取得成功,理事会便可决定免除直接向理事会通报此类法律和规章的义务。理事会在这方面还应考虑采取本协议从1967《巴黎公约》第6条的各项规定派生出来的各项义务所要求的与通报有关的任何行动。

3. 应另一成员方的书面请求,每一成员方应准备提供上述第1款所述及的资料。一成员方在有理由相信知识产权领域中某个特定的司法裁决、行政裁决或双边协议影响到其由本协议所规定的权利时,也可以书面形式要求向其提供或充分详尽地告知该特定的司法裁决、行政裁决或双边协议。

4. 上述第1至第3款中无任何规定要求成员方泄露将会妨碍法律实施、或违背公共利益、或损害特定的国营或私营企业合法商业利益的资料。

第64条 争端解决

1. 由争端解决谅解所详细阐释并运用的1994关贸总协定第22条和第23条的各项规定应运用于本协议下的争端磋商与解决,本协议中另有规定者除外。

2. 在自世界贸易组织协定生效之日起的5年之内,1994关贸总协定第23条第1款第(2)和第(3)子款不应适用于本协议下的争端解决。

3. 在第2款所述及的期限内,与贸易有关的知识产权理事会应检查根据本协议提出的由1994关贸总协定第23条第1款第(2)和第(3)子款所规定的那种类型控诉的规模和形式,并向部长级会议提交建议请其批准。部长级会议关于批准此类建议或延长第2款中所述及时限的任何决定,只应以全体一致的方式作出,被批准的建议应对所有成员方生效,无须进一步的正式接受程序。

第六部分 过渡期安排

第65条 过渡期安排

1. 根据下述第2、第3和第4款的规定,成员方无义务在世界贸易组织协定生效之日后一般1年期满之前适用于本协议的规定。

2. 发展中国家成员方有权将第1款中所确定的本协议除第3、第4和第5条以外的各项规定的适用日期推迟4年时间。

3. 处于由中央计划经济向市场、私营企业经济转换进程中的和正在进行知识产权制度结构改革并在制定和实施知识产权法方面面临特殊困难的任何其他成员方,也可从上述第2款所述及的期限推迟中获益。

4. 发展中国家成员方如果按本协议有义务在上述第2款所规定的本协议对该成员方适用之日将对产品专利的保护扩大到在其境内无法加以保护的技术领域,则可将第二部分第5节关于产品专利的规定对此类技术领域的适用再推迟5年时间。

5. 利用上述第1、第2、第3和第4款所规定过渡期的成员方应保证在该时期内其法律、规章和作法中的任何变更不导致它们与本协议规定相一致的程度降低。

第66条 最不发达国家成员方

1. 鉴于最不发达国家成员方的特殊需要和要求,其经济、财政和行政的压力,以及其对创造一个可行的技术基础的灵活性的需要,不应要求这些成员方在自上述第65条第1款所规定的适用日期起的10年内适用本协议,第3、第4和第5条除外。应最不发达国家无可非议的请求,与贸易有关的知识产权理事会应将此期限予以延长。

2. 发达国家缔约方应给境内的企业和机构提供奖励,以促进和鼓励对最不发达国家成员方转让技术,使其能够建立一个稳固可行的技术基础。

第67条 技术合作

为便于本协议的实施,发达国家成员方应根据请求和双边达成的条件,向发展中国家和最不发达国家成员方提供对其有利的技术和金融合作。此类合作应包括协助制定对有关知识产权保护、实施及阻止滥用的法律和规章,还应包括对设立和加强与这些事项有关的国内机关和机构包括人员培训提供支持。

第七部分 机构安排和最后条款

第68条 与贸易有关的知识产权理事会

与贸易有关的知识产权理事会应对本协议的执行情况,尤其是成员方履行本协议所规定义务的情况进行监督,并应为成员方提供与贸易有关的知识产权事宜进行磋商的机会。理事会应履行成员方指定给它的其他职责,尤其应在争端解决程序方面对成员方提出的请求提供帮助。在行使职能时,与贸易有关的知识产权理事会可与它认为合适的方面进行磋商,并从那里寻找资料。在与世界知识产权组织进行磋商时,理事会应谋求在其第一次会议的1年内作出与该组织所属各机构进行合作的适当安排。

第69条 国际合作

成员方同意相互进行合作,以消除侵犯知识产权商品的国际贸易。为此,它们应在其行政范围内设立和通报联络站,并随时交流关于侵权商品贸易的情报。它们尤其应促进海关当局之间在仿冒商标商品和盗版商品贸易方面的情报交流与合作。

第70条 对现有标的事项的保护

1. 对于某个成员方在本协议对其适用之日以前发生的行为,本协议不规定该成员方承担任何义务。

2. 本协议另有规定者除外，对于在本协议对有关成员方适用之日已存在的事项，及在该日期在该成员方受到保护的事项或在本协议规定的期限内达到或以后将要达到保护标准的所有标的事项，本协议规定义务。与本款和下述第3、第4款有关的关于现有著作的版权义务仅应根据1971《伯尔尼公约》第18条来决定，关于现有唱片的唱片制作商和表演者的权利仅应根据1971《伯尔尼公约》第18条来决定，该条的适用办法由本协议第14条第6款作了具体规定。

3. 对于在本协议适用之日处于无专利权状态的标的事项，没有对其恢复保护的义务。

4. 关于在按照与本协议相一致立法的条件已构成侵权的、并在有关成员方接受世界贸易组织协定之日以前已开始的或已对其进行了大量投资的体现受保护标的事项的特定对象方面的任何行为，任何成员方可为在本协议对那一成员方生效之日以后此类行为继续发生的情况下，权利人可以利用的补救措施规定一个限度。然而，在此情况下，该成员方至少应规定支付合理的补偿。

5. 成员方没有义务在本协议对其适用之日以前适用关于购买的原物或复制品的第11条和第14条第4款规定。

6. 不应要求成员方将第31条或第27条第1款关于对技术领域专利权的享用应一视同仁的规定适用于本协议生效之日以前未经权利人许可而经政府授权的使用。

7. 在以登记为保护条件的知识产权方面，对于在本协议对有关成员方适用之日仍未得到批准的保护申请，应允许对其作正式修改，以要求根据本协议的规定加强保护。此类修改不得包括新事项。

8. 若世界贸易组织协定生效之日已到而一成员方仍未能对药品和农用化学品提供与其根据第27条所承担义务相当的有效的专利保护，则该成员方应：

（1）尽管有第五部分的规定，仍自建立世界贸易组织协定生效之日起，规定一种使关于此类发明的专利申请得以提出的方式；

（2）自本协议适用之日起，将本协议所规定的授予专利权标准适用于这些申请，视这些标准已由成员方在申请提出之日，或若优先权有效并已被提出权利要求，则在优先权申请之日予以适用；

（3）自专利被批准时起，并在自依照本协议第33条的申请提出之日计起的专利期的其余部分，对符合上述第（2）子款保护标准的申请提供专利保护。

9. 若按第8款第（1）子款，一项产品是一成员方内的专利申请对象，则尽管有第五部分的规定，应自在那一成员方获准进行市场销售之时计起给予其独占的市场销售权5年，或直到一项产品专利在那一成员方被批准或拒绝之时，以时间较短者为准，条件是在世界贸易组织协定生效之后，在另一成员方那项产品的专利申请已被提出，专利已被批准，并获准在该另一成员方进行市场销售。

第71条　审查和修正

1. 与贸易有关的知识产权理事会应在上述第65条第2款所述及的过渡期期满之后，对本协议的履行情况进行审查。理事会应参考在履行中获得的经验在过渡期期满之日2年后对本协议的履行情况进行审查，并在此后每隔两年审查一次。理事会也可根据可能成为对本协议进行修改或修正之理由的任何有关的新情况进行审查。

2. 仅为适应在已生效的其他国际协议中已达到的和根据那些国际协议为世界贸易组织所有成员方所接受的对知识产权更高的保护程度而提出的修正案可提交部长级会议，以便其根据与贸易有关的知识产权理事会一致同意的建议采取与世界贸易组织协定第10条第6款相符的行动。

第72条　保留

未经其他成员方的同意，不得对本协议的任何条款作出保留。

第73条　保障的例外规定

本协议中的任何内容均不应解释为：

（1）要求一成员方提供他认为其泄露违背其根本安全利益的任何资料。

（2）阻止任一成员方采取他认为是对保护其根本安全利益所必需的行动：

①与裂变物质或从中获取裂变物质的物质有关的；

②与枪支、弹药和战争工具走私有关的，以及与直接或间接为供给军方之目的而从事的其他货物和物资的走私有关的；

③在战时或在国际关系中出现其他紧急情况时采取的。

（3）阻止任何成员方为根据《联合国宪章》所承担的维持国际和平与安全的义务而采取的行动。

伯尔尼保护文学和艺术作品公约

（1886年9月9日在伯尔尼签订　1896年5月4日在巴黎补充完备，1908年11月13日在柏林修订，1914年3月20日在伯尔尼补充完备，1928年6月2日在罗马修订，1948年6月26日在布鲁塞尔修订，1967年7月14日在斯德哥尔摩修订，1971年7月24日在巴黎修订，1979年9月28日更改）

本同盟各成员国，共同受到尽可能有效、尽可能一致地保护作者对其文学和艺术作品所享权利的愿望的鼓舞，

承认1967年在斯德哥尔摩举行的修订会议工作的重要性，

决定修订斯德哥尔摩会议通过的公约文本但不更动该公约文本第一至二十条和第二十二至二十六条。

下列签字的全权代表经交验全权证书认为妥善后，兹协

议如下：

第一条　适用本公约的国家为保护作者对其文学和艺术作品所享权利结成一个同盟。

第二条

1.“文学和艺术作品”一词包括文学、科学和艺术领域内的一切成果，不论其表现形式或方式如何，诸如书籍、小册子和其他文字作品；讲课、演讲、讲道和其他同类性质作品；戏剧或音乐戏剧作品；舞蹈艺术作品和哑剧；配词或未配词的乐曲；电影作品和以类似摄制电影的方法表现的作品；图画、油画、建筑、雕塑、雕刻和版画作品；摄影作品和以类似摄影的方法表现的作品；实用艺术作品；与地理、地形、建筑或科学有关的插图、地图、设计图、草图和立体作品。

2. 本同盟各成员国得通过国内立法规定所有作品或任何特定种类的作品如果未以某种物质形式固定下来便不受保护。

3. 翻译、改编、乐曲改编以及对文学或艺术作品的其他变动应得到与原作同等的保护，但不得损害原作的版权。

4. 本同盟各成员国对立法、行政或司法性质的官方文件以及这些文件的正式译本的保护由其国内立法确定。

5. 文学或艺术作品的汇编，诸如百科全书和选集，凡由于对材料的选择和编排而构成智力创作的，应得到相应的、但不损害汇编内每一作品的版权的保护。

6. 本条所提到的作品在本同盟所有成员国内享受保护。此种保护系为作者及其权利继承人的利益而行使。

7. 在遵守本公约第七条第四款之规定的前提下，本同盟各成员国得通过国内立法规定其法律在何种程度上适用于实用艺术作品以及工业品平面和立体设计，以及此种作品和平面与立体设计受保护的条件。在起源国仅仅作为平面与立体设计受到保护的作品，在本同盟其他成员国只享受各该国给予平面和立体设计的那种专门保护；但如在该国并不给予这种专门保护，则这些作品将作为艺术作品得到保护。

8. 本公约的保护不适用于日常新闻或纯属报刊消息性质的社会新闻。

第二条之二

1. 政治演说和诉讼过程中发表的言论是否全部或部分地排除于上条提供的保护之外，属于本同盟各成员国国内立法的范围。

2. 公开发表的讲课、演说或其他同类性质的作品，如为新闻报道的目的有此需要，在什么条件下可由报刊登载，进行广播或向公众传播，以及以第十一条之二第一款的方式公开传播，也属于本同盟各成员国国内立法的范围。

3. 然而，作者享有将上两款提到的作品汇编的专有权利。

第三条

1. 根据本公约，

(a) 作者为本同盟任何成员国的国民者，其作品无论是否已经出版，都受到保护；

(b) 作者为非本同盟任何成员国的国民者，其作品首次在本同盟一个成员国出版，或在一个非本同盟成员国和一个同盟成员国同时出版的都受到保护。

2. 非本同盟任何成员国的国民但其惯常住所在一个成员国国内的作者，为实施本公约享有该成员国国民的待遇。

3.“已出版作品”一词指得到作者同意后出版的作品，而不论其复制件的制作方式如何，只要从这部作品的性质来看，复制件的发行方式能满足公众的合理需要。戏剧、音乐戏剧或电影作品的表演，音乐作品的演奏，文学作品的公开朗诵，文学或艺术作品的有线传播或广播，美术作品的展出和建筑作品的建造不构成出版。

4. 一个作品在首次出版后三十天内在两个或两个以上国家内出版，则该作品应视为同时在几个国家内出版。

第四条　下列作者，即使不具备第三条规定的条件，仍然适用本公约的保护：

(a) 制片人的总部或惯常住所在本同盟某一成员国内的电影作品的作者；

(b) 建造在本同盟某一成员国内的建筑作品或构成本同盟某一成员国内建筑物一部分的平面和立体艺术作品的作者。

第五条

1. 就享有本公约保护的作品而论，作者在作品起源国以外的本同盟成员国中享有各该国法律现在给予和今后可能给予其国民的权利，以及本公约特别授予的权利。

2. 享有和行使这些权利不需要履行任何手续，也不论作品起源国是否存在保护。因此，除本公约条款外，保护的程度以及为保护作者权利而向其提供的补救方法完全由被要求给以保护的国家的法律规定。

3. 起源国的保护由该国法律规定。如作者不是起源国的国民，但其作品受公约保护，该作者在该国仍享有同本国作者相同的权利。

4. 起源国指的是：

(a) 对于首次在本同盟某一成员国出版的作品，以该国家为起源国；对于在分别给予不同保护期的几个本同盟成员国同时出版的作品，以立法给予最短保护期的国家为起源国；

(b) 对于同时在非本同盟成员国和本同盟成员国出版的作品，以后者为起源国；

(c) 对于未出版的作品或首次在非本同盟成员国出版而未同时在本同盟成员国出版的作品，以作者为其国民的本同盟成员国为起源国，然而

(i) 对于制片人总部或惯常住所在本同盟一成员国内的电影作品，以该国为起源国。

(ii) 对于建造在本同盟一成员国内的建筑作品或构成本

同盟某一成员国建筑物一部分的平面和立体艺术作品，以该国为起源国。

第六条

1. 任何非本同盟成员国如未能充分保护本同盟某一成员国国民作者的作品，成员国可对首次出版时系该非同盟成员国国民而又不在成员国内有惯常住所的作者的作品的保护加以限制。如首次出版国利用这种权利，则本同盟其他成员国对由此而受到特殊待遇的作品也无须给予比首次出版国所给予的更广泛的保护。

2. 前款所规定的任何限制均不影响在此种限制实施之前作者在本同盟任一成员国出版的作品已经获得的权利。

3. 根据本条对版权之保护施加限制的本同盟成员国应以书面声明通知世界知识产权组织总干事（以下称总干事），说明保护受到限制的国家以及这些国家国民的作者的权利所受的限制。总干事应立即向本同盟所有成员国通报该项声明。

第六条之二

1. 不受作者经济权利的影响，甚至在上述经济权利转让之后，作者仍保有要求其作品作者身份的权利，并有权反对对其作品的任何有损其声誉的歪曲、割裂或其他更改，或其他损害行为。

2. 根据以上第一款给予作者的权利，在其死后应至少保留到作者经济权利期满为止，并由被要求给予保护的国家本国法所授权的人或机构行使之。但在批准或加入本公约文本时其法律中未包括有保证在作者死后保护以上第一款承认的全部权利的各国，有权规定对这些权利中某些权利在作者死后不予保留。

3. 为保障本条所承认的权利而采取的补救方法由被要求给予保护的国家的法律规定。

第七条

1. 本公约给予保护的期限为作者有生之年及其死后五十年内。

2. 但就电影作品而言，本同盟成员国有权规定保护期在作者同意下自作品公之于众后五十年期满，如自作品完成后五十年内尚未公之于众，则自作品完成后五十年期满。

3. 至于不具名作品和假名作品，本公约给予的保护期自其合法公之于众之日起五十年内有效 。但根据作者采用的假名可以毫无疑问地确定作者身份时，该保护期则为第一款所规定的期限。如不具名作品或假名作品的作者在上述期间内公开其身份，所适用的保护期为第一款所规定的保护期限。本同盟成员国没有义务保护有充分理由推定其作者已死去五十年的不具名作品或假名作品。

4. 摄影作品和作为艺术作品保护的实用艺术作品的保护期限由本同盟各成员国的法律规定；但这一期限不应少于自该作品完成之后算起的二十五年。

5. 作者死后的保护期和以上第二、三、四款所规定的期限从其死亡或上述各款提及事件发生之时开始，但这种期限应从死亡或所述事件发生之后次年的一月一日开始计算。

6. 本同盟成员国有权给予比前述各款规定更长的保护期。

7. 受本公约罗马文本约束并在此公约文本签署时有效的本国法律中规定了短于前述各款期限的保护期的本同盟成员国，有权在加入或批准此公约文本时维持这种期限。

8. 无论如何，期限将由被要求给予保护的国家的法律加以规定；但是，除该国家的法律另有规定者外，这种期限不得超过作品起源国规定的期限。

第七条之二 前条的规定同样适用于版权为合作作者共有的作品，但作者死后的保护期应从最后死亡的作者死亡时算起。

第八条 受本公约保护的文学艺术作品的作者，在对原作享有权利的整个保护期内，享有翻译和授权翻译其作品的专有权利。

第九条

1. 受本公约保护的文学艺术作品的作者，享有授权以任何方式和采取任何形式复制这些作品的专有权利。

2. 本同盟成员国法律得允许在某些特殊情况下复制上述作品，只要这种复制不损害作品的正常使用也不致无故侵害作者的合法利益。

3. 所有录音或录像均应视为本公约所指的复制。

第十条

1. 从一部合法公之于众的作品中摘出引文，包括以报刊提要形式引用报纸期刊的文章，只要符合合理使用，在为达到目的的正当需要范围内，就属合法。

2. 本同盟成员国法律以及成员国之间现有或将要签订的特别协议得规定，可以合法地通过出版物、无线电广播或录音录像使用文学艺术作品作为教学的解说的权利，只要是在为达到目的的正当需要范围内使用，并符合合理使用。

3. 前面各款提到的摘引和使用应说明出处，如原出处有作者姓名，也应同时说明。

第十条之二

1. 本同盟各成员国的法律得允许通过报刊、广播或对公众有线传播，复制发表在报纸、期刊上的讨论经济、政治或宗教的时事性文章，或具有同样性质的已经广播的作品，但以对这种复制、广播或有线传播并未明确予以保留的为限。然而，均应明确说明出处；对违反这一义务的法律责任由被要求给予保护的国家的法律确定。

2. 在用摄影或电影手段，或通过广播或对公众有线传播报道时事新闻时，在事件过程中看到或听到的文学艺术作品在为报道目的正当需要范围内予以复制和公之于众的条件，也由本同盟各成员国的法律规定 。

第十一条

1. 戏剧作品、音乐戏剧作品和音乐作品的作者享有下列专有权利：

（1）授权公开表演和演奏其作品，包括用各种手段和方式公开表演和演奏；

（2）授权用各种手段公开播送其作品的表演和演奏。

2. 戏剧作品或音乐戏剧作品的作者，在享有对其原作的权利的整个期间应享有对其作品的译作的同等权利。

第十一条之二

1. 文学艺术作品的作者享有下列专有权利：

（1）授权广播其作品或以任何其他无线传送符号、声音或图像的方法向公众传播其作品；

（2）授权由原广播机构以外的另一机构通过有线传播或转播的方式向公众传播广播的作品；

（3）授权通过扩音器或其他任何传送符号、声音或图像的类似工具向公众传播广播的作品。

2. 行使以上第一款所指的权利的条件由本同盟成员国的法律规定，但这些条件的效力严格限于对此作出规定的国家。在任何情况下，这些条件均不应有损于作者的精神权利，也不应有损于作者获得合理报酬的权利，该报酬在没有协议情况下应由主管当局规定。

3. 除另有规定外，根据本条第一款的授权，不意味着授权利用录音或录像设备录制广播的作品。但本同盟成员国法律得确定一广播机构使用自己的设备并为自己播送之用而进行临时录制的规章。本同盟成员国法律也可以由于这些录制品具有特殊文献性质而批准由国家档案馆保存。

第十一条之三

1. 文学作品的作者享有下列专有权利：

（1）授权公开朗诵其作品，包括用各种手段或方式公开朗诵；

（2）授权用各种手段公开播送其作品的朗诵。

2. 文学作品作者在对其原作享有权利的整个期间，应对其作品的译作享有同等的权利。

第十二条　文学艺术作品的作者享有授权对其作品进行改编、音乐改编和其他变动的专有权利。

第十三条

1. 本同盟每一成员国可就其本国情况对音乐作品作者及允许其歌词与音乐作品一道录音的歌词作者授权对上述音乐作品以及有歌词的音乐作品进行录音的专有权利规定保留及条件；但这类保留及条件之效力严格限于对此作出规定的国家，而且在任何情况下均不得损害作者获得在没有协议情况下由主管当局规定的合理报酬的权利。

2. 根据1928年6月2日在罗马和1948年6月26日在布鲁塞尔签订的公约第十三条第三款在本同盟成员国内录制的音乐作品的录音，自该国受本文本约束之日起的两年期限以内，可以不经音乐作品的作者同意在该国进行复制。

3. 根据本条第一、二款制作的录音制品，如未经有关方面批准进口，视此种录音为侵权录音制品的国家，可予扣押。

第十四条

1. 文学艺术作品的作者享有下列专有权利：

（1）授权将这类作品改编和复制成电影以及发行经过如此改编或复制的作品；

（2）授权公开表演、演奏以及向公众有线传播经过如此改编或复制的作品。

2. 根据文学或艺术作品制作的电影作品以任何其他艺术形式改编，在不妨碍电影作品作者授权的情况下，仍须经原作作者授权。

3. 第十三条第一款的规定应不适用（于电影）。

第十四条之二

1. 在不损害已被改编或复制的作品的版权的情况下，电影作品应作为原作受到保护。电影作品版权所有者享有与原作作者同等的权利，包括前一条提到的权利。

2.（a）确定电影作品版权的所有者，属于被要求给予保护的国家法律规定的范围。

（b）然而，在其法律承认参加电影作品制作的作者应属于版权所有者的本同盟成员国内，这些作者，如果应允参加此项工作，除非有相反或特别的规定，不能反对对电影作品的复制、发行、公开表演、演奏、向公众有线传播、广播、公开传播、配制字幕和配音。

（c）为适用本款b项，上面提到的应允形式是否应是一项书面合同或一项相当的文书，这一问题应由电影制片人总部或惯常住所所在的本同盟成员国的法律加以规定。然而被要求给予保护的本同盟成员国的法律得规定这一应允应以书面合同或相当的文书的形式。法律作出此种规定的国家应以书面声明通知总干事，并由后者将这一声明立即通知本同盟所有其他成员国。

（d）“相反或特别的规定”指与上述应允有关的任何限制性条件。

3. 除非本国法律另有规定，本条第二款b项之规定不适用于为电影作品创作的剧本、台词和音乐作品的作者，也不适用于电影作品的主要导演。但本同盟成员国中其法律并未规定对电影导演适用本条第二款b项者，应以书面声明通知总干事，总干事应将此声明立即转达本同盟所有其他成员国。

第十四条之三

1. 对于艺术作品原作和作家与作曲家的手稿，作者或作者死后由国家法律所授权的人或机构享有不可剥夺的权利，在作者第一次转让作品之后对作品进行的任何出售中分享利益。

2. 只有在作者本国法律承认这种保护的情况下，才可在本同盟的成员国内要求上款所规定的保护，而且保护的程度应限于被要求给予保护的国家的法律所允许的程度。

3. 分享利益之方式和比例由各国法律确定。

第十五条

1. 受本公约保护的文学艺术作品的作者，只要其名字以通常方式出现在该作品上，在没有相反证据的情况下，即视为该作品的作者并有权在本同盟成员国中对侵犯其权利的人提起诉讼。即使作者采用的是假名，只要根据作者的假名可以毫无疑问地确定作者的身份，本款也同样适用。

2. 以通常方式在电影作品上署名的自然人或法人，除非有相反的证据，即推定为该作品的制片人。

3. 对于不具名作品和以上第一款所述情况以外的假名作品，如果出版者的名字出现在作品上，在没有相反证据的情况下，该出版者即视为作者的代表，并以此资格有权维护和行使作者的权利。当作者公开其身份并证实其为作者时，本款的规定即停止适用。

4. (a) 对作者的身份不明但有充分理由推定该作者是本同盟某一成员国国民的未出版的作品，该国法律得指定主管当局代表该作者并有权维护和行使作者在本同盟成员国内之权利。

(b) 根据本规定而指定主管当局的本同盟成员国应以书面声明将此事通知总干事，声明中写明被指定的当局全部有关情况。总干事应将此声明立即通知本同盟所有其他成员国。

第十六条

1. 对作品的侵权复制品，在作品受法律保护的本同盟成员国应予扣押。

2. 上款规定同样适用于来自对某作品不予保护或停止保护的国家的复制品。

3. 扣押应按各国法律实行。

第十七条 如果本同盟任何成员国的主管当局认为有必要对于任何作品或制品的发行、演出、展出，通过法律或条例行使许可、监督或禁止的权力，本公约的条款绝不应妨碍本同盟各成员国政府的这种权力。

第十八条

1. 本公约适用于所有在本公约开始生效时尚未因保护期满而在其起源国进入公有领域的作品。

2. 但是，如果作品因原来规定的保护期已满而在被要求给予保护的国家已进入公有领域，则该作品不再重新受保护。

3. 本原则应按照本同盟成员国之间现有的或将要缔结的有关特别公约所规定的条款实行。在没有这种条款的情况下，各国分别规定实行上述原则的条件。

4. 新加入本同盟时以及因实行第七条或放弃保留而扩大保护范围时，以上规定也同样适用。

第十九条 如果本同盟成员国的本国法律提供更广泛的保护，本公约条款不妨碍要求适用这种规定。

第二十条 本同盟各成员国政府保留在它们之间签订给予作者比本公约所规定的更多的权利，或者包括不违反本公约的其他条款的特别协议的权利。凡符合上述条件的现有协议的条款仍然适用。

第二十一条

1. 有关发展中国家的特别条款载于附件。

2. 在符合第二十八条第一款 b 项规定的前提下，附件构成本文本的组成部分。

第二十二条

1. (a) 本同盟设一大会，由受第二十二至二十六条约束的本同盟成员国组成。

(b) 每一国家的政府由一名代表作为其代表，并可由若干名副代表、顾问及专家协助之。

(c) 每个代表团的费用由指派它的政府负担。

2. (a) 大会：

(1) 处理有关维持及发展本同盟以及实施本公约的一切问题；

(2) 在适当考虑到不受第二十二至二十六条约束的本同盟成员国的意见的情况下，向成立世界知识产权组织（以下称“产权组织”）的公约中提到的国际知识产权局（以下称“国际局”）发出有关筹备修订会议的指示；

(3) 审查和批准产权组织总干事有关本同盟的报告及活动，向其发出有关本同盟主管问题的必要指示；

(4) 选举大会执行委员会成员；

(5) 审查和批准执行委员会的报告及活动，并向它发出指示；

(6) 制订计划，通过本同盟二年期预算和批准其决算；

(7) 通过本同盟财务条例；

(8) 设立为实现同盟目标而需要的专家委员会和工作组；

(9) 决定哪些非本同盟成员国和政府间组织及非政府间国际性组织以观察员身份参加它的会议；

(10) 通过对第二十二至二十六条的修改；

(11) 为实现本同盟目标而采取其他适宜行动；

(12) 履行本公约所包含的其他所有任务；

(13) 行使成立产权组织的公约所赋予它的并为它所接受的权利。

(b) 对于还涉及产权组织管理的其他同盟的问题，大会在了解到产权组织协调委员会的意见后作出决定。

3. (a) 大会每一成员国有一票。

(b) 大会成员国的半数构成法定人数。

(c) 尽管有 b 项的规定，如开会时出席国家不足半数，但相当或多于大会成员国三分之一，则可作出决定；除有关大会程序之决定外，大会的决定须具备下列条件方可执行：国际局将上述决定通知未出席大会的成员国，请它们在上述通知之日起三个月内用书面投票或弃权。如果在期满时,用这样方式投票或弃权的国家的数目达到开会时法定人数的欠缺数目,同时已获得必要的多数,上述决定即可执行。

(d) 除第二十六条第二款规定的情况外,大会的决定以投票数三分之二的多数通过。

(e) 弃权不视为投票。

(f) 一名代表只能代表一国,也只能以该国名义投票。

(g) 非大会成员国的本同盟成员国以观察员身份参加会议。

4. (a) 大会每二年举行一届常会,由总干事召集,除特殊情况外,与产权组织的全体大会在同时同地举行。

(b) 大会在执行委员会的要求下或大会成员国四分之一的国家的要求下,应由总干事召集举行特别会议。

5. 大会通过其议事规则。

第二十三条

1. 大会设执行委员会。

2. (a) 执委会由大会在其成员国中选出的国家组成。此外,产权组织所在地的国家除第二十五条第七款 b 项的情况外,在执委会中有一当然席位。

(b) 执委会每一成员国政府有一名代表作为其代表,可由若干名副代表、顾问及专家协助之。

(c) 每个代表团的费用由指派它的政府负担。

3. 执委会成员国数目为大会成员国数目的四分之一。在计算席位时,以四相除剩下的余数不计算。

4. 在选举执委会成员国时,大会要适当考虑按地区公平分配和保证使可能签订有关本同盟的特别协议的国家参加执委会的必要性。

5. (a) 执委会成员国的任期自它们当选的该届大会闭会时起至大会下届常会闭会时止。

(b) 执委会的成员国重新当选的数目最多不得超过三分之二。

(c) 大会制定执委会成员国选举和可能重新当选的程序。

6. (a) 执行委员会:

(1) 拟定大会议程草案;

(2) 向大会提交有关总干事草拟的本同盟的计划草案和二年期预算草案的建议;

(3) (取消);

(4) 向大会提交总干事的定期报告和年度财务审计报告,并附以必要的评论意见;

(5) 根据大会决定并考虑到大会两届常会之间出现的情况,采取有利于总干事执行本同盟计划的一切措施;

(6) 履行在本公约范围内赋予它的其他一切任务。

(b) 对于还涉及产权组织管理的其他同盟的问题,执行委员会在了解到产权组织协调委员会的意见后作出决定。

7. (a) 执委会在总干事的召集下,每年举行一届常会,尽可能与产权组织协调委员会同时同地举行。

(b) 执委会在总干事倡议下,或是应执委会主席或四分之一成员国的要求,由总干事召集举行特别会议。

8. (a) 执委会每一成员国有一票。

(b) 执委会成员国的半数构成法定人数。

(c) 决议以投票数中简单多数票作出。

(d) 弃权不视为投票。

(e) 一名代表只能代表一国,也只能以该国名义投票。

9. 非执委会成员国的本同盟成员国以观察员身份参加其会议。

10. 执行委员会通过其议事规则。

第二十四条

1. (a) 本同盟的行政工作由国际局负责,该局接替与保护工业产权国际公约设立的同盟局合并的本同盟局的工作。

(b) 国际局负担本同盟各机构的秘书处的工作。

(c) 产权组织总干事是本同盟最高官员并代表本同盟。

2. 国际局汇集并出版有关保护版权的资料,本同盟每一成员国应尽快将有关保护版权的所有新法律及官方文件通知国际局。

3. 国际局出版一种月刊。

4. 国际局应本同盟各成员国之请求,向它们提供有关保护版权问题的资料。

5. 国际局从事各项研究并提供有利于保护版权的服务。

6. 总干事及由他指派的任何工作人员均可出席大会、执委会、其他各种专家委员会或工作组的会议,但无表决权。总干事或由他指派的一名工作人员为这些机构的当然秘书。

7. (a) 国际局根据大会指示和与执委会合作,筹备修订除第二十二至二十六条外的公约条款的会议。

(b) 国际局可就筹备修订会议征询政府间组织和非政府间国际性组织的意见。

(c) 总干事和由他指派的人员可参加这些会议的审议,但无表决权。

8. 国际局执行交付给它的所有其他工作。

第二十五条

1. (a) 本同盟有自己的预算。

(b) 本同盟的预算包括本同盟本身的收入及支出,它对各同盟共同开支预算的缴款,以及在情况需要时,交给产权组织会议预算支配的款项。

(c) 不专属本同盟而同样属于产权组织管理的其他一个或几个同盟的开支,视为各同盟的共同开支。本同盟在共同开支中所占份额视这些开支与它的关系而定。

2. 本同盟预算的确定须考虑到与其他由产权组织管理的同盟的预算相协调的要求。

3. 本同盟预算的经费来源如下:

（1）本同盟成员国的会费；

（2）国际局代表本同盟提供服务的收入；

（3）销售国际局有关本同盟的出版物的所得以及这些出版物的版税；

（4）捐款、遗赠及资助；

（5）租金、利息及其他杂项收入。

4.（a）为确定成员国在预算中缴纳的份额，本同盟的每个成员国分别归入各级并根据下列所定数量单位缴纳每年的会费：

第一级 …………………………… 二十五个单位

第二级 …………………………… 二十个单位

第三级 …………………………… 十五个单位

第四级 …………………………… 十个单位

第五级 …………………………… 五个单位

第六级 …………………………… 三个单位

第七级 …………………………… 一个单位

（b）除以前已经指明者外，每个国家在交存其批准书或加入书时，须说明它希望被列入哪一级。也可以改变级别。如果某一成员国希望降低其级别，它应在某一届常会期间将此事通知大会。这一变动自该届会议后的那一日历年开始时生效。

（c）每个国家每年会费数额在所有国家每年向本同盟交付的会费总数中所占比例，同它所在的那一级的单位数在全部国家的单位总数中所占比例相同。

（d）会费应于每年一月一日支付。

（e）逾期未缴纳会费的国家，如拖欠总数达到或超过过去整整两年内它应缴纳的会费数，则不得行使它在本同盟任何机构中的表决权。但如该机构认为这种拖欠系由于非常及不可避免之情况，则可允许该国保留行使其表决权。

（f）如在新的会计年度开始前还未通过预算，则可按照财务条例规定的手续将前一年的预算延期实行。

5. 国际局代表本同盟提供的服务应得收入的数额由总干事确定，总干事向大会和执委会就此提出报告。

6.（a）本同盟拥有一笔由每一成员国一次付款组成的周转基金。如基金不足，由大会决定增加。

（b）每个国家对上述基金的首次付款数以及追加数应按基金成立或决定增加当年该国缴纳会费数的比例。

（c）付款的比例及方式由大会根据总干事的提议并征求产权组织协调委员会意见后决定。

7.（a）与产权组织所在地的国家签订的会址协定规定，如周转基金不足，可由该国垫款。垫款数和垫款条件由该国和产权组织每次分别签订协定。在该国承诺垫付款项期间，该国在执委会中占有一席当然席位。

（b）a 项所指国家和产权组织均有权以书面通知方式废止提供垫款的保证。这种废止自通知提出那一年底起三年后生效。

8. 根据财务条例规定的方式，账目审计由大会同意指派的一个或几个本同盟成员国或外聘审计员担任。

第二十六条

1. 所有大会成员国，执委会或总干事均可提出修改第二十二、二十三、二十四、二十五条及本条的建议。这些建议由总干事在提交大会审查前至少六个月通知大会成员国。

2. 第一款所指的各条的修改应由大会通过，通过需要投票数的四分之三；但对第二十二条及本款的任何修改需经投票数的五分之四通过。

3. 第一款所提各条的任何修改，至少要在总干事收到在修改通过时为大会成员国的四分之三国家根据它们各自的宪法批准修改的书面通知一个月后才能生效。以这种方式接受的这些条款的修改对修改生效时为大会成员国的所有国家或其后成为成员国的国家具有约束力；但任何增加本同盟成员国财务义务的修改只对那些已通知表示接受这类修改的国家有约束力。

第二十七条

1. 本公约可进行修订，以便使之得到改善，从而使本同盟体制臻于完善。

2. 为此目的，可相继在本同盟一个成员国内举行同盟成员国代表的会议。

3. 除第二十六条有关修改第二十二至二十六条的规定外，所有对本文本的修订，包括附件的修订，均需投票数全体一致通过。

第二十八条

1.（a）凡签署此公约文本的任何本同盟成员国均可批准此公约文本，如尚未签署，则可加入本公约。批准书或加入书交存总干事处。

（b）本同盟任何成员国在其批准书或加入书中均可声明其批准或加入不适用第一至二十一条及附件；但如该国已根据附件第六条第一款作出声明，则它在上述文件中可只声明其批准或加入不适用于第一至二十条。

（c）凡根据 b 项已声明其批准或加入对该项所提到的条款不发生效力的本同盟任何成员国可在其后任何时候声明将其批准或加入的效力扩大到这些条款。这一声明交存总干事处。

2.（a）第一至二十一条及附件在实现下述两个条件后三个月生效：

（1）至少有五个本同盟成员国批准或加入此公约文本而未按照第一款 b 项作过声明；

（2）法国、西班牙、大不列颠及北爱尔兰联合王国、美利坚合众国已受到 1971 年 7 月 24 日在巴黎修订过的世界版权公约的约束。

（b）a 项提到的生效，对于至少在生效前三个月交存批准书或加入书但未按第一款 b 项作过声明的本同盟成员国具有效力。

(c) 就 b 项对之不适用的已批准或加入此公约文本而未按照第一款 b 项作过声明的所有本同盟成员国而言,第一至二十一条及附件在总干事通知该批准书或加入书交存之日后三个月生效,除非交存文件中注明有更晚的日期。在后一情况下,第一至二十一条及附件则在注明的日期对该国生效。

(d) a 至 c 项的规定不影响附件第六条的适用。

3. 对不管是否按照第一款 b 项作过声明而批准或加入此公约文本的任何本同盟成员国,第二十二至三十八条在总干事通知已交存批准书或加入书之日后三个月生效,除非交存文件中注明有更晚的日期。在后一情况下,第二十二至三十八条则在注明的日期对该国生效。

第二十九条

1. 非本同盟成员国可加入本公约成为本公约的缔约国和本同盟成员国。加入书交存总干事处。

2. (a) 除 b 项规定的情况外,对所有非本同盟成员国,本公约在总干事通知其加入书交存之日后三个月生效,除非交存文件中注明有更晚的日期。在后一情况下,本公约则在注明的日期对该国生效。

(b) 如适用 a 项的生效先于适用第二十八条第二款 a 项的第一至二十一条及附件的生效,则在此间隔期间,上述国家将受本公约布鲁塞尔文本第一至二十条的约束,以代替第一至二十一条及附件的约束。

第二十九条之二 不受本公约斯德哥尔摩文本第二十二至三十八条约束的任何国家,为适用建立产权组织公约第十四条第二款的唯一目的,其批准或加入此公约文本即等于批准或加入斯德哥尔摩文本,但受该文本第二十八条第一款 b 项第一目的限制。

第三十条 1. 除本条第二款、第二十八条第一款 b 项、第三十三条第二款以及附件所允许的例外以外,批准或加入当然意味着接受本公约的一切条款并享有本公约规定的一切利益。

2. (a) 凡批准或加入此公约文本的本同盟成员国,除附件第五条第二款规定的情况外,可保有它原来作出的保留的利益,条件是在交存其批准书或加入书时作出这项声明。

(b) 所有非本同盟成员国在加入本公约并在不违反附件第五条第二款的情况下,可以声明它准备以 1896 年在巴黎补充完备的本同盟 1886 年公约第五条的规定至少临时代替此公约文本有关翻译权的第八条,条件是这些规定仅指译成该国通用语文的翻译。在不违反附件第一条第六款 b 项的情况下,任何国家对于使用持此保留条件的国家为其起源国的作品的翻译权,有权实行与后一国提供的相同的保护。

(c) 任何国家可随时通知总干事,撤回这类保留。

第三十一条

1. 任何国家可在其批准书或加入书中声明,或在以后随时书面通知总干事,本公约适用于在声明或通知中指明的其对外关系由该国负责的全部或部分领土。

2. 任何已作出这种声明或通知的国家可随时通知总干事本公约不再适用于这些领土的全部或一部分。

3. (a) 按照第一款作出的任何声明和载有该声明的文件中的批准或加入同时生效,按照该款作出的任何通知在总干事发出通知三个月后生效。

(b) 按照第二款作出的通知在总干事收到该通知十二个月后生效。

4. 本条不得解释为意指本同盟任何成员国承认或默许本同盟另一成员国根据适用第一款作出的声明而使本公约对之适用的任何领土的事实状态。

第三十二条

1. 此公约文本在本同盟各成员国之间的关系方面和在它适用的限度内,代替 1886 年 9 月 9 日的伯尔尼公约及其以后的修订文本。在与未批准或未加入此公约文本的本同盟成员国的关系方面,以前生效的文本全部保持其适用性,或在此公约文本不能根据前句规定代替以前文本的限度内保持其适用性。

2. 成为此公约文本缔约国的非本同盟成员国,在除第三款规定的情况外,对于不受此公约文本约束或虽受其约束但已作过第二十八条第一款 b 项规定的声明的本同盟任何成员国,适用此公约文本。上述国家承认,本同盟该成员国,在同它们的关系上:(1) 适用它受其约束的最近文本的规定,并且 (2) 在不违反附件第一条第六款规定的情况下,有权使保护与此公约文本规定的水平相适应 。

3. 援用附件规定的任何权利的任何国家在同不受此公约文本约束的本同盟其他任何成员国的关系上,可以适用附件中有关它援用的一种或多种权利的规定,但以该其他成员国已接受适用上述规定为条件。

第三十三条

1. 两个或两个以上本同盟成员国在解释或适用本公约方面发生的争端,经谈判不能解决时,如果有关国家不能就其他解决办法达成协议,则其中任何一方均可按国际法院规约的方式通过起诉将争端提交国际法院。将争端提交国际法院的起诉国应通知国际局,国际局应将此事告知本同盟其他成员国。

2. 任何国家在签署此公约文本或交存其批准书或加入书时,可声明它不受第一款规定的约束。在有关该国和本同盟其他任何成员国间的任何争端方面,不适用第一款的规定。

3. 任何按照第二款规定作出声明的国家,可随时通知总干事撤回其声明。

第三十四条

1. 在遵守第二十九条之二规定的情况下,任何国家在第一至二十一条及附件生效后，不得批准或加入本公约以前的各次文本。

2. 在第一至二十一条及附件生效后，任何国家不得根据附在斯德哥尔摩文本后的有关发展中国家的议定书第五条发表声明。

第三十五条

1. 本公约无限期生效。

2. 任何国家可通知总干事废止此公约文本。这一废止也连带废止以前的所有文本，并只对废止的该国有效，而对本同盟其他成员国，本公约继续有效和继续执行。

3. 废止自总干事收到通知之日起一年后生效。

4. 任何国家自成为本同盟成员国之日算起未满五年者，不得行使本条规定之废止权。

第三十六条

1. 本公约的所有缔约国家承诺根据其宪法采取必要措施保证本公约的实施。

2. 不言而喻，一国在受到本公约约束时，应按照其本国法律使本公约的规定付诸实施。

第三十七条

1. (a) 此公约文本在以英法两种语文写成的单一文本上签署，除第二款规定的情况外，此公约文本由总干事保存。

(b) 总干事在与有关政府协商后，制订德文、阿拉伯文、西班牙文、意大利文和葡萄牙文以及大会指定的其他语文的正式文本。

(c) 在对不同语文文本的解释发生争议时，以法语文本为准。

2. 此公约文本开放供签署直到 1972 年 1 月 31 日为止。在此日期以前，第一款 a 项提到的文本交由法兰西共和国政府保存。

3. 总干事应将签字的此公约文本的两份副本核证无误后转送本同盟所有成员国政府，并可根据请求，转送任何其他国家的政府。

4. 本文本由总干事送请联合国秘书处登记。

5. 总干事将下列情况通知本同盟所有成员国政府：签署情况，批准书或加入书的交存，包括在这些文件中的或适用第二十八条第一款 c 项、第三十条第二款 a、b 项和第三十三条第二款而作出的声明的交存，此公约文本全部规定的生效情况，废止的通知和适用第三十条第二款 c 项、第三十一条第一、二款、第三十三条第三款和第三十八条第一款的通知以及附件中提到的通知。

第三十八条

1. 凡未批准或加入此公约文本以及不受斯德哥尔摩文本第二十二至二十六条约束的本同盟成员国，如果愿意，均可在 1975 年 4 月 26 日前，行使上述各条规定的权利，就像受它们约束的那样。任何愿意行使上述权利的国家均可为此目的向总干事交存一份书面通知，该通知自收到之日起生效。直到上述日期为止，这些国家应视为大会成员国。

2. 在本同盟成员国尚未全部成为产权组织成员国之前，产权组织国际局同时作为本同盟的局进行工作，总干事即该局局长。

3. 在本同盟所有成员国均成为产权组织成员国时，本同盟局的权利、义务和财产即归属产权组织国际局。

附　件

第一条

1. 根据联合国大会惯例被视为发展中国家的任何国家，凡已批准或已加入由本附件作为其组成部分的此公约文本，但由于其经济情况及社会或文化需要而又不能在当前作出安排以确保对此公约文本规定的全部权利进行保护者，可在其交存批准书或加入书的同时，或在不违反附件第五条第一款 c 项的条件下，在以后任何日期，在向总干事提交的通知中声明，它将援用附件第二条所规定的权利或第三条所规定的权利，或这两项所规定的权利。它可以按照附件第五条第一款 a 项规定作出声明，以代替援用附件第二条所规定的权利。

2. (a) 任何按照第一款规定作出并在第一至二十一条及本附件依第二十八条第二款规定生效之日算起十年期限期满以前通知的声明，直到这一期限期满前都有效。通过在现行十年期限期满前最多十五个月最少三个月向总干事提交通知。该声明可以全部或部分地每十年顺延一次。

(b) 按照第一款规定作出并在第一至二十一条及本附件依第二十八条第二款规定生效之日算起十年期满以后作出的任何声明，直到现行十年期满前都有效。该声明可以按照 a 项第二句的规定延期。

3. 任何不再被认为是第一款所指的发展中国家的本同盟成员国，不再有资格像第二款所规定的那样延长其声明，不论它是否正式撤回其声明，该国在现行十年期限期满时，或在停止被视为发展中国家三年后即失去援用第一款所指的权利的可能性，两项时限以较晚到期的时限为准。

4. 在按照第一款或第二款规定作出的声明停止生效时，如果根据本附件规定发给的许可证制作的复制品尚有存货时，这些复制品可以继续发行直到售完为止。

5. 受此公约文本规定约束并根据第三十一条第一款就使此公约文本适用于其情况可能类似第一款所指国家的情况的特定领土而提交声明或通知的任何国家，可就此领土作出第一款所指的声明或第二款所指的延期通知。在这种声明或通知有效期间本附件的规定应适用于它所指的领土。

6. (a) 一国援用第一款所指的任何一种权利这一事实，不应使另一国给予起源国为前一国家的作品低于根据第一至二十条所应给予的保护。

(b) 第三十条第二款 b 项第二句规定的对等权利，在根据附件第一条第三款的适用期限期满前,不得用于其起源国为根据附件第五条第一款a项作出声明的国家的作品。

第二条

1. 任何声明援用本条规定的权利的国家,就以印刷形式或其他任何类似的复制形式出版的作品而言,均有权以由主管当局根据附件第四条在下述条件下发给非专有和不可转让的许可证来代替第八条规定的专有翻译权。

2. (a) 除第三款的情况外,如果一部作品自首次出版算起三年或根据该国本国法律规定更长的时间期满而翻译权所有者或在其授权下尚未以该国通用语文出版译本,该国任何国民都可得到用该国通用语文翻译该作品并以印刷形式或其他任何类似的复制形式出版该译本的许可证。

(b) 如果以有关语文出版的译文的所有版本均已售完,也可根据本条发给许可证。

3. (a) 如果译文不是本同盟一个或数个发达国家中通用的语文,则用一年期限来代替第二款a项规定的三年期限。

(b) 在通用同一种语文的本同盟发达国家的一致协议下,如果要译成这种语文,第一款所提到的所有国家都可以根据该协议规定的更短期限来代替第二款a项规定的三年期限,但不得少于一年。尽管如此,如涉及的语文为英文、法文或西班牙文,上一句的规定仍不适用。所有这方面的协议应由缔约国政府通知总干事。

4. (a) 根据本条规定需要经过三年期限才能取得的许可证,需要经过六个月的补充期限才能颁发;而需经过一年期限才能取得的许可证,则需经过九个月的补充期限,此期限

(1) 自申请人履行附件第四条第一款规定的手续之日算起;

(2) 如翻译权所有者的身份或地址不详,则自申请人根据附件第四条第二款的规定将其向发给许可证的主管当局提交的申请书副本寄出之日算起。

(b) 如果在上述六个月或九个月的期限未满期间,由翻译权所有者或经其授权用申请使用的语文将译本出版,则不得根据本条发给许可证。

5. 本条所指任何许可证之颁发只限于教学、学习或研究之用。

6. 如果翻译权所有者或经其授权出版的一个译本的价格同在有关国家内同类作品通行的价格相似,这个译本的语文和基本内容又同根据许可证出版的译本的语文和内容相同,则应撤销根据本条发给的许可证。在撤销许可证前已制作的作品复制品可一直发行到售完为止。

7. 对主要由图画组成的作品,其文字的翻译出版与图画的复制出版的许可证只有在附件第三条规定的条件也得到履行的情况下才能发给。

8. 在作者停止其作品的全部复制品的发行时,则不得根据本条发给任何许可证。

9. (a) 对翻译一部已以印刷形式或其他任何类似的复制形式出版的作品发给的许可证,也可根据广播机构向第一款所指国家主管当局提出的要求,发给总部设在该国的广播机构,但必须符合下列全部条件:

(1) 译文是根据依该国法律制作并获得的复制品翻译的;

(2) 译文只能用于教学广播或向特定专业的专家传播专门技术或科学研究成果的广播;

(3) 译文专门为第二目所指目的使用,并通过对该国境内听众的合法广播进行,其中包括专为此项广播目的而通过录音或录像手段合法录制的广播;

(4) 所有对译文的使用均无任何营利性质。

(b) 广播机构根据本款发给的许可证制作的译文的录音或录像也可以为a项规定的目的和条件,并经上述广播机构同意,为设在发给许可证的主管当局所在国内的任何其他广播机构使用。

(c) 只要符合a项列举的所有准则和条件,也可对广播机构颁发许可证以翻译专为大、中、小学使用而制作与出版的视听教材中的所有课文。

(d) 在不违犯a到c项的情况下,前面几款的规定适用于本款规定的所有许可证的颁发与使用。

第三条

1. 任何声明援用本条规定的权利的国家,均有权以由主管当局依下述条件并根据附件第四条发给非专有和不可转让的许可证来代替第九条规定的专有复制权。

2. (a) 关于根据第七款而适用本条的作品,当(1) 自该作品特定版本首次出版之日算起的第三款规定的期限期满时,或(2) 第一款所指的国家法律规定的并自同一日期算起的更长的期限期满时,若该版的作品复制品尚未有复制权所有者或在其授权下,以与同类作品在该国通行的价格相 似的价格在该国出售,以满足广大公众或大、中、小学教学之需要,则该国任何国民都可得到许可证,以此种价格或更低价格复制和出版该版本供大、中、小学教学之用。

(b) 根据本条规定的条件,也可对复制及出版a项所述已发行的版本发给许可证,如果在适用的期限期满后,该版经授权的版本在有关国家已脱销六个月,而无法以同该国内对同类作品要求的价格相似的价格供应广大公众供系统教学之用。

3. 第二款a项第一目所指的期限为五年。但(1) 对有关数学和自然科学以及技术的作品,则为三年;(2) 小说、诗歌、戏剧和音乐作品以及美术书籍,则为七年。

4. (a) 根据本条规定在三年后可取得的许可证,需等六个月期限期满后才能颁发,此期限

(1) 自申请人履行附件第四条第一款规定的手续之日起算 ;

(2) 如复制权所有者的身份或地址不详,则自申请人根据附件第四条第二款的规定将其向发给许可证的主管当局提交的申请书副本寄出之日算起。

(b) 在其他情况下及适用附件第四条第二款时,许可证不得在寄出申请书副本后三个月期满以前发给。

(c) 如果在 a 项和 b 项规定的六个月或三个月期间,出现第二款 a 项提到的出售情况,则不得根据本条发给任何许可证。

(d) 在作者已停止为进行复制及出版而申请许可证的该版的全部作品复制品的发行时,不得发给任何许可证。

5. 在下列情况下不得根据本条发给复制和出版一部作品的译本许可证:

(1) 所涉及的译本并非由翻译权所有者或在其授权下出版;

(2) 译本所用的不是申请许可证所在国的通用语文。

6. 如果某一作品某版的复制品是由复制权所有者或经其授权,以同该国同类作品相似的价格,为供应广大公众或为大、中、小学教学之用而在第一款所指的国内出售,而该版的语文和基本内容又同根据许可证出版的版本语文和内容相同,则应撤销根据本条发给的所有许可证。在撤销许可证前制作的复制品可一直发行到售完为止。

7. (a) 除 b 项规定的情况外,本条适用的作品只限于以印刷的形式或任何其他类似的复制形式出版的作品。

(b) 本条同样适用于以视听形式复制的受保护作品或包含受保护作品的视听资料,以及用许可证申请国通用语文翻译的该视听资料中的文字部分的译本,条件是所涉及的视听资料的制作和出版限大、中、小学教学使用的唯一目的。

第四条

1. 附件第二条或第三条所指的任何许可证的发给,须经申请人按照有关国家现行规定,证明他根据不同情况已向权利所有者提出翻译和出版译本,或复制和出版该版本的要求,而又未能得到授权,或经过相当努力仍未能找到权利所有者。在向权利所有者提出这一要求的同时,申请人还必须将这一申请通知第二款提到的任何国内或国际情报中心。

2. 如申请人无法找到权利所有者,即应通过挂号航邮将向发给许可证的主管当局提交的申请书的副本,寄给该作品上列有名称的出版者和据信为出版者主要业务中心所在国的政府为此目的向总干事递交的通知中所指定的任何国内或国际情报中心。

3. 在根据附件第二条和第三条发给的许可证出版的译本或复制本的所有复制品上都应列出作者姓名。在所有复制品上应有作品名称。如系译本,原作名称在任何情况下应列于所有复制品上。

4. (a) 任何根据附件第二条或第三条发给的许可证不得扩大到复制品的出口,许可证只适用于在申请许可证的该国领土内根据情况出版译本或复制品。

(b) 为适用 a 项规定,凡从任何领土向根据第一条第五款规定代表该领土作过声明的国家运寄复制品应视为出口。

(c) 当根据附件第二条就译成英文、西班牙文或法文以外语文的译本发给许可证的一国政府机构或任何其他公共机构将根据该许可证出版的译本的复制品运寄到另一国时,为了 a 项的目的,这一寄送不作为出口看待,但需符合以下所有条件:

(1) 收件人需为发给许可证的主管当局所属国的国民个人或由这些国民组成的组织;

(2) 复制品只供教学、学习或研究使用;

(3) 复制品寄给收件人及其进一步分发均无任何营利性质;而且

(4) 复制品寄往的国家与其主管当局发给许可证的国家订有协议,批准这种复制品的接收或分发或两者同时批准,后一国家政府已将该协议通知总干事。

5. 所有根据附件第二条或第三条发给许可证出版的复制品均需载有有关语文的通知,说明该复制品只能在该许可证适用的国家或领土内发行。

6. (a) 在国家范围内做出适当的规定,以保证

(1) 许可证之发给应根据不同情况给翻译权或复制权所有者一笔合理的报酬,此种报酬应符合有关两国个人之间自由谈判的许可证通常支付版税的标准;而且

(2) 保证这笔报酬的支付和转递;如果存在着国家对外汇的管制,则主管当局应通过国际机构,尽一切努力保证使这笔报酬以国际上可兑换的货币或其等值货币转递。

(b) 应通过国家法律采取适当措施,以保证在不同情况下作品的正确翻译或精确复制。

第五条

1. (a) 任何有权声明援用附件第二条规定的权利的国家,在批准或加入此公约文本时可不作这一声明,而代之以下述声明:

(1) 如果它是第三十条第二款 a 项适用的国家,则代之以按照该条款有关翻译权的规定作一声明;

(2) 如果它是第三十条第二款 a 项所不适用的国家,即使是本同盟成员国,则代之以按照第三十条第二款 b 项第一句的规定作一声明。

(b) 在一国已不再被认为是附件第一条第一款所指的发展中国家的情况下,根据本款所作的声明继续有效。直到按照附件第一条第三款规定的适用期限期满之日为止。

(c) 所有按照本款作出声明的国家以后不得使用附件第二条规定的权利,即使撤回该声明后也不得援用。

2. 除第三款的情况外,所有已援用附件第二条规定的权利的国家以后均不得根据第一款作出声明。

3. 不再被视为附件第一条第一款所指的发展中国家的

任何国家,最迟可以在附件第一条第三款的适用期限期满前两年,可以按照第三十条第二款 b 项第一句作出声明,即使它已是同盟成员国。这一声明将在根据附件第一条第三款的适用期限期满之日生效。

第六条

1. 本同盟任何成员国,自此公约文本日期起和在受到第一至二十一条及本附件的约束以前的任何时候都可以作以下声明:

(1) 对于一旦受第一至二十一条和本附件约束,即有权援用附件第一条第一款提到的权利的国家,它将对其起源国为如下国家的作品适用附件第二条或第三条或同时适用两条的规定,这一国家在适用以下第二目时,同意将上述两条适用于这类作品,或者这一国家受第一至二十一条及本附件的约束;这一声明可以提到附件第五条而不是第二条;

(2) 它同意根据以上第一目作过声明或根据附件第一条发出过通知的国家对它作为起源国的作品适用本附件。

2. 所有按第一款作出的声明均以书面形式作出并交存总干事。声明自交存之日起生效。

保护工业产权巴黎公约

(1883 年 3 月 20 日在巴黎签订　1900 年 12 月 14 日在布鲁塞尔修订;1911 年 6 月 2 日在华盛顿修订;1925 年 11 月 6 日在海牙修订;1934 年 6 月 2 日在伦敦修订;1958 年 10 月 31 日在里斯本修订;1967 年 7 月 14 日在斯德哥尔摩修订;1979 年 10 月 2 日修正)

第一条　【本联盟的建立;工业产权的范围】①

(1) 适用本公约的国家组成联盟,以保护工业产权。

(2) 工业产权的保护对象有专利、实用新型、工业品外观设计、商标、服务标记、厂商名称、货源标记或原产地名称,和制止不正当竞争。

(3) 对工业产权应作最广义的理解,它不仅应适用于工业和商业本身,而且也应同样适用于农业和采掘业,适用于一切制成品或天然产品,例如:酒类、谷物、烟叶、水果、牲畜、矿产品、矿泉水、啤酒、花卉和谷类的粉。

(4) 专利应包括本联盟国家的法律所承认的各种工业专利,如输入专利、改进专利、增补专利和增补证书等。

第二条　【本联盟各国国民的国民待遇】

(1) 本联盟任何国家的国民,在保护工业产权方面,在本联盟所有其他国家内应享有各该国法律现在授予或今后可能授予国民的各种利益;一切都不应损害本公约特别规定的权利。因此,他们应和国民享有同样的保护,对侵犯他们的权利享有同样的法律上的救济手段,但是他们遵守对国民规定的条件和手续为限。

(2) 但是,对于本联盟国家的国民不得规定在其要求保护的国家须有住所或营业所才能享有工业产权。

(3) 本联盟每一国家法律中关于司法和行政程序管辖权以及指定送达地址或委派代理人的规定,工业产权法律中可能有要求的,均明确地予以保留。

第三条　【某类人与本联盟国家的国民享有同样待遇】

本联盟以外各国的国民,在本联盟一个国家的领土内设有住所或有真实和有效的工商业营业所的,应享有与本联盟国家国民同样的待遇。

第四条　【A. 至 I. 专利、实用新型、外观设计、商标、发明人证书:优先权。—— G. 专利:申请的分案】

A.

(1) 已经在本联盟的一个国家正式提出专利、实用新型注册、外观设计注册或商标注册的申请的任何人,或其权利继受人,为了在其他国家提出申请,在以下规定的期间内应享有优先权。

(2) 依照本联盟任何国家的国内立法,或依照本联盟各国之间缔结的双边或多边条约,与正规的国家申请相当的任何申请,应被承认为产生优先权。

(3) 正规的国家申请是指在有关国家中足以确定提出申请日期的任何申请,而不问该申请以后的结局如何。

B.

因此,在上述期间届满前在本联盟的任何其他国家后来提出的任何申请,不应由于在这期间完成的任何行为,特别是另外一项申请的提出、发明的公布或利用、外观设计复制品的出售、或商标的使用而成为无效,而且这些行为不能产生任何第三人的权利或个人占有的任何权利。第三人在作为优先权基础的第一次申请的日期以前所取得的权利,依照本联盟每一国家的国内法予以保留。

C.

(1) 上述优先权的期间,对于专利和实用新型应为十二个月,对于外观设计和商标应为六个月。

(2) 这些期间应自第一次申请的申请日开始;申请日不应计入期间之内。

(3) 如果期间的最后一日在请求保护地国家是法定假日或者是主管局不接受申请的日子,期间应延至其后的第一个工作日。

(4) 在本联盟同一国家内就第(2)项所称的以前第一次申请同样的主题所提出的后一申请,如果在提出该申请时前一申请已被撤回、放弃或拒绝,没有提供公众阅览,也

① 为了便于识别各条的内容,特增加了标题。(法语)签字本中无此标题。

没有遗留任何权利，而且如果前一申请还没有成为要求优先权的基础，应认为是第一次申请，其申请日应为优先权期间的开始日。在这以后，前一申请不得作为要求优先权的基础。

D.

（1）任何人希望利用以前提出的一项申请的优先权的，需要作出声明，说明提出该申请的日期和受理该申请的国家。每一国家应确定必须作出该项声明的最后日期。

（2）这些事项应在主管机关的出版物中，特别是应在专利和有关专利的说明书中予以载明。

（3）本联盟国家可以要求作出优先权声明的任何人提交以前提出的申请（说明书、附图等）的副本。该副本应经原受理申请的机关证实无误，不需要任何认证，并且无论如何可以在提出后一申请后三个月内随时提交，不需缴纳费用。本联盟国家可以要求该副本附有上述机关出具的载明申请日的证明书和译文。

（4）对提出申请时要求优先权的声明不得规定其他的手续。本联盟每一国家应确定不遵守本条约规定的手续的后果，但这种后果决不能超过优先权的丧失。

（5）以后，可以要求提供进一步的证明。

任何人利用以前提出的一项申请的优先权的，必须写明该申请的号码；该号码应依照上述第（2）项的规定予以公布。

E.

（1）依靠以实用新型申请为基础的优先权而在一个国家提出工业品外观设计申请的，优先权的期间应与对工业品外观设计规定的优先权期间一样。

（2）而且，依靠以专利申请为基础的优先权而在一个国家提出实用新型的申请是许可的，反之亦一样。

F.

本联盟的任何国家不得由于申请人要求多项优先权（即使这些优先权产生于不同的国家），或者由于要求一项或几项优先权的申请中有一个或几个要素没有包括在作为优先权基础的申请中，而拒绝给予优先权或拒绝专利申请，但以在上述两种情况都有该国法律所规定的发明单一性为限。

关于作为优先权基础的申请中所没有包括的要素，以后提出的申请应该按照通常条件产生优先权。

G.

（1）如果审查发现一项专利申请包含一个以上的发明，申请人可以将该申请分成若干分案申请，保留第一次申请的日期为各该分案申请的日期，如果有优先权，并保有优先权的利益。

（2）申请人也可以主动将一项专利申请分案，保留第一次申请的日期为各该分案申请的日期，如果有优先权，并保有优先权的利益。本联盟各国有权决定允许这种分案的条件。

H.

不得以要求优先权的发明中的某些要素没有包含在原属国申请列举的权利要求中为理由，而拒绝给予优先权，但以申请文件从全体看来已经明确地写明这些要素为限。

I.

（1）在申请人有权自行选择申请专利或发明人证书的国家提出发明人证书的申请，应产生本条规定的优先权，其条件和效力与专利的申请一样。

（2）在申请人有权自行选择申请专利或发明人证书的国家，发明人证书的申请人，根据本条关于专利申请的规定，应享有以专利、实用新型或发明人证书的申请为基础的优先权。

第四条之二 【专利：在不同国家就同一发明取得的专利是相互独立的】

（1）本联盟国家的国民向本联盟各国申请的专利，与在其他国家，不论是否本联盟的成员国，就同一发明所取得的专利是相互独立的。

（2）上述规定，应从不受限制的意义来理解，特别是指在优先权期间内申请的各项专利，就其无效和丧失权利的理由以及其正常的期间而言，是相互独立的。

（3）本规定应适用于在其开始生效时已经存在的一切专利。

（4）在有新国家加入的情况下，本规定应同样适用于加入时两方面已经存在的专利。

（5）在本联盟各国，因享有优先权的利益而取得的专利的期限，与没有优先权的利益而申请或授予的专利的期限相同。

第四条之三 【专利：在专利上记载发明人】

发明人有在专利中被记载为发明人的权利。

第四条之四 【专利：在法律禁止销售情况下的专利性】

不得以专利产品的销售或依专利方法制造的产品的销售受到本国法律的禁止或限制为理由，而拒绝授予专利或使专利无效。

第五条 【A. 专利：物品的进口；不实施或不充分实施；强制许可。——B. 工业品外观设计：不实施；物品的进口。——C. 商标：不使用；不同的形式；共有人的使用。——D. 专利、实用新型、商标、工业品外观设计：标记】

A.

（1）专利权人将在本联盟任何国家内制造的物品进口到对该物品授予专利的国家的，不应导致该项专利的取消。

（2）本联盟各国都有权采取立法措施规定授予强制许可，以防止由于行使专利所赋予的专有权而可能产生的滥用，例如：不实施。

（3）除强制许可的授予不足以防止上述滥用外，不应规定专利的取消。自授予第一个强制许可之日起两年届满前不得提起取消或撤销专利的诉讼。

(4) 自提出专利申请之日起四年届满以前,或自授予专利之日起三年届满以前,以后满期的期间为准,不得以不实施或不充分实施为理由申请强制许可;如果专利权人的不作为有正当理由,应拒绝强制许可。这种强制许可是非独占性的,而且除与利用该许可的部分企业或商誉一起转让外,不得转让,甚至以授予分许可证的形式也在内。

(5) 上述各项规定准用于实用新型。

B.

对工业品外观设计的保护,在任何情况下,都不得以不实施或以进口物品与受保护的外观设计相同为理由而予以取消。

C.

(1) 如果在任何国家,注册商标的使用是强制的,只有经过适当的期间,而且只有当事人不能证明其不使用有正当理由,才可以撤销注册。

(2) 商标所有人使用的商标,在形式上与其在本联盟国家之一所注册的商标形式只有一些要素不同,而并未改变其显著性的,不应导致注册无效,也不应减少对商标所给予的保护。

(3) 根据请求保护地国家的本国法认为商标共同所有人的几个工商企业,在相同或类似商品上同时使用同一商标,在本联盟任何国家内不应拒绝注册,也不应以任何方式减少对该商标所给予的保护,但以这种使用并未导致公众产生误解,而且不违反公共利益为限。

D.

不应要求在商品上标志或载明专利、实用新型、商标注册或工业品外观设计保存,作为承认取得保护权利的条件。

第五条之二 【一切工业产权:缴纳权利维持费的宽限期;专利:恢复】

(1) 关于规定的工业产权维持费的缴纳,应给予不少于六个月的宽限期,但是如果本国法律有规定,应缴纳附加费。

(2) 本联盟各国对因未缴费而终止的专利有权规定予以恢复。

第五条之三 【专利:构成船舶、飞机或陆上车辆一部分的专利器械】

在本联盟任何国家内,下列情况不应认为是侵犯专利权人的权利:

(1)本联盟其他国家的船舶暂时或偶然地进入上述国家的领水时,在该船的船身、机器、船具、装备及其他附件上使用构成专利对象的器械,但以专为该船的需要而使用这些器械为限;

(2)本联盟其他国家的飞机或陆上车辆暂时或偶然地进入上述国家时,在该飞机或陆上车辆的构造或操作中,或者在该飞机或陆上车辆附件的构造或操作中使用构成专利对象的器械。

第五条之四 【专利:利用进口国的专利方法制造产品的进口】

一种产品进口到对该产品的制造方法有专利保护的本联盟国家时,专利权人对该进口产品,应享有按照进口国法律,他对在该国依照专利方法制造的产品所享有的一切权利。

第五条之五 【工业品外观设计】

外观设计在本联盟所有国家均应受到保护。

第六条 【商标:注册条件;同一商标在不同国家所受保护的独立性】

(1) 商标的申请和注册条件,在本联盟各国由其本国法律决定。

(2) 但本联盟任何国家对本联盟国家的国民提出的商标注册申请,不得以未在原属国申请、注册或续展为理由而予以拒绝,也不得使注册无效。

(3) 在本联盟一个国家正式注册的商标,与在联盟其他国家注册的商标,包括在原属国注册的商标在内,应认为是相互独立的。

第六条之二 【商标:驰名商标】

(1) 本联盟各国承诺,如本国法律允许,应依职权,或依利害关系人的请求,对商标注册国或使用国主管机关认为在该国已经驰名,属于有权享受本公约利益的人所有、并且用于相同或类似商品的商标构成复制、仿制或翻译,易于产生混淆的商标,拒绝或撤销注册,并禁止使用。这些规定,在商标的主要部分构成对上述驰名商标的复制或仿制,易于产生混淆时,也应适用。

(2) 自注册之日起至少五年的期间内,应允许提出撤销这种商标的请求。本联盟各国可以规定一个期间,在这期间内必须提出禁止使用的请求。

(3) 对于依恶意取得注册或使用的商标提出撤销注册或禁止使用的请求,不应规定时间限制。

第六条之三 【商标:关于国徽、官方检验印章和政府间组织徽记的禁例】

(1)

(a) 本联盟各国同意,对未经主管机关许可,而将本联盟国家的国徽、国旗和其他的国家徽记、各该国用以表明监督和保证的官方符号和检验印章以及从徽章学的观点看来的任何仿制用作商标或商标的组成部分,拒绝注册或使其注册无效,并采取适当措施禁止使用。

(b) 上述(a)项规定应同样适用于本联盟一个或一个以上国家参加的政府间国际组织的徽章、旗帜、其他徽记、缩写和名称,但已成为保证予以保护的现行国际协定的对象的徽章、旗帜、其他徽记、缩写和名称除外。

(c) 本联盟任何国家无须适用上述(b)项规定,而损害本公约在该国生效前善意取得的权利的所有人。在上述(a)项所指的商标的使用或注册性质上不会使公众理解为有关组织与这种徽章、旗帜、徽记、缩写和名称有联系时,或者如果这种使用或注册性质上大概不会使公众误解为使用人与该组织有联系时,本联盟国家无须适用该项规定。

(2) 关于禁止使用表明监督、保证的官方符号和检验印章的规定,应该只适用于在相同或类似商品上使用包含该符号或印章的商标的情况。

(3)

(a) 为了实施这些规定,本联盟国家同意,将它们希望或今后可能希望完全或在一定限度内受本条保护的国家徽记与表明监督保证的官方符号和检验印章清单,以及以后对该项清单的一切修改,经由国际局相互通知。本联盟各国应在适当的时候使公众可以得到用这样方法通知的清单。但是,就国旗而言,这种相互通知并不是强制性的。

(b) 本条第(1)款(b)项的规定,仅适用于政府间国际组织经由国际局通过本联盟国家的徽章、旗帜、其他徽记、缩写和名称。

(4) 本联盟任何国家如有异议,可以在收到通知后十二个月内经由国际局向有关国家或政府间国际组织提出。

(5) 关于国旗,上述第(1)款规定的措施仅适用于 1925 年 11 月 6 日以后注册的商标。

(6) 关于本联盟国家国旗以外的国家徽记、官方符号和检验印章,以及关于政府间国际组织的徽章、旗帜、其他徽记、缩写和名称,这些规定仅适用于接到上面第(3)款规定的通知超过两个月后所注册的商标。

(7) 在有恶意的情况下,各国有权撤销即使是在 1925 年 11 月 6 日以前注册的含有国家徽记、符号和检验印章的商标。

(8) 任何国家的国民经批准使用其本国的国家徽记、符号和检验印章者,即使与其他国家的国家徽记、符号和检验印章相类似,仍可使用。

(9) 本联盟各国承诺,如有人未经批准而在商业中使用本联盟其他国家的国徽,具有使人对商品的原产地产生误解的性质时,应禁止其使用。

(10) 上述各项规定不应妨碍各国行使第六条之五 B 款第(3)项所规定的权利,即对未经批准而含有本联盟国家所采用的国徽、国旗、其他国家徽记,或官方符号和检验印章,以及上述第(1)款所述的政府间国际组织显著符号的商标,拒绝予以注册或使其注册无效。

第六条之四 【商标:商标的转让】

(1) 根据本联盟国家的法律,商标的转让只有在与其所属工农业或商誉同时移转方为有效,如该工农业或商誉座落在该国的部分,连同在该国制造或销售标有被转让商标的商品的专有权一起移予受让人,即足以承认其转让为有效。

(2) 如果受让人使用受让的商标事实上会具有使公众对使用该商标的商品的原产地、性质或基本品质发生误解的性质,上述规定并不使联盟国家负有承认该项商标转让为有效的义务。

第六条之五 【商标:在本联盟一个国家注册的商标在本联盟其他国家所受的保护】

A.

(1) 在原属国正规注册的每一商标,除有本条规定的保留外,本联盟其他国家应与在原属国注册那样接受申请和给予保护。各该国家在确定注册前可以要求提供原属国主管机关发给的注册证书。该项证书无需认证。

(2) 原属国系指申请人设有真实、有效的工商业营业所的本联盟国家;或者如果申请人在本联盟内没有这样的营业所,则指他设有住所的本联盟国家;或者如果申请人在本联盟内没有住所,但是他是本联盟国家的国民,则指他有国籍的国家。

B.

除下列情况外,对本条所适用的商标既不得拒绝注册也不得使注册无效:

(i) 在其要求保护的国家,商标具有侵犯第三人的既得权利的性质的;

(ii) 商标缺乏显著特征,或者完全是由商业中用以表示商品的种类、质量、数量、用途、价值、原产地或生产时间的符号或标记所组成,或者在要求给予保护的国家的现代语言中或在善意和公认的商务实践中已经成为惯用的;

(iii) 商标违反道德或公共秩序,尤其是具有欺骗公众的性质。这一点应理解为不得仅仅因为商标不符合商标立法的规定,即认为该商标违反公共秩序,除非该规定本身同公共秩序有关。

然而,本规定在符合适用第十条之二的条件下,也可以适用。

C.

(1) 决定一个商标是否符合受保护的条件,必须考虑一切实际情况,特别是商标已经使用时间的长短。

(2) 商标中有些要素与在原属国受保护的商标有所不同,但并未改变其显著特征,亦不影响其与原属国注册的商标形式上的同一性的,本联盟其他国家不得仅仅以此为理由而予以拒绝。

D.

任何人要求保护的商标,如果未在原属国注册,不得享受本条各规定的利益。

E.

但商标注册在原属国续展,在任何情况下决不包含在该商标已经注册的本联盟其他国家续展注册的义务。

F.

在第四条规定的期间内提出商标注册的申请,即使原属国在该期间届满后才进行注册,其优先权利益也不受影响 。

第六条之六　【商标:服务标记】

本联盟各国承诺保护服务标记。不应要求它们对该项标记的注册作出规定。

第六条之七　【商标:未经所有人授权而以代理人或代表人名义注册】

(1) 如果本联盟一个国家的商标所有人的代理人或代表人,未经该所有人授权而以自己的名义向本联盟一个或一个以上的国家申请该商标的注册,该所有人有权反对所申请的注册或要求取消注册,或者,如该国法律允许,该所有人可以要求将该项注册转让给自己,除非该代理人或代表人证明其行为是正当的。

(2) 商标所有人如从未授权使用,以符合上述第(1)款的规定为条件,有权反对其代理人或代表人使用其商标。

(3) 各国立法可以规定商标所有人行使本条规定的权利的合理期限。

第七条　【商标:使用商标的商品的性质】

使用商标的商品的性质决不应成为该商标注册的障碍。

第七条之二　【商标:集体商标】

(1) 如果社团的存在不违反其原属国的法律,即使该社团没有工商业营业所,本联盟各国也承诺受理申请,并保护属于该社团的集体商标。

(2) 各国应自行审定关于保护集体商标的特别条件,如果商标违反公共利益,可以拒绝给予保护。

(3) 如果社团的存在不违反原属国的法律,不得以该社团在其要求保护的国家没有营业所,或不是根据该国的法律所组成为理由,拒绝对该社团的这些商标给予保护。

第八条　【厂商名称】

厂商名称应在本联盟一切国家内受到保护,没有申请或注册的义务,也不论其是否为商标的一部分。

第九条　【商标、厂商名称:对非法标有商标或厂商名称的商品在进口时予以扣押】

(1) 一切非法标有商标或厂商名称的商品,在进口到该项商标或厂商名称有权受到法律保护的本联盟国家时,应予以扣押。

(2) 在发生非法粘附上述标记的国家或在已进口该商品的国家,扣押应同样予以执行。

(3) 扣押应依检察官或其他主管机关或利害关系人(无论为自然人或法人)的请求,按照各国本国法的规定进行。

(4) 各机关对于过境商品没有执行扣押的义务。

(5) 如果一国法律不准许在进口时扣押,应代之以禁止进口或在国内扣押。

(6) 如果一国法律既不准许在进口时扣押,也不准许禁止进口或在国内扣押,则在法律作出相应修改以前,应代之以该国国民在此种情况下按该国法律可以采取的诉讼和救济手段。

第十条　【虚伪标记:对标有虚伪的原产地或生产者标记的商品在进口时予以扣押】

(1) 前条各款规定应适用于直接或间接使用虚伪的商品原产地、生产者、制造者或商人的标记的情况。

(2) 凡从事此项商品的生产、制造或销售的生产者、制造者或商人,无论为自然人或法人,其营业所设在被虚伪标为商品原产的地方、该地所在的地区,或在虚伪标为原产的国家、或在使用该虚伪原产地标记的国家者,无论如何均应视为利害关系人。

第十条之二　【不正当竞争】

(1) 本联盟国家有义务对各该国国民保证给予制止不正当竞争的有效保护。

(2) 凡在工商业事务中违反诚实的习惯做法的竞争行为构成不正当竞争的行为。

(3) 下列各项特别应予以禁止:

(i) 具有采用任何手段对竞争者的营业所、商品或工商业活动产生混淆性质的一切行为;

(ii) 在经营商业中,具有损害竞争者的营业所、商品或工商业活动的信用性质的虚伪说法;

(iii) 在经营商业中使用会使公众对商品的性质、制造方法、特点、用途或数量易于产生误解的表示或说法。

第十条之三　【商标、厂商名称、虚伪标记、不正当竞争:救济手段,起诉权】

(1) 本联盟国家承诺保证本联盟其他国家的国民获得有效地制止第九条、第十条和第十条之二所述一切行为的适当的法律上救济手段。

(2) 本联盟国家并承诺规则措施,准许不违反其本国法律而存在的联合会和社团,代表有利害关系的工业家、生产者或商人,在其要求保护的国家法律允许该国的联合会和社团提出控诉的范围内,为了制止第九条、第十条和条十条之二所述的行为,向法院或行政机关提出控诉。

第十一条　【发明、实用新型、工业品外观设计、商标:在某些国际展览会中的临时保护】

(1) 本联盟国家应按其本国法律对在本联盟任何国家领土内举办的官方的或经官方承认的国际展览会展出的商品中可以取得专利的发明、实用新型、工业品外观设计和商标,给予临时保护。

(2) 该项临时时保护不应延展第四条规定的期间。如以后要求优先权,任何国家的主管机关可以规定其期间应自该商品在展览会展出之日开始。

(3) 每一个国家认为必要时可以要求提供证明文件,证实展出的物品及其在展览会展出的日期。

第十二条　【国家工业产权专门机构】

(1) 本联盟各国承诺设立工业产权专门机构和向公众传递有关专利、实用新型、外观设计和商标信息的中央机构 。

（2）该专门机构定期出版公告，按时公布：

（a）被授予专利的人的姓名和取得专利的发明的概要；

（b）注册商标的复制品。

第十三条 【本联盟大会】

（1）

（a）本联盟设大会，由本联盟中受第十三条至第十七条约束的国家组成。

（b）每一国政府应有一名代表，该代表可以由副代表、顾问和专家辅助。

（c）各代表团的费用由委派该代表团的政府负担。

（2）

（a）大会的职权如下：

（i）处理有关维持和发展本联盟及执行本公约的一切事项；

（ii）对建立世界知识产权组织（以下简称“本组织”）公约中所述的知识产权国际局（以下简称“国际局”）作关于筹备修订会议的指示，但应适当考虑本联盟国家中不受第十三条至第十七条约束的国家所提的意见；

（iii）审查和批准本组织总干事有关本联盟的报告和活动，并就本联盟权限内的事项对总干事作一切必要的指示；

（iv）选举大会执行委员会的委员；

（v）审查和批准执行委员会的报告和活动，并对该委员会作指示；

（vi）决定本联盟计划和通过二年预算，并批准决算；

（vii）通过本联盟的财务规则；

（viii）为实现本联盟的目的，成立适当的专家委员会和工作组；

（ix）决定接受哪些非本联盟成员国的国家以及哪些政府间组织和非政府间国际组织以观察员身份参加本联盟会议；

（x）通过第十三条至第十七条的修改；

（xi）采取旨在促进实现本联盟目标的任何其他的适当行动；

（xii）履行按照本公约是适当的其他职责；

（xiii）行使建立本组织公约中授予并经本联盟接受的权利。

（b）关于对本组织管理的其他联盟也有利害关系的事项，大会在听取本组织协调委员会的意见后作出决议。

（3）

（a）除适用（b）项规定的情况外，一名代表仅能代表一个国家。

（b）本联盟一些国家根据一项专门协定的条款组成一个共同的、对各该国家具有第十二条所述的国家工业产权专门机构性质的机构的，在讨论时，可以由这些国家中的一国作为共同代表。

（4）

（a）大会每一成员国应有一个投票权。

（b）大会成员国的半数构成开会的法定人数。

（c）尽管有（b）项的规定，如任何一次会议出席的国家不足大会成员国的半数，但达到三分之一或三分之一以上时，大会可以作出决议，但是，除有关其本身的议事程序的决议外，所有其他决议只有符合下述条件才能生效。国际局应将这些决议通知未出席的大会成员国，请其在通知之日起三个月的期间内以书面表示其投票或弃权。在该期间届满时，如这些表示投票或弃权的国家数目，达到会议本身开会的法定人数所缺少的国家数目，只要同时也取得了规定的多数票，这些决议应有效。

（d）除适用第十七条第（2）款规定的情况外，大会决议需有所投票数的三分之二票。

（e）弃权不应认为是投票。

（5）

（a）除适用（b）项规定的情况外，一名代表只能以一国名义投票。

（b）第（3）款（b）项所指的本联盟国家，一般应尽量派遣本国的代表团出席大会的会议。然而，如其中任何国家由于特殊原因不能派出本国代表团时，不能派出代表团的国家可以授权上述国家中其他国家代表团以其名义投票，但每一代表团只能为一个国家代理投票。代理投票的权限应由国家元首或主管部长签署的文件授予。

（6）非大会成员国的本联盟国家应被允许作为观察员出席大会的会议。

（7）

（a）大会通常会议每二历年召开一次，由总干事召集，如无特殊情况，和本组织的大会同时间同地点召开。

（b）大会临时会议由总干事应执行委员会或占四分之一的大会成员国的要求召开。

（8）大会应通过其本身的议事规程。

第十四条 【执行委员会】

（1）大会设执行委员会。

（2）

（a）执行委员会由大会成员国中选出的国家组成。此外，本组织总部所在地国家，除适用第十六条第（7）款（b）项规定的情况外，在该委员会中应有当然的席位。

（b）执行委员会各成员国政府应有一名代表，该代表可以由副代表、顾问和专家辅助。

（c）各代表团的费用应由委派该代表团的政府负担。

（3）执行委员会成员国的数目应相当于大会成员国的四分之一。在确定席位数目时，用四除后余数不计。

（4）选举执行委员会委员时，大会应适当注意公平的地理分配，以及组成执行委员会的国家中有与本联盟有关系的专门协定的缔约国的必要性。

(5)

(a) 执行委员会委员的任期,应自选出委员会的大会会期终了开始,直到下届通常会议会期终了为止。

(b) 执行委员会委员可以连选连任,但其数目最多不得超过委员的三分之二。

(c) 大会应制定有关执行委员会委员选举和可能连选的详细规则。

(6)

(a) 执行委员会的职权如下:

(i) 拟定大会议事日程草案;

(ii) 就总干事拟订的本联盟计划草案和二年预算向大会提出建议;

(iii) 将总干事的定期报告和年度会计检查报告,附具适当的意见,提交大会。

(iv) 根据大会决议,并考虑大会两届通常会议中间发生的情况,采取一切必要措施保证总干事执行本联盟的计划;

(v) 执行本公约所规定的其他职责。

(b) 关于对本组织管理的其他联盟也有利害关系的事项,执行委员会应在听取本组织协调委员会的意见后作出决议。

(7)

(a) 执行委员会每年举行一次通常会议,由总干事召集,最好和本组织协调委员会同时间同地点召开。

(b) 执行委员会临时会议应由总干事依其本人倡议或应委员会主席或四分之一委员的要求而召开。

(8)

(a) 执行委员会每一成员国应有一个投票权。

(b) 执行委员会委员的半数构成开会的法定人数。

(c) 决议需有所投票数的简单多数。

(d) 弃权不应认为是投票。

(e) 一名代表只能代表一个国家,并以一个国家名义投票。

(9) 非执行委员会委员的本联盟国家可以派观察员出席执行委员会的会议。

(10) 执行委员会应通过其本身的议事规程。

第十五条 【国际局】

(1)

(a) 有关本联盟的行政工作应由国际局执行。国际局是由本联盟的局和保护文学艺术作品国际公约所建立的联盟的局联合的继续。

(b) 国际局特别应执行本联盟各机构的秘书处的职务。

(c) 本组织总干事为本联盟最高行政官员,并代表本联盟。

(2) 国际局汇集有关工业产权的情报并予以公布。本联盟各成员国应迅速将一切有关保护工业产权的新法律和正式文本送交国际局;此外,还应向国际局提供其工业产权机构发表的与保护工业产权直接有关并对工作有用的出版物。

(3) 国际局应出版月刊。

(4) 国际局应依请求向本联盟任何国家提供有关保护工业产权问题的情报。

(5) 国际局应进行研究,并提供服务,以促进对工业产权的保护。

(6) 总干事及其指定的职员应参加大会、执行委员会以及任何其他专家委员会或工作组的一切会议,但无投票权。总干事或其指定职员为这些机构的当然秘书。

(7)

(a) 国际局应按照大会的指示,与执行委员会合作,筹备对本公约第十三条至第十七条以外的其他条款的修订会议。

(b) 国际局可以就修订会议的筹备工作与政府间组织和非政府间国际组织协商。

(c) 总干事及其指定的人员应参加这些会议的讨论,但无投票权。

(8) 国际局应执行指定由其执行的任何其他任务。

第十六条 【财务】

(1)

(a) 本联盟应制定预算。

(b) 本联盟的预算应包括本联盟本身的收入和支出,对各联盟共同经费预算的摊款,以及需要时对本组织成员国会议预算提供的款项。

(c) 不是专属于本联盟、而且也属于本组织所管理的其他一个或一个以上联盟的经费,应认为是各联盟的共同经费。本联盟在该项共同经费中的摊款应与本联盟在其中所享的利益成比例。

(2) 本联盟预算的制定应适当考虑到与本组织管理的其他联盟预算相协调的需要。

(3) 本联盟预算的财政来源如下:

(i) 本联盟国家的会费;

(ii) 国际局提供有关联盟的服务所得到的费用或收款;

(iii) 国际局有关本联盟出版物的售款或版税;

(iv) 赠款、遗赠和补助金;

(v) 租金、利息和其他杂项收入。

(4)

(a) 为了确定对预算应缴的会费,本联盟每一个国家应属于下列的一个等级,并以所属等级的单位数为基础缴纳年度会费:

等级 I ………………………………………… 25

等级 II ………………………………………… 20

等级 III ………………………………………… 15

等级 IV ………………………………………… 10

等级V ………………………………………… 5
等级VI ………………………………………… 3
等级VII ………………………………………… 1

(b) 除已经指定等级外,每一国家应在交存批准书或加入书的同时,表明自己愿属哪一等级。任何国家都可以改变其等级。如果变为较低的等级,必须在大会的一届通常会议上声明。这种改变应在该届会议的下一历年开始时生效。

(c) 每一国家的年度会费的数额在所有国家向本联盟预算缴纳的会费总额中所占的比例,应与该国的单位数额在所有缴纳会费国家的单位总数中所占的比例相同。

(d) 会费应于每年一月一日缴纳。

(e) 一个国家欠缴的会费数额等于或超过其前两个整年的会费数额的,不得在本联盟的任何机构(该国为其成员)内行使投票权。但是如果证实该国延迟缴费系由于特殊的和不可避免的情况,则在这样的期间内本联盟的任何机构可以允许该国在该机构继续行使其投票权。

(f) 如预算在新的财政年度开始前尚未通过,按财务规则的规定,预算应与上一年度预算的水平相同。

(5) 国际局提供有关本联盟的服务应得的费用或收款的数额由总干事确定,并报告大会和执行委员会。

(6)

(a) 本联盟应设工作基金,由本联盟每一国家一次缴纳的款项组成,如基金不足,大会应决定予以增加。

(b) 每一国家向上述基金初次缴纳的数额或在基金增加时分担的数额,应与建立基金或决定增加基金的一年该国缴纳的会费成比例。

(c) 缴款的比例和条件应由大会根据总干事的建议,并听取本组织协调委员会的建议后规定。

(7)

(a) 在本组织与其总部所在地国家缔结的总部协定中应规定,工作基金不足时该国应给予垫款。每次垫款的数额和条件应由本组织和该国签订单独的协定。该国在承担垫款义务期间,应在执行委员会中有当然席位。

(b) (a)项所指的国家和本组织都各自有权以书面通知废除垫款的义务。废除应于发出通知当年年底起三年后生效。

(8) 账目的会计检查工作应按财务规则的规定,由本联盟一个或一个以上国家或由外界审计师进行。他们应由大会在征得其同意后予以指定。

第十七条 【第十三条至第十七条的修正】

(1) 修正第十三、十四、十五、十六条和本条的提案,可以由大会任何一个成员国、执行委员会或总干事提出。这类提案应由总干事至少在提交大会审议六个月前通知大会成员国。

(2) 对第(1)款所述各条的修正案须由大会通过。通过需要有所投票数的四分之三票,但第十三条和本款的修正案需要有所投票数的五分之四票。

(3) 第(1)款所述各条的修正案,在总干事收到大会通过修正案时四分之三的大会成员国依照各该国宪法程序接受修正案的书面通知一个月后发生效力。各该条的修正案在经接受后,对修正案生效时大会成员国以及以后成为大会成员国的所有国家都有约束力,但有关增加本联盟国家的财政义务的修正案,仅对通知接受该修正案的国家有约束力。

第十八条 【第一条至第十二条和第十八条至第三十条的修订】

(1) 本公约应交付修订,以便采用一些旨在改善本联盟制度的修正案。

(2) 为此目的,将陆续在本联盟国家之一举行本联盟国家代表会议。

(3) 对第十三条至第十七条的修正应按照第十七条的规定办理。

第十九条 【专门协定】

不言而喻,本联盟国家在与本公约的规定不相抵触的范围内,保留有相互间分别签订关于保护工业产权的专门协定的权利。

第二十条 【本联盟国家的批准或加入;生效】

(1)

(a) 本联盟任何国家已在本议定书上签字者,可以批准本议定书,未签字者可以加入本议定书。批准书和加入书应递交总干事保存。

(b) 本联盟任何国家可以在其批准书或加入书中声明其批准或加入不适用于:

(i) 第一条至第十二条,或

(ii) 第十三条至第十七条。

(c) 本联盟任何国家根据(b)项的规定声明其批准或加入的效力不适用于该项所述的两组条文之一者,以后可以随时声明将其批准或加入的效力扩大至该组条文。该项声明书应递交总干事保存。

(2)

(a) 第一条至第十二条,对于最早递交批准书或加入书而未作上述第(1)款(b)项第(i)目所允许的声明的本联盟十个国家,在递交第十份批准书或加入书三个月后,发生效力。

(b) 第十三条至第十七条,对于最早递交批准书或加入书而未作上述第(1)款(b)项第(ii)目所允许的声明的本联盟十个国家,在递交第十份批准书或加入书三个月后,发生效力。

(c) 以第(1)款(b)项第(i)目和第(ii)目所述的两组条文按照(a)项和(b)项的规定每一组开始生效为条件,以及以适用第(1)款(b)项规定为条件,第一条至第十七条,对于(a)项和(b)项所述的递交批准书或加入书的国家以外的、或按第(1)款(c)项递交声明的任何国家以外的本联盟任何国家,在总干事就该项递交发出通知之后三个月后发生效力除非所递交的批准书、加入书或声明已经指定以后的日期。在后一情况下,本议定书对该国应在其指定的日期发生效力。

(3) 第十八条至第三十条,对递交批准书或加入书的本联盟任何国家,应在第(1)款(b)项所述的两组条文中任何一组条文,按照第(2)款(a)、(b)或(c)项对该国生效的日期中比较早的那一日发生效力。

第二十一条 【本联盟以外国家的加入;生效】

(1) 本联盟以外的任何国家都可以加入本议定书,成为本联盟的成员国。加入书递交总干事保存。

(2)

(a) 本联盟以外的任何国家在议定书的任何规定发生效力前一个月或一个月以上递交加入书的,本议定书应在该规定按照第二十条第(2)款(a)项或(b)项最先发生效力之日对该国发生效力,除非该加入书已经指定以后的日期;但应遵守下列条件:

(i) 如第一条至第十二条在上述日期尚未发生效力,在这些规定发生效力以前的过渡期间,作为代替,该国应受里斯本议定书第一条至第十二条的约束;

(ii) 如第十三条至第十七条在上述日期尚未发生效力,在这些规定发生效力以前的过渡期间,作为代替,该国应受里斯本议定书第十三条、第十四条第(3)款、第(4)款和第(5)款的约束。

如果该国在其加入书中指定了以后的日期,本议定书应在其指定的日期对该国发生效力。

(b) 本联盟以外的任何国家递交加入书的日期是在本议定书的一组条文发生效力之后,或发生效力前一个月内的,除适用(a)项规定的情况外,本议定书应在总干事就该国加入发出通知之日起三个月后对该国发生效力,除非该加入书已经指定以后的日期。在后一情况下,本议定书应在其指定的日期对该国发生效力。

(3) 本联盟以外的任何国家在本议定书全部发生效力后或发生效力前一个月内递交加入书的,本议定书应在总干事就该国加入发出通知之日起三个月后对该国发生效力,除非该加入书已经指定以后的日期。在后一种情况下,本议定书应在其指定的日期对该国发生效力。

第二十二条 【批准或加入的后果】

除适用第二十条第(1)款(b)项和第二十八第(2)款的规定可能有例外外,批准或加入应自动导致接受本议定书的全部条款并享受本议定书的全部利益。

第二十三条 【加入以前的议定书】

在本议定书全部发生效力以后,各国不得加入本公约以前的议定书。

第二十四条 【领地】

(1) 任何国家可以在其批准书或加入书中声明,或在以后任何时候以书面通知总干事,本公约适用于该国的声明或通知中所指定的由该国负责其对外关系的全部或部分领地。

(2) 任何国家已经作出上述声明或提出上述通知的,可以在任何时候通知总干事,本公约停止适用于上述的全部或部分领地。

(3)

(a) 根据第(1)款提出的声明,应与包括该项声明的批准书或加入书同时发生效力;根据该款提出的通知应在总干事通知此事后三个月发生效力。

(b) 根据第(2)款提出的通知,应在总干事收到此项通知十二个月后发生效力。

第二十五条 【在国内执行本公约】

(1) 本公约的缔约国承诺,根据其宪法,采取保证本公约适用的必要措施。

(2) 不言而喻,各国在递交其批准书或加入书时将能根据其本国法律实施本公约的规定。

第二十六条 【退出】

(1) 本公约无限期地有效。

(2) 任何国家可以通知总干事退出本议定书。该项退出也构成退出本公约以前的一切议定书。退出仅对通知退出的国家发生效力,本公约对本联盟其他国家仍完全有效。

(3) 自总干事收到退出通知之日起一年后,退出发生效力。

(4) 任何国家在成为本联盟成员国之日起五年届满以前,不得行使本条所规定的退出权利。

第二十七条 【以前议定书的适用】

(1) 关于适用本议定书的国家之间的关系及适用的范围的规定,本议定书取代 1883 年 3 月 20 日的巴黎公约和以后修订的议定书。

(2)

(a) 对于不适用或不全部适用本议定书,但适用 1958 年 10 月 31 日的里斯本议定书的国家,里斯本议定书仍全部有效,或在按第(1)款的规定本议定书并未取代该议定书的范围内有效。

(b) 同样,对于既不适用本议定书或其一部分,也不适用里斯本议定书的国家,1934 年 6 月 2 日的伦敦议定书仍全部有效,或在按第(1)款的规定本议定书并未取代该议定书的范围内有效。

(c) 同样,对于既不适用本议定书或其一部分,也不适用里斯本议定书,也不适用伦敦议定书的国家,1925 年 11 月 6 日的海牙议定书仍全部有效,或在按第(1)款的规定本议定书并未取代该议定书的范围内有效。

(3) 本联盟以外的各国成为本议定书的缔约国的,对非本议定书的缔约国或者虽然是本议定书的缔约国但按照第二十条第(1)款(b)项第(i)目提出声明的本联盟任何国家,应适用本议定书。各该国承认,上述本联盟国家在其与各该国的关系中,可以适用该联盟国家所参加的最近议定书的规定。

第二十八条 【争议】

(1) 本联盟两个或两个以上国家之间对本公约的解释或适用有争议不能靠谈判解决时,有关国家之一可以按照国际法院规约将争议提交该法院,除非有关国家就某一其他解决办法达成协议。将争议提交该法院的国家应通知国际局;国际局应将此事提请本联盟其他国家注意。

(2) 每一国家在本议定书上签字或递交批准书或加入书时,可以声明它认为自己不受第(1)款规定的约束。关于该国与本联盟任何其他国家之间的任何争议,上述第(1)款的规定概不适用。

(3) 根据上述第(2)款提出声明的任何国家可以在任何时候通知总干事撤回其声明。

第二十九条 【签字、语言、保存职责】

(1)

(a) 本议定书的签字本为一份,用法语写成,由瑞典政府保存。

(b) 总干事与有关政府协商后,应制定英语、德语、意大利语、葡萄牙语、俄罗斯语、西班牙语以及大会指定的其他语言的正式文本。

(c) 如对各种文本的解释有不同意见,应以法语文本为准。

(2) 本议定书在1968年1月13日以前在斯德哥尔摩开放签字。

(3) 总干事应将经瑞典政府证明的本议定书签字文本二份分送本联盟所有国家政府,并根据请求,送给任何其他国家政府。

(4) 总干事应将本议定书交联合国秘书处登记。

(5) 总干事应将签字、批准书或加入书的交存和各该文件中包括的或按第二十条(1)款(c)项提出的声明,本议定书任何规定的生效、退出的通知以及按照第二十四条提出的通知等,通知本联盟所有国家政府。

第三十条 【过渡条款】

(1) 直至第一任总干事就职为止,本议定书所指本组织国际局或总干事应分别视为指本联盟的局或其局长。

(2) 凡不受第十三条至第十七条约束的本联盟国家,直到建立本组织公约生效以后的五年期间内,可以随其自愿行使本议定书第十三条至第十七条规定的权利,如同各该国受这些条文约束一样。愿意行使该项权利的国家应以书面通知总干事;该通知自其收到之日起发生效力。直至该项期间届满为止,这些国家应视为大会的成员国。

(3) 只要本联盟所有国家没有完全成为本组织的成员国,本组织国际局也应行使本联盟的局的职责,总干事也应行使该局局长的职责。

(4) 本联盟所有国家一旦都成为本组织成员国以后,本联盟的局的权利、义务和财产均应移交给本组织国际局。

商标国际注册马德里协定

(1891年4月14日签订 1900年12月14日修订于布鲁塞尔,1911年6月2日修订于华盛顿,1925年11月6日修订于海牙,1934年6月2日修订于伦敦,1957年6月15日修订于尼斯,1967年7月14日修订于斯德哥尔摩,并于1979年9月28日修改。)

第一条 成立特别联盟;向国际局申请商标注册;原属国的定义

(1) 本协定所适用的国家组成商标国际注册特别联盟。

(2) 各缔约国的国民,可通过其原属国主管机关,向《成立世界知识产权组织(以下称"本组织")公约》所指的知识产权国际局(以下称"国际局")申请商标注册,以在本协定所有其他成员国取得对其已在原属国注册用于商品或服务的商标的保护。

(3) 原属国是指申请人设有真实有效的工商营业所的特别联盟国家;在特别联盟国家中没有此类营业所的,系指其住所所在的特别联盟国家;在特别联盟境内没有住所,但为特别联盟国家国民的,则指其国籍所在的国家。

第二条 关于《巴黎公约》第三条(给予某类人以本联盟国民的同等待遇)

未加入本协定的国家的国民,在依照本协定组成的特别联盟领土内,符合《保护工业产权巴黎公约》第三条规定的条件的,与缔约国国民同等对待。

第三条 国际注册申请的内容

(1) 国际注册申请应按实施细则所规定的格式提出,商标原属国的主管机关应证明该申请的内容与国家注册簿中的内容相符,并注明该商标在原属国的申请和注册的日期和号码以及国际注册的申请日期。

(2) 申请人应指明为之申请商标保护的商品或服务,如果可能,还应根据《商标注册用商品和服务国际分类尼斯协定》制定的分类,指明相应的类别。申请人未指明类别的,国际局应将有关商品或服务划分到该分类的相应类别。申请人指出的分类须经国际局会同该国家主管机关审查。国家主管机关和国际局意见有分歧的,以国际局的意见为准。

(3) 申请人要求将颜色作为其商标显著成分保护的,应当

(a)声明要求该项保护,并在申请书中注明要求保护的颜色或颜色组合;

(b)在申请中附送该商标的彩色图样,该图样应附在国际局发出的通知中。图样的份数由实施细则规定。

（4）国际局应立即注册根据第一条申请注册的商标。注册日期为在原属国申请国际注册的日期，条件是国际局于此日起两个月期限内收到该申请；未在此期限内收到的申请，国际局则以其收到申请的日期登记该申请。国际局应立即将该项注册通知有关主管机关。注册商标应按注册申请的内容在国际局出版的期刊上公告。对于含有图形要素和特殊字体的商标，由实施细则规定申请人是否应提供底片一份。

（5）为了在所有的缔约国公告注册商标，根据《保护工业产权巴黎公约》第十六条第（4）款（a）段规定的单位数和实施细则规定的条件，每个主管机关应从国际局按比例收到一定数量的赠阅本及减价本刊物。在所有缔约国内该公告应被视为是完全充分的，而且申请人不得要求任何其他公告。

第三条之二　领土限制

（1）各缔约国可随时书面通知本组织总干事（以下称："总干事"），通过国际注册取得的保护只有经商标注册人专门请求，才能延伸至该国。

（2）该通知只能于总干事将之通告其他缔约国之日起六个月后生效。

第三条之三　领土延伸申请

（1）申请将通过国际注册取得的保护延伸至某个享有第三条之二规定的权利的国家的，应在第三条第（1）款所指的申请中特别注明。

（2）在国际注册后提出的领土延伸申请，应按实施细则规定的格式，通过原属国主管机关提出。国际局应立即注册领土延伸申请，随即将之通知有关主管机关。领土延伸在国际局出版的期刊上公告。领土延伸于在国际注册簿登记之日起生效，于有关商标国际注册期满时失效。

第四条　国际注册的效力

（1）自按照第三条及第三条之三的规定在国际局进行注册起，商标在各有关缔约国的保护，应与此商标在该国直接注册相同。第三条规定的商品和服务的分类，不在确定商标保护范围方面约束缔约国。

（2）每个申请国际注册的商标，享有《保护工业产权巴黎公约》第四条规定的优先权，不需履行该条第四款规定的各项手续。

第四条之二　以国际注册代替在先国家注册

（1）当一个已在某个或多个缔约国申请注册的商标，而后又以同一注册人或其权利继承人的名义由国际局注册时，该国际注册应视为代替在先的国家注册，并不影响通过在先的国家注册取得的权利。

（2）国家主管机关应依请求在其注册簿中登记该国际注册。

第五条　国家主管机关的驳回

（1）在本国法律允许的国家内，被国际局通知商标注册或根据第三条之三提出的延伸保护申请的国家主管机关有权声明，在其领土内不能给予该商标以保护。根据《保护工业产权巴黎公约》的规定，只能以适用于申请国家注册商标的条件提出此类驳回。但是，不得仅以国家法只准许在一定数目的类别或者一定数量的商品或服务上注册为唯一理由，驳回保护，即便是部分驳回保护。

（2）欲行使这项权利的主管机关，应在国内法规定的期限内，并最迟于自商标国际注册或根据第三条之三提出延伸保护申请起一年结束之前，将其驳回通知国际局，同时说明全部理由。

（3）国际局应立即将收到的驳回声明一份转给原属国主管机关和商标注册人，如该主管机关已向国际局指明商标注册人的代理人的，或者转给其代理人。如同当事人向驳回保护的国家直接申请商标注册那样，他应具有同样的申诉手段。

（4）国际局应依任何当事人的请求，向其通告某商标的驳回理由。

（5）在上述一年最宽期限内，主管机关未将关于商标注册或延伸保护申请的任何临时或最终驳回决定通知国际局的，即丧失有关商标享有本条第（1）款规定的权利。

（6）未能使商标注册人及时行使其权利的，主管机关不得宣布国际商标无效。无效应通知国际局。

第五条之二　合法使用商标某些成分的证明文件

各缔约国主管机关可能要求就商标的某些成分，如纹章、徽章、肖像、勋章、称号、厂商名称或非申请人姓氏或者类似说明，所提供的合法性使用的证明文件，除原属国主管机关确认之外，应免除一切认证和证明。

第五条之三　国际注册簿登记事项的副本；预先查询；国际注册簿摘录

（1）国际局应依任何人请求并征收实施细则规定的费用，向其提供某商标在注册簿登记事项的副本。

（2）国际局亦可收费办理国际商标的预先查询。

（3）为在某缔约国复制之需而索要的国际注册簿摘录应免除一切认证。

第六条　国际注册的有效期；国际注册的独立性；原属国保护的中止

（1）在国际局注册商标以二十年为期进行，并可以第七条规定的条件续展。

（2）自国际注册之日起五年期满后，国际注册即与原属国在先注册的国家商标相独立，下款的规定除外。

（3）自国际注册之日起五年内，根据第一条在原属国在先注册的国家商标在该国已全部或部分不再享受法律保护的，那么，无论国际注册是否已经转让，都不得再全部或部分要求国际注册给予的保护。对于因在五年期限届满前提起的诉讼而后中止法律保护的，情形亦是如此。

（4）自愿或自行注销的，原属国主管机关应向国际局申请注销商标，国际局应予注销商标。遇法律诉讼时，上述主管机关应自行或经原告请求，将起诉书或其他证明起诉的文件副本以及终审判决寄交国际局，国际局将之在国际注册簿上登记。

第七条 国际注册的续展

（1）注册可自上一期届满起以二十年为一期不断地续展，仅需缴纳基本费，必要时缴纳第八条第（2）款规定的附加费和补充费。

（2）续展不得对上一期注册的最后状况进行任何更改。

（3）根据一九五七年六月十五日尼斯文本或本文本规定进行的首次续展，应指明与该注册相关的国际分类类别。

（4）保护期满前六个月，国际局通过寄送非正式通知，提醒商标注册人和其代理人期满的确切日期。

（5）缴纳实施细则规定的额外费的，应给予国际注册续展一个六个月的宽展期。

第八条 国家规费；国际规费；收入盈余；附加费和补充费的分配

（1）原属国主管机关有权自行规定并向申请国际注册或续展的商标注册人收取国家规费。

（2）在国际局注册商标应预交国际规费，包括：

（a）基本费；

（b）商标适用的商品或服务所属的类别超过国际分类三类的，每超过一类的附加费；

（c）用于每项符合第三条之三延伸保护申请的补充费。

（3）但是，商品或服务类别数目是由国际局确定或提出过不同意见的，应于实施细则规定的期限内缴纳第（2）款（b）段规定的附加费，并不影响注册日期。在上述期限届满时，申请人尚未缴纳附加费或未对商品或服务表进行必要的删减的，国际注册申请则视同被放弃。

（4）国际注册各项收费的年收入，除第（2）款（b）和（c）段规定的以外，经扣除执行本文本所需的各项费用开支，应由国际局负责在本文本参加国之间平均分配。在本文本生效时尚未批准或加入本文本的国家，在批准或加入生效之前，有权分得按其适用的先前文本计算的一份收入盈余。

（5）第（2）款（b）段规定的附加费的收入，于每年年终时，根据上年度在各国申请保护的商标的数目，按比例在本文本参加国或一九五七年六月十五日尼斯文本参加国之间分配；对进行预先审查的国家，该数目受实施细则规定的系数的影响。在本议定书生效时尚未批准或加入本文本的国家，在其批准或加入生效之前，有权分得按尼斯文本计算的份额。

（6）第（2）款（c）段规定的补充费的收入，应根据第（5）款在采用第三条之二规定权利的国家间进行分配。本文本生效时尚未批准或加入本文本的国家，在其批准或加入生效之前，有权分得按尼斯文本计算的份额。

第八条之二 在一国或多国放弃保护

国际注册注册人，可通过本国主管机关向国际局递交一份声明，随时放弃在一个或多个缔约国的保护。国际局将该声明通知放弃保护所涉及的国家。放弃保护不需要任何费用。

第九条 影响国际注册的国家注册簿变更；删减、增加、替换国际注册簿中在录的商品和服务

（1）变更影响国际注册的，商标注册人本国主管机关亦应将对本国注册簿中商标登记所作的注销、撤销、放弃、转让和其他变更通知国际局。

（2）国际局应将这些变更在国际注册簿中登记，通知各缔约国主管机关，并在其刊物上公告。

（3）国际注册注册人申请删减该项注册适用的商品或服务的，可比照办理。

（4）办理此类事宜可能要缴纳实施细则规定的费用。

（5）注册后增加新商品或服务的，可通过按第三条的规定提出的新的注册申请取得。

（6）以一项商品或服务替换另一项的，视同增加一项。

第九条之二 国际商标转让引起的注册人国家变更

（1）将国际注册簿中登记的商标转让给一个设立在国际注册注册人国家以外的某缔约国的人的，这个国家的主管机关应将该转让通知国际局。国际局将该转让登记，通知其他主管机关，并在其刊物上公告。转让在国际注册起五年内进行的，国际局应征得新注册人国家主管机关的同意，并且如可能的话，公告该商标在新注册人国家的注册日期和注册号。

（2）将国际注册簿中登记的商标转让给无权申请国际商标的人的，不予登记。

（3）由于新注册人国家拒绝同意，或因转让由一个无权申请国际注册的人提出，而不能在国际注册簿上登记转让的，原注册人国家主管机关有权要求国际局在其注册簿上注销该商标。

第九条之三 仅就部分注册商品或服务或仅就部分缔约国转让国际商标；关于《巴黎公约》第六条之四（商标的转让）

（1）国际局收到仅就部分注册商品或服务转让国际商标的通知时，应在注册簿中予以登记。所转让部分包含的商品或服务与仍以转让人名义注册的商标的商品和服务相类似的，各缔约国均有权拒绝承认该转让的效力。

（2）国际局同样登记只就一个或多个缔约国进行的国际商标转让。

（3）在上述情况中，发生注册人国家变更的，并且国际商标是在自国际注册起五年内被转让的，新注册人国家的主管机关应根据第九条之二予以同意。

（4）上述各款的规定仅在保留《保护工业产权巴黎公约》第六条之四的条件下适用。

第九条之四 几个缔约国的共同主管机关；几个缔约国要求按一个国家对待

（1）如果本特别联盟的几个国家同意统一其国家商标法

的，可以通知总干事。

（a）以共同的主管机关代替其各自的国家主管机关。

（b）在完全或部分适用本条以前各项规定方面，其各国领土的总合视为一个国家。

（2）此项通知只能在总干事通告其他缔约国之日起六个月后生效。

第十条　本特别联盟大会

（1）

（a）本特别联盟设立由批准或加入本文本国家所组成的大会。

（b）各国政府应有一名代表，该代表可由若干副代表、顾问及专家辅助。

（c）各代表团的费用，除各成员国一位代表的旅费及生活津贴由本特别联盟负担外，均由委派该代表团的政府负担。

（2）

（a）大会：

（i）处理有关维持和发展本特别联盟以及实施本协定的一切事宜；

（ii）在适当考虑未批准或未加入本文本的本特别联盟成员国的意见后，就修订会议的筹备工作向国际局作出指示；

（iii）修改实施细则和确定第八条第(2)款提到的规费以及国际注册其他费用的数额；

（iv）审查和批准总干事关于本特别联盟的报告和活动，并就关于本特别联盟的权限问题向总干事作出各种必要的指示；

（v）制定计划，通过本特别联盟两年一度的预算，并批准其决算；

（vi）通过本特别联盟的财务规则；

（vii）为了实现本特别联盟的宗旨，成立大会认为必要的专家委员会和工作组；

（viii）决定接纳哪些非本特别联盟成员的国家以及政府间组织和非政府间国际组织，作为观察员参加会议；

（ix）通过对第十条至第十三条的修改；

（x）为实现本特别联盟的宗旨，进行其他任何适当的活动；

（xi）履行本协定规定的其他职责。

（b）对于也涉及本组织所辖其他联盟的问题，大会应在听取本组织协调委员会的意见后作出决定。

（3）

（a）大会各成员国享有一票表决权。

（b）大会成员国的半数构成法定人数。

（c）除(b)段的规定外，在任何一次会议上，出席会议的国家数目不及大会成员国一半，但达到或超过三分之一时，大会可以作出决议。然而，除涉及其自身程序的决议外，大会的决议只有符合下列条件才能生效。国际局应将所述决议通告未出席的大会成员国，请其于所述通告之日起三个月内以书面形式表决或弃权。在该期限届满时，如此类表决或弃权的国家的数目至少等于会议自身所需法定人数的差额，只有同时达到必要的多数，所述决议才能生效。

（d）除第十三条第(2)款的规定外，大会决议需要三分之二的多数表决才能作出。

（e）弃权不视为表决。

（f）一位代表只能代表一个国家并只能以该国的名义表决。

（g）非大会成员的本特别联盟国家应作为观察员出席大会的会议。

（4）

（a）大会每两年由总干事召集举行一次例会，除特殊情况外与本组织大会同期、同地举行。

（b）大会经四分之一大会成员国的请求，由总干事召集举行特别会议。

（c）每次会议的日程由总干事制定。

（5）大会通过自己的内部规则。

第十一条　国际局

（1）

（a）国际局办理国际注册并处理本特别联盟担负的其他行政工作。

（b）国际局特别应筹备大会的会议，并为大会以及可能成立的专家委员会和工作组提供秘书处。

（c）总干事是特别联盟的最高官员，并代表本特别联盟。

（2）总干事及其指定的任何职员应参加大会及大会设立的专家委员会和工作组的所有会议，但没有表决权。总干事或其指定的职员为这些机构的当然秘书。

（3）

（a）国际局应按照大会的指示，筹备修订本协定除第十至第十三条以外其他条款的会议。

（b）国际局可就修订会议的筹备工作与政府间组织和非政府间国际组织进行协商。

（c）总干事及其指定的人员应参加这些会议的讨论，但没有表决权。

（4）国际局应执行交给他的任何其他任务。

第十二条　财务

（1）

（a）本特别联盟应有预算。

（b）本特别联盟的预算包括本特别联盟本身的收入和开支，各联盟共同支出预算的摊款以及必要时用作本组织成员国会议预算的款项。

（c）对于不属专门拨给本特别联盟，同时也拨给本组织所辖一个或多个其他联盟的支出，视为各联盟的共同支出。本特别联盟在该共同支出中的摊款，与该项支出给其带来的利益成比例。

(2) 根据与本组织所辖其他联盟预算相协调的需要,制定本特别联盟的预算。

(3) 本特别联盟预算的资金来源如下:

(i) 国际注册的规费和其他收费以及国际局以本特别联盟的名义提供其他服务收取的费用和款项;

(ii) 与本特别联盟有关的国际局出版物售款或其版税;

(iii) 赠款、遗赠和补助金;

(iv) 房租、利息和其他收入;

(4)

(a) 第八条第(2)款所指的规费及其他有关国际注册的收费数额经总干事提议,由大会确定。

(b) 除第八条第(2)款(b)和(c)段所指的附加费和补充费之外,确定的规费数额,应至少能使本特别联盟规费、收费和其他来源资金的总收入与国际局有关本特别联盟的支出收支相抵。

(c) 预算在新的财政年度开始前尚未通过的,应按财务规则规定的方式继续执行上年度预算。

(5) 国际局以本特别联盟名义提供其他服务收取的费用和款项的数额,除第(4)款(a)段规定的以外,由总干事确定并报告大会。

(6)

(a) 本特别联盟设有周转基金,由本特别联盟各国一次付款组成。基金不足时,大会应决定增加基金。

(b) 各国对上述基金首次付款或其在基金增加时摊款的数额,应与该国作为保护工业产权巴黎联盟成员国于设立基金或决定增加基金的当年对巴黎联盟预算付款的份额成比例。

(c) 付款的比例和形式由大会根据总干事的提议并听取本组织协调委员会的意见后确定。

(d) 只要大会批准使用本特别联盟的储备金作为周转基金,大会就可以暂缓执行(a)、(b)和(c)段的规定。

(7)

(a) 在与本组织所在地国家达成的总部协议中规定,当周转基金不足时,该国家应予贷款。提供贷款的数额与条件由该国和本组织间逐次分别签署协议。

(b) (a)段所指的国家及本组织均有权以书面通知废止提供贷款的承诺。该废止应于发出通知当年年底起三年后生效。

(8) 账目的审核应按照财务规则规定的形式,由本特别联盟一国或多国或者由外部的审计师进行。审计师由大会在征得本人同意后指定。

第十三条 对第十条至第十三条的修改

(1) 修改第十条、第十一条、第十二条及本条的提案,可由大会的任何成员国或总干事提出。此类提议至少应于提交大会审议前六个月由总干事转交大会成员国。

(2) 对第(1)款所述条文的任何修改,须经大会通过。通过需要表决票数的四分之三。但对第十条及本款的修改,则需表决票数的五分之四。

(3) 对第(1)款所述条文的任何修改,应于总干事收到通过该修改之时的四分之三的大会成员国根据各自宪法的规定提出的书面接受通知起一个月后生效。由此通过的对所述条文的任何修改,对于修改生效之时或此后加入的所有成员国具有约束力。

第十四条 批准和加入;生效;加入在先文本;关于《巴黎公约》第二十四条(领土)

(1) 本特别联盟成员国已签署本文本的,可批准本文本;尚未签署的,可加入本文本。

(2)

(a) 非本特别联盟的国家,若为《保护工业产权巴黎公约》成员的,均可加入本文本,并由此成为本特别联盟的成员。

(b) 国际局一旦接到某此类国家已加入本文本的通知,应根据第三条规定向该国主管机关寄送此时享受国际保护的商标的汇总通知。

(c) 该通知本身应保证这些商标在所述国家的领土内享受先前规定的利益,并开始一年的期限。有关主管机关可以在此期间提出第五条所规定的声明。

(d) 然而,上述国家在加入本文本时可以声明,除非在此之前国际商标已在该国在先进行了相同的国家注册并且依然有效,经有关当事人请求即可得到承认之外,本文本仅适用于该国加入生效之日起注册的商标。

(e) 此项声明应使国际局免发上述汇总通知。在新国家加入起一年内,国际局仅就其收到的要求适用(d)段中例外规定并附有必要说明的申请所涉及的商标发出通知。

(f) 对在加入本文本时声明请求适用第三条之二所规定权利的国家,国际局不发汇总通知。另外,此类国家亦可同时声明,本文本仅适用于自其加入生效之日起注册的商标;但这种限制不得影响已先在此类国家取得相同国家注册并可导致根据第三条之三、第八条第(2)款(c)段进行和通知领土延伸申请的国际商标。

(g) 本款规定的通知中的商标注册,应视为代替在新缔约国加入生效日之前在该国的直接注册。

(3) 批准书和加入书应递交总干事保存。

(4)

(a) 对于五个最初递交批准书或加入书的国家,本文本自第五份文件交存起三个月后生效。

(b) 对于其他任何国家,本文本自总干事就该国的批准或加入发出通知之日起三个月后生效,除非在批准书或加入书中指定了一个之后的日期。对于后一种情况,本文本自该指定之日起在该国生效。

（5）批准或加入即当然接受本文本的所有条款并享受本文本的所有利益。

（6）本文本生效后，一个国家只有同时批准或加入本文本，才可以参加一九五七年六月十五日的尼斯文本。即使是同时批准或加入本文本，也不允许加入尼斯文本以前的文本。

（7）《保护工业产权巴黎公约》第二十四条的规定适用于本协定。

第十五条 退约

（1）本协定无限期地有效。

（2）任何国家均可通知总干事声明退出本文本。这种退约亦指退出所有在先的文本，并仅对退约国有效，协定对本特别联盟的其他国家继续有效和适用。

（3）退约于总干事收到通知之日起一年后生效。

（4）一个国家在其成为本特别联盟成员之日起五年期限届满前，不得行使本条所规定的退约权。

（5）在退约生效之日前注册的国际商标，并且在第五条所规定的一年内未被驳回的，应在国际保护期内如同在该退约国直接注册的商标，继续享有同等的保护。

第十六条 先前文本的适用

（1）

（a）在已经批准或加入本文本的特别联盟成员国家间，本文本自对之生效之日起，即代替一八九一年《马德里协定》在本文本之前的其他文本。

（b）但已批准或加入本文本的特别联盟各国，如未根据一九五七年六月十五日尼斯文本第十二条第（4）款的规定退出先前文本，在其与未批准或加入本文本国家的关系中，应继续适用先前文本。

（2）非本特别联盟成员国加入本文本的，通过未加入本文本的任一本特别联盟国家的主管机关向国际局办理国际注册的，应适用本文本，条件是对于所述国家该注册符合本文本规定的条件。通过已加入本文本的非本特别联盟成员国的国家主管机关向国际局办理国际注册的，这些国家应同意上述国家可要求该申请符合其加入的最新文本规定的条件。

第十七条 签字；语言；保存人职责

（1）

（a）本文本用法文签署一份文本，交存于瑞典政府。

（b）大会所指定其他语种的正式文本，由总干事经与有关政府协商后制定。

（2）本文本直至一九六八年一月十三日止在斯德哥尔摩开放签字。

（3）总干事将经瑞典政府认证的本文本签字本副本两份交与本特别联盟所有国家的政府，并应请求交与任何国家的政府。

（4）总干事将本文本在联合国秘书处登记。

（5）总干事应将签字、批准书或加入书及其中的声明的交存、本文本各条款的生效、退约通知以及按照第三条之二、第九条之四、第十三条、第十四条第（7）款、第十五条第（2）款所作的通知，通告本特别联盟所有国家的政府。

第十八条 过渡条款

（1）直至第一任总干事就职为止，本文本所指的本组织国际局或总干事应分别视为《保护工业产权巴黎公约》所成立的联盟局或其干事。

（2）在成立本组织的公约生效后五年内，未批准或加入本文本的本特别联盟国家，如果愿意，可以行使本文本第十至十三条所规定的权利的，视同他们已接受这些条款的约束。任何国家希望行使这种权利，应就此书面通知总干事。该通知于其接到之日起生效。直到所述期限届满为止，这类国家被视为大会成员国。

世界版权公约

（1971 年 7 月 24 日于巴黎修订）

缔约各国，

出于保证在所有国家给文学、科学和艺术作品以版权保护的愿望；

确信适用于世界各国并以世界公约确定下来的、补充而无损于现行各种国际制度的版权保护制度，将保证对个人权利的尊重，并鼓励文学、科学和艺术的发展；

相信这种世界版权保护制度将会促进人类精神产品更加广泛的传播和增进国际了解；

决定修订 1952 年 9 月 6 日于日内瓦签订的《世界版权公约》（下称“1952 年公约”），

为此特协议如下：

第一条 缔约各国承允对文学、科学、艺术作品——包括文字、音乐、戏剧和电影作品，以及绘画、雕刻和雕塑——的作者及其他版权所有者的权利，提供充分有效的保护。

第二条

（一）任何缔约国国民出版的作品及在该国首先出版的作品，在其他各缔约国中，均享有其他缔约国给予其本国国民在本国首先出版之作品的同等保护，以及本公约特许的保护。

（二）任何缔约国国民未出版的作品，在其他各缔约国中，享有该其他缔约国给予其国民未出版之作品的同等保护，以及本公约特许的保护。

（三）为实施本公约，任何缔约国可依本国法律将定居该国的任何人视为本国国民。

第三条

（一）任何缔约国依其国内法要求履行手续——如缴送样本、注册登记、刊登启事、办理公证文件、偿付费用或在该国国内制作出版等——作为版权保护的条件者，对于根据本公约加以保护并在该国领土以外首次出版而其作者又非本国国民的一切作品，应视为符合上述要求，只要经作者或版权所有者授权出版的作品的所有各册，自首次出版之日起，标有ⓒ的符号，并注明版权所有者之姓名、首次出版年份等，其标注的方式和位置应使人注意到版权的要求。

（二）本条第（一）款的规定，不得妨碍任何缔约国在本国初版的作品或其国民于任何地方出版的作品为取得和享有版权而提出的履行手续或其他条件的要求。

（三）本条第（一）款的规定，不得妨碍任何缔约国做出如下的规定：凡要求司法救助者，必须在起诉时履行程序性要求，诸如起诉人须通过本国辩护人出庭，或由起诉人将争讼的作品送交法院或行政当局，或兼送两处；但未能履行上述程序性要求，不应影响版权的效力，而且如对要求给予版权保护的所在地国家的国民不作这种要求，也不应将这种要求强加于另一缔约国的国民。

（四）缔约各国应有法律措施保护其他各缔约国国民尚未出版的作品，而无须履行手续。

（五）如果某缔约国准许有一个以上的版权保护期限，而第一个期限比第四条中规定的最短期限之一更长，则对于第二个或其后的版权期限，不应要求该国执行本条第（一）款的规定。

第四条

（一）根据第二条和本条规定，某作品的版权保护期限，应由该作品要求给予版权保护所在地的缔约国的法律来规定。

（二）甲、受本公约保护的作品，其保护期限不得少于作者有生之年及其死后的二十五年。但是，如果任何缔约国在本公约对该国生效之日，已将某些种类作品的保护期限规定为自该作品首次出版以后的某一段时间，则该缔约国有权保持其规定，并可将这些规定扩大应用于其他种类的作品。对所有这些种类的作品，其版权保护期限自首次出版之日起，不得少于二十五年。

乙、任何缔约国如在本公约对该国生效之日尚未根据作者有生之年确定保护期限，则有权根据情况，从作品首次出版之日或从出版前的登记之日起计算版权保护期，只要根据情况从作品首次出版之日或出版前的登记之日算起，版权保护期限不少于二十五年。

丙、如果某缔约国的法律准许有两个或两个以上的连续保护期限，则第一个保护期限不得短于本款甲、乙两项所规定的最短期限之一。

（三）本条第（二）款的规定不适用于摄影作品或实用美术作品；但这些缔约国对摄影作品或实用美术作品作为艺术品给予保护时，对上述每一类作品规定期限不得少于十年。

（四）甲、任何缔约国对某一作品给予的保护期限，均不长于有关缔约国（如果是未出版的作品，则指作家所属的缔约国；如果是已出版的作品，则指首先出版作品的缔约国）的法律对该作品所属的同类作品规定的保护期限。

乙、为实施本款甲项，如果某缔约国的法律准予有两个或两个以上的连续保护期限，该国的保护期限应视为是这些期限的总和。但是，如果上述国家对某一特定作品在第二或任何后续的期限内，因某种原因不给予版权保护，则其他各缔约国无义务在第二或任何后续的期限内给予保护。

（五）为实施本条第（四）款，某缔约国国民在非缔约国首次出版的作品应按照在该作者所属的缔约国首先出版来处理。

（六）为实施本条第（四）款，如果某作品在两个或两个以上缔约国内同时出版，该作品应视为在保护期限最短的缔约国内首先出版。任何作品如在首次出版三十日内在两个或两个以上缔约国内出版，则应视为在上述缔约国内同时出版。

第四条之二

（一）本公约第一条所述的权利，应包括保证作者经济利益的各种基本权利，其中有准许以任何方式复制、公开表演及广播等专有权利。本条的规定可扩大适用于受本公约保护的各类作品，无论它们是原著形式还是从原著演绎而来的任何形式。

（二）但是，任何缔约国根据其国内法可以对本条第（一）款所述的权利做出符合本公约精神和内容的例外规定。凡法律允许做出例外规定的任何缔约国，必须对已做出例外规定的各项权利给予合理而有效的保护。

第五条

（一）第一条所述各项权利，应包括作者翻译和授权他人翻译受本公约保护的作品，以及出版和授权他人出版上述作品译本的专有权利。

（二）然而，任何缔约国根据其国内法可以对文字作品的翻译权利加以限制；但必须遵照如下规定：

甲、如果一部文字作品自首次出版算起七年期满而翻译权所有者或在其授权下尚未以该缔约国通用语文出版译本，该缔约国任何国民都可从主管当局得到用该国通用语文翻译该作品并出版译本的非专有许可证。

乙、该国民须按照有关国家的现行规定，证明他根据不同情况已向翻译权所有者提出翻译和出版译本的要求，而又未能得到授权，或经过相当努力仍未能找到权利所有者。如果以缔约国通用语文翻译的以前所有版本均已售完，也可根据同样条件发给许可证。

丙、如申请人无法找到翻译权所有者，即应将申请书的副本寄给该作品上列有名称的出版者，如果翻译权所有者国籍业已弄清，则应将申请书的副本送交翻译权所有者所属国家的外交或领事代表，或送交该国政府指定的机构。许可证不得在寄出申请书副本后两个月期满以前发给。

丁、国内法律应做出相应规定，以保证翻译权所有者得到公平而符合国际标准的补偿，保证这种补偿的支付和传递，并保证准确地翻译该作品。

戊、凡经出版的译本复制品，均应刊印原著名称及作者姓名。许可证只适用于在申请许可证的该缔约国领土内出版译本。此种出版的复制品可以输入到另一缔约国并在其境内出售，只要该国通用语文和作品的译文是同一种语文，并且该国的法律对此种许可做出了规定，而且对进口和出售不予禁止。如无上述条件，在某缔约国进口和销售上述译本应受该国法律和协定的管制，许可证不得由被许可人转让。

己、在作者已停止全部作品复制品的发行时，不得发给任何许可证。

第五条之二

（一）根据联合国大会惯例被视为发展中国家的任何缔约国，可在批准、接受或参加本公约时，或在以后任何日期向联合国教育科学文化组织总干事（下称总干事）提交的通知中声明，将援用第五条之三或之四中任何一条或全部例外规定。

（二）任何这种通知书自公约生效之日起十年内有效，或在提交该通知书时十年期限的所余时间内有效；如果在现行期限期满前最多十五个月最少三个月向总干事提交通知，该通知可以全部或部分地每十年顺延一次。根据本条规定，首次通知书也可在延续的十年期间提出。

（三）尽管有本条第（二）款的规定，任何不再被认为是第（一）款所指的发展中国家的缔约国，不再有资格像第（一）款或第（二）款所规定的那样延长其通知，不论它是否正式撤回其通知，该国在现行十年期限期满时，或在停止被视为发展中国家三年后即失去援用第五条之三和之四的例外规定的可能性。

（四）根据第五条之三和之四的例外规定而制作的作品复制品，在根据本条规定交存的通知书有效期满后，可以继续发行直到售完为止。

（五）依照第十三条就使公约适用于其情况可能类似第（一）款所指国家的情况的特定国家或领地而提交通知的缔约国，或依照本条就此国家或领地提交或延长通知。在这种通知有效期间本公约第五条之三和之四的规定应适用于它所指的国家或领地。由上述国家或领地向缔约国运寄作品复制品应视为第五条之三和之四所称的出口。

第五条之三

（一）甲、凡适用第五条之二第（一）款的任何缔约国，均可以该国法律规定的三年或三年以上的期限取代第五条第（二）款规定的七年期限；然而，某一作品译成的文字如在一个或若干个发达国家内并非通用，而上述国家又是本公约或仅是1952年公约的缔约国，则上述期限应是一年而不是三年。

乙、在通用同一种语文的本公约或仅参加1952年公约的发达国家的一致协议下，如果要译成这种语文，第五条之二第（一）款所提到的所有国家都可以根据该协议规定的另一期限来代替本款甲项规定的三年期限，但不得少于一年。尽管如此，如涉及的语文为英文、法文或西班牙文，此项规定仍不适用。所有这方面的协议应通知总干事。

丙、许可证的发给，须经申请人按照有关国家现行规定，证明他已向翻译权所有者提出授权要求，而又未能得到，或经过相当努力仍未能找到权利所有者。在向权利所有者提出这一要求的同时，申请人还必须将这一申请通知联合国教育科学文化组织设立的国际版权情报中心，或出版者主要营业地点所在的缔约国政府交存总干事的通知书中所指定的任何国家或地区的情报中心。

丁、如果申请人无法找到翻译权所有者，即应通过挂号航邮将申请书的副本寄给该作品上列有名称的出版者，并同时寄给本款丙项所述的任何国家或地区的情报中心。如无上述中心可通知，他应将申请书的抄件送交联合国教育科学文化组织设立的国际版权情报中心。

（二）甲、根据本条规定三年后可获得的许可证须再过六个月后才能颁发，一年后可获得的许可证须再过九个月后才能颁发。上述六或九个月的期限应按第（一）款丙项的规定，从申请许可证之日算起，如翻译权所有者的身份、地址不详，则按第（一）款丁项的规定从申请书的副本发出之日算起。

乙、翻译权所有者本人或授权他人在上述六个月或九个月内已将译著出版，则不得再颁发许可证。

（三）本条所指任何许可证之颁发只限于教学、学习或研究之用。

（四）甲、任何根据本条发给的许可证不得扩大到作品复制品的出口，许可证只适用于在申请许可证的该国领土内出版。

乙、所有根据本条发给许可证出版的作品复制品均需载有有关语文的通知，说明作品复制品只能在发给许可证的缔约国内发行。如果该作品刊有第三条第（一）款规定的启事，其译本各册均应刊印相同的启事。

丙、某缔约国政府机构或其他公众团体根据本条规定已颁发许可证将某作品译成除英、法、西班牙语之外的另一种文字，而当该政府机构或公众团体向另一国递送根据上述许可证而准备好的译本复制品，则不适用本款甲项有关禁止出口的规定，如果

（1）收件人为发给许可证的缔约国国民个人，或由这些国民组成的组织；

（2）作品复制品只供教学、学习或研究使用；

（3）作品复制品寄给收件人及其进一步分发均无任何营利性质，并且

（4）作品复制品寄往的国家与缔约国订有协议，批准这种作品复制品的接收或分发或两者同时批准，任何一方政府已将该协议通知总干事。

（五）在国家范围内作出适当的规定，以保证

甲、许可证之发给应给予一笔合理的报酬，此种报酬应符合有关两国个人之间自由谈判的许可证通常支付版税的标准；而且

乙、保证这笔报酬的支付和转递；如果存在着国家对外汇的管制，则主管当局应通过国际机构，尽一切努力保证使这笔报酬以国际上可兑换的货币或某等值货币转递。

（六）如果某作品的译本一旦由翻译权所有者本人或授权他人在某缔约国内出版发行，其文字与该国已特许的版本一样，其内容又大体相同，其价格与该国同类作品的一般索价相当，则根据本条规定由上述缔约国颁发之许可证应停止生效。在撤销许可证前业已出版的作品复制品可一直发行到售完为止。

（七）对主要由图画组成的作品，其文字的翻译与图画的复制的许可证只有在第五条之四规定的条件也得到履行的情况下才能发给。

（八）甲、对翻译一部已以印刷形式或其他类似的复制形式出版的受本公约保护的作品发给的许可证，也可根据总部设在适用第五条之二的缔约国的广播机构在该国提出的要求，发给该广播机构，但必须符合下列条件：

（1）译文是根据该缔约国法律制作并获得的作品复制品翻译的；

（2）译文只能用于教学广播或向特定专业的专家传播专门技术或科学研究成果的广播；

（3）译文专门为第二目所指目的使用，并通过对缔约国境内听众的合法广播进行，其中包括专为此项广播目的而通过录音或录像手段合法录制的广播；

（4）译文的录音或录像只能在其总部设在颁发许可证的缔约国的广播组织之间交换；

（5）所有译文的使用均无任何营利性质。

乙、只要符合甲项列举的所有准则和条件，也可对广播机构颁发许可证以翻译专为大、中、小学使用而制作与出版的视听教材中的所有课文。

丙、在遵守本款甲、乙两项规定的条件下，本条其他规定均适用于许可证的颁发和使用。

（九）在遵守本条规定的条件下，依本条颁发的任何许可证应受第五条各项规定的约束。即使在第五条第（二）款规定的七年期限届满后，上述许可证也应继续受到第五条和本条规定的约束；但上述期限到期后，许可证持有者有权请求以仅受第五条约束的新许可证来代替上述许可证。

第五条之四

（一）凡适用第五条之二第（一）款规定的任何缔约国均可采纳下述规定：

甲、（1）自本条第（三）款所述的文学、科学或艺术作品特定版本首次出版之日算起在丙项规定的期限期满时，或

（2）由缔约国国家法律规定的日期算起的更长的期限期满时，若该版的作品复制品尚无复制权所有者或在其授权下，以与同类作品在该国通行的价格相似的价格在该国出售，以满足广大公众或大、中、小学教学之需要，则该国任何国民均可向主管当局申请得到非专有许可证，以此种价格或更低价格复制和出版该版本供大、中、小学教学之用。许可证的发给，须经国民按照该国现行规定，证明他已向权利所有者提出出版作品的要求，而又未能得到授权，或经过相当努力仍未能找到权利所有者。在向权利所有者提出这一要求的同时，申请人还必须将这一申请通知联合国教育科学文化组织设立的国际版权情报中心，或丁项所述的任何国家或地区的情报中心。

乙、根据同样的条件，也可发给许可证，如果经权利所有者授权制作的该版作品复制品在该国已脱销六个月，而无法以同该国内对同类作品要求的价格相似的价格供应广大公众或供大、中、小学教学之用。

丙、本款甲项所指的期限为五年。但

（1）对有关数学和自然科学以及技术的作品，则为三年；

（2）小说、诗歌、戏剧和音乐作品以及美术书籍，则为七年。

丁、如果申请人无法找到复制权所有者，即应通知挂号航邮将申请书的副本，寄给该作品上列有名称的出版者和据信为出版者主要业务中心所在国的政府为此目的向总干事递交的通知中所指定的任何国内或国际情报中心。如无上述通知书，他应将申请书的抄件递交联合国教育科学文化组织设立的国际情报中心。在发出申请书抄件之日起三个月内不得颁发许可证。

戊、在下述情况下，不得按本条规定颁发三年后可获得的许可证：

（1）从本款甲项所述的申请许可证之日算起未满六个月者，或如果复制权所有者的身份或地址不明，则从本款丁项所述的申请书的副本发出之日起未满六个月者；

（2）如果在此期间本款甲项所述的版本的作品复制品已开始发行。

己、作者姓名及其作品原版的标题应刊印在复制出版的所有作品复制品上。许可证持有者不得转让其许可证。

庚、应通过国家法律采取适当措施，以保证作品原版的准确复制。

辛、在下列情况下不得根据本条发给复制和出版一部作品的译本许可证。

（1）所涉及的译本并非由翻译权所有者或在其授权下出版；

（2）译本所用的不是有权颁发许可证的国家的通用语文。

（二）第（一）款的例外规定应受下述补充规定的约束：

甲、所有根据本条发给许可证出版的作品复制品均需载有有关语文的通知，说明该作品复制品只能在该许可证适用的缔约国内发行。如果该版本载有第三条第（一）款规定的启

事,则该版本的所有各册均应刊印相同的启事。

乙、在国家范围内做出适当的规定,以保证

(1)许可证之发给应给一笔合理的报酬,此种报酬应符合有关两国个人之间自由谈判的许可证通常支付版税的标准;而且

(2)保证这笔报酬的支付和转递;如果存在着国家对外汇的管制,则主管当局应通过国际机构,尽一切努力保证使这笔报酬以国际上可兑换的货币或其等值货币传递。

丙、如果某一作品某版的复制品是由复制权所有者或经其授权以同该国同类作品相似的价格,为供应广大公众或为大、中、小学教学之用而在该缔约国内出售,而该版的语文和基本内容又同根据许可证出版的版本语文和内容相同,则应撤销本条发给的许可证。在撤销许可证前业已制作的作品复制品可一直发行到售完为止。

丁、在作者已停止该版的全部作品复制品的发行时,不得发给任何许可证。

(三)甲、除乙项规定的情况外,本条适用的文学、科学或艺术作品只限于以印刷形式或任何其他类似的复制形式出版的作品。

乙、本条同样适用于以视听形式合法复制的受保护作品或包含受保护作品的视听资料,以及用有权颁发许可证的缔约国通用语文翻译的该视听资料中的文字部分的译本,条件是所涉及的视听资料的制作和出版限大、中、小学教学使用的唯一目的。

第六条　本公约所用"出版"一词,系指以有形形式复制,并向公众发行的能够阅读或可看到的作品复制品。

第七条　本公约不适用于公约在被要求给予保护的缔约国生效之日已完全丧失保护或从未受过保护的作品或作品的权利。

第八条

(一)本公约的修订日期为 1971 年 7 月 24 日,它应交由总干事保存,并应在上述日期起的一百二十天内向 1952 年公约的所有参加国开放签字。本公约须经各签字国批准或接受。

(二)未在本公约上签字的国家均可加入。

(三)批准、接受或加入本公约须向总干事交存有关文件方为有效。

第九条

(一)本公约将于交存十二份批准、接受或加入证书之后三个月生效。

(二)其后,本公约将对每个国家在其交存批准、接受或加入证书三个月后生效。

(三)加入本公约的任何国家,如未加入 1952 年公约,也应被视为加入了该公约。但是,如果交存其加入证书是在本公约生效之前,则该国加入 1952 年公约须以本公约生效为条件。在本公约生效后,任何国家均不得只加入 1952 年公约。

(四)本公约参加国与只参加 1952 年公约的国家之间的关系,应服从 1952 年公约的规定。但是,只参加 1952 年公约的任何国家,可向总干事交存通知书,宣布承认 1971 年公约适用于该国国民的作品和在该国首次出版的本公约签字国的作品。

第十条

(一)所有缔约国承诺根据其宪法采取必要措施保证本公约的实施。

(二)不言而喻,本公约在任何缔约国生效时,应按照其本国法律使本公约的规定付诸实施。

第十一条

(一)设立"政府间委员会",其职责如下:

甲、研究世界版权公约的适用和实施事宜;

乙、做好定期修订本公约的准备工作;

丙、与"联合国教育科学文化组织"、"国际保护文学艺术作品联盟"、"美洲国家组织"等各有关国际组织合作,研究有关国际保护版权的任何问题;

丁、将"政府间委员会"的各项活动通知世界版权公约的参加国。

(二)该委员会将由参加本公约或只参加 1952 年公约的十八个国家的代表组成。

(三)该委员会成员的选择应根据各国的地理位置、人口、语文和发展水平,适当考虑到各国利益的均衡。

(四)联合国教育科学文化组织总干事、世界知识产权组织总干事和美洲国家组织秘书长的代表可以顾问身份参加该委员会的会议。

第十二条　政府间委员会认为必要时,或经本公约至少十个缔约国的要求,得召集会议对本公约进行修改。

第十三条

(一)任何缔约国,在交存其批准、接受或加入证书时,或在其后的任何时间内,可在致总干事的通知书中,宣布本公约适用于由它对其国际关系负责的所有国家或领地,或其中任何一个国家或领地;因此,本公约于第九条规定的三个月期限期满后,将适用于通知书中提到的国家或领地。倘无此类通知书,本公约将不适用于此类国家或领地。

(二)但是,本条款不得理解为某一缔约国承认或默认另一缔约国根据本条规定使本公约对之适用的国家或领地的事实状况。

第十四条

(一)任何缔约国可以自己的名义或代表,根据第十三条规定发出的通知书所涉及的所有或其中一个国家或领地,废除本公约。废除本公约应以通知书方式寄交总干事。此种废除也构成对 1952 年公约的废除。

(二)此种废除只对有关的缔约国或其所代表的国家或领地有效,并应于收到通知书之日起十二个月后生效 。

第十五条 两个或两个以上缔约国在解释或适用本公约方面发生的争端，经谈判不能解决时，如果有关国家不能就其他解决办法达成协议，应将争议提交国际法院裁决。

第十六条

（一）本公约用英文、法文和西班牙文三种文字制定，三种文本应予签署并具有同等效力。

（二）总干事在和有关政府协商后，将制定阿拉伯文、德文、意大利文和葡萄牙文的正式文本。

（三）某个或数个缔约国有权与总干事协商后由总干事制定它们选择的语文的其他文本。

（四）所有这些文本均附在本公约签字文本之后。

第十七条

（一）本公约绝不影响伯尔尼保护文学艺术作品公约的条款或由该公约设立的联盟的会员资格。

（二）为实施前款规定，本条附有一项声明。对于在1951年1月1日受伯尔尼公约约束的各国或已受或在以后某一日期可能受该公约约束的国家，此声明是本公约的组成部分。这些国家在本公约上签字也应视为在该声明上签字，而这些国家的批准、接受或加入本公约应包括该声明。

第十八条 本公约将不废除美洲各共和国中仅限两国或数国之间现在有效或可能生效的多边或双边版权公约或协定。无论在现有的此类公约或协定生效的条款与本公约的条款之间，或在本公约的条款与本公约生效之后美洲两个或数个共和国可能制定的新公约或协定的条款之间出现分歧时，应以最近制定的公约或协定为准。任何缔约国在本公约生效前，对该国依据现有公约或协定所获得的版权不应受到影响。

第十九条 本公约将不废除在两个或数个缔约国之间有效的多边或双边公约或协定。一旦此类现有公约或协定的条款与本公约的条款出现分歧时，将以本公约的条款为准。任何缔约国于本公约在该国生效前，依据现有公约或协定所获得的版权将不受影响，本条规定将不影响第十七条、第十八条各款的实行。

第二十条 对本公约不得有任何保留。

第二十一条

（一）总干事应将本公约的核证无误的副本送交各有关国家并送交联合国秘书长登记。

（二）总干事还应将已交存的批准、接受和加入证书，本公约的生效日期，根据本公约发出的通知书及根据第十四条做出的废除，通知所有有关国家。

关于第十七条的附加声明

国际保护文学艺术作品联盟（以下称“伯尔尼联盟”）的会员国和本公约的签字国，为了在该联盟基础上加强其相互关系，并避免在伯尔尼公约和世界版权公约并存的情况下可能出现的任何冲突，认识到某些国家按照其文化、社会和经济发展阶段而调整其版权保护水平的暂时需要，经共同商定，接受以下声明的各项规定：

甲、除本声明乙项规定外，某作品起源国为伯尔尼公约成员国的国家，已于1951年1月1日之后退出伯尔尼联盟者，将不得在伯尔尼联盟的国家境内受到世界版权公约的保护。

乙、如某一缔约国按联合国大会确定的惯例被视为发展中的国家，并在该国退出伯尔尼联盟时，将一份它认为自己是发展中国家的通知书交存联合国教育科学文化组织总干事，只要该国可以援用本公约第五条之二的例外规定，则本声明甲项的规定不应适用。

丙、只要涉及所保护的某些作品，按伯尔尼公约规定，其原出版国家是伯尔尼联盟的一个成员国，世界版权公约即不应适用于伯尔尼联盟各国的关系上。

有关第十一条的决议

修订世界版权公约会议，

考虑了本公约第十一条规定的政府间委员会的问题，对此附加了本决议，

特决议如下：

（一）委员会创始时应包括依1952年公约第十一条及其所附的决议而设立的政府间委员会的十二个成员国的代表；此外，还包括以下国家的代表：阿尔及利亚、澳大利亚、日本、墨西哥、塞内加尔和南斯拉夫。

（二）任何未参加1952年公约并在本公约生效后召开的本委员会第一次例会之前未加入本公约的国家，应由委员会根据第十一条第（二）款和第（三）款的规定在其第一次例会上选择的其他国家来取代。

（三）本公约一经生效，依本决议第（一）款成立的本委员会应被认为按本公约第十一条规定组成。

（四）本公约生效后一年内，委员会应举行一次会议。此后委员会应至少每两年举行一次例会。

（五）委员会应选举主席一人、副主席两人，并应按照下列原则确立自己的程序规则：

甲、委员会的成员国任期通常应为六年，每两年有三分之一成员国离任，但经理解：首批三分之一成员国的任期，应在本公约生效后召开的第二次例会结束时终止，下一批三分之一成员国的任期应在第三次例会结束时终止，最后一批三分之一成员国的任期应在第四次例会结束时终止。

乙、委员会递补空缺职位的程序、成员资格期满的次序连任资格和选举程序的规则，应以平衡成员国连任的需要和成员国代表轮换的需要，以及本公约第十一条第（三）款的各点考虑为基础。

希望由联合国教育科学文化组织提供委员会秘书处的人员。

下列签署人交存各自的全权证书后，在本公约上签字，以昭信守。

1971年7月24日订于巴黎，正本一份。

图书在版编目（CIP）数据

中华人民共和国知识产权法律法规全书：含典型案例：2017年版/中国法制出版社编．—3版．—北京：中国法制出版社，2017.1

（法律法规全书系列）

ISBN 978-7-5093-8000-0

Ⅰ.①中… Ⅱ.①中… Ⅲ.①知识产权法-汇编-中国 Ⅳ.①D923.409

中国版本图书馆CIP数据核字（2016）第266365号

策划编辑：袁笋冰　　责任编辑：袁笋冰　卜范杰　　封面设计：杨鑫宇

中华人民共和国知识产权法律法规全书

ZHONGHUARENMINGONGHEGUO ZHISHICHANQUAN FALÜ FAGUI QUANSHU

经销/新华书店
印刷/北京海纳百川印刷有限公司
开本/787毫米×960毫米　16开　　印张/32　字数/949千
版次/2017年1月第3版　　2017年1月第1次印刷

中国法制出版社出版
书号 ISBN 978-7-5093-8000-0　　定价：72.00元

北京西单横二条2号　　值班电话：66026508
邮政编码 100031　　传真：66031119
网址：http：//www.zgfzs.com　　**编辑部电话：66066621**
市场营销部电话：66033393　　**邮购部电话：66033288**